浙江
金融
年鉴
2011

《浙江金融年鉴》编辑委员会 编

浙江人民出版社
ZHEJIANG PEOPLE'S PUBLISHING HOUSE

图书在版编目(CIP)数据

浙江金融年鉴.2011年 /《浙江金融年鉴》编辑委员会编. —杭州:浙江人民出版社,2012.5

ISBN 978-7-213-04774-9

Ⅰ.①浙… Ⅱ.①浙… Ⅲ.①金融事业-浙江省-2011-年鉴 Ⅳ.①F832.755-54

中国版本图书馆CIP数据核字(2011)第273257号

书　　名	**浙江金融年鉴(2011)**
作　　者	《浙江金融年鉴》编辑委员会　编
出版发行	浙江人民出版社
	杭州市体育场路347号
	市场部电话:(0571)85061682　85176516
责任编辑	金　纪
责任校对	叶　宇
封面设计	顾　页
电脑制版	杭州兴邦电子印务有限公司
印　　刷	杭州富春印务有限公司
开　　本	787×1092毫米　1/16
印　　张	58.5
字　　数	133.8万
插　　页	21
版　　次	2012年5月第1版·第1次印刷
书　　号	**ISBN 978-7-213-04774-9**
定　　价	200.00元

2010年12月31日，省委书记、省人大常委会主任赵洪祝在中国人民银行杭州中心支行与省金融部门和在浙金融机构负责人进行座谈。省领导陈敏尔、李强、黄坤明等出席了座谈会。

2010年7月1日，中国人民银行杭州中心支行、浙江省人民政府金融工作办公室和浙江省商务厅共同主办浙江省跨境贸易人民币结算试点工作启动仪式。

2010年10月26日，中国人民银行杭州中心支行刘仁伍行长主持召开三季度全省经济金融形势分析会，省发改委、省经信委、省金融办以及浙江银监局、证监局、保监局主要负责人，在杭各金融机构负责人参加了会议。

2010 年 3 月 30 日，浙江银监局与浙江省农办联合召开 2009 年金融支农总结表彰暨 2010 年金融支农深化年动员大会。浙江省委常委、副省长葛慧君出席大会并作重要讲话。

2010 年 11 月 28 日，浙江省银行业协会主办的公众教育日活动在杭州拉开帷幕。

2010 年 9 月 7 日，第三届浙银论坛暨小企业金融服务峰会在杭州召开。

2010年6月，世界交易所联合会主席威廉·布拉斯基先生一行至浙江访问，浙江证监局局长王宝桐陪同布拉斯基先生考察了浙江的经济社会发展和资本市场发展情况。省委常委、常务副省长陈敏尔在杭州会见了布拉斯基主席。

2010年1月，浙江证监局组织召开2010年度浙江辖区上市公司监管工作会议，省政府副秘书长陈国平，浙江证监局局长王宝桐、副局长蒋潇华出席会议并作重要讲话。

2010年9月，在浙江证监局局长王宝桐、局长助理韩薇陪同下，中国证监会姜洋主席助理出席浙江辖区期货公司调研座谈会。

2010 年 3 月 15 日，浙江省委书记赵洪祝在浙江西子宾馆亲切接见了美国安达集团董事长格林伯格先生。

2010 年 7 月 14 日，中国保监会稽查局局长裴光在浙江省保险机构省级高管人员培训班上讲解《保险机构案件责任追究办法》。

2010 年 7 月 7 日，浙江保险行业在浙江省人民大会堂隆重举办第五届优秀寿险营销员表彰大会暨浙江保险行业文化建设年活动宣誓仪式。

2010年1月9日，中国工商银行浙江省分行行长徐新桥，副行长倪百祥、郁炯彦及副行长兼营业部总经理王百荣出席省分行营业部与万向集团举行的2010年度银企合作签约仪式。

2010年1月5日，中国工商银行浙江省分行与浙江财经学院举行“银校合作”签约仪式。省工行徐新桥行长，郁炯彦、王百荣副行长出席了仪式。

2010年4月8日，田大章副行长出席“海宁中国皮革城—工行浙江商人卡首发暨工银商友俱乐部启动仪式”，并与海宁市市长林毅共同为“工银商友俱乐部”揭牌。

2010年12月31日，省委书记赵洪祝，省委常委、常务副省长陈敏尔，银监局局长杨小苹等到中国农业银行浙江省分行慰问参加年终决算的员工。

2010年2月1日，中国农业银行浙江省分行与新华社浙江分社在杭州举办“金穗·新华社读者卡”全国首发仪式。

2010年11月18日，中国农业银行私人银行部浙江分部在杭州隆重举行开业仪式。

2010年3月18日,中国银行浙江省分行与中国出口信用保险公司浙江分公司签署全面战略合作协议。图为签约仪式现场。

2010年7月28—29日,中国银行总行肖钢董事长、陈四清副行长在浙江调研。图为吕祖善省长和肖钢董事长共同为“浙商产业投资基金”揭牌。

2010年8月29—31日,中国银行浙江省分行参加浙江省—阿克苏地区经贸洽谈会系列活动,并与中国银行新疆自治区分行、浙江省对口支援新疆阿克苏地区指挥部共同签署三方战略合作备忘录。图为签约仪式现场,前排左二为中国银行浙江省分行行长陈石。

2010 年 1 月 22 日，中国建设银行浙江省分行与万向集团在杭州签订战略合作协议。

2010 年 5 月 27 日，中国建设银行浙江省分行与湖州市人民政府在湖州签订共同推进新农村建设战略合作协议。

2010 年 9 月 19 日，中国建设银行总行庞秀生副行长陪同中国银监会主任杨家才等走访阿里巴巴公司。

2010 年 12 月 29 日，中国农业发展银行副行长鲍建安来浙看望信贷软件开发项目组，并听取 CM2006 升级工作汇报。

2010 年 12 月 30 日，中国农业发展银行副行长刘梅生在浙江省分行行长王玉高、宁波市分行行长孙兰生等陪同下，到宁波市分行慰问奋战在年终决算一线的员工。

2010 年 12 月 30 日，中国农业发展银行副行长刘梅生在浙江省分行行长王玉高、宁波市分行行长孙兰生等陪同下，到宁波市分行慰问困难员工。

2010年10月,国家开发银行浙江省分行徐勇行长与意大利123.6MW太阳能项目借款人及担保人签约。

2010年2月4日，国家开发银行浙江省分行召开2009年度总结表彰会暨迎春团拜会。

2010年5月，国家开发银行浙江省分行组织青年员工参观上海世博会。

2010年7月21日，中国进出口银行浙江省分行与浙大网新、浙江金桥担保公司和浙江省科技风险投资公司达成四方合作协议，搭建了外向型科技小企业金融创新服务平台，金德水副省长出席会议并致辞。

2010年11月10日，中国进出口银行首席经济学家王建业为70余家客户和分行员工作“美国新一轮量化宽松与世界经济走势”专题讲座。

2010 年 6 月 3—4 日，交通银行党委副书记、行长牛锡明到浙江省分行调研指导工作。

2010 年 3 月 18 日，交通银行浙江省分行与浙江海运集团有限公司签订战略合作协议。

2010 年 12 月 28 日，交通银行浙江省分行举行入驻钱江新城庆典仪式。

2011年1月9日，浙商银行兰州分行开业，将原计划用于兰州分行开业庆典的费用，加上总行部分慈善基金共计100万元人民币，捐赠甘肃省慈善总会童鹤赡养院。这是浙商银行秉承积极履行社会责任的优良传统，再次以爱心捐赠活动替代分行开业庆典。

2010年，浙商银行共组织79个培训项目，培训15642人次，培训总课时1609小时，培训方式以现场讲座、讨论交流、视频培训为主。会计、放款、小企业业务三条线全年共举办集中培训28期。

浙商银行连年冠名乒乓球俱乐部征战中国乒超联赛，并向分支行所在地客户免费提供精彩赛事。

2010年11月25日，省农信联社与省农办共同举办“统筹城乡发展 金融服务新农村建设推进会”。图为省农信联社副主任张波与省农办副主任邵峰在会上签约。

2010年8月23日，全省农信系统领导干部读书班在萧山举行，全系统260多位领导干部参加了读书班。

2010年7月22日，全省农信社空白乡镇网点全面开业仪式在温州会展中心举行。图为向温州辖内空白乡镇网点的农户、农业专业合作社、农村小企业代表发放贷款授信证书。

2010年4月28日，中信银行杭州分行王利亚行长被国务院授予“全国劳动模范”荣誉称号。图为王利亚赴京受奖载誉归来后受到省委书记赵洪祝、省长吕祖善等领导的亲切接见。

2010年5月26日，中信银行杭州分行王利亚行长陪同中信集团常振明总经理视察杭州萧山国际机场的中信书店。

2010年4月，中信银行杭州分行先后举行情系“西南干旱灾区”和“青海玉树地震灾区”爱心捐款活动，王利亚行长等领导带头捐款，共计为灾区捐款达68.89万元。

2010年12月31日，省委书记赵洪祝，省委常委、常务副省长陈敏尔赴上海浦东发展银行杭州分行慰问广大干部员工。

2010年10月25日，上海浦东发展银行杭州分行与中国工商银行浙江省分行签订全面战略合作协议。

2010年11月19日，上海浦东发展银行杭州分行联合乌鲁木齐分行与新疆维吾尔自治区阿克苏地区行署签订全面战略合作协议。

2010年8月，华夏银行行长樊大志一行到杭州分行检查指导工作，并召开了杭州分行中层干部座谈会。

2010年11月，华夏银行杭州分行辖属首家二级分行开业，杭州分行党委书记、行长杨素法等领导参加了开业仪式。

2010年10月，华夏银行在杭州召开浙江省内分行行长座谈会，华夏银行党委书记、董事长吴建等领导参加了会议。

2010年10月21日，招商银行总行监事会主席韩明智视察杭州分行。

2010年9月，招商银行杭州分行组织参加总行第九届业务技术比赛，荣获团体第三名。

2010年5月8日，招商银行杭州分行组织“二次转型·勇攀高峰”登山活动。

为加快发展中小企业，加强与中小企业的合作，2010年8月6日，广东发展银行杭州分行在黄龙饭店举行支持中小企业暨"仓贸银"业务发布会。

2010年11月21日，广东发展银行杭州分行在西子湖畔举行"迎亚运"环湖健步走活动。

2010年4月16日，深圳发展银行杭州分行召开2010年度工作会议，袁振瑜行长作了工作报告。

2010年6月23日，深圳发展银行行长理查德·杰克逊、行长特别助理郗江源一行莅临杭州分行视察。

2010年9月17日，深圳发展银行杭州分行启动以"书送爱心　亮绿未来"为主题的慈善环保活动——"捐书赠节能灯"活动。

2010年4月26日，中国幸福城市建设路径与中国民生银行小微企业战略高层论坛在杭召开。

2010年2月，中国民生银行杭州分行荣获2009年度浙江省金融机构支持地方经济发展二等奖。

2010年4月26日，中国民生银行2010年群英盛典在杭隆重举行。

2010 年 5 月 28 日，兴业银行杭州分行举行开业十周年座谈会。

2010 年 9 月 3 日，兴业银行杭州分行向甘肃舟曲灾区捐款。

2010 年 11 月 28 日，兴业银行杭州分行组织员工参加浙江省银行业协会主办的公众教育日活动。

2010 年 11 月 26 日，中国光大银行杭州分行辖内第一家二级分行——温州分行举行开业发布会。

2010 年 1 月 27 日，中国光大银行杭州分行正式启动月度员工集体生日庆祝会活动。

2010 年 3 月 26 日，浙江省首家空白乡镇金融服务网点——中国邮政储蓄银行浙江省文成县仰山乡金融服务点开业。

2010 年 8 月 24 日，中国人民银行杜金富副行长视察中国邮政储蓄银行浙江省丽水仙渡乡银行卡助农取款服务点。

2010 年 12 月 3 日，中国邮政储蓄银行浙江省分行与华电集团浙江分公司签署战略合作协议。

2010 年 8 月 14—15 日，杭州银行召开转变增长方式研讨会暨半年度行务会议。

2010 年 9 月 8 日，中国银监会监管二部主任肖远企在浙江银监局局长杨小苹的陪同下到杭州银行进行调研。

2010年6月9日，恒丰银行义乌支行举行开业庆典暨银企签约仪式。图为恒丰银行矫毅监事长与义乌市人民政府何美华市长为义乌支行开业揭牌。

2010年12月1日，恒丰银行杭州分行对外发售恒丰银行"恒裕金"投资金条。

2010年10月15日，渤海银行杭州分行与华融渝富基金公司在浙江省人民大会堂联合举办"华融渝富股权投资基金推介会"。

2010 年 12 月 10 日，上海银行杭州分行行长叶继雄出席 2010 年“科技新浙商颁奖”典礼。图为叶继雄行长在颁奖前接受记者采访。

2010 年 8 月 18 日，上海银行杭州分行副行长王文烈代表分行与义乌后宅街道签订“引资引智”合作协议。

2010 年 11 月 6 日，首届“华融金融租赁客户恳谈会”在浙江省人民大会堂举行，达成租赁合作意向 320 亿元。

2010年9月3日，杭州市委常委、萧山区委书记洪航勇与北京银行杭州分行行长蒋增浩共同为萧山支行揭牌。

2010年12月19日，北京银行杭州分行成立两周年高端客户答谢会在香格里拉饭店举办，蒋增浩行长在答谢会上致辞。

2010年10月12日，中投信托有限责任公司召开第二届董事会、监事会组成人员宣布大会。

2010 年 11 月 28 日，平安银行杭州分行参加公众教育日活动。

2010 年 11 月 26 日，平安银行杭州分行成功举办平安一贷通产品推介会，浙江省五金制品行业协会等 10 余家行业协会以及 100 余家中小企业的代表参加了推介会。

2010 年 10 月 22 日，浙江民泰商业银行举行第一届“百合杯”柜面技能大比武。

2010 年 3 月 18 日，南京银行杭州分行开业庆典仪式在浙江省人民大会堂举行。

2010 年 4 月 6—7 日，南京银行杭州分行召开创业发展会议，江志纯行长传达全行年度工作会议精神，并作了工作报告。

2010年4月21日，人保财险义乌支公司升格市分公司庆典仪式举行。浙江省分公司总经理华美春和义乌市委副书记、市长何美华一起为义乌市分公司成立揭牌。

2010年11月8日，中国人民财产保险股份有限公司浙江省分公司召开首届职工代表大会。

中国人民财产保险股份有限公司浙江省分公司将838万元赔款交给广东长大公路工程有限公司嘉绍跨江大桥IV合同段项目经理部负责人手中，此举标志着2010年浙江保险系统最大一起工程险赔款顺利结案。

2010年4月25日，中国人寿保险股份有限公司浙江省分公司举办“牵手健康 志愿服务”项目签约启动仪式暨中国人寿高端客户健康大讲堂，祝平总经理在仪式上致辞。

2010年7月16日，中国人寿保险股份有限公司浙江省分公司举办“‘国寿大讲堂’企业年金客户联谊会暨企业年金投资运作报告会”，副总经理、年金中心负责人陆小燕在会上致辞。

2010年9月6日，中国人寿保险股份有限公司衢州分公司与衢州市衢江区人事劳动社会保障局共同举办城乡居民社会养老保险服务合作协议签字仪式,浙江保监局刘钢副局长、中国人寿浙江省分公司祝平总经理到会并致辞。

《浙江金融年鉴》(2011)编辑委员会

《浙江金融年鉴》编辑部

序　言

中国人民银行杭州中心支行行长

刘仁伍

2010 年，全球经济从衰退中缓慢复苏，国内经济企稳回升势头进一步巩固。在内外部环境相对复杂的情况下，我省经济实现了平稳较快增长，全年实现地区生产总值 27722.31 亿元，比上年增长 11.9%。全省金融改革取得新进展，金融生态环境不断完善，经济金融良性互动进一步增强。

2010 年，全省银行业各项存贷款均保持较快增长，外汇收支规模快速增长，同业拆借市场交易持续增长，银行经营效益和质量继续领先于全国平均水平。截至 2010 年末，全省银行业金融机构本外币各项存款余额 54478.09 亿元，比年初增加 9369.62 亿元，同比少增 322.76 亿元，余额同比增长 20.76%，增速比上年同期下降 6.64 个百分点；各项贷款余额 46938.54 亿元，比年初增加 7714.13 亿元，同比少增 1882.89 亿元，余额同比增长 19.67%，增速比上年同期下降 12.76 个百分点；全省结售汇总额 2607.31 亿美元、顺差 1482.89 亿美元，同比分别增长 31.90%和 35.61%；全年累计同业拆借交易量 10415.1 亿元，同比增长 19.2%，其中拆入资金 8591.5 亿元，拆出资金 1823.6 亿元，净拆入资金 6767.9 亿元。截至 2010 年末，全省金融机构本外币不良贷款余额为 445.86 亿元，比年初减少 58.78 亿元，不良贷款率为 0.95%，比年初下降 0.34 个百分点。

2010 年，全省银行业机构改革取得明显成效，银行体制机制改革不断深化，银行业发展创新步伐稳步加快，金融创新组织架构不断完善，资产质量、经营效益持续提高，金融创新工作机制不断优化，金融创新正向激励机制逐步形成，金融服务能力日益增强。

2010 年，浙江省资本市场继续保持健康稳定的发展势头，市场规模不断扩大，截至年末，全省境内上市公司 186 家，全年新增创业板和中小板上市公司 45 家，新增家数居全国第二位，上市公司质量稳步提升，盈利能力总体恢复到金融危机前水平。2010 年，全省证券经营机构累计代理证券交易额 12.38 万亿元，托管市值 7787.68 亿元，实现利润总额 55.15 亿元。全省期货市场交易规模同比大幅增长，整体实力不断提升。

2010 年，浙江省保险业继续保持良好发展态势。全年实现原保险保费收入 834.4 亿元，同比增长 29.3％。财产险公司保费收入 334.5 亿元，同比增长 30.9％；人身险公司保费收入 499.9 亿元，同比增长 28.2％。截至 2010 年末，全省共有各类保险机构 3619 家，其中总公司 2 家，分公司 89 家，中心支公司 310 家，支公司 922 家，营业部 289 家，营销服务部 2007 家；保险密度为 1540 元，保险深度为 3.1％。

本卷《浙江金融年鉴》比较客观地记述了 2010 年浙江省金融业运行、改革和发展情况，为有志于从事经济金融的实践者和研究人员提供参考与借鉴。

2011 年 12 月 12 日

编 辑 说 明

一、《浙江金融年鉴》是一部反映浙江省金融业发展状况、汇集全省金融业主要统计数据的综合性、资料性金融工具书。每年编辑出版一卷，本卷为第16卷。《浙江金融年鉴》(2011)反映了2010年浙江省金融业的运行状况和各金融机构的业务发展与经营管理状况。

二、本书所列内容由全省各金融机构提供。其中经济统计资料由浙江省统计局提供，信贷收支统计由中国人民银行杭州中心支行调查统计部门提供。信贷收支如无特别说明的，均为人民币业务统计。

三、本书中各金融机构排列顺序依照一般惯例，无名次高低和排位顺序先后之分。

四、本书的编纂工作在编委会领导下进行，全省各金融机构给予了大力支持，组稿编辑和撰稿人付出了辛勤劳动，在此表示衷心感谢。

五、编辑人员在整个编辑过程中，因水平有限、经验不足，加之时间仓促，书中难免有疏漏及不足之处，望读者批评指正。金融机构名录篇中涉及的各地金融机构名称、领导名称等，如有笔误，请予以谅解。

《浙江金融年鉴》编辑部

目 录

第一部分 2010年浙江省经济金融运行概况

第二部分 2010年浙江省金融业经营管理情况综述

第三部分 2010年浙江省各市经济金融运行概况

第四部分 浙江省经济金融统计资料

第五部分 2010 年浙江省金融大事记

第六部分 2010 年浙江省金融机构名录

第一部分

2010 年浙江省经济金融运行概况

ZHEJIANG JINRONG NIANJIAN

浙江省经济金融形势分析

2010年是我国"十一五"规划收官之年，也是"后危机时期"加快推进结构调整和产业转型的关键之年。在内外部环境相对复杂的情况下，浙江省经济复苏势头进一步巩固，转型升级步伐有所加快；金融业切实按照宏观调控要求，努力加大对实体经济的资金扶持，积极推动产业转型升级，"金融大省"地位进一步巩固。展望2011年，全球经济发展的不平衡性可能加剧，国内经济内生动力增强，货币政策回归稳健，结构调整持续深化；与此同时，在经济稳步上行过程中通货膨胀风险持续加大，保持经济平稳、协调发展依然面临诸多挑战。

一、全省经济运行概况

2010年，在全球经济缓慢复苏，国内宏观调控持续深入，经济结构调整明显加快的背景下，浙江省经济保持了平稳增长，经济复苏势头进一步得到巩固。2010年全省生产总值达到27722.31亿元，比上年增长11.9%，与"十一五"期间年均增长率持平。

（一）工业经济稳步回升，企业效益明显改善

一是工业经济增速加快。2010年，全省实现规模以上工业增加值10397亿元，同比增长16.2%，增速比上年提高10个百分点；规模以上出口交货值10643亿元，同比增长25.2%，增速比上年提高23.1个百分点。

二是工业经济结构优化。2010年，全省规模以上工业企业装备制造业增加值3639亿元，高新技术产业增加值2396亿元，同比分别增长22%和18.5%，占规模以上工业比重分别为35%和23%，比上年分别提高1.4个和0.5个百分点；新产品产值率为19.6%，同比加快1.7个百分点；全年单位GDP能耗降为0.72吨标准煤/万元左右，比上年下降3.2%以上。

三是企业效益明显改善。2010年，全省规模以上工业企业主营业务收入50536.31亿元，同比增长26.7%，增速同比加快31.6个百分点；利润总额3174.75亿元，增长50.1%，增速同比加快20.6个百分点；亏损企业5704家，亏损面9%，同比下降5.3个百分点。

（二）三大需求协同增长，出口规模创历史新高

一是投资保持平稳增长。2010年，全社会固定资产投资12376.04亿元，比上年增长15.2%，增幅与上年基本持平。从投资结构看：基础设施投资增长5%，较上年下降17个百分点；制造业投资4008亿元，增长9.6%，比上年加快2.2个百分点；房地产开发投资3025亿元，增长34.29%，比上年加快23个百分点，商品房销售额4459亿元，增长18.7%，销售面积同比增长1.8%，其中住宅面积下降19.5%。

二是消费品市场表现活跃。2010年，社会消费品零售总额10163亿元，比上年增长19%，同比加快3.1个百分点，扣除价格因素，实际增长14.5%，同比加快1.1个百分点。汽车消费依然较旺，全年零售额达1808亿元，增长37.2%，拉动全社会

消费品零售总额增长5.7个百分点。

三是出口规模创历史新高。随着全球经济的复苏，国际市场需求回升，浙江省出口呈现快速回升态势。2010年，全省进出口总额2535亿美元，比上年增长35%，其中：出口1805亿美元，增长35.7%，比上年加快49.5个百分点；进口731亿美元，增长33.4%，比上年加快37.1个百分点。全年月均出口150.4亿美元，超过危机前的2008年128.6亿美元的水平，创历史新高。浙江省出口总额占全国的比重从上年的11.1%提高到11.4%，出口增幅在沿海主要省市(广东、江苏、上海、浙江)中，仅次于江苏位居第二。

表1　　十一五期间三大需求增长情况

单位：%

	消费	投资	出口	进口
2006年	15	13.4	32.9	31.1
2007年	16.7	10.8	24.4	18.3
2008年	19.8	10.6	20.3	17.1
2009年	15.9	15.8	−13.8	−3.7
2010年	16.9	16.7	35.7	33.4
“十一五”期间年均增速	16.8	13.4	18.4	18.4

（三）两大收入稳定增长，物价涨幅高位运行

一是财政收入较快增长。2010年，财政一般预算总收入4895.4亿元，比上年增长18.8%，地方一般预算总收入2608.5亿元，增长21.7%，增速分别比上年提高8.3和10.9个百分点。地方财政一般预算支出3208.4亿元，增长20.9%。

二是居民收入稳定增长。2010年，城镇居民收入人均可支配收入达到27359元，比上年增长11.2%，扣除价格因素实际增长7%，收入水平连续10年居31个省市区第3位，列上海、北京之后，居省区第1位。农村居民人均纯收入11303元，增长12.9%，增速比上年加快4.8个百分点，扣除价格因素实际增长8.6%。农村居民收入水平已连续26年居各省区首位，人均纯收入比全国平均水平高出近1倍。

三是物价涨幅高位运行。2010年，全省居民消费价格比上年上涨3.8%，其中，11月同比上涨5.5%，涨幅创2008年8月以来28个月的新高，12月回落至4.9%；工业品出厂价格和原材料价格分别比上年上涨6.2%和12%。

二、全省金融运行情况

2010年，浙江省金融机构认真贯彻适度宽松的货币政策，继续扩大社会融资总量，优化调整资金投向，有力地支持了浙江省经济复苏和产业转型升级，金融业自身也呈现快速发展的良好态势。截至12月末止，全省本外币存款余额54478.1亿元，增长20.8%，贷款余额46938.5亿元，增长19.7%；“十一五”期间，本外币存、贷款年均分别增长20.9%和22.3%。

（一）社会融资总量扩大，为经济复苏提供资金保障

2010年，在继续强化信贷资金对实体

经济支持的同时，浙江省金融部门积极拓宽融资渠道，扩大直接融资规模，全社会融资总量稳步增加。

一是银行融资实际增量仍保持高位。2010年，全省本外币各项贷款新增7714.1亿元，超过全年预期目标，约占全国新增总量的9.2%，高居全国第一位。贷款净卖出1223.5亿元。表内表外融资，实际新增约9000亿元。

二是证券市场直接融资规模迅速扩大。2010年末，全省境内上市公司总数为180家，新增上市公司45家，排名全国第二，仅次于广东，累计融资总额1820.24亿元，本年累计新增融资718.64亿元，占到历年累计融资额的39.5%，境内上市公司总市值已达到13815.2亿元。

三是企业债券融资保持活跃。2010年，全省非金融企业债务融资工具发行量达到360.8亿元，其中：全省有23家企业共发行短期融资券211.2亿元，比上年增长101.1%；3家企业发行中期票据48亿元，与上年大致持平。

（二）金融服务突出重点，切实围绕产业转型升级

在积极扩大社会融资规模的同时，全省金融机构进一步加大对重点领域和薄弱环节的金融服务，同时继续坚持“有扶有控”原则，切实推进浙江省产业转型升级。

一是加强对重点产业的金融服务。2010年末，全省11个重点产业新增贷款2231.6亿元，增量占全部新增贷款的28.9%，比重比上年提高1.6个百分点。制造业新增贷款2804.8亿元，占全部新增贷款的36.3%，比上年提高10.4个百分点。

二是加强对中小企业的金融服务。2010年，全省中小企业贷款余额23300.1亿元，同比增长21.9%，增速比全部贷款高2.7个百分点；全年新增4187.6亿元，占全部新增贷款的57.4%；全省新增中小企业板上市公司31家、创业板上市公司11家，累计实现直接融资600亿元；由浙商银行主承销、8家企业参与的“诸暨市2010年度中小企业集合票据”成功发行，筹措资金6.6亿元。

三是加强对外贸企业的金融服务。2010年以来，浙江省外贸快速发展，外贸企业对金融服务需求强烈。2010年12月末，全省结汇总额2045.1亿美元，同比增长31.9%，售汇总额562.21亿美元，结售汇顺差1440.02亿美元，同比增长35.61%。与此同时，稳步推进跨境贸易人民币结算试点，全年累计发生跨境贸易人民币结算业务1312笔，累计结算金额123.3亿元。

四是加强对“三农”的金融服务。截至2010年末，全省农户贷款余额3585.6亿元，同比增长36.1%，增速比全部贷款高16.4个百分点；全年共向1.8万户次农户提供158.6亿元的风险保障，累计向农户支付赔款2.8亿元。

五是合理控制政府投融资平台贷款和房地产贷款。2010年，全省主要以政府融资平台方式投入的水利、环境和公共设施管理业贷款净下降92.2亿元，而上年同期增加1196.5亿元。2010年，全省房地产开发贷款余额2009.7亿元，同比增长11.7%，增速比全部贷款低7.9个百分点，新增房地产开发贷款211.2亿元，增量占全部新增贷款比重为2.7%，比重比去年同期下降1.1个百分点。

（三）金融总量快速增长，行业地位继续提升

在努力服务经济的同时，浙江省金融业自身也呈现出快速发展的良好态势。

一是金融总量快速增长。截至2010

年末，全省本外币存款余额54478.1亿元，同比增长20.8%。本外币贷款余额46938.5亿元，同比增长19.7%。2010年，证券机构代理交易额累计12.38万亿元；全年保费收入834.4亿元，同比增长29.3%。

二是经营效益持续改善。2010年12月末，全省银行业机构不良贷款余额445.9亿元，不良率为0.95%，比年初下降0.34%；银行业利润总额同比增长37.4%。2010年，全省证券业手续费收入103.65亿元，利润总额55.15亿元；2010年，全省保险业（不含宁波）产险业实现利润总额17.6亿元，居全国第二位，同比多增14.7亿元，产险综合成本率、综合赔付率、综合费用率分别为92.4%、62%和27%，较上年同期分别回落5.9个、2.9个和3.4个百分点，分别低于全国平均水平4.9个、1.1个和3.2个百分点。

三是行业地位继续提升。2010年，全省金融业增加值1920亿元，居全国第二位，金融业增加值占地区生产总值8.4%，居全国第三位；2010年全省本外币贷款余额占全国的9.2%，与上年基本持平，继续保持全国第二位，与第一位广东差距有所缩小；存款余额占全国的7.4%，比重比上年略有提高，继续保持全国第四位。

总体来看，2010年浙江省金融业继续保持平稳、较快发展，“金融大省”地位进一步稳固。与此同时，纵观“十一五”时期浙江省金融业发展和改革，也仍然面临着一些问题：一是经营模式依然粗放，增长动力主要源于扩大规模，内涵式的、创新性的发展仍显不足。二是融资结构有待优化，直接融资占比偏低状况没有明显改观。三是潜在风险不容忽视，尤其是房地产和政府投资类融资占比偏高，隐含一定风险。

三、2011年宏观经济形势展望

展望2011年，全球经济形势依然复杂多变，复苏进程可能放缓。从国内看，经济内生动力依然充沛，货币政策回归稳健，结构调整持续深化；需要关注的是，在经济稳步上行的同时，短期内通胀水平可能会快速上升，经济结构调整可能出现反复，企业经营压力可能加大。

（一）全球经济复苏放缓，新兴经济体通胀压力加大

1. 全球经济复苏将有所放缓。从2010下半年开始，全球扩张性政策的刺激效果逐步减弱，补库存力度逐渐降低，全球经济增速已经出现放缓势头。欧洲债务危机的再度恶化，使得本已羸弱的全球经济复苏再添变数。尽管2011年伊始，一些国家的部分经济数据转暖，但对经济复苏具有风向标意义的就业数据和房地产数据仍然黯淡。2010年12月，美国非农部门失业率已经连续17个月维持在9.4%以上，创1948年以来最长记录；2010年11月，欧元区的失业率高达10.1%，其中西班牙高达20.6%；日本的失业率为5.1%。2010年10月，美国20个大城市房价指数比上月下跌1.3%，跌幅继续扩大。总体来看，2011年全球经济仍将恢复性增长，但复苏的步伐将有所放缓。联合国经济与社会事务部发布的《2011年世界经济形势与展望》预计，2011年全球经济增长率将从2010年的3.6%下降到3.1%。

2. 主要经济体后续政策空间有限。尽管经济出现放缓势头，但欧、美、日等发达经济体的政策应对的空间却非常有限。财政政策方面，反危机期间各国普遍采取了大规模的扩张性财政政策，政府债务率急剧上升，2010年OECD平均政府债务率高达96.9%，较2007年急升24个百分点，目前

多个国家政府债务率已经突破了100%，日本债务负担率更是接近200%（见表2），预计今明两年，OECD国家债务负担率还将继续攀升。沉重的债务负担，使得这些国家政府可用的财政政策空间非常有限，即便一些国家仍然继续发债，但国债利率大幅攀升①，也会抑制发债规模。因此，2011年扩张性的财政政策已经难以为继。

表2　　2007—2010年OECD组织对各国政府债务率预测值

单位：%

年份	2007	2008	2009	2010
澳大利亚	14.3	13.6	19.2	23.6
加拿大	66.5	71.3	83.4	84.4
法　国	70.0	75.9	87.1	92.4
德　国	65.3	69.4	76.5	79.9
希　腊	104.6	105.6	120.2	129.2
匈牙利	72.5	76.4	85.2	89.0
冰　岛	53.3	102.4	119.5	124.9
爱尔兰	28.9	49.4	72.7	104.9
意大利	112.7	115.1	127.7	131.3
日　本	167.1	173.9	192.8	198.4
葡萄牙	68.8	74.1	86.3	92.9
西班牙	42.3	47.4	62.4	72.2
英　国	47.2	57.0	72.4	81.3
美　国	62.0	71.1	84.4	92.8
欧元区	70.9	76.0	86.3	91.6
OECD平均	72.9	79.1	90.6	96.9

数据来源：www.oecd.org。

货币政策方面，美、欧、日等主要经济体同样面临困局。美国重启量化宽松的货币政策，并未给实体经济带来实质性的改善，相反中长期国债收益率利差的进一步收窄，表明货币政策宽松程度已经达到极致。欧洲进一步放宽货币政策的难度更大，2010年12月，欧元区居民消费价格涨幅年率已经达到2.2%，比11月上升0.3个百分点，超过欧元区通胀控制目标0.2个百分点，放宽货币政策势必进一步加剧通胀压力。日本尽管仍然深陷通缩泥潭，2010年11月，日本居民消费价格环比下降0.1%，但由于老龄化、内需严重不足等问题仍然突出，日本长期实行低利率的扩张性货币政策基本处于失效状态。

3. 新兴市场国家通胀压力加大。在

① 以爱尔兰为例，目前10年期国债收益率已经上升到8.28%。

2010年全球流动性过剩加剧的背景下，发达国家与新兴市场国家经济发展的非均衡性更加突出。过剩的流动性集中流向新兴市场国家，导致这些国家的通货膨胀率急剧攀升，包括巴西、俄罗斯、中国、印度、印度尼西亚和土耳其在内的主要发展中国家，目前CPI同比涨幅都已经突破5%①，这与主要发达经济体较低的通胀水平形成鲜明对比②。2011年，预计新兴市场国家的通胀水平仍将保持高位。此外，2010年的粮食价格形势异常严峻。据联合国粮农组织判断，受极端天气的影响，2010年末全球小麦库存量较上年下降10%，玉米及大豆库存量也处于危机的低水平。2011年，粮食价格很可能在目前历史高位基础上继续上涨。由于粮食在新兴市场国家的CPI篮子中权重较高，势必进一步推升新兴市场国家的通胀水平。

（二）国内经济仍将处于上升通道，结构调整持续深化

1. 国内经济将继续稳步复苏。尽管外部经济仍然存在不确定性，结构调整带来的短期阵痛难以避免，但2011年国内经济仍将稳步复苏。一是投资增长可能加快。2011年是“十二五”规划开局之年，各地重大规划项目陆续开工建设，地方政府投资意愿强烈，加之1000万套保障性住房建设计划的实施，将为投资增长带来新的动力，预计2011年的投资增速可能超过2010年。二是消费增长保持平稳。收入分配改革的继续深入，社会保障体系的进一步完善，都会对国内消费起到积极的促进作用，而人均收入水平的提升将进一步推动消费升级。四季度居民储户问卷调查结果显示，当前居民消费购车意愿为13.7%，虽较前期有所回落，但仍处于调查以来的高位。预计全年消费仍将平稳增长。三是外贸仍将保持较快增长。2010年，在全球经济缓慢复苏、人民币升值有所加快、贸易摩擦加剧的情况下，我国出口依然保持了快速增长，表明出口企业应对外贸环境变化、主动调整出口结构的能力在不断提升，市场开拓能力不断增强。2011年，尽管世界经济复苏可能放缓，全年出口增速可能较上年略有回落，但总体仍将保持较快增长态势。

2. 经济结构调整将持续深化。后危机时代，加快经济结构调整和产业转型升级依然是经济工作的重心。2011年，国内经济结构调整将继续深化，并突出表现在三个方面：一是加大对战略性新兴产业培育和扶持。重点培育和发展新一代信息技术、节能环保、新能源、生物、高端装备制造业、新材料、新能源汽车等战略新兴产业，加快形成先导产业和支柱产业，注重强化核心技术支撑作用，与传统产业改造有机结合。二是“节能减排”任务仍然艰巨。根据我国向国际社会作出的承诺和“十二五”期间节能减排目标，分解到2011年，单位国内生产总值能耗和二氧化碳排放强度均要比2010年下降3.5%左右，主要污染物总量控制种类由两项增加到四项，排放量均减少1.5%左右。为实现预期目标，国家将从产业政策、信贷和税收等多方面，控制“两高一资”行业的增长，加大节能减排力度。三是继续加强房地产调控。2010

① 统计数据显示：2010年12月，巴西CPI同比上涨5.9%，土耳其6.4%，2010年11月中国5.1%，印度尼西亚7.0%，俄罗斯8.1%。

② IMF2010年10月《世界经济展望》中预计2010年新兴市场与发展中经济体的通胀水平为6.2%，比发达经济体的整体通胀率高4.8个百分点。

年，中央和地方出台了一系列调控房价的政策措施，从目前来看，这些政策措施实施效果尚未充分显现，房价依然高位运行。为进一步遏制房价过快上涨的势头，促使房价理性回归，2011年，房地产调控仍将持续，并且力度可能会有所加强，房产税等一些新的调控政策有可能择机推出。

3. 金融宏观调控的针对性和灵活性提高。2011年，针对经济持续回升过程中通胀压力加大的情况，金融宏观调控的着力点将会有所变化，调控手段更趋丰富和灵活。一是货币政策取向由适度宽松回归稳健。稳健的货币政策就是要把稳定物价总水平放在金融宏观调控更为突出的位置，通过提高调控的针对性，有效管理流动性，控制物价过快上涨的货币条件。同时，稳健的货币政策将引导金融机构优化信贷结构，将更多的信贷资金投向战略性新兴产业、节能环保产业、"三农"和中小企业等重点领域和薄弱环节。二是利率市场化改革进程将加快。为加快促进金融业自身的转型升级，同时进一步强化利率在宏观调控中的重要性，"十二五"期间，我国将加快推进利率市场化改革。我们判断，根据宏观调控目标和"十二五"规划的总体要求，以及当前利率市场化改革的基础条件，人民银行将结合宏观审慎管理框架，选择具有硬约束的金融机构，通过逐步放开替代性金融产品的价格等途径，有计划、有步骤、坚定不移地推进利率市场化改革。三是更加注重差别化货币政策工具的运用。2011年，中国人民银行将会强化差别化货币政策工具的运用，以此引导金融机构合理、适度、平稳放贷，切实优化信贷结构，有效防范周期系统性风险的积累。

（三）短期风险仍然存在，企业经营压力可能加大

1. 通胀风险可能加大。2011年，推动物价上涨因素较多，劳动力成本继续提高，地方政府投资意愿强烈，国内外流动性充裕，公用事业和资源类价格进一步推进以及极端天气下导致的部分食品价格快速上涨等因素，将共同推动物价上涨，通货膨胀形势非常严峻。据某国际投行测算，1月、6月CPI翘尾因素最大，达到4.2%，上半年的平均翘尾因素也达到了3.6%，如果新增因素仍旧保持2%—3%的水平，那么上半年CPI涨幅将持续保持在5%以上。

2. 结构调整可能出现反复。一方面，政府投资过快增长可能对投资结构带来一定影响。2011年是"十二五"规划的开局之年，各地重点项目、重点工程推进力度加大，政府投资将出现快速增长，可能对民间投资产生一定的"挤出"效应。此外，政府投资多为基础设施投资，对钢材、水泥等"两高一资"行业会有一定拉动作用，一定程度上会加大"节能减排"压力。另一方面，房价仍存在上涨压力。在居民通货膨胀预期趋升，投资购房意识强烈①，社会流动性总体宽裕，土地价格看涨②的情况下，2011年房价上涨的动能较大，如果调控政策的持续性、针对性不强，房价很可能出现反复。

3. 企业经营压力可能加大。一是企业成本递增。2011年，通胀预期强烈，工资上涨压力进一步上升。此外，原材料购

① 2010年第4季度储户问卷调查显示：在各主要投资方式中，"房地产投资"以26.1%的相对高值继续成为居民投资首选。

② 2010年我国保障性住房建设的目标为1000万套，建设所需资金突破1.3万亿元。保障房建设资金需求主要通过各地计提10%—20%的土地出让金解决，这很可能会促使地方政府进一步控制土地供应，抬高土地价格，从而推升房价。

进价格与工业品出厂价格倒挂现象还会延续,企业成本管理难度上升。二是出口企业分化。2011年,人民币汇率改革将继续稳步推进,人民币升值预期强烈。在此背景下,出口企业可能会出现分化。一些低成本、低附加值,缺乏议价能力的出口企业,盈利空间将受到进一步的挤压,经营压力加大。三是资金供求结构性矛盾可能再现。2011年,货币政策转向稳健,货币信贷总量预计将比上年有所调减。在此背景下,部分前期扩张较快、资产负债率较高、产品竞争力不强的中小企业融资难度可能上升,资金供求的结构性矛盾可能加剧。

四、做好2011年金融工作的几点措施建议

2011年是"十二五"规划的开局之年,也是加快经济转型升级的关键之年。2010年12月全省经济工作会议明确提出了2011年全省经济社会发展主要指标的预期目标,其中地区生产总值增长9%左右,居民消费价格总水平上涨控制在4%左右。为确保这些目标的顺利完成,人民银行将继续围绕打造"金融强省"的战略目标,紧扣建设中小企业金融服务中心和支持企业对外发展"走出去"两大主线,有效引导金融机构认真贯彻稳健的货币政策,努力保持社会融资总规模平稳、适度、合理增长,继续落实"有扶有控"的信贷政策,优化调整信贷结构,加快推进经济转型升级,促进经济金融良好互动。

(一)保持社会融资规模合理增长,充分满足经济发展需要。一是要继续保持信贷总量的合理增长。各商业银行在浙分支机构要积极向总行争取资金、授信管理等支持,继续保持合理的信贷规模;各法人金融机构要在认真贯彻稳健货币政策的前提下,结合自身业务发展和风险管控能力,继续加大对地方经济的信贷投入。二是要积极拓展直接融资渠道。要加快有条件企业的上市融资步伐,积极推荐高成长性企业上市融资,鼓励规范的股权交易方式,加大非上市公司股权流动性;继续推进企业债和短期融资券工作,扩大融资规模;及时出台引导性政策,促进创业投资基金、风险投资基金快速发展等,满足不同类型企业的多样化资金需求。三是要积极引导和规范民间融资。加快推进中小企业金融服务中心建设,研究建立若干个具有浙江特色的金融"小池子",广泛吸纳民间资金,为中小企业提供金融服务,减少经济环境和金融政策变化对中小企业融资的影响。人民银行应加强对社会融资总量的监测,确保社会融资总量合理增长。

(二)加大对重点领域和薄弱环节的资金支持,努力推进经济转型升级。一方面要继续"扶大扶优"。各金融部门要从经济转型升级的大局出发,紧紧围绕浙江省开展的"四大"建设和海洋经济发展的战略目标,切实保障重大交通基础设施、重要民生工程、国家重大产业项目的资金供应。要着力支持浙江省42个现代产业集群示范区发展,继续做好11大重点产业转型升级的金融服务,根据产业规划的要求和项目需求特点,积极创新融资产品和服务方式,大力支持企业技术改造、自主创新、节能减排和兼并重组,使结构优化迈出实质性步伐。继续优化外汇服务,大力支持浙江省更多的优质企业"走出去"。另一方面要继续"支农支小"。围绕浙江省"十二五"规划提出的建设中小企业金融服务中心的目标,全力做好中小企业金融服务工作,着力改善对中小企业的融资服务,保持中小企业贷款增速高于全部企业贷款增速,支持中小企业发行集合票据等;以全省中心镇、现代农业园区和农村住房改造建设等为重点,继续保持涉农贷

款增速高于各项贷款增速。

（三）严格执行调控政策，切实加强信贷风险管理。一是要认真执行差别化的住房信贷政策。严格规范个人住房贷款和房地产开发贷款管理，严格限制各种名目的炒房和投机性购房。二是要加强地方政府投融资平台的信贷风险控制。认真贯彻国务院和各部委颁布的相关政策文件，严格加强对融资平台的信贷管理和风险识别，确保融资平台贷款投向符合国家宏观调控政策、产业政策和信贷审慎管理规定。三是要严格控制"两高一资"和产能过剩行业的贷款投放。对国家明确要求淘汰的落后产能的违规在建项目，不得提供任何形式的新增授信，切实防止低水平重复建设。

（四）加大金融创新力度，提高金融服务效率。一方面，要积极开发适合中小企业经营和融资特点的金融产品和信贷模式。要进一步深化中小企业抵押担保方式创新，完善动产、应收账款等质押贷款业务，大力发展金融仓储和供应链金融服务模式。进一步扩大股权、专利权、商标专用权等抵质押贷款覆盖面，探索开展排污权、海域使用权等抵押贷款试点。加强与电子商务企业、第三方支付服务组织等的合作，积极发展网络联贷联保等中小企业网络融资产品。另一方面，要结合浙江"三农"发展特点，有重点地开展农村金融产品和服务方式创新。要进一步拓展涉农贷款的抵质押物范围；扎实推进林权抵押贷款扩面增量，继续保持全国前列；积极发展"公司＋农户"、"公司＋中介组织＋农户"、"公司＋专业市场＋农户"等信贷模式，充分发挥农业产业化、规模化经营的风险分散优势和辐射带动作用。

（五）顺应金融改革方向，加快金融业自身转型升级。下阶段，利率市场化改革是我国金融改革突破的重点，这既是一个挑战，更是一个机遇。浙江省金融机构应顺应金融改革方向，充分发挥自身资产质量优异、经营效益好的优势，强化财务约束，牢牢争取利率市场化改革的主动权。同时，要进一步摆脱对存贷款业务的依赖，大力发展财产管理、财务咨询等中间业务，大力开发和创新理财产品，加强银、证、保合作，多方面多途径拓宽银行业利润增长源，继续巩固发展"浙银品牌"、"浙江板块"、"浙保亮点"和地方金融的"浙商系列"优势。

附表1　　全国主要省市人民币存款指标一览表

单位：亿元、%

	2010年12月末						2009年12月末					
	余额	位次	增量	位次	增速	位次	余额	位次	增量	位次	增速	位次
全国	718233		120481		20.2		597740		131284		28.2	
浙江	53437	4	9104	4	20.5	2	44336	4	9579	4	27.6	4
广东	79958	1	12215	1	18.0	5	67743	1	13438	1	24.7	6
北京	64454	2	10184	2	18.8	3	54275	2	12043	2	28.9	2
上海	49847	5	7572	5	17.9	6	42291	5	8628	5	25.7	5
江苏	58984	3	10134	3	20.7	1	48850	3	11804	3	32.0	1
山东	41105	6	6407	6	18.5	4	34698	6	7777	6	28.9	3

注：表中人民币存贷款数据口径不含外资金融机构。

附表 2　　全国主要省市人民币贷款指标一览表

单位:亿元、%

	2010年12月末						2009年12月末					
	余额	位次	增量	位次	增速	位次	余额	位次	增量	位次	增速	位次
全国	479196		79451		19.9		399684		95940		31.7	
浙江	45288	2	7290	2	19.2	2	37998	2	9062	2	31.3	2
广东	47192	1	7509	1	18.9	3	39684	1	8719	3	28.2	4
北京	29564	6	4143	6	16.3	6	25422	6	5278	5	27.2	5
上海	30573	5	4369	5	16.7	5	26196	4	4814	6	23.4	6
江苏	42121	3	6824	3	19.3	1	35297	3	9138	1	34.9	1
山东	30723	4	4761	4	18.3	4	25961	5	5913	4	29.5	3

注:表中人民币存贷款数据口径不含外资金融机构。

浙江省货币信贷运行报告

2010年是“十一五”规划的收官之年，也是形势最为复杂的一年，宏观调控面临诸多两难选择。在人民银行总行的正确领导下，人民银行杭州中心支行认真贯彻落实适度宽松的货币政策，畅通货币政策传导渠道，推动全省信贷总量适度、均衡增长，信贷结构不断优化，金融市场创新活跃，金融支持实体经济力度加大。2011年，要贯彻执行好稳健的货币政策，更加积极稳妥地处理好保持经济平稳较快发展、调整经济结构、管理通胀预期的关系，加快推进经济结构调整，切实增强经济发展的协调性、可持续性和内生动力。

一、全省货币信贷运行情况

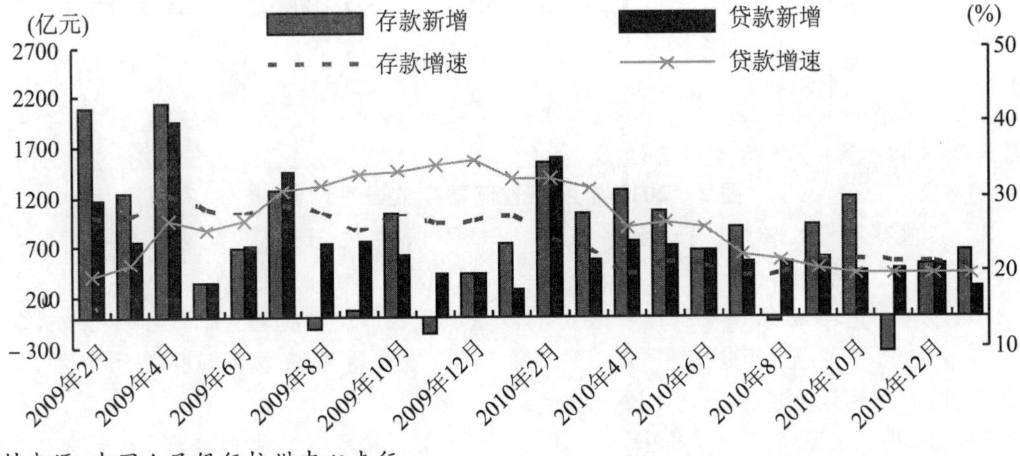

资料来源：中国人民银行杭州中心支行。

图1　2009—2010年浙江省本外币存贷款当月增量增速

2010年，浙江省货币信贷运行总体平稳。全年存款稳定增长，贷款增速逐步回归常态，信贷投放节奏均衡，信贷结构不断优化，利率水平稳步上行，债券融资快速发展。

(一) 各项存款增长趋缓，储蓄存款波动明显

2010年末，全省金融机构本外币各项存款余额54478.1亿元，比年初新增9369.6亿元，同比少增322.8亿元，余额同比增长20.8%，增速比上年降低6.6个百分点。

1. 企业存款增速回落，定期比例提高。2010年末，浙江省企业存款余额达到20046.6亿元，增长19.4%，增速比上年降低27.4个百分点，全年新增企业存款4058.7亿元，同比少增1289.9亿元；定期存款新增2640.9亿元，占企业存款增量的65.1%，比上年提高15.9个百分点，其中存单质押新增1065.5亿元，占定期存款增量的40.3%。全年企业存款增速大幅放缓，主要原因：一是货币政策向常态回归和

监管政策趋严，减少企业派生存款；二是经济形势好转，企业用于生产经营的资金占用增加；三是上年同期基数较高。

2. 储蓄存款波动较大，活期化明显。2010年末，全省储蓄存款余额21093.6亿元，增长16.1%，增速比上年下降6.7个百分点，全年新增储蓄存款2923.7亿元，同比少增445.7亿元，占各项存款增量的比例为31.4%，比上年降低3.1个百分点；其中，活期存款新增1646.2亿元，占储蓄存款增量的56.3%，比上年提高11.6个百分点。全年储蓄波动较大，季末冲高现象明显。2010年以来，储蓄存款活期化且波动加剧，主要原因：一是存款负利率现象持续存在，资产价格震荡攀升，降低了储蓄存款的吸引力；二是商业银行为了满足考核要求，进一步加大季末等时点的存款组织力度，储蓄存款竞争激烈，稳定性降低。

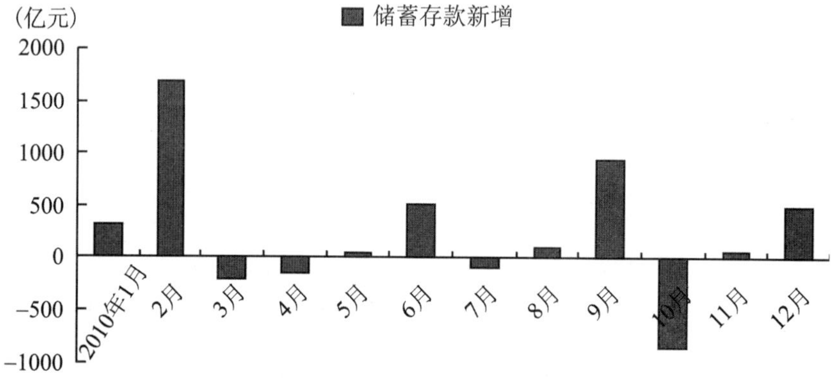

资料来源：中国人民银行杭州中心支行。

图2　2010年浙江省储蓄存款当月增量

3. 其他存款增长较快，保证金存款由负转正。2010年末，其他存款余额12985.9亿元，比年初新增2281.4亿元，同比多增1349.5亿元，同比增长31.2%。主要原因：一是保证金存款新增342亿元，而上年同期减少625.3亿元，其中承兑汇票保证金存款降幅趋缓，全年减少105.4亿元，而上年同期为减少925.3亿元；二是科目调整，机关团体定期存款和部队定期存款纳入其他存款。

（二）信贷合理适度增长，增速逐步回归常态

2010年末，浙江省本外币各项贷款余额46938.5亿元，比年初新增7714.1亿元，同比少增1882.9亿元，余额同比增长19.7%，增速同比降低12.8个百分点。

1. 投放节奏较为均衡，符合调控目标。一至四季度，各项贷款增量分别为2910.5亿元、1911.7亿元、1578.5亿元和1313.4亿元，占比分别为38%、25%、20%和17%。分月度看，除一月份以外，其余各月信贷增量基本在500亿元左右，均衡性较强。

2. 期限结构更趋合理，短期贷款占据主导。与全国贷款增量以中长期贷款为主不同，浙江新增贷款以短期贷款为主，短期、中长期贷款和票据融资的比例进一步优化，更有效发挥对实体经济的支持作用。2010年，全省短期贷款平稳增长，年末余额为26044.5亿元，比年初新增4495.7亿元，同比少增84.5亿元，余额增长20.1%，同比降低6个百分点；中长期贷款增速明显回落，年末余额为18800.2亿元，比年初新增3352.7亿元，同比少增1142.1亿元，余额增长22.7%，同比降低20.2个百分点。短期贷款占各项贷款增

量的比例为58.3%，比上年同期提高10.6个百分点；中长期贷款占各项贷款增量的比例为43.5%，比上年同期降低3.4个百分点。与此同时，票据融资大幅减少，年末票据融资余额607.4亿元，比年初减少546亿元，而上年同期为增加108.3亿元。

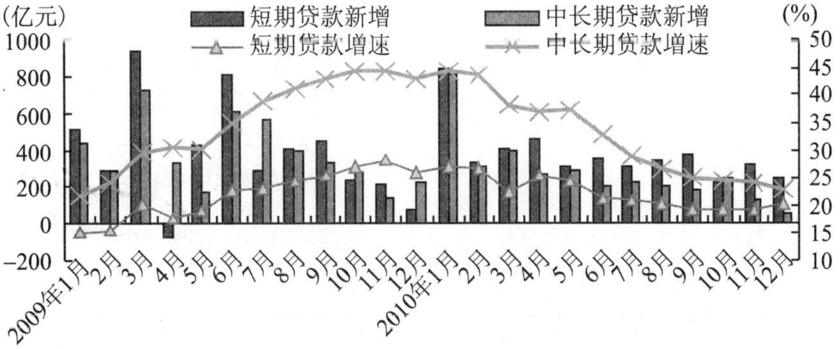

资料来源：中国人民银行杭州中心支行。

图3　2009—2010年浙江省短期、中长期贷款增量增速

3. 着力优化信贷结构，促进经济转型升级。围绕转变经济发展方式主线，落实“有扶有控”的信贷政策，加大对重点领域和薄弱环节的支持，提高金融对经济的支持力度。一是突出对重点产业、先进制造业和服务业信贷投放。2010年，全省十一大转型升级重点产业贷款新增2231.6亿元，占各项贷款增量的28.9%，同比提高1.6个百分点；制造业贷款新增2804.8亿元，占各项贷款增量的34.4%，同比提高8.5个百分点。二是加大中小企业和“三农”资金支持。2010年末，全省中小企业人民币贷款余额23300.1亿元，同比增长21.9%，比人民币各项贷款增速高2.7个百分点，全年新增4187.6亿元，占新增人民币贷款的57.4%，同比提高6.2个百分点；全省涉农贷款余额17851.8亿元，同比增长26.4%，比各项贷款增速高6.7个百分点，全年新增3726.4亿元，占各项贷款增量的48.3%。三是合理控制房地产、地方政府融资平台和产能落后行业贷款。2010年末，全省房地产贷款余额7967.7亿元，同比增长20.5%，较上年回落20.1个百分点，其中开发贷款新增211.2亿元，占各项贷款比重为2.7%，比上年下降1.1个百分点；全省水利、环境和公共设施管理业贷款净下降92.2亿元，而上年同期增加1196.5亿元；全省从十个淘汰落后产能行业中退出贷款15亿元以上。

4. 个人贷款占比提高，外币贷款增长较快。2010年末，全省人民币个人贷款比年初新增3105亿元，占同期人民币各项贷款增量的42.6%，比上年同期提高8.9个百分点。其中，个人消费贷款增量1723.2亿元，占个人贷款增量的55.5%，增速为26.8%，比同期人民币各项贷款增速高7.6个百分点。同时，外币贷款需求稳中趋升，2010年末外币贷款余额249.2亿美元，比年初新增69.7亿美元，增速为38.8%。

（三）债券融资规模扩大，利率水平明显上升

1. 货币和票据市场成交活跃，债券融资创出新高。2010年，浙江省积极拓宽融资渠道，加大对经济的支持。全省货币市场成交活跃，全年累计债券回购交易量50560.7亿元，净融入资金8774.3亿元，比上年增长10.1%；同业拆借交易量为10415.1亿元，净融入资金为6767.9亿元，比上年增长14.5%。票据市场规模较大，2010年银行承兑汇票累计签发20242.5亿元，年末票据承兑余额9743.1亿元，增长25.5%，承兑余额约占全国的20%，居全国第一位。同时，债券融资规模快速扩张，2010年，全省33家非金融企业债务融资工具发行量达267.3亿元，同比多增112.3亿元，其中短期融资券发行211.2亿元，中期票据发行48亿元，中小企业集合票据发行8.1亿元。

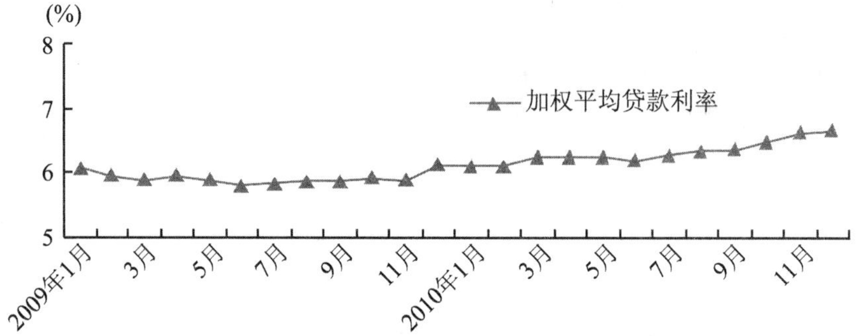

资料来源：中国人民银行杭州中心支行。

图4 2009年以来浙江省人民币贷款利率走势图

2. 各类利率明显攀升，年底上行较快。2010年，受货币政策逐步回归常态影响，各类利率显著上升。一是一般性贷款利率总体回升，利率重心上移。全省人民币一般性贷款全年加权平均利率为6.32%，同比上升40个基点；一至四季度加权平均利率分别为6.15%、6.22%、6.33%和6.60%，同比分别上升19个、34个、47个和61个基点，保持逐季上升态势；利率上浮贷款比例总体有较大提高，12月份上浮贷款占比61.35%，同比上升6.55个百分点。二是民间借贷利率维持高位，上升幅度较大。2010年，全省民间借贷加权平均利率17.96%，同比上升295个基点。三是货币和票据市场利率震荡走高，年底上行较快。12月份，全省同业拆借和质押回购利率分别达2.92%和3.24%，同比分别上升170个和200个基点；银票直贴和买断式转贴加权平均利率分别达6.47%和5.09%，同比分别上升378个和275个基点。

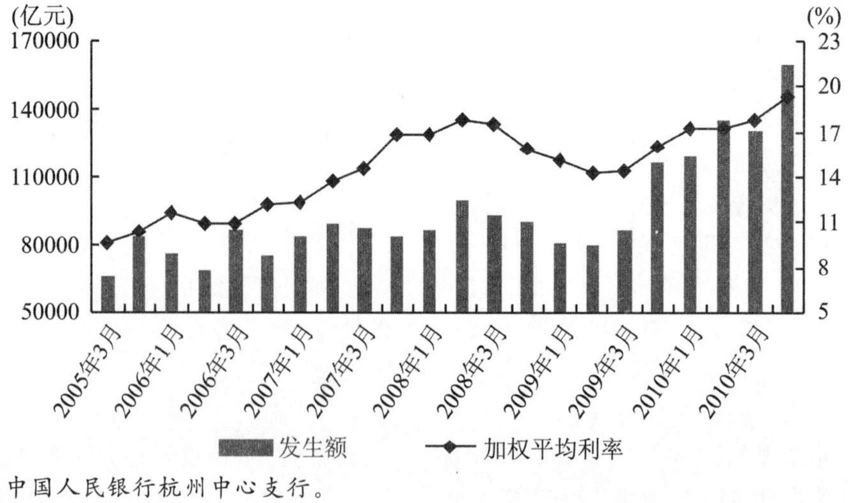

资料来源：中国人民银行杭州中心支行。

图5 2005—2010年浙江省民间借贷利率监测

二、货币信贷政策执行情况

2010年，人民银行杭州中心支行认真贯彻落实适度宽松的货币政策，引导金融机构保持信贷适度均衡增长，持续优化信贷结构，促进区域金融市场创新发展，有力支持了浙江经济平稳较快发展和转型升级。

（一）认真贯彻适度宽松货币政策，支持经济平稳较快发展

一是保持信贷总量适度、节奏平稳。先后四次召开货币信贷政策通报和座谈会，及时传达人民银行总行有关精神，并下发《关于2010年浙江省货币信贷工作指导意见》和《2010年全省货币信贷工作要点》，出台《关于贯彻落实适度宽松的货币政策 促进浙江经济平稳较快发展和转型升级的意见》，引导金融机构保持信贷总量合理适度增长。同时，建立浙江省地方法人金融机构贷款监测制度，开展货币信贷政策导向评估，量化考核商业银行信贷增长均衡性，提高金融支持经济发展的可持续性。

二是积极支持经济发展方式转变。引导金融机构以企业自主创新、技术改造、兼并重组、“走出去”等为重点，围绕全省工业行业龙头骨干企业和现代产业集群示范区，着力做好浙江省“十一大转型升级重点产业”的金融服务工作。联合省经信委、财政厅等政府部门开展工业转型升级重点技改项目财政贴息工作，共对60多个技改项目补贴近1亿元。联合省发改委、经信委等部门制定《关于贯彻国发〔2009〕38号文件实施意见的通知》和《关于加快淘汰落后产能促进经济转型升级的若干意见》，会同省环保厅出台《浙江省排污权抵押贷款暂行规定》，会同省科技厅出台《关于金融支持浙江省科技发展的指导意见》，并以专利权、商标专用权等知识产权质押贷款为依托，推动科技金融产品创新。金融支持转型升级各类融资模式发展迅速，2010年末，全省银团贷款余额481.5亿元，并购贷款余额21亿元，排污权抵押贷款余额2.9亿元。

三是切实加强信贷风险防范。进一步加大差别化住房信贷政策引导，联合省建设厅等部门出台《关于加快发展公共租赁住房实施意见的通知》，联合有关部门出台《浙江省商品房预售资金监管暂行办法》和《杭州市商品房预售资金监管实施细则》，促进房地产市场平稳健康发展。根据国务院及有关部委出台的一系列政策文件，严格加强对融资平台的信贷管理和风险识别。围绕国家淘汰落后产能重点行业，要求金融机构严格控制对“两高”行业和部分产能落后、产能过剩企业的新增贷款投放。

（二）积极支持中小企业和新农村发展，推动民生金融服务

一是全力提升中小企业金融服务。转发落实《关于进一步做好中小企业金融服务工作的若干意见》，明确要求金融机构把中小企业金融业务作为战略重点。全省共发放小企业贷款风险补偿资金8300多万元，撬动小企业贷款新增180亿元。大力推进中小企业信贷政策导向效果评估工作，通报评估结果并作为小企业风险补偿激励的重要依据。强化金融产品和服务创新，完善抵质押方式，2010年末，全省股权质押贷款和知识产权质押贷款余额分别为1371.2亿元和9.6亿元。

二是不断深化农村金融创新。及时转发落实《关于全面推进农村金融产品和服务方式创新的指导意见》，指导金融机构加大“三农”信贷投入。2010年末，全省涉农贷款增长24.5%，高于各项贷款增速4.7个百分点。同时，会同省海洋渔业局制定

《关于开展海域使用权抵押贷款工作的意见》,推动林权抵押贷款扩面增量,鼓励开展农房抵押贷款,2010年末,全省林权抵押贷款余额28亿元,农房抵押贷款余额90.5亿元,农房改造贷款余额139.7亿元,海域使用权抵押贷款余额17.5亿元。联合财政部门开展农业贷款风险补偿工作,全省共发放农业贷款风险补偿资金3033万元,共撬动涉农贷款新增60多亿元。

三是加大民生金融支持力度。联合有关部门出台《关于进一步推进杭州市小额担保贷款工作的实施意见》和《关于鼓励和支持选聘到村任职高校毕业生自主创业的意见》等文件,支持就业和创业,保障和改善民生。2010年末,全省小额担保贷款余额4619.5万元,同比增长44%;全省助学贷款余额达8.71亿元;全省农村合作金融机构扶贫贴息贷款余额达4.35亿元,全年累计向1.36万户低收入农户发放扶贫贴息贷款4.15亿元;全省大学生"村官"创业贷款余额达2301万元。

(三) 强化政策激励,发挥政策工具导向功能

认真落实2010年6次存款准备金率调整政策。加强对金融机构存款准备金政策执行的日常监管和现场检查,对准备金欠缴行为实施行政处罚。根据农村合作金融机构涉农贷款占比达标情况,对省内8家农村合作银行执行有区别的存款准备金率。进一步完善再贷款、再贴现管理。加大支农再贷款额度的调剂力度,全年累计发放支农再贷款22亿元。充分利用再贴现工具,支持"三农"和中小企业发展,全年累计办理再贴现16.5亿元,办理电子商业汇票再贴现业务20余笔。

(四) 进一步加强兑付后监测考核,巩固农信社改革成果

完善农村信用社改革专项央行票据兑付后续监测考核工作,制定印发《浙江省农村信用社改革试点专项中央银行票据兑付后续监测考核实施细则》,切实提高监测考核工作质量和效率。全面总结2003年以来浙江省农信社改革工作,对前期农村信用社专项票据兑付考核履职情况进行全面自查。加强流动性监测管理,把法人金融机构的流动性监测内容扩大到风险性、流动性、赢利性等指标,增强流动性管理的全面性和前瞻性。

(五) 进一步加强利率监测分析,稳步推进Shibor建设

及时转发利率调整政策文件,积极宣传和解释房贷等利率政策,要求金融机构认真执行房贷差别化利率政策。着力做好民间借贷监测分析工作,下发《关于进一步完善浙江省民间借贷监测制度的通知》,监测户数将由原来的3000余家增至近6000家。深入推进利率市场化,积极扩大Shibor的运用范围。推进金融机构逐步建立以Shibor为基准的产品定价体系。

(六) 增强政策敏感性,积极开展调研分析

进一步完善快速反应机制,及时调查和反馈利率、存款准备金率、房地产等政策出台后各界的反应。按月撰写《货币信贷运行报告》,认真编写《浙江省金融运行报告》,全年编发61期货币信贷运行专报。同时,对地方政府融资平台、地方法人金融机构信贷投向分析、房地产政策执行情况、中小企业资金需求变化、欧洲债务危机影响、出口企业承受力等情况深入开展调研。

三、下阶段货币信贷工作思路

2011年是"十二五"规划开局之年。人民银行杭州中心支行将认真贯彻中央经济工作会议和人民银行总行工作会议精神,落实好稳健的货币政策,按照总体稳健、调节适度、结构优化的要求，使信贷资金更多投向实体经济特别是“三农”和中小企业，积极支持浙江经济发展方式转变和经济结构调整。

（一）贯彻稳健货币政策，保持信贷总量适度

引导辖内各金融机构按照中央宏观调控精神，正确把握稳健的货币政策内涵，认真贯彻执行稳健的货币政策，结合宏观形势变化、自身业务发展需要及风险管控能力、实体经济合理的信贷需求等各种因素，保持信贷总量合理适度增长，满足浙江经济发展和转型升级的合理资金需求。引导各地方法人金融机构围绕“支农支小”工作要求，结合自身业务发展需要和风险管控能力，平衡好资金来源和运用关系，合理把握贷款投放总量，更好地支持经济社会发展。按照宏观审慎管理的要求，对地方性法人金融机构实施差别准备金动态调整管理。

（二）深化信贷结构调整，支持经济转型升级

一是积极支持重点项目建设和重点产业转型升级。引导各金融机构突出信贷投放重点，加强对浙江省重点项目建设和重点产业转型升级的信贷资金保障，夯实经济平稳较快增长和转型升级的基础。切实保障全省大平台、大产业、大项目、大企业建设的资金供应，确保在建、续建重点项目后续建设资金供应。以企业自主创新、技术改造、兼并重组、“走出去”等为重点，围绕全省146家工业行业龙头骨干企业和42个现代产业集群示范区，着力做好“十一大转型升级重点产业”的金融服务工作。

二是大力支持战略性新兴产业和现代服务业发展。引导各金融机构围绕浙江省九大战略性新兴产业发展规划，结合省内各地市战略性新兴产业重点基地建设，开发适合战略性新兴产业融资特点的信贷管理制度和金融产品，加大信贷投入，支持浙江省产业结构战略性调整。鼓励金融机构大力开拓供应链金融、贸易融资、无形资产融资等业务，结合全省108家服务业重点企业，积极提升对生产性服务业、服务外包、文化创意等现代服务业的金融服务水平，不断提升对第三产业的融资比重，培育新的经济增长点。

三是深化科技金融合作。引导各金融机构根据《关于印发促进科技和金融结合试点实施方案的通知》和《关于浙江省金融支持科技发展的指导意见》，结合国家技术创新工程浙江省试点工作，围绕全省高新技术产业开发区、科研院所创新基地、产业技术创新战略联盟、高新技术企业和创新型试点企业等重点领域，加强针对科技型企业的金融产品创新和信贷专营机构建设，进一步推动知识产权质押贷款业务发展，着力扩大贷款覆盖面，加强与担保机构、创投机构等的合作，不断深化科技金融合作，支持科技强省和创新型省份建设。

四是积极发展低碳金融。引导金融机构进一步贯彻落实人民银行总行关于低碳金融的指导意见和浙江省生态省建设战略要求。结合全省工业循环经济“733”示范工程、十大节能工程和“811”环境保护行动，不断加大对全省循环经济示范园区、节能减排技改项目、环境污染治理工程和节能环保绿色企业等的信贷投入，保持全省节能减排贷款较快增长。

五是不断完善民生金融服务。根据国家扩大内需的战略方针，引导金融机构根据城乡居民消费特点，开发满足不同层次需求的消费信贷产品，推进住房、汽车、家电、教育、旅游等与民生密切相关产业的消费信贷。督促金融机构贯彻落实小额担保贷款政策、助学贷款政策、大学生“村官”创业政策等，扩大支持范围，支持弱势群体、大学生创业和就学。

（三）鼓励开展金融创新，深化“支农支小”服务

一是全力做好中小企业金融服务工作。围绕浙江省建设中小企业金融服务中心的目标，全力做好中小企业金融服务工作。认真贯彻落实《国务院关于鼓励和引导民间投资健康发展的若干意见》等精神，把中小企业金融业务作为战略重点，确保中小企业贷款增速高于全部企业贷款增速。进一步推动股权、应收账款、知识产权等质押贷款发展，着力抓好扩面增量工作。积极开发标准化、流水线式的小企业“信贷工厂”模式，提升中小企业信贷审批和发放效率。对金融机构贯彻落实中小企业信贷政策情况进行评估，加强对中小企业金融业务的指导。

二是继续提升“三农”金融服务水平。积极推进农村金融产品和服务方式创新，进一步推进林权抵押贷款扩面增量工作。加大金融支持农村住房改造建设的力度，探索开展农房抵押贷款业务，力争农房抵押贷款实现较大幅度的增长。扩大海域使用权抵押贷款业务试点范围，探索开展依法取得的农村集体经营性建设用地使用权抵押贷款。对支农力度大的金融机构，给予优惠的存款准备金率、支农再贷款、再贴现等政策支持。

（四）提高社会融资总量，深入推动跨境人民币结算试点

一是拓宽企业债券融资渠道。引导各金融机构积极参与债券市场产品创新，充分利用金融市场工具拓展融资渠道，进一步加大短期融资券、中期票据、中小企业集合票据等企业债券融资工具的承销力度。支持符合条件的金融机构充分利用发行金融债等手段主动加强资产负债管理，增加中长期资金来源，支持中小法人金融机构利用发行次级债、混合资本债等渠道，建立补充资本的有效机制。

二是积极推进跨境贸易人民币结算。从贸易便利化、节约财务成本、规避汇率风险等角度，加强跨境贸易人民币结算试点的宣传推介。积极创新人民币结算产品，努力为跨境贸易人民币结算构建安全、高效、便捷的结算网络和结算环境，满足企业跨境结算需求，支持更多符合条件的金融机构和企业参加试点，力争跨境贸易人民币结算业务走在全国第二批试点省市的前列。

（五）坚持“有扶有控”原则，切实防范金融风险

一是促进房地产市场平稳健康发展。引导各金融机构认真落实差别化住房信贷政策，严格限制各种名目的炒房和投机性购房。进一步加大对保障性安居工程的金融支持力度，积极支持全省农村住房改造和异地扶贫搬迁工程。选择部分金融机构开展房地产信贷政策导向效果评估工作。

二是加强地方政府融资平台的信贷风险控制。根据《国务院关于加强地方政府融资平台公司管理有关问题的通知》和《财政部、发展改革委、人民银行、银监会关于贯彻〈国务院关于加强地方政府融资平台公司管理有关问题的通知〉相关事项的通知》，按照国家政策要求和分类管理原则，切实加强对融资平台的信贷管理、资金监测和风险控制。

三是支持节能减排和淘汰落后产能。严格控制金融机构对“两高”行业和部分产能落后、产能过剩企业的贷款投放，对国家明确要求淘汰的落后产能的违规在建项目，要求金融机构不得提供任何形式的新增授信，切实防止低水平重复建设。

浙江省利率监测报告

2010年，浙江省金融机构认真贯彻执行利率政策，加强利率风险管理。全年金融机构人民币贷款利率、个人住房贷款利率、同业存款利率、票据贴现利率、货币市场利率、美元贷款利率及民间借贷利率均呈上行态势。

一、人民币一般性贷款利率总体回升，利率重心上移

（一）人民币一般性贷款利率总体上行

2010年，全省金融机构人民币一般性贷款利率趋于回升，全年加权平均利率为6.32%，较2009年上升40BP。从月度趋势上看，上半年震荡上行，下半年持续回升。1月份，全省信贷增长较快，贷款利率环比回落；2月至4月份信贷增长逐步向常态回归，贷款利率环比逐步回升；5、6月份，受政府融资平台管理趋严、房地产调控政策影响，贷款需求受到一定抑制，利率略有回落。下半年，受存款准备金率、人民币存贷款基准利率上调及金融机构加强自身信贷管理影响，贷款利率呈逐月上升态势，12月份攀升至6.66%，较1月份和7月份分别上升57BP和37BP（见图1）。

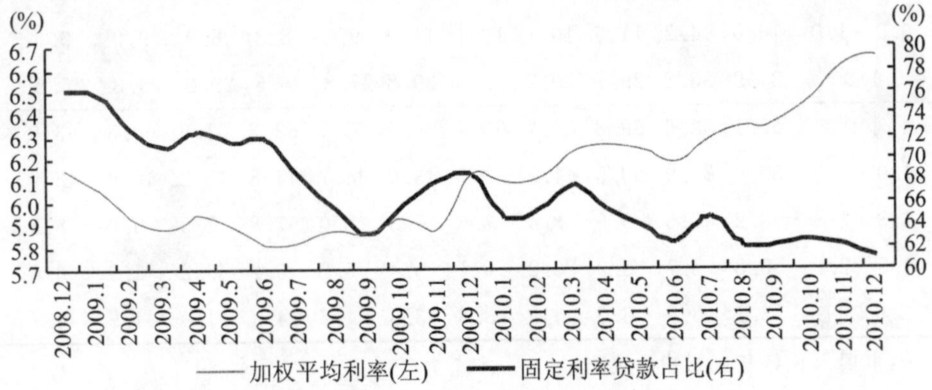

数据来源：中国人民银行杭州中心支行。

图1 浙江省金融机构贷款利率走势图

表1 2010年分期限人民币贷款利率

单位：%

	1月	2月	3月	4月	5月	6月	7月	8月	9月	10月	11月	12月
T≤1	6.16	6.16	6.28	6.31	6.30	6.23	6.33	6.39	6.42	6.56	6.69	6.72
1<T≤3	5.71	5.75	5.95	5.89	5.78	5.76	5.99	6.00	5.81	5.97	6.29	6.24
3<T≤5	5.78	5.87	5.68	5.84	5.86	5.82	5.82	5.84	5.89	5.82	6.10	5.83
T>5	5.89	5.92	5.88	5.91	5.91	5.83	5.88	5.91	5.92	5.98	5.96	5.98

数据来源：中国人民银行杭州中心支行。

分期限看(见表1),全年短期贷款利率总体呈走高态势,长期贷款利率下半年以来有所上扬,但总体相对低位震荡。12月份,1年以内期(含)、1年至3年期(含)、3年至5年期(含)和5年以上期贷款利率分别为6.72%、6.34%、5.83%和5.98%,较1月份分别上升57BP、53BP、5BP和9BP。短期贷款利率较快上行,导致利率期限结构倒挂加剧。上半年,1年以内期(含)贷款利率与5年以上期的利差总体维持40BP左右,下半年则逐渐扩大,至12月份达74BP。主要原因:短期贷款利率对货币政策、市场资金面、企业融资成本等各类因素的敏感性相对较强;长期贷款客户多为资信度较好、议价能力较强的大型客户,利率调整黏性较大。

(二)利率重心总体上移

2010年,全省金融机构上浮利率贷款占比为59.69%,较上年上升8.67个百分点,基准利率和下浮利率贷款占比分别为10.85%和29.46%,较上年分别下降3.21个和5.46个百分点。全年利率重心呈阶梯式攀升(见表2),其中3月份和7月份出现较大幅度上移,之后徘徊波动,下半年上浮贷款利率占比均在60%以上。

表2　　2010年全部金融机构人民币贷款区间分布表

单位:%

		1月	2月	3月	4月	5月	6月	7月	8月	9月	10月	11月	12月
	合计	100	100	100	100	100	100	100	100	100	100	100	100
	0.9—1.0	16.0	14.2	11.5	10.1	10.1	11.2	9.1	8.3	8.9	9.9	9.6	10.9
	1.0	31.9	33.2	29.7	30.2	29.5	29.8	27.8	28.5	29.2	29.8	26.5	27.8
上浮水平	小计	52.1	52.6	58.8	59.7	60.4	59.0	63.1	63.2	61.9	60.3	63.9	61.3
	1.0—1.3	35.0	35.9	39.5	41.2	43.0	43.0	44.7	44.8	43.2	40.6	43.9	42.4
	1.3—1.5	8.2	7.5	9.9	8.4	7.6	7.3	8.0	7.8	7.5	9.0	8.8	8.4
	1.5—2.0	5.8	5.7	5.9	6.2	6.1	5.4	6.2	6.2	6.2	5.9	6.6	6.0
	2.0以上	3.1	3.5	3.5	3.9	3.8	3.3	4.2	4.4	4.9	4.9	4.7	4.6

数据来源:中国人民银行杭州中心支行。

分金融机构看,政策性银行、国有银行贷款利率上浮水平较低,两类机构基准利率及下浮利率贷款占比合计分别为96.64%和67.03%,较上年分别上升2.93个和下降4.1个百分点(见表3)。股份制银行、城商行和农村合作金融机构利率上浮程度相对较高,全年利率上浮贷款占比分别为61.94%、80.61%和91.78%,较上年分别上升11.32个、6.69个和1.52个百分点。

表3 各类金融机构人民币贷款区间分布表

单位:%

		政策性银行	国有银行	股份制银行	城商行	农合机构
	合计	100.00	100.00	100.00	100.00	100.00
	0.9—1.0	24.15	17.91	10.03	7.35	0.77
	1.0	72.49	49.12	28.03	12.04	7.45
上浮水平	小计	3.36	32.97	61.94	80.61	91.78
	1.0—1.3	2.41	32.58	59.37	53.26	38.47
	1.3—1.5	0.95	0.36	2.39	13.08	30.25
	1.5—2.0	0.00	0.04	0.18	13.12	18.07
	2.0以上	0.00	0.00	0.00	1.15	4.99

数据来源:中国人民银行杭州中心支行。

分企业看,随着贷款定价水平逐步走高,金融机构对各类企业贷款利率水平均有提升,但提升速度与企业规模呈反向变动。2010年,金融机构对大型、中型和小型企业利率上浮贷款占比分别为22.40%、46.80%和68.88%(见表4),较上年分别上升1.33个、4.0个和8.63个百分点。

表4 分企业类型各利率区间贷款占比表

单位:%

		合计	大型企业	中型企业	小型企业
	合计	100.00	100.00	100.00	100.00
	0.9—1.0	13.16	34.28	13.21	4.35
	1.0	34.82	43.32	39.99	26.78
上浮水平	小计	52.02	22.40	46.80	68.87
	1.0—1.3	43.42	22.01	42.73	52.90
	1.3—1.5	5.43	0.25	3.22	9.51
	1.5—2.0	2.42	0.09	0.68	4.91
	2.0以上	0.75	0.05	0.17	1.55

数据来源:中国人民银行杭州中心支行。

二、个人住房贷款利率全年稳步上行

2010年,金融机构个人住房贷款利率为5.18%,较上年上升64BP。从月度利率走势看,全年总体维持逐月上行态势,12月份升至5.74%,较年初大幅上升94BP(见图2)。从定价方式看,浮动利率贷款定价主体地位依然突出,全年浮动利率贷款占比为95.86%。在利率上行预期下,金融机构通过选择浮动利率贷款覆盖远期风险;同时,固定利率房贷定价水平较高,2010年固定利率房贷定价水平较浮动利率房贷高出94BP,且对借款人还款选择权附加了一些约束条件,借款人也倾向于选择浮动利率贷款。

从与一般性贷款利率利差看,主要受房地产调控一系列政策等影响,个人房贷利率明显走高,与一般性贷款利率的利差逐月缩小,12月份利差为93BP,较年初缩小40BP。

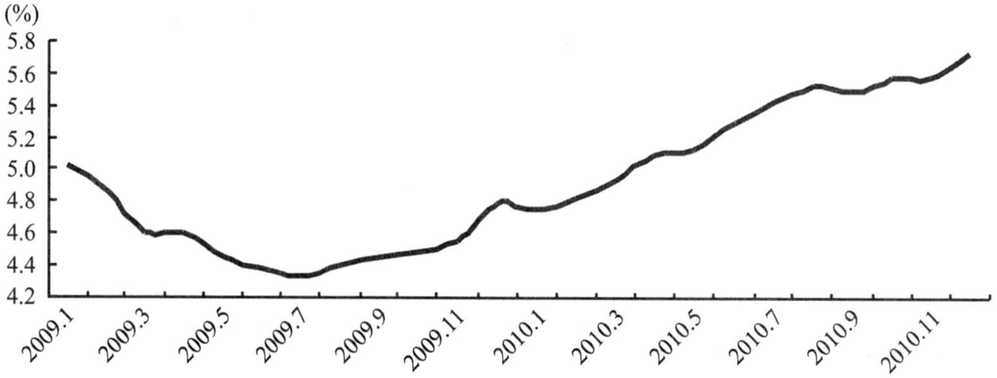

数据来源:中国人民银行杭州中心支行。

图2 浙江省金融机构个人住房贷款利率走势图

三、同业存款利率持续攀升

2010年,在市场资金价格总体走高背景下,全省金融机构同业存款利率总体呈稳步攀升态势,其中3月份、6月份、9月份和12月份加权平均利率分别为1.50%、1.80%、1.99%和2.78%。目前,省内国有及股份制银行分支机构、60%以上的法人金融机构已将Shibor引入同业存款定价,其对货币市场资金价格反应较为灵敏。同时,金融机构对定期同业存款给出的溢价较高,下半年以后固定期限同业存款利率总体高于同档次存款基准利率,12月份固定期限利率达4.57%,这与金融机构存款活期化有一定关系。

四、货币市场利率震荡上行

2010年,全省货币市场利率呈震荡上行态势,主要受货币政策调控、股市债市融资及银行自身营运周期等多种因素影响。一季度信贷投放快速增长,对银行间市场流动性产生派生作用,1至4月份,同业拆借和质押回购利率基本在1.1%—1.5%区间低位徘徊。5、6月份,股市债市密集发行与年内第三次存款准备金率上调的叠加,对资金面影响较明显,货币市场利率快速走高,6月份拆借和回购利率均达2.3%以上。7月份开始有所回落,之后维持震荡。年末,受货币政策累积效应、贷款投放进一步回归常态及资金清算和兑付需求影响,货币市场利率再度走高。12月份,质押回购和同业拆借利率分别达3.24%和2.92%,环比分别上涨146BP和117BP,同比上涨200BP和170BP(见图3)。

五、票据市场利率明显走高

2010年,全省票据市场利率明显走高,全年银票直贴利率和买断式转贴利率分别为4.02%和3.10%,较上年分别上升187BP和117BP。票据作为资产结构"蓄水池"作用进一步发挥,金融机构根据信贷总量松紧调节票据规模的倾向较为明显。从趋势上看,呈现波动式上行,波峰多出现在季度末月,其中,12月份,银票直贴利率和买断式转贴利率分别达6.47%和5.09%，较年初分别大幅上涨378BP和275BP(见图3)。从与其他利率的关系看，全省票据利率与一般性贷款利率、质押回购利率相关系数分别为0.89和0.9，表明票据利率成为连接货币市场利率和信贷市场利率的纽带，既为观察金融机构信贷行为提供依据，又灵敏反映了银行体系资金供求关系变化。

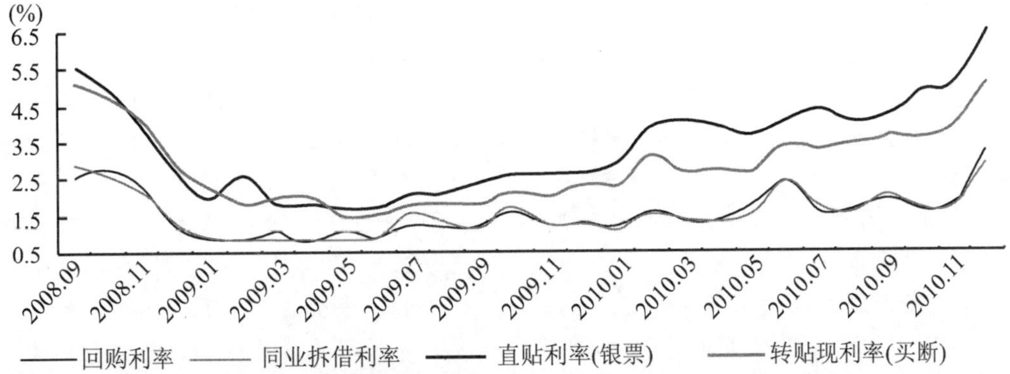

数据来源：中国人民银行杭州中心支行。

图3　浙江省货币市场和票据市场利率走势图

六、美元贷款利率走高，小额存款利率低位徘徊

2010年以来，美元贷款利率总体趋于上升，一季度维持小幅攀升，二季度明显走高，之后维持震荡，年末上升趋势再现(见图4)。12月份，美元贷款利率为3.09%，同比大幅提高141BP。美元贷款利率走高的动因来自国内外两方面，随着外贸复苏，外向型企业外汇资金需求趋于增加，同时本外币贷款利差和人民币升值预期为企业创造了套利空间，国内外币需求总体趋于上升。此外，5、6月份欧债危机形势下，Libor走高，提升了外币定价基准。

2010年，美元小额存款利率未出现明显走高趋势，小幅震荡特征明显。12月份为1.32%，较1月份上升6BP。人民币升值预期导致持汇主体结汇积极，结售汇顺差增长较快，一定程度上补充了金融机构外币资金来源，因而存款利率上升动力相对不大。

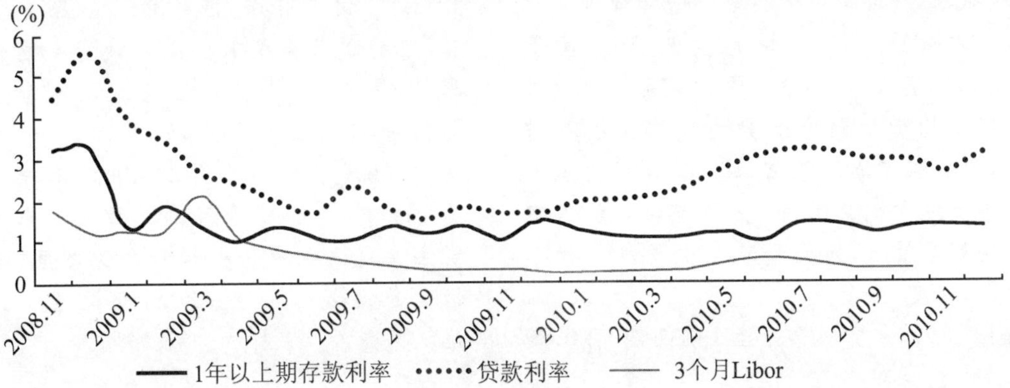

数据来源：中国人民银行杭州中心支行。

图4　美元存贷款利率走势图

七、小额贷款公司利率走势平稳

全省小额贷款公司利率走势较为平稳，总体维持在17%左右的水平，2010年12月达到年内最高水平17.88%，较1月份上升74BP。从定价方式看，固定利率贷款明显占主导，全年固定利率贷款占比为98%。从借贷期限上看，主要服务于农户生产和小微企业流动资金周转，期限较短，1年以内期(含)贷款发生额占比达99%以上，其中6个月以内期(含)占比为88%。由于法人的规范治理，小额贷款公司的贷前审核和定价程序相对规范，与民间借贷相比，人情因素和投机因素相对较少，单笔业务之间的利率波动幅度相对较窄。

浙江省民间借贷利率监测情况分析

2010年，为更加全面、准确地反映民间借贷市场发展情况和民间借贷利率变动情况，中国人民银行杭州中心支行进一步完善民间借贷利率监测制度，将监测点范围扩展至担保公司、典当行和寄卖行等中介机构。原农村合作金融机构为主的监测点主要反映农户、个体工商户、小微企业等相对分散、小额、以自有需求为特点的借贷行为，而新设中介机构监测点主要反映大额、短期、相对集中化的资金借贷行为。

农村合作金融机构监测点设置于2005年，其利率走势与浙江省经济指标、金融机构贷款利率走势的相关性不断增强，为观察实体经济需求和市场预期提供了重要参考。2010年，在全省经济总体回升向好背景下，民间借贷呈现量价齐升态势，四季度，借贷发生额15.98亿元，同比增长38%，借贷利率升至19.31%，同比提高330BP。从利率区间分布看，总体向高利率区间迁移，(0,10%]和(10%,15%]贷款占比分别为13.2%和26.7%，同比分别下降12.1个和4.4个百分点，分布在15%以上贷款占比为60.1%，同比上升16.5个百分点。从借贷用途看，生产经营用途占主导。2005年以来的民间借贷监测数据显示，用于生产经营的民间借贷占比总体维持在75%—86%之间，离散系数为4.6%，走势较为稳定；而用于个人消费、投资及其他的民间借贷占比的离散系数分别为27.2%和24.9%，波幅明显大于企业经营资金占比，因而企业资金需求状况成为民间借贷热度变化的主导因素。但民间借贷的投资趋向有所强化，2010年四季度，用于“投资和其他”用途的占比为22.7%，同比上升2.7个百分点。主要原因是部分富余的民间资金游离出生产领域转而投向高风险、高收益领域，同时，通胀压力使得企业和居民储蓄意愿下降，一定程度上助推了投资需求。

各类中介组织由于具有一定的资金实力和信息优势，在借贷中扮演着资金中介和信息中介的双重角色。2010年四季度，全省首次监测数据显示，平均借贷利率为23.68%，高于原有监测点平均利率437BP。由于借贷主要用于企业资金周转、验资需求和年末企业大额资金支付需求等，导致借贷期限向短期集中，借贷利率与借贷期限呈反向变动，其中，1个月以内、1—6个月和6个月以上借贷利率分别为27.68%、19.72%和18.87%。此类借贷主要发生在中介机构和企业之间，单笔借贷金额较大，一般在几十万元至上百万元之间。

浙江省银行业发展报告

一、银行业运行的经济环境

2010年，浙江经济运行延续回升态势并逐渐回归常规增长轨道，保持良好增长势头。总体看，转型升级步伐有所加快，内生动力和活力持续增强，产销和利润增长较快，社会消费与民间投资稳步向上，节能降耗工作取得阶段性成效。尽管多数指标的增速逐季有所回落，但与2009年同期相比均有明显提高，GDP增速呈现“前高后低”的走势，全年达到27722.31亿元，比上年增长11.9%以上。

——工业生产平稳增长，企业效益稳步回升。2010年，浙江省工业增加值和企业利润保持高位较快增长，各项指标均恢复到国际金融危机前同期水平。2010年，全省规模以上工业企业增加值10397亿元，同比增长16.2%；企业主营业务收入50536.31亿元，同比增长26.7%；企业利润总额为3174.75亿元，同比增长50.1%，增幅比全国平均水平低3.5个百分点。浙江工业企业利润增长对全国规模以上工业企业利润增长的贡献率为5.7%。多数行业利润实现增长。1—11月，37个工业行业大类中，除饮料、烟草和煤炭采选3个行业外，34个行业利润总额实现增长。利润增幅超过50%的有17个行业，其中化纤(184.8%)、非金属矿物制品业(113.0%)、黑色金属冶炼及压延加工业(103.0%)和通信电子设备制造(99.6%)等行业利润增速居前。2010年，亏损企业5704家，亏损面达9%，比1—10月低3.8个百分点。

——社会投资快速增长，投资结构继续优化。2010年1—11月，浙江省全社会固定资产投资12376.04亿元，比2009年同期增长15.2%。增速与前三季度持平。其中，基础设施投资同比增长5%，房地产开发投资增长34.2%，制造业投资增长9.6%。同期，全国城镇固定资产投资增长24.5%。

——外贸出口逐渐回暖，拉动经济效应明显。2010年，浙江省规模以上工业企业出口交货值10642.8亿元，创历史新高，同比增长25.2%；累计出口达1804.8亿美元，同比增长35.7%，增速高于全国4.4个百分点，在出口前六大省市中仅次于江苏(低0.1个百分点)；出口拉动销售产值增长6个百分点，对销售产值增长的直接贡献率为19.8%。其中，12月份实现工业企业出口交货值1084.4亿元，同比增长20.2%，增幅比11月回落0.3个百分点；实现出口164.3亿美元，单月出口规模列全国第三；出口拉动销售产值增长4.6个百分点，对销售产值的直接贡献率为16.8%。

——内生动力不断增强，转型升级步伐加快。2010年，受外部压力和自身结构调整的影响，全省经济增长的内在动力和活力有所增强。一是创新驱动力增强，装备制造和高新技术产业引领增长。2010年浙江省全社会科技投入832亿元，高新技术产业产值达1万亿元，同比增长18.5%，增加值2396亿元，占规模以上工业增加值比重达到23%左右，同比提高0.5个百分点。《中国科学发展报告2010》

数据显示，浙江创新指数列全国各省区第2位。二是结构调整步伐加快，以加工组装为重心的装备制造业和高新技术产业发展迅速，高耗能行业生产增速放缓，工业结构整体有所优化。2010年，浙江省规模以上工业企业中，装备制造工业增加值占比达35%，对工业生产增长的贡献率高达45.7%，拉动规模以上工业增加值增长7.4个百分点。规模以上工业企业单位增加值能耗降幅呈稳步扩大态势，万元产值能耗0.72吨标准煤，全面完成国家下达的化学需氧量、二氧化硫排放量削减指标。三是增长动力结构有所改善。内销趋旺，对经济的驱动力增强。全年累计实现社会消费品零售总额为10163.2亿元，首次突破万亿大关，同比增长19%，扣除价格因素，实际增长14.5%。内销企业在全部规模以上工业中所占份额比去年同期也有所提高，工业销售产值和利润总额占比分别为46.8%和42.7%，分别提高0.7个和1.4个百分点。在汽车、家电、旅游等消费热点的带动下，全年消费需求稳定增长，实际增速处于历史高位。

二、银行业运行的基本情况

2010年，浙江银行业坚持以科学发展观为指导，积极应对复杂多变的经济金融形势，认真贯彻落实国家宏观调控政策和各项监管要求，正确处理保增长与防风险的关系，努力增加信贷的有效投入，为浙江经济保持平稳较快发展提供了有力保障。

全省银行业金融机构业务规模保持较快增长。截至2010年12月末，资产总额达到64745.72亿元，比年初增加10587.54亿元，同比增长19.55%；负债总额达到62463.65亿元，比年初增加10020.60亿元，同比增长19.11%；全年累计实现税后利润1053.62亿元，比2009年增加296.63亿元。

（一）存款总量持续增长，储蓄存款波动较大

2010年末，全省银行业金融机构本外币各项存款余额54478.09亿元，比年初增加9369.62亿元，同比少增322.76亿元；同比增长20.76%，增速比去年同期下降6.64个百分点。总体来看，存款变动呈现以下几个特征：

一是存款月度波动较大，季末冲高现象较为明显。从月度变化情况看，存款增幅最大的1月份新增存款1529.59亿元，而7月和10月却分别负增长37.91亿元和350.08亿元。季末各月的存款增量均高于全年平均水平，存款“冲时点”现象仍较为明显。

二是储蓄存款增速放缓，储蓄分流现象明显。2010年，储蓄存款增长总体趋缓，年末储蓄存款余额21093.62亿元，同比增长16.09%，低于各项存款平均增速4.67个百分点，其中3、4、7、10四个月度出现负增长。储蓄存款变动与资本市场、房产市场走势关系密切，在国内股票市场大幅上涨的10月份，浙江省金融机构储蓄存款大幅减少846.06亿元，股市对储蓄的分流现象十分明显。

三是存款活期化趋势增强。年末，活期储蓄存款同比增长23.88%，高出全部储蓄存款增速7.79个百分点，活期储蓄占比由年初的37.94%上升到40.48%，存款的活期化趋势明显。其主要原因是：随着CPI同比数据的不断上升，人们对未来通货膨胀预期加大，加上长期低名义利率导致负实际利率的现状，导致居民储蓄意愿降低，并且对存款资产的流动性偏好增强，在存款时基于机会成本因素更多地选择活期、短期存款。

（二）各项贷款增势趋缓，信贷投放结

构优化

2010年，全省银行业按照国家宏观调控要求，科学把握贷款投放的节奏和力度，贷款增势渐趋理性，信贷投放结构进一步优化。

一是贷款增势理性减缓，投放节奏把握较好。截至2010年末，全省银行业金融机构各项贷款余额46938.54亿元，比年初增加7714.13亿元，同比少增1882.89亿元；同比增长19.67%，增速比去年同期下降12.76个百分点。从季度投放情况看，贷款增长总体呈减缓趋势，但投放节奏把控较好。除一季度增长较快外，各季贷款增量较为平稳，一、二、三、四季度分别投放2910.5亿元、1911.7亿元、1578.5、1313.48亿元，基本实现了“3∶3∶2∶2”均衡进度。

二是信贷投放的区域结构得到改善，对欠发达地区的信贷支持力度加大。12月末杭州、宁波和温州三地金融机构本外币贷款余额合计占全省总量的比重为63.93%，比年初下降0.61个百分点；经济欠发达的衢州、丽水和舟山三地金融机构贷款余额合计占比5.60%，比年初上升0.11个百分点，其中，衢州和丽水的贷款余额同比分别增长25.72%和22.19%，高于全省平均增速4.96个和1.43个百分点。

三是对实体经济的信贷支持力度加大。2010全年新增贷款投向前五大行业分别为制造业、批发和零售业、个人贷款、租赁和商务服务业、交通运输、仓储和邮政业，占全部新增贷款的比重分别为39.46%、19.88%、19.82%、5.53%和5.18%，合计占比89.87%。其中，投向制造业、批发和零售业的新增贷款合计4552.33亿元，占各项贷款增量的59.34%，比2009年高出28.66个百分点，金融机构对实体经济的信贷支持力度进一步加大。

（三）资产质量大幅提高，抗风险能力进一步增强

截至2010年末，浙江银行业金融机构按贷款五级分类的不良贷款余额为445.86亿元，比年初减少58.78亿元，不良贷款率为0.95%，比年初下降0.34个百分点，不良贷款余额和比例实现“双降”。全省金融机构贷款损失准备金余额823.86亿元，比年初增加126.33亿元；整体拨备覆盖率达到184.78%，比年初上升46.56个百分点。

中小法人机构的风险抵御能力进一步增强。截至2010年末，全省中小法人机构各项资产减值准备金余额为306.66亿元，比年初增加54.55亿元，同比增长21.64%。其中，各项贷款损失准备金为297.14亿元，比年初增加53.44亿元，同比增长21.93%；贷款损失专项准备金充足率为272.26%，比年初上升72.43个百分点。中小法人机构拨备覆盖率为260.51%，比年初提高83.21个百分点，远远超过150%的监管要求。

（四）盈利水平稳步提高，收入结构继续优化

2010年，浙江银行业金融机构实现税后利润1053.62亿元，同比增加296.63亿元；资产利润率为1.78%，比年初上升0.21个百分点。其中，中小法人机构累计实现利润252.78亿元，同比增加86.53亿元；资本利润率为18.62%，比年初上升1.24个百分点；资产利润率为1.43%，比年初提高0.18个百分点。

盈利保持较快增长的同时，收入结构也进一步优化。截至2010年末，浙江银行业金融机构利息收入率为85.91%，比年初下降0.73个百分点，净利息收入比例133.64%，比年初下降5.83个百分点。而中间业务收入率达到14.38%，比年初上升1.69个百分点，其中一个主要因素是，贸易项下的跟单信用证业务快速增长，期末余额达1857.78亿元，比年初增加786.87亿元。

（五）小企业金融服务稳步提升

2010年以来，在省委、省政府和银监会的领导下，浙江银行业金融机构服务小企业的理念不断深化，信贷支持力度不断加大，服务水平不断提高。截至2010年末，中小企业贷款余额为23300.05亿元，较年初增加4187.61亿元；在全部人民币企业贷款中，中小企业贷款余额和增量占比分别达79.27%和86.79%，分别比去年同期上升1.47个和1.24个百分点。小企业贷款余额为10503.82亿元，较年初增加2440.14亿元；在全部人民币企业贷款中，小企业贷款余额和增量占比分别为35.74%和50.57%，分别比去年同期上升2.99个和16.30个百分点；2010年小企业贷款增量高出去年580.82亿元、增速高于各项贷款10.89个百分点，达到了银监会“两个不低于”的目标。

2010年，辖内各银行业金融机构继续把“六项机制”建设作为深入开展小企业金融服务的抓手，积极在各项机制建设方面进行研究探索。同时，按照银监会要求及各自总行的统一部署，有条不紊地推进小企业金融服务专营机构建设。截至6月末，辖内共建立各种类型小企业信贷专营机构506家（尚不包括专业营销团队109个），拥有专业人员5175人。各机构不断加大创新力度，在继续运作“抱团增信”、“网络联保”、“桥隧模式”、“小本贷款”、“信贷工厂”等现有模式的同时，进一步探索适合小企业的贷款担保形式和服务模式，积极创新小企业金融服务产品，一大批各具特色的小企业金融产品纷纷涌现，如“通宝系列”、“速贷通”、“固贷通”、“网贷通”、“e融通”等，大大提升了小企业金融服务的专业化程度和满意度。

（六）金融支农工作成效显著

为深入贯彻落实中共中央《关于加大统筹城乡发展力度进一步夯实农业农村发展基础的若干意见》以及中国银监会关于进一步加大涉农信贷资金供应等文件要求，省银监局开展了“2010年金融支农深化年”活动。经过一年来各监管部门和各银行业金融机构的共同努力，农村金融服务水平再上一个新台阶，为浙江省农村经济金融发展、农民生活水平提高、加快统筹城乡一体化进程作出了新的贡献。

一是提前完成空白乡镇金融网点与服务全覆盖。至2010年6月末，已全面实现全省159个空白乡镇金融网点与服务全覆盖，提前半年完成银监会下达的工作任务，成为继山东省（共2个空白乡镇）和河南省（共4个空白乡镇）之后第三个完成该项工作任务的省份，占全国上半年空白乡镇减少数量的78.9%，受到了银监会和浙江省委、省政府的高度肯定。

二是对“三农”信贷扶持力度进一步加大。截至2010年末，辖内涉农金融机构涉农贷款余额5893.63亿元，比年初增加1244.83亿元，增幅为26.64%，高于同期涉农机构各项贷款平均增幅4.66个百分点；全年辖内涉农金融机构涉农贷款增量占比68.64%，高于2009年23.14个百分点；县域涉农金融机构（不含农发行）新增存贷比为73.68%，高于60%的目标要求。全省银行业金融机构全面完成“两个不低于”目标，涉农金融机构全面完成“三个高于”①目标。

（七）案件防控工作扎实推进

2010年，在各级监管部门的督促和引

① “三个高于”是指涉农贷款增速高于平均贷款增速，涉农贷款增量占比高于上年，县域机构年度新增存贷比高于60%。

导下，辖内银行业金融机构全面开展“内控和案防制度执行年”活动。一些机构成立了专门的“执行年”活动领导小组，召开专题会议研究部署相关工作，制定出台一系列实施计划、工作方案和考核方法，明确了案件防控目标、防控责任、工作考核和责任追究。通过加强内控管理和完善内控体系建设、开展员工案防教育培训、加强党风廉政建设、深化岗位制约、强化案防履职考核、加大日常安全检查力度和突出抓好集中整治等措施，各银行业金融机构的案防机制进一步健全，案件防控能力明显提升，大案频发势头得到了有效遏制。全年辖内银行业金融机构共上报案件4起，其中一类案件3起，涉案金额6847.57万元，风险金额3980万元。二类案件1起，涉案金额1600万元，风险金额800万元。案件数量比2009年减少一起，涉案金额减少3032.1万元，风险金额减少2099.67万元。

三、银行业机构分类别发展状况

（一）政策性银行

2010年末全省政策性银行本外币资产总额2616.63亿元，比年初增长19.03%；其中，各项贷款余额2423.63亿元，比年初增加511.26亿元，同比多增70.86亿元，余额同比增长26.73%；贷款余额占全部银行业贷款的比重为5.16%，同比上升0.28个百分点；新增贷款占全部银行业新增贷款的比重为6.63%，同比上升2.04个百分点。负债总额2568.51亿元，比年初增长19.02%；其中，各项存款余额243.07亿元，比年初增加12.09亿元，同比增长5.23%。全年实现账面利润44.78亿元，同比增加11.68亿元。

2010年，国家开发银行浙江省分行积极参与各级政府“十二五”规划编制工作，主动加强融资项目需求对接；继续创新基层金融合作模式，加强与省金融办、地方股份制商业银行和担保公司的合作，加大对新农村建设、中小企业和节能减排项目的信贷支持；积极组建对重大建设项目的银团贷款，全年实现银团合作280.3亿元，发放银团贷款105亿元；积极配合监管部门开展地方政府融资平台清理工作，圆满完成了解包还原、贷款清查、集体约谈各项工作，并在集体约谈过程中嵌入风险分析技术，创新性提出构建银行共享平台，即“共享信息、共享防火墙、共享决策”，实现了统一行动、合作共赢的效果。

中国农业发展银行浙江省分行积极参与省政府开展的“浙江银行业支农深化年”活动，不断创新服务手段，大力拓展支农领域。以保供稳价为着力点，确保浙江省粮食安全；以发展非经营性业务为着力点，支持农业农村基础设施建设；以产品创新与同业合作为着力点，提升支农水平与效率。2010年末，各项贷款余额360.11亿元，比年初增加76.62亿元，同比多增14.1亿元，其中，中长期贷款余额170.41亿元，比年初增加55.56亿元，同比多增9.08亿元。

中国进出口银行浙江省分行将促进浙江省产业转型升级作为2010年的工作重点。重点支持具有自主知识产权、自主品牌的高新技术产品出口和各类紧缺资源和先进技术设备的进口，以及节能减排、新能源等绿色信贷；通过买方信贷业务帮助企业开拓海外市场，积极支持民营企业的境外投资项目；优化客户结构，不仅支持外向型重点骨干企业，还重点支持了一批具有良好发展前景的中小民营企业。12月末，该分行中小企业（含4个小企业平台）贷款102户，贷款余额98.32亿元，占全部贷款户数、金额的54%和30%。

（二）国有商业银行

2010年末，全省国有商业银行本外币资产总额29572.76亿元，比年初增长16.63%；其中，各项贷款23612.78亿元，比年初增加3320.63亿元，同比少增1491.66亿元，余额同比增长16.36%，增幅同比下降14.73个百分点；贷款余额占全部银行业贷款余额的比重为50.31%，同比下降了1.42个百分点；新增贷款占全部银行业新增贷款的比重为43.05%，同比下降了7.09个百分点。负债总额29137.51亿元，比年初增长16.77%；其中，各项存款余额27431.86亿元，比年初增加4169.04亿元，同比少增831.28亿元，余额同比增长17.92%，增幅同比下降了9.46个百分点；存款余额在全部银行业存款中的比重为50.35%，同比下降了1.21个百分点，新增存款占全部银行新增存款的44.50%，同比下降了7.09个百分点。年末余额存贷比86.08%，比全省银行业平均水平低0.08个百分点，同比下降了1.15个百分点；新增存贷比为79.65%，比全省银行业平均水平低2.68个百分点。

中国工商银行浙江省分行主动适应形势变化，科学把握信贷投放节奏，全面加快结构调整步伐。在继续巩固优质信贷市场的同时，该行围绕产业转型升级要求，加大对海洋经济、现代服务业、新兴产业、新农村等七大新兴市场，以及节能减排、循环经济、低碳经济等绿色产业的支持力度；推进小企业专营机构和小微企业信贷试点，深化小企业贷款“六项机制”建设，扩大“两小”市场在全行业务中的比重；该行坚持以客户为中心，深入开展“2010服务价值年”活动，通过推进综合化营销、加快产品创新、实施业务流程改造等多项手段全面提升客户服务能力。积极开展政府融资平台解包还原工作，严格执行差别化住房信贷政策，严控民营集团大户风险，深化内控和案防制度执行，切实提高风险防控和化解能力。

中国农业银行浙江省分行2010年存款业务继续保持快速增长，年末各项存款余额达到6147亿元，比年初增加1162亿元，增长23.3%，增量与增幅均居辖内国有银行首位。该行积极调整区域、业务和客户结构，加大产品创新和优势产品营销力度，优化流程、创新机制，有效促进了经营转型。2010年，该行零售业务和中间业务比重大幅上升，小企业贷款继续保持较快增长势头。该行先后荣获全国农行文明单位和支持浙江经济发展一等奖、支持中小企业发展优秀奖以及“浙商最信赖客户服务银行”、“浙商最信赖中小企业信贷银行”和“浙商最信赖品牌银行”等荣誉称号。

中国银行浙江省分行全力拓展核心存款业务，有效突破重点领域，以网点转型为契机，以公私联动为依托，加大产品创新力度，促进储蓄存款增长；同时，及时调整资产业务发展重点，切实在“调结构”上下工夫，以关系国计民生的基础设施项目和先进制造业为主攻目标，以资源型行业中长期项目为发展重点，成为全省唯一一家主动对接重点援疆工程项目的金融机构。该行着力加强产品创新，积极开展各类新兴投行业务，叙做省内首笔资产并购贷款、首笔上市公司股权并购贷款、首笔海外并购贷款并首次提供全程海外并购顾问服务；国际结算业务增长良好，完成国际贸易结算额超600亿美元，同比增长36%；成功办理省内首笔跨境贸易人民币结算业务，业务量和客户数均保持同业领先。

中国建设银行浙江省分行以重点产品和重点区域为突破，增强考核导向和激励力度，多管齐下推动中间业务发展。2010

年，该行实现中间业务收入约50亿元，同比增长38%，在全国建行系统居第二位。该分行认真把握"民生保障"政策重心，创新推出"民本通达"系列金融产品，在多项民生领域实现了社会效益和经济效益的双丰收。围绕新农村建设，该行于5月成立了新农村金融服务部，6月与省委农办签订了3年1200亿元的战略合作协议，并有针对性地推出了"城乡合"系列创新金融产品，努力打造建设银行服务新农村的业务品牌。

交通银行浙江省分行坚持存款立行，用好信贷规模，推动主体业务加快发展，经营效益大幅提升。该行坚持结构调整，推动业务转型，发展方式不断优化；中间业务加快发展，投行业务收入快速增长，银租、银期、银证合作不断推进，企业年金业务继续保持全省领先地位；零售业务加快转型，零贷、小企业"展业通"贷款两项总量保持交行系统第一位，增量分列系统内第二位和第一位；电子银行提速发展，电银分流率达57.19%，较上年提升10个百分点，完成增量任务的186.13%，"三位一体"经营模式转型取得了显著成效。

（三）股份制商业银行

2010年末，全省股份制商业银行本外币资产总额13092.42亿元，比年初增长15.87%；其中，各项贷款10054.81亿元，比年初增加1554.31亿元，同比少增543.58亿元，余额同比增长18.28%，增幅同比下降14.49个百分点；贷款余额占全部银行业贷款余额的比重为21.42%，同比下降了0.25个百分点；新增贷款占全部银行业新增贷款的比重为20.15%，同比下降了1.71个百分点。负债总额12774.02亿元，比年初增长15.27%；其中，各项存款余额10462.34亿元，比年初增加1884.95亿元，同比多增229.73亿元，余额同比增长21.98%，增幅同比下降了1.93个百分点；存款余额占全部银行业存款的比重为19.21%，同比上升0.2个百分点，新增存款占全部新增存款的20.12%，同比上升3.04个百分点。年末余额存贷比为96.10%，比全省银行业平均水平高9.94个百分点，同比下降了3个百分点；新增存贷比为82.46%，比全省银行业平均水平高0.13个百分点，同比下降了44.28个百分点。

浙商银行坚持以公司业务为主体、小企业业务和投资银行业务为两翼的"一体两翼"市场和业务定位，通过增资扩股和不断提高经营管理水平，实现了资本、规模、特色、质量、效益的协调发展。2010年，浙商银行信用等级被中诚信国际上调为AA级，并荣获"2010年度最具发展潜力银行"。小企业业务特色进一步显现，全年新增小企业专营机构17家，并继续在贷款限额、财务政策、资产质量容忍度等方面对小企业采取优惠政策，出色完成了"两个不低于"的监管要求。同时，进一步加强投资银行业务与小企业业务的联动发展，成功发行了票面总额为6.6亿元的中小企业集合票据，并通过内部分层增信、引入外部担保等创新显著提升此类业务的技术含量，由此成为国内首家能同时提供间接（贷款）、直接（发行债券）和混合（信贷资产证券化）三种小企业融资服务模式的商业银行，获得了2010年中国区优秀投行评选"最具成长性银行投行"等荣誉。

中信银行杭州分行2010年以总行全面实施FTP管理为契机进一步推动精细化管理，完善了全面预算和绩效考评体系，加强利率定价管理，优化财务资源配置，经营效益大幅提升。中间业务发展成效显著，全年成功注册或续发债券9只（金额67亿元），承销数量高居浙江省首位；该行紧抓同业理财产品这一重要渠道,全年累计上线托管产品 96 只,托管规模 75.4 亿元,市场份额居第一位;国际业务实现考核口径业务量 125 亿美元,在浙江省有机构地区所有股份制银行中稳居第一位。

华夏银行杭州分行致力于做深做大供应链金融业务。该行设立了作为一级部室的供应链金融部,重点开发省内汽车制造业、大宗原材料制造业等核心客户;在业务创新中引入物流金融业务的精髓,做供应链融资的延伸,利用产品组合嫁接,成功推广了应收账款质押融资业务、有追索权工程保理业务、购销通业务、汽车销售服务企业融资业务、商票保贴等业务品种,新产品业务量占比达 21.46%。目前,该行供应链金融已形成产品系列,并根据市场需求不断推出新的产品。

广东发展银行杭州分行积极参与省内大企业短、中期票据的发行分销,切实为企业降低财务成本。为争取债务融资工具的单独主承销业务,积极做好目标企业的预评级等前期准备工作。截至 2010 年末,共为 20 家目标企业进行了预评级工作,为 6 家目标企业设计了专门的短期融资券发行方案。

上海浦东发展银行杭州分行积极调整授信政策,不断优化信贷结构。2010 年新增贷款主要投向制造业、批发和零售业、建筑业、交通运输仓储和邮政业、经济适用房和农转居公寓建设(含拆迁安置)以及海洋经济相关领域,制造业贷款占比已达 50% 以上,对实体经济的信贷支持进一步提升。同时,较好地控制了高耗能、产能过剩等行业的信贷投放,截至 11 月底,高耗能行业、高排放行业、产能过剩行业等行业的授信余额占比分别较年初下降 2.06 个、0.57 个和 0.37 个百分点。

中国民生银行杭州分行按照总行提出的发展战略将小企业业务作为实施二次创业和转型升级的重要支撑。2010 年小企业贷款新增 79.59 亿元,占全部新增贷款的 63%,余额和新增额在系统内排名第二;中小企业专营机构贷款比年初增加 23.7 亿元,增长 31.8%,位居系统内第二位。

兴业银行杭州分行大力开展节能减排贷款业务,打造绿色信贷特色产品。一方面,加强银政协作,积极搭建信息交流平台,与省经信委联合举办"绿色浙江　生态经济"浙江省节能降耗业务政银企战略合作签约仪式,对重点节能降耗客户开展重点营销。另一方面,积极践行"赤道原则",对 5 笔项目融资按照"赤道原则"项目审查程序开展授信。首笔适用"赤道原则"的温州创源水务有限公司污水处理项目贷款 1.12 亿元顺利发放,获得了良好的社会效益。

恒丰银行杭州分行在落实贷款新规方面成效突出。该行成立了以行长为组长的"三个办法一个指引"培训推广活动领导小组,年内对全体员工先后开展 5 次贷款新规培训,先后 3 次对信贷人员和各级管理人员进行贷款新规考试。根据贷款新规全流程管理的要求,将贷款管理各环节的责任落实到具体部门和岗位,建立贷款各项操作环节的考核和问责机制,建立全流程的精细化信贷管理模式,有效防范贷款用途的虚构和欺诈,贷款新规得到了全面有效执行。

渤海银行杭州分行注重案防工作。2010 年初,该行召开了风险防范专题会议,安排部署全年 48 项各类专项检查工作,全年实际开展各类检查 53 次,开展 10 余次应急预案演练;按照上级部门和公安部门要求,在世博、亚运和重要节假日认真做好了"三防一保"工作,确保了分行的安全稳定。2010年,该行保卫部荣获杭州市公安局颁发的“全市经济文化保卫工作先进集体”称号,是唯一获此殊荣的股份制商业银行。

(四)城市商业银行

2010年末,全省城市商业银行本外币资产余额7678.40亿元,比年初增长36.17%;其中,各项贷款4049.31亿元,比年初增加880.84亿元,同比少增103.49亿元,余额同比增长27.81%,增幅同比下降17.26个百分点。负债总额7149.69亿元,比年初增长35.65%;其中,各项存款余额5380.07亿元,比年初增加1075.26亿元,同比少增72.31亿元,余额同比增长24.98%,增幅同比下降11.58个百分点。

一年来,辖内城市商业银行法人机构跨区域经营稳步推进,积极向重点新区和乡镇扩展,努力满足县域经济发展和新农村建设的合理金融需求。台州银行在舟山、温州、杭州的分行相继开业,该行主发起设立的浙江三门银座村镇银行、深圳福田银座村镇银行也已正式开业;绍兴银行在滨海新区设立滨海支行,兰溪越商村镇银行和嘉兴分行筹建获得批复;稠州银行设立了福州分行,在杭州、丽水、金华等地新设5家支行,其上海分行、宁波分行和温州瑞安支行、杭州淳安支行也已获准筹建;杭州银行开始解决跨区域发展以后总行管理幅度过大的问题,对杭州地区机构的管理体制进行了适当调整,提高了专业化经营、管理和服务能力。

面对日趋激烈的市场竞争,辖内城商行积极转变发展模式、加快战略转型,在保函、国际结算等传统中间业务继续保持良好发展的同时,大力发展新型中间业务。温州银行相继推出了金鹿小本创业卡、公务卡等两个新卡种,基金销售自动化系统(SFA)成功上线,顺利发行了自主品牌“金鹿理财”1001期货币型理财产品,并积极代理销售同业理财产品。稠州银行成功开办了出口商票融资、国内信用证、进口押汇、信用证打包贷款和代理西联汇款等业务,获得了外汇即期买卖业务资格,较好地满足了外贸型企业客户多样化金融服务需求。上海银行杭州分行加强投资银行中间业务的组织推动工作,依托银团贷款、贸易融资、银信合作产品等发展投行业务,不断加强中间业务产品创新和观念革新,拓宽中间业务收入来源。

同时,辖内各家城商行小企业金融服务工作进一步深化。各行纷纷加大体制、机制和业务创新,积极拓展小企业金融业务。如杭州银行对原有的小企业和微型企业信贷流程进行了改造,创新“小企业财务数据分析调整表”,本着“实地、实质”的原则开展内部评级。湖州银行开发了“百合花—诚信通”贷款产品,与地方财政合作推出小企业专项信用贷款,与担保、信托公司合作推出了面向科技型小企业的“太湖之星”信托贷款理财项目。嘉兴银行围绕小企业“六项机制”建设,稳步推进专营支行改革试点工作。推出“快速列车”小企业(1+5)服务模式,进一步提高小企业贷款工作效率。

(五)农村中小金融机构

1. 农村合作金融机构。2010年末,全省农村合作金融机构本外币资产余额9244.92亿元,比年初增长21.83%;其中,各项贷款5470.26亿元,比年初增加899.14亿元,同比多增6.21亿元,余额同比增长19.67%,增幅同比下降4.61个百分点。负债总额8523.70亿元,比年初增长20.76%;其中,各项存款余额7773.59亿元,比年初增加1343.13亿元,同比多增160.84亿元,余额同比增长20.88%,增幅同比下降1.64个百分点。

2010年，浙江省农村合作金融机构坚持服务“三农”和中小企业的经营方向，努力提高服务层次，加大信贷投入，支农支小主渠道作用充分彰显。截至2010年11月末，农户贷款余额1853.53亿元、小企业贷款余额2446.98亿元，分别占全省银行业的52.84%和23.65%，均居全省银行业第一。根据“总量控制，结构优化”的监管要求，全面完成涉农贷款“三个高于”和小企业贷款“两个不低于”目标。

省农信联社按照省政府和银监部门做好基础性金融服务的要求，全面完成84家金融机构空白乡镇网点的建设（占全省总数的52.83%）。目前，全系统营业网点数达3905个，主要分布在乡镇和村，约占全省银行业网点的38%；围绕统筹城乡发展，大力推广农房改造建设贷款、扶贫小额贷款、农村青年创业贷款等业务。截至2010年11月末，贷款余额分别达123.05亿元、4.27亿元、19.88亿元；坚持开展“走千家、访万户、共成长”活动，实现企业电子建档13.13万户，农户（个人）电子建档296.84万户，走访企业面达30%，走访农户面达45%；围绕便利农村居民和农村中小企业享受现代金融服务，大力推广传统与现代科技相结合的丰收小额贷款卡，发卡量达53.82万张，贷款余额298.16亿元；推出网上银行、丰收电话宝、丰收支付宝卡通等新业务。

2. 村镇银行。2010年辖内共有9家村镇银行获准开业，8家获准筹建，开业村镇银行数量达到17家。截至10月末，辖内已开业的15家村镇银行各项存款余额74.55亿元，比年初增加40.97亿元；各项贷款余额89.61亿元，比年初增加58.20亿元；注册资本23.44亿元，净利润7247万元（9月末），不良贷款率0.02%（除玉环、长兴、永嘉3家有少量不良贷款外，其他12家村镇银行不良率为0）；农户贷款占比41.81%，中小企业贷款占比51.12%；户均贷款余额67.42万元，户均贷款比年初下降6.93万元。村镇银行成立以来，以其灵活的信贷管理和经营模式、富有特色的产品创新，较好地支持了当地经济的发展，同时也赢得了社会各界的广泛关注和赞誉。

（六）信托、租赁及财务公司

2010年，杭州工商信托的监管评级获大幅提升，私募股权投资基金管理创新业务资格获银监会批复，成为获批该类业务资格的第二家信托公司。该公司继续实施以分散投资为核心的基金化策略拓展信托业务，信托资产规模显著提高，资产结构进一步优化，主营业务收入占比保持领先行业水平。新增集合信托业务大多为中长期产品，业务模式正往“投资”方向转化，2010年先后成立的“飞鹰系列”的两款新品——飞鹰五号、飞鹰六号，以组合投资为主要特征，为基金化产品品牌打造及“基金化、中长期化、投资化”的业务战略实施奠定了良好基础。在信托业务拓展中，该公司注重合作伙伴的选择与机构客户的开发，积极寻求与优质的企业构建良好的合作关系，合作伙伴的层面进一步提升，公司通过产品创新与市场开发，在为投资者获得稳健收益的同时，也使合作方及公司自身价值得到提升。

华融金融租赁公司2010年2月和12月分别实施两次增资扩股，注册资本金由14.74亿元增至25亿元，并于5月在全国银行间债券市场成功发行10亿元金融债券，开创了国内金融租赁公司通过金融债券方式进行市场化直接融资的先河，进一步拓宽了融资渠道。该公司以服务省内小企业为工作重点，从加强服务力量、完善服务体系、丰富租赁产品、增加租赁规模、扩大网络覆盖、健全风险控制长效机制、建立激励约束机制、营造良好外部环境等八个方面，进一步建立健全适应浙江省中小企业租赁业务发展的管理体制。

2010年末，全省财务公司资产总额206.67亿元，比年初增长30.70%；其中，各项贷款余额264.48亿元，比年初增加76.71亿元，同比增长40.85%；负债总额162.09亿元，比年初增长25.03%，其中，各项存款余额322.96亿元，比年初增加116.87亿元，同比增长56.71%。浙能财务公司积极参与金融股权投资项目，开展信托基金投资业务，业务范围得到进一步的扩展。2010年6月28日，该公司电子商业汇票系统成功通过人民银行验收正式上线运行，并于8月份与成员单位合作成功开出第一份电子银行承兑汇票及电子商业承兑汇票，标志着公司的商业汇票业务进入电子化操作阶段。

（七）其他机构

1. 资产管理公司。中国长城资产管理公司杭州办事处努力做好政策性不良资产的维权和处置回收，全年回收现金619.49万元，并积极开展商业化不良资产的收购、处置业务。在实施商业化转型的过程中，通过开展融资租赁、担保、中小企业财务顾问及不良资产综合服务等业务，进一步深化了中小企业金融服务。一年来，该办事处以融资租赁方式为9户中小企业提供了6.01亿元的资金支持；以担保等方式为63户中小企业提供了6.4亿元的资金支持；以财务顾问及不良资产收购方式为2户企业提供了3740万元的资金支持，无论是支持力度还是服务质量都获得了中小企业的高度认可，在市场中树立了良好的品牌形象。

中国信达资产管理公司浙江分公司继续坚持不良资产经营为主业，积极拓展商业化资产收购业务，推进债转股企业的增值管理，大力开拓中间业务，取得了较好进展。同时扎实推进集团协同工作，配合总公司与浙江省人民政府签订了战略合作协议，牵头筹建信达财险浙江分公司，协同区域内的各子公司和分支机构在保险、信托、租赁、证券、基金等方面为省内企业提供全方位的金融服务。

中国东方资产管理公司杭州办事处进一步加大租赁业务拓展力度，做好与外贸租赁对接，积极研究探索新的租赁产品，开展与民泰银行银租合作，将集合票据的理念植入租赁业务；进一步拓宽与银行的合作模式及中小企业融资手段，首次引入AMC回购机制，成功为浙商银行承销的6.6亿元中小企业票据提供增信服务；大力推进与商业银行业务合作，先后与杭州银行、招商银行、浙商银行等签署金额总计38.35亿元的信贷资产转让合同，与浙江民泰银行、泰隆银行签署包括不良资产业务合作、租赁业务合作、次级债业务合作在内的整体合作协议。

2. 邮政储蓄银行。2010年，中国邮政储蓄银行浙江省分行按照监管部门审慎经营的要求，在风险可控的前提下，加大发展力度，稳健推出小企业贷款、商业票据、信用卡、个人网银等新业务和新产品，各项业务均取得了长足的进步，超额完成了总行下达的利润目标。

中国邮政储蓄银行浙江省分行全年加大涉农贷款投放力度，结合浙江山海战略，大力拓展支农贷款新渠道，推出推广林权抵押贷款、渔船抵押贷款、农房抵押贷款等惠农产品，全力推进“金融支农深化年”活动的深入开展，积极延伸农村金融服务网络，承担并顺利完成全省159个金融服务空白乡镇中43个空白点的覆盖任务。该行将微小企业列为信贷规模投放的重点对象，在做大商务贷款、服务个体工商户和微小企业主的同时，积极拓宽微小企业融资渠道，陆续在杭州、温州、湖州、绍兴等地开办小企业贷款业务。

3. 外资银行。随着外资银行数量的增加和业务范围的拓宽，辖内外资银行逐步融入浙江经济，不仅为跨国公司、外资企业，也为本地民营企业、中小企业提供多样化的金融服务。2010年末，全省外资银行本外币资产总额249.28亿元，同比增长55.02%，其中，各项贷款余额163.89亿元，比年初增加67.61亿元，同比增长70.22%；负债总额221.59亿元，同比增长61.75%，其中，各项存款为158.82亿元，比年初增加64.36亿元，同比增长68.13%。

截至2010年末，在杭外资银行分行共有9家，较年初增加2家，支行级机构数目达到9家(含批筹1家)。在杭外资银行本外币资产总额191.41亿元，较年初增长58.87%，其中，各项贷款余额142.16亿元，比年初增加60.90亿元；负债总额179.24亿元，较年初增长62.24%，其中，各项存款为142.75亿元，比年初增加57.72亿元。

四、2011年浙江银行业发展展望

2011年，浙江银行业将面临更加复杂、更加充满不确定性的发展环境，来自经济层面、政策层面乃至银行体系内部的诸多因素将对银行业综合竞争力形成严峻挑战，并推动银行业经营理念、机制和模式的转变。

从国际经济形势看，虽然经济复苏仍在延续，但"发达国家增长乏力、全球经济双轨复苏"渐成主基调。美国经济复苏步履维艰，货币政策"外部性"日益凸显问题；发达国家债务风险压力依旧，欧元区主权债务危机持续蔓延；新兴经济体通胀趋势持续增强，都对全球金融市场和宏观经济运行产生重大影响。这些都清晰地表明世界经济仍处于危机后的深度调整之中，未来经济复苏之路并不平坦。目前看来，这些因素在短期内难以消弭，对未来全球经济影响依旧难料。

从国内经济环境看，2010年中国经济虽然经历了金融危机之后政府挤压房地产泡沫的严峻考验，但是经济增长在宽松的流动性和经济转型的驱动下，再次出现了整体过热的态势。房地产的价格上升趋势虽然被遏制，但是国内却出现了全面通货膨胀的态势，这次通货膨胀发生在美国第二次量化宽松和国内劳动力成本持续上升的双重背景下，是对中国宏观经济政策前所未有的挑战。虽然保持经济平稳较快增长仍然是既定的国策，但是通货膨胀的形势也再次彰显了经济转型的急迫性。作为外向型、块状经济特征突出的浙江，2011年是加快发展方式转变、推动经济转型升级的关键一年。在传统产业加快转型升级和战略性新兴产业加快培育发展的背景下，浙江要实现省政府提出的2011年全省生产总值增长9%左右的预期目标，将面临严峻的考验。一是消费需求增长将面临诸多因素制约。家电下乡、家电和汽车摩托车以旧换新等扩大消费政策效应的逐渐递减，汽车购置税减免政策的取消，房地产调控政策效应的显现以及因此带来的相关商品消费增速的回落，物价、特别是食品类价格的持续上涨，都将在一定时期内影响消费增长。二是投资增长将有所下降。投资后续发展存在较大的不确定性，房地产调控政策使后续投资增长受到一定程度的压抑。加强地方政府融资平台清理，短期内会在一定程度上影响地方政府的投融资能力。三是净出口增速将略有回落。随着出口退税政策调整，钢材等基础商品出口将受到影响;人民币持续升值压力增加,将给2011年外贸出口带来明显影响;出口企业效益逐步走低;贸易摩擦增多将成为大概率事件,浙江或为重灾区。

从政策面看,2011年,财政和货币政策面由“积极和适度宽松”转变为“积极和稳健”,货币政策回归常轨,银行业面临的宏观面将出现重大转变:货币信贷目标收紧态势不减,准备金率成为主要量化工具,利率上调空间打开并可能进入加息通道,人民币汇率升值空间拓宽,房地产调控常态化。

在这样的运行环境下,银行信贷规模或平稳增长,净息差或略有提高。从信贷扩张来看,一方面由于表外信贷在2011年将继续严控,投资和消费将进一步增长,实体经济对资金需求仍将旺盛;另一方面,由于2009年以来银行通过再融资和分红补充资本,整体资本充足率超过11.5%,资本对信贷投放的约束力在2011年将有明显减轻,信贷供给的能力充足,监管目标成为抑制信贷投放的主要因素。预计2011年新增信贷或在7.5万亿元左右。从净息差来看,基于加息预期带来的市场利率的提升,银行议价能力的提高和信贷结构的改变,预计净息差水平在2011年将相对2010年略有提高。

基于上述分析,2011年银行业运行将呈现多个新特征。一是信贷结构的变化。一方面是行业结构的变化,突出特征是尽管传统产业仍占绝对优势,但新兴行业的占比将明显增加,医疗保健、战略新兴行业和与通信娱乐相关的消费电子及元器件等领域将得到更强信贷支持。另一方面是企业结构的变化,中小企业将得到进一步强化,收息率或有提高。二是通胀导致存款结构变化,居民和企业各类投资理财活动更为频繁,活期与定期之间转换更为频繁,时点波动会更为明显。三是综合化经营和业务创新不断推进。2011年银行国际化进程将有更大进展,将对实体企业提供更大支持,同时由于升值预期的存在带来外汇资金仍将或显紧张。业务创新上将可能围绕企业需求的满足和总量调控展开,新型金融工具的运用力度可能加大,除可能会继续推出提高融资效率和降低融资成本的信贷创新产品之外,投资银行、资产管理、贵金属、电子银行等领域创新都会涌现。四是差异化和专业化经营将进一步推进。主要表现在:企业贷款的差异化,大型银行在继续关注大型企业的同时,会将更多注意力投向中型企业,中小银行的转型将更多偏重中小企业;受限于信贷规模约束加大,“有保有限”的贷款策略可能出现,银团贷款的规模将有所扩大。五是银行业风险管理将面临更加严峻的挑战。制度变革、金融脱媒与利率市场化仍是银行面临的长期风险,而风控能力的提高和市场化的历练将逐步化解,银行业短期内仍面临地方政府融资平台和房地产调控的风险。

浙江省资本市场发展报告

2010年，在国际、国内经济缓慢复苏，国内经济通胀压力加大的形势下，通过国家宏观调控政策的作用和各市场主体的积极应对，浙江资本市场仍保持了较好的发展势头。进入辅导企业数量快速增加，企业上市、再融资活跃；证券期货经营机构业务发展的基础不断夯实，合规经营意识逐步增强，市场交易活跃，投资者参与热情高涨。证券监管工作紧紧围绕证监会工作大局，依托市场实际，统筹兼顾，依法合规，有效推进，有力地促进了浙江资本市场的健康稳定发展。

一、浙江资本市场发展概况

（一）上市公司快速增加，后备资源丰富

2010年是浙江资本市场的丰收年，上市公司新增数量创历史新高。全年浙江新增境内上市公司45家，占全国新增上市公司家数的12.89%。截至年底，浙江境内上市公司总数186家，位居全国第二；其中，中小板上市公司91家，占全国中小板上市公司总数的17.14%，位居全国第二；创业板上市公司16家，占全国创业板上市公司总数的10.46%，位居全国第三。

此外，浙江尚有境内拟上市企业141家，其中辅导期企业102家，已报会待审核企业30家，已过会待发行企业9家，已完成股份制改造的企业数百家，基本上形成了“改制一批、辅导一批、上市一批”的上市后备梯队。

（二）证券市场交易规模继续保持全国领先地位

2010年，浙江新增证券营业部72家，扣除证券服务部升级为营业部因素的影响，全年新增证券营业部56家。截至年底，浙江共有3家证券公司，7家证券分公司，2家证券代表处，1家基金公司，4家基金分公司，358家证券营业部，4家证券投资咨询机构。证券经营机构数量在全国名列前茅。2010年，浙江证券经营机构累计代理证券交易额12.38万亿元，占全国交易量的9.95%，位居全国第四，次于上海、广东和北京；实现手续费收入103.65亿元；实现利润总额55.15亿元。截至年底，全省证券经营机构托管市值7787.68亿元，客户交易结算资金余额951.84亿元。

（三）期货市场交易规模同比大幅增长

2010年，浙江新增13家期货营业部。截至年底，浙江共有期货经营机构115家，其中期货公司13家，期货营业部102家，客户保证金余额231.89亿元，同比增长54.5%，在全国各省份中名列前茅。2010年，我国期货市场实现了巨大发展，全年累计成交金额308.67万亿元。同期，浙江期货市场成交金额亦再创新高，达到43.54万亿元，同比增长97.9%，占全国总数的14.11%。

二、市场主体发展情况

（一）上市公司运作日益规范，整体经营状况良好

1. 企业上市融资活跃。2010年，浙江省企业利用资本市场进行IPO融资十分活跃，无论是发行上市的企业数还是过会的企业数均创历史新高。45家企业在

境内资本市场首发上市，占全国新增境内上市公司总数的12.89%，其中，主板上市公司3家，中小板上市公司31家，创业板上市公司11家，分别占全国新增公司总数的10.71%、15.2%和9.4%。IPO融资总额572.2亿元，其中，31家中小板上市公司IPO融资总额343.61亿元，11家创业板上市公司IPO融资总额127.6亿元，分别占全国中小企业板和创业板新增上市公司融资总额的16.95%和13.25%。

此外，2010年浙江省14家境内上市公司进行了再融资，募集资金146.41亿元。其中，13家上市公司进行了增发融资，募集资金140.41亿元，1家公司发行了公司债，募集资金6亿元。万马电缆等15家公司的增发预案已获得中国证监会批准或股东大会通过，正在抓紧落实后续工作。

2. 上市公司运作不断规范。2010年，通过对上市公司实施分类监管、推动上市公司健全信息披露机制、强化上市公司内幕信息管理、开展上市公司关联交易摸底调查和独立性整治活动、妥善处理上市公司违规买卖股票行为、督促新上市公司开展公司治理专项活动、帮助新上市公司迅速熟悉资本市场规则和监管环境等一系列措施，上市公司自我规范机制不断健全，主动规范的意识有所加强，质量不断提高。

3. 上市公司保持良好的业务发展能力。2010年，浙江上市公司积极寻找市场机会，拓展产品系列，扩大市场份额，提高技术含量，加强内部管理，稳健经营，保持了良好的业务发展能力。全年共实现营业收入4943.96亿元，较上年增长28.37%；实现净利润477.78亿元，同比增长29.07%。同时，2010年实现扣除非经常性损益后的净利润389.13亿元，同比增长35.48%。其中182家公司盈利，4家公司亏损，较去年同期减少3家；144家公司净利润实现增长，占比77.42%；6家公司扭亏为盈。从盈利能力和每股指标来看，浙江上市公司2010年全年实现平均每股收益0.45元、平均净资产收益率为15.18%。

4. 上市公司违规行为仍时有发生。近两年来，通过深入推进公司治理、信息披露、防范大股东资金占用等专项活动及做深做细上市公司日常监管，上市公司质量有所提高，经营日益规范。但2010年，浙江省上市公司仍爆发了几起风险事件：钱江摩托违规信息披露、凯恩股份多次被举报、浙江龙盛与浙江医药的董事以及民丰特纸的大股东在年报披露前的窗口期违规买卖公司股票、个别公司的内幕信息知情人则是在内幕信息披露前违规买卖本公司股票等，反映出浙江省部分上市公司内控制度仍不完善，规范运作基础仍然不够扎实，董监高合规意识淡薄，规范运作意识和水平依然需要不断提升。

（二）证券市场运行稳定，证券公司业务发展不断突破

1. 证券市场稳定运行基础不断巩固。2010年，浙江证监局将合规管理全面纳入证券经营机构日常监管，不断规范证券经纪行为。通过督导证券公司开展合规管理评估工作，推动公司强化重点领域和关键环节的合规管理；指导协会建立营销数据库，跟踪记载营销人员的执业经历和诚信状况；加强对证券经营机构负责人的培训，提升高管人员素质；推进投资者教育工作，维护投资者合法权益，证券市场稳定运行的基础不断巩固。

2. 证券公司业务发展有所突破。在浙江证监局的大力支持下，浙江3家证券公司内部治理、风控机制、合规管理发生了深刻而显著的变化，基础制度全面改革完善，风险防控能力和经营管理水平明显提高。浙商证券、财通证券基础进一步夯实，综合经营和业务创新稳步推进。2010年4月，财通证券获得证券保荐业务资格，全业务平台的目标基本实现。5月底，浙商证券首单创业板IPO保荐项目顺利通过中国证监会发审会审核，树立了公司在投资银行业务领域的良好声誉。中信金通证券完成区域经纪业务定位，形成了一定竞争优势和品牌效应。从2010年的收入结构来看，浙商证券和财通证券的收入结构不断优化，经纪业务在整个收入中所占的比重有所下降，资产管理、投行、自营等业务收入所占的比重不断上升。

证券公司的快速发展，特别是浙商、财通两家券商业务牌照已经比较齐全，这为进一步实现自身转型发展、提升综合竞争力奠定了基础。同时，证券公司在拓宽融资渠道、推进产业结构调整等方面的金融服务功能进一步增强，为实体经济利用资本市场发展创造了有利条件。

3. 证券公司服务水平和管理能力仍需提升。尽管财通证券与浙商证券在业务发展、利润来源多元化方面已处于整体推进的阶段，但与国内其他券商相比，多元化进程缓慢，经纪业务仍是主要的业务收入来源。单纯的经纪业务通道服务缺乏市场竞争力，对客户的服务能力和意识不足，导致佣金率不断下滑，净资产收益率、部均收益率和部均利润排名都随之下滑。同时，随着业务线的不断延伸，相应的成本管理、风险控制、合规运行能力无法匹配，违规行为时有发生。这些因素导致在2010年度证券公司分类评价中，浙江省的财通证券被评为BBB类公司，浙商证券被评为B类公司，与2009年度分类评价结果相比，均有所下降。

4. 恶性竞争持续存在，营销违规行为形式多样。随着营业部的不断增加以及潜在客户的日益减少，各证券经营机构采用了简单的价格竞争的方式开拓业务，导致2010年浙江省证券市场的平均佣金率仅为万分之八，同比下降25.2%，不仅低于行业的平均水平，在全国各省市中也几乎处于最低的水平。为保持既有的市场份额，各经营机构大力发展证券经纪人，部分经纪人在开展营销的过程中采用开户送礼等多样化的违规手段，扰乱了正常的市场竞争秩序。

（三）期货公司实力不断增强，风控水平日益提高

1. 期货公司综合实力和盈利能力有效增强。截至2010年底，浙江13家期货公司注册资本合计20.51亿元，净资本32亿元，同比分别增长了43.41%与48.96%，资本规模和风险抵御能力进一步增强。全年共实现手续费收入20.53亿元，盈利6.8亿元，较上年分别增长29.69%和22.3%，行业盈利能力进一步提高。期货公司累计风险准备金近3亿元，未出现一起穿仓事件，实现了规模扩张和强化风险管理的双重目标，继续保持市场影响力和盈利能力相对领先的行业优势。

2. 期货公司治理不断完善，合规水平进一步提升。2010年，浙江期货公司全面落实各项监管要求，强化合规经营意识，健全公司治理和内控机制，加强风险防控，合规管理水平得到进一步提高。在期货公司分类评价中，浙江期货公司取得A类评级的有5家，总体评级处于全国领先水平。

3. 期货市场服务地方经济的能力显著增强。近年来，各期货公司主动调整发展战略和经营模式，大力发展产业客户，为更多实体企业管理风险提供专业服务，产业客户对期货市场的认识和参与度不断加深。据不完全统计，2010年末，期货公司有法人客户6000多户，近80亿产业资金参与期货市场,同比增长八成,法人开户数和权益均占全省总数的三成以上,法人客户全年成交额达3.8万亿元,同比增长75%。

4. 行业发展形势复杂,浙江公司优势减弱,后劲不足。从2006年券商全面介入期货市场以来,券商控股的期货公司已增至60多家。券商系期货公司凭借股东在资本、品牌、人才、技术、渠道和客户资源等方面的强大优势快速崛起,给传统期货公司带来严峻挑战,股指期货的上市更加速了行业竞争格局的改变。券商系期货公司在股指期货市场中已经占据绝对优势,浙江期货公司在传统的商品期货时代积累的优势不断减弱,发展后劲不足。尽管浙江省期货公司的经营规模逐年绝对增长,但总体的行业地位及市场占有率呈下降趋势,部分公司的下滑态势尤其明显。

(四)首家基金管理公司正式成立

2010年,浙江也是全国第一家证券投资基金管理公司——浙商基金管理公司正式开业,填补了浙江基金管理公司的空白。浙商基金的成立,可以更好地为居民提供投资理财服务,对健全地方金融机构体系,促进本地经济发展具有重大的意义。

(五)证券服务业日趋成熟,为资本市场发展做出积极贡献

证券会计业、资产评估业、证券法律业及证券投资咨询业等相关证券服务行业与证券市场的发展息息相关。近年来,浙江省证券服务业不断走向成熟,在提高市场主体信息质量、完善公司内部治理、规范公司运作、促进公司发展等方面做出了积极的贡献,为浙江资本市场的发展提供了有力的支持。

(六)投资者队伍不断壮大,风险意识增强

截至2010年底,浙江证券投资者开户数达到593.39万户,同比增长12.34%;期货投资者开户数达到17.54万户,同比增长37.03%。在投资者数量增长的同时,通过一系列投资者教育活动的开展,投资者对资本市场的了解和认识不断深化,风险意识和自我保护能力有所提高,上当受骗、参与非法证券期货活动的投资者减少,全年的信访投诉数量有所下降。

三、资本市场监管重点工作

2010年,浙江证监局秉承"实事求是、从严监管"的工作理念,高标准,严要求,保障上市公司、证券期货经营机构规范、健康发展。同时,以保护投资者特别是中小投资者利益为工作的重中之重,积极开展非法证券的整治活动,立案查处各类违法违规行为。

(一)规范上市公司运作,着力提高上市公司质量

一是加强和改进上市公司监管方式,对上市公司实施分类监管,积极开展全面检查和专项检查工作。二是做深做细年报监管,在审阅全部上市公司年报的基础上,对业绩亏损、新上市以及年报疑问较多的上市公司进行年报专项检查并采取相应的监管措施。三是深化完善上市公司自我规范的内生机制,全面开展上市公司关联交易摸底调查和独立性整治活动,根据"一司一策"的原则逐家推动,整治活动初显成效。四是制定《关于加强董事、监事、高级管理人员持有并买卖本公司证券管理的指导意见》,严格规范上市公司董事、监事及高管人员买卖本公司股票行为,并对上市公司落实情况进行摸底调查和督促落实。五是以新上市公司为重点,提高上市公司自我规范水平和能力。集中召集2010年新上市的公司董、监、高人员及保荐代表人开展上市公司见面会活动,抓好新上市公司"第一课"。六是强化定期报告审核和股价异动监管，对股价异动公司实施动态监管，加强网络舆情和股价异动监控，及时排查、妥善处置各类风险，维护了资本市场稳定。

（二）强化证券经纪业务监管，维护市场公平竞争秩序

一是强化证券机构合规管理，将证券经营机构合规管理有效性作为现场检查、非现场检查、案件查处、信访处理等工作的重点关注内容，推动机构强化重点领域和关键环节的合规管理。二是强化经纪业务监管，规范证券交易佣金管理，促进证券经纪业务健康发展。要求证券机构认真落实《关于加强证券经纪业务管理的规定》，根据“同类客户同等收费、同等服务同等收费”的原则，针对不同分类客户制订相应的佣金标准，强化投资者适当性管理、客户回访等制度的完善落实。

（三）夯实期货市场基础，维护股指期货平稳上市

一是强化日常监管，注重风险防控。深化“两金”监管，增强抗风险能力；加强对期货公司的检查，构建期货公司风险专管员制度，指定专人关注各期货公司的持仓情况和行情变动；加强交易系统技术建设，切实防范技术风险；建立健全首席风险官制度建设。二是积极采取措施，维护股指期货平稳上市。按质按量完成期货经营机构开户工作现场督导和全面检查，并率先在各期货经营机构推行开户全程录像制度；完成证券经营机构中间介绍业务开业验收检查；借助新闻媒体等全力做好股指期货投资者教育工作，对股指期货各项制度安排进行详细解读。

（四）多措并举，切实保护投资者合法权益

一是开展形式多样的投资者教育活动，成立投资者教育领导小组，整合各方资源，统筹规划，制订实施方案，使投资者教育工作形成合力。二是严防内幕交易行为，维护公平公正的交易市场。全方位加大防范内幕交易工作的宣传教育力度，加强内部内幕信息保密工作，严格落实辖区上市公司内幕信息知情人登记制度。三是坚定不移，克服困难，高效、高质量完成案件调查任务。四是积极整治非法证券期货活动。在贯彻落实地方政府建立的联合打非工作机制基础上，加强与省金融办、省广电局、工商局、公安厅等部门的协调配合，形成打击合力。加强对媒体信息监控，对辖区内广播电视媒体中的证券节目进行监听监看，及时对不规范证券类节目进行清理和整顿。

浙江省保险业监管(发展)报告

2010年,浙江保险业坚持以科学发展观为统领,紧紧围绕"转方式、调结构、防风险、促发展"工作主线,深入实施"二次创业",全面建设"三大保险",保险市场继续保持了良好的发展势头。全年业务发展平稳较快,业务结构优于全国,行业风险有效防范,服务领域稳步拓宽,现代保险功能作用得到进一步发挥。

一、保险市场基本情况

(一) 机构人员

2010年,浙江省新增保险市场主体5家,其中美国利宝保险有限公司浙江分公司获准开业,填补了外资财产保险公司的结构空缺。截至2010年底,全省共有保险市场主体61家(财产险28家,人身险33家),各类保险机构达到3619家,其中总公司2家,分公司89家,中心支公司310家,支公司922家,营业部289家,营销服务部2007家;共有保险专业中介机构130家,其中代理公司81家,经纪公司27家,公估公司22家;保险兼业代理机构10520家;从业人员16.6万人,其中营销员12.2万人。

辖区[①]共有各类保险机构3085家,其中总公司2家,省级分公司61家,中心支公司294家,支公司749家,营业部266家,营销服务部1713家;外资保险公司驻浙代表处2家;共有保险专业中介机构107家,其中代理公司71家,经纪公司22家,公估公司14家;保险兼业代理机构7882家;从业人员14.6万人,其中营销员11.0万人。

(二) 原保险保费收入

2010年,浙江省保险业共实现原保险保费收入834.4亿元,排名全国第6位,和去年同期持平,同比增长29.3%。其中,财产险公司保费收入334.5亿元,同比增长30.9%;人身险公司保费收入499.9亿元,同比增长28.2%。

辖区保险业实现原保险保费收入690.3亿元(见表1),全国排名第9位,和去年同期持平,同比增长28.3%。其中,财产险公司保费收入266.2亿元,排名全国第3位,与上年持平,同比增长31.4%。人身险公司保费收入424.1亿元,排名全国第9位,与上年持平,同比增长26.4%。

表1　　2010年全国保费收入前十名省市排名情况表

单位:亿元

地区	总保费		财产险公司保费		人身险公司保费	
	本年累计	排名	本年累计	排名	本年累计	排名
全国	14527.77	—	4026.89	—	10500.88	—

① 辖区指浙江省不含宁波区域。

续表

地区	总保费		财产险公司保费		人身险公司保费	
	本年累计	排名	本年累计	排名	本年累计	排名
广东	1231.76	1	320.85	2	910.91	1
江苏	1162.68	2	324.25	1	838.43	2
北京	966.46	3	217.00	5	749.46	3
上海	883.86	4	197.18	7	686.68	4
山东	876.21	5	246.94	4	629.27	6
河南	793.28	6	137.41	9	655.87	5
四川	765.77	7	202.27	6	563.50	7
河北	746.40	8	196.64	8	549.76	8
浙江	690.34	9	266.22	3	424.12	9
湖北	500.32	10	102.64	15	397.68	10

注：广东、浙江、山东统计数据中不包括深圳、宁波、青岛统计数据。

（三）赔付支出

截至2010年底，浙江省保险业赔付支出216.1亿元，同比下降1.8%。其中，财产险公司赔付支出147.5亿元，同比增长11.2%；人身险公司赔付支出68.6亿元，同比下降21.6%。

辖区保险业赔付支出177.9亿元，同比下降3.2%，增幅低于全国平均水平3.4个百分点。其中，财产险公司赔付支出119.3亿元，同比增长12.0%，增幅高于全国平均水平1.1个百分点。人身险公司赔付支出58.7亿元，同比下降24.1%，增幅低于全国平均水平17.2个百分点，主要由于寿险满期给付增幅低于全国平均水平25.1个百分点。

（四）区域保险市场

截至2010年底，杭州、宁波、温州三市原保险保费收入居浙江省前三位，合计保费收入448.6亿元，占浙江省总保费收入的53.8%。增速最快的是衢州市，同比增长35.7%（见表2）；增速最慢的是舟山市，同比增长16.0%。

表2　　2010年浙江省各地区原保险保费收入情况表

地区	原保险保费收入（亿元）	同比增长（%）	占比（%）
杭州	202.9	27.1	24.3
宁波	144.1	34.1	17.3
温州	101.6	26.5	12.2
金华	79.9	33.3	9.6
台州	74.4	27.8	8.9
嘉兴	66.8	28.5	8.0
绍兴	62.6	30.9	7.5

续表

地区	原保险保费收入(亿元)	同比增长(%)	占比(%)
湖州	40.4	29.9	4.8
衢州	22.5	35.7	2.7
丽水	20.6	25.0	2.5
舟山	18.7	16.0	2.2
合计	834.4	29.3	100.0

二、浙江省(不含宁波)保险市场运行的主要特点

(一) 业务发展平稳较快

原保险保费收入首次突破600亿元大关,同比增长28.3%,在后金融危机时代快速复苏,实现了年初的预期目标。一是月度增速高开稳走。全年业务增速从年初1—2月份的50%以上逐步回稳,下半年增速维持在30%左右(见图1)。二是财产险公司增速平稳较快。增幅较上年提高11.6个百分点。其中,机动车辆保险保费收入213.4亿元,同比增长34.2%,增幅较上年提高9.9个百分点,占财产险公司业务的比重为80.2%,较上年提高1.7个百分点,对财产险公司增长的贡献度为85.6%,受政策刺激的汽车销量火爆带动车险销售增加,成为财产险公司保费增长的主要原因。此外,保证保险、信用保险、责任保险和工程保险等重点业务领域均保持了20%以上的增长,同比分别增长103.5%、60.4%、23.0%和21.4%。三是人身险公司业务增速高开回稳。人身险公司保费增幅较去年同期提高21.6个百分点,在年初增速60%左右逐步回稳到年底增速30%左右。其中,分红产品保费收入283.6亿元,同比增长55.7%,增幅比全国平均水平高14.9个百分点,占人身险公司保费收入的66.9%,占比较上年提高12.6个百分点。

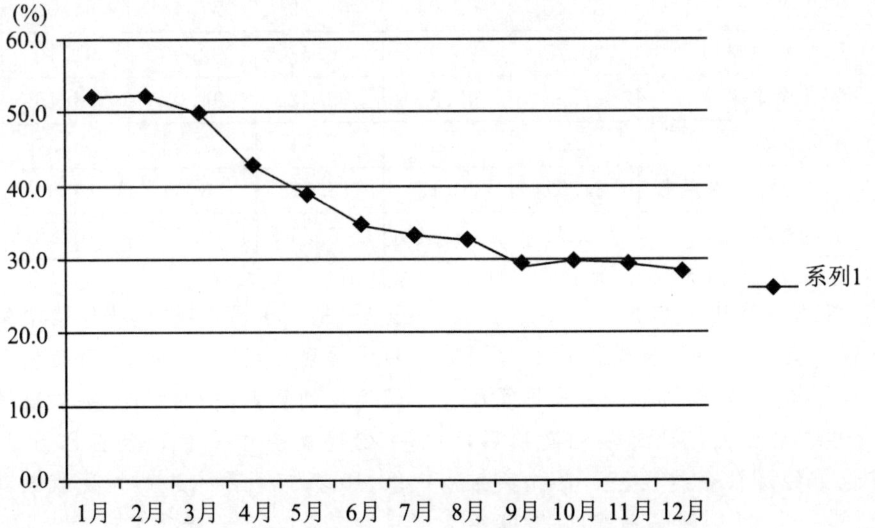

图1 2010年浙江省月度保费收入增速图

（二）业务结构持续优化

2010年，浙江保监局坚持科学发展理念，完善科学发展评价体系，引导机构逐步形成以改革为动力、以创新为活力的发展模式。一是产险经营效益稳步提升。得益于科学的监管措施，产险盈利能力大幅提高，财产险公司全年实现利润总额17.6亿元，同比增加14.7亿元，利润总额位居全国第2位。有21家财产险公司实现盈利，较上年增加10家，盈利面达到75%。其中，车险业务承保利润9.6亿元，全国排名第3位，同比增加6.6亿元；商业车险业务承保利润24.9亿元，全国排名第2位，同比增加11.5亿元。综合成本率、综合赔付率、综合费用率分别为92.4%、62.0%、27.0%，较上年分别回落5.9、2.9、6.4个百分点。二是寿险结构调整实现新突破。新单期交比例为32.6%，同比上升1.2个百分点，高于全国平均水平5.2个百分点。保障功能有所增强，保障功能较强的普通寿险和分红寿险占寿险业务的比重为85.0%，较上年提高10.4个百分点。

（三）行业风险有效防范

浙江保监局坚持审慎监管，始终把防范风险放在突出位置，开展风险排查和压力测试，加大对重点公司、重点领域、重点环节的监管力度。一是财产险公司资金风险有效遏制。通过强化内控建设，加强单证印章管理，实施零现金收付和见费出单制度，产险市场秩序明显规范，资金安全得到保障，多项关键指标日益好转。全年，财产险公司各项监管指标均优于全国平均水平，在沿海主要五省中也位于前列（见表3）。二是人身险公司退保风险逐步降低。全年人身险公司退保金59.2亿元，同比下降9.9%，增幅低于全国平均水平18.2个百分点，未发生一起群访群诉或其他重大突发事件。

表3　　2010年财产险公司监管指标情况表

单位：%

指　标	全国	浙江	江苏	广东	上海	山东
利润指标：综合赔付率	63.10	62.04	62.79	57.48	64.39	63.49
综合费用率	30.22	26.98	26.68	32.99	31.19	26.27
综合成本率	97.33	92.39	93.12	94.02	98.15	93.84
质量指标：应收保费率	2.37	1.24	2.31	3.44	6.31	0.81
业务及管理费用率	21.57	20.17	19.85	18.64	19.64	18.77
手续费率	8.62	5.84	6.54	12.55	10.88	6.03

（四）服务领域稳步拓宽

浙江保监局适时出台全省保险业加快创业创新指导意见，完善创新试点项目管理制度，引导和推动行业广泛开展创新项目，积极服务地方经济社会建设。一是扎实推进“一点两翼一平台”创新基地。继2009年在景宁以“服务社会民生”为主题建设创新翼后，先后在温州以“加快保险集聚”为主题建设辐射点，在义乌以“经济转型升级”为主题建设创新翼，在丽水以“实施政保联动”为主题建设合作平台。全省已开展13个省级、15个市级和40余个县级政保合作项目。二是支持经济转型升级。推动林木保险纳入中央财政补助范围，加快推广水稻气象理赔指数应用等试点工作。组建全国首个共保组织，有效解决专业市场风险管理难题。试点中小企业出口信用保险，率先为中小企业提供海外贸易风险管理服务，全年新增出口额在1500万美元以下的参保中小企业约800家。三是服务平安浙江建设。建立覆盖全省的医疗责任保险制度，截至目前参与医疗机构2672家，受理各类医疗纠纷1000余起，赔付3104万元。在绍兴、嘉兴等地启动环境污染责任保险试点，启动省市县三级道路交通事故社会救助基金筹建工作。四是参与社保体系建设。探索对接城乡居民养老保险的有效方式，在衢州等地开展商业保险参与养老保险收付费管理试点工作。参与医疗体制改革，在温州、台州及杭州部分地区开展城镇职工重大疾病补充医疗保险，覆盖人群超过100万人次。

2010年，全行业共为经济社会提供风险保障18.9万亿元，缴纳税金总额16.2亿元，全年新增就业岗位3000余个。特别在应对2010年的暴雨洪涝灾害中，支付农业保险和农房保险赔款3903.27万元，较好地服务了经济社会发展。

三、"十一五"期间浙江省(不含宁波)保险业发展情况

(一) 行业整体实力显著增强

"十一五"期间，辖区保险业快速增长，市场规模持续扩大，行业整体实力得到了显著增强。保费规模从2005年底的262.2亿元增长到2010年底690.3亿元，平均年增长速度达到21.4%，保险资产突破1200亿元，比"十五"末翻了一番，位居全国前列。保险密度为1540元，高出全国平均水平近500元；保险深度为3.1%，比"十五"末提高了0.7个百分点。

(二) 保险市场体系日益完善

"十一五"期间，总分机构类别齐全、中资外资同台竞技、保险公司和中介机构合作共赢的市场格局基本形成。全省新增了信泰人寿和浙商财险2家保险总公司，引进农业保险、养老保险、健康保险、责任保险等多家专业性保险主体，实现了外商独资保险机构零的突破。

(三) 保险功能作用充分发挥

"十一五"期间，保险创新持续推进，服务领域不断拓宽，保险社会效益明显提高。截至2010年底，浙江保险业为经济社会提供了超过18.9万亿元的风险保障，其中提供财产保障12.7万亿元，平均每6个企业拥有1张企财险保单；为近1亿人次提供人身险保障7万亿元，平均每个家庭拥有1.2张人身险保单；累计支付各类赔款和给付约760亿元，缴纳各项税金近54亿元，提供就业岗位5万余个，充分发挥了经济助推器和社会稳定器的作用。

(四) 保险发展质量不断提升

"十一五"期间，浙江保险业进一步健全偿付能力监管、公司治理结构监管和市场行为监管为内容的现代保险监管体系，规范市场经营秩序，防范化解行业风险，切实保护被保险人合法权益，实现了健康快速可持续的发展。财产险经营指标显著改善，效益指标实现了从全国倒数第3跃居全国前2的转变；人身险发展质量明显提升，标准保费、新单期缴等指标位居全国前列；退保风险、资金风险等得到有效防控。

(五) 保险发展环境逐步优化

"十一五"期间，行业基础更加夯实，政策绿荫逐步显现，浙江保险业发展环境不断改善。特别是"省四条"发布以后，保险工作日渐被纳入地方经济发展全局统筹考虑，法律环境和舆论环境不断优化，社会公众的保险认知水平不断提高。同时，行业科学发展理念的逐步树立和行业文化建设的深入推进，从业人员素质得到提高，服务

质量得到改善，行业整体形象得到进一步的提升。

四、2011 年发展展望

2011 年是实施“十二五”规划的第一年，也是浙江保险业实现科学发展的关键一年，浙江保险业既面临难得的发展机遇，也面临诸多的风险挑战。

浙江保险业将继续保持平稳健康较快发展的良好势头，业务结构继续优化，经营效益继续提升，服务领域稳步拓宽。财产险市场，车险业务仍将保持快速发展势头，信用保险、保证保险、责任保险等重点业务将实现新的突破。人身险市场，受会计准则调整的影响，将更关注保险保障功能的产品。预计 2011 年辖区保险业原保险保费收入有望突破 700 亿元(注：新会计准则下)。其中，财产险公司保费规模预计突破 300 亿元左右；人身险公司保费规模预计将超过 400 亿元。

第二部分

2010 年浙江省金融业经营管理情况综述

中国人民银行杭州中心支行主要工作情况综述

行长　刘仁伍

2010年，中国人民银行杭州中心支行坚持深入实践科学发展观，认真落实总行、上海总部工作部署，以“科学发展、务实高效、创新创优、一流业绩、和谐金融、平安央行”为总体工作目标，紧紧围绕浙江经济金融转型升级的新形势和应对复杂多变形势的新要求，大胆创新工作思路和转变工作方法，以十大重点工作为突破口，加大对浙江金融发展的引导和管理，强化金融对浙江经济的支撑和保障，实现了重点工作出特色、常规工作出亮点、难点工作出实效的良好局面，浙江省委书记三次批示表扬。

一、十大重点工作开展情况

（一）以建设中小企业金融服务中心为突破口，打造中小企业融资服务平台，破解中小企业融资难题

为有效整合和强化中小企业的金融服务资源，进一步发挥中小企业在浙江经济平稳发展和转型升级中的重要作用，根据浙江省打造中小企业金融服务中心的战略设想，中国人民银行杭州中心支行及时加强对中小企业金融服务中心建设的总体思路、推进路径以及有关政策建议的论证研究，“一把手”多次向省委、省政府主要领导专题汇报，得到省委、省政府领导的大力支持，有效推动了中小企业金融服务中心建设工作的开展。同时，加大对中小企业金融服务中心相关国际经验、理论发展、实证案例的专题研究，先后形成10余期中小企业融资平台建设系列报告，及时为省委、省政府制定政策提供了决策参考。目前，中小企业金融服务中心建设已列入浙江省“十二五”金融业发展规划，中小企业金融服务中心的建设正在有序推进。

另一方面，大力推动中小企业金融服务实践，积极支持浙商银行为8家中小企业承销发行6.6亿元的“诸暨市2010年度中小企业集合票据”，支持恒丰银行为义乌市3家中小企业承销发行1.45亿元的中小企业集合票据，有效扩大中小企业直接融资渠道。精心选择条件较为成熟的舟山、建德两地开展中小企业信用体系试验区建设，至11月底全省累计征集中小企业信用档案16.2万户，获得银行授信意向2.7万户，发放贷款4200亿元。切实落实小企业贷款风险补偿政策，全省小企业贷款风险补偿总额达8300多万元。积极利用再贴现政策工具促进中小企业票据融

资，1—11月全省累计办理再贴现1702笔，金额13.3亿元。积极开展中小企业信贷政策导向效果评估，有效促进辖区中小企业信贷政策得到贯彻执行，被总行指定在信贷政策评估座谈会上交流经验。截至11月末，全省中小企业人民币贷款余额达到23064.7亿元，新增3952亿元，在全部企业新增贷款中占比达到86.24%。

（二）以全面推动金融创新为突破口，积极推广金融创新产品，全力支持浙江经济转型升级

为落实省委、省政府加快经济转型发展的战略部署，增强浙江经济的可持续发展能力，中国人民银行杭州中心支行树立“创新改变服务，创新创造需求”的创新理念，充分利用浙江市场经济发达、金融需求超前的优势，立足金融业全局研究出台了《浙江省金融服务创新指引（试行）》，鼓励银行业、证券期货业和保险业金融机构及与金融相关的机构和市场在依法合规、风险可控的前提下，从机构组织体系、金融产品与服务、金融市场与平台建设、金融技术与管理等方面加大金融服务创新力度，为浙江经济转型升级和全国金融服务发展提供强有力的支持。

同时，认真贯彻落实适度宽松的货币政策，大力推广银团贷款、兼并重组贷款、供应链贷款等信贷模式，引导金融机构加大对以“三个千亿”工程为主体的重点项目、“十一大”产业、先进制造业基地等方面的信贷支持，1—9月，全省“十一大”转型升级重点产业共新增贷款1902.6亿元，占全省各项新增贷款的30%，较上年同期提高5.6个百分点。创新出台全省排污权抵押贷款管理办法和金融支持科技发展指导意见，积极支持企业自主创新和节能减排，截至11月末，全省知识产权质押贷款余额达10亿元，排污权抵押贷款余额达2.92亿元。落实第三届长三角金融论坛成果，积极推动跨境贸易人民币结算试点，及时向省政府上报试点方案，牵头制定试点工作意见和操作办法，积极开展政策宣传和银行、企业培训，联合筛选试点企业，确保了试点工作有序开展，截至11月末，全省累计发生跨境贸易人民币结算业务847笔，累计结算金额72.77亿元。

（三）以优化辖区金融机构服务为突破口，强化执法检查和综合管理，进一步提升人民银行的权威和地位

为使辖区银行业、证券期货业和保险业金融机构更好地贯彻执行金融法律法规和人民银行的各项管理规定，中国人民银行杭州中心支行对金融机构有管理和服务规定的各项职责内容进行系统梳理和整合，出台了《浙江省金融机构金融管理与服务指引（试行）》及操作规程，明确人民银行金融管理与服务的项目、条件、标准和操作流程，基本实现了人民银行对全省银、证、保各级在营业和新设机构管理与服务的“全覆盖”和人民银行系统内部资源的“全整合”，总行、上海总部对此高度肯定，总行条法司和上海总部全文转发了中国人民银行杭州中心支行的《指引》，并在总行银行业金融机构开业管理研讨会上做了经验交流。

探索制定《在杭银行业金融机构综合评价办法（试行）》，按年度对银行业金融机构开展评价并采取相应的奖惩措施，进一步促进银行业金融机构认真执行人民银行的各项政策措施；出台《浙江省金融业重大事项及重要信息报告制度（暂行）》，要求金融机构按重大事项的类别分事前、事中、事后向当地人民银行报告，使省内各级分支行及时了解辖区金融动态，把握了工作主动权。加强对金融机构相关业务的综合执法检查，2010年组织力量对中国银行浙江省分行、兴业银行杭州分行、渤海银行杭州分行、余杭农村合作银行4家金融机构开展了综合执法检查，对其中3家行共处罚款137.42万元，首次对1家行做出不予处罚的决定，以止由典型有效督促金融机构提升依法合规经营水平。

（四）以深化外汇管理改革为突破口，大力推进贸易投资便利化和支持企业走出去

为推动浙江涉外经济企稳回升并向好发展，中国人民银行杭州中心支行以改革促服务，积极研究推进贸易投资领域改革创新，协助总局研究制定"取消核销、总量评估、差额监管"的进出口收付汇核销制度改革试点方案，得到总局领导充分肯定。按照"放开结汇、监管支付，减少成本、提高效率"的改革思路，拟定外汇资本金按需结汇改革试点方案并被总局采纳。

创新开展个人本外币兑换特许业务试点，选择浙江涉外旅游客流的主要集散地杭州和涉外商务客流的主要集散地义乌市两家公司作为首批试点，自开业以来到11月末已累计为10687人次办理本外币兑换433万美元，大大便利了境外个人来杭州入境旅游和境外商人在义乌小商品城的商务活动。

向总局争取浙江省内个人外汇结算账户资金参与远期结售汇业务及人民币与外币掉期业务，并在义乌成功办理全国首单个体工商户远期结汇业务。积极推进个人境外投资外汇管理改革，深化推进"走出去"发展战略。

研究推进国有及股份制商业银行与小法人金融机构合作开办外汇衍生产品业务，协助总局制定出台小法人金融机构代理经营远期结售汇业务管理规定，有效满足个人外贸经营者和县域中小外贸企业外汇收支规避汇率风险的需求。

（五）以改善民生服务为突破口，大力推进"新型国库体系"和"便农支付工程"建设，全面提升金融服务水平

一直以来，中国人民银行杭州中心支行把改善民生作为衡量国库、支付清算等金融服务水平的重要标准，2010年根据总行统一部署，在全国首批上线运行TCBS系统，在全省地市级国税部门推广TIPS系统，实现了地方政府多年期望"收入直达入库、支出实时到账"的目标，进一步畅通了国库与财政、税务及商业银行间的业务处理电子信息传递渠道，国库服务地方政府、企业、个人的作用正在迅速显现。截至11月末，全省通过横向联网系统和TCBS系统成功处理扣款业务6747万笔、金额3450亿元。

同时，中国人民银行杭州中心支行以"巩固县城，突破中心镇，拓展乡村"为总体方向，深入推进"便农支付工程"建设，全面提高支付清算系统营业网点、ATM机、POS机等支付清算工具的覆盖面。至11月末，支付清算系统除邮储银行对私网点外，已覆盖全省银行机构营业网点，三省一市银行汇票和银行本票已推广到镇，ATM机已覆盖到80%的乡镇，并创建了137个"刷卡无障碍示范区"，在434个商品交易市场应用银行卡，使农村居民真正享受到现代化支付结算服务带来的便利，前11个月，县域持卡消费额占县域商品零售总额的31%，较年初提高5.3个百分点。

以"世博"为契机，大力推进支付环境建设，目前杭州等主要城市繁华地段ATM机均可受理外卡，全省外卡商户达到4716户，较年初增长18.4%；银行卡在所有浙江省三级甲等医院、部分高速公路、杭州火车站、汽车站以及省内知名景区等均可使用，全省共有3232个银行网点、369个外币兑换点开展外币兑换业务，支付环境建设整体迈上新台阶，为浙江旅游经济、贸易经济等的发展创造了更为优越的环境。世博会期间浙江省各类支付清算系统全部保持安全稳定运行，支付服务工作实现了“零事故，零投诉，零负面报道”，被评为“上海世博会金融服务工作先进集体”。

（六）以构建特色市场监测体系为突破口，强化市场价格监测和特色研究，为浙江经济发展构建新的晴雨表和风向标

中国人民银行杭州中心支行结合浙江“小商品、大市场”的特点，充分发掘浙江商品集散、信息集中的优势，精心选择17个特色市场建立商品指数，构建了专业市场和综合市场相依托、生产资料市场、消费品市场和农产品市场相结合的统计监测体系，有效发挥商品指数对市场发展的指针作用。在全省各级分支行的共同努力下，“柳市·中国电器指数”、“嵊州·中国领带价格指数”、“诸暨·华东国际珠宝城珍珠价格指数”等指数体系逐个建立，其中由人民银行主导的“柳市·中国电器指数”已经对外发布，受到社会各界广泛关注。此外还先后建立房地产典型楼盘监测制度、外向型中小企业生产经营状况调查制度和农户问卷调查制度，并将全省民间借贷利率监测点扩展至小额贷款公司、担保公司、典当行和寄售商行等，有效提升了市场监测的作用。

同时，根据不断变化的宏观经济形势和基层央行履职的要求，结合浙江地处长三角和外向度较高的特点，进一步加大调查研究工作力度，确立了“市场经济、民营经济、中小企业金融服务中心”三个重点研究方向和“四转变、四并重、四突出”的分析思路，即从省内为主向省内省外并重转变，突出背景分析；从金融为主向经济金融并重转变，突出经济分析；从宏观为主向宏观微观并重转变，突出微观分析；从季度为主向月度季度分析并重转变，突出短期分析，全年共形成三大研究方向专题报告84期，有效发挥了服务领导决策的参考作用。

（七）以丽水农村信用体系建设为突破口，全面推动农村信用体系建设，金融支农惠农作用不断显现

近年来，中国人民银行杭州中心支行把农村信用体系建设作为加大支农信贷投入、落实各项惠农政策的重要基础性工作来抓，在丽水市试点农村信用体系建设，在实践中逐步形成了“政府支持、人行主导、多方参与、共同受益”的模式，得到了总行和省委、省政府的充分肯定，成为“全国样板”，总行专门组织全国信用体系建设部际联席会议成员单位及省级人民银行和部分地方政府代表，在丽水隆重召开全国农村信用体系建设工作现场交流会，向全国推广丽水的经验和做法。截至9月末，全省已为516万农户建立信用档案，评定信用农户399万户，分别占全部农户数的48.13%和已建档农户数的79.47%，有203万信用户累计获得贷款4933亿元，金融支农惠农作用得到充分体现。

同时，不断深化农村金融创新工作，联合制定《关于推进海域使用权抵押贷款的意见》，大力推动林权、农房、海域使用权等抵质押贷款扩面增量，促进涉农贷款数量快速增长。截至9月末，全省涉农贷款余额达17250亿元，同比增长25%；在全部贷款中的比重达37.8%，同比提高7个百分点；截至11月末，全省林权抵押贷款余额达到24.6亿元，农房抵押贷款余额达到31.8亿元，农房改造贷款余额超过百亿元，全省共发放支农再贷款19.3亿元，发放农业贷款风险补偿资金3033万元用于支持农村金融机构满足当地季节性农产品购销、灾后重建以及农房改造等，有效巩固和扩大了金融支农效果。

（八）以开展业务竞赛和优化人力资源配置为突破口，全面提升干部队伍素质和履职能力

中国人民银行杭州中心支行把“创新金融服务，支持经济发展”业务竞赛作为提升干部队伍素质和履职能力的重要工作来抓，根据总行统一部署，确立了“创新、创优、创一流”的“三创”工作目标，形成了“党委领导、工会牵头、部门主抓、职工参与”的业务竞赛工作格局。一年来，全省各地、各专业共召开业务竞赛专题会议236次，举办大型业务竞赛活动达146次，开展业务竞赛调研课题161个，选树省级业务竞赛标杆120个、地市级业务竞赛标杆158个。通过业务竞赛，切实达到了锻炼队伍、提升能力、推动创新的预期目的，总行工会给予高度肯定，将中国人民银行杭州中心支行列为先进典型进行经验交流。

同时，进一步加大干部队伍的选用和培养力度，根据总行关于进一步深化干部人事制度改革的意见精神，研究提出包括改进考试考核机制、简化科级职务体系、畅通晋升通道等在内的14条改革措施，在此基础上组织开展新一轮的竞争上岗和全员聘任制工作，共选拔11名处级干部和129名科级干部，在选拔的处、科级干部中，35岁以下的占56%，交流任职比例分别达到27%和35%，进一步优化了人力资源配置，提升了整体工作能力。

（九）以推行权力运行阳光机制为突破口，积极开展创先争优活动和“十廉文化”品牌建设，扩大党建和反腐倡廉工作成果

中国人民银行杭州中心支行把规范县支行权力运行机制作为反腐倡廉工作的新突破点，在深入调研的基础上，系统梳理县支行在开展金融管理和提供金融服务过程中涉及的行政许可、执法检查、行政处罚以及金融服务等4大类17项主要权力项目的办理依据、行使程序、实施机关、承办部门、办理期限、公开形式范围及公开时间等内容和要求，编制主要业务项目表和流程图，统一印发宣传折页和电子版宣传资料，方便公众查询，接受社会公众监督。浙江省纪委书记认为中国人民银行杭州中心支行党风廉政建设工作“有思路、有举措、有效果，为金融业务开展提供了有力保障”。

认真组织开展创先争优活动，“阳光承诺”、“主题大讨论”、“四点评”、“双服务”等主题活动得到了党员干部积极响应。积极打造以廉政理论为指导、以廉政文化活动为载体、以廉政制度为保障的“十廉”文化品牌，通过加强“十廉”文化建设，发挥“十廉”文化的示范、凝聚和导向作用，进一步增强了干部职工拒腐防变的思想道德防线，营造了风清气正的工作氛围。加大廉政警示教育力度，牵头组织金融系统反腐倡廉建设展巡展工作，全省共300多家金融机构、2万多名干部职工参观了展览。

（十）以安全管理为突破口，进一步强化内部管理，平安央行建设取得新成效

中国人民银行杭州中心支行充分认识到规范内部管理的重要意义，通过完善制度、强化落实，进一步为中国人民银行杭州中心支行高效履职提供了强有力的保障。按照“艰苦奋斗、勤俭办行”的工作方针，进一步完善财务管理制度，严格执行总行关于会议、公务接待等管理规定，科学合理安排经费开支，切实降低行政运行成本。在人民银行系统内率先开发国库TCBS日志监督系统，加强对各项业务的审计监督，创新开展内控非现场监督，有效弥补了现场审计监督的不足，得到了总行和上海总部的充分肯定。

认真落实世博期间各项安全保卫工作任务，制定出台人民币发行基金押运安全管理实施细则，进一步加强发行基金押运管理，圆满实现全年守库、押运安全目标。加快省级数据中心的建设，自建了省级数据中心存储平台和虚拟机技术平台。加强法制队伍建设，开展行政执法监督检查和政务公开评议，有效推动了依法行政工作。加强办公基础设施建设，全省推广办公自动化系统，有效提升中心支行办公效率。有序推进两网分离建设，极大提高涉密信息的安全性。

二、常规工作开展情况

（一）货币信贷管理方面。通过出台3个重点信贷指导意见，召开4次政策通报会和形势分析会，建立地方法人金融机构贷款度监测制度，完善利率监测体系，灵活运用再贷款、再贴现工具，以及有效贯彻执行上调存款准备金率、存贷款利率和差别化房贷政策等措施，促进信贷总量合理适度增长和均衡投放。1—11月全省新增本外币贷款7414亿元，月末余额46639亿元，信贷投放均衡性明显增强。有针对性地辅导民营企业、中小企业利用银行间市场扩大融资，1—11月，全省共有31家企业发行短期融资券、中期票据、中小企业集合票据等债务融资工具265.8亿元，同比增加142.8亿元，是2009年全年发行量的近2倍，发行企业家数、发行金额均创下历史新高。继续加强农村金融组织创新发展和农村信用社央行票据兑付后续监测考核，截至11月末，全省已成立43家农村合作银行，小额贷款公司已开业118家，经营水平全国领先。

（二）金融服务方面。加强发行基金调拨管理，切实规范人民币流通秩序，1—11月全省共投放发行基金3481亿元、回笼2790亿元、净投放692亿元，同比分别增长13%、6%和57%；收缴假币164万张（枚）、4094万元，同比分别下降45%和50%。在全省全面铺开国库集中支付改革，大力推进国库集中支付业务，为大学生创业就业补助、家电下乡补助、节能环保专项资金、企业创新发展补助等项目累计办理国库直接支付业务33449笔、31.7亿元。继续推进征信系统信息采集扩面增量工作，实现杭州市本级公积金缴存信息正常报送入库，与中国电信杭州分公司签订电信欠缴信息纳入征信系统协议，与省公安厅初步达成交通违法信息纳入征信系统意向。截至11月末，企业征信系统收录49万户企业，累计查询1166万次；个人征信系统收录3438万人，累计查询1360万次。切实规范人民币银行结算账户管理，截至11月末，核准新开人民币银行结算账户3.7万户、变更撤销3.2万户、协助查询7.2万户。稳步运行支付清算系统，至11月底，杭州CCPC日均处理各类支付业务36.11万笔、3055亿元，同比分别增长33.54%和49.89%，在支持地方经济企稳回升过程中发挥了重要作用。

（三）外汇管理方面。继续深化出口收汇网上核销、纸质报关单结汇、放宽远期收汇备案等改革，积极促进贸易便利化，截至11月末，已有4.97万家企业启用网上核销，98%以上企业享受了网上核销便利；共办理进出口差额核销4.33亿美元、纸质报关单收结汇6588万美元、放宽出口远期收汇备案3.5亿美元。妥善处理返程投资企业境内上市外汇管理等问题，引导企业开展跨境资本运作，1—11月共有351家企业通过特殊目的公司实现境外上市，募集资金61亿美元，调回资金43亿美元。进一步完善跨境资本流动均衡管理机制、经常项目非现场监管体系和国际收支统计制度，提升外汇资金监测水平，前三季度全省外汇收支总额2415亿美元、顺差1040

亿美元，分别增长40.8%、57.1%；结售汇总额1850亿美元、顺差1025亿美元，分别增长30.6%、34.8%，已恢复到危机前水平。

（四）金融稳定方面。继续加强风险预警监测，逐步将证券、保险业的运行情况及风险状况纳入分析框架，构建了涵盖金融业整体运行风险的预警体系。继续深化金融业改革，推动农村合作金融机构开展股份制改造，及时排查和分析房地产市场和地方政府融资平台风险隐患，对全省非法集资情况进行摸底调查。大力规范和整治市场秩序，会同省公安厅联合开展打击银行卡犯罪专项行动，1—9月全省公安机关共破案2875起，挽回损失近2.5亿元。积极开展整治网络赌博专项行动，在公安机关破获“丽水鲍某团伙特大网络赌博案”和“温州10·20特大网络赌博案”过程中发挥重要作用，得到反洗钱局发函表扬。加强反洗钱现场检查，到12月末，全省共现场检查61家机构、处罚金额743.5万元。深入开展金融机构和涉汇主体外汇检查，持续推进打击违规资金流入专项行动，截至11月末，全省共立案查处违规案件258件，罚没人民币3966万元。

（五）三个文明建设方面。深入推进学习型党组织建设，认真组织“读好一本书，写好一篇心得”活动和中华经典诵读活动。深化文明单位创建，扎实开展职工思想状况问卷调查和“身边的榜样”主题宣传教育活动，组织评选第五轮机关文明集体和第二批文明集体标兵。继续加强党风廉政建设，进一步加大会议培训、出国（境）、大宗物品集中采购和基建招投标等方面的管理力度，强化内审同级监督和“下查一级”监督，从源头预防腐败。加强党性教育和优良传统教育，严格党内监督。认真落实离退休干部“两项待遇”，进一步提升服务保障水平。深化工会文体品牌建设，实现了“周周有活动、月月有比赛、人人都参与”的工作目标。完善干部培训机制，全年共举办各类读书班、培训班30余期，累计培训2000余人次。加强媒体舆情监测，围绕中心支行工作开展新闻宣传。积极倡导“绿色生活”、“低碳生活”理念，努力建设节约型机关。组织开展青年课题研究和形式多样的主题实践活动，引导团员青年立足岗位建功立业。

三、2011年初步工作思路

2011年是“十二五”规划开局之年，中国人民银行杭州中心支行将继续以科学发展观为指导，按照总行、上海总部工作部署，以“科学发展、务实高效、创新创优、一流业绩、和谐金融、平安央行”为总体工作目标，紧紧围绕建设浙江“金融强省”战略，以建设中小企业金融服务中心、打造浙江中小企业金融市场和支持企业“走出去”、探索浙江对外发展新路径为两大主线，以改革创新为持续动力，认真贯彻稳健货币政策，切实提升金融服务，不断加强外汇管理，有效防范金融风险，持续推进浙江经济金融平稳较快发展，为“十二五”开好局、起好步奠定扎实基础。

（一）认真贯彻执行稳健货币政策，促进浙江经济加快转型发展

加强货币信贷窗口指导，引导金融机构根据宏观调控要求和实体经济信贷需求，安排好信贷投放的进度和节奏，保持全省信贷总量适度增长。支持大平台大产业大项目大企业建设，推动银团贷款、联合贷款、同业合作等模式，确保在建、续建重点项目后续资金供应，支持146家工业行业龙头骨干企业、42个现代产业集群示范区发展，着力做好11大转型升级重点产业金融服务。不断加大对生物、新能源、装备制造、节能环保、海洋、新能源汽车、物联网、新材料及核电九大战略性新兴产业的金融支持，在全省推进排污权抵押贷款业务创新试点。

建立中小企业金融服务公司，积极开展代收付、票据交易和贷款转让等各项业务，为中小企业融资提供咨询、评级、增信等各种服务，将中小企业金融服务公司建设成集金融交易、信息共享、配套服务于一体的中小企业金融服务平台。进一步完善中小企业信贷政策导向评估机制，推动金融机构加大对中小企业信贷支持力度，确保中小企业贷款增速高于全部企业贷款增速。进一步完善金融支农机制，推动林权、农房、海域使用权等抵质押贷款扩面增量，灵活运用支农再贷款、再贴现和存款准备金率等货币政策工具，力争全省涉农贷款增速高于各项贷款增速。

大力发展消费信贷，鼓励汽车、家电、教育、旅游等产业信贷投放，提升服务外包、文化创意等现代服务业的金融服务水平。认真执行差别化住房信贷政策，建立和完善房地产信贷政策评估机制，推动房地产市场健康发展。

（二）加强与规范金融管理，促进金融改革创新和区域金融稳定

继续开展金融机构综合执法检查，落实《浙江省金融机构金融管理与服务指引（试行）》，对在杭银行业金融机构开展综合评价，并将评价结果以适当的方式告知金融机构及其总行或上级管辖机构。继续推进银行业改革，积极参与地方法人金融机构改革发展，支持中小法人银行增资扩股和发行金融债、次级债，实现跨区域经营或兼并重组。深化农村合作金融机构改革，鼓励有条件的农村合作金融机构股份制改造，扶持小额贷款公司和村镇银行加快发展。扎实做好金融风险监测与防范，建立健全非法集资活动预警监测机制，确保区域金融稳定。加强银行间市场和企业债务融资工具的宣传推广力度，继续推动发行短期融资券、集合票据、资产支持证券等融资工具，支持各类抵质押贷款业务、第四方担保业务。

（三）进一步推进贸易投资便利化，推动企业走出去

继续推进进出口一体化核销改革，推进个人外汇结算账户参与远期结售汇交易、银行合作办理远期结售汇业务，继续推进跨境贸易人民币结算试点，便利企业对外贸易，使浙江跨境贸易人民币结算业务处于全国第二批试点省份前列。努力推动个人境外直接投资改革，继续推进人民币跨境投资，理顺人民币投资回流通道，为人民币国际化打基础。继续完善境外投资企业后续融资支持政策，利用境外放款、资金池、境外上市等方式，为企业海外后续发展提供持续动力。继续引导银行机构加大汇率政策宣传，通过贸易融资、远期结售汇等产品提供便捷的汇率避险服务。加强对异常资金跨境流动监测分析，根据总局统一部署开展银行专项检查和外商投资企业资本金结汇业务专项检查，力争在大要案查处方面实现新突破。

（四）推进金融服务现代化，提升金融服务经济社会发展水平

加快推进17个特色市场监测体系建设，研究探索浙江经济综合指数合成工作，为政府决策提供基础。继续推进现代化支付体系建设，上线运行第二代支付系统，继续开展支付系统专项宣传，推动支付清算服务深入应用。加强支付机构、银行卡、支付清算等业务的监督管理，维护支付体系正常运行。深入实施“便农支付工程”，改善农村地区支付环境。加强货币调拨与销毁管理，稳步推进杭州钞票处理中心项目建设，进一步规范人民币流通秩序。扩大征信系统服务范围，努力推动浙江省中小企业与农村信用体系建设迈上新台阶。继续推进国库信息化建设，进一步扩大国库直接支付范围。进一步加大反洗钱检查力度，做好各类金融服务与保障工作。

（五）加强党风廉政和队伍建设，提升和规范中心支行内部管理秩序

深入贯彻落实党的十七届五中全会精神，进一步加强基层党建工作，继续开展创先争优活动，深化中心支行文明创建。深入开展党风廉政教育，推进惩防体系建设。进一步深化人事制度改革，完善人才选用和培训机制。加强内控建设，健全财务制度，进一步规范会计核算和财务收支行为。做好守库押运工作，加强政务值班、应急、保密、计算机安全管理，确保行泰库安。推进"十二五"节能减排工作，积极组织开展"文体活动年"各项活动。

中国银行业监督管理委员会浙江监管局工作情况综述

局长　杨小苹

2010年，在中国银监会和浙江省委、省政府领导下，中国银行业监督管理委员会浙江监管局（简称浙江银监局）着眼于提升监管有效性，积极引导浙江银行业全面贯彻宏观调控政策，努力落实贷款新规，深化支农支小服务，强化金融风险防范，提升银行发展质量，有力促进了浙江经济金融良性互动发展。截至2010年底，浙江银行业金融机构本外币存贷款余额分别达到54478亿元和46939亿元，分别是2005年末的2.58倍和2.74倍；全省银行业不良贷款率0.95%，比年初下降0.34个百分点；各项贷款增量和小企业贷款、涉农贷款余额均居全国第一。

一、2010年主要工作及成效

（一）管好信贷投放，发展质量主题突出。浙江银监局采用定期监测、监管谈话等办法，督促信贷投放做到总量适度、节奏均衡，全年全省贷款增幅19.67%，同比回落12.76个百分点。与省经信委等部门联合出台《浙江银行业支持块状经济向现代产业集群转型升级的指导意见》，搭建重点技改项目融资对接平台，建立银行业支持节能减排报告制度，从严控制“两高一剩”和落后产能的项目授信。组织开展“浙江银行业发展质量年”活动，抓谋划、宣传、评估、督查和长效，引导全省银行业围绕提升“管理质量、服务质量、资产质量和资本质量”，做到质效结合、长短兼顾、标本兼治，实现特色经营发展，进一步培育了“浙银品牌”。密切跟踪国内外经济形势，浙江银监局领导下基层120多人次，强化政策调研和信息服务，及时向中国银监会和地方党委政府反映监管中遇到的新情况、新问题和重要风险点，主动当好参谋，协调解决银行业发展和监管的关键问题，上报600多篇调研信息和综合报告，信息宣传和统计工作在中国银监会和省委、省政府系统保持领先。

（二）发挥支小优势，服务水平全国领先。浙江银监局采取五方面措施，保持了辖内小企业金融服务的创新优势。一是及时调整了我局小企业金融服务领导小组，完善联络员制度，明确“抓联动、抓重点、抓激励”工作思路与目标任务。二是举办小企业金融服务峰会，表彰先进，强化激励，营造小企业金融服务的浓厚氛围。三是制定《辖内中资商业银行专营机构监管指导意见》，继续推动“六项机制”和专营机构建设。目前小企业专营机构已达580多家，并能较好做到定位明确、规范发展。四是在推广8种小企业贷款模式的基础上，2010年又总结出小微企业信贷、社区化经营、中小企业金融超市等新模式。五是联合杭州市经委搭建小企业服务的银企融资沟通平台，编写《浙江银行业小企业金融服务案例》，建立小企业金融服务联席会议机制，按月监测通报小企业贷款情况。在中央严控贷款规模的情况下，浙江银监局积极向中国银监会申请追加小企业贷款规模139亿元，是全国新增额度最多的省份。通过以上工作，使辖内小企业贷款"覆盖率、满足率、满意率"进一步提高。截至2010年末，全省小企业贷款余额为10503.8亿元，贷款余额位居全国第一，增量达2458亿元，同比多增581亿元，增速高于全部贷款10.89个百分点，顺利实现"两个高于"目标。

（三）深化金融支农，长效机制逐步完善。浙江银监局部署开展了"2010年金融支农深化年"活动，重点推动"两卡"（金穗惠农卡和丰收小额贷款卡）、"两权"（林权抵押贷款和农房抵押贷款）和"两类"（农业龙头企业和农民专业合作社贷款）业务加快发展。一是及时制定金融支农指导意见，开展涉农贷款按季监测、送金融知识下乡、农村青年创业贷款调研等活动，引导银行业向县域和欠发达地区延伸网点208家，设立ATM机382台，建立"送金融知识下乡"宣传服务站52家。截至2010年末，全省银行业本外币涉农贷款余额达17851.8亿元，涉农贷款余额全国第一；新增涉农贷款3726.4亿元，同比多增200.6亿元，增长26.38%，增速高出全部贷款6.7个百分点；县域新增存贷比达83%，较好实现了"三个高于"目标。二是强化欠发达地区金融服务，连续3年组织主要银行赴丽水调研，制定了《关于银行业进一步支持浙江省欠发达地区加快发展的指导意见》，得到社会各界好评。三是实行"一把手"责任制，以温州、丽水为重点，坚持"三三制"原则（即因地制宜设立三类网点，落实三类涉农机构包干，实施三项监管倾斜政策），提前半年完成159家空白乡镇金融网点设立与服务全覆盖任务。省委书记赵洪祝批示肯定"全覆盖""工作做得很扎实"；并在浙江银监局加强欠发达地区金融服务的汇报材料上作了长篇批示，认为"对建设惠及全省人民的小康社会必将起到积极推动作用"。中国银监会主席刘明康在新华社《浙江实施差别政策推动欠发达地区金融均等化》的报道上批示：浙江局阅，这样坚持下去很好。

（四）加快改革创新，制约瓶颈取得突破。浙江银监局多方呼吁、主动争取，成功推动浙江省第一家农村商业银行、第一家股份制农村合作银行开业。创新性地建立村镇银行"主发起行与其设立分支机构挂钩、组建进度按月监测通报、监管部门与主发起行常态联系"等机制，加快发展浙江省新型农村金融机构，2010年新组建村镇银行17家（开业9家）、农村资金互助社6家（开业4家）、贷款公司1家（已开业）。全面完成571家邮储代理网点换证。基本完成金信信托重整复牌筹建；支持华融金融租赁增资扩股，并成为全国首家发债的租赁公司。积极支持法兴银行和星展银行完成杭州分行设立。组织开展声势浩大的银行业公众教育服务日活动，为建设金融知识宣传教育长效机制积累了经验。继续举办浙银论坛，发布浙江银行业金融创新白皮书，拓展了浙江银行业宣传良好形象、加强工作交流的平台。浙江省委常委、常务副省长陈敏尔在出席"浙银论坛"时给予高度评价；浙江省委常委、宣传部长茅临生在浙江银监局公众教育日活动仪式上也予以充分肯定。

(五)突出法人监管,各项指标持续向好。浙江银监局突出"管法人,管风险,管内控,提高透明度"的监管理念,督促辖内法人银行业金融机构完善公司治理、优化股权结构,开展薪酬管理评估,改进考核激励,研究测算新的监管指标,走特色经营、差异化发展道路,使得风险管理框架和风险控制体系逐步完善。制定城商行联动监管办法,推进EAST系统应用,编制信息科技"十二五"规划,明确信息科技监管达标路线图,推进信息科技监管达标。稳健实施法人银行业金融机构跨区域发展战略,浙商银行、城商行新设省外分行7家,使浙江省法人银行机构的省外分行总数达到23家;农村合作金融机构也开始跨区域设立了6家支行。这些机构都以显著的经营特色得到新设机构所在地党政领导的高度评价。截至2010年底,浙江省法人银行业金融机构资本充足率13.18%、贷款损失准备充足率284.3%、拨备覆盖率261.1%,均比年初大幅提高。

(六)强化风险防控,监管效能不断提升。浙江银监局认真做好地方政府融资平台贷款"解包还原",建立平台贷款监测、信息共享和联络员制度,内外并举、锁定风险,得到银行积极响应。在向省市领导汇报基础上,实行"集体约谈"和"自主会谈"结合,组织全面自查和重点抽查,形成会议纪要1046份,收回平台贷款189亿元、缓解风险468亿元。贯彻房贷新政不动摇、不放松,及时召开政策执行通报会,迅速组织自查和抽查,联合出台商品房预售资金监管办法,通过跟踪调研、压力测试、风险提示等,落实"认房认贷"政策,禁止以股权投资形式对房开公司变相融资。按季通报监管情况,建立重点行业信贷监测制度,启动内外部监督检查信息交流联动机制,扎实组织现场检查,依法处罚违规问题。完善市场准入流程,加强机构发展规划,并在银监会市场准入工作会议上作经验交流。积极开展内控和案防制度执行年活动,编写案防警示录,查清票据专案,查处违规吸储行为,全省银行业发案数量和涉案金额大幅下降。高度重视票据业务的规范问题,坚持"贸易背景真实性"要求,督促部分银行压缩票据业务;加强与公安部门密切配合,认真开展"36"票据专案核查,得到了浙江省委书记赵洪祝的批示肯定。

(七)力推贷款新规,信贷文化逐步培育。浙江银监局坚持多措并举、内外互动的工作理念,狠抓银监会"三个办法、一个指引"贯彻落实,有效引导信贷资金支持浙江实体经济发展。一是通过局领导发表宣传文章、与银行和企业人士座谈、主动向各级地方党政领导汇报等措施,积极争取社会理解和支持。二是采取培训引导、行业约束、现场检查、跟踪调查、政策评估、高管问责等手段,督促银行业金融机构提高认识,坚决做到"齐步走"。三是组织全辖银行网点通过横幅、电子屏幕、海报等形式,集中宣传贷款新规,促进各市场主体自觉执行。四是将贷款新规列为年度培训和高管人员任职资格考试内容,组织多形式分层次培训,全年辖内银行业组织1200余次专题培训,7万余名从业人员接受培训。五是及时通报贷款新规落实情况,对执行情况进行现场检查和实地调研,严格落实问题整改和高管问责,督促银行业金融机构做实、做细"八个环节"的贷款发放与管理,切实加强合规机制建设。从2010年贷款新规执行情况看,浙江银监局辖内信贷制度细则和贷款合同调整到位,受托支付比例明显上升,新型信贷文化逐步形成。

(八)培育监管文化,队伍建设扎实推

进。浙江银监局完善党建治理结构，持续加强作风建设，党组织和党员的先进性与作用得到进一步发挥。深入开展“创先争优”和“星级文明单位”创建，征集监管文化口号，举办趣味运动会、演讲比赛等活动，进一步提高广大干部的工作积极性、主动性和创造性。实施职业生涯培训暨年度培训计划，与银行机构互派挂职干部，做好新疆银监局第三批干部来我局挂职锻炼；举办首届青年监管业务培训班，完成副处以上干部第一轮党校培训，“三大模块”初级达标获银监会第一名，开展26期3500余人次的培训活动。提拔干部69人次，挂职锻炼和岗位轮换57人次，群众评议满意度较高。认真组织履职回避自查、党委巡视、执法监察和效能监察，“六个一”廉政教育活动全面、深入、有效开展，信访维稳、安全保卫等基础工作不断强化。浙江银监局被评为银监会系统学习型组织标兵单位，并连续5年被中国银监会评为年度考核先进单位，涌现出“全国精神文明建设工作先进单位”等一批先进集体和优秀个人。

二、主要监管工作启示

2010年是“十一五”的收官之年，浙江银监局的主要工作及成效，得到了中国银监会和浙江省委、省政府的充分肯定，中国银监会和浙江省委、省政府领导批示表扬达36次，也得到了包括人大代表、政协委员、银行业金融机构、新闻媒体在内的社会各界的高度评价。回顾“十一五”期间浙江银行业改革发展和监管工作所取得的巨大成绩，主要有以下几点经验和启示。

（一）提升监管有效性，必须始终坚持风险为本，合理配置监管资源，深化分类监管、持续监管，正确处理加强风险监管与内控建设的关系。根据中国银监会“管风险，管法人，管内控，提高透明度”的理念，浙江银监局紧紧围绕提升监管有效性主题，坚持风险为本，深化分类监管、持续监管，合理配置监管资源，采取针对性监管手段，做到“高风险高频度监管，低风险低频度监管”，既成功化解和防范了集团企业信贷集中度、房地产信贷、企业资金链断裂等风险隐患，又采取改革创新的手段稳妥化解了个别高风险信用社和非银行机构的风险问题。同时，推行外部监管与银行内控互动理念，从银行内控机制建设着手，督促加强银行业金融机构内生动力建设，切实强化合规意识、完善内控机制，有力地促进浙江银行业综合竞争实力的稳步提升、主要风险监管指标的持续向好。

（二）提升监管有效性，必须强化宏观审慎监管与微观审慎监管，及时采取逆经济周期监管措施，促进经济金融稳健发展，正确处理“保增长、调结构、防风险”的关系。面对国际金融危机的冲击，浙江银监局及时出台银行业支持经济转型升级的一系列政策，力推浙江经济回升向好；后国际金融危机时代以来，浙江银监局更加注意引导信贷资金支持实体经济，防控系统性风险，牢牢把握监管工作主动权。在服务经济发展实践中，一方面，坚定不移贯彻中国银监会推出的“逆周期”监管措施，严格落实资本充足率、贷款损失准备充足率、拨备覆盖率等审慎监管要求，保持了浙江省银行业金融机构主要监管指标的良好标准，减弱了银行经营行为的顺周期性。另一方面，持之以恒加大服务地方经济发展力度，全力做好金融保障文章。注重从源头控制信贷的杠杆率和集中度，通过信贷投放节奏把控、地方政府融资平台贷款规范清理、贷款新规贯彻落实等有效手段，科学把握信贷投放的节奏和质量，严格执行差别化房地产信贷政策，严禁信贷资金流入股市，投放更多的信贷资金支持实体经济发展，既促进了浙江省保重点、保民生、保稳定目标的实现，又推动了银行业加快经营模式转型，保持又好又快发展。

（三）提升监管有效性，必须切实加强监管引领，统筹城乡金融发展，正确处理提高银行业综合效益与强化社会责任的关系。浙江银监局通过组织银行业开展发展质量年等主题活动，用足用好国务院和银监会推出的金融改革政策，深化金融改革，鼓励金融创新，积极推进浙江城乡金融创新发展，实现银行业发展质量和经营效益的全面提升，主要经营性指标在全国系统保持领先优势，各银行在浙江的分支机构成为其总行利润来源的重要基地。同时，积极倡导浙江银行业履行社会责任，更加注重有效地促进资源优化配置和经营环境建设，加强欠发达地区、三农和小企业等社会经济薄弱环节的金融支持和服务；在坚持多年开展实地调研基础上，大力支持省内欠发达地区加快发展，近年来共向县域和欠发达地区延伸300多家银行机构，取得了显著的成效，并且根据社会发展对银行业改革发展的新要求，积极改善金融服务，树立最受尊敬的良好银行形象。特别是面对国际金融危机对浙江省经济和企业的冲击，浙江银行业主动地承担社会责任，搭建银企平台，推动"救急救穷"，帮助企业解决实际困难，携手企业共渡难关，受到社会各界好评。

（四）提升监管有效性，必须有效促进金融创新，切实强化创新监管，正确处理加强金融监管与推进改革创新的关系。最近这次国际金融危机的深刻教训表明，所有的金融创新都必须符合国民经济发展和市场主体的实际需求，必须坚持全面有序的金融监管。这也更加坚定了浙江银监局依据浙江实际推动金融创新发展的信心。浙江银监局始终坚持将打造"浙银品牌"作为提升浙江银行业综合竞争力的有效途径，以国际先进银行为标杆，深化改革、大力创新、积极宣传，不断提升"浙银品牌"价值。根据国务院和中国银监会关于深化农村合作金融机构体制改革的精神，在深化农村合作银行股份制试点改革、扩大新型农村金融机构试点、实施空白乡镇金融网点设立与服务全覆盖工程等方面加强引导、率先推进。同时，在风险监管实践中注重加强对创新业务的引领与监管，规范创新行为，防控创新风险，建立健全银行卡、理财业务等领域的应急管理机制。浙江银监局还以"浙银论坛"为载体，加强金融创新的交流与沟通。

（五）提升监管有效性，必须始终坚持人本和谐，培育监管团队，打造监管文化，筑好监管事业的坚强基础，正确处理队伍建设与文化培育的关系。实践证明，只有造就一支"敬业爱岗、清醒有为、结构合理、专才突出"的银行业监管队伍，银行业改革发展和监管事业才能不断开创新局面。浙江银监局通过组织多种主题活动，营造"创先争优"氛围，弘扬"监管即服务，问题止于我"的监管理念，使得"依法监管、廉洁监管"的良好风气蔚然成风，廉洁从政意识和拒腐防变能力不断增强。浙江银监局还重视加强银行高管人员任职资格审核和从业人员行为规范，督促银行业金融机构加强企业文化培育，切实在制度执行力和企业文化结合上做文章，努力形成严谨、规范、高效的现代商业银行文化。

三、2011年工作打算

2011年是实施"十二五"规划的开局之年，我们要充分认识到今后一个时期银行业监管工作的复杂性、艰巨性和重要性，敏于分析形势，善于把握机遇，勇于攻克难题，着力推动浙江经济金融加快转变发展方式。浙江银监局工作的总体思路是：坚持以科学发展观统领全局，认真贯彻中央和全省经济工作会议精神，全面落实银监会的工作部署，以打造"浙银品牌"为目标，围绕转型升级主线，坚守风险防控底线，强化县域金融服务，加大改革创新力度，切实增强监管工作的前瞻性、持续性和有效性，促进浙江省经济平稳较快发展，为"十二五"浙江省银行业发展开好局。

（一）提高银行发展质量，推动经济转型升级。清醒认识国际金融危机后的重大金融格局变化，认真贯彻落实国家稳健货币政策，保持信贷投放平稳有序。深入推进浙江银行业提升发展质量战略，策划开展浙江银行业转型升级年活动，切实增强业务加快转型的紧迫性和主动性，转变发展方式，进一步努力提高管理质量、服务质量、资产质量和资本质量。积极实施银行业推动海洋经济发展战略，大力发展航运金融，开拓多元融资渠道，推动舟山海洋农村商业银行的可行性研究。进一步优化信贷结构、改进金融服务、提高资金配置效率，加大对节能环保、新材料、新能源、物联网、高端装备制造、新能源汽车等浙江省"十二五"规划重点产业的信贷支持，鼓励开发有针对性的金融产品与服务，严格控制"三类"行业项目的授信，加快推动块状经济向产业集群转变。鼓励拓展新的业务模式，加快发展银团贷款，规范发展并购贷款。

（二）加大支农支小力度，改善县域金融服务。认真贯彻落实《关于银行业进一步支持我省欠发达地区加快发展的指导意见》，加大"三农"信贷政策倾斜，鼓励和支持中小银行机构继续向县域延伸机构。继续跟踪空白乡镇金融网点全覆盖后的经营情况，加强指导，完善服务，提高可持续发展能力。扎实推进送金融知识下乡活动。继续推动小企业贷款专营机构建设，鼓励创新服务产品和服务方式，引导信贷资金更多投向实体经济，满足小企业的合理需求。建立健全支农支小的金融指标体系和评估机制，努力提升浙江省县域金融服务的全国领先地位。

（三）推动法人机构发展，增强地方金融活力。制定科学的资本管理规划，创新资本补充渠道，依靠增加内部积累、提高盈利能力、股东注资、上市融资、发行债券等多种形式，建立资本补充长效机制。按照银监会要求调整完善科学的风险管理框架发展战略，形成覆盖各种风险、各项业务流程、各类人员的制度体系，完善风险控制指标体系，涵盖银行资产安全性、流动性、盈利性等各个方面。进一步明确"三会一层"的职责，完善议事规则，建立相互制衡的有效决策机制和董事、高级管理人员问责机制；建立合理的薪酬结构，培育良好的金融企业文化。稳步实施法人银行机构跨区域发展战略，加快建立适应异地分支机构管理需要的信息管理体系，增强浙江省法人银行机构的跨省辐射能力。

（四）深化金融改革创新，完善金融体制机制。继续推动网商银行的设立申报。加快推进农村合作金融机构体制改革，将符合条件的农村合作金融机构改造成农村商业银行。争取2011年新设立村镇银行10家，稳妥推进农村资金互助社和贷款公司试点，全面完成浙江省2009—2011年新型农村金融机构试点规划，争取在"十二五"期间每个县设立一家村镇银行。稳步推动邮储银行二类网点改革，改善邮储网点服务环境和功能，提升邮政金融业务在广大农村地区的优势地位。大力推动辖内信托公司、财务公司、金融租赁公司等非银行金融机构改革发展。进一步推动浙台金融合作与交流。配合地方政府做好融资性担保业务的规范发展工作。

（五）强化风险审慎监管，保障一方金融安全。努力提高审慎监管的水平和标杆，进一步加强监管有效性建设。深入抓好政府融资平台贷款规范清理后续工作，督促落实监测、监督和监控各项任务，建立台账监测和常态化管理机制。持续科学管控房地产贷款以及大型集团企业资金链、担保链等重点领域风险。继续贯彻落实银监会贷款新规。健全浙江省重点行业贷款监测制度，完善金融风险监测预警机制，严格防控银行业案件风险，做到金融风险“早发现、早预警、早控制、早处置”。深化浙江银行业公众教育活动。配合地方政府鼓励和引导民间投资健康发展，进一步加大打击非法金融活动力度，维护全省金融形势安全稳定。

中国证券监督管理委员会浙江监管局工作情况综述

局长　王宝桐

2010年，在中国证券监督管理委员会（以下简称中国证监会）的正确领导下，在浙江省委、省政府的大力支持下，中国证券监督管理委员会浙江监管局（以下简称浙江证监局）从严监管，服务发展，更新监管理念，创新监管方式，提升监管效能，积极主动推进各项监管工作，取得了较好成效。

一、加强基础建设，夯实市场健康发展基础

浙江证监局在日常监管中，秉承“实事求是、从严监管”的工作理念，高标准，严要求，保障了上市公司、证券期货经营机构规范、健康发展。

（一）规范上市公司运作，着力提高上市公司质量

一是加强和改进上市公司监管方式，对上市公司实施分类监管。2010年加大了对业绩亏损、存在治理缺陷等风险类公司的监管力度，对6家公司开展了全面检查，对32家公司进行了专项检查工作，共计下发监管意见函33份。二是做深做细年报监管。按“披露一家、确定一家、检查一家、上报一家”原则，在审阅辖区全部118家上市公司年报的基础上，对业绩亏损、新上市以及年报疑问较多的24家上市公司进行年报专项检查，下发限期整改通知书1份，监管意见函5份，约见高管和保荐机构等谈话5家次，并督促5家公司发布年报更正或补充公告。三是深化完善上市公司自我规范的内生机制。全面开展上市公司关联交易摸底调查和独立性整治活动，根据“一司一策”的原则逐家推动，整治活动初显成效。四是严格规范上市公司董事、监事及高管人员买卖本公司股票行为。制定《关于加强董事、监事、高级管理人员持有并买卖本公司证券管理的指导意见》，并对上市公司落实情况进行摸底调查和督促落实，对未按要求落实制度的公司，要求限期整改。五是以新上市公司为重点，提高上市公司自我规范水平和能力。集中召集辖区2010年新上市的22家公司的董事长、总经理、董事会秘书、财务总监及保荐代表人开展上市公司见面会活动，抓好新上市公司“第一课”，从上市公司监管制度框架、上市公司日常监管沟通机制、上市公司规范运作基本要求以及保荐机构持续督导规范四个方面进一步明确了上市公司规范运作的要求，提高上市公司关键岗位人员的规范运作意识。六是强化定期报告审核和股价异动监管，对股价异动公司实施

动态监管，加强网络舆情和股价异动监控，及时排查和妥善处置了航天通信、钱江摩托、凯恩股份等上市公司的各类风险，维护了辖区资本市场稳定。

（二）强化证券经纪业务监管，维护市场公平竞争秩序

浙江证监局扎实推进合规建设，加强经纪业务管理，确保辖区证券市场健康、快速发展。

1. 加大检查力度，强化证券机构合规管理。2010年，累计对71家证券营业部进行现场检查，下发行政监管措施决定书3份，并记入证监会诚信档案，对20多位营业部负责人出具了《诚信考核行为记录通知单》。通过开展对证券机构的全面检查，帮助查找问题和不足，督促提高合规管理水平。一是将证券经营机构合规管理有效性作为现场检查、非现场检查、案件查处、信访处理等工作的重点关注内容，推动公司强化重点领域和关键环节的合规管理。二是继续推进营业部层面的合规管理建设，指导协会出台了《营业部合规人员管理工作指引》，规范营业部合规人员的履职工作。三是督导辖区公司开展合规管理评估工作，目前3家公司已经完成合规有效性评估工作的方案设计、评估工作、初步报告反馈等工作。

2. 强化经纪业务监管。认真落实《关于加强证券经纪业务管理的规定》，要求各机构对照底稿开展全面自查，建立自查台账，强化投资者适当性管理、客户回访等制度的完善落实。创建营销人员数据库。

3. 规范证券交易佣金管理，促进证券经纪业务健康发展。会同地方协会以召开营业部负责人座谈会、协会理事座谈会等形式调研佣金规范管理方面存在的困难和问题，协调证券机构达成共识，避免恶性竞争，要求证券机构根据“同类客户同等收费、同等服务同等收费”的原则，针对不同分类客户制定相应的佣金标准。通过多次座谈，辖区同行形成广泛共识，表示将不断提升专业服务，规范佣金管理，保障和推进证券经纪业务健康发展。

（三）夯实期货市场基础，维护股指期货平稳上市

1. 积极推进期货公司各项基础性制度建设。一是如期完成期货开户实名制工作，账户实名制规范率达到99.34%。二是完成期货电子账单自动登录系统试点工作，扎实推进期货电子账单自动登录系统首批推广工作。三是建立健全首席风险官制度建设。四是开展期货公司信息披露工作。

2. 强化日常监管，注重风险防控。一是深化“两金”监管，增强抗风险能力。期货市场规模持续快速增长。二是加强对期货公司的检查，2010年全部完成81家营业部的现场检查工作。三是完成辖区期货公司首次分类监管工作。辖区期货公司在2009年首次期货公司分类监管评价中获得A类评级的期货公司有6家，占全国三分之一。四是构建期货公司风险专管员制度，指定专人关注各期货公司的持仓情况和行情变动。五是加强交易系统技术建设，切实防范技术风险。

3. 积极采取措施，维护股指期货平稳上市。一是按质按量完成期货经营机构开户工作现场督导和全面检查，并率先在辖区各期货经营机构推行开户全程录像制度。二是完成证券经营机构中间介绍业务开业验收检查。对辖区3家证券公司和4家期货公司出具了公司总部开展中间介绍业务的无异议函，对91家具有IB资格的证券营业部出具了无异议函。三是全力做好股指期货投资者教育工作。选取《钱江晚报》、浙江电视台等媒体作为开展投资者教育的宣传平台，对股指期货各项制度安

排进行详细解读。

（四）加强对会计、评估机构等中介机构的监管

一是注重提升会计、评估机构等中介机构执业质量。督促天健合并后加强执业质量控制，对中汇会计师事务所实施全面检查。制定《关于进一步加强上市公司审计工作的若干指导意见》。二是完善中介机构监管档案建设。三是积极探索监管部门、会计师事务所、独立董事及上市公司财务总监之间的“四方”沟通机制。四是强化培训，每年定期举行1—2期财务总监培训，并由部分财务总监、独立董事、会计师以及浙江证监局会计专业技术小组骨干力量组成浙江辖区上市公司会计专业技术委员会，加强会计专业技术研究水平。五是加强局会计专业技术小组队伍建设，小组成员扩张到27人，并聘任首席会计师。

（五）加强证券期货诚信体系建设

一是制定实施《浙江证监局证券期货市场诚信档案建设工作制度》和工作方案。推动信用信息交流和共享，积极寻求与浙江省信用办、银监局等部门的合作，建立信用工作联络员制度。探索自律组织与行政监管诚信档案的共享机制。二是加强对市场主体诚信情况的监管。加强与交易所配合，定期举行上市公司董事、监事和高级管理人员的诚信宣誓仪式。督促证券期货公司逐步完善投资者数据库，探索建立不良信用投资者数据库。全面落实《辖区证券公司分支机构负责人营销管理诚信考核办法》，强化诚信约束，对接监管措施，指引现场检查。

二、围绕发展大局，增强资本市场服务经济发展能力

在一线监管实践中，浙江证监局主动把监管工作融入浙江经济发展大潮，正确处理好监管和服务的关系，与地方政府共同推动市场的发展，实现了市场发展与规范同步进行。

（一）大力推动企业上市，培育行业龙头，带动区域经济发展

近几年，辖区企业IPO家数一直占全国的12%左右。2010年，辖区新增上市公司40家，首发融资额462.32亿元；10家上市公司实施了增发再融资，共募集资金82.26亿元。截至年底，辖区共有上市公司154家，累计融资额1349.17亿元。众多浙江企业利用资本市场筹集了资金，实现了做大做强。IPO重启以来，浙江企业上市发行在保持原有优势的基础上，一批具有代表性、自身经营特色突出的企业进入资本市场，浙江上市公司在全国的影响力进一步增强。

（二）大力推动企业并购重组，促进经济转型升级

深入调研，分析总结并购重组成功的经验；制定《浙江证监局上市公司并购重组监管工作规程》，规范并购重组过程；召开并购重组专题合作监管会议，对上市公司并购重组进行分类监管和推动。辖区多家公司通过并购重组实现了转型发展。2010年辖区共有宏达高科等多家上市公司完成了并购重组，补强了公司主业，拓宽了后续发展空间。

（三）深入调研、谋划证券公司创新发展新思路

近几年，浙江3家证券公司有了较快的发展，证券公司基础进一步夯实，综合经营和业务创新稳步推进。为进一步谋划券商发展思路，浙江证监局深入3家证券公司调研，帮助证券公司从企业战略规划和打造核心竞争力的角度提出发展思路。在浙江证监局的大力支持下，辖区证券公司内部治理、风控机制、合规管理发生了深刻

而显著的变化，基础制度全面改革完善，风险防控能力和经营管理水平明显提高。

（四）促进期货市场新发展，服务产业能力进一步提升

继续夯实期货公司发展基础，推动期货市场创新发展。一是进一步增强期货公司抗风险能力。截至年底，辖区12家期货公司保证金为259.75亿元，与上年同期相比增长55.98%。12家期货公司净资本为31.44亿元，比上年同期增长51.08%，抗风险能力进一步增强。二是逐步提高期货公司合规意识。目前辖区首席风险官制度、合规部门履职工作逐步展开，合规运作水平明显提高。三是支持期货公司实施走出去战略。永安期货和南华期货率先在香港公司设立子公司，保证金规模近7亿港币，累计实现利润4404万元，积累了境内机构开展境外期货代理业务的经验。四是加强期货行业人才储备。目前，辖区期货公司总经理平均从业10年以上，期货职业经理人诚实守信，学历高，能力强，经验丰富，为辖区期货市场进一步发展夯实基础。

期货市场在快速发展的同时，其服务实体经济能力进一步增强。浙江已有近3000家现货企业利用期货工具开展套期保值。期货公司法人客户权益额占客户权益总额的比例逐年大幅提高，目前已达到30%。企业利用期货市场规避原材料价格波动风险的效果初显。

三、巩固维稳体制机制，维护辖区市场稳定

（一）是建立应急反应机制，着力提高上市公司危机处理能力

下发了《关于建立健全上市公司资本市场突发事件应对机制的通知》，从完善制度建设、健全组织机构、强化预警机制、明确处置流程、妥善管理公共关系等方面提出相关具体要求，提高上市公司危机处理能力。

（二）快速反应，妥善处置突发事件

浙江证监局先后妥善处理钱江摩托信息披露风险事件、天目药业年报重大差错事件、通策集团收购ST中燕时隐瞒一致行动人关系事件、仙琚制药补税信息披露事件等上市公司突发事件。妥善处置受境内外媒体高度关注的“天然橡胶1101合约”事件。

（三）常演常练查找漏洞，全力提升信息系统安全

浙江证监局深入贯彻落实证监会对行业信息系统安全“常演常练”的要求，组织证券公司开展信息安全事件应急演练，并针对演练中发现的问题提出改进措施。2010年，共组织证券期货经营机构开展应急演练活动435家次。同时，举办证券营业部信息技术备岗人员培训班，提升备岗人员业务素质。

（四）加强新闻宣传、舆论引导和网络舆情监控

贯彻落实辖区舆论引导责任制，加强证券期货信息形成、发布和监控的统一管理。升级信息收集软件系统，继续实行信息收集报告制度，关注辖区资本市场的负面报道。要求公司密切关注媒体报道，加强舆论引导，及时澄清不实市场传闻，防范市场对重组题材的过度热炒和跟风风险，迅速反应，积极应对。对上市公司的媒体质疑，采取专项核查的方式核实情况。对于媒体的不实报道，要求公司及时澄清并与媒体进行良好沟通，消除不良影响。

四、多措并举，切实保护投资者利益

（一）开展形式多样的投资者教育活动

成立投资者教育领导小组，整合各方资源，统筹规划，制订实施方案，使全局的

投资者教育工作形成合力。一是在实施中突出重点。开展了创业板投资者教育、股指期货投资者教育、融资融券投资者教育等专题教育活动。二是强调差异化教育。分别面向新开户投资者、上市公司高管、大额资金投资者、高校学生等不同类型的投资者，开展特色教育活动。三是注重借助政府相关部门、媒体、协会、证券经营机构等各方力量，扩大教育工作的受众面及影响力。

（二）严防内幕交易行为，维护公平公正的交易市场

一是加强内部内幕信息保密工作。制定《浙江证监局内幕信息保密制度（试行）》，切实做到令行禁止，防控内部内幕信息传播，进一步推动内部内幕信息防控机制建设。二是举办内幕交易防范专题培训。对辖区130多家上市公司的董事会秘书和财务总监进行了内幕交易防范专题培训，深化对内幕交易的形式、危害及证监会打击内幕交易决心的认识。三是全方位加大防范内幕交易工作的宣传教育力度。在省政府召开的全省上市公司发展工作会议上，专题宣讲打击和防范内幕交易，深化有关单位和个人对防范内幕交易工作的认识，为构建内幕交易综合防范体系作了充分的思想动员。四是严格落实辖区上市公司内幕信息知情人登记制度。目前，辖区上市公司大多已建立《内幕信息知情人登记管理专项制度》，未建立专项制度的公司也均在公司《信息披露管理制度》或《信息保密制度》中对内幕信息知情人登记工作作了明确规定。

（三）严厉打击证券违法违规行为、高质量完成稽查任务

一是坚定不移，克服困难，高效、高质量完成案件调查任务。全年共完成主办立案案件5起、非正式调查2起；二是协调配合、通力合作，不折不扣开展协查案件工作。对于证监会稽查局交办和各兄弟派出机构的请求协查任务，不推诿、不打折，见缝插针，已保质保量完成16起协查案件调查工作。三是积极配合法律部和行政处罚委，认真做好案件执行工作。完成行政处罚送达工作4起，催缴罚没款740余万元。

（四）积极整治非法证券期货活动，保护投资者利益

一是深化合作机制。在贯彻落实地方政府建立的联合打非工作机制基础上，加强与省金融办、省广电局、工商局、公安厅等部门的协调配合，形成打击合力。与省广电局共同签署《加强广播电视证券节目监管协作备忘录》，明确提出共建五项机制，推动其下发《关于规范广播电视证券期货节目及广告的通知》，进一步加大监管协作力度，从源头防范和打击非法证券活动，共同营造促进资本市场健康稳定发展的良好舆论环境。二是加强对媒体信息监控。自主研发互联网信息监视系统，对辖区内广播电视媒体中的证券节目进行监听监看，第一时间掌握相关线索。三是及时对不规范证券类节目进行清理和整顿。2010年，浙江证监局协同省广电局对辖区内广播电视媒体中的24个证券栏目进行了清理，对20家不规范广播电视台证券节目或广告进行集中整顿，停播5档不规范广播电视证券节目及广告，协调通信管理部门关闭涉嫌非法证券活动网站44家。四是协助公安等机关打击非法证券活动。2010年，浙江证监局向公安机关移送案件线索5起，向各地公安机关、律师事务所及个人出具认定意见2份。

（五）稳妥做好信访工作，帮助投资者解决问题

一是建立健全信访工作机制。设立专门的信访办公室，建立信访联络员制度；修订完善《信访工作流程》和《局长接待日制度》。二是主动排查,加强防范工作。联合省信访局、地方政府,做好10余名在京信访人员稳控疏导工作。三是认真处理信访案件,有效化解市场纠纷。妥善处理方正证券100余名内退、退休职工上访,仙琚制药200余名退休职工联名上访等多起群体性上访事项,避免了群体性恶性事件的发生。四是针对转销户难等信访较为突出的问题,开展专项治理,经过3个月的专项整治,转销户难的投诉明显下降,切实维护了投资者的合法权益。

五、深化法制观念,提高依法行政水平

(一) 完善依法行政的组织保障

设立非常设的法律事务工作办公室、会计工作小组,并聘任了首席律师、首席会计师牵头负责局重大法律事务和会计事务工作,设立首席稽查负责重大稽查案件的督办。

(二) 规范执法工作的程序

完善《稽查工作流程》、《浙江证监局行政许可工作规程》等20余项重要的监管工作规程,明确了监管工作的要求、程序和责任,形成了较为完整的监管规程体系。

(三) 注重信息公开的及时性、全面性

贯彻落实证监会《证券期货监督管理信息公开办法(试行)》等规定,对证券机构行政许可申请受理及审核情况等进行过程公示,每周更新,方便申请人查询和市场监督。

六、发挥监管合力,创建良好监管环境

(一) 研究建立与浙江省纪委监察厅反腐倡廉联席会议制度

一是召开党委理论中心组会议,认真学习领会地方纪检监察机关与证监会派出机构建立联席会议制度试点工作会议精神。积极推动浙江辖区试点工作的顺利开展,研究建立与浙江省纪委监察厅反腐倡廉联席会议制度。二是充分沟通,增进互信。多次到浙江省纪委进行沟通联系,并就如何建立联席会议的工作模式,具体的制度安排,工作职能的确定以及落实此项联席会议制度的一些具体措施等问题展开深入的交流和讨论。三是召开联席会议。会议成立了联席会议制度工作小组,讨论并通过《浙江省纪委与浙江证监局反腐倡廉联席会议制度工作方案(试行)》。四是召开打击和防范资本市场内幕交易专题会议。浙江省11个地市人民政府分管金融工作的副市长和省市纪委监察局、发改委、国资委、金融办负责人,国有上市公司董事长及控股股东代表100余人参加了会议。会议认真学习了国务院办公厅日前转发的《关于依法打击和防控资本市场内幕交易的意见》,深刻分析了浙江资本市场发展形势和存在的问题,重点围绕打击和防范资本市场内幕交易行为进行了工作部署。此次会议的召开,提高了政府有关部门国家工作人员和国有上市公司控股股东、高管人员对内幕交易危害性和违法性的认识,为进一步深化反腐倡廉联席会议成果夯实基础。

(二) 完善合作监管机制,形成监管合力

通过签署合作监管备忘录,召开合作监管联席会议,编发《合作监管通讯》、《上市辅导工作简报》和邀请当地上市办参与上市公司现场检查工作等方式,加强与地方政府的沟通协作,共同加强宣传发动工作,提高企业上市的积极性,共同发掘和培育上市后备资源,共同防范和处置资本市场风险,促进浙江资本市场稳定健康发展。为深化上市公司合作监管体系,浙江证监局与杭州市共同制定《杭州上市公司监管合作试行办法》,将上市公司合作监管内容

拓展到日常监管、质量提升以及风险处置，进一步明确双方的权责，加强信息共享，共同促进地方资本市场健康发展。并计划在试点成功的基础上，探索将合作监管进一步扩展到其他地市与部分经济强县。

（三）充分发挥行业自律组织自律监管职能

加强行业自律组织的规范建设，支持行业自律组织开展工作，充分发挥行业自律组织作用。一是有序推进了会员自律管理。指导上市公司协会加强董事会秘书、财务总监队伍建设，加强对公司治理、信息披露、财务管理等方面问题的交流研讨；引导证券、期货行业自律组织加强佣金和营销自律管理，避免行业内恶性竞争，维护了市场的秩序。二是指导行业自律组织落实各项服务职能，维护会员利益。行业自律组织扎实开展上市公司董监高培训，证券期货高管、分支机构负责人和从业人员等培训，增强市场主体对证券市场法律法规的深入理解。三是充分发挥协会日常监管职能。行业自律组织在投资者教育和现场检查等方面开展了大量的工作。上市公司协会撰写的《辖区上市公司董秘履职现状及对策研究》的调研报告，提出了改善董秘履职环境，加强董秘队伍建设方面的建议，为浙江证监局开展监管工作提供了参考。

七、加强干部队伍建设，提高监管能力

（一）深入开展党风廉政教育活动

一是进一步加强纪检监察队伍建设，充实局纪委领导班子，在各党支部增补一名专职纪检委员，加强了纪检力量。二是深入开展自查自纠。着重开展勤政廉政集体谈话、工作人员及其家庭有关信息登记、工作人员及亲属买卖股票行为自查及补充登记工作。三是开展廉政警示教育、党风廉政教育活动知识测试、教育活动资料检查等活动，组织全体干部员工签订廉洁自律承诺书。四是严格贯彻执行公务回避、任职回避制度。组织全体干部员工认真学习《中国证监会工作人员任职回避和公务回避规定（试行）》，制定《浙江证监局工作人员任职回避和公务回避规定管理办法（试行）》。不定期开展监管干部家庭有关信息登记工作，建立档案。按照监管干部不在其家属任职单位有直接监管权限处室任职的原则，对需要回避的干部进行轮岗。五是成功组织召开了第一次浙江证券期货行业反腐倡廉联席会议。

（二）积极开展学习型党组织建设，提升党员干部政治素养

认真贯彻落实关于学习型党组织建设有关工作的要求，紧密结合浙江证监局实际，建立完善领导干部集体学习制度、党员干部个人自学制度、领导干部宣讲制度。2010年党委中心组集体学习12次，举办“局领导讲党课”3次、“万松书院读书报告会”4次。

（三）全面开展争先创优活动，营造“学榜样、弘正气”氛围

以“五个好”党支部建设和“五带头”优秀共产党员评比作为创先争优活动的基本抓手，以“党性教育”活动、“岗位奉献”活动、“组织创新”活动及“典型示范”活动作为创先争优活动的具体载体，全面推进创先争优活动。

（四）扎实开展建功立业活动

一是深入学习领会工会《竞赛通知》的精神，制定《浙江证监局“创新金融服务，支持经济发展”建功立业竞赛活动方案》。确立了以“提高上市公司质量、推进期货业创新发展等五项重大监管发展主题”为活动载体，明确具体措施，动员和组织各处室、协会和全体会员积极行动。二是结合监管业务工作，特别是与“争先创优”活动、党风

廉政教育活动和学习型组织建设等活动结合，对建功立业竞赛活动进行动员和宣传。三要围绕重点工作，开展大调研，举行大讨论，进行大交流，充分调动全体干部职工的积极性和参与热情，自觉投入到“创新金融服务，支持经济发展”建功立业竞赛活动中。通过此项活动的开展，达到了进一步提高监管水平、创新能力和服务质量，促进市场平稳健康发展，为经济发展作出更大贡献的目的。

（五）创造条件培养人才

一是支持干部参加各种形式的继续教育。2010 年，选派 1 名干部赴美国参加浙江省政府组织的 MPA 进修班学习；选派 10 名干部借调到证监会工作和进行以岗代训；选派 2 名干部随省政府考察团赴香港、台湾考察交流；选派 1 名干部去英国参加业务技能培训；选派 2 名处级干部参加证监会党校学习。此外，目前还有 8 名干部正在参加在职硕士、博士研究生课程的学习。二是利用各种交流机会锻炼培养干部能力。先后安排 2 名干部到企业单位挂职锻炼。从上年开始，根据局党委的统一安排，先后派 2 名干部去兄弟局挂职锻炼。三是通过轮岗，加快复合型人才培养。根据工作需要及个人的专业优势和个性特点，安排轮岗。2010 年共开展轮岗 5 批次，计 18 名干部轮岗。四是加强重点专业人才的培养。成立会计工作小组，加强专业学习和交流。聘任首席律师、首席会计师和首席稽查，培养各专业的领军人物。

（六）深入开展机关文化建设，营造向上的工作环境

以《机关文化手册》、局刊《老龙井》、万松书院读书会等平台为载体，通过每年“七一”的评优创优、“建局十周年感动浙江局人物”评选，树榜样，弘正气，倡导勇于担当、敢于创新、善于团结、甘于奉献的精神品质，形成了“以人为本、员工至上，以局为家、诚信敬业”的核心理念，打造了富有浙江局特色的机关文化。借助党、工、团组织的力量，组织各项活动，经常举办爬山比赛、趣味运动会等活动，组建羽毛球队、乒乓球队、篮球队等业余爱好小组，加强干部职工身体锻炼。举办摄影、社交礼仪、心理健康等专题讲座，使大家陶冶了情操，开阔了视野，健康了身心，营造了积极向上的工作氛围。

中国保险监督管理委员会浙江监管局工作情况综述

局长　吴勉坚

2010年，在中国保险监督管理委员会(简称中国保监会)和浙江省委、省政府的正确领导下，中国保险监督管理委员会浙江监管局(简称浙江保监局)以科学发展观为统领，紧紧围绕“八八战略”和“创业富民、创新强省”总战略，推动行业深入实施“二次创业”，全面建设创新、诚信、和谐“三大保险”，提前3个月完成“十一五”规划各项目标任务，在加快建设浙江特色的“保险强省”中迈出了坚实的一步。

一、以转方式调结构为中心，保持行业平稳健康运行

1. 坚持科学发展理念，经营效益稳步提升。引入结构效益、社会贡献等新型指标，完善科学发展评价体系，引导机构正确审视和科学评估发展内质，逐步形成以改革为动力、以创新为活力的发展模式。2010年，全行业未出现大起大落的剧烈波动。财产险实现利润总额17.6亿元，居全国第二位。其中，车险承保利润9.6亿元，居全国第三位。商业车险承保利润24.9亿元，居全国第二位。

2. 加快业务结构调整，发展质量明显优化。一是加强窗口指导，抓住发展保障型业务、服务民生这条主线，在调整转变中形成新的竞争优势。保证险、信用险等业务增长60%以上。健康、养老等保障性强的传统业务受到重视，银行保险业务继续向期交业务转型。二是实施寿险业结构调整“三突破”指标监测制度，合理把握结构调整的力度和节奏。续期保费占比、期交保费占比、新单期交10年期及以上保费占比三项指标持续好转，分别达到42.64%、32.4%、45.84%。

3. 统筹市场主体结构，保险资源合理配置。一是引进特色主体。美国利宝保险顺利开业，实现浙江省外商独资保险公司零的突破。引入平安健康等专业机构筹建，进一步壮大专业保险机构服务力量。二是严格准入管理。继续执行机构批设计划申报制，科学评估区域市场承载能力、公司经营管理水平等，优先支持优质经营主体进驻。三是完善退出机制。深入开展营销服务部清理整顿工作，完善兼业代理机构退出机制。2010年累计新增5家分公司，撤销257家营销服务部，清退106家兼业代理机构。

二、以构建创新平台为载体，积极发挥保险功能作用

1. 完善创业创新发展机制。一是扎实推进"一点两翼一平台"创新基地。继2009年在景宁以"服务社会民生"为主题建设创新翼后，先后在温州以"加快保险集聚"为主题建设辐射点，在义乌以"经济转型升级"为主题建设创新翼，在丽水以"实施政保联动"为主题建设合作平台。全省已开展13个省级、15个市级和40余个县级政保合作项目。二是全面开展创业创新试点。出台全省保险业加快创业创新指导意见，完善创新试点项目管理制度。截至目前，累计11家保险机构申报了21个创新试点项目，认定创新试点项目10个。

2. 推动风险管理大扩面。一是支持经济转型升级。推动林木保险纳入中央财政补助范围，加快推广水稻气象理赔指数应用等试点工作。组建全国首个共保组织，有效解决专业市场风险管理难题。试点中小企业出口信用保险，率先为中小企业提供海外贸易风险管理服务，全年新增出口额在1500万美元以下的参保中小企业约800家。二是服务平安浙江建设。建立覆盖全省的医疗责任保险制度，截至目前参与医疗机构2672家，受理各类医疗纠纷1000余起，赔付3104万元。在绍兴、嘉兴等地启动环境污染责任保险试点，启动省市县三级道路交通事故社会救助基金筹建工作。三是参与社保体系建设。探索对接城乡居民养老保险的有效方式，在衢州等地开展商业保险参与养老保险收付费管理试点工作。参与医疗体制改革，在温州、台州及杭州部分地区开展城镇职工重大疾病补充医疗保险，覆盖人群超过100万人次。

2010年，全行业共为经济社会提供风险保障17万亿元，为人民群众积累养老和医疗保障基金1700亿元，赔款支出在自然灾害经济损失中的占比达到8%，缴纳税金在服务业的占比达4.5%以上，提供就业岗位9000余个。特别在应对2010年的暴雨洪涝灾害中，支付农业保险和农房保险赔款3903.27万元，较好地服务了经济社会发展。

三、以创新监管工作为抓手，防范化解行业风险

1. 构筑风险防控体系。一是加强非现场预警和监测，实行稽核数据月报制度，探索建立预算考核评估机制，密切关注费用、给付、退保变化等情况，加强对重点公司处置风险的个案指导，先后对9家保险公司和2家中介机构进行风险警示。二是完善风险防范处置机制，制定突发事件应急预案和应急处置责任追究办法，督促公司对可能发生的重大风险制定具体处置方案。三是健全联动工作机制，加强与公安、工商、银监等部门的执法协作，妥善处置非正常退保事件和涉嫌诈骗、涉嫌职务侵占等违法事件。全年移送涉嫌刑事犯罪案件4起，协助调查保险诈骗案件2起，未发生一起影响金融稳定的重大事件。

2. 强化内控制度建设。一是抓住核心环节。财产险，推行内控十大关键环节省级集中管理，实施全险种单证监测制度，探索中介业务信息集成卡管理制度。人身险，完善收付费管理制度，严格落实分级授权管理。二是抓牢责任主体。贯彻保监会要求，建立案件责任追究机制，落实高管人员责任制。三是抓好技术运用。进一步完善车险信息平台功能，自动识别并防范多家投保、重复索赔等骗保骗赔行为。推广上线中介三大子系统，开发兼业代理在线信息管理系统，启用保险公司中介业务信

息系统，强化中介业务源头管控。

3．推进分类监管工作。落实保险公司分支机构分类监管办法，完善专业中介机构分类监管制度。2010年，先后开展科学发展综合考评、内部控制评价和分类监管等指标评价工作，根据风险程度对保险机构进行分类，对8家C类、5家D类保险公司以及6家C类中介机构采取了针对性的监管措施。

四、以市场行为监管为重点，营造公平有序的竞争环境

1．打造动态监管机制。构建“数据监测＋民主评议＋公司质询”的市场监测机制，定期分析业务增速、成本费用和经营效益等指标，确定重点关注地区和检查对象。实行查处分离工作机制，建立市场监管信息披露制度，强化行业监督、社会监督和舆论监督。

2．突出市场整治重点。财产险方面，重点解决数据不真实、理赔不规范问题，开展电销产品、能繁母猪保险、交强险拒保等专项检查。人身险方面，重点开展销售误导检查、内控合规评价、银邮代理业务整顿等工作。保险中介方面，重点开展保险公司中介业务专项检查，规范保险中介市场秩序。综合领域方面，深入开展打击“三假”专项工作，处理各类假赔案4170件、假保单案件2件。集中开展意外险市场专项治理工作，落实人身意外伤害保险业务经营标准。继续推进治理商业贿赂专项工作。2010年，累计处罚保险机构15家次，处理相关责任人23人，其中机构罚款194万元、个人罚款21.55万元、机构警告2家次、相关责任人警告23人次。此外，下发监管函11份，实施监管谈话32人次，通报批评1家次。

3．发挥自律辅助作用。继续推进车险自律工作，出台非车险自律工作指导意见。完善银保自律公约，深入开展自律检查，全年累计处罚公司5家次，罚款25万元。制定保险经纪行业自律公约，完善保险中介自律体系。

五、以治理销售误导和理赔难为关键，切实保护保险消费者权益

1．规范保险销售行为。开展寿险业“服务规范月”活动，推行人身保险业务基本服务规定。出台人身保险产品说明会管理的指导意见，制定产品说明会风险提示标准。规范银邮代理业务销售，对宣传资料合规性、销售人员等进行严格管理。出台营销员诚信记录管理实施细则，建立营销员不良行为记录披露平台。加大营销员统一培训力度，全年参训营销员7.7万人次。

2．加强理赔制度建设。出台机动车辆保险客户服务规范，落实承保理赔信息客户自主查询制度，完善交通事故快速处理机制，实施车险理赔指标公布制度，推行车险定损员持证上岗制度，建立车险理赔服务媒体监督团，持续推进理赔服务社会化、标准化和信息化建设。2010年，行业平均结案周期较2008年底缩短了近20天，行业平均赔付时效比2009年底缩短了近6天。

3．妥善处置矛盾纠纷。创新信访工作机制，深入实施领导干部信访接听日制度，继续推行公司信访轮值制度，认真做好矛盾纠纷排查化解工作，全年处理来信来访334件次，接听投诉咨询电话4510次。总结道路交通事故损害赔偿纠纷调解工作经验，联合西湖区人民法院开展诉调对接机制的试点工作，初步实现司法调解与行业调解的有机结合。自10月份实施以来，累计调解案件17件，调解成功率82.4%，

涉及金额179万元。

4. 引入消费者满意度测评。委托省民生民意调查中心先后在杭州、金华、丽水、嘉兴、衢州等地开展消费者满意度调查,综合评价行业服务水平。调查显示,2010年产险消费者总体满意度75.27分,寿险消费者总体满意度75.23分,相比2009年均有提升。

六、以行业环境建设为基础,着力增强持续发展能力

1. 建设行业文化。启动"保险行业文化建设年"主题活动,制定行业文化建设规划,分步推进"5+3"建设工程,编写文化宣导手册,传播"三大保险"发展理念。指导公司创建特色水文化,策划《浙江日报》和《青年时报》行业文化建设宣传,推动保险企业形成海、湖、河、江、瀑、溪、泉等类型的企业文化。

2. 优化司法环境。加强执法协作,积极筹建保险业与公安机关联合反诈骗机构,深化打击"三假"工作。积极参与省高院交强险司法解释制定工作,依法合理反映行业诉求。联合省司法厅开展调研,搭建与司法鉴定行业对话平台,共同规范车险人伤案件司法鉴定。

3. 加强宣传教育。拓宽媒体合作领域,打造保险宣传精品栏目,成立中国保险报驻浙记者站,完善新闻发布制度,抓好媒体正面宣传。深入开展"构建和谐社区 保险伴你同行"等主题宣传活动,普及保险知识,展示行业风采。继续做好高管人员教育培训,提升高管人员合规意识和职业素养,全年累计培训956人次。

4. 深化理论研究。加强重大战略问题的研究,开展学术交流活动,实施厅级课题立项招标制度,组织出版《浙江省领导干部保险知识读本》,编纂发行《浙江保险年鉴(2010)》,认真做好保险业"十二五"规划编制工作,不断深化理论成果的应用。

5. 树立公益形象。组建浙江保险业公益事业委员会,筹集保险行业公益活动基金,联合相关部门和慈善机构开展救助行动。2010年,先后开展了玉树、舟曲抗震救灾募捐,援助全省百户交通事故致贫家庭,帮扶在杭农民工子女学校,向景宁贫困山区小学捐建图书馆等社会公益活动。

中国工商银行浙江省分行经营管理情况综述

行长 沈荣勤

2010年，面对复杂多变的经营环境和日趋激烈的竞争形势，中国工商银行(简称工行)浙江省分行在省委、省政府、工总行的正确领导下，认真贯彻落实省委、省政府"两创"总战略和总行行长会议精神，更加有效地做好信贷保障和金融服务工作，主动适应形势变化，积极应对各种挑战，围绕竞争力持续提升、资产质量持续优良、盈利持续增长三大目标，着力建设创新、服务、管理、人才四大工程，在全力支持浙江经济升级发展的同时，推动自身经营迈上了一个新的台阶。全行拨备后资产利润率达到2.8%；实现经济增加值101.56亿元，风险调整后经济资本回报率40.16%。人民币各项存款新增882.35亿元，对公存款增加607.11亿元，储蓄存款增加275.24亿元；本外币各项贷款新增605.01亿元，实际新增1011.22亿元；实现中间业务收入62.87亿元，中间业务收入占营业净收入的比重达到23.34%，同比提升3.56个百分点。信贷资产质量实现"双降"，不良贷款余额42.17亿元，不良贷款率0.82%，继续保持优良水平。在总行经营绩效考评中第十五年位居一级分行第三位、省级分行第一位。

一、拓宽融资渠道，多渠道支持浙江经济发展

2010年，根据监管要求，信贷规模按月、按比例控制投放，信贷规模与客户需求间的结构性矛盾较为突出。为此，在用足用好现有规模的同时，工行浙江省分行积极加强与工总行的沟通，争取扩大信贷新增计划，并通过业务创新多渠道、多途径满足客户的资金需求，不因为信贷规模管理加强而削弱对经济发展的金融保障，全年实际增加可用规模1000多亿元。一是均衡投放与积极支持相结合。进一步加强规模总量、投放节奏管理，加强信贷投放进度与结构的检查和监测分析，认真落实"季不过三、月不过四"的规定，按照工总行下达的信贷计划做好贷款的均衡有序投放，避免贷款增长在月度之间的异常波动；同时加强对信贷需求的排摸，动态调节客户需求与规模的匹配关系，避免因信贷规模管理影响对客户的服务。二是存量管理与流量管理相结合。加大规模创新，灵活运用区域理财、银团贷款和资产交易业务，扩大可用规模，对接优质客户融资需求，2010年综合运用信贷资产池、银团贷款、投行、信用卡分期付款等方式增加可用规模557.18亿元。三是表内业务与表外业务

相结合。在市场有需求、风险可控、管理规范的前提下，有计划适度放开一些表外信用产品，如银行承兑汇票、国际国内信用证、内保外贷等业务，以弥补表内信贷资产规模的不足。四是间接融资与直接融资相结合。积极为客户提供短期融资券、中期票据、中长期债券、集合债券、股权融资等产品的融资顾问和推介服务，提升综合融资服务能力，支持帮助企业扩大直接融资、拓宽融资渠道。

二、把好信贷投向，有力推动浙江经济转型升级

根据省政府关于"十一大产业"转型升级指导意见，顺应浙江经济和产业结构变化趋势，工行浙江省分行进一步从行业和客户两个维度完善相关信贷政策，引导和促使全行切实把好信贷投向，大力调整信贷结构，切实发挥信贷杠杆对浙江经济转型升级的引导作用。一是按照"保续建、控新建"的要求，重点支持在建、续建以及已签约重大项目建设，确保重点项目建设顺利进行。积极克服信贷规模难题，继续支持甬台温、台金、杭徽等高速项目，宁杭铁路，三门核电，省建投湖州新农村，省电力公司农网改造等项目建设，满足后续提款要求，全年累计发放高速公路、铁路、电力行业贷款分别为30亿元、15.6亿元、34.5亿元。二是重点支持"十一大支柱产业"的发展，适应浙江产业发展重型化趋势，围绕十一大支柱产业，以装备制造、化工、机械、轻工、电子等优势产业为重点，扩大在工程机械、环保设备、数控机床、轨道交通、大型石化等成套装备制造业中的贷款份额，较好地贯彻了信贷支持实体经济发展的要求。2010年，制造业贷款余额1376.2亿元，较年初新增189亿元，制造业贷款约占公司贷款的40%，为最大的贷款行业。三是拓展新兴业务市场。围绕浙江十一大产业转型升级要求，加大对海洋经济、现代服务业、新兴产业、新农村等七大新兴市场，以及节能减排、循环经济、低碳经济等绿色产业的支持力度，严格控制"二高一剩"行业贷款投放，确保信贷投向符合产业政策方向，适应了浙江省经济发展需要。全年新发放的318.7亿元项目贷款中，投向服务业18.4亿元，累计发放新农村项目30个，投向新农村48.3亿元。

三、加强金融创新，全力推进各项业务协调发展

坚持统筹兼顾的发展方式，重点推进"两小"市场的拓展和中间业务的发展，加快金融创新，结构调整成效显著。2010年，工行浙江省分行小企业贷款和个人贷款余额分别新增214.1亿元和254.9亿元，两小贷款合计新增469亿元，占到各项贷款增量的81.3%；中间业务净收入占营业净收入比重达23.34%，同比提高3.56个百分点。一是重点推动两小贷款增长。密切关注浙商对外投资项目，发挥工商银行网络优势，跟着浙商"走出去"，以行内银团、内保外贷等方式实施服务延伸；继续深化小企业专营机制建设，小企业专营机构达到124家、比年初增加24家，推进小微企业集群发展模式，加快小企业融资产品创新，创新完善小额贷、固贷通等产品，全力做好小企业金融服务工作，发挥工总行网络融资中心在浙的优势，以浙江的"网贷通"、"易融通"为平台，服务全国小企业，2010年末，工行全行网络融资贷款有所增加，其中浙江新增97.5亿元、余额达到148.5亿元；重点支持、开发适合城乡家庭特点的消费信贷产品，加大个人积数贷款、如意通个人循环贷款等优势产品营销，促进内需的有效扩大。二是大力发展中间业

务，全力推进经营转型。全年实现信用卡发卡量达369.54万张，直接消费累计金额达到582.79亿元，分期付款余额142.26亿元，国际结算四行占比26.1%，提高1.12个百分点；贵金属累计交易量2380.4吨，居全国第三位；新增年金客户156户、职工数2万户，新增托管资产515.76亿元；销售品牌金实物2047.14公斤，同比增长155.88%。三是加快产品创新满足客户金融需求。完善创新制度建设，加强产品创新管理，搭建产品创新平台，全年累计研发推出了60个新产品；推出市场上技术最为先进的特色收单平台MISPOS系统，丰富扩展了电话通功能，开发了银企互联与电子商务系统、新一代网商融资系统、统一汇款平台、招投标保证金管理系统等大批个性化服务系统，促进全行业务的发展。

四、改进营销服务，持续深化金融服务内涵

2010年，工行浙江省分行全面启动了“2010服务价值年”活动，举全行之力全方位改进服务质量，努力为客户提供更加优质的金融服务。一是全力改进客户服务。深入开展“2010服务价值年”活动，深化十大服务提升工程，狠抓网点客户排长队问题，做好“迎世博”活动，完善服务质量考评体系，实施客户投诉专项治理工程，首次开展网点服务技能比赛和“2010年最佳服务机构、最佳服务明星”评选活动，进一步提升了优质服务能力。二是推进综合化营销。积极深化分层营销体系建设，直营项目营销成果显著；创新链式营销、综合服务，以核心客户为龙头，抓住产业、产品、客户三大链条，实施公私业务、资产负债与中间业务、核心客户与关联客户联动整合营销，尽力挖掘客户的综合金融需求，有效提高了市场占有率和客户综合贡献度。三是优化服务渠道，提升客户服务能力。深化实施IBM网点布局优化项目，全年新建网点2个，迁建39个；出台了自助渠道建设标准，全年新投产自动柜员机944台、自助终端493台，开发推广新一代自助终端系统和电子填单系统等，完善自助设备功能，自助终端5万元以下转账汇款分流率达到59.7%，位居工行系统前三位；以庆祝电子银行十周年为契机，大力发展电子银行，延伸客户服务能力，全行企业网银和个人网银客户数分别新增3.5万户、98.4万户，渗透率分别达到60.8%和44.3%，离柜率达到60.8%，交易金额达到17.8万亿元，增长41.8%。

五、坚持依法合规，严密防控金融风险

面对错综复杂的外部环境，工行浙江省分行始终绷紧风险防控这根弦，更加重视合规经营，为高质量可持续发展提供了坚强保障。一是强化信贷风险防控。加强大户信贷风险管理，全年对18个企业集团、57个重点民营企业的121.8亿元融资业务开展了全面分析，逐户明确监管意见，压降风险贷款20.9亿元；努力化解担保圈风险，因圈施策、多策并举，全年共化解担保圈贷款206.2亿元；深入推进法人客户放款核准、非现场监测分析、贷款受托支付和放款后作业监督工作，信用风险防控能力进一步提高。二是加强内控合规管理。围绕重点业务领域和管理薄弱环节，认真开展合规性检查，抓好存在问题的整改和问责，开展内控述职和内控评价工作，系统内继续保持内控评价一类行等级；深化监督体系改革，组建省分行风险监控中心，强化对重大风险因素的核查、分析、集中管理。三是加强案件防控工作。开展内控和案防制度执行年活动，实施“三强化”防案主题教育，强化重要风险点防控治理；切实

防范道德风险，各行普遍开展员工行为动态和涉赌情况排查，对预防案件事故的发生起到了积极作用。

六、建设人才队伍，不断增强全行凝聚力

员工是全行事业发展的根基，打造一流员工是实现可持续发展的根本保障。一是扎实推进党建工作。工行浙江省分行深入开展“创先争优”活动，组织开展“崇尚学习强素质、创新思路谋发展”主题教育，加强对党建示范点联系，涌现出一批先进基层党组织和优秀共产党员，工行杭州解放路支行行长黄震宇还代表金融系统参加了中组部组织召开的创先争优活动座谈会，受到胡锦涛等中央领导的接见。深入开展精神文明创建活动，着力创建全国和省级文明单位，扩大文明单位覆盖面。二是高度重视人才队伍建设。组织清华大学、“科学决策力”等面向中高级管理者的培训，要求各级领导干部出思路、优思路，当好“六手”，提升素质，增强作为；完善管理人员选拔任用、培养、考核监督机制和任期管理，加强后备干部培养，实施非管理类职务晋升，切实提升管理队伍战斗力；大力推进专业类员工培训，积极储备“316”核心人才，开展一线柜员适岗能力培训和各种形式的技术比武活动，评选“中年员工转岗明星”，组织开展专业资格认证和柜员等级考试，有力地推动了员工的履职素养和能力的提高。三是努力促进和谐稳定。积极传播企业文化，加快实现工行基层特色文化与工行整体文化的无缝对接，深化家园文化和特色文化建设，努力营造和谐温馨氛围，增强全行的凝聚力，调动广大员工的积极性。

中国农业银行浙江省分行经营管理情况综述

行长 赵忠世

2010年，中国农业银行（简称农行）浙江省分行认真贯彻落实省委、省政府和农总行的工作部署，紧紧围绕提升主流银行、建设精品银行和打造优秀上市银行的奋斗目标，深入推进二次创业战略，各项工作取得了明显成效，全面超额完成总行下达的各项业务计划，核心业务市场份额、同业位次及系统贡献度明显提升，经营品质和经营效益持续向好，并被评为全国农行系统首届文明单位，荣获支持浙江经济发展一等奖、支持中小企业发展优秀奖、“浙商最信赖客户服务银行”、“浙商最信赖中小企业信贷银行”和“浙商最信赖品牌银行”等荣誉称号。

——主体业务持续快速发展。2010年，全行各项存款余额6147亿元，比年初增加1162亿元，增量再次突破千亿大关，保持工农中建四行第一。其中，个人存款余额3254亿元，比年初增加509亿元，总量、增量持续保持四行第一。各项贷款余额4563亿元，比年初增加661亿元，增量居四行第一、系统第二。

——经营转型与结构调整扎实有效推进。中间业务收入大幅增长，全年实现中间业务收入48.84亿元，比上年增加16.97亿元，增幅为53.23%。优质高端客户占比持续提升，2010年末全行优良法人客户贷款占比达到96.99%，比年初提高0.42个百分点；三星级以上个人客户达23.62万户，比年初增加7.49万户；第三方存管客户增加12.73万户，增量连续三年居四行第一。

——风险管理与内控建设不断加强。针对重点行业、重点客户、重点区域和重点业务建立常态化的风险监管机制。推进全面风险责任制管理，进一步健全了横向到边、纵向到底的风险内控管理体系。启动整体移位检查，强化突击性现场监管。全面开展员工行为排查，对各类风险及时处理，确保了安全经营。全省农行持续保持内控一类行等级。

——经营品质和经营效益持续提升。2010年全行不良贷款持续双降，不良贷款比年初减少4.97亿元，不良率比年初下降。实现拨备前利润152.48亿元，拨备后利润133.89亿元，比上年分别增加36.72亿元和38.08亿元。资产利润率、资本回报率、成本收入比等核心指标继续保持较高水平。

——班子队伍建设和企业文化建设取得新成果。持续抓好队伍，加大年轻干部选拔培养力度，加强和规范干部履职管理。

大力推广总行新的核心价值理念，着力传承浙江分行优秀的文化传统，总结推广了萧山支行的“五种精神”和温州分行的“五种品质”，有效激发了全行干部员工在高平台上二次创业、争先创优的工作激情。

一、贯彻落实宏观调控政策，着力促进浙江省经济转型升级

（一）积极支持优质产业行业。 认真贯彻落实全省经济工作会议精神，紧紧围绕浙江产业行业政策走势，重点拓展能源、交通、港口、电源电网等基础产业、城市现代服务业、节能环保行业和各类新兴行业，年末上述领域贷款总额达到1620亿元，占全行法人客户贷款的51.3%，比年初提高0.59个百分点。同时，加强对政府融资平台、房地产等重点领域的准入管理，加大对“两高一剩”行业的退出力度，全年合计退出“两高一剩”行业贷款10.19亿元。

（二）大力拓展优质项目和优质客户。 坚持高位切入，加强与各级政府的战略合作，先后与省政府、省环保厅等签订战略合作协议。加大对优质大客户和优质项目的支持力度，对世界500强、中国500强、央企在浙公司，省国资委下属企业等优质高端目标客户实施名单制管理。2010年，全行共营销1亿元以上的优质贷款项目147个，贷款金额465.8亿元，成功拓展了一大批在浙江经济发展中顶天立地的优质高端客户，与8家省级重点集团客户签订了全面战略合作协议，意向授信285亿元，对一批国家级、省级重点项目出具有条件贷款承诺函299亿元。

（三）强化对中小企业的金融服务。 大力推进中小企业“E融行动”，重点支持符合产业政策和环保政策、核心技术突出、市场前景较好的优质中小企业。已与省中小企业局推介的1000家成长性中小企业客户中符合条件的659家建立了客户关系，实际用信74.19亿元。加快金融服务组织机构建设，在全行范围内设立230家小企业金融服务组织机构。进一步完善中小企业信用评级、抵押担保、风险定价、贷后管理等制度，研发推出自助循环贷产品等特色产品。深化中小企业金融服务。年末，全行小企业法人贷款新增121.5亿元，客户数比年初增加711户，不良贷款率1.26%，比年初下降0.51个百分点。同时，加大与中小企业服务机构的战略合作，稳步推进小额贷款公司业务，截至2010年底，农行浙江省分行已与71家小额贷款公司建立合作关系，合作面70%以上，居同业第一。

二、不断优化金融服务，提升业务竞争力

（一）加快产品创新。 重点实施了“三个十”工程，即深入推介已有十大优秀产品，集中推出十大新产品，前瞻性研发十大新产品。一是抓好产品推介。省分行组织讲师团，在全行进行大范围巡回培训工作，累计培训员工7289人次，取得了较好效果。二是突出产品创新重点。对大型客户、集团性客户和各类高端法人客户，进行量身定做式的产品组合创新；对小企业和个人客户，创新研发操作简便、适销对路、易于推广的制式产品；对科技型等特色行业企业，重点研发专利权质押等特色产品。三是完善产品研发机制。组建信贷产品专家团队，对有价值的产品研发信息，定期召开产品研发论证会，论证通过后及时启动研发程序。

（二）优化业务流程。 突出抓好优质大客户以及中小客户两个层面的信贷业务流程优化。对竞争性项目和竞争性客户，缩短办事链条，提高决策效率，省分行组织

直销联合团队，参与客户谈判、授信和贷款方案的制定，同期进行贷前调查、贷款审查的“平行作业”；对条件尚未完全具备，但竞争激烈的高端项目和客户，根据需要提前将其纳入信贷决策环节。对中小企业和个人信贷客户，实行“一次调查、一次审查、一次审批”的审批模式，提高了信贷决策效率。

（三）完善渠道建设。一是突出抓好网点的优化布局。根据城市化发展趋势和客户需求变化，对低效网点进行撤并、迁址和改建，对城市中央商务区、高档社区、工业园区、开发区等优势区域加大网点设置力度。全年共迁址人工网点42个、撤销5个、升格37个，新设自助网点52个。二是突出抓好物理网点的转型升级。积极打造基础网点、精品网点、财富中心、私人银行等各类标杆网点。年末，全行共完成网点建设项目363家，超过年初预计目标181.5%，网点形象显著提升。三是突出抓好网上银行、客户服务中心、电话银行、手机银行等电子渠道建设。全年新增个人网银124万户、企业网银2.38万户、手机银行128万户、电话银行123万户、自助设备787台，电子渠道交易占比达到70.88%，同比提升6.71个百分点。四是突出抓好网点文明标准服务。引入“神秘人”暗访制度，开展网点文明标准服务导入，狠抓服务薄弱环节的改进，有效提升了品牌形象。

三、严格控制风险，持续构建风险管理的长效机制

（一）抓信用风险管理。一是突出抓好重点领域信贷风险防控。针对政府融资平台贷款、房地产行业贷款、集团性客户贷款、“两高一剩”行业贷款和小额农贷五大领域，有效实施行业限额管理、客户名单制管理和区域分类管理。在此基础上，全面开展信贷风险排查，全行风险水平评价持续保持A级行。二是狠抓信贷作业层面的风险管控。从实施信贷全流程风险管理入手，严格把好信贷客户准入、授信执行、抵质押管理、贷后资金监管、贷款到期收回“五关”。三是加大不良资产处置力度。通过落实责任、利用减免息政策、委托资产本金打折、强化监督检查等措施，突出抓好各类不良资产清收。全年累计现金清收自营不良贷款本息25.4亿元，委托资产现金清收1.72亿元。

（二）抓操作风险管理。以总行集中审计和风险排查为契机，全面加强各领域各条线精细化管理。在财务会计领域，重点抓好财务费用管理、集中采购管理和会计基础管理三大环节的精细化管理。在运营管理领域，加快集中授权中心和集中监控中心建设，年末全行有15家支行、46个网点实行集中授权，有72家支行、506个网点纳入集中监控范围。同时，稳步推进集中作业，全行后台业务集中度同比提高3.13个百分点。内控案防领域，在抓好自律监管的同时，加大了突击检查和整改力度。2010年，农行浙江省分行本级组织开展了5次突击检查，对29个营业网点组织开展整体移位排查。

（三）抓市场风险管理。一是加强流动性风险管理。实施全额资金管理，建立大额资金流动性应急处理预案，加强备付管理，确保支付安全。二是加强利率风险管理。针对加息趋势，严格控制中长期贷款利率下浮比例，加强贷款定价风险分析和利率敏感性缺口分析，及时调整期限匹配结构，主动规避利率风险。三是加强汇率风险管理。加强风险头寸管理与风险敞口监控，积极运用衍生工具规避汇率风险。

四、认真履行社会责任，扎实做好服务三农工作

按照服务三农的定位，充分利用点多面广的优势，扎实开展服务三农工作。

（一）突出支农重点。重点支持浙江省设施农业、市场农业、现代农业及农业产业化龙头企业；大力支持省级现代农业功能区、农业主导产业示范区、特色农业精品园、设施农业示范基地和城镇化建设；积极支持经济高效、节能环保、技术密集的新型农业现代化建设项目，有效支持山区特色资源开发和观光旅游农业。年末，全行新增涉农贷款433亿元，增幅达26.1%，高于全行贷款平均增幅9.12个百分点，其中，新增农村基础设施和城镇化建设贷款77亿元，新增省级以上龙头企业53家，授信覆盖率提高6个百分点；新发放农产品流通贷款8亿元；发放农民展业创业贷款157亿元。

（二）创新三农服务产品。在提供流动资金贷款、项目贷款、承兑汇票、信用证、保函、票据贴现等传统产品基础上，逐步推广小企业可循环贷款、小企业整贷零偿贷款、入园企业创业过渡贷款等新品种，大力支持县域中小企业和现代生态农业；在嘉兴、温州、绍兴等地试点推出新市镇新农村配套贷款，大力支持农村城镇化建设；在农村地区全面推广个人类金融产品，满足农村客户支付结算、规避外汇风险、资产保值增值等多种金融需求。

（三）拓宽三农服务渠道。充分发挥惠农卡在服务“三农”中的载体作用，为广大农民提供高效金融服务，解决农民贷款难等问题。2010年，全行新发放惠农卡139万张，当年授信户数7.45万户，新增农户小额贷款15亿元；抓好空白乡镇的服务渠道建设，对温州、丽水等地区的金融机构空白乡镇，设立了32个非全日制固定机构网点，有效改善了边远农村的金融服务；抓好流动服务渠道建设，在全省9个地区20多个县市推广“三农移动服务包”，通过3G技术实现柜台的远程移动和实时交易，提高了流动服务能力；抓好三农服务联系点建设，通过以点带面、逐步推广，先后在省市县三级农行建立了48个三农服务联系点，累计投放各类贷款71亿元，惠及农户8700多户。

五、加强党风廉政建设、队伍建设和企业文化建设，为业务发展提供坚实保障

（一）强化对各级领导干部的监督。通过组织县支行副职以上领导干部述职述廉、上级行纪委书记与下级行主要负责人谈话、领导干部报告个人重大事项、干部任前廉政谈话、对各级领导干部诫勉谈话、寄发廉政提示函等各种措施，确保各级领导干部在来自各方面的监督下规范行使权力，为有效预防腐败创造条件。

（二）加大优秀人才选拔任用力度。按照干部选拔任用“四项监督制度”的要求，对部分二级分行一把手进行了调整，全面配备了二级分行专职纪委书记，对省分行主要综合部门选拔配备了40岁以下、全日制本科及以上学历的年轻一把手，选拔了一批科级干部和一般干部到重点县域支行和城区支行进行挂职锻炼。目前干部交流、下派锻炼、公开竞聘、公开选拔、海选推荐已成为全行干部队伍建设的主流途径。

（三）为全行企业文化注入竞争进取、追求卓越的时代精神。以温州、萧山等先进行为模板，总结提炼了“三个领先”、“四种能力”和“五种精神”、“五种优秀品质”等新元素，引领全行从企业文化、公司精神的高度来理解和弘扬这一时代精神，企业文化的激励力和进取力进一步增强。

中国银行浙江省分行经营管理情况综述

行长　陈　石

2010 年，中国银行（简称中行）浙江省分行在浙江省委、省政府和中总行的领导下，在监管部门的指导下，积极贯彻中总行确定的“调结构，扩规模，防风险，上水平”十二字工作方针，全面启动以实现考核利润 100 亿元为目标的“一〇〇工程”，重点打好核心存款、重点项目和网点转型“三大战役”，着力加强良好的人才培养机制、合理的考核激励机制、科学的业务发展机制、安全的风险管控机制“四大机制”建设，圆满完成了年度经营目标和工作计划。

一、紧密围绕战略目标，业务健康快速发展

（一）全力拓展核心存款，有效突破重点领域

中行浙江省分行积极构建多元化吸存机制，加大考核权重，全力突破核心存款这一长期制约发展的瓶颈。

对公存款方面，该行着力加强对重点行政事业单位的源头营销，通过高层营销、联动营销，部队存款、军队公务卡、军人保障卡等业务不断实现突破，首次实现烟草销售资金“一户通”归集。以农信系统、区域性金融机构、券商、期货、保险、信托公司为重点加强同业存款营销。叙做系统内首笔人民币和外币现金管理业务，为争揽集团客户资金搭建平台。截至年末，本外币公司存款余额市场占有率分别上升 0.19 和 2.07 个百分点，增幅在四大行中分别排名第二位和首位。

受通胀压力加剧、资本市场波动、同业竞争白热化等因素影响，人民币储蓄存款增长遭遇前所未有的困难。该行努力应对，以网点转型为契机，以公私联动为依托，加大产品创新力度，促进储蓄存款增长。通过套餐组合销售模式增强客户“黏性”，针对个人大众客户和中高端客户分别推出“1＋N 乐享套餐”和“财富尊享套餐”。加强公私联动，积极营销企业代发薪业务。

（二）资产业务平稳增长，授信结构继续优化

公司授信业务在保质量、增效益前提下，向重点项目、重点客户和高附加值产品倾斜投放。中行浙江省分行与中银投联动促成浙江首支产业基金——浙商产业基金成立，取得基金托管资格并争揽首笔股权投资款。该行还作为全省唯一一家金融机构，联合中行新疆区分行与浙江省对口支援新疆阿克苏地区指挥部签订战略合作备忘录，主动对接重点援疆项目并发放首笔援疆企业授信。成立中行系统内首家“中

银集富”集中运作中心,有效缓解了规模调控压力。实行行业限额管理,实施非不良公司客户退出机制,为优化结构腾挪空间。

着力提升中小企业业务覆盖面和竞争力。该行针对区域和行业特点研发推广“通宝”系列产品,推出了“义乌通宝”、“永康通宝”、“影视通宝”、“海宁通宝”、“缙云通宝”等一系列受到客户欢迎的创新产品。其中“义乌通宝”专为义乌小商品城商户转型升级量身定制,创新采用商位使用权质押,受到银监会和当地政府的高度肯定;“影视通宝”支持的首部电视剧《永不消逝的电波》在央视一套黄金档播出后受到各界好评,取得良好的经济效益和社会效益;“缙云通宝”支持中小企业发展情况被新华社作为内参上报中央,引起高层领导重视。2010年该行中小企业业务新模式下授信客户数和授信额均实现倍增,各项主要业务指标继续稳居系统内首位。

零售贷款业务顺应形势和政策调整。该行在加强风险控制前提下重点推广个人经营类贷款,叙做系统内首笔“双享贷”银保加成贷款,业务结构有所优化,综合效益得到提升。

(三)中间业务增势良好,产品创新凸显成效

公司中间业务方面,中行浙江省分行着力加强产品创新,积极拓宽收入渠道。包括:叙做系统内首笔中银融资顾问服务业务、系统内首笔上市公司股权并购贷款、省内首笔出口买方信贷、省内首笔资产并购贷款、省内首笔国际银团贷款、首笔海外并购贷款并首次提供全程海外并购顾问服务;成功办理省内首笔跨境贸易人民币结算业务,业务量和客户数均保持同业领先;叙做全国首笔EPA(美国环保总署)发动机排放保函业务、系统内首笔CDM项目碳交易融资业务、省内首笔进口保函业务、省内首笔TSU(贸易公共服务设施)业务;发行国内首支以SHIBOR利率为基础定价标准暨首支浮动利率短期融资券,叙做全国单张票面金额最大的电票买方付息贴现业务、系统内首笔电子汇票业务、省内首笔黄金远期买卖业务等。

个人中间业务方面,该行积极调整产品结构,不断丰富产品体系。成功投产“侨汇通”和“速汇金”,拓宽个人国际汇款途径。叙做全国首笔个体工商户远期结售汇业务,在省内率先开办自助终端结售汇和网银个人结售汇,巩固传统优势。在省内首家推出人民币金双向交易业务,增加个人客户投资渠道。在系统内首家推出家居银行,加快推广手机银行,增设景点自助售票设备,进一步丰富电子渠道和功能。贵金属销售在同业中居首位,基金销售市场份额居四大行第二位。银行卡业务在坚持有质量发卡的同时,加快推广长城信用卡分期付款业务,收益增长120%。

二、抓住重点固本强基,完善经营管理机制

强力推进网点转型。中行浙江省分行以前所未有的力度和效率推进网点转型工作,理顺关系,明确分工,加大投入,收到很好效果。中行浙江省分行重新审视网点形象设计,优化功能布局,加快列装拥有国家专利的新式柜台,启动网点“亮灯工程”,优化网点改造审批流程,改造进度提速明显。加快网点对公转型,抓好对公营销人员配置、重点产品培训和业务发展督导。对改造网点给予人力资源支持,由“点等人”转为“人等点”,有效缓解了基层人员不足问题,提升了网点“走出去营销”和“坐下来理财”的能力。截至年末,该行网均存款增长16.7%;网均净利润增长41.9%。

深化杭州地区管理模式改革。为做大

做强省会城市业务，中行浙江省分行对杭州地区业务管理架构进行改革，组建杭州地区业务管理委员会，加强对杭州地区业务的规划、协调、管理。将省行公司金融、个人金融两大板块与杭州地区直属支行营销业绩捆绑考核，切实加强条线督导和联动营销。全面启动杭州地区网点振兴计划，选取试点网点制定帮扶计划，倾斜配置资源，以点带面推动杭州地区网点整体竞争力的提升。通过改革，杭州地区业务发展取得长足进步，竞争力排名跃居省内5个重点城市之首。

增强业务创新机制。中行浙江省分行积极完善产品创新激励机制，充实新产品研发专家队伍，其中“义乌通宝”、“银财通”、“速汇金”、利率掉期付款汇利达、国内证福费廷转卖等5项新产品获总行创新奖。中行浙江省分行将网络金融作为战略重点，成立系统内首个网络金融专业团队，启动“网络通宝”研发工作，并在全国首创银行与商业保理商的合作模式。

三、强化主动风险管理，保持良好资产质量

面对复杂的经济形势，中行浙江省分行切实加强授信资产风险管控，不断夯实资产质量基础，继续实现不良“双降”。认真学习贯彻银监会“三个办法一个指引”，严格受托支付标准确定、发放环节管理和贷款资金用途监控，落实“实贷实付”和全流程信贷管理要求。同时抓好政府融资平台打开重检工作，按户归类，分别落实“合规”和“增信”措施。该行还制定实施了《对公贷款业务押品现场核查实施细则》和《公司授信风险预警管理及前期问责管理办法》，切实保障资产质量。

四、深入开展“模范行动”，夯实内控防案基础

为彻底排除重大风险隐患，保卫来之不易的绩效成果和员工利益，中行浙江省分行集结内控三道防线力量，开展了历时一个半月的“模范—2010”内控联合检查行动，对辖内150家机构的对公结算账户管理、印鉴卡管理、对账管理、零售贷款、银行卡等17项业务及产品、员工道德风险与行为规范进行深入检查。“模范行动”使广大员工受到一次深刻的依法合规教育，有效提升了内控管理水平，对该行健康持续发展具有重大而深远的意义，也得到中总行和监管部门的充分肯定。

为加强对一线网点的监督，中行浙江省分行全面组建省、市分行综合值班室，组织中高级管理人员值班，为规范一线网点运作、落实“五个严禁”准则发挥了重要作用。加强整章建制，编制完成基层机构主要业务操作手册。不断提高操作风险技防水平，推行三大操作风险管理工具，探索实施集中授权与现场管控相结合的网点风险管控新模式。认真抓好世博安保工作，完善各项应急预案，开展全方位安全检查，全年实现“零发案”。

五、积极备战蓝图上线，继续推进科技创新

根据中总行部署，中行浙江省分行积极有序组织开展IT蓝图项目投产准备工作，抓好大规模、多层次的培训，做好新旧线差异化分析，特色业务改造基本完成开发，加大客户信息清理力度，启动新旧系统数据迁移，圆满完成第一轮切换演练，顺利上收银行卡系统。

与此同时，中行浙江省分行继续推进科技创新，2010年共开发投产“银财通”、

"企汇通"、"转转运"、"速汇金"、市民卡合作、自助终端结售汇、特色收单平台、中银集财二期、账户管理与印鉴卡管理系统、网点流程整合三期等新系统项目，有力支持了各项业务发展和管理效能提升。

六、大力加强队伍建设，切实转变工作作风

进一步加强作风建设。中行浙江省分行党委率先垂范，认真贯彻民主集中制，规范议事规则和决策机制，加大行务公开力度，2010年该行被评为全国厂务公开民主管理先进单位。从行风建设入手，坚持从严治行，使员工队伍精神面貌发生了深刻变化，全行上下呈现出讲创新、比服务、争先进、论贡献的良好氛围，员工队伍敬业度大幅提升，执行力大大增强。

扎实推进党风廉政和反腐败工作。中行浙江省分行积极落实惩防体系建设任务，加强分行纪委书记履职管理和考核，制定集中采购、资产处置从业人员廉政自律"八项规定"，强调"廉政承诺函"作为大额采购项目合同要件，并出台"防止与银行利益发生冲突的有关规定"，防止员工利用职务便利获取个人利益。修订费用管理办法，推行使用公务卡，增强费用支出合规性和公务消费透明度。

持之以恒抓好文明优质服务。中行浙江省分行注重向广大员工宣导文明优质服务的重要意义，发挥工会组织的管理监督职能，成立省行文明优质服务督导组，通过95566客服中心加大客户服务投诉的处理力度，狠抓服务礼仪规范，圆满完成世博金融服务任务并实现"零投诉"。积极开展"创先争优"活动，举办"身边人说身边事"核心价值观优秀案例宣讲会，成立青年联合会，开展"十大优秀青年"评选，为表现突出的单位和员工记功授奖，企业文化建设提升到新的水平。2010年中行浙江省分行顺利通过"浙江省文明行业"复审，省分行营业部等6个单位被评为总行级精神文明建设先进单位，4家营业机构被评为中国银行业协会2010年文明规范服务示范单位，义乌支行营业部荣获全国金融系统"女职工文明示范岗"称号。《人民日报》刊登的全党"创先争优"活动综述报道对中行浙江省分行"三个争当"活动给予了肯定。

中国建设银行浙江省分行经营管理情况综述

行长 余静波

2010年，中国建设银行(简称建行)浙江省分行以科学发展观为统领，以党的十七大和中央经济工作会议精神为指导，继续坚持“一二三四”的工作思路并不断予以丰富和深化，以员工为本、以渠道为基、以发展为要，求变求新、做专做精、做出特色和品牌，着力推进“结构调整年”、“客户营销年”、“贷后管理年”活动，实现了各项业务又好又快发展。

一、主要业务健康快速发展，对地方经济发展和全国建行的贡献度继续提升

一是负债业务跨上新台阶。一般性存款跨上5000亿元的台阶，余额达到5036亿元，新增735亿元，居系统第三位，增速16.7%，超过建行平均水平3个百分点。存款增长比较“实”，日均新增额的系统贡献度达到6.8%，高于余额贡献度1.2个百分点。

二是资产业务较好地兼顾了服务地方经济发展和宏观调控的要求。贷款余额4248亿元，新增617亿元，均继续保持系统第一位。新增占比26%，居四行第二位。契合浙江客户需要，承兑、信用证、保函等5项表外业务新增超过460多亿元，居系统第一位。通过投行产品，为优质客户解决了40多亿元的资金需求。

三是效益质量指标持续向好。拨备前利润列系统第二位。中间业务收入增长40%(高于建行平均5个百分点)，系统内排名上升2位，在当地和系统内均居第二位，系统内贡献度提升0.22个百分点。不良贷款额和不良贷款率实现“双降”，分别比年初下降2.22亿元和0.24个百分点。

二、扎实开展“结构调整年”活动，可持续发展能力进一步提升

一是客户结构得到优化。大客户、中小企业、个人客户的贷款比例为35∶33.2∶31.8，后两者的比重分别提升3.3和0.4个百分点。AA级以上客户的贷款比重为80.4%，提升5个百分点。信贷退出99.1亿元，计划完成率125%。

二是产品结构持续优化。中间业务收入占主营业务收入的26.3%，提升5.4个百分点；个人条线收入比重提升2.5个百分点，达到34.8%。5项产品收入居系统第一位，4项产品居四行第一位，均比上年增加1个百分点。

三是渠道结构得到优化。一方面，致

力于有形渠道的优化。完成网点改造装修96个。20个新设网点17个已开业。185个应转型网点全部完成转型，销售能力大幅提升。理财师1332人，增长19%，数量居系统首位。专职个人客户经理增长了19%。另一方面，积极扩大电子渠道应用。电子渠道交易笔数是柜面交易笔数的3.3倍。有6项指标居系统第一位。电子银行账务性交易量比、与柜面交易量比居省区分行第一位。

四是区域结构有所优化。积极推动重点区域加快发展。25个强县支行的存款、贷款系统内新增比重分别为34.2%和37.3%，均高于余额比重，账面利润贡献度达到55%。

三、积极开展“客户营销年”活动，服务和营销能力进一步提升

一是优质公司机构类客户营销成效明显。大中型客户方面，总分行级重点客户新增221家，达到1236家。国际收支200万美元以上贸易融资授信客户1005家，占全国建行的23%，居系统首位。44个试点县区中，争取到25个国库集中支付代理资格。扎实推进“八一工程”，市场占比达28%。企业年金客户70户，新增61户。小企业方面，构建批量化营销模式，搭建批量营销平台39个。贷款新增321亿，增幅达到52%。

二是优质个人群体不断扩大。充分运用专业管理流程和工具，精准定向营销。高端客户、私人银行客户的多项指标在系统前4位。公私联动持续深化，半年时间的专项活动，新增代发工资户5000个，超过以前年度累积数的50%。

三是战略性业务发展提速。完成国际结算392亿美元，增幅42%，四行占比20%，5年翻一番。外汇中间业务收入6.74亿美元，继续居系统第一位。盈系列产品配置资产129亿元，规模与收入均居系统第三位。信用卡业务收入居系统第二位，汽车卡、商务卡发卡量保持系统第一位。

四、纵深推进“贷后管理年”活动，全面风险管理能力进一步提升

一是强化贷后管理，夯实风险管理基础。建立了专职信贷经理队伍，岗位职责分离全面落实。贷后管理的科技支撑、制度支撑进一步完善。全面推进平行作业。认真开展自评估工作。严格执行授权差别化管理，按季监测、动态重检。加强了对经济资本的监控和管理，评级覆盖率达99.7%。

二是强化风险监控，持续推进资产质量攻坚战。处置不良贷款26.8亿元，现金回收不良资产21亿元，计划完成率均超过150%。对多个重点领域贷款开展压力测试工作。

三是强化案件防控，创建“平安建行”。深入推进案件专项治理工作。成功堵截诈骗、破坏事件140余起。高度重视世博、亚运会期间安全，没有发生赴京、沪、粤的群体上访事件。落实好在审计、检查工作中发现的问题的整改，问题整改率达99.9%、金额整改率100%，较往年都大幅提高。开展“防案件、控风险、查违规、抓整改”安全运营综合大检查，检查覆盖面100%。连续3年没有发生操作性案件。

五、着力改革创新，体制机制优势进一步提升

一是稳妥而积极地推进体制机制改革。按照集约集中、专业专注、区域对接、平稳过渡的原则，推进杭州辖区经营管理体制改革，杭州城区市场竞争力有了提升。做好二级分行经营体制优化工作。除杭

州、温州外，其余二级分行都完成了对公信贷职能整合工作。专业化建设进一步推进，明确了造价咨询中心专营机构职能。设立杭州城区小企业业务中心、单证处理中心。加强财富管理中心建设，新设4家，总量13家。后台业务集约化处理水平稳步提升。

二是创新激励约束机制。推出VPI考核机制，在KPI考核中，将中间业务、存款、资产质量、客户作为VPI指标，并对部门条线和分支行实行问责。

三是积极创新产品和服务。完善了创新的组织体系和制度体系，信息技术对创新的支撑力度进一步增强，创新工作走在当地和系统前列。征集产品创意1391项，居系统第一位。完成创新项目32个，增幅300%。完成7个流程优化项目。具有"先诊疗、后结算"功能的健康龙卡、绍兴社保联名卡等，社会反应良好。项目评估软件得到优化，并在系统内推广。网络银行信贷业务系统荣获人民银行2010年"银行科技发展奖一等奖"和"建设银行金融科技进步特等奖"。

六、以人为本，凝聚力、和谐程度进一步提升

一是注重内部和谐，加强了队伍建设。全年投入培训费用4000多万元，人均参训约11天。专业技术资格持有率从48.6%提高到53%。实施网点人员等级管理。转签派遣工1283人，员工归属感进一步增强。扎实开展"创先争优"活动。开展"劳动者之歌"优秀员工评选，弘扬先进。老干部、工会、共青团组织围绕中心，工作成效显著。非常关心困难员工、老党员生活，对342名大病、困难员工发放救助金193万元。

二是注重内外和谐，树立良好的企业形象。积极承担社会责任，为玉树地震灾区捐款173.7万元。向第八届全国残疾人运动会浙江省筹委会捐款100万元。团员青年为西南旱灾地区捐款24万余元。积极做好各项公益活动，组织分支行创建文明单位、开展"双千结对"活动，展示了建行浙江省分行良好的社会形象。

【特色业务：建设银行大力推进新农村金融服务】 在社会主义新农村建设中，积极推进农村金融产品和服务创新，既是建行履行社会责任的重要内容，也是建行自身业务发展和结构调整的重要抓手。建行浙江省分行致力于为浙江农业、农村、农民的发展提供优质的金融服务，得到了浙江省委、省政府的高度评价。

为加快新农村金融产品创新步伐和服务功能整合，进一步提升新农村金融服务水平，2010年5月，中国建设银行浙江省分行成立了新农村金融服务部，与房地产金融业务部合署办公，牵头浙江省新农村金融业务的系统管理工作。之后，建行总行批复同意浙江省分行在全国建行系统首家实施城乡一体化发展综合配套改革金融服务试点。通过全分行上下共同努力，短短7个月的时间，新农村金融业务取得了突破性进展，新农村建设贷款在全国5家试点分行余额排名第一。

一、新农村金融业务发展情况

（一）信贷支持涉农行业总体情况。截至2010年12月底，全分行涉农贷款余额1486.1亿元，比年初新增447.8亿元，增幅高达43.13%。涉农贷款重点投向浙江省农村基础设施建设、现代农业发展、农户创业经营等贷款需求，有效支持了浙江省新农村建设事业。

（二）"城乡合"系列产品创新情况

1. "城乡合"新农村建设贷款。该产

品为建行浙江省分行2010年创新的重点产品，截至2010年12月底，贷款试点机构已覆盖9个二级分行，已批复试点达86个项目，金额320.17亿元，其中核准60个项目，金额229.77亿元，审批通过44个项目，授信金额173.62亿元，贷款投放34个项目，余额37.63亿元，主要投向农村社区建设、基础设施建设等民生工程，受到了政府、企业、农民的广泛关注与好评。

2. 新农村建设贷款带来的综合效益。通过新农村建设贷款的投放，进一步密切了和地方政府的关系，吸收公司存款11.58亿元，贷款投放产生利息收入4673.93万元、中间业务收入1.36亿元。新农村建设贷款公私联动效果显著，带来个人储蓄存款沉淀1.09亿元。

3. "城乡合"新农村个人支农贷款。2010年试点发放了19笔个人支农贷款，金额1016万元。个人支农贷款支持了农户发展生产改善生活的融资需求，涵盖土地承包、果树种植、禽类养殖等多种生产经营领域。

二、具体工作措施

（一）上下沟通争取政策

1. 积极向总行汇报获首家试点批复。3月初，总行顾京圃批发业务总监带队到浙江调研新农村建设情况，并召开中国建设银行支持浙江新农村建设座谈会，省分行党委作了重点汇报。4月份，分行领导到总行作专题汇报沟通。经过前期努力，总行将浙江省分行列为新农村建设创新试点分行，给予产品创新及相关政策支持。6月份，正式创新推出了"城乡合"新农村建设系列贷款品种。

2. 积极和政府及监管部门沟通获试点支持。在总行批复同意后，省分行房地产金融业务部（新农村金融服务部）积极与省农办、建设厅、国土厅、发改委等政府部门多次沟通联系争取地方政府政策支持；同时将总行批复的试点内容正式报备省银监局和人行杭州中心支行，获得两监管部门的大力支持。

（二）银政合作促进共赢

1. 和省农办开展深入合作。省分行新农村金融服务部成立后，即与省农办开展深入对接，筹备银政合作事项。6月25日，建行浙江省分行余静波行长与省委副秘书长、省农办主任夏阿国在浙江省2010年第一届新农村建设招商引资项目推介会上签订了关于共同推进浙江省社会主义新农村建设的战略合作协议。省建行将在金融资源、金融服务等方面加大对浙江省新农村建设的支持力度，在未来三年（2010—2012年）预计安排投入1200亿元信贷资金支持新农村建设发展。同时，省农办也表示将为建行浙江省分行创新新农村金融产品积极提供政策指导和相关服务。

2. 和地市级政府签订战略合作协议。从5月份开始，先后与湖州、嘉兴、衢州、丽水、台州、温州等地政府签署了共同推进新农村建设战略合作协议。依托上述战略合作平台，扩大了建设银行在地方政府和新农村建设方面的影响，开辟了新的业务发展空间。

（三）扎实推进打造品牌

1. 湖州分行率先发放首笔支持新农村建设贷款。年初将"全面推进新农村金融服务"确定为全行2010年的主要工作重点。6月17日湖州分行在全省率先发放首笔支持新农村建设贷款，金额3500万元，支持湖州市吴兴区新农村综合改革试验区基础设施项目建设。截至2010年12月底，湖州分行列入试点范围的新农村建设项目授信总额已达70余亿元，实际发放贷款7.23亿元。

2. 嘉兴分行快速跟进推动新农村金融业务。嘉兴市在2004年就被列入浙江省统筹城乡综合配套改革试点区并启动了“两分两换”农村改革试点，嘉兴分行先于同业一步储备优质新农村建设项目。截至2010年12月底，已先后支持了桐乡凤鸣街道桑园桥村统筹城乡发展、嘉兴港区农村新社区农房改造集聚工程等15个项目，累计投放15.2亿元新农村建设贷款。

3. 全省其他地区纷纷择优介入新农村建设金融业务。在建行浙江省分行的积极推动下，各分支行都确立了支持新农村建设的战略方向，行领导带队主动与当地政府进行沟通接洽，结合地方政策择优营销贷款项目，全省累计投放37.63亿元，打响了建行“城乡合”新农村建设品牌。

（四）规范管理科学发展

1. 加强规章制度建设。根据总行批复文件精神，2010年6月份拟文下发了《关于开展城乡一体化发展综合配套改革金融服务试点工作的通知》，顺利开展新农村建设领域的金融服务试点工作。经过几个月的试点摸索后，又下发了《关于进一步规范新农村建设贷款管理的通知》和《新农村建设贷款封闭管理办法》，从制度上进一步规范贷款管理。

2. 政策解读规范业务。为进一步细化文件，新农村金融服务部会同相关部门共同探讨业务开展中涉及的内外部政策，制定了《新农村建设贷款政策解读》，在贷款的区域定位、客户准入、项目准入、贷款担保等方面进行政策细化，以推动新农村金融业务的全面健康发展。

3. 把好客户准入门槛。在客户准入时，严格按照文件要求进行准入批复，房地产开发企业、现有名单内的政府背景客户或政府融资平台客户一律不予以准入，确保试点工作合规经营、风险可控。

4. 做好贷后封闭管理。新农村建设贷款发放后，要求各经办行重点关注贷款项目的土地出让收益返还情况，以及借款人指定封闭管理存款账户的资金使用。同时，要求经办行建立并不断完善项目跟踪回访制度，对项目开发建设实行全过程跟踪。

（五）加强培训提升素质

为提升新农村金融业务从业人员的专业素质，于2010年12月份举办了新农村“城乡合”业务培训班。相关部门业务骨干讲解了“城乡合”系列产品政策要点和操作流程，并邀请省农办资深专家介绍浙江省城乡一体化发展综合配套改革情况，嘉兴分行作新农村金融业务营销经验交流。培训班收到了很好的效果，为2011年全省新农村金融业务又好又快发展打下了扎实的基础。

中国农业发展银行浙江省分行经营管理情况综述

行长　王玉高

2010年，面对复杂多变的国内外经济环境，在浙江省委、省政府的正确领导下，中国农业发展银行（简称农发行）浙江省分行紧紧围绕省委、省政府"八八战略"和"两创"总战略，与涉农部门、企业携手并肩，克难攻坚，对农村改革发展的重点领域和薄弱环节加大了信贷投放，取得了明显成效。

支农贷款再创新高。2010年在全社会信贷投放比上年减少、贷款规模增长放缓的情况下，农发行浙江省分行年末各项贷款余额突破360亿元，比年初增加77亿元，比上年多增14亿元，创历史新高，增长27%，增幅高于全省金融系统平均数近8个百分点。累计贷款投放222亿元，比上年多投放33亿元，增长17%。同时，还积极从省外引入资金645亿元，支持省内6家商业银行的10个分支机构，既缓解了省内金融机构中短期资金紧张状况，又支持了地方经济发展。

支农重点更加突出。配合浙江省城乡一体化统筹进程，新增"新农村建设"贷款品种，加大对农村住房改造建设和土地整治支持力度，审批贷款49亿元，支持新建农民集中居住区12个，农民住房面积107万平方米，安置农户1万户，复垦土地面积1万亩，新增耕地面积1万亩。该行支持的龙游下山脱贫小区得到了有关部门的关注，国务院扶贫办曾组织15个非洲国家、29名代表前往参观考察。

支农层面进一步扩展。配合省政府"强镇扩权"战略，在总行大力支持下，积极支持中心镇建设，先后对奉化市溪口镇等项目审批贷款12亿元，有力地推动了中心镇向宜居小城市转型。

履行社会责任更加坚定。在经营绩效考核与干部职工收入分配挂钩力度越来越大的情况下，坚持把支持"三农"、建设新农村作为重中之重，把社会效益放在首位。支持的贷款执行基准利率和下浮利率的占90%以上，其中贷款利率下浮所占比重比上年提高6个百分点。全年仅利息一项让利企业超过1亿元，并带动了其他金融机构支持新农村建设贷款利率下调。

2010年，农发行浙江省分行重点从五个方面大力支持新农村建设：

一、全力保障粮食安全，确保主要农产品供给。坚决服从和服务于国家宏观调控，把保供稳价、维护粮食安全作为履职守责的首要任务。累计发放粮棉油贷款36亿元，支持企业收购、储备、调入粮食18亿公斤、油料0.3亿公斤、棉花22万担；发放贷款0.7亿元，支持天台、象山等6个中心粮库项目建设，新增仓容1.4亿公斤；解决了棉花质检体制改革后棉花收购“空白点”问题，支持收购量占全省棉花总产量的70%。积极支持产销对接，支持省政府指定、财政补贴的17家粮食骨干企业采购东北新产粳稻；支持华孚色纺等棉纺企业从主产区调入、加工转化棉花10万余担，保证了省内需求。优先支持列入国家和地方规划的粮油物流设施、批发市场和放心粮油工程等项目，其中泰丰粮油加工项目建成投产后年加工大米2亿公斤，可满足舟山地区居民全年的口粮。同时，发放猪肉、食糖贷款1.6亿元，为加强市场调控稳定价格、保障供应发挥了积极的作用。

二、大力支持新农村建设，促进城乡一体化。大力支持农村基础设施建设，发放贷款28亿元，支持新建、改建农村道路；审批贷款1.5亿元，支持农村饮用水安全工程建设，将有效缓解18万人的饮水问题；首次支持农村信息网建设，审批贷款1.2亿元，增加数字电视网络用户12万户；审批贷款8.5亿元，支持省重点水利工程项目建设。大力支持城乡统筹发展，审批贷款9亿元，支持县域城镇供水工程、污水处理、市政道路建设，加大对文化、教育、卫生领域的信贷投入，其中龙泉青瓷文化创意基地建设促进了人类非物质文化遗产的保护和传承，支持了农村文化、教育、卫生、旅游等项目。围绕大市场、大流通这一主题，发放农村流通体系建设中长期贷款3亿元，支持农副产品市场以及配送中心等市场项目建设，支持农超对接，支持家电下乡，支持企业开展再生资源回收利用，促进循环经济发展和农村环境保护。

三、着力扶持中小企业，发展现代高效农业。推进农业产业化经营，重点支持国家、省、市三级龙头企业和农民专业合作社以及浙江“十大农业特色产业”的产业化龙头企业，对全省一半以上的国家级农业产业化龙头企业提供了信贷支持；积极支持“海上浙江”建设，发放渔业贷款7亿元；支持“森林浙江”建设，发放林权抵押贷款2亿元，办理林权抵押20万亩；投放蚕丝类贷款3亿元，支持收购鲜茧约20万担，约占浙江省鲜茧产量的1/5。推进农业科技创新，发放贷款7亿元，重点支持农业机械制造、节水灌溉、新材料制造、医药中间体和食品添加剂改扩建。年末农业中小企业贷款余额198亿元，比上年增加39亿元，增幅25%，占全行当年贷款总增量的51%，在系统内名列前茅。

四、努力履行社会责任，加快金融服务创新。结合中央支农要求和政策性银行特点，开发了新农村建设贷款品种，重点支持农村土地整治和农民集中住房建设，更好地为浙江新农村建设服务。与省农发办合作，全面启动农业产业化经营贴息贷款项目，联合认定入库项目64家、申报贷款16亿元，项目将直接带动农户35万户，带动基地146万亩。对欠发达地区实行政策倾斜，对渔业、林业进行重点扶持。进一步完善存货浮动抵押、收费权质押等担保方式，加强与地方政府出资的中小企业担保公司合作；利用国家对再生资源行业的退税政策，对新介入支持的再生资源企业追加增值税退税质押担保，进一步解决了涉农贷款担保难问题。改进结算手段，创新与工商银行的合作模式，积极推动银行卡、网银业务客户数量和离柜业务结算量，全面实施收购资金非现金结算。优化办贷审贷流程，提高办贷效率和办贷质量。加大公开授信力度，探索为客户提供续贷绿色通道、信息和政策咨询、购销衔接等增值服务的新途径，不断提高客户的满意度。

五、强力防控经营风险，确保业务安全运行。坚持业务发展与风险防控并重，逐步建立全员、全程风险防控体系。信贷管理重点把好“七关”，对信贷准入、担保能力和抵（质）押品价值、贷款审查、贷款条件落实、贷款资金支付、贷后监管、贷款本息到期收回7个关口加强重点防控。会计操作风险严把“四关”，抓好“开户”、“验印”、“审核”、“对账”关，充分利用会计远程监控系统，加强现场和非现场检查辅导，加大对企业大额信贷资金和现金支付的监督力度，切实防止制度风险、操作风险和道德风险。加强内控管理，全面开展县级支行内部控制评价，评价结果与市县支行绩效考核挂钩。切实加强内部审计，重点检查规章制度是否执行、贷款条件是否落实、贷后管理是否到位，对揭示重大风险隐患的审计人员进行表彰奖励。加强安全保卫工作，坚持人防、物防、技防并重，落实安全保卫工作责任制，完善安全防范基础设施建设，确保安全无事故。组织开展了以重点部位、重点人员、重点事件为对象的安全风险排查和应急预案培训及演练，提高了应急处置能力。

国家开发银行浙江省分行经营管理情况综述

行长　徐　勇

2010年，面对宏观调控的严峻形势以及政府融资平台清理规范的复杂局面，国家开发银行（简称国开行）浙江省分行在总行党委的正确领导下，牢固树立科学发展观，开拓创新，积极进取，各项工作继续保持了良好的发展势头，分行业务发展迈上一个新台阶。一是信贷规模快速增长。2010年末，国开行浙江省分行表内外信贷资产总额为1339.54亿元，比年初增长23.64%。其中：表内本外币贷款余额1129.83亿元，比年初新增206.09亿元，增长22.31%。二是贷款发放再创新高。2010年末，分行累计发放本外币贷款613.14亿元，比上年增长34.19%。其中：累计发放人民币中长期贷款295.71亿元；累计发放人民币短期贷款256.49亿元；累计发放外币贷款9.18亿美元。三是资产质量继续保持优良。2010年末，本息回收472.07亿元，贷款本息全年回收率100%。国开行浙江省分行本外币不良贷款余额14.29亿元，本外币不良贷款率1.27%，比年初下降0.28个百分点。截至2010年末，国开行浙江省分行本外币中长期贷款项目373个，本外币短期贷款项目108个，单个中长期贷款项目平均余额2.68亿元。贷款余额主要分布在电力、交通、公共设施、水利、铁路等基础设施建设和基础产业项目，占比达83.4%，其中电力行业贷款占比为17.58%，交通行业贷款占比为34.88%，市政公共设施贷款占比为26.11%；全年开发量1316亿元，人民币评审承诺金额908亿元，外汇评审承诺13.38亿美元；全年新签中长期贷款合同117个，金额630.95亿元，同比增长128.1%；全年实现非利息收入14108万元，比上年同期增长21.36%；表外业务工作量210.37亿元，表外受托余额209.71亿元，其中银团贷款工作量105亿元；全年实现净利润21.46亿元，同比增长35.39%。国开行浙江省分行被省政府授予“浙江省金融机构金融改革创新奖”和“金融机构支持浙江经济发展二等奖”两项荣誉。

一年以来，国开行浙江省分行政府不断开拓创新，重点做好了以下方面的工作：

一、坚持发展不动摇，项目开发和贷款发放再创新高

面对宏观调控、规模趋紧的复杂形势，分行党委始终坚持“做大做强”的目标不变，一方面优化资源配置，全力以赴保重

大、保重点，全年累计发放表内人民币贷款552.14亿元，比上年增长46.4%，其中重大项目发放303亿元，占55%，发放外汇贷款9.18亿美元，较好地满足了甬台温铁路、杭千高速、杭州铁路东站枢纽东西广场区块配套项目、三门核电等重大项目的用款需求。另一方面，我们继续加大项目开发力度，为可持续发展夯实基础。全年累计实现人民币项目评审承诺908亿元，完成全年计划的235%，外汇项目评审承诺13.38亿美元，完成全年计划的108%，一批长期跟踪培育的“十一五”重大建设项目实现开发入库和评审承诺，其中钱江通道南接线项目承诺46.7亿元、杭州铁路东站枢纽东西广场区块配套项目承诺57亿元，三门核电3—4＃机组项目承诺70亿元，为今后发展增强了后劲。此外，荣成纸业、嘉化集团、华友钴业等一批产业项目开发也取得了积极成效。特别是我们针对大项目的特点，通过规划介入、构筑战略合作关系等方式，占领项目开发高点。如我们抓住嘉兴市作为全省城乡一体化改革试点的机会，与嘉兴市政府签订合作协议，将嘉兴五县两区7个项目纳入一揽子合作范围，贷款需求近220亿元，我们通过与舟山港务集团签订战略合作协议，取得了总投资150亿元的港口码头项目融资主导权。

二、不懈努力，成功化解甬金高速项目信贷风险

甬金高速项目贷款转为不良后，在总行相关局的指导下，国开行浙江省分行实施了多种风险化解和资产保全措施，在此过程中，分行上下做了十分艰苦和卓有成效的工作，仅分行行长就先后6次专题向4位副省长进行汇报。为彻底摆脱风险化解工作困境，我们依法对甬金公司提起诉讼。为此，分行多次向省政府汇报，并与省政法委、省高院、省交通厅、绍兴市政府、绍兴中院等部门积极沟通，确保该案终审不出浙江，为国开行浙江省分行后续的风险化解工作争取了有利条件，并最终促成各方达成共识，于12月24日通过法院拍卖方式实现资产转让，由绍兴市交通投资集团以30.6亿元竞得借款人享有的收费权益，截至2010年底，借款人所有欠息已全部偿还国开行浙江省分行，项目还本付息回归正常。

三、坚持规划先行，规划合作卓有成效

2010年是“十二五”规划编制年，国开行浙江省分行抓住这一契机，积极参与各级政府规划编制，全力配合浙江沿海规划上升为国家战略的工作，推动援藏援疆规划和战略客户规划合作。国开行浙江省分行参与规划编制、主动服务地方发展的做法受到常务副省长陈敏尔的批示肯定。截至12月31日，国开行浙江省分行已推动10市53县组建规划合作办，实现100%覆盖；实现与省发改委7项规划以及与7市14县28项规划合作协议的签订；与7市14县以及4个重点镇签订村镇规划合作协议，并参与完成432个镇规划编制，完成269个村镇覆盖任务的160%；累计完成分行业务发展规划、区域和村镇融资规划等共26项规划的编制和评审论证；承诺规划合作贷款465万元并实现发放；实现规划项目入库3907亿元，完成全年计划的148%，规划项目储备库余额7367亿元，完成全年计划的125%。

四、加强国别组工作，国际业务取得重大进展

2010年以来国别组继续抓项目开发，各项工作取得了突破性进展：意大利

123.6MW太阳能电站项目发放3.25亿欧元，成为国开行浙江省分行派驻国别组中首个实现发放的项目，二期电站项目也已进入评审程序，贷款金额约9亿欧元；上海航天机电集团意大利26.8MW太阳能电站项目实现贷款发放；摩洛哥外贸银行授信项目国开行浙江省分行承诺贷款5000万美元，用于支持非洲中小企业贷款；越美集团的马里棉花收购项目、五矿的毛塔铁矿项目均取得了积极的进展；国开行浙江省分行还与省商务厅就加强"走出去"项目合作签订了协议，目前已与越美集团、国申纺织公司等多家企业达成了合作意向。截至12月末，国开行浙江省分行外汇项目评审承诺13.38亿美元，发放9.18亿美元，取得了较好的成绩。

五、坚持平台模式，基层金融业务扎实推进

全年累计发放基层金融业务贷款168.7亿元，其中新农村建设贷款发放70亿元，中小企业贷款发放55.4亿元，余额58.8亿元，100%完成全年目标，低收入住房贷款发放51.2亿元，完成全年计划的106.2%，节能减排贷款发放74.3亿元，完成全年计划的162%。特别是国开行浙江省分行在中小企业贷款领域继续创新合作模式，通过构筑良好的风险控制机制，稳步推进业务：一是与南京银行、温州银行等地方股份制商行合作，由其推荐客户并提供担保；二是与地方政府、风险投资机构及担保公司合作，采用结构化风险分层设计，集合银行、政府和风投机构资金共同为小企业提供批量贷款；三是与省金融办合作，通过支持小额贷款公司，以转贷和担保贷款模式向自然人、个体经营户和小企业提供批量贷款支持，目前已对27家小额贷款公司授信28.88亿元，发放贷款15.27亿元。

六、加强金融合作，表外业务、中间业务获得新突破

一是积极利用表外工具缓解规模约束。2010年，资金供给形势严峻，国开行浙江省分行积极应对，通过与北京银行等中小金融机构开展间接银团合作，与中诚信托等信托公司开展债权信托合作，吸纳外部资金150多亿元，其中信托业务工作量逾100亿元，排名全系统第二，较好地缓解了表内规模压力。特别是国开行浙江省分行突破传统合作渠道，在系统内率先实现与全国社保基金合作，一次性引入资金30亿元，最大限度拓展了资金渠道，有力保障了两龙高速等重点项目的资金需求。二是积极推动大项目组银团。2010年，国开行浙江省分行牵头组建的银团有两龙高速82亿元、丽龙庆高速龙泉至庆元段27.6亿元、钱江通道及接线工程南接线项目46.7亿元，杭千高速融资再安排78亿元，合同金额234.3亿元，成为省内开展银团贷款的最大行。三是积极开展综合营销，丰富中间业务产品。国开行浙江省分行中间业务已实现银团贷款、债券承销、财务顾问、资产证券化等16项中间业务覆盖，其中2010年新开发9项，中间业务产品线不断丰富，客户服务水平得到进一步提升。国开行浙江省分行开展的菲达环保产业类财务顾问项目受到了陈元董事长的好评，并选入全行财务顾问典型案例。四是按照"投贷债租"协同发展原则，积极开展协同业务。与国银租赁合作的意大利123.6MW太阳能电站项目已实现1.6亿欧元融资租赁资金到位；推动中非基金与浙江华友钴业有限公司签署股权战略投资协议，由中非基金向华友增资4492万美元支持企业赴非洲开发项目。

七、强化全面风险管理，防范信贷风险

国开行浙江省分行始终坚持业务发展和风险防范并重，以风险控制保障业务进度和质量，提升内部管理水平。一是推进“全面风险管理”工作。国开行浙江省分行党委对风险管理处职能进行了调整，赋予其与内部稽核及外部监管机构沟通联系等更多职责，并进一步完善了“嵌入式”风险管理模式，制定《分行评级器合规检查要点》，确保信用评级的专业性、独立性和严谨性，逐步强化风险管理能力，分行操作风险管理和合规操作水平得到较大提高。二是积极应对和配合外部检查，提升业务合规水平。重点是配合政府融资平台清理和“三个办法一个指引”执行的检查。国开行浙江省分行一方面向监管部门积极宣介，做好沟通解释工作，争取对方的理解和支持；另一方面以此为契机加强内部管理，提升业务合规性。特别是融资平台的清理，由于各项工作到位，从结果来看对国开行浙江省分行的影响比预期要小。浙江银监局还两次向中国银监会上报国开行浙江省分行平台清理工作经验，作为典范予以宣介。三是继续发挥联合监督机制的作用。国开行浙江省分行与省监察厅联合下发《关于开展2010年度国家开发银行贷款项目联合监督检查的通知》，检查涉及国开行浙江省分行91个政府投资类贷款项目，合同金额515.31亿元。检查显示，国开行浙江省分行新增贷款投向符合国家政策要求，“四项审批”手续健全、规范，贷后管理各项制度执行基本到位，贷款资金使用的监管较好。

八、加强党的建设，扎实做好人才队伍培养

2010年以来，国开行浙江省分行以深入开展“创先争优”活动为主线，结合贯彻落实科学发展观、开展“四强四优”活动和推进学习型领导班子、党组织建设等活动，将系列党建活动有机联系、融为一体，扎实推动基层党建工作落到实处。为适应业务快速发展的要求，2010年分行又接收26名新员工，为历年之最。目前，国开行浙江省分行在职人员的平均年龄32岁，是一支年轻又富有朝气的队伍，为此，我们重点实施了年轻干部培养教育工程，不断创新员工培养机制和管理方法，如开展“导师制”培训模式，对新员工进行“一对一”帮扶辅导，定期召开年轻员工座谈会，解决员工实际困难。国开行浙江省分行团委还组织了丰富多彩的活动，员工士气不断提振，分行的凝聚力进一步加强。

中国进出口银行浙江省分行经营管理情况综述

行长　陈筱敏

2010年，在浙江省委、省政府的关心支持下，在总行党委的正确领导下，中国进出口银行浙江省分行紧紧围绕“八八战略”和“创业富民、创新强省”总战略，加大支持经济发展的力度，实现了信贷增长和资产质量协调发展，得到浙江省委、省政府的肯定，荣获“2010年度金融机构支持浙江经济社会发展二等奖”。截至2010年末，自营贷款余额为394亿元（含宁波），比年初增加92亿元；外国政府转贷款余额5.2亿美元；中国进出口银行浙江省分行成立以来连续4年实现不良贷款余额和不良贷款率“双下降”，不良贷款率下降为零；实现了保本微利。

一、支持经济有新成效

一是支持出口，扩大出口的固定资产投资。新增贷款的32.6%用于支持医药、食品添加剂、轮毂、阀门、软件、轮胎、箱包、太阳能组件等高新技术（含两自一高）产品出口，支持汽车及零部件、摩托车、微电机等一般机电产品出口，支持纺织、化纤、服装、家具等劳动密集型产品，支持空分设备、汽轮机、锅炉等大型设备出口。为扩大企业出口能力，支持一批出口龙头企业技术改造和固定资产投资，占增贷额的21.7%。

二是支持进口，开展绿色信贷业务。大力支持浙江企业进口燃料油、铁矿砂、煤炭等资源原材料，支持“节能减排”、新能源以及进口先进技术和重大装备，促进企业转型升级，重点支持了三门核电、电动汽车、光伏产业等，还支持了国际物流项目建设。

三是支持企业“走出去”。对前江投资集团（越南）龙江工业园、华立集团（泰国）罗勇工业园、越美（尼日利亚）纺织工业园、达亨（博茨瓦纳）中—博纺织工业园4家境外经贸工业园区，提供了从初始投资——后续扩大投资——入园企业投资的全程融资支持和服务，目前4个园区贷款余额3.5亿元，入园企业贷款4户、3.3亿元。在浙江首次办理了两笔跨境人民币贷款。支持浙江富丽达集团并购加拿大木浆粕生产和销售的“百年老店”NEUCEL公司项目，是我国纺织行业最大的一次境外并购，刷新了2006年浙江省分行支持雅戈尔的并购记录，也是浙江省历史上除吉利收购沃尔沃以外最大的境外并购项目。还积极为多家企业提供了境外投资咨询服务。

二、业务创新有新突破

一是开办买方信贷业务，帮助企业取得出口订单。中国进出口银行浙江省分行通过提供买方信贷帮助多个船舶企业，揽下国际海洋工程船舶大单，规避欧洲债务危机不良影响。二是探索建立科技小企业融资服务平台。2010年7月，在省科技厅支持下，中国进出口银行浙江省分行牵头与浙大网新、浙江金桥担保公司和浙江省科技风险投资公司达成四方合作协议，搭建了外向型科技小企业金融创新服务平台，并首期为平台提供2亿元贷款。由于银行、担保公司、科技风投公司和科技龙头企业的合作，不仅有助于缓解科技中小企业融资难、担保难的矛盾，还能在知识产权等方面为小企业提供有效的服务。这一“产业＋资本”、“科技＋金融”的模式在国内尚属首例，被《浙江日报》等媒体评为“2010年浙江十大科技新闻”。截至2010年末，分行4个小企业融资平台共支持小企业38户，贷款余额8.44亿元，同比增长105%。三是帮助企业开展直接融资。中国进出口银行浙江省分行利用多年积累的经验和对融资时机等较为准确的判断力，主承销了两家企业发行短融、中票22亿元，其中浙江恒逸集团8亿元中期票据是浙江省第一家成功发行的民营企业。此外，我们还为企业办理了出口保理业务、跨境人民币支付业务，到年底，共办理跨境人民币支付业务19笔、24560万元。

三、服务水平有新提高

注重贴近企业和市场，做好金融服务。中国进出口银行浙江省分行发挥专业优势，借助各种渠道和方式，努力为企业提供境外投资项目信息、国别分析、风险规避、贷款等一揽子金融服务。分行召开项目合作对接会，组织有“走出去”意向的企业与博茨瓦纳政府、企业开展项目对接；分行领导率浙江一批企业赴非洲访问考察，与当地政府、企业洽谈投资机会和项目，与我驻非洲代表处对接，成效显著。中国进出口银行浙江省分行迄今支持的50多个“走出去”项目没有一个出现风险，受到了上级行、媒体的高度关注和赞扬。中国进出口银行浙江省分行为客户举办经济、金融讲座，传递经济信息，11月在美国量化宽松货币政策出台后一周，就邀请原IFM高级经济学家、总行首席经济学家王建业博士主讲“美国新一轮量化宽松与世界经济走势”专题讲座，受到企业欢迎。中国进出口银行浙江省分行还牵线省内企业合作开展境外并购、境外投资。中国进出口银行浙江省分行领导坚持定期到企业调研，听取意见建议，了解服务需求，从品种多样化、内涵深度化和手段精细化方面下功夫，进一步为企业提供全方位的服务，对外开立保函余额和跨境人民币支付结算业务量均跃居进出口银行全行前列。

四、内控管理有新起色

以苦练内功，提升服务能力为核心，加强自身建设。完善内控管理体系，打造科学、高效的业务流程，提高工作效率。注重风险管理，完善风险防控机制，保证信贷资产质量。加大全员培训和团队建设力度，深入开展创先争优活动，创新党建工作载体，以党建带行建，逐步形成一个政治强、业务精、作风正、纪律严的团队，为更好服务企业、服务经济打下了坚实基础。

2011年，中国进出口银行浙江省分行将认真贯彻党的十七届五中全会和中央经济工作会议精神，深入学习领会全省经济工作会议精神，按照省委“十二五”规划《建议》制定的发展目标和2010年经济工作重点，以支持经济发展为己任，结合浙江加快转变经济发展方式的要求，继续加大信贷支持力度，调整优化结构，推进业务创新，有效防控风险，不断提高经营管理水平，为浙江经济发展发挥更大的作用。

中国华融资产管理公司杭州办事处经营管理情况综述

总经理　胡　英

2010年是中国华融资产管理公司(以下简称公司)商业化转型发展的重要一年,也是公司实施"五年三步走"战略的关键一年。中国华融资产管理公司杭州办事处(简称华融杭办)在公司党委的正确领导下,在浙江省委、省政府及有关监管部门的大力支持下,按照公司党委"做强主业,做大利润,做响品牌,不断增强中国华融可持续发展能力"的发展思路,华融杭办的经营业绩上了一个新台阶。2010年全年实现利润1.1亿元,人均利润363万元;利润总额居全公司第三位,人均利润居首位。未发生经营风险和经济案件。

2010年,华融杭办荣获公司"2010年度业绩贡献先进集体";华融杭办工会被评为2008—2010年度公司系统"先进职工之家",并被中国金融工会授予"全国金融模范职工之家"荣誉称号;资产经营一部获公司"2010年创效突出十佳班组"荣誉称号;资产经营二部荣获中国银监会系统"青年文明号"荣誉称号;胡英同志荣获"全国五一巾帼标兵"、"全国金融五一劳动奖章"、"全国金融五一巾帼标兵"荣誉称号;史杰文同志获公司"2010年岗位奉献十佳个人"荣誉称号;高辉同志荣获中央金融团工委2010年度"全国金融青年服务明星"荣誉称号。

2010年,华融杭办全体员工在党委班子的领导下,大力拓市场、做业务、创利润、防风险、抓管理、带队伍,各项工作开创了新局面,具体体现在"四个新",即思想观念实现了新转变、业务发展创造了新突破、内部管理体现了新起色、员工队伍展示了新气象。

一、坚定不移贯彻执行公司党委的发展思路,实现思想观念上的新转变

2010年,公司党委提出"做强主业,做大利润,做响品牌,不断增强中国华融可持续发展能力"的经营理念,全面实施以利润为目标的绩效考核,变"虚付"为"实付",推动杭州办事处彻底走市场化的路子。

华融杭办党委领导班子认为不论是从达到公司党委的要求,从办事处的长远发展,还是从员工的诉求等方面出发,认为身处经济充满活力的浙江地区的杭州办事处,做强做大是必然选择,除此没有第二条道路。首要的工作是转变观念,转变班子成员自身的观念,转变中层干部的观念,转变全体员工的观念。于是分别召开中层干

部会议、全体员工会议、部门员工会议等，围绕做大利润这个主题进行研讨，从提高办事处地位、实现办事处可持续发展的高度来认识做大利润的迫切性，引导员工树立做大利润的目标，帮助业务部门分析业务收入计划及实现的可行性，要求业务支持部门从加强项目的后续管理、完善项目经理制、健全绩效考核办法、费用管理等方面提出更好地做好支持保障服务的具体措施。同时，在4月中旬召开“做强做大办事处”研讨会，进一步帮助员工统一思想，树立信心。其次是明确目标。在深入分析华融杭办历史经营情况、面临的形势与任务、内外部优势与挑战的基础上，结合浙江的经济金融环境，实事求是地提出全年的经营目标。2010年杭州办事处干部员工统一思想，树立信心，转变观念，取得了比较好的经营业绩。这些业绩的取得，来自于公司党委正确的发展思路，来自于华融杭办坚定不移贯彻执行公司党委的发展思路。

二、做强做大资产管理主业，多创利润，夯实科学可持续发展的基础

按照公司“要重点发展资产管理主业，不断增强公司整体主业能力”的要求，华融杭办正确理解与认识回归主业的重大意义，采取一系列措施做强主业。2010年资产管理主业取得突破性进展，全年资产管理业务占全部经营收入近40%。

华融杭办领导班子担任首席营销官，主动走访金融机构，寻找合作机会，分别与浙商银行、杭州银行、民生银行、建设银行、广发银行、华夏银行、恒丰银行、温州银行、兴业银行、泰隆银行、杭州联合银行等金融机构建立业务关系，洽谈资产收购合作，构建可持续的营销网络。2010年华融杭办在不良资产市场迈出了坚实的一步，为与各银行的业务合作打下了良好的基础。

按照公司的要求，华融杭办设置专门的资产经营部门、资产经营业务收入占比单独列为考核指标，所有部门拓展的不良资产业务在考核上按同口径其他业务的1.2系数计算等，积极鼓励、引导部门、员工做强资产管理主业。

三、努力践行大客户战略，实施差异化策略，创新产品设计，使大客户成为稳定的利润来源

2010年，华融杭办针对浙江省中小企业为主的经济结构现状，大力开拓地方政府、银行机构、大企业集团，明确大客户业务培育、营销的重点，逐步储备了一批优质客户资源，与各银行在浙的分支机构建立合作发展业务的模式，有力地推动大客户战略向纵深发展。

一是注重以创新的思维分析市场、研究大客户的需求。充分运用中国华融打“组合拳”的优势，成功地对优质大客户进行再次开发，并按照客户的需求提供金融产品与服务，同时依照大客户的产业链延伸业务，进一步拓宽外延。逐步建立发展起一批相对稳定的客户群，成为办事处利润的重要来源。

二是建立客户维护体系，进一步强化差异化服务。在对客户和市场进行细分的基础上，华融杭办针对不同的客户群体挖掘和创造金融需求，为普通客户提供标准化服务，为大客户提供“量身定制”式的特色金融服务。

四、以创新为引领，坚持一个前提和三项基本原则，稳步推进业务创新与体制机制创新

2010年，华融杭办创新为引领，按照公司“创新意愿与创新能力相结合，业务创

新与风险防范相结合，成本可算与利润可获相结合”的指导思想，始终坚持一个前提与三项基本原则，积极探索业务创新，

1. 坚持风险可控是前提。商业化业务拓展中，业务创新开辟了新的业务发展模式，带来较高收益，同时也伴随着较大的风险。华融杭办坚持“依法合规科学发展、风险管控责任到人、争创利润绩效优先”的经营理念，做实、做稳、做新风险防范机制，构建前台、中台、后台立体式的风险防范与化解网络，提高对风险的预警与识别，切实做到风险可控，在经营风险中获取高收益。

2. 坚持三项基本原则是核心。商业化转型阶段首要的任务是求生存，其次是谋发展，更高的要求是科学、可持续发展。因此，华融杭办开展的业务创新始终围绕三个核心点进行，即有利于发展主营业务，有利于建立办事处可持续发展的赢利模式，有利于支持浙江经济的发展。只有做到这三项基本原则进行业务创新，才能扎根地方经济的实际，谋求长远的发展。华融杭办在拓展资产管理主业中，通过创新业务品种、帮助企业债务重组从而实现主营业务的发展。创新业务平台，打“组合拳”，支持浙江企业“走出去”等都体现了这三项基本原则。

3. 稳步推进业务创新和体制机制创新。一是创新业务品种，帮助浙江企业实施债务重组。二是创新业务平台，打好“组合拳”，支持浙江企业参与并购。三是设立创新的工作组织，加强对创新的研究与总结。

五、固本拓新，深挖潜力，战略性运作股权资产，使股权资产收益成为新的利润增长点

为真正使股权资源成为杭州办事处商业化转型和实现可持续发展的重要基石，华融杭办十分注重对股权资产的管理，2010年也结出了丰硕的果实。6月10日“杭氧股份”在深圳证券交易所成功上市。10月11日，“杭齿股份”在上海证券交易所成功上市。杭氧股份、杭齿股份的上市，公司投资的股权达到增值。截至2010年末，华融杭办受托公司管理的股权市值已经超过40亿元。

六、抓实管理，强化制度执行力，防范与控制风险，体现内部管理上的新起色

1. 明确职责，强化制度执行力。根据业务开展的需要，华融杭办按照公司要求调整了内设部门，明确部门、岗位职责，并以经营指标责任书的形式予以书面确认，形成分工协作，各司其职，一级对一级负责的有序格局，确保各项制度的执行不打折扣。2010年，华融杭办完善了《项目经理责任制管理办法》，实施了《部门目标责任制考核办法》，通过考核强化制度执行力。

2. 风险关口前移，动静结合，后续跟进，建立“双线管理”模式。2010年，华融杭办切实贯彻公司“依法合规科学发展，风险管控责任到人，争创利润绩效优先”的经营方针，搭建前台、中台、后台立体式的风险管控格局，动静结合，做到无风险地争创利润。首先，针对以往业务人员习惯于终端风险控制，单纯依赖杭州办事处领导逐个把关，项目前期调查、后期管理中的风险控制在一定程度上存在失控可能的现状，杭州办事处设立项目独立审查员，在项目立项之初不受干扰地出具独立审查意见，将风险管控的关口前移。其次，动静结合，强化过程监控。从以静态管理为主到静态管理、动态管理相结合。静态管理体现在：制定《杭州办事处商业化项目后续管理实施细则》、《杭州办事处商业化业务基本工作流程》，规范业务运作；记录重大经济金

融政策变动、已实施项目上市公司重大公告事项、重要公开信息记录，并进行半年度、年度经济金融形势分析、政策分析、重点行业分析等。动态管理体现在不仅业务前台人员深入企业、项目开展尽职调查，而且项目审查的中台岗人员、项目检查的后台岗人员也必须走访企业决策层、经营层及项目现场。最后，在项目后续管理上建立“双线管理”模式。2010年8月专门设立合规管理部，其中一个很重要的职责就是协同业务部门对项目进行“双线管理”，合规管理部、业务部门独立跟进项目，定期走访，出具独立风险防范报告。通过双线管理，可以从不同的角度发现潜在风险，及时提出应对措施，以确保项目风险切实可控。

3. 抓实基础，重点推进，纪检监察工作取得新成效。首先，抓实廉洁自律教育，营造风清气正的良好氛围。组织开展以职业道德教育和警示教育为主要内容的廉洁从业教育活动。坚持每半年集中开展1次廉洁从业教育活动。其次，抓深制度建设与执行，为党风廉政建设提供保障。落实杭州办事处主要负责人、纪委负责人与各部门负责人《员工管理与廉洁自律责任书》的签订工作，落实杭州办事处纪委与员工《廉洁从业承诺书》的面签工作；组织开展小金库自查自纠活动；按季组织开展员工行为动态分析活动；开展“制度执行力学习教育周”活动；精心组织员工学习银监会印发的《银行业金融机构从业人员职业操守指引》和公司《员工职业操守规定(试行)》、《员工礼仪》等。最后，抓好各项监督与检查，落实廉政建设各项措施。认真执行《中国华融资产管理公司党员领导干部报告个人有关事项的实施办法》，按季收集、报送有关信息，加强对党员领导干部廉洁自律情况的动态管理。严格执行公司党委强调的三项纪律。根据公司纪委统一部署，对照公司关于领导干部收入管理、交流干部待遇、财务费用管理等相关制度，组织开展了自查自纠工作。组织开展商业化业务道德风险点的梳理，对重点环节的道德风险点进行排查，完成商业化业务道德风险点及预防对策调研工作。

4. 进一步健全财务管理，提高资金使用效益。2010年公司实行办事处分类指导、差别管理、扩大经营自主权的政策。为切实提高资金使用效益，华融杭办一开年就抓紧落实运营资金项目，及早用足授信额度，早出效益。不断健全财务管理，努力提高成本核算水平。修订和完善了《办事处各项费用支出管理细则》等制度，加强会计核算，促进费用均衡使用，密切监测财务收支，动态管理。

5. 推进民主管理制度建设，落实员工的知情权、参与权、表达权和监督权。2010年，华融杭办在公司系统内第一批建立职工大会制度，积极推进民主管理制度建设。召开第一次职工大会，组织职工大会建设专题调研。进一步推行办务公开，做到办法公开、过程透明，充分听取和尊重员工意见，维护员工合法权益。搭建杭州办事处领导与员工沟通的平台，完善谈心谈话制度，加强与员工的思想沟通。《2010年办事处绩效考核分配办法》经全体员工表决通过才正式实施。制定“三重一大”决策制度实施细则。

七、创先争优，推进“学习型组织”创建与“知识型员工”培养，展示了干部员工队伍上的新气象

2010年华融杭办党委领导班子增加了新成员，引进与招聘了11名新员工，新进人员占全体员工的1/3左右，员工队伍建设的必要性与紧迫性进一步显现。为抓

实干部员工队伍建设，杭州办事处以“创先争优”活动为契机，推进“学习型组织”创建，加强“知识型员工”培养，努力打造一支“政治上靠得住，工作上拿得起，廉政上过得硬，品行上行得正”的干部员工队伍。

1. 注重学习，不断提高党委班子成员的管理水平与驾驭全局能力。2010 年，华融杭办党委领导班子的每位成员都是岗位上的新兵，对此办党委着力构建学习型领导班子，不断提高党委班子成员的政治素质与理论修养，一方面学业务知识，以适应商业化转型的需要；另一方面强化管理知识的学习，尤其是战略管理知识，切实提高全局谋划能力与水平，从“业务能手”向“管理专家”转型，为杭州办事处稳健、有序、健康发展提供最根本的保证。

2. 创建学习型组织，引导员工做业务、干事业、求提升，促发展。华融杭办着力开展“创建学习型组织、争当知识型职工”活动。制订员工培训计划并着重于实务培训，每月举办一次案例交流讲座，把项目总结、案例分析与员工培训有机地结合起来，以指导商业化业务创新。通过走廊文化，将中国华融的理念、方略、准则、行为要求进行全面和持续的宣传，全办形成一种做业务、干事业、求提升、促发展的良好氛围。

3. 倡导党员领导干部、全体党员在争取实现任务中发扬奋斗精神、奉献精神。以创先争优活动为契机，激励干部员工围绕中心，服务大局，争创佳绩。华融杭办以“达五好五优标准，创一流办事处”为主题，务实地开展“创先争优”活动。积极开展以“学先进、比贡献、创一流”为主题的劳动竞赛活动，结合浙江市场经济的特点和杭州办事处的实际状况，树立市场拓展标兵、支持保障标兵、资金引荐标兵，正面引导、激发活力、鼓舞士气、凝聚力量，促进员工积极拓展市场，为杭州办事处的中心工作作贡献。

中国长城资产管理公司杭州办事处经营管理情况综述

总经理　张范全

2010 年是中国长城资产管理公司杭州办事处秉承"化解金融风险、支持地方经济建设、服务中小企业发展"发展理念，积极推进商业化转型进程的关键一年。在转型过程中，为进一步加大对当地中小企业的支持与服务力度，中国长城资产管理公司杭州办事处开展了金融租赁、融资担保、中小企业财务顾问及不良资产收购综合服务等商业化业务，共为中小企业提供了 10 多亿的资金支持，无论是支持力度还是服务质量都获得了中小企业的高度认可，在市场中树立了良好的金融企业形象，为浙江金融发展贡献了自己的力量。

一、立足主业，积极开展不良资产经营业务

防范金融风险、促进金融稳定是国家赋予资产管理公司的历史使命，开展不良资产经营业务是资产管理公司存续发展价值的标志性体现。为此，中国长城资产管理公司杭州办事处认真贯彻落实总公司的总体发展规划要求，立足主业，积极开展不良资产经营业务。

（一）持之以恒地开展剩余政策性不良资产处置业务

成立之初，中国长城资产管理公司杭州办事处从农行浙江省分行和宁波分行共收购政策性不良资产 115.6 万元，通过近十年的处置，政策性不良资产已所剩无几，剩余政策性不良资产不仅存在散、小、差的特点，且多数属于政策上不能诉讼和出让的债权或是法院长期执行无结果或破产未终结的债权。财政部上年也未对政策性不良资产的处置出台具体的代理考核政策，剩余政策性不良资产的处置工作面临严峻考验。尽管如此，中国长城资产管理公司杭州办事处仍以高度的责任感和使命感，积极做好政策性不良资产的维权和处置回收工作。2010 年，中国长城资产管理公司杭州办事处继续加大处置力度，积极与政府、法院等进行沟通协作，争取社会各界的大力支持，在剩余资产中进行深挖细作，尽最大的努力实现现金回收。通过努力，2010 年全年处置政策性不良资产，回收现金 619.49 万元。

（二）积极主动地开展商业化不良资产的收购、处置业务

在持续做好剩余政策性不良资产处置工作的同时，中国长城资产管理公司杭州办事处重点对开展商业化不良资产的收

购、处置业务加大了工作力度,采取了各项积极有效的措施。一是目标明确。将商业化不良资产包的收购列为主要工作目标,并制定了具体的量化考核目标任务,明确了工作努力方向。二是责任落实。为进一步加强商业化不良资产收购、处置的工作力度,中国长城资产管理公司杭州办事处通过经营责任承包和员工双向选择的方式,挑选业务骨干重新组建了专职业务部门,在人力资源上为开展商业化不良资产收购、处置业务奠定了坚实基础,确保业务开展的任务集中、人员集中。三是考核到位。在制定绩效考核管理办法时,专门对收购商业化不良资产包有突出贡献的个人或部门设立了单独奖励,鼓励全体员工充分发挥工作的主动性和积极性,最大限度地运用各自的社会资源,大力拓展商业化不良资产包收购市场。四是方式更新。中国长城资产管理公司杭州办事处一改过去被动等待各商业银行推出不良资产的工作方式,积极主动地上门走访,与各商业银行洽谈不良资产的收购业务,大力拓展商业化不良资产市场。

通过努力,中国长城资产管理公司杭州办事处先后与民生银行、广发银行、建设银行、华夏银行、中信实业银行、招商银行、浦东发展银行、汇丰银行、恒丰银行、泰隆银行、杭州合作银行、绍兴商业银行等10余家商业银行进行了业务联系,调查了解了各商业银行的不良资产现状,提出了收购商业化不良资产的强烈愿望,在激烈的市场竞争中积极争取主动。在此基础上,中国长城资产管理公司杭州办事处还牢牢把握市场机遇,先后参与了民生银行、广发银行、建设银行、华夏银行、广发银行等不良资产包的尽职调查和市场竞价,并成功购得华夏银行的不良资产包。资产包收购后,中国长城资产管理公司杭州办事处充分发挥处置不良资产的丰富经验,在最短的时间内完成了对民生银行债权包的处置工作,实现了处置利润。在圆满完成不良资产收购任务同时,也为华夏银行有效化解金融风险作出了贡献。

在处置前年收购的光大银行不良资产包的过程中,中国长城资产管理公司杭州办事处继续秉承精细化运作的要求,认真对待处置中的每个环节,确保处置的零风险和资产回收的效益最大化。由于工作布置细致,措施到位,光大银行不良资产包中剩余的最大债权项目已进入最后的法院破产拍卖程序,该债权包已实现整体盈利。

二、做大市场,大力拓展商业化经营业务

根据开展商业化转型的整体工作部署,中国长城资产管理公司杭州办事处在积极开展不良资产经营业务的同时,大力拓展商业化经营业务,并将"服务中小企业,支持地方经济建设"的经营理念贯穿拓展商业化经营业务的始终。在拓展商业化经营业务的过程中,中国长城资产管理公司杭州办事处充分利用总公司各平台子公司的业务辐射功能,在融资租赁、担保、人寿保险、财务顾问及不良资产收购综合服务等业务中取得了较好的业绩,在不断提高自身盈利能力的同时,也为浙江中小企业提供了优质的金融服务,在中小企业中树立了良好的企业形象。

(一)大力拓展金融租赁代理业务

金融租赁代理业务是中国长城资产管理公司杭州办事处各项商业化业务中开展较为成熟的一项业务产品,通过前两年的积极拓展,已开发了一定的客户资源,积累了业务经验,取得了较好的经营业绩。上年,中国长城资产管理公司杭州办事处继续加大融资租赁代理业务的拓展力度,充

分发挥新疆长城金融租赁有限公司的业务平台辐射功能，以经营稳定、技术领先、成长性好、具有较大发展潜力的中小企业为客户目标，积极开展金融租赁代理营销工作，帮助中小企业有效拓展了融资途径。

（二）积极开展保险代理业务

总公司在上海重组了长生人寿保险有限公司，为加强长生人寿保险有限公司在长三角地区的业务辐射作用，带动保险业务的蓬勃发展，中国长城资产管理公司杭州办事处依托长生人寿保险公司在浙江设有分公司的有利条件，积极开展保险兼业代理业务，努力拓展浙江保险业务市场。一是加强全员业务培训。专门邀请长生人寿保险公司及浙江分公司的培训讲师进行保险业务知识的培训，使全体员工熟悉保险业务的基本知识，了解长生人寿保险公司的业务产品，为尽快开展保险代理业务奠定了良好基础。二是积极争取保险兼业代理资格。在浙江保监局的大力支持下，中国长城资产管理公司杭州办事处取得了保险兼业代理业务资格，为进一步拓展保险业务创造了良好条件。三是积极开展保险业务营销。中国长城资产管理公司杭州办事处在申报审批保险兼业代理资格的同时，积极开展保险业务的市场营销，通过直接营销、间接营销、现场营销等多种方式开展了市场营销活动，同时结合自身开展的租赁代理业务和担保业务，不断加大营销力度。四是积极协助长生人寿保险公司启动银险代理业务，通过与浙江省农行的牵线搭桥，促进长生人寿保险公司在浙江省农行的银险代理业务顺利开展。

（三）做强做优担保平台子公司

浙江长城国盛担保有限公司是总公司在浙江成立的以担保为主营业务的平台子公司，在省政府、金融办、银监局及其他主管部门的大力支持下，担保公司于2009年正式成立，并实现了当年成立当年盈利的经营业绩。上年担保公司继续秉承良好发展态势，以规范化经营为发展理念，以服务中小企业为目标，大力拓展担保主营业务，创新担保业务，并在业务流程、内部管理、风险控制等方面实行了严格管理，各项工作取得了良好业绩。通过开展规范化经营，担保公司在成立短短的一年时间内得到了行业协会、银行以及市场客户的高度认可。2010年，担保公司分别被省级和市级两家资深资信评估公司评为A级信用等级单位；在杭州市担保协会换届选举中被选为协会副秘书长单位；加入了由杭州市政府、担保公司、金融机构共同参与的杭州市信用担保联盟暨再担保中心；荣获杭州市经济委员会和财政局评选的“2009年度杭州市先进担保机构”的光荣称号；作为浙江省信用与担保协会评定入选的杭州市13家优质担保机构接入数银在线“金融机构操作后台”；提前一年成功获得市担保协会批准公司办理工程履约担保的资格等。以上成绩的取得，大大提升了担保公司在市场中的行业地位，为拓展担保业务，扩大担保规模奠定了扎实的基础。截至年底，担保公司已超额完成了董事会要求的年度经营目标任务。

三、改革创新，大胆探索新兴业务产品

在重点开展商业化不良资产收购、处置业务，大力拓展融资租赁、保险、担保等代理业务的同时，中国长城资产管理公司杭州办事处为增加盈利渠道，提高整体盈利能力，实现可持续发展，在研发商业化新业务上也进行了大胆的尝试与探索。首先是积极探索组建村镇银行，根据银监会下发的关于同意资产管理公司发起设立组建村镇银行的通知意见，中国长城资产管理公司杭州办事处在第一时间取得了当地监

管部门的大力支持，并立即着手开始对组建村镇银行进行尽职调查，在尽职调查的基础上，向总公司提交了项目方案和可行性报告，并配合总公司对组建村镇银行开展了市场调研，积极向总公司争取开展试点经营。其次是开展中小企业财务顾问及不良资产综合服务业务。总公司和华夏银行签订了整体战略合作框架协议，推出了"中小企业财务顾问及不良资产收购综合服务业务"的新业务产品，中国长城资产管理公司杭州办事处依托浙江良好的金融环境、信用环境以及市场环境，积极向总公司争取开展新业务产品的试点经营，并成为全国三个试点办事处之一。在年前短短的两个月时间里，克服时间紧、任务重、人手少的重重困难，通过努力开拓客户市场，为两个中小企业提供了财务顾问服务，顺利实现了总公司试点第一单业务，探索出了业务产品拓展的有益经验。第三，总公司在天津召开了国际金融洽谈会，中国长城资产管理公司杭州办事处牢牢把握这次宣传浙江中小企业的良好机遇，积极寻找了8个浙江优秀的民营企业客户参加融洽会。一方面在融洽会上展示了浙江中小企业的明星风采，另一方面，通过天津融洽会的宣传带动作用，与推荐客户进一步加深了沟通与交流，为今后开展更多的业务合作奠定了良好基础。第四，中国长城资产管理公司杭州办事处还成立了专门的新产品研发小组，积极探索开展资产评估、信用评级、资产证券化、风险管理咨询、企业上市辅导等各类有市场需求的金融服务业务产品，不断开辟新的业务空间。同时，结合现有业务产品和客户资源，不断加强市场拓展力度，使办事处形成具有核心竞争力的丰富产品线，以支撑办事处的长远发展。

四、稳健经营，持续完善内部管理机制

为促进中国长城资产管理公司杭州办事处的商业化转型不断深入，办事处在内部管理机制上开展了大胆改革，在不断完善现有管理制度的基础上，积极引进市场化的管理模式，力争将办事处打造成具有国有资产管理公司特色的现代化企业。具体体现在：一是根据实际发展需要，于年初对前、后台部门进行了重新设置，进一步完善了内部组织结构，优化了人员配置，大大提高了工作效率。根据业务开展的特点，中国长城资产管理公司杭州办事处对前台业务部门的职能分工进行了调整，有重点地突出各业务部门的业务主线，并通过承包经营的方式确定了部门负责人，员工按双向选择的方式选择各自的部门，从而大大提高了各部门的凝聚力和战斗力。实际经营数据表明，办事处对内部机构设置发展的实际情况，对圆满完成全年的工作任务起到了积极推动作用。二是进一步健全考核激励机制。中国长城资产管理公司杭州办事处成立了专门的考核管理办法修订小组，对现有的考核管理机制进行修改和完善，切实做到考核的"任务到人、责任到人、考核到人、奖罚到人"。通过建立科学有效的考核激励机制，鼓励员工为办事处多创效益，多作贡献。三是严格按照总公司的内部管理要求，继续推进ISO 9001质量风险管理体系文件的学习和贯彻执行，进一步规范办事处内部各项工作的工作流程，提高工作效率，重点抓好项目审核、财务审批、内部审计等管理工作，坚持按季开展资产处置和财务收支内部审计，确保办事处各项工作稳健发展。通过严格的制度约束和制度管理，达到业务发展和风险控制的有效结合。四是根据总公司的相关工作安排，开展ISO 9001体系文件的执行情况、档案管理情况、财务制度执行情况和“小金库”情况的自查自纠，并对总公司档案和财务检查小组提出的检查意见进行了认真整改，进一步提高和完善了内部管理水平。五是本着节约、高效的原则安排各项费用预算，均衡使用费用预算额度，将有限的财务资源向商业化业务拓展倾斜，确保费用开支合理、合规。

五、长效发展，全力构建先进企业文化

一是积极响应监管部门及总公司加强学习型党组织建设的要求，认真组织好党委理论中心组学习和党支部学习，加强党员党性修养，提高党员政治素质。年初，中国长城资产管理公司杭州办事处制订了全年的党委理论中心组和党支部的学习计划，并严格按照计划定时开展理论学习，通过学习，全体党员干部的政治理论水平得到了提高，政治素养不断加强。二是根据总公司的党建工作部署，认真开展了“民主评议党员”和“创先争优”活动。根据活动要求，中国长城资产管理公司杭州办事处分别制定了“民主评议党员”和“创先争优”活动的具体实施方案，并将活动内容落到实处。活动中，通过评选向总公司推荐了先进党支部、优秀党务工作者、优秀共产党员、青年岗位能手等先进模范，在“七一”节前夕，中国长城资产管理公司杭州办事处还专门制作板报对先进模范的事迹进行了宣传，大力弘扬爱岗敬业、勇于奉献的艰苦创业精神，激励全体员工向先进模范学习，争取为办事处的发展作出更大的贡献。三是高度重视党风廉政建设。年初中国长城资产管理公司杭州办事处党委与办事处各部门及担保公司各部门的负责人签订了《党风廉政建设和防范风险目标责任书》，明确了党委、各部门负责人在党风廉政建设和防范道德风险中的责任。此外，办事处党委通过组织党员群众学习总公司党委、纪委文件，刊登《银行业从业人员工作指引》的宣传黑板报、参观金融系统反腐倡廉图片展、观看纪录片等形式，经常性地开展党员群众廉洁自律教育，筑牢党员群众拒腐防变的思想防线。四是切实加强员工队伍建设。上半年，中国长城资产管理公司杭州办事处完成了新员工的招聘工作，在近两千名应聘报名者中精中选细，好中选优，挑选了8名优秀人才加入办事处的团队，充实了办事处的业务力量，员工队伍的整体素质得到了提高，同时也为办事处的发展带来了新的活力。五是重视员工教育培训工作，中国长城资产管理公司杭州办事处年初制订了《杭州办事处2010年度员工培训计划》，根据计划安排，组织员工进行了保险业务知识的培训，取得了良好效果。在此基础上，还组织业务骨干参加保险从业资格考试，有3人通过考试取得了保险从业资格。六是切实加强工会、团委、女工委等群众组织建设，发挥他们在企业文化建设、联系群众、调动员工积极性和创造性中的桥梁和纽带作用。2010年，中国长城资产管理公司杭州办事处先后荣获了“浙江省财贸系统先进工会集体”和“2008—2010年省级劳动保障诚信单位”的光荣称号，总经理个人获得了“浙江省财贸系统优秀职工之友”光荣称号。

六、放眼未来，合理规划长远发展战略

中国长城资产管理公司杭州办事处在总结商业化转型发展经验的基础上，结合办事处的实际情况，认真思考未来的发展思路，提出差异化经营的发展模式，确定2011年经营发展的整体思路是：以市场需求为导向，以创造利润为目标，依托浙江良好的地域环境和金融环境，积极探索符合浙江本地发展的经营模式。即在积极拓展

商业化不良资产收购、处置、经营的基础上，全力开展以"中小企业金融综合服务业务"为核心的差异化经营。通过大力发展担保、金融租赁、保险、财务顾问及不良资产收购综合服务等现有业务产品，创新发展信托、评估、理财、集合票据等新金融业务产品，有效整合各业务产品之间的金融服务共性，形成以"中小企业金融综合服务业务"为核心的综合业务产品，促进办事处长效、稳定的可持续发展。

"中小企业金融综合服务业务"是一项通过整合公司所有的业务产品，提升各业务产品的金融服务共性，提高所提供金融服务的附加值，延伸价值链，为客户量身定制系统的金融服务配套方案，帮助客户一揽子解决发展中的金融瓶颈问题，满足客户多形式、多层次、多方位的金融服务需求，实现客户金融需求整体得到满足和中国长城资产管理公司杭州办事处可持续发展的双赢目标的综合业务。"中小企业金融综合服务业务"是中国长城资产管理公司杭州办事处的业务发展从客户自主挑选产品向主动为客户提供配套式服务的转变，是从"金融产品超市"向"金融服务管家"的角色转变。浙江中小企业市场广阔，金融信用环境良好，在浙江开展具有长城特色的"中小企业金融综合服务业务"能够集中办事处现有的担保、金融租赁、保险等业务产品优势，开发多种商业化新业务产品，为浙江的中小企业提供更为全面的金融综合服务。同时，通过全面的业务整合，有效嫁接各类业务产品的金融服务共性，能充分发挥各类业务资源优势，使各种业务之间能够充分做到相互推动、相互促进，促进办事处和各平台子公司形成业务发展的良性互动，实现办事处和平台子公司的共同发展，进一步提高办事处为中小企业的服务能力。

2010 年，中国长城资产管理公司杭州办事处根据商业化经营的需要开展了内部经营承包责任制，在明确任务、落实责任的基础上，按业务条线对内设机构进行了调整，大大提高了各部门的凝聚力和战斗力，对圆满完成全年工作任务起到了积极推动作用。为此，根据"中小企业金融综合服务业务"开展的需要，中国长城资产管理公司杭州办事处将继续推动实施内部经营承包制，并进一步对内部机构设置、考核机制完善、业务产品创新、员工队伍管理、对外业务宣传等方面进行配套补充，目的是加强内部管理，提高整体市场经营能力，确保"中小企业金融综合服务业务"的顺利开展。

2010 年，中国长城资产管理公司杭州办事处圆满完成了总公司布置的各项工作任务，取得了较好的经营业绩。2011 年，中国长城资产管理公司杭州办事处将保持良好的发展势头，继续加快商业化转型的步伐，坚持"促发展、增效益、防风险"的经营方针，大力发展"中小企业金融综合服务业务"，不断提高办事处在浙江金融市场的核心竞争力，通过为中小企业提供产品丰富、内容多样的金融服务，争取为浙江经济发展作出更多的贡献。

中国东方资产管理公司杭州办事处经营管理情况综述

总经理 章建新

2010年，中国东方资产管理公司杭州办事处（简称东方杭办）全体员工在党委的坚强领导下，在公司总部的大力支持下，紧紧围绕公司商业化转型目标，以“投身二次创业，打造区域中心”为主题，团结一心攻难关，背水一战夺转机，奋力开拓，顽强拼搏，取得了新商业化业务的重大突破；同时剩余三类不良资产和原商业化收购不良资产的处置均取得了好成绩。全年实现新商业化业务（不含商业化收购的不良资产处置）合同收益（即除去资金成本、业务费用和税费的合同收入）1.1亿元，当年到账收益3300万元；新商业化收购不良资产处置收现1.2亿元；剩余政策性不良资产处置收现1291万元；剩余建行可疑类资产处置收现706万元。

一、从造势强体入手，凝聚人心，改革机制，充分调动员工的积极性

（一）创新经营机制，构建科学有效的市场化经营模式

根据商业化业务拓展需要，杭州办事处积极创新人力资源配置与经营管理机制，强化业务培训，努力打造专业团队、形成核心能力。

1. 坚持“全员营销”与“岗位职责第一”相统一。全员营销作为二次创业起步阶段的特殊政策，根本目的是树立市场意识，提供平等机会；开展全员营销同时坚持岗位职责第一的原则。

2. “以业务流程组建团队”与“以业务品种划分部门职能”相统一，即“交叉营销”与“归口管理”相统一。三个业务部门在经营上不受部门限制，各业务品种实行归口管理。所有人员都参与市场拓展工作，服从总经理室统一安排，对新业务实施立项管理。

3. 坚持尊重员工民主权利与强调执行力相结合。总经理室指挥前移，工作下沉，加强协调、提高效率；各部门加强合作、形成合力。

4. 打造专业经营团队。围绕商业化新业务，开展系统培训、案例交流、组织考试等方式，将着力提高东方杭办整体业务能力与强化市场营销骨干力量相结合，形成商业化业务营销承揽、实施运作、探索创新和不良资产定价处置的核心能力，形成

人尽其才、各得其所，实现人人干事有平台、个个进步增收有渠道的良好局面。

（二）加大激励力度，建立适应商业化转型需要的考核办法

完善东方杭办考核激励制度，实行二次分配，制定并实施《杭州办事处商业化业务收益提成奖励办法》和《绩效综合奖考核办法》，坚持绩效综合奖与项目创收奖相结合，对不良资产商业化收购处置，中间业务、平台公司对接业务等商业化业务团队和个人实施提成奖励，对部门和员工实施综合考核。一是加大向东方杭办业务拓展和创收盈利作出直接贡献的员工倾斜的力度。二是指令性与指导性相结合、定量与定性相结合的指标下达原则。指令性目标指创收目标、创收金额，分解到各业务部门，各部门分解到人；指导性目标指各业务品种的规模，考核到对口管理部门。三是绩效综合奖与项目创收奖相结合。绩效综合奖按照业务部门及其员工根据创收指标和业务规模指标完成情况，以及其他工作完成情况和遵章守纪情况考核发放，管理部门根据各项工作完成情况和遵章守纪情况发放。项目创收奖根据项目团队创收情况，提取一定比例发放，团队人员按业务流程各环节的作用大小发放。提成比例应区分指标以内和指标以外。四是坚持“透明化、市场化、商业化”，“公开、公平、公正”，“重在业绩、尊重历史”相结合的原则。

（三）深化机构调整，优化资源配置

根据公司批复意见，东方杭办自上年开始对内部机构进行调整，形成三个业务部门加两个管理部门的格局。2010 年初，东方杭办根据业务发展的需要，又对三个业务部门的职责和人员作了进一步的调整。通过机构改革和职责调整推进杭州办事处合理配置资源，加快商业化转型。一是在员工总数未增加并保证既定管理职能的前提下，减少了管理部门和人员，增加了业务部门和人员；二是在剩余资产继续得到有效处置管理的前提下，突出了商业化业务开拓。

二、从开发产品的入手，开拓业务市场，拓宽客户渠道

2010 年以来，东方杭办商业化业务全面展开，业务品种不断丰富；商业化新业务创新特色鲜明，创新能力不断得到加强。

（一）巩固租赁业务优势

东方杭办进一步加大租赁业务拓展力度，积极寻找项目，做好与外贸租赁对接。全年共签约 3 户，租赁融资额 5.8 亿元，规模与效益同步增长，合同金额与收益分别较上年同期增长了 151%和 154%，可实现经纪人费用 1100 多万元。截至 2010 年底，东方杭办累计租赁合同余额 7.36 亿元，累计可实现经纪人费用 1609.8 万元。另外，中宁县锦宁铝美新材料有限公司 2 亿元租赁项目已谈定，待 2011 年外贸租赁腾出规模后即可放款。

根据租赁公司的需求，为解决租赁相应配套资金，东方杭办还相继走访了省内多家商业银行，争取租赁公司的授信额度，促成浦发银行向租赁公司综合授信 1.5 亿元，通过中信银行杭州分行直接与租赁公司达成锦江项目五年期金额 1.8 亿元的租赁资产转让业务，均为公司系统首创负债业务。积极研究探索新的租赁产品，开展与民泰银行银租合作，将集合票据的理念植入租赁业务之中，结合银行业务需求、租赁特质、东方杭办风险偏好及收益，创新与银行的租赁业务合作模式。

（二）开拓中小企业票据增信业务

东方杭办积极拓展新的与商业银行业务合作模式，成功向浙商银行承销的 6.6 亿元中小企业票据提供增信服务。该项目

首次引入AMC回购机制，东方杭办为该票据的优先级部分出具“收购承诺函”，提供增信服务，为浙江省首次发行的集合票据，也是迄今为止国内发行规模最大、发行企业数量最多的一单，得到当地政府的积极支持，得到了公司总部、银行、评级机构及交易商协会等多方的肯定和支持，进一步拓宽与银行的合作模式和中小企业融资手段。目前，东方杭办积极开拓推广此项业务，与省内多家银行商谈项目，已达成数个项目意向。与中信银行杭州分行合作的规模为8亿元的海宁市中小企业集合债增信业务，获得公司总部批准同意，进入操作阶段，东方杭办合同收益640万元。

（三）积极开展信托业务

东方杭办积极开拓信托业务。杭州办事处推荐项目，通过与中诚信托合作成功操作两单信托业务。其中：浙江中大集团股份有限公司规模5亿元的单一信托计划，年化收益率4.6%，预计东方杭办收益2800万元；杭州祐康公司规模5亿元的集合信托，预计收益将超过4000万元，将为公司和东方杭办作出重要的利润贡献。

（四）大力推进与商业银行业务合作

2010年以来，东方杭办抓住时机，先后通过与杭州银行、招商银行、浙商银行等签署金额共计38.35亿元的信贷资产转让合同，成功取得银行授信融资。与杭州银行成功签约10亿元授信年利率仅为4.2%，为总公司取得了低成本资金，拓展了与银行合作渠道，为公司创造了良好的收益。为进一步推进与银行全面业务合作，东方杭办与浙江民泰银行、泰隆银行签署包括不良资产业务合作、租赁业务合作、次级债业务合作在内的整体合作协议。

（五）成功推荐IPO项目

积极与东兴证券开展业务对接，开发投行业务市场，开展IPO等业务的营销，做好项目的中长期安排和资源配置。经过努力，东兴证券与露笑科技股份有限公司IPO项目成功签署财务顾问服务协议，并正式签署辅导协议。这是东兴证券在浙江承揽的首个IPO项目。目前东兴证券正与其他中介机构一道紧锣密鼓准备2011年2月向中国证监会申报企业IPO材料。

此外，经过东方杭办不断协商沟通，成功推荐东兴证券作为杭州前进齿轮箱集团股份有限公司副主承销商；作为承销商签署海宁皮革城项目债券承销项目。另外，东方杭办还积极向邦信公司、东兴期货等平台推荐项目，开展对接，推动业务发展。

（六）做好信用评级项目推荐

东方杭办积极与评级公司开展合作，以银行、政府等作为突破口通过各种渠道进行营销，目前东方金诚浙江公司已经成功实施嘉兴地区贷款企业主体评级、企业商票评级等业务，为金诚公司取得优质项目。上海远东浙江分公司招投标企业评级等业务已经全面展开。

三、认真做好存量资产管理和处置工作

（一）抓好商业化新收购管理处置

2009年，东方杭办完成中国银行江苏省中行不良资产结构性交易收购，收购债权金额11.32亿元，2010年回收现金9695万元；截至2010年12月末累计已回收现金5.42亿元，覆盖成本5.72亿元的95%。由于一些项目基本面发生重大变化以及地方保护等因素影响，中行江苏包的处置进程受阻，东方杭办克服畏难情绪，采取各种方式，积极推进项目处置。

东方杭办积极争取温州银行不良资产包的收购与委托代理项目，目前已经谈妥并获得公司总部批准，进入签约操作阶段，预计项目收益268万元。2010年四季度，

东方杭办参与广发银行不良资产包的尽调、定价、核价、方案报批以及现场竞标工作。虽然该包最后因为意向受让人的报价均低于广发银行的底价而流拍，但业务部门人员尤其是青年员工得到了很好的锻炼，为商业化收购取得了经验。

（二）做好剩余债权资产的管理处置工作

针对东方杭办三类存量资产量小、大部分处置难度大，可回收价值较低的情况，制定打包和单项处置并举的思路，做好债权资产管理和处置工作，以混合包的形式实行批量处置，推出宁波、绍兴、杭州三个地区的资产包，处置户数196户，涉及债权本息金额4.9亿元。在对个贷进行批量委托的同时，做到业务员和代理人联动，精耕细作。对温州劳动教养所等多年执行未果的单个项目实施重点突破，通过艰苦的谈判，最终签订债务重组协议。

对剩余抵债物进行实地勘察，做好日常维护工作，加强对抵债房产的管理，伺机处置，同时做好政策性剩余资产及损失类资产的维护工作。

（三）加强对融达公司项目的管控和风险管理，做好协调配合工作

保证依法合规管理、指导浙江融达企业管理有限公司做好零价格项目处置及风险防范工作，避免发生风险事件。根据公司要求，继续研究制定加强管控的有关措施，进一步加强风险防范，加强管控、维护公司权益。

（四）继续强化政策性债转股股权项目管理

在做好股权管理维护同时，根据公司安排开展剩余股权项目资产评估，为股权买断做准备，并寻找增值运作的途径。

中国信达资产管理公司浙江省分公司经营管理情况综述

主任 涂咸阳

中国信达资产管理股份有限公司浙江省分公司(原中国信达资产管理公司杭州办事处;简称信达浙江省分公司)成立于1999年8月,于1999年9月17日正式对外挂牌。2010年,信达公司成功商业化改制,杭州办事处也于2010年7月16日正式更名为浙江省分公司。

2010年是信达公司商业化改制之年,一年来,在公司党委的领导下,在浙江银监局等部门的指导下,浙江省分公司党委带领全体员工认真贯彻落实科学发展观,立足发展,努力做好不良资产的管理和处置,强化债转股企业管理,积极做好中间业务的拓展。同时,进一步加强党风廉政建设和风险防范工作,积极创建文明单位,推进ISO质量管理工作,各项工作均取得良好进展。

一、2010年浙江分公司主要业绩

2010年,信达公司以改制为契机,以"为国家化解金融风险,为客户提供全能服务,为股东创造最大价值,为员工搭建发展平台,为社会承担更大责任"为经营宗旨,浙江分公司党委努力加强管理能力、增强自身的执行力、维护队伍的团结、提高决策能力,推进集团驻浙机构整体发展,取得了优异的成绩。在圆满完成政策性不良资产处置任务的同时,继续坚持不良资产经营为主业,拓展商业化资产收购业务,推进债转股企业的增值管理,积极拓展中间业务,取得了较好进展。

(一)全面完成经营目标,大幅提升经营业绩

截至2010年底,信达浙江省分公司不良资产处置当年实现现金回收29276.57万元,完成任务的106.8%;中间业务收入实现1955万元,完成计划的195.5%;实现商业化净利润15836.64万元,完成计划的116.4%,比2009年增加276%。圆满完成综合经营计划。

1. 债权资产管理和处置成绩显著。2010年,信达浙江省分公司全年实现现金回收29276.57万元,创造了分公司成立以来回收现金的最高水平。

2. 股权管理和处置有序推进。信达浙江省分公司新一届党委在充分调研的基础上,提出"通过完善公司章程和管理制度,树立大股东权威,增强实际控制力"的

新思路，并调整经营策略。2010 年，对华越微电子有限公司启动处置程序，10 月份股权转让工作已经完成。同时，重点对华塑公司和信江公司逐步推进规范化管理。在摸清其资产和经营状况的基础上，着手解决多年积累的历史遗留问题。

（二）积极开拓市场，努力争取主业优势

2010 年，信达浙江省分公司相继对广东发展银行杭州分行等银行推出的资产包进行立项，开展了收购工作。虽由于各种原因未能成交，但也锻炼了队伍，公司的工作态度与业务水平也得到了相关银行的肯定。另外，信达浙江省分公司还积极与多家银行进行了联系和调查，并完成了非金融机构不良资产市场状况的调研报告。

（三）扎实推进业务协同，探索利润新增长点

1. 完善驻浙平台公司联席会议制度。信达浙江省分公司全年召开两次驻浙分支机构联席会议，交流各单位情况，并通过了《关于贯彻落实地区业务总监制度有关问题的意见》，在加强联系沟通、共享客户资源、互为客户以及开展企业文化建设方面达成了共识。

2. 配合总部与浙江省政府签订了战略合作协议。经过浙江省分公司的积极沟通与协调，总部与浙江省人民政府于 2010 年 10 月签订了战略合作协议。此合作协议的签订有助于信达集团的银行、证券、期货、信托、保险、租赁及基金等金融业务、产品与机构在浙江区域内的协同发展，也有利于提高信达集团在浙机构的整体知名度。

3. 协调区域业务开拓，推动集团业务协同发展。2010 年，信达浙江省分公司先后多次走访银行、政府部门以及浙江区域内 10 余家企业，寻求在保险、信托、租赁、证券、基金等方面为企业提供服务。积极配合总部与盾安集团签订了战略合作协议。成功开拓兰溪电厂的财险业务。协助信达证券承揽杭州前进齿轮箱股份有限公司的 IPO 项目，已成功登陆上交所 A 股主板市场。牵头筹建信达财险分公司，2010 年 11 月份已获批筹。2010 年 10 月，在各分公司中率先向金谷信托推荐了第一单信托项目“舟山中恒”，募集资金 1.5 亿元，信达浙江省分公司协助销售了 2200 万元。经积极沟通，促成幸福人寿与杭州可恩索华伦纸管公司人寿保险协议。向华塑实业推荐信达证券财务顾问业务。

4. 协调组织区域内信达品牌建设和文化建设。2010 年 5 月，信达系统在杭机构组团参加第五届浙江金融理财博览会，展示各自形象与理财产品，提升了信达品牌形象。目前，信达浙江省分公司已圆满完成《中国信达集团驻浙机构产品及服务手册》的编撰工作。

二、加强内部管控，严格防范风险

2010 年，信达浙江省分公司进一步加强规范化管理和内部控制，创造条件提升员工岗位技能，为业务拓展提供支撑和后援，确保分公司和谐、平安。

1. 严格执行总部有关制度规定。在授权管理上，信达浙江省分公司严格按照公司给分公司的授权权限开展各项工作，不存在超经营范围、超权限等行为。在不良资产经营等各项业务开展中，浙江省分公司党委和各级干部员工高度重视 ISO 质量体系的实施，能较好地落实工作职责。在 2010 年 6 月份公司组织的质量管理内审中，没有不符合项。2010 年，信达浙江省分公司根据总部要求，重新修订了《浙江分公司工作手册》和《浙江分公司会议管理办法》等 6 项 ISO 质量管理制度。

2. 加强法律工作，把好法律审查关口。浙江分公司法律部门对诉讼事务、非诉讼事务、资产处置方案、项目结项认定、法律费用支付等环节均进行事前审查，从严防控法律风险。2010年，审查诉讼代理事务17件次、非诉讼代理事务6件次、审查法律性文书近百件次、为资产处置项目出具法律意见20余次、终结项目认定审查30多个。

3. 做好内部审计工作。2010年所有结项的91个项目进行了跟进审计，审计未发现重大问题，着重开展对当年批复项目审计监控工作，审计从批复下达后开始，对协议签订、付款程序进行了全程跟踪。

4. 强化财务管理和监督。开展新会计准则实施以来财务自查，开展"小金库"专项治理。经检查，信达浙江省分公司严格执行各项财经纪律，财务管理规范，制度执行到位，不存在私设"小金库"的各种行为。

5. 坚持不懈抓好党风廉政建设。一是坚持开展各项教育活动，牢固树立思想防线。一年来，信达浙江省分公司先后组织全体干部认真学习《国有企业领导人员廉洁从业若干规定》、《关于进一步推进国有企业贯彻落实"三重一大"决策制度的意见》等文件精神，深入开展行为规范的宣传教育，组织学习《银行业金融机构从业人员职业操守指引》等制度。在新员工上岗培训中，进行职业操守教育，学习相关制度和廉洁从业的规定。二是落实并完善党风廉政建设各项制度，构筑制度防线和监督防线。以落实"双责任制"入手，推进党风廉政建设和防范案件工作。在2010年召开的浙江省分公司三届一次职工大会上，全体员工逐级逐人签订了反腐倡廉工作责任书和防范案件工作责任书。信达浙江省分公司与各部门签订年度部门目标责任书中，明确内部管理和廉政建设作为年终考核的重要依据，占40%权重，并实行党风廉政建设和防范案件一票否决制。对照《廉政准则》规定的52个不准，在2010年的各党支部民主生活会上，高级经理级干部进行了个人述廉活动。制定《廉洁从业工作细则》，进一步规范各项经营活动，防范经营风险和道德风险，并完成了银行业从业人员行为准则贯彻落实情况的自查，就贯彻实施干部选拔任用工作四项监督制度有关问题，组织学习相关文件和领导干部测试，分公司各位领导都以满分通过。

三、注重企业文化建设

1. 认真组织开展"四强四优"活动。为认真贯彻落实中央组织部、银监会党委关于开展争创"四强四优"活动精神，信达浙江省分公司党委坚决贯彻公司党委部署，并结合劳动竞赛，以"胸怀理想、坚守理念、铸造品牌、开创改革发展新局面"为活动载体，扎实开展争创"四强四优"活动，在活动中推进业务发展。

2010年4月，信达浙江省分公司党委制定了《开展争创"四强"党组织、争做"四优"共产党员活动实施方案》。5月召开"四强四优"活动动员大会，重点落实活动的载体，密切联系实际，积极开展创建活动。以各党支部和一线党员为重点，将创建活动和劳动竞赛结合起来，并坚持从实际出发，针对各支部党员组成部门的不同特点，坚持分类指导，增强活动的针对性和实效性。严肃纪律，各支部专人、专簿对各阶段进行记录，撰写并报送宣传材料，学习时坚持签到制度，确保党员全员全程参加。

活动开展以来，信达浙江省分公司的党员精神振奋，斗志饱满，在各自的岗位上兢兢业业，努力拼搏，以新的精神风貌、工作业绩诠释并充实了"四强四优"的内涵，对员工也产生了好的影响和带动作用，涌现出许多的先进事迹，为完成浙江省分公司全年经营任务作出了贡献。

2. 大力推进信达企业文化建设。一是坚持做好职工大会制度。坚持职工大会制度，充分发挥民主参与及监督的作用。2010 年，信达浙江省分公司召开了三届一次职工大会，讨论通过了分公司年度工作报告、部门工作目标年度考核及员工人事考核办法、绩效分配管理办法。对班子成员和中层干部进行民主评议和监督，加强与员工的沟通，畅通民主理政的渠道。二是积极开展企业文化讨论等各项活动。2010 年 5 月，信达浙江省分公司积极组织开展征集公司文化理念、经营宗旨、宣传口号活动，有 11 名员工提交了 20 件作品。2010 年 9 月，认真组织参加总部企业文化讨论，结合公司商业化转型实际，提出要大力倡导营商文化，提交了 3 篇精选文化讨论发言稿和 4 个 Logo 作品。还组织员工参加总部集团产品与公司治理网上答题活动、银监会“金融系统迎七一知识竞赛”活动和“做文明有礼的中国人”网上签名寄语等活动。三是充分发挥工会、共青团的联系群众桥梁和纽带作用。2010 年，信达浙江省分公司工会定期组织开展活动，例如员工羽毛球选拔赛、“我爱世博”论坛摄影比赛、组队参加幸福人寿第一届幸福杯足球邀请赛等。另外，信达浙江分公司坚持以人为本，加强人文关怀，切实体现分公司大家庭的温暖，组织看望生病的员工，并定期为长期病假的女职工送去温暖。五是积极参加社会公益活动。2010 年 4 月，信达浙江省分公司组织员工们通过慈善机构向玉树震区捐款 14600 元，为玉树同胞送去温暖；2010 年 12 月，信达浙江分公司为单位所在社区献爱心，共捐款 4300 元。

浙商银行经营管理情况综述

董事长　张达洋

行长　龚方乐

2010年是浙商银行第一个发展阶段即基础期的最后一年。面对极为复杂的经济形势，浙商银行深入学习实践科学发展观，认真贯彻“八八战略”、“创业富民、创新强省”总战略和浙江省委、省政府“做强做大浙商银行”的指示精神，认真落实宏观调控政策和监管要求，坚持以公司业务为主体、小企业银行和投资银行业务为两翼的“一体两翼”市场与业务定位，不断巩固基础、完善基础、发展基础，不断提高经营管理水平，实现了资本、规模、特色、质量、效益的协调发展。2010年末，浙商银行总资产、各项存款、各项贷款分别达到2173亿元、1568亿元和1130亿元，分别较上年末增长32.98%、29.48%和29.17%。资产质量优良，不良贷款率0.20%，同比下降0.09个百分点。全年缴纳税收11.44亿元，实现净利润16.43亿元，分别较上年增加100.35%和89.50%。财政部门评价通报浙商银行经营绩效在全国银行业中处于优秀水平，中诚信国际也将浙商银行主体信用等级上调为AA(国内商业银行先进行列)，并荣获“2010年度最具发展潜力银行”称号。

一、着力完善公司治理

浙商银行第二届董事会、监事会及经营班子于2010年7月任期届满，根据有关要求及本行章程规定，通过召开股东磋商会等形式充分征求股东及各方意见，认真审查候选人资格条件，召开股东大会选举产生了第三届董事会和监事会；同时续聘高级管理人员，实现平稳过渡、顺畅衔接。

为提高风险抵御能力和保证业务持续发展需要，浙商银行2010年第二次临时股东大会通过了向原股东(或其关联方)增资扩股80亿元的方案。年末浙商银行监管资本达到206.85亿元，年末资本充足率15.44%，运营实力和抗风险能力显著提升，为下一步持续发展打下了坚实的资本基础。

为进一步优化战略定位和发展模式，

浙商银行在第一个五年发展规划(2006—2010年)的最后一年着手研究制定新一轮发展规划,聘请罗兰贝格管理咨询公司为浙商银行新一轮战略规划制定提供咨询。新一轮规划制定工作进展顺利,计划在2011年上半年基本完成。

二、积极支持经济发展

根据宏观调控政策和实行贷款限额管理的监管要求,浙商银行在深入分析形势的基础上,结合资本补充进度等自身实际,动态调整全行经营、考核和授信政策,在把握信贷投放节奏的同时,突出培育特色业务,加大支持地方经济力度:一是积极优化贷款结构,结合浙江经济特点,将有限的贷款限额重点用于小企业贷款,适当用于新设机构与投行业务发展配套需要的贷款;二是发挥总行优势,在资源有限情况下加大了对省内客户的授信支持力度,2010年末,浙商银行浙江省内各项贷款余额占全行各项贷款的55.57%,超过各项存款余额占比近10.21个百分点,2010年,浙江省内当年增量存贷比超过100%,达160.27%,超过浙江省外增量存贷比110.27个百分点,以实际行动积极支持了浙江经济社会又好又快地发展。

三、实现小企业业务快速发展

2010年,浙商银行根据浙江经济特点和自身市场与业务定位,继续坚持"专业化经营、近距离设点、高效率审批、多方式服务"的小企业业务经营方针,推动小企业业务快速发展。在年初设立了小企业信贷中心,全年新增小企业专营机构17家,年末专营机构41家,超过全行网点数的60%。开业以来第二次系统性地梳理了小企业授信业务相关制度体系和产品说明,细化了操作效率标准,进一步完善了相对独立的、区别于一般公司业务的小企业授信业务制度体系和产品体系。在积极推广原有"一日贷"、"三年贷"、"联保贷"等特色产品基础上,创新推出了全额贷、便利贷等特色产品;浙商银行"村民担保一日贷"获评中国2010年服务小企业及三农"十佳特优金融产品",也由此成为全国唯一一家连续两年获得此项荣誉的商业银行。同时,浙商银行继续在贷款限额、财务政策、资产质量容忍度等方面对小企业采取优惠政策,至2010年末,全行单户500万元及以下小企业贷款余额229.72亿元,占各项贷款的20.33%(较年初提高7.59个百分点),较年初增加118.52亿元(占当年各项贷款增量的46.14%),增长106.58%(高于同期各项贷款增幅77.17个百分点),小企业业务特色进一步显现。

四、创新推动投行业务发展

2010年,浙商银行继续按照"有效融合和发挥智力、渠道优势,着力发展真正意义上的投资银行业务"的投行业务经营方针,推动投行业务夯实基础,创新发展。在所有分行单设了投资银行部,建立了投行业务季度例会制度,实施总分行投行人员交流机制,加强投行业务的组织推动和业务交流。系统性地梳理了投行业务制度和管理办法,持续发布重点业务操作指南,传递最新政策和行业动态。重点开展了非金融企业债务融资工具承销、资产管理、财务顾问和并购贷款等投行业务,全年投行业务手续费类收入3.83亿元,较2009年增长118.86%。浙商银行结合自身实际,进一步加强投资银行业务与小企业业务的联动发展,于2010年6月份成功发行了票面总额为6.6亿元的浙江省内第一单中小企业集合票据(浙江省诸暨市中小企业集合票据),并通过内部分层增信、引入外部担保等创新，显著提升此类业务的技术含量，浙商银行由此成为国内首家能同时提供间接（贷款）、直接（发行债券）和混合（信贷资产证券化）三种小企业融资服务模式的商业银行，并获得了2010年中国区优秀投行评选"最具成长性银行投行"等荣誉。

五、优化机构网络

浙商银行加强分支机构设立规划，把握分支机构筹建进度，注重机构设立前的市场调研、定位研究和筹建期间的针对性组织管理，扎实做好筹建准备。在相关各方支持下，浙商银行2010年机构网络布局得到进一步完善：济南、兰州、台州分行先后开业，重庆分行获准筹建，另有20家支行获准开业或筹建。至2010年末，浙商银行已在北京、天津、上海、江苏、山东、广东、重庆、四川、陕西、甘肃10个省市和浙江省内的所有省辖市及主要县市设立（筹建）了70家分支机构，全国性分支机构布局日趋完善，新设机构均运行良好。按照"分行重点经营大中公司客户、支行重点经营中小企业"的基本定位和更加突出特色业务的要求，为进一步促进业务拓展和风险控制，浙商银行研究完善了支行定位和授信管理模式。

在大力加强有形网点建设的同时，浙商银行持续完善优化电子银行的系统功能和用户体验。成功开通了"95527"全国统一服务电话和服务短信，进一步增进了电话银行服务功能。推出了"银企e通道"、"银企e伙伴"、"客户在线申办"、"在线客服"、"浙商自助机"等特色电子银行产品和服务，创新实现了电子票据、银企直连、网络支付等网上银行功能。目前全行电子银行渠道交易笔数和交易金额分别占全部渠道交易笔数和交易金额的65.60%和12.97%，有力地支持了业务发展。2010年，浙商银行网上银行荣获中国金融认证中心"最具发展潜力奖"。

六、强化风险管理和内控管理

根据形势变化和监管要求，2010年浙商银行在信用风险管理方面着力加强了对政府融资平台贷款、房地产贷款和"两高一剩"行业贷款等重点领域的风险防控，及时调整授信政策。年末全行不良贷款余额较年初下降0.26亿元，不良贷款率较年初下降0.09个百分点，信贷资产质量继续保持同业领先水平。

在市场风险和流动性风险管理方面，加强了对利率、汇率市场的预测和分析，修订了资金业务基本政策，建立了统一、多维的资金业务管理规范，加强对资金、债券交易的管理和监管；高度重视资产负债管理工作，持续加强风险计量、监测和压力测试，构建了资金业务非现场监测体系，实现了分支行主要资金业务的实时监测和管理，有效防范了市场风险和流动性风险。

在操作风险管理和内控管理方面，开展了以"强化基础，防控风险"为中心的内控建设活动，加强了对重点业务环节、重要业务事项的风险管控，强化了制度建设和制度执行、岗位履职监督、授权操作管理，并通过业务流程再造优化和多个管理信息系统的升级，强化技术刚性控制和事中监控，有效提升了内控水平，全年未发生重大操作风险和案件。

2010年，浙商银行按照全面风险管理要求，开展了合规制度后评估工作，重点加强了金融创新合规风险管理，制定完善了声誉风险管理和信息科技风险管理制度。

七、坚持科学的绩效导向

2010年，浙商银行坚持"勤俭节约、量入为出"的理念，继续实施并持续优化以经济增加值和经济资本回报率为核心的经营业绩考核办法，以此引导各项资源的高效配置，不断克服发展初期人力增加和机构筹建成本高企等困难，并着力控制经营管理成本，2010年浙商银行净利润较上年度增长89.5%，增幅超出总资产增幅56.52个百分点；在9月份增资80亿元的情况下，实现全年资本利润率与上年度基本持平。缴纳税收较上年增长100.04%。

八、着力提升服务水平

2010年加强了商业模式的研究、试点和推广工作，通过公司、小企业、投资银行、电子银行等业务的联动，开发了一系列融客户需求、产品创新、风险控制于一体的商业模式，为重点客户提供个性化需求，提升金融服务能力。通过投产推行电子银行汇票、电子商业汇票，推行账户和结算服务方案，推行预处理和免填单业务，推行客户评价系统等措施，不断提升柜面业务处理效率和客户服务水平。

九、加强人文建设

根据省委总体要求和部署，浙商银行认真组织开展了以服务和引领发展为主题、提升履职能力为重点、适应建设服务型党组织要求为着眼点、履行社会责任为载体、提高全行发展能力为目标的“争先创优”活动，推动全行结合实际深入贯彻落实科学发展观。根据机构设立和业务发展需要，加大人才引进尤其是加大了小企业、投资银行、经营管理等重点人才的引进力度，全行新增员工1091人，年末员工总数4278人，平均年龄31.30岁，本科以上学历占比超过72.3%。进一步加大了系统性培训力度，全行人均培训次数达3.7次，尤其是组织对全行所有会计柜面、放款、小企业条线从业人员进行了总行集中培训；同时借助多种平台和机会，大力传播和实践“负责、勤奋、务实、大气”的企业文化，有效提高了员工队伍素质。按照“工作业绩为本、职业素养为先”的用人原则，通过上挂下派、岗位轮换等方式，加大优秀人才尤其是优秀青年人才的使用力度。同时以支持教育与体育事业、扶贫济困等为切入点，积极履行社会责任。

交通银行浙江省分行经营管理情况综述

行长 俞炯玲

2010年，面对复杂多变的内外部经营环境和艰巨繁重的发展任务，交通银行浙江省分行在总行的正确领导下，在监管部门的有效监管下，全行上下深入贯彻落实科学发展观，把握“抓存款、调结构、强管理”工作主线，积极应对各种变化和挑战，全力以赴，全情投入，圆满完成了年度各项经营任务，被总行授予2010年度优秀经营管理奖。

一、主体业务迎难而上，经营效益大幅攀升

一是负债业务跑赢大市。坚持把抓存款作为经营管理的核心，运用“追流进场接平台”营销策略，落实存款营销工作责任制，有效推动了存款业务持续快速增长。至年末，人民币存款1738.7亿元，比上年增长309.8亿元，增幅21.68%，市场份额比上年提升6个基点。人民币储蓄存款390.99亿元，比上年增长66.78亿元，市场份额比上年提升17个基点。

二是资产业务稳健增长。面对货币信贷政策变化，自觉服从监管和总行调度，注重优质项目储备，做好贷款精准投放。至年末，人民币贷款1404.23亿元，比上年增长203.3亿元，增幅16.93%。全行顺利完成不良贷款清收任务，不良贷款率降至0.87%。

三是经营效益大幅增长。全年实现税前经营利润38.7亿元，同比增长29%，ROA达到2.3%，比上年提高24个基点。

二、结构调整扎实推进，发展方式继续优化

一是客户一体化营销、名单式管理扎实推进。制定公司“8080”大客户及优质小企业、个金中高端客户、进出口大户等四份重点客户名单，组织开展“早开户、多开户、开好户”等营销竞赛活动，各类客户指标超计划完成。特别是深化了与省交投、省电力、娃哈哈集团及省市财政等一批重点客户的合作，拓展了青春宝、士兰微、闰土股份等一批优质大客户，支持了沪杭高铁、秦山核电二期等重大项目。全年新开公司达标户806户。新增领汇财富客户61户。私人银行客户增长784户，超额完成当年翻番目标。小企业展业通客户净增1432户。沃德客户及电银等客户指标全面完成。

二是业务领域进一步扩展。全年实现中间业务收入7.81亿元，增幅22.2%。投行业务收入快速增长，企业年金业务保持全省领先地位。完成国际结算143.13

亿美元，同比增长57.65%。卡结算和贵金属等个金销售收入增势喜人。贷记卡发行圆满完成任务，借记卡新增97893张。获得总行“个金争霸世界杯”冠军。全年新增零贷130.39亿元，增幅超过各项贷款28.36个百分点。小企业“展业通”贷款比上年净增64.83亿元。被浙江银监局评为“浙江省支持小企业先进单位”。组建成立省分行创新委员会，为业务创新提供机制和组织保障。主动对接总行综合经营平台，联合交银租赁与浙江海运集团签订40亿元融资租赁协议，持续加大航运金融业务拓展力度。银期证业务市场份额进一步提升。创新推出了商标权质押贷款、小企业“创业一站通”、“积利宝”、支付宝电子商务划款直联等新业务，经营活力显著提升。

三是业务发展动力不断增强。电子银行业务实现快速提升，分流率达57.19%。自助渠道建设力度继续加大。客户经理对电银业务的营销意识和能力明显提高，“物理网点+电子银行+客户经理”三位一体经营模式活力显现。作为总行新型省辖分行的试点行，衢州、舟山分行顺利开业，嘉兴海盐、台州临海、温州永嘉等县域支行相继设立，机构覆盖面持续扩大，网点结构继续优化。制定出台支持和促进重点省辖分行加快发展的若干意见。对县域支行实行分级分类管理，县域支行的经营活力和竞争力得到较快提升。

四是信贷工作水平有所提升。至年末，全行重点支持行业贷款余额和占比分别较上年提升43.92亿元和2.93个百分点；重点关注行业贷款余额和占比分别较上年下降9.34亿元和3.46个百分点；产能过剩行业贷款余额和占比分别较上年下降10.4亿元和2.09个百分点。按照“区别对待、有保有压”的原则，坚持按不低于5%的比例主动减退存量贷款，全年共减退197户。中长期贷款适度增长，余额比上年增加59.61亿元，占比上升3.42个百分点。内评7—12级客户贷款抵质押率较上年上升2.99百分点。

三、精细化管理狠抓落实，支撑发展能力显著增强

切实加强合规管理。自觉服从金融监管，认真执行“三办法一指引”信贷新规，落实“实贷实付”要求，对集团授信业务、政府融资平台、产能过剩“6+1”行业，房地产开发贷款、固定资产贷款新规落实、评级偏离等情况等进行贷后平行检查。认真抓好风险监察名单客户管理，强化对正常类授信客户潜在风险的预警、控制和化解。继续推进基层营业机构“会计达标示范行”建设，组织开展印章使用及财务管理专项检查，积极开展“依法廉洁从业，遵守职业操守”和“制度执行年”等活动，切实防范操作风险和道德风险。继续扎实推进流程优化工作，设计推出了“续授信模板”和“直报方案”，授信审查效率有效提升。世博安保维稳实现“零事故”，世博服务实现“零投诉”，被总行评为“世博服务工作二等奖”。继续完善考核激励机制，稳步推进薪酬分配改革，干部员工凝聚力进一步提升。积极创建学习型组织，扎实推进岗位技能培训。认真执行干部选拔四项监督制度。严格落实党风廉政责任制。顺利召开了职代会和团代会，党政工团齐抓共管格局日益强化。凝聚全行干部员工共同的智慧，制定出台了《浙江省分行2011—2013年发展规划》，进一步明确了未来发展的目标和实现路径。

交通银行宁波分行经营管理情况综述

【经营业绩】 2010年末，交通银行宁波分行本外币各项存款余额427.04亿元，比年初增加88.03亿元，增幅25.97%。本外币各项贷款余额365.53亿元，比年初增加56.18亿元，增幅18.16%。不良贷款余额5.81亿元，不良率1.59%，比年初下降0.9个百分点。实现中间业务收入5352.37万元，同比增加1949.17万元，增幅57.27%。实现业务利润10.43亿元，同比增加3.52亿元，增幅50.94%。

【业务发展】 2010年，突出主线，把握节奏，推进业务加快发展。(一)突出存款核心地位，全力以赴抓好负债业务。以壮大客户群为突破口，提高达标新开客户占比，扎实客户基础；以依托产品为带动，拓展代发工资、第三方存管、银期转账等产品推广，提高交叉销售率，助推存款增长；以多项营销活动为抓手，开展多项全行性存款竞赛活动，形成全员营销的良好氛围，持续拓宽存款源头；以狠抓结算账户为巩固，“抓结算、促存款”理念不断深入，促进低成本存款占比的提升，优化存款结构。(二)突出贷款有序投放，持续优化业务结构。坚持贯彻落实“区别对待、有保有压”政策方针，调结构、增效益，合理把握投放节奏，将有限的信贷资源投放到相对优质的项目和客户上。充分利用外管、政府机关等信息平台，发挥先发优势，尽早、尽快介入新客户、新项目，通过名单式营销，努力营销实力型授信大客户，同时积极扶持中小企业发展，做大做强零售信贷业务。积极进行结构调整，加快票据资产转移，改善行业集中度，优化担保结构，增加有效抵押物，把握好中长期贷款投放，加大中长期贷款占比。(三)突出产品创新推广，寻找业务新增长点。推出私人银行服务，提升交行“财富管理银行”品牌影响力。作为上海世博会唯一全球金融合作伙伴，利用网点资源积极做好世博门票、世博特许贵金属的销售。成为宁波市跨境人民币业务首发银行，成功开立了市内首个NRA人民币账户的银行。积极创新信贷业务品种，在同业中率先办理了省内首笔在建船舶抵押授信项目。推出手机银行业务，并在手机银行渠道上相应开通自学考试报名、公用事业缴费等代理缴费以及同城跨行转账功能，业内首创ATM自助无卡取现新功能，进一步完善金融服务渠道。

【风险管控】 关注风险，改善内控，加快清收，提升运行质效。(一)认真贯彻执行“三个办法、一个指引”，提高信贷风险管理水平，防范贷款挪用风险点。全面推行贷款新规的实施，跟进地方政府的清理核实和分类工作。积极落实房贷新政，适度支持房地产行业。(二)加强案件防控，持续完善内控机制。开展内控和案防制度执行年活动，积极落实自查自纠工作，增强干部员工合规意识和制度意识，将合规文化宣传教育纳入干部员工教育培训整体计划，并融入于日常管理。(三)严控新增不良，加快处置已有不良。从贷前、贷中、贷后三个环节严格履行信贷监管的职责，保证信贷业务稳健运行。采取有效措施，加快清收不良资产。

【管理提升】 紧紧围绕“管理提升年”，以市场为导向，以发展为中心，全面梳理各项制度、创新体制机制、优化营运流程、整合各项资源，提升管理水平，激发经营活力。(一)进一步优化机构网点管理与布局，提高网点经营效益。(二)狠抓费用精细化管理，财务资源配置更趋合理化。(三)完善绩效考核机制，激励全行员工人人心系发展。(四)加强部门协调能力，强化管理和经营发展合力，开展以提升管理部门管理服务水平为主题的管理提升活动。

【服务改善】 紧抓2010年世博金融服务的良好契机，把“改善形象，抓服务”列入年度五项重点工作之一，树立“领导为员工服务、二线为一线服务、交行为社会服务”的工作理念，充分发挥分行服务办职能作用，以确保金融服务“零”投诉事件为目标，推进窗口服务优新形象，努力向社会展示交行服务新形象。分行围绕客户体验提升，开展精细化服务培训，迎合世博服务新需求，并优化服务评价体系，实现服务质量常态化管理。推进硬件服务设施升级步伐，落实了营业网点装修、服务渠道跟进工作。

【队伍建设】 重视素质培养，加快队伍建设，提升核心竞争力。(一)抓干部队伍建设，形成能上能下的干部队伍建设常态机制，干部队伍凝聚力、战斗力进一步增加。(二)多渠道提升员工业务素养和职业道德水平。(三)加强企业文化建设，凝聚人心。持续推进以“责任、贡献和荣誉”为核心的企业文化建设工程。着力构建“暖心工程”，建立行领导与员工日常沟通制度，提升全行上下整体向心力。(四)以扎实的作风建设推进行风行貌改观，全行上下“正”、“勤”、“实”的良好工作作风，阳光健康、奋发向上的工作氛围日益凸显，展示了良好的行风行貌和精神状态。

【社会责任】 通过帮困扶贫、资助慈善事业、开展志愿者活动和普及金融知识等多种形式，积极履行企业社会责任。(一)继续开展扶贫捐赠。与宁海县桑洲镇开展结对扶贫，提供慈善捐赠；为玉树地震和西南旱灾等灾区开展爱心捐款。(二)普及金融知识。积极参与开展“公众教育服务日”活动，自行组织开展理财进社区、进企业、进学校等活动。世博期间，开展了丰富多彩的世博宣传活动，向市民宣传世博、普及世博知识。(三)青年志愿者献爱心。组织分行团员青年“e心献爱援助行动”、为民工子弟学校“捐一本好书”。

中信银行杭州分行经营管理情况综述

行长　王利亚

2010年是中信银行杭州分行实施新一轮五年发展战略的开局之年，也是在多重约束增强和激烈竞争的环境中奋力拼搏、再创佳绩的一年。一年来，该行在中信集团、总行的正确领导和地方政府、监管部门的指导帮助下，坚定发展信心，转变发展方式，积极探索在约束增强的条件下持续发展、跑赢大市、提升优势的新路子、新手段，全面超额完成年度经营计划，进一步提升了领先优势，实现了新一轮发展的精彩开局。在中信银行总行的综合考评中，中信银行杭州分行再次名列"标兵行"之首，自2002年中信银行总行实施综合考评以来，中信银行杭州分行已连续9年名列各分行第一。在银监部门的监管评级中，该行是浙江省唯一连续五年获得最高等级"一级"的省级金融机构。2010年"五一"之际，国务院授予中信银行杭州分行行长王利亚"全国劳动模范"荣誉称号。2010年年终决算时，浙江省委书记赵洪祝在常务副省长、杭州市市长等领导的陪同下亲临该行慰问，对中信银行杭州分行的经营管理给予"放心，满意!"的极高评价。

2010年中信银行杭州分行全辖工作的主要成绩可概括为"八个进一步"：

一、市场地位进一步提高

2010年，中信银行杭州分行在资源约束明显增强的背景下实现发展的新跨越，总资产和存款总量相继突破1500亿元大关，年末总资产达1593亿元，各项存款余额1516亿元，其中自营存款余额1446亿元，比年初增加295亿元；储蓄存款余额285亿元，比年初增加62亿元。在系统内，该行的存款总量和增量继续名列各分行第一。在同业中，该行自营存款及对公、储蓄存款增量均列全省中小银行第一，其中杭州地区的自营存款、对公存款、储蓄存款的余额和增量均列中小银行首位并超过一家大型银行。国际业务收付汇量达125亿美元，在当地中小银行中首家突破百亿大关，市场份额稳居第一并超过一家大型银行。短期融资券和中期票据承销数量继续高居全省首位，新增注册金额67亿元，新增承销金额54亿元，同比增长70%。无论是传统业务领域还是新兴业务领域，中信银行杭州分行的市场影响力均进一步扩大。

二、发展质量进一步优化

中信银行杭州分行2010年深入开展"发展质量年"活动并取得显著成效，突出表现在资产质量的提升和结构的优化。

一是资产质量明显提升。全辖实现了不良贷款余额和不良率的“双降”，年末不良贷款率降至0.47%，比年初下降0.15个百分点，50家辖属机构中有35家不良率为0。

二是结构进一步优化。在负债结构上，机构负债在自营存款中的占比继续保持在30%以上；储蓄存款占比提高到19.73%，同比提高0.34个百分点；保证金存款在自营存款中的占比降至10%，同比降低7.6个百分点，存款基础进一步夯实；定活比例趋于均衡，活期存款占比达到47%，同比提高7个百分点，降低了存款成本。在资产结构上，信贷投向更加合理，个贷和小企业贷款增幅分别达48%和45%，占比分别提高3.3和4.9个百分点；同时，期限结构得到改善，年末中长期贷款占比25%，同比提高5.4个百分点，这对该行资产结构优化具有积极意义。在收入结构上，中间业务净收入突破4亿元，达到4.4亿元，增幅43%，在营业收入中的占比提高到9.05%，同比提高0.74个百分点，保持了良好的上升势头。

三、盈利水平进一步攀升

中信银行杭州分行以全面实施FTP管理为契机，通过科学的考核引导和精细化管理，克服了资源约束的不利影响，推动效益的大幅增长。全辖实现FTP营业净收入49.16亿元，同比增长31.6%，其中存款FTP净收入20.78亿元，增幅达65%，贷款FTP净收入27.1亿元，增幅14%。全年实现FTP利润26.8亿元，创分行历史最高水平，利润增幅达43%，大大超过规模的增幅。通过积极实施“以价补量”策略，利率定价水平不断提升。费用支出继续有效控制，全年费用增幅低于利润增幅22个百分点，低于存款增幅5个百分点；成本对收入比32.2%，比上年下降4.9个百分点。全年经济利润增幅高于资本增幅10个百分点，风险资本回报率22%，同比提升5.5个百分点。

四、风险管理进一步强化

按照“全面、统一、专业、合规、有效”的要求，中信银行杭州分行认真实施风险管理工程，圆满实现了“两个确保”的目标，即确保了良好的资产质量，确保了平安。在授信风险管理方面，信贷政策的科学性和引导力明显增强；“三办法一指引”的贯彻实施稳步推进；政府平台贷款“解包还原”顺利完成；贷款“三查”等基础管理和预警、清收工作进一步加强，层层把好风险关。2010年，接受了该行成立以来最高规格的银监会信贷业务现场检查，并得到了检查组的充分肯定。在合规内控方面，该行以“内控和案防制度执行年”活动为抓手，制定和完善制度85项，全面推进总行六十条严禁措施；全辖累计投入6800人次开展内控风险排查，有效实施存款风险滚动检查、突击查库、专项审计等，先后堵截风险事件20起。在纪检监察方面，该行推出了创新举措，建立了委派纪检监察干部制度，强化了党风廉政建设监督和道德风险防范的长效机制。2010年中信银行杭州分行还健全了声誉风险防控体系。中信银行杭州分行已连续16年保持全辖无案件、无重大责任事故的纪录，在监管评级和总行的内控评级中均获最高等级。

五、发展基础进一步夯实

基于对银行业发展环境变化的深刻认识，中信银行杭州分行积极推进发展方式转变，在2010年年初和年中工作会议上分别提出“五个转变”和“五个更加注重”的要求，着力在客户工程、业务平台、渠道、体系等方面夯实发展基础。在客户群建设方面，各主线的客户总量和当年新增量在系统内均列各分行第一。在业务平台和渠道方面，进一步延伸了机构负债平台，新取得财政代理资格10项；有效拓展了上市企业募集资金监管渠道，获取募集资金20亿元；成功获得了省内6个地市ETC业务代理资格；持续推进零售业务“十大重点渠道”和“十个优质营销平台”建设，引导营销人员依靠渠道平台来获取产能；国际业务、小企业营销、同业合作、电子银行等平台建设都取得可喜进展。在营销体系方面，继续深化零售贵宾、大众、个贷“三大体系”建设，同时出台对公营销体系建设推进方案和产品经理队伍管理实施细则及考核指导意见，有力启动了对公条线的营销体系建设。在业务创新方面，新型产品的运用能力明显增强，中期票据、并购贷款、人民币代付、阳光私募等业务均取得突破，短券、银团贷款、信保融资、福费廷等产品进一步运用，对缓解资源约束起到了重要作用；跨境贸易人民币结算完成省内首笔业务，当年市场份额名列省内中小银行第一并超过一家大型银行。

中信银行杭州分行还从发挥中信综合优势的战略高度，积极创新合作模式，成功召开了中信集团子公司杭州地区分支机构第五次联席会议，提出了“从原来以在杭机构为框架的合作，转变为以客户为中心的合作”的新思路，把合作伙伴延伸到各分支机构的总部以及信银国际、金石投资、中信产业基金等省外机构，使联席会议平台大大扩展，合作内涵进一步深化，推动协同工作进入更高的发展阶段。

2010年，中信银行杭州分行还加快了网点建设，制定了新设10家机构的近期规划和覆盖浙江所有地市的中期规划；台州分行、丽水分行等4家机构成功开业，4家支行进行筹建，在杭州临安启动了中信银行首家村镇银行的筹备工作。

八、统筹调控能力进一步增强

2010年的信贷综合调控给银行业务发展带来很大压力，但通过克服重重困难，中信银行杭州分行实现了调控与发展的两头兼顾。在此过程中，分行的统筹调控能力和机构的执行力得到了充分的体现。在分行层面，一是千方百计腾挪资源，先后通过压缩票据资产腾出一般性贷款规模，通过资产转让等方式腾挪信贷规模，运用银团贷款和非银行融资渠道为客户解决融资需求，有效缓解了信贷规模压力。二是积极争取总行的支持。该行根据实际情况多次与总行沟通请示，中信总行先后3次调整杭州分行的调控指标。经过多方努力，2010年该行一般性贷款新增221亿元，同比多增20亿元，多增量在省内同业中名列第二；余额存贷比、增量存贷比均高于总行平均水平。

七、团队支撑力和文化软实力进一步显现

2010年，中信银行杭州分行各级班子建设取得了新的成效，分行党委在中信集团“四好”领导班子创建活动经验交流会上作了介绍，受到集团领导和与会代表的高度评价。该行深入开展创先争优活动，中央创先争优活动领导小组办公室第361期简报刊登了《中信银行杭州分行在推动经营业务又好又快发展中创先争优》的报道。该行有效实施“人才工程”，全辖举办各类培训班1128期，培养选拔各级干部232人，在系统内首家推出21条专业技术序列评聘实施细则，特别是成功实施了等级工资制度改革，增强了队伍凝聚力和人才竞

争力。大力推进“企业文化工程”，系统地梳理了16年来的文化积累，经过提炼升华，形成了脉络清晰的企业文化体系，在系统内首批推出分行企业文化手册，将中信银行杭州分行的企业文化建设推进到新的发展阶段。

八、企业形象进一步提升

在大力助推地方经济社会发展中，中信银行杭州分行进一步树立了“责任银行”和“主流银行”的形象，成为浙江省股份制银行中唯一同时被省政府授予“金融支持浙江经济发展一等奖”和“银行业金融机构支持中小企业发展优秀奖”的单位。2010年中信银行杭州分行还获得了“浙江十大金融服务品牌”、“浙商最信赖品牌银行”等10多项荣誉，中信贵宾理财第五次蝉联浙江省“十佳银行理财品牌”。在公益事业上，中信银行杭州分行第五次被省委、省政府评为结对帮扶工作先进单位，并作为唯一的企业代表在浙江省“低收入农户奔小康工程”职能扶贫与结对帮扶工作推进会上作了经验交流。

【中信银行杭州分行王利亚行长被国务院授予“全国劳动模范”荣誉称号】 2010年“五一”国际劳动节前夕，2010年全国劳动模范和先进工作者表彰大会在北京人民大会堂隆重举行，中共中央总书记、国家主席、中央军委主席胡锦涛在会上发表重要讲话。中信银行杭州分行党委书记、行长王利亚同志作为新当选的全国劳动模范参加表彰大会并受奖。这是王利亚同志继获全国五一劳动奖章后获得的又一殊荣，也是中信银行杭州分行获得的又一项全国性最高荣誉。这一荣誉不仅仅是对王利亚个人的褒奖，更是对中信银行杭州分行这一优秀团队的充分肯定。在参加完全国劳模表彰大会载誉归来后，王利亚同志又参加了浙江省委、省政府在省人民大会堂隆重举行的浙江省庆祝“五一”国际劳动节暨劳模先进表彰大会，受到了省委书记赵洪祝、省长吕祖善等省领导的亲切接见，并接受了浙江电视台的现场采访。

【中信银行杭州分行获结对帮扶工作先进单位荣誉，浙江省委书记赵洪祝为该行颁奖】 2010年2月23日，浙江省农村工作会议在省人民大会堂隆重举行，中信银行杭州分行在大会上被浙江省委、省政府授予“2009年度‘低收入农户奔小康工程’结对帮扶工作先进单位”荣誉称号，省委书记赵洪祝亲自在大会上为中信银行杭州分行颁发奖牌，王利亚行长代表中信银行杭州分行上台受奖。

中信银行杭州分行成立以来，始终将履行社会责任作为银行的崇高使命和应尽义务，将其视为杭州分行提升核心竞争力的有效途径。分行在创造一流经营业绩、履行好经济责任的同时，自觉地把履行社会责任融入业务经营，融入优质服务，融入公益事业。自2000年参加浙江省委、省政府组织的全省结对帮扶工作以来，该行以出色的工作成绩先后5次被省委、省政府评为结对帮扶工作先进单位。在支援抗震救灾和“希望工程”、“春风行动”、抗击“非典”等一系列公益慈善活动中，分行全辖慷慨解囊，彰显了中华民族扶危帮困的传统美德。中信银行杭州分行积极探索以经济运作方式推动社会慈善事业，在全国首创“中信慈善卡”，使慈善捐赠实现常态化。近年来，中信银行杭州分行还与浙江省慈善总会、《今日早报》联合打造“中信慈善年夜饭”，使之成为浙江慈善文化的一个品牌。一系列的善举使中信银行的良好企业形象在浙江日益突显，并赢得了“责任银行”的美誉。中信银行杭州分行先后荣获了“浙江慈善奖”和“中华慈善事业突出贡献奖”，成为全省金融系统唯一的“浙江省企业社会责任践行示范单位”。

【中信银行杭州分行助力浙江省智能交通城市网络建设，全面启动浙江省高速公路不停车收费业务】 2010年4月16日零时起，在浙江省政府的统一安排和省交通厅的具体部署下，浙江省高速公路不停车收费项目全面上线运行，中信银行在浙江省内的杭州、绍兴、嘉兴、温州、湖州、台州6个主要经济发达地区独家代理此项业务。业务一经推出，社会反响热烈，前往中信银行杭州分行网点咨询和办理的客户络绎不绝。这一项目的成功启动标志着中信银行杭州分行成功搭建了又一系统性的营销平台，对该行公司、零售客户的开发和业务发展将起到重要的支持作用。同时这一项目也是中信银行杭州分行助力浙江智能交通城市网络建设，积极履行社会责任的重要举措。

【中信银行杭州分行被浙江省政府授予“金融机构支持浙江经济发展一等奖”和“银行业金融机构支持中小企业发展优秀奖”】 2010年2月8日，浙江省政府专门发文对2009年度表现突出的浙江省金融机构进行通报表彰，中信银行杭州分行由于在支持地方经济社会发展、积极承担社会责任等方面做出显著成绩而受到浙江省政府的充分肯定，一举荣获了“2009年度金融机构支持浙江经济发展一等奖”和“2009年度浙江省银行业金融机构支持中小企业发展优秀奖”两项大奖，是省内12家中小商业银行中唯一同时荣获两个最高奖项的单位。中信银行杭州分行王利亚行长在浙江省常务副省长陈敏尔出席的省金融工作座谈会上代表分行受奖。

【中信银行杭州分行荣获“现代服务业先进企业”称号】 2010年9月29日，在浙江省委常委、杭州市委书记黄坤明，杭州市委副书记、代市长邵占维等领导出席的杭州市现代服务业发展大会上，杭州市委、市政府对2009年度在现代服务业发展中取得突出成绩的单位和服务业工作先进个人进行通报表彰，中信银行杭州分行被光荣地授予了“现代服务业先进企业”称号，是全市获此殊荣的3家金融机构之一和唯一一家股份制商业银行。

【中信银行杭州分行荣获“浙商最信赖品牌银行”等三项大奖】 2010年7月8日，在浙江省人民大会堂举行的“2010民企投融资大会暨浙商500强论坛”上，中信银行杭州分行一举荣获“浙商最信赖品牌银行”、“浙商最信赖创新服务银行”和“浙商最信赖中小企业信贷银行”3项大奖，成为现场获得荣誉最多、荣誉级别最高的金融机构之一，也是全省股份制商业银行中唯一获得3项以上大奖的单位。

“民企投融资大会暨浙商500强论坛”是国内最具权威性的浙商大会，迄今已连续举办6年。此次大会首次设立了“浙商最信赖金融机构”系列奖项推选活动，以“树立行业标杆、提升金融品牌”为宗旨，历时4个多月，经过机构申请、网络投票、统计筛选等环节，最终确定获奖名单。中信银行杭州分行以成立16年来对浙江经济社会发展的积极贡献和在浙江市场的突出品牌影响力，赢得了社会各界的一致好评，在浙商对金融机构的推选活动中脱颖而出，一举赢得了3项大奖。

上海浦东发展银行杭州分行经营管理情况综述

行长　赵峥嵘

2010年，是实施“十一五”规划的最后一年，是浙江省全面贯彻科学发展观、深入实施“八八战略”和“创业富民、创新强省”总战略，发展的高效性、协调性、均衡性明显增强的一年，也是上海浦东发展银行（简称浦发银行）在积极应“变”中再创发展新高的一年。年末，全省浦发银行各项存款余额2091亿元，比年初增加339亿元，增长近19%；各项贷款余额1862亿元，比年初增加308亿元，增长近20%，新增存贷比达到91%，存、贷款余额分别占全国浦发银行存、贷款总额的15%和17%，列浙江省内同类股份制商业银行机构首位；资产质量、经营效益在系统内外处于领先水平；本外币存贷比90%，高出全国浦发银行系统平均水平15个百分点。全省浦发银行小企业（银监会统计口径）授信客户数占比33%，比年初提高1.11个百分点；小企业贷款余额增幅34%，超出全部贷款增幅14个百分点，成长性小企业贷款支持覆盖面不断得到提高。目前，浦发银行在浙网点已基本覆盖全省主要县域，对浙江省县域的信贷投入占比已达55%以上，浦发银行对浙江县域经济发展的贡献度持续提升。

面对复杂多变的内、外部环境，浦发银行杭州分行（以下简称分行，含杭州、嘉兴、绍兴、湖州、金华、衢州）及时把握政策变化，紧扣科学发展主题，立足做大做强，尽管承受了发展均衡性要求和落实宏观调控政策以及总行、监管部门的阶段性发展导向所带来的巨大压力，但在谋求科学发展的过程中，分行的应变能力、适应能力和风险把控能力再次得到了检验，总体发展与宏观调控方向和浙江经济发展基本适应，取得的成绩依然超过预期。从2010年分行经营情况看，总体呈现以下三个特点：一是业务规模有效增长。年末本外币一般存款余额993亿元，比年初新增161.29亿元，增长19.39%，超额完成总行下达的年度任务，在浦发银行全国34家分行中，余额列第四位，增量列第五位。其中，本外币储蓄存款余额157.46亿元，比年初新增33.21亿元，增幅26.73%。本外币贷款余额794.99亿元，比年初新增122.98亿元，增长18.30%。其中，个人贷款余额138.15亿元，比年初增加32.10亿元，增长30.27%。二是增长方式持续优化。根据监管部门要求，顺应分行业务结构调整需要，2010年分行继续加大对表内外资产业务结构的调整，成效明显，银票余额和银贷比逐季回落，负债业务发展对保证金存款的依赖度大大降低。年末，银行承兑汇票余额270.38亿元，比年初下降17.6亿元，同比少增24.42亿元；银行承兑汇票余额与总贷款余额的比重为34.01%，比年初下降8.84个百分点；保证金存款(含存单质押)余额192.30亿元，较年初下降13.68亿元；保存比(含存单质押)19.37%，比年初下降5个百分点，已低于监管部门要求。年末，中小企业贷款余额152.90亿元，比年初增加50.06亿元，同比多增41.83亿元，增幅达到48.68%，超出贷款增幅30.38个百分点。网银业务发展较快，年末分行公司网银交易户6768户，新增2430户，增长56%，在浦发银行系统内余户列第二位，占有价值客户数的48.04%；公司网银白银户4753户，新增1631户，增长52%，在浦发银行系统内余户列第三位。网银交易量354万笔，同比增32%，交易金额3192亿元，同比增长94%。2010年公司网银实现手续费收入450万元，同比增长74%。年末个人网银有效户117366户，新增30931户，增幅35.78%；全年累计交易笔数261.82万笔，同比增长37.51%，累计交易额达543.76亿元，电子交易的业务替代率大大提升。三是盈利能力稳步提升。年末，分行不良资产余额51510万元(其中不良贷款余额47310万元)，比年初减少12869万元，不良资产率0.65%，比年初下降0.31个百分点，实现了不良资产余额与比例的"双降"。在提足拨备、不良资产拨备覆盖率达244.82%的情况下，全年账面利润完成年度预算的116.9%。

【积极应对环境变化，敏感性和主动性不断加强】 1. 紧扣主题，切实明确发展方向。面对信贷资源稀缺严重、信贷增长均衡控制的现实，浦发银行杭州分行年初作出了"2010年增存最难"的前瞻判断，加快推进分行业务、客户和收入结构调整，努力促进业务转型。根据总行FTP全额资金管理要求，分行通过各种途径和形式，向各级干部员工尤其是客户经理不断灌输"存款立行"理念。同时，在全年风险资产增量比上年减少三成多的情况下，要求各级机构和客户经理必须结合客户信用评级结果，对不同风险度的贷款业务实施差异化定价。二季度，顺应国家房地产宏观调控新政，密切关注政策变化，及时对全辖房贷政策把握、业务操作和对外口径进行指导，确保业务合规发展和分行声誉安全。三季度，又专门召开会议，适时召开"星耀浦发"营销竞赛动员暨公司银行、个人银行业务推进会，隆重表彰在营销竞赛中获得优异成绩的机构与个人，对持续开展负债业务营销竞赛进行动员。要求全行上下进一步强化逆势工作的适应能力，既要狠抓新客户拓展，又要切实维护好老客户，真正夯实负债业务的增长基础。

2. 因势利导，不断强化营销指引。一是在根据总体发展要求，在对各项重要业务下达计划指标的基础上，针对"拟上市企业"、"浙江省产业聚集区"、"科技企业"等战略重点市场和目标客户下发营销指引及目标客户名单，发布省市重点项目营销推介信息以及省百强服务业和制造业企业信息，引导营销机构切实强化目标营销。同时，先后出台《2010年个人银行业务发展指引》、《2010年个人财富管理业务发展指引》，并整理下发各类客户数据供营销使用。二是根据相关政策要求，将针对性、阶段性的业务发展指引贯穿全年个贷业务工作。部署实施"按揭楼盘差异化定价策略"，并于3月份对接市场情况，全面提高首套房贷下限利率和首付标准，提升房贷业务收益；发布《个人商业用房营销指南》，引导营销机构关注宏观调控背景下商业地产的发展空间并适度介入成熟优质的商业用房项目；发布《个人委托贷款案例分析和业务指南》，鼓励营销机构在风险控制的前提下拓展个人中间业务收入渠道；围绕集群式经营性贷款渠道建设，发布目标市场名录，深入支(分)行逐家开展培训，引导利用现有客户资源积极开展营销。

【突出重点，综合营销全面推进】

1. 抓机制建设，双重实施激励和约束，导向效应有效发挥。浦发银行杭州分行对接总行考核办法，突出转型发展导向，及时修订了2010年支(分)行经营管理考核办法。出台了《杭州分行公司银行客户经理考核办法》，将全行客户经理纳入统一考核排名管理平台，正、负向激励相结合，兼顾规模与效益，强化转型导向，同时加强客户经理“进出”及过程管理。建立中小企业授信业务尽职免责机制，大大增强了各单位的业务拓展意愿；对小企业专项信贷额度予以单列，有力推动了小企业贷款业务发展。制定个人银行优胜团队评选办法、个人银行理财经理考核办法，营造良好发展氛围，为业务的快速发展提供有力保障。

2. 抓竞赛活动，负债业务连攀新高，转型发展稳步推进。一季度，浦发银行杭州分行以“16周年行庆”为契机，开展“冲刺九百亿　行庆上台阶”负债业务专项营销竞赛，成效明显。二季度，组织开展分行星耀浦发竞赛和负债业务组合竞赛活动，摘得浦发银行系统内负债业务明星分行第二名、对公负债业务明星分行第四名、个人负债业务“十佳”明星分行第一名等荣誉称号。下半年，持续开展星耀浦发第二期竞赛活动，同时将代发业务、第三方存管客户、个人优质客户拓展作为单项竞赛项目，以创新思路调整“浦发蓝·与客户共成长”客户拓展竞赛，坚持“团队营销与个人激励相结合”原则，推出“城区与异地”两个竞赛平台，推动全行基础类客户指标领先于总行系统内兄弟分行，竞赛成绩名列系统前茅。个人银行业务方面，通过开展“岁末争先，激情超越”个人银行业务营销竞赛以及主题营销月推进等活动，辖属各网点业务发展成效明显，8家机构入围浦发银行全国百强网点。

3. 抓客户拓展，市场培育成效明显。一是力拓拟上市企业。对拟上市企业，以抓一手信息为突破，以全员互动为合力，强化营销工作的组织指导、信息渠道建立、授信优先和考核奖励。通过成功主办中国首届创业板高峰论坛，积极跟踪与会拟上市中小企业，分行领导带队实地走访，了解服务需求，客户反响热烈，成效颇为明显。在企业上市招募资金营销上，先后成功营销多家上市企业。全年新增合作拟上市企业20余家，分行所辖区域内261家拟上市企业，已有143家在分行开户，开户率54.79%，极大地拓宽了负债业务增长渠道。二是狠抓基础客户。对公有价值客户、对公优质客户新增数均超额完成全年预算，余户和增量在总行系统内分别列第二和第一。同时，离岸业务迅猛发展，业务量连居全系统首位。针对个人银行客户特性，积极开展各类客户拓展活动，全年累计开展各类贵宾客户活动近百场，服务人数超万，客户对象涵盖贵宾客户、社区客户、代发客户及潜在合作客户，客户级别涵盖钻石客户、白金客户、准钻石客户及优质客户。年末，分行累计新增个人有效户61074户，是上年全年新增总额的117.09%。其中：个人优质客户新增6298户，同比多增1896户；个人白金客户新增1003户，同比多增344户；个人钻石客户新增768户，在总行系统内三类客户增量分别列第四、第五和第四，客户群体快速壮大。

4. 渠道平台建设成效显现。公司银行业务方面：高度重视中小企业发展，编制《分（支）行平台合作与客户批量开发指引》，先后与省行业协会、商会组织、各类专业市场建立合作关系，不断强化与政府部门、担保公司、再担保联盟、仓储公司以及PE/VC等创投平台的合作，持续推进风险缓释合作平台的建设。加强与省（市）相关主管部门合作，浙江成长型中小企业转型升级融资服务、中小企业金融超市网络、外向型科技类中小企业融资等平台正在稳步建设；全年新增合作担保公司16家，获授信额度10.87亿元，新增担保余额2亿元，新增被担保企业60多家。积极响应总行和浙江省委、省政府号召，联合乌鲁木齐分行与浙江援疆对口地区新疆阿克苏政府签署全面战略合作协议，开展援疆建设项目和资金营销。大力拓宽贸易融资渠道，先后与中国工商银行浙江省分行签订全面战略合作协议；与中国进出口银行浙江省分行签订进口代付协议；与中国出口信用保险公司浙江分公司合作举办客户经理培训；与纽约银行、花旗银行和渣打银行等多家外资银行磋商贸易融资、资金清算等方面的合作意向，成效逐步显现，为下一步发展夯实了基础。个人银行业务方面：以"商贷易"个人商户贷款产品为抓手，分支行积极联动，加大力度开展经营性贷款集群式营销，成效逐步显现。杭州新武林门电器市场、新时代建材市场等大型专业市场营销获得突破，支付宝卡通业务合作取得突破性进展，中国网络游戏服务网也已进入签约阶段，并新增支付宝信用卡大额收费网关和上海银联电子支付服务有限公司教育考试等公益类网关，为分行今后中间业务发展带来了新的增长点。积极与第三方收单位外包公司开展合作。代缴费业务品种进一步完善，临安的水业和电信以及杭州城区的水、电、燃气和电信等代缴费业务均已上线。

【业务创新持续加强，经营活力得到提升】 1. 公司银行业务方面。积极推广国内信用证代付业务，通过差别化的营销策略，在有效降低企业融资成本、提高企业资金灵活运用和调配的同时，抢抓了市场机遇。年末，分行累计办理国内信用证代付业务95.17亿元，分行该业务在总行系统内的占比达到79.17%，且为系统内唯一可以办理一年期代付业务的分行，系统内先发优势明显；该业务为分行带来了49.54亿的保证金存款，存款回报率达52.05%，实现中间业务收入3120万元，比同等银票业务收入高近6倍，替代信贷规模45.63亿元，节约风险资产36.5亿元。抓住跨境贸易人民币结算业务试点机遇，总分支行三级联动，狠抓境外银行合作渠道建设，充分利用跨境人民币结算平台为企业跨境发展提升效益，已成为区域内办理此类业务的商业银行代表。年末，成功办理跨境人民币贴现业务2.7亿元，带动保证金存款2.27亿元，实现中间业务收入27.48万元。通过该项业务操作为客户创造贸易额外收益581.6万元，平均每100万美元可获得24.23万元人民币收益。目前，分行已报送香港合作银行授信企业25家，已成功获得授信额度的企业达到11家。同时，该业务有效促进离在岸联动，新增离岸国际结算业务1亿多美元，离岸开户增加近20户。积极拓展银团贷款业务，全年成功办理9笔银团贷款业务，在同类银行中名列前茅。成功参与总行系统内首笔境外债务重组银团项目。大力发展信托理财产品，单数和金额同比分别增长61%和199%。成功办理并购贷款业务，短期融资券、年金、券商资产管理等业务发展成效较为明显。企业年金业务持续有效推进。签约浙江省内最大年金业务浙江电力年金业务，开创系统内电力行业单一年金计划客户成功签约先河；成功营销系统内首例跨省年金客户。在信贷规模紧张的情况下，积极争取总行对中小企业贷款规模予以单列；根据小企业特点创新设计了“合力贷”产品；借助PE、VC等直接股权融资渠道，配套融资方案，为中小企业提供综合金融服务。

2. 个人银行业务方面。创新开办质押担保的个人设备购置贷款，改变产品赊销形式，开创辖内不同区域机构间的公私业务联动先例，风险可控，效益良好，既做大了个人资产业务，又吸收了企业保证金存款。在义乌小商品城率先试点推出多项创新型担保贷款，以个人商位使用权质押贷款业务为切入点，成功营销海宁皮革城四期经营户个人经营性贷款项目。出国金融业务起步，通过梳理产品体系、举办出国金融服务讲座，开展名录营销等措施，浦发银行杭州分行的出国金融品牌知名度较快提升，完成银联模式收付易上线工作，实现结算资金t+0到账，目前已在柯桥轻纺城等批发类市场推广。面向全辖个人金融资产100万元以上客户，顺利推出钻石卡；萧山国际机场新候机楼的分行贵宾候机室自9月份起投入试运行，分行个人贵宾客户增值服务再添实质性内容。

【夯实机制体制基础，全面风险管理深入推进】 1. 机制体制建设不断完善。年初，浦发银行杭州分行先后在法人客户信用评级、信贷投向政策年度指引、集团客户授信管理、公司客户授信准入管理规定等信用风险防控领域制定了相关管理办法和规定；严格执行“三办法一指引”，有效管理信贷资金流向，提升了全流程管理水平；强化风险管理工作的独立性、公正性和专业性，研究出台了异地支(分)行风险主管行长派驻制实施办法，绍兴、嘉兴、萧山、余杭、临安、义乌的风险主管行长已经到位。根据总行统一要求，完成规章制度清理和完善工作，废止无效规章制度303个，明确有效规章制度588个，并制定了规章制度管理办法，实现对规章制度的常态化、标准化管理；认真开展固定资产贷款和房贷等业务的压力测试，有效提升风险管理前瞻性。针对绍兴地区风险形势和管理现状，及时从制度约束、转授权管理、“三查”工作等方面加强风险防控，防止发生新的授信风险；根据总行要求，对房地产开发企业实行准入名单制管理，采取差别化授信政策和风险控制措施，有效提高房地产领域风险防控能力；配合总行内部评级制度和系统全面更新，认真组织培训，顺利通过总行现场达标验收。反洗钱工作制度进一步完善，制定了分行反洗钱工作考核办法。充分运用总行运营内控系统平台，通过对预警信息的甄别处理，切实加强对员工异常交易行为的预警和监测。

2. 风险检查量大面广。2010年，浦发银行杭州分行采取专项和全面检查相结合的方式，组织开展各类信贷检查16次之多。尤其是按银监部门和总行要求，认真做好了政府融资类平台贷款“解包还原”规范清理工作。配合总行完成了绍兴分行全面审计、分行个人贷款专项审计、“小金库”清理自查工作以及浙江银监局的全面常规现场检查“回头看”和浙江省外管局的专项检查。完善“三A”内控管理，创新运营内控检查方式，形成飞行检查、专项检查、综合检查相结合的操作风险管控模式；创新检查反馈形式，检查重点由资料检查转移到操作合规指导，针对检查中发现的问题，现场开展业务培训，并提出具体整改意见和操作重点，有效提高了全辖运营内控管理水平。

3. 案防管理进一步加强。浦发银行杭州分行先后出台《2010年案件防控目标责任考核办法》、《2010年案件防控工作方案》和《案件防控工作报告管理办法》，布置开展内控和案件防控执行年活动，层层签订了年度案件防控目标责任书。完善票据合规管理，制定纸质银行承兑汇票转贴现管理办法。认真执行强制休假与轮岗制度，全年强制休假执行率达到100%；符合轮岗条件的运营负责人及关键岗位人员强制休假和轮岗率达到100%。健全银行卡业务制度管理，完善规章和操作流程，按照监管部门要求对第三方服务公司的合作协议进行了修订；加强收单商户管理，对辖内所有的收单商户进行了检查。同时，为防范收单业务风险，对辖内114家收单商户进行了POS标准化改造。

4. 合规管理持续深入。持续加强合规队伍建设，绍兴、嘉兴分行已先后成立合规部；对分行辖属其他中心城市支（分）行配备了专职合规人员；对分行辖属其他支行以及分行业务条线（部门）调整配备了兼职合规联络员。制定合规咨询管理规程，前移合规风险防范关口，通过加强合规审核和咨询，参与创新业务研究。针对所有新进员工开展了银行业从业人员职业操守教育和合规专题培训；针对公司银行条线和个人银行条线新进员工，开展法律知识讲座；对新筹建机构进行专题合规培训和案件防控知识讲座；对全行合规专（兼）职人员进行了合规轮训。

5. 整改问责力度加大。制定整改监督管理实施细则，规范全行外部监管意见和内审检查意见的整改监督工作流程，督促外部监管意见、内审检查中的各项整改工作落实情况。截至年末，分行外部监管意见整改完成率94.11%，内部审计意见整改完成率99.30%，内部检查整改完成率100%，达到整改进度要求，取得了较好效果。加强违规问责力度，积极开展不良贷款责任评议与追究，全年共对47人次进行了处罚问责。

【多措并举，服务效能持续提升】

1. 发挥分行优势，积极配合基层营销。对辖属机构提出的各类市场营销信息和营销协助需求，相关职能部门能够全程开展营销方案策划与指导。产品经理渠道营销职能得到不断加强，公司和个人银行条线相关部门积极牵头对辖内重点市场及行业协会开展调研和营销。根据辖属机构资产转让意向，分行部门根据市场收益水平及时设计理财产品，定向大客户及在辖内组织销售。及时完成包括新绩效考核系统在内的各类业务需求项目和应用系统；不断丰富和完善数据仓库，较好地满足了全辖营销推进、营销考核、管理分析、内控检查及外部检查数据分析需求。努力探索系统功能、业务操作流程优化途径，积极向总行提交优化需求和建议，有效提高运营效率，得到总行好评。目前，贴现业务、通知存款操作流程优化以及削减放贷复核环节等建议均已采纳实施，批量发存单程序优化被排入总行2011年一季度开发计划。此外，为客户经理提供全面的产品营销支撑，编写新版公司银行产品手册，内容全面、体系完整，深受辖属各单位欢迎并得到总行好评。

2. 服务体制机制得到完善。在完善实施内控“三A”达标管理的基础上，制定出台《杭州分行6S服务管理“三优”达标办法（试行）》、《杭州分行柜面员工“三星”达标办法（试行）》、《杭州分行坐销服务管理办法（试行）》，有效建立“三A”内控管理、“三优”服务管理、“三星”队伍管理运营“三三”标准化管理长效机制。在辖属绍兴分行率先设立运营管理部，在全辖全面推行了辖属支（分）行运营负责人的双委派制度，进一步明确了辖属各单位运营工作分管行长的职责。建立健全定时下基层宣讲培训机制，配合重点业务推进。针对分支机构需求，有效整合、发挥分行职能部门专业优势，量身定做各类培训材料，通过召开座谈会、上门培训、集中培训等方式，完善分支行交流与沟通反馈机制，进一步提高从业人员的业务水平，并就实际情况提出有针对性的建议，寻求提升效率的最佳途径。

3. 厅堂一体化坐销服务成效显现。为最大限度地发挥全辖480多名临柜一线员工投身营销的主观能动性，上半年分行围绕“促发展”、大力创新“三优”服务管理，积极探索厅堂一体化的坐销服务模式，在总行系统内较早地制定、出台了坐销服务管理办法，引导分行柜面客户服务逐步从单一交易结算向交易结算与产品坐销双重职能转变。各网点出现了从原来争着做后台岗位到争着做前台岗位直接面对客户的良好氛围。这对分行巩固并不断加强公私联动、专业拓展、厅堂坐销、全员营销“四管齐下”的个人银行业务营销格局，有力提升网点效能起到了积极作用。对全辖38个营业网点统一配备了大堂经理，并出台《杭州分行大堂经理评优办法(试行)》，开放理财经理运营低柜业务权限，充分整合柜员、大堂经理、理财经理等各方资源，形成了以客户为中心的营业场柜员、理财经理、大堂经理一体化的坐销服务模式。

【注重实效，核心竞争力基础得到巩固】 1. 围绕中心，服务大局，党(团)建工作有序开展。适应发展需要，理顺关系，顺利完成党建工作从条块管理到系统垂直管理的过渡与衔接；加强思想建设，通过党委中心组学习、专题报告会、中层读书会、党支部书记培训班、迎七一党日活动等形式，分层次、分阶段开展各类学习教育活动；开展先进党支部、优秀党员及优秀党务工作者评选表彰、党员民主评议等，通过评先推优、以点带面，进一步发挥党组织的战斗堡垒作用和党员的先锋模范作用。健全组织建设，2010年新开业机构均已成立党组织，经考察培养、支部申报、党委审批，发展11名预备党员，23名预备党员转正，并明确了8名入党积极分子；党建带团建，组织召开分行团员代表大会，选举产生分行第一届团委，团组织的垂直管理体系正式形成；根据总行部署，开展“廉洁尽责宣传教育月”主题教育活动，创先争优活动按计划有序开展中。

2. 持续加强人力资源开发，员工综合素质有效提升。一是努力寻求队伍与业务两个增长的最佳结合点，力求增人增效。及时掌握信息，确保分行中层人员、营销人员和业务骨干队伍稳定。二是提升中层干部整体实力。根据发展需要，全年共调整充实10家机构负责人共14名。全年共择优推荐15家机构的27名班子成员，参加总行组织的6期支行行长综合管理能力高级研修班；选派1人参加新加坡南洋理工大学培训。召开2010年分行工作务虚会，采用头脑风暴的方式，激发中层干部创新思路，畅谈分行下一个五年发展规划和三年行动计划，并邀请复旦大学知名教授为与会人员作了专题讲座。三是赛训结合，有效提升队伍素质。成功举办分行首届浦发新干线公司银行业务知识竞赛系列活动，在全辖范围内组织开展各类业务、产品轮训和案例分析会及专题强化培训等，掀起了全行“比、学、赶、超”的竞赛氛围，促进客户经理不断提升业务素质。在认真总结上年客户经理助理制经验的基础上，举办2010年度公司银行资深、高级客户经理聘任暨师徒帮带协议签约仪式，共聘任32名资深和高级客户经理，签约15对新帮带师徒，进一步壮大客户经理队伍。在总行第六届业务技术比赛中，分行代表队荣获团体总分第四名，3名选手分获得银行卡开卡信息录入第三名、个人理财规划方案第四名、公司银行网银综合应用第六名的好成绩。

3. 科学规划，细致推进，区域品牌形象不断提升。一是贯彻落实外延扩张战略，网点战略布局全面完成。2010年，根据总行机构发展战略，分行重点在经济金融较为发达的地(县)级市抢滩布点，异地机构在数量上有了较大突破，有效扩大了分行网点覆盖面和影响力。全年共新设1家二级分行、2家一级支行、1家二级支行，3家支行已完成迁址或即将迁址；基本完成新昌浦发村镇银行的各项筹建工作，分行网点已覆盖辖属全部6个地级市，为业务持续、快速发展奠定了坚实基础。坚持“效益优先”原则，积极引导异地新建行有针对性地选择适合设立自助网点的区域和地段，同时通过迁址、关停等方式适当调整交易量偏低的网点，自助设备整体交易强度有所提高，每月交易量千笔以下的自助设备占比进一步下降。

二是以规范服务为抓手，圆满完成世博金融服务各项工作。在全辖范围内组织开展了6S管理星级网点评选工作；积极开展文明规范服务创建活动，评优单位数量名列浙江省内股份制商业银行首位，其中分行营业部、绍兴分行本级营业部被评为全国银行业文明规范服务示范千佳单位；萧山支行本级营业部、临安支行、清泰支行被评为浙江省银行业文明规范服务示范单位。世博会期间，无重大客户投诉、负面报道等影响声誉的事件发生。

三是有效借助各类载体，企业形象持续提升。联合浙江日报社成功主办中国首届创业板高峰论坛，有效提升了浦发银行杭州分行在全国各大媒体、当地政府和广大中小企业中的形象和知名度；组织参加第五届浙江金融理财博览会暨第二届浙江中小企业金融产品展示会，分行和“轻松理财”品牌蝉联浙江省十大金融服务品牌、浙江省十佳银行理财品牌荣誉称号。深入开展媒体合作，轻松理财和浦发创富品牌传播持续加快，分行在区域内的品牌形象进一步确立。在“2010年度浙江省双十佳理财师、理财团队”评选中，分行理财经理喜获“金牌理财团队”、“十佳理财师”及“十佳理财之星”三项荣誉。两名理财经理荣获“福布斯·富国2010中国优选理财师50强”称号；1名产品经理被总行个人银行总部聘请为“每日黄金视点”栏目特约撰稿人。丰富和活跃员工精神文化生活，成功举办分行第三届职工运动会；专程赴丽水市莲都区雅溪镇现场开展致富脱贫现场帮扶工作并开展“爱心助学”活动。据总行媒体监测显示，浦发银行杭州分行在辖属区域内的媒体正面关注度在全国34家分行中居第三位，分行在系统内、外的品牌形象不断得到提升。

上海浦东发展银行宁波分行经营管理情况综述

2010年，上海浦东发展银行宁波分行认真贯彻落实市政府、市金融办、市人民银行和监管部门的工作要求，保持信贷投放的均衡平稳增长，大力支持区域经济发展方式转变，确保信贷资金进入实体经济，同时加强对小企业贷款和“三农”金融服务，有效拓展负债业务，全行业务发展、金融安全和风险管理、客户服务等方面工作取得新成效。

一、2010年上海浦东发展银行宁波地区全辖主要经营业绩

2010年各项业务在上年高速增长的基础上，继续保持了良好的发展态势，主要表现在：存贷款规模持续、稳定发展，资产结构得到有效调整，国际结算业务稳步推进，资产质量继续保持良好的态势，经营效益状况良好。浦发银行宁波分行宁波区域主要经营指标执行情况如下：

——本外币存款规模持续、稳定上升。本外币一般性存款614.86亿元，比年初增加117.65亿元，增长23.66%。

——资产规模稳步上升，资产结构继续得到有效调整。各项贷款余额440.95亿元，比年初增加73.16亿元，增幅19.89%；其中：人民币贷款余额为418.55亿元，比年初增加56.87亿元，增长15.72%。

——居民储蓄存款持续上升。本外币储蓄存款余额78.89亿元，比年初增加15.21亿元，增长23.89%。

——国际结算业务稳步发展，离、在案国际结算增幅明显。国际结算总量93.72亿美元，比上年同期增加21.81亿美元，增长30.33%；其中：当月结算量11.19亿美元，同比增长39496万美元。

——按照五级分类口径，全辖后三类不良贷款余额合计5815万元，不良率为0.13%，在全行共同努力下，浦发银行杭州分行成立已满16年，资产质量仍保持较高水平。

——全行业务快速发展，经营效益状况良好。截至12月末，浦发银行宁波分行宁波地区总资产717.74亿元，比年初增加57.62亿元，全行业务再上一个新的台阶。

二、认真落实货币政策，确保信贷有效投入，促进区域经济社会发展

1. 继续争取总行对宁波地区的信贷资源的投入，在宁波主动参与共建上海“两个中心”推动转型发展中作出应有的贡献。根据实体经济有效需求和审慎标准，合理控制信贷增量，把握好信贷投放节奏，努力实现均衡投放和平稳增长。严格执行浦发银行宁波分行总行贷款进度计划，通过盘活存量等有效措施，满足客户合理的金融需求。坚持有保有控，实现信贷的合理投放。积极做好对宁波市重点工程项目的信贷支持工作。2010年，浦发银行宁波分行对宁波市发展和改革委员会批准的13个重点项目进行了融资，其中既有如陆家经济适用房、宁波市南区污水处理厂二期工程，以及奉化市县江下游段防洪工程（三期）等民生工程，也有宁波北站搬迁工程、余慈客运枢纽中心建设工程等重大交通工

程，信贷覆盖面广，支持力度大，社会反响强烈。

贷款投向上，浦发银行宁波分行2010年贷款余额为440.95亿元，其中对公贷款为356.96亿元，个金贷款为83.99亿元。其中小企业贷款的余额为14亿元，占总贷款的比例为3.17%，表内外支持小企业的信贷余额为27.8亿元；"涉农"贷款的余额为133.95亿元，占对总贷款比例为30.38%，当年新增9.95亿元；支持企业转型升级、自主创新、节能减排、生态环保项目贷款余额为143.74亿元，占总贷款比例为32.6%；支持服务业与外向型经济贷款余额为13.81亿元，占对公贷款比例为3.13%。

2. 进一步发展小企业金融服务。近年来，随着改革开放的不断深入，宁波市的经济结构发生了较大的变化，中小企业已成为经济发展的主体，对地方经济的发展举足轻重。为了发挥金融在中小企业成长中的作用，更好地为地方经济建设服务，浦发宁波分行一直把支持中小企业的业务发展作为工作的重点来抓，通过完善内部机制，建立适应业务发展的操作流程，从资金、产品、服务等多方面积极促进与企业的业务合作，有力地支持了当地中小企业的发展。

2010年初，浦发银行宁波分行提出"推进小企业贷款"为主要内容之一的"五个突破"，进一步发展小企业金融服务。同时，调整内部激励政策，进一步调动支行和客户经理营销小企业的积极性。浦发银行宁波分行下发了《关于分行中小企业授信工作尽职免责的指导意见》，进一步完善中小企业授信管理机制，鼓励各级小企业授信工作人员在合规尽职的前提下积极拓展小企业授信业务。浦发银行宁波分行还认真梳理操作程序，对部分中小业务简化操作办法。同时，根据《关于印发宁波市金融机构小企业贷款补偿奖励试行办法的通知》，浦发银行宁波分行以此为契机，培育有发展潜力的小企业客户群，巩固和拓展小企业信贷市场份额。2010年12月末，浦发宁波分行小企业贷款余额50.59亿元，小企业贷款余额比年初增长16.92亿元，增长率为50.24%，远高于全部贷款增长(全部贷款增速为19.73%)。上述措施有效推进了浦发银行宁波分行小企业贷款工作。在全行上下的共同努力下，小企业贷款业务发展迅速，在全国浦发银行系统中，余额和新增均名列第一。

同时，积极推进城乡小额贷款保证保险业务的快速发展。2010年初，浦发银行宁波分行积极响应宁波市政府的号召，为满足多层次小企业户的实际需求，根据宁波市人民政府出台的《关于开展城乡小额贷款保证保险试点工作的实施意见》，浦发银行宁波分行推出了"城乡小额贷款保证保险业务"，重在有效缓解"三农"、小企业和城乡创业者抵押担保难、融资难问题。截至2010年12月末，浦发银行宁波分行城乡小额贷款保证保险项下累计发放贷款63笔，涉及小企业58户，贷款余额5411万元。

3. 继续积极做好"三农"金融服务。浦发银行宁波分行对金融支农领域一贯支持，尤其是对农村中小企业。为了保证区域农村中小企业的可持续发展，对经营实体运行良好、产品有一定市场竞争力、财务核算和信贷资金使用相对规范的企业，浦发银行宁波分行进行了信贷倾斜，并在确保信贷资金合规安全的前提下，对区域各分支机构实行指标管理，建立奖惩机制，尤其重视对农业龙头企业的资金支持，使他们渡过难关，在"三农"信贷投放上取得了较好的社会效益和经济效益。如为宁波康尔绿色日用品有限公司发放贷款400万元，公司主要生产丝瓜络洗浴用品；为宁波雨中雨水产实业有限公司发放贷款2200万元，公司主要从事海产品加工；宁波正大农业有限公司主要从事禽畜饲养，为饲养户提供配套的疫苗、药品和技术管理服务等，有力地支持了企业的经营发展。新弘食品是农业出口企业，通过对该公司的支持，促进了农产品的出口。

4. 继续推进个人贷款以及符合区域经济特点的个人经营性贷款。浦发银行宁波分行全年新增个人贷款44亿元，个人贷款存量和增量均在总行系统排名第二，其中个人经营性贷款余额名列全国浦发银行系统第一。

三、深化改革，强化金融创新，加快业务转型步伐

根据人民银行的货币政策导向、监管要求和市场的需求，浦发银行宁波分行积极创新，满足金融需求。

（一）继续推进银行改革发展，不断提高银行服务水平

1. 机构建设方面，一是对各分支机构的外部标识进行整改。有4家支行迁址装修或对其办公或营业场所进行局部改造，提升了支行形象。二是对自助网点进行完善调整。浦发银行宁波分行自助银行业务经过几年的快速发展，在宁波地区的网点覆盖率迅速提高，提升了浦发银行的形象，改善了客户用卡环境，转移了柜面的业务压力，也增加了中间业务收入。但快速发展中也有一些网点未能达到原先的设点规划要求，发展潜力受限。为促进浦发银行宁波分行自助银行业务长远健康发展，2010年分行着力于优化自助网点布局，加强自助网点效益管理，共撤销12个业务量低下、不符合安全管理要求的ATM自助服务单点。更新4个ATM自助服务单点。

2. 根据总行的要求，认真做好人民币资金全额集中管理工作。2010年是人民币资金集中管理的第一个完整损益年度，浦发银行宁波分行做好上线前后业务培训、辅导及组织管理工作，根据总行FTP价格，逐项测算比较收益，公布全行，引导业务导向，保证资金集中管理的稳定顺利运行。

3. 继续深化小企业业务的"六项机制"建设，进一步发展小企业业务。进一步加强小企业授信"六项机制"建设，通过调整业务运营模式，提高为客户服务的效率；通过为客户提供差别化的解决方案和服务方式，满足客户的多样化需求。

4. 流程改造方面。认真贯彻落实监管部门"三个办法、一个指引"，研究流程改造、组织架构、合同文本、IT系统调整、业务培训等方面的具体工作，确保贷款新规的贯彻落实。浦发银行宁波分行陆续转发了上级行制定的《固定资产贷款业务管理办法》、《固定资产贷款业务实施细则》、《流动资金贷款业务管理办法》和《流动资金贷款业务实施细则》以及《个人贷款暂行管理办法》等制度，系统性对"三个办法、一个指引"进行细化规范。明确各相关部门在执行贷款新规中的职责与权限，健全了符合贷款新规的业务流程，规范开展业务，制定了一系列配套的合同文本，制定了浦发银行宁波分行实际的贷款资金受托支付标准，规范了业务操作，有效控制信贷风险，确保业务健康合规发展。

（二）强化金融创新，加快业务转型

1. 为满足客户的多样化融资需求，促进个人经营性贷款的持续发展，根据总行相关规定，浦发银行宁波分行制定《项目经理贷款管理暂行办法》，用于向建筑、市政工程项目经理发放的解决其在项目合同承

包期内经营所需资金。年末，浦发银行宁波分行个人经营性贷款余额名列全国浦发银行系统第一，个人贷款余额名列第二。

2. 开发存量房资金托管项目。为加强房地产经纪管理、规范存量房交易市场秩序、保护存量房交易资金的安全，浦发银行宁波分行根据宁波市人行《关于开展存量房交易资金托管服务工作的通知》文件精神，开发推出了宁波市房产交易资金电子商务托管业务。产品具有以下特点：一是严格意义上的托管功能；二是完整的“总账户—二级子账户”账户体系；三是各子账户相互独立、互不影响；四是自动清分、出金实时。业务的实施，有效地保证了存量房交易的资金安全，维护了当事人的合法权益，同时也提高了交易速度，是浦发银行宁波分行作为金融服务机构承担社会责任、服务于宁波房产交易市场的一项金融创新工程。

3. 新系统开发。一是大宗商品交易资金第三方存管项目。该系统将发挥银行的第三方监管作用，以保障客户交易资金安全运作。二是为进一步加快进出口企业缴纳税费速度，浦发银行宁波分行推出银关保网上税费支付担保业务，向企业的税费支付提供担保授信。开办业务的企业可通过浦发银行宁波分行担保实现即时通关，税费在通关后14天内再行支付，为进出口企业加快业务发展和资金周转提供了有力支撑，同时实现了海关、企业和银行的三方共赢。

4. 开办黄金交易所指定仓库业务。2010年11月16日，上海黄金交易所在浦发银行宁波分行营业部设立提金指定仓库，这是浦发银行系统、宁波市(浙东南)首家金交所指定仓库，标志着浦发银行成为区域内唯一开展金交所实物黄金交收业务的商业银行。金交所宁波浦发银行指定仓库的设立，对于广大黄金投资者、黄金用料企业的提金提供了极大的便利，也将给宁波的黄金业务发展带来积极的影响。

四、有效防范信贷风险，维护区域金融稳定

1. 坚持强化重点风险管控，严守风险底线。一是认真执行中央银行的货币政策，加强全面信贷风险管理，不断增强风险管控能力。二是积极做好全行的信贷结构调整工作。调整存量资产结构，提升增量授信标准，信用风险管理取得实效。全年全行调整金额达到29.59亿元。三是严格执行“三个办法、一个指引”贷款新规，有效管理信贷资金流向，提升全流程管理水平。对信贷资金流向、闲置土地处置、产能过剩行业等重点领域进行了重点排查，暂未发现显著风险。充分重视压力测试在风险预警中的作用，提升了风险管理的前瞻性。四是重点加强操作风险管理。在全辖组织开展重点业务领域(包括票据业务、民营集团企业贷款、公司网银、个人住房按揭贷款、个人经营性贷款、个人网银、信用卡管理、开户管理、大额支付、银企对账、现金库房〈箱〉管理、票据业务操作管理等)的案件风险自查，分行组织检查组对异地支行和部分同城支行进行了抽查。

同时，浦发银行宁波分行严格执行个人贷款信贷政策。关注个人信贷业务的政策性风险，执行好人民银行和监管部门对二套房的首付、利率标准等政策认定标准，防范个人信贷资金违规进入楼市股市。制定和下发了《关于重申加强个人贷款资金流向管理的通知》等一系列文件，提高支行执行国家政策的自觉性。

2. 切实抓紧抓好地方政府融资平台风险管控。浦发银行宁波分行牵头14家企业实行“包干到户、责任到人”的基本原

则，分行统筹，支行出面，逐户分解。每户企业由所在管理支行的行长及其风险科长、管户经理具体操作，分行负责总体协调、指导。同时，分行统一下发《融资平台贷款统一会谈要点》，对会谈需要解决的重要问题、会谈需要注意的事项、会谈召开的形式要件等进行逐一指导，取得了较好的实际效果。

3. 高度关注房地产贷款风险。一是调整信贷结构，防范房地产行业系统风险。2010，浦发银行宁波分行根据国务院对于房地产宏观调控政策及各级监管部门的文件要求，数次下文规范，要求各支行根据当前浦发银行宁波分行的信贷资产结构状况，严格控制浦发银行宁波分行的房地产信贷在全行资产中的占比，研究制定当地房地产业务的发展步骤，绝不与同业银行之间相互攀比，盲目竞争。同时，积极落实房地产调控政策，并对国土资源部挂牌督办的闲置土地进行详尽核查。二是根据监管部门及总行的要求，积极开展房地产压力测试活动。浦发银行宁波分行制订了《压力测试方案》，对压力测试统一性的要求和原则进行规范；同时，对压力测试的报告内容、频度、报告路线和应急措施作了明确、统一的要求。

除保质保量完成监管部门要求的房地产贷款压力测试工作，浦发银行宁波分行进一步加强房地产贷款风险管控工作，2010 年 10 月份，由总行牵头，浦发银行宁波分行制定了房地产开发企业准入名单制度，分为准入名单和内部控制名单两种，由分行对辖内房地产开发企业进行筛选、汇总形成。名单下发后，各行应在公布的房地产开发企业准入名单范围内办理房地产开发贷款业务。

4. 扎实开展案件防控工作和合规管理工作。一是根据“内控及案件制度执行年”活动方案，组织全辖机构及分行各部室对案防制度要点及总分行内控制度进行网络学习和考核，提高主要制度的普及率和执行力。在此基础上，鼓励各级行提出防控案件风险的金点子，组织开展案件防控建言献策活动。二是加强员工合规教育和行为管理，尤其抓好重点部位案件防控工作，防范政策性风险。制定《员工合规评价管理办法》，完成首次员工自我申报。组织开展《银行业金融机构从业人员职业操守指引》贯彻落实情况自查，组织全行员工完成新《员工行为准则》网络学习和考试。浦发银行宁波分行宁波地区 17 家营业机构均已将《职业操守指引》公示于营业大厅，同时公布举报电话和电子邮箱，广泛接受社会公众的监督。三是推进全行规章制度体系建设，建立了分行规章制度管理规范，进一步加强对规章制度管理规范性审核工作，努力推动全行规章制度管理的系统化、专业化、标准化、常态化。推进全行制度清理完善工作，在历年清理的规范性文件基础上，清理确认现行有效的规章制度 1455 份，其中完全有效 1253 份、部分有效 211 份、失效 511 份。四是以合规测试为手段，监测合规风险管理的充分性、有效性和适宜性，动态进行重点业务合规评价。2010 年度分行分别对票据业务全流程和个人理财业务销售端流程开展了合规测试。对典型业务类型各个风险点现场与非现场进行风险监测，对相关业务的各项政策和程序的合规性、适宜性和有效性进行动态跟踪。

五、积极践行企业社会责任，支持区域社会经济和谐发展，创造良好的企业文化

1. 积极践行企业经济责任。一是做好对宁波市重点工程项目的信贷支持工作。2010 年，浦发银行宁波分行共对宁波市发展和改革委员会批准的 13 个重点项目进行了融资。二是继续做好对中小企业客户的信贷支持工作。浦发银行宁波分行一直将发展中小企业客户作为业务的重点，根据中小企业规模小、行业分布广、地域分布不平衡性、块状经济特征明显等特点，结合分行信贷的实际情况，浦发银行宁波分行对各分支行进行了相应的授信授权，提高了中小企业的审批速度和效率。三是把绿色信贷作为一项长期性、持久性的基础工作，将环保政策法规融入授信准入、客户选择、授信评审、投向管理和授信后管理的各个流程环节，纳入日常信贷风险管理中。具体表现为：严格执行授信前审查，确保授信对象的环保合规；严禁向恶意违规企业新增授信，原有授信必须逐步压缩和收回。

2. 履行社会责任，大力开展公众金融教育服务。一是积极投入公益事业。积极践行企业责任，开展“情系玉树·奉献爱心——向玉树地震灾区捐款”活动，通过自愿捐款方式表达对玉树灾区人民的关切之情、关爱之心，本次活动全行员工捐款超过22万元。二是关注员工职业发展，提供良好福利保障、安全用工环境。三是浦发银行宁波分行大力开展普及金融教育，普及理财知识，开展社区金融服务，金融产品风险提示。2010年11月28日，浦发银行宁波分行根据宁波银监局和总行的工作安排，开展了“2010年银行业公众教育服务日活动”。各分支机构纷纷组织员工深入社区和大型广场进行讲解，如余姚支行前往余姚老西门社区、慈溪支行深入慈溪黄金广场、北仑支行深入北仑影剧院、奉化支行来到奉化市岳林广场，面对不同类型的客户展开有针对性的宣传。浦发银行宁波分行全年组织约20次规模不等的公众教育服务活动，参加活动的分支行共17家，参加人员120多人，投放宣传资料2200多份，接待居民近2500多人。四是弘扬志愿精神，浦发银行宁波分行开展志愿者扶贫帮困、助老助残活动。

上海浦东发展银行温州分行经营管理情况综述

2010年是上海浦东发展银行温州分行发展史上不平凡的一年，金融环境复杂多变，经营面临诸多挑战。但是，全行上下团结一致、奋力拼搏，取得了良好的成绩。总行提出了"在未来五年把浦发银行建成与上海国际金融中心建设进程相适应的金融旗舰企业，并跨入世界五百强企业行列"的宏伟目标。2010年，浦发银行温州分行在全体员工的共同努力下，完善内部管理，加大风险把控，大力拓展市场，促进了业务健康、持续发展，取得了可喜的经营效益。

一、抓业务，各项业务保持稳健、良好发展。截至2010年12月末，浦发银行温州分行本外币存款余额368.6亿元，比年初增加50亿元；本外币贷款余额435.1亿元，比年初增76亿元。国际结算离、在岸合计约54亿美元，完成全年计划指标数的153%。全年新增优质客户1728户、白金客户251户、钻石客户253户。全年新增银行卡近6万户，销售各类理财产品15亿元。

二、抓管理，制度建设得到完善，管理水平得以提升。2010年，浦发银行温州分行在制度建设、流程改造、管理者培训和员工教育等方面做了大量工作，有效提升了管理水平。在制度管理方面，对全行的制度进行了全面的梳理和完善。在激励机制方面，推出了客户经理、柜面人员的平衡计分卡考核办法。在资产管理方面，风险资产质量得到了有效控制和优化。2010年，分行累计现金收回各项不良贷款7500多万元，核销贷款1287万元。截至12月末，浦发银行温州分行后三类不良贷款1.32亿元，不良率为0.3%。

三、抓效益，经营效益大幅度提高。浦发银行温州分行克服资金受控的不利因素，适时调整经营策略，取得了良好的经营效益。全年实现账面利润11.8亿元，比上年增长54.6%；实现税前拨备前利润14.6亿元，完成总行计划的108.2%。

四、抓平台，网点、队伍和党的建设加强。在网点建设方面，2010年，浦发银行温州分行完成了南城支行等一批网点的装修工作。新开办了灵溪和青田等支行。自助银行建设继续保持较快的发展。在队伍建设方面，继续引进人才，进行了应届生和有从业经验人员的招聘。2010年，浦发银行温州分行还根据总行的部署，进行了"创优争先"活动，锻炼了队伍。在党建方面，浦发银行温州分行党建工作由属地管理顺利地转为系统管理，实现了对乐清、丽水等支行党建工作的直辖管理。

总之，浦发银行温州分行在2010年经营思路开阔，大胆做大做强，工作卓有成效。归纳起来，2010年浦发银行温州分行的发展有这样三个亮点：一是队伍凝聚力强，保持团结，有力量，充满斗志。二是干部员工逐步认识到了业务转型、创新发展的重要性，调整思路，适应不断变化的市场环境。三是初步建立职业经理人的理念，认识到在浦发就得"凭业绩吃饭"，开始重视职业素质和职业能力的提升。这为2011年进一步完善机制体制建设奠定了良好的思想基础。

华夏银行杭州分行经营管理情况综述

行长　杨素法

2010年面对资源约束和复杂的外部环境，华夏银行杭州分行紧紧围绕总行提出的“调结构、控风险、创效益、促发展”的核心目标和“多、快、好、省”的业务发展要求，经过努力取得成效。全年的经营管理可以概括为：业务平稳发展，系统顺利上线，效益明显提升，结构有所改善，管理得到加强。

截至2010年12月末，华夏银行杭州分行一般性存款余额481.43亿元，比年初增加86.06亿元；一般性存款日均440.98亿元，比年初增加49.02亿元。各项贷款余额425.58亿元，较年初增加53.57亿元，增长14.4%。实现利润总额9.9亿元，比上年同期增加3.32亿元，增幅50.46%。

一、积极转变业务增长方式，增强可持续发展能力

1. 全力推进客户开发。2009年持续开展三个阶段的客户开发，对华夏银行杭州分行业务发展起到了决定性的推动作用。2010年，华夏银行杭州分行又陆续出台了2010年第一阶段(4—6月)、第二阶段(7—12月)客户开发竞赛办法，以中小型企业和驻地客户为主，开发和储备纯贷款客户；开发小企业信贷客户和个人经营性贷款，推动信贷客户的结构调整；开发国际业务有效客户，夯实业务发展基础。为进一步提高经营机构和客户经理的营销积极性和责任感，实行了客户开发常态化管理办法，明确年度客户开发任务，作为各层级人员履职尽责的基本标准。

2. 加快以供应链金融为主的表外业务开发。一是加强供应链金融业务培训，华夏银行杭州分行相关部门通过参与营销的方式现场培训，经营机构间通过交流互相学习，提高客户经理的业务水平。二是设立供应链金融部，重点开发省内汽车制造业、大宗原材料制造业等核心客户。三是将供应链金融客户的开发纳入2010年第二阶段客户开发竞赛活动的主要项目。四是对供应链金融客户的开发，做到机制推动和行政推动双管齐下，形成气势，形成共识，形成全行共同行动。

3. 以营销非资本业务打通存款增长通道。一是加大无贷户存款的营销，对无贷户客户开发和新增无贷户存款加大激励力度。二是大力发展个人业务，提高储蓄存款对业务发展的贡献率。三是加大产品营销力度，有效促进结算存款的增长。四是建立分行层面的专业营销部门，发挥专

业营销的优势。

4. 以加快网点建设培育新的业务增长点。一是对异地分支行采取特殊政策，实行资源优先配置，推动异地分支行快速发展。二是做好拟设分支行开业前的各项准备工作，抓好业务储备和人才储备。三是实行责任制，确保新机构按期开业。

二、积极推广创新产品，发展特色业务

1. 做深供应链金融业务。在业务操作过程中，深入了解上游供货商，对其与下游经销商的供销业态进行考察，根据采购运行业态，结合产品特点，对原有部分业务模式进行改变，并制定了相应的管理办法和操作规程。同时通过不断开拓思路，利用产品组合嫁接，实现了部分供应链金融产品新的突破，成功推广了应收账款质押融资业务、有追索权工程保理业务、购销通业务、汽车销售服务企业融资业务、商票保贴等业务品种，新产品业务量占比达21.46%。供应链金融已在分行形成产品系列，并根据市场需求不断推出新的产品。

2. 创造性地推进小企业客户批量开发。一是探索平台合作途径，批量开发客户。努力拓展小企业业务合作平台，积极探索与担保公司、资产管理公司、小额贷款公司等机构的合作途径。同时以“核心企业”为平台，批量开发其上下游小企业。二是创新产品，实现对集群客户的批量营销。根据市场调研和同业产品对比分析，华夏银行杭州分行推出适合义乌区域市场商贸客户的特色产品，以“商位使用权+联保+担保公司保证”的套餐式产品，实现批量开发。还根据浙江区域建设单位集聚、建设项目众多的实际，结合“建设单位项目经理贷款”，联动保理产品，实现对建设企业的服务支持。同时，分行还推出独具特色的“小法人商用按揭贷”、“联贷联保”等产品，并与萧山戴村镇开展政、银、企合作座谈会，实现首批五户“联贷联保”业务2500万元。

3. 充分发挥新一代公司网银的比较优势。随着新核心业务系统的成功上线，华夏银行杭州分行网上银行产品功能得到进一步完善，在使用版本、菜单设计、功能实现、登录方式、默认首页面、新增功能、功能优化、业务流程、辅助手段、系统安全等方面得到了很大程度上的提高，实现了行内转账7×24业务模式，有力地支持了客户开发和客户服务的提升。华夏银行杭州分行还成功举办华夏银行电子商业汇票——“票e达”品牌推介会，积极向客户推介使用快捷安全的电子商业汇票业务。

4. 积极拓展中间业务。2010年，华夏银行杭州分行在短期融资券承销业务和信托融资业务上实现了新的突破，投行业务的大力拓展大大改善了分行中间业务收入结构。

三、调整内部组织架构，推进营销机制创新

1. 在公司业务方面，整合分行层面原有营销部，逐步并入支行，壮大驻地市场的营销力量。同时，为进一步深化营销体制改革，提升客户服务能力、产品创新能力和营销推动能力，根据总行营销机制建设制度要求，在华夏银行杭州分行设立重点项目部、供应链金融部、电子银行部、大客户部。

2. 在个人金融方面，为进一步强化分行主导型的个人业务营销组织推动，按照管理职能、营销职能定位，华夏银行杭州分行个人业务先后建立了市场团队、渠道管理团队、个人信贷审批团队、信用卡管理团队、综合管理团队。通过专业化的团队建设，满足个人金融业务发展需要，提高综合

竞争实力。

3. 在国际业务方面，在原营销推动岗基础上，增设市场规划岗、产品推广岗，强化分行国际业务部市场规划、营销推动、产品推广等职能；增设上门服务岗，专门为重点客户提供上门服务；在萧山和滨江区域设立审单分中心，为该区域的客户就近提供国际结算服务。在具备条件的支行设立国际业务部，配备专职产品经理。目前，华夏银行杭州分行已在国际业务部形成了以单证中心、外汇管理、营销推动三大职能中心为主，专职上门服务团队和审单分中心为辅的营销管理格局。

四、精心组织，新核心系统顺利上线运行

华夏银行杭州分行于6月13日至6月17日成功进行了新核心系统切换上线，计划推进的顺利程度、组织指挥的严密程度、后勤保障的细致到位，得到了总行领导、总行部门和兄弟分行的高度评价。新核心系统上线后，华夏银行杭州分行对新核心体系下的运行风险进行了认真梳理和研究，明确了新的运行环境下分行面临的新的风险点和重点防控区域、重点防控环节，完善了《杭州分行新核心系统风险控制手册》；根据新核心系统临柜业务处理范围，开展机构营业室岗位职责固化、业务流程固化、操作规范固化的“三个固化”工作；制定出台了新核心业务系统现金业务管理实施细则等新核心系统项下的管理制度，切实加强了对新系统各运行环节和流程控制的把握。同时进一步加强会计人员技能培训，对内提高员工服务技能和工作效率、提升服务的规范化水平，对外提升服务形象，确保了经营业务的良好发展和新核心系统的平稳运行。

五、持续推进精细化管理，确保实现“零案件”目标

1. 加强基础管理，提升精细化管理水平。分行继续实施全方位、全流程、全覆盖的《精细化管理监督检查办法》、《执行力建设督查办法》，严格落实《华夏银行员工违规行为处理办法》，对不落实制度和规章、工作效能和质量不符合要求等行为及时予以处罚，强化依法合规意识，规范操作行为；对内部管理不规范、执行力不到位的责任人进行了问责和处罚，有效提升了全行的执行力，规范了管理和员工的从业行为。

2. 深化机制建设，完善内控管理。一是通过持续开展制度梳理工作，根据政策变化、系统变化以及机构设置，及时制定、修订相关制度办法，不断提高制度的操作性、市场适应性和政策合规性，从制度源头加强全行合规管理。二是加强联动防控，专业管理部门与合规、稽核、监察条线联动，把制度建设、流程改进与专业检查、风险揭示结合起来，与查防案件、责任追究统一起来，充分发挥问责的威慑作用；分支行上下联动，实施分行与支行之间、支行之间的交叉检查；与员工家庭联动，掌握员工思想动态，加强个人不良行为和异常行为的排查，防范道德风险。三是开展常态化风险排查，立足“个性”，关注“共性”问题，强化对重点业务、重点岗位、重点环节、重点操作、重点人员、重点时段等“六个重点”进行排查或抽查的力度，协调解决业务经营和内部管理中的重要问题和突出隐患。

3. 不断加强廉洁从业教育和党风廉政建设。坚持开展员工思想教育、廉洁从业教育和合规教育，盯紧重点人员、重点岗位、重点环节、重点部位“四个重点”，研究教育防范和制度防范的有效途径和方法，组织了签订廉洁从业承诺书、参观监狱、上

廉政教育课等警示教育活动，通过举办专职审批人和客户经理家属助廉座谈会、向合作企业和员工家属发送廉洁自律公开信、向信贷客户发送《华夏银行杭州分行对信贷相关业务人员廉洁从业咨询函》等创新手段，把党风廉政建设和廉洁自律工作落到实处。

华夏银行宁波分行经营管理情况综述

2010年，华夏银行宁波分行在总行正确领导下，在各监管部门的大力指导和关心下，以科学发展观为统领，深入落实“多、快、好、省”工作目标和要求，加快发展，严格管理，防范风险，实现规模增速快于同业、业务结构不断优化、盈利水平明显提升、资产质量保持良好的业绩，经营管理呈现良好转变，华夏银行宁波分行发展迈上新台阶。

一、综合经营情况

一是规模稳步增长。2010年末，华夏银行宁波分行资产规模114.4亿元，比年初增加25.6亿元，增幅29%。一般性存款余额90.32亿元，比年初增加33.25亿元，增幅58.26%，市场占有率比年初提高0.25个百分点。各项贷款余额80.86亿元，比年初增加16.57亿元，增幅25.78%。

二是存款结构更趋合理。存款结构呈现一升一降的良好转变。一升即储蓄存款占比上升，储蓄存款余额10.76亿元，比年初增加4.65亿元，增幅76.1%；储蓄存款占比11.91%，比年初提高1.2个百分点。一降即保证金存款占比下降。保证金存款余额占比44.24%，比年初下降24.73个百分点。

三是盈利水平大幅提升。2010年分行实现利润总额1.37亿元，比上年增加0.4亿元，增幅46%。

四是盈利模式更趋合理。中间业务收入实现2259万元，比上年增加1149万元，增幅103.51%，占比7.38%，比上年提高2.49个百分点。

五是资产质量逐步向好。年末分行关注类贷款余额6900万元，比年初下降1500万元，五级不良贷款余额2552万元，比年初下降688万元，不良率0.32%，比年初下降0.18个百分点。

二、业务拓展情况

华夏银行宁波分行从可持续较快发展的高度，加快业务发展模式转型，提升发展质量。夯实基础，逐步实现5个结构性优化。

一是基础客户不断增长。华夏银行宁波分行立足网点抓周边客户开发，立足产品抓链式客户开发，立足优质文明服务抓客户满意度提升，从而扩大基础客户群，为发展和调整积蓄动力。年末，华夏银行宁波分行对公客户增幅71.45%，客户增速高于存款增速13.19个百分点，个人贵宾客户增长一倍。

二是国际业务增速较快。华夏银行宁波分行积极支持宁波外贸发展，加大本地外贸企业扶持力度，深入了解客户需求，全年国际结算客户增长68%、国际结算业务量增长67%；推出“环球智赢”国际金融品牌，为企业提供集咨询、结算、融资、避险、理财等产品于一体的服务方案，增强出口企业的汇率风险规避能力，支持有实力的企业拓展境外业务。

三是资产质量逐步趋好。华夏银行宁波分行建立行长与CCRO共同对问题贷款清收负责的问题贷款处理机制，以提高信贷检查覆盖面和有效性为核心提升风险管控能力。通过多种资产保全手段的综合运用，累计现金清收不良贷款0.4亿元，核销不良贷款0.16亿元，五级不良贷款余额和占比实现双降，分行不良率0.32%。

四是网点布局实现市区和县域协调发展。5月和11月慈溪支行、余姚支行陆续开业，同时新增2家离行式自助网点，全面覆盖宁波金融总量较大的重点区域，有效推动业务发展。

五是营销队伍、营销质量同步提升。分行新引进人员向一线倾斜，2010年营销人员占比达到50.85%，比年初提高6.53个百分点。同时，以产品打市场的能力有所提升。召开环球智赢、供应链金融和理财产品推介会，以产品推动业务发展。全年累计销售理财产品3亿元；实现国际结算量7.23亿美元，增长68%；成功营销轨道交通银团贷款；发行信托理财计划4亿元；开展核定货值货物质押业务；办理企业委托调查业务，加强银企合作。

三、风险及内控管理

一是抓好"三个办法、一个指引"的落实。按照《流动资金贷款管理暂行办法》规定，对借款人贷款需求进行测算，合理确定授信额度；在放款操作中，加强对贷款支付方式检查监督，核实自主支付、受托支付方式是否符合要求；在营业网点指定营业室经理岗或总会计岗负责流动资金贷款的资金支付审核监控工作，确保支付对手、支付方式符合要求。

二是认真开展地方政府融资平台贷款的清理和转贷等工作。根据银监会和总行相关政策要求，认真学习掌握相关政策，开展地方政府融资平台贷款的清理和转贷等工作，确保完成解包还原、分类定性、统一会谈、签字确认等一系列工作。存量政府融资平台续转工作有序开展，授信到期续转工作进展正常，较好地维护了银企、银政合作关系。

三是有效防范信用风险。在对存量客户认真梳理分析的基础上，按季开展风险排查，及时查明风险隐患，并针对房地产贷款风险，组织了两次房地产行业及上下游行业风险排查。

四、案防与合规并行

一是坚持完善案防工作的联防联控机制，通过实施柜台内外、银企之间、银行、员工与家庭间的联防联控，有效构建"四纵四横"的联防联控体系。

二是坚持完善案防工作的风险控制前移机制。将支付密码推广作为案防风控迁移的重点工作，加大推广力度，年末华夏银行宁波分行支付密码器推广率已达97.5%，较上年提高17.5个百分点。

三是坚持完善案防工作的问题防重犯联动机制。实施"四个区别"制度，即初犯与重犯区别、自查与被查区别、规范性问题和风险性问题有所区别、一般差错和重大差错有所区别。2010年，华夏银行宁波分行实现安全合规经营。

四是坚持完善合规风险监测手段。通过全面梳理监测指标，进一步进行修订和完善，实现指标科学性、合理性、有效性。

五是加大培训力度，从根本上确保合规经营的意识规范。组织开展"学制度、促合规、防案件"主题教育活动，组织学习银监会操作风险"十三条意见"等监管文件、"三个办法、一个指引"和《华夏银行员工"十不准"》等要求，增强员工主动合规意识，全面落实监管新要求。2010年度组织高级管理人员、客户经理、新入行员工等多层面的相关培训共181期，提升管理工作水平。

五、服务提升

强化优质文明服务建设。

一是以争创"千佳服务示范网点"为契机，优化服务设施，提升服务环境，完成了营业网点的硬件改造工程，使网点布局更为合理，区域功能划分更为清晰；开展专题服务培训，实行现场导入式服务礼仪培训，强化全员服务礼仪、服务标准、业务素质、职业道德培训，统一员工对外服务形象和服务行为，使华夏银行宁波分行服务工作整体得到有效改观；加强检查监督，加大服务考核力度，规范服务行为，细化服务标准。华夏银行宁波分行营业部被评为千佳服务示范网点，又获得市级工人先锋号、巾帼文明号等荣誉，鄞州支行被评为"宁波市民最满意的银行"。

二是加大科技对业务的支撑服务作用。新核心系统9月22日顺利上线后，实现以客户为中心的信息化管理；对网上银行系统进行改造，建立完善"现金新干线"品牌管理体系；启动合规风险预警系统建设，结合合规管理充分性、适用性、重要性、持续性原则，开发非现场合规风险管理应用软件，通过分行系统数据每月自动生成相关报表，及时掌握和消除分行合规风险隐患。

三是积极参与公益活动，满足市民金融知识普及需求。以"金融产品卖者有责"的精神为主导，每月组织员工开展公益性的金融知识普及和宣传活动，走进学校、社区、农村等地，为公众提供金融服务，尤其开展各类理财产品风险提示工作，增强公众风险防范意识。并以宁波银监局组织的公众教育服务日活动为契机，在三江口和营业网点设摊宣传，营造声势，起到了教育普及作用。

华夏银行温州分行经营管理情况综述

2010年国内外宏观经济形势充满复杂性和不确定性，对我国银行业科学管理提出了更高的要求。面对复杂的经济形势，华夏银行温州分行严格按照人民银行、银监局等监管部门的监管要求以及总行年初工作会议精神和“多、快、好、省”的具体要求来指导经营工作全过程。进一步解放思想，转变发展方式，克服内外部困难，加强合规管理、调整信贷政策、加快结构调整、提高发展质量，努力实现质量、效益、速度、结构协调发展，切实做到服务好、运行好、质量好、效益好。

一、主要经营指标完成良好，各项主要业务发展迅速

1. 存、贷款业务持续增长。截至2010年12月末，一般性存款余额160.29亿元，比年初增加40.30亿元，增速为33.7%；各项贷款余额为131.68亿元，比年初增加24.21亿元，增速为22.53%。

2. 财务状况良好。2010年实现利润25459万元，同比增加6035万元，增幅达31.44%，盈利水平同比大幅提高。

3. 资产质量继续保持良好。2010年不良余额为4918万元，较年初不良余额6383万元减少了1465万元，不良贷款率由年初的0.59%下降到0.37%，实现了不良双降目标，资产质量继续保持良好。

二、以合规文化建设为基础，提高风险管理水平，确保银行安全运行

1. 加强信贷基础管理，克难攻坚，打好不良贷款清收攻坚战。建立健全信贷风险排查、预警、资产加固、转化化解、压缩退出的风险管理长效机制。成立贷后管理中心，集中力量，开展授信合规和贷后检查尽职督导工作，集中整治了信贷业务见证和面签工作，对个别不尽职的客户经理予以劝退，认真防范假签字问题，面对不良贷款敢打硬战，举全行之力，积极排查、清收，化解不良资产。

2. 完善会计风险防控机制。一是充实了所有网点专门的分管会计副行长、营业室经理、总会计配置。强化柜员培训，“会计工作十大禁令”和《操作口诀手册》人手一份，确保100%持证上岗。二是强化制度执行，坚持“专项检查”和“日常检查”两手抓。创新检查方式，开展“款箱交接环节”、中间业务、“联动互查”等多项重点专项检查。建立“滚动式”常态排查机制，将银企对账、印鉴卡管理、账户管理、大额存取款业务、贴现业务5个方面的风险排查纳入常规检查。落实金库外包，有效规避风险。

3. 推进新核心系统上线准备工作。成立了上线工作领导小组和工作小组；新招聘会计人员30多人，对全行会计人员进行了集中授课、跟岗学习，开展了新核心系统培训；进行机房改造、培训学习、网络改造、网络线路扩容、特色业务需求、数据清理、特色业务开发、外联业务系统搭建等前期准备工作。

4. 狠抓案件专项治理，强化合规管理。一是将案件防控工作情况纳入党风廉

政考核，每季召开案件防范分析会，把案件风险防范与业务工作同部署；二是员工行为排查制度化、常态化，相继开展了“3.6票据”专案、员工异常行为、商业贿赂等多项排查；三是针对信贷资金流入股市、执行“三办法、一指引”，开展案件专项治理工作；四是成立五个合规和内控运行专家组，从各专业条线认真开展检查、会诊、整改工作，切实提高专业质量；五是切实提高内控制度执行力，加强和监管部门的沟通，认真落实监管要求，确保监管评级不降级，确保分行实现全年零案件的工作目标；六是围绕保“世博”、“亚运”、“两会”的主题，以安全评估为主要载体开展综合治理工作，受到了市政府、公安局、银监局的表彰。

三、转变营销方式，加快业务创新，推动各项业务发展

1. 做好市场规划，夯实客户基础，围绕支撑找客户。2010年，华夏银行温州分行加快网点和经营部门铺设；制定各经营单位发展“蓝皮书”，明确分行以及各经营单位的客户开发数量和结构的规划；围绕温州企业家上下游纵深、围绕物流，紧跟温州企业家异地投资、产业转移，做大做强“温州人经济”。在信贷投放和银行承兑汇票规模双重制约的情况下，大力推广融资供应链、商票保贴、结构性理财、信托贷款、国内信用证等新兴业务产品，推动存款上台阶。

2. 国际业务创新成为2010年工作的新亮点。2010年，新产品取得较大突破。分行共实现国内信用证、跨境人民币结算、进口增利赢和进口票证通这四大结算和组合产品业务量零的突破。特别是国内信用证业务，华夏银行温州分行在系统内各家分行中率先进行了推广运用，受到了总行的多次表扬。进口增利赢和进口票证通不仅业务风险低，综合回报高而且也为客户创造了可观的增值收益。

四、认真贯彻落实国家宏观调控政策，提高金融服务能力，支持地方经济发展

1. 货币信贷政策执行情况。为进一步强化全行信贷投放管理，2010年华夏银行总行成立了由总行行长任组长的信贷投放管控领导小组。把工作重点放在确保信贷投放总量符合监管要求、实现信贷投放节奏均衡平稳、持续推动信贷结构优化、持续提高信贷资产质量四个方面上来。华夏银行温州分行信贷投放基本上以“3322”的节奏按季均衡投放。同时，发展优质行业、客户，大力推广绿色信贷。总、分行制定了信贷投放政策，明确信贷支持节能减排，淘汰落后产能，践行绿色信贷。

2. 积极改善金融服务，提升服务质量水平。(1)规范网点文明服务，提高金融服务满意度。严格按照《华夏银行温州分行营业网点服务规范》和总行编制并下发了营业网点服务工作规范系列手册，对网点分管服务行长、营业室经理、柜台人员、大堂经理、营销人员、驻点营销人员、保安人员等的日常服务行为进行进一步规范。在支行自查的基础上，每季采取网点服务检查、调阅监控、神秘客户等检查方式对网点服务进行督导，并通过通报、发放整改单等落实整改，防止差错重犯。为了进一步剖析当前的网点服务质量，加大问题整改力度，全面提升网点服务质量，华夏银行温州分行成立网点服务专家组，定期召开会议，密切关注分析服务能力和客户的金融服务满意度，对不足之处提出整改措施，达到提升服务质量的目的。(2)扩大金融服务覆盖率。推进机构建设，提高网点覆盖率，积极支持新农村建设和三农经济发展。目前，华夏银行温州分行共有11家营业网

点，其中包括瑞安、乐清两家县域支行。明年计划在苍南、永嘉两地设县域支行，以加快实施“空白乡镇金融网点与服务覆盖工程”，目前正在积极申请筹建中。另有12家自助银行分布于温州各主要经济区域。

3. 扶持中小企业，促进地方经济发展。华夏银行温州分行中小企业信贷部于2009年12月10日正式挂牌，是华夏银行温州分行2010年打造小企业金融服务特色，积极投身温州中小民营企业金融服务大潮的一项重大举措。实现业务集中处理，对业务受理、审批、发放和贷后管理多个环节实行一站式解决；并针对中小企业的融资需求，推出了循环贷、联贷联保等专营于中小企业的信贷产品，加大营销整合重组和转型升级类及其产业链上的中小企业，为小企业提供优质、高效、快速的金融服务。2010年12月末，华夏银行温州分行小企业贷款按人行口径统计余额为37.86亿元，较年初增加8.46亿元，增长率为28.78%，各项贷款余额为131.68亿元，较年初增加24.21亿元，增幅为22.53%；实现了小企业贷款增量高于上年，增幅高出全部贷款的目标。

五、加大人才引进，注重员工培训，提升业务技能

华夏银行温州分行一方面实施人才培养工程，加大对优秀人才的引进力度。如制定《华夏银行温州分行2010年培训计划》，加大各个层面人员的有针对性的培训力度，把培训作为重要的福利来管理。建立优秀的人才队伍，加强员工需求管理。注重员工职业发展，关心员工身心健康，于4月份，对107名员工分4个序列进行不记名的压力和需求管理调查，调查结果作为员工队伍管理工作的重要依据；为各支行、部室订购《情绪管理》(DVD)，倡导压力与情绪的自我管理；全行范围内组织服务满意测评。加大重要岗位人员的专业培训，着力提高实战能力和适岗能力，全年各项培训人次达2500人以上，覆盖率达96%以上；另一方面加大科技投入，优化科技力量，配合总行开展新核心系统上线工作。

招商银行杭州分行经营管理情况综述

行长　朱新建

2010年,招商银行杭州分行认真贯彻总行全国分行行长会议精神,紧紧围绕分行确定的"效益为本、质量为先、二次转型、再创辉煌"的指导思想,点燃激情,创新思维,抢抓发展机遇,加快发展步伐,各项业务呈现出百舸争流、千帆竞秀的可喜局面。截至2010年末,全行人民币自营存款余额达到742.62亿元,比年初新增102.69亿元;人民币一般性贷款余额820.99亿元,比年初新增159.02亿元;不良贷款率控制在0.5%以内;全年实现考核利润16.47亿元,比上年增加5.62亿元,增长51.82%,考核利润在总行系统内的排名由上年的第五位上升到第四位,实现了效益、质量、规模的协调发展。

一、积极筹措资金,持续加大信贷投入

2010年一开年,招商银行总行就对各分行实施严格的信贷规模调控,实行贷款额度控制。为此,杭州分行通过各种渠道向总行反映浙江经济运行状况,争取贷款规模倾斜支持,用于浙江企业和个人的贷款发放。截至2010年末,招商银行杭州分行人民币一般性贷款余额达到820.99亿元,比年初增加159.02亿元,增量在招商银行系统内列第二位;全行人民币自营存款余额达到742.62亿元,比年初新增102.69亿元,增量列总行系统内第八位。2010年,招商银行杭州分行再次被省人民政府评为"浙江省金融机构支持经济发展二等奖"。

二、优化信贷结构,推进经济增长质量

招商银行杭州分行严格执行国家"有保有压"的信贷政策,坚决贯彻"有进有退,进而有为,退而有序"的原则,因地制宜,区别对待,突出重点,实施有质量的信贷投放,将信贷资源集中配置到全省重点支持和发展的领域,加大对中小企业、转型升级、节能减排、涉农行业等领域的信贷支持力度。一是优先支持中小企业发展。作为总行中小企业发展A类行,中小企业业务一直是招商银行杭州分行业务发展的重点。面对紧缩的宏观环境,我行始终坚持优先发展中小企业战略,通过增量规模和存量调整,不遗余力地支持浙江中小企业发展。截至2010年末,全行中小企业户数达2760户,比年初增加487户,中小企业户数占全部对公贷款户数的比例达87.59%,比年初上升1.88个百分点;中小

企业贷款余额322亿元，比年初增加68.14亿元，中小企业贷款余额占全部对公贷款余额的比例为64.95%，比年初上升8.82个百分点。无论是中小企业户数总数或新增，还是中小企业贷款总额或新增，均列总行系统内首位。由于招商银行杭州分行中小企业业务发展出色，9月6日，正值深圳经济特区建立30周年纪念日，《浙江卫视》"浙江新闻联播"栏目组采访了杭州分行朱新建行长，朱新建行长就"浙江与深圳30年合力前行"这一主题谈了招商银行支持浙江中小企业的情况，当晚新闻播出后，受到了金融界和社会各界的关注，扩大了招行在浙江市场的影响力。二是支持浙江产业转型升级。2010年，招商银行杭州分行紧紧围绕浙江产业升级战略，强化对重点产业的信贷规模保障。截至年末，招商银行杭州分行对公一般性贷款比年初新增43.56亿元，投放于十一大产业上的信贷增量达到17.04亿元，占全部对公一般性贷款增量的39.12%。三是积极推行绿色金融。招商银行杭州分行严格控制对"两高一资"、产能过剩行业的贷款，严禁对环保方面违法违规企业发放贷款，坚决压缩、退出落后产能贷款，切实防止低水平重复建设，积极推行绿色金融。全行发放节能环保类贷款11.27亿元，截至年末环保类贷款14.3亿元，占比1.64%。四是支持各地农村企业及各类组织的涉农贷款。为扎实有效地推进支农活动，更好地服务我行涉农中小企业，招商银行杭州分行配合国家宏观调控政策、产业和区域发展政策，通过合理配置资金，进一步完善信贷政策，积极支持各地具有明显经济社会效益和支农效果的农村企业及各类组织的涉农贷款。截至2010年末，招商银行杭州分行涉农贷款余额达到284.56亿元，比年初新增45.92亿元，增幅19.24%。

三、强力业务创新，提供优质金融服务

浙江是民营经济大省。招商银行杭州分行本着"因势而变"的经营理念，顺应市场需求，积极推进业务创新和产品创新，促进浙江中小企业和个人经营户的发展。一是大力推广"助力贷"。总行于2010年推出了招商银行中小企业特色融资产品品牌——助力贷。招商银行杭州分行积极响应，对外统一制作"助力贷"宣传材料，在省内主流媒体投放广告，引发了极大的市场关注度和品牌影响力；对内组织全行客户经理进行业务培训，将"助力贷"品牌项下各项中小企业融资产品进行详细解读，号召全行开展"助力贷"业务，有力地推动了全行中小企业业务的加快发展，中小企业业务在总行系统内持续保持排头兵的地位。同时，积极开展"1＋N"供应链金融创新尝试，温州某企业集团面临代理商结算周期长，业务拓展慢的问题，我行将信贷资金和风险管理直接嵌入了该集团下游的供应链，满足其分销系统日常性采购的资金周转需求，开创了银企合作的新模式；尝试将"1＋N"业务与融资租赁相结合，为多家中小企业供应商开展租赁1＋N业务方案设计。二是全新推出"生意贷"。在浙江市场，小企业经营者、个体工商户和自由职业人的经营融资需求具有"短、平、快"的明显特征。为此，招商银行杭州分行积极大力开展业务创新，对原有个贷产品从政策上、功能上、流程上、模式上进行了大量创新，向市场隆重推出了"生意贷"个人经营贷款。"生意贷"一经推出，就受到了浙江中小企业业主和个体工商者的广泛认同，并被总行评为"最佳营销策划奖"。全年累计发放"生意贷"7138笔，金额71.4亿元，年末余额55.5亿元。三是积极推进国际业务创新。浙江是外贸大省。2010年，招商

银行杭州分行通过加大贸易融资信贷投入和推动国际业务创新，充分发挥本外币、离在岸、境内外“联动”优势，为浙江企业提供优质的国际贸易结算服务。全年在岸贸易融资累计发放35.5亿美元，比上年增长53.7%；累计办理国际结算122.52亿美元，比上年增长83.34%；特别是在总行系统内和浙江同业首个推出他行背对背信用证业务，离岸结算量达58.8亿美元，比上年增长121%。四是积极推进各项新兴业务。2010年，招商银行杭州分行积极推进理财业务，全年累计公司理财和同业理财销售额达到296亿元；推进投资银行业务，浙江龙盛(600352)于2010年12月领取了24亿短融的注册通知书，并于2011年1月20日成功发行了第一期15亿元，这是浙江省目前首次注册金额和单次发行金额最大、首次信用评级最高的民营企业发债项目；推进资产托管业务，全年累计营销叙做13个信托计划保管项目，金额达到32亿元；推进养老金业务，获得浙江省内两家大型企业的年金账管和托管两项资格，获总行通报表扬。

四、全面提升管理水平，实现全行安全经营

一是全面提升信贷管理水平。全行上下直面浙江经济震荡复苏带来的严峻挑战，完善信贷制度，加强信贷检查，加大清收力度，取得了良好效果。2010年末，全行不良贷款率0.48%，比年初下降0.01个百分点。二是全面提升管理技术手段。根据总行的统一部署，先后顺利完成了会计流程改造系统、新一代信用风险管理系统、合规风险管理系统的上线及推广工作。三是全面推进合规风险管理。加强合规督导官履职管理，完善管理措施和报告要求，并完成全行合规督导官2009年度评级工作。加强合规教育，认真开展新入行员工和新建网点员工的合规培训，加强对网点客户经理的“三十条禁令”培训，全年组织开展各类法律合规培训8次，累计500多人次参加。加大反洗钱检查力度，组织对21家同城异地分支网点进行反洗钱现场检查和通报。四是全面组织实施各项审计工作。认真组织实施各类审计项目，完成了对10家同城行部、22家异地分支行部常规审计项目，对10家同城行部个贷和分行票据中心的专项审计，以及对16位分、支行部领导的离任审计。全面开展内控“自评自核”工作，成立了领导小组，制定了实施细则，并对全行1945名干部、员工开展了审计重要发现宣贯测试，促进员工“自我免疫”意识的提高。五是全面推进安全保卫工作。健全机构，落实责任，分行单设了监察保卫部。根据银监会关于开展“银行业内控和案防制度执行年”活动的通知，分行将6月份确定为“制度学习月”，分行各部室每周利用4小时业余时间集中学习廉洁从业、职业操守和基本管理制度。针对全省自助银行案件频发的严峻形势，对全行自助银行进行了专项安全检查，提高了物防和技防水平。加强网点防抢措施，全行13家机构被当地公安推荐为杭州市平安金融单位。建行13年来，杭州分行实现了无案件或无重大责任事故。

五、增设机构网点，完善金融服务网络

2010年，招商银行杭州分行积极推进网点建设。全年共新设温州乐清支行、嘉兴海宁支行、绍兴诸暨支行、杭州文晖支行、嘉兴南湖支行，共完成7家自助银行新设任务，并启动在瑞安设立村镇银行的主发起行工作。截至2010年末，招商银行杭州分行辖属营业网点共有47家，覆盖杭州、温州、绍兴、金华、嘉兴、衢州、湖州等

地，并设有自助银行141家，为广大客户提供了快速、便捷、优质的服务，形成了比较完善的金融服务网络。同时，招商银行杭州分行积极争取总行支持，大规模开展现有网点改造。全年共对9家网点进行了迁址改造，对8家网点进行了原址改造，网点形象和客户满意度大幅提高，一朵朵灿烂的金葵花绚耀在浙江大地。招商银行湖州支行荣获"全国银行业2010年度文明规范服务示范单位"荣誉称号；杭州解放支行、湖墅支行、绍兴柯桥支行荣获"浙江省银行业2010年度文明规范服务示范单位"荣誉称号；杭州高新支行荣获浙江省财贸系统"工人先锋号"荣誉称号，极大地提升了招商银行在浙江市场的优质服务品牌。

六、热心慈善事业，奉献社会公益爱心

招商银行杭州分行作为一家有社会责任感的企业，长期以来致力于公益事业的发展，关心社会民生的建设，将"企业社会责任"的理念延伸至扶贫、教育、环境保护、公共卫生等众多领域。2010年，杭州分行干部员工情系灾区和贫困地区，积极开展捐款捐物活动，累计捐款44.15万元，捐物5986件，为实践"企业社会责任"作出了自己的努力。

招商银行宁波分行经营管理情况综述

【经营业绩】 至2010年末，招商银行股份有限公司宁波分行全折人民币资产总额达到409.62亿元，新增5.04亿元，增幅为1.25%。全折人民币自营存款余额达到214.24亿元，新增7.89亿元，增幅为3.82%。全折人民币自营贷款余额达到313.24亿元，新增15.94亿元，增幅为5.36%。累计完成国际结算量76.58亿美元，较上年增长89.27%。实现税前利润5.5亿元，同比增加1.81亿元，增幅为49.05%。宁波地区五级分类口径不良贷款余额为5.43亿元，比年初减少0.35亿元，不良率为1.73%，比年初下降0.21个百分点。

【公司业务】 一是大力发展中小企业金融业务。适时成立中小企业金融部(筹)，以实现营销专业化、产品专业化、风险管理专业化为目标，以风险内嵌、流程优化为抓手，进行中小企业业务专业化经营管理。中小企业金融部(筹)成立后，当年中小企业客户数新增178户，中小企业业务审贷效率大幅提升。二是狠抓产品创新，以产品差异化作为客户营销和提升定价的有效利器，一方面以多种形式大力推广总行2010年全新"助力贷"中小企业融资品牌，另一方面利用总行产品创新权限下放契机，及时推出物流行业联合担保融资产品、专业化市场联保贷等创新产品。三是大力发展新兴业务和特色产品，拓宽中间业务收入渠道，和"安邦财产保险股份有限公司"合作的现金管理项目荣获"年度汇川大奖——最佳流程改造奖"，和宁波雅戈尔集团合作的跨银行CBS项目已顺利实现"银企直联"。

【零售业务】 一是加快财富管理业务发展，大力营销偏股型基金、保险、银行理财、外汇、信托理财、黄金等各项产品，进一步提高零售中间业务收入占比。二是推动个人资产业务多元化经营，提高定价能力，大力发展消费贷款、个人经营贷款、汽车贷款和商业用房贷款等高收益个贷品种，持续优化个贷业务结构，提高非房贷余额占比。三是分层开展丰富的营销活动，推出"万达电影""非常1+1"、"惊喜99"、"非常玩乐季"等众多活动，联合银泰、肯德基、新世界百货等各大商家开展一系列持卡人优惠活动，邀约高端客户开展私钻女性客户俱乐部养生讲座、名品闭馆专场特卖、顶级客户高尔夫夏令营等，广获赞誉。

【国际业务】 一是夯实客户基础，提升客户价值。针对基础客户，启用出口贸易融资信用授信，建立单笔贸易融资快速审批流程，从授信、产品、技术和服务四个方面对发展出口中小客户提供全面支持。针对价值客户，持续推进进出口200强企业精准营销方案，举办潜力客户金融研讨会、点金高端品牌客户活动，并通过加大交叉销售、量身定制联动产品方案加深客户合作紧密度。二是强力推进离在岸、境内外联动业务。在人民币升值预期愈演愈烈、外币流动性持续紧张时机下，充分挖掘与该行境外机构的合作潜力，为高收益联动产品开辟更多的资源和渠道。三是实施贸易融资精细化管理，不断提高定价水平。

【信贷管理】 全面加强风险防控，深化行业研究，进一步明确了信贷投向政策和客户、业务准入底线；加强政府融资平台授信管理工作，多次开展对政府融资平台的解包还原和清查工作，制订压缩退出计划，逐户测算现金流覆盖情况，重新评估了平台客户和项目的还款能力，落实贷款的最终风险敞口；加强集团客户授信管理工作，制定了对集团客户统一授信管理办法，逐步将单一业务审批模式调整为单一客户授信方案审批模式，并根据管理需要加强了集团客户大额风险并表管理；认真落实贷款新规，强化贷款新规执行力，通过多途径、多形式，自上而下开展专项培训5次，计200多人次。

【合规经营】 在合规管理方面，加强制度评审与梳理，确保系统内部规章制度完整有效，满足员工查询、使用的需要；开展合规风险点排查工作，加强合规教育，防范和化解风险隐患，构建长效自律机制。抓好抓实反洗钱非现场检查和可疑交易监测报送工作，严密防范洗钱风险。在审计工作、纪检监察及案件防控方面，积极探索审计新方法，利用IT力量加强异常数据分析，全年对辖内所有支行开展了全面常规审计，并要求支行及时整改；开展了案件风险排查与专项排查，加强员工异常行为管理与违规案例专项教育；组织安全保卫相关应急预案演练，确保全行无经济案件、无安全保卫事故、无重大差错事故。

【服务提升】 通过服务改进提示函、检查通报、考核评比一系列措施，着力提升服务监督的效果。完善服务培训体系，落实服务复训计划，通过开展分行服务内训师的选拔，建立分行服务内训师队伍。改进客户投诉管理，客户投诉处理48小时响应达成率、5个工作日处理完成率两项指标均达到100%。2010年，分行服务考评一直处于系统内优秀行列，分行营业部再度荣膺中国银行业文明规范服务千佳示范单位。

【公众教育】 深入贯彻落实“2010年银行业公众教育日”活动精神，围绕社会关于银行业的热点、疑点、难点，以全面翔实、生动活泼、形式多样、通俗易懂的形式，在江北、北仑、慈溪、余姚4处设点向公众普及金融常识、提示金融风险，通过全民金融安全意识和风险识别能力的培养，加深公众对于银行业务的了解，让公众能更好地分享中国经济发展的成果。此外，招商银行宁波分行还连续多年组织“理财教育公益行”、“专家讲坛”、社区路演等活动，通过向广大客户传递正确的投资理念，为树立健康财富新观念，普及公众金融素质教育，增强民众的投资风险意识作出了贡献。

【队伍建设】 出台《员工退出和待聘管理办法》，营造优胜劣汰的良性竞争氛围。优化岗位体系和人员配置，推出综合柜员，精简人力。完善干部评聘机制，优化考核分配机制。明确培训方针，完善培训管理，分层次、分条线、抓重点，开展了各类员工培训，提高了全员综合素质。

广东发展银行杭州分行经营管理情况综述

行长　韩立光

一年来，尽管面临各种不利因素，广东发展银行杭州分行各项业务依然保持了平稳增长的态势；各项主要指标呈现了良好的增长势头。

一、业务增长，调整稳步启动

截至2010年12月31日止，全行本外币存款余额达636亿元，较年初新增91亿元，增幅为16.7%，总量和增量均列全系统第二。本外币贷款余额达518亿元，较年初新增71亿元，增幅为15.99%。考核净利润突破11亿元大关，较上年增长5.3亿元，增幅达93%，按同口径比，创分行历史最好水平。

全行公司条线：本外币对公存款余额514亿元，较上年增长75.3亿元，增幅为17.2%，余额增量排名全系统第二。对公贷款余额392.5亿元，增幅为10%。实现国际业务结算量47亿美元。实现对公中间业务收入1.3亿元，托管业务快速发展，排名全系统第一。全年累计办理票据贴现251亿元，票据贴现利差收入排名全系统第一，实现9868万元。销售对公理财产品6.1亿元。现金管理系统营销完成总行指标的10倍。创新业务百花齐放，全系统首创“银租企”业务，全系统首单并购贷款和PE基金托管业务，全辖首单法人透支账户和内保外贷等业务，2010年都实现了新突破。

全行个人条线：本外币储蓄存款余额122亿元，较上年增长15.85亿元，增幅为15%。个贷余额达125亿元，增幅超过40%，净增额名列全系统第二位。实现个金中间业务收入4155万元，绝对额排名全系统第一。销售个金理财产品14.5亿元。信用卡业务规模和利润实现高速增长，当年发卡超过19万张，累计发卡总量全辖突破113万张；年交易量突破120亿元；实现考核利润3亿元，增幅超过了90%，创历史最好水平。电子网银交易笔数突破百万笔；新建各类自助银行和单体ATM机25家；全辖网银活跃客户数和网银业务普及率持续上升。

宁波分行公司业务项目开发和储备充足，投放进度和节奏把握良好，较好地实现了资产负债业务的同步配比增长。

温州分行立足当地经济特色，个人资产业务和负债业务齐头并进，盘活资产，腾挪空间，以资产业务为依托，其人民币存款的时点增幅和日均增幅，为杭、甬、温三地的最高水平。

台州分行顺利开业，并在当地立足、发展。通过艰辛努力，义乌分行已在紧张筹建之中。

根据广东发展银行杭州分行下半年提出的："主动调整客户结构，降低异地客户占比，全力拓展优质本地客户群"的战略部署，公司条线建立了重点客户管理办法、系统性客户管理办法等制度，从运作层面，鼓励全行推动客户结构优化和业务结构调整。调整已稳步启动。

广东发展银行杭州分行通过并购贷款、法人账户透支等新产品，成功成为多家优质大中型客户的主办银行之一；"好融通"发展势头迅猛，有力促进了中小客户的新增开发，有效扩大了中小客户群资源基数。

二、矩阵管理，全面创新转型

下半年，广东发展银行杭州分行先后成立了公司业务委员会和个人业务委员会，为推行矩阵式管理模式，构建了机制框架，明确了工作职责，奠定了组织基础。"两委会"成立，前台形成两大业务管理、营销强势平台，分行致力于转变单一模式，促进并确保各项业务的可持续发展。

两大条线的推进，取得较为明显的效果。公司条线主要有：一是公司条线上下联动，现金管理业务营销成功迈出第一步。二是积极利用企业债务融资工具。成功参与了省内部分优质大中型企业的短融和中期票据的发行分销。三是与物流行业的合作正在继续深化。广东发展银行杭州分行80亿元监管限额已获总行批准，为2010年"仓贸银"业务大发展奠定了基础。四是全行资产托管业务实现了突破。拓宽了对公中间业务收入的来源。五是与金融租赁公司合作，推出了"银租企"三方合作模式。六是探索推出了对公客户高端理财产品。与国内领先的理财服务机构建立了合作关系，有效满足了对公客户高端理财的需求。

个人条线主要有：一是个人条线引进软件系统，创新推出服务手段。在客户中赢得了较好的服务口碑。二是积极开发、创新个贷产品。推出了"生意金"个体工商户助业贷款，在资信证明简化，担保和利率等标准化、菜单化方面，取得了较好效果。三是"支付宝"信用卡直连支付及"广发—淘宝"联名卡即将推出。四是与第三方支付合作的信用卡还款项目正式上线。交易量迅速扩大，带来了结算资金沉淀。

三、应对挑战，化危机为机会

广东发展银行杭州分行在确保利益最大化前提下，组织力量，千方百计、千辛万苦，积极开展不良资产清收工作。

风管条线积极按照总行的要求，严控限制性担保和互保类授信业务的比例。

本着"守土有责"的指导思想，分行初步建立了声誉风险应急事件处理工作流程和制度。先后处理了多起可能，或已经引起社会反响的客户投诉事件，最大限度地减少了声誉损失风险。

四、严守合规，强化风险防控

合规经营是银行从业人员的立身之本。风险防控是一家银行的生存之本。上年，特别是下半年以来，花大气力，投大精力，强化了合规经营、风险防控机制的建设。

一是严控信贷风险、加强授信风险防控。下半年，从风险防控流程入手，在提高首笔授信准入门槛，加强审查把控；规范风险预警流程；建立风险核查机制；加强现场检查与非现场监测力度；强化贷后检查管理等方面，做了大量工作，切实有效地提高了全行信贷风险防控能力。

二是加强合规建设，整肃行风严明行纪。上年，由广东发展银行杭州分行统一组织抽调杭、甬、温三地业务骨干，在全辖范围内开展“洁身——2010”内控联合检查。“洁身行动”是建行以来，第一次最深入、最全面、最彻底的内控联合检查。整体看，这次拉网式内控检查，有效提升了各部门的管理水准，大大加强了内控制度的建立、健全，提高了执行力。

广东发展银行杭州分行公布了网点临柜员工“五严禁”、客户经理（管理人员）“五严禁”两个铁的禁令，加大了对违纪、违规行为的惩处力度，严肃追究责任。

广东发展银行杭州分行先后修订、出台了8项反洗钱规章制度，完善了反洗钱内控制度建设；接受曾经发生的反洗钱违规事件沉痛教训，痛定思痛，不越雷池；整肃了行风，严明了行纪，确保了合规经营。

五、整合资源，实现优化配置

一是用好财务资源，优化绩效考核体系。经过一年多的系统开发，广东发展银行杭州分行FTP系统上年顺利上线。在总行平衡计分卡考评办法出台后，又及时修正原双百分考核，将员工薪酬与责任、业绩、风险直接挂钩，从费用、奖金上实现增量考核，重点向业务一线倾斜。逐步推进了人事及薪酬体系改革，鼓励员工争先进位，能者多得。

二是推进机构建设，动态优化网点布局。机构网点建设提速。全年共有二级分行一家，同城支行五家建成开业。同时，义乌分行、温州鹿城支行、宁波宁海支行均获银监部门筹建批复，正在紧张筹建之中。

在推进新网点建设的同时，对现有网点布局重新评估后，提出“优化调整”的战略原则。拟将德胜支行迁址杭州未来核心商务区钱江新城。2010年，仍将对布局不合理的网点进行迁址、并址，适应发展和市场的需要。

六、提升管理，加强队伍建设

广东发展银行杭州分行对中、后台的基础管理、队伍建设和组织建设提出了更高、更规范的标准，各部门都做了大量的工作。

一是提升信贷基础管理水准。风管条线积极提升信贷基础管理水准，重点加强对授信项目的质量跟踪管理。着力疏导瓶颈，优化多项流程，进而提高了效率。

二是提升人力资源管理水准。人事条线在推行员工职业生涯规划、双向选择、岗位公开选聘、青年英才计划等举措的基础上，加大优秀人才引进力度，实施了“人才强行”战略。2010年，引进人才中具有专业银行工作经历、海外留学背景人员的比例明显提高。

三是提升后台流程管理水准。广东发展银行杭州分行将网点选址工作的牵头部门，从办公室调整为个人银行部，这样选址更贴近市场脉搏；信管、信审两大部门实行合署办公，进一步畅通了信贷全流程。

深圳发展银行杭州分行经营管理情况综述

行长　袁振瑜

2010年，深圳发展银行杭州分行紧紧围绕“科学管理、适变求新，优化结构、严控风险”的全年工作思路，加快结构调整，推进管理提升，强化风险防范，在变革中求发展、在竞争中求生存，积极应对宏观调控等政策影响，顶住规模增长和利润指标的压力，在广大干部员工的共同努力下，完成总行下达的各项考核指标。

一、杭州分行2010年主要工作业绩

1. 存款规模稳步增长。2010年末，分行各项存款(含离岸)余额495.34亿元，较年初新增79.40亿元，增幅达19.1%；其中，零售存款实现较大幅度增长，较年初新增15.62亿元，年末余额达64.58亿元，增幅为31.9%。

2. 贷款业务增幅平稳。受宏观调控及地方政府融资平台清理等政策影响，分行各项贷款增长平稳，2010年末各项贷款余额392.18亿元(含贴现)，较年初新增72.85亿元，增幅22.8%。零售贷款仍保持一定增幅，年末余额80.51亿元(含小微)，较年初新增15.43亿元，增幅23.7%。

3. 资产质量继续保持优良。年末，深圳发展银行杭州分行不良资产(按五级分类)为12808万元，较年初增加1697万元；不良率为0.33%，较年初下降了约0.02个百分点；全年清收不良资产11325.84万元。

二、全年主要工作措施及成果

(一) 突出客户升级和现金管理战略，调整业务结构

2010年，受宏观调控政策影响，深圳发展银行杭州分行及时调整经营思路、突出客户升级和现金管理战略，提升市场份额，加快业务及客户结构调整。

为培育优质客户，深圳发展银行杭州分行积极推进客户升级战略，加大授信支持力度，借助电子渠道、结算理财等现金管理业务，为客户提供综合性金融服务，提升中间业务收入，并成功利用银行与企业之间的新型合作平台，提高电子结算率，推进公司理财产品销售，扩大中间业务收入。

突出与供应链核心企业的战略合作，强化定价策略，加大战略核心客户授信占比，借助供应链金融线上化运作，深度、批量挖掘客户资源；强化业务创新，大力推广融资租赁保理、房地产保理等新型保理；不断完善业务操作流程，规范票据交收和核库管理，进一步优化监管模式。同时，借助分行中小企业专营机构，加大中小企业目

标客户群的开发力度。

2010年，深圳发展银行杭州分行抓住外贸行业实现恢复性增长的契机，全力发挥在离岸业务优势，积极营销拓展市场，国际业务结算量首次突破100亿美元大关，全年超130亿美元，增幅近45%。在稳定结算业务收益率的同时，深入挖掘国际业务咨询费等中间业务收入，开拓在岸外商投资企业资本金业务；同时，积极探索国内信用证业务，支持业务规模和收益率的提升。

（二）完善管理架构、创新业务产品，落实精细化管理要求

2010年，零售业务在完成专业化管理平台和渠道队伍建设的基础上，进一步完善管理架构、创新业务产品，以落实精细化管理要求，提升核心竞争力。

根据总行"飞跃计划"发展战略，深圳发展银行杭州分行于年内在各网点分阶段试点推行，通过引入主动销售模式和统一、有效的销售流程，提高产品的交叉销售率，扩大有效价值客户群，提升整体销售能力。同时，创建新的销售文化和业绩管理模式，实施晨会、周会和电话例会制，初步建立零售主管、理财人员、大堂经理的零售团队架构。实施客户经营战略，在细分客户的基础上，通过差异化经营，不断扩大零售客户群，提升客户产品渗透率。在与第三方合作方面，重点推动保险业务及第三方存管业务发展，以满足客户多方面理财需要。强化理财业务合规操作，优化网点营销环境，梳理销售流程，建设增值服务平台，不断完善理财人员绩效考核机制，有效提升网点销售力和内控管理水平。

零售信贷在实现垂直管理的基础上，积极推进管理的专业化、精细化和全面化。年内，积极应对房贷调控政策影响，以个人经营性贷款为突破口，积极参与小微信贷项目试点，推出"气球贷"到期转贷模式、"存抵贷"升级、"租赁宝"贷款、"手拉手"联保贷款、"信用速贷"等创新业务产品；并根据市场变动，启动客户挽留及外呼销售项目，以不断优化客户及产品结构。管理方面，在个贷运营与风险管控职能分开的基础上，突出精细化管理要求，实行贷款过程化管控和数据化管理模式，强化市场调研，落实培训督导，对异地支行实行转授权管理，规范统一审批要素，借助系统科技手段加强贷后资金监测，实现资产质量的"双降"。

（三）严格风险防范、优化信贷资源，平衡业务发展与风险控制

风险管理围绕业务发展，强化风险管控、提升管理能力。面对经营形势变化，深圳发展银行杭州分行进一步明确信贷投放、强化指导力度，出台行业分析和信贷政策指引，以提高制度的执行力。年内，根据总行及监管部门要求，集中开展政府融资平台贷款解包还原工作，落实总量控制和结构调整，做好分类认定和监测工作。同时，在管理方面，优化出账流程，推出出账预审制，完善预警信息交流处置平台，强化风险提示和自查，以提高预警的处置力度。全力推进"三个办法、一个指引"的贯彻执行，开展各类信贷风险排查活动，落实排查整改，规范业务操作。加强对客户经理的素质和能力的培养，通过奖惩激励机制，提高风险观和业务技能；积极推进信贷风险管理系统的完善、梳理和优化，确保信贷业务正常运行。

信贷审批围绕以"调整信贷结构、严控信贷风险、平衡业务发展"为中心，积极向全程风管模式延伸。积极配合业务转型和结构调整，优化资源配置，贴近业务发展需要，全力推进存量客户升级、政府融资平台清理、核心供应链企业开发等工作；优化审

批流程，完善专业化审贷和绿色通道制度，设置贸易融资审批岗专职审查，强化审查员考核制度，提高审贷效率；落实联系人制度，加强窗口指导力度，贴近市场适时调整审批策略，通过制度修订、流程改造等方式推进贷款新规的贯彻执行；增加贷前调查参与力度，提高授信业务的再调查和实地核查比重，切实防范风险。

（四）强化流程管理、提升资金效能，重点发展同业业务

运营管理工作围绕“抓好流程银行建设、改进运营服务和强化内控管理，合力打造最佳服务银行”展开。进一步明确岗位职责，建立运营人员绩效评价体系，提高运营管理防控能力。加强事前、事中、事后的会计审核，提高会计核算质量，强化运营风险管理，提升柜面风险识别能力；不断深化优质服务理念，提高运营转介能力，充分挖掘客户潜力；通过组织开展主题征文、家访、明星员工及网点评选等各类活动，加强团队建设，提高运营团队凝聚力。

年内，深圳发展银行杭州分行增设了金融同业部，重点开拓同业业务。受宏观调控政策影响，及时调整策略，强化预算考核，突出抓好流动性管理，统筹协调全行的负债与资产业务；加强票据运作，畅通票据出口，控制表外加权风险资产，稳固业务平台；加强资金监管排查，规范资金业务操作，有效防范资金操作风险。

（五）加强机构建设、强化内控管理，推动业务可持续发展

2010 年，深圳发展银行杭州分行新设金华永康支行于 3 月 12 日正式开业，各项运营情况良好；义乌分行迁址、宝善支行迁址、高新支行网点改造、“飞跃计划”改造、分行保安员宿舍整修等项目建设基本完成。

内控管理工作扎实稳健推进，制度和文化建设双管齐下。一方面，通过专业及兼职合规员队伍建设，加强考核管理，积极落实合规审查、检查和风险监测等各项工作，有效提升风险管理能力。另一方面，积极推进合规文化建设，建立合规风险提示机制，年内，深圳发展银行杭州分行集中开展了“案防合规”活动月系列活动，加大合规文化宣传，致力于建立合规长效机制。在反洗钱方面，深圳发展银行全面落实大额及可疑交易报告、客户风险分类、业务监测、检查等各类工作，年内获人行杭州中心支行的来函表扬。

（六）推进岗位管理、强化安全防范，树立分行良好社会形象

2010 年，深圳发展银行杭州分行继续加强员工队伍建设和能力培养，进一步规范员工招聘、晋升等人力资源管理流程，加大新入行员工、中层管理干部培训，促进人员素质提高，推动人才储备和培养。同时，根据总行岗位管理项目要求，对所有岗位进行梳理、评估、调整，并在年前完成整个项目在分行的落地推广工作。不断完善绩效考核体系，并根据总行要求深入落实 KPI 绩效考核方案，全面实现条线化考核和“排名制”考核分布，进一步提高了员工的工作积极性。

2010 年，深圳发展银行杭州分行积极组织参加“捐书赠节能灯”、“公众教育日”等社会公益活动，树立深发展良好的社会公众形象。

深圳发展银行宁波分行经营管理情况综述

【业务综述】 2010年,深圳发展银行宁波分行落实监管部门政策及监管承诺指标要求,围绕年初总行制定的计划和"分行三年发展规划",秉承"合规化经营,精细化管理,均衡化发展"的经营理念,正确解读政策导向、跟踪市场环境动态,认真防控风险,积极拓展业务,形成业务发展和风险管控齐头并进的良好局面。

【经营业绩】 2010年末,深圳发展银行宁波分行本外币各项存款余额186.81亿元,比年初增加38.76亿元,增幅26.81%。本外币各项贷款余额187.41亿元,比年初增加43.84亿元,增幅30.54%。本外币五级分类不良贷款余额1.3719亿元,比年初减少0.0144亿元,不良贷款率0.73%,比年初下降了0.22个百分点。实际中间业务收入3777万元,比上年增加1156万元;利润3.95亿元,比上年增加1.12亿元。2010年深圳发展银行宁波分行承诺监管指标完成情况:截至2010年底,不良贷款比例0.73%;保证金及质押类存款比例55.34%;承兑占贷款比例78.92%;小企业贷款(国标口径)增速大于全部贷款增速;未发生案件;基本能够科学合理把握信贷投放节奏。

【经营策略】 2010年是深圳发展银行宁波分行"三年发展规划"的最后一年,该行围绕"目标一致性"的原则,主动应对市场环境动态,适时调整经营策略,优化经营管理,强化风险管控,集中力量完成总行指标和实现业务发展。

面对2010年严峻市场环境,深圳发展银行宁波分行密切关注市场动态,探索"求异创新、特色产品"的服务方式,营销龙头企业、服务中小企业、支持三农经济,促进业务稳定发展。按照政府、人行、银监会下达的各项调控政策及传递的意图,基于全行信贷特点及业务发展方向,深圳发展银行宁波分行将支持中小企业和支持贸易融资业务作为两大重点发展的领域,除了继续加大核心客户供应链金融业务、中小企业专项授信业务以外,信贷政策明确大力拓展价值客户、战略客户、主要(唯一)授信客户等潜在业务市场。在风险控制上,始终围绕着政策调控、合规经营、风险把控三条主线开展各项工作,将"一点点"融入到信贷流程完善、不良资产清收、信贷制度建设和日常信贷工作中,有效提升风险管理的精细化水平。

【业务创新】 公司业务以市场专业细分、产品专业开发与营销、团队专业建设为主线,创新业务思路,打造特色产品,挖掘异类市场需求,丰富特色金融服务内涵,探索特色服务银行建设新途径:依据宁波外贸企业多、中小企业多、贸易流通企业多的特点,细分市场,定位"面向中小企业,面向贸易融资",设计、开发、营销适宜于宁波中小企业的供应链金融产品,提供特色的服务方式;营销供应链金融特色服务,打造金融支持中小企业的特色产品和"嵌入式"服务;目标客户营销支持,深入挖掘贸易融资专业平台潜力,发挥"总对总"业务优势;国际业务开发以企业的运费应收账款作为质押的货代保理的新产品。

【内部管理】 细化绩效管理，完善绩效考核机制：通过岗位管理项目，分行的组织架构，部门职责，岗位职责进行了重新的梳理与界定，最终确定2层架构、19个部门、185个岗位，并对每个岗位进行了价值的评估；改革预算考核体系，实行客户经理垂直考核，确保客户经理权益，对客户经理的薪酬管理办法进行修订，分别对理财经理、对公客户经理、个贷客户经理、行员等级的调整。

强化管理营业网点窗口服务工作，利用建立95501、神秘人访客、服务远程监控不断改进运营人员服务水平。运营工作继续履行对零售、公司、同业条线的服务水平承诺。利用客户经理对柜面人员服务的满意度测评与绩效考核的挂钩，来督促网点运营人员注重服务效率、业务能力、沟通水平的提高。

提升科技运营的保障作用：顺利完成机房搬迁工作、全行网络设备配置标准化建设工作，并自主研发授信账户监控系统/保证金账户分析系统、重点科目分析系统、业务统计系统、货贷保理台账系统。

【业务发展】 推动公司产品电子化，嫁接贸易融资业务，大力构筑供应链金融电子交易平台；发展供应链核心企业，做透贸易融资专业市场，放大专业市场递推贸易融资发展的核心作用；协同产品营销，对公转介营销，夯实公司营销平台；做好电子产品售后服务，开展贸易融资售后服务，提升公司业务营销支持；制定目标客户群开发流程指引，开发和完善产品型目标客户群，提升产品竞争力；实行企业授信主办行制度，推进中小企业客户服务升级；拓展目标客户群，成功开发宁波区域低风险业务、宁波区域纯抵押、宁波市中小企业信用担保有限公司担保额度项下贷款、宁波海天塑机集团有限公司国内买方信贷业务、宁波力劲科技有限公司国内买方信贷业务、个人贷款(含按揭)的房产进行余额抵押的联合贷目标客户群、宁波北仑模具行业、象山针织行业和慈溪桥头镇商会、余姚模具行业等十六个目标客户群。

零售业务开展形式多样的营销活动，推进基础业务发展和员工销售力提升；全面推广“网点飞跃”计划，以价值客户为中心，围绕“产品、服务、便利”的客户服务要求，以产品组合营销、业务交叉销售及客户数据库精准营销为方法，拓展零售价值客户群体，提升网点整体销售力。

【队伍建设】 着重打造“学习型银行”，经过岗位培训、业务培训不断提升员工素质，并持续推进“业务导师制”计划。此外，还不断推动业务部门与信审、信管等部门的短期轮岗，提升业务部门业务技能和合规意识。工作简报、宣传窗、行刊等多渠道的信息宣传工作，在全行构建了信息共享、信息交流的平台，促进合规文化建设、专业知识普及、员工文娱生活等有序开展。

【风险管理】 坚持以法律合规简讯为平台，以法审之窗为阵地进行法律审查事务通报及当期法律风险提示。顺利接受人行宁波中心支行2010年反洗钱检查小组进行的反洗钱现场执法检查。法律事务职能集中至法律合规部，落实法律事务工作架构改革，梳理分行合同专项管理、审查、会签制度以及合同签订的审批程序。结合监管要求审视业务风险，持续开展现场、非现场审计。

落实总行“内控案防执行年”活动，组织各项业务检查、风险评估及内控案防工作，强化内部控制的有效性。从资产质量和信贷管理两个维度对客户经理实施全方位的考核；针对环保信息、行政处罚、限制性条款未落实等预警信息，确保预警信号在信贷条线内部的流通；对预警信号、季度贷后检查报告、日常资金监测、限制性条款跟踪等多维度的针对性监管跟踪；完善信贷管理系统中其他固定报表、快速统计、灵活统计等各项统计功能，强化信息能力。开展对账创新，引入电子对账竞赛；加强后续整改，实行“发现问题跟踪情况表”制度；管控潜在的人员道德风险，实施重要岗位轮岗、强制休假、“家行和谐心沟通”活动以及警示教育活动；加强事后监督工作。加强不良资产清收工作，深化、细化不良资产管理，深化服务内容，努力促进业务健康发展。成立集中监控中心，强化网点及自助设备的安全运营。

【党政工作】 2010年，深圳发展银行宁波分行党委在总行党委和宁波市贸易党工委的领导和关心下，紧紧围绕分行业务发展的总体目标，进一步落实科学发展观，认真贯彻上级党组织的各项工作要求，努力提升党的建设科学化水平，从提高党员思想政治觉悟、推进党风廉政建设、抓好基层党建工作、创建和谐团结的党内外关系几个方面下工夫，为平稳渡过股权交替期，打造持续发展的强大内在动力，促进各项业务稳健发展提供强大的思想保障和组织保证。

【社会责任】 面对西南灾区的旱情，募集爱心款30102元；发动员工为玉树地震灾区捐款155045元；余姚鹿亭乡帮扶结对献爱心。向全行员工及客户发起“追求绿色节能时尚，倡导绿色低碳生活”的倡议，还推动总行“捐书赠节能灯”活动，募集3228本书捐至宁波爱心民工子弟学校。

此外，还积极推进人民银行、银监局及外管局的各种金融知识宣传活动，如公众教育日、关心个人征信记录、“精彩世博、畅通支付”活动等等。

深圳发展银行温州分行经营管理情况综述

2010年，深圳发展银行温州分行在总行和当地党委、政府及人行、银监会等有关部门领导的支持和帮助下，紧紧围绕经营管理目标，突出加快发展和合规经营的主题，不断调整市场定位和资产结构，提高资产质量，扩大市场营销份额，进一步完善内控评价制度建设，严密防范经营风险，确保了分行各项业务的稳健发展。

一、2010年主要经营指标情况

（一）资产情况

1. 资产总额情况。本外币资产总额201.59亿元，比年初增加42.1亿元，增幅26.40%.

2. 各项贷款情况。本外币各项贷款152.01亿元，比年初增加27.16亿元，增幅21.75%。其中一般贷款余额146.87亿元，比年初增加26.46亿元，增幅21.97%；贴现余额5.14亿元，比年初增加0.7亿元，增幅15.77%。

（二）负债情况

1. 负债总额情况。本外币负债总额197.16亿元，同比增加40.82亿元，增幅26.11%。

2. 各项存款情况。本外币各项存款157.57亿元，同比多增52.52亿元，增幅50.00%。

二、利润情况

1. 利润。累计实现账面税前利润3.46亿元，比上年增加1.28亿元，增幅58.93%。

2. 中间业务收入。累计实现中间业务收入0.27亿元，比上年增加0.08亿元，增幅37%。

三、主要业务工作

（一）零售业务方面

1. 深入贯彻零售基础工作指导方针，高度重视预算考核指导。深圳发展银行温州分行坚持从细小抓起，深入贯彻零售基础工作指导方针，高度重视支行零售业务预算考核指导，推动支行以蚂蚁搬家精神做好零售基础工作，特别是代发工资、客户挽留、金卡网银等工作，有效扩大零售客户群，夯实零售业务基础。

2. 牢固树立存款立行基本思想，紧抓不懈推动零售存款稳步增长。零售存款增长是保证零售市场份额的基础，深圳发展银行温州分行始终坚持存款立行思想，早行动，勤督导，推动零售存款稳步增长。面对异常激烈的揽存竞争，深圳发展银行温州分行充分挖掘日添利、金抵利组合产品优势，指导支行细分市场，吸引潜在客户。

3. 逐个突破完成客户总资产，多管齐下拓展价值客户。针对上半年证券市场低迷的机会，深圳发展银行温州分行利用客户避险投资特点，大力推进债券类基金销售；积极引导理财人员通过拓展理财新客户、深入挖掘信用卡客户潜力等方式，多管齐下促进价值客户增长，确保全年价值客户得分超额完成。

4. 全面启动"网点飞跃"，积极改善零售销售模式。根据总行统一部署，10—11

月积极做好“网点飞跃”前期准备工作，组织人员参加总行培训。深圳发展银行温州分行12月7日正式启动飞跃项目后，零售银行部按照飞跃项目要求，每日统计各支行活动量，召开支行零售主管电话会议，由领航员及时解决支行问题，并将有关数据汇报总行。

（二）公司业务方面

1. 及时传导各类文件，加强政策辅导和培训力度，将监管部门、总分行文件精神、会议精神落到实处，强化政策执行力，保障业务正常运行。

2. 加强内控管理，积极开展各项外汇业务的专项自查和检查工作，及时整改，并积极提出合理化建议，提升内控水平，促进业务健康合规发展。

3. 继续抓好贸易融资产品经理队伍建设，充分发挥专兼职产品经理的专业水平，以重点培养为手段，通过以点带面的方式，在全行普及贸易融资和国际业务，促进业务稳步发展。

4. 分支联动营销，提高项目成功率。分行始终从市场、经营单位的角度出发，从项目的前期营销就开始介入，直到项目出账进行全过程的跟踪服务，既对经营单位做好产品营销辅导，又积极进行市场调研，大大地提高了国内、国际贸易融资的额度使用率。

5. 加强与货押业务第三方监管公司的沟通，巩固货押业务的优势。

6. 加强新业务、新产品推广力度。一是针对温州市场保理业务开展难的情况，积极开展市场调研，寻找业务切合点，重点推广国内保理、出口退税池等比较契合市场的融资产品。二是针对国内信用证业务能替代票据业务吸收存款、缓解分行存贷比过高、贷款规模不足问题，减轻银承表外风险敞口的压力。三是积极协助经营单位开展未来货权质押开证业务的营销。

（三）资产质量与风险控制方面

1. 政策管理：在信贷大投放的政策背景下，信贷增量的风险防控形势也复杂严峻。为防患于未然、治患于已然，深圳发展银行温州分行按照总行和当地监管部门的要求，注重分析研究经济金融形势变化，对形势保持清醒认识，认真做好政策管理工作。一是根据总行年度信贷政策指引并结合当地经济金融实际，提出当年分行信贷运行框架，明确信贷市场定位和投向重点，制定了切实可行的分行年度公司信贷政策指引，并随年中经济形势变化和总行信贷政策调整，适时调整分行信贷政策，引导分行公司信贷运行规避政策风险。二是在国际金融危机、国内经济不明朗、风险与机遇并存，企业优胜劣汰进程加快的背景下，紧贴市场落实信贷进退机制，按总行授信策略分类管理的制度要求，认真组织实施了年度公司客户授信策略分类工作。

2. 贷后管理：认真落实总、分行授信风险监测预警各项制度，加强贷后管理，切实控制风险。一是注重风险信息的收集和交流，对于出现的风险信号，做到了早发现、早预警、早处置。一年来制发各种监测预警通知书累计达11份。二是建立贷款到期提示制度，要求客户经理对到期贷款至少提前半个月向客户发送催收通知单，并以短信方式提醒财务人员，及时掌握到期贷款预计收回情况，谨防贷款逾期。三是在分行机构、人员变动过程中，注重落实相关单位和客户经理的风险管理责任，对信贷人员工作交接流程、手续等进行规范，加强工作交接管理。

3. 货押监管：加强对所开展的货押商品基本知识的培训和学习，制定和实施监管员考核办法等一系列措施，进一步加强货押业务风险管理。在日常监管工作中，严格执行逐日盯市制度，严格执行跌价补偿制度，确保授信抵（质）押率始终符合审批要求；严格执行与监管方的对账制度，做到定期将监管方提供的抵（质）押商品数据与押品台账数据进行核对，确保账账相符；严格按总行要求进行巡库、核库和现场检查，及时掌握押品的数量、价值、形态等，并对发现的问题进行督促整改，确保账实相符。

四、强化内部管理，支持一线工作，确保全行各方面工作安全、稳健、合规运行

（一）人力资源工作

1. 招聘工作。一是校园招聘：2010年校园招聘分别于1月份和3月份开展了两批，经过两轮面试一轮笔试，最终报到学生人数9名，集中分布在分行运营岗位及客户经理岗位。二是社会招聘：2010年分行共招聘入职83人，其中：分行副行长1名、部门负责人3名、副总经理1名、总经理助理5名、室经理5名、室副经理7名。

2. 薪酬审定工作。为了配合总行年度薪酬审定的要求，于2010年5月份完成了第一次全行性的薪酬审定。内勤审定的依据是连续两个年度的绩效考核结果，市场人员则通过半年度的综合业绩排名审定工资等级。

3. 培训工作。2010年度的新员工培训仍然采取轮岗实习与授课培训相结合的方式，根据行领导要求，本年对轮岗岗位进行了调整，增加了运营事后监督岗、取消了信贷管理部的实习，同时将运营条线和客户经理条线轮岗时间由一个月调整为两个月，重点突出基础业务学习和实践。

4. “优才”库的建立和维护工作。“建立关键人才库，并在将来采取针对性的激励、保留和培养措施”。这是总行建立“优才”库的宗旨。深圳发展银行温州分行通过岗位价值评估、战略相关度评估、市场稀缺性分析等维度识别关键岗位，同时结合3年加权绩效、岗位胜任度等维度进行“优才”识别，建立了50多人的“优才”库。

（二）计财方面工作

1. 计划预算方面。一是做好计划与预算，分解下达业务指标：根据总行下达的2010年存贷款预算和分行确定的年度经营目标，深圳发展银行温州分行于年初拟定预算分配方案，存贷款预算按季度分解下达各经营单位。2季度开始总行对分行实行贷款额度控制和存贷比考核，1—3季度对经营单位按季下达存款竞赛任务，4季度按月下达存贷款计划。二是加强沟通与协作，落实监管指标计划：根据监管部门承兑贷款比、保证金存款比压缩要求和总行贷款规模、RWA指标、存贷比管控要求，对经营单位按季下达各项监管指标控制计划，每日监测、控制出账，各项监管指标管控效果良好。三是加强监控与分析，及时提示预算差距：为督促各单位达成预算，确保分行各项预算目标的实施，通过经营日报表反映存贷款等主要指标变化，按月对分行及各经营单位的各项预算指标完成情况进行分析。

2. 绩效考核方面。一是拟订绩效考核方案，传达总、分行考核导向：根据总行下发的《2010年分行及分行行长绩效考核方案》，结合分行实际情况，印发《温州分行2010年经营单位绩效考核办法》，在考核方案执行过程中与各经营单位及时沟通，传达总、分行考核导向。二是拟订季度业务竞赛方案，督促达成预算目标：针对各阶段业务发展情况，2010年加大财务资源投入。三是拟订绩效费用方案，及时考核兑现：根据总行核定的费用预算和分行业务预算目标，拟订年度绩效费用方案；存款费用、考核净收入费用按月计算。

3. 财务管理方面。一是预算控制：按月监控营业费用预算进度、按季控制偏离度，合理安排、均衡列支，确保各项分类费用控制在总行预算额度之内。二是财务检查：2010年1季度开展银行存款及现金账实核对专项自查、财务类往来款项清理专项自查；2季度按照总行、监管部门、税务局要求，相继组织开展了小金库专项自查、房产税清查、发票专项自查、计财条线内控案防制度执行年相关活动；3季度针对总行稽核条线提出的各分行上半年内控稽核问题，进行逐条对照自查及整改；11月总行对分行进行全面内控稽核检查后，针对财务方面存在的问题，及时落实相关整改工作；12月配合实物管理部门开展固定资产盘点，对全行固定资产、低值易耗品等实物资产进行了一次全面清查。

（三）运营方面的工作

2010年运营工作零案件、无重大差错事故发生，并成功堵截假银行承兑汇票一张（350万元），协助市公安局抓获在逃人员一名，并有一名柜员获得了总行“风控明星”称号。

1. 积极开展内外部账户对账及事后监督工作，防范操作风险。2010年综合对账率达到97%，重点和内部对账率都达到100%，圆满完成对账工作任务。事后监督共监督完成各营业网点、集中作业中心的日常业务凭证、开销户资料、理财业务、保险箱业务及银行承兑汇票查询查复等，2010年分行平均差错率为0.0097%。

2. 加大检查力度，完善业务操作流程。根据总行的检查和安排，并针对分行的工作重点开展了一系列的专项检查与内部审计；内容涵盖日常操作，账户、票据、印鉴卡、押品、保管箱、查证等，对分行的票据集中、个贷业务集中做了专项检查。

3. 加强运营日常检查监控。2010年设定了专人专岗对运营监控数据进行“日监测、月报告、季分析”，通过加强对非现场检查数据的分析，对有关操作风险及时预警提示，通过跟进和督促，对每日风险检测报表中发现的问题追查到底。特别关注异常业务操作，并对每日、每周、每月的监控报告进行分析研究。

4. 积极配合内外部业务检查。2010年两次重大外部检查，总行全面内控稽核和当地人行的综合检查。运营条线人员加班加点积极准备各项资料，积极配合，及时提供相关资料和影像。检查结束后，对检查中发现的问题及时进行总结归纳，落实整改工作。

5. 制订并实施“内控与案防执行年”活动计划。通过制度梳理、制度学习、自查自纠等系列内控案防活动，使各运营人员在思想上、业务素质上有所提高，更好地投身到运营工作中；加强了运营团队的建设，提高了凝聚力；梳理了业务流程，精细了管理。

五、合规经营文化建设

1. 完善组织架构，提升合规领导力。为有效促进分行合规风险管理，建立有效的激励约束机制，考评办法确立对分行职能部门、市场部门、支行的合规工作考核机制，明确考评方式和考评时间，增加了补充条款“对案件实行单独考核”，将《银行业金融机构从业人员职业操守》、《员工行为守则》规定的从业行为纳入考核，并在支行/市场部门考核中增加了条线合规内容。合规内控工作考评结果与各单位及其负责人年度绩效挂钩，列入年度考核调整指标。

2. 及时跟踪传达政策法规，强化业务合规要求。为及时传达贯彻最新的监管政策法规，每月跟踪总行新法解读，并将相关解读资料及时传递至分行每位员工。

3. 持续开展制度管理，健全内控制度体系。2010年初，根据总行要求，开展了2009年制度规划执行情况跟踪工作，并对2009年制度规划执行情况进行了总结。2010年，持续开展制度规划管理，每季督促业务条线落实制度年度规划工作及版本到期制度的更新工作。

4. 持续提供合规审查与咨询，防范合规风险。持续为全行提供合规审核/咨询服务，防范制度、产品、业务流程的合规风险，对不符相关监管要求的内容进行提示和建议。

5. 组织开展合规检查，跟踪落实问题整改。为加强管理、防惩并举，严格依法合规经营，积极配合当地监管机构开展银行从业人员行为准则贯彻落实情况自查、银行业工作人员不良行为排查和信贷资金违规流入股市自查、吸收存款行为等排查。

中国民生银行杭州分行经营管理情况综述

行长　肖瑞彦

2010年，在通货膨胀不断增强、宏观调控力度加大、金融监管日趋严厉等一系列严峻考验下，中国民生银行(简称民生银行)杭州分行上下齐心协力、合力攻坚，坚定不移地贯彻总行的战略决策和市场定位，调结构、促转型，扩机构、引人才，各项工作取得了丰硕的成果：利润大幅增长、存款快速提升，贷款结构、存贷比、资产质量持续改善，综合经营水平显著提高，全行员工的凝聚力、战斗力显著提升。

截至2010年12月31日，民生银行杭州分行主要经营指标完成情况如下：

1. 利润实现翻番。全年实现利润11.76亿元，系统内排名第四位，超全年计划3400万元，比2009年增长6.4亿元，增长119%，再创分行历史新高。

2. 不良资产实现“双降”。不良率(五级分类)为0.54%，比年初下降0.62个百分点。不良贷款额较年初减少2.60亿元。

3. 存款持续快速增长。存款余额494.31亿元，比年初新增124.49亿元，新增在系统内排名第五位，比上年同期多增86.62亿元；储蓄余额96.31亿元，比年初新增27.76亿元，新增在系统内排名第三位。

4. 贷款结构不断优化。贷款(不含贴现)余额580.97亿元，比年初增加88.25亿元，新增在系统内排名第四位。商贷通余额149.23亿元，比年初新增80.56亿元，商贷通余额和新增均在系统内排名第三位。贷款(不含贴现)余额在杭州股份制商业银行中排名第一位，贷款新增居第二位。

一年来，民生银行杭州分行主要抓了以下重点工作：

(一) 以减轻存贷比压力为目标，全员开展了增存吸储

通过全行动员部署、改进考核政策和产品定价、大力开展劳动竞赛；实行产品拉动、增人增存增机构等措施，推动分行存款业务快速增长，存贷比显著下降。截至12月31日，存贷比由年初的132%下降到118%。存款推动工作得到了总行多位领导的充分肯定，洪崎行长、毛晓峰副行长还专门致信表扬杭州分行。

(二) 以“三个定位”为核心，全力推动分行业务快速转型

2010年是民生银行杭州分行业务转型的起步年。这一年，分行根据总行发展战略、结合区域经济特点，进一步厘清了大、中、小业务发展思路，在坚持“抓大”的同时，突出强化了“中小、小微”的拓展力度：

1. 大客户业务。通过调整授信政策、实施“解包还原”、发展民企战略客户、推动交易链融资，信贷结构得到不断优化。12月末，政府融资平台贷款客户87户、比年初减少24户；余额124.89亿元、比年初减少24.74亿元，实现“双降”。交易融资业务量109.45亿元，超额完成了总行计划，系统排名第六位。

2. 中小业务。分行在总结了前期经验和教训的基础上，加大了对成长型企业的支持力度，重点实施了属地开发、规划先行的战略，充实了营销团队，提高了审批效率，共建立属地开发团队44个，涵盖了省内31个县级行政区域。12月末中小贷款余额98.34亿元，比年初增加23.70亿元，增长31.75%，位居系统内第六位。

3. 小微业务。重点加大了经营模式创新，坚持“规划先行、批量开发”原则，采取前台专人规划、营销，后台集中审批和风险控制的管理模式，进行系统化、批量化营销，对企业集群批量授信；在优化放款流程、提高放款效率的同时，灵活调整了担保结构和担保方式。较之年初，抵、质押比率下降10个百分点，保证方式上升10个百分点。“商贷通”贷款收益率较上年也有了较大提升。

（三）以改善收入结构为目标，加快了票据、中间业务发展

2010年以来，民生银行杭州分行通过充实与调整票据部人员、设立投行部门、加大票据营销、扩大理财销售、加强中间业务考核等措施，中间业务收入有了大幅提升。截至12月末，实现净非利息收入12089万元，同比增长6431万元，增长率达114%，完成全年计划的121%；实现票据创利8493万元；实现理财销售43.7亿元，同比增长182.6%。

（四）以提高资产质量为前提，加大了不良资产清收力度

受金融危机及企业信用风险影响，过去两年分行尤其是对中小企业的贷款产生了一些不良贷款。民生银行杭州分行上下通过厘清部门职责，加大清收力度，促进企业引进战略投资者、推动企业破产重整、加强与政府沟通协调，不良资产处置、清收取得显著成效。全年累计收回不良贷款47925万元（大客户37000万元、中小10925万元、个贷2856万元）。拨备覆盖率从年初的107%上升到12月末的255%。

（五）以内控、案防为重点，全面加强了风险控制

对外积极改善与省、市政府及监管部门的关系，对内实行大中小贷后集中管理、小微企业集中取印核保及面签、大幅增加评审人员和风险经理，提高了评审效率，实现了风险控制前移。编制了《支行行长合规管理知识读本》，受到了省银监局高度称赞。及时有效处理了黄金T+D、下沙、武林等声誉风险事件，受到了总行领导及银监局的赞赏。全年开展房地产信贷、票据业务、账户管理、信贷资金流入股市、印章及授权管理等专项检查44次；堵截各类风险事件74件（除假币），涉及假证、假票、假印鉴、假开户、短信欺诈、假冒签字等，金额8000多万元；开展了科技、保卫等各类突发事件应急预案演练20余次。

（六）以规模扩张为目标，机构建设大大提速

民生银行杭州分行研究制定了年度和三年机构建设发展规划，行领导带头协调关系、上下攻关，相关部门全力配合，机构建设工作明显加快：湖墅支行顺利迁址；城北支行正式开业；嘉兴分行、上虞支行、滨江支行均已获准开业，天台村镇银行筹建工作正在稳步推进；其他拟规划设立的4家二级分行及6家县域支行的前期筹备工作也在积极推动当中。

（七）以人才立行为战略，不断加强团队建设

2010年以来，民生银行杭州分行进一步加大了人才引进力度，通过全行动员、政策激励，全行上下形成了举贤荐才的良好氛围，累计引进市场人员125人、技术人员38名；引进人员新增存款68.34亿元，占全行新增存款的50%多。同时加强了风险防范、产品、案例及营销培训，进一步提高了员工业务素质和营销水平。

（八）以提升服务为抓手，运营管理工作亮点纷呈

在抓好一线业务推动的同时，民生银行杭州分行高度重视并下大气力狠抓了二线运营服务水平提升工作。通过多管齐下，服务暗访连续两季名列前两位；自助银行开机率达到98.94%，居全行第五位；会计运营质量稳居全行前五位；分行营业部、城东、城西、余杭支行荣获“2010年度省级金融文明规范服务示范单位”称号，余杭支行还被评为全国文明规范服务示范单位。城东、余杭、钱塘支行3家单位被公安系统评为省、市级平安金融示范单位。

（九）以“爱岗敬业”为主题，狠抓了全行作风建设

根据总行党委的统一部署，民生银行杭州分行持续组织开展了“爱岗敬业、尽职尽责”和“创先争优”等主题教育实践活动，通过抓学习、讲点评、搞评比，各单位班子思想作风、工作作风和领导作风都有了明显转变和提升。这一切，在承办总行“群英盛典”活动中得到了最充分的体现，大家讲奉献、比贡献，克难攻坚、忘我工作、不辱使命，圆满完成了会议承办任务，充分展示了分行员工的激情、活力与风采，得到了总行领导的充分肯定和兄弟分行的高度评价。

（十）以增强凝聚力为核心，精心打造民生家园文化

2010年以来，民生银行杭州分行党委把企业文化建设提到了更高位置，并率先向全体员工作出公开承诺：坚持一切按业绩说话、一切按贡献说话，树正气、刹歪风，努力为员工创造公平公正、宽松和谐的氛围。分行工会、团委、纪检等部门，围绕保护员工权益、活跃员工生活等方面，想了很多措施办法，提高员工的福利待遇、改进收入分配机制、完善职代会制度、认真回复员工提案、组建文体俱乐部、开展员工幸福指数调查、增设了婚庆祝贺和亲属病故慰问，节前开展的员工双亲慰问活动，深得员工和亲人们好评，员工的归属感、团队的凝聚力明显增强。

中国民生银行宁波分行经营管理情况综述

2010 年，中国民生银行宁波分行在总行党委等上级的关心和指导下，面对内外部经营环境的变化，以“爱岗敬业，尽职尽责”活动为契机，紧紧围绕总行年初工作会议精神，认真执行总行各项方针政策，民生银行宁波分行新班子在剖析自身问题、理清业务发展思路的基础上，主要在考核政策梳理、人力资源优化和机构网点建设等多方面狠下工夫，通过多种手段和措施并举，激发存款、小微业务增长动力，各项工作呈现良好发展态势。

一、综合经营业绩

1. 存贷款总量稳步增长，结构不断优化。至年底，民生银行宁波分行(含落地事业部)各项存款余额为 183.2 亿元；剔除事业部后的分行各项存款余额为 151.6 亿元，比年初增长 41.08%；其中对公存款余额 125.97 亿元，储蓄存款余额 25.66 亿元；各项存款日均 120.4 亿元，其中对公存款日均 99.85 亿元，储蓄存款日均 20.55 亿元。民生银行宁波分行各项存款余额指标完成全年计划。分行(含落地事业部)各项贷款余额为 269.5 亿元；剔除事业部后的各项贷款余额为 210.8 亿元，较年初增长 46%。其中商户贷款余额 66.42 亿元，比上年末增加 47.45 亿元。各项贷款日均 172.51 亿元。与系统内对比来看，民生银行宁波分行商贷通年末余额排名第 8 名，较半年度提升 1 名，当年新增排名第 8 名，较半年末提升 5 名。从存贷比指标看，民生银行宁波分行年末余额存贷比控制在总行计划指标内，新增日均存贷比超出总行计划。从分行新增日均存贷比的发展趋势看，呈持续下降趋势，从年初的近 600%降至年末的 204%。

2. 经营效益持续提高，主要指标完成良好。全年实现利润 3.1 亿元，较上年增长 107%，创历史最好水平。其中累计实现中间业务收入 4515 万元，较上年同期增长 77.06%。1—12 月份，民生银行宁波分行对公贷款、商户贷款收益率均得到提升，贷款收益率较上年提高 0.14 个百分点，同时，受对公活期存款、储蓄通知存款增长的影响，民生银行宁波分行存款成本率下降 0.33 个百分点，存贷利差较上年扩大 0.47 个百分点。

3. 信贷风险有效管控，不良资产清收取得重大突破。全年共计清收不良资产 10359 万元，占存量不良资产总额的 57%，清收工作取得明显突破。通过实施清收，民生银行宁波分行中小企业贷款不良率从年初的 3.21%降至 0.73%，符合总行计划指标要求。大公司贷款不良率也从年初的 0.97%降至 0.69%，降幅明显。

4. 同业竞争力持续提高。与当地同业对比情况看，2010 年末民生银行宁波分行存款总量在当地股份制同业中排名第 6 位，与上年末持平，比 2010 年 4 月末上升 2 位。各项存款余额市场占有率为 2.10%，较上年末提升 0.26 个百分点。年末，民生银行宁波分行个人经营性贷款(商贷通)规模、年度增量均位居同业第一。

5. 人员状况。12 月末，民生银行宁

波分行实际在编人数464人，其中市场人员占比35.8%，较上年提高2.7个百分点，网点非市场人员占比上升0.3个百分点，管理部门人员占比下降2.9个百分点，全行员工平均行员等级11.2级。

二、经营转型

根据总行战略部署，2010年分行加大业务转型力度，大力推进重点业务发展，取得显著成效。

1. 大力实施战略转型，商贷通业务突飞猛进。根据总行战略部署，全年民生银行宁波分行加大业务转型力度，大力推进重点业务发展，取得显著成效。8、9、11月连续突破40亿、50亿元和60亿元。创下9月单月新增近9亿元、11月单月新增近8亿元的佳绩。12月末商户贷款比上年净增47.5亿元。12月末，民生银行宁波分行商贷通户数3730户，户均金融资产突破25万元，成功实现了“商贷通余额、客户数、户均金融资产”的“三个倍增”目标。年末，民生银行宁波分行个人经营性贷款(商贷通)规模稳居同业首位，年度增量也位居第一。与此同时，民生银行宁波分行积极探索小微企业金融结算服务，在系统内首推小微企业结算服务专柜试点，得到了总行的肯定。11月末，在2010年宁波市金融界财富管家暨年度事件风云榜评展活动上，民生银行宁波分行商贷通产品、民生银行小微金融服务专线开通分别被市金融办评为中小企业最受青睐产品、金融界年度事件风云榜等多项奖项。

2. 大力推动交易融资等业务，公司业务特色产品初步形成。从年初起，在大量市场调研的基础上，结合宁波市场特点和民生银行宁波分行的风险偏好，在系统内首创工程船舶“抵押＋应收账款质押”的商业新模式，提出工程船舶和建筑施工企业交易融资模式，并在市场准入、操作细节等方面提出了指导性意见，该模式得到了总行交易融资推动小组的高度认可。截至12月末，民生银行宁波分行受理工程船舶“抵押＋应收账款质押”项目有10个，申报授信金额6.92亿元；获批9个，授信金额5.88亿元。2010年，大公司业务先后获得总行“存款优胜奖二等奖”、“金案例——重点产品营销类一等奖”、“2010年金融市场业务风险控制奖”等多个奖项。

3. 认真开展民企战略客户开发工作。根据总行《关于实施民营企业发展战略的指导意见》等文件精神，民生银行宁波分行积极向各经营机构传达总行文件要求，引导经营机构积极挖潜存量客户、拓展开发新客户。全年民生银行宁波分行有10家客户被认定为总行级战略客户，累计有16家总行级战略民企客户；2家公司被纳入总行首批民营企业金融管家团队目标客户。同时，结合宁波区域“市小县大”的特点，积极拓展与各区、县工商联的沟通联络，努力搭建长期稳定、互惠共赢的银商合作平台。至12月，民生银行宁波分行先后在慈溪、余姚、北仑、宁海、鄞州等区域成功举行了民营企业交流会，并与鄞州区工商业联合会签订合作意向书。在中小企业业务拓展上，贯彻执行“规划先行、批量开发”的中小企业经营理念，提出“扎根县域，以规划为指引，重点进行乡镇开发，实施批量销售”的理念，组织实施了模具、轴承等多个业务开发规划方案。民生银行宁波分行荣获市金融办授予的“宁波市最佳中小企业服务银行”称号。

三、系统运行保障与安全管理

为有效保障两会、世博会和亚运会，民生银行宁波分行对系统运行、网络管理、基础设施等方面进行了全面盘查，对重要生产系统进行了主备机切换，着重开展了对机房电源的热冗余备份系统的切换测试和大楼自备发电系统的测试，并配合总行完成了一次全行性的灾备切换演练，确保各系统安全稳定运行，全年系统运行指标名列前茅。与此同时，完成人行票据交换系统、横向财税库行系统和同城影像系统等宁波地方特色业务功能基本切入总行新核心系统。完成人行清算系统二期完善需求开发、测试和上线，小微专柜系统开发等。

四、合规经营与内控风险管理

1. 认真贯彻执行中国银监会"三法一指引"落实工作。为贯彻落实监管要求，分行成立了"三法一指引"实施领导小组，对领导小组的组成人员、工作职责和相关要求都作了明确规定，并对全行客户经理进行"三法一指引"培训工作，增强对政策的理解力和执行力。同时规范了合同文本使用，及时转发总行《流动资金贷款管理暂行办法》，对受托支付金额、资金支付审批流程、贷后管理等方面结合分行实际作出进一步明确。在当地银行业协会组织的贷款新规知识竞赛中，民生银行宁波分行代表队获得三等奖。

2. 认真做好政府融资平台清理工作。重点对2009年以来新增政府信用相关业务进行了全面自查，就政府类项目合规性、项目手续齐全、有效性，项目资本金到位情况、项目资料完备性及现金流等进行了全面梳理和测算，对于检查中发现的问题分别提出了相应的风险管理措施和补救措施。

3. 组织开展"内控和案防制度执行年"活动，提高内控和案防制度执行力。在活动中，以多种形式组织各级管理人员和各业务条线员工利用部门"晨会"和业余时间认真学习有关文件。通过"内控和案防制度执行年"活动的开展，进一步解决分行在内控和案防工作中存在的不足，提高内控和案防制度执行力，提升全体员工的案防意识。

4. 加大了对有问题贷款的贷后管理力度，下大力气清收问题贷款。全年共计清收不良资产超亿元，清收工作取得明显突破。

5. 做好法律审查、法律咨询等法律服务工作，全年共审查各类法律文本351件。在抓好主要风险点的同时，对于业务部门在开展业务过程中遇到的相关法律难题，及时给予答疑和指导。

6. 认真落实安全保卫工作责任制，与各单位负责人签订了安全保卫工作责任书，规范安全押运管理，建立健全保卫经理队伍，确保安全运营无事故。与此同时，认真推动"平安支行"建设活动，分行营业部、宁海支行获得总行首批"平安支行"示范行称号。

五、经营管理体制改革

1. 调整分行组织架构设置。为强化组织推动及统筹管理职能，优化管控模式，提升中后台管理支持效率，结合总行零售业务等组织架构调整指导意见，对分行层面组织架构进行了整合，分别成立了小微业务部、财富管理部、零售银行授信评审部、售后服务部，单设了分行票据业务部、法律合规部，撤销原个贷管理部、市场营销部、运营保障部，并对相关部门职能进行了调整。

2. 机构建设逐步推进。2010年，民生银行宁波分行顺利完成本部及营业部、鄞州支行迁址、海曙支行及奉化支行筹建工作，并顺利开业。至年末，民生银行宁波分行共有12家营业机构，离行式成套网点、离行式单机各19个。象山支行筹建工作进展顺利，于2011年1月份开业；江北支行筹备组也已经为正式批筹做足准备。另外，完成了海曙、北仑等支行装修改造，以崭新的面貌对外营业。

六、队伍建设

高度重视员工团队建设，结构优化明显成效。人员招聘方面，分行市场人员引进步伐加快，队伍结构进一步优化。12月末，分行市场人员占比35.8%，较上年提高2.7个百分点，网点非市场人员占比上升0.3个百分点，管理部门人员占比下降2.9个百分点。薪酬激励方面，进一步强化薪酬配置的战略导向，发挥对全行发展的保障和激励作用。在对市场人员加大薪酬激励力度的同时，对非市场普通员工薪酬福利待遇水平也进一步提高。人均绩效方面，分行人均创利水平和人均日均存款水平也得到提高。

七、企业文化建设

1. 组织开展“爱岗敬业，尽职尽责”工作作风建设教育实践活动。3月份以来，根据总行党委的统一部署，宁波分行党委在全行开展了为期三个月的“爱岗敬业，尽职尽责”工作作风建设教育实践活动。各单位对照董事长关于“三个克服、三个牢固树立”以及“六个进一步提升”的重要指示，带头学习，带头查摆问题，带头搞好整改。通过本次活动，全行员工思想进一步统一到了分行发展及改革战略上来；全行党员干部对经营工作的本质以及精髓的理解有了进一步提升；全行员工的无私奉献精神得到加强，增强了对民生银行的感情。

2. 多措并举，着力构建和谐民生家园氛围。以创建和谐民生家园文化为载体，不断加强企业文化建设，民生银行宁波分行围绕企业文化的内涵组织开展一系列文化活动和关爱活动，使全行员工共享业务发展成果，着力打造凝聚力工程。一是以职代会建设为主线，推进基层民主政治建设。2010年11月2日民生银行宁波分行成功召开了第一届职工代表大会暨第一届（职工）会员代表大会，此次大会是分行成立8年来召开的第一次职工代表大会。大会的召开，标志着民生银行宁波分行在工会组织规范化、工会工作制度化方面迈出了重大步伐，也显示了民生银行宁波分行坚持以人为本，构建“和谐民生”工作中取得的重要进展。二是深入开展形式多样的员工关爱活动，增强企业凝聚力。坚持开展走访慰问和送温暖活动，关心员工身心健康，制定了休息休假制度，对员工生病住院、家庭困难、逢年过节、生日喜庆等，及时捎去组织关怀。这些关爱员工的热情和行动，得到了员工的大力拥护，有力促进了民生和谐家园文化的推进。三是开展各类文体活动，发展和谐的企业文化。结合分行实际与员工需要，先后开展了“爱我民生”华东赛区文艺人才选拔大赛活动、职工运动会等形式多样的文体活动，缓解员工工作压力，增强民生企业文化的凝聚力和感召力。

3. 围绕总行15周年行庆、宁波分行8周年行庆为契机，加大对外宣传力度，进一步提升品牌美誉度和影响力。为多渠道、全方位反映总行、分行的运行绩效，提高民生银行的社会知晓度，2010年，围绕总行15周年行庆、A股半年报披露及分行不同时点工作、“商贷通”业务运行的特点和成效，及时确定新闻要点，制定部署宣传规划，主动加强与媒体的沟通和联系，充分发挥各类媒体的不同特点，在传统媒体、移动公交电视、电台等开展了行庆、“商贷通”业务等一系列宣传活动，进一步树立我行“定位清晰、特色鲜明、经营出色、前景光明”的现代化商业银行形象，进一步提升品牌美誉度和影响力，为民生银行宁波分行持续健康发展和二次腾飞营造了良好的舆论环境。2010 年，民生银行宁波分行营业部被宁波市银行业协会授予 2010 年度宁波市银行业文明规范服务十佳示范单位。此外，民生银行宁波分行营业部、江东支行荣获“2010 年宁波市民最满意银行网点”称号。

中国民生银行温州分行经营管理情况综述

【概况】 截至2010年末，中国民生银行温州分行资产总额172.18亿元，较年初新增48.92亿元，增幅39.7%。各项存款余额100.35亿元，较年初新增27.18亿元，增幅37.15%，各项贷款余额170.76亿元，较年初新增48.98亿元，增幅40.22%。实现账面利润28866.75万元，不良贷款313万元，不良贷款率为0.02%，较年初下降0.18个百分点，资产质量保持良好。

【加强金融对经济的支持】 中国民生银行温州分行以民生银行特有的市场定位和创新传统为抓手，专心、专注、专业于中小微企业和个人金融市场开发，做温州最具创新能力的中小微企业金融服务商。截至2010年末，温州分行各项贷款余额172.18亿元，其中，中小企业贷款65.1亿元，商贷通74.42亿元，中小企业贷款和商贷通占贷款总量的81.03%。2010年累计新发放贷款198.32亿元，其中，中小企业贷款80.02亿元，商贷通95.25亿元，中小企业贷款和商贷通新发放量占全年累计新发放贷款总量的88.38%。2010年，温州分行以"主办行、新产品、新模式"为指导，深入开展市场调研，编制行业开发规划，改进评审工作模式，优化授信项目处理流程，有效推动交易融资、行业集群开发和批量授信业务，积极支持温州民营企业做大做强。力推"商贷通"业务，助力小微企业发展，在审查审批上开辟绿色通道，缩减审批环节，配置专岗专人，大幅提高审批效率。2010年1月，与龙湾区政府建立支持小微企业发展战略合作关系，承诺在未来3年内向龙湾区域中小微企业投放信贷资金50亿元。10月，向总行申请追加10亿元信贷额度，专门用于解决温州当地小微企业和个体工商户的融资难问题。

【网点建设】 2010年，中国民生银行温州分行持续推进网点建设，经总行和监管机构批准，新建城区支行1家，依附式自助银行1家，离行式自助银行2家，形成了拥有7家支行(含营业部)、22家自助银行的网点体系。2010年，通过自助银行网点发生交易326145笔，累计交易金额64527.71万元；通过网上银行发生资金类交易208617笔，金额449.65亿元。

【精神文明建设】 2010年，中国民生银行温州分行在全市"慈善一日捐"活动中捐款29116元；向民生银行总行员工教育扶贫基金捐款93000元。2010年，中国民生银行温州分行被温州市银行业综治委评为"2010年度温州银行业平安建设及社会治安综合治理先进单位"；被温州市总工会评为"'温州市厂务公开、民主管理'先进单位"、"党建带工建、三级联创、先进职工之家"；温州新城支行被温州市财贸工会评为温州市财贸系统窗口服务行业2010年度"市级品牌示范岗"。

兴业银行杭州分行经营管理情况综述

行长　官恒秋

2010年，面对21世纪以来“最复杂”的宏观经济形势，兴业银行杭州分行上下坚持以科学发展观为指导，以经营转型为纲，以团队建设为目，以风险管理为本，围绕“保发展、促转型、管风险、抓管理、强队伍”的工作主线，积极主动调整业务结构，加强核心客户培育，提升客户合作深度，完善内部控制，防范化解风险，确保经营安全，加强队伍建设和企业文化建设，提升后台服务保障能力，各项主要业务指标继续保持良好发展。截至2010年末，分行总资产达1240亿元，比年初增加412亿元，增长50%；各项存款余额达588亿元，比年初增加114亿元，增长24%，各项贷款余额558亿元，比年初增加57亿元，增长11%；全年实现考核利润12.27亿元，同比增长35.82%。

一、扎实推进客户、产品和体制机制建设，业务基础逐步增强

（一）公司业务取得积极突破

2010年，兴业银行杭州分行以核心负债拓展为工作重点，加强基础客户建设，开展分层分类营销，加大重点产品和特色产品拓展力度，较好地完成中型实体企业主办行客户、大型客户、节能减排贷款业务、现金管理日均存款新增、现金管理客户数和代发工资业务等公司业务指标任务。截至2010年末，兴业银行杭州分行人民币公司存款余额463.23亿元，比年初增加82.89亿元，增长21.79%；人民币公司存款日均余额432.35亿元，比上年增加47.87亿元，增长12.45%。银行承兑汇票余额175.12亿元，比年初增加50.63亿元。公司核心客户2713户，比年初增加114户；新增现金管理项目共45户；分行节能减排贷款余额新增22.2亿元；累计发行短期融资券、中期票据31亿元。

（二）零售业务取得稳步发展

以发展壮大零售核心客户群为主线，着力夯实零售业务发展基础，积极拓展新的业务领域，业务规模保持稳步增长，业务结构持续优化。截至2010年末，兴业银行杭州分行本外币储蓄存款余额122.23亿元，比年初增加30.08亿元；本外币储蓄存款日均93.77亿元，比年初增加7.81亿元。个贷余额123.53亿元，比年初增加40.24亿元。其中，个人经营性贷款余额36.01亿元，比年初增加16.31亿元。信

用卡交易量34.3亿元，居一类区分行第1位；个人第三方存管客户154420户，比年初增加22151户，居一类区分行第1位。

（三）同业业务取得快速发展

积极应对同业市场环境变化，以利润增长为中心，狠抓业务重点，稳步扩大同业资金来源，有效控制同业资金成本。截至2010年末，兴业银行杭州分行人民币同业存款余额204.63亿元，比上年末增加94.09亿元，增长85%。

（四）国际业务和中间业务向前推进

坚持以“客户、产品、收益”为重点的综合化发展思路，开展“国际结算＋贸易融资＋资金交易”的组合化营销，鼓励灵活运用各种贸易融资手段，持续关注风险控制。截至2010年末，兴业银行杭州分行累计完成结售汇14.37亿美元，国际结算17.88亿美元。继续保持结算类、代理类、交易类和咨询顾问类等中间业务收入增长势头，全年累计实现中间业务收入2.15亿元。

（五）小企业业务实现创新发展

分行本级设立小企业中心，辖属五个异地分支行分别设立小企业分中心，按照“风险可控、优化流程、科学定价、专业管理”原则，探索建立切合分行业务发展实际的小企业业务运营机制。截至2010年末，兴业银行杭州分行小企业客户达560户；贷款余额21.33亿元。

（六）电子银行业务取得快速发展

围绕“强化业务职能、细化服务手段、深化渠道建设”工作重点，以打造专业化品牌、加快团队建设、夯实客户基础为目标，积极推进电子银行业务发展。截至2010年末，兴业银行杭州分行实现电子银行中间业务账面收入2295.35万元，企业网银新增有效户1139户，企业网银柜面替代率达81.9%，零售电子银行新增有效户110039户，零售电子银行交易占比达25.13%。

二、规范信用业务审查工作，全面风险管理和内控水平进一步提高

（一）积极应对内外形势变化，强化信贷基础工作

加强信贷投向管理，调整、优化分行信贷结构；加强行业分析和判断，严格落实贷款“三查”制度，提前介入重点项目，严把风险第一关；规范信用业务送审及放款流程，提高业务办理效率，建立长效信贷管理考核机制，对经营单位、客户经理的风险控制能力和信贷工作质量进行综合评分和评价，防范和控制操作风险；积极开展业务专项调研与培训，合理制定相关行业信贷政策、及时发布风险预警，深入开展“三个办法、一个指引”贷款新规学习，加强信贷资金流向管理，细化公司业务风险管理，区别大、中、小型信贷客户，采用有针对性的信贷管理方式方法，推动分行信贷业务健康发展。

（二）全面风险管理和内控管理进一步强化

严格贯彻落实各项监管要求，加强对重点行业、热点领域信用风险管理，重点监控关注类贷款、潜在风险特征的房地产开发贷款和政府融资平台贷款等，开展风险排查及辖内压力测试工作，进一步增强风险控制手段、提高风险管理水平；积极开展“内控和案防制度执行年”活动，推动资产、负债、结算、内控管理、电子银行、信用卡和ATM管理等各项制度的落实执行，有效建立内控治理和案件防控长效机制；探索启动会计后督模式改革，提高会计操作风险管理水平；做好各项金融服务工作，防范声誉风险，全面、全程和全员的风险管理体系日渐完善。

（三）信用责任追究机制不断强化，积极塑造问责文化

2010年以来，兴业银行杭州分行对责

任追究项目采取“一项目一通报”的方式，逐项分析每个案例的违规失职事实，使员工充分认识到违法违规办理信用业务的危害性及严重后果，从而增强员工风险责任意识和合规经营意识，切实防范授信业务中的操作风险、道德风险。截至2010年末，分行全辖先后对30户不良贷款开展了责任追究，对86人(101人次)进行问责。

三、规范管理工作，运营支持保障水平稳步提高

(一) 强化绩效考评，规范财务管理，分行综合盈利能力不断增强

加强精细化管理，区分异地分支行、杭州辖区县域支行、杭州中心区经营单位分别制定考评、绩效奖金分配和变动费用管理、双线费用配置等办法，实现业务发展、风险控制、资本保值增值有机统一以及责、权、利相结合的经营目标，促进各业务板块全面协调可持续发展。科学下达各类经营单位的业务发展综合经营计划和财务转授权，强化资本约束，推进集约化经营。完善激励考评机制，制定分行等级支行管理实施细则，加强对经营单位的考评管理，鼓励经营单位拓展负债业务，努力提高经营规模和机构及人均单产。紧跟总行流动性、存贷比等政策的变化步伐，及时调整完善利润核算模式和内部资金管理模式，加强分行本外币风险资产、人民币贷款规模调控及人民币流动性的调控与管理，提高资金使用效率，推动分行资产负债业务协调发展。

(二) 加强会计管理制度建设，提高会计结算支持能力

根据内控管理和业务管理需要，不断完善制度建设，细化业务操作流程，严密内部控制体系，加强会计内控管理，落实会计人员岗位轮换制度，防范操作风险；推进柜面流程和作业流程再造，做好商票系统、网上跨行清算系统、外币支付平台系统等多项新业务系统的上线测试工作，组织完成反洗钱系统二期上线推广工作，并强化会计人员的业务培训，提高会计人员的业务素质和岗位技能。组织开展“我的岗位风险点在哪里”大讨论活动，强化重要风险点管理。杭州分行营业厅、温州分行营业部、嘉兴分行营业部和义乌城中支行4家网点被评为浙江省银行业2010年度文明示范单位，整体服务水平进一步提高。

(三) 加强信息化系统建设，提高运营支持能力

加大科技资源投入，提高科技运用水平。顺利完成ATM3.0平台暨外卡收单系统正式上线，全力配合总行完成核心业务系统新一代支撑平台交易迁移和业务系统验证工作。研发上线了浙江省旧版财政非税收入代理系统；开发了支付宝信用卡还款系统；完成嘉兴地区人行一户通委托关系管理功能的升级改造；顺利完成杭州市公积金委贷系统的开发上线工作；与浙江省电信公司、杭州、温州水务集团公司联合开发了话费、水费代缴系统。以系统稳定、优化运行为目标，高质量地完成了信息系统运行管理工作，完成了上海世博会、广州亚运会期间的科技运行维护保障任务，有效防范科技风险。

四、党的建设、队伍建设和企业文化建设不断加强

(一) 加强分行人力资源管理，员工队伍日益壮大

2010年，兴业银行杭州分行加大优秀人才的引进、培养、选拔力度，全年共引进各层次人员136人，员工队伍不断壮大，人员结构日趋合理。

(二) 加强党员队伍建设

抓好党员发展工作，兴业银行杭州分行全辖共组织30名入党积极分子参加各级机关党校培训，吸收29名同志入党，17名同志转为中共正式党员。

（三）深入推进党风廉政建设和反腐败工作

深化员工行为规范调查、失范监察工作，建立中层以上干部、信贷从业人员和重要岗位人员个人事项报告制度，加强员工特别是在关键岗位、关键环节工作的员工“八小时内外”的管理和监督，组织党员观看《银行业反腐倡廉成果图片展》，举行新任基层管理干部廉政谈话会，开展反腐倡廉警示教育报告会。

（四）强化企业文化宣贯工作

深入开展“强化执行力，推进新发展”活动，通过半年多扎实的活动，工作效率和员工精神面貌发生了深刻变化，服务一线意识进一步加强。以兴业银行杭州分行开业10周年为契机，开展形式多样的企业文化活动。倡议全行员工向西南旱区和玉树大地震、舟曲泥石流灾区开展捐款捐物活动，共捐献善款41万元。将行刊《钱江潮》改版为电子刊物，努力营造内部认同、上下共识、团队和谐的兴业家园文化。

兴业银行宁波分行经营管理情况综述

2010年，在兴业银行总行的亲切关怀和各级单位的指导协助下，在当地政府、人行、监管部门的大力支持下，兴业银行宁波分行深入贯彻落实科学发展观，进一步把握宏观政策相对宽松的有利时机，继续坚持积极稳妥的业务经营与发展策略；加快市场拓展步伐，努力实现业务规模稳定增长；扎实推动结构调整优化，加快推进“两个模式”转变步伐；全面加强各类风险管理，着力提升专业能力和服务水平，提高发展质量和效益，提升市场地位和竞争能力。

【主要经营业绩】 截至2010年底，全行资产总额398.83亿元，比年初增加91.88亿元，增长29.93%。本外币存款余额228.02亿元，比年初增加26.42亿元，增长13.11%；全行自营存款余额177.02亿元，比年初增加23.42亿元；日均自营存款163.79亿元，比上年同期增加15.05亿元，增长10.12%。本外币贷款余额214.04亿元，比年初增加21.51亿元，增长11.17%。按照五级分类法，期末不良贷款余额2.32亿元，比年初减少2.18亿元；不良贷款率1.08%，比年初下降1.26个百分点。实现税前利润39125.06万元，同比增加8857.56万元，增幅为29.26%。

【市场拓展方面】 2010年，兴业银行宁波分行以“经营客户”为中心，加大核心负债拓展力度，以特色产品为抓手，提升企业金融业务发展能力和专业服务水平。以机制与体制为基础、产品与活动为切入点、专业队伍为保障，围绕储蓄存款、个人贷款、综合理财、信用卡四个业务中心，强化分支行联动、强化业务培训、强化激励考核，提升零售综合服务能力。企业金融业务方面，通过加大双线费用配置力度，开展公司存款竞赛活动，积极拓展对公存款。截至12月末，全行本外币公司存款余额为151.01亿元，比年初增加24.27亿元，增幅为19.15%；本外币公司日均存款余额为138.36亿元，比年初新增13.76亿元，增幅为11.04%。零售业务方面，通过积极开展旺季营销、举办储蓄竞赛、狠抓个人第三方存管业务、拓展“兴业通”、推出“按揭理财户口”新产品等全力维护储蓄存款市场份额。全年，本外币储蓄存款日均余额254270万元，比上年度增加12829万元。个人贷款余额418713万元，比年初新增121701万元。

【风险管理方面】 通过加强贷前调查、审查审批，贷后管理，放款及信贷资金流风险监测预警等授信业务全流程管理，保证分行资产质量安全。实行信用业务流程精细化管理，完善授信后集中检查工作，扎实推进地方政府融资平台解包还原工作，加强零售不良贷款监测预警工作，加大对信用责任和违规行为的认定和追究工作，加强抵债资产管理，规范抵债资产运作。2010年，兴业银行宁波分行共对10户不良贷款进行了责任认定和追究，涉及贷款金额18485.76万元，贷款余额10842.01万元，追究人员26人次，经济处罚合计852488元、经济赔偿合计596420元。对信贷资金违规流入股市19笔个人贷款的相关责任人员进行责任追究，经济处罚合计63500元。全年共清收转化不良贷款金额25504.13万元，其中现金收回25293.73万元，核销65.44万元，不良贷款上调正常类144.96万元。

【金融创新方面】 兴业银行宁波分行各个业务板块根据总行“两个模式”转变战略要求，积极把握市场机遇，找准目标市场定位，明确发展方向和重点。同时大力推进金融创新，努力开拓新兴业务，提高交叉销售水平，培育、拓展新的业务和盈利增长点，扩大收入来源，加快业务发展和转型步伐。企业金融方面，坚定不移推进客户建设，扎实做好客户分类管理，稳步推进主办银行制度，扎实做好中型实体企业“主办行”客户名单认定和营销跟进工作，推进节能减排贷款，大力发展现金管理业务，拓展财务顾问项目，加快小企业业务发展。零售业务方面，严控个人住房贷款风险，积极拓展个人经营贷款，“兴业通”业务的推广，合理配置资源，创新担保模式。同业业务方面，加快业务创新步伐，做大做强重点产品，提高同业业务的优势地位。

【内控建设方面】 兴业银行宁波分行积极开展内控评价工作，不断完善内控合规体系，稳步推广体系文件建设，切实推进分行合规工作，进一步完善法律咨询、审查机制，努力构建事前、事中、事后的全程法律风险防范体系。一是分行通过制定、修订各类管理文件进一步加强业务规范操作，弥补制度性缺陷。全年制定、修订各项规章制度多项。二是开展内控评价工作，按照内部控制环境、风险识别与评估、内部控制措施、监督与纠正、信息交流与反馈五大要素，以及总行审计部对分行的内部控制评价要求和宁波银监局的监管评级内容进行评价，为全行综合考评提供依据。三是组织开展各项检查和风险排查工作，防范化解经营风险。适时开展了信贷风险、操作风险、合规风险的排查工作，及时发现和纠正违纪违规和违法等不良行为，全面推进“三个办法、一个指引”的实施，深入开展“内控和案件制度执行年”活动。四是加大各类问题的整改力度。对于各类检查中查到的薄弱环节，逐条逐项进行梳理分析，下达整改通知书，督促相关部门落实整改措施。

【信息科技方面】 充分发挥科技支撑作用，保障系统稳健运行，为全行专业服务能力和服务水平提升提供强有力支持。一是认真做好各生产系统和网络的维护、管理工作，保障各项系统稳健运行。全力以赴，确保世博、亚运会期间无任何运行事故发生；完成银行业金融机构信息安全等级保护信息系统整改工作并通过复测评定工作；完成了总分行一级骨干网络改造及主干网络设备AAA认证；对分行机房基础设施进行了整改；完成无人ATM网点网络改造。二是积极配合总行及人民银行，确保各项新系统顺利上线。三是加大分行自身软件开发能力，完善了分行自助查询系统，优化了个贷数据处理程序，为业务创新发展及内部考核奠定坚实的基础。四是按照应急演练预案要求，积极开展场地、设备故障及应用系统应急演练，验证分行应急处理流程和处理能力，确保运行安全。

【会计结算方面】 顺应零售体制改革要求，稳步推进营业厅功能提升与转型，有序推广柜面流程再造项目，从防范结算风险、巩固基础管理、规范队伍建设、提升反洗钱管理水平和服务质量几个方面开展各项工作。全行会计业务运行安全平稳无案件事故。柜面工作量247万笔，较上年同期增加27.18%，平均差错率0.178‰；累计办理支票、汇票等结算票据共5.63万笔，涉及结算金额678.03亿元人民币；全年柜面现金收付金额72.3亿元人民币。

【企业文化建设方面】 坚持"党建与工作"两手抓，积极推进分行各项业务的健康发展。各个党群组织根据员工精神文化需要，开展了多层次、多渠道的具有思想性、知识性和趣味性的文化活动。围绕"执行文化"建设这一主线，开展"强化执行力、推进新发展"主题活动，培养兴业人良好的办事作风和快速反应、快速决策的优良传统，为事业发展提供思想、组织和作风的有力保障。组织全行党员干部到黄湖监狱开展现场警示教育活动，通过反面事例，教育全行党员干部谨记反腐倡廉，规范从业行为，加强职业操守。组织公众教育服务日宣传、优秀员工世博主题体验之旅、青年员工户外拓展、三八妇女节郊外踏青等活动，增强员工体质，陶冶员工情操，营造团结和谐环境，提升员工的凝聚力。发动组织了玉树、舟曲灾区捐助、为信用卡直销中心患病员工捐款活动，全行员工积极奉献爱心，深化兴业家园文化内涵。

中国光大银行杭州分行经营管理情况综述

行长　郑学筠

2010年，是极其不平常的一年，是中国光大银行(简称光大银行)亮相资本市场的圆梦之年，也是杭州分行在各种困难和矛盾交织中破茧前进、突破自我的一年。在这一年中，杭州分行在总行的直接领导下，在各级政府、监管部门以及社会各界的关心支持下，在全体员工的共同努力下，及时转变经营战略，更换工作思路，积极应对各种调整和变化，圆满完成了全年的各项目标任务，较好地达到了总行对"重点发展行"的阶段性期望目标，得到总行、银监局、人民银行和地方政府的肯定。

——业务规模平稳增长。2010年末，资产总额达到448.49亿元；一般性存款规模超过300亿元大关，达321.26亿元，比年初增加69.16亿元，增长27.43%，上了一个新台阶，其中对公存款余额271.59亿元，比年初增加56.26亿元，增长26.13%，高于2006—2009年平均增长率(18.7%)7.43个百分点，储蓄存款达到49.67亿元，比年初增加12.9亿元，取得了历史性突破和阶段性成果；各项贷款余额366.23亿元，比年初增加22.72亿元，增长6.61%。

——盈利能力进一步加强。实现风险调整后利润45442万元，完成总行年度计划的106.13%；实现中间业务收入15627万元，比年初增加5963万元，增长61.70%。

——资产质量明显改善。不良贷款余额57292万元，比年初减少21684万元，不良贷款率1.56%，比年初下降0.74个百分点，实现不良贷款和不良贷款率"双降"目标。

2010年，光大银行杭州分行工作的特点和亮点主要表现在以下六个方面。

一、加强流动性管理，促进资产负债结构优化

2010年，流动性监管日趋加紧，新增贷款规模受到严格控制，多年来形成的存贷比严重倒挂的弊病给各项经营管理工作带来了前所未有的压力。对此，光大银行杭州分行从上到下，及时转变观念，通过大力拓展负债业务、合理安排新增投放、科学设计授信产品方案、实行机构存贷比区分控制、探索多渠道融资途径等有力措施，从"要我调整"切实转变到"我要调整"。

通过努力，2010年末全行全口径余额存贷比为113.52%，比年初下降22.74个百分点，增量存贷比为32.1%，其中，对公增量存贷比仅为12.79%，大大低于总行

60%的上限。为全行控制存贷比作出了贡献。

二、加大综合经营力度，实现收入来源多元化

在传统业务因结构调整等因素有所收缩的情况下，光大银行杭州分行加大了同业代销、贸易融资、资产托管、信用卡等综合业务的拓展力度，使收入来源更加多元化。主要表现在：

一是同业条线成为分行利润来源的重要增长点和亮点。同业项下利润、中间业务收入、保险代理中间业务收入等指标全面完成总行计划，其中实现同业项下对公中间业务收入593万元，完成年度计划的234%。同时，光大银行杭州分行创新开展的对公渠道销售财险被总行作为展业模式在全行推广。

二是贸金项下中间业务净收入4080.48万元，同比增长33%，贸金项下利息收入12282.57万元，同比增长94.81%，收益增长明显。

三是在传统的优势中间业务——投行业务继续带来可观收入的同时，资产托管业务开始为全行中间业务收入开源，全年实现托管费入账410万元。

四是信用卡中间业务收入3632万元，并首次实现收费后盈利，达2434万元。

三、明确中小企业市场定位，亮点逐步放大

2010年，光大银行杭州分行正式启动战略转型，把中小企业业务定位为全行的亮点予以重点关注并得到总行的大力支持和辖内各机构的积极响应。在市场调研、架构搭建、队伍组建等方面做足准备工作的基础上，分行中小企业业务起步稳健，开局良好。

截至2010年末，光大银行杭州分行行标中小企业客户比年初新增551户；表内外授信余额256.35亿元，较年初新增89.55亿元，增幅53.7%，其中表内贷款余额112.25亿元，较年初新增35.68亿元，增幅46.6%；搭建模式化经营平台50个；全年新增授信未出现不良现象；在引导经营机构提高利率水平上成效显著，2010年共投放流动资金贷款609笔，金额106.8亿元，其中利率上浮10%(含)以上有480笔78.76亿元，笔数占比78.8%，金额占比73.74%，为分行提高利息收益水平以及利润增长作出了贡献。

在服务中小企业过程中，光大银行杭州分行因地制宜地创新推出了针对绍兴黄酒企业的黄酒货押贷款业务、支持小型林业企业的“阳光绿色贷”融资产品，因势利导地与杭州“新概念”签署了合同能源管理项目战略合作协议、与华东林权交易所签署了支持浙江林木业“十二五”期间发展的50亿元授信协议，在低碳金融的阳光之路上又迈进了一步。由于在中小企业模式化经营和推进工作中取得的突出成绩，光大银行杭州分行获总行2010年度中小企业业务“卓越执行奖”评选一等奖，“模式化创新奖”评选二等奖，中小企业业务“红五月”劳动竞赛第一名。同时，也得到了企业、政府、监管部门的一致关注和肯定，多次受到《金融时报》、《浙江日报》等全国和地方强势媒体的专题报道。

四、加强内控管理，确保安全经营

2010年，光大银行杭州分行持续加大存量不良贷款的清收化解力度，全年共清收处置不良资产30580万元，超额完成年度计划16580万元，完成年度清收计划的218.43%，减轻了发展的“包袱”。同时，不断加强风险管理和内控管理，严格控制新

增不良贷款，确保全年无案件和重大差错事件发生，营造了平稳、安全的经营环境。

在风险管理体系建设方面，一是完善了风险条线组织架构体系和职责；二是明确制定了设立二级分行、异地支行风险管理工作的相关规定；三是制定了《杭州分行对公授信风险客户退出考核补偿办法》，进一步完善了低质量、潜在风险客户的退出机制，全年共退出57户企业，授信敞口12.28亿元；四是制定了《中国光大银行杭州分行风险管理有效性考核评价制度》，有效推进了风险管理工作，三季度风险管理有效性在系统内综合排名从年初的第31名上升至第6名。

在案件防控机制建设方面，一是明确纪检监察职能部门，在基层党支部设立纪检委员，逐步充实纪检监察队伍；二是在制定《中国光大银行杭州分行八小时外干部员工行为监督管理规定》的基础上，深入开展经常性的行为动态排查，对重要岗位人员的工作、生活、消费、社交进行全面监管，同时进一步抓好落实廉政及各类苗头性问题谈话制度；三是开展了16项各类风险排查和专项检查，及时发现和整改各种案件和事故隐患；四是加大问责力度，受到党纪政纪处分的有3人次，通报批评31人次，诫勉谈话10人次，经济处罚39人次，共计11.31万元。

五、机构发展纵横发力，综合服务能力进一步加强

2010年，光大银行杭州分行一方面抓机构延伸，培育新增长点，另一方面抓网点优化，提高单产贡献，于3月份正式成立了网点建设服务办公室，全力推进机构网点建设和阳光服务工作，为分行持续发展提供了支撑。

在各方努力下，辖内浙江省第一家二级分行——温州分行于8月份正式开业，并取得良好的发展；萧山开发区支行于11月份正式开业，发展势头强劲；嘉兴二级分行、温岭支行筹建工作正紧张有序地展开；东阳村镇银行、金华二级分行、诸暨支行筹备工作也取得较大进展，有望在2010年一季度获批。与此同时，分行积极推进异地授信业务的整合工作，逐步理顺和规范业务归属关系。

为整合资源，促进公私业务有效联动，分行将部分公司业务部与同城零售专业支行合并，使辖内支行全部转型为综合性支行，构建了“1＋1”的发展模式。截至11月末，分行“月拼月赢”共有20家次支行进入全行前60位。

在总行阳光服务工作的具体指导下，光大银行杭州分行加强网点服务的软硬件建设，在参加银行业协会组织的“文明规范服务单位”评选活动中，推荐参评的萧山支行、余杭支行、绍兴支行和分行营业部4家网点全部入选“浙江省银行业2010年度文明规范服务示范单位”，其中，萧山支行受邀在全省服务银行业服务工作现场交流推进会上作经验介绍，进一步证明了杭州分行服务工作取得的成绩。

六、完善内部管理机制，行风行貌发生可喜转变

为满足转型发展的要求，光大银行杭州分行进一步完善了内部运行机制，在内部考核、人才培养、企业文化等方面更加注重正向激励，创造和谐向上的经营环境，促使行风行貌发生了可喜的转变。主要体现在以下几方面：

一是通过实施全员创利绩效考核机制和客户经理、柜员等级管理制度，建立离岗学习和待岗清收制度，理顺员工晋升渠道等激励措施，员工创业绩、干实事的热情

高涨。

二是通过改进考核方式和手段，并合理运用考核结果，对经营无业绩、管理不得力的干部进行黄牌警示，限期不达标者进行调整，同时，加强后备干部的培养，选拔优秀青年员工挂职锻炼，在实践中得到锤炼和成长，建立了有进有出、有上有下的公平、公正、公开的考核评价体系。

三是通过召开每月经营分析会，完善业务联席会议制度，强化部室主动服务职能等措施，有效地增进了前、中、后台的沟通和配合，行内气氛进一步融洽。

四是通过紧密结合实际开展“创先争优”活动，加大对先进典型的宣传和表彰，营造学典型、争先进的浓厚氛围。同时，每月举办员工集体生日庆祝会，定期组织篮球、羽毛球、乒乓球、爬山等文体活动，增强了团队亲和力与凝聚力。

中国光大银行宁波分行经营管理情况综述

2010年，中国光大银行股份有限公司宁波分行(简称：中国光大银行宁波分行)积极贯彻适度宽松的货币政策，围绕“保增长、促内需、调结构”的总体要求，优化机制，调整结构，不断提高信贷管理和服务水平，加大对地方经济社会发展的支持力度，各项业务保持了平稳、健康、快速发展，同业竞争力进一步增强。

【经营业绩】 截至2010年末，中国光大银行宁波分行总资产达536.99亿元，比年初增加140.86亿元；一般性存款余额271.20亿元，比年初增加58.50亿元；贷款余额306.65亿元，比年初增加53.66亿元。在宁波地区10家全国性股份制商业银行中，存款余额居第二位；贷款余额在贷款规模受限制的情况下仍居第三位。实现中间业务收入15132万元，比年初增加5119万元；不良贷款率0.44%；拨备覆盖率491.49%；实现账面利润6.13亿元，比2009年增加1.82亿元。

【信贷投放】 新增贷款方面，对政府平台等重点行业逐笔核准投放，将有限的信贷资源安排在符合国家产业政策投向的项目上；优先支持零售、贸金等战略领域的发展，支持中小企业客户的发展；加大对绿色经济、循环经济、低碳经济的信贷支持力度。截至2010年末，共投放中小企业授信余额244.57亿元，比年初增加91.82亿元。存量贷款方面，对不符合国家产业政策、不符合质量要求的客户积极进行动态清理，坚决退出；同时严格控制高能耗、高排放行业和产能过剩行业的贷款。2010年压缩和退出潜在风险客户15家，压缩和退出授信金额3.55亿元。

【贸易融资】 积极支持信用良好、产品附加值高、适销对路的外贸企业的合理融资需求，以链式营销和行业解决方案等模式，利用阳光供应链品牌优势，为企业提供稳定经营的外汇信贷需求和各类贸易融资需求，以订单融资、商品融资、国内信用证融资、保理融资、应收账款管理等产品组合，大力发展国内供应链融资业务，有效推动了宁波外向型经济的发展。截至2010年末，贸易融资表内外发生额为245.89亿元，其中货押发生额28.89亿元，同比增长90.5%；贸易融资贷款余额为29.85亿元，比年初新增10.86亿元，增幅达57%。

【消费信贷】 以房贷、零售经营性抵押贷款、工程机械贷款、中小企业主贷款等产品为重点，加大对各类消费贷款的金融支持力度。截至2010年末，个贷累计投放48.99亿元，比上年同期增长2.59亿元。个贷余额73.88亿元，新增17.58亿元。

【产品创新】 推出“阳光设备融易贷”模式化产品，助推企业转型升级，2010年与宁波海天塑机集团有限公司等7家机械设备制造企业搭建了模式化融资平台，为300多家中小企业提供融资支持；成功开发浙江塑料城网上交易市场大宗交易资金存管系统，破解大宗商品中远期交易市场监管难题，成为全国首家真正能开展此类市场客户保证金“第三方存管”业务的商业银行，2010年成功服务212家中小企业交易客户；推出光大银行工业领域“合同能源管理”模式化方案，与已列入国家第一批节能服务公司、受国家政策扶持成立的慈溪亿拓节能技术有限公司成功合作，搭建了合同能源管理融资平台，支持低碳经济发展，首次授信额度达到2000万元。

【阳光理财】 充分发挥新成立的分行财富中心的作用，积极做好中高端客户的营销服务工作，着力增加财富客户，保持在宁波当地的领先地位。2010年，理财业务累计销售80.3亿元，比上年同期增加50.3亿元。在由宁波市金融办、宁波城市金融展组委会等主办的“2010宁波市民心目中最佳金融品牌”评选活动中，一举获得“2010宁波市最佳理财银行”称号、“2010宁波市最佳银行理财产品”。

【机构建设】 推进网点建设，2010年新开1家异地县域支行（象山支行）和3家同城支行（新芝支行、中山支行和海曙支行），分行营业部、江东支行乔迁开业。推进自助网点建设，2010年投放自助设备193台，新增75台；离行式自助服务网点23个，新增7个。网上银行开户新增7万户，达到11.5万户；手机银行开户新增4494户，达到6033户。在由宁波市金融办、宁波城市金融展组委会等主办的“2010宁波市民心目中最佳金融品牌”评选活动中，荣获“2010宁波市民最信赖的电子银行”大奖。

【风险管理】 2010年，进一步培育风险文化，完善风险管理体制，有效防范了信用风险、操作风险和市场风险，风险管理能力显著提高。一是坚持“有效退出”政策，继续实行“风险客户退出补偿”机制，鼓励客户经理主动举手预警，主动化解潜在风险；二是坚持实施客户经理（包括对公和对私）和经营单位负责人的“风险基金制”；三是完善有效的风险排查责任制度，促使客户经理和经营单位一把手认真做好风险排查工作；四是继续加大贷后检查频率。

【贷款新规】 为督促树立贷款新理念，全面实现贷款管理方式的转变，在建立有效的贷款新规培训推广组织机制的基础上，通过对内举办系列专题培训考试、对外利用新闻媒体平台做好舆论宣传等方式，积极开展贷款新规培训推广活动。同时，通过建立完善的管理办法和规章制度、规范业务办理流程与岗位工作职责等措施，在日常信贷工作中认真落实贷款新规。分行被宁波市银行业协会评为宁波市“十佳培训推广机构”。

【公众教育】 2010年11月28日，中国光大银行宁波分行出动干部员工近80人，在江北区洪塘街道开展公众教育宣传活动，参加活动的社区群众超过1000人，现场解答和宣传金融知识300多人次，发放各类宣传折页近2000份。此外，所辖余姚、慈溪、宁海、象山、北仑、镇海支行参加了当地银监部门组织的广场宣传活动。同时为加强媒体宣传，扩大“公众教育服务日”活动的影响力，分行通过户外LED广告、公交候车亭站牌广告和营业网点LED等方式滚动宣传“三个办法、一个指引”的有关宣传口号，营造了浓厚的活动宣传氛围。为期一个月的活动中，接受客户各类咨询达40000多人次，发放宣传资料上万份。

【阳光服务】 加大考核力度，提高服务评价得分在平衡计分卡中的考核权重；积极推行阳光服务“阳光丽人”等新“十项做法”，认真开展“再看同业”等每月主题活动；深入开展“倾听计划”和“行务公开”；组织开展“星级窗口”服务活动。阳光服务工作的深入开展，促进全行服务水平和客户满意度的有效提升。

【创先争优】 坚持注重“五个结合”，抓好“四个环节”，在基层党组织和广大党员中积极开展“四强四优”创先争优活动。“五个结合”，即与“创新金融服务，支持经济发展”建功立业劳动竞赛相结合，与“阳光服务”相结合，与创建“和谐企业”相结合，与建设特色企业文化相结合，与创建学习型党组织相结合。“四个环节”，即党委谋划，抓好活动基础；注重实效，抓好活动载体；引导推进，抓好活动典型；督导点评，抓好公开承诺。创先争优活动受到宁波市委组织部和中国光大集团、中国光大银行总行领导的高度评价。

【企业文化】 一是继续优化用人机制，提高用人透明度。完善薪资结构，优化薪酬激励机制；完善培训课程体系，提高培训计划管理与项目组织能力，提升员工核心胜任能力，增强员工的归属感和使命感。二是大力推行阳光关爱基金等“十件实事”制度，体现了人文关怀。三是组织举办“活力光大”2010年新春员工联欢晚会、第四届趣味运动会等全行性文体活动。

【社会公益】 2010年组织各类捐款达20.43万元，其中向玉树地震灾区捐款5.1万元，向舟曲灾区募捐4.2万元，向“母亲水窖”爱心捐款3.91万元，向余姚市文亭中学结对助学捐款1.74万元，向集团定点扶贫点捐款3.66万元。

【所获荣誉】 2010年，中国光大银行宁波分行荣获宁波市银行业金融机构年度综合考评“二等奖”、单项先进考评“优质服务奖”；在宁波市政府组织的小企业贷款考核中，取得了“月均新增额第一、月均占比第二和增速第一”三项大奖；鄞州支行获评为“2010年度中国银行业文明规范服务千佳示范单位”；分行工会连续4年荣获宁波市金融系统“工会重点工作考核一等奖”，荣获宁波市委组织部、总工会党建带工建三级联创“模范职工之家”称号。

恒丰银行杭州分行经营管理情况综述

行长　杨林茂

2010年，恒丰银行杭州分行在中国人民银行杭州中心支行、浙江银监局和总行的领导下，以科学发展观为指引，严格执行国家宏观调控政策，充分做好应对各种复杂变化的准备，进一步树立信心，迎难而上，坚持发展，创优争先，深入开展效益管理年活动，实现了“业务规模稳步增长，小企业特色逐渐形成，产品创新初有成效，内控管理不断深化，企业文化持续培育”，特别是存贷款规模和经营利润在系统内位居前列，存贷款增长速度在浙江股份制同业中也位居前列，被浙江省政府评为“2010年度金融机构改革创新奖”和“2010年度金融机构支持浙江经济社会发展三等奖”。

——资产规模继续扩大。截至2010年末，分行总资产为348.01亿元，比年初增长31.84%。

——信贷投放稳步增加。截至2010年末，分行本外币贷款（含贴现）余额为206.84亿元，比年初增长38.46%。其中一般性贷款余额204.74亿元，比年初增长41.17%。

——存款规模持续增长。截至2010年末，分行本外币存款（含同业）余额为336.48亿元，比年初增长37.15%；其中一般性存款262.46亿元，比年初增长36.78%。

——利税水平有所增长。2010年分行实现账面经营利润7.07亿元，为建行4年来年度盈利最高的一年。杭州分行及辖属分支机构依法上缴当地国税5224.45万元、同比增长212.46%，上缴地税8655.69万元、同比增长68.63%。

——小企业信贷取得进展。截至2010年末，分行小企业直贷余额38.64亿元，比年初增长59.81%，小企业直贷余额增幅明显大于全部贷款余额增幅，增量也超过上年小企业信贷增量。

——国际业务跨步前进。截至2010年末，分行累计完成国际结算量6.63亿美元，同比增长160.35%；累计实现中间业务收入0.1亿元，同比增长99.62%。

——不良率保持较低水平。截至2010年末，分行不良贷款率为0.5%。

一、业务规模稳步增长

（一）信贷规模稳步扩大，投向不断优化

1. 信贷规模稳步扩大。恒丰银行杭州分行认真贯彻宏观调控和货币信贷政策，致力于地方经济发展，帮助企业转型升级。2010年，面对严峻调控形势，分行在上年末信贷项目充分储备的基础上，本着

优中选优的原则，坚持“早投放、快投放、多投放”，抢占先机，抓紧做好优质信贷项目审查审批和发放工作，促进贷款较快增长。在总行按照监管要求，对信贷规模严控后，恒丰银行杭州分行严格控制贷款投放节奏，在继续储备优质项目的基础上，努力保持贷款增长势头，采取拓展渠道、业务创新等多项措施增加信贷支持浙江地方经济力度，满足企业发展需求。截至2010年末，分行贷款(含贴现)余额206.84亿元，比年初增长38.46%。据中国人民银行杭州中心支行公布数据统计，截至2010年末，恒丰银行杭州分行贷款增幅在浙江全国性股份制银行同业中排名第一。

2. 信贷结构得到调整。2010年，分行在逐步扩大信贷业务规模基础上，把业务发展的重点转移到优化业务结构、提高信贷运行效率，增强风险管理和控制能力。根据国家和浙江“十一五”产业政策导向，围绕浙江省工业经济转型升级，恒丰银行杭州分行科学把握信贷投向，注重行业、区域和客户结构调整。分行贷款新增主要投向于制造业，其次为商贸服务业，并减少了对高耗能、产能过剩等行业的信贷投放量。随着杭州地区以外的绍兴支行、义乌支行相继开业，在杭州、绍兴、金华地区当地贷款增幅及占比有所上升，本地化经营一定程度上减少了分行异地贷款的比例。

(二) 存款规模持续增长，基础不断夯实

恒丰银行杭州分行坚持“存款立行”理念，通过丰富结算服务渠道吸收存款，促进存款规模增长。在上半年无贷户存款竞赛基础上，继续积极引进无贷户存款人才，促进了存款规模增长。同时，分行严格按照监管部门要求，努力降低银承余额占比和保证金存款占比，均已达到2010年预定目标，进一步优化了存款结构。据中国人民银行杭州中心支行公布数据统计，截至2010年末，恒丰银行杭州分行存款增幅在浙江全国性股份制银行同业中排名第一。

二、小企业特色逐渐形成

2010年，恒丰银行杭州分行把发展小企业信贷业务作为一项重点战略工作，严格按照银监会小企业贷款“六项机制”建设要求，努力实现“小企业信贷投放目标、管理目标、产品开发目标、专业客户经理队伍目标”四大目标，使小企业信贷业务保持良好发展势头，初步形成特色，成为系统内排头兵。早在年初，恒丰银行杭州分行领导就带队到支行实地调研，贴近市场，贴近一线，宣讲政策，征求意见，针对浙江区域经济特点，努力推进中小企业授信业务。2010年6月末在中国人民银行杭州中心支行《关于2009年浙江省中小企业信贷政策导向效果评估情况的通报》中分行得分名列前茅，在支持小企业信贷工作方面保持了良好发展势头。恒丰银行杭州分行小企业信贷工作在总行系统内排名前列，小企业直贷余额占恒丰银行全系统的20%，得到总行认可。

(一) 小企业贷款年度增幅与增量达到银监监管标准，贷款结构保持良好水平

1. 从增长情况看，截至2010年末，恒丰银行杭州分行小企业直贷余额38.64亿元，比年初增长59.81%，小企业直贷余额增幅明显大于全部直贷余额增幅和全部贷款余额增幅，增量超2009年小企业信贷增量，该两项指标作为监管部门重点考核项目全部达标。

2. 从客户结构看，截至2010年末，恒丰银行杭州分行小企业客户数较年初增长166.60%，占全部客户数的35.44%。

3. 从担保方式看，截至2010年末，恒丰银行杭州分行小企业直贷余额38.64亿元中，担保方式保证类与抵质押类的比为6∶8；抵质押率达53.6%。

（二）小企业授信管理体系不断改进

在总行（中）小企业授信管理办法等制度框架范围内，进一步完善适合浙江小企业特点的小企业授信管理考核体系，通过流程再造，实行高效独立的授信审批、科学定价及单独核算考核。针对浙江区域经济特点和分行分支机构建设实际，一是加强对分支机构小企业授信业务各项制度建设指导；二是实行差别化管理，2010年分别对义乌支行进行授信业务转授权和绍兴支行增加转授权限；三是提升余杭支行小企业金融服务水准，确立余杭支行为总行级中小企业金融服务特色行，从而推动分行小企业信贷业务稳步开展。

（三）小企业信贷产品开发不断加强

中小企业集合票据成功发行1.45亿元；增加排污权抵押贷款新品种得到总行批复，先期在绍兴试点；中小企业经营性物业抵押贷款和法人按揭贷款申请延长授信期限得到总行批复；联保贷款品种得到实质性开展，授信客户45户，总授信金额近2亿元；同时，针对商位使用权权利质押贷款、法人按揭创业贷款、担保公司担保贷款、联保贷款、排污权质押贷款等新产品的操作流程、信贷管理系统等问题得到总行的大力支持。

（四）小企业专业客户经理队伍的选拔、培训、培养工作有一定进展

2010年，恒丰银行杭州分行先后对新入行员工、全行客户经理组织了多次小企业授信业务专项培训。

三、产品创新初有成效

2010年，恒丰银行杭州分行紧跟浙江市场和客户业务需求，坚持创新创业，在并购贷款、集合票据业务、联合保证贷款、排污权抵押贷款、国内信用证业务、跨境贸易人民币结算业务、品牌金买卖业务、代理贵金属交易业务、集中式银保通业务等方面取得新进展，得到浙江当地市场和客户的认可。特别是在总行的大力支持下，成功发行了中小企业集合票据，这是恒丰银行系统内和义乌当地金融界发行的首单中小企业集合票据，也是浙江省2010年度仅发行的两只中小企业集合票据之一，成为产品创新的亮点。

四、内控管理不断深化

（一）推行信贷精细化管理

一是先后对绍兴支行、义乌支行、萧山支行、余杭支行进行2010年大中型法人客户授信业务、中小公司法人客户授信业务和零售信贷业务转授权，加强日常信贷转授权的监管。二是总行信贷管理系统新加入了影像扫描模块，对授信管理工作提出了更高要求，及时开展培训，进行实地指导，规范经营一线操作，实行每笔业务电子扫描文件与纸质资料同步申报后审查审批。三是加强贷后管理，加深对个人贷款敏感客户和行业的检查分析，动态追踪信贷资产质量，对有不良信号的企业逐户排查，制订预案，确保当年新发放贷款收息率达到100%，并全面推行信贷责任认定与追究制度。

（二）加强信贷风险防控

高度重视预警和风险处置工作，将之列为信贷管理的重中之重，加大了对信贷资产质量的排查力度，并加强了清收和转化工作。

（三）全面实施贷款新规

高度重视“三个办法、一个指引”贷款新规的全面实施，成立了以分行行长为组长的“三个办法、一个指引”培训推广活动领导小组，制订详细方案，深入开展培训推

广，并进一步规范贷款资金的支付管理，强化贷款受托支付和贷款资金用途监控，健全授信业务的全流程管理体系，取得一定成效。一是贯彻执行总行有关"三个办法、一个指引"的相关规定，并制定了《恒丰银行杭州分行固定资产贷款业务管理实施细则》、《恒丰银行杭州分行法人客户流动资金贷款实施细则》、《恒丰银行杭州分行个人贷款管理实施细则》，发出《关于进一步规范贷款资金支付管理的通知》，明确要求一般法人客户和特定范围中小企业贷款的受托支付金额分别为500万元(含)和200万元(含)，对受托支付操作流程进一步规范。二是开展多层次、多轮次的贷款新规培训，先后开展全行性培训5次，各经营单位自行开展培训198次。并组织贷款新规考试，对全行信贷从业人员、高级管理人员、经营单位负责人及相关管理部门中层管理人员的考试情况进行全行通报，组队参加浙江省银行业协会组织的贷款新规知识竞赛，其中有一名员工获得了该竞赛活动的个人并列第一名。三是免费发放贷款新规宣传手册千余本，将自行整理的贷款新规相关内容发送给企业财务人员，为贷款新规的推行创造良好的社会环境。

（四）重视流动性风险管理

加强资金管理，做好全面测算，认真合理地编制资金营运计划，结合票据业务、同业存款情况做好资金的长短期安排。根据总行资金政策的变化，分行适时调整期限与种类。

（五）开展全面内控检查

根据监管部门和总行要求，恒丰银行杭州分行组织多次专项检查，先后成立了"规范市场竞争，严禁高息揽存"检查小组，组织深入自查，加强对违规揽存行为的监控和防范；开展"银行业内控和案防制度执行年"活动，针对内控环节相对薄弱、案件风险比较突出的重点机构、部门和业务环节，开展自查自纠，做到边查边纠；开展票据业务贸易背景真实性检查，对开业以来的转贴现业务档案进行全面自查，保证每一笔转贴现业务档案齐全清晰；开展政府融资平台贷款规范清理，依据"分解数据、四方对账、分析定性、汇总报表、统一会谈、现场检查"六个步骤展开，有效降低了政府融资平台贷款的潜在风险；开展特定范围中小企业贷款专项风险排查活动；开展外汇业务的全面自查，及时整改总结，提升业务质量；开展特约商户POS机专项清理检查，进一步防范收单业务风险；开展商业银行理财产品销售文本合规性自查；开展对统计管理制度、统计数据源质量、统计数据归属定义验证、统计数据流程以及统计人员的培训等各项工作全面自查；开展重要印章管理专项检查，严肃印章管控纪律；开展反洗钱制度执行情况专项审计，进一步修订完善反洗钱内控制度，规范反洗钱日常工作；开展网点开户情况暨账户管理专项检查，对部分支行会计基本制度执行情况进行突击检查；开展对会计内控制度执行、人员录用管理等情况的全面自查。

（六）加强合规风险管理

2010年，恒丰银行杭州分行全面开展"合规风险管理回头看"、"合规文化建设回头看"、"内控和案防制度执行年"活动，结合自身实际，制订了详细的实施方案，积极部署落实，不断强化全员合规意识和制度意识，提升合规风险管理水平和内控制度执行力，以形成经营合规、管理有序、内控有效、执行得力的合规文化，提升案防责任意识。同时，根据浙江银监局要求，积极投入浙江银行业"发展质量年"活动，与分行发展战略和业务转型紧密结合，研究制订实施方案，重点围绕管理质量、服务质量、资产质量和资本质量四个方面展开，着力增强专业化经营能力、全面风险管理能力和可持续发展能力。

（七）注重安保管理成效

恒丰银行杭州分行高度重视安全保卫工作，在总行、省市公安机关、浙江银监局的指导下，认真落实2010年上海世博"环沪护城河"金融保卫工作，针对分支机构发展、分支机构联网集中监控、安全保卫任务加重的状况，及早明确2010年度安保工作要点，落实各项安保措施，保证安全经营。一是加大检查力度，在日常安保工作检查基础上，突出对各分支机构的节前突击检查、节日期间行政值班抽查、夜间保安值班抽查。二是做好应急演练工作，整理编辑了应急预案汇编，组织督促各营业网点每半年开展一次应急演练，不断强化一线人员应急能力。三是多次召开安保专题会议，及时传达上级安保会议精神，通报辖内安保工作情况，指导分支机构安保工作，提高安全防控能力。四是结合自助银行抢劫案件猛增的严峻形势，开展自助银行风险状况摸底，严格规范自助银行安全巡查、24小时实时监控、技防设备测试等工作，取得一定成效。五是组织和指导分支机构参加平安金融单位创建活动取得较大进展，分行全辖5家分支机构中，有4家获得当地政府颁发的荣誉奖项，分别是萧山支行、余杭支行被评为杭州市"2010年度平安示范单位"，绍兴支行被评为绍兴市"2010年度治安安全示范单位"，义乌支行被评为义乌市"2010年度治安安全单位"。

（八）加快电子化管理建设

顺利实施绩效考核系统改造，完成分、支行视频会议系统建设，做好电子验印系统上线先期准备工作，配合总行测试反假币系统、电子商票系统，为电子验印系统上线做好准备。

（九）积极推进机构建设

2010年，恒丰银行总行董事长多次带队来浙考察和指导机构筹建工作，为杭州分行机构建设提出了许多宝贵意见。根据实际需要，恒丰银行杭州分行制定了《恒丰银行杭州分行分支机构建设规划和管理框架（暂行）》，提出用10年时间，分三步走，"立足杭州，服务全省"，按照浙江的经济特点，以经济区域的地市级城市为基点设立二级分行，再以各基点向辖区内经济发达县（市、区）辐射，形成布局合理、规模适度、形象鲜明、功能完善、管理有效、风险防控的全省机构布局。根据2010年机构设置计划，在义乌支行2月10日开业的基础上，恒丰银行杭州分行获准筹建温州分行；根据总行的委托和部署，浙江桐庐恒丰村镇银行也获准筹建；杭州"文三路"离行式自助银行于2010年10月份开业。

五、企业文化持续培育

（一）加强经营管理队伍建设

一是加强要害岗位管理和"三项制度"执行，开展全员行为动态检查，及时分析和化解潜在风险，2010年"三项制度"完成率为105%。二是强化客户经理考核机制，修订了《恒丰银行杭州分行信贷员经办资格管理办法》，将客户经理工作质量、违规违章行为处理纳入考核中，对客户经理进行全面考核。三是加大柜员测试考核，开展2010年度银行业务知识考试暨业务技能测试活动，提高业务素质和技能水平。

（二）完善基层党组织建设

在分行党组改为党委后，设立了恒丰银行杭州分行第一、第二、第三、第四党支部及分行营业部党支部、萧山支行党支部、余杭支行党支部、绍兴支行党支部、义乌支行党支部9个支部。积极开展党建活动，先后组织党员参与中国银监会举办的银行业科学发展创先争优迎七一知识竞赛、参观世博园中国馆、中共一大会址、四明山革命根据地等一系列活动。

（三）提升精神文明建设

恒丰银行杭州分行注重开展群众性文体活动，组织有声有色的篮球比赛，并组队参加浙江省银行业乒乓球比赛获得组织奖。重视企业文化宣传，恒丰银行杭州分行2010年由于信息宣传投稿数量多、质量好、时效强，被浙江省银行业协会评为2010年度信息宣传工作一等奖单位。提升文明服务水平，积极参与"银行业公众教育服务日"活动得到浙江银监局认可，恒丰银行杭州分行本级被杭州市下城区授予"文明单位"称号，辖属余杭支行也被浙江省银行业协会评为"2010年度浙江省银行业文明规范服务示范单位"。

渤海银行杭州分行经营管理情况综述

行长　姜乳云

2010年是硕果累累的一年，面对国际金融危机日益肆虐的经济环境和银行同质化竞争日趋白热化的局面，渤海银行杭州分行在监管部门的大力支持和监管指导下，认真贯彻落实总行工作会议精神和各项工作部署，以科学发展观为指针，坚持审慎经营、持续发展的经营管理理念，结合浙江经济金融实际，解放思想，开拓创新，扎实工作，各项业务经营取得了较好的成绩。

截至2010年末，全行各项存款余额121.96亿元（其中：储蓄存款余额16.29亿元），年日均存款余额106.47亿元；各项贷款余额109.95亿元（其中：个人贷款余额17.73亿元），年日均贷款余额99.80亿元；累计营销银行卡33049张（新增11934张），个人网银7678户（新增2604户）；销售理财产品17411万元；实现中间业务净收入2544万元，完成计划的105.97%，中间业务净收入占比为6.29%；全年共实现考核利润（净利润）16410万元，完成预算的110.82%，拨备后利润21976万元，完成预算的111.31%，成本收入比33.18%，不良贷款率0.46%。分行在系统内迈入先进行列，在总行2010年度综合考评中被评为“优秀分行”。

2010年，渤海银行杭州分行主要经营管理情况如下：

一、发展方向进一步明确

2010年，渤海银行杭州分行继续实施“双驱”策略，努力做到规模化与持续市场细分相结合，在提高当地市场份额的同时，更注重业务特色的形成，按照四项总体要求开拓市场，即“用投资银行的思路做客户营销，用财务顾问的思路做中间业务，用供应链融资以及成片开发的方式做中小企业，用财富管理的理念拓展零售业务”。随着形势的变化，分行审时度势，进一步明确了发展方向，即“以专业化、特色化服务取胜，在优化传统业务，提高综合收益的基础上，通过实施战略转型，走内涵式集约化经营道路，实现分行经营效益的最大化，保证盈利的持续稳定增长。努力探索把分行打造成以投行业务与理财业务为主要特色的最佳服务银行”。这个发展方向在全行已经形成广泛的共识，并制定了第一阶段3年的发展目标和措施，正在全力推进。

二、各项业务发展再上新台阶

2010年，渤海银行杭州分行根据市场形势的发展变化，部署开展了“迎新春业务竞赛”、“扩户工程”、“激情超越”、“争创优秀分行”等专项活动，推动了各项业务的发展。

（一）批发业务增长方式实现初步转变

2010年，渤海银行杭州分行积极开展中小企业业务试点工作，不断加大业务创新力度，较好地推进了批发业务增长方式转变。截至年末，分行批发存款（不含同业）余额108.74亿元，较年初增长23.84%；批发贷款（含贴现）余额92.21亿元，较年初增长11.78%。一是中小企业业务创新试点工作取得成效。全年新增中小企业授信客户192户，中小企业贷款余额57.99亿元，占全部贷款余额的52.75%，同比提高6.38个百分点。中小企业贷款平均利率达到6.12%，较全行贷款平均利率高出0.59个百分点。二是负债业务与票据业务有新拓展。通过组织开展“扩户工程”，加强“公私联动”，积极争取其他负债业务，实现了三项存款的较快增长，进一步改善了存款结构。年末三项存款（储蓄、结算、纯存款）余额达61.11亿元，同比增加25.84亿元，存款结构日趋合理。商票业务规模不断做大，全年票据贴现累计发生额达46.07亿元。三是供应链融资业务不断推进。已开展船舶供应链业务，与金海重工的战略合作取得了显著成效。四是中间业务平稳增长。通过推进投资银行业务，初步实现了中间业务从单一突破向全面推广提升的转变。

（二）零售业务实现全面较快增长

2010年，渤海银行杭州分行认真落实总行零售银行“五个加强”和“三个激活”的重要部署，采取多项措施，抢抓机遇，实现零售业务较快增长。一是多渠道吸收储蓄存款。组织开展各项主题营销活动，全力促进批零联动和全员营销，充分利用理财产品销售、个贷省息账户及电子渠道现有产品和服务，带动储蓄存款的联动增长。全年新增储蓄存款10.59亿元，年增额系统内排名第一。二是积极拓展个人贷款业务。拓展一手房按揭项目，大力推广返利型好益贷和省利通产品，新开办并逐步推广个人生产经营贷款，推动个贷业务较快增长。全年新增个人贷款8.83亿元，年增额系统内排名第一。三是大力拓展电子渠道业务。“一户通”项目投产，与浙江易方科技网上购票支付业务开展合作，与华势科技合作的电话POS收单项目顺利投产。四是理财业务和私人银行业务有新进展。全年累计销售理财产品1.74亿元，实现中间业务收入207万元，超额完成总行任务。私人银行业务开始起步，举办了首次私人银行客户沙龙等联谊活动，较好地宣传了渤海银行杭州分行各类产品。五是三支队伍建设进一步加强。大堂经理、理财客户经理、消贷客户经理队伍得到充实，正式组建了分行财富管理部。积极开展持证上岗工作，已有36位员工通过个贷业务资格认证，25位员工通过理财业务资格认证，3人通过大堂经理资格认证。

（三）金融同业及投行业务发展势头较好

2010年，渤海银行杭州分行于7月下旬成立金融同业部。在全行上下的高度重视和共同努力下，同业及投行业务取得了可喜进展。截至年末，完成了16家金融机构的授信，吸收同业资金28.7亿元，成功办理全行首笔3000万元的融资性保函业务。在投资银行业务方面，快速启动了余杭中小企业集合债项目；营销了浙江中泰钢业集团IPO综合服务项目；开展了华融渝富股权投资基金的推介营销，募集资金3.24亿元，超额完成总行下达指标；开展了绍兴凯泰科技投资基金托管业务。这些业务的开展为杭州分行打造以投行业务与理财业务为主要特色的最佳服务银行做出了有益尝试。

三、全面风险管理水平进一步提升

2010年，渤海银行杭州分行不断加大风险管理力度，提高了分行全面风险管理水平。一是完善风险管理组织架构。按照总行要求，启动了业务流程和组织架构梳理整合工作，组建了"三部一中心"管理模式，下半年调整成立了内控管理部。二是加强贷前、贷中、贷后管理，防范信用风险。按照总行和监管部门要求，进一步强化了信贷流程各环节的管理要求，特别是对关键岗位和贷前调查、审查、贷后管理关键环节，提出了详尽的管理要求和控制措施。组织开展了多次贷后检查，有效地防范了各种信贷风险。三是高度重视合规和操作风险管理。贯彻执行银监会"三个办法、一个指引"，在完善规章制度、推进流程改造、修订合同文本、组织学习培训、加强宣传沟通、加强贷后管理等方面采取了系列措施，使贷款新规有效落地。按时完成了政府融资平台的解包还原工作。操作风险体系建设和运行情况良好。四是加强案件防控和安全保卫工作。全年开展48项各类专项检查工作及10余次应急预案演练，圆满完成了世博、亚运和重要节假日的安全保卫工作。

四、综合服务保障和精细化管理得到加强

2010年，渤海银行杭州分行开展了"精细管理年"活动，牢固树立"二线为一线服务、全行为客户服务"的工作理念，为业务发展提供了坚实的支持保障。一是业务营运管理与服务能力提升。业务营运部以"一项业务、一项制度"为标准，逐步完善营运制度建设。在系统内首家实施支行营运经理派驻制，健全了营运经理考核管理制度和支行营运、柜面业务监督约束机制。配合业务部门做好市场营销和服务，充分发挥营运支持和服务保障职能。二是强化财务基础管理，提高资源使用效率。重点在优化财务资源配置机制上下工夫，引导业务结构优化、提高资源使用效率。费用成本控制较好。全年营业费用增长速度低于业务增长速度和人员增长速度，成本收入同比有所下降。三是人力资源管理职能加强。组织实施了批发条线和零售条线的双向选聘活动，开展了上岗资格考核，组织了148班次的培训，培训2690人次。四是科技资讯服务得到加强。科技资讯部在做好系统维护和改造升级的同时，还积极自主开发应用软件，积极支持业务发展及管理需求。

五、企业文化建设有序推进，党工团工作成效显著

2010年，渤海银行杭州分行积极践行渤海银行的关爱文化，提出了"员工第一"的管理理念，将关爱文化体现在日常管理工作中，努力营造员工成长的良好氛围，有效地提升了员工"以行为家"的意识，增强了分行凝聚力。一是扎实做好员工职业生涯规划工作。自7月份启动以来，已按计划顺利完成了信息收集、发展通道的设置、任职资格的编制与确认、员工的测评、员工个人近期的职业发展规划等工作，其他后续工作也正在展开。二是充分利用"激情超越"活动专刊、渤海银行内网等载体，广泛宣传企业文化的核心价值理念，取得了较好的成效。三是发挥党、工、团组织作用，大力开展各种积极健康的活动。组织党员赴井冈山开展了"星火燎原"主题教育活动，分层次组织党员干部开展了多种形式警示教育，协助总行工会开展了全行首

届歌咏比赛活动，组员参加了总行第二届运动会和浙江银行协会开展的乒乓球比赛活动。举办天水地区第七届“渤海”杯青年职业技能大奖赛，并获团体第一名好成绩。各支行也结合本单位实际，组织开展了大量有特色的文化活动。四是扎实推进反腐倡廉工作。抓好《廉政准则》学习，筑牢党员干部的思想防线，切实做到“八个坚持、八个反对”。完善各项监督管理制度，加大监督力度，大力推进班子和队伍党风廉政建设。大力倡导良好风气，促进党员干部思想作风、工作作风和生活作风进一步转变，努力营造干事创业氛围。

六、分支机构建设稳步推进

2010年，渤海银行杭州分行新设支行一家（西湖支行），于2010年12月29日正式对外营业，目前支行运行良好。通过3年的努力，目前分行基本形成了环绕杭州地区的南北两翼、东部绍兴地区的发展格局。

中国邮政储蓄银行浙江省分行经营管理情况综述

行长　王雄飞

2010年是“十一五”的收官之年，也是中国邮政储蓄银行(简称邮储银行)浙江省分行积极应对金融危机挑战、继续保持平稳较快发展的一年。在省委、省政府和监管部门的大力支持和总行党委的正确领导下，邮储银行浙江省分行深入贯彻落实科学发展观，着眼于加快银行转型、推动可持续发展，强化基础管理，加强风险防控，各项工作取得了可喜成绩，向现代商业银行的转型又迈进了扎实的一步。

至2010年末，辖内各项存款余额为1221.96亿元；各项资金运用余额为726.73亿元；其中，零售贷款余额为400.56亿元，小企业贷款余额9.55亿元，票据业务余额7.83亿元。2010年，辖内新增各项贷款227.2亿元，新增各项存款260.34亿元，其中储蓄存款192.12亿元，对公存款68.22亿元。辖内零售贷款不良率为0.13%，比上年末下降0.07个百分点；资产拨备覆盖率达到251%。2010年，邮储银行浙江省分行积极融入“浙银品牌”。全年实现银行收入19.4亿元，实现利润4.1亿元。

一、发展方式加快转变

2010年，邮储银行浙江省分行紧跟浙江经济社会转型升级步伐，积极推进发展方式转变。

1. 优化发展策略，推动均衡发展。2010年，邮储银行浙江省分行采取主动负债管理策略，通过提早谋划、明确考核、及时调整、定期通报等措施推动存款业务持续较快发展，在扩大存款规模的同时，积极优化存款结构，优质客户比重不断提升。公司业务发展上，坚持“稳健、高效”经营的发展原则，稳妥推进银行本票、汇票和商业汇票业务的试点和推广，通过整合资源，专业化、集约化管理，调整并优化了整体发展布局。应对总行信贷政策变化，抢抓机遇，大力发展了个人商务贷款，落实小额贷款专营策略，稳妥推广小企业贷款，推进二手房贷款等消费贷款产品健康发展，全年零售信贷业务呈现平稳较快的发展势头。

2. 运用销售模型，转变经营模式。按照总行“示范网点”推进要求，加快推进二级支行经营管理方式转变，提升二级支行灵活使用销售模型中管理工具、销售工具的能力。在此过程中，邮储银行浙江省分行摸索出了“总行培训——省分行强化培训——实地检查督导纠偏”的培训方式，帮助二级支行运用数据分析统筹网点经营情况，最大限度地挖掘客户需求。有效推进了网点经营理念从以“产品为中心”逐步向以“客户为中心”的转变。

二、内控管理有效加强

有效控制风险是商业银行持续、健康发展的基石。2010年，邮储银行浙江省分行在积极推进各项业务发展的同时，高度重视内控管理和案件防控工作，经过努力全辖没有发生大案、要案。

1. 健全内部风险管理框架。纵向上，所辖各市分行成立风险合规部，配置专职管理人员；在规模较大的县(市)支行配备专职合规管理员。横向上，省、市、县各级成立风险管理委员会，设立风险合规联络员，明确运行规则，加强风险管理委员会管理，定期审查风险情况，积极发挥风管会在风险决策中的作用。督促风险联络员履职，深化风险窗口管理。省、市分行成立资产保全中心，县支行成立清收组，以加强不良贷款的清收管理。通过努力初步建立了条块结合、网状覆盖的全面风险管理体系。

2. 完善风险管理运行机制。为加强网点风险管理，强化一道防线的风险控制能力，按照银监部门要求在辖内网点实行营业主管派驻制。至年末，全辖有大部分自营网点实现派驻，基本实现了经营与内控分离，考核与网点分离，网点风险管理控制水平明显提升。

3. 加强高管队伍风险教育。邮储银行浙江省分行始终将风险教育作为高管队伍建设的核心内容，通过会议、培训等面对面的沟通平台，加强高管风险教育，督促各级高管深刻认识风险管控工作对邮储银行的紧迫性和重要性，牢固树立风险意识，提升高管对风险的职业敏感性，高频次提示高管的职业风险，有效加强风险管理。

4. 积极开展“发展质量年”、“行为规范年”和“风险合规教育”活动，定期开展风险评估、风险监测、风险检查和行为优化等工作，有效提升员工风险意识，规范业务操作行为，确保全辖合规经营。

5. 强化监督检查。认真开展“整治屡查屡犯，防范案件风险”专项行动、落实“银行业内控和案防制度执行年”活动，开展零售信贷、公司业务、反洗钱等9项专项内部审计；组织开展个人贷款业务、小企业贷款、城市零售信贷业务、票据业务、理财及代理保险等多项业务检查；深化会计检查工作，实现会计检查全覆盖；严格内部责任追究，督促员工提升依法合规经营的自觉性。

6. 认真学习贯彻“三办法一指引”新规。组织全行员工学习“三办法一指引”新规，积极参加浙江省银行业协会主办的“三个办法、一个指引”知识竞赛，获团体三等奖和个人优秀奖；及时完善信贷业务管理制度，细化操作流程，强化新规的贯彻执行；10—11月，积极配合和参与银监部门组织的全辖授信业务现场检查，全面、系统地对信贷业务开展检查，以查促管、以查促学、以查促改，进一步加深对新规的理解，强化政策执行力。

三、支农支小力度加大

2010年，邮储银行浙江省分行紧紧围绕“小机构、小客户、小贷款”的战略定位，努力拓宽金融支持地方渠道，加大支农支小力度，积极履行社会责任。

1. 加大涉农贷款投放力度。2010年，按照监管部门的要求，结合浙江山海战略，大力拓展支农贷款新渠道，推出推广林权抵押贷款、渔船抵押贷款、农房抵押贷款等惠农产品，全力推进“金融支农深化年”活动的深入开展。2010年，邮储银行浙江省分行县域机构新吸收存款166.55亿元，新增贷款168.01亿元，新增存贷比为100.88%，高于60%的目标。至2010年末，辖内零售贷款余额中涉农贷款占比40.80%，高于2009年末涉农贷款比例；贷款余额为163.07亿元，较2009年末增长1.37倍，贷款增速高于全部贷款增速；其中林权抵押贷款余额0.35亿元，渔船抵押贷款余额1.17亿元，农房抵押贷款余额8.80亿元；服务林农、渔民和农户10多万户。

2. 延伸基础金融服务网络。2010年，邮储银行浙江省分行在银监部门的统一部署下，积极开展消除金融服务空白乡镇活动。作为农村金融服务的新生力量，邮储银行浙江省分行承担起消除全省159个金融服务空白乡镇中43个空白点的重要任务。并于3月26日，在文成县仰山乡设立了全省第一家空白乡镇金融服务点。经过3个月的努力，在全省第一家全面完成了空白乡镇金融服务点设立的工作，在完善邮储金融服务网络的同时，延伸了农村金融服务网络。在此基础上，邮储银行浙江省分行积极领会银监部门消除金融空白乡镇工作精神，创新支农渠道，试点银行卡助农取款服务，积极搭建农村金融支付平台，切实将消除金融空白乡镇活动延伸至乡镇、农村。

3. 拓宽微小企业融资渠道。2010年，邮储银行浙江省分行将微小企业列为信贷规模投放的重点对象，在做大商务贷款、服务个体工商户和微小企业主的同时，积极拓宽微小企业融资渠道，陆续在杭州、温州、湖州、绍兴等地开办小企业贷款业务，并在总行规模控制下，积极争取信贷规模资源，支持浙江个体工商户和微小企业的发展。2010年辖内累计发放商务贷款356.39亿元，小企业贷款授信10.05亿元，结余9.55亿元，服务微小企业达10多万家。

四、内部管理有效改善

2010年，邮储银行浙江省分行坚持“两手抓、两手都要硬”，在推进业务稳健发展的同时，深化邮储改革，加强内部管理，积极完善运行机制。一是积极推进二、三类网点深化改革。在银监部门的支持下，积极与邮政企业沟通，推进代理网点整改达标工作，基本完成全辖代理网点换证工作；根据银监会二类支行改革指导意见，制定省内改革实施方案。二是坚持以效益为核心，以深化转型为主线，加强银行财务管理，完善财务管理制度和办法，加快提升资源配置能力、完善财务激励约束机制，强化财务内控管理、提升财务队伍整体素质，促进邮储银行深化转型。三是规范劳动用工管理，加大人才引进力度，建立人才招聘常态机制。2010年，引进外部优秀人才40多位，有效助推了邮储银行浙江省分行健康发展。

五、能力建设扎实推进

2010年，邮储银行浙江省分行高度重视银行基础建设，着力提升银行核心竞争能力。

1. 加强网点基础管理。编制2010年度机构规划，统筹调整全年网点布局。加强网点基础建设，加大软硬件投入力度，2010年新建、改建网点65家，网点点均营业面积达339平方米，比年初增加88平方米。通过网点的改建和扩建，辖内银行网点的布局进一步优化，网点设施进一步改善，邮储银行网点服务形象得到明显提升。

2. 加强服务管理，开展邮政金融规范化服务活动，印制营业网点员工手册，出台服务管理工作指导意见，初步建立起服务情况分析通报机制。组织年度规范化服务双星评选工作，发挥服务明星示范带头作用，积极营造良好服务氛围。重视客户投诉，及时分析通报客户投诉情况，推行“首问负责制”。参与省银协组织的2010年度银行业文明规范示范单位评选工作，14家支行入围省银行业文明规范示范单位候选，2家支行入围2010年度中国银行业文明规范示范单位候选。

3. 加强员工队伍培训，组织首届银行中青年干部培训班，开展全辖二级支行行长轮训，全年组织各类培训1603期，累计培训36460人次。加强客户风险提示和教育，建立对理财、保险产品的不定期风险提示机制；开展公众教育服务活动，将金融知识、金融服务送进社区、送到农村，提升客户金融知识和维权意识。

4. 加强安全保卫工作。2010年邮储银行浙江省分行坚持从人防、物防、技防等方面入手，通过签订安保工作责任制，强化构建安全责任机制，严格执行、落实各项规章制度，全力防范事故与案件，有效提升了各级分支机构处置各类金融突发事件、灾害事故的能力和水平，保障了全辖分支机构的安全运营。

六、人本文化氛围浓厚

2010年，邮储银行浙江省分行在推进企业快速发展的同时，坚持以人为本，加强企业精神文明建设和员工队伍培养。在员工关怀上，努力为员工营造公平的竞争环境、良好的成长环境及和谐的工作氛围，积极提高员工的薪酬待遇，为优秀员工创造了一个良好的事业平台。加强领导班子建设，不断提高领导班子的战略决策能力、改革创新能力、竞争发展能力、风险防控能力、统筹协调能力，适应现代金融企业建设需要。重点培养了“一把手”把握方向、驾驭全局、统筹协调复杂问题的能力，积极引导各级领导干部进一步树立起正确的世界观、人生观、价值观，增强政治意识、大局意识和忧患意识。加强党风廉政建设，通过警示教育、专题讲座、大讨论活动和反腐倡廉制度建设，严明党的纪律，增强党员干部的廉洁自律意识，不断健全完善权力运行制约机制。企业知名度不断提升，2010年10月20日，《新华每日电讯》刊登《小额信贷大有文章》报道；12月20日，中央二台专题报道了龙泉支行林权抵押贷款业务发展状况。2010年，浙江省分行荣获省政府“2010年度金融机构改革创新奖”和“2010年度金融机构支持浙江经济发展基本奖”二等奖，被评为“2010年浙江省最具责任感的最佳金融服务机构”，辖内绍兴市分行、衢州市分行荣获“2010年浙江省文明单位”称号。

杭州银行经营管理情况综述

行长　吴太普

2010年，杭州银行以转变发展方式为指导，克服不利因素，取得了不俗的成绩。年末，各项存款余额1537亿元（含20亿元邮储存款），比上年末增加268亿元，增长21.1%。其中对公存款余额1263亿元，比年初增加202亿元，增长19.1%；储蓄存款余额274亿元，比年初增加66亿元，增长31.7%。各项贷款余额（含贴现）1065亿元，比年初增加207.4亿元，增长24.2%。实现国际业务结算量45.2亿美元，同比增长67.4%。全年实现营业收入50.57亿元，利润总额24.36亿元，净利润19.5亿元，分别比上年增长38.2%、48.4%和42.8%。净资产收益率16.3%，比上年提高3.1个百分点。总资产收益率1.06%，比上年下降0.03个百分点。实现中间业务收入3.98亿元，占比7.9%，比上年提高0.9个百分点。资产质量持续保持良好，年末不良贷款余额6.88亿元，比上年略增145万元；不良贷款率0.65%，比上年末下降0.15个百分点。拨备余额16.77亿元，拨备覆盖率243.8%，比上年提高60.3个百分点。

一、加强市场营销，推动各项业务做出特色

1. 公司业务主推"三大计划"成效显著。"卓越计划"新增客户55家，吸收存款累计超过50亿元。"星火计划"新增客户140家，新增对公存款21.25亿元，带动批量储蓄存款28.22亿元。"起飞计划"客户已达到50余家，实现良好起步。"双赢计划"客户达到222家，实现国际结算量达27.2亿美元，占全行国际结算总量的60%以上。

2. 小企业业务专业化营销模式取得实效。全年小企业贷款增加60亿元，增长42.3%，高出全行贷款平均增速18个百分点，小企业贷款占全行贷款余额比例上升2.4个百分点。初步明确了以融资需求在500万元以下的小企业公司客户和融资需求100万元以下的微小企业客户为主的小企业核心目标客户群。小企业公司贷款客户增加1200户；个人经营性贷款客户增加2425户。小企业贷款平均收益率达到6.3%，高出全行平均水平0.44个百分点。

3. 零售业务再创佳绩。新增储蓄存款66亿元，增幅31.7%，比全国和杭州市场平均水平均高出10个百分点以上。销售各类理财产品83.76亿元，比上年增加

30.95亿元，理财业务成为储蓄存款持续增长的稳定器。优质客户大幅增加，高端客户、贵宾卡客户、代发工资单位分别新增2161户、16233户和1072户。信用卡发卡量突破10万张，达到10.93万张。

4. 资金业务平稳发展。实现资金营运收入13.49亿元，资金营运综合收益率达到3.64%。此外，资金业务条线利用自身优势，努力拓宽同业合作渠道，与公司、零售条线密切配合、开展联动，在腾挪信贷规模、缓解信贷资源约束等方面作出了积极贡献。

5. 电子银行业务快速发展。网上银行和电话银行交易量连续两年实现翻倍增长，2010年达到2741亿元，对柜面交易的替代率达到40%。另外，个人网银和门户网站进行了全面改版，实施了短信平台升级，进一步提升了电子银行业务的功能和服务水平。

二、努力提高各项管理能力，为业务发展提供支撑

1. 杭州市区机构管理体制调整顺利完成。按照总行—辖区支行—辖属支行的模式，对杭州地区机构的管理体制进行了调整。此次调整坚持和完善了专业化的经营机制，初步确定了辖区行和辖属行的职能定位，有利于转变总行管理职能，提高管理效率。

2. 分行自身管理能力不断提高。各分行根据总行统一要求并结合各自所在市场特点，在市场研究、产品创新、组织营销、内部管理和员工队伍建设等方面都开展了富有成效的工作，管理的有效性和规范性进一步提高。

3. 风险和内控管理扎实有效。风险、稽核、合规等条线和业务部门密切配合，认真开展了抵(质)押物集中登记核查和担保人核保、信贷资金流向、临柜业务、信贷风险等多次检查与排查。认真落实了“三办法一指引”信贷新规，加强了贷款发放与支付、贷后管理等重点环节的风险管控。逐户清理和规范了政府融资平台贷款。完善了小企业现金流预警工具，推广了客户风险预警系统。完善了分行风险总监制度，提高了风险总监履职能力。加强了零售、小企业条线的专业化风险管理，在业务条线内部设立了风险总监。探索稽核体制改革，在分行派驻稽核办公室，强化了对分行的内控管理。完成内控流程改造和制度梳理项目，初步形成了比较完备的内控制度体系。

4. 人力资源管理成效明显。基本理顺了全行员工等级体系，完善了员工薪酬管理办法。推进了用人机制改革，在全行范围内开展了多次岗位竞聘，选拔了一批有创业热情、专业技术过硬、综合素质较高的员工充实到管理岗位上来。持续开展了多层次的员工培训，全年组织各类培训401期，培训9837人次，人均培训时间超过30课时，对丰富员工和管理人员知识、开阔视野、提高专业能力起到了积极作用。

5. 业务运营和科技建设稳步推进。初步建立了前中后台分离、总分行二级管理的新业务运营体系，确定了总、分、支行三级资金清算模式，初步建立了总、分行后台集中处理业务平台。加紧做好核心系统改造，目前已全面完成核心前置系统架构设计和系统部署，完成了全行网点柜员前置设备更新和COMMSEE部署，实现了交易、理财、客户信息的前台整合。此外，科技部门还牵头进行了70多项其他科技项目开发，有力支撑了全行业务发展。

6. 跨区域发展进展顺利。南京分行、绍兴分行、桐乡支行完成筹建并顺利开业，各项业务发展良好。温州分行、合肥分行、

德清支行的筹建工作也在紧张进行。杭州银行牵头发起设立的缙云杭银村镇银行经过紧张有序的筹备，目前已召开创立大会，将要试营业。

7. 党工团建设得到加强。行党委以“创先争优”等活动为抓手，加强两级班子建设，增强了班子的凝聚力、向心力和战斗力。工会在完成换届选举的基础上，精心筹备，举办了第六届职工运动会，丰富了员工生活，鼓舞了员工士气。在行党委的领导下，行团委召开了第四次团员代表大会，选举产生了新一届团委，顺利完成了新老交替。

此外，战略规划体系进一步完善，新增了电子银行业务、人力资源管理和信息化建设三个子规划。考核体系更趋科学，考核指标体系更加体现战略导向，并引入经济增加值指标，强化了资本约束机制。后勤服务、行政保卫等部门工作抓得比较实，也付出了辛勤劳动，做到全年安全运行，为全行发展起到了保驾护航作用。

2010年，杭州银行还获得了较高的市场评价，包括在亚洲中小银行（资产100亿美元到400亿美元）排名中位居城商行第一位等多项荣誉。

上海银行杭州分行经营管理情况综述

行长 叶继雄

一、2010年业务运营基本情况

（一）基本数据

2010年，国内和浙江区域的经济金融形势极为复杂，在人行杭州中心支行、浙江银监局和总行的正确领导下，上海银行杭州分行主动调整、冷静应对，圆满完成年度工作任务，各项工作取得较好成效，为下一阶段发展打下了扎实基础，起到承上启下的关键作用。

2010年末，上海银行杭州分行总资产达231.45亿元，较上年增长52%；本外币各项存款余额170.47亿元（含同业存款），增长38%，其中，本外币一般性存款164.53亿元，增长65%，人民币公司存款余额132.60亿元，增长55%，人民币储蓄存款余额10.50亿元，增长165%；本外币各项贷款余额198.01亿元，增长39%，其中，小企业贷款余额29.44亿元，增长203%。实现风险调整后考核利润3.03亿元，增长102%。

2010年，上海银行杭州分行城东支行、余杭支行顺利开业，绍兴支行、城西支行正在筹备。

（二）基本特点

1. 各项业务稳健发展。上海银行杭州分行贷款有效投放，全年完成919户企业授信项目的评审，授信总额198.83亿元，实际用信112.87亿元，用信率56.77%，新增授信零不良；负债持续推进，全年通过各种营销活动、业务竞赛等推动拓展行政事业单位存款、企业纯存款和结算性存款，无贷户存款有所增长，保证金占比得到控制；中间业务大力拓展，全年实现中间业务收入4241万元，国际结算量及结售汇均成倍增长，第三方存管新增开户、基金保险销售、网银新增、收单商户新增、个人VIP客户新增数均有大幅提高；特色业务全力培育，分行信贷规模继续向小企业业务倾斜，成功发行了浙江中财型材短期融资债券，尝试了与股权私募基金的合作，成功发放了首笔排污权质押贷款，着力推进小企业平台建设，联合浙江富国创投、义乌后宅街道实施“引资引智”项目，等等。

2. 落实定位特色凸显。上海银行杭州分行小企业业务获得长足发展，年末，小企业贷款余额29.44亿元，占全部贷款的14.86%，较年初增加19.73亿元，增长203%，远超全部贷款的平均增幅。小企业贷款客户达382户，比上年增加251户，小企业贷款余额在总行系统内位列第二，获总行“小企业特色行”称号。小企业专营队伍建设稳步推进，专职从事小企业业务的客户经理达到43人；小企业审查审批效率逐步提高，各项管理制度逐步完善；小企业批量营销平台搭建富有成效，“名单式”营销成功实施；积极扶持高成长型小企业，培育“小巨人”企业10家，帮助3户小企业成长为中型企业。

3. 创新工作卓有成效。着力产品服务创新，发行短期融资债券，探索银信合作理财业务，开展信贷资产转让洽商，做成首笔内保外贷业务，积极推进国内保理、国内信用证业务，成功发放首笔排污权质押贷款，积极介入农村金融服务创新，为发展拓展空间。推进管理创新，上海银行杭州分行小企业特色支行开业，小企业(个人)金融服务中心挂牌，对支行和小企业(个人)金融服务中心实行风险管理、授信审批人员派驻制，为分行发展开阔思路。

4. 风险管控稳步强化。落实各种措施，强化信用风险、操作风险、市场风险、合规风险、声誉风险和科技风险的管理，有效提升全面风险管理水平。不良资产清收取得成效，全年清收化解不良贷款1107万元，年末不良贷款余额5849万元，不良率0.3%，较上年末下降0.19个百分点，实现“双降”目标。加强安全保卫工作，全年实现安全运营。

5. 网点机构快速扩张。上海银行杭州分行新增自助机具41台，年末自助网点达43个，自助机具达60台，自助网点基本覆盖杭州主城区，迅速拉近了与入杭多年同业的差距；城东支行、余杭支行顺利开业，辖属支行已达3家，绍兴支行、主城区城西支行正在筹备，上海银行杭州分行在省内跨区域发展积极推进，省级分行架构已露端倪。

二、2010年主要经营管理措施

2010年，上海银行杭州分行的主要经营管理措施围绕“调整结构、均衡发展、培育特色、严控风险、深入创新、强化服务、推进机构建设、提升队伍素质”的要求展开。

(一) 积极开展机制建设，发展活力不断增强

1. 调整职能保证特色业务发展。成立了小企业(个人)金融服务中心，以小企业业务与个人金融业务联动为切入点，整合系列有针对性的金融产品，努力做专、做强小企业和个金业务。梳理分行国际业务管理职能，明确分行公司金融部为分行外汇业务职能部门，补充管理人员、集中力量、整合资源、优化流程，提高效率，促进外汇业务发展。实施支行分类管理的体制，在主城区外支行持续推进派驻风险监控官和财会主管，在主城区支行实行营业部和风险部的派驻制。

2. 完善激励约束机制积极有效。进一步完善了绩效考核体系，根据管理部门、内设经营单位和支行的不同特点，制定了有所侧重的绩效考核办法；对公司金融客户经理、小企业金融客户经理、个人金融客户经理、网点柜员、授信审批人员、经营单位主要负责人实施分类考核管理。改革薪酬分配制度，在总行的整体薪酬框架下，兼顾“公平和效率”，减少薪酬分配中的固定部分，增强薪酬分配中的考核力度，向业绩好、能力强和工作勤奋的人员倾斜，取得良好效果。修订了分行信用风险责任追究实施细则，制定了小企业授信业务风险准备金管理实施细则和小企业信用风险责任追究实施细则，实施了第二批信用风险责任追究，按照规定提取小企业风险准备金。激励约束并举，有效调动积极性。

(二) 大力丰富服务内涵，服务水平不

断提高

1. 多方着手增加产品种类。成功主承销了浙江中财型材有限责任公司7000万元短期融资债券，成为杭州业内为数不多拥有民营企业“短融”发行经验的商业银行之一；发放了第一笔排污权质押贷款；办理了分行成立以来的第一笔福费廷业务和内保外贷业务；加大保险产品引进，与联泰大都会保险有限公司浙江分公司建立了正式合作关系，先后引入了8款保险产品；制定信用贷款管理办法、抵押加信用贷款管理办法、“积分计划”管理办法等一系列小企业产品操作办法和管理办法。与台行驻浙人员联动营销推进港台业务；先后向总行报送近10个银信合作理财业务和近10个债务融资工具业务，与杭州同业开展了信贷资产转让业务和“一对一”理财业务的洽商；积极和总行沟通国内保理和内保外贷等产品；酝酿分行的汽车卡项目，目前广众汽车联名卡已在总行立项，各项前期准备和接洽工作正在有序展开。

2. 多管齐下提供增值服务。深入推进客户关系管理，通过开展主题客户回馈活动、主题沙龙活动、不定期的投资报告会、发售理财产品前的产品推荐会等，丰富高端客户维护活动形式及内容，使贵宾客户分层增值服务定期化、制度化、体系化。汇添富“一对多”专户理财产品两次销售业绩显著，总计销售3188万元，分别获得异地分行第一和总行第一。专户理财已成为分行个金的特色业务。推进公私联动、个人和小企业业务联动，组织对分行代发工资单位开展信用卡营销上门服务，取得较好的进展。与杭州市上城区政府、义乌后宅街道、桐乡石门镇政府、赛博（杭州）创业工场，四川商会、建筑设备租赁协会等批发性平台建立联系，并为其中部平台项下的34家小企业，累计发放2.3亿元小企业贷款；根据总行准入的保险公司名单筛选了3家产险业务合作单位；推进浙江涌金仓储公司监管平台继续合作的审批工作；搭建了汽车金融服务平台。

3. 多措并举提升窗口服务能力。落实“用心为您”服务年各项活动和世博金融服务各项工作要求，深入推进属地化结算系统建设，推出并完善易时行柜面通、一户通系统功能，完成浙江省集中代收付系统上线工作，完善分行支付结算渠道；以创建省级文明规范服务示范单位为契机，开展有针对性的服务礼仪培训和辅导，提高分行窗口服务软硬件条件，并成功通过验收；强化会计集中运营管理，实现本外币清算一体化，积极提供相关柜面延伸服务；落实支付系统、柜面服务、自助机具等各项应急预案，进行演练，提升应急处置能力。

4. 条线指导增强整体运营能力。对贷款投放实行按月预报、每日每笔监控，并通过各种形式进行指导，发挥贷款资源最大效益。灵活运用转贴现政策，及时做好业务指导，全年累计办理票据贴现39.44亿元，其中银票13.12亿元、商票26.31亿元，向总行转贴现14次，转贴现金额39.08亿元。提高信用审查效能，选择性推行行业专家评审机制，在造纸行业和水泥行业开展试点，创建相关行业的数据库；探索差异化审查机制，加强“走出去”的服务理念，尝试“预评估”的可行性；对印染产业进行专项调查，整理相关准入标准，对符合要求的印染企业仍给予适度授信支持。制定了涵盖各类业务的营销指导意见，撰写银信合作、银团贷款业务操作手册；对浙江省及杭州市的区域小企业分布情况，浙江省经济开发区及高新技术产业园区等分布情况进行调研。建立外汇业务联系人制度，为经营单位提供深度服务。强化科技支撑，完善分行业绩考核系统，增加储蓄存款业绩统计模块，自主开发辅助性管理程序，为提高管理绩效服务。

（三）稳步强化风险管控，发展质量不断提升

1. 全面风险管理持续推进。以“银行业内控和案防制度执行年”和“发展质量年”为契机，制定分行案防执行年和发展质量年活动方案，查找流程缺陷和系统漏洞，加强风险排查，开展专项治理，进行内控自评，落实各种措施强化信用风险、操作风险、市场风险、合规风险、声誉风险和科技风险的管理，有效提升分行全面风险管理水平。

2. 信用风险管理不断强化。制定授信政策，明确支持类、压缩类、限制类授信业务；加强行业风险管控指引和房地产、政府融资平台等重点领域风险提示；关注监管重点，贯彻落实“三个办法、一个指引”、二套房贷等相关调控政策；加大风险排查频度，开展政府融资平台、房地产贷款、动产质押、票据业务、联保业务、大额个贷、信贷档案的检查和授信客户的全面风险排查，强化对低风险授信业务等风险“盲区”的排查力度；通过优秀调查报告评比、创建相关行业授信客户数据库、密切监测授信业务变化等方式，强化“信贷三查”；优化五级分类操作，加强科学分类指导，加强客户风险信息监测系统应用、征信业务系统以及贷款新规培训，提高防范信用风险的能力。

3. 内控案防管理扎实提升。制定了案件防控实施意见，明确了工作机制、防控重点；逐级签订“案件防控目标责任书”，利用合规培训、知识竞赛、宣传教育等方式，强化内控案防的各项要求；坚持做好员工异常行为排查和矛盾纠纷排查工作，努力建设合规与案防的长效机制。

4. 清收化解工作积极推进。全年现金清收化解关注类贷款2800万元，不良贷款1107万元，特别是“恒业”出口押汇不良贷款，在诸多不利条件下，加强法院沟通，在获得有利信息后，第一时间查封企业银行账户，实现全额现金清收。逐步建立健全信用卡催收模式，建立逾期催收管理专岗；推进保全专册管理，尝试自行诉讼代理，提高资产保全工作的质量和效率。

（四）稳步推进队伍建设，发展后劲不断凝聚

1. 积极引进人才为我所用。在队伍建设方面，始终坚持外引、内挖两手抓。引进人才，坚持管理岗位从紧、确保营销岗位需求的原则，拓宽引进渠道，主动联系、内部推荐和外部招聘“多管齐下”，不求全责备，发挥所长，为我所用。全年分行录用各类人员142人，平均年龄为31岁；营销人员77人，占比54.22%；总助（含）以上中层经营管理人员14人，副科（含）以上人员9人。

2. 加快培养促进岗位成才。落实年初制订的教育培训工作计划，全年协调组织各类培训95次，参加培训员工2668人次；逐步实施应届大学毕业生的轮岗培训工作；根据实际推动经营单位、管理部门之间的员工轮岗交流。

3. 统筹推进持续锻造队伍。印发《关于统筹推进分行员工队伍建设等有关问题的通知》，采取措施统筹推进员工队伍建设，结合年终考评，组织开展了分行成立3年来的首次队伍摸底考察，为分行员工使用、培养、轮岗、退出和淘汰奠定工作基础；全面落实党建工作，根据总行党委要求，深入推进争优创先活动，提高分行党员的综合素质；加强党风廉政建设，落实党风廉政建设责任制，通过辅导报告会、观看反腐倡廉巡展、进行案例分析等多种形式，促进廉政教育的常态化和制度化，教育引导干部

员工筑牢思想道德防线。

（五）切实加强基础建设，长效发展不断保障

1. 稳步推进，扎实开展机构建设工作。有序开展机构筹建工作，确保小企业特色支行城东支行、小企业业务重点支行余杭支行分别于3月30日和9月29日开业；承担总行村镇银行筹备的相关工作；先后就绍兴支行、城西支行开展筹备工作。持续推进自助网点布局，实现年内ATM机新增开通运营数41台，39个离行式网点基本覆盖杭州全市范围。强化支行管理，完成了萧山支行和城东支行开业半年的经营管理验收；加强条线检查指导，有重点地开展专项检查、飞行检查，抓好对新建支行的业务辅导和问题整改情况的落实，建立对支行管理的日常工作体系。

2. 党工团合力，营造和谐氛围。完善党组织建设，增设8个支部；进一步建立健全入党积极分子联系人、定期汇报制度，加快党员发展速度；坚持“三会一课”制度，定期召开支部党员大会、支部委员会、党小组会，由党委书记带头上党课。加强党风廉政建设，严格执行《国有企业领导人员廉洁从业若干规定》等相关规定，落实党风廉政建设责任制；通过开展辅导报告会、举办培训班、观看反腐倡廉巡展、进行案例分析等多种形式，促进廉政教育的常态化和制度化；采取措施筑牢干部员工思想道德防线，保护干部健康成长。深入推进争优创先活动，扎实开展争创“四强”先进基层党组织、争当“四优”共产党员活动。以“职工之家”建设为契机，加强工会组织的履职，强化参与、教育、维护、建设和自我建设五项职能；开展2010年“我为世博献计策”合理化建议活动，共收到各类建议52条，8条建议作为分行金点子奖，2条建议获总行金点子奖；建立行长接待日制度；召开了第一届职工代表第二次会议，审议并通过了行长工作报告及经费使用报告，并就分行运作的方方面面提出了12项提案。

3. 文化引领，宣传经营特色。继续坚持“靠思想、靠智慧、有文化、有激情、要简单”的办行方针，文化引领宣传特色，推进品牌建设。连续独家冠名“祈福杭州”活动，扩大知名度；冠名《浙江科技报》、《钱江晚报》组织的第二届“科技新浙商”评选活动，参与方案策划，塑造小企业专业服务形象。深入围绕创建学习型银行，对《尚进》杂志进行了适度的改版，在保持原有栏目和内容的基础上，突出政策制度解读和业务经验分享，提升员工思想素质和业务水平。

宁波银行经营管理情况综述

2010年，宁波银行股份有限公司(简称宁波银行)坚持五大利润中心并举的战略不动摇，进一步突出“发展、合规、提升”主题，积极推动各项业务均衡发展，大力加强风险管理和企业文化建设，重视人才培养，市场竞争力和可持续发展能力不断提升。

【经营情况】 截至2010年末，宁波银行总资产2632.74亿元，同比增加999.22亿元，增幅61.17%；各项存款1458.28亿元，同比增加350.76亿元，增幅31.67%；各项贷款1015.74亿元，同比增加197.11亿元，增幅24.08%；全年实现净利润23.22亿元，同比增加8.65亿元，增幅59.32%；加权平均净资产收益率20.53%，同比提高4.81个百分点；全面摊薄净资产收益率14.63%，同比下降0.33个百分点；基本每股收益0.91元，同比提高0.33元；不良贷款率0.69%，同比下降0.1个百分点；拨备覆盖率196.15%，同比提高26.09个百分点。

【增资扩股】 为保持资本充足率维持较好水平，确保竞争优势，宁波银行董事会制定了中长期资本规划，并通过非公开定向增发股份和发行次级债，对核心资本及附属资本及时进行补充。2010年6月，经中国银监会批准，宁波银行完成25亿元人民币的次级债券发行工作，及时补充附属资本；2010年9月，经中国银监会和中国证监会批准，宁波银行通过非公开定向增发股份共383820529股，募集到资本金43.76亿元，补充持续发展所必需的核心资本，从而使资本充足率和核心资本充足率进一步提高。截至2010年底，宁波银行资本充足率达到16.20%，较年初提高5.45个百分点，从而为未来持续健康发展奠定了资本金基础。

【业务拓展】 宁波银行积极打造公司银行、零售公司、个人银行、金融市场、信用卡五大利润中心的多元化业务增长模式，核心竞争能力逐年稳步提升。公司银行条线：作为业务增长的主力军，通过重点客户管理和授信客户星级管理两大举措，围绕贸易融资、理财、网上银行三大核心，构建良性的存款增长机制，综合金融服务能力提升明显。零售公司条线：走出一条具有自身特色的发展之路，批量营销模式得到有效探索，产品体系不断丰富，队伍建设有序推进，品牌知名度持续提高，条线盈利能力逐步攀升，分、支行发展实现齐头并进。个人银行条线：业务规模不断扩大，客户分层维护提升体系成效初显，特色产品成为拉动业务增长的重要抓手，个人电子渠道交易日趋活跃，渠道替代率达50%以上。金融市场条线：加强内控合规建设，强化条线管理，加快新产品开发进程，积极开展同业交流合作，抢抓市场机会，不断拓展中间业务和盈利来源。信用卡条线：重新整合组织架构，业务管理制度不断完善，不良资产化解能力得到检验，基于内生性增长的多元业务发展模式已经确立。

【网点建设】 2010年，宁波银行稳步推进以长三角为主体、以环渤海湾和珠三角为两翼的“一体两翼”发展战略，加强分支机构经营管理，网点建设取得明显成效。一是调整总行部门设置，提高经营管理效能。设立电子银行部，撤并复核中心，将后勤服务中心更名为行政部，加强总行二级部建设，对各部门、岗位的职责进行进一步明确，从而初步建立起精细化的管理体系。二是上下联动、分层推进，网点建设全面铺开。温州、北京分行开业，无锡分行获批筹建，核心城市布点工作初步完成，“一体两翼”的轮廓初步显现。截至2010年末，宁波银行已开业及取得筹建批复的机构共120家，其中分行8家、分行下设支行14家、宁波地区支行91家、社区支行7家。三是区域分行融入当地市场，各项业务实现稳健增长。各区域分行在重组大众银行、惠财银行、信用卡部门的基础上，成立了个人银行部；4家分行成立了独立的人力资源部；已开业的7家分行的业务增量总额已超过全行增量的半数，其中4家分行的存款余额均超过100亿元。

【风险控制】 2010年，宁波银行积极构建全面风险管理体系，风险管理水平进一步提升。一是不断完善风险管理架构，在总分支两个层面分别设立风险管理委员会，加强全面风险管理；随着各分行分管风险的副行长逐步到位，分行风险管理架构和职责逐渐清晰。二是引入全面风险管理及操作风险管理咨询项目，积极构建适合业务发展的风险管理架构体系。三是合理控制贷款投放节奏，灵活调整授信政策，顺利完成全年的信贷投放进度控制目标。四是认真实施员工合规评价，全行合规意识显著增强。五是积极化解不良资产，全年清收不良贷款金额1.4亿元，资产不良率保持在较低水平。六是认真落实“三个办法、一个指引”的监管要求，积极开展地方政府融资平台贷款整改自查。

【科技投入】 为满足业务发展需要，宁波银行不断加大科技投入，积极探索先进经营管理手段，努力提升业务发展的科技含量，有效夯实持续发展基础。一是完成新数据中心的建设和搬迁，系统运行环境和基础设施得到极大改善。搬迁后的新机房具有高可靠、高智能和节能环保等特点，达到A级机房的建设标准，可以支持未来5—10年的业务发展。二是全面启动新核心系统升级改造，对核心业务系统进行更新优化。客服中心外呼系统建成投产、网上银行实现改版、第三代核心业务系统建设取得阶段性成果。三是加大各种应用软件和业务系统的开发力度，开发电子商业汇票业务处理系统，拓宽全行结算渠道；引进Oracle财务管理系统，实现大总账管理、多套账管理，增强全行财务控制能力；完成财富管理系统建设，通过为客户提供一站式理财服务，进一步改善客户体验。四是加强IT内控体系建设，引入运维管理系统，通过操作监控、控制操作权限、保留操作痕迹等手段，有效防范IT操作风险与道德风险。

【人力资源管理】 本着人力资源也要像业务资源一样进行精心经营的理念，2010年，宁波银行围绕员工职业生涯，不断提升经营管理水平，初步形成具备自身特色的人力资源管理体系。一是内外结合，加强人力资源优化配置。继续借助多种招聘渠道，积极引进各类人才；做好内部优化配置工作，对条线人员进行战略调整。二是上下联动，着力做好人才培养工作。组织完成全行各层次继任人、英才的推荐、选拔工作，组织中层管理人员选拔晋升，组织全行员工编制本年度的个人发展计划，并实施跨领域培养项目。三是多措并举，继续推进宁波银行大学建设。实施培训学分制管理，选拔第二批内部讲师，持续推进学院和分校建设。四是循序渐进，规范员工管理体系建设。完成职等薪酬体系的平稳过渡，组织完成全行各序列员工的职等晋升和调薪工作。五是着眼长远，促进人力资源工作持续提升。实施企业文化咨询项目，重新梳理全行企业文化体系；实施“人才培养与学习地图”咨询项目，完成四类重点人群的培养方案。

【企业文化建设】 在系统地学习借鉴国内外优秀企业的先进经验和思考总结自身文化积淀基础上，宁波银行逐步树立企业文化也是核心竞争力的理念。2010年，宁波银行借助与企业文化咨询公司合作，对企业文化理念体系进行了完善和升华，逐步形成自己的企业文化理念体系，内容主要包括信念、愿景、使命、核心价值观、企业精神等。为弘扬企业文化，在理念层面统一全行认识，一是通过企业文化项目咨询，不断总结提炼文化精髓，以打造独具特色的企业文化体系，为全行的长远持续发展提供文化支撑。二是大力推进文化融合，要求各级管理者率先垂范，引领员工特别是各区域银行员工了解、认同并践行企业文化。三是加大宣传力度，通过各种渠道宣传践行本行企业文化，对有利于弘扬本行文化的行为及时进行激励表扬，对有违本行文化的行为及时进行批评纠正，帮助员工树立正确的价值导向。四是主动履行企业公民责任，积极投身社会公益事业，在回馈社会的同时不断提高品牌知名度。玉树地震发生后，宁波银行在第一时间捐献200万元爱心款，支持灾区同胞抗震救灾。2010年全年，宁波银行共向宁波慈善总会捐款人民币300余万元，被评为宁波“十大最具爱心慈善捐赠企业”；在英国《银行家》杂志“2010全球银行1000强”榜单上，宁波银行排名第419位，较2009年提升13个位次，并获英国《金融时报》中国银行业成就奖——“最佳城市商业银行”殊荣。

北京银行杭州分行经营管理情况综述

行长 蒋增浩

2010年，是北京银行杭州分行落户浙江的第二个年头，在省委、省政府及总行党委的正确领导下，分行党委班子引领全体员工，围绕总行提出的2010年发展思路和目标，在外部政策环境复杂多变，市场竞争日益激烈的情况下，贯彻分行“强基础，抓规范，经营管理跃台阶”的工作目标，强根固本，锐意进取，积极调整结构，突破业务短板，各项业务发展良好，较好地完成了总行下达的各项经营指标，实现了快速协调健康发展。

截至2010年底，北京银行杭州分行资产总额160.75亿元，较年初增加78.98亿元，增幅96.60%。其中各项贷款余额(含贴现及贸易融资)151.04亿元，较年初增加72.49亿元，增幅92.29%。本外币存款余额(含同业)116.47亿元，较年初增加47.35亿元，增幅68.50%。全年累计实现FTP综合利润1.80亿元。

一、优化经营结构 提升综合竞争力

1. 全方位谋划，做强中小企业业务。立足浙江省中小企业的丰富资源，依托北京银行中小企业产品、服务优势，北京银行杭州分行切实加大中小企业服务力度。一是以加强督导，规范经营管理。通过定期通报各团队存贷比、日常电话跟踪等形式督促团队将有限的资产规模用好用足。建立中小企业部与营销团队一对多的业务联系人制度，直接落实专人对相关联的营销团队提供业务指导、营销协助及产品支持等服务。制定了中小企业单项考核方案并落实专项资金奖励，提高业务拓展积极性。做好中小企业客户分级工作，并在中小企业客户分级基础上制定了《杭州分行中小企业客户差异化金融服务方案》，推进信贷审批高效化，搞好优质客户产品创新，为核心及VIP客户做好前台便利贴心的服务。二是围绕金融创新，推动产品营销。利用北京银行文化创意贷款的优势资源，积极营销文创企业，提高了“创意贷”的品牌和知名度。做大“法人设备按揭”，与设备进出口企业开展了深度合作。联合杭州市政府、国开行、担保公司三方合力，推出“满陇桂雨”文化创意产业集合信贷产品，为分行储备了大批优质文化创意客户。同时，北京银行杭州分行还主动整合产品营销方式，发挥批量授信优势，推出“联保贷”产品，为微小企业融资拓展了新渠道。三是多方合作，拓宽经营渠道。2010年，北京银行杭州分行主动发起和参与了省、市政府，市文创办、金融办等部门召开的银企洽谈会、互动沙龙与融资论坛，强化了对政府、市场、企业、客户的金融需求的调研。

还进一步落实了多家担保公司的授信工作，相互推荐优质客户，促进了业务合作。加强了和在杭各大金融机构的衔接，共同讨论文创企业融资服务意见，小企业融资体制和金融产品创新有关事宜，促进了同业交流与对接。

2. 以个贷业务为突破口，做大零售业务。首先，完善架构，整合流程，单设“个贷中心”，实行全行大范围受理，“个贷中心”集中处理的工作模式，减少中间环节，培育专业人才，提高个贷业务处理效率，不仅提升了客户对分行服务的满意度，而且快速提升了同业竞争力。第二，目标明确，执行到位，以创新产品开发优质客户群体。围绕分行零售业务的发展趋势，部署了全年零售业务营销方案“基石行动”，突出全员营销的理念，强调公私联动，综合营销，调动客户经理的积极性，形成了人人主动营销的良好氛围。活动期间，北京银行杭州分行先后发售了两款自行设计的理财产品，通过广播、报纸、广告夹页等方式大力宣传，在扩大了影响力，提高理财产品知名度的同时，提升了理财产品在杭城的竞争力。二季度，北京银行杭州分行又牵头发行了北京银行第一款阳光私募产品，弥补了在高端理财市场的空缺，产品的成功募集，不仅取得较好业绩和利润，还建立了一批优质的中高端客户群。第三，积极组织业务竞赛，提升员工综合素质。全年，北京银行杭州分行先后举行了“个贷创意大赛”和“超越财富”杯客户经理大赛。其中个贷创意大赛“心喜无忧卡”荣获总行的三等奖。“超越财富”杯客户经理大赛也评出了支行级明星和分行级明星。2010 年，北京银行杭州分行个人贷款新增 28.13 亿元，当年增量列杭州辖内股份制商业银行第 8 位。

3. 创新产品服务，做优国际业务。一方面，北京银行杭州分行高度重视产品的开发和利用，审时度势，因地制宜，敏锐开发客户需求，在总行现有产品体系的基础上，不断创新产品。一是针对余杭区的客户需求，研发了分行首个国际业务新产品——中介式福费廷业务，并制定操作规程，主动与两家境外福费廷包买商取得业务联系。由于该产品可为客户规避包括利率、汇率、信用及国家等各类外汇风险，客户可立即办理外汇核销及出口退税手续。目前，已有数家企业向北京银行杭州分行提出该项业务申请。二是根据当前国内外币头寸紧张造成境内外币存款利率高于境外外币融资利率的情况，设计了“代付盈”产品，为重点客户办理了首笔代付盈业务。三是根据浙江省出口结算方式多以汇款为主，在 2010 年人民币信贷规模紧缩等本币业务限制性措施的情况下，积极探索利用出口押汇等贸易融资产品置换流动资金贷款，成功开发国际业务新客户，成功办理了全行范围内首笔出口汇款押汇业务。另一方面，由于浙江省外贸企业对出口跟单项下的收汇及时性要求较高，为最大限度地提高分支行处理出口单据的效率，北京银行杭州分行创新服务，先后推出了支行自行寄单模式、进口开证项下单据径寄支行模式、单证业务处理时限承诺三项有利举措，确保为客户提供高效优质的金融服务。

二、强化科学管理　保障稳健经营

1. 优化组织架构，提升工作效率。针对成立时间不长，发展相对较快，内部管理任务重的实际情况，北京银行杭州分行根据总行的相关规定，对业务条线进行了整合和专业化分工，完成了对内部组织架构的调整。在原有风险管理部的基础上，增设了法律与合规部、中小企业部、投行与同业部，设立了“个贷中心”。通过组织架构的完善，北京银行杭州分行各项业务职能更加清晰，分工更为明确，工作效率明显提升。

2. 强化风险管理，完善风险管理体系。一是发挥好专业委员会的作用，对分行重大内控事项进行决策，引领了分行风控方向。二是进一步完善制度体系，积极推进流程改造，编制了《柜面服务规范及业务操作手册》，全面对营业网点柜面业务工作规范、营业网点服务规范、营业网点安全保卫工作规范、营业网点工作规范进行了明确，梳理了储蓄业务操作流程、对公业务操作流程、外围系统操作流程。三是加强贷后管理，先后组织开展了分行银行承兑汇票资金流向合规性及贸易背景真实性专项检查、固定资产及流动资金贷款业务的自查、政府融资平台解包还原、分行信贷业务风险大排查、分行押品风险大排查等工作，保障了信贷资产的安全。四是认真落实“三个办法、一个指引”的各项工作要求，组织全员进行培训，效果显著。在总行贷款新规知识竞赛中，北京银行杭州分行选派的选手成功进入决赛，并取得了第三名的好成绩。

3. 细化防控体系，确保安全运营。第一，认真开展了分行内控和案防制度执行年活动，通过活动，进一步夯实了内控管理机制，保障了全行的安全运营。第二，加大问责力度，提升合规意识，将《问责制度》纳入绩效考核中，建立健全问责机制，规范问责程序，加强约束机制，督促全体员工尽职尽责，多次对各类自查、检查中发现的问题以及信贷风险出现后的相关责任人员进行了处理。第三，积极开展反洗钱工作，制定了《反洗钱管理程序实施细则》，落实反洗钱的各项数据申报，并在全行开展了反洗钱宣传活动，使广大群众了解洗钱的危害及反洗钱的重要性。

三、狠抓基础建设　助推高速成长

1. 稳步推进网点建设。一是分支机构建设稳步推进。萧山支行于2010年9月3日开业，绍兴支行于2010年12月22日获批筹建。同时，经北京银行第三届董事会第二十九次会议通过和总行特别授权，杭州分行代表总行全面启动的浙江文成北银村镇银行筹建工作，并于2010年10月18日获筹建批复。二是新设支行快速发展。余杭支行面对激烈的市场竞争，冷静分析市场，将国际业务与个人按揭业务作为业务发展的亮点来抓。先后与余杭区内重点国际业务企业达成合作意向，成功在余杭区内打响了北京银行的品牌。萧山支行根据自身的区域特点，做好3个百强企业和零售业务。

2. 不断加强队伍建设。一是总、分联动，提升业务水平。北京银行杭州分行先后多批派出了各条线业务骨干赴总行相关部门对口学习工作，加强了分行员工对总行的业务、企业文化等方面的真切感受，使总、分行工作衔接更为顺畅。通过专题会议，将赴京学习员工在总行学习工作中取得的业务拓展、产品开发和管理模式等方面的宝贵经验，及时地传达给分行全体员工，成为全行员工工作的有效指引，促进了总行助分行，分行促总行的良性互动，较好地推动分行业务的开展。二是广纳贤才，全面培养高素质人才。北京银行杭州分行积极探索科学的专业人才招聘选拔机制，通过校园招聘、行内选拔和有针对性的人才引进，丰富分行人才储备。在人员快速扩充的同时，配套跟进全行培训计划，及时为干部员工提供宏观经济、政策法规、业务知识、产品分析、企业文化等全方位的培训。组建了员工活动基地“开心农场”，为员工们创造了一个除工作外，与同事共同协作交流的园地，进一步增强了全行员工的互动交流和团队精神。同时，充分发挥工会、团组织的作用，先后开展了五四青年座谈会、新进大学生座谈会等活动，与新入职员工及青年员工交流工作生活体会，了解员工动向。开展了野外拓展、春季登山比赛等集体活动，充实员工业余生活，增强了分行的凝聚力、战斗力。

3. 努力增强科技保障。第一，建立开发测试制度。加强开发及测试规章制度建设，进一步完善规章开发及测试流程，提高业务操作的规范化水平。规范分行项目开发过程，实现开发测试人员与运维管理人员岗位分离。逐步对开发人员实行开发准入制度，根据总行对开发人员的管理要求，协助总行做好分行开发人员的培训工作。严格按照相关规定，采取有效控制措施，进行项目开发风险控制。规范项目投产前测试管理，保证项目开发的质量。第二，加强项目开发力度。先后投产了本票小写打印项目，个贷合同打印项目，移动办公系统。个贷合同打印项目的上线大大提高了相关业务的办理效率，为更好地营销客户提供强有力的技术支持，移动办公系统为出门营销客户，上门服务带来了便捷。此外对自行开发的综合服务平台进行了相关页面的调整，将贷款利息查询、贴现利率查询、网点签到签退功能均移植到综合服务平台上，方便员工查询相关信息。第三，增强科技保障能力。为保证各类生产系统的正常运行及验证备机的可用性，对“现代化支付系统”、“银行卡系统”、“一户通前置系统”、“柜面通前置系统”等进行了主备系统的切换工作，通过主备系统的切换，进一步验证了备用系统的可靠性，提高了抗IT运营风险的能力。

平安银行杭州分行经营管理情况综述

行长 章国华

2010年，在总行的领导下，平安银行杭州分行总体经营情况继续保持良好态势，经营效益继续稳步提高，贷款和存款总体均保持较高的增长速度。不良贷款率为零，贷款新规执行情况良好，内控制度建设及执行得力，管理精细化取得一定进展，资产质量继续保持在高水平，新兴业务发展保持良好态势，利润水平进一步提升。现对2010年度经营管理情况回顾总结如下：

一、总体业务发展情况概述

平安银行杭州分行2010年经营效益良好，总行各项主要考核指标均超额完成，截至2010年底，一般存款余额为103.02亿元，一般性贷款余额81.14亿元，实现报表利润1.84亿元，考核利润（FTP后）0.97亿元，同比分别增长340.48%和614.29%。其中：

1. 存款方面（均为分行报表数）。截至12月31日，平安银行杭州分行一般存款余额为103.02亿元，比上年同期增加50.45亿元，增长率为95.97%。从业务品种来说，公司存款余额为88.27亿元，占存款比为85.68%，比上年同期增加39.01亿元，同比增长79.19%；零售存款余额14.75亿元，占存款比为14.32%，比上年同期增加11.83亿元，同比增长891%。从期限结构来说：活期存款余额为42.28亿元，占存款比为41.04%，比上年同期增加17.65亿元，同比增长71.66%；定期存款余额为60.74亿元，占存款比为58.96%，比上年同期增加33.2亿元，同比增长120.55%。定活比由上年的53∶47上升到2010年的59∶41，定期占比上升了6个百分点。

2. 贷款方面。截至12月31日，平安银行杭州分行一般贷款余额为81.14亿元，比上年同期增加23.42亿元，增长率为40.57%。从业务品种来说，公司贷款余额为69.3亿元，占贷款比为85.41%，比上年同期增加14.57亿元，同比增长26.62%，其中贸易融资余额为1.51亿元，比上年同期增加1.31亿元，同比增长655%；零售贷款余额11.84亿元，占贷款比为14.59%，比上年同期增加8.85亿元，同比增长为295.99%。

3. 中间业务方面。截至12月31日，平安银行杭州分行中间业务收入2376.84万元，占各项收入比为5.59%，比上年同期增加1859.95万元，同比增长359.83%；中间业务收入占各项收入的比重由上年的3.68%上升到目前的5.59%，增加了1.91个百分点。非利息收入主要以手续费收入为主，截至12月31日，手续费收入2258.66万元，占中间业务收入的95.03%。

二、积极调整业务结构，做好信贷风险控制

1. 调整信贷业务政策。平安银行杭州分行信贷政策的调整主要体现在贷款新规上。根据中国银监会“三个办法、一个指引”的指导精神，体现信贷资金“实贷实付”的核心原则，平安银行杭州分行修改和完善了相应的政策和规章制度，从政策层面上，明确了调整思路。

2. 坚持有保有控的投放策略。新增贷款客户投向突出，主要为中小企业贷款、小微企业贷款；同时严格控制高耗能、高污染行业和节能减排存在问题企业的信贷发放。通过有效的行业投向控制，贷款资金真正地被投放到实体企业中，且行业投向有序均衡，结构合理。

3. 做好异地授信业务的风险管控。对异地授信业务的开展均以符合国家产业政策、经营稳定、主营业务突出、发展前景良好的优质客户为原则。平安银行杭州分行对每一笔异地授信客户资信情况以及贷款的安全性、流动性、效益性等进行认真调查，充分了解授信企业及其关联企业的授信情况，并对异地授信的第一还款来源、保证能力、抵质押物的权属和价值以及实现抵质押权的可行性列为调查、审查的重点工作。同时，加强异地授信业务贷后管理，对异地授信风险敞口较大的地区和行业，及时收集、掌握区域经济特点和行业动态信息，以便对异地授信业务地区和行业投向进行调整、优化。

4. 积极配合做好平台清理。截至12月末，政府平台贷款余额为23.06亿元，较上一年度减少6.51亿元，下降22.02%。平安银行杭州分行积极配合浙江银监局的政府平台清理工作，参与各行开展的集体约谈会议，组织自主会谈工作。今后将继续严格执行政府平台贷款的政策，将银监会的相关要求纳入我行的信贷政策体系中，强化政府平台的规范运作，加强贷后检查跟踪，以及风险识别、风险管理。

三、大力做好内控建设，形成有效管控机制

平安银行杭州分行在积极发展业务的同时，也关注发展的质量和效益，培育和建设业务发展的合规性。

1. 做好内控架构建设。良好的合规组织架构是合规建设的基础性工作和重要保证。按照总行相关制度规定，平安银行杭州分行分别正式成立了杭州分行处罚小组、反洗钱领导小组和案件防控委员会3个合规内控相关的专门机构。分别负责分行的违规事项的处罚、反洗钱事项的调查处理和分行案件防控工作。

2. 以查带控，提高检查力度和频度。平安银行杭州分行在监管部门、总行的指导下，对各项业务、管理活动进行了全流程的合规监控、检查和处罚。重点检查的业务领域和风险点主要包括：信贷资金流向的合规性检查；“三个办法、一个指引”执行情况检查；理财业务文书及销售合规性检查；票据业务贸易背景真实性检查；政府融资平台贷款的解包还原、分类处置和工作合规检查；2010年度员工失范行为排查和治理不正当交易行为及商业贿赂专项工作；专项财务顾问协议书检查，合同签章和合同履行情况、合同完整性、验印合规情况、被授权签字人的授权情况及合同保管情况；运营管理部账户变更专项检查；小额业务合规性专项检查等。

同时，平安银行杭州分行还积极参与了银监局组织的法规、规章制度清理、房地产贷款压力测试、融资性担保公司合作相关报告等工作。

此外，各条线根据总行的各专项部署扎实推进各项条线检查。

3. 做好合规制度建设。平安银行杭州分行在总行的指导下，逐步完善和落实各项制度建设和制度的落实情况，推动各条线的制度建设。

2010年，除总行颁布的各项管理制度外，平安银行杭州分行就现金尾箱管理、个人二手房屋贷款交易资金托管、现金领缴管理、反洗钱、生产或办公系统突发事件应急处理、同城票据交换业务操作规程、回单操作、外汇业务档案管理、机房管理细则、个人贷款授信等方面制定各项办法或细则，完善制度，增强制度的可操作性、可考核性。

同时在完善制度的过程中，强化落实，针对性地对票据业务、银行卡业务、网银业务、ATM机管理、印鉴管理等重点风险环节重点检查，保证了案件专项治理落到实处。

四、明确业务发展重点，构筑分行特色业务体系

1. 重点支持小企业金融服务。

(1) 整体发展概况。2010年，平安银行杭州分行中小企业信贷业务总量增长明显，资产质量优良，取得了快速的发展。SME一般贷款年末余额达30.79亿元，较上年增长139.6%，其中为销售规模在8000万元以下的小微企业累计发放贷款1.1亿元，年末贷款余额7199万元，与年初2487万元的规模相比增幅为189.5%。此外，年内与富阳市政府、担保公司及信托公司联手成功办理了一期小企业集合债券，为当地16户小微企业投放了4000万元贷款。

(2) 小企业金融服务举措。2010年，平安银行杭州分行立足本地，努力创新，有特色地推进小企业金融服务：

一是配备专业团队和专门审批人员，提高审批效率：中心业务人员以小企业信贷业务为重点拓展方向，以3个标准化产品——小额信用贷款、抵押贷款和担保公司担保贷款为主打产品，在项目经理实地核实调查的基础上，对于标准化产品只需按照有关操作规程由2位中心专属审批官审批即可办理，对于非标准化产品只需中心1位审批员与分行风险管理部1位审批员实行1+1的审批流程即可办理，大大提高了小企业贷款的审批效率。

二是制定差异化的考核和利率风险定价机制，积极适应市场需求：对于小企业信贷业务以3倍创利作为奖励，放宽对小企业客户的存款考核，同时鼓励全行员工提供业务线索。按照业务品种和企业风险情况灵活定价，以合规、合理、适用的价格向市场推广分行产品、积极支持小企业发展。

三是加强人员培训，致力于打造一支专业的小企业信贷从业人员：经过一年的努力，中心客户经理人数从3名增加到7名，同时对中心人员定期和不定期进行多种职业技能培训，并委派部分员工到总行和其他分行交流学习，有效提高了中心从业人员的职业素质。

四是以产品为主要营销方式，重点推进区域优势产业集群的批量营销。

2010年11月，平安银行总行开发了“一贷通”新产品，为中小企业融资又提供了一种新方式。“一贷通”产品通过将企业的房产、设备、应收账款等资产打包评估，为企业提供最高可达100%以上抵押率的贷款额度。产品一推出即受到广大小企业

主的关注和好评，现已成功审批通过“一贷通”贷款1笔，金额1800万元。同时，为了加快小企业中心的发展，报经总行同意，平安银行杭州分行将业务范围拓展到了省内绍兴、嘉兴、湖州等其他地区，并积极研究当地优势产业集群，分析和策划批量营销方案，为下一步批量营销工作的推进做好准备。

2. 加快创新步伐，积极推动对公业务。及时推出能够满足市场需要的产品和服务是对公业务创新的首要任务。平安银行杭州分行对公业务不断加快产品创新的步伐，不失时机地增加服务品种和服务功能，改善服务手段，不断提供新的产品和服务，特别是技术主创型的产品和服务，如柜面通、现金管理、电子银行等；截至2010年底，分行对公网银转化率56.2%，当年新增现金管理客户38户。资产业务方面，推出了贸易融资W计划，包括国内保理、动产质押、国内信用证、商票保贴等；2010年新增国内保理客户7户，新增国内保理融资额1.66亿元，启动动产质押业务，并积极配合总行推出国内信用证的管理办法。中间收入业务方面，积极开展银行保函、公司理财、委托贷款、财务顾问等业务，其中销售公司理财共3.7亿元。国际业务方面，大力推进远期结售汇、进口付汇组合、海外代付、跨境人民币结算等业务。截至2010年底，实现国际业务中间业务收入280万元。投行业务方面，积极推出银团贷款、结构化融资、资产转受让等业务。截至2010年底，实现投行中间业务收入289万元。

3. 以个人经营性贷款，带动全行零售业务发展。2010年，根据分行的本地特色，平安银行杭州分行零售力推个人经营性贷款，逐步从住房贷款向个人经营性贷款转型，以大力发展个人经营性贷款为导向。客户群体以各商会、专业市场的企业主为主、个体经商户为辅，以住房抵押的方式大量发放经营性贷款，客户经营行业类型相对集中，有从事餐饮、建筑、制造和贸易行业等。平安银行杭州分行贷款稳步增长，截至2010年底，已累计发放个人经营性贷款173笔，余额4.33亿元，贷款占比36.42%。

2011年，平安银行杭州分行将在总行的领导下，继续保持审慎的经营管理策略，做好规模、质量和效益的均衡发展。

南京银行杭州分行经营管理情况综述

行长 江志纯

南京银行杭州分行于2010年3月18日开业以来，在省市金融办、监管部门和总行的正确领导下，以“坚持科学发展、确保稳健发展、突出率先发展”为指引，紧紧围绕浙江市场的金融需求，充分发扬“开拓创业、锐意创新、着力创优”的精神，努力夯实基础管理，着力开拓各项业务，截至2010年12月31日，南京银行杭州分行各项存款达50.95亿元，完成了总行下达计划任务的204%；各类贷款为22.73亿元。不仅用较短的时间和较少的资源消耗实现了较快的业务发展和较好的经营效益，而且存款增长额在杭州10家城商行中名列第二位，还超过了7家全国性股份制银行在杭州市场的增长额，在同业中实现了超越发展和初显了经营特色。

一、2010年主要工作

1. 正确把握形势和认清职责使命，明确开业首年创业发展目标追求。作为南京银行的第六家异地分行、第一家外省分行和浙江市场最年轻的银行机构，成立以来，时刻牢记“服务浙江经济、服务中小企业、服务城市居民”的职责使命，始终坚持“发展业务、发展管理、发展机构、发展队伍”的目标追求，努力以有形的业务规模效益和无形的品牌增值效应为南京银行的整体发展作出贡献，并且全力为浙江经济社会发展恪尽职责和为浙江金融业的和谐进步增添力量。南京银行杭州分行刚成立，便面临了国家实施宏观调控，加快经济发展方式转变，并从严控制信贷规模的宏观局面，分行领导班子更为清醒地认识到不能简单地复制同业同行传统的创业发展道路，必须坚持质量、效益、规模和结构的协调可持续发展，圆满完成好监管部门和总行下达的各项工作目标任务，并且确保开业首年盈利和不发生违规违纪事件，以及不产生不良资产，并以此目标追求引领分行创业发展的方向和重点。

2. 紧紧围绕市场需求，大力开拓和创新，构建差异化、特色化的综合经营方式，全力发展各类业务。浙江省的经济十分发达和充满“创业、创新、创富”的良好环境，并且是全国唯一的转变经济发展方式综合改革试点省份。浙江的银行业也十分优秀，都是银行系统内的佼佼者，具有很强的经营管理和创新竞争能力。同时，浙江的金融监管也十分规范、先进和高效，这些都为南京银行杭州分行的创业发展提供了非常优越的基础条件。经过认真的市场调研和对政策形势的分析判断，分行领导班子认识到不应走依靠资产拉动负债和主要以存贷款利差收入为主的传统模式创业发展，而是明确了练好内功、走创新驱动，差异化、特色化内生增长推动科学创业发展的模式。一是坚持市场定位，高效用好珍贵的信贷规模资源。将信贷规模全部投向融资规模在1000万—5000万元的优质中小企业和高端个人客户，全力培植能共同成长的基础客户群体。截至2010年末，南京银行杭州分行公司业务授信客户171户，授信余额63.17亿元；个人业务授信客户222户，授信余额1.16亿元；其中对公客户户均贷款额为2303万元。二是充分扬长补短，大力特色经营。积极发挥南京银行杭州分行在票据、投行、同业等业务上的特色优势，准确高效地融入浙江市场，满足市场的差异化金融需求。办理商票贴现93笔，金额14.95亿元；办理银票贴现20笔，金额6048万元；出具银行承兑汇票123笔，金额25.22亿元；开立保函17笔，金额2.79亿元；开办国内信用证8笔，金额1.92亿元；开办进口信用证12笔，金额2195万美元；发放法人按揭贷款1笔，金额2264万元。三是注重合作多赢，创新发展的新资源、新渠道和新能力。南京银行杭州分行主动与银行、证券、保险、基金等同业建立开展互利高效合作，借力创业经营发展。共计卖断转出贷款资产8笔，金额3.8亿元，并且与国开行正式签订了中小企业贷款战略合作协议，成功运作贷款10笔，金额2.7亿元，较好地缓解了贷款规模局限，增加了服务支持客户的能力。

3. 严守风险底线和坚持合规经营，努力夯实稳健可持续发展的根基。一是牢固树立又好又快科学创业发展的理念，把握商业银行经营发展的本质规律，将经营和防范风险作为创业发展的前提基础和生命线。二是坚持制度先行，不断建章立制，明确经营管理的规范要求和准绳。成立时，出台了涉及11个大类的108项规章制度，随着业务的开展和管理工作的需要，及时地对制度和业务流程进行进一步的完善和优化，又制定出台了56项规章制度和优化了20余项业务流程。对新办业务，严格做到先定制度和流程，人员到岗并经过严格培训后才能开办。三是严守政策导向，把准经营准入关，严格执行"三个办法、一个指引"，规范贷款操作，重点做好贷后管理，严防信贷资产损失风险。四是以"内控与案防制度执行年"活动和"发展质量年"活动等为抓手，扎实抓好基础管理，严防各类操作风险。五是加强对从业人员的教育和管理，强化合规和风险防范意识，严控道德风险。对各项业务全面实行次月检查制度，及时发现问题和进行整改，将10月和11月份确定为分行的"合规管理月"和"合规管理推进月"，通过层层动员、广泛发动和有效组织，全面、深入、系统地开展了合规检查和高效整改，努力建立合规文化，切实提升执行力。

4. 以人为本，着力打造合格的创业人才队伍。一是广纳人才，择优选聘优秀金融员工加盟分行共同创业发展。成立时，根据经营管理工作需要和总行批准的方案，经过资格审查、理论笔试、技能测试、面试考核等程序，南京银行杭州分行共录用员工67名，其中党员34名，且多为优秀经营管理人员。2010年9月，根据创业发展的需要，再一次组织了面向社会的公开招聘，在浙江市场择优选聘了30余名有志金融人才加盟分行，目前南京银行杭州分行共有员工109人，其中99%具有银行从业经历，45%为党员，硕士研究生12名，拥有高级职称的6名，初步搭建了一支学历高、经验足、素质好、形象佳、有激情的创业发展人才队伍基本框架。二是强化学习，努力提高现有队伍的业务素质和综合能力。成立以来，各部室立足自身职能，相继开展了有关业务技能和客户关系管理等方面的培训，着力打造合格的创业队伍，营造了学政策、学制度、学业务、学同事、学同行“五个学”的良好氛围。选派20余名中高层干部赴北京大学参加了总行组织的中高级管理人员研修班。南京银行杭州分行行长亲自带队率部分管理干部和业务骨干赴优秀的兄弟分行考察学习，进一步夯实管理基础。三是建立科学合理的人才引进、考核、使用、激励机制，逐步打造了一支要创业、作风硬、业务精、重协作、有活力、懂得感恩的创业队伍，为开业首年的创业发展夯实了管理基础。

5. 重视思想政治和企业文化建设，注重创建和谐奋进的内外环境。一是健全组织，在人员基本到岗后，南京银行杭州分行立即成立了党委、工会和团委，充分利用党工团等各种形式，鼓励并引导全体干部员工要目标远大、永葆激情，进一步凝心聚力、团结奋进。二是将南京银行“傲然挺立，敢为天下先”的梅花精神和浙商的“新四千”精神紧密结合，营造简单、和谐、奋进的创业氛围。三是重视与政府、监管部门和客户等社会各界的联系，树立互利共赢的理念，努力营造创业发展的良好内外环境。

二、经营管理中存在的不足和困难

开业以来，尽管南京银行杭州分行在各项工作中取得了一定的成效，但也存在一些不足和困难：一是经营方式粗放，业务规模较小。如银行承兑汇票承兑余额与贷款余额比例等指标超过了监管部门的要求；二是经营效益尚未体现，对地方经济、总行和社会各界的贡献较小；三是管理基础薄弱，经营管理的制度、机制和能力亟待完善和加强；四是人才队伍的数量和质量有待进一步提高，核心的发展能力急需建设；五是文化理念有待进一步凝聚，品牌形象还未彰显。

三、2011年工作计划

1. 以总行的战略部署为指导，进一步坚定创业发展的职责目标。清醒地认识到作为全行首家外省分行的责任定位，自觉选择更具挑战性的业务经营规模、效益和管理质量、水平以及机构、队伍发展、品牌提升目标来引领、激励和鞭策各项工作。继续深入贯彻总行的发展战略部署，全面落实各项工作要求，正视自身的问题和不足，在资源条件不足的情况下，紧紧贴近浙江市场、贴近浙江客户，从无到有、创业创新，保持和发扬创业激情和斗志，努力完成既定的创业发展目标任务。

2. 保持和完善差异化和特色化的新型发展方式，全力做大做优业务和争创效益。紧密结合市场和分行实际，坚决摒弃“依赖资产拉动负债和主要依靠存贷利差盈利”的传统发展模式，适应性地创新创造经营产品、服务、渠道、资源和手段。大力开拓壮大传统基础业务和着力打造中间、投行和同业等新兴业务的特色差别优势，持续建设内生驱动、创新发展的新型经营发展模式。

3. 坚持科学发展理念，尽快完善和着力创优管理控制机制和能力，提高管理水平。一是以科学发展观为指导，继续完善各项规章制度基础，强化全员的工作职责和尽职合规意识，努力实现质量、效益、结构、规模等的协调统一发展。二是加大业务指导检查和尽职问责，重点加强对重要岗位人员和重要业务操作的合规管理和控制制约，对违规和不尽职行为一律从严问责，努力打造合规文化氛围和执行能力。

4. 着力创建优秀的人才队伍，持续打造核心发展能力。人才是任何企业发展的第一位因素，下一阶段，将针对创业初期人才资源数量和质量上的不足，对内加大培养，对外广纳贤才，创建一支优秀的人才队伍，使全体干部员工各尽其职，各显其能，建设学习型和创业型的适合南京银行在浙江市场创业发展的人才队伍。

5. 启动分支机构的申报和筹建，增强服务地方经济社会的能力。根据浙江市场实际，在充分调研论证的基础上，南京银行杭州分行将在2011年上半年着手筹建萧山、余杭支行，并且在2011年下半年启动绍兴支行的筹建，将金融服务更加广泛深入地植根于浙江市场。

6. 抓好政治和企业文化建设，逐步提炼创造和谐优秀的文化环境。在南京银行杭州分行党委的领导下，充分发挥工会、妇女和团委的积极作用，关心、爱护、凝聚和展现好员工的聪明才智，构建团结和谐、积极奋进的内部关系，用简单和谐、有为有位和团结协作、共同成长的人本理念，逐步提炼凝聚新浙商和梅花精神的企业文化，尽快提升和彰显本行的品牌软实力。

总之，2010年是南京银行杭州分行创业发展的第一年，在省市金融办、监管部门和总行的正确领导下，在各级地方党委、政府以及社会各界的大力支持帮助下，分行克服了政策资源限制等诸多困难的制约，取得了一定的初期创业发展业绩。面对刚刚开局的第一个完整经营年度——2011年，南京银行杭州分行将在新的起点上，顺应新形势，明确新目标，开创新思路，实施新举措，努力实现新的历史跨越发展，为南京银行和浙江经济社会又好又快发展作出更大的贡献。

温州银行经营管理情况综述

一、概况

温州银行的前身——温州市商业银行成立于1998年12月17日，是温州首家具有一级法人资格的地方性股份制商业银行，也是目前温州规模最大的股份制商业银行，资本总额超47亿元，全辖66家营业网点(含总行营业部)，员工2400余人。

温州银行“立足温州、布局浙江、进军长三角”的跨区域发展格局初步形成。2007年至今，温州银行已有衢州、宁波、杭州、上海四家分行先后挂牌营业。经过12年的努力，温州银行现已发展成为一家公司治理规范、市场定位清晰、资产质量上乘、业务特色鲜明、经营效益良好的区域性股份制商业银行。

二、2010年运营情况综述

(一) 主要经营指标情况

截至2010年12月末，温州银行实现资产总额525.53亿元，比年初增加106.77亿元，增长25.50%；本外币贷款余额301.73亿元(含贴现)，比年初增加55.79亿元，增长22.68%。负债总额485.84亿元，比年初增加92.16亿元，增长23.41%；本外币存款余额438.09亿元，比年初增加100.89亿元，增长29.92%。实现所有者权益39.69亿元，比年初增加14.61亿元，增长58.25%；实现综合效益67197万元，同比增加11322万元；税前利润64156万元，同比增加8839万元；实现税后净利润48881万元，同比增加4126万元。

(二) 主要工作概况

1. 三级联动，稳步提升资产负债规模。2010年，温州银行一是针对各季度营销重点，着重突出合规经营、提升服务的营销内容，形成总分支联动齐抓业务的氛围，在保证金存款下降11.50亿元、邮储协议存款3亿元到期等不利因素影响下，全行存款仍实现稳步增长，年末时点存款比年初增加100.89亿元，日均存款比年初增加64.99亿元。二是积极推进年度重点项目营销，社保门诊医疗项目、市城投开发建设有限公司和市股权营运中心分别在温州银行开立支出户、专用户和基本户，与省烟草公司、市电力局、浙江东日建立银企合作关系，增强了存款的稳定性。三是严格控制信贷投放总量、结构和节奏，大力推动个贷、票据、理财业务，不断优化信贷存量结构。四是继续加强小企业信贷产品创新，针对个体经营户和微小企业推出免抵押的金鹿小本创业贷款、与进出口银行合作搭建外向型中小企业贷款合作平台、推出森林资源抵押贷款、与国开行签署小企业贷款合作协议、与温州市经贸委合作开办中小企业贷款网上申请业务，深化知识产权质押贷款，满足中小企业多层次融资需求，小企业贷款年末余额108.15亿元，实现“两个不低于”的增长目标。推出首款自主研发的理财产品——“金鹿理财”1001期货币理财计划，对基础产品进行改良，推出“理财加速度”智能通知存款业务，开办公务卡、财富信用卡、小本创业卡，开通银银平台柜面互通、拉卡拉还款等功能。

2. 创新升级，构建立体金融服务网络。一是温州银行上海分行、宁波慈溪支行相继挂牌营业，通过异地扩张实现规模化经营，在一定程度上有效解决了区域局限性对温州银行长远发展的制约。至年末，温州银行异地分支机构新增存款占全行新增存款总量的87.62%、新增贷款占全行新增贷款总量的63.09%。二是继续加大自助设备布放力度、大力拓展互联网支付业务、正式推出超级网上银行业务、手机银行业务，形成涵盖网上银行、电话银行、自助设备、手机银行、短信服务等在线、离线业务的整体电子银行框架。全年通过各电子渠道共发生资金类交易486.8万笔，占柜面交易量的76.9%，完成年度任务的128%；全年实现电子银行业务收入621.1万元（含ATM手续费收入），比上年提高25.96%。三是温州银行上海、杭州、宁波3家分行相继设立温商服务部，宁波分行还专门研发了针对当地温商的信贷产品——“温商及时雨”创新贷款，在当地树立了温州银行良好的特色品牌形象。四是加大科技投入力度，提升非现金结算服务能力，完成信贷影像平台、电子汇票等系统的开发上线，数据仓库、网上支付跨行清算系统启动建设，进一步强化温州银行技术体系调整、业务流程整合和组织结构调整的力度。

3. 深化改革，激发机构经营发展活力。2010年，温州银行一是出台或修订业务发展、授信管理、财务管理、干部引进等方面系列制度，改进授信风险管理体系，完善信用风险执行官制度并做好信用风险执行官的储备和委派工作，以制度保证决策人与执行人相互制约。二是对行长室下属各委员会的风险控制职能重新整合，明确各责任主体的风险管理职能和边界，以信用风险、市场风险、操作风险和流动性风险为核心，提高各类风险的专业化管理水平。三是按照总分支三级架构管理模式和资源优化组合原则，完成市区支行机构改革，初步搭建总分支三级管理架构，同时配套启动考核与薪酬机制改革，使薪酬分配向重能力、重业绩、重贡献方向转变。整合温州银行总行部室，将市场部与客户经理部合并为公司业务部，升格基建办、发展研究部为一级部室，增设零售信贷部，拆分个金及银行卡部为个人金融部与信用卡部，进一步厘清总行部室职责，清晰业务管理条线。四是借助外脑，与上海财大合作，以适度前瞻、科学合理、可持续、可行性为原则制定“十二五”发展规划。

4. 清旧堵新，努力提升信贷资产质量。2010年，温州银行全行以清收工作为主线，以强化管理、防范风险为重点，积极开展不良资产清收处置管理工作。一是根据不同企业的经营状况和偿债能力逐户制定切实可行的处置预案，对压退难度较大的客户，除制定切实可行的压退方案外，还明确各环节管理人员责任，做到责任到人、任务到户。二是突出重点，对大额不良贷款和潜在风险大户成立清收小组，指定清收责任人，实行“一户一策”，并定期召开清收情况碰头会，通报清收进展、研究清收对策，力争清收工作取得实效。三是运用法律诉讼、以物抵债、呆账核销、以资抵债、注入盘活、招标盘活、打包出售等有效手段，提高清收不良贷款效果，全年共清收转化以前年度遗留不良贷款（五级分类）本金14101.86万元、自主核销损失类贷款本金5238.25万元，处置不良贷款3908.09万元。

5. 开源节流，稳步提升经营管理效益。2010年，温州银行立足于本地经济发展实际，比较分析本行业务竞争优势与劣势，全面贯彻落实国家货币信贷政策。一是在当前宏观调控力度不断加大的背景下，要求分支行大力发展非信贷资产业务，通过表内外业务联动、本外币业务联动、项目与理财计划联动，把资产业务资源转化为中间业务来源，特别是加快拓展经济资本占用少、经济增加值高、资产收益高、中间业务收入多的银行承兑汇票、保函、信用证等表外业务，扩大中间业务收入，全年共实现中间业务收入7607万元，比上年同期增加2294万元，增长43.17%。二是以中小企业、微小企业、城乡居民为基本客户群体，着力开发市场针对性强、资本占用少、客户财务成本低、流程简洁的业务产品。三是加强与各地城商行等中小银行资金业务往来，做好票据转贴现和信贷资产转让业务，增强资本盈利能力。全年实现综合效益6.72亿元，同比增加1.13亿元。四是依据业务扩张和经营管理实际，做好增资扩股计划的各项工作，积极推进战略投资引入工作，确保资本充足率持续达标；进一步强化财务管理，合理节约费用开支，加强费用开支合规性监督，努力降低经营成本，有效节约费用开支707万元，至2010年12月末，温州银行实现税前利润6.42亿元，提高拨备覆盖水平，12月末拨备覆盖率为161.02%，较上年末提高10.02个百分点，提足了一般拨备，超额计提了专项拨备，抗风险能力明显增强，各项监管指标全面达标。

6. 惩防并举，狠抓内部管控日常工作。2010年，温州银行全行上下把加强内控工作作为提高全行管理水平，规范业务经营，提高全行员工综合素质的重要手段来抓。一是将案件防控和合规建设作为年度工作的重中之重，开展了全行工作人员不良行为、全行大额信贷业务、分支机构“小金库”自查和排查，开展了网银业务、异地分行信用风险管理、损失类贷款清收等专项审计。二是严格问责，修订了《温州银行违规行为处理规定》，坚决严惩重处违规违纪违法行为，全年对54人（91人次）予以党内外各类处理处分，以严格的问责震慑、警醒和教育全行干部员工。三是不定期组织召开全行案件防控工作会议，对今后的案件防控工作从教育、责任、防范、监督、内控等方面作出统一部署，不断完善案件防控长效机制。同时，通过“回头看”等举措进一步推动案防工作的持续深入，建立健全内控、案防长效机制，确保合规经营、安全经营。

7. 以人为本，着力构建和谐企业文化。2010年，温州银行进一步深化以正确积极的人生观、世界观、价值观引导干部员工，注重品德、品行、操守的修养，强化技能、知识、能力的培养，重视培育合规经营、规范管理、快乐工作的执行力文化。一是发动全行积极学习国家系列宏观调控政策和金融业务知识，投入主题教育和争先创优，切实增强全行贯彻落实科学发展观的自觉性和坚定性，不断推进温州银行又好又快发展。二是强化新业务上线指导、从业资格考试、柜面技能等培训，实施全员培训计划。三是深化VI形象识别系统建设，全年完成了21处装修，对分支行营业大厅进行规范化布置和装饰，统一网点形象，营造整洁亮丽、舒适便捷的营业办公环境。四是重点围绕支持中小企业发展、深化跨区域发展、建行12周年、丰富中间业务、精神文明创建等方面，充分运用报刊、广电、网络和其他媒体开展系统性宣传，吸引了《中国金融》、新华网、《银行家》、《21世纪经济报道》、中国金融网、《上海证券报》等中高端财经媒体的广泛关注和深入报道，对提升温州银行在同业和全国范围内的品牌效应、推动业务发展等方面都产生了良好的促进作用。五是提升服务质量，强化文明规范服务管理。组织从业人员认真学习职业操守准则，邀请专家举办文明礼仪讲座，开展岗位练兵、技能比武，提高优质文明服务水平。2010年，温州银行荣获中国银行业协会关于2010年服务小企业及三农双十佳金融产品及先进集体、小企业金融服务先进个人的荣誉。景山、江滨、瞿溪等3家支行获得省级巾帼文明示范岗荣誉称号，江滨、新城、城东、南浦、苍南、龙港等6家支行获得市级文明单位荣誉称号，黎中、解放路、城西、乐清、昆阳等5家支行通过了市巾帼文明示范岗考核验收，火车站、黎中、昆阳、勤业、顺境等5家支行通过了市青年文明号考核验收。温州银行董事长邢增福荣获“全国劳动模范”称号。

嘉兴银行经营管理情况综述

2010年，嘉兴银行牢牢把握差异化、特色化的经营宗旨和市场定位，拓市场、调结构、化风险、提形象，各项业务实现了平稳较快发展。到2010年末，各项存、贷款余额分别为200亿元和139.70亿元，同比分别增长25.45%和23.70%；不良贷款率0.67%，同比下降0.71个百分点；全年累计实现净利润同比增长32.77%。各项经营指标均达到监管要求，达到了全省城商行系统以及嘉兴银行同业的中上水平。

一年来，嘉兴银行重点做好了以下几方面的工作：

一是抓好六大转变，促进小企业业务快速发展。业务定位战略化，把小企业业务列入"十二五"发展战略；业务发展制度化，制定了小企业金融服务年度计划；机构布局市镇化，通过新设支行增强对当地小企业的支持力度；机制建设持续化，秀水支行推出"1+5"服务模式；产品创新市场化，大力推广小企业专项信用贷款、设备按揭贷款、苗木抵押贷款，推广排污权抵押贷款；营销渠道立体化，强化与工商联、专业担保机构、专业市场等合作，与禾商网共同创新小企业融资在线咨询和申请渠道，构建完善了全方位、多层次合作平台和营销渠道。

二是全力推进跨区经营和多元经营。首家异地分行——湖州分行、首家村镇银行——浙江浦江嘉银村镇银行获准筹建。同时，积极推进新市镇机构建设。桐乡濮院支行和滨海支行顺利开业。

三是完善公司治理，有效促进可持续发展。监事长任职资格获核准；制定完成《嘉兴银行发展战略(2011—2015)》；新一轮增资扩股方案顺利实施；人力资源、绩效考核、薪酬激励三项改革顺利启动。

四是坚持依法合规，防范经营风险。设立放款中心，建立总行及支行两级放款审核员体系，实现了放款审核由分散向集中模式的过渡；制定了信贷风险经理试点管理办法，聘任了首批信贷风险经理和资金业务风险经理；首次尝试设立总行首席风险控制官。

【总资产、各项存款双超200亿元】 到2010年末，全行总资产、各项存款余额双双超过200亿元大关。

【支农支小走在前列】 到2010年末，全行四部委标准小企业贷款余额96.83亿元，余额占比69.31%，在全市同行中继续保持领先地位。小企业贷款户数、余额、占比三项指标均列全市银行业首位。

【机构拓展取得突破】 跨区发展取得突破，湖州分行和浦江村镇银行获准筹建，黄山村镇银行进入筹建申报阶段，新市镇机构加快设立，本级机构布局继续调整优化，"扩权强行"战略进一步实施。

湖州银行经营管理情况综述

2010年是湖州银行更名之年，是持续推进战略转型的重要一年。一年来，湖州银行全行上下以科学发展观为指导，坚持审慎经营，强化风险管理，推进战略转型，努力克服经营环境变化的影响，顺势应时，开拓创新，稳中求进，实现了全行持续稳定、健康发展。截至年末，全行总资产183.77亿元，比年初增加38.85亿元，增长26.81%；各项存款余额为155.93亿元，比年初增加32.23亿元，增长26.05%；各项贷款余额为112.31亿元，比年初增加22.88亿元，增长25.58%；五级分类不良贷款余额2111万元，不良贷款率0.19%；资本充足率和核心资本充足率分别为12.63%和12.21%；实现利润总额31600万元。近年来，湖州银行表现出强劲的发展势头和成长潜力。2008年，被金融时报社、中国社会科学院金融研究所评为"年度最佳小型城市商业银行"；2009年度，被银监会评为全国股份制银行"二类行"；2008、2009、2010年连续3年被评为湖州市10个"群众满意单位"之一。2010年度被市银监局评为"先进银行创建优胜单位"、"湖州市小企业金融服务工作先进单位"；2010年荣膺银行家杂志2010年度"最佳企业形象奖"；中国金融"2010中国最佳中小企业服务银行"等荣誉。社会影响力不断扩大，企业整体形象明显提升。

一、着手跨区域经营，实施"走出去"战略

根据湖州银行3年发展规划，致力于"成为具有较强优势和核心竞争力，专门从事中小企业业务和社区服务的精品化、专业化的区域性股份制商业银行"战略目标。3月，获得银监会批复同意，由"湖州市商业银行"更名为"湖州银行"。10月1日，对外启用新的行名和印章。12月2日，隆重举办了"跨越·永不停步"为主题的更名暨战略合作签约仪式，市委书记孙文友为湖州银行揭牌，市委副书记、市长马以致辞，副市长周杰主持。在此基础上，设立首家异地分行——嘉兴分行，主发起设立浙江临海湖星村镇银行、安徽肥东湖星村镇银行，跨区域发展迈出坚实步伐。

二、积极搭建服务平台，支持地方经济建设

搭建同业合作平台。加强与外埠银行合作，如与国家开发银行、平安银行、南京银行、杭州银行和重庆银行等20余家市外股份制银行共同搭建合作平台，全年共引进外埠资金10亿余元，主要支持六大重点特色产业发展。积极推动银团贷款业务开展，成功推动"长兴图影新农村建设项目"3亿元银团贷款合作项目。积极开展与国家开发银行的合作，达成了贷款资金监管合作模式，全年共引进资金6.5亿元。搭建科技合作融资服务平台，使国开行、政府、科技部门和担保机构达成合作，共同设立科技型中小企业5亿元集合贷款基金。

三、推进战略转型、支持小企业发展壮大

积极推进业务转型，走差异化、特色化发展道路是湖州银行提升核心竞争力的关键，也是湖州银行积极践行社会责任的体现。至年末，小企业贷款余额达到57.79亿元，比年初增加18.53亿元，增长47.20%，高出全部贷款增速21.62个百分点。进一步深化小企业“六项机制”建设，在探索小企业金融服务的道路上，形成了适应小企业客户特点与需求的“百合花”信贷系列产品，形成了包含“百合花”——微贷通、物流通、融易通和船舶抵押贷款等20多种金融产品包。

四、创新金融服务，不断提高服务水平

秉承“创造需求，满足需求”的服务理念，以客户需求为导向，切实搞好产品和服务创新。2010年，建设了网上银行并加入人民银行“超级网银”，设立24小时自助银行，成立客户服务中心，开通24小时服务电话，开发电子商业汇票系统，结算渠道不断拓展和优化。2010年，与市经委、市财政局开展了小企业信用专项贷款业务合作，推出“百合花——诚信通”产品，设立专营支行。全年办理“百合花——诚信通”贷款业务120户、金额24465万元，年末，“诚信通”户数101户，余额21415万元。成功发行了“百合花理财”1001号——“太湖之星”科技型中小企业信托贷款型理财计划3000万元，向28家科技型小企业发放了信托贷款，帮助解决科技型小企业信贷抵押物不足，贷款融资难问题。

五、突出质量发展，加强全面风险管理

以“强基础、抓合规、控风险”为风险管理主线，逐步推进全面风险管理体系和风险文化建设。建立全面风险管理架构，严控信用风险、操作风险、流动性风险和市场风险。严格执行银监会“三个办法、一个指引”，积极贯彻落实信贷新规。按“逐包打开、逐笔梳理、重新评估、整改保全”的要求，认真开展政府平台贷款清理整改。加强个人房屋按揭贷款准入管理，严格执行房地产新政。深入开展“银行业内控和案防制度执行年”活动，落实重点环节的风险防范和控制等措施，确保各项授信管理制度执行到位，不留死角。加强安全保卫工作，完成了全辖监控系统的集中管理。

六、以人为本，不断提高队伍凝聚力

以“作风建设加强年”为抓手，深入开展“三个年”活动。通过开展技能比赛、优质服务单位建设、青年文明号创建、创先争优等活动，提高全行员工服务技能和服务热情。以CIS标准化实施为载体，加强银行品牌建设。对湖州银行的目标愿景、企业精神、企业价值观、行为准则等企业文化进行系统化和具体化，做好VI系统完善和推广运用，优化企业形象。通过开展帮扶、赈灾募捐等活动，献出爱心近10万元。热心公益事业，为2010年的“湖笔文化节”赞助150万元，“慈善一日捐”活动中，以公司名义捐款30万元。

绍兴银行经营管理情况综述

2010年是绍兴银行实现"三步走战略"中第二步的开局之年，也是固本强基、理念更新、实现跨越式发展的关键之年。一年来，绍兴银行在市委、市政府的正确领导和市人行、银监局的指导帮助下，以科学发展观为统领，坚定"立足地方，立足中小，立足市民"的市场定位，积极应对复杂的经济形势，按照年初确定的各项目标，突出中心，开拓创新，加强管理，优化结构，认真扎实地推进各项工作，实现了风险可控下的持续、稳步、健康发展。截至12月末，绍兴银行资产总额达372亿元，比年初增加38亿元；各项存款达324亿元，比年初增加24亿元；各项贷款达235亿元，比年初增加30亿元；利润总额达5.3亿元，同比增加2.7亿元，实现了业务进一步发展，效益进一步提升。

一、优结构，促总量，积极拓展存款业务

2010年，绍兴银行坚持"存款立行、资产兴行"这一理念，早部署，早行动，通过制定细则，明确目标，落实任务等措施，力争实现存款效益最大化。一是统一思想，加强指导。绍兴银行以"优化负债结构，向低成本存款要效益"为指导，把"效益兴行"和"存款立行"摆在同样重要的位置，坚持以效益为中心，以盈利为目标，切实处理好存款、成本、效益三者之间的关系，通过增加低息的活期储蓄存款和对公存款来降低成本，从而提高经营效益。按照分层服务的原则，密切银企关系，提高服务质量，达到了稳存增存的目的。年末，对公存款达228亿元，比年初增加49亿元，增长28%，占比提高11个百分点。二是量质并行，优化结构。在确保存款总量增加的前提下，重视存款结构优化，特别是加强以保证金存款为主的银行承兑汇票管理，年末，保证金类存款为11亿元，比年初减少23亿元，减少67%，占比下降近8个百分点。在提高负债业务的稳定性的同时，不断提高低成本资金在存款总量中的比重，获取最大的经济效益，实现了"以量为主"向"量质并行"的转变。

二、抓质量，创品牌，稳健拓展信贷业务

绍兴银行以科学发展观为指导，紧紧围绕"夯实业务管理基础，优化信贷资产结构，提升风险防范能力，推进精细化管理"的总体要求，着力做好信贷工作，较好地完成了全年的工作目标。一是切实履责，实施经济转型推进政策。为贯彻全市经济工作会议精神和监管机构的信贷政策及要求，制定了《绍兴银行2010年信贷投放指引》，对信贷分重点支持类、支持类、控制类和限制类四大类进行支持和淘汰，不断优化贷款结构。继续坚持稳健的信贷投放政策不动摇，积极落实"区别对待、有保有压"信贷政策。截至12月末，新增授信企业440家，新增授信资金82亿元，累计投放信贷资金513亿元，较上年同期增加40亿元。对高耗能、高排放和产能过剩"二高一剩"行业中劣质企业的贷款进行压缩。加

大对新兴产业的支持力度，有力地支持了新兴产业的发展。截至12月末，节能环保等新兴行业全年累计投放3.75亿元。同时，为积极响应市政府加快新兴产业发展的号召，专门设立新兴产业服务机构，配备专职的客户经理，开设专门的业务产品和流程，为新兴产业提供“一站式”的金融服务，助推我市新兴产业战略的实施。二是突出中心，致力于控制信贷风险。对前20户集团客户逐一制订了季度回降计划，列明时间表，切实督促各支行(部)按计划回降。截至12月末，绍兴银行单户贷款占比已控制在5%以内，集团客户前10户授信余额也从年初的19亿元回降至15.8亿元，全年累计回降3.2亿元，集中度从年初的85%下降至59%，降幅达26%。调整授信审查模式，打破了原有授信审查按支行实行初审的审查模式，实行了授信审查按支行和行业双线并行的审查模式。目前已对全行的房地产行业和固定资产项目落实专人进行审查，真正实现授信审查的专业化和规范化，使全行的授信审查标准更趋统一。三是优化中小企业专项贷款，进一步亮化该品牌效应，加快对中小企业信用贷款的支持力度。截至12月末，全行中小企业专项信用贷款余额已达12.4亿元，较上年增长3.1亿元，增幅为28.4%。中小企业信用贷款的高速发展，不仅为绍兴银行创造了较好的经济效益，更重要的是为绍兴银行亮化品牌效应奠定了扎实基础。2010年5月份人民日报以《“无抵押无担保”破解贷款难》为题对绍兴银行的信用贷款进行了专题报道，并给予了充分的肯定和评价，提高了绍兴银行的特色贷款的品牌效应。

三、增网点，扩领域，有效拓展经营空间

2010年，绍兴银行按照市政府的要求，坚持“三步走”发展战略，稳步推进网点增设和经营性投资工作。

1. 加快布局网点，搭建发展平台。目前，嘉兴分行和绍兴银行作为主发起人的兰溪越商村镇银行已获省银监局批复筹建。兰溪越商村镇银行营业场装修、组织机构设置、人员招聘和申请开业等事项已全部完成，现已开门试营业。嘉兴分行筹建的前期人员招聘、营业场装修也已在紧锣密鼓地进行，力争2011年4月开业，尽快迈出跨区域发展第一步。同时，大唐支行已获批，现正积极筹建，为壮大经营规模和实力搭建新的平台。

2. 完善服务手段，拓宽经营领域。2010年，绍兴银行加大设备投入，在绍兴文理学院、越秀外国语学校等院校和斗门、嵊州、滨海和东浦等繁华地段增设、更新了9个自助设备，使自助银行达到10家，24小时自助设备达到52台，极大地提高了8小时外的客户服务能力。另外，成功开通了手机银行业务，并新增“机票预定、话费充值、信用卡还款、游戏卡购买、网上购物账户充值”等多项服务功能。同时，做好了网上银行、网银互通的安全评估和前期各项准备，预计2011年上半年可以正式上线运行。

四、夯基础，强内控，确保业务稳步发展

2010年初以来，绍兴银行积极应对客观形势的变化，在大力支持地方经济和履行社会责任的同时，不断夯实内部管理基础，稳步开拓空间，推动各项工作顺利开展。一是优化挂牌督查制度。年初，绍兴

银行针对19户额度大、清收难的不良贷款实施了挂牌督查机制，通过“明确责任、落实职责，加大奖惩，按月监测”等措施加大了转化、清收力度。截至12月末，绍兴银行不良贷款挂牌督查贷款共收回2.9亿元，并拍卖待收回近1亿元，基本完成了挂牌督查的目标，也保证了全行不良贷款余额下降至4.5亿元，不良率降为1.94%，较最高峰下降1个百分点，较年初下降0.6个百分点。二是加强贷中、贷后管理。通过规范授信调查报告，合理测算客户资金需求，进一步督促客户经理贷前调查的尽责性。通过及时了解掌握第一手资料，定期在内部网上通报不良贷款变动情况，密切关注风险信息，剖析不良贷款形成原因，提示信贷操作中的风险点，加强信贷管理。三是开展大户授信季度监测。通过完善健全亿元以上授信客户的季度监测制度，加大大户授信的贷款“三查”力度，明确监测报告责任人，进一步强化了客户经理全面、动态掌握企业经营状况的要求，提高了风险预警能力，有效控制了大额授信的风险。同时，按照市银监局的要求，较好地完成了作为主办行的浙江柏盛热电有限公司等5家集团客户的各项监测报告和年报审计工作。四是完善责任追究机制。根据贷款责任制，抓好不良贷款责任追究，建立以客户经理为第一责任人的风险防范制度，明确内部职责，对贷款逾期两个月以上的相关责任人按贷款金额的一定比例进行处罚，警示客户经理，提高信贷人员的责任心，有效防范信贷人员的道德风险。同时，集中对国际结算、信贷管理、办公自动化等系统进行了流程再造；完成了信息安全准入控制和桌面安全管理系统的测试和部署；制定了信息科技管理手册；建立了生产运行重大问题的专项评估制度及信息科技风险管理工作机制；初步构建了信息科技风险识别、计量、评估、监测等风险管理体系，推进了信息科技风险管理工作的制度化、常态化。

金华银行经营管理情况综述

2010年，金华银行以审慎经营为前提，以提升科技应用水平为依托，坚定市场定位，转变发展模式，优化信贷结构，再造业务流程，各项业务稳健发展。年末，各项存款余额210.53亿元，比年初增加36.11亿元，增长率为20.7%。各项贷款余额153.11亿元，比年初增加27.39亿元，增长率21.79%。不良贷款占比1.18%，比年初下降0.56个百分点。实现经营利润42655万元。创建成效明显，全行新创市级以上荣誉称号41项，机关效能建设荣获全市垂直管理单位的第三名。

一、认真执行国家宏观调控政策，加大信贷有效投入

2010年，金华银行认真贯彻落实国家宏观调控政策和人民银行货币政策，及时调整经营思路和策略，实现了信贷业务平稳健康发展。一是积极贯彻执行"适度宽松"的货币政策，坚持服务中小企业的市场定位，加大对中小企业、实体经济、三农贷款投放力度。年末，中小企业贷款余额113.21亿元，占全行贷款余额的73.9%；小企业贷款余额31.3亿元，比上年新增了7.25亿元，增长率为30.15%，高于全行贷款平均增速8.36个百分点；全年新增法人客户授信663家，增加授信敞口45.06亿元。二是深入贯彻执行"三个办法、一个指引"。及时制定并下发了《流动资金贷款管理实施细则》和《个人贷款管理实施细则》，推进全行信贷管理模式的优化，提升信贷精细化管理水平。三是积极发展绿色信贷，支持节能减排。2010年，对金华市辖内12家新能源、新材料、节能环保型企业累计投放贷款2.04亿元。

二、积极实施产品创新，进一步完善服务手段

1. 产品创新，提升金融服务水平。一是加快中小企业金融产品的创新。根据中小企业产权特点、业务性质和经营方式，针对性地开展担保方式的创新，开发了林权抵押贷款、保单质押贷款等信贷产品。二是为支持企业升级转型，对固定资产贷款进行了完善，并推出了项目融资业务。三是开办了自营国际业务和开通网银服务，增强了金融服务能力。

2. 不断丰富零售产品种类和服务内涵。一是成功研发双龙志愿者卡，实现了对金华市志愿者服务功能建设的重大创新。二是与中国银联合作的双龙香港旅游卡顺利发行，开启了金华银行信用卡系列联名卡的序幕。三是抓住市本级预算单位公务卡制度改革契机，及时推出了双龙公务卡。

3. 开办外汇业务，助推进出口企业开拓国际市场。针对企业需求开发推出了减免保证金开证、打包贷款、进出口押汇、出口商业发票融资、福费廷等多项国际贸易融资业务。

三、推进合规经营，提升风控水平

紧紧围绕年度风险控制目标，完善风险管理机制。一是开展风险排查。全年组

织了三次全行性的大排查，促进了防控工作。二是组织压力测试。每季开展市场风险压力测试和流动性风险压力测试、房地产贷款压力测试，通过各类压力测试工作，认真分析和研判金华银行所面临的市场风险和流动性风险状况，为提早做好流动性资产与负债的合理配置提供参考依据。三是加强风控技防建设。科技部门与各业务部门、分行、支行积极配合，先后完成了信贷影像系统、事后监督及风险预警系统、公务卡系统、人行账户管理系统导入程序等22个新系统的开发和上线，完成更名与衢州分行设立后的系统变更，为各项业务的发展提供了强有力的科技支撑。四是推进合规建设。制定完善了《流动性风险管理办法》、《信息科技风险评估办法》等30多项管理制度，编制了《合规政策》，从制度上保障金华银行各项业务稳健、快速发展。并结合"三个办法、一个指引"等法律政策的出台及实施，修改了格式合同，规范合同使用和管理。

四、强化业务管理，提升资产质量

一是优化信贷流程。深化审查审批官制度的改革，采取下派审批官和调整分级授权等措施，实现信贷审查审批专业化、垂直化管理。同时专设小企业审批科，实施专业对口服务。二是切实加大对大额贷款，特别是集团关联企业的结构调整和监管。三是做好政府融资平台贷款"解包还原"工作，进一步加强政府类贷款管理。四是继续高度关注票据业务的合规发展。在客户准入上严格授信标准和操作规程，完善票据业务内控机制。五是对市场前景不佳、产品缺乏竞争力、管理不善、经营者素质不高的客户加大市场退出力度。2010年贷款市场退出客户27户，退出贷款金额12240万元。六是抓好不良贷款清收转化工作。截至12月底，累计收回历年不良贷款10211万元；不良贷款绝对额下降3792万元，不良率比年初下降0.56个百分点。

五、加强企业文化建设，增强企业凝聚力

一是设计执行VI形象。结合更名、跨区域经营和网点改造等因素，对全行的VI形象进行全面设计，对52个网点门头进行了更换，对4个一级支行及衢州分行进行了更新改造。二是积极开展各类创建活动。全行上下以各类创建活动为载体，积极开展"创业、创新、创品牌"、创建学习型党组织、创建巾帼文明岗等活动，2010年，全行新创市级以上荣誉称号41项，从而进一步提升了品牌形象。三是组织开展了"金华银行在我心中"演讲比赛等活动，增强了员工的荣誉感。

六、以人为本，加强人力资源管理

一是加大人才引进力度。2010年，根据跨区域经营和业务发展的需要，人才引进与培养力度加大。全行共招聘录用101人，其中衢州分行引进了40名与分行业务相适应的高级管理人员和其他从业人员，引进人员中82.5%的人具有银行从业经验，其中不乏一些尖子人才。二是继续推进员工培训教育。全年全行共组织各专业培训及讲座66期，培训人数达5783人次。8月份又组织中层助理以上干部赴北大参加高级研修班的学习，同时积极做好硕士研究生班开班前的准备工作。三是充分发挥典型激励作用。对在"成就商行，成长自我"活动中获得"管理精英奖"、"管理贡献奖"、"风控管家奖"、"技术标兵奖"、"优秀员工奖"等奖项的60人进行了表彰，充分激发干部员工的"主人翁"作用。四是加强客户经理管理与考核。完善客户经理等级

评定制度，制定客户经理5年培养规划和年度培训计划，开展了2010年度客户经理等级聘任工作。

七、抢抓发展机遇，跨区域经营迈出实质性步伐

在金华、衢州两地市委、市政府的高度重视和人民银行、银监局等部门支持指导下，6月10日，金华银行实施了更名，6月11日第一家异地分行——衢州分行开业，并分别在金华和衢州两地隆重举行更名与衢州分行开业庆典仪式。庆典活动得到金华、衢州两地市委、市政府、市人大、市政协四大班子的高度重视与支持，庆典仪式也得到了各级领导和社会各界的一致认可，树立了良好的社会形象。

浙江稠州商业银行经营管理情况综述

2010 年，浙江稠州商业银行秉承“支持中小，服务个私”的市场定位，坚持稳健经营，完善风险管理，加快结构调整，找准自身优势，强化特色经营，走差异化发展道路，在宏观政策和外部经济环境复杂多变的形势下，实现了规模、质量和效益的良性扩张。截至 2010 年末，全行资产总额达 524.75 亿元，新增 203.70 亿元，增长 63.45%；各项存款余额达 369.86 亿元，新增 87.59 亿元，增长 31.03%；各项贷款余额 247.12 亿元，新增 51.16 亿元，增长 26.11%；资本充足率达 15.34%，核心资本充足率达 13.88%；拨备覆盖率达到 300.17%；不良贷款余额为 9553.35 万元，比年初净降 418.48 万元，不良率为 0.39%，较年初下降 0.12 个百分点，实现了不良贷款绝对额和占比的“双降”；全年实现净利润 4.8 亿元，较 2009 年同期增加 2.03 亿元，同比增长 73.29%，远高于近年来同期水平。

浙江稠州商业银行着力打造优异的品牌形象，提升卓越的竞争能力，社会影响力持续提升。2010 年该行“小企业融资服务”荣获“浙江服务名牌”称号，成为全省首家获此殊荣的银行业金融机构。在《银行家》杂志“2010 中国商业银行竞争力评价报告”中，荣获 2009 年度全国中型城市商业银行竞争力排名第四名，连续 3 年跻身前 10 名，并荣获“2009 年度最佳小企业金融服务城市商业银行”称号，成为全国 150 家城商行中唯一获此殊荣的银行。

一、增资扩股顺利推进

2010 年，浙江稠州商业银行启动了新一轮增资扩股工作，至年末募股资金全部到位，第一阶段工作已经完成，浙江银监局已批复同意该行注册资本由 80000 万元变更为 107552 万元。此次增资扩股后，该行资本实力进一步增强，整体抗风险能力、盈利能力和市场竞争力有效提高。

二、产品体系日趋完善

2010 年，浙江稠州商业银行调整优化业务结构，做“精”金融产品，做“强”服务特色，做“细”市场划分，整合传统业务，发展创新业务，重点推进中小企业金融服务和个人金融业务的发展，大力提高资本收益率和整体经营效益，综合竞争实力不断提升。2010 年，浙江稠州商业银行公务卡、基金代销、外汇即期买卖业务资格成功获批；网银动态令牌版、超级网银、支付宝卡通业务相继上线；黄金代理、第三方存管等业务筹备工作稳步推进；成功开办了出口商票融资、国内信用证、进口押汇、信用证打包贷款和代理西联汇款等业务。全年累计发行义卡 26592 张，增幅 103.29%；银行卡银联跨行交易质量连续第二年排名省内城商行前列，并再次荣获交易质量优胜奖。全年分别新增个人、企业网银 4945 户、1645 户，开户完成率分别为 186.6%和 164.5%。全年共发行对私理财产品 40 期，对公理财产品 19 期，发行规模达 44.4 亿元，理财综合能力跻身全国 20 强。全年完成国际结算量5.9亿美元，增幅达91%。

三、长三角战略布局提前完成

2010年，浙江稠州商业银行巩固本土市场，开拓异地市场，业务网点向县域、乡镇街道延伸，推进机构纵深化发展。年内在省外开设了福州分行，在杭州、丽水、金华等地新设立萧山、遂昌、兰溪、佛堂、北苑5家支行，上海分行、宁波分行、温州瑞安支行、杭州淳安支行、南京江宁支行和浦江支行获准筹建。截至2010年末，全行机构网点达31家，跨区域经营有新突破，长三角战略布局提前完成。

为更好地服务"三农"经济和中小企业，浙江稠州商业银行积极响应政府号召，大力推进村镇银行的建设工作，作为主发起人投资设立了浙江岱山稠州村镇银行，获批发起设立重庆北碚、忠县稠州村镇银行，纵深化推进跨区域发展战略。

四、小企业金融服务亮点频出

2010年，浙江稠州商业银行增加专项规模，加大对资金需求在200万元以下的小型民营公司、个人合伙企业、个人独资企业以及个体工商户等的营销拓展力度。开展信贷业务规范化专项治理工作，对小企业信贷在服务、产品和流程上进行了一系列创新与变革，简化业务文本，完善授信机制，推出了"商易贷"、"抵全贷"、"保易贷"等解决微小企业融资困难的特色产品，巩固经营特色。至12月末，全行小企业贷款(500万元以下)余额111.78亿元，占全部贷款比重为45.86%，较年初增加9.28个百分点；全年增量41.42亿元，占全部贷款增量的80.96%；全年增速58.87%，高出全部贷款平均增速32.92个百分点。省委常委、副省长葛慧君同志对该行支农工作给予了充分肯定和积极评价。新华社、《经济日报》、《金融时报》等中央媒体对该行绿色信贷、小企业和三农金融服务、商位使用权质押贷款等作了全面报道。

五、风险管控能力全面提升

浙江稠州商业银行完善全面风险管理，严控各类风险。加强风险管理制度建设，逐步完善对信用风险、市场风险、流动性风险、操作风险、信息科技风险、声誉风险等全面风险要素的管控。针对授信业务风险，重点关注房产新政对信贷市场的影响，严控政府平台融资和异地授信规模，定期发布授信政策指引和风险预警。认真贯彻执行贷款新规，制定相应实施细则，加强信贷全流程、精细化管理。积极探索风险计量模型建设，加快建设信用评级系统、流动性风险压力测试系统、内部资金转移定价系统等，推动内部评级初级法和操作风险自我评估办法，初步搭建VAR模型，加强风险量化手段的运用。

六、科技支撑力度有效提高

浙江稠州商业银行加强基础设施建设，提升自主开发能力，制定IT中长期规划，以"适用、够用"为原则稳步推进IT项目建设，推动实施本地、异地应用级灾备建设，完成全行网络改造。加大科技支撑力度，实现总分行、分行之间的资源共享、开发联动和快速反应，成功上线客服系统、基金代销、支付宝卡通、国内信用证业务系统、绩效考核系统、OA协同办公管理系统等，绩效考核系统二期、信贷管理系统二期等稳步推进。

该行拓宽支付结算渠道，电子化基础设施和综合应用上了一个新台阶。加快ATM自助银行、网上银行、POS机等电子渠道建设，减少传统柜台压力，提升网点综合效能，提高客户获取银行产品与服务的便利性。年内已投入运行 ATM 机 34 台，CDM 机 6 台，POS 机 168 台；个人网银开户数达 6214 户，企业网银开户数达 2201 户。上线了浙江省集中代收付、银企对账、电子对账、反假币信息、村镇银行通存通兑、纸质商业汇票登记查询、全国支票影像交换系统直联、电子商业汇票、网上支付跨行清算、行内汇兑等系统，大大拓宽了结算渠道，服务水平和市场竞争力得到提高。

七、人力资源和企业文化建设大力推进

浙江稠州商业银行强化人力资源管理，加大人才引进力度，全年新进员工 367 人。截至年末，全行员工总数达 1391 人。完善各条线后备人才的梯队建设，做好应届生引进培养，面向全国 26 所 211 重点院校公开招聘，对 2000 余名应届生进行了面试。为适应新的竞争形势，加大了对员工教育和培训的投入力度，通过高管和业务骨干培训、新员工入职培训、从业资格培训等方式有效提高员工素质。同时，完善激励考核机制，综合考虑规模、利润等任务指标及机构类别、所在区域的基本情况等因素，对人员、薪酬指标实行定编制；完善员工薪酬确定体系，对管理人员提出目标年薪指导方案，对拓展人员提出基本薪酬指导方案，允许各单位结合实际，在人员、工资指标总框架内进行二级调整，充分发挥主观能动性。

在企业文化建设中，该行注重激发员工活力。通过开展“文明规范服务月”和“星级评定”等活动，提倡优质服务，将服务水平的提升纳入目标管理考核之中。通过评选“柜面服务标兵”与“规范服务示范营业网点”等措施，在行内形成良好的相互促进、相互提高的机制。举办“红五月”青工业务技能擂台赛，开展以“倡导诚信、追求专业，勤学苦练、争创能手”为主题的一系列培训、学习、技能竞赛等活动，以竞争激发活力。在创造良好经济效益的同时，浙江稠州商业银行积极履行社会责任，热衷公益慈善事业。积极参与扶贫帮困、尊老敬老、新农村建设、关爱弱势群体等公益慈善活动，回馈社会，进一步提升了公众形象和社会影响力。

台州银行经营管理情况综述

2010年，台州银行继续保持中小企业的市场定位，着力增强核心竞争力，履行社会责任，探索可持续、可复制的发展模式，改善和提升该行的管理机制，积极寻求异地经营的突破，推动各项业务稳健、快速、持续增长。

一、业务概况

截至2010年末，台州银行各项存款余额为420.37亿元，各项贷款余额为274.25亿元，分别较年初增长了39.24%、31.78%；不良贷款余额为0.64亿元，不良贷款率为0.23%。全行总资产为477.22亿元，资本充足率为11.43%，拨备覆盖率为397.84%，实现净利润10.88亿元。

二、机构发展

跨区域发展是历史赋予台州银行难得的发展机遇，在2010年，全行上下怀着强烈的紧迫感和责任感，加快机构发展步伐，实现了超常规的发展速度。

2010年2月，舟山分行在省银监局获准筹建后45天就实现开门营业，得到各级领导的好评，为台州银行实现跨区域发展打了漂亮的第一仗。温州、杭州分行也于4月和9月相继开业。在主发起设立村镇银行方面，浙江三门银座村镇银行、深圳福田银座村镇银行、北京顺义银座村镇银行已相继开业，全国首批总分制村镇银行江西赣州银座村镇银行已于12月开始试营业。这些分行、村镇银行开业以来，坚持台州银行小企业服务的市场定位和经营理念，得到社会各界的一致好评。

三、业务发展

存款是立行之本。2010年，面对宏观金融政策对业务发展产生的巨大影响，台州银行积极促进存款业务稳健快速增长，壮大业务发展基础。年末各项存款余额为420.37亿元，比年初增长39.24%。

2010年，各营业机构积极行动，一手抓服务，提升客户满意度，一手抓营销，深入客户，大力开展“金融服务进村居”等系列活动，将更多微小储蓄客户纳入台州银行客户群体之中，保持了各项业务的快速发展，完成各项年度指标。各异地机构克服工作压力，积极融入当地的社会经济环境，拓展业务，推进了各项业务稳健增长。

为深化客户服务，尤其是解决小客户服务覆盖面问题，总行在下半年启动了“大唐积分卡”项目，于2010年11月份在台州各营业机构正式推广施行。大唐积分卡通过积分奖励计划，有效地解决了小客户优惠政策的到位率，让客户享受到实实在在的回馈，提高客户忠诚度，增强台州银行业务竞争力。截至2010年末，台州银行各营业机构共发行大唐积分卡3389张。

为扩大贷款规模，台州银行一方面通过资产转让，引进外部资金，扩大规模；另一方面，大力发展表外业务，通过承兑汇票业务腾出规模，以最大限度扩大信贷规模。通过多方努力，截至2010年末，台州银行各项贷款余额为274.25亿元，较年初增长了31.78%；转让贷款余额为23.34亿元，贷款实际规模为297.59亿元，同比较年初实际增长39.53%；签发承兑汇票余额为54.54亿元，较年初增长184.80%。

四、管理机制

随着跨区域发展规划的实现，台州银行面临全新的市场和全新的金融环境，管理半径从南到北横跨大半个中国，各地的文化、市场环境差异显著。为此，台州银行积极调整组织架构，建立了“总—分—支”的三级管理架构，分行、村镇银行有了更多的经营自主权，可以更加贴近不同区域的客户需求，采取相应的措施，实现业务发展目标。

实行新的管理架构后，为将事权划分工作真正落实到位，通过精细化的流程，将每一项管理工作的运作流程进行固化，使总行与分支机构的职责履行有据可依，真正落实。10月份，对总、分行的事权进行了全面划分，总行还率先开展了精细化管理活动。各处室对每一个岗位的职责进行了细化，制定了比较详尽的职位描述和岗位说明书，对每一项工作职责都明确了操作步骤与工作要求。

为提升总行的管理能力，4月份开始，台州银行聘请合益管理咨询公司参与，启动了组织架构调整和人力资源管理体系优化项目，积极推进组织变革和人力资源管理，对总行各部门的职能进行了重新梳理，形成了业务、风险、运营、职能管理四大模块，对各分支机构的职能和设置进行了规划，以转变总行职能，提升对分支行和村镇银行的管控能力，构建面向未来的总行。总行还于9月份开始，每月都召开总行处室员工大会，传导总行的管理思路，促进总行员工更好地履行管理职责，提升管理水平。

五、人力资源

随着机构发展步伐加快，无论是总行还是各分行、村镇银行，人力资源需求都迅猛增长，2010年的人力资源工作承受了较大的压力。在总行和台州各区域的共同努力下，圆满地完成了人员招聘、培训和外派任务，确保了机构发展目标的顺利实现。

人才引进是2010年的一项重点工作。为此，总行要求各部门都要积极向外引进人才，壮大台州银行的人才队伍。同时，积极开展招聘工作，为台州银行的机构发展及时补充人员。2010年，台州银行新员工入行报到人数为1186人，比年初增长了50%。

台州银行不断摸索适应业务发展需要的培训模式，完善培训体系，2010年设置了玉环、温岭小额信贷培训中心。为使培训成效最大化，针对不同批次的新员工采取了不同的培训策略，引导新员工尽快融入台州银行企业文化，调整集中培训安排，增加白天岗位实践时间，利用晚上开展知识和技能培训，想方设法使他们在较短的时间内掌握基本业务知识和技能。同时，调整了样板支行的集中培训模式，尽快安排新员工在支行带教，让更多的支行主管共同承担培训职责，将岗前培训流程压缩了一半左右的时间，基本保证了机构发展的需求。2010年，全行在职员工培训共274场次，培训11441人次；新员工培训共组织917场次，培训25360人次。

为激发台州银行员工外派至异地机构工作的积极性，鼓励、引导员工寻求自身的职业发展，总行于8月出台了《关于外派异地工作的员工激励指导意见》，从职业生涯、岗位层级、薪酬策略、福利策略以及生活等方面提出具体的意见，鼓励员工特别是营业机构主管、业务骨干积极响应总行的发展战略，敢于挑担子、勇于担责任，团结一心，克服困难，共同推进台州银行发展目标的实施。

六、风险控制

面对当前复杂的经济形势，台州银行始终把贷款风险控制作为一项中心工作来抓，资产质量继续保持了低风险水平。截至2010年末，台州银行不良贷款余额6402万元，较年初下降77万元；不良贷款率仅为0.23%，较年初下降0.08个百分点。

台州银行以企业文化为先导，强化区域、分行贷审会职能，总行派驻风险官参与，加强对大额授信的实时控制，在岗位设置中建立合理的岗位分工、相互制约机制。抽调业务骨干，建立了总行垂直领导的分行稽核检查队伍，及时跟踪业务运行情况，关注员工的行为规范，防范道德风险。目前，台州银行已形成了总行与分行之间、分行内各部门之间的有效制约，严密防范内控风险。

在业务发展中，也暴露出了一些信贷管理中存在的问题。为此，总行于11月份组织了信贷大检查工作，对全行部分营业机构进行了全面检查，充分暴露各营业机构在信贷管理过程中存在的问题，提高了信贷人员的风险意识。检查结束后，各区域、分行、村镇银行纷纷针对发现的问题积极组织整改，并由点及面，全面审视信贷管理工作的缺失，提高信贷人员的素质与能力，提高风险控制的意识与水平，加强信贷人员职业道德教育，全面防范信用风险和道德风险。

七、社会责任

2010年，台州银行积极贯彻政府和监管部门的信贷政策，将“支农支小”工作做精做细，落到实处。台州银行加大创新力度，推出适用性更为广泛的贵金属质押担保业务管理办法和联合保证担保业务管理办法，最大限度拓宽小企业客户融资担保渠道。台州银行还配合各级政府开展送电影下乡活动，组织放映电影8700余场，足迹遍布台州各地农村，得到了群众的欢迎。截至2010年末，台州银行直接面向农村地区，包括农林牧渔业等发放的涉农贷款余额115.48亿元，占比42.11%，比年初上升了6.86个百分点，涉农贷款比年初增长了42.13亿元，远远高于上年同期24.95亿元的增幅；涉农贷款增速为57.44%，增速同比高出各项贷款25.66个百分点。小企业贷款余额217.1亿元，占到台州银行全部贷款的79.16%，较年初增长53.5亿元，同比多增5.9亿元；增幅达32.74%，增幅高于台州银行贷款的平均增速。

台州银行丰富员工文化生活，关心员工的身心健康。2010年，台州银行成立了“台行文艺俱乐部”，向社会各界全面展现台州银行员工的风采。组织体育、健身活动已列入总行的工作计划，10月份，在董事长的带领下，总行领导和处室、区域、分行、村镇银行的管理干部开展了舟山金秋健身活动，通过5个多小时的步行，既磨炼了各级干部的意志，也将全行组织的各类健身活动推向了高潮。

台州银行积极参与各类慈善活动，2010年，总行发起捐款7起，共捐款25.1万元。台州银行援建的四川汶川5·12地震灾区的广元市利川区石羊小学工程已竣工并于9月份投入使用。台州银行建立了扶贫帮扶基金，为贫困创业者、贫困大学生提供启动资金的同时，通过组织相关技能培训或行业信息交流，使贫困创业者走上彻底改变其生活和命运的道路。6月，台州银行第一个扶贫对象的帮扶资金发放仪式在天台举行。

为深化绿色环保理念，2010年，台州银行全面使用再生纸名片，并与国际救援组织开展合作，利用台州银行的业务宣传平台，向社会宣传、呼吁绿色环保和动物保护。台州银行还加入到由联合国环境规划署、亚洲发展银行、德国环保局、法兰克福金融学院等共同发起的气候融资创新贷款项目(CFIF)，通过向小企业提供节能贷款产品，来实现改善环境，遏制气候恶化。目前，台州银行的CFIF项目已发放1笔30万元试点贷款，并将于2011年正式推向市场。

台州银行的发展壮大，离不开各级党委、政府和监管部门的大力支持。无论是在金融环境的营造，还是在业务发展方面都给予了台州银行无微不至的关怀和支持。台州银行将继续以扶持地方经济发展为已任，积极开展工作，为支持地方经济的发展作出自己应有的贡献。

浙江民泰商业银行经营管理情况综述

2010年，浙江民泰商业银行认真贯彻落实宏观调控政策，全年工作以"加快战略转型、强化风险控制、全面提升核心竞争力"为主题，在各级政府和银监部门的引领和支持下，认真贯彻落实各项监管政策，以发展为要务，以质量为根本，进一步完善公司治理，扩大经营功能，均衡发展各项业务，创新小企业金融服务，严抓风险控制，取得了良好的发展成绩。截至2010年末，浙江民泰商业银行资产总额325.59亿元；各项存款余额258.19亿元；各项贷款余额152.66亿元；全年实现营业利润4.82亿元；不良贷款率0.69%；拨备覆盖率160.76%；资本充足率12.03%。各项指标达到监管要求，无经济案件和重大安全事故。根据《银行家》杂志分类标准，跨入了中等城市商业银行行列。一年来，主要工作如下：

一、积极加强网点建设

浙江民泰商业银行秉承立足长三角，坚持风控为先，特色为源，稳步发展的原则，在管控到位，风险可控的条件下，适度增设机构，逐步拓展服务区域，至年末共有28家分支机构，发起设立了2家村镇银行。2010年增设了上海分行、杭州富阳支行、杭州临安支行、舟山岱山支行、成都武侯支行、成都成华支行、宁波泗门支行、台州黄岩支行、台州天台支行等9家分支机构；筹建义乌分行、舟山浦西支行；投资设立了福建漳平民泰村镇银行。新设机构经营状况良好，有的已凸显发展价值。

二、努力开展业务创新

一是银行卡业务取得较大突破。全行借记卡累计发行12.37万张，增幅为85.49%，贷记卡累计发行2.6万张。二是网银业务逐步覆盖主营业务，交易金额突破700亿元，新增了银企对账、国际业务、银证转账、银银（银证）转账、贷款、信用卡等功能。三是资金业务得到较好发展。通过场内信用拆借、场外资金融入、债券质押式回购、投资短期理财、购买他行资产管理产品等各种方式，累计发生额349.77亿元，提高了资金运用效率。四是外汇业务有所突破。外商投资企业资本金结汇业务已获批准，部分分支行开办外汇业务已准备就绪。

三、坚持深化经营特色

积极贯彻落实《国务院关于进一步促进中小企业发展的若干意见》（国发〔2009〕36号）和中国银监会小企业贷款"两个不低于"的要求，促进小企业授信业务健康发展，提高小企业金融服务水平。在制度上，明确小企业贷款"属地管理、定向营销；区别对待、择优支持；适度授信、小额分散；存贷挂钩、差异定价"的原则，进一步规范小企业授信管理；在考核指标上，设定小企业贷款占比，引导分支行加大小企业授信投放力度；在机构设置上，增设了小企业管理部，专门负责对台州辖内500万元以下授信业务的审查审批及贷后管理，调整小企业授信业务审批流程，提高了小企业授信审批效率。年末，全行小企业贷款余额达124.24亿元，较年初增加34.39亿元，增幅为38.27%，较好地巩固发展了小企业金融市场。小企业专营产品“商惠通”被中国银监会评为“2010年度银行业金融机构小企业金融服务特色产品”。

四、不断强化内部管控

一是完善规章制度建设，对现行规章制度进行了评估，完成了50%的制度修订工作和规章制度汇编系统的开发。二是积极贯彻贷款新规，通过组织培训、学习宣传、制定规章制度、编写操作手册、修改业务流程、修订合同文本、系统升级等各个环节的工作，将贷款新规落到实处。三是开展合规与风险评估，完成了《浙江民泰商业银行2009年合规风险评估报告》，集中反映合规管理和条线业务管理中存在的薄弱环节，提出整改措施，并跟踪整改落实。四是强化审计与检辅监督作用，全年对营业机构的审计覆盖面达到100%。同时，进一步加强了各业务条线的检辅工作，检辅工作覆盖面达到100%。深化重要岗位委派制度，制定了《浙江民泰商业银行内部审计委派制管理办法》，并完成分行的内审委派工作。五是完善绩效考核体系，全行建立了高管层、总行机关、分支行三个层面绩效考核体系，科学设置绩效考核核心指标，并认真组织实施。六是高度重视案防工作，认真实施“案防制度执行年”活动，针对银行业日益突显的员工道德风险事件，对3家分行、15家支行开展了风险排查和全行员工行为准则贯彻落实情况自查活动；优化反洗钱信息系统，上线反洗钱客户风险等级分类系统，完善反洗钱内控制度建设；加强安全保卫检查力度，全年累计检查网点65行次。

五、优化提高财务管理

加强财务预算管理，对分行全面实施管理费用考核，控制各网点月度、项目费用支出，将实际费用归入年初计划进行管理。完善“总—分—支”财务管理模式，明确在制定预算、费用管理、检辅、税务管理、报表统计等方面的三级管理模式。完善成本管理体系，初步建立以财务会计、成本分摊、资金转移定价、财务分析、绩效管理等模块构建的管理系统。加强与税务机关沟通，明确分支机构所得税缴纳方式，顺利完成全行2010年度所得税汇算清缴工作。

六、继续提升服务质量

树立主要领导抓服务的理念。总行领导以身作则，严格执行服务规范；全行均实行“一把手”工程，服务工作均由“一把手”主抓；各单位设立服务质量监督员，专门负责本单位具体的服务管理工作。营造服务氛围，加强监督评比。在服务工作上逐步明确员工的服务规范，推行“文明接待五部曲”、问候礼仪等服务流程，同时加强服务工作监督检查，并按月通报服务检查结果，督促落实整改，服务质量状况明显改变和提升。

七、不断强化后台保障

增强信息科技支撑能力，2010年信息科技电子化建设投入资金4171.7万元，有力提升科技信息水平，支持业务发展；核心系统架构基本合理，实现了大前置小核心的架构要求；建成应用级的灾备中心，启动了杭州数据中心建设。增强人力资源支持能力，加强了人力资源储备，全年共引进管理人才、业务骨干138名，招聘柜员、客户经理、机关专员等近500人，年末，全行员工达1945人，其中，硕士研究生66人，本科以上学历1012人。提高办公管理水平，实现OA办公系统上线，建成会议视频系统。加强民泰品牌宣传，继续发挥行报、网页阵地以及平面宣传与视频广告作用，不断扩大民泰品牌形象。

八、坚持重视党群工作

进一步加强基层党组织建设，全行建立了14个党支部，接转党员组织关系128位；以“深入学习实践科学发展观”活动为主线，组织党员开展学习实践活动；积极参与机关党委组织的创优争先活动，以党员队伍建设带动员工队伍建设，以党内和谐促行内和谐。积极开展形式多样的职工文化生活，成功举办“唱响青春记忆、共建和谐民泰”迎五四文艺晚会等活动；组织员工无偿献血，增强了队伍的凝聚力。

浙江泰隆商业银行经营管理情况综述

2010年，面对复杂多变的宏观经济形势，在各级党委政府、人行和银监部门的指导与支持下，浙江泰隆商业银行全体员工同心同德、共克时艰，各项业务稳健、均衡发展，实现了良好的经济效益和社会效应。

截至2010年12月末，浙江泰隆商业银行资产总额达367.19亿元，本外币存款余额327.84亿元，本外币贷款余额213.16亿元，分别较年初增加94.24亿元和59.08亿元。不良贷款率0.44%，较年初下降0.26个百分点。全年实现税前利润10.02亿元，较上年增加5.46亿元，净利润7.56亿元，较上年增加4.12亿元。

回顾2010年，浙江泰隆商业银行主要推动了以下工作：

一、深化社区化战略，实现服务下沉

在理念上，坚定不移地坚持小企业市场定位，以实施社区化经营战略为契机，全面深化小企业金融服务。在导向上，认清客户需求，从客户需求的角度出发，推进和完善社区化营销工作，通过为社区客户不断提供优质高效的金融服务来增加客户的依赖度，通过产品的落地体验来培育客户的忠诚度。在方法上，在全行范围内推进“泰隆社区行”系列活动，找准目标客户群；推进“成熟社区”建设，所谓成熟社区是指客户覆盖率与产品落地率这两项指标达到一定标准要求的社区，以“成熟社区”的口碑效应为依托，做精、做专、做深、做透小企业市场；建立“泰隆信用社区”，打造泰隆“行业专家”团队，进一步下沉市场。浙江泰隆商业银行保持小企业贷款增长态势，力争小企业贷款余额和贷款有效户数都实现较大幅度增长，进一步实践“支农支小”，走出一条差异化、特色化的发展道路。

二、跨区域战略建立根据地，确保商业模式落地

2010年，浙江泰隆商业银行机构突破原有的发展格局，实现长三角地区“两省一市”覆盖的战略布局，保持较快发展速度，全年完成新设、迁址14家机构，截至年末共有分支机构33家，包括丽水、杭州、宁波、金华、上海、衢州6家分行和27家支行，其中17家为台州辖内机构，其他为异地分支机构。

（一）建立战略根据地，确保商业模式落地

2010年，面对“两省一市”的跨区域发展局面，如何坚持小企业市场定位，解决信息不对称问题，实现有效跨区域发展，是浙江泰隆商业银行面临的严峻课题。为有效实现跨区域发展，实现“三个低成本”经营模式的落地，将17年来进村、进市场等在台州区域已经根深蒂固的经营模式提炼总结为社区化，形成了以《“隆”行社区》为代表的社区化经营指引手册，选取“服务半径半小时以内”，大城市40分钟的“门当户对”社区进入，采取“地毯式营销”、“以点带面”、“裙带营销法”、“顺藤摸瓜”等方式，提供“三三制”、“上门服务”、“车辆接送”等配套服务，用耐心、诚心打动客户，建立泰隆根据地。一年来，各分支行对社区化经营，

动了很多脑筋，并且都很有特色。

（二）跨区域发展稳步推进，分支机构全面实现盈利

2010年，围绕社区化经营战略，在考核体系的有效导引与激励下，分支行你追我赶，跨区域发展规模效应显著，全面实现盈利。已开业的6家分行中，除衢州分行外，全部实现了盈利，上海分行开了城商行在沪设立分支机构当年盈利的先河。

同时浙江泰隆商业银行也得到了当地政府、监管部门的充分肯定与赞誉。分支机构的优良发展，有力佐证了浙江泰隆商业银行小企业金融服务模式的可复制性、管控系统的有效性、泰隆团队的远程作业水平、泰隆文化的传承能力，实现了"政府满意、监管放心、同业认可、客户信赖"的目标。

三、"90%人才自主培养"的人才培养模式与队伍梯队建设雏形初具，专业化、系统化的学院建设目标日渐清晰

人才队伍建设是可持续发展的第一要务，2010年浙江泰隆商业银行以90%的人才自主培养为目标，对原有培训体系作了大胆创新，2010年6月24日，撤销了原有的培训中心，成立了泰隆学院。董事长亲自担任泰隆学院的院长，管理者担任泰隆学院的讲师，资深老员工担任学院班主任，以"三教"、"三讲"为切入点，军训磨炼意志、泰隆文化课熏陶文化，以培养"说泰隆话、做泰隆事"的小企业服务专才为目标。不断完善人才标准体系建设，做好招聘渠道建设，建立系统的人才培养、储备和骨干人才队伍梯队建设工作。以专业化和系统化建设为目标，完善队伍建设培训体系与培养帮带模式。以合格率为目标，围绕三九条令和双十禁令等刚性标准，培养具有奋斗精神的合格泰隆人。建立科学的人才晋升评价机制和人才淘汰机制，努力提升各专业队伍的晋升率，提升队伍专业能力。加强员工的职业生涯发展规划，创造发展空间、成长空间，注重长远发展和过程激励。不断夯实人力资源信息管理工作，强化员工信息动态管理，积极引导员工健康成长。

四、不断完善风险管控体系，促进发展转型

2010年，浙江泰隆商业银行处于战略转型的关键时期，加强全面风险管理依然是一项重要工作。浙江泰隆商业银行以关键绩效指标考核常态化管理为抓手，提高风险管理的预警性，创新和完善风险、审计、合规联动机制。进一步完善风险管理相关制度，建立标准化的风险管理流程，设定风险管控目标和基本流程，细化风险管理架构，深化风险管理三道防线建设。持续推进风险点和风险底线梳理，细化风险底线标准，拓展风险点识别范围，建立和完善操作风险点识别与评估体系。牢固树立"合规优先、全员合规、主动合规"的合规经营理念，增强业务运行的合法性、合规性。与此同时，总行职能部门做好建标立制、指导帮助、检查辅导工作，加强对分支行的检查频度和力度。按照"有计划、有目的、有方法、有频率、有效果跟踪、有结果评估、有反馈"的要求，做好检查工作。

五、品牌促发展，文化聚人心，品牌文化的牵引推动效应显现

2010年，浙江泰隆商业银行品牌文化建设逐步从单一企划向全面文化建设过渡，与系统性文化建设工作相辅相成，队伍建设、文化建设等开始发挥合力。

（一）福利平台解决员工后顾之忧，"家文化"凝聚人心

2010年，浙江泰隆商业银行推出"亲

情2＋1”和员工融易通房贷两项重要福利，调整了车贷、车贴和五险一金的管理，通过健全员工保障体系，解决了员工后顾之忧，广大员工更加团结、更加专心于工作。“亲情2＋1”的推出，不仅在行内营造了良好的氛围，也在社会上形成了较大的反响，进一步体现了“员工第一”的泰隆“家文化”。

（二）品牌建设突显社会责任

2010年，作为中国银监会推荐的服务小企业的标杆银行，中宣部把浙江泰隆商业银行作为转变经济发展方式，服务小企业的特色银行，通知并组织新华社、《人民日报》、中央人民广播电台、中央电视台、《经济日报》、《光明日报》等中央媒体集体采访浙江泰隆商业银行，全国十大最知名的门户网站均对浙江泰隆商业银行进行了报道，在网络等新媒体上浙江泰隆商业银行被誉为“隐形冠军”、“另类冠军”，彰显浙江泰隆商业银行扎根小企业金融服务。2010年中国零售银行最新排名榜单上，浙江泰隆商业银行跻身“中国十小龙银行”。2010年下半年，“泰隆·四川助学行”慰问了汶川地震受灾地区，捐款100万元资助当地的希望小学建设，突出了浙江泰隆商业银行践行社会责任的企业形象。2010年，北京大学国家发展研究院联合浙江泰隆商业银行成立小企业金融研究基地，新华通讯社携手浙江泰隆商业银行成立小企业金融服务调研基地，后者是国家级新闻媒体与民营企业合作成立的第一个小企业调研基地。中央电视台二套《经济半小时》先后播出介绍浙江泰隆商业银行小企业贷款“三品”、“三表”经验和丽水分行服务林权制度改革的报道，在中央级媒体打响了浙江泰隆商业银行品牌。2010年，在第三届中国最受尊敬银行暨最佳银行评选中，浙江泰隆商业银行获“2010年最具发展潜力中小企业信贷银行”称号，王钧董事长获得中国银行监督管理委员会组织的“银行业金融机构小企业金融服务十大领军人物”评选提名。社会各界对浙江泰隆商业银行的认可，使得该行更加坚定了发展的信心，不断自我提升、自我超越。文化的力量与品牌的使命感为发展注入活力，浙江泰隆商业银行在社会各界的充分肯定中更实现了泰隆品牌的突破。全体泰隆人团结一心，努力为中心企业金融服务事业贡献自己的智慧和力量。

宁波国际银行经营管理情况综述

【业务综述】 2010年末，宁波国际银行各项存款余额1.79亿美元，比上年末增加1000万美元，增幅5.92%。累计发放各项贸易融资11.43亿美元，比上年增加7.36亿美元，增幅181.19%，实现利润1905.80万美元，其中经营利润445.46万美元，比上年增加153.66万美元，增幅52.66%，自2005年起，已连续6年无不良资产发生。

【营销服务】 秉承一直以来的外汇业务特长，结合地区的经济优势，宁波国际银行专注外贸企业的短期融资服务，通过提供快捷方便的押汇服务，满足中小企业客户的外汇资金需求。2010年末，全行共有16176个客户，其中个人客户11243户，公司客户4933户，这些客户90%以上均为进出口贸易类的中小企业，他们经营活跃，以国际结算及票据贴现见长。2010年，全行进一步加强国际结算的网络建设，充分发挥法人机构在经营决策上的优势，与同业紧密配合，将贸易融资做好、做活。全年共完成贸易融资11.43亿美元，进出口单证项下的国际结量业务14.91亿美元，分别较上年增长181%和134%；完成汇入汇款117.2亿美元，汇出汇款112.6亿美元，分别较上年增长13%和14%，较好地满足了客户的需求。在服务方面，向客户举办多场专项培训讲座，特别是对国家管理部门出台的政策新规进行讲解与辅导，有效宣传执行外汇政策制度的重要性与必要性，避免企业走弯路和错路。通过进出核销制度改革、NRA业务操作，以及涉外收入国际收支网上申报等项目的讲座与辅导，让绝大部分客户理解外汇管理局的新规政策要求，不仅方便客户的操作，而且也为有效执行政策，取得了较好的效果。

【风险管理】 2010年，宁波国际银行共办理授信审批业务3.66亿美元，其中金融机构授信3.59亿美元，占总授信的98%，企业授信761万美元，占总授信的2%，无个人授信。上述授信审批通过率为98.63%，金额为3.61亿美元。同时，加强授信额度的风险控制，共建立公司会计额度4.31亿美元，其中新增3.67亿美元，占总额度的85.15%，展期0.64亿美元；金融机构额度15.73亿美元，其中新增10.56亿美元，占总额度的67.13%，展期4.88亿美元，冻结0.29亿美元。2010年，宁波国际银行共办理人民币结售汇业务3.66亿美元，代客外汇买卖3.49亿美元，分别较上年增长7%和60%，实际汇兑收益184万美元，其中主要来源于人民币的结售汇业务，约占65%，上述外汇买卖业务的总体汇率风险控制较好。

【内控建设】 2010年，宁波国际银行的内控建设主要通过两个方面来提高：一是逐渐完善内控制度，加大内控执行力度。2010年相继出台修订完善15个新的规章制度，强化风险识别、监督与控制能力，严格执行授权审批制度，及时跟进风险预警与提示，确保银行业务稳定、高效地运营；根据监管部门的新规要求，积极组织全行员工学习，全面落实《固定资产贷款管理暂行办法》、《流动资金管理办法》、《个人贷款管理暂行办法》和《项目融资业务指引》(简称“三个办法、一个指引”),对规范银行授信业务和内部程序,加强贷后合规检查,防范操作风险起到积极作用。二是以“制度为先”和“以人为本”的风险防控理念,积极推进复杂环境下员工队伍纯洁性教育。银行除通过关爱员工,不断提升员工综合素质等传统办法外,加大对员工职业志向的再培养,实施合理的轮岗制度,加强总、分行人员之间交流等措施,培养员工爱岗敬业精神。随着员工工作经验的不断积累,以及员工年龄阶梯形分布,大胆起用经过银行专业培训的一批骨干员工充实中层队伍,为银行管理层增添新的活力,对引领其他员工规范业务、拓展市场,起到先锋模范作用。三是建立银行新数据中心,改造银行核心生产网络,消除网络单点故障,加强网络安全事件的审计和预防。全年通过计算机信息安全等级保护复测,完成多项应用系统的升级与优化,为银行业务稳定运行提供信息安全的坚实保障。

【企业文化】 在复杂多变的社会环境中,建设良好的企业文化已越来越被管理者所重视。2010年,宁波国际银行在原良好文化的基础上,继续加强三方面的工作:一是注重员工的精神文化需要,开展多元化有益活动。通过组织旅游踏青、新年宴会、野外自行车赛等文体活动,丰富员工业余生活,搭建文化交流平台,增强员工向心力与凝聚力。二是深入关爱每位员工,扎实做好与员工利益相关的事情。对于非本地员工,宁波国际银行妥善安排住处为他们排忧解难;对于孕期或患病员工,在工作许可的条件下,尽可能给予假期便利;组织相关部门领导慰问探望困难员工,切实把关心员工工作落到实处。三是热心社会公益,履行社会责任。多次组织开展反洗钱教育普及活动,深受广大市民的好评;继续与余姚梁弄镇初级中学的10名困难学生结对助学,陆续为他们送去学习书籍和生活用品,鼓励他们专心学业、健康成长,通过慈善公益活动回馈社会,也让每位员工的内心充满阳光与爱心。在所有活动中,宁波国际银行始终推崇“健康、绿色、环保”理念,分发套装餐具给每位员工,废弃使用一次性筷子,员工本人不再使用一次性的纸杯。宁波国际银行还定制棉制的环保袋,分发给员工、客户及关系单位,倡导可循环使用的环保袋,以减少白色污染,从身边小事做起,保护共同的环境。在良好的企业文化训导下,银行成立至今没有发生一起员工道德风险事故,队伍稳定,思想积极,团队精神日益发扬光大。

浙江省农村信用社联合社经营管理情况综述

理事长　姚世新

2010年是我国经济社会发展极不平凡的一年，也是浙江省农信系统承前启后、砥砺奋进、再创佳绩的一年。在省委、省政府的正确领导下，浙江省农村信用社联合社坚持以科学发展观为指导，深入践行“一条道路、两场革命”战略构想，认真做好“抓转型、防风险”两篇文章，圆满完成年度各项目标任务，有效促进了浙江省农村经济社会平稳较快发展。到2010年末，各项存款余额7773.70亿元，居全省银行业第一。各项贷款余额5470.28亿元，其中农户贷款余额1855.11亿元，占全省银行业农户贷款余额的二分之一；小企业贷款余额2446.85亿元，占全省银行业小企业贷款余额的四分之一。不良贷款率1.47%，比年初下降0.79个百分点。上缴国家税收52.02亿元。

一、积极拓展目标市场，支农支小主力银行作用进一步发挥

1. 主力军作用充分发挥。坚持支农支小方向，全力做深做实农村基础金融服务，对浙江省社会主义新农村建设的贡献度不断增强。一是深入开展“2010走千家、访万户、共成长”活动。累计走访企业面达30%，累计走访农户面达45%，实现企业电子建档13.13万户，农户（个人）电子建档296.84万户。二是优先满足新农村建设金融需求。积极促进浙江省统筹城乡发展，加强与省农办的合作，出台农村住房改造建设指导意见，大力推广农房改造建设贷款，余额109.4亿元，支持7.55万农户改建住房。探索创新各类抵质押物和保证方式，积极推广林权抵押贷款、农村青年创业贷款、农房抵押贷款和海域使用权贷款等，余额分别达18.96亿元、21.04亿元、33.16亿元和1.74亿元。三是不断拓展支农平台。与省农办签订深化新农村建设合作协议，加强与省农业厅等部门的合作，强化支农深度。加强与小额贷款公司等机构合作，促进互利共赢。

2. 金融普惠度持续提高。不断完善包容性金融服务，扩大农村金融服务惠及面。一是实现空白乡镇网点和服务全覆盖。全面完成84家金融机构空白乡镇网点建设，占全省总数的52.83%，大力做好后续金融服务，满足偏远地区群众的基础金融需求，取得良好的社会效应。二是不断加大信贷扶贫力度。大力推广专项扶贫小额贷款和其他形式的扶贫贷款，余额分别达4.35亿元和1.79亿元，分别支持农户1.33万户和5821户，充分发挥信贷“造血”功能，有力带动低收入农户增收致富。

三是做好40余种惠农资金的代理发放工作。仅代理发放种粮补贴、养老保险就达965.30万户。

3. 金融服务水平不断提升。创新推广差异化的产品服务，切实增强对市场需求的响应能力。一是大力推广丰收小额贷款卡，发卡量达55.22万张，贷款余额311.17亿元。该卡已成为我系统支农拳头品牌，荣获全国"2010年服务小企业及三农十佳特优金融产品"和"浙江省2010年度十大民生工程"等称号。二是完善产品创新机制，制定产品创新委员会工作规程、产品创新奖评选试行办法等。三是不断丰富金融服务内容。完善支付结算体系，实施"便农支付工程"，推进与工行的全国通存通兑业务合作，上线全国电子商票系统和支票影像交换系统。扩大国际业务开办范围，新增4家行社开办国际业务，总数达34家。创新推出丰收支付宝卡通、丰收电话宝等业务，积极推广网上银行业务。积极推广丰收贷记卡，对外开办行社达41家，发卡量达15.73万张。组建丰收卡特惠商户联盟，推出全系统首项丰收卡VIP增值项目。加强自助设备的布局和投放，提升客服中心服务水平，建立温州远端坐席分中心。

二、加快经营机制转换，竞争活力和发展后劲进一步增强

1. 总部建设积极推进。完善行社总部组织架构和运作流程，有效提高了决策管控能力、后台支撑水平与管理服务效率。组织开展总部建设试点工作，将2009年度评为A类机构的行社全部纳入试点，其他行社每个地区确定1—2家纳入试点，将总部建设工作纳入行社"十二五"发展规划和董(理)事会发展战略，作为一项战略性工作来抓。建立试点行社联系点制度，加强政策指导及技术帮助，推动试点行社取得示范性成果。

2. 网点转型有序推进。完善网点的业务流程和服务环境，全面提升网点服务水平。出台网点转型指导意见，明确了未来3年网点转型工作的目标任务。开展"2010迎世博·文明规范服务深化年"活动，提升文明规范服务水平，系统有5家机构被评为全国银行业文明规范服务示范单位。加强网点硬件建设，网点视觉形象建设试点工作基本完成。出台岗位配置指导意见，改造综合业务系统，进一步优化劳动组合、重组业务流程。

3. 机制转型持续推进。完善各类经营管理机制，切实提升集约化、精细化经营管理水平。一是推进客户经理制，出台指导意见，举办培训班和经验交流会，促进客户经理队伍职业化、专业化。二是优化薪酬考核机制，突出做强做优引导指标。三是进一步推动经济资本管理工作，启动经济资本管理系统建设。四是完善财务管理机制，上线推广新财务管理系统，丰富财务控制手段；完成电子档案管理和对账系统开发，实现柜面业务账簿记载无纸化和对账集中管理。

三、突出信贷风险管控，资产业务的安全防线进一步筑牢

1. 科学把握贷款投放。严格把握贷款投向和投放节奏，保持风险管控和贷款增长同步。一是合理把握贷款规模，增强贷款增长与经济增长的契合度，出台年度信贷指导意见，加强对贷款投向的引导。二是制定重点行业监测点制度，确定房地产等15个重点监测行业，编制重点行业监测报告，加强对房地产贷款、"两高一剩"行业贷款的管理。三是开展新增大额贷款风险分类真实性调查和风险评估，进一步树

立审慎经营的风险管理理念。

2. 有效防控重点风险。严密关注经济金融形势，落实有关政策，加强对信贷重点风险领域的防控。一是加强政府融资平台贷款管理，严控信贷规模，组织开展摸底核查，实施解包还原，建立进度监测制度。二是根据工信部淘汰落后产能名单，对涉及的企业贷款落实风险预警和防控措施。三是组织开展对信贷资金违规注入股市、重点账户、借冒名贷款等检查。

3. 不断夯实管理基础。切实完善信贷风险防控机制建设，提升自身风险防控能力。一是认真组织实施“三个办法、一个指引”，出台贯彻实施意见，举办培训班，将实施工作纳入杭州办事处、行社考核。二是完成信贷管理系统一、二期开发上线，增加信贷资金支付控制等功能，满足实施贷款新规要求；设置客户信用评级、资产风险分类和授信等风险管理模块，完善信贷管理。三是加强风险提示和监测，认真执行重大信贷风险报告制度。四是建立公司类信贷资产十级分类基本制度，进一步夯实资产质量。五是优化非现场监管报表数据利用，专门编制2010版填报说明手册。

四、强化科技信息建设，科技支撑保障能力进一步提升

1. 科技规划完成编制。将“十二五”科技信息建设规划作为“科技创新革命”的最基础工作加以落实。自2010年1月立项以来，成立专项工作组，聘请专业金融咨询服务机构，历经前期调研、编制起草、论证衔接、审议发布四个阶段，于2010年11月圆满完成科技规划编制工作。同时组织起草科技规划实施细则和九大关键系统实施规划，作为科技规划的实施指南和有效补充，进一步明确了全系统在“十二五”期间科技信息建设的发展方向和工作任务。

2. 项目开发有序推进。将提升科技响应能力作为满足基层业务需求的重要工作加以落实。科学确定年度立项，合理调配力量，重点推进全系统性业务拓展必需的项目。完成电话POS、支付宝、定活通、集中财务管理、短信平台、资金业务一期等37个立项项目。同时，帮助行社完成华数、广电、社保等40个临时性特色业务项目开发，有效支持行社个性业务的发展。完善数据仓库建设，改造核心、信贷等源系统数据架构，为全面提高管理数据信息化奠定了基础。

3. 系统安全平稳运行。将保障系统安全和平稳运行作为保证业务连续性的重要任务加以落实。综合评估优化核心及主要外围生产系统的软硬件性能，进一步提升系统性能。制定信息系统灾难恢复预案，完成重要系统迁移与同城应用级灾备二期工程，研究启动核心业务系统数据异地灾备项目。建设监控预警平台和运行管理平台，实现从“人控”转向“机控”，提高了科技管理的有效性。

五、注重内控合规建设，案件防控治理基础进一步夯实

1. 风险管理体系不断完善。加强全面风险管理体系建设，积极推进基础管理工作。一是加强风险管理机制建设。通过举办培训班、加强经验交流、设立课题研究等，持续推动风险管理机制建设。二是加强会计基础工作。建立以行社为单位的整体会计基础工作考核体系。完善会计操作风险管理制度，制定会计标准化检查管理办法。加强操作风险预警，完成操作风险预警子系统开发。开展存款不动户清理工作，合理配置系统资源。三是加强资本管理。出台加强资本管理试行意见，加强对主发起村镇银行、设立异地支行、增资扩

股、转增股本等风险管理。四是加强银行卡风险管理。建设包含商户、贷记卡欺诈侦测和案件管理等内容的欺诈侦测系统，目前正在全系统推广。

2. 案件防控治理不断强化。深入落实案件防控治理3年规划，保持对案件防控的高压态势。一是召开案件防控治理工作会议，全面部署案件治理工作，组织开展“百日大检查”，发现问题整改情况“回头看”。加大案件问责力度。二是组织开展“内控与合规建设年”活动，梳理完善内控合规制度，出台2004—2010年制度汇编。开展信贷、财会、银行卡、科技、清算、风险及内控7大类23个子项目检查。组织征文与知识竞赛、考试、大讲堂等。开展突发事件应急预案演练。加大对客户经理与客户资金往来、内部交易等违规行为的处罚力度。

3. 审计与安保工作不断强化。提高内部审计、安全保卫的监督水平，保障安全稳健经营。组建审计支队和审计大队，完善审计组织体系。组织开展内控评价、经济责任、信息科技风险评价等审计，优化计算机辅助审计系统，从严进行违规责任追究和问责。加大安全保卫检查力度，加强监控中心规范化建设，出台监控中心管理制度，启动监控中心管理人员上岗培训工作，充分发挥监控中心功能。

六、加强班子与队伍建设，可持续发展能力进一步提高

1. 班子与队伍建设不断加强。坚持打造思想素质好、业务能力强的干部员工队伍，提升引领发展的能力。召开思想政治工作会议，推进思政工作与业务发展两促进、两发展。组织开展学习型党组织建设，建立健全覆盖各专业条线的先进典型评比体系。落实行社班子民主生活会制度。进一步推进人事制度改革，加强行社班子调整交流，对5个行社副行长（副主任）职位进行公开竞争性选拔。落实2009—2011年教育培训工作规划，加快省农信联社教育培训中心建设，建立内部培训师队伍，编制教学大纲，规划网络在线学习系统。组织开展领导干部读书班、第一期领导干部培训班等培训项目。

2. 作风与廉政建设不断加强。坚持打造作风和廉政过硬的干部队伍，充分发挥农信优良传统，提升持续发展的能力。开展为期半年的“万名农信干部下基层办实事”活动，共走访农户479154户、企业49635家，帮助解决问题与难题16286个，帮助办成实事18283件。加强党风廉政教育，在2010年第1个工作日召开反腐倡廉建设工作会议，认真开展反腐倡廉“十个一”专题教育活动，共156503人次参加各类活动，切实增强干部员工廉政意识，筑牢反腐倡廉思想防线。抓好党风廉政责任制建设，层层签订党风廉政建设责任书和领导干部廉洁从业承诺书，推进惩治和预防腐败体系建设。

3. 全系统实现整体和谐发展。坚持科学的发展方向，不断凝聚系统合力，提升持续发展的能力。一是精心编制“十二五”发展规划。在前期调研、充分论证、精心编写、反复修改的基础上，基本完成全系统“十二五”发展规划编制工作，进一步明确了发展方向，增强了发展信心。二是积极推进行社之间互助合作。组织指导绍衢两地、杭州辖内等行社相互结对，以强扶弱，向经营管理、人才培养、科技创新等领域纵深推进，取得明显成效。三是探索在省内试行“走出去”战略，组织杭州联合社等行社设立同城或省内异地支行，指导奉化等行社设立村镇银行和贷款公司。四是积极稳妥推进股份制改革试点。在省政府的统

一领导和部署下，组织5家行社做好股份制改革试点相关工作。五是积极推进企业文化建设。结合空白乡镇网点全面开业，开展“服务三农 真情回馈”主题宣传活动。积极筹建浙江农信史料陈列馆。充分发挥内部网站和《浙江农村合作金融》、《农村合作金融研究》、《专报信息》等刊物的信息交流作用。

象山县绿叶城市信用社经营管理情况综述

【经营业绩】 2010年末，象山县绿叶城市信用社（简称绿叶社）各项存款余额20.32亿元，增幅17.82%。各项贷款余额14.52亿元，比年初增加2.27亿元。不良贷款余额1868万元，比年初下降694万元，不良贷款率1.29%，比年初下降0.8个百分点。实现利润1601万元，比上年增长13.06%。全年贷款利息收回率为98.02%。

2010年末，资产总额为22.47亿元，比上年增长17.02%，完成计划101.58%；存贷比例为71.45%，完成存贷比例控制在75%以下的计划指标；资本充足率为15.03%，完成不低于10%的计划指标；核心资本充足率为13.96%，完成不低于6%的计划指标；流动性比例为56.81%，比年初上升3.15个百分点，完成不低于35%的计划指标。

全年没有发生大案要案，完成全年不发生大案要案计划指标。

【业务创新】 一是结算功能改善。2010年，绿叶社对外开办了绿叶借记卡业务，发行绿叶卡2.63万张，发展特约商户33家，设置ATM 5台，在省内开通了异地银联柜面通业务，在全球开通了银联POS和ATM业务，实现了"绿叶卡"走出国门。全社新增四家分社以独立机构码加入同城票据清算，在全市范围内开办跨行通存通兑业务和水、电、电话缴费等支付业务。系统内开通了单位结算账户通存通兑业务，扩大了结算汇路，结算业务量增长较快。二是推出适合小企业和个体工商户的金融信贷产品——"消费通"贷款和"银贷通"贷款。对个人客户的消费性或生产经营性借款申请进行尽职调查、风险评价和审批，并签订借款合同，在合同的额度和有效期内，允许借款人在绿叶社各营业网点柜面分次提款、逐笔归还、循环使用人民币贷款业务。

【内部管理】 一是全年制定、修订各项规章制度70余项，内控制度不断完善。二是实行会计基础工作规范化等级管理。全年辖属网点均达到三级以上标准，反假货币管理工作考核全部合格达标。三是实施柜员、客户经理和科技人员等级制，提高了员工的综合素质。四是员工轮岗和强制休假制度的实施趋于常态化。五是完善绩效考核机制，全面实施月度考核制度，进一步提高了考核的有效性，促进员工工作积极性和工作质量提升。六是继续实行安全工作各单位部门"一把手"负责制，总社与各分社、各部门负责人签订安保工作目标管理责任书。全体员工分别签署廉洁自律承诺书，强化员工社会道德和职业操守教育，提高员工思想素质。七是实行严格的问责制度，继续实行案件发生"一票否决制"。对案件发生实行"条块"连带责任追究制度，即案件发生所在机构（分社或部门）全体成员负连带责任（"块块连带责任"），案件发生所在条线直线向上二级负连带责任（"条条连带责任"）。发生案件的，对责任人及所在部门给予处罚。八是加大稽核审计力度，扩大检查覆盖面，增加检查频率，揭示存在问题，督促问题整改，进一步促进了规范管理。加强事前对易发案件点进行跟踪监测和突击检查，加强对制度执行的监督力度，坚决遏制各种案件和事故发生。

【信息科技】 一是完善了短信系统，增加了客户存款余额变动信息实时短信告知功能，进一步保障客户资金安全。二是进一步完善了信息科技维护系统，系统故障管理与控制能力进一步提高。三是进一步完善了宁波同城电子交换系统，丰富了同城业务清算功能，拓展了业务渠道。四是加强对主机和信息系统性能监控，提高了应急处理能力。五是进一步完善了综合业务系统、银行卡系统、信贷管理系统和薪酬管理系统，增加了系统功能，提高了系统风险控制能力。六是增加前置机、路由器等设备备件，提高关键设备冗余配置的有效性。

【风险管理】 一是建立全面风险实时监控系统，风险专员对各机构、各部门经营管理情况实行实时风险监督管理。对信用风险、市场风险、操作风险、系统风险、信誉风险、法律风险等各种风险实行全方位管理，切实做到防控风险措施落到实处。二是继续强化信用风险管理。不断完善信贷资金损失赔偿制度，有效促进信贷人员牢固树立“安全第一，稳健发展”的理念和贷款“三查”制度的落实。特别强化信贷风险控制与化解，深入分析客户贷款风险因素，强化企业信用等级评定工作，对产生的不良贷款及时采取有效对策，尽早化解风险，确保信贷资金安全。继续做好融资平台贷款整改工作，进一步加强融资平台贷款管理，提高担保能力，落实还贷来源，切实保障融资平台贷款安全。禁止发放房地产开发贷款。严格控制贷款集中度，并做到“三个统一”，即按同一标准统一划定集团关联企业，并纳入客户风险监测预警系统，按同一要求统一纳入授信体系，按同一口径进行风险统一处置。三是继续加强市场风险管理。严格执行监管标准，禁止从事无限风险业务。强化利率管理，深入研究分析市场利率变化趋势，及时调整本社贷款执行利率，对长期贷款实行浮动利率制，有效控制利率风险。加强市场风险基础建设，不断提高风控能力。四是继续强化银企对账、银银对账、企业开户、大额存款与支付管理工作和重空、印章、现金、核实工作，确保账账相符、账表相符、账实相符、账款相符。继续强化库房和运钞安全管理工作，特别是加强对管库人员和押运人员综合素质教育和安全管理教育，高度关注他们工作情况和生活情况，引导他们牢固树立良好的职业道德，培养他们提高安保能力，确保库房和运钞安全运行。五是继续强化信息系统安全管理。加大安全保障系统投入，不断优化系统的硬件和软件，快速提升信息化程度，努力提高操作系统风险控制能力。强化系统安全管理，加强对系统运行的安全监测与管控，确保信息系统良好运行。

【队伍建设】 绿叶社通过不间断地向员工灌输和渗透发展理念、合规理念、团队理念、创业理念和银企合作理念，增强团队的凝聚力。同时，号召人人立足岗位，争先创优，为铸就“百年银行”建功立业。全社上下持续开展创建先进单位和社会慈善活动，并取得了良好成果。2010年，绿叶社获得单位和个人荣誉称号有：1. 宁波市文明单位；2. 象山县文明单位；3. 宁波市先进保卫组织；4. 宁波市银行系统账户信息比对一致性排名第5位；5. 象山县2010年度金融机构货币流通综合业务考核第一位；6.“绿叶”杯宁波市金融机构反假货币知识业务竞赛“团体优秀奖”；7. 象山县金融系统巾帼庆三八技能比赛团体第三名；8. 象山县机关“唱红歌”合唱比赛团体三等奖。9.黄颖芝荣获象山县金融系统巾帼庆三八技能比赛“计算机传票输入单项”个人第1名;10.翁伟伟荣获宁波市优秀经济文化保安队员称号。

积极开展慈善工作,尽力承担社会责任。2010年,绿叶社全员积极参加各项慈善活动,共计慈善捐款27.33万元,得到象山县委、县政府和县慈善总会的好评与表扬。一是组织全社员工参加“慈善一日捐”活动和“4·14抗震救灾募捐”活动,捐款人民币23.32万元,其中,员工捐款3.32万元,单位捐款20万元。二是组织党员和中层干部参加“关爱空巢老人志愿服务行动”募捐活动,共计捐款人民币4.01万元。

浙江平湖工银村镇银行经营管理情况综述

2010年是浙江平湖工银村镇银行成立以来第一个完整的经营年度。面对复杂的宏观经济形势和外部激烈的竞争压力，平湖工银村镇银行克服了人员紧缺、网点单一、结算渠道缺乏、产品有限的不利局面，紧紧围绕董事会提出的三年工作目标，在董事会的正确领导下，在各级领导和各有关部门的关心和支持下，全行员工共同努力、艰苦创业、锐意进取、开拓创新，各项业务实现快速发展。截至2010年末，全行各项存款余额达到11.68亿元，比年初增加9.63亿元，增幅达到了468%，其中对公存款增加9.32亿元，储蓄存款增加0.31亿元；各项贷款余额10.91亿元，比年初增加9.82亿元，增幅达到了899%，其中对公贷款新增9.38亿元，个人贷款新增0.44亿元，资产质量保持优良，贷款不良率为零。实现拨备前利润3168.97万元，拨备后利润1269.48万元，净利润1058.26万元，提前实现扭亏增盈目标。

一、发挥经营特色，在“支农、支小”中发挥积极作用

1. 积极拓展存款市场，为经营发展奠定坚实基础。2010年，平湖工银村镇银行先后组织开展了“旺季百日揽存”、“保六争八，再创新高”、“争九冲十，再攀新高”专项竞赛和“金融支小”主题营销以及“支农、支小百千亿”专项营销等活动，积极搭建平台，通过银企合作、银政合作、银银合作、银农合作和“以贷引存”、“以贷定存”战略的实施，在小银行弱势竞争的“窄道”中，有效地拓展了存、贷款市场，并取得了较好的效果。2010年末，全行各项存款余额达到了11.7亿元，其中新增政府性存款3.2亿元，新增无贷户和结算性存款3.52亿元，新增个人存款4531万元，三项存款占了全部存款的61.3%，超额完成了年初董事会确定的全年经营目标任务，为全行的发展奠定了良好的基础，确保了流动性，实现了资源的优化配置。

2. 积极探索村镇银行经营发展模式，在“灵活、方便、快捷”上体现服务特色。一是抓住工作重点，落实工作措施，在支持新农村建设中赢得先机。在筹建和开业之初，积极争取市政府和相关部门的支持，先后多次组织召开了“银政、银企、银村”对接会，明确了目标，找到了进入市场的切入点，2010年初，平湖工银村镇银行及时抓住了“两新工程”全面推进的机遇，通过与各乡镇（街道）对接后，以最短的时间和最快的速度提供服务，在市财政的支持下，先后为农民集聚建房，农村污水管网建设，现代农业园区建设，乡村道路等基础设施建设和农村幼教及城乡公交更新等20多个项目提供配套贷款3.1亿元，为新农村和城乡基础设施建设的顺利推进提供了信贷支持，解了燃眉之急；积极参与工行组建的银团贷款和组织开展了“强村扶贫”活动，先后与广陈、钟埭、新埭、曹桥等多个乡镇进行了对接，并提出了“村、银、镇”和“小额循环租金收入还贷”等扶持方案，并付诸实施；积极拓展了与工行代签银票，与城投、交投、教投、农投、开发区以及担保公司等

政府性和非银行金融机构的合作，赢得了发展先机。二是积极探索“支农、支小”金融服务模式，在产品、服务、流程创新中提升竞争力。始终坚持服务“三农”的市场定位，积极扶持村级集体经济，种植养殖专业户，特色农业，专业合作社的发展，为了提高服务效率，浙江平湖工银村镇银行建立了“服务下沉”的工作机制，专门组建了农贷小组，根据种植养殖农户、农业龙头企业、农业专业合作社、农业产业园的不同金融需求，先后设计推出了农户联保贷款、专业合作社担保贷款、农业担保公司担保贷款、农业(户)经营圈联保贷款、流转土地承包经营收益权质押贷款等融资方式，在信贷支持“三农”中发挥了“灵活、快捷、服务、高效”的经营特色，到2010年底，先后为全市新农村建设中的专业合作社、菇农、果农、粮农、养猪户及百玫、金龙门等农业生态园发放贷款4.5亿元，占全部贷款的41.3%；以“四小”企业和个体工商户为服务对象，重点选择五金、箱包、洁具、童车、服装五大行业的弱势小企业，针对这些小企业没有抵押、融资难、担保难、财务信息不对称等实际情况，在信贷支持上，大力简化流程，采用了“三品、三表、三单”和“六看、六不看”的授信和风险评级方式，在灵活、方便、快捷上体现了扶弱特色，先后推出了《四小企业信贷操作办法》和“新居乐、助业乐、助农富”等创新产品；针对微小企业担保难的问题，推行和尝试了“存货质押”，“应收账款质押”，“订单融资”，“设备按揭”，“自然人保证”和“行业关联企业、个体工商户、产业集群企业”联保贷款等融资方式，先后与汇丰等多家信誉良好的担保公司建立了合作关系，成功为南方金属拉丝厂，远大锻造，比例包装，联富箱包，德英机械等300多家小企业解决了融资担保3.6亿余元，其中由担保公司担保提供融资达1.6亿元；通过举办各种形式的对接会，开通绿色通道，加强银企合作。先后组织参与了“五金行业小企业金融服务”对接会，“工商联、银行、担保公司、小企业融资服务”四方对接会，“沟通、交流、合作、共谋发展”银企座谈会和“蘑菇协会、洁具协会等专业合作社、协会沟通会”等，收到了良好的效果，特别是“联保联贷”、“设备按揭贷款”和“自然人担保贷款”等新产品、新方式推出以后，深受欢迎，全年为黄姑海塘村、全塘穗轮村以及林埭、曹桥、乍浦等地的小五金企业发放联保联贷贷款近1亿元，发放个体创业户设备按揭贷款4000多万元，真正做到了“想为客户所想，急为客户所急”，2010年，合计为微小企业发放贷款6亿元，占全部贷款的55%。

二、建立健全内控合规机制，提高风险管控能力

1. 建立内控制度，确保经营安全。为确保全行经营安全，按照“三个责任制”的要求，制定了一系列包括业务管理、风险管理和行政管理等方面的规章制度和业务操作流程，全年制定各项规章制度达53个，其中：涉及信贷管理的有15个，操作风险管理的有10个，考核和评价制度的有4个，按照银监会关于商业银行内部控制指引的要求，先后制定了《浙江平湖工银村镇银行从业人员职业操守》、《客户贷款发放和支付管理暂行办法》等规章制度15个，同时还结合业务发展情况和经营管理特点，及时制定了相关内控管理细则，强化了风险管控能力。

2. 成立了信贷审查委员会和内控管理委员会，并建立了相关工作规则，全年召开内控例会4次，组织员工行为动态排查1次，组织召开经营分析会和专题工作会议12次，组织召开贷款风险评议会5次，

通过建立定期检查、贷后管理考核、月度经营分析、季度内控例会和贷款风险评议会、员工行为动态排查等制度，初步建立起了内控和风险防控机制，从源头上防范风险的发生。

3. 通过制定业务操作流程和规章制度来规范员工的日常操作，通过事后业务检查和风险排查来检验员工规章制度和操作规程的执行情况，及时发现和纠正工作中存在的问题和风险隐患，根据“岗位分离，经营监督，精简高效和管理有效”的要求，配备了临柜业务事后监督员、信贷业务中台控制人员和贷后管理人员，使全行每项业务都能得到有效的控制和监督；按照银监会“三办法一指引”的要求，部署了全年贷后检查工作重点，并结合自身的经营特点，重点组织对贷款用途、银行承兑汇票业务的贸易背景真实性、担保能力、抵押物可变现情况、销售归行、信贷资料的完整性，受托支付执行情况和欠息情况等方面进行了专项检查，每季还组织对全行业务易发风险部位开展综合检查和突击检查。通过各种检查，对发现的薄弱环节和问题及时予以通报，提出限期整改要求和措施，并落实整改部门和整改责任人进行整改，同时业务管理部还建立了问题整改跟踪回访制度，监督整改责任的落实情况。通过对临柜和信贷业务检查，共发出检查通报6次，发出问题整改抄告单47份，发出处罚单15份，及时落实了整改措施，从而使各类风险得到了有效控制，确保了全行各项业务的安全运行。

4. 加强贷后管理，严防信贷风险。试行了嵌入式风险管理模式，通过“看、摸、查、访、问”五种方式对客户进行全面了解，把贷前调查和审查岗前移，准确分析掌握风险程度，同时针对小企业财务制度不健全，信息不对称，担保、抵押弱等实际情况，创新试行了以“三品、三表、三单”和“不看企业大小看人品”、“不看报表看实际”、“不看规模看客户”、“不看数量看质量”、“不看产品看上家”、“不看产品看人脉”的“六看六不看”标准来进行评级授信，并以“事实风险”为依据，对小企业的情况进行深入了解，提出融资方案，解决小企业的资金需求。按照事权分离、岗位分离的要求严格实行了信贷业务前、中、后台的分离制度和调查岗A、B角制度，从业务流程上严格控制操作风险和道德风险的发生。贷后管理实行专人负责，制定了全年贷后专项检查工作计划和考核评价办法，并要求按照“看、摸、查、访、问”五种方式对信贷业务进行全面的检查和管理。全行检查制度、风险评议制度、考核评价机制不断健全和完善。

三、全面加强团队建设，增强团队凝聚力

1. 重视对员工业务知识、政策制度和业务技能的培训。建立学习培训制度，制定学习考核办法，先后组织信贷业务、结算业务、操作办法、风险管理、反洗钱，财务、法律，安全保卫，服务礼仪等方面的培训，采取了内外结合，专题辅导讲座，通过一系列的培训学习，使全行员工的业务知识和业务能力有了较大提高，在市场营销、监柜操作、内部管理等方面，采取了边学习边实践和以老带新的方式使新员工在较短时间内掌握了技能，较快地适应了工作岗位。为了加快全员素质的提高，建立了业务知识、政策制度、操作流程和业务技能的考核测试制度，通过培训、测试、点评等方式，促进了全行员工业务素质的提高。在2010年参加“平湖市征信业务知识竞赛”活动中，有三位员工获得了优胜奖，排在了大行的前列，为我行赢得了荣誉。

2. 在省工行党委和工会的支持下，先后成立了党委、工会组织，并有效地发挥了组织作用，一是组织开展了形式多样的活动，先后组织参加了“三八妇女节海宁桐乡一日游”，大奇山森林公园周末游，雁荡山周末游和市直机关运动会等活动，陶冶了情操，丰富了员工的业余生活，增强了团队的凝聚力。二是建立了岗位培训和轮岗制度。全年先后派员参加总行、省分行的培训学习和嘉兴分行信贷审查、审批和贷后管理等业务知识的学习培训，提高了适应岗位工作的能力，培养使用人才4人，轮岗3人。三是倡导正确的人生观和价值观，在全行营造积极向上的氛围。全年推荐党员培养对象5人，全行敬业奉献、工作在先、不计得失的良好氛围已经形成。四是建立信息相互沟通和班子成员与中层、与员工的谈心谈话制度，先后创办了“快讯”和“园地”，将行务大事、经营情况、工作动态、银行业务知识、员工思想和工作交流等通过“快讯”和“园地”方式，向全行员工进行传递和宣传交流，向政府、省工行、金融办、银监和人行等部门汇报工作、沟通信息。在建行周年回眸活动中，平湖工银村镇银行还拍摄了专题形象宣传片，先后向政府、向企业、向客户进行宣传，进一步提升了其社会形象。

3. 实施反哺社会工程，勇于承担社会责任。平湖工银村镇银行超越把利润作为唯一目标的传统观念，在企业自身发展的同时，饮水思源，兼济天下，不忘以积极的心态尽到社会责任，切实承担起对客户、对员工、对社会的应尽义务，全年上缴各项税费656.39万元，成为平湖市第二家纳税于当地的银行，2010年还先后组织开展了向玉树灾区捐款，为社会贫困学生捐助，赞助省运会，参与社区文明共建，向慈善事业捐助等活动，尽小银行的微薄之力。

华融金融租赁股份有限公司经营管理情况综述

董事长 王克悦

总裁 胡继良

2010年是全球金融危机以来我国经济形势最为复杂的一年，在浙江省委、省政府和监管部门的支持指导下，华融金融租赁股份有限公司（简称华融金融租赁）以科学发展观为指引，认真贯彻"依法合规科学发展、风险管控责任到人、争创利润绩效优先"的经营理念，紧紧围绕"做强主业、做大利润、做响品牌，不断增强可持续发展能力"这个主旋律，求创新、谋转型、抓利润、促发展，全面推进"创先争优"活动，综合经营管理能力继续保持行业领先，呈现良好的发展态势。

2010年华融金融租赁主要经营指标创历史最好水平。全年投放租赁合同402个，投放金额207.99亿元、增长42.41%；实现营业收入9.95亿元、增长29.15%；实现利润总额5.86亿元、增长38.14%；实现净利润4.46亿元、增长44.44%。年末资产总额302.08亿元，比上年增加86.01亿元；所有者权益41.23亿元，比上年增加20.86亿元。不良资产率为0.91%，比上年下降0.11个百分点；期末拨备覆盖率200.54%，比上年上升41.78个百分点。

一、积极应对形势变化，坚持审慎的市场定位，增强持续发展能力

认真贯彻中央经济工作会议精神和监管要求，落实"绿色租赁"、"低碳金融"理念，坚持审慎的市场定位，大力加强市场营销，进一步优化客户结构，增强持续发展能力。

1. 继续坚持审慎稳健的市场定位。根据中央经济工作会议提出的"保增长、扩内需、调结构、促民生"基本方针，坚决贯彻落实宏观经济政策和产业发展导向，以服务国计民生、技术进步、产业升级、构建资源节约型和环境友好型社会为重点业务领域，贯彻"两个市场，两种策略"，在全国市场以国有大型特大型企业、行业龙头、优质上市公司，在浙江市场以完成产业升级、核

心业务突出的优势企业和中小企业，医疗设备、城市公交、工程机械、环保能源、船舶制造等专业租赁业务以具有行业优势、风险可控的优质企业为主导客户。

2. 系统性地开展深度品牌营销。综合运用各种媒体开展深度品牌营销，提升公司品牌的知名度和美誉度。一是在电视、财经门户网站、电台财经专栏、高速公路发布形象广告，开展公司领导专题访谈等。二是成功开展"华融金融租赁业内首发金融债"焦点事件营销，国内外主要财经媒体同步广泛宣传，迅速扩大了公司品牌影响。三是举办"首届客户恳谈会"和"首届金融同业答谢会"，加强沟通，增进互信，畅谈合作，构建"资源共享、业务互补、风险共担、利益均沾、互利共赢、共同发展"的新型合作共赢关系。四是面向社会公开征集宣传语，共收到来自全国各地征稿 6950 件，较好地配合了公司上市宣传和品牌营销。

3. 全面推进"大客户"营销。制定了《特优租赁项目实施办法》、《客户租赁额度管理办法》，从方案优化、费率优惠、流程简化等方面和项目初选、限时办理、租赁授信等环节，改进"大客户"服务，提升市场竞争能力。通过举办"首届客户恳谈会"和"金融同业合作答谢会"，进一步深化与占公司现有客户总量 8%、业务 38% 的优质客户的全面合作，密切与各类金融机构的合作，实现了项目与资金的对接。在"大客户"战略的推动下，公司优质客户群持续扩大，市场结构趋于优化，融资渠道得到保障，品牌影响显著提升。"大客户"利润贡献率占比 55%。

4. 加大对中小企业的支持力度。华融金融租赁以浙江省内中小企业为重点，改进服务，加大投入，大力支持中小企业发展。根据浙江省政府和监管部门有关金融服务中小企业的要求，认真落实浙江银监局《关于进一步深化银行业小企业金融服务工作的意见》(浙银监办〔2010〕93 号)，制定了《中小企业服务计划》，从加强服务力量、完善服务体系、丰富租赁产品、增加租赁规模、扩大网络覆盖、健全风险控制长效机制、建立激励约束机制、营造良好外部环境八个方面，进一步建立健全完善适应浙江省中小企业租赁业务发展的管理体制。2010 年签订浙江省内租赁业务租赁合同 130 个，金额 54.8 亿元，比上年增长 81.46%；投放租赁合同 128 个，投放金额 50.49 亿元，比上年增长 28.97%。2010 年，华融金融租赁投放 3000 万元以下项目 188 个，占全部投放项目的 46.77%，年末存量资产中 3000 万元以下项目占公司全部存量项目的 61.22%。

5. 着力提升专业租赁竞争能力。通过采取经营性租赁、重点项目管理、灵活设计租金方案以及倾斜考核政策，着力提升环保、医疗、公交、工程机械、船舶等重点专业租赁业务，成效显著。一是船舶租赁业务成为新的增长点。全年签订船舶类租赁合同 40 个、合同金额 48.69 亿元，分别比上年增长 150% 和 309%；完成船舶类租赁业务投放 24.83 亿元，比上年增长 142%。据交通部统计公报，华融金融租赁 2010 年签约的租赁船舶已占到 2009 年全国海运船舶净增加载重吨位的 6.09%。二是城市公交租赁在激烈竞争中稳步增长。杭州、福州、郑州等省会城市公交项目投放额达到 7.7 亿元。三是工程机械厂商租赁发展态势良好，实施厂商租赁项目合同 20 个。四是医疗设备租赁项目继续保持稳步增长。

二、大力推进创新，提升核心竞争力，促进公司长远发展

按照“贴近市场、服务实践、提升核心竞争力”的指导思想，积极开展产品创新、融资创新、管理创新、机制创新和科技创新，提升了核心竞争力。

1. 产品（服务）创新取得多项突破。一是成功实施了锦宁铝镁新材料有限公司设备回租银团合作项目。该项目租赁投放额为3.5亿元，充分发挥了租赁公司与银团的协同效应，提升了对大客户的综合金融服务能力，拓展了银租合作租赁业务的思路。二是经营性租赁取得明显进展，实施了新疆鑫风集团500吨汽车吊经营性租赁项目，并签订3艘经营性租赁船舶合同。三是首次开展环保项目直租业务，通过设备采购上移、风险控制前置等方式，与中德环保等国内外环保行业领先企业开展“垃圾焚烧发电”项目直租业务，彻底改变“环保领域无直租”的局面，实现环保租赁从单一的污水处理到固废、热电、城市供热、生物质能源利用等8个领域的跨越式发展。

2. 成功首发金融债券取得直接融资突破。2010年5月27日，华融金融租赁在全国银行间债券市场成功发行10亿元金融债券，这是国内金融租赁行业成功发行的第一只金融债券，开创了金融租赁公司通过金融债券方式进行市场化直接融资的先河，拓宽了融资渠道，实现了直接融资的创新。

3. 持续加快信息科技管理创新。一是率先在业内建立涵盖租赁业务管理、资金借贷管理、财务管理、客户管理、风险管理及绩效考核管理等各类管理需求的综合化管理信息系统。实现业务和财务数据信息一体化、业务管理的流程化以及外部接口和数据报送的规范化。二是利用信息科技“管理软件＋移动通信＋互联网”的融合技术完成了移动商务平台建设，在充分利用互联网的基础上，进一步延伸了移动通信的功能，实现了业务流程的即时远程审批功能。三是与普华永道和金蝶软件公司合作开发全国金融租赁行业首套租赁信用评级系统。不断完善的管理信息系统，为加强流程控制，防范操作风险，提升科学决策，提高管理效率，降低管理成本，提供了强有力的科技支撑。

4. 成功实施增资扩股引进战略投资。在控股股东及监管部门的大力支持下，年内成功实施两次增资扩股，公司注册资金由14.74亿元增加至25亿元，股东数由4家增加到13家，公司总资产和单一客户规模有望增长86%，股权结构进一步优化，法人治理更趋完善，为筹备上市奠定了良好基础。

三、健全制度优化流程，充分发挥信息科技优势，有效管控经营风险

华融金融租赁高度重视实质性风险控制，有效防范和化解经营风险，确保公司稳健发展。

1. 继续完善内控管理规程，加强操作风险防范。一是完善管理规程，通过开展履职合规性督查和“商业化风险专题调研”，全面梳理风险环节，继续完善尽职调查、日常管理、项目评审、法律审查、投放审核、租金回笼等8个主要操作规程。二是进一步完善风险评价管理体系，不断改进和完善风险管理方法和工具，分解落实各部门的风险监测工作职责，将对各类风险的识别、计量、评估任务落实到相关职能部门，风险管理部每季度组织相关业务、管理部门开展风险监测、分析、评价工作，强化后期管理和风险预警机制，促进公司整体对各类风险的识别、控制和处置能力的

提高。

2. 严格项目审查审批，确保租赁项目质量。认真执行项目规定和准入标准，不断提高评审的专业深度，为项目决策提供独立科学的评审意见。修订了《租赁项目基本准入标准》和15个行业租赁项目准入标准。严格实施租赁项目法律审查，防范经营中的法律风险。

3. 强化租后管理，有效遏制风险苗头。业务部门和控制部门认真跟踪落实项目投放条件。各业务部门着力落实租后巡访工作，掌握企业经营动态。采用多种方式进行租金催收，确保租金及时回笼。全年共计回收租金124.62亿元，计划回笼率达到98.97%，较上年提高了0.67个百分点，且全年12个月度回收率均高于上年同期水平。

4. 不断加强稽核监督检查，提高制度执行力。通过租赁项目常规稽核、风险分类专项稽核、浙江省内租赁项目抽样现场稽核、员工离任稽核、董监事履职稽核以及租赁项目管理信息系统项目流转、后期管理数据录入、租赁项目在人民银行"融资租赁登记公示系统"登记情况专项检查等，对租赁项目调查、审查、审批、投放和后期管理的全流程以及管理信息系统的流转、关键岗位进行稽核监督检查。通过揭示问题，分析成因，落实整改，促进内控管理水平的提高。

5. 加大风险资产管理处置，提高资产质量。通过采用灵活多样的处置方式和手段，早预警、早介入、早处置，一方面加强与法院和律师事务所的沟通，加快诉讼进程，充分运用法律强制力，加大诉讼项目的执行力度；另一方面加强不良项目的调查分析，通过与保证人、债务人、其他相关方协商谈判，综合运用债务重组、执行和解及不良债权转让等手段，化解不良租赁项目风险。2010年末不良资产率为0.91%，较年初下降0.11个百分点；不良资产预计损失由9800万元下降到8100万元。

四、加强科学化管理，努力降低经营成本，不断提升经营效益

认真开展"发展质量年"活动，加强精细化、科学化、制度化管理，在加快项目投放，拓展盈利空间，增强赢利能力的同时，挖潜增效。

1. 积极开展"发展质量年"活动，推动公司科学发展。根据浙江银监局《浙江银行业"发展质量年"活动方案》要求，及时制定下发活动方案，围绕"提升管理质量、优化服务质量、改善资产质量、提高资本质量"4个主要方面确定了19项活动内容，认真落实各项措施，公司的创新能力、管理水平、服务质量、资产质量、资本实力都得到了显著提升，在中国华融子公司系统"好公司"评比中位居第一，为公司可持续发展奠定坚实基础。

2. 深化同业合作，有效降低融资成本。巩固和扩大与银行业金融机构的合作，全年办理同业拆借业务29.20亿元，资产转让业务74.76亿元，保理业务2.7亿元，人民币理财产品6.03亿元，累计融入资金总额205.83亿元，保障了租赁投放，提高了经营效益。

3. 加强财务管理，通过挖潜增效。充分发挥财务管理的监督作用，严格执行财经制度，规范费用支出，提高经营效益。仅就租赁物保险一项，通过招标方式选定租赁物承保保险公司，保险费率由上年的0.312‰下降到0.26‰。

五、深入开展"创先争优"活动，加强党风廉政建设，大力推进队伍建设

按照建设一支"政治上靠得住，工作上

拿得起，廉政上过得硬，品行上行得正”干部队伍的基本要求，以“创先争优”为抓手，加强领导班子作风建设，推进全员反腐倡廉教育，加大培训力度，积极稳妥推进改革，队伍建设进一步加强。

1. 深入开展“创先争优”活动。成立了公司创先争优活动领导小组，加强组织领导和推动，形成了主要领导亲自抓，分管领导具体抓，相关领导和部门共同参与的齐抓共管好局面。制定了深入开展“创先争优”活动的实施意见，围绕创建“五好”先进基层党组织提出11项具体标准、明确29项工作措施，围绕争创“五优”共产党员拟定了5项具体目标、12项工作措施。一年来参加创争活动党员达到1479人次，提出合理化建议84个，开展创新项目11个，可望带来经济效益5.58亿元，为群众办实事10件，完成急难险重任务7件，发展预备党员3名，培养积极分子8名。党委的领导核心作用，基层党组织的战斗堡垒作用，党员的先锋模范作用得到了明显加强，形成了“树正气、比贡献、讲激励、促发展”的好氛围。

2. 大力推进干部队伍思想作风建设。扎实开展党委中心组学习，深入学习党中央、国务院和中纪委有关廉政建设精神，切实贯彻落实党员领导干部廉洁从政四项法规，开展领导干部廉洁自律工作专项自查自纠。组织开展民主评议党员活动，经过学习教育、自我评价、民主评议、组织考察四个阶段的工作，增强党内互信，提高党性修养。“讲话把握一个准、做事把握一个度、用权把握一个廉、行为把握一个正”，成为党员领导干部的共识和行动指针。

3. 深入开展全员职业操守教育。开展全员学习贯彻银监会《银行业金融机构从业人员职业操守指引》和中国华融《员工职业操守规定（试行）》活动，以及“制度执行力学习教育周”活动，使职业操守等规章要求内化成员工自觉行为，“依法合规科学发展，风险管控责任到人，争创利润绩效优先”的观念深入人心。

4. 加强全员反腐倡廉正反面教育。开展了向吴大观、沈浩和刘义权等先进典型学习活动，推动形成“学先进、转作风、比工作、创业绩”的良好风尚。组织开展了党日主题教育，使大家不忘党的全心全意为人民服务的宗旨和艰苦奋斗的优良传统。听取中纪委浙江培训中心教育长、反腐败研究所所长陈武明同志关于“剖析违纪违法案件，严守从业规定，提高拒腐防变能力”专题讲座，参观金融系统反腐倡廉巡展。通过党风廉政建设正反面教育，全体员工做到警钟长鸣，筑起牢固的抵御腐败的思想防线。

5. 巩固廉政案防长效机制。切实落实廉政建设责任制，逐级签订了《勤政廉政建设目标责任书》和《员工廉洁自律承诺书》，实行廉政建设“一票否决”。落实中层以上领导干部个人事项报告制度，对领导干部廉洁自律情况进行动态、有效管理。开展领导干部履职纪律教育，实行公司总裁、纪委书记对新提拔干部的任职谈话制度，当面告知必须遵守的各项纪律和要求。继续推进治理商业贿赂专项工作，出台《经营管理违规处罚办法》和《租赁业务违规操作处理办法》，深入开展“小金库”专项治理和“员工持有关联企业股份”专项治理，全方位加强员工行为动态管理，保护员工健康成长。

6. 深化干部任用机制改革。采用公开选拔、竞争上岗、组织推荐等形式的干部任用选拔机制，打破了任用论资排辈现象，进一步深化了干部任用机制改革。坚持“德才兼备、以德为先”、“重综合素质、重工作业绩，看群众公认、看发展潜力”的用人标准，使综合素质好、业绩突出、群众公认的年轻员工脱颖而出。年内选拔任用部室总经理(级)7人、资深经理1人、续任中层干部22人。公司部门负责人中“70后”占比达到61.11%。按照“公开、公平、择优”原则录用高校应届毕业生26人，与上年相比，员工平均年龄由36.2岁下降到34.47岁，本科以上学历由上年76.58%提高到82.14%，队伍结构趋于合理，增添了活力。

7. 推行教育培训“普惠制”。积极开展“创建学习型组织、争做知识型员工”的活动，加强员工岗位技能培训和实践锻炼，提高员工队伍的综合素质和专业技能，促进员工能力建设，完善人才培养长效机制。全年共计组织员工参加各类培训1045人次，人均受训8.35次。

六、坚持以人为本，推进职工民主管理，构建和谐企业文化氛围

围绕“稳健、创新、和谐、发展”的价值理念，高度重视职工队伍思想建设，深入推进民主管理，关心职工切身利益，构建和谐文化氛围。

1. 高度重视职工队伍思想建设。以创建“文明单位”为指引，充分发挥党委、纪委、工会、职代会、共青团等多种渠道的沟通作用，经常开展班子成员与部门负责人、员工的谈心工作，掌握员工行为动态，了解员工需求，及时予以呼应，增强团队凝聚力。通过公司内网发布简讯、建设文化走廊、制作宣传展板等多种载体，加强对员工的思想教育，倡导积极向上的团队精神，营造和谐的工作氛围。

2. 保障职工参与民主管理。认真落实职工代表大会职能，确保职工对公司重大经营管理决策的知情权、参与权和监督权，凡涉及职工切身利益的政策措施和重要规章，均广泛听取职工意见和建议并经职代会表决通过。发挥职工民主监督作用，对经营层实施有效监督。华融金融租赁职代会建设得到了上级工会的充分肯定，被中国金融工会授予“全国金融系统职工代表大会制度建设示范单位”(全国共98家)。

3. 关注员工切身利益。关注员工身心健康，努力解除员工后顾之忧，依法维护员工正当权益，坚持给病患及困难职工开展“送温暖”活动。开展丰富多彩的集体活动，每季度组织员工参观，召开了第二届职工运动会，并组织摄影、散文比赛和唱红歌等活动，丰富业余生活。

2011年，华融金融租赁将在浙江省委、省政府和监管部门的支持指导下，进一步坚定发展理念，准确判断发展趋势，主动适应环境变化，以“抓发展、防风险、带队伍、促上市”为纲领，坚持以市场为导向，以客户为中心，以利润为目标，以创新为动力，实现从依靠规模增长为主向内涵式增长的发展方式转变，把业务做精，把利润做实，把风险管好，促进业务高质量、低风险地健康发展，不断增强可持续发展能力。

华融金融租赁股份有限公司宁波分公司经营管理情况综述

2010年，华融金融租赁股份有限公司宁波分公司（简称华租宁波分公司）在总公司的坚强领导和地方监管部门的大力支持下，认真贯彻落实"依法合规科学发展、风险管控责任到人、争创利润绩效优先"的经营理念，坚持以船舶租赁专业业务为核心的特色业务发展道路，抓住市场机遇，努力开拓创新，取得了较为显著的经营业绩。

【经营业绩】 2010年，华租宁波分公司共计申报融资租赁项目61个、项目总金额77.01亿元，分别比上年增长60.52%和171.26%；全年共签订租赁合同43个、合同金额41.21亿元，分别比上年增长86.96%和217%；全年共实现业务投放27.68亿元，比上年增长144.09%。截至2010年12月31日，华租宁波分公司资产总额达到31亿元，比上年增加19.06亿元，总资产规模增长159.63%，其中应收融资租赁款余额29.68亿元，比上年增加18.43亿元。分公司全年完成营业收入15371.84万元，比上年增加8725.61万元、增长131.29%；实现利润总额9119.83万元、比上年增加4273.35万元，实现净利润6835.4万元、比上年增加2664.4万元，完成利税总额9878万元、比上年增长89.11%；按考核口径人均创造净利润517万元，比上年增加222万元。

【船舶租赁业务发展】 2010年，华租宁波分公司坚持立足船舶租赁专业定位，抓住机遇大力拓展航运市场，服务地区海洋经济建设，船舶租赁专业业务获得高速发展。全年共计申报船舶类租赁项目50个，项目总金额73.59亿元，分别占全部项目个数和金额的81.97%和95.56%；全年签订船舶类租赁合同35个，合同金额39.06亿元，分别比上年增长118.75%和228.24%，占全年签约合同个数和金额的81.4%和94.78%；完成船舶类租赁业务投放25.53亿元，比上年增长153.02%，占全年投放额的92.23%。

2010年，华租宁波分公司灵活开展市场营销，努力提升业务层次，针对不同客户的经营和财务状况，通过合理安排租赁期限、设计弹性付租模式、灵活开展回租业务、适量发展新造船和收购二手船租赁业务、适时调整业务结构、着重做长业务产业链等措施，提供更加符合市场运行规律和客户需求的项目解决方案和业务合作模式，进一步加大市场营销力度，主要客户群已经从以当地中小型民营企业为主转向以当地和全国范围内的地方重点骨干航运、造船企业为主，成功抓住一批如中昌海运、一海海运、大新华航运、正和航运集团、金海船业、韩通船舶重工、东方造船等具有较高行业地位和发展潜力的区域性龙头航运、造船企业优质客户群体，显著提升客户层次和业务质量。

【产品和服务创新】 2010年华租宁波分公司集中力量进行船舶经营性租赁业务的专题研究和产品创新。通过深入研究船舶行业的经济特征、运行态势、市场结构、交易结构、盈利模式以及法律规范、保险、税收等相关课题，完成近5万字的船舶经营性租赁业务可行性研究报告，利用船舶投资价格处于相对低位的市场机遇期，设计一套"以租定造、长期合作、浮动利率计租、收益合理分账"的定向经营性租赁业务合作模式，实现"成本可算、风险可控、利润可获"的业务创新目标，预期回报明显高于传统的融资租赁产品。该产品一经推出，即受到市场良好反馈，当年即实现该项产品的市场营销突破。船舶经营性租赁业务的成功创新，在进一步增强华租船舶租赁业务市场竞争力、扩大专业业务品牌影响力、提高租赁资产经营水平和经营效益、争取优质高端客户、稳定和调节公司长期资产规模和收益水平、提供新的金融创新工具等方面均具有重要意义，有望成为华租业务一个新的突破方向。

【内控建设】 2010年华租宁波分公司严格执行公司各项风控制度，着力加强员工队伍的专业技能培训和行为动态、职业操守、道德风险管理，强化市场风险和客户信用风险识别，努力提高项目尽职调查质量，加强内部控制和项目预审，认真落实、细化和严格执行租后管理办法，认真进行租赁资产风险分类管理，通过制定《租赁船舶海事相关手续操作指南》等规定进一步规范业务操作手续、防范操作风险，认真进行项目台账登记管理，并主动提高市场准入标准、调整业务结构和提升客户层次，进一步完善租赁产品和业务模式，在业务高速成长的同时保证了租赁项目的总体高质量和租赁资产的安全运行。

华租宁波分公司2010年全年计划应收租金55773.13万元，实际收回租金91667.9万元，其中收回计划内应收租金52294.13万元，提前结束合同清收未到期租金39373.77万元，年内到期租金清收率为96.34%。截至2010年末，华租宁波分公司不良资产（含可疑、损失类）余额959.67万元，比上年增加552.14万元；资产不良率为0.31%，比上年下降0.06个百分点，总体上实现经营风险的有效管控。

【业务平台构建】 2010年，华租宁波分公司继续着力通过华融杭州办事处搭建更为坚实有效的市场平台，进一步加大力度指导和支持华融杭州办事处拓展航运市场推广船舶租赁业务，全年实现沿海沿江15家华融杭州办事处都有向华租推荐船舶租赁业务的喜人局面。华融杭州办事处的业务平台优势，有力地支持了华租宁波分公司船舶租赁专业业务的高速发展，使船舶特色专业业务在全国市场的渗透率和占有率大为提高，后续发展有了更为可靠的依托和平台支撑。

除华融杭州办事处平台，华租宁波分公司还通过银行、财税等相关渠道积极搭建自营业务营销网络，进一步扩大市场营销面、拓展新的项目来源渠道。在与当地银行业金融机构授信合作的同时，利用各自产品的差别化优势共享优质客户资源、提升应对市场的服务能力。2010年，中信银行、中国银行、民生银行、浙商银行、交通银行等各家金融机构共向分公司推荐项目10个，成功立项并获公司审批通过7个，项目总金额6.01万元，占华租宁波分公司当年全部签约合同量的14.58%，与金融同业的友好互补合作已成为华租宁波分公司开拓市场的一条重要渠道和整个业务平台的重要组成部分。

【队伍建设】 2010年，华租宁波分公司根据公司和银监管理部门的部署和要求，重点加强工作纪律、职业操守和道德教育。首先，华租宁波分公司认真开展全员《银行业从业人员职业操守》、《员工礼仪》学习教育，并与全体员工签订《廉政勤政目标责任书》、《坚决不设"小金库"、"账外账"

责任书》，同时切实加强外勤工作纪律管理，落实员工行为动态管理，努力强化机构和员工队伍廉政建设、加强案防工作。其次，积极组织员工参加各类学习培训活动和答题比赛，积极鼓励员工参加各类专业技能和上岗资格考试，努力提高员工队伍综合素质。2010年，华租宁波分公司全体员工均申报了公司专业技术职务任职资格。第三，2010年引进了两名具有法律和船舶轮机工程硕士学历的较高基本素质的新员工，适当缓解员工队伍综合素质较低、人力资源不足的发展瓶颈，为后续业务发展有针对性地补充了高端业务人才。

【内外部管理】 2010年，华租宁波分公司进一步优化绩效考核政策，率先在公司内部设计、采用了自营业务考核指标，有效调动了员工队伍的工作积极性和市场开拓主动性。同时，华租宁波分公司着重加强内部岗位责任管理和重点岗位监管工作，根据机构特点专门制定内部岗位职责管理考核办法和出纳岗位管理简章两个管理办法，进一步明确相应岗位分工、细化责任考核，并加强对于出纳岗位和公章使用的牵制监管，明确内部审批、复核、登记等程序，使内部管理工作能够规范有序进行。

在加强内部管理建设的同时，华租宁波分公司积极主动向当地管理部门汇报工作动态和经营成果，努力争取当地市、区政府金融办、银监部门、人民银行、税务机关的工作支持，并通过与相关管理部门组织联谊考察活动、参加政府部门组织的金融同业外出考察等活动，进一步深化与相关管理部门和金融同业的关系，加深相互了解，宣传企业形象，外部经营环境获得持续改善。

中投信托有限责任公司经营管理情况综述

总经理　叶　星

2010年是中投信托有限责任公司(简称中投信托)贯彻执行《2007—2010年发展战略规划纲要》的收官之年，也是努力构建多层次业务架构、向专业化方向探索核心业务模式的起步之年。一年来，中投信托以科学发展观为统领，以公司发展战略规划为指引，围绕"专业经营、创新发展、提升价值、塑造品牌"的方针，信托业务重点发展主动管理型业务，培育"以信托制度安排为核心，以投融资手段有机结合为路径的产业投资价值提升能力"，以融资类信托业务为基础，支撑公司稳步发展。通过主动管理型业务的发展，培育中投信托固有业务的长期价值；继续推进体制机制创新，进一步强化风险管控体系，调整完善组织架构，推进人才战略，提升中投信托整体价值、塑造专业化品牌形象。

2010年，中投信托克服经济形势极为复杂所带来的各种困难，实现了公司换届期间经营管理稳步推进和业务发展持续增长，全面超额完成了年度综合经营计划。截至2010年12月31日，管理的信托财产规模为198.5亿元，比年初增长58.4亿元；实现收入3.9亿元，其中固有业务收入2.5亿元、信托业务收入1.4亿元；实现利润2.68亿元。

一、逐步构建多层次业务架构体系，积极探索核心业务模式

2010年，中投信托继续大力发展主动管理型信托业务，积极推进业务结构优化和战略性业务布局，进一步实现业务重心向中高收益型转移。

（一）信托业务方面

1. 信托总规模和项目平均规模均创历史新高，信托收益水平持续提升。中投信托管理的信托财产规模达198.5亿元。从信托产品类别分布看，新增集合资金信托计划17个，规模33.3亿元；新增单一资金信托项目63个，规模120.9亿元；从信托产品资金运用方式看，股权投资、权益投资、贷款、其他类产品金额占信托资产的91.6%。其中，已设立投资类集合资金信托计划6个，规模17.7亿元；新增中小企业信托基金6个，规模2.5亿元。信托项目平均规模1.93亿元，创3年多来最高水平。以到期清算的集合信托计划计算，比年初上升0.4个百分点。

2. 主动管理型信托业务持续推进。根据自身业务战略定位和监管部门对业务发展方向的要求，中投信托业务创新和产

品创新工作取得新的进展。一是股权投资类信托业务取得突破性成果。在具体项目上，采取纯股权投资方式，以多重措施把控项目风险，通过合作对手提供的流动性支持，实现信托计划的按期退出，是中投信托投资性房地产信托业务的成功尝试，标志着该类业务已从理论研究和模式探讨进入实战阶段；通过设立公司制投资平台，适应当前证券监管环境要求，参与上市公司定向增发，获取良好收益；以西部大型国有能源公司股权为投资标的的PE项目已确认中投信托股东地位及权益，被投资企业经营情况良好，未来发展前景较为乐观。中投信托可通过参与企业中长期战略决策与经营，分享企业良好的预期业绩增长。项目的成功实施标志着中投信托在PE投资类信托领域取得突破性进展。二是"投融资结合"业务模式继续推广实践。在健康医疗、清洁能源等领域，"股债结合"形式的产品已成功发行。有关基金已成功实施股权投资，被投资企业已进入股改阶段，未来可通过执行入股期权等形式获得增值回报。通过"投融资结合"业务模式的创新发展，已初步探索出具有中长期投资价值的产品模式，扩大了中长期合作伙伴范围，也为中投信托今后重点开发类产业基金等主动管理型业务奠定了基础。三是尝试为温州民间资本提供全面金融服务。中投信托与温州政府部门、金融机构、民间资本投资服务中心洽谈，就未来引导和拓展温州民间资本投资渠道进行项目合作，为中投信托未来融资渠道拓展和项目选择带来机会。预计总规模为10亿元的"中投·雁荡之星中小企业信托基金"项目已正式签署合作意向书。

3. 中小企业信托基金日趋成熟。中小企业信托基金作为中投信托紧密贴近浙江区域市场需求、履行企业责任、服务中小企业的标志性品牌，已拥有了多种较为成熟的业务模式。其中，"宝石流霞"中小企业信托基金项目获得"杭州市金融创新优秀项目奖"，是获奖项目中唯一的信托项目。该项目下已有1家企业成功上市。中投信托被评为"杭州市金融创新优秀项目首创单位"，是获奖单位中唯一的信托类金融机构。同时，还获得了浙江银监局颁发的"浙江小企业金融服务先进单位"荣誉称号。中投信托已累计设立中小企业信托基金14只，总规模7.6亿元，累计支持了278家中小企业，所有获得信托资金支持的中小企业均运行良好。

4. 融资类及服务类信托业务稳步发展。融资类信托业务作为实现当期营收的支撑与保证，在控制好风险的前提下，产品发行数量和发行规模稳步增长，占比从年初的25.6%增长到年底的31.9%。同时，按照"服务类业务作为补充、成熟模式复制运作"的发展思路，较好地贯彻执行了监管部门有关要求，推出的中银集富、周周盈等品牌产品，截至2010年底规模余额为88.1亿元，比年中最高点下降了28.4亿元。

（二）固有业务方面

2010年初，经监管部门批准，中投信托注册资金增资至15亿元，资金实力进一步增强。在坚持安全性与收益性的前提下，积极筹划固有资产多渠道运作。

1. 加强战略性业务布局市场研究。中投信托积极研究制定投资政策和资产配置方案，全力拓展未来长期价值升值的业务。一方面重点加强对金融股权投资业务的研究和市场机会的把握，创新研究实施固有资产金融股权投资业务。同时，积极与省内有关部门联系沟通，研究分析浙江省对地方性银行进行战略性重组和发展直接融资的机遇，在地方商业银行增资重组等方面发掘储备能带来未来长期价值升值的业务。另一方面，积极探索开展上市公司股权投资(定向增发)及非金融类股权投资项目，建立起股权投资业务信息共享机制，并逐步推进企业股权投资项目的各项前期准备工作，包括建立相关制度、申请直投业务牌照、储备相关财务和法律知识等，为今后业务的开展做好了充分的准备。

2. 积极筹划固有资产多渠道运用。截至2010年底，中投信托通过新股和可转债申购业务、认购银行理财产品、进行“专户理财”合作、发放贷款等方式，取得了较好的收益。其中，与浙江泰隆商业银行合作的信贷资产受让业务模式为今后固有资产投资渠道的扩展开辟了新路。有关历史遗留清欠和不良资产核销工作基本完成，固有资产结构进一步改善，为提升资产质量和未来监管评级水平打下基础。

二、加强市场营销，不断提高资金募集能力

2010年，中投信托共完成17个集合资金信托计划的发行募集工作，同比增长21.4%；累计募集信托资金规模33.3亿元，同比增长128.8%；其中自行募集信托计划规模24.8亿元，同比增长142.8%。自主募集规模、单个信托计划募集规模、平均信托计划募集规模和单季信托计划募集规模均实现突破，集合信托计划推介完成率继续保持100%。新增在册合格投资者842人(家)。一是继续巩固和扩大与在杭金融机构的业务合作，与农行浙江省分行签订了全面业务战略合作协议，就业务开发、产品营销等与农行所属各级支行进行了广泛联系与洽谈。二是继续大力拓展省内机构客户。中投信托利用推介投资类信托计划的契机，邀请省内多家大型国有企业和民营企业参加项目路演，为拓展机构客户、支持主动型管理业务发展积累客户资源。三是加强品牌形象建设。与《新西湖》杂志合作，策划推出6期宣传方案。专门设立400客服电话，进一步体现以客户为根本的理念，提升服务品质。

三、适应新的监管要求及市场形势变化，切实加强项目风险管控

2010年，中投信托严格按照政策导向，梳理合规管理框架，充实合规管理技术，优化合规管理程序，建立起程序高效、管理全面、保障有力的合规管理框架体系，为公司依法合规经营和稳健可持续性发展保驾护航。一是做好存续项目“回头看”工作，开展项目压力测试，对存量房地产业务，确保做到足额担保，资金封闭运作。针对股市震荡加剧的情况，周密分析论证，做好中投信托持有股票的细化操作方案。二是切实落实各项监管政策要求。2010年，监管部门将银信、信政、房地产信托等作为监管重点，中投信托制定了房地产类集合资金信托计划现场检查专项方案，组成现场检查小组，对存续房地产信托项目进行现场检查。从历次检查情况看，交易对手经营情况正常。同时，结合监管部门到中投信托进行的银信、信政项目现场检查及中投信托监管评级复评工作，对相关业务及经营管理各项工作进行全面自查，并对自查发现的不足进行了逐项整改落实。三是制定预案，积极应对，妥善处置了重组前遗留的两起诉讼案，努力化解了遗留诉讼案件的法律风险。四是继续加强制度体系建设，在对现行的80部规章制度进行全面评估的基础上，制订了2010年度制度编制计划，全年共完成修订或制定规章制度18部。

四、加快推进人才战略，为业务发展提供支持

中投信托正处于新的战略发展期，人才是保证中投信托稳定持续增长的第一要素。为进一步推进业务发展和提高管理水平，中投信托一是启动了两轮员工公开招聘，在北京、上海、杭州三地确定录用20多位新员工，充实到信托、固有及营销等业务一线岗位，前台展业力量进一步增强。经股东推荐和市场公开招聘，进一步充实了经营班子力量。二是进一步丰富培训方式，提高培训工作的针对性和有效性。为新员工专门制订培训方案，通过内部人员授课、专家讲座、拓展训练、业务交流、党课教育等多种形式对新员工进行集中培训，以便迅速融入公司各项工作中；成立中投信托网络商学院，搭建学习平台，鼓励员工自主学习，为员工职业生涯发展创造条件。三是进一步加强岗位管理和激励约束机制建设，继续加大业绩挂钩考核力度，优化业绩考核方式，在鼓励创收的同时加强全面成本管理，推动业务部门向准事业部制的业务团队方向转变。同时，借助专业力量，推动岗位管理体系建设，进行岗位梳理优化和岗位评价，明确基于岗位的核心能力素质，搭建基础人才平台，建立市场化的职位和基本薪酬体系，进一步拓宽员工职业生涯发展通道，调动员工的工作积极性和创造性。

2011年是国家“十二五”计划的开局之年，也是中投信托实施新战略的起步之年。中投信托紧密结合信托行业发展趋势和经营实际，研究制定了《2011—2013年发展战略》，进一步指明了公司愿景、使命和发展方针，明确了战略实施路径和实现战略的保障措施。中投信托将紧紧围绕发展战略，积极开展业务实践和经营活动，增强发展战略对年度工作的指导作用，抓住机遇，迎头赶上，走出一条符合中投信托实际的特色发展之路。

杭州工商信托股份有限公司经营管理情况综述

总裁　丁建萍

2010年，在国内外经济金融形势复杂动荡、国内房地产持续调控、理财市场竞争激烈的背景下，杭州工商信托股份有限公司(简称杭州工商信托公司)坚持"基金化、投资化、中长期化"的业务战略方向，进一步加强产业研究、项目储备、团队建设，推进精细化管理，开拓创新，管理的信托资产规模与经营业绩双双再创新高，私募股权投资基金管理新业务资格获批，一系列阶段性成果的取得，对于公司业务发展战略规划的实施、可持续性盈利模式的构建都具有关键性意义。

2010年，杭州工商信托公司实现总业务收入32685万元。其中，信托业务收入25495万元，同比增长51%；主营业务收入占比(信托业务收入/总业务收入)78%；实现利润总额21337万元，同比增长56%；实现净利润16030万元，同比增长56%，再创历史新高；资本利润率为22.9%。

一、实施中长期发展战略，明确资产管理发展方向

2010年，杭州工商信托公司积极推进落实《中长期发展战略规划暨信托业务发展计划》，继续实施以分散投资为核心的基金化策略拓展信托业务，以客户为中心，开发满足客户需求的收益与风险相匹配的信托投资产品，探索可持续的核心盈利模式，受托管理的信托资产规模显著提高，主动管理特征鲜明，资产结构进一步优化，主营业务收入占比与2009年持平，继续保持行业领先水平。新增集合信托业务大多为中长期产品，业务模式正往"投资"方向转化，符合监管层及公司业务发展战略规模的要求。

2010年，杭州工商信托公司先后开发的"飞鹰系列"的两款新品——飞鹰五号、飞鹰六号，为基金化产品品牌打造及"基金化、中长期化、投资化"的业务战略实施奠定了良好基础。

在信托业务拓展中，杭州工商信托公司注重合作伙伴的选择与机构客户的开发，积极寻求与优质的企业构建良好的合作关系，合作伙伴的层面进一步提升。杭州工商信托公司通过产品创新与市场开发，在为投资者获得稳健收益的同时，也使合作方及公司提升了自身价值。

二、(PE基金管理)新业务资格获批

2010年10月，杭州工商信托公司申请设立资产管理公司、拓展PE基金管理

的新业务资格获得银监会的批复，这是公司获得的首个新业务资格，将为公司PE业务的发展搭建新的平台。

三、完善内控体系建设　加强内部管理

1. 完善制度体系，推进精细化管理。2010年，杭州工商信托公司通过制定及适时更新《房地产信托业务指引》，梳理房地产信托业务发展思路；修订《行为守则》，制定《信托业务系统管理办法》、《项目监管方式选择标准指引》等，进一步完善风险管理制度。杭州工商信托公司密切关注房地产市场变化情况及相关业务风险情况，把握好房地产信托业务的节奏和规模，采取定期进行压力测试、定期排查风险、加强项目管理，规范信息披露等措施，进一步加强风险管控。

2010年，杭州工商信托公司提出全面精细化管理要求，全面推进精细化管理工作。从修订和完善制度、流程工作入手（全面修订《信托业务操作规程》、拟订《项目监管方式选择标准指引》等），全面梳理各项经营活动的风险点，有针对性地进行补充和完善，进一步降低了操作风险发生的可能性，整体工作质量与效率亦同步提高。

2. 加强合规风险管理，培养合规文化。杭州工商信托公司结合自身发展需要，从实质重于形式和有利于防控风险的要求出发，进一步加强合规管理体系建设，加强合规培训及相关制度修订，专项合规培训与新员工合规培训成为常态，坚持开展“合规午餐”，在公司内树立全员合规的意识，营造合规文化。

根据监管机构和公司内部对业务经营连续性、安全性的要求，杭州工商信托公司在制订的《业务连续性计划》的基础上，于12月开展了实际场景的模拟演习，通过使用者的操作对应急恢复中心的系统可用性、数据的有效性进行测试和验证。这也是杭州工商信托公司历史上第一次正式的大范围灾难恢复演习，对于业务连续性计划至关重要。

四、创新市场营销思路　提高客户服务质量

杭州工商信托公司筹划组建财富俱乐部，以进一步开发市场，维护、巩固与发展客户，树立公司品牌。

运用TOT模式，加强与信托同行的合作；加大直销力度，拓展高端客户；通过公司内刊编印、举办投资者见面会、投资论坛、客户联谊活动，加强媒体宣传报道等，加大公司品牌宣传力度，巩固与发展客户，进一步培养市场、深挖市场。

五、公司荣誉

2010年，杭州工商信托公司被杭州市市政府授予“杭州市模范集体”荣誉称号、“2009年度杭州市服务业企业100强”；在金融时报社联合中国社会科学院金融研究所共同举办的2009—2010中国金融机构金牌榜“金龙奖”活动中，杭州工商信托公司因主营业务突出，主动管理特色鲜明，被评为金龙奖“年度最佳主动管理信托公司”；在第三届中国优秀信托公司评选活动中，获得“中国最具成长性信托公司”奖项；“杭信·飞鹰一号房地产投资集合资金信托计划”被评为“最佳房地产信托计划”，“杭信鸿利1号·公用事业稳健组合投资集合资金信托计划”被评为“最具影响力品牌（产品）”，一系列荣誉的取得为公司的品牌建立奠定了良好的基础。

六、结语

2011年，面对复杂的经济形势与激烈

的竞争市场的双重考验，杭州工商信托公司将继续坚持“有所为，有所不为”的业务策略与“基金化、投资化、中长期化”的业务战略方向，稳步实践业务转型与管理转型战略，在加强风险管理的前提下，积极进取，抢抓机会，拓展资产管理主业，进一步构建核心竞争力。

昆仑信托有限责任公司经营管理情况综述

【经营业绩】 截至2010年末，昆仑信托有限责任公司(简称昆仑信托公司)资产总额471317万元，负债总额40401万元，净资产430916万元，无不良资产。总收入74258万元，营业收入74185万元，其中：自营业务收入30824万元，比上年同期增加8721万元。信托业务收入43361万元，比上年同期增加21467万元。利润总额61062万元，比上年同期增加24595万元，营业支出总额12989万元。全年缴纳税费12017万元。

【固有业务】 本着安全合规、结构优化、提高效益的原则积极操作，努力提高资金收益，全年实现资金收益率9.2%。积极争取业务资质，先后获得全国银行间债券市场交易资格、同业拆借资格和以固有资产从事股权投资业务的资格。把握股票、债券市场波动下的投资机会，特别是在新股网下申购难度增大的形势下，较好地把握报价尺度，实现连中三元，取得良好收益。广泛开展各类贷款和信托产品的投资，与信托业务部门加强合作，参与各类结构化信托项目。

【信托业务】 截至2010年末，昆仑信托公司存续信托项目100个，信托财产的总规模为535.1亿元。其中：单一资金信托项目61个，规模446.5亿元；集合资金信托项目38个，规模88亿元；财产信托项目1个，规模0.5亿元。

增设宁波业务部，立足宁波，辐射长三角。与上海地产集团、雅戈尔集团等企业合作，扩大地区市场影响力；通过金融创新，为中小企业发展增加融资渠道；与宁波、温州、舟山等财政实力较强的地方政府合作，助力集团主业。长三角地区业务的开展，优化了公司的收入结构，支持了地方经济的发展，得到了地方政府和监管部门的高度肯定。

积极拓展外部项目和融资渠道，提高市场化运营水平。以大机构、大项目为重点，扩大业务规模和收入，与天津滨海发展、中广核集团、保利集团、海航集团、泛海集团、天津房信集团等大型企业集团开展包括战略合作在内的多层次业务合作；努力拓宽资金来源渠道。全年共发售集合类信托产品16个，金额约88亿元，新增合格投资者321人；重点加大公司在石油系统内的宣传力度，与昆仑银行开展合作，多次走访在京石油单位及大庆、华北、渤海钻探等单位进行交流推介。

【风险管理】 发布实施《内控与风险管理手册》，聘请外部中介机构对手册多次测试，进行优化调整。针对银信合作、股票融资等重点业务拟订多项制度，及时出具指导意见和风险提示。强化对各类业务项目的风险合规审查，对重点项目提前参与方案设计和法律论证。强化公司关联交易审查，严格履行关联交易审批程序。梳理修订公司法律合同文本，完善合同版本库。加大项目中后期管理检查力度，落实尽职管理职责。及时开展各类内部审计工作，开展经营风险、操作风险的现场检查与评估工作。继续建立健全公司各类规章制度，完善公司《制度手册》。

【发展研究】 加强对监管政策变化的研究，建立行业排名指标体系，开展行业对标分析工作。对行业先进公司进行走访调研，加强与行业协会和研究机构的沟通。通过外部媒体、公司网站等渠道，不断加强信息披露和宣传工作力度，提升公司形象。

【班子建设】 昆仑信托公司党委制定活动实施方案，以创建活动促进各级领导班子建设。一是加强中心组学习，全年共组织学习 12 次。通过学习，进一步提高领导班子队伍的执行力和决策水平。二是全面落实“三重一大”制度，明确决策事项范围和决策程序，增强决策的科学化、民主化。三是召开领导班子民主生活会，开展批评与自我批评、查找出公司现阶段的主要问题和班子成员自身的不足，并就未来发展进一步统一思想，明确思路。

【组织建设】 针对党群干部新人多、工作任务重的特点，有计划地开展培训，帮助党群干部特别是支部书记提高业务能力和政治素养。昆仑信托公司积极推行民主管理和民主监督，通过意见箱、网络信箱和热线电话等渠道，随时征求意见，并及时做出回复，切实保障广大职工的知情权、参与权和监督权。

【队伍建设】 按照市场化原则，公开面向社会招聘优秀人才，制定岗位聘任办法，按规定聘任业务总监以下人员 26 人。组织或参与各类培训，特别是开展新员工的脱产培训和轮岗实习工作，收到较好效果。通过摸底调研、外部走访、聘请外部咨询顾问等方式，在组织机构、薪酬机制和绩效考核办法等方面进行改革，取得初步成果。

【企业文化】 通过组织赴大庆油田参观学习等多种方式，继续大力加强全体员工在思想、文化、制度和管理上的融合。在思想上，要积极适应重组所带来的一系列变化，把思想和行动统一到公司发展的大局上来；在文化上，要把大庆精神、铁人精神与职业精神、市场意识有机结合起来；在制度和管理上，要把金融监管要求和中石油各项规章制度有机结合起来。一年来的融合，员工队伍的凝聚力、战斗力和执行力得到很大提高。

万向财务有限公司经营管理情况综述

总裁 傅志芳

2010年，万向财务有限公司始终立足于财务公司的功能定位，紧密围绕"筹融资为核心"的经营方针和宗旨，全面贯彻实施年度经济政策和经营计划方案，各项经营业务均较上年有所突破，取得了较好的业绩。

【经营概况】 2010年，万向财务有限公司经营管理保持稳健的发展态势。公司营业收入指标超计划完成；利润总额和净利润两项指标，分别比上年同期增长32.74%和31.18%，创造了良好的经营效益。各项监管指标均符合中国银监会规定的考核标准。

【金融或信贷业务】 为缓解日益从紧的资金环境压力，实行适度宽松的信贷政策，合理满足客户经营需求，保证资产质量不断优化。至2010年末，万向财务有限公司贷款余额为43.33亿元，正常类贷款占比100%，信贷资产业务运营稳健。

2010年，国家适度收紧银根，万向财务有限公司在稳定存款规模的基础上，重点对存款结构进行了优化；同时加大了同业合作力度，扩大了与同业金融机构的合作授信规模。

【资金和投资业务】 在投资业务中，万向财务有限公司的重心主要是放在对金融机构的股权投资上，至2010年12月末，合计对浙商银行股权投资占比为4.09%。

【电票商业汇票业务】 2010年上半年以来，重点开展了电子商业汇票的业务资格申报、公司运营资格和人员操作上岗证工作。6月份顺利获得中国人民银行第二批上线资格。经过前期电子商业汇票软件系统接入的全盘准备，6月28日，万向财务有限公司与人行ECDS生产系统成功对接，并向清算中心上线报备，至此电子商业汇票系统顺利上线。2011年一季度将开展电票业务的试运行，这将成为业务经营的新"亮点"。

【资金集中】 2010年，万向财务有限公司网银业务共完成结算量56572笔，结算金额2094.67亿元，分别同比增长13.68%和22.34%，较好满足了客户企业不断增长的业务需求。

网银结算体系的"全网覆盖"优势日益明显。2010年3月初，万向财务有限公司与农行成功签订了网银合作协议，年底正式运行。至此，万向财务有限公司网银结算系统形成以工行为主，建行、中行、农行为辅的网银体系，基本实现"全网覆盖"目标。

【筹融资业务】 按照"筹融资为核心"的目标要求，万向财务有限公司筹融资核心业务有序开展。重点筹划有关金融债和企业债的发行工作，建立了业务团队，确定具体发债方案，争取2011年完成1—2家企业债发债工作；协助完成“钱潮短期融资券”工作，已于9月份到位。

【风险管理和内部控制】 2010年，在风险管理体系建设方面，万向财务有限公司坚持以防范风险、审慎经营为出发点，让风险管理覆盖经营的每一项业务，根据每项业务的风险特点进行风险防控的专项稽核，进一步强化风险合规管理体系，并对原有风险管理体系进行了实时改进和创新，在董事会下设了战略与提名委员会，在监事会下设了审计委员会。各业务部门充分发挥主动控制作用，构成了防范风险的第一道防线。合规岗进行合规风险的识别、评估、监测和报告，与稽核部通过开展各项稽核工作，及时审查和评价公司经营活动的合规性以及合规风险管理的适当性和有效性，构成了防范风险的第二道防线。董事会下设的战略与提名委员会、监事会下设的审计委员会，构成了防范风险的第三道防线。

【信息化建设】 2010年，万向财务有限公司始终坚持以“把安全运行放在工作首位”为目标，加强了信息管理系统建设。

升级信息系统，扩建改造机房，创造更好的软、硬件条件和环境，以进一步提高业务服务效率。为了不断满足业务信息系统的发展要求，确保业务系统的安全性和稳定性，开展公司机房的改造工作，并达到国家B级机房的标准。通过对信贷业务系统等金融业务管理系统的升级，有效防范信息系统的运行风险。同时，针对公司电子汇票等新业务品种的开拓实情，对业务系统应用范围不断拓宽，开发了电票业务系统。此外，利用自身的CIS形象识别系统，开展公司网站、“员工视窗”的建设工作，实现了公司形象系统的系统化、内容形式的丰富化。

浙江省能源集团财务有限责任公司经营管理情况综述

总经理　杨剑雄

2010年，浙江省能源集团财务有限责任公司（简称浙能财务公司）在集团公司的正确领导下，坚持以科学发展观指导各项工作，准确把握发展趋势，科学谋划发展蓝图，努力创新发展模式，较好地完成了2010年年初设定的工作目标。截至2010年末，归集资金达到99.63亿元，综合归集度为89.13%；授信总额114亿元，自营贷款余额54.67亿元；完成利润总额24305万元，净利润18170万元。

一、审时度势积极开拓，业务深度与广度呈现新发展

浙能财务公司自成立以来，一直致力于建立"以集团为导向、以客户为中心"的理念与机制。2010年，为进一步提升服务内涵，公司立足优秀金融企业目标，善于抓住机遇、勇于迎接挑战，努力挖掘发展潜力，拓宽新的业务领域，在业务深度和广度上都有了新突破。

1. 金融投资项目有所作为，丰富资金运用手段。2010年初，浙能财务公司获悉华融金融租赁股份有限公司（简称华融租赁）引进战略投资者项目，经过深入调研、周密分析、密切跟踪项目情况，决定参与华融租赁战略投资项目。这是浙能财务公司自具备金融股权投资的业务资格以来在金融股权投资上迈出的坚实一步，对丰富金融股权投资经验，扩大业务范围，提升资金运用效率具有积极的意义。

2. 电子汇票业务有为先行，多元发展业务品种。为满足成员单位在网上开展金融业务的多元化需求，浙能财务公司不断丰富电子化服务手段，完善网银功能。2009年11月，浙能财务公司获准作为中国人民银行组织的电子商业汇票系统第二批上线单位。为确保顺利实施电子商业汇票系统，浙能财务公司领导对该项目实施所必需的人员和软硬件设备作出了周密安排，明确了各方职责，分解落实各项工作任务，按照人民银行有关文件要求如期完成各个阶段的工作任务，于6月28日正式上线运行。系统上线后，为了在成员单位中迅速推广应用，浙能财务公司积极宣传并亲临现场指导，8月成功签发了首张电子银行承兑汇票和电子商业承兑汇票，并顺利完成电子票据承兑、贴现、转贴现、再贴现及贴现赎回等业务交易。

电子商业汇票系统的应用，为成员单位提供了更加快捷的票据业务服务，降低

了成员单位的财务费用和票据交易风险，大大提高了票据业务处理效率，拓展了浙能财务公司票据业务的广度和深度。

二、传统业务扎实开展，经营目标全面落实

浙能财务公司在主营业务上，坚持“把握形势变化、深化服务内涵、完善资金管理、规范稳健运作”的工作主线，实现了各项业务的协调发展，全面完成了年初设定的经营目标。

1. 资金归集工作有序推进，资金运用效率明显提高。资金集中管理是企业集团财务公司经营活动的生命线，也是企业集团战略管理的重要手段。2010 年，浙能财务公司上下继续把资金归集工作作为重中之重，一手抓资金分析，一手抓业务联系，同时采取“区别对待”的方式，重点推进资金存量大而且归集度低的成员单位的资金归集工作。

2. 信贷规模有效扩张，资产结构更趋合理。2010 年，浙能财务公司以“提高资金使用效率，调整信贷资产结构，深化金融服务手段”为指导方针，依照“相互协调，合理配置”的原则，不断优化信贷结构。

浙能财务公司授信总额为 114 亿元，比上年同期略有上升，授信覆盖率为 80%，仍保持较高水平。从信贷资产质量来看，按五级分类口径统计，不良贷款余额为 0，信贷风险管理水平和贷后管理的力度效果显现。

3. 新股申购有声有色，投资业绩良好。

2010 年，浙能财务公司新股申购获得良好收益。截至 2010 年末，全年累计实现投资收益 4424 万元，浮盈 592.19 万元。良好的收益得益于新股和可转债申购的选择上一贯遵循的“有所为，有所不为”原则，打新收益率明显高于活期存款和同业存款水平，资金使用效率有效提升。

4. 预算工作有条不紊，结算业务水平进一步提升。浙能财务公司一贯重视预算工作，充分发挥预算的指导和控制作用，在动态预算中促进公司稳健经营。2010 年以来，会计结算部按月汇总、认真分析各部门提供的预算数据，合理预测公司 2010 年度各项指标完成情况。

三、内控管理有章可循，继续强化风险控制及监督机制

管理工作是一项重要的基础性工作。2010 年，浙能财务公司把内部管理当成一项关键而紧迫的任务来抓，严格落实各项规章制度，明确各个岗位的职责，同时健全完善监督机制，奖罚分明，做到自我约束与检查监督相结合。

1. 抓制度建设，正确把握业务需求。2010 年，浙能财务公司完成了一系列制度的制定和梳理工作。为保证电票业务顺畅开展，起草制定了《电子商业汇票业务管理办法》等 6 项配套制度；为进一步规范物资处理程序，制定了《廉政监督票制度》，在 2010 年办公物资的采购过程中严格遵守《中华人民共和国政府采购法》，严格执行监督票制度，使物资采购工作做到程序合法、操作规范、成本节约。

2. 抓风险防范，有效降低操作风险。2010 年，浙能财务公司深入贯彻监管部门的合规经营要求，提倡在日常业务中培育全面风险管理理念，不断完善公司内部风险管理体系，确保公司合规、稳健运营。以电子商业汇票系统上线运行以及金融股权投资项目为契机，风险管理有了新的结合点。通过进一步完善各项业务规章制度和业务流程，强调在每个部门、每个岗位操作把控风险点，从而降低了操作风险，促进了

公司规范化管理。

3. 抓内部稽核，充分发挥监督作用。2010年，浙能财务公司稽核部有计划地开展稽核工作，确保稽核覆盖到所有重要业务领域和环节，促进各项制度严格执行，防范了业务操作风险，充分发挥内部控制对提高工作效益和效率的积极作用。

四、团队建设持续深入，努力优化知识结构与人才队伍

2010年，浙能财务公司统揽工作全局，在经营稳健运行的同时，十分重视团队建设和人才队伍的培养。首先，浙能财务公司以创先争优活动的开展为契机，提倡自主学习，以学习扎实基础，以学习创新发展，着力打造"学习型组织"。员工利用工作之余积极参加各种考证学习，以提高自身的业务技能，参加中级会计师、注册会计师、律师、注册金融分析师等一系列考试，自觉学习蔚然成风。其次，通过举办三大研究报告的金融业务培训、法律讲座、安全演练等多种形式，帮助员工把握和判断公司的经营环境，提高业务能力，增强风险防范意识。最后，通过组织参加拓展等户外活动，熔炼团队，增强合作意识和集体荣誉感，促进全体员工树立大局观念，形成公司坚强的领导核心和团队合力，助推"大能源战略"的实现和"大财务"格局的构建。

宁波港集团财务有限公司经营管理情况综述

宁波港集团财务有限公司(简称宁波港财务公司)于2010年7月8日成立，2010年7月28日正式对外营业，公司注册资金15亿元，开业后至2010年末日均吸收成员单位存款23亿元；2010年实现营业收入3219万元，实现利润2768万元。目前财务公司无融资类业务资格，除办理少量票据贴现业务外，大量来自成员单位吸收的存款和资本金只能投放于收益较低的存放同业，归集资金使用效率较低。另一方面，大部分成员单位仍需从商业银行取得融资支持，宁波港财务公司融资中心的功能定位无法全部实现，结算中心功能发挥受限。

【票据业务】 宁波港财务公司根据成员单位的需求，于2010年8月开始办理宁波港股份公司的第一笔票据贴现业务，至2010年末已累计为5家成员单位办理票据贴现业务8笔。其中商业汇票2笔，金额673.2万元；银行汇票6笔，金额13923.2万元，共实现利息收入166万元。

【资金集中】 宁波港财务公司采用“二级账户联动”管理模式对成员单位资金进行集中管理。截至2010年12月31日，已有90家成员单位在财务公司开设107个账户，开户面达64.3%，剔除异地成员单位影响，开户面已超过80%；至2010年末归集成员单位资金21亿元，日平均余额26亿元，最高时余额达36亿元。

【内部控制】 一是制定完备的规章制度。宁波港财务公司自成立以来，先后制定四大类共计70余项规章制度，包括公司治理类、公司管理类、业务管理类、风险防范类；同时，在业务运行中逐渐完善相关的规章制度，先后起草、修订了各类制度文件，包括明确总经理室业务分工、明确信贷审查委员会成员名单、人员聘任聘用、财务支出管理规定、准备金缴存操作流程、资金调拨操作流程等与内部控制密切相关的文件制度。

二是重视对业务的稽核监督。每日营业终了，营业部将记账凭证封包传递上交。内控部及时对营业部出具的各类报表、传票进行事后监督，保证入账及时、准确，发现问题及时反馈，对重要空白凭证、贴现票据等业务操作流程进行定期现场检查，建立健全的各类业务稽核台账。同时，为降低风险，财务公司将支票、预留银行财务章和预留银行名章交予不同人员分管，并禁止将财务章带出单位使用。

截至2010年12月31日，宁波港财务公司的各项监管指标均符合规定要求，资本充足率为398.95%，流动性比率为81.52%，不良产率为零。

【业务创新】 一是保险代理业务。宁波港财务公司于2010年9月28日获批开办保险业务，根据前期调研，选择成员单位中投保比例较大的人保公司作为合作伙伴，与人保在签订保险兼业代理合同并商定保险代理业务推进方案，确定先期开展的重点险种是财产险、车辆险和船舶险。10月份正式开展保险代理业务，累计办理业务1400万元，实现代理手续费收入112万元，涉及近50家成员单位。

二是财务顾问业务。开业以来，宁波港财务公司积极开展依托商业银行的委托贷款平台，为资金需求方与资金闲余方牵线搭桥，与有关银行合作，解决部分成员单位资金需求，提高部分成员单位沉淀资金收益的财务顾问业务。2010年，已累计为10家成员单位办理过2笔合计金额15.84亿元的顾问业务，实现手续费收入1572万元。同时，与宁波港股份公司签订了为期一年的企业财务顾问协议，由宁波港财务公司成立的专项财务顾问工作小组担任股份公司的财务顾问，股份公司支付财务公司一定的顾问费。宁波港财务公司为股份公司理财资金选择合理的中介银行并代办各种手续，协商费用、审查合同等与理财资金运用有关的事项。宁波港财务公司对借款人的资金使用情况及经营情况跟踪调查，并按季出具跟踪调查报告供股份公司参考。宁波港财务公司以人才和信息优势帮助股份公司的资金通过合理的运用方式获得较高的经济效益。

【人力资源管理】 宁波港财务公司开业后，员工经过一段时间的业务实践，开展系列业务培训，每半月举办一次，通过内部专家讲解、邀请外部专家授课等形式进行培训，已经进行了资金管理模式、公司信贷、内控管理、银行财务、保险代理等财务公司相关业务的培训；且组织员工专程赴天津港财务公司、浙能财务公司等其他财务公司以及工商银行进行学习考察。与此同时，宁波港财务公司组织全体员工参加银行业从业资格、保险代理从业资格等相关金融考试，目前已有10人通过银行业从业资格考试，3人通过保险代理从业资格考试，一支专业化高素质的财务公司队伍正在形成。

【信息化建设】 宁波港财务公司根据确定的资金管理模式，选定的北京九恒星软件公司作为软件供应商，联合开发一套以风险监管为重点，全面支持公司资金管理、银企互联、财务核算、资金监控、资金融通、资金分析、风险控制和决策等具有完善的风险控制体系的综合业务管理系统。该系统将为宁波港财务公司实现风险控制目标提供科学的技术支持，为公司合法、规范和有效地履行金融服务职能提供安全保障；并根据系统的需求采购相应设备，完成安装和调试工作，顺利通过了系统测试和银监会的现场验收，满足公司的运行要求，确保公司业务的顺利开展。同时，宁波港财务公司已经开发完成业务系统与宁波港集团门户网站的接口程序，公司门户网站也在宁波港集团相关部门支持下建设开发。

中国人民财产保险股份有限公司浙江省分公司经营管理情况综述

总经理　华美春

2010年，中国人民财产保险股份有限公司浙江省分公司(简称人保财险浙江省分公司)明确了“坚持规范经营，抓好五大集中，加强‘四化’建设，提升经营成果”的全年工作思路，突出效益、狠抓发展、强化管理、落实合规、提升服务、建设队伍，推动了业务的持续较快增长，夯实了盈利基础，取得了优异的经营业绩。

——实现报表利润5.68亿元，利润总量位居全国系统第二位；综合成本率控制在93.33%，应收保费率控制在2.44%，经营活动现金净流量32.65亿元，百元保费现金净流量35.18元，各主要经营指标均实现了总公司下达的目标。

——实现保费收入93.07亿元，同比增长24.64%，完成总公司计划的113.84%。实现实收保费95.60亿元，同比增长28.11%，完成总公司计划的116.68%。在浙江财险市场的市场份额为34.9%。

一、坚持科学发展，业务规模快速增长

各分支公司、各产品线根据自身经营和市场的特点，分别制定全年的工作思路，目标明确，措施有力。各产品线中，车险、船货险、责任险保费增速较快，其中车险增量达到了16.37亿元；各市分公司中，绍兴、衢州、义乌公司保费增速较快。工程险以浙江省重点建设项目为抓手，实现了跨越式发展；驾意险连续3个月获得总公司竞赛月度贡献奖，保费突破2000万元；农险大力开展农村保险示范县建设，牢固保持政策性及涉农保险市场的主渠道地位。

二、坚持效益第一，盈利能力显著提高

全省系统积极推广现场验险制度，组建全省性的现场验险队伍，进一步提高了财产险的风险识别能力。认真落实车险盈利能力建设的各项措施，严格执行车险“7+4”手续费上限政策，积极推进手续费跟单，开展车险“十佳差异化考核办法”评选活动，推动了车险业务结构明显改善。大力推广应用流程控制系统，在查定分离的基础上，提升手机移动查勘的运用水平，推行人伤分中心建设，强化人伤案件管理，完善报价运行体系，推广新非车险理赔系统，建立赔案核查制度，积极应诉参与调解，理赔成本得到有效控制。试点水稻气象指数在保险理赔的应用，推行龙游农业保险经验，降低了农险经营风险。

三、坚持集中管控，执行能力有效改善

严格贯彻落实总公司关于省集中的要求，认真做好财务预算、人员配备、职场建设、设备配置、人员培训等工作，分步实施，稳步推进，确保工作质量和进度。各产品线都上收了关键环节的业务处理，提前一个月实现了财务资金支付省集中，完成了理赔省集中职场的搬迁工作，95518省集中职场建设基本完成。强化未决赔款准备金管理，积极应用总公司准备金监控系统，推进全省系统未决赔款准备金合理计提。进一步加强应收保费管控，有效降低了应收保费率。认真贯彻落实单证管理制度，积极开展单证检查，通过定期通报督促整改等有效手段，促进单证管理水平明显提升。

四、坚持合规经营，风险管理全面增强

积极配合监管部门制定规范举措，开展合规检查，推动监管部门和行业协会开展全省性的行业自律工作，加大各地行业联合力度，积极推进县级公司牵头成立行业协调自律小组，加强行业内部沟通和监督。在车险自律的基础上，积极推动非车险自律，各地市签署了非车险行业自律公约，对手续费及企财险费率制定了行业指导标准。积极配合总公司北京监察稽核中心对人保财险浙江省分公司开展的内控执行力专项检查，并及时对存在问题进行了反馈和整改。认真做好全省系统内控风险自我评价报告，被省保监局评为内控风险等级A级公司。深入开展经济责任审计、经济效益审计、内控评价审计和各类专项审计，综合利用专项检查、执法监察、财务巡查等多种形式，对政策法规的落实情况和资产的安全性进行全面监督检查。加强销售人员和渠道码管控，积极推行中介业务卡式管理系统，确保中介业务依法合规。认真开展农险业务自查自纠活动，加强通报整改，降低农险经营风险。严格落实保监会《人身意外伤害保险经营标准》方案，规范全省系统意外伤害保险业务经营行为。认真开展“小金库”专项治理工作，全面排查在展业、承保、理赔、资金和财务管理以及物资采购、资产管理等方面存在的隐患。

五、坚持客户至上，服务水准不断提升

持续深化服务标准化建设工作，加强对服务界面的监督管理，强化了服务能力建设。组织开展2010年客户节活动，全省系统围绕“理赔无忧、四海通行”、“60周年风雨同舟客户答谢”等主题，严格落实总公司客户节理赔服务举措，5000元以下不涉及人伤案件1小时通知赔付通过率达到95.27%，位居全国系统第二位，取得了良好的社会反响。建立健全客户投诉管理七项制度，对客户投诉实行了量化考核，提高了公司投诉处理效率，进一步发挥了客户投诉管理的监督职能。

六、坚持以人为本，和谐发展稳步推进

积极完善市分公司领导班子及领导干部年度综合考评办法，通过综合考评、问责和竞聘上岗等制度的实施，进一步强化对领导班子和领导干部的奖惩和选拔任用。以“做人民满意的保险公司”这一共同愿景为指引，深入推进学习型组织建设，举办了支公司经理培训班，积极开展网络培训，深入推进核保核赔师队伍建设，举办理赔技能大赛，逐步建立起专职讲师、销售团队组训为骨干的销售培训队伍，全年共举办业务类培训969期，其中销售培训主题活动被总公司评为最佳绩效奖。进一步加强职代会和职工之家建设，召开了全省系统首届职工代表大会，使民主管理推向了一个新的高潮。组织开展了文化建设，举办了形式多样的文体活动，营造了积极向上的企业文化氛围。

中国人寿保险股份有限公司浙江省分公司经营管理情况综述

总经理　祝　平

中国人寿保险股份有限公司是国内首家在上海、香港、纽约三地上市的金融保险企业，2003 年以来连续八年入选《财富》“世界 500 强”，2010 年排名第 118 位，总资产规模占据国内寿险行业半壁江山，总市值位居全球上市寿险公司榜首。

中国人寿保险股份有限公司浙江省分公司（简称中国人寿浙江省分公司）下辖 10 个市（地）分公司、74 个县（市、区）支公司、112 个营业部、354 个营销服务部，共有员工 4100 多名、保险营销员约 2.3 万名。省公司本级设办公室、基建办、人力资源部、工会工作部、监察部、销售督察部、内控合规部、精算部、个险销售部、团体业务部、银行保险部、教育培训部、财务管理中心、信息技术部、业务管理中心、客户服务管理中心、养老保险中心等 17 个部门。

2010 年，中国人寿浙江省分公司以科学发展观为统领，以“创业创富”活动为平台，秉承“奋进、敏锐、稳健、和谐”的经营理念，按照“调结构提品质，抓转型促发展”的方针，坚持规模和效益并重、规范与发展并举，积极转变发展方式，创新思路，锐意进取，取得了显著成效。中国人寿浙江省分公司荣获“浙江最佳保险品牌”、“浙商最信赖人寿保险公司”、“浙江省行业质量服务优秀示范单位”等称号，两位地市分公司总经理入选浙江保险业十大人物。

一、业务发展平稳较快

共实现股份业务保费收入 164.11 亿元，同比增长 11.12%。其中：寿险首年保费 82.63 亿元，同比增长 5.89%；短期险保费 8.74 亿元，同比增长 4.87%；续期保费 72.73 亿元，同比增长 18.62%。市场份额 41.65%，继续保持行业领先地位。

二、经营水平显著提高

一是扎实推进经营管理体系改革。调整了地市及以下分支机构的管理关系，完成了组织架构调整、职能梳理和人员配置，加强了销售渠道和柜面的纵向管理，统一了财务预算资源渠道分配模式。

二是切实提高运营服务能力。开展“标准化建设年”活动，建立全省统一的后援岗位体系和考核体系，加强柜面服务标准化建设，优化业务处理流程，提高了服务时效；推广国寿“1＋N”品牌，切实丰富鹤卡功能，积极开展附加值服务；加大对销售、运营服务和风险管控的信息技术支持力度；开展“助飞·2010”服务销售活动，举办“牵手”及“客户节”系列活动，有力地支持了业务发展。

三是不断改善代理业务管理。完成集团历史业务档案影像化工作，开展集团代理业务自查自纠，努力实现代理业务与自有业务“同质管理、同质服务”。

三、管理控制能力明显增强

严格执行《意外伤害保险业务经营标准》，对产品条款、管理制度、实务流程进行全面梳理和修订，规范了意外险经营行为。深入推广内控标准，切实开展内控评估，认真执行内控手册；开展第三届“诚信我为先”活动，完善预警回访管理制度和营销员违规处理细则，加强信访投诉和案件查处工作，努力把风险消除在萌芽状态。严格落实保监会要求，加强对违规违纪行为的责任追究，对有关责任人给予处分。

四、队伍建设取得成效

强化以“一把手”为核心的市县两级班子建设，全年调整了部分分公司班子成员和支公司一把手，提升了基层班子搞经营、抓管理、带队伍、拓市场、控风险的能力；全面推进销售队伍建设，加强教育培训工作，队伍的综合素质、经营能力和销售业绩均有了明显提升。

五、品牌形象有效提升

按照“政府主导、整合资源、协作服务”的原则，成功介入衢江区城乡居民社会养老保险制度建设，受到政府和保监局的肯定。积极开展公益活动，履行企业公民责任，努力回报社会。向玉树地震灾民、景宁民族小学等捐款55万元。与省疾控中心联合开展“牵手健康，志愿服务”活动，深入社区对客户进行“一对一”健康素养宣传。参与省政府“低收入农户奔小康工程”，近三年支付帮扶资金105万元。

第三部分

2010年浙江省各市经济金融运行概况

ZHEJIANG JINRONG NIANJIAN

杭州市经济金融运行情况综述

2010年，作为加快转型升级、推进科学发展的重要之年，杭州市积极推进实施"六大战略"，破解"七难"问题，推进"一化七经济"，保增长、调结构、促发展、惠民生，顺利完成了"十一五"期间的目标任务。国民经济平稳发展，经济结构持续优化，金融总量快速增长，对实体经济的支持力度有所增强。展望2011年，全球经济发展的不平衡性可能加剧，国内经济内生动力增强，货币政策回归稳健，结构调整持续深化；与此同时，在经济稳步上行过程中通货膨胀风险持续加大，保持经济平稳、协调发展依然面临诸多挑战。

一、经济运行基本情况

2010年，在国际经济形势日趋复杂，国内经济调整持续深入的背景下，杭州市经济保持较快的复苏势头，转型升级步伐有所加快，经济运行的稳定性、协调性和可持续性逐步提高，内生动力和活力持续增强。2010年全市生产总值达5949.17亿元，比上年增长12%，连续20年保持两位数增长。

（一）三大产业稳步增长，结构持续优化

2010年，全市第一产业增加值增长2.5%；第二产业增加值增长12.5%，其中工业增加值增长12.7%；第三产业增加值增长12.3%。三次产业结构比例由上年的3.7∶47.8∶48.5调整为3.5∶47.8∶48.7，第三产业占比有所提高。

1. 农业生产保持稳定。2010年，全市完成农林牧渔业总产值316.34亿元，增长9.2%，其中农业、林业、牧业、渔业产值分别增长9.1%、8.9%、9.8%和7.2%。茶叶、花卉苗木等"六大优势产业"和水果、蚕桑等"五大特色产业"实现产值218.13亿元，增长9.7%，占农林牧渔业总产值的比重为69.1%，比上年提高0.5个百分点。

2. 工业结构调整力度加大。2010年，全市规模以上工业总产值11258.49亿元，工业销售产值11114.53亿元，分别增长24.1%和24.2%，双双突破万亿元大关。转型升级、节能减排等各项政策效应逐步显现，推动工业经济发展向创新驱动和内生增长转变。一是工业结构持续优化。装备制造业和高新技术产业拉动作用明显，全市规模以上装备制造业和工业高新技术产业销售产值分别增长26.5%和24.6%，占规模以上工业比重分别为31.3%和25.2%。二是工业结构性节能效果明显。在各项节能减排政策的推动下，高耗能行业生产增速放缓。六大高耗能行业工业销售产值增长21%，低于规模以上工业增幅3.2个百分点。三是创新驱动显著增强。规模以上工业企业新产品产值达2180.12亿元，增长38.8%，新产品产值率为19.4%，同比提高2.1个百分点，对规模以上工业总产值的增长贡献率为27.9%。

3. 服务业快速发展。2010年，全市实现服务业增加值2893.39亿元，同比增长12.3%。文化创意、商贸旅游、金融等

现代服务业迅速发展。十大文化创意园区和文化创意综合体建设顺利推进,全市实现文化创意产业增加值702亿元,增长16.2%,增速高于全市GDP 4.2个百分点;旅游总收入1025.7亿元,增长27.7%,接待境内外游客6580.6万人次,增长23.6%,实现旅游外汇收入16.9亿美元,增长22.5%;全市实现金融业增加值605.11亿元,增长13.5%,全年新增金融机构10家、小额贷款公司6家。

(二)三大需求协同拉动,对外经济恢复性增长

1. 投资结构良性调整。2010年,全市完成全社会固定资产投资2753.13亿元,限额以上固定资产投资2651.88亿元,分别增长20.1%和20.8%。从结构看,限额以上第三产业投资增长24%,所占比重由上年的72%提高到73.9%;随着地方政府投融资平台的清理和新"36条"的逐步落实,民间投资力量快速激活。限额以上投资中,民间投资增长24.2%,增速快于国有投资6.7个百分点,占限额以上投资的51.7%。

2. 消费快速增长。2010年,全市社会消费品零售总额2146.08亿元,增长19.9%。其中,汽车、通信器材、金银珠宝、服装鞋帽针纺织品等商品零售额分别增长33.8%、66.7%、63.3%和24.6%。随着互联网的进一步普及与应用,网上购物快速增长。2010年杭州市区城镇居民家庭人均网购消费支出为150.4元,比上年增长83.9%。

3. 外贸恢复性增长。2010年,全市实现进出口总额523.55亿美元,其中出口353.37亿美元,分别增长29.5%和30.0%,规模与增速均已超过金融危机前水平。机电产品、高新技术产品出口增长较快,分别增长32.7%和38.9%。

(三)居民收入稳定增长,物价涨幅高位运行

1. 城乡居民收入持续改善。2010年,全市城镇居民人均可支配收入突破3万元,达到30035元,增长11.8%,扣除物价因素,实际增长7.6%。全市农民人均纯收入达到13186元,增长11.5%,扣除物价因素,实际增长7.3%。随着惠民利民政策力度不断加强,城乡居民生活水平持续改善,群众的民生福利水平逐步提高。

2. 物价涨幅持续高位运行。2010年,全市居民消费价格同比上涨3.9%,其中12月同比上涨4.7%,自4月来连续9个月超过3%,对城乡居民特别是低收入群体造成了较大影响。全市全年工业品出厂价格和原材料价格分别比上年上涨4.9%和12.1%。

3. 房地产市场呈现"量跌价稳"态势。2010年,全市共销售商品房35800套,比上年下降46.1%。从走势看,受严厉的房地产调控影响,房地产销售与上年相比明显降温,但由于刚性和投资性需求较旺,个别月份环比成交量有回升趋势,商品房销售价格依然处于高位。10—12月全市新建住宅价格分别同比上涨5.9、2.5和0.2个百分点。

二、金融运行基本情况

2010年,杭州市金融机构认真贯彻适度宽松的货币政策,继续扩大信贷总量,优化调整资金投向,有力地支持了杭州市经济复苏和产业转型升级,各金融机构总体呈现快速发展的良好态势。

(一)各项存款平稳增长,企业存款增速回落

2010年末,全市金融机构本外币各项存款余额17084.35亿元,同比增长19.6%,增速保持平稳态势。全年新增本外币存款2800.86亿元，同比少增150亿元。

1. 企业存款增速持续回落。截至2010年末，全市金融机构本外币企业存款余额为8110.20亿元，同比增长17.94%，增幅与上季末相比回落9.49个百分点；全年新增企业存款1523.88亿元，同比少增658.67亿元。从走势看，企业存款增速从年初起呈逐月下降趋势，主要原因一是国内经济逐渐企稳回升，企业投资渠道增多，闲置资金逐步减少；二是受监管部门"实贷实付"要求的影响，派生存款规模有所缩小。

2. 储蓄存款保持平稳增长。截至2010年末，全市金融机构本外币储蓄存款余额为4990.97亿元，同比增长16.42%，全年新增储蓄存款704.01亿元，同比少增106.29亿元。分月看，新增储蓄存款波动剧烈，其中2月、6月、9月和12月分别新增386.60亿元、141.11亿元、275.27亿元和163.40亿元，部分月份则出现负增长，主要原因一是实际负利率降低储蓄存款吸引力，二是2010年以来商业银行季末指标考核要求有所提高，突击揽存现象加剧。

3. 其他存款增速有所回升。截至2010年末，全市金融机构本外币其他存款余额为3715.62亿元，同比增长26.18%；全年新增480.98亿元，占全部存款增量的17.2%，同比多增563.23亿元。

（二）新增贷款均衡投放，结构良性调整

2010年末，全市金融机构本外币各项贷款余额15078.73亿元，新增1965.24亿元，比上年同期少增1081.17亿元；余额同比增长14.99%，增速比上年同期回落15.27个百分点。

1. 贷款投放进度趋于均衡。1—4季度新增贷款分别为802.36亿元、470.19亿元、421.80亿元和271.08亿元，占比分别为40.8%、23.9%、21.5%和13.8%，除去1月冲高达到457.33亿元以外，各月信贷增量基本处于稳定状态，未出现大起大落现象，基本符合调控目标。

2. 贷款投向结构调整明显。一是对实体经济的支持力度加大。2010年，制造业贷款新增627.60亿元，占全部新增贷款的31.33%，占比高于上年同期24.58个百分点；批发零售业贷款新增266.34亿元，占全部新增贷款的13.30%，高于上年同期13.11个百分点。二是对中小企业的支持力度加大。2010年，全市中型企业新增贷款641.67亿元，小型企业新增贷款482.30亿元，中小企业新增贷款占全部新增企业贷款的比重达到85.99%，占比高于上年全年7.62个百分点。三是新增贷款投向房地产，政府投融资平台等调控项目大幅减少。2010年，全市新增房地产业贷款92.57亿元，同比少增52.35亿元；水利、环境和公共设施管理业贷款余额减少12.19亿元，同比少增577.01亿元。

3. 个人贷款和外币贷款快速增长。2010年，全市新增个人贷款730.77亿元，同比增长32.17%，占全部新增贷款的40.27%，占比高于上年同期12.46个百分点。其中新增个人消费贷款453.47亿元，同比增长23.32%。同时，人民币信贷总量控制促使金融机构开辟新的贷款渠道。2010年，全市新增外币贷款24.64亿美元，同比增长39.55%，其中中长期贷款和进出口贸易融资同比分别增长68.14%和46.36%。

（三）金融机构经营效益持续改善，信用风险下降

2010年，在信贷总量平稳增长、净息差基本保持不变的情况下，各金融机构大力拓展中间业务，推进业务和产品创新，保持了较好的经营效益。全市金融机构利润总额达到331.0亿元,同比增长40.66%;金融机构利息收入率为87.88%,比年初降低0.81个百分点;中间业务收入率达到12.12%,比年初提高1.78个百分点。

2010年,通过严格控制政府投融资平台和房地产开发贷款,金融机构信用风险有所降低,不良贷款余额和比率实现双降。截至2010年末,全市金融机构不良贷款余额134.48亿元,比年初下降12.85亿元,不良贷款率为0.90%,比年初下降0.23%。

三、2011年宏观经济形势展望

展望2011年,全球经济形势依然复杂多变,复苏进程可能放缓。从国内看,经济内生动力依然充沛,货币政策回归稳健,结构调整持续深化。需要关注的是,在经济稳步上行的同时,短期内通胀水平可能会快速上升,经济结构调整可能出现反复,企业经营压力可能加大。

(一)全球经济复苏放缓,新兴经济体通胀压力加大

1. 全球经济复苏将有所放缓。从2010下半年开始,全球扩张性政策的刺激效果逐步减弱,补库存力度逐渐降低,全球经济增速已经出现放缓势头。欧洲债务危机的再度恶化,使得本已羸弱的全球经济复苏再添变数。尽管2011年伊始,一些国家的部分经济数据转好,但对经济复苏具有风向标意义的就业数据和房地产数据仍然黯淡。2010年12月,美国非农部门失业率已经连续17个月维持在9.4%以上,创1948年以来最长纪录;2010年11月,欧元区的失业率高达10.1%,其中西班牙高达20.6%;日本的失业率为5.1%。2010年10月份,美国20个大城市房价指数比上月下跌1.3%,跌幅继续扩大。总体来看,2011年全球经济仍将恢复性增长,但复苏的步伐将有所放缓。联合国经济与社会事务部发布的《2011年世界经济形势与展望》预计,2011年全球经济增长率将从2010年的3.6%下降到3.1%。

2. 主要经济体后续政策空间有限。尽管经济出现放缓势头,但欧、美、日等发达经济体的政策应对的空间却非常有限。财政政策方面,反危机期间各国普遍采取了大规模的扩张性财政政策,政府债务率急剧上升,2010年OECD平均政府债务率高达96.9%,较2007年激升24个百分点,目前多个国家政府债务率已经突破了100%,日本债务负担率更是超过200%(见表1),预计今明两年,OECD国家债务负担率还将继续攀升。沉重的债务负担,使得这些国家政府可用的财政政策空间非常有限,即便一些国家仍然继续发债,但国债利率大幅攀升①,也会抑制发债规模。因此,2011年扩张性的财政政策已经难以为继。

① 以爱尔兰为例,目前10年期国债收益率已经上升到8.28%。

表1 2010年12月OECD组织对各国政府债务率预测值

单位:%

国别＼年份	2007	2008	2009	2010	2011	2012
澳大利亚	14.3	13.6	19.2	23.6	25.9	26.8
加拿大	66.5	71.3	83.4	84.4	85.5	87.0
法国	70.0	75.9	87.1	92.4	97.1	100.2
德国	65.3	69.4	76.5	79.9	81.3	82.0
希腊	104.6	105.6	120.2	129.2	136.8	142.2
匈牙利	72.5	76.4	85.2	89.0	90.2	90.1
冰岛	53.3	102.4	119.5	124.9	116.9	111.3
爱尔兰	28.9	49.4	72.7	104.9	112.7	115.6
意大利	112.7	115.1	127.7	131.3	132.7	133.0
日本	167.1	173.9	192.8	198.4	204.2	210.2
葡萄牙	68.8	74.1	86.3	92.9	98.7	100.6
西班牙	42.3	47.4	62.4	72.2	78.2	79.6
英国	47.2	57.0	72.4	81.3	88.6	94.5
美国	62.0	71.1	84.4	92.8	98.5	101.4
欧元区	70.9	76.0	86.3	91.6	94.8	96.3
OECD平均	72.9	79.1	90.6	96.9	100.7	102.8

数据来源:www.oecd.org。

货币政策方面,美、欧、日等主要经济体同样面临困局。美国重启量化宽松的货币政策,并未给实体经济带来实质性的改善,相反中长期国债收益率利差的进一步收窄,表明货币政策宽松程度已经达到极致。欧洲进一步放宽货币政策的难度更大,2010年12月,欧元区居民消费价格涨幅年率已经达到2.2%,比上月上升0.3个百分点,超过欧元区通胀控制目标0.2个百分点,放宽货币政策势必进一步加剧通胀压力。日本尽管并未面临通胀压力,2010年11月日本居民消费价格环比下降0.1%,但由于老龄化、内需严重不足等问题仍然突出,日本长期实行低利率的扩张性货币政策基本处于失效状态。

3. 新兴市场国家通胀压力加大。在2010年全球流动性过剩加剧的背景下,发达国家与新兴市场国家经济发展的非均衡性更加突出。过剩的流动性集中流向新兴市场国家,导致这些国家的通货膨胀率急剧攀升,包括巴西、俄罗斯、中国、印度、印度尼西亚和土耳其在内的主要发展中国家，目前CPI同比涨幅都已经突破5%[①]，这与主要发达经济体较低的通胀水平形成鲜明对比[②]。2011年，预计新兴市场国家的通胀水平仍将保持高位。此外，2010年的粮食价格形势异常严峻。据联合国粮农组织判断，受极端天气的影响，2010年末全球小麦库存量较上年下降10%，玉米及大豆库存量也处于危机的低水平。2011年，粮食价格很可能在目前历史高位基础上继续上涨。由于粮食在新兴市场国家的CPI篮子中权重较高，势必进一步推升新兴市场国家的通胀水平。

（二）国内经济仍将处于上升通道，结构调整持续深化

1. 国内经济将继续稳步复苏。尽管外部经济仍然存在不确定性，结构调整带来的短期阵痛难以避免，但我们认为2011年国内经济仍将稳步复苏。一是投资增长可能加快。2011年是“十二五”规划开局之年，各地重大规划项目陆续开工建设，地方政府投资意愿强烈，加之1000万套保障性住房建设计划的实施，将为投资增长带来新的动力，预计2011年的投资增速可能超过2010年。二是消费增长保持平稳。收入分配改革的继续深入，社会保障体系的进一步完善，都会对国内消费起到积极的促进作用，而人均收入水平的提升将进一步推动消费升级。四季度居民储户问卷调查结果显示，当前居民消费购车消费意愿为13.7%，虽较前期有所回落，但仍处于调查以来的高位。预计2010年消费仍将平稳增长。三是外贸仍将保持较快增长。2010年，在全球经济缓慢复苏、人民币升值有所加快、贸易摩擦加剧的情况下，我国出口依然保持了快速增长，表明出口企业应对外贸环境变化、主动调整出口结构的能力在不断提升，市场开拓能力不断增强。2011年，尽管世界经济复苏可能放缓，全年出口增速可能较上年略有回落，但总体仍将保持较快增长态势。

2. 经济结构调整将持续深化。后危机时代，加快经济结构调整和产业转型升级依然是经济工作的重心。2011年，国内经济结构调整将继续深化，并突出表现在三个方面：一是加大对战略性新兴产业培育和扶持。重点培育和发展新一代信息技术、节能环保、新能源、生物、高端装备制造业、新材料、新能源汽车等战略新兴产业，加快形成先导产业和支柱产业，注重强化核心技术支撑作用，与传统产业改造有机结合。二是“节能减排”任务仍然艰巨。根据我国向国际社会作出的承诺和“十二五”期间节能减排目标，分解到2011年，单位国内生产总值能耗和二氧化碳排放强度均要比2010年下降3.5%左右，主要污染物总量控制种类由两项增加到四项，排放量均减少1.5%左右。为实现预期目标，国家将从产业政策、信贷和税收等多方面，控制“两高一资”行业的增长，加大节能减排力度。三是继续加强房地产调控。2010年，中央和地方出台了一系列调控房价的政策措施，从目前来看，这些政策措施实施效果尚未充分显现，房价依然高位运行。为进一步遏制房价过快上涨的势头，促使房价理性回归，2011年，房地产调控仍将持续，并且力度可能会有所加强，房产税等一些新的调控政策有可能择机推出。

① 统计数据显示：2010年12月，巴西CPI同比上涨5.9%，土耳其6.4%；2010年11月，中国5.1%，印度尼西亚7.0%，俄罗斯8.1%，

② IMF2010年10月份《世界经济展望》中预计2010年新兴市场与发展中经济体的通胀水平为6.2%，比发达经济体的整体通胀率高4.8个百分点。

3. 金融宏观调控的针对性和灵活性提高。2011年，针对经济持续回升过程中通胀压力加大的情况，金融宏观调控的着力点将会有所变化，调控手段更趋丰富和灵活。一是货币政策取向由适度宽松回归稳健。稳健的货币政策就是要把稳定物价总水平放在金融宏观调控更为突出的位置，通过提高调控的针对性，有效管理流动性，控制物价过快上涨的货币条件。同时，稳健的货币政策将引导金融机构优化信贷结构，将更多的信贷资金投向战略性新兴产业、节能环保产业、“三农”和“中小企业”等重点领域和薄弱环节。二是利率市场化改革进程将加快。为加快促进金融业自身的转型升级，同时进一步强化利率在宏观调控中的重要性，“十二五”期间，我国将加快推进利率市场化改革。我们判断，根据宏观调控目标和“十二五”规划的总体要求，以及当前利率市场化改革的基础条件，人民银行将结合宏观审慎管理框架，选择具有硬约束的金融机构，通过逐步放开替代性金融产品的价格等途径，有计划、有步骤、坚定不移地推进利率市场化改革。三是更加注重差别化货币政策工具的运用。2011年，人民银行将会强化差别化货币政策工具的运用，以此引导金融机构合理、适度、平稳放贷，切实优化信贷结构，有效防范顺周期系统性风险的积累。

（三）短期风险仍然存在，企业经营压力可能加大

1. 通胀风险可能上升。2011年，推动物价上涨因素较多，劳动力成本继续提高，地方政府投资意愿强烈，国内外流动性充裕，公用事业和资源类价格进一步推进以及极端天气导致的部分食品价格快速上涨等因素，将共同推动物价上涨，通货膨胀形势非常严峻。据某国际投行测算，1月、6月CPI翘尾因素最大，达到4.2%，上半年的平均翘尾因素也达到了3.6%，如果新增因素仍旧保持2%—3%的水平，那么上半年CPI涨幅将持续保持在5%以上。

2. 结构调整可能出现反复。一方面，政府投资过快增长可能对投资结构带来一定影响。2011年是“十二五”规划的开局之年，各地重点项目、重点工程推进力度加大，政府投资将出现快速增长，可能对民间投资产生一定的“挤出”效应。此外，政府投资多为基础设施投资，对钢材、水泥等“两高一资”行业会有一定拉动作用，一定程度上会加大“节能减排”压力。另一方面，房价仍存在上涨压力。在居民通货膨胀预期趋升，投资购房意识强烈①，社会流动性总体宽裕，土地价格看涨②的情况下，2011年房价上涨的动能较大，如果调控政策的持续性、针对性不强，房价很可能出现反复。

3. 企业经营压力可能加大。一是企业成本递增。2011年，通胀预期强烈，工资上涨压力进一步增大。此外，原材料购进价格与工业品出厂价格倒挂现象还会延续，企业成本管理难度上升。二是出口企业分化。2011年，人民币汇率改革将继续稳步推进，人民币升值预期强烈。在此背景下，出口企业可能会出现分化。一些低成本、低附加值，缺乏议价能力的出口企

① 2010年第4季度储户问卷调查显示：在各主要投资方式中，“房地产投资”以26.1%的相对高值继续成为居民投资首选。

② 2010年我国保障性住房建设的目标为1000万套，建设所需资金突破1.3万亿元。保障房建设资金需求主要通过各地计提10%—20%的土地出让金解决，这很可能会促使地方政府进一步控制土地供应，抬高土地价格，从而推升房价。

业，盈利空间将受到进一步的挤压，经营压力加大。三是资金供求结构性矛盾可能再现。2011年，货币政策转向稳健，货币信贷总量预计将比上年有所调减。在此背景下，部分前期扩张较快、资产负债率较高、产品竞争力不强的中小企业融资难度可能上升，资金供求的结构性矛盾可能加剧。

四、做好2011年金融工作的几点措施建议

2011年是"十二五"规划的开局之年，也是加快经济转型升级的关键之年。根据杭州市发展环境和"十二五"规划的要求，2011年全市地区生产总值预期目标为增长11%左右，居民消费价格总水平上涨控制在4%左右。同时，为确保经济发展方式转变的顺利推进，杭州市在结构优化、创新发展、民生改善和资源环境等方面也设定了一批预期目标，为今后一年的发展指明了方向。为确保这些目标的顺利完成，人民银行将继续围绕打造"金融强省"的战略目标，紧扣建设中小企业金融服务中心和支持企业对外发展"走出去"两大主线，有效引导金融机构认真贯彻稳健的货币政策，努力保持社会融资总规模平稳、适度、合理增长，继续落实"有扶有控"的信贷政策，优化调整信贷结构，加快推进经济转型升级，促进经济金融良好互动。

（一）保持社会融资规模合理增长，充分满足经济发展需要

一是要继续保持信贷总量的合理增长。各商业银行在杭分支机构要积极向总行争取资金、授信管理等支持，继续保持合理的信贷规模；各法人金融机构要在认真贯彻稳健货币政策的前提下，结合自身业务发展和风险管控能力，继续加大对地方经济的信贷投入。二是要积极拓展直接融资渠道。要加快有条件企业的上市融资步伐，积极推荐高成长性企业上市融资，鼓励规范的股权交易方式，加大非上市公司股权流动性；继续推进企业债券和短期融资券工作，扩大融资规模；及时出台引导性政策，促进创业投资基金、风险投资基金快速发展等，满足不同类型企业的多样化资金需求。三是要积极引导和规范民间融资。加快推进中小企业金融服务中心建设，研究建立若干个具有浙江特色的金融"小池子"，广泛吸纳民间资金，为中小企业提供金融服务，减少经济环境和金融政策变化对中小企业融资的影响。人民银行应加强对社会融资总量的监测，确保社会融资总量合理增长。

（二）加大对重点领域和薄弱环节的资金支持，努力推进经济转型升级

一方面要继续支持工业"高端化"发展。各金融部门要从经济转型升级的大局出发，紧紧围绕杭州市开展的"工业兴市"战略和"环境立市"战略，加快金融支持战略性新兴产业步伐，大力推进产业化示范项目、产业技术和工程研究创新平台建设，继续做好传统产业转型升级的金融服务，根据产业规划的要求和项目需求特点，积极创新融资产品和服务方式，大力支持企业技术改造、自主创新、节能减排和兼并重组，使结构优化迈出实质性步伐。继续优化外汇服务，大力支持杭州市更多的优质企业"走出去"。另一方面要围绕浙江省"十二五"规划提出的建设中小企业金融服务中心的目标，全力做好中小企业金融服务工作，着力改善对中小企业的融资服务，保持中小企业贷款增速高于全部企业贷款增速，支持中小企业发行集合票据等；以全市现代农业园区和农村住房改造建设等为重点，继续保持涉农贷款增速高于各项贷款增速。

（三）严格执行调控政策，切实加强信

贷风险管理

一是要认真执行差别化的住房信贷政策。严格规范个人住房贷款和房地产开发贷款管理，严格限制各种名目的炒房和投机性购房。二是要加强地方政府投融资平台的信贷风险控制。认真贯彻国务院和各部委颁布的相关政策文件，严格加强对融资平台的信贷管理和风险识别，确保融资平台贷款投向符合国家宏观调控政策、产业政策和信贷审慎管理规定。三是要严格控制“两高一资”和产能过剩行业的贷款投放。对国家明确要求对淘汰的落后产能的违规在建项目，不得提供任何形式的新增授信，切实防止低水平重复建设。

（四）加大金融创新力度，提高金融服务效率

一方面，要积极开发适合中小企业经营和融资特点的金融产品、信贷模式。要进一步深化中小企业抵押担保方式创新，完善动产、应收账款等质押贷款业务，大力发展金融仓储和供应链金融服务模式。进一步扩大股权、专利权、商标专用权等抵质押贷款覆盖面，探索开展排污权、海域使用权等抵押贷款试点。加强与电子商务企业、第三方支付服务组织等的合作，积极发展网络联贷联保等中小企业网络融资产品。另一方面，要结合“三农”发展特点，有重点地开展农村金融产品和服务方式创新。要进一步拓展涉农贷款的抵质押物范围；扎实推进林权抵押贷款扩面增量，继续保持全国前列；积极发展“公司＋农户”、“公司＋中介组织＋农户”、“公司＋专业市场＋农户”等信贷模式，充分发挥农业产业化、规模化经营的风险分散优势和辐射带动作用。

（五）顺应金融改革方向，加快金融业自身转型升级

下阶段，利率市场化改革是我国金融改革突破的重点，这既是一个挑战，更是一个机遇。杭州市金融机构应顺应金融改革方向，充分发挥自身资产质量优异、经营效益好的优势，强化财务约束，牢牢争取利率市场化改革的主动权。同时，要进一步摆脱对存贷款业务的依赖，大力发展财产管理、财务咨询等中间业务，大力开发和创新理财产品，加强银、证、保合作，多方面多途径拓宽银行业利润增长源。

杭州市经济金融统计简表

单位:亿元

项　　目	2006年	2007年	2008年	2009年	2010年
国内生产总值	3441.51	4100.17	4781.16	5089.66	5949.17
第一产业	154.86	163.47	178.64	190.51	208.41
第二产业	1734.58	2056.93	2389.38	2387.12	2844.07
第三产业	1552.07	1879.77	2213.14	2509.92	2896.69
社会固定资产投资	1460.54	1684.13	1980.50	2291.65	2753.13
房地产开发投资	442.45	518.79	615.41	704.68	956.20
社会消费品零售总额	1112.37	1296.31	1558.38	1804.93	2146.08
进出口总额(亿美元)	389.09	434.26	480.65	404.20	523.55
出口总额(亿美元)	262.28	299.66	144.51	271.80	353.37
进口总额(亿美元)	126.81	134.60	336.14	132.40	170.18
地方财政收入	301.39	391.62	455.35	520.79	671.34
地方财政支出	273.55	335.72	419.67	490.40	616.58
商品零售物价总指数(%)	100.20	103.10	106.00	98.60	103.70
居民消费价格指数(%)	101.20	103.50	104.90	98.60	103.90
金融机构存款余额	7683.02	9154.46	11108.43	14059.16	17084.35
企业存款余额	3239.24	4150.18	4544.65	6728.99	8110.20
储蓄存款余额	2473.69	2578.78	3410.90	4223.58	4990.97
金融机构各项贷款	6496.03	8142.32	9747.89	12687.86	15078.73
短期贷款	3387.59	4104.52	4715.57	5595.02	6500.78
中长期贷款	2587.21	3647.85	4346.08	6227.99	7609.84

宁波市经济金融运行情况综述

2010年，全市金融运行总体平稳。各项存款平稳增长，增速态势分化明显；银行信贷投放均衡，资金需求保障有力；贷款利率稳中趋升，金融生态溢价明显。

一、宁波市金融运行基本情况

（一）存款平稳增长，增势分化明显

12月末，全市金融机构本外币存款余额9755.52亿元，同比增长18.37%，增幅比上年同期下降11.34个百分点；比年初新增1514.29亿元，同比少增372.24亿元。从存款结构看，三项存款增势分化明显，企业存款明显少增，储蓄存款低位波动，其他存款快速增长（见图1）。

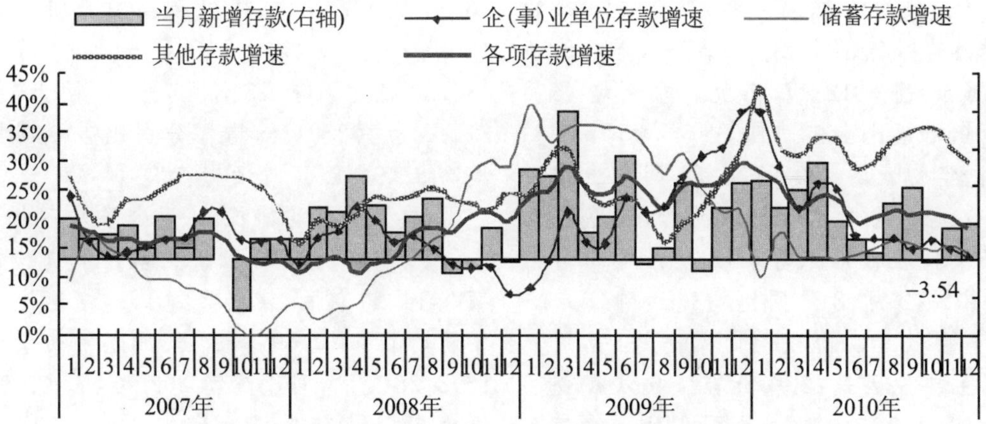

图1　2007年以来宁波市金融机构各项存款增长态势

企业存款明显少增。12月末，全市企业存款余额3410.43亿元，比年初新增509.96亿元，同比少增316.45亿元；同比增长13.52%，增幅比上年同期下降24.70个百分点。从全年增势看，企业存款增速总体呈前高后低、高位回落态势。1、2、3月增速分别为38.27%、29.02%、21.89%，10、11、12月份增速分别为16.30%、14.86%、13.52%（见图2）。

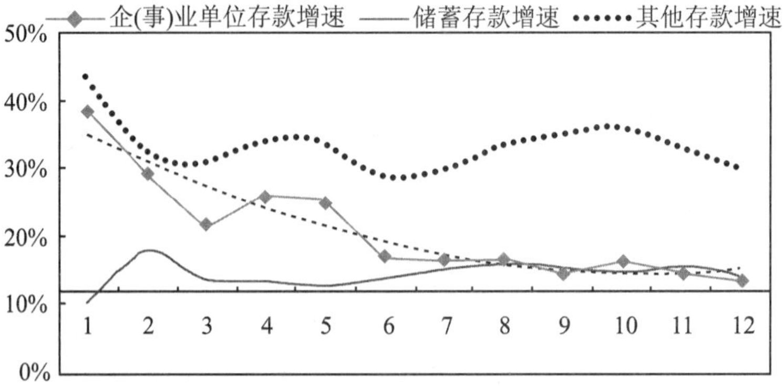

图 2　2010 年宁波市金融机构三项存款增势

企业存款少增明显的主要原因:一是2010年以来随着企业生产经营状况好转,进料、补货等意愿逐步增强,再加上受生产成本上升等因素影响,企业流动资金运用充分;二是受监管政策的影响,派生存款明显减少。

储蓄存款低位波动。12月末,全市储蓄存款余额3312.17亿元,同比增长14.14%,增幅比上年同期下降6.95个百分点;比年初新增409.91亿元,同比少增94.78亿元。从月度增长情况看,储蓄存款增长呈低位波动态势。12个月平均增速14.40%,2月、8月同比增速达到高点后,储蓄存款呈现阶段性回落态势(见图1)。其主要原因是:2月份居民收入有较大增加;9月、10月、11月全国CPI指数分别达到103.60、104.40、105.10,存款"负利率"效应明显,居民储蓄动力不足。

其他存款快速增长。12月末,全市其他存款余额2973.03亿元,同比增长29.75%,增速比上年同期下降1.93个百分点;比年初增加578.44亿元,同比多增23.34亿元。其中,保证金存款与机关团体存款有较大增长,分别比年初增加199.24亿元、160.13亿元,分别同比增长21.42%、102.91%,增幅分别比上年同期提高3.49、42.65个百分点。

(二) 信贷均衡投放,资金保障有力

12月末,全市金融机构本外币贷款余额9414.20亿元,增长22.01%,增速比上年同期下降10.69个百分点;比年初新增1698.28亿元,同比少增202.05亿元。从投放节奏看,信贷投放相对均衡。除1月份贷款新增较多以外,其余各月投放较均衡(见图3)。

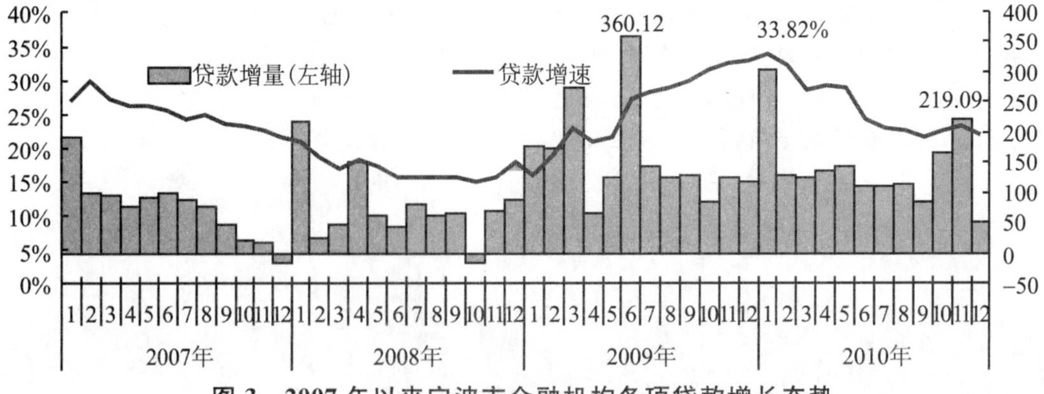

图 3　2007 年以来宁波市金融机构各项贷款增长态势

从期限结构看，短期贷款较快增长，中长期贷款增速高位回落。短期贷款同比多增，增速回落。12月末，短期贷款余额4811.29亿元，比年初增加800.69亿元，同比多增41.88亿元；比上年同期增长20.48%，增速比上年同期回落2.66个百分点。但从环比情况看，自4月份短期贷款增速达到27.33%后，增速总体呈震荡下行趋势，7—9月份，增速分别为23.04%、22.63%、21.07%；10月末增速较上月提高0.56个百分点，但11、12月增速再现振荡下行态势，11、12月增速环比下降0.93、0.18个百分点。主要原因是：当前经济形势依旧较为复杂，外需不确定性较大，再加上"用工荒"、"节能减排"等制约因素的影响，企业对资金需求有所回落。

中长期贷款增速高位回落。12月末，中长期贷款余额4150.68亿元，比年初新增962.44亿元，同比少增48.97亿元；比上年同期增长29.49%，同比下降17.23个百分点。中长期贷款增速持续回落主要原因：一是随着政府融资平台的清理工作持续进行，部分政府类贷款逐步退出，中长期贷款相应减少；二是受房地产调控影响，房地产开发贷款和个人住房贷款需求出现不同程度下降，造成中长期贷款增速回落。

票据融资大幅减少。12月末，票据融资余额168.74亿元，比年初减少163.54亿元，同比少增190.79亿元，余额同比减少29.91%。票据融资大幅减少主要原因是商业银行调整资产结构，主动压缩票据业务；同时，企业开票和贴现需求降低。

从投向结构看，行业投向重点突出，小企业贷款占比提高。制造业和服务业贷款持续多增，水利、环境和公共设施管理业贷款减少。全年新增贷款居前五位的行业：一是制造业，新增603.58亿元，同比多增285.89亿元，占全部新增贷款的32.46%，占比高于上年同期15.42个百分点；二是租赁和商务服务业，新增255.89亿元，同比多增20.77亿元，占全部新增贷款的13.76%，占比高于上年同期1.15个百分点；三是批发零售业，新增220.55亿元，同比多增79.95亿元，占全部新增贷款的11.86%，占比高于上年同期4.32个百分点；四是交通运输、仓储和邮政业，新增121.02亿元，同比多增3.80亿元，占全部新增贷款的6.51%，占比高于上年同期0.22个百分点；五是房地产业，新增87.82亿元，同比少增27.82亿元，占全部新增贷款的4.72%，占比低于上年同期1.48个百分点；少数行业贷款减少，例如，水利、环境和公共设施管理业、电力、燃气及水的生产和供应业以及公共管理和社会组织较年初分别减少63.09亿元、1.21亿元、3.77亿元。另外，个人贷款新增578.38亿元，同比多增34.67亿元，占全部新增贷款的31.11%，占比高于上年同期1.93个百分点。

中小企业贷款平稳增长，小型企业贷款占比提高。12月末，宁波市金融机构大型企业贷款余额1416.19亿元，比年初新增237.14亿元；中型企业贷款余额2405.02亿元，比年初新增385.84亿元；小型企业贷款余额2586.86亿元，比年初新增544.75亿元。全年大、中、小型企业贷款新增占比分别为20.31%、33.04%和46.65%。其中，小型企业贷款新增占比较上季提高4.91个百分点。

（三）贷款利率稳中趋升，金融生态溢价明显

从月度走势看，宁波市金融机构加权平均利率稳中有升。1至12月宁波市金融机构贷款加权平均利率分别为5.81%、5.73%、5.95%、5.81%、5.81%、5.78%、5.76%、5.70%、5.81%、5.97%、6.10%和

6.06%。除2月份比上年同期下降0.02个百分点外，其他月份分别比上年同期提高0.06、0.31、0.04、0.06、0.14、0.04、0.11、0.12、0.27、0.34、0.22个百分点，贷款利率水平稳中趋升。与全省情况比较看，利率水平相对较低。1至12月宁波市金融机构贷款加权平均利率分别比全省低27.95、38.28、28.45、45.51、43.10、39.22、52.42、53.83、54.37、50.93、53.18、60.00个基点，宁波金融生态溢价明显(见图4)。2010年宁波市新增本外币存贷比112.15%，比全国高出43.29个百分点。按全国存贷比数据测算①，全年净流入资金655.54亿元。

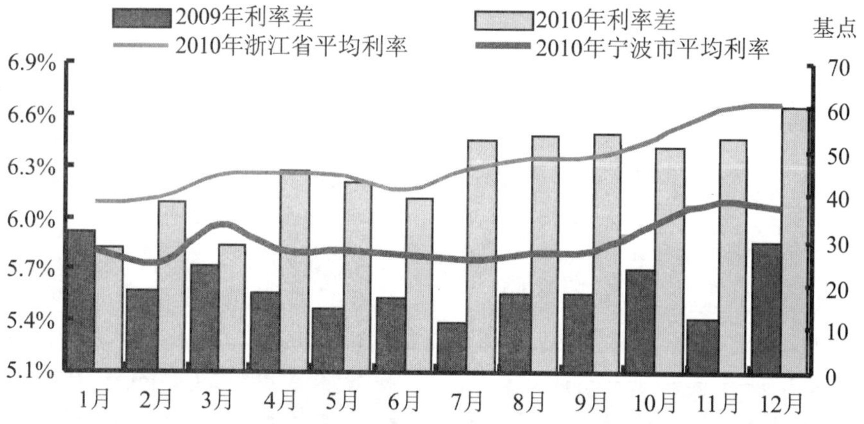

图4 宁波市与全省贷款加权平均利率比较

(四) 国际收支创新高，外汇贷款增速放缓

2010年，宁波市国际收支总规模1066.90亿美元，突破千亿美元大关，同比增长42.1%；收支顺差352.2亿美元，增长53.5%。进出口贸易和直接投资较快增长是宁波市国际收支总规模和顺差双双创历史新高的主要原因。在国际收支规模快速增长的拉动下，银行结售汇总规模明显增长。全年宁波市银行结售汇总规模681.0亿美元，同比增长37.8%；结售汇顺差303.7亿美元，增长39.7%。

金融机构外汇贷款增速放缓，外汇存款增加明显。2010年末，宁波市外汇贷款余额62.45亿美元，同比增长46.52%，增速比上年同期下降58.83个百分点；比年初增加19.83亿美元，同比少增2.04亿美元。外汇存款余额30.73亿美元，同比增长33.21%，比上年同期提高18.28个百分点；比年初增加7.66亿美元，同比多增4.66亿美元。

(五) 不良贷款"双降"，贷款质量保持良好

按五级分类口径统计，2010年末，全市银行业金融机构本外币不良贷款余额86.86亿元，比年初减少12.38亿元，不良贷款率为0.92%，比年初下降0.36个百分点，全市贷款质量总体保持良好水平。分机构看，国有商业银行不良贷款率为0.81%，比年初下降0.34个百分点。股份

① 2010年宁波市新增本外币存款1514.29亿元，宁波市本外币新增存贷比112.15%，全国本外币新增存贷比68.86%。因此，按全国存贷比数据测算，全年宁波市净流入资金量=宁波市新增本外币存款×(宁波市本外币新增存贷比－全国本外币新增存贷比)=1514.29×(112.15%－68.86%)=655.54(亿元)。

制商业银行不良贷款率为0.70%，比年初下降0.37个百分点。农村合作金融机构不良贷款率为1.71%，比年初下降0.73个百分点。

（六）证券市场持续调整，保险业务稳步发展

2010年，宁波市证券成交总额18417.27亿元，同比增长0.13%。2010年末，宁波市证券投资者股票账户数为82.01万户，同比增长10.73%；托管市值1339.61亿元，同比增长40.31%。全市证券客户交易结算资金余额为153.90亿元，同比减少8.14%。

保险业务稳步发展。全年宁波市共实现保费收入144.06亿元，同比增长34.08%。其中财产险保费收入66.20亿元，同比增长29.6%；人身险保费收入77.86亿元，同比增长38.13%。保险公司赔款与给付累计支出38.14亿元，同比增长5.10%。其中财产险赔付支出27.45亿元，增长7.89%；人身险赔款与给付支出10.69亿元，减少1.45%。

二、当前值得关注的几个问题

2010年，区域经济呈现持续回升态势，积极因素逐步增多，经济内生动力增强。另一方面，仍存在一系列影响经济金融平稳运行的突出问题。从国外情况看，世界主要经济体复苏缓慢，不稳定因素仍然较多；从宁波情况看，经济结构面临调整、产业结构需要升级，而且企业发展的制约因素不断增加；货币政策回归稳健，资金供求出现新态势；调控政策密集出台，房地产走势值得关注。

（一）世界经济复苏缓慢，不稳定因素不容忽视

2010年以来，世界经济延续了上年复苏势头。从上年三季度以来，美、欧、日等经济体已经连续实现环比增长，表明发达经济体经济衰退已经结束，并进入复苏阶段。但世界经济复苏进程缓慢曲折。随着库存回补效应和经济刺激效应的减弱，全球经济由“快速反弹期”进入“低速增长期”。因此，尽管世界经济步入复苏，但仍存在着很多不稳定因素，下行风险仍在逐渐积累。总的来看，世界经济下行风险主要表现在四方面：

表1　2009—2011年发达经济体失业率

单位：%

经济体	2009年	2010年	2011年
美　国	9.3	9.7	9.6
欧元区	9.4	10.1	10.0
法　国	9.4	9.8	9.8
英　国	7.5	7.9	7.4
日　本	5.1	5.1	5.0

注：2010年和2011年为预估值。
资料来源：IMF《世界经济展望》，2010年10月6日。

一是失业率[①]持续高企。目前，主要发达经济体的失业率未有明显下降迹象（见表1）。美国2010年10月份失业率从峰值[②]10.2%回落至9.6%，但新增工作岗位中大部分是临时性工作，失业率持续回落的态势并未出现——11月份失业率意外升至9.8%，是2006年的两倍多；受债务危机继续蔓延的影响，欧元区复苏步伐

① 美国著名经济学家奥肯发现了周期波动中失业率与增长率之间负相关的经验关系，这种经验关系被称为奥肯定理（律）。奥肯定理（律）是西方经济学中重要定理（律）之一。

② 2009年10月美国失业率达到最高值10.2%。

明显减缓，10月份失业率上升至10.1%，创12年来新高；日本经济减速，一直处于停滞状态，失业率也一直保持在5.0%以上。高失业率表明世界经济复苏仅是恢复性反弹，尚处于一种“无就业复苏”的阶段。二是汇率战与贸易保护再现。美国重启量化宽松政策，美元汇率持续创出新低，使非美元货币被动升值，各国出于维护出口竞争力的需要，争相使本国货币贬值，汇率争端日益升级。与此同时，全球贸易保护主义重新抬头。发达国家为了增加就业岗位，推动本国经济增长，推出了一些新的贸易保护措施与手段①。在当前主权债务危机前景不明的情况下，贸易和投资是支持世界经济复苏的一个重要源泉，如果过多地实施甚至滥用贸易保护将会使世界经济复苏进程夭折。三是消费增长乏力。2010年一季度三大经济体消费增长强劲与政策刺激以及上年低基数有关，4月份以来消费增势显疲态。美国5月份消费支出环比下降1.2%，为2009年9月以来的最大降幅；欧元区4月份零售水平同比下降1.5%，环比下降1.2%，为2008年10月以来最大降幅；日本5月份人均消费支出同比减少0.7%，时隔一个月后再次下降。四是欧洲主权债务危机前景不明。希腊、葡萄牙、意大利、爱尔兰和西班牙等欧洲五国主权债务危机，严重扰乱了欧洲乃至全球金融秩序，引发了对世界经济“二次探底”的担忧，全球金融市场恐慌情绪再次蔓延，黄金等又一次成为投资者避险的资产。实际上，全球主要国家推出太多的刺激计划，都面临着债务急剧增长的难题（见图5）。

全球经济发展中较多的不确定因素，严重影响我国经济外需的稳定增长，而外需在推动宁波经济稳健增长中发挥着极为重要的作用，因此，在世界经济缓慢复苏背景下，不确定因素仍值得持续关注。

---

① 与以关税、非关税壁垒为主要手段的传统贸易保护不同，新贸易保护的主要手段有：(1)以保护公平贸易为由，滥用WTO反倾销、反补贴和保障措施条款，通过征收高额的反倾销税或者激励企业实行反倾销的方式，达到限制进口的目的。(2)以保护消费者安全和健康为由，通过建立新的动植物检验检疫措施、环境技术标准等削弱对方优势产业的国际竞争力。(3)以维护劳动者的基本权利为由，通过建立新的社会责任国际标准认证，削弱发展中国家在劳动密集型产品的国际竞争力。据有关专家预测，目前中国沿海地区有8000多家企业接受这类审核，5万多家企业准备随时接受检查。由于劳工标准涉及工人的年龄、加班时间、宿舍条件等人权问题，技术标准涉及一国的技术法规和技术水平等问题，从而贸易保护的手段也由关税等贸易政策转向了劳工标准和技术标准等社会经济技术政策。

在传统贸易保护框架下，发达国家主要通过关税和补贴等手段实现规模经济效益，扩大市场份额，提高本国产业国际竞争力。而新贸易保护从根本上削弱甚至使对方丧失国际竞争力。发达国家通过对发展中国家劳动密集型产品出口平均征收高于工业国10倍以上的反倾销税、设置技术性贸易壁垒、动植物检疫标准、劳工标准等，使发展中国家丧失在劳动密集型产品出口的国际竞争力。如发达国家不断提高出口水产品包装的检疫标准，由原来的几项、十几项增加到几十项，导致近年来中国出口的水产品因包装不合格被驱逐出市场，损失高达70多亿元；美国推行的社会责任认证对工人最低工资和工作时间等提出特殊要求，致使中国企业因成本支出过大，或未能通过SA8000认证而拿不到跨国公司的订单等。

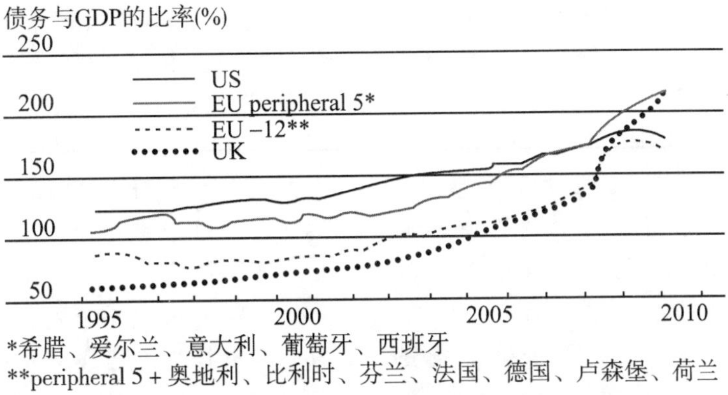

图5 美国、英国与欧盟的政府负债率

（二）货币政策回归稳健，资金供求出现新态势

国际金融危机以来，保持货币信贷增长速度超过经济增长速度，提供了必要的拉动作用，提振了信心、扩大了内需、促进了区域经济全面较快回升。经济出现明显回升后，金融部门注重了信贷投放节奏，资金供给转向常态化，银行贷款增速有所下降，2010年全市人民币贷款新增额同比少增175.42亿元。央行在保持流动性适度增长的同时，加强了流动性动态管理，运用存款准备金率、存贷款基准利率、再贷款再贴现利率①、公开市场操作等多种政策工具调节市场流动性，促进货币信贷适度增长，货币政策逐渐回归稳健。12月3日，中共中央政治局会议指出要实施稳健的货币政策。这次稳健货币政策是在物价走高、经济回升情况下回归的。在货币政策由适度宽松转向稳健的背景下，经济活动也出现了一些明显变化。

通货膨胀使得居民的资产配置行为发生重大变化，突出的一点是居民储蓄意愿下降，从而影响金融机构资金来源，影响银行资金平衡问题。截至12月末，全市金融机构人民币存款余额比年初增加1468.30亿元，同比少增397.90亿元，增速同比下降11.88个百分点。其中，人民币储蓄存款余额增速同比下降6.85个百分点。存款少增导致存贷比提高，12月末全市人民币余额、新增存贷比分别为94.23%、107.32%，分别比上年同期提高2.38、13.48个百分点。因此，在当前银行资金来源发生明显变化的情况下，金融机构应努力提升资金聚集能力，有效缓解资金来源问题。

另一方面，在宏观经济持续回升出现趋缓的情况下，微观经济主体谨慎乐观，而且投资热情下降。四季度工业企业问卷调查显示，在企业家对本季经营情况判断的29项指数中，有14项较上季回落；对下季度判断的29项预期指数中，有21项较上季回落，回落指数比三季度多11项，显示企业对未来经济发展持谨慎态度。从国外订货情况看，四季度出口订单指数17.97，较上季回落10.16，由于国外需求的不确定性、人民币升值、原材料价格快速上涨等原因，使企业出口难度不断增加。考虑到一系列不利因素的影响，企业的固定资产投资和设备投资意愿再度出现回落。四季

① 12月26日宣布上调基准利率的同时，还上调了再贷款利率，其中一年期升0.52个百分点至3.85%；同时上调再贴现利率，由1.80%上调至2.25%。两者均为两年来首次调整。

度监测企业固定资产投资和设备投资指数分别为10.94和7.81，分别比上季度下降3.12个和3.13个百分点。企业投资热情下降也反映在资金需求方面。据三季度我中心支行对231家中小企业的问卷调查，64.50%的企业表示当前企业的资金需求“一般”；另一项对授信提款情况的调查与之相印证：35.5%的企业贷款金额占授信额度的比例在70%以下。预期谨慎、投资下降将影响企业资金需求。

（三）经济转型逐渐加快，企业经营压力日益增加

目前，加快经济结构调整，实现经济增长方式转变已成为当前经济中心工作。结构调整关系到未来经济增长动力机制的培育，对经济可持续发展具有重要意义。但在经济增长模式与增长动力机制的快速转变过程中，短期内企业发展受到的制约因素可能增加，在一定程度上将增加中小企业成本，企业经营压力日益增加。这主要表现在：

一是劳动力与原材料价格上涨使企业经营压力不断增大。劳动力价格持续上升①，影响企业持续经营。目前，宁波企业普遍缺乏劳动力，特别是高素质的熟练员工。以奉化市某灯具企业来说，目前一线员工月工资在3000元左右，但是熟练工仍然很难招到。造成招工难的原因主要是：生活成本与劳动者素质提高，劳动者工资还有上涨空间；本地人对当工人缺乏兴趣，而部分中西部地区熟练工人，返乡自主创业。原材料成本震荡上行，影响企业竞争力。以棉花为例，已上涨40%以上，因此，经济复苏后，虽然宁波纺织服装企业海外订单大幅增加，但由于棉花等原材料紧缺和大幅涨价，越来越多的企业面临“有单难接”的困境。二是人民币升值进一步压缩盈利空间。自6月19日人民币汇改重启以来，人民币兑美元汇率中间价不断创出新高。10月9日突破6.7，3个多月的时间内人民币已升值2.12%；12月30日美元兑人民币汇率中间价6.6229，全年升幅3.05%。多家外贸企业表示，人民币兑美元的加速升值完全出乎意料，上半年签下的多笔出口订单已濒临亏损边缘。一项对宁波市34家出口企业的调查显示，有74.4%的企业认为“二次汇改”已经对自身经营造成实质性影响。体现在盈利能力上，汇率升值对企业利润空间造成挤压，三季度出口换汇成本监测显示，在没有出口退税的情况下，企业利润率仅为0.52%。尽管企业对汇率避险工具的运用有所加强、人民币结算意愿也有所提高，但受制于市场环境、贸易地位、操作成本等多种因素考虑，升值压力导致的出口成本提高影响了企业的盈利能力。三是“节能减排”政策措施短期内对企业经营有较大影响。按照省限电管理规定，宁波根据节能减排目标推出相应的限电措施。从8月份开始，宁波对130余家重点工业企业实施有序用电；对有些企业实行“停三开四”式的“定量、定时”双控节电措施，部分纺织企业甚至“停四开三”。这对企业生产经营造成较大影响：一方面生产经营成本增加。由于电力得不到保障，部分企业只能自配发电机组。从成本角度看，用发电机发电成本更高，每度约需2.5元，再加上购买发电机的费用、开机关机所带来的损失等，企业生产成本更高，经营更趋困难。另一方面，限产措施出台后，开工不足，部分企业（特别是出口企业）产能不能开足，出口订单不能

① 监测数据显示，1—11月118家监测企业实发职工工资总额较上年同期增长24.76%，与企业调查情况基本相符。

如期交货,外商意见较大,合作意愿下降。

(四)调控政策密集出台,房地产市场走势值得关注

2010年,国家密集出台了房地产调控政策。如1月10日起,"国十一条"规定二套房首付不得低于40%。4月份以来出台了一系列更为严格的房地产调控政策。9月份又展开第二轮调控,甚至实行楼市调控地方问责制。调控政策密集地出台,特别是有针对性地加大了房地产需求调控,有助于遏制宁波房价的过快上涨,促进市场回归理性发展轨道。从成交量看,全年宁波市六区商品房和二手房成交量同比分别下降56.40%和48.49%(见图6、图7)。从房屋销售价格同比涨幅看,全市商品住房价格同比涨幅从4月份的14.70%一直下降至12月份的3.50%;房屋销售价格与二手住房价格增幅波动明显。在4月、9月出台政策后,增速回落明显(见图8)。

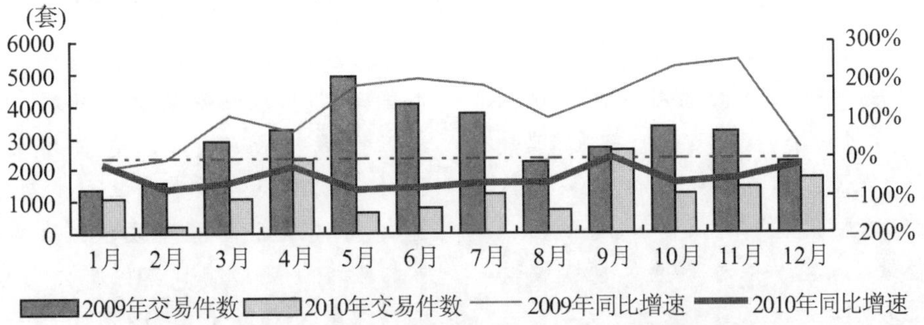

图6　2009、2010年宁波市六区商品房交易情况比较

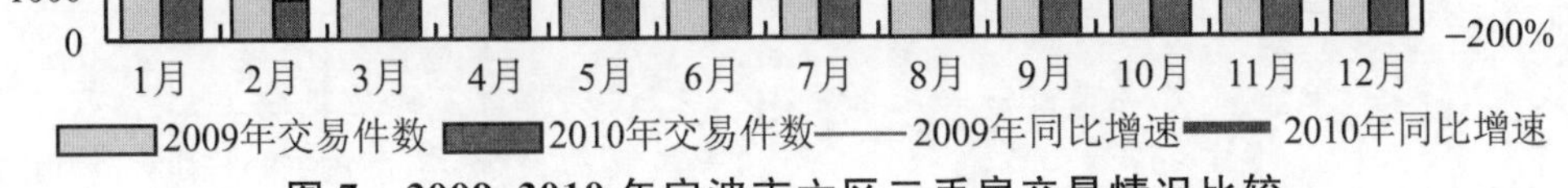

图7　2009、2010年宁波市六区二手房交易情况比较

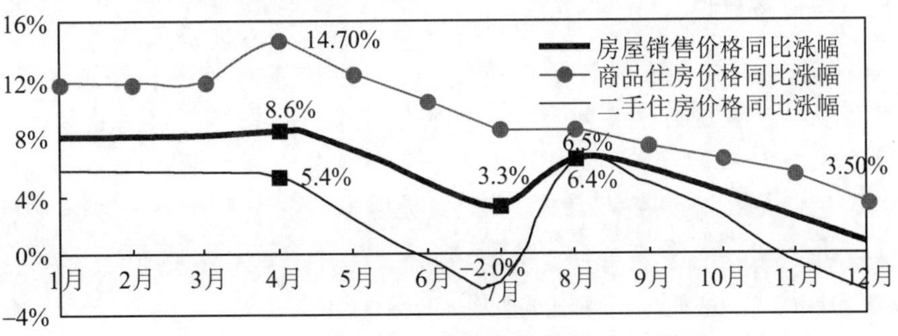

图8　2010年宁波市房屋销售价格同比涨幅

从短期看，房价快速上涨的势头受到明显遏制，但全市房地产市场将继续呈量减价滞、易涨难跌的态势，在拆迁需求、通胀预期等因素的作用下，房价大跌可能性不大。一是随着轨道交通的开工与旧城改造的加快，宁波展开了大规模拆迁①，拆迁居民购房需求对房价形成有力支撑。二是2010年以来全市土地拍卖和新开发楼盘数量较少，房地产开发企业随行就市，有些新开楼盘价格突破20000元/平方米，进一步带动房价上涨。三是东部新城新地王②的诞生不可避免地带动周边楼盘房价上涨，进而带动整体房价的攀升。四是房地产政策主要遏制了新增投资性需求，但缺乏在供给、交易、持有等环节做进一步规制。目前，通胀预期不断强化、其他高回报投资途径缺乏，其手持房产整体性大幅降价可能性较小。

从长期看，随着其他各项政策的实施，后续走势不确定性明显增加。历史数据显示，负利率时期，全国70个城市房屋销售价格指数处于高位，而随着实际利率的提升，房屋销售价格指数明显回落，持续加息能够在一定程度上抑制房地产价格的过快上涨。下阶段调控力度将可能继续从紧，房价可能会出现较大波动。房地产市场与地方投资、财政、金融等关系密切，其走势值得高度关注。

三、预测与政策建议

2011年世界经济将由前期超常规政策刺激下的恢复性反弹转向平稳甚至低速增长阶段。联合国经社理事会12月1日发布的《2011年世界经济形势与展望》指出，世界经济正在从“衰退”走向复苏但进展缓慢；2010年中期开始全球经济增速明显减低，这可能导致2011年增长更加缓慢，从而使世界生产总值的增长从2010年的3.6%下滑到2011年的3.1%。因此，我国经济发展面临的外部环境依然不容乐观。

首先，美国经济复苏动力依然不足。2010年美国失业率居高不下，房地产业依旧低迷，以消费为主导的美国经济尚未有实质性好转。预计2011年美国经济将会低速增长。其次，欧洲主权债务危机仍未过去。2010年第二季度欧洲经济的好转主要由德国拉动，剔除德国因素，其他国家经济或者小幅增长，或者负增长。预计2011年欧洲经济很难恢复到危机前水平。再次，日本经济将重现疲软。美国经济复苏的艰难直接影响日本经济形势；而且日本刺激政策效应消退后，内需将会重新回到疲弱态势。最后，新兴市场国家经济增长将趋缓。由于发达国家经济趋于疲软，新兴市场外部环境有所恶化；而且新兴国家通胀压力较大，政策刺激力度将会收敛，2011年经济增长将会减缓。

就国内经济来看，当前经济运行态势总体良好，但转变经济发展方式、调整经济结构的任务依旧艰巨。特别是进入2010年三季度以来，一方面经济出现放缓迹象，一些制约经济增长的内外因素同时显现，因此，保持经济稳定增长的政策需继续实施；另一方面，价格总水平不断走高，控制通货膨胀不容松懈。针对复杂的宏观形势，下阶段，央行将实施稳健的货币政策，保持信贷合理增长，进一步为地区经济稳定增长提供良好的融资环境和金融服务。

---

① 仅海曙区城市房屋改造重点区块拆迁就涉及5500多户居民。

② 东部新城核心区E－4＃等地块由嘉里置业（中国）有限公司竞得，其中，E－4＃地块以20750元/平方米的成交价宣告了宁波新地王的诞生。

从宁波情况看，主要指标已超过金融危机前水平。全年规模以上工业产值，以及GDP分别突破万亿[①]、5000亿元。同时，2011年是宁波市“十二五”规划的开局之年，一批“四大”工程[②]将会在2011年加快启动，有利于投资增量的形成与投资结构的优化；2011年随着收入分配制度改革的深化与推进，收入分配格局将会得到改善，这将有利于推动城乡居民消费进一步活跃，消费市场有望继续保持繁荣局面。因此，区域经济持续增长的内生动力将不断得到增强，对信贷资金与金融服务的需求也将平稳增长。各金融机构要认真领会人民银行“稳物价、促转变、防风险、推改革”的工作方针，认真贯彻稳健的货币政策，引导货币信贷总量平稳、适度、合理增长，保持合理的社会融资总规模；继续加大对战略性新兴产业、中小企业、“三农”等实体经济领域的支持力度，巩固宁波经济持续回升向好的势头，促进经济增长方式转变，确保金融稳健运行，促进经济稳定增长。

（一）贯彻稳健货币政策，保持信贷合理增长

金融机构要认真领会贯彻落实稳健的货币政策。实行稳健货币政策是央行根据新形势、新情况，为进一步提高政策针对性和灵活性而做出的，是引导货币政策稳步向常态回归。此次稳健货币政策是介于宽松和从紧之间的一种中间状态，要转变“宽松”基调、适当收缩流动性，控制物价过快上涨的货币条件，防止资产价格泡沫和经济出现大的波动；同时，不能“急刹车”，要保持金融支持经济发展的持续性。各金融机构要根据国家的宏观调控要求和宁波企业生产经营的实际情况，结合自身业务发展需要和风险管控能力，保持信贷总量稳定增长，合理安排好信贷投放的进度和节奏，积极满足宁波经济持续增长和产业转型升级的合理资金需求，更好地支持地方经济社会发展。

（二）调整优化信贷结构，促进发展方式转变

货币政策回归稳健有助于金融机构进一步调整信贷结构，“有扶有控”，合理引导投资和消费行为，为经济结构调整和发展方式转变、资源配置效率提高提供平稳的货币环境。各金融机构要按照结构调整与产业升级的要求，进一步优化金融资源配置。要充分认识到战略性新兴产业在经济转型升级中的关键作用，不断加大对新能源、新材料、新医药、信息网络、节能环保等战略性新兴产业的金融支持力度；牢固树立绿色信贷理念，大力发展各类低碳金融业务，加快推进节能环保产业、循环经济和低碳经济发展。要全力做好中小企业金融支持工作，把中小企业信贷业务作为各项金融业务的战略重点；进一步推广应用专利权、商标权、经营权抵押贷款等创新产品，着重抓好扩面增量工作。要以现代农业园区、农村住房改造建设等为重点，以林权抵押、农房抵押、海域使用权抵押贷款等农村金融产品创新为突破口，进一步加大对“三农”的金融支持力度。

（三）加快金融转型升级，提升金融服务水平

稳健的货币政策要求进一步提高金融支持经济发展的针对性、有效性和可持续性，要求金融机构针对微观经济主体对利率敏感程度的差异，不断改进利率定价的方式，要求金融机构提高持续经营能力，大

① 全年规模以上工业产值累计实现总产值10867.5亿元，增长35.4%。

② “四大”工程指构建城镇化大平台、集群化大基地、战略性大项目和总部型大企业。

力提高金融资源配置效率与金融服务水平，这对金融机构也提出了转型升级的要求。各金融机构要认真落实《关于加快宁波融入上海国际金融中心建设推进宁波金融业转型升级的指导意见》，积极推进沪甬金融合作，努力构建金融业转型升级的长效机制，不断提升宁波金融业的服务水平。在加快推进利率市场化的背景下，金融机构要大力推进盈利模式的转变，促使业务收入多元化；提升支付体系与金融IC卡的“辐射能力”，逐步实现金融服务的“同城效应”，要逐步构建沪甬两地的“大同城”支付体系，力争金融IC卡在沪甬两地实现金融服务无障碍。要持续提升外向型经济的金融服务能力，进一步加强、完善外汇管理，为投资和贸易提供便利，支持有实力的企业“走出去”；继续推进汇率避险市场的培育和汇率避险产品的创新，增强出口企业的汇率风险规避能力；加强对外经贸企业网上融资平台的运用，提高银企对接效率。

（四）加强信贷风险管理，确保区域金融稳健运行

为应对国际金融危机对我国经济的冲击，国家近两年来出台了一揽子政策措施，在刺激经济增长的同时，也带来了一些问题，如货币信贷快速增长带来的通胀压力、地方政府融资平台风险、房地产项目的信贷投放大幅增加、贷款集中度和期限错配问题较大等，使整个银行体系潜在的系统性风险上升。稳健货币政策的实行，有利于金融机构加强资金规模管理和结构调整，合理把握信贷投放力度、投向和节奏，控制风险资产，防范金融风险的进一步积累，维护金融稳定。各金融机构应关注相关行业风险，积极构建风险防控的长效机制。要继续认真落实执行好差别化住房信贷政策，严格规范个人住房贷款和房地产开发贷款管理；密切关注房地产市场运行变化，监控相关信贷资金的流向、流量，防止房地产市场波动风险向信贷领域蔓延。各金融机构要认真贯彻国务院以及人民银行等部委出台的一系列政策文件，加强对融资平台的信贷管理和风险识别，确保融资平台贷款投向符合国家宏观调控政策、产业政策要求和宏观审慎管理规定。

宁波市经济金融统计简表

单位：亿元

项　目	2006年	2007年	2008年	2009年	2010年
国内生产总值	2864.50	3433.10	3964.10	4214.60	5125.80
第一产业	139.50	153.60	167.40	183.80	218.40
第二产业	1575.90	1888.70	2196.70	2247.80	2848.20
第三产业	1149.10	1390.80	1600.00	1783.00	2059.20
固定资产投资	1543.00	1597.90	1728.20	2004.20	2206.50
房地产开发投资	313.10	332.90	307.80	374.50	557.30
社会消费品零售总额	882.50	1035.50	1238.00	1434.40	1704.50
进出口总额(亿美元)	422.10	565.00	678.40	608.10	829.00
出口总额(亿美元)	287.70	382.60	463.30	221.60	519.70
进口总额(亿美元)	134.40	182.40	215.10	386.50	309.30
地方财政收入	257.40	329.10	390.40	432.80	530.90
地方财政支出	292.70	371.00	439.40	506.10	600.70
商品零售物价总指数(%)	101.80	103.30	107.10	98.80	103.90
居民消费价格总指数(%)	101.90	103.90	105.00	99.40	103.70
金融机构存款余额	4700.50	5309.00	6353.60	8083.94	9755.52
企业存款余额	1748.87	2033.70	2173.39	2899.05	3410.43
储蓄存款余额	1792.52	1856.20	2396.31	2869.56	3312.17
金融机构各项贷款	3910.00	4961.90	5820.80	7424.87	9414.20
短期贷款	2291.48	2893.10	3242.92	3893.50	4811.29
中长期贷款	1356.66	1816.30	2184.77	3176.14	4150.68
现金投放(+)回笼(-)	188.20	220.05	252.35	256.77	319.17

温州市经济金融运行情况综述

2010年，世界主要经济体货币政策量化宽松，国内外经济增长趋于稳定。温州市金融运行总体稳健，信贷投放呈现总量适度、节奏均衡的态势，金融市场运行活跃。但经济增长面临通胀预期高涨、社会资金逐利套利活动增多、产业资本转移等诸多问题，社会融资潜在风险值得关注。2011年，在稳健货币政策和温州市投资需求大幅上升背景下，要积极寻求国家金融宏观调控与地方经济发展的结合点，保持信贷总量合理适度增长，同时进一步优化信贷结构，努力实现经济平稳较快增长和维护区域金融安全。

一、金融运行的经济背景

2010年在国际经济形势复杂多变、国内经济结构调整力度加大的背景下，温州市经济运行呈现高位趋稳态势，主要经济指标表现良好，预计全年GDP同比增速在11%左右。与此同时，企业整合重组和技术更新持续推进，工业经济产出结构有所优化。全年全市实现规模以上工业总产值4471亿元，同比增长26.5%；其中新产品产值445.45亿元，同比增长33.5%。

拉动经济增长的三大需求基本走势为：固定资产投资整体呈现U形回升走势，消费保持稳步较快增长，出口贸易回升势头明显（见图1）。全年全市完成限额以上固定资产投资804.93亿元，同比增长11.1%，比上年增速提高0.6个百分点，主要是由于下半年以来基础设施投资和房地产开发投资增长加快。完成社会消费品零售总额1498.1亿元，同比增长18.9%，与全省平均水平持平。完成进出口总额170.94亿美元，同比增长28.8%，其中出口145.43亿美元、同比增长33%，比上半年提高3.7个百分点，主要是受益于鞋服等劳动密集型商品出口的快速回升。

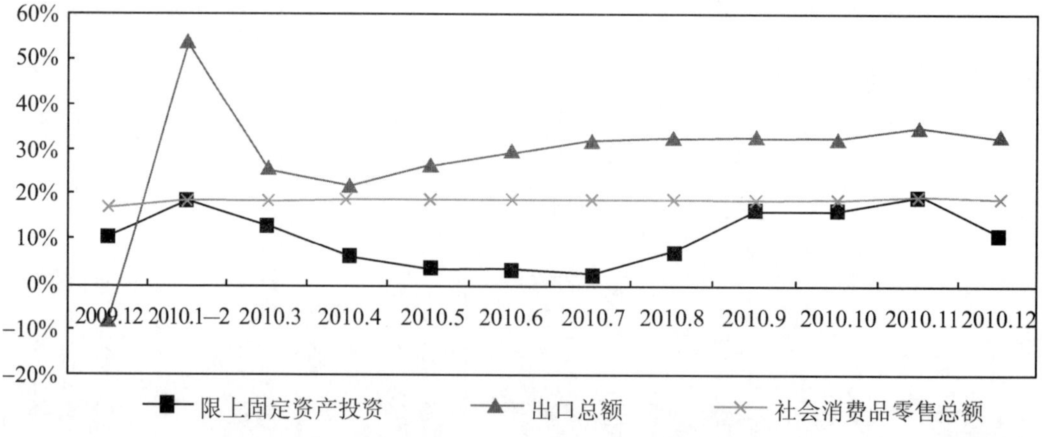

图1 主要经济指标累计同比增速走势图

反映经济增长动力和效益的财政收入和工业企业利润总体增长较快，但累计增速呈逐季下降态势。全年完成财政一般预算总收入411.43亿元，同比增长14.1%；实现规模以上工业企业利润229.87亿元，同比增长28.4%。另外，受国内信贷大规模投放和成本推动等因素影响，消费品价格上涨较快。12月末，温州市CPI累计同比增长4.3%，创2010年以来新高，比同期全国平均水平高出1个百分点。

总体上看，2010年温州市经济处于回升向好阶段，企业生产经营状况较危机时期明显改观。据我中支企业家调查问卷结果显示，2010年企业总体经营状况景气指数处于高位运行水平，四季度行业整体经营状况景气指数为2008年四季度以来的最高水平。但值得关注的是：危机以来大规模信贷投放的滞后效应正推动资产价格和通胀预期不断攀升，导致企业实业投资意愿下降，社会资金脱离实体经济的套利、逐利活动明显上升，出现了大规模抱团投资私募基金、股权、房地产的现象。据了解，目前温州至少已形成7个由实体企业支撑的房地产公司，每个公司资金规模在30亿元以上，主要股东来自服装、鞋革、五金等行业。这种产业资本脱离主业过度参与房地产投资或其他金融性投资的运作方式对于产业转型升级和提升产业竞争力是很不利的。

二、银行信贷运行概况

2010年以来，我国货币政策更趋针对性和灵活性，全年六次上调存款准备金率，两次上调人民币存贷款基准利率，同时公开市场操作频繁。温州市信贷运行较危机时期发生较大变化，规模控制和均衡投放成为信贷政策执行的着力点，充分体现了金融宏观调控的政策意图。全市银行业运行总体良好，贷款投放增速渐趋常态，投放均衡性提高，存款总量增长平稳，银行经营效益较好。

（一）银行业主要金融指标

——2010年末全市银行业本外币各项存款余额6498亿元，比年初增加1146亿元，余额同比增长21.4%；其中人民币存款余额6223亿元，比年初增加1032亿元，余额同比增长19.9%；外币存款余额41.5亿美元，比年初增加17.89亿美元，余额同比增长75.8%。

——2010年末全市银行业本外币各项贷款余额5517亿元，比年初增加1030亿元，余额同比增长23%；其中人民币贷款余额5382亿元，比年初增加988亿元，余额同比增长22.5%；外币贷款余额20.4亿美元，比年初增加6.79亿美元，余额同比增长49.9%。

——12月末，全市银行业本外币不良贷款余额24.58亿元，比年初下降0.78亿元；不良贷款率0.45%，比年初下降0.11个百分点。全市银行业实现账面利润164亿元，同比增长38.4%。

（二）银行信贷运行特点

1. 贷款保持较快增长，投放节奏均衡性提高。总体上看，2010年温州市贷款投放力度依然较大：一是从历年人民币贷款投放来看，增量仅次于上年同期。与上年金融危机背景下的超常规投放相比，2010年贷款同比少增101亿元；但与往年相比，增量比历史次高点2008年全年增量多出399亿元。二是从全省各地区贷款投放来看，2010年温州市本外币贷款增量占全省全部增量的13.5%，比年初余额占比高出1.8个百分点；贷款新增量居全省第三，较第四位的绍兴和第五位的金华分别多出393亿元和445亿元。三是从资产转让规模来看，2010年全市金融机构累计向外净转出贷款和票据资产424亿元，比上年多转出270亿元。

从贷款增长时序特点来看，各商业银行在货币信贷政策引导和贷款规模控制影响下，月度信贷投放均衡性有所提高，除1月份由于上年末被压抑的贷款需求集中释放导致贷款投放较多，其他月份贷款增量基本在65亿—100亿元之间，没有出现季末冲高现象。但贷款投放的旬间波动加大，呈现中上旬大规模投放，下旬少投放或压缩贷款规模的态势（见图2）。

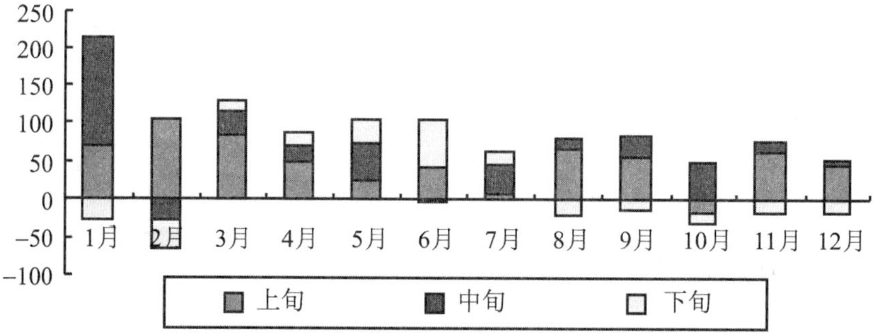

图2 2010年贷款月度和旬间增量变动图

2. 存款季度增量波动较大，季末冲高现象明显。受资金跨区域流动量不断扩大影响，2010年温州市各项存款季度增量波动仍然较大，四个季度人民币各项存款增量分别为418、197、256和161亿元。与往年不同的是，第三季度并未因传统产业生产备货而导致各项存款大幅下滑，一定程度上折射出部分社会资金脱离传统产业进行多元化投资的事实。另外，在贷款投放均衡性提高、季末派生存款减少的情况下，存款季末冲高现象仍然十分明显，3月份、6月份、9月份和12月份累计存款增量为508亿元，占全部存款增量的49.2%。表明金融机构流动性趋紧，存款竞争加剧，少数银行机构采用一些非正常竞争手段使存款虚增。

3. 贷款结构有所调整，重点领域资金需求保障有力。2010年以来，温州市金融机构根据宏观调控导向和产业转型升级的内在要求，加快贷款投放结构调整，合理把握信贷投向。一是积极开拓小企业贷款市场。全年全市小企业本外币贷款新增280亿元，占全部贷款增量的27.2%，比年初提高4.9个百分点。二是大力支持制造业资金需求。全年制造业本外币贷款新增371亿元，占全部贷款增量的36%，同比提高3.3个百分点。三是加大对县域信贷支持。全年县域新增本外币贷款485亿元，占全部贷款增量的47.1%，比年初提高6.5个百分点。四是合理控制房地产贷款。全年房地产贷款新增114亿元，同比少增40亿元。其中房地产开发贷款比年初减少9亿元，购房贷款比年初增加123亿元。

4. 存款增长结构变化突出，增长后劲堪忧。2010年存款增长结构存在三个突出特点：一是储蓄存款增长乏力，企业存款增长稳定。伴随通胀预期的持续升温，个人储蓄意愿明显下降。12月末，储蓄存款比年初增加299亿元，同比少增233亿元，余额同比增长11.4%。企业存款比年初增加531亿元，同比多增39亿元，余额同比增长31.5%，反映出适度宽松货币政策背景下部分企业主业经营意愿下降、资金逐利套利活动增多，资金面较为宽松。二是在旬间波动上呈现“上旬大幅下降、下旬大幅回升”的格局(见图3)。除2月份因春节因素区域外存款大量回流外,其余月份上旬存款均为负增长,下旬均为正增长。三是在期限结构上表现为储蓄存款活期化和企业存款定期化趋势。全年储蓄存款增量的定活期结构是6∶94,企业存款增量的定活期结构是91∶9,储蓄存款活期化表明个人投资和消费更趋活跃,企业存款定期化主要与票据项下的企业定期存款置换保证金存款增加有关。上述存款增长的结构性特点反映出,虽然从数据上看温州市存款保持较快增长,但稳定性欠佳,存款增长后劲堪忧。

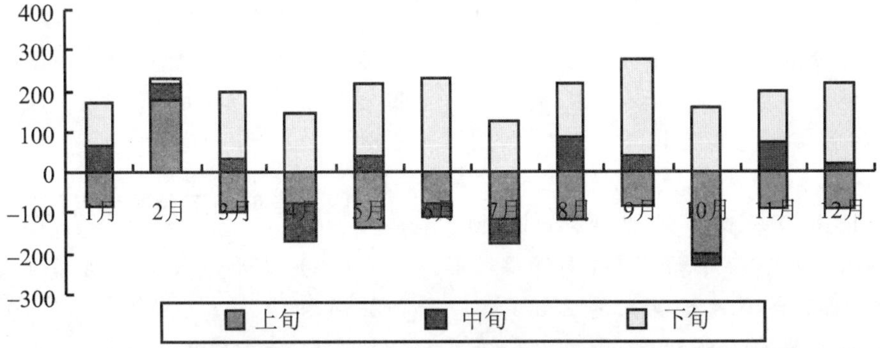

图3　2010年存款月度和旬间增量变动图

综上所述,2010年金融宏观调控严重影响了温州市信贷运行状况,在“讲总量、调结构、均投放”成为银行信贷政策执行主基调的背景下,全年贷款增量和增速朝着宏观调控预期目标靠近,贷款投放均衡性明显提高。同时,银监会“三个办法一个指引”出台后,信贷监管方式有所改变,辖内派生存款随之下降,加之通胀预期强烈对储蓄存款形成分流,全年存款增长难度加剧。但银行机构对经济支持仍不遗余力,12月末,全市新增人民币存贷比达95.7%,比年初提高11.1个百分点。从全社会流动性来看,资金面仍较为宽松:一是在人民币汇率升值预期和加息的共同作用下,国际游资流入和结汇资金增多。全年全市净结汇183亿美元,约合1226亿元人民币,同比多增260亿元。二是银行通过扩大票据承兑业务支持企业资金周转需要,弥补了部分流动资金缺口。12月末,全市银行承兑汇票余额1537亿元,占全部贷款余额的28.6%,同比增长20.1%。三是直接融资步伐加快。12月末,全市7家上市公司筹资额达53.75亿元,是上年同期的1.84倍。

三、金融市场运行概况

2010年温州市金融市场总体运行活跃,资金价格趋于上升。

从金融市场运行情况看:

一是票据承兑业务和贴现业务发展势头迥异。2010年受贷款规模控制影响,温州市银行机构一方面通过扩大银行承兑汇票业务支持企业资金需求,另一方面通过压缩票据融资额腾出放贷空间。12月末,全市银行承兑汇票余额1537亿元,比年初新增257亿元,余额同比增长20.1%;全年累计签发银行承兑汇票2995亿元,同比增长7.6%。票据贴现余额26亿元,比年初净减少24亿元,余额同比下降48%。

二是外汇市场呈稳定快速增长势头。伴随世界经济的逐步复苏,温州市出口和利用外资形势明显好转。全年全市涉外收支343亿美元，同比增长28.9%；外汇收支顺差163亿美元，同比增长31.5%。全市银行结售汇总额265亿美元，同比增长24.4%；结售汇顺差183亿美元，同比增长31.7%。受欧洲主权债务危机影响，2010年欧元汇率整体呈逐步下行态势，个人结汇意愿低迷导致结汇量明显萎缩，全年全市个人结汇64.31亿美元，同比下降19.6%。同时由于本地和香港汇差套利机会消失和境外购房减少，个人售汇也大幅下降，全年全市个人售汇13.31亿美元，同比下降26%。

三是证券市场交易较为活跃。2010年股市整体呈现震荡下行走势，上证综指从年初的3277点下跌至年末的2808点，但由于房地产调控不断加剧，股民对股市投资热情不减。全年全市证券交易累计总额12456亿元，同比增长5.6%；12月末证券资金开户数52.8万户，同比增长17.6%；比年初新增开户数7.91万户，同比增长13.3%。

四是保险市场业务增长趋快。全年全市保费总收入100.92亿元，同比增长25.7%。其中，财产险保费收入36.72亿元，同比增长31.4%；寿险保费收入64.2亿元，同比增长22.7%。

从市场资金价格走势看：

一是贷款利率逐步走高。2010年以来，伴随经济逐步回升向好，社会投资投机活动活跃，信贷资金相对稀缺导致信贷供需矛盾显现，贷款利率呈逐步上升态势。2010年四个季度全市金融机构人民币贷款加权平均年利率分别为6.26%、6.49%、6.66%和6.65%，四季度贷款利率比年初提高了0.62个百分点。

二是票据贴现利率逐季上升。2010年央行连续六次上调存款准备金率、两次上调贷款基准利率，市场预期收紧导致票据贴现利率逐季上升。据中国人民银行温州中心支行利率监测数据显示，一至四季度票据贴现加权平均利率为4.05%、4.45%、4.51%和5.65%。

三是民间借贷利率总体走高。2010年以来，随着民间借贷活动逐步活跃和贷款利率逐季上升，民间借贷利率水涨船高。据中国人民银行温州中心支行民间借贷利率监测显示，12月份一般社会主体之间的借贷利率为17.04%，比年初上升了4个百分点。

四、当前经济金融热点问题

（一）货币政策转向后信贷有效供需衔接问题

2011年是转变经济发展方式、调整经济结构、保持经济社会良好发展势头的攻坚之年。鉴于未来通胀压力还可能走高和资产价格依然高企，我国货币政策基调由适度宽松转为稳健，调控的主要目标是保持广义货币供应量增长16%左右，同时在政策工具方面以差别准备金动态调整代替原来的贷款规模控制。纵观1998至2008年稳健货币政策的实际操作，其在不同年份扩张与收缩的力度有所不同，此次货币政策基调的转向意味着稳定价格总水平将被放在金融宏观调控更加突出的位置，因此货币政策实际操作上表现为“明稳暗紧”。但从温州市来看，2011年社会资金需求仍然十分旺盛：一是地方政府大投入战略实施。2011年正值“十二五”规划开局之年，全年全社会固定资产投资目标增长率为50%，其中新成立的十大市级国资营运公司将是主导性投入，确保完成重点建设投资350亿元，以期带动全社会固定资产投资1600亿元。政府投融资项目约70%的资金缺口是由银行信贷资金弥补的，因此2011年政府投融资项目的信贷资金需求将明显扩张。二是部分传统产业利润率低下。近年来随着温州传统制造业资本边际收益率的下降，尤其是金融危机以来部分企业主业“造血”功能弱化，加剧了对外源融资的依赖度。自6月份开始，温州市规模以上工业企业的主营业务收入增速一直低于主营业务成本。1—11月，全市8023家规模以上工业企业主营业务收入增幅比主营业务成本增幅低0.2个百分点。三是个人投资活跃。伴随通胀预期的持续升温，社会主体保值增值的投资意愿和消费意愿普遍提升，个人贷款需求十分旺盛。据我中支四季度城镇储户问卷调查显示，在支出意愿选择中，有63.5%的储户选择投资，较上季提高7.25个百分点，创历史新高。

综上所述，2011年在稳健货币政策和投资需求大幅上升的背景下，温州市信贷投放面临着贷款总量压缩和信贷结构调整的双重压力。首先，尽管由于温州市金融生态环境良好，近年来在信贷资源分配上都得到了倾斜，但预计明年贷款增量可能较2010年略有下降，因此对一些并不符合产业和信贷政策的资金需求，如：一些制造业企业以企业作为融资平台将信贷资金用于多元化投资，一些个人贷款参与到担保公司的垫资续贷活动中，一些项目资本金不到位、一些项目无直接还款来源或还款来源无保障等，这些信贷需求客观上要信贷政策予以压缩。其次，伴随贷款规模趋紧和存款增长压力加大，社会主体对有限信贷资源的争夺将变得激烈。从近两年信贷资源分配来看，个人贷款增长占了绝对优势，全市个人贷款余额占比从2006年末的31.6%上升至2010年末的48.3%，2010年增量占比达到了62.2%，而中小企业贷款增速远低于个人贷款增速，而且在期限结构上主要是以短期贷款为主，这对增加企业技改投入、提升企业竞争力都很不利。据我们三季度对温州八大主导行业97家企业的问卷调查显示，未来半年只有28家企业有新的投资项目，其中计划投资本地本行业的企业只有12家，仅占被调查企业总数的12.4%。因此在2011年信贷投放中，一方面要防止个人贷款和政府投资项目贷款增长过快在信贷资源分配上对中小企业形成挤压；另一方面要适当增加对中小企业的中长期贷款投放，鼓励中小企业增加技改和设备更新投入，切实提高企业竞争力，促进产业转型升级。

（二）通胀预期强烈对区域经济金融的影响

金融危机以来，全球信贷超常规投放的滞后效应正推动着资源和资产价格不断升高，微观主体已经形成较明显的通货膨胀预期。据中国人民银行温州中心支行四季度储户问卷调查结果显示，居民物价满意度下跌至历史最低点。描述居民对物价满意度的满意指数①本季为13.12点，较上季下降4.13个百分点，再次创出历史新低。而且储户预期下季度物价还将继续上涨，描述居民对通胀预期的未来物价预期指数②为85.41点，比上季上升10个百分点，创出历史高点。因此，下阶段要密切关注通胀预期及其自我实现机制（即通货膨胀预期状况会极大地影响实际通货膨胀）对区域经济金融的影响：一是影响产业转型升级。按照世界银行分类标准，2010年温州人均GDP预计超过5000美元，已经达到中高收入国家水平，经济发展进入工业化后期，正是产业转型升级的关键时期。但在资产价格和资源品价格不断走高趋势

①② 指数范围为[0,100]。

下，企业生产经营利润空间不断压缩，出现了产业资本向金融资本转移的迹象，影响了经济增长后劲。二是增加存款增长压力。2010年以来，受通胀预期影响温州市个人投资和消费行为明显增加，导致储蓄存款出现分流和活期化趋势，本地金融机构存款增长乏力，金融机构之间揽存竞争变得十分激烈，一些非正常竞争手段如捆绑销售理财产品、存贷挂钩、高息揽存等加剧了恶性竞争，直接扰乱了金融秩序。

当前我们所面临的通胀问题和以前历次所遇到的通胀问题性质上不完全一样。比如90年代初期是因为短缺经济造成的，前两年通胀是经济过热造成的，2010年的通胀压力除了因为流动性过剩推动外，一个重要原因在于金融危机以来经济复苏和发展主要是靠政府在积极推动，而大量产业资本尤其是民营资本由于国际市场萎缩和农村剩余劳动力转移的刘易斯拐点临近面临用工短缺等问题而被迫“闲置”下来。这些闲置下来的产业资本要么成批地向金融资本转移，要么流窜至资源类和农产品等领域进行投机炒作，这种趋势是全国性的，温州也不例外。目前全市已开业的小额贷款公司有20家，村镇银行有3家，吸引了大批温州民企入股投资，截至2009年末，全市共有1194家民营企业参股各种地方性法人金融机构，占股东总量的4.8%，入股30.35亿元，占总股本的54.4%。金融投资、短期投机趋势一定程度上影响了产业资本稳健发展。因此，当前要控制通胀水平，除了管理好流动性之外，还要尽快通过不断完善制度建设和公共服务等措施来激发投资产业资本的热情，打造出市场自身“造血型”的经济发展活力，这是从根本上解决当前我国经济结构性通胀的关键要素。

（三）信贷紧缩预期下的潜在金融风险。

1. 过度融资风险。2010年以来房市的火热使与房地产相关的贷款成为各家银行争相抢夺的优质项目，有的项目分别由两个或两个以上银行授信，授信总额远远超出土地的出让价格和评估价值，甚至达到近3倍。据调查，当前温州市个人贷款中有75%以上是以房产作为抵押的，房地产市场已经成为影响温州市金融运行的重要因素。随着适度宽松货币政策的退出，2011年社会流动性将有所趋紧，事实上2010年年末贷款规模控紧后，不良贷款已经出现反弹迹象，11—12月份温州市不良贷款累计新增1.94亿元。下阶段，房地产开发项目的多头和过度融资在面临续贷时很有可能造成资金链的紧张，相关部门在坚决落实二次房产调控政策的同时，要密切关注房地产开发企业的资金链状况以及个人贷款潜在金融风险，维护房地产市场的平稳运行和信贷资金安全。

2. 民间金融风险。2010年温州市民间金融活动异常活跃，且民间金融的表现形式和作用较危机之前发生了很大变化，呈现规模明显扩张、参与主体更加广泛、借贷用途更加隐蔽的特点。从民间借贷用途来看，由担保公司、典当行、寄售行、投资（咨询）公司等融资中介机构进行的民间借贷用途较为隐蔽，同时这个市场也是温州近年来发展最快、最活跃、社会关注度最高的市场。监测显示，一些融资性中介机构利用适度宽松货币政策背景，通过组织个人贷款资金或储蓄存款从事高利垫资活动，借贷月利率高达三四分，导致部分地区非法融资有所抬头，直接扰乱了金融秩序。据统计，2010年全市因非法吸收公共存款及诈骗立案20起，涉案金额9.92亿元，平均涉案金额4955万元，比2009年翻了一倍。

3. 异地房产抵押风险。近年来，受制

于温州本地的土地、人才、资源、技术等瓶颈因素，温州民营企业外迁和对外投资现象日益普遍。由于异地银行机构的信贷门槛较高，企业难以从异地银行获得信贷资金，因此其投资资金大部分来自温州本地银行贷款资金，贷款方式主要为房产抵押形式的短期贷款。随着异地投资规模的扩大，以异地房产、厂房抵押为主的抵押贷款也呈快速增长势头。据中国人民银行温州中心支行对各商业银行贷款余额为1000万元以上企业的调查情况来看，12月末全市共有343家企业以异地商品房、别墅、厂房、商铺等作为抵押从本地银行机构获取贷款，贷款笔数为645笔，贷款余额为89.14亿元，户均贷款余额达2599万元，贷款期限几乎都以短期为主。相对于本地而言，异地投资在人脉、信息、产业链等方面具有一定的欠缺，因此更容易受到环境突变的影响，金融危机过程中温州市在外投资企业就发生一些不良事件，同时由于信息不对称和监管处置难度相对较大使得异地抵押贷款对银行信贷资金的保障程度降低，给银行贷后管理带来一定的风险隐患。

五、2011年经济金融形势展望与政策建议

（一）2011年宏观经济环境和货币政策展望

从国际形势看，目前全球经济尚未出现新的增长点。美、欧、日三大经济体经济恢复遭遇各自难以克服的问题，短期内不可能恢复较快增长；由于美国重启量化宽松货币政策，加剧了汇率波动和国际热钱流动，对新兴经济体形成较大的资产泡沫和通胀压力，增加了新兴市场国家的系统性风险；加之各种形式的贸易保护主义猖獗，增加了世界经济恢复的不确定性。

从国内情况看，前两年为应对金融危机实施的适度宽松货币政策已经积聚了较大的资产泡沫和通胀压力，2010年全年通胀水平超过了年初确定的3%增长目标。在成本推动、需求拉动和输入性通胀等综合影响下，2011年中国经济可能持续面临通胀压力。另外，中国内需增加的基础不平衡，民间投资和经济内生性增长动力不足，持续扩大居民消费、改善收入分配、促进经济结构调整优化的任务非常艰巨。在经济增长面临诸多不确定的情况下，2011年稳健货币政策的针对性和灵活性将会增强，动态微调将十分频繁，以逐渐引导货币条件回归常态水平，保持经济平稳较快增长和物价稳定。

从温州市情况来看，经济正由恢复期的快速回升阶段，向后危机时代的平稳增长阶段过渡。2011年在人民币汇率升值、节能减排压力突出、房地产市场调控效果不确定等因素影响下，全年经济增长仍面临诸多困难。从信贷增长来看，预计全年贷款增量保持在900亿元左右，但存款增长后劲堪忧。

（二）政策建议

1. 保持信贷合理投放，促进经济平稳增长。全市金融机构要认真贯彻落实稳健货币政策，根据温州市经济发展实际情况，保持信贷总量合理适度增长，切实引导好通胀预期。要根据宏观调控要求和实体经济部门信贷需求，安排好贷款投放进度和节奏。要加强信贷资金管理，严防信贷资金挪用，确保信贷资金有效流入实体经济，提高对实体经济的信贷支持力度。要结合自身经营情况，将存贷比和资本充足率等指标保持在合理水平，保持银行体系流动性合理适度，做到风险可控和发展可持续。

2. 加快信贷结构调整，支持经济发展方式转变。金融机构要合理安排信贷投放

节奏，继续贯彻“区别对待、有保有压”方针，科学把握信贷投向。一是根据产业转型升级要求，重点支持高新技术产业发展、产业转型升级资金需求，推动节能减排，严格控制高耗能、高排放行业和产能过剩行业新上项目贷款。二是进一步加大对有市场、有技术、有发展前景的中小企业特别是微小企业的支持力度，确保中小企业贷款增速高于全部企业贷款增速。三是正确贯彻落实差异性房地产信贷政策，继续支持普通自住住房、保障性住房建设等信贷支持，坚决抑制投机性购房需求。四是加快推进农村金融产品和服务方式创新，改进和提升农村金融服务。五是要积极满足重点工程、民生工程等政府投融资平台资金需求，并推动符合条件的民营企业、政府投融资平台，通过发行企业债券、短期融资券、中期票据等渠道实现多元化的融资结构。

3. 加强分析监测与监管，维护良好金融秩序。近年来，温州由于良好的金融生态环境在信贷资源分配方面得到倾斜，但当前在信贷高速增长和经济环境日益复杂的背景下，出现了部分信贷资金游离于实体经济从事资金逐利套利活动，给银行信贷资产带来了风险隐患。因此，相关部门要加强沟通协调，积极维护良好金融秩序。一是要加强沟通协调，强化区域金融风险的综合管理，加强对过度融资、房地产信贷等问题的分析研究和监测，切实防范金融风险，努力做到防患于未然。二是要建立协调合作机制，加强对企业经营情况的监测分析，及时发现风险苗头，及早采取措施化解风险。三是要加强对担保公司、寄售行等社会中介机构的监管，防范信贷资金被用于垫资续贷活动。

4. 构筑金融大平台，集聚民间资本优势。有效启动民间投资不仅是巩固经济复苏基础的重要环节，也是决定温州市产业竞争力的重要基础。下阶段，要加快推进温州市金融改革，组建完善地方性金融组织体系，顺利实现民间资本和金融资本对接。同时，积极培育区域性高级金融学院，努力形成金融人才、技术和文化的制高点，为金融平台的构筑提供坚实的基础。一是以龙头民营企业为主体，政府财政资金为辅，同时可吸纳社会闲散资金，引导组建大型投资公司集团，用以解决围垦造地等政府工程项目。二是在农村合作银行的组建和村镇银行、小额贷款公司的做大做强中积极扩大引入民间资本，适当降低发起银行的出资比例和民企准入门槛。三是加快构建以温州民间资本为主导的专业投资银行，以提高风险投资资本组织化程度，降低风险投资资本风险。四是引导民间资本恢复建立信托投资公司、租赁公司，以解决中小企业融资难问题，推动企业技术革新，加快产业转型升级。

温州市经济金融统计简表

单位：亿元

项目	2006年	2007年	2008年	2009年	2010年
国内生产总值	1834.38	2234.37	2424.29	2527.88	2925.57
第一产业	64.91	74.02	76.68	79.89	92.78
第二产业	1003.81	1211.64	1286.76	1287.75	1535.12
第三产业	765.65	949.73	1060.85	1160.24	1297.66
社会固定资产投资	645.55	737.03	758.44	837.78	925.98
房地产开发投资	168.76	192.49	219.39	253.34	270.50
社会消费品零售总额	783.91	914.77	1096.21	1264.72	1498.10
进出口总额(亿美元)	98.94	122.48	139.92	132.79	170.94
出口总额(亿美元)	18.13	20.99	20.89	13.43	25.51
进口总额(亿美元)	80.81	101.48	119.04	109.36	145.43
地方财政收入	128.78	157.03	180.15	195.64	228.49
地方财政支出	143.69	176.99	209.67	251.56	311.05
商品零售物价总指数(%)	100.70	103.00	105.50	99.10	104.00
居民消费价格指数(%)	101.00	103.50	104.70	99.00	104.30
金融机构存款余额	2818.81	3376.17	4121.79	5191.24	6222.74
企业存款余额	774.54	868.59	971.37	1463.52	1924.72
储蓄存款余额	1476.34	1638.02	2085.02	2617.22	2916.12
金融机构各项贷款	2205.64	2721.17	3306.13	4393.71	5381.57
短期贷款	1584.91	2018.08	2461.61	3357.98	4181.89
中长期贷款	569.36	678.78	763.83	984.04	1172.58
现金投放(+)回笼(-)	115.18	121.67	121.51	114.90	163.08

嘉兴市经济金融运行情况综述

一、2010 年全市经济运行概况

2010 年，嘉兴市经济高开稳走，全市生产总值可比增长 13.7%。主要经济指标呈现“四快”特点。

（一）工业生产及效益快速增长

1—12 月，全市规模以上工业总产值 5137.5 亿元，同比增长 39.8%，比上年同期加快 36.1 个百分点。其中通用设备、交通运输设备、电气机械及器材、电子及通信设备等先进制造业同比分别增长 50.0%、66.1%、73.3%和 68.5%，均高于平均增速。1—12 月，全市规模以上工业企业实现利润 311.1 亿元，同比增长 61.5%。

（二）对外贸易及外资快速回升

1—12 月，全市进出口总额 228.2 亿美元，同比增长 32.6%，比 2008 年同期增长 15.0%。其中，出口 160.4 亿美元，同比增长 30.0%，比 2008 年同期增长 13.6%。1—12 月，全市合同利用外资 32.1 亿美元，同比增长 22.2%；实际利用外资 16.1 亿美元，同比增长 20.6%。

（三）国内投资与消费较快增长

1—12 月，全市限额以上投资完成 1362.5 亿元，同比增长 21.3%，增幅比上年同期回落 2.5 个百分点。其中，民间投资 748.5 亿元，增长 27.7%；房地产开发投资 270.7 亿元，增长 44.6%。1—12 月，全市实现社会消费品零售总额 799.4 亿元，同比增长 18.9%，比上年同期加快 3.1 个百分点；市区居民消费价格同比上涨 4.0%。

（四）财政及居民收入较快提高

1—12 月，全市财政一般预算总收入 334.3 亿元，同比增长 19.7%，比上年同期加快 8.9 个百分点。其中地方收入 176.8 亿元，增长 24.8%，比上年同期加快 13.1 个百分点。1—12 月，全市城镇居民人均可支配收入 27487 元，同比增长 11.3%；农村居民人均现金纯收入 14365 元，同比增长 13.2%。

二、2010 年全市金融运行情况

2010 年，在经济回升向好及适度宽松货币政策背景下，全市金融业实现较快发展，金融总量不断扩大，信贷适度均衡增长，结构不断优化。

（一）金融运行概况

1. 三大业务不断扩大。一是存贷业务稳步扩大。12 月末，全市本外币各项存款余额 3590.8 亿元，比年初增加 686.8 亿元，同比多增 10.4 亿元，余额同比增长 23.6%，增幅比上年同期回落 6.8 个百分点。与各地市比较，12 月末存款余额、增量、增速分列第 6、第 6、第 4。12 月末，本外币各项贷款余额 2753.6 亿元，比年初增加 475.0 亿元，同比少增 135.3 亿元，余额同比增长 20.8%，比上年同期回落 15.8 个百分点。与各地市比较，12 月末贷款余额、增量、增速分列第 7、第 7、第 8。二是国际业务快速回升。2010 年，全市国际收支总计 271.3 亿美元，同比增长 47.5%。其中，收入 194.0 亿美元，增长 50.7%；支出 77.3 亿美元，增长 40.2%；收支差额

116.6亿美元，增长58.5%。1—12月，全市金融机构国际结算总计335.2亿美元，同比增长55.3%。其中，收入结算215.5亿美元，增长49.2%；支出结算119.7亿美元，增长67.8%。三是现金业务较快增长。2010年，全市金融机构累计现金收入5959.5亿元，同比增长18.5%；累计现金支出6010.3亿元，同比增长18.3%；收支轧抵累计净投放现金50.8亿元，与上年同期基本持平。1—12月，全市国内支付结算金额74370.4亿元，同比增长31.3%。

2. 三类市场不断发展。一是货币市场活跃度提高。2010年，辖内金融机构银行间市场现券累计交易额346.3亿元，是上年同期的2.7倍；辖内金融机构债券回购总计935.6亿元，是上年同期的3.5倍。二是证券市场波动发展。12月末，全市证券账户数38.8万户，比年初增加3.8万户；全市证券保证金余额58.6亿元，与年初基本持平。1—12月，全市累计证券交易额5610.8亿元，同比增长10.2%。三是保险市场较快发展。1—12月，全市累计保费收入59.3亿元，同比增长25.4%。其中财产险20.1亿元，增长33.5%；人寿险39.2亿元，增长21.7%。累计赔款和给付支出13.0亿元，同比下降17.6%。

3. 三项服务不断推进。一是跨境贸易金融服务较快推进。2010年，全市累计发生跨境贸易人民币结算业务98笔，累计金额14.3亿元。其中跨境汇款58笔，金额4.0亿元；为企业办理信用证结算业务40笔，金额10.3亿元；累计参与银行6家，参与企业32家。随着出口贸易人民币结算业务开展，参与试点的银行和企业数量预计将进一步增加。二是中小企业金融服务创新推进。2010年，嘉兴市先后发行5期小企业集合信托债权基金，总发行量2.1亿元，68家企业获得信托贷款。中小企业纯信用贷款不断推进，12月末，该项贷款余额达到7.0亿元；排污权抵押、专利权质押、仓单质押等业务新品运用广泛开展。招商银行小企业信贷中心嘉兴分中心成立，加大对小企业的支持力度。三是“三农”金融服务稳步推进。12月末，全市已累计为29.0万农户建立信用档案，占全部农户数的43.5%；已评定信用农户25.0万户，占已建档农户数的86.1%；对已建立信用档案的12.6万农户累计发放贷款220.9亿元。农村非现金支付工具推广应用工作取得明显进展。12月末，全市县及县以下ATM机1060台，POS机26965台，发卡量668.8万张。

（二）金融运行特点

1. 存款波动较大，结构有所调整。2010年影响存款增长的因素较多，银行存款组织力度明显加大，存款总体呈现季末冲高季初回落，月度增量波动较大格局（见图1）。从增量结构看：一是企业存款增长趋缓。2010年全市新增企业存款230.3亿元，同比少增106.2亿元。企业派生存款下降且流动资金占用增加，流动性总体趋紧。二是储蓄存款波动增长。2010年全市新增储蓄存款244.1亿元，同比多增22.2亿元，其中有5个月增量为负。资产市场及理财市场对储蓄存款月度增量影响较大。三是其他存款增势强劲。2010年全市新增其他存款207.8亿元，同比多增90.2亿元。财政及机关团体收入增长较快，相应存款增加较多。

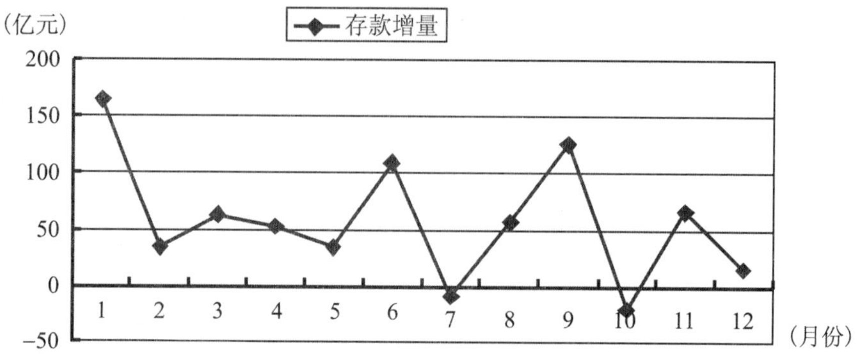

图 1　2010 年存款月度增量图

2. 贷款均衡投放，结构趋向优化。2010 年，在货币信贷政策引导下，全市各金融机构加强贷款投放限额管理，信贷投放均衡性明显增强，多数月份信贷增量在 30 亿元左右（见图 2）。同时，金融机构顺应宏观调控导向和区域经济发展需求，信贷投放突显"有保有控"。一是制造业及小企业贷款较快增加。2010 年，全市新增制造业贷款 200.0 亿元，同比多增 38.4 亿元，占全部新增贷款（不含票据）的 41.1%，占比高于上年同期 14.7 个百分点。12 月末，全市各类企业贷款余额（不含票据）1925.1 亿元，比年初增加 305.7 亿元，其中小企业新增 178.4 亿元，占比 58.4%；小企业贷款余额占比由年初的 39.3%上升到 12 月末的 42.3%（见表 1）。2010 年，全市小额贷款公司新增贷款 9.7 亿元，同比多增 1.6 亿元，主要投向小企业。

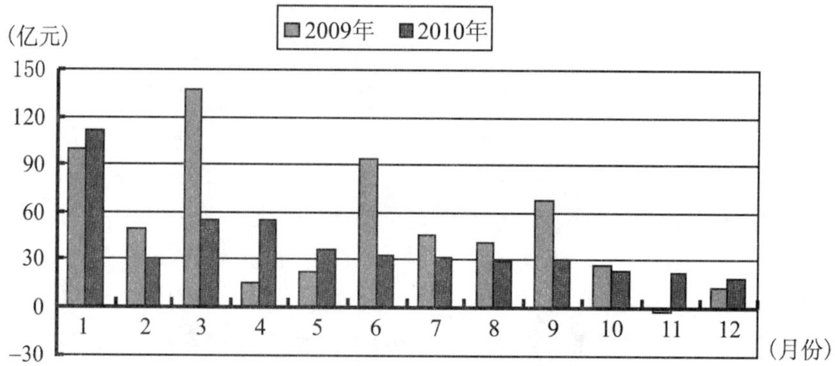

图 2　信贷月度增量比较图

表 1　2010 年 12 月末全市大、中、小型企业融资比重情况

单位：亿元

	全部企业		大型企业		中型企业		小型企业	
	余额	比年初新增	余额	比年初新增	余额	比年初新增	余额	比年初新增
各项贷款合计	1925.1	305.7	340.8	61.9	769.2	65.4	815.1	178.4
其中：制造业	946.3	177.5	119.8	9.2	342.7	54.8	501.7	113.5
各类企业所占比重			17.7%	20.2%	40.0%	21.4%	42.3%	58.4%

二是统筹城乡及创新创业贷款明显增多。12月末，全市“两新工程”项目贷款余额111.9亿元，比年初增加56.2亿元。农民住房改造贷款余额3.2亿元，比年初增加1.6亿元；土地流转经营权抵押贷款余额5770万元，比年初增加3984万元。2010年，全市新增科学研究、技术服务和地质勘察业贷款1870万元；新增个人经营性贷款61.2亿元，同比多增33.7亿元。三是政府性项目及房地产贷款增长趋缓。2010年，全市新增水利、环境和公共设施管理业贷款15.4亿元，同比少增97.3亿元。2010年，全市新增房地产贷款88.9亿元，同比少增13.7亿元。其中，房地产开发贷款新增4.0亿元，少增1.9亿元；个人购房贷款新增84.7亿元，少增12.1亿元。二季度以来，个人购房贷款增速总体呈现下行态势。

3. 融资渠道不断拓展，融资成本明显上升。2010年，货币政策逐步向常态回归，人民币信贷供给控制较严。在“规模内”贷款增势趋缓的同时，社会资金供给方式多元化更趋明显。与此同时，受资金供求关系及政策调控影响，资金价格上升明显。

首先，融资替代效应有所显现。一是直接融资替代间接融资。2010年，海宁皮城等5家企业在中小板上市融资43.5亿元，三江化工等4家企业在境外上市融资2.2亿美元。二是市外融资替代市内融资。2010年，全市金融机构向市外净转出贷款50.7亿元，同比多转出16.3亿元。三是表外融资替代表内融资。2010年，全市委托贷款业务25.8亿元，同比增加14.0亿元；全市信托理财融资45.0亿元，同比增加44.0亿元。

其次，银行贷款利率明显上升。12月，全市金融机构贷款加权平均利率6.30%，比年初上升0.72个百分点。其中，人民币贷款加权平均利率6.60%，比年初上升0.50个百分点；贴现加权平均利率5.89%，比年初上升3.22个百分点；个人住房贷款加权平均利率5.70%，比年初上升1.15个百分点；美元贷款加权平均利率3.03%，比年初上升1.33个百分点。

三、当前及今后经济金融运行中需要关注的问题

2010年，宏观环境复杂多变，经济结构调整力度加大，对当前及今后全市经济金融诸多领域产生影响。需要重点关注物价水平较快上升背景下经济金融所受影响，宏观环境复杂多变背景下、企业经营压力及转型升级不断推进背景下金融面临挑战等，并采取措施积极应对。

(一) 关注物价水平较快上升背景下经济金融所受影响

2010年全市物价水平上升明显，市区居民消费价格同比上涨4.0%；全市工业品出厂价格、原材料燃料动力价格同比分别上涨5.1%、9.3%。特别是四季度以来物价出现加快上升态势，对经济金融诸多领域产生影响。

1. 影响企业赢利能力。嘉兴市的经济特质是“两头在外、大进大出”，众多中小企业大多处于产业链下端，对能源原材料的外部依赖性较强，而企业面对的最终产品市场又竞争激烈。这种经济特质决定了嘉兴市经济在通胀环境下受到的冲击相对更大。2010年，全市原材料购进价格与工业品出厂价格两者涨幅差达到4.2个百分点，比上年扩大6.9个百分点，企业利润从二季度开始环比下降。部分企业，特别是劳动密集型中小企业，受原材料价格上涨影响，出现“量增利减”现象。

2. 影响资金供需状况。一方面，在物

价水平较快上升背景下，货币政策作为调控物价的重要手段有所趋紧，2010 年央行 6 次上调存款准备金率、两次加息，在一定程度上影响嘉兴市金融机构信贷供给。另一方面，企业为规避通胀风险，往往会增加存货，而物价水平上升加大存货资金占用。11 月末，全市规模以上工业企业存货 646.5 亿元，同比增长 31.1%，增幅比三季度末提高 6.1 个百分点。企业资金占用增加而信贷供给趋紧，部分企业，特别是中小企业资金满足度受到影响。

3. 影响存款稳定性。2010 年物价水平上升幅度明显超过利率水平，居民储蓄意愿总体较低，存款稳定性趋降。储蓄存款月度波动较大且活期化趋势明显。2010 年全市新增储蓄存款中活期占比达到 46.2%，同比提高 8.8 个百分点。特别是目前房地产、股市不确定性较大，资金进入总量仍然不多，一旦市场景气度提高，存款稳定性面临挑战。这对金融机构，特别是对地方性法人机构流动性管理提出了更高的要求。

在目前通胀短期内很难得到根本性缓解的背景下，要密切关注形势变化，积极采取措施，如运用金融工具锁定风险、提高资金使用效率、加强流动性管理等，缓解通胀对经济金融的负面影响。

（二）关注宏观环境复杂多变背景下企业经营压力

2010 年，宏观环境复杂多变，企业经营环境日益复杂，市场波动、政策调整及外部环境变化等均对企业生产经营产生影响，企业经营压力更趋多元化。

1. 转型升级压力增大。2010 年，促进经济发展方式转变成为各项宏观政策的主线，企业转型升级压力明显增大。一方面节能减排约束显著加大。2010 年 8 月份以来“限产限电”已经给嘉兴市企业带来“阵痛”，随着转型升级的不断推进，节能减排将长期存在，企业原有的生产模式面临严峻挑战。另一方面人民币升值压力不断显现。2010 年 6 月 19 日央行重启汇改以来，人民币兑美元升值达到 3.0%，部分时段人民币升值较快，对部分利润水平较低的劳动密集型企业产生较大影响。同时，2010 年信贷结构调整力度加大，资源性产品价格改革不断推进等，企业转型升级迫在眉睫。

2. 生产成本压力上升。2010 年，多项生产要素价格上升明显，企业成本压力加大。一是原材料价格较快上涨。2010 年全市规模以上工业企业原材料、燃料、动力购进价格同比上涨 9.3%，其中纺织原料类购进价格同比上涨 12.5%。二是劳动力成本明显增加。2010 年嘉兴市“用工荒”现象不断显现，特别是普通工供不应求，劳动力成本不断攀升。1—11 月，全市规模以上工业企业员工人均报酬 24765 元，同比上涨 16.1%。三是融资成本逐步上升。1—11 月，规模以上工业企业利息净支出同比上涨 14.7%，比上半年提高 7.2 个百分点。

3. 市场压力不容忽视。一方面，当前世界经济复苏中的不确定性因素仍然较多，美国失业率高企、欧洲债务危机阴影未消，国外进口商补库存逐步结束，可能制约外需增长。另一方面，2010 年全球贸易保护主义盛行，可能给当前及今后嘉兴市部分行业和企业带来冲击，影响出口持续增长。

针对复杂环境中企业面临的多重压力，政府、金融机构及企业要立足现实，采取相应措施缓解当前压力；同时，企业更要未雨绸缪，加快转型升级，提升自身长期适应能力。

（三）关注转型升级不断推进背景下金融面临挑战

2010年,全市经济结构调整力度明显加大,转型升级不断推进,这既为金融发展带来了新的机遇,同时也对金融多个方面提出了挑战。

1. 金融经营模式面临挑战。一方面传统信贷增长点受到抑制。12月末,全市地方政府融资平台贷款余额400亿元左右(不包括市外贷款),房地产贷款余额436.1亿元,两者占同期全市贷款余额超过30%,是近年来银行主要的信贷增长点。随着国家对政府融资平台的清理及房地产调控政策的不断出台,上述两类贷款增势均呈现回落,新的增长点有待培育。另一方面中间业务仍需发展。近年来全市中间业务发展较快,但占比一直停留在10%左右。在稳健货币政策下,依靠大规模信贷扩张来增加利润难度加大,需要通过发展中间业务来增加金融发展的持续动力。

2. 信贷资源配置面临挑战。一方面,2010年全市经济回升向好,信贷需求旺盛,新开工项目投资增长51.7%,制造业景气度不减,统筹城乡建设、转型升级等均需要大量资金投入;而在货币政策调整背景下,信贷增长有所趋缓,信贷供需矛盾比较突出。另一方面,2010年信贷政策结构调整力度加大,房地产、政府融资平台、"两高一资"行业等信贷调控力度加大。同时,2010年存款波动较大,对金融机构资产负债配置提出了更高的要求。在此背景下,金融机构如何有效配置信贷资源,既更好地满足区域经济发展需求,又符合信贷调控政策,同时有利于加强流动性管理,挑战不言而喻。

3. 金融风险防范面临挑战。一是房地产、政府融资平台等重点调控领域的金融风险仍需重点关注。二是信贷供给趋紧可能对部分企业资金链造成压力,由此引发多类金融风险,包括:可能降低企业资金周转能力,增大银行贷款信用风险;可能扩大企业间债务,增加系统性企业资金风险;民间借贷市场活跃,可能给金融稳定带来不确定因素等。三是在信贷结构调整中,既要增加重点发展产业信贷投入,又要逐步退出重点调控领域信贷,这"一进一出"所隐含的风险不容忽视。

在转型升级不断推进的背景下,金融机构既要适应形势变化,加快信贷结构调整,又要寻找新的业务增长点,实现可持续发展,同时也要防范金融风险,保持区域金融稳定。

四、2011年趋势预测及政策建议

(一) 2011年趋势预测

中央经济工作会议明确指出2011年实行稳健的货币政策,着力提高政策的针对性、灵活性和有效性,预计2011年信贷将适度增长,新增人民币贷款可能少于2010年。

在稳健货币政策背景下,预计2011年嘉兴市信贷运行总体将呈现"适度均衡投放、结构继续调整"格局,部分时段、部分领域信贷供求矛盾可能加剧。从信贷增量看,2006—2010年嘉兴市人民币信贷增量占全国比例在0.53%—0.59%之间,综合金融机构2011年计划预测等其他因素,预计2011年全市新增人民币信贷410亿元左右,新增本外币贷款440亿元左右。从信贷结构看,统筹城乡建设、先进制造业、传统优势行业和新兴产业仍是下阶段信贷支持重点。中小企业贷款总量将继续扩大,特别是小企业贷款将继续得到改善。

(二) 政策建议

1. 有效传导货币政策,促进信贷适度均衡增长。各金融机构要正确领会央行意图,有效传导货币政策,保持信贷适度均衡增长。要积极向上级行争取资金、授信管理等支持，并通过信贷产品和服务创新，满足区域经济发展的合理资金需求；各法人金融机构要结合自身业务发展需要和风险管控能力，合理把握贷款投放总量，更好地支持地方经济社会发展。各金融机构要根据国家的宏观调控要求和全市企业生产经营的规律和特点，继续相对均衡地安排好信贷投放的进度和节奏，增强金融支持经济发展的可持续性。

2. 调整优化信贷结构，推动经济转型升级。各金融机构要坚持“有扶有控”原则，优先支持自主创新型、环境保护型、资源节约型经济发展，逐步退出高污染、高能耗、高风险行业和企业的信贷投入；大力支持企业技术改造和兼并重组，为企业转型升级提供资金保障；继续加大对小企业的支持，努力提高小企业信贷占比；积极增加统筹城乡建设类信贷投放，加大对农村住房改造建设、农村土地流转和农业龙头企业等金融支持力度。

3. 不断加强金融服务，提升外向型经济竞争力。进一步推进跨境贸易人民币结算试点，完善现有制度，提高管理效率，发挥人民币结算对贸易和投资便利化的促进作用，满足企业对跨境贸易人民币结算的实际需求。大力支持企业合法合规的贸易和投资活动，简化贸易收付汇手续，推行和实施投资贸易便利化措施；鼓励有能力的企业到境外投资、设厂，减少国际贸易摩擦。继续加大对涉外企业的信贷支持力度，满足其合理的资金需求；通过创新贸易融资产品等方式，提升涉外企业应对汇率波动风险的能力。

4. 严格执行调控政策，切实加强风险管理。各金融机构要执行好差别化住房信贷政策及住房预售资金监管政策，严格规范个人住房贷款和房地产开发贷款管理，进一步加大对公共租赁住房等保障性住房建设的金融支持力度。加强地方政府融资平台的信贷风险控制，配合好有关部门对政府融资平台公司债务的清理核实工作。对国家明确要求淘汰落后产能的违规在建项目，不得提供任何形式的新增授信，切实防止低水平重复建设。在严格执行调控政策的同时，要坚持在发展中化解风险，在规范中防范风险。

嘉兴市经济金融统计简表

单位:亿元

项　目	2006年	2007年	2008年	2009年	2010年
国内生产总值	1343.10	1585.18	1815.30	1917.96	2296.00
第一产业	86.47	100.22	105.52	107.01	126.30
第二产业	806.21	947.26	1085.29	1111.74	1342.12
第三产业	450.42	537.70	624.49	699.21	827.58
社会固定资产投资	800.20	900.01	1006.70	1233.34	1518.60
基本建设投资	187.10	185.90	180.70	294.20	330.38
房地产开发投资	118.21	147.74	181.23	187.18	270.70
社会消费品零售总额	429.72	501.22	599.61	694.30	799.40
进出口总额(亿美元)	126.54	160.62	198.33	172.04	228.20
出口总额(亿美元)	91.76	116.74	141.04	123.41	160.41
进口总额(亿美元)	34.78	43.88	57.29	48.63	67.79
地方财政收入	81.55	105.24	126.87	141.70	176.83
地方财政支出	86.35	107.42	135.92	161.11	199.06
商品零售物价总指数(%)	101.00	103.40	106.60	98.20	104.00
居民消费价格指数(%)	101.20	103.70	105.20	99.10	104.00
金融机构存款余额	1629.85	1834.44	2227.82	2904.21	3590.82
企业存款余额	489.77	595.01	659.83	996.31	1151.16
储蓄存款余额	863.66	916.62	1163.77	1385.62	1629.71
金融机构各项贷款	1188.64	1410.03	1668.42	2278.65	2753.64
短期贷款	657.26	803.08	916.68	1156.87	1390.05
中长期贷款	489.98	573.19	689.89	1029.32	1252.27
现金投放(+)回笼(-)	114.83	106.30	71.87	50.89	50.85

湖州市经济金融运行情况综述

2010年是"十一五"规划收官之年,也是湖州市经济逐步摆脱国际金融危机影响步入平稳发展轨道的一年。随着世界经济继续复苏和国内各项政策措施的有力推动,湖州市经济由强劲反弹转向平稳运行,结构调整和转型升级稳步推进。与此同时,湖州市金融运行态势良好,存贷款增速稳居浙江省首位,提前一年完成"十一五"规划预定的目标,为湖州市经济平稳较快发展提供了有力支撑。

一、2010年经济运行概况

2010年以来,湖州市经济呈现较快回升、平稳发展的势头,产业经济稳步发展,三大需求较快增长,经济运行质量良好。全年实现地区生产总值1301.51亿元,增长12.1%。

(一)三大产业稳步发展,工业经济增势平稳

——农业生产发展稳中有升。1—12月湖州市农林牧渔业总产值176.9亿元,同比增长15.6%,比上年同期提高11.2个百分点,比上半年提高6.2个百分点。其中,农业产值81.65亿元,同比增长20.7%;林业产值19.65亿元,增长4.1%;畜牧业产值38.41亿元,增长13.4%;渔业产值30.09亿元,增长13.9%。在稳定物价和支持农业生产各项政策措施作用下,农业生产发展总体好于上半年。

——工业经济增长趋向平稳。全年工业增加值474.71亿元,增长15%,同比提高7个百分点;规模以上工业总产值2677.8亿元,增长28%,增幅同比提高18.4个百分点,比最快的1月份回落2.4个百分点,工业总产值自5月份以来基本保持在25%左右的增长水平。工业用电量同比增长13%,同比提高4.2个百分点,比上半年回落7.8个百分点。企业产销衔接状况良好,工业产品销售率为97.3%,同比提高0.02个百分点。工业结构呈现积极变化,重点特色产业和高新技术产业发展快速。六大重点特色产业实现产值1001.7亿元,增长31.8%;高新技术产业实现产值651.7亿元,增长30.8%,分别超过全部规模以上工业水平3.8个和2.8个百分点。

——服务业发展总体较好。商贸流通保持活跃,1—12月,湖州市限额以上批发零售业销售额增长34%,增幅同比提高11.7个百分点。交通运输业稳步增长,1—12月,湖州市客运周转量增长2.7%,货物周转量增长13.6%,同比提高7.1个百分点。旅游业较快发展,湖州市旅游人数增长24.3%,旅游总收入增长28.8%,同比分别提高5.2个和2.6个百分点。金融业对服务业贡献度提高。全年金融业增加值84.71亿元,同比增长19.2%,占湖州市GDP和第三产业增加值之比分别为6.5%和17.6%,同比分别提高1.8个和4.7个百分点。受房市调控和上年高基数的双重影响,商品房销售面积同比明显下降。1—12月,湖州市商品房和住宅销售面积同比分别下降4.8%和12.5%,而上

年同期增幅均在一倍以上。全年房地产业增加值同比下降1.8%。

(二)三大需求较快增长,出口需求增势强劲

——投资需求高位回稳。受国家严控新开工项目、清理地方政府融资平台等影响,限额以上固定资产投资由一季度30%以上的高位增长逐步回落到20%左右的增长水平。1—12月,湖州市完成限额以上固定资产投资717.83亿元,同比增长21.1%,增幅较上年同期回落0.8个百分点,比上半年回落8.1个百分点。湖州市限额以上投资中,前11个月工业投资增长23.6%,同比提高9.5个百分点;基础设施投资增长13.8%,同比回落29.1个百分点;房地产开发投资增长27.3%,同比提高16.4个百分点,比上半年提高7.3个百分点。

——消费需求稳步提高。1—12月,湖州市社会消费品零售总额516.09亿元,同比增长18.3%(扣除价格因素,实际增长13.6%),增幅同比提高2.5个百分点,比上半年提高0.9个百分点,增速稳中有升。分行业看,批发零售业零售额462.37亿元,同比增长18.6%;住宿餐饮业零售额为53.72亿元,同比增长16.2%。

——出口需求增势明显。6月份以来湖州市进出口水平均保持在40%以上的增速。1—12月,湖州市外贸进出口总额达到69.28亿美元,增长43.3%。其中出口58.61亿美元,增长43.8%,增幅比一季度、上半年分别提高11.4个和2个百分点。从贸易方式来看,一般贸易出口增长较快,全年增长47.6%。从出口市场看,对欧洲出口增长50.5%,对拉美出口增长70.7%,对澳大利亚出口增长57.2%,这三大市场表现最为突出。从出口产品看,纺织原料和纺织品、机电产品出口分别增长33.5%和65.1%;高新技术产品出口增幅达240.3%。

(三)三大收入稳步提高,企业效益增势良好

——财政收入总体平稳。1—12月,湖州市实现财政总收入172.35亿元,增长17.5%。其中地方财政收入97.27亿元,增长21.6%,分别高于上年同期7.8个和9.9个百分点,低于上半年增幅3.5个和6.7个百分点。从主要税种看,企业所得税增长21.1%,营业税增长35.9%,个人所得税增长21.3%。

——企业效益保持良好。1—12月,湖州市规模以上工业利税总额215.99亿元,同比增长28.3%。其中利润132.96亿元,增长32.2%,高于上年1.3个百分点,比上半年提高8.8个百分点。湖州市规模以上工业亏损企业为287家,亏损额下降15.4%。六大重点特色产业利润增长33.4%,超过全部规模以上工业1.2个百分点;高新技术产业利润增长32.5%,总体保持平稳。

——居民收入稳步增长。全年市区城镇居民人均可支配收入为25572元,增长10%。其中工资性收入15649元,增长18.1%。湖州市农村居民人均现金收入13288元,同比增长13.1%。其中,工资性收入6714元,增长15.1%;家庭经营收入5666元,增长10.4%。

(四)三大价格指数高位运行,食品价格涨势明显

——消费价格明显上涨。从累计同比涨幅走势看,1—12月,湖州市居民消费价格同比上涨4%,连续6个月涨幅在4.0%以上的较高水平。从构成来看,12月份同比涨幅较高的是食品上涨7.1%、居住类上涨7.9%。在食品类中,上涨最快的是粮食价格上涨18%,蛋类上涨18.6%,水

产品上涨10.8%,肉禽及制品上涨6.9%。

——工业品价格高位波动。1—12月工业品出厂价格同比上涨5.1%,比上半年略有回落,但全年走势仍处于涨幅5%以上的高位。从全年各月同比涨幅看,有7个月涨幅在5%以上,12月份有所回落。

——原材料价格快速上扬。1—12月原材料、燃料、动力购进价格同比上涨8.7%。从全年各月同比涨幅看,有7个月涨幅在8%以上,12月份同比上涨8.8%。生产领域进出价格涨幅持续呈现“逆差”。1—12月,涨幅逆差为3.6个百分点。

二、2010年金融运行概况

2010年湖州市金融机构认真贯彻执行适度宽松的货币政策,深入开展“金融服务推进年”活动,根据经济发展合理资金需求,着力保持信贷平稳较快增长,调整优化信贷投向,支持经济转型升级。受宏观调控力度加强及上年高基数影响,湖州市金融运行保持平稳良好态势,信贷投放合理并好于预期,存贷款增速趋稳但仍高居全省首位,结构调整明显且投向优化,适度宽松的货币政策得到较充分体现。

(一)各项存款较快增长,走势波动趋稳

2010年末,湖州市本外币各项存款余额1805.61亿元,比年初增加407.95亿元,超过上年同期新增额28亿元,同比增长29.19%,增速低于上年同期8个百分点,高于全省平均8.53个百分点,增速居全省第一位。2010年,在经济面、政策面共同影响下,各项存款增长波动明显,走势趋稳。具体分析:

——从走势波动看:全年呈“前高中低后高”态势。一季度,随着企业生产快速回升,信贷的大量投放,以及春节因素影响,存款延续上年的高增长趋势,保持30%以上的增幅。二季度,随着经济形势好转,企业回补库存增加,以及上调存款准备金率等因素影响,存款增速逐步回落至6月末的23.07%,为全年的最低点。三、四季度,随着企业资金回笼显著增加,同时银行加大存款等负债工作力度,存款在波动中回升至年末的29.19%。

——从结构变化看:一是企业存款、储蓄存款增势总体平稳。1—12月,湖州市本外币企事业单位存款新增141.86亿元,同比少增27.36亿元,增长25.87%;本外币储蓄存款新增133.35亿元,同比少增11.9亿元,增长19.37%。该两类存款全年波动较小、走势总体平稳。二是其他存款大幅增长,是存款同比多增的主要来源。1—12月,本外币其他存款新增131.82亿元,同比多增66.8亿元,增长60%,增幅同比提高25.6个百分点,新增额占全部存款增加额的32.3%,同比提高15.2个百分点。其他存款项下的机关团体存款新增46.49亿元,同比多增24.4亿元;农业存款新增32.9亿元,同比少增2亿元;各类保证金等其他类存款新增47.77亿元,同比多增38.4亿元。

——从影响因素看:一方面,企业经营状况良好,销售和出口增长较快,资金回笼增加,同时央行两次加息效应显现,股市、房市对存款分流影响减弱,这是存款总体较快增长的基本因素。1—11月,湖州市规模工业企业主营业务收入增长28.2%,出口增长44.6%,增幅均比上年大幅提高。1—12月湖州市货物贸易外汇收支和结售汇顺差分别为44.25亿美元和48.74亿美元,同比分别增长51%和45%。另一方面,受内部考核机制驱动,银行加大揽存力度,存款增长“季末冲高”现象明显,这是存款波动回升的特殊因素。据统计,3、6、9、12月四个月存款增量为170亿元,占全

部增量的42%，其中仅12月最后六天存款就增加了70多亿元。在银行揽存过程中，票据承兑等中间业务因可带来中间收益和存款效应而得到大力拓展。12月末，湖州市银行承兑汇票余额261.5亿元，同比增长48.8%；票据项下保证金存款和存单质押余额131.2亿元，新增53.5亿元，同比增长68.8%。

（二）信贷投放平稳较快，走势趋向常态

2010年12月末，湖州市本外币贷款余额1461.32亿元，比年初增加310.4亿元，同比少增48.49亿元，增长26.99%，比上年回落19.4个百分点，但高于全省平均增速7.45个百分点，增速稳居全省第一位。2010年，随着经济形势向好趋稳，信贷投放在上年高基数基础上继续较快增长，同时货币政策注重把握“适度”，6次上调存款准备金率和两次加息，信贷增长由高位逐步趋向平稳增长轨道。

——按期限看：短期贷款占比明显上升。全年本外币短期贷款新增200.43亿元，同比多增26.8亿元，增长30%，增量占全部新增贷款的64.6%，同比提高17个百分点；中长期贷款新增110.5亿元，同比少增48.7亿元，增长25.9%，占比35.6%，同比下降8.4个百分点；受总量控制影响，贷款“去票据化”现象明显，票据贴现比年初下降11.8亿元，同比少增25.7亿元。

——分阶段看：投放节奏平稳性提高。上半年贷款新增200.6亿元，占全年新增额的65%，比上年低1个百分点；下半年新增109.8亿元，占比35%，比上年提高1个百分点。其中，第1—4季度贷款新增额占比分别为43%、22%、23%、12%。

——在全省看：全年增速稳居全省首位。1—12月，湖州市贷款增速均稳居全省首位，新增贷款占全省的份额继续上升。1—12月湖州市本外币贷款新增额占全省新增贷款的4.1%，比上年提高0.3个百分点，年度占比为历史最高水平。

——从机构看：新设机构及中小银行市场份额上升。全年四大国有商业银行人民币贷款新增138.2亿元，占全部机构人民币新增贷款的46.4%；其他银行机构新增贷款159.5亿元，占53.6%，同比提高2.3个百分点。随着近两年新机构的设立和增多，其所占市场份额逐年上升。

（三）信贷结构调整优化，支持重点突出

2010年，在“有扶有控”的政策调整引导下，湖州市银行信贷结构调整明显，投向优化合理，突出支持了制造业、小企业、“三农”、个人经营消费等领域的资金需求。主要体现在：

——制造业和商贸服务业信贷投入快速增长。1—12月，制造业本外币贷款新增119.8亿元，同比多增16.5亿元，增长35.1%，高于全部贷款增速8.1个百分点，新增额占全部新增贷款的38.5%，同比提高9.6个百分点。批发和零售业、住宿餐饮业、租赁和商务服务业合计新增贷款35亿元，增长30.6%，高于全部贷款增速3.6个百分点，新增额占比11.3%，同比提高1.4个百分点。

——对中小企业的融资供给显著加大。1—12月，湖州市各类企业人民币贷款（不含票据贴现）新增199.4亿元。其中，中型企业贷款新增63.6亿元，占企业新增贷款的32%；小型企业贷款新增142.3亿元，增幅达53.3%，占比71%，同比提高23个百分点。由于大型企业贷款比年初下降6.5亿元，因此，企业新增贷款均投向了中小型企业。

——对涉农领域信贷支持增长较快。

12月末，湖州市涉农贷款余额691.39亿元，比年初增加161.49亿元，增长30.48%，高于同期全部贷款增速3.5个百分点。其中：农户贷款增加48.7亿元，增长36.2%；农村企业及各类组织贷款增加100.1亿元，增长28%。

——个人经营消费贷款大幅增长。1—12月，湖州市本外币个人贷款新增130.5亿元，增长40.2%，占全部贷款新增额的42%，同比提高8个百分点。其中，用于支持个人生产经营的贷款新增62.3亿元，增长40.6%；个人消费贷款新增68.2亿元，增长42.7%。个人消费贷款项下的个人住房贷款比年初新增40.2亿元，增长35.8%，其他综合性消费贷款新增28.9亿元，增幅达70.7%。

——基础设施、房地产领域信贷投放明显放缓。在国家严控新开工项目、清理地方政府融资平台、加大房地产调控力度等政策影响下，1—12月，湖州市本外币基础设施主要行业(包括交通运输、仓储和邮政业，水电气生产和供应业，水利、环境和公共设施管理业)贷款新增24.7亿元，同比增长17.7%，低于全部贷款增速9.3个百分点；增量占全部新增贷款的8%，同比下降9.4个百分点；房地产贷款(不含个人房贷)余额50.03亿元，增长17.6%，低于全部贷款增速9.4个百分点。信贷结构变化既有上年基数的原因，也是政策调整的结果，符合当前经济走势和宏观调控要求。

(四) 金融市场总体活跃，资金价格上扬

——票据市场发展良好。2010年12月末，湖州市金融机构银行承兑汇票余额261.51亿元，比年初上升85.75亿元；1—12月累计签发额达到501.91亿元，比上年同期增加114.5亿元。1—12月累计签发商业承兑汇票3.74亿元，比上年同期增加3.74亿元。

——债券市场成交活跃。2010年12月末，湖州市金融机构债券持有余额54.94亿元，比年初增持12.32亿元。现券交易总量372.35亿元。其中累计买入298.62亿元，累计卖出73.73亿元。1—12月，湖州市共完成债券回购交易830.58亿元，其中正回购融入资金318.51亿元，逆回购融出资金512.07亿元，净融出资金193.56亿元。

——外汇市场快速增长。受外部需求快速回升影响，湖州市外汇收支和结售汇的规模均达到历史同期最高水平。2010年1—12月，湖州市涉外收支总额82.28亿美元、顺差54.96亿美元，同比分别增长49.55%和53.55%，结售汇总额76.77亿美元、顺差56.32亿美元，同比分别增长48.92%和41%。

——保险市场较快发展。2010年1—12月，湖州市保险机构保费收入41.43亿元，增长31.74%。其中财产险保费收入14.62亿元，增长32.75%；汽车消费快速发展，使机动车辆险保费增长了38.31%；寿险保费收入26.81亿元，增长31.19%，其中银行代理的中介业务增长49.3%。湖州市保险理赔支出6.35亿元，同比略有下降。

——证券市场交易回落。2010年，沪深股市震荡下行，受此影响，湖州市证券成交量增幅明显回落，1—12月湖州市证券机构实现证券交易额2658.2亿元，同比增长4.9%，比上年大幅回落96.7个百分点，比上半年回落8.96个百分点。其中，A股交易2586.1亿元，同比增长11.3%，比上年回落106.1个百分点，比上半年回落7.5个百分点。

——资金价格总体上行。受资金供求、存款准备金率和基准利率上调等因素共同影响，湖州市各类融资利率总体上行。2010年12月，人民币贷款加权平均利率为6.73%，比年初上升0.55个百分点；票据贴现加权平均利率为6.42%，比年初上升3.76个百分点；随着差别化住房信贷政策的落实，个人住房贷款加权平均利率为5.89%，比年初上升1.34个百分点，比房地产新政出台的4月份提升1.02个百分点；监测数据显示，四季度湖州市民间借贷加权平均利率为22.39%，与上季基本持平，同比上升1.17个百分点。人民币汇率升值加快。12月末，人民币对美元汇率中间价为6.6227人民币/美元，较上年末升值3.1%。

湖州市经济金融统计简表

单位：亿元

项　　目	2006 年	2007 年	2008 年	2009 年	2010 年
国内生产总值	760.89	895.94	1034.89	1111.50	1301.56
第一产业	65.12	73.29	82.63	89.74	104.61
第二产业	435.31	510.74	593.56	617.76	714.61
第三产业	260.46	311.91	358.70	554.24	482.34
固定资产投资	479.62	458.32	525.24	637.84	717.83
基本建设投资	120.48	96.84	103.96	140.47	120.74
房地产开发投资	72.75	94.95	103.29	110.47	142.79
社会消费品零售总额	273.80	319.25	382.11	442.57	516.09
进出口总额(亿美元)	30.10	42.65	55.88	48.33	69.28
出口总额(亿美元)	26.68	36.76	49.01	40.76	58.61
进口总额(亿美元)	3.42	5.89	6.87	7.57	10.67
地方财政收入	49.79	61.68	71.61	80.01	97.27
地方财政支出	55.93	68.82	86.42	108.51	127.12
居民消费价格总指数(%)	100.00	104.00	105.10	99.20	104.00
金融机构存款余额	717.10	811.45	1013.73	1397.68	1805.61
企业存款余额	185.86	234.64	274.33	444.04	558.92
储蓄存款余额	392.00	417.31	542.18	688.32	821.68
金融机构各项贷款	559.06	674.11	786.04	1150.71	1461.32
短期贷款	319.96	398.57	449.53	624.98	812.49
中长期贷款	219.67	256.41	316.41	477.41	600.84
现金投放(+)回笼(—)	28.44	33.94	38.49	38.77	

绍兴市经济金融运行情况综述

2010年，全市金融机构认真贯彻执行适度宽松货币政策，信贷资金运用充分，存贷比逐季提高，投放节奏更趋均衡，贷款增速回归常态，结构有保有压，促进了地方经济的转型升级。

一、经济运行概况

2010年以来，全市经济在转型发展中保持平稳较快发展，主要指标恢复到危机前增长水平，转型升级继续稳步推进，产销利上升，基本面在好转，回升向好趋势不断得到巩固。全年实现GDP为2783亿元，增长11.0%，比上年度提高1.7个百分点。其中第一、二、三产业增加值分别增长3.8%、10%和13.4%。监测显示，4季度企业家判断宏观经济形势景气指数自2008年3季度以来首次处于正景气区间。

（一）投资增速加快，进出口恢复到危机前水平

一是投资总量趋于平稳，房地产投资火爆。全市固定资产累计投资1253.6亿元，同比增长18.8%，较上年增加3.6个百分点，但比近6年的最高点（2010年4月份的31.1%）回落12.3个百分点，逐月回落至20%以内的增长区间。分投资领域看：①工业性投资热情增强，增长14.8%，较上年增加5个百分点，全年保持两位数增长，为近5年最高水平，主要原因是在宏观经济形势谨慎看好、通胀预期增强的情况下，企业通过有计划地上项目、搞技改、购设备等投资实现“保值”；②房地产投资高速增长，虽比4月份的高点回落20.2个百分点，但比上年提高37.2个百分点，增长41.5%，比2007年投资高峰年份还高出2.6个百分点；③基础设施投资快速回落，增长16.3%，而2月份曾达到140%，大幅回落123.7个百分点。与此同时，外商投资明显增长，累计批准外资项目235项，同比增加61项，合同利用外资增长53.6%，外商实际投资增长17.5%。二是外贸进出口双双得到恢复。全市自营进出口270.2亿美元，增长31.8%，而上年增幅为—14%，已恢复到金融危机前的水平，比2008年提高8.3个百分点，但随着上年基数的逐月抬高，增速有所回落，外贸进出口分别较上半年回落5.1和5.3个百分点。其中，进口59.3亿美元，增长25.3%；出口210.9亿美元，增长33.8%。三是消费需求稳定增长。1—12月，全市累计社会消费品零售总额852.9亿元，增长19.1%，比上年加快3.1个百分点。主要消费热点：①汽车持续旺销，限额以上贸易企业汽车零售额140.4亿元，同比增长37.0%，增速较上年提高2.5个百分点。②世合赛助推餐饮旅游消费增长，全市住宿和餐饮业营业额为74.2亿元，增长15.3%，实现旅游总收入305.8亿元，增长26.3%。

（二）产销形势良好，工业基本面好转

工业生产快速增长，尤其是下半年受限电减排政策影响，企业开工率下降，工业生产仍保持持续快速发展，反映出绍兴市工业经济良好发展势头得到巩固。全市规模以上工业总产值6836.7亿元，同比增长

27.8%，分别较上年和6月末加快23.1和3.1个百分点；工业销售产值6671.1亿元，同比增长27.1%，分别较上年和6月末加快22.2和2.6个百分点。与此同时，受中西部劳动力回流、原材料价格大幅上涨及汇率等因素影响而不敢接长单、大单，部分订单流向东南亚国家现象应引起关注。

（三）企业效益提升，财政收支增幅倒挂

一是企业利增亏减。全市规模以上企业实现利润398.4亿元，同比增长39.7%，较上年加快25.9个百分点；亏损企业面为8.6%，连续7个月回落。其中十大工业行业中，化学纤维制造业、塑料制造业、化学原料及化学制品制造业、专用设备制造业、电气机械及器材制造业利润增速高于全市平均，分别为95.7%、75.3%、64.5%、44.2%和43.7%，纺织业增长34.7%。二是居民收入平稳增长。城镇居民人均可支配收入和农村居民人均现金收入分别增长12.2%和13.5%。三是财政收支增幅倒挂。全市财政总收入和地方财政收入同比分别增长17.0%和20.4%，较上年分别加快8.3和8.7个百分点。财政预算支出增长31.0%，较上年加快13.3个百分点。

（四）物价明显上扬，通胀压力加大

一是居民消费价格指数(CPI)连续9个月超过3%，累计上涨4.0%，比全国高出0.8个百分点。二是工业品出厂价格指数(PPI)累计上涨9.2%，8月份起虽逐月回落，但全年均保持10%左右的增幅，为近年来最快。三是工业原材料购进价格指数两位数增长，累计涨11.8%，原材料和产成品价格涨幅持续倒挂，累计倒挂2.6个百分点。

二、金融运行概况

（一）贷款增速回归常态

年末，全市金融机构本外币贷款余额3934.3亿元，比年初新增637.3亿元，同比少增168.60亿元，与中国人民银行绍兴中心支行年初预测全年650亿元的增量基本吻合。与省内城市相比，贷款余额和增量位居杭州、宁波、温州之后，列第4位。与往年相比，信贷供给转向常态化。2007、2008、2009年贷款增量分别为352.3亿元、403.1亿元和805.9亿元，2010年收缩了20.9%，略高于全国20.2%收缩力度，但仍高于2008年以往年度投放量，是2008年的1.6倍。余额同比增长19.3%，与全国19.7%和全省19.3%的增速同步，连续3个月保持在20%以内，比前期最高点(2009年11月33.9%)回落14.5个百分点，贷款高增长势头得到控制。

（二）投放节奏更趋均衡

2010年信贷投放更注重均衡性，不再像往年年初大投放、年末很少投放，较好地满足了实体经济信贷需求。1—4季度投放量分别占全年的36.0%、27.1%、21.6%和15.3%，而上年投放比重分别为42.4%、24.8%、20.4%和12.4%，第一个季度比上年少投放6.41个百分点，而后三个季度分别多投放2.35、1.19和2.88个百分点。

（三）投放结构有保有压

呈现“两升两降”格局：一是实质性贷款比重上升。由于规模趋紧，商业银行用一般性贷款替换票据融资，全年票据融资下降24.1亿元，而上年为增加22.6亿元。贷款主要投向实体经济，工业贷款余额1928.5亿元，新增281.4亿元，少增75.4亿元，占44.2%；批发零售及住宿餐饮业新增99.1亿元，多增13.7亿元，占

15.5%，同比上升4个百分点。二是小企业贷款高速增长。按企业规模分，金融机构由金融危机爆发前的“重大轻小”向金融危机后的“稳大中重小型”转变，全市小型企业贷款增长33.4%，高于全市平均12.5个百分点，而大型企业和中型企业贷款增速分别为12.6%和16.0%。三是建筑房地产和政府融资平台等调控行业高增长势头得到控制。建筑房地产业贷款增速由2009年8月最高位40.1%回落至28.1%，个人住房贷款增速由2010年4月份的最高位66.1%回落至30.3%。作为政府融资平台主体的交通运输仓储邮政业和水利环境公共设施管理业贷款新增9.2亿元，仅为上年同期的1/9。

（四）信贷增量有转移倾向

在全市贷款平稳增长的同时，各县（市、区）由于产业结构、风险控制等方面的不同，贷款增速的差异较大。12月末，市区、绍兴县、上虞市、诸暨市、嵊州市和新昌县贷款增速分别为20.72%、12.36%、17.86%、23.09%、25.48%和23.09%，信贷资源有向诸暨、嵊州和新昌转移的倾向。

（五）存贷比逐季提高

年末，全市金融机构本外币存款余额4948.3亿元，比年初新增809.1亿元，同比少增66.9亿元；余额同比增长19.5%，比年初回落7.3个百分点，比全省平均增速低1.1个百分点，增势趋于稳定。存款余额和增量均列全省第4位。分结构看，一是企业存款高位回落，新增444.9亿元，同比少增156.4亿元；余额同比增速从近年来的最高点（1月份为76.1%）逐月回落至28.0%，比年初回落45.6个百分点。其中，定期存款新增量占比为61.9%，同比上升2个百分点。二是储蓄增长乏力。受存款市场整顿、房地产逆市热销分流储蓄及用于开立银行承兑汇票而质押的存单缓增等因素影响，全年储蓄新增238.7亿元，同比少增51.9亿元；同比增长14.0%，比年初回落6.6个百分点。三是保证金由负转正，新增22.8亿元，上年为下降170.8亿元。从存贷比看，存贷比逐季提高，增量存贷比居全省第6位，比上年提高两位。增量存贷比为78.8%，分别比9月末、6月末和3月末提高7.7、16.0和31.6个百分点，余额存贷比达79.5%。

（六）资金价格上升

货币政策转向稳健，市场流动性开始收缩，利率水平趋于上升。年末，人民币贷款加权平均利率6.08%，比上年同期上升0.41个百分点。从上浮幅度看，12月全市金融机构贷款平均上浮幅度12.22%，比上年同期上升1.58个百分点。从贴现率来看，12月，全市金融机构3个月（含）以内银行承兑汇票平均贴现率6.72%，比上年同期上升3.93个百分点，且已高于贷款基准利率。同时，金融机构中间业务收入快速增长。中间业务收入总计25.5亿元，同比增加5.6亿元，增长28.2%，比贷款增速高8.9个百分点；与利息收入之比为16.6%。若将商业银行中间业务收入转化为企业资金成本测算，实际贷款利率约为基准利率上浮31.63%。随着资金价格的上扬，贷款期限延长，银行盈利能力上升。全市银行机构结益104.7亿元，同比增长37.0%，同比上升41.9个百分点。

（七）其他信贷大幅多增

据中国人民银行绍兴中心支行监测，全年除贷款转让出现净转回以外，银行承兑汇票、信用证、保函、委托贷款及其他信贷投入全面多增，12月末净余额为763.8亿元，比年初增188.5亿元，同比多增149.1亿元。其他信贷增速自上年12月份正增长后，连续保持高增长态势，1—4季末增速分别为25.7%、32.3%、33.3%

和 32.8%，接近金融危机前 2008 年 9 月末 37.9% 的高位。其他信贷在缓解企业资金供需矛盾、巩固经济回升向好势头方面发挥了积极作用。

（八）跨境人民币结算快速发展，结售汇回升

自 6 月 23 日绍兴成为跨境贸易人民币结算试点地区以来，全市共发生跨境贸易人民币结算业务 199 笔，金额 15.9 亿元。随着全球经济活跃度的上升和进出口的反弹，结售汇规模回升。全市累计结汇 196 亿美元，售汇 33.6 亿美元，同比分别增长 33.3%、2.0%，而上年为增长－10.3%和－40.1%；净结汇 161.8 亿元，同比增长 42.6%。

（九）异地信贷明显放缓，小贷公司资金运用充分

12 月末，异地金融机构对全市企业本外币各项信贷余额 1657.7 亿元，比年初新增 176.6 亿元，同比少增 48.2 亿元，余额同比增长 11.9%。其中，异地贷款余额 1127.4 亿元，比年初增 85.5 亿元，同比少增 121.5 亿元，余额同比仅增长 8.2%。小额贷款需求旺盛，小贷公司资金运用比较充分。12 月末，全市 9 家小额贷款公司贷款余额 38.1 亿元，比年初增加 21.7 亿元，同比多增 8.2 亿元，余额同比增长 132.7%。

绍兴市经济金融统计简表

单位：亿元

项　　目	2006年	2007年	2008年	2009年	2010年
国内生产总值	1678	1971	2223	2375	2783
第一产业	97	108	117	124	149
第二产业	1016	1195	1329	1380	1583
第三产业	565	668	777	872	1051
固定资产投资	766	843	913	1055	1254
基本建设投资	148	109	115	173	201
房地产开发投资	129	179	200	210	298
社会消费品零售总额	441	515	619	718	853
进出口总额(亿美元)	139	193	239	205	270
出口总额(亿美元)	105	138	175	158	211
进口总额(亿美元)	34	55	63	47	59
地方财政收入	95	122	144	160	193
地方财政支出	95	114	144	170	222
商品零售物价总指数(%)	101	102	107	100	101
居民消费价格总指数(%)	101	103	105	99	104
金融机构存款余额	2296	2663	3263	4140	4948
企业存款	621	793	817	1418	1815
储蓄存款	1061	1098	1416	1707	1946
金融机构各项贷款	1739	2091	2491	3297	3934
短期贷款	1323	1584	1885	2404	2840
中长期贷款	330	422	499	733	952
现金投放(+)回笼(-)	141	162	154	120	157

金华市经济金融运行情况综述

2010年，面对极为复杂的国内外经济环境，金华市上下坚持调结构促发展，经济向好势头进一步巩固，金融支持经济转型升级的作用明显增强。下阶段，金华市经济有望继续保持快速增长态势，但不确定不稳定因素仍然较多，需要各方密切关注。

一、经济运行概况

2010年，金华市经济运行朝着宏观调控预期的方向发展，主要经济指标快速增长。据初步核算，全市生产总值2094.70亿元，增长12.5%，全市财政一般预算总收入272.68亿元，增长17.2%。

（一）经济增速趋于稳定，市场信心继续增强

全市年内四个季度GDP累计增长速度分别为12.7%、13.3%、12.6%和12.5%，经济运行逐渐由回升向好向稳定增长转变。中国人民银行金华市中心支行景气调查显示，市场主体对宏观经济信心持续回升。四季度，金华市企业家信心指数为53.3，比上年同期提高6.8点；银行家信心指数为60.0，比上年同期提高10.0点。

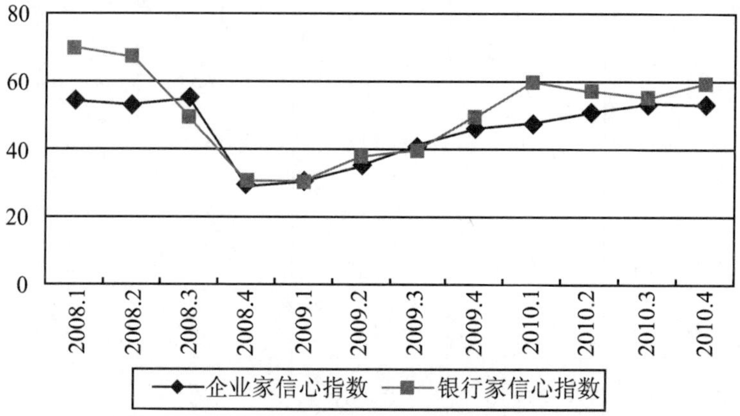

图1 2008—2010年各季度景气指数走势图

（二）工业生产高位运行，企业效益大幅提升

1—12月，全市规模以上工业总产值3393.31亿元，实现销售产值3277.14亿元，同比分别增长32.8%和32.2%。全市34个工业行业中有21个行业产值增速超过30%，有17个行业新产品产值增速超过50%。1—12月，全市规模以上工业企业实现利润165.62亿元，增长53.7%，明显高于工业产值的增长速度。十一项经济效益考核得分为234.96分，同比提高了24.0分。

（三）投资增速明显加快，工业投资亮点突出

1—12月，全市累计完成限额以上固定资产投资724.11亿元，同比增长

23.7%，高于上年14.4个百分点。其中，房地产开发投资164.45亿元，增长24.0%；投资项目（单位）投资559.66亿元，增长23.6%。投资项目中，基础设施投资129.83亿元，增长17.5%；工业投资完成378.37亿元，增长26.5%，比全省高17.2个百分点，增幅排名全省第一。

（四）外贸出口强劲复苏，利用外资规模扩大

1—12月，全市外贸出口121.88亿美元，增长41.8%。其中，机电产品出口52.12亿美元，增长45.4%；高新技术产品出口4.70亿美元，增长56.5%。欧美仍是金华市主要出口市场，俄罗斯、东盟、巴西和伊朗等新兴市场出口大幅增长。1—12月，全市新批外商投资企业104家，较上年增加11家；合同利用外资6.02亿美元，实际利用外资3.53亿美元，分别增长14.2%和11.0%。

（五）居民收入有所增加，消费市场稳中有旺

1—12月，市区城市居民人均可支配收入25029元，增长9.2%，全市农民人均现金收入11805元，增长11.4%。居民收入的增加促进了消费市场的平稳增长。年内，全市社会消费品零售总额为916.23亿元，增长18.9%，较上年提高了3.3个百分点。其中，城镇零售额755.14亿元，增长19.1%；乡村零售额161.09亿元，增长17.7%。从商品种类看，家用电器零售额11.82亿元，增长26.4%；汽车销售额157.21亿元，增长35.1%。

二、金融运行概况

2010年，金华市金融机构认真贯彻落实适度宽松的货币政策，金融运行态势总体良好，金融支持经济发展的作用进一步增强。

（一）各项存款较快增长，储蓄存款出现少增

12月末，全市金融机构本外币存款余额3986.99亿元，同比增长23.79%，比年初增加766.17亿元，同比多增121.66亿元。分项目看：一是企业存款快速增长。1—12月，全市新增企业存款278.91亿元，同比多增49.92亿元，表明金华市企业总体支付能力增强。二是储蓄存款同比少增。1—12月，全市新增储蓄存款307.59亿元，同比少增43.53亿元，与房地产市场及个人投资创业活跃等因素有关。三是单位存款同比明显多增。1—12月，全市财政和机关团体存款新增116.89亿元，同比多增69.51亿元。

（二）信贷环境保持宽松，新增贷款略微减少

12月末，全市金融机构本外币贷款余额3096.47亿元，同比增长23.35%，增幅居全省第三。年内，全市新增贷款586.11亿元，同比少增7.51亿元，新增贷款占全省的比重为7.59%，同比提高1.41个百分点。从期限结构看：短期贷款同比增长24.45%，比年初增加438.52亿元；中长期贷款同比增长19.29%，比年初增加127.20亿元。从部门分布看：个人贷款新增203.92亿元，同比多增48.44亿元；单位贷款新增342.73亿元，同比少增77.21亿元。

（三）贷款利率总体下降，民间融资量价略升

2010年，全市金融机构一年期人民币贷款加权平均利率为6.104%，比上年下降0.152个百分点。年内金融机构实行基准利率和利率下浮的企业贷款比重为42.69%，同比提高1.99个百分点。据中国人民银行金华中心支行监测，民间借贷总额和利率水平略有上升，四季度金华市民间借

贷发生额比上年同期增加 1.84%，民间借贷加权平均利率同比提高 0.54 个百分点。

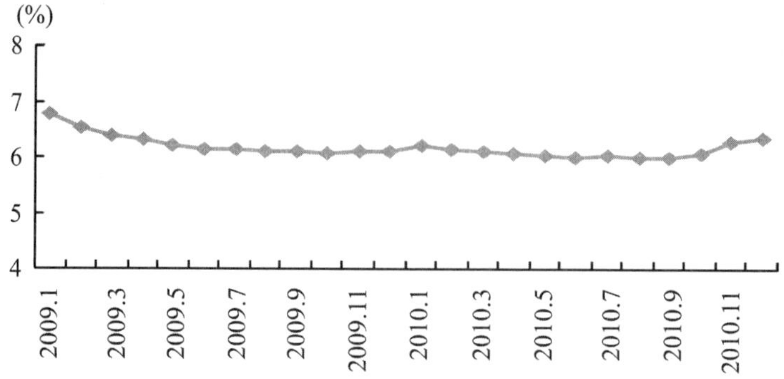

图 2　2009—2010 年金华市一年期贷款利率走势图

（四）外汇收支总量扩张，汇率弹性逐步加大

2010 年，金华市涉外经济持续保持快速增长态势，国际收支总量大幅扩张。1—12 月，全市国际收支总规模为 286.84 亿美元，增长 39.57%，实现顺差 260.46 亿美元，增长 38.55%。从交易项目看，货物和服务贸易收支 274.90 亿美元，同比增长 41.29%，外商直接投资流入 3.22 亿美元，对外直接投资流出 0.69 亿美元。年初以来，为应对全球金融危机，人民币汇率保持基本稳定，重启汇率形成机制改革后，人民币小幅升值，双向浮动特征明显。12 月末，人民币对美元汇率中间价为 6.6227 元，比上年末升值 3.10%。

（五）股票交易增速回落，保险业务平稳发展

受政策趋紧预期等因素影响，股票指数震荡下行，金华市股票交易量增速明显回落。1—12 月，全市证券机构股票成交额 13811.95 亿元，同比增长 9.12%，较上年回落近七成。12 月末，全市客户证券资金总额 599.39 亿元，增长 16.92%。年内，全市有 3 家企业上市融资 22.63 亿元，发行企业短期融资券 35.50 亿元，中小企业通过集合票据融资 1.45 亿元。1—12 月，全市商业保险机构保费收入 79.21 亿元，增长 31.50%；保险赔款支出 14.40 亿元，增长 4.53%；给付支出 4.12 亿元，下降 20.82%。

三、对全年信贷增长情况的分析

2010 年，金华市信贷投放更加注重根据实体经济的信贷需求，均衡把握信贷投放节奏，全年新增贷款基本与上年持平，信贷投向结构继续得到优化。

（一）信贷投放由反危机状态逐步向常态回归

统计数据显示，2001—2010 年金华市贷款年均增幅为 23.54%。其中，2009 年为应对国际金融危机影响，在适度宽松的货币政策背景下，全市贷款增长速度提高到 30.97%，比正常年份的平均增速加快 7.43 个百分点；2010 年，金华市的贷款投放呈现高位回落态势，全年贷款增速 23.35%，比上年回落了 7.62 个百分点，基本接近正常年份的平均增速。信贷投放节奏均衡合理，全年四个季度新增贷款分别占全年新增的 39.25%、27.13%、22.06% 和 11.56%，投放进度基本按照年初要求的“4、3、2、1”掌握。总体上看，2010 年我市的信贷投放，是经济基本面和宏观政策等因素共同作用的结果，符合宏观调控的预期和经济平稳发展的实际需求。

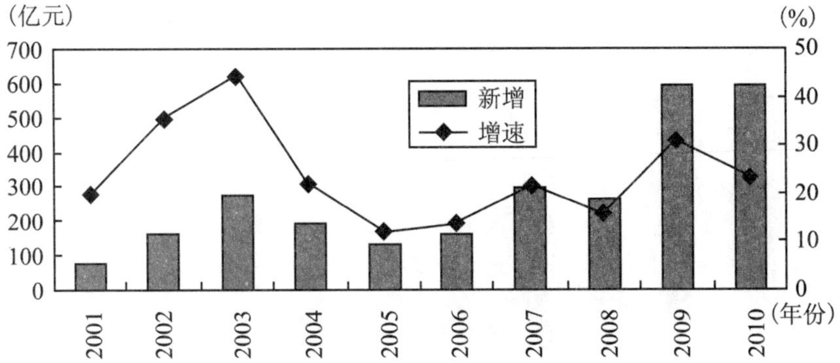

图3　2001—2010年金华市贷款增长情况图

（二）重点保障先进制造业基地建设资金需求

一是加大对工业经济的信贷投放力度。12月末，全市金融机构制造业贷款余额达1410.17亿元，增长26.51%，高于全省平均增速3.57个百分点。二是实体经济贷款发放继续增多。12月末，全市企业贷款余额为1957.47亿元，比年初增加380.01亿元，占全部新增贷款的64.84%，高出余额占比1.62个百分点。三是积极推动块状经济向现代产业集群提升。12月末，金华市优势产业集群中金属制品、专用设备制造、有色金属加工和文教用品制造等行业贷款增速分别达32.52%、32.96%、24.82%和42.15%，明显高于各项贷款的平均增速。

（三）新兴产业和薄弱环节继续获得较多贷款

一是增加对高新技术新兴产业的信贷投放。12月末，全市353家市级及以上高新技术企业贷款余额为169.71亿元，比年初增加15.68亿元；全市22家新能源等新兴产业企业贷款余额达14.14亿元，比年初增加2.83亿元。二是增强对中小企业的信贷支持。1—12月，全市中小型企业新增贷款351.18亿元，占全部企业新增贷款的92.42%；小企业新增贷款占全部企业新增贷款的63.21%，比上年同期提高了6.41个百分点，高出全省占比12.64个百分点。三是加大对“三农”的信贷支持力度。1—12月，全市新增涉农贷款434.49亿元，占全部新增贷款的74.13%；其中新增农户贷款113.76亿元，占全部新增贷款的19.37%。

四、经济金融运行中值得关注的问题

（一）物价持续上涨带来的风险隐患不容忽视

物价持续上涨已成为当前经济工作的焦点问题，这其中隐藏的风险和不确定性，有可能对经济金融运行带来负面影响，需要我们吸取以往的经验教训，及时做好应对准备。

一是企业增本减利的压力加大。数据显示，1—12月全市工业原材料、燃料动力购进价格同比上涨10.7%，同期工业品出厂价格同比上涨6.3%，两者之差达4.4个百分点，比上年同期扩大了4.3个百分点。由于金华市工业多为一般的加工企业，原材料成本约占生产总成本的六至七成，原材料价格的快速上涨将直接挤压工业企业的利润空间。据统计，受原材料价格上涨等因素的影响，1—12月全市规模以上工业企业利润同比增长53.65%，比一季度回落28.15个百分点；1—12月全市规模以上工业亏损企业亏损额达81.28

亿元,比一季度提高了90.65%。

二是加剧企业资金的紧张状况。物价水平是客观反映经济冷热状况的主要指标,也是确定宏观调控方向、力度和节奏的重要参考。从宏观上讲,货币信贷供应量是根据经济增长和物价控制目标来调控的,当物价持续上涨并明显偏离控制目标时,中央银行将适时收紧货币信贷总量,传导到微观层面就会反映获得贷款的难度增大。同时,物价持续上涨又使货币购买力下降,企业维持等量的生产规模需要更多的资金,从而使企业资金营运的压力进一步加大。据对相关资料分析,2008年原材料价格持续上涨时期,金华市工业有六成多的行业资金明显偏紧,规模以上工业企业的信贷资金满足率仅为53%左右。

三是有可能引发信贷突发风险。物价的持续上涨,容易扭曲经济主体的预期,助长囤积原材料和跟风投资现象,一旦市场在宏观调控下出现逆转,企业资金链就会骤然绷紧,埋下信贷资产"劣变"的风险隐患。同时,一些正常经营的企业由于无法转嫁原材料涨价成本,造成经营持续亏损、现金流入不敷出,甚至导致资金链断裂风险。据调查统计,2008年金华市规模以上企业发生资金链断裂事件37起,引发市内115个企业关停,涉及银行贷款27.80亿元,其中有38%的企业分布在行业景气度和原材料价格波动较大的纺织、金属加工和化工等行业。

(二)金融支持转型升级的针对性亟待提高

当前,金华市金融支持经济转型升级已取得阶段性成效。但在理念转变、机制保障、产品创新等方面仍存在诸多制约因素,金融支持转型升级的针对性和有效性有待深入探索。

一是引导企业转变融资方式的力度较弱。金华市企业直接融资起步较早,但发展缓慢,截至2010年底,全市境内外上市企业只有12家,直接融资比例不到8%,明显落后于省内其他地市和全国平均水平。究其原因,除了企业自身原因外,主要是信贷市场存在结构性竞争过度问题,金融机构争着对一些规模较大的优质企业授信。监测数据显示,目前金华市最大的前100户信贷客户中,有10家以上贷款银行的占25%,其中最大一户民营企业在20家银行的融资总额超过20亿元。这种状况加剧了企业对贷款的依赖,不利于激发企业建立现代企业制度的热情,显然不适应促进企业加快转型升级的需要。

二是绿色信贷的正向激励机制不够完善。绿色信贷政策实施以来,企业环保信息纳入人民银行征信系统,作为金融机构贷款授信审查的基本内容之一,金华市先后有16家环保违法企业在信贷制裁的约束下"摘帽",2010年重点高耗能企业贷款下降了13.24亿元。但总体上看,金华市绿色信贷实践尚处在风险防范的起步阶段,目前仍偏重于限制性和约束性举措,在贷款授信、利率定价和担保抵押方面,缺乏对环境友好型企业的正向激励政策。年内,全市省级绿色企业贷款增长19.29%,省循环经济示范企业贷款增长17.31%,分别低于同期全部企业贷款增幅5.45和7.43个百分点。

三是金融服务还不适应转型升级的需要。近几年,金华市推出了一些新的金融产品和服务方式,但与加快经济转型升级的要求相比还有不小差距。首先,风险管理偏好于有形资产质押,房地产仍是现阶段贷款的主要担保物,金华市商标权、排污权、专利权质押贷款不足全省的3%,信贷对企业品牌建设、低碳排放及自主创新支持不够。其次,技术改造贷款仍在沿用计划管理的模式，贷款审批环节多、权限小，目前全市技改项目贷款余额仅为19.20亿元，不能满足产业调整与振兴的需要。再次，保险产品较为单一，科技保险、绿色保险及新兴产业保险业务尚未起步，保险对转型升级的风险保障功能有待挖掘。

（三）房地产市场面临的政策环境更加趋紧

自2003年以来，我国房地产市场经历了四次大的调控，特别是2010年的调控力度和频率前所未有，但高企的房价却依然坚挺，房地产市场调控的形势不容乐观。我们分析，未来一段时期房地产市场面临的政策环境将更加趋紧。

一是房地产作为支柱产业的地位淡出。从历史来看，随着城镇住房制度改革的推进，房地产业对拉动经济增长确实发挥了重要作用，因此，我们一直强调房地产业关联度高，带动力强，是国民经济的支柱产业。2005年“国八条”、2006年“国六条”虽然突出了对房地产市场的调控，但在政策文件中仍将房地产业定位为我国新的发展阶段的一个重要支柱产业。然而，2010年出台的“国五条”和“国十条”提出房地产业要以保障民生为首要目标。9月底，国务院有关部门负责人就进一步加强房地产调控答记者问时明确指出，房地产业不能作为城市经济支柱产业，这就为下阶段房地产市场调控定下了基调。

二是房地产市场调控的目标更加明确。从相关政策文件可以看出，前几轮房地产市场调控的目标是“稳定住房价格”，2010年“国五条”和“国十条”调整为“遏制房价过快上涨”，但这些提法均被解读为调控只是让房价“缓涨、慢涨”，多数市场主体预期政府不会让房价下跌。在这种调控预期下，房地产市场陷入了“越调越涨”的境地，高房价已逐渐成为当前社会矛盾的焦点。对此，温家宝总理在国庆招待会致辞中强调要“保持房地产价格合理和稳定”，首次提出把房价的“合理”作为调控目标之一。在中央人民广播电台与听众交流时，温家宝总理表示有信心让房价回到合理的价位。

三是信贷政策的调控力度进一步加大。住房贷款是促进房地产市场发展的一项重要制度安排。在本轮房地产市场调控中，房地产信贷政策将矛头直指“投资和投机性需求”，不但提高了个人住房贷款的“首付”比例，还提高了二套房贷的利率下限。不久前，人民银行在上调存贷款基准利率时，调减了中长期存款和贷款的利差水平，若对五年期以上住房按揭贷款利率实行7折优惠，其名义利率仅为4.48%，首次低于五年期存款基准利率0.07个百分点，这种利率倒挂机制将导致个人住房贷款真实利率的上升，进一步收紧住房信贷的政策意图明显。

五、下阶段经济金融运行趋势及对策建议

（一）宏观经济形势展望

总体来看，2011年，宏观经济运行面临的内外部环境整体趋于好转，经济持续增长的动能较为充足，金华市经济有望继续保持平稳较快发展的态势。

1. 经济内生增长动力将继续恢复。实施应对危机一揽子措施以来，我国经济持续快速回升，消费对经济增长的拉动作用提升，财政金融风险得到有效控制。总的来看，2011年经济保持较快增长的政策环境较好，有利条件很多，特别是国内市场潜力巨大，国民储蓄率较高，转变发展方式和调整经济结构步伐加快，为巩固经济发展的良好势头提供了空间。

2. 外部需求将延续缓慢复苏态势。

当前，国际金融危机极端动荡的状态已明显缓和，市场信心有所增强，私人消费、跨国投资和全球贸易都开始在不同程度上恢复，加之2011年主要经济体量化宽松的政策大方向没有变，世界经济二次“探底”应为小概率事件，复苏势头仍将延续。特别是新兴经济体和发展中国家经济增长强劲，与我国双边经贸合作有望继续深化，有助于国内企业进一步开拓新兴市场。

3. 物价总水平上涨压力依然存在。经济刺激政策实施以来，通胀预期一直在增强，物价涨幅逐月上升，至11月消费物价创28个月以来同比最大涨幅，特别是近期非食品价格的较快上涨，在一定程度上表明物价上涨正在由食品价格向全面价格上涨扩散。12月份物价涨幅有所回落，但未来一段时期物价可能仍在高位运行，企业增本减利的压力加大，负利率问题的长期化将增加经济金融运行的风险。

4. 经济运行存在不确定性和复杂性。从国际看，主要经济体复苏缓慢，新兴市场资产泡沫和通胀压力增大，欧元区主权债务危机隐患尚未根本消除，全球金融体系依然脆弱。同时，由于各国经济周期不同步，宏观经济政策主张差异明显，国际合作和政策协调难度增加，贸易保护压力和“汇率争端”风险不可低估。从国内看，除了产业结构不合理等长期积累的深层次矛盾和问题外，刺激政策退出、通胀预期强化以及房地产市场走势，都可能对经济发展带来较大影响。

（二）货币信贷政策趋势

中央经济工作会议明确提出，2011年货币政策由适度宽松转向稳健，这是宏观政策导向的一个重要变化。对此，我们要客观分析和正确解读。

1. 稳健货币政策的要义是相机抉择。实施稳健的货币政策，是货币政策取向从经济反危机特殊时期的非常态应对，转向经济正常运行下的常态应对，重点是更加积极稳妥地处理好保持经济平稳较快发展、调整经济结构和管理通胀预期的关系，把稳定价格总水平放在更加突出的位置。从操作实践来看，稳健的货币政策实际上是一种根据宏观经济形势相机抉择的货币政策，比较有灵活性和应变性，既能在经济偏热时适当紧缩，也能在经济偏冷时适当放松。因此，实施稳健的货币政策，并不是银根一味地单向紧缩，不会影响经济的正常发展。

2. 货币信贷仍将保持合理适度增长。2011年稳健货币政策调控的主要目标有两个：一是按照把好流动性“总闸门”的要求，预期广义货币供应量M2余额增长16%。这个目标虽然较适度宽松时期低了一个百分点，但与以往正常年份的一般水平是相当的。二是保持合理的社会融资规模。2010年没有提新增信贷总量控制目标，这是货币政策的一个重大转变，一方面意味着调控不能只看信贷总量，而应关注社会融资总量；另一方面也是基于灵活应对不确定因素的考虑，既要保障经济增长合理的信贷需求得到满足，又不至于因为信贷投放过量而强化通胀预期，是稳健货币政策相机抉择的具体体现。

3. 更加注重价格型政策工具的使用。今后一段时期，价格总水平的上涨仍是宏观经济运行的主要矛盾，人民银行将根据经济金融形势和外汇流动变化情况，在动用存款准备金率等数量型工具的基础上，通过灵活组合利率工具等措施，旨在减少市场投机炒作行为，合理控制通胀预期，发挥利率在调整资源配置和传导货币政策中的作用。同时，为缓解输入型通胀压力，引导资源向内需部门配置，促进经济发展方式的转变，人民银行将进一步推进人民币汇率形成机制改革，增强人民币汇率弹性，人民币汇率有可能呈现小幅渐进式升值态势。

4. 着力引导和推进信贷结构的优化。稳健的货币政策将在保持信贷总量合理适度增长的同时，坚持“区别对待、有扶有控”的原则，引导资金更多地投向实体经济和经济社会发展的重点领域及薄弱环节。要求新增贷款主要用于支持经济结构调整和转型升级，进一步加大对“三农”、中小企业、社会事业等薄弱环节的贷款投放力度，支持战略性新兴产业的发展，严格控制政府融资平台、“两高”行业和产能过剩行业的贷款，严禁对节能环保不达标、低水平重复建设项目授信，严格执行差别的住房贷款政策，不得为资产投机资金需求提供贷款。

5. 引入逆周期的宏观审慎政策框架。从2011年起，货币政策操作将把信贷和流动性管理与构建宏观审慎政策框架结合起来，实施差别准备金动态调整措施，有效引导信贷合理、平稳、适度投放，促进信贷结构优化。差别准备金动态调整主要基于信贷偏离经济增长和物价指数的程度，同时考虑各金融机构对整体偏离的影响、系统重要性程度、稳健性以及执行信贷政策等状况。总体上看，随着差别准备金动态调整措施的实施，金融机构将对市场客户选择、贷款准入条件、利率定价机制以及信贷投放节奏等信贷行为进行适应性调整。

（三）金融支持经济发展的初步思路

2011年是“十二五”开局之年，金融部门要认真贯彻落实稳健的货币政策，支持经济发展方式转变和经济结构战略性调整，确保信贷资金更多投入实体经济。

1. 认真贯彻稳健货币政策。当前，国内外经济形势仍然极为复杂，金融系统要努力增强使命感和责任感，认真贯彻执行稳健的货币政策，根据经济运行的新情况新趋势，切实谋划好促进区域经济平稳较快发展的金融举措。要科学编制信贷经营规划，合理安排信贷投放的进度和节奏，保持信贷总量合理适度增长，努力满足经济社会发展合理的资金需求。在前期深入调查研究的基础上，综合考虑各方面情况，2011年全市各项贷款计划新增500亿元，争取达到530亿元。

2. 继续推进金融体制改革。一是编制金融业改革发展规划。通过编制金融“十二五”规划，明确未来五年金华市金融改革发展的目标任务和总体思路，研究制定金融支持经济发展的政策措施。二是深化农村金融改革。加强对农村信用社深化改革效果的考核监测，支持符合条件的农村合作银行改建为农村商业银行，力争在县域组建3家村镇银行。三是扩大跨境贸易人民币结算试点。争取跨境贸易人民币结算规模突破5亿元，开展人民币境外投资试点。四是推进外汇管理体制改革。实施进口付汇和出口收汇核销制度改革，落实出口收入存放境外政策，允许个人外汇结算账户参与远期结售汇交易。

3. 大力优化信贷资金投向。一是加大对工业转型升级的信贷支持。年内，全市新增制造业贷款280亿元，并安排不少于50亿元的贷款规模，专项扶持企业技术改造、节能环保和自主创新，支持战略性新兴产业发展。二是继续缓解中小企业融资难问题。全年中小企业新增贷款要达到330亿元，其中小企业新增贷款占全部企业新增贷款的比例不低于60%。三是支持现代服务业加快发展。针对现代服务业信贷需求特征，优化信贷流程，增加对服务外包、电子商务和文化产业的贷款。四是提高“三农”贷款比例。拓展农业综合开发中长期贷款业务，优先满足规模化农产品生产、加工等方面的信贷需求，推广“惠农卡”、“丰收卡”小额信贷业务。

4. 努力拓宽企业融资渠道。一是推动企业直接融资。争取2011年企业发行短期融资券20亿元，利用中期票据和中小企业集合票据等融资10亿元以上，支持符合条件的优质企业通过风险投资和资本市场融资。二是着力信贷产品创新。开展中小企业支票授信试点，尝试电子商业汇票和买方付息票据贴现业务，允许境外银行面向境内企业发放本外币贷款。三是拓宽抵押担保品范围。对具有稳定现金流的企业，通过供应链融资、组合担保、应收账款和存货质押方式给予贷款支持，拓展商标权、排污权、专利权质押贷款，扩大“设备回租”业务的适用范围。

金华市经济金融统计简表

单位:亿元

项　目	2006年	2007年	2008年	2009年	2010年
国内生产总值	1228.57	1462.45	1681.85	1765.94	2094.70
第一产业	67.90	77.16	89.61	92.13	107.19
第二产业	662.62	793.00	903.07	920.74	1085.46
第三产业	498.05	592.29	689.17	753.07	902.05
社会固定资产投资	504.95	540.41	586.93	635.45	777.71
房地产开发投资	109.67	120.65	140.55	132.76	164.45
社会消费品零售总额	482.08	562.83	675.66	780.99	916.23
进出口总额(亿美元)	56.00	79.61	95.48	93.43	131.99
出口总额(亿美元)	52.70	75.45	89.69	85.98	121.88
进口总额(亿美元)	3.30	4.16	5.79	7.45	10.11
地方财政收入	81.50	101.97	119.70	129.28	155.93
地方财政支出	93.80	116.15	137.58	165.36	211.52
商品零售物价总指数(%)	101.70	100.90	100.30	99.80	103.90
居民消费价格指数(%)	101.60	101.00	100.00	99.70	104.00
金融机构存款余额	1775.92	2077.10	2576.31	3220.83	3986.99
企业存款余额	491.44	538.54	636.91	878.47	1095.72
储蓄存款余额	954.68	1042.34	1365.52	1718.21	2027.62
金融机构各项贷款	1361.94	1658.00	1916.99	2510.35	3096.47
短期贷款	934.71	1181.53	1359.50	1777.54	2213.84
中长期贷款	405.08	443.34	506.52	680.42	812.21
现金投放(+)回笼(—)	96.59	127.39	118.42	101.53	151.92

衢州市经济金融运行情况综述

2010年，面对复杂的国际国内经济形势，衢州市金融机构有效落实各项宏观调控措施，紧紧围绕市委市政府提出的“两创”总战略和工业立市主战略，以“服务企业、服务项目、服务民生、服务新农村”四服务活动为抓手，努力做大金融总量，加快金融创新步伐，提升金融服务水平。一年来，衢州市金融业实现平稳较快发展，存、贷款增量再创历史新高，增速双双跃居全省第二位，为衢州市全力推进新型工业化、新型城市化和新农村建设提供了有力的支持。

一、全市经济运行基本情况

2010年，衢州市实现地区总产值752.78亿元，按可比价格计算同比增长13.3%，增速虽较上半年下降1个百分点，但依然保持在较高的增长区间。分三次产业看，第一产业实现增加值64.25亿元，同比增长4.0%；第二产业实现增加值413.99亿元，同比增长16%；第三产业实现增加值274.54亿元，同比增长12.2%。

（一）工业生产快速增长

2010年，全市实现规模以上工业总产值1137.46亿元，同比增长38.5%。主要呈现以下特点：一是工业产销衔接良好。规模以上工业实现销售产值111.05亿元，增长39.4%，产品销售率达到97.63%。二是主导行业快速增长。1—12月份，化工行业实现产值234.66亿元，增长46%；黑色金属冶压业实现产值129.77亿元，增长29.7%；建材行业实现产值68.92亿元，增长28.9%；机械行业实现产值265.4亿元，增长41%。三是工业经济效益持续提高。1—12月，全市规模以上工业经济实现主营业务收入1116.15亿元，增长37.3%；利税总额94.25亿元，增长46%，其中利润65.99亿元，增长56%。

（二）固定资产投资较快增长

2010年，全市完成限额以上固定资产投资454.71亿元，增长19.4%。衢州市投资运行的主要特点是：一是工业投资较快增长。衢州市限额以上工业完成投资254.44亿元，增长17%。二是民间投资持续活跃。全市完成非国有投资343.02亿元，增长27.1%，其中民间投资333.77亿元，增长25.8%。三是房地产投资依然高速增长，市场销售有所回暖。1—12月，房地产开发投资63.71亿元，增长69.5%。四是基础设施投资小幅增长。全年基础设施投资98.54亿元，同比增长3.6%。

（三）消费需求逐步趋旺

2010年，全市累计实现社会消费品零售额290.82亿元，同比增长18.1%。其中，限额以上企业实现零售额216.95亿元，同比增长17.2%；实现批发额42.74亿元，同比增长22%。

（四）对外贸易持续高速增长

2010年，全市外贸进出口总额18.89亿美元，同比增长59.6%，其中进口6.85亿美元，增长50.8%；出口12.05亿美元，增长65.1%。主要出口产品增长较快。1—12月，机电产品增长108.6%，高新技术产品增长60%，化工医药产品增长96.4%，服装纺织品增长55.8%，农产品及其加工产品增长66.6%。分市场看：对美国市场增长51.3%，对欧盟市场增长80.7%。

（五）财政收入持续增加

2010年，全市实现财政总收入75.35亿元，同比增长20.9%，其中地方财政收入完成46.98亿元，增长24.1%。在地方财政收入中实现税收收入43.22亿元，增长27%。财政支出方面，一般公共服务支出18.47亿元，同比增长21.6%，社会保障与就业支出7.81亿元，同比增长31.2%。

（六）城乡居民收入恢复增长

2010年，全市城市居民人均可支配收入为21811元，同比增长11.6%，其中工薪收入16775元，增长12.4%。市区居民人均消费性支出14867元，增长5.1%。农村居民收入实现较快增长，农村居民人均可支配收入8270元，同比增长12.7%。在家电下乡等农村消费刺激政策的带动下，衢州市农村消费水平也出现较快增长，全市农村居民人均消费支出5485元，同比增长10.5%。

（七）消费品价格上涨较快

2010年，衢州市居民消费价格指数(CPI)为104.2，同比上涨4.2%。其中，食品类同比上涨9.4%，居住类上涨5.8%，医疗保健和个人用品上涨3.6%，家庭设备用品及维修服务类上涨1.6%，交通和通信类上涨1.3%，烟酒上涨0.6%。

二、全市金融运行基本情况

（一）各项存款总体保持平稳增长，存款结构变化较为明显

12月末，全市金融机构各项本外币存款余额953.12亿元，新增198.52亿元，多增21.09亿元，同比增长26.23%，增速较上年同期下降4.49个百分点。全市本外币存款增速居全省第二位。全市人民币存款余额949.15亿元，新增198.75亿元，多增22.4亿元，同比增长26.4%，增速较上年同期下降4.3个百分点。

1. 从存款月度增长情况看，人民币存款增速趋于平缓。一是人民币存款增速放缓。2010年，除1月份存款增速达到26.93%，较上年同期高出3.89个百分点外，其他月份增速均低于上年同期水平。二是存款的均衡性提高，2009年上半年与下半年存款新增比例为5.39∶1，其中存款新增最多的一季度新增148.76亿元，占全年新增量的70.17%；而2010年上半年与下半年存款新增比例为2.29∶1，均衡性明显提高，存款新增最多的一季度新增量为138.43亿元，新增占比为48.19%。

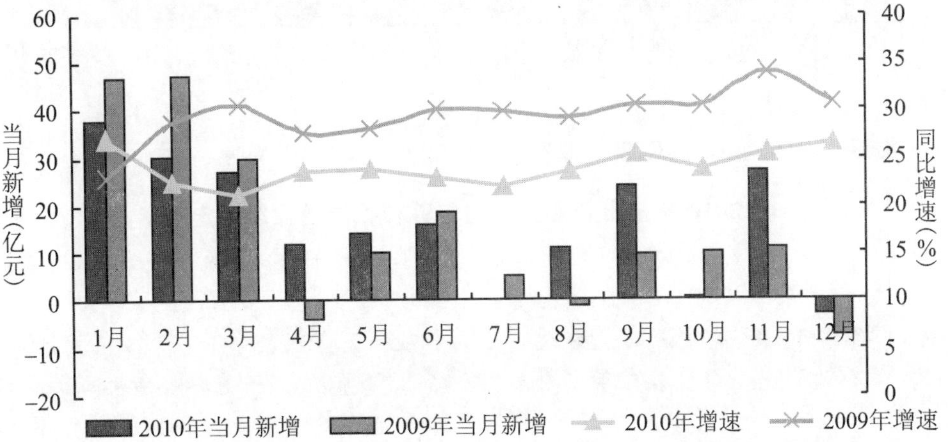

图1 2010年全市本外币存款月度新增及同比增速走势图

2. 从存款类别看，企业存款增速下降较为明显。截至12月末，全市企业存款余额278.59亿元，新增60.37亿元，少增17.27亿元，同比增长15.18%，增速较上年同期下降32.08个百分点。分析其主要原因，一是经济快速回升，企业资金用量增加 流动性增强，沉淀在金融机构的存款增速下降。但在企业利润大幅好转的情况下，企业存款依然新增较多，全年企业存款新增60.37亿元，虽较2009年少增17.27亿元，但较2008年多增61.24亿元，较2007年多增31.38亿元，新增量为历史次高点。二是工商银行企业存款统计口径调整，该行4月份调整企业存款口径，导致企业存款下降10亿元。

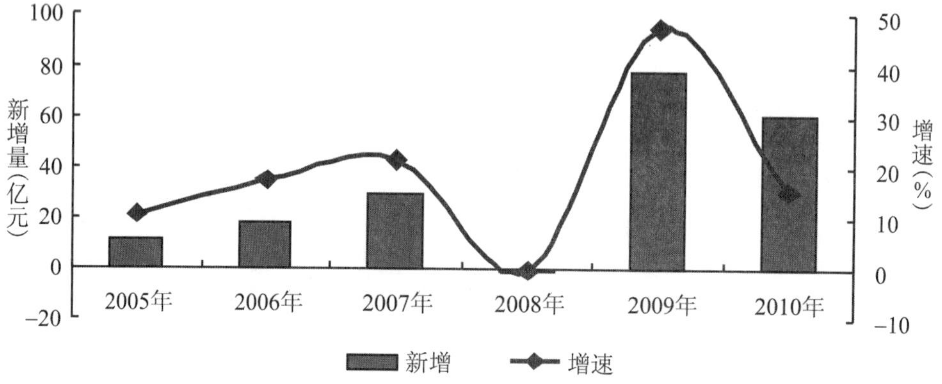

图2　2005—2010年全市企业存款新增及同比增速走势图

全市储蓄存款新增相对平缓，截至12月末，全市储蓄存款余额429.85亿元，新增60.22亿元，少增1.3亿元，同比增长16.29%，较上年同期下降3.67个百分点。

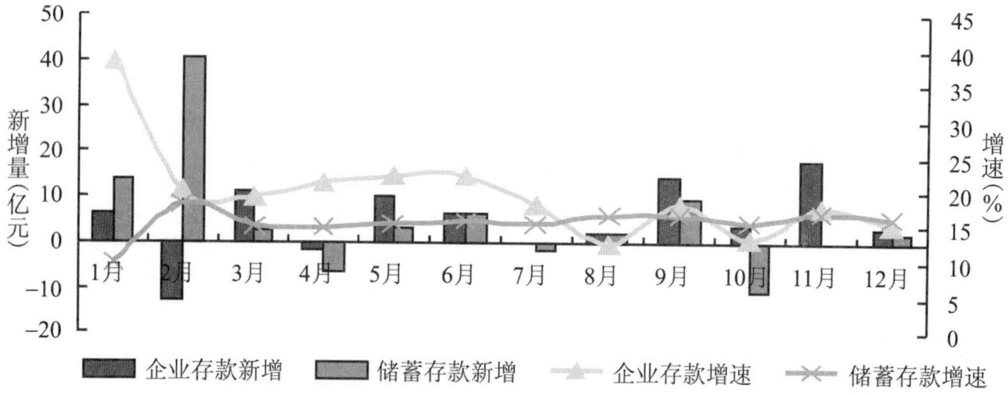

图3　2010年全市企业存款与储蓄存款新增及增速走势图

其他类存款多增较多。截至12月末，全市其他类存款余额240.71亿元，新增78.17亿元，多增40.96亿元。一是财政存款、机关团体存款同比多增显著。年末财政存款余额为27.86亿元，比年初增9.28亿元，同比多增6.33亿元；机关团体存款余额为129.16亿元，比年初增54.33亿元，同比多增41.22亿元。二是保证金增加。年末各项保证金存款余额33.72亿元，较年初增加5.25亿元。三是农业存款同比少增。全市农业存款年末余额39.78亿元，比年初上升7.91亿元，同比少增4.78亿元。

3. 从存款期限结构看,定期存款新增较少是存款增速放缓的主要因素。在企业存款方面,由于生产形势回暖,企业对资金管理的流动性要求也相应增强。12月末,全市企业活期存款余额163.71亿元,新增37.55亿元,同比少增6.33亿元;企业定期存款余额114.88亿元,新增22.82亿元,同比少增10.94亿元。在储蓄存款方面也表现出类似特征,由于理财意识的增强,居民收入在满足消费性需求和预防性需求后,其投资性需求明显增加。但由于当前楼市降温、股市震荡走低,居民偏向于以活期存款形式暂时保存资金。12月末,全市活期储蓄存款余额153.34亿元,新增30.71亿元,同比多增1.84亿元;定期存款余额276.51亿元,新增29.5亿元,同比少增3.14亿元。

4. 从全省各地市横向比较看,衢州市各项存款增幅居于前列。2010年度全省本外币存款余额54319.26亿元,新增9305.26亿元,少增356.97亿元,平均增幅为20.66%;衢州市本外币存款余额953.12亿元,新增198.52亿元,实现多增21.09亿元,增幅为26.23%,高出全省平均水平5.57个百分点,增幅居全省第二位。衢州市存款增幅居全省前列,从一个侧面表明一年来衢州市企业生产效益快速趋好,居民收入稳步增长,贷款规模持续放大等良好的社会经济发展态势。

表1　　2010年12月全省各地区本外币存款增幅排序表

单位:亿元、%

地　区	本月余额	新增	多增+/少增-	同比增幅	同比增幅排序
全　省	54319.26	9305.26	-356.97	20.66	—
杭　州	16957.94	2754.34	-171.82	19.39	10
宁　波	9723.11	1496.45	-385.98	18.19	11
温　州	6493.39	1141.45	51.61	21.40	6
嘉　兴	3590.82	686.75	10.36	23.64	4
湖　州	1805.61	407.95	29.35	29.19	1
绍　兴	4948.32	809.08	-66.93	19.54	9
金　华	3986.99	766.17	121.67	23.79	3
衢　州	953.12	198.52	21.09	26.23	2
台　州	3588.48	653.09	92.43	22.24	5
丽　水	1128.23	191.54	-61.42	20.40	8
舟　山	1143.25	199.92	2.66	21.12	7

(二)新增贷款再创历史新高,增速居全省第二位,贷款投放均衡性明显提高

截至12月末,全市本外币贷款余额788.22亿元,新增161.25亿元,多增14.52亿元,同比增长25.72,增速较上年同期下降4.83个百分点。其中,人民币贷款余额770.41亿元,新增153.63亿元,多增10.55亿元,同比增长24.91%,增速较上年同期下降5.3个百分点。

1. 贷款增速居全省第二,并为全省唯一贷款同比多增的地市。

截至12月末,全省本外币各项贷款余

额 46774.64 亿元，新增 7646.52 亿元，少增 1907.67 亿元，同比增长 19.54%。从增速上看，一是衢州市贷款增速从 2010 年 3 月份开始持续高于全省平均增速，至 12 月末，全市贷款增速为 25.72%，高出全省平均水平 6.18 个百分点，超出水平较上半年继续扩大 3.44 个百分点，增速在全省各地市中居第二位，位次较上半年继续前移两位。二是衢州市贷款增速走势较全省水平更为平稳。尤其是下半年，衢州市贷款增速最高为 25.72%，最低为 22.54%，波动区间为 3.18 个百分点，相对较为平稳，而全省贷款增速最高为 21.33%，最低为 15.61%，波动区间为 5.72 个百分点，是衢州市的 1.79 倍。

从贷款增量看，衢州市是全省唯一同比多增的地市，1—12 月全市本外币新增贷款 161.25 亿元，多增 14.52 亿元，多增幅度为 9.9%；而全省其他地市全部同比少增，平均少增幅度为 19.97%。

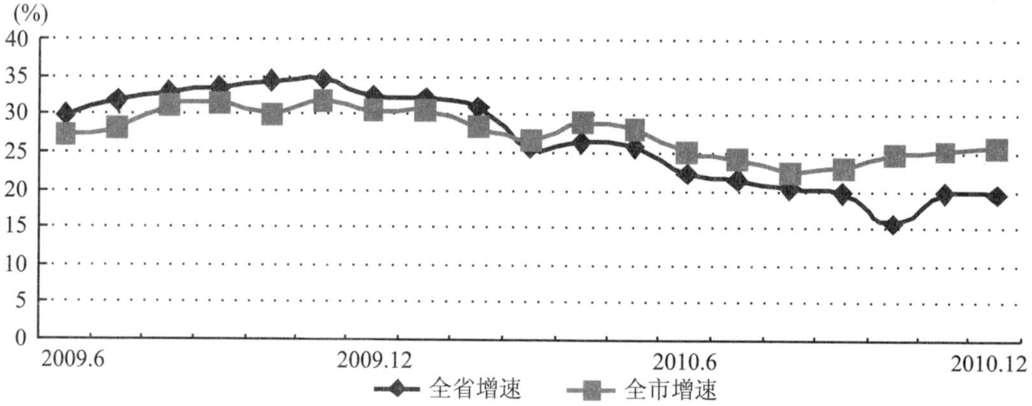

图 4　衢州市贷款增速与全市贷款增速比较图

表 2　2010 年全省及各地市本外币贷款同比增幅排序表

单位：亿元、%

地　区	本月余额	新增	多增+/少增−	同比增幅	同比增幅排序
全　省	46774.64	7646.52	−1907.67	19.54	—
杭　州	14936.65	1904.42	−1109.58	14.61	11
宁　波	9392.38	1691.49	−198.42	21.96	6
温　州	5516.68	1029.99	−108.94	22.96	4
嘉　兴	2753.64	474.96	−135.26	20.85	8
湖　州	1461.32	310.40	−48.49	26.99	1
绍　兴	3934.27	637.28	−168.60	19.33	9
金　华	3096.47	586.11	−7.51	23.35	3
衢　州	788.22	161.25	14.52	25.72	2
台　州	3055.82	537.76	−51.87	21.36	7
丽　水	821.46	149.15	−50.60	22.19	5
舟　山	1017.72	163.71	−42.93	19.17	10

2. 宏观调控政策得到较好执行，贷款均衡性明显提高。全市金融机构在努力加大信贷投放的同时，着力提高贷款投放均衡性，有效执行各项宏观调控政策。如下图所示，2009年各月新增贷款占全年新增比例曲线的标准差为55.34，而2010年的标准差为36.98。以标准差计，2010年贷款均衡性较2009年提高了18.36个点。

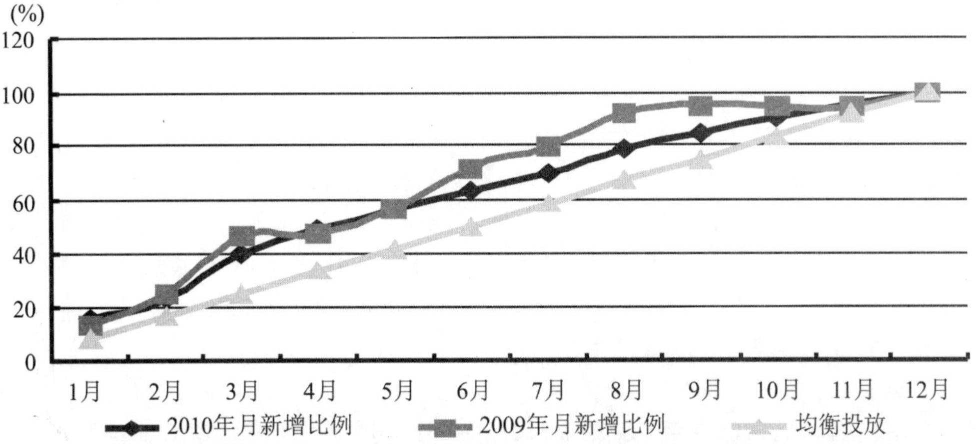

图5 2010年与2009年各月新增贷款占全年新增比例比较图

3. 从期限结构看，短期贷款与中长期贷款双双实现较快增长。截至12月末，全市短期贷款余额409.26亿元，同比增长24.09%，新增98.65亿元，多增23.99亿元。其中，单位贷款新增52.08亿元，多增6.63亿元；个人贷款及透支新增36.59亿元，多增9.38亿元；贸易融资新增8.67亿元，多增6.69亿元。全市中长期贷款余额352.88亿元，同比增长30.08%，新增62.44亿元，多增0.06亿元。其中，个人贷款及透支新增31.38亿元，少增7.2亿元，这主要是受房地产交易量下滑，购房首付比例上升，个人购房贷款少增较多影响；单位贷款新增29.45亿元，多增5.64亿元，多增幅度达到23.69%。

4. 从投放结构上看，工业、农业、服务业及个人贷款成为信贷投放的重点。2010年度，衢州市贷款主要投放在工业、服务业、农业等经济实体中。一是工业贷款增加较多。1—12月，全市工业贷款新增47.15亿元，多增12.622亿元，其中制造业贷款新增47.28亿元，多增12.62亿元，同比增长25.24%，增速较上年同期提高4.75个百分点。二是涉农贷款快速增长，1—12月，全市涉农贷款新增88.7亿元，多增19.32亿元，同比增速达29.25%。三是服务业贷款增加较多。全市批发和零售业贷款比年初新增24.1亿元，多增12.74亿元；交通运输、仓储和邮政业贷款新增12.55亿元，多增8.92亿元。四是个人贷款增加较多。全市个人贷款比年初新增67.97亿元，同比多增8.47亿元。个人贷款新增主要体现在农户贷款和个人生产经营性贷款上。12月末，个人生产经营性贷款比年初新增31.4亿元，同比多增8.77亿元；而个人消费贷款同比少增，全年个人消费贷款新增36.57亿元，少增6.59亿元。其中，住房贷款新增18.41亿元，少增14.08亿元；汽车贷款新增0.76亿元，少增0.13亿元。

5. 从贷款企业规模来看，中小型企业贷款增速加快，占比提高。截至12月末，全市大型企业贷款余额45.59亿元，新增4.02亿元，同比增长9.66%；而中小型企业贷款余额419.11亿元，新增96.39亿元，同比增长30%，超过同期人民币贷款增速5.09个百分点。在全市金融机构深入实施支持百家转型重点中小企业工程，推进中小企业担保体系建设，创新中小企业金融服务平台建设，加大中小企业产品服务与创新，加强银企对接等工作过程中，全市小型企业贷款增势明显，12月末，全市小型企业贷款余额180.11亿元，新增56.48亿元，同比增长31.36%，高出同期人民币贷款增速6.45个百分点。

6. 从机构看，股份制商业银行、城市商业银行贷款规模快速扩大。近年来，衢州市股份制商业银行从无到有，从有到多，从多到强快速发展。截至12月末，全市共有交通银行、招商银行、浙商银行、浦发银行、温州银行、金华银行、泰隆银行7家股份制商业银行和城市商业银行在衢州市设立分支机构，7家银行贷款余额58.64亿元，占全市贷款余额的7.44%，新增29.1亿元，占全市新增量的18.05%。

（三）外汇存贷差进一步扩大，国际贸易收支保持高位运行

从外汇存贷款情况看，截至12月末，全市外汇存款余额分别为5998万美元，较年初下降156万美元，少增1740万美元，同比下降2.54%。全市外汇贷款余额26898万美元，新增11962万美元，多增6620万美元，同比增速达到80.09%。从国际贸易收支情况看，全市跨境外汇收支总额20.71亿美元，顺差5.26亿美元，同比分别增长55.28%和12.12%；结售汇总额16.92亿美元，顺差7.07亿美元，同比分别增长55.68%和39.75%。

（四）国库收支保持较高增长水平，但增速有所回落

2010年，衢州市国库收支保持较高增长水平但增幅逐渐回落。全市实现各级预算收入入库190.91亿元，同比增长65.6%。其中：中央预算收入入库29.2亿元，同比增长16.2%；省级预算收入2.64亿元，同比下降5.8%；地方级预算收入159.07亿元，同比增长82.1%。实现地方转移性收入75.16亿元，同比增长12.6%。实现预算支出206.85亿元，同比增长58.4%；实现转移性支出19.74亿元，同比下降6.3%。各级预算收入增幅比上季度回落11.2个百分点，预算支出增幅比上季度回落13.7个百分点。各级国库库存余额24.91亿元，同比增长44.3%。

（五）现金收支同比双降，净回笼量增幅回落

全市金融机构年累计现金收入1870.84亿元，同比增长13.37%；现金支出1825.52亿元，同比增长13.65%；收支相抵净回笼现金45.32亿元，回笼量同比增长1.31亿元，同比增长2.98%，增幅同比上升10.24个百分点。

（六）证券交易量有所下降，保险业增势平稳

1—12月份全市证券交易量1391.66亿元，同比下降8.8%；全市实现佣金收入1.43亿元，同比下降44.33%，实现利润0.92亿元，同比下降55.29%；新开户个数13082个，同比下降2.87%。

全市产、寿险保费总收入22.23亿元，同比增长35.55%。其中，产险保费收入7.74亿元，同比增长34.18%，产险赔款支出3.65亿元，赔付率47.16%；寿险保费收入14.49亿元，同比增长36.29%。全市人寿业务的健康险、人身意外险赔款0.3亿元，赔付率38.48%。

三、全市金融系统一年来的主要工作

（一）精心组织周密部署，有效开展“金融四服务”活动

2010年初，我们确定以“金融四服务”

作为贯彻落实适度宽松的货币政策，全力支持衢州经济社会发展的总抓手，举办了“四服务”活动启动仪式，提出了“一、二、三、四”的活动目标；围绕活动主题，制发了《衢州市“金融四服务”活动方案》，推出了13项具体活动举措；先后制发了信贷指导意见等各类货币信贷政策文件11个；建立活动专报制度，及时反馈活动成效。整个活动取得明显的效果，对此，胡仲明副市长认为：“此项活动目标明确，组织有方，机制创新，成效明显。”

（二）加大政策宣传，找准金融支持经济的切入点

继续发挥“三会一册”（金融政策信息发布会、金融形势分析会、货币信贷政策执行效果通报会和宏观政策参阅手册）的作用，探索完善“零距离”的银企沟通对接平台。我们召开了“2010年度衢州市金融政策信息通报会”，向各经济主体通报信贷政策、投向重点、信贷资金安排等信息。通过召开金融形势分析会、货币信贷政策执行效果通报会，加强金融机构的沟通与交流；各金融机构通过实地走访、召开银企恳谈会、答谢会等方式，进一步加强与重点项目、企业的信息交流与对接，得到广大企业主的高度赞誉。如市工行开展对全市制造业30强企业的调研对接；市农行通过落实“e融行动”，与中小企业局、移动公司等联合搭建服务平台；市中行充分利用外汇融资和理财产品推荐之机，加大与外向型企业的对接力度；市建行主动与发改委、经委、招商局、开发区等职能部门及企业对接，加大对特色产业和绿色、循环、低碳经济等新兴行业及企业技改贷款的投放力度；农村信用社系统深入开展“走千家、访万户、共成长”劳动竞赛活动；招商银行针对开发区企业召开金融产品推荐会；市农发行和邮政银行加强对农业龙头企业和农村小企业的沟通对接等工作；浙商银行、浦发银行、金华银行等机构加大对小企业的走访与接洽。

（三）实施“三项工程”，构建金融支持经济发展薄弱环节的特色品牌机制

一是深入实施“金融支持百家重点中小企业工程”。根据市委、市政府加快推进新型工业化的战略部署，确定了“成长型、科技型、农业型”“三个一百”共315家中小企业，作为金融支持转型升级的重要对象。建立专门的“信贷绿色通道”，简化贷款手续，提高贷款审批速度，并给予利率政策倾斜。

二是深入实施“金融支持新农村建设工程”。年初以来，指导农村合作金融机构进一步发挥支农主力军作用，共推出完善创新支农产品10余个；农业发展银行通过积极拓展商业性信贷业务，大力支持农村基础设施建设力度；农业银行依托“惠农卡”平台，大力支持农村经济发展；建设银行全力支持新农村建设，与市政府签订了“支持新农村建设战略合作协议”，承诺三年累计发放贷款100亿元；邮储银行通过发放小额贷款、质押贷款等渠道推动资金回流“三农”。

三是深入实施“金融支持创业促就业工程”。加大对个人创业贷款投入，扩大小额担保贷款发放额度和范围，完善“小额担保＋信用社区＋创业培训”的联动工作机制，积极推进大学生“村官”创业贷款、青年创业贷款、新农民创业贷款、中心城镇农户安居贷款等模式，推动创业促就业；扩大贴息贷款实施范围，促进低收入农户奔小康。

（四）加大调查研究，发挥支持地方经济的参谋助手作用

针对经济金融发展中的热点和难点问题，我们在第一时间开展调查研究，提出对策建议，为地方经济决策参考提供服务。比如为了解衢州市中小企业的生产经营和融资状况，中国人民银行衢州市中心支行专门成立联合调研小组，通过金融机构、经贸委、工业园区管委会等部门共选取210家融资相对困难的企业和100家生产经营相对较好的企业开展问卷调查和现场走访，提出缓解中小企业融资难和完善中小企业融资平台的对策建议，形成的调查报告被总行和市政府刊物录用。又如，我们根据衢州市经济发展和产业转型升级的需要，开展金融支持衢州市产业转型升级调查，形成调查报告，受到市政府领导的肯定。

（五）加强金融管理与服务，维护辖区金融稳定

制发了《衢州市金融机构金融管理与服务指引实施意见》和操作规程，先后指导金华银行、浦发银行、交通银行、泰隆银行衢州分行、全市首家村镇银行——龙游义商村镇银行、全省首家贷款公司——开化通济贷款公司等6家机构顺利加入人民银行金融管理与服务体系，得到新设机构的一致好评。另外，常山联合村镇银行、衢江上银村镇银行等2家机构的指导与服务工作也在有序开展。

（六）完善金融服务手段，提升金融服务水平

一是提升经理国库水平。支持财政部门推进国库集中支付改革，目前4个县全部完成试点，在上年123家行政事业单位纳入国库集中支付的基础上，2010年全市有292家纳入国库集中支付；创新国库特色工作，扩大国库直接支付业务，业务项目由涉农资金扩大到城乡养老补助、农业科技示范推广等20多项，办理国库直接支付业务1154笔，金额超过1亿元，开通国库支付“直通车”，办理业务11759笔，金额达5760万元；深化财税库银联网和银行卡缴税业务，构建缴税直通车，实现“一站式”服务，方便纳税人。

二是提升外汇服务水平。在省内率先推动巨化股份公司开展外币资金池业务，采取“实时虚拟归集、日终实体归集、日初不实体还原”归集管理模式，盘活公司体系内的外汇闲置资金，降低外汇融资成本。据测算，外币资金池业务开展后每年将为企业整体节省近300万元财务成本。

三是提升支付结算水平。发挥示范点网络“辐射”效应，积极推进“一二十百千工程”5个示范工程。创建“一个银行卡应用示范县”、“二个刷卡无障碍示范镇”、“十大银行卡应用示范村”，设立“百家助农取款（暨刷卡消费）示范连锁超市”，培养“千名农村支付结算知识示范宣传员”活动，取得显著成效。

四是提升征信管理水平。完善企业和个人征信系统，开展征信知识“进企业、进机关、进农村、进社区、进学校”宣传活动，推进“信用户、信用村、信用乡镇”信用创建活动。全市已有18576家企业和168万人的信用记录纳入到两大征信系统。为辖区2186个行政村的51.21万户农户建立了信用档案，对40.81万户农户开展了信用等级测评工作，农户测评面达79.69%。

五是提升人民币反假水平。开展反假货币宣传，反假人员到衢州电视台“百姓讲坛”栏目向老百姓传授反假知识，获得良好社会反响。在城乡设立反假工作站（点）2619个，其中示范工作站57个、设立反假货币宣传咨询点30个、成立宣传小分队20个、设置宣传栏40个，从整体上提高了公众反假意识和识别假人民币技能。

（七）让利于企业，积极履行社会责任

全市金融系统在贯彻落实适度宽松的货币政策中，大力让利于企业，高标准履行社会责任。据统计，2010年全市金融系统通过降低利率上浮幅度等途径共向企业和居民让利2.6亿元。中国人民银行衢州市

中心支行也积极提升行政许可服务质量,全年共办理银行账户12838个、贷款卡1760张,为3441家企业的贷款卡进行了年审,查询个人信用报告1575人次。办理进出口收付汇核销28945笔,金额19.89亿美元,核准外商投资企业登记19家,投资1.61亿美元;办理远期收汇备案65笔,金额333万美元。在上述服务项目中,中国人民银行衢州市中心支行均实行零收费,共为企业和居民节省费用近200万元。

四、当前经济金融运行过程中需要关注的问题

(一)宏观调控政策将回归常态

2010年12月,中央经济工作会议明确提出2011年经济工作的总体要求、重要原则和主要任务,阐述了2011年经济社会发展的主要预期目标和宏观经济政策,并作出具体部署。会议提出2011年要加强和改善宏观调控,保持经济平稳健康运行。2011年宏观经济政策的基本取向要积极稳健、审慎灵活,重点是要更加积极稳妥地处理好保持经济平稳较快发展、调整经济结构、管理通胀预期的关系,加快经济结构战略性调整,把稳定价格总水平放在更加突出的位置,切实增强经济发展的协调性、可持续性和内生动力。具体到货币政策,会议明确要求要实施稳健的货币政策,按照总体稳健、调节有度、结构优化的要求,把好流动性这个总闸门。人民银行工作会议指出,2011年货币政策从适度宽松转向稳健,是宏观政策导向的一个重要变化,是我国经济在当前国际国内大环境下的正确选择。一是当前国际金融危机极端动荡状态已经有所缓和,总体上外需形势有相应改善,我国经济增长势头进一步巩固,可以通过实施稳健的货币政策继续保持经济平稳较快增长。二是货币政策回归稳健有利于加强通胀预期管理,防范资产价格泡沫。当前国际、国内流动性充裕,通胀预期较强,通胀压力不断加大,需要通过货币政策回归稳健,控制物价过快上涨的货币条件,防止经济出现"泡沫化"和大的波动。三是稳健的货币政策有利于防范系统性金融风险。2008年以后随着应对危机的一揽子措施的陆续出台与实施,货币信贷快速增长,长期占款占比过高,贷款集中度较高,整个银行体系潜在的系统性风险也在上升。四是促进经济结构调整和发展方式转变也要求货币政策及时回归稳健。我国正处在工业化和快速城镇化的阶段,如果宽松的货币政策持续太久,容易助长粗放型和过度依赖投资的增长模式。实施稳健的货币政策,将有助于银行调整信贷结构,有扶有控。合理引导投资和消费行为,为调整经济结构、提高资源效率提供平稳适度的货币环境。从总体来看,2011年稳健的货币政策将会更具灵活性和针对性,即会在经济偏热时适当紧缩,也能在经济偏冷时适当放松,将有助于处理好稳增长、调结构和防通胀三者之间的关系。

据我们分析,稳健的货币政策可能会在以下几方面对衢州市经济金融的发展带来影响:

1. 贷款新增将低于2010年,增长速度也将逐步趋缓。2010年,经全市各金融机构的努力,衢州贷款新增创出新高,贷款增幅居全省前列。由于货币政策回归常态,2011年全国贷款增量也将低于2010年,因此,2011年衢州市的贷款增量也将低于2010年,估计在125亿—135亿元。

2. 金融业的存款增长压力仍然比较大。2010年,储蓄分流的因素如股市、房市等仍然存在,存款的相对低利率,对居民的吸收力不是很强。2011年各项存款增量预计在180亿元左右。

3. 调整信贷结构的难度将进一步加大。对以中小企业为主的衢州市来说,结构调整难度加大,保项目、保重点的任务更重。

（二）社会通胀预期增强,物价上涨压力较大

一是居民生活面临双涨影响,据人民银行2010年四季度储户问卷调查显示,居民对物价满意指数创下1999年四季度以来的新低,73.9%的居民认为物价过高,甚至难以接受。2010年来,由于自然灾害多发、能源价格上调、美国新一轮量化宽松政策释放流动性等因素的影响,我国物价水平持续“高温”。就衢州市实际情况,统计数据显示2010年12月居民生活价格总指数达到了104.2,其中食品、居住、医疗保健和个人用品等日常生活的主要组成部分均明显上涨,相关指数分别达到109.4、105.8和103.6。而企业生产方面同样面临成本上涨的压力,统计数据显示,2010年12月全市原材料、燃料、动力价格累计指数为112。对于2011年情况,有专家认为,通胀预期形成后,物价会有一定的上涨惯性,春节期间的节日需求也会带动产品价格上涨。而冬季以来,低温雨雪等灾害性天气出现的可能性增加,将给蔬菜瓜果等农产品的生产和运输带来困难。加上“翘尾”因素,2011年一季度,乃至上半年的通胀压力都将比较大,需引起关注。

（三）工业经济上升预期有所减弱

据人民银行对全市47家监测企业监测调查显示,企业对下阶段经济预期有所减弱。一是对宏观经济走势判断趋于保守。问卷显示,对2011年一季度企业总产值速度、对本企业总体经营状况和宏观经济形势的判断预测指数分别为—8.51、40.43和19.15,分别比2010年末下降4.26、6.38和2.13个百分点。二是预期国内外订货水平有所走低。国内订货水平预期指数为8.51,比2010年末下降10.64个百分点,出口产品订单预期指数为6.83,比2010年下降2.13个百分点。三是企业投资情况预期下跌。由于国家宏观政策的变化、银行信贷政策收紧等因素的影响,企业投资情况预期下跌。问卷显示,土建工程投资预期指数为—4.26,比2010年末下降14.9个百分点;固定投资预期指数为—2.13,比2010年末下降8.51个百分点。而设备投资预期指数为—4.26,比2010年末下降6.39个百分点。

（四）人民币汇率重新步入升值通道值得关注

2010年6月19日,在经历了金融危机的短暂的间歇期后,人民银行宣布重启汇率改革,从此人民币汇率一路走高。2010年全年,人民币对美元升值达3.5%,从2005年汇率改革开始算起,5年间人民币累计升值幅度已达到25%。而在人民币逐步升值的同时,欧美仍在指责中国违反公认的国际经济原则。对中国渐进式的升值表示不满。9月中旬,美国国会众议院下设的筹款委员会投票通过了一项旨在对“低估本币汇率”的国家征收特别关税的法案,矛头直指中国输美商品。10月初,在华盛顿举行的IMF及世界银行年会上,以美欧为首的国际社会对人民币汇率施以压力,并屡屡以“人民币被低估”向中国发难。要求人民币升值的外部压力正在卷土重来,并愈演愈烈。

从衢州市情况看,目前出口受到影响并不十分明显,但汇率对出口的影响存在滞后效应和累积效应。随着人民币升值速度加快,累积效应将会在2011年逐渐体现出来。由于衢州市出口商品结构中竞争能力强的高新技术产品出口比重偏低,仅占全部出口额的10%左右,传统出口产品中,化工医药产品、纺织服装、农产品及其

加工品占绝大部分，产品附加值低，提价空间有限，受汇率变动影响大。如人民币持续升值，将严重削弱企业出口产品竞争力，减少盈利能力。

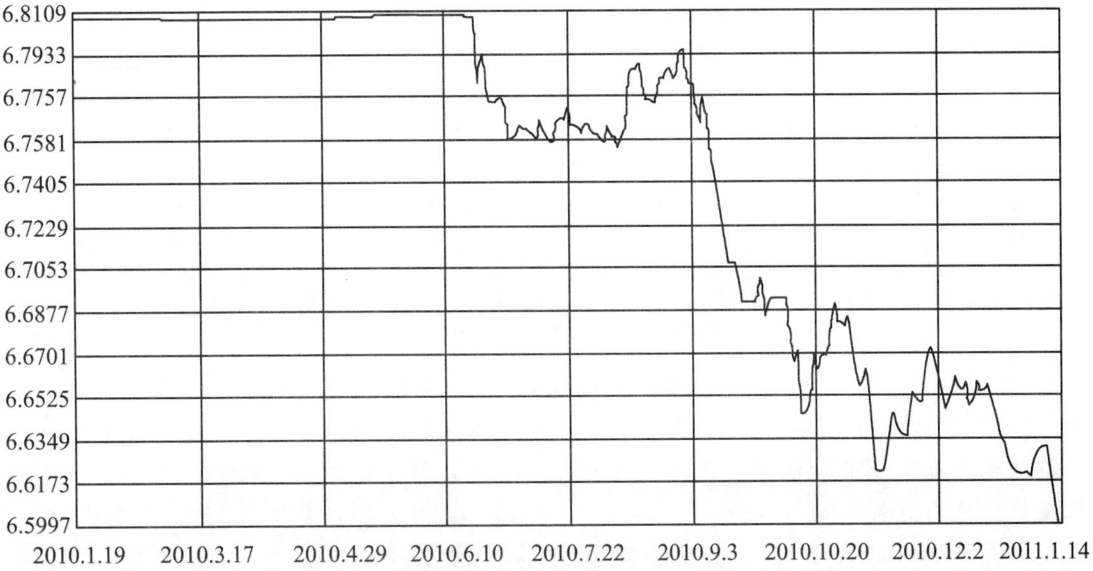

图6　美元兑人民币中间价12个月走势图

（五）银行资金来源有所趋紧，成本提高

从整个银行体系来说，由于监管新规出台以及上级行管理趋严，派生存款明显减缓。另一方面，随着存款准备金上调，银行体系可贷资金总量有所减少。而对于衢州市来说，随着股份制商业银行的不断进驻，僧多粥少的现象也将日趋明显。据人民银行银行家问卷调查显示，4季度全市金融机构资金来源指数为67.86，较上半年下降7.14个点，较年初下降10.71个点，为2008年末以来的最低值。从资金成本看，银行间利率水平也持续上升，据人民银行利率监测显示，2010年末，全市银行间平均转贴现利率为3.08%，较上半年提高1.51个百分点，较年初提高2.26个百分点。4季度银行家问卷调查显示，认为2011年1季度银行间拆借利率还会继续上升的比例为71.43%，较上季度提高28.57个百分点。

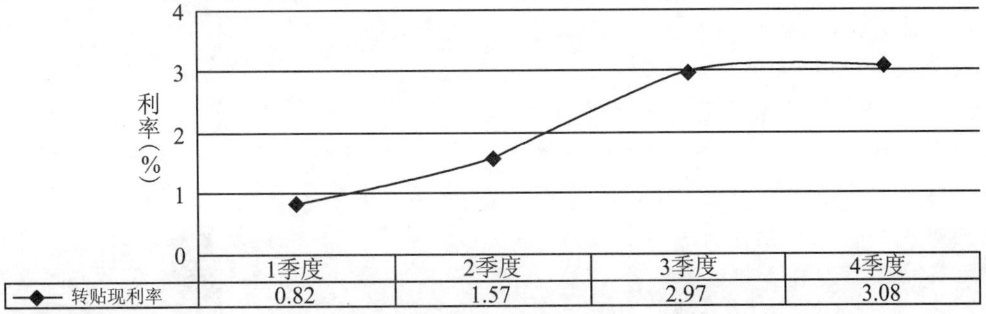

图7　2010年度银行间转贴现利率走势图

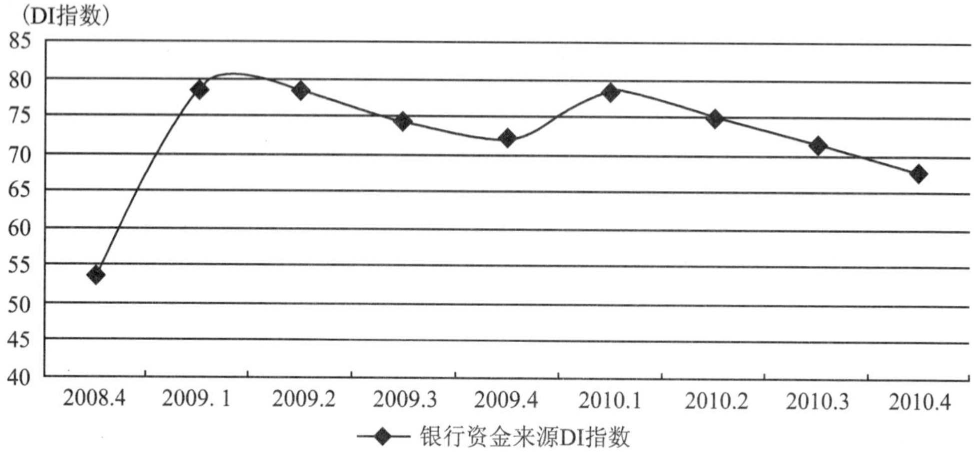

图 8　全市银行家问卷银行资金来源 DI 指数

（六）转变经济发展方式和调整优化经济结构的产业政策对信贷资源优化合理配置提出更高要求

衢州市目前的产业结构中，耗能较低的第三产业比重偏低，高技术含量、高附加值的高技术产业比重偏低，工业产业结构重型化趋势仍较为明显，这种产业结构以及工业结构面临的调整压力将越来越大。目前国家采取了以推进节能减排倒逼产业结构调整的措施，要求全年各地必须完成"十一五"万元 GDP 能耗下降 20%的目标。国家正在制定的"十二五"规划中万元 GDP 能耗五年内可能还要再降 17%，节能减排压力很大。国务院关于进一步加强淘汰落后产能工作的政策要求，对抑制部分行业产能过剩和重复建设、引导产业健康发展提出了具体指导意见，要求金融机构信贷资源配置在符合政策指向、积极推动产业优化升级前提下，更应体现配置的优化合理并有效防范风险。但在具体操作中可能存在产业政策和金融机构经营策略对接矛盾和不匹配现象，而某些重点行业中的企业关停淘汰也将会对金融资产质量造成不利影响。

（七）巴塞尔协议 III 对我国银行业的影响

2010 年 9 月 27 日，由 27 个国家银行业监管部门和中央银行高级代表组成的巴塞尔银行监管委员会就《巴塞尔协议 III》的主要内容达成一致。其主要内容包括：①上调资本金比率。商业银行的一级资本充足率下限从现行的 4%上调至 6%，"核心"一级资本占银行风险资产的下限从现行的 2%提高至 4.5%。②设立"资本防护缓冲资金"，总额不得低于银行风险资产的 2.5%。③建立一项反周期缓冲资本，需占总资产 0—2.5%。《巴塞尔协议 III》将对全球银行业的经营和监管带来重大变革，将迫使各商业银行留出更多的资本拨备，缩减资产负债规模，一定程度上也会降低银行盈利能力。《巴塞尔协议 III》提高资本金比率等各项措施也可能意味着高利差时代的结束，也将增大我国银行业自身转型升级的压力。

五、对策建议

2011 年，是"十二五"的开局之年，是衢州市全面建设小康社会的重要战略机遇期，全市金融机构要紧紧围绕科学发展观这个主题和加快转变经济发展方式这条主线，做大金融总量，优化信贷资金配置，更好地服务于保持地方经济平稳较快发展，为衢州市加快"两个崛起"，实现"三大目标”，打造“五个衢州”，力争“六个翻番”提供资金支持。

一是要加强信贷政策与产业政策的协调配合，积极支持发展战略性新兴产业和现代生产型服务业发展。深化科技金融合作，支持战略性新兴产业等高新技术企业发展。全面落实关于金融支持文化产业、服务外包、旅游业、家庭服务业等行业发展的各项政策要求。坚持区别对待、有扶有控，认真贯彻国家产业政策，支持重点产业调整振兴，防止盲目投资和低水平重复建设。积极支持有条件的企业实施“走出去”战略。为衢州市加快构建绿色、低碳、高效的现代产业体系，加快推进特色产业发展综合配套改革试点，加快建设绿色产业集聚区，大力发展现代服务业，强力推进招商引资和项目工作，加快推进自主创新能力建设提供信贷支持。

二是要促进中小企业金融生态优化，多方面拓宽中小企业融资渠道。继续抓好《国务院关于促进中小企业发展的若干意见》（国发〔2009〕36号）和一行三会《关于进一步做好中小企业金融服务的若干意见》（银发〔2010〕193号）贯彻落实工作，金融机构要进一步改进和完善对中小企业的金融服务。进一步优化中小企业金融服务生态环境建设。

三是以加快推进农村金融产品和服务方式创新为重点，全面改进和完善农村金融服务。全市金融机构要做好《关于全面推进农村金融产品和服务方式创新的指导意见》（银发〔2010〕198号）的贯彻工作，支持强农惠农事业，加大对农村基础设施建设的信贷投入，抓好金融支持大学生“村官”创业富民工作，加强与有关部门的沟通合作，大力发展农村消费信贷市场，促进活跃农村消费，积极改进和完善对农民工的金融服务。要支持衢州市大力发展现代农业，加快农业发展方式转变，健全农民增收长效机制，加快中心村培育建设，增强农村发展活力。

四是大力发展民生金融，认真落实《国务院关于做好当前经济形势下就业工作的通知》（国发〔2009〕4号），结合衢州实际情况，扩大小额担保贷款覆盖面，完善小额担保贷款管理，以创业推动就业，改进和完善助学贷款业务。

衢州市经济金融统计简表

单位：亿元

项　　目	2006 年	2007 年	2008 年	2009 年	2010 年
国内生产总值	383.88	468.18	580.05	617.50	752.78
第一产业	51.05	57.74	61.71	60.02	64.25
第二产业	187.56	239.67	317.85	337.24	413.99
第三产业	145.28	170.77	200.49	220.24	274.54
固定资产投资	273.46	317.00	361.17	415.40	489.62
房地产开发投资	39.63	45.91	45.62	37.59	63.71
社会消费品零售总额	153.86	179.45	215.61	250.25	290.82
进出口总额(亿美元)	6.40	10.61	13.25	11.84	18.89
出口总额(亿美元)	4.64	7.22	8.99	7.30	12.05
进口总额(亿美元)	1.76	3.39	4.26	4.54	6.84
地方财政收入	23.53	29.35	34.39	37.85	75.35
地方财政支出	43.68	55.51	67.93	95.39	46.98
居民消费价格总指数(%)	100.50	103.70	105.00	99.20	104.20
金融机构存款余额	433.99	492.32	577.65	755.09	953.12
企业存款余额	137.70	166.44	165.97	241.87	280.96
储蓄存款余额	230.17	246.51	309.45	269.64	431.29
金融机构各项贷款	358.80	412.54	480.25	626.98	788.22
短期贷款	193.40	229.60	258.35	329.80	410.92
中长期贷款	154.28	174.74	207.55	271.28	353.01
现金投放(+)回笼(—)	—28.90	—37.29	—46.97	—44.01	1870.84

台州市经济金融运行情况综述

2010年，在国家一系列政策措施刺激下，台州经济维持强劲发展势头，2010年，全市实现生产总值2415.12亿元，比上年增长13.1%，整体向好态势明显。全市金融机构继续调整优化信贷结构，突出对重点行业、中小企业等的信贷支持，对经济发展方式转变和经济结构调整提供有力支撑。

一、经济运行概况

（一）工业生产保持较快增长

2010年，小型企业增长加快、重点行业和重点企业发展态势趋好，全市工业经济保持较快增长速度。2010年全市实现工业增加值1144.08亿元，增长15.3%。全市规模以上工业企业达到6322家，完成工业总产值3783.32亿元，比上年增长35.1%，增幅比上年提高34.1个百分点。

（二）服务业发展势头良好

2010年，全市服务业实现增加992.47亿元，按可比价格计算，比上年增长12.4%，增幅比上年提高2个百分点，服务业对全市经济增长的贡献率为38.7%，拉动经济增长5.1个百分点，在全省居第六位。交通运输仓储及邮政业等12个主要服务业门类增加值增速超过1，其中金融业增加值增长最快，比上年增长18.6%。商品房销售经历了年初的火爆、年中的观望和年末的回暖历程，全年全市商品房销售面积为463.58万平方米，比上年增长9.8%，商品房销售势头良好。旅游经济较为活跃。2010年全市共接待国内外游客3295.95万人次，比上年增长13.9%。

（三）外贸出口快速恢复

2010年，全市实现外贸自营出口总额139.63亿美元，比上年增长38.7%。分月看，2010年全市外贸自营出口总额增幅均高于30%，呈现快速恢复的增长趋势。纵向比较，2010年一季度全市出口总量已恢复到2008年同期水平，1—11月出口总额超过2008年全年117.64亿美元的水平。横向比较，2010年1—7月全市外贸自营出口总量曾超越温州市，跃居全省十一市第五位。分析2010年外贸出口高增长的原因，一方面，是由于上年同期基数较低，另一方面，外需市场持续回暖，全市企业采取开拓新兴市场、缩短外贸订单期等措施，应对频繁发生的外贸壁垒等各种风险取得明显成效也是一个重要因素。

（四）固定资产投资适度增长

2010年，全市全社会固定资产投资额950.24亿元，比上年增长13.9%。2010年前三季度全市全社会固定资产投资增幅呈现高开低走态势，四季度缓步回升，增幅比前三季度提高3.5个百分点，三大投资领域呈现房地产开发投资、基础设施投资增速大幅回升、工业性投资小幅增长“两快一慢”发展态势。

（五）居民消费价格上涨加快

2010年，全市居民消费价格比上年上涨4.6%，超过全年4%的调控目标，且增幅高于全国平均水平1.3个百分点。2010年物价快速上涨的主要原因：一是政策性调价所致。市区有线电视维护费和水价在同一年上调，而且上调幅度分别达57.1%和30%。二是由于恶劣天气影响，资源衰退、农产品被炒作等因素，食品等农副产品价格上涨很快，还有中药材价格也在快速上涨。三是居住类价格调查项目中水价、燃料和建材等价格均有所上涨，利率上调等所致。

二、金融运行情况

（一）存款增速企稳，企业存款同比少增，期限结构定期化

2010年12月末，全市金融机构本外币存款余额3588.48亿元，比年初增加653.09亿元，同比多增92.43亿元，同比增长22.24%，全年增速先升后稳，12月末增速分别比3月末和6月末提高4.39个和2.44个百分点，比9月末下降1.16个百分点。从结构看，存款增长“两强一弱”。一是储蓄存款明显多增。2010年1—12月，全市储蓄存款新增280.95亿元，同比多增42.88亿元，占全部新增存款的43.02%。二是其他存款快速增长。12月末，全市其他存款比年初新增191.18亿元，同比多增125.87亿元，同比增长37.98%，比年初提高26.02个百分点，全年增速上行趋势明显。其他存款增长较快，主要是机关团体存款新增较多，1—12月机关团体存款新增120.83亿元，占新增其他存款的63.2%。三是企事业存款增速放缓。1—12月，全市企事业存款新增180.65亿元，同比少增76.89亿元，剔除科目调整因素，实际少增更多。企事业存款少增主要受贷款少增的派生因素和企业生产经营扩大导致流动资金占用上升因素影响。从期限看，存款总体呈现定期化态势。2010年以来，股市的财富效应减弱、楼市受到政策调控因素影响较大，投资渠道不畅使得资金留存银行系统，形成活期慢、定期快的存款增长格局。1—12月，全市本外币活期类存款（活期储蓄＋企事业活期存款）新增202.27亿元，同比少增82.01亿元，其中企事业活期存款少增明显，同比少增122.46亿元；与之相反，同期定期类存款（定期储蓄＋企事业定期存款）新增259.33亿元，同比多增48.01亿元。12月末，活期类存款与定期类存款余额之比为1.13：1，较年初的1.19：1有所下降，企事业定期存款多增是定期类存款多增的主要原因，由于开立承兑汇票由原先缴存保证金存款变为企业定期存单质押方式，导致1—12月企事业定期存款多增45.57亿元。

（二）贷款增势平稳，投放节奏均匀，期限结构短期化

2010年12月末，全市金融机构本外币贷款余额3055.82亿元，比年初增加537.76亿元，同比少增51.87亿元；剔除票据融资后贷款比年初增加553.51亿元，同比少增42.94亿元。12月末，全市金融机构票据融资余额19.7亿元，比年初减少15.75亿元，同比多减8.92亿元，在信贷规模控制的形势下为贷款腾出更多空间。从增速看，全年贷款增势逐步趋于平稳。贷款增速经历了上半年逐月走低的过程后，三季度开始走势逐渐平稳，12月末贷款同比增长21.36%，分别比3月末、6月末增速低4.61和0.99个百分点，比9月末增速高1.13个百分点。从新增额看，各月度、季度间的投放节奏相对均匀。由于2010年全年大部分商业银行都实行信贷指标按月下达、按月执行，月度间不得调剂使用或调剂使用比例控制在很低的水平，因此，信贷投放的节奏明显趋于均匀，除1月份外，各月度贷款增量均在20亿—50亿元之间，各季度的新增贷款比例分别为37.9%、19.5%、21%、21.6%，波动幅度明

显小于上年。从期限看，短期贷款多增、中长期贷款少增。2010年1—12月，短期贷款新增371.38亿元，同比多增42.26亿元，而同期中长期贷款新增169.94亿元，同比少增68.12亿元。其中，中长期贷款增势明显下滑，12月末，中长期贷款同比增长19.56%，比年初下滑19.57个百分点；增量与上年同期相比，一季度的同比多增5.67亿元、上半年同比少增27.44亿元、前三季度同比少增55.75亿元、全年同比少增68.12亿元。中长期贷款的弱势增长主要与2010年下半年政府融资平台贷款严控以及大项目投资较少有关。

（三）信贷结构继续优化，贷款支持重点突出

从行业分类看，2010年下半年以来，全市工业生产稳步增长，重点行业贷款需求趋于上升。2010年1—12月，全市工业贷款（不含票据）新增164.01亿元，同比多增8.19亿元，占全部新增贷款（不含票据）的29.63%，比上年同期提高3.51个百分点，其中制造业贷款（不含票据）新增139.58亿元，同比多增21.6亿元，占比同比提高5.44个百分点；批发和零售业贷款（不含票据）新增26.74亿元，同比多增18.01亿元，占比4.83%，比上年同期提高3.37个百分点；建筑业、房地产业贷款（不含票据）分别新增17.59亿元和12.86亿元，前者同比多增4.67亿元，后者同比少增9.61亿元，两者新增额占比分别为3.18%和2.32%。从企业类别看，小微企业的支持力度持续加大。2010年1—12月，全市金融机构对小型、中型、大型企业的贷款新增额分别为114.3亿元、77.71亿元、22.03亿元，占全部企业贷款（不含票据）新增额的比重分别为53.4%、36.31%、10.29%；其中，小企业贷款新增额同比多增33.31亿元，新增贷款比重较上年同期提高11.24个百分点，金融支持小企业的力度继续保持最大。

（四）利率水平总体上升，民间借贷持续活跃

一是金融机构贷款利率逐步攀升。2010年四季度央行两次上调存贷款基准利率，进一步推高全市金融机构贷款定价水平。一至四季度全市金融机构人民币贷款加权平均利率分别为7.2472%、7.3809%、7.3766%、7.3821%，12月份人民币贷款加权平均利率比上年同期及6月份分别提高4.94个和1.31个百分点，利率水平总体呈现上升态势。二是民间借贷持续活跃。2010年受银行信贷紧缩影响，民间借贷市场较为活跃。据中国人民银行台州中心支行监测数据显示，2010年民间借贷利率稳步上升，前三季度的民间借贷加权平均利率分别为14.8425%、15.2757%、15.6236%。利率呈现向高利率区间迁移态势，其中三季度[15%,20%]利率区间占比为35%，同比上升8个百分点。

（五）保险机构持续增加，保险市场稳步发展

2010年，台州市保险业持续扩张，年末全市有各类保险机构（含分支机构）43家。全年保费收入72.92亿元，比上年同期增长26.8%。其中：财险保费收入29.42亿元，同比增25.9%，寿险保费收入43.39亿元，同比增27.4%。全年各类赔款、给付支出18.43亿元，比上年下降11.3%。保险深度和密度也分别达到了3.02%和1250.47元/人。

三、经济金融运行中值得关注的问题

（一）通货膨胀成因错综复杂，宏观调控难度不断加大

当前，国内通货膨胀的形势严峻。

2010年11月，居民消费价格(CPI)同比上涨5.1%，创28个月新高，虽然市场预计12月的CPI将有所回落，但同时认为这只是暂时现象，并预期2011年上半年尤其是一季度CPI涨幅将再次超过5%甚至6%。国际上通行的通胀认定标准是CPI涨幅连续6个月超过3%的警戒线。虽然国内对CPI的指标构成存在诸多异议，但综合考虑各类主要消费品和资产价格走势，市场对通胀形势还是基本能够达成共识。因此，2010年12月举行的中央经济工作会议上提出的2011年经济工作主要任务中明确指出，“把稳定价格总水平放在更加突出的位置”，2011年1月召开的2011年中国人民银行工作会议也把“稳物价”确定为当前和今后一个时期的主要任务，充分显示控制通胀已经成为重中之重。

（二）金融危机深层影响仍未消除，外贸经济面临诸多困难

2010年全市外贸总体形势好于年初预期，且基本恢复到金融危机前的水平，但金融危机的深层次影响还没完全消除，世界经济尚未步入良性循环时期，当前全市外贸经济仍面临三大困难：一是企业订单充足但利润空间缩窄。当前全市企业订单较为充足，但是受原材料上涨、用工成本提高、汇率波动等因素共同影响，产品提价速度赶不上生产成本增加速度，企业利润较上年同期大幅下滑。企业反映，即使出口产品价格上调5%—15%，企业成本压力仍非常大。据中国人民银行台州中心支行2010年四季度工业景气监测数据，企业家对产品成本判断指数为−52.38，较上季度大幅提高21.43个百分点，而盈利空间指数为7.14，下降4.76个百分点。出口报价提高面临失去客户的市场风险，出口报价不变又面临利润大幅下滑的现实，不少企业陷入“保订单还是保利润”的两难境地。二是企业用工需求上升但招工压力显现。据台州市统计调查，2010年四季度企业劳动力需求景气指数以131.3运行在“较为景气”区间，意味着企业对于劳动力的需求仍在持续增长，但部分企业反映，由于四季度是一线员工的传统流失季节，加之部分行业进入生产旺季，导致了企业用工需求压力的增加。如温岭部分制鞋企业招聘对生产程序熟悉、技术精湛的技工非常困难，甚至部分企业通过增加工资、改善工作环境招聘工人效果仍不理想，用工缺口明显。“招工难”行情导致劳动力价格上涨5%以上，也使企业的生产成本上升。从第108届广交会上对台州外贸企业的调查显示，90%的企业认为缺少工人不能按期交货而影响企业声誉是当前最主要的问题。三是汇率波动频繁但企业承受力有限。2010年人民币兑美元汇率升值了3.6%，但据中国人民银行台州中心支行对全市外贸企业的问卷调查显示，企业普遍可承受的人民币升值最大幅度仅为2%。在实际操作中企业很难把握人民币汇率的变动幅度，导致企业有订单特别是长单不敢接，成交订单以中、短单及小单为主，或者将一年的大单拆成按月出口的小单，即使这样，由于全市出口产品附加值低、议价能力弱、利润空间小，部分企业特别是中小企业仍无法承受汇率的大幅频繁波动。

（三）政策调控合力收紧下楼市或将转向，房地产企业资金链风险值得关注

2011年房地产市场的宏观调控不会放松已基本明确，调控政策将在2010年基础上进一步常态化，财税、金融、土地、市场监管等措施将联动，增加普通商品房和保障性住房供给，合力抑制投机投资性需求。从台州层面看，有三方面因素综合作用可能导致房地产市场转向，从而对房地产企业的资金链造成压力。主要原因一是从供给方面看，房源大量增加。二是从需求方面看，回归刚性需求。三是从政策趋势方面看，调控高压态势不变。

四、对策建议

（一）正确理解货币政策转向意义，切实贯彻落实稳健的货币政策

首先，要正确理解货币政策转向的现实意义。货币政策从适度宽松转向稳健是宏观政策导向的一个重要变化，是当前宏观形势下的正确选择。要从国际外部环境、国内宏观形势、货币政策目标等多方面进行深入剖析，正确理解其现实意义。其次，要正确把握稳健货币政策的内涵。需要抓住三个关键：一是要控制好货币供给总量，保持贷款总量合理适度增长，实现中央提出的把好流动性总闸门的要求；二是要继续优化信贷结构，把信贷资金更多投向实体经济特别是"三农"和中小企业，更好地服务于经济结构调整的大局；三是要防范系统性金融风险，努力维护金融体系稳定。再次，切实贯彻落实稳健的货币政策。综合运用利率、存款准备金率和公开市场操作等价格和数量工具，保持银行体系流动性合理适度；实施差别准备金动态调整措施，引导货币信贷平稳适度增长；坚持"区别对待、有扶有控"的原则，加强信贷政策指导，着力引导和促进信贷结构优化；继续优化中小企业金融生态，多方面拓宽中小企业融资渠道；大力推进农村金融产品和服务方式创新，全面改进和完善对"三农"的金融服务；落实差别化住房信贷政策，推动房地产金融健康发展。

（二）积极关注经济金融运行新变化，着力提升决策支持能力

基层央行作为货币政策的传导者，在贯彻落实货币政策的同时，要积极做好调查研究和政策效果反馈，为上级行和地方政府做好参谋，着力提升决策支持能力。一是要密切关注宏观经济金融形势变化和微观主体的最新动向，及时发现经济金融运行中的重点、热点、难点问题。二是要贴近当地实际，牢牢抓住有地方特色的问题进行监测、跟踪、分析。三是要开阔视野，站在国际国内大视角准确把握现象发生的背景、深入理解问题的来龙去脉，大处着眼、小处着手进行调查研究。四是要注重灵活运用多种调查研究手段，积极、有针对性地开展调查研究。

（三）促转变与防风险并举，加强引导金融支持经济发展方式转变

一是加大对经济社会薄弱环节、就业、节能环保、战略性新兴产业、产业转移等的支持，有效缓解小企业融资难问题，保证在建重点项目贷款需要，严格控制对高耗能、高排放行业和产能过剩行业的贷款；加快推进农村金融产品和服务方式创新，全面改进和提升农村金融服务。二是要实施差别准备金动态调整措施，引导货币信贷适度增长；执行好差别化房贷政策，促进房地产市场健康平稳发展；加强对金融机构的风险提示，加强地方政府融资平台公司贷款风险管理；探索建立和完善宏观审慎管理的制度框架，发挥逆周期的货币信贷动态调控作用，保持金融体系稳健运行。

（四）完善相关配套措施，积极应对利率市场化改革

一是金融机构要尽快完善硬约束指标，积极面对市场竞争和风险挑战。二是监管机构要按照宏观审慎管理要求，稳步推进利率市场化建设。三是银行客户要逐步接受和认可利率市场化带来的变化和影响。银行客户要增强对利率变动的敏感性，逐步适应银行的差别化定价和差别化服务，并增强对金融产品进行多方面比较和自主选择的能力。

台州市经济金融统计简表

单位:亿元

项　　目	2006 年	2007 年	2008 年	2009 年	2010 年
国内生产总值	1458.48	1715.10	1946.23	2040.45	2415.12
第一产业	105.97	113.47	122.95	132.22	159.99
第二产业	783.80	930.35	1041.87	1057.73	1262.66
第三产业	568.71	671.28	784.41	850.50	992.47
全社会固定资产投资	623.74	727.64	759.58	834.10	950.24
基本建设投资	164.12	196.33	149.87	190.54	218.96
房地产开发投资	101.47	95.73	126.25	152.27	196.08
社会消费品零售总额	514.69	601.65	718.43	817.88	960.45
进出口总额(亿美元)	84.32	110.93	138.11	120.32	170.01
出口总额(亿美元)	70.35	93.65	117.64	100.67	30.38
进口总额(亿美元)	13.97	17.28	20.47	19.65	139.63
地方财政收入	86.11	108.86	126.05	136.02	164.88
地方财政支出	104.00	126.93	153.81	175.95	222.76
商品零售物价总指数(%)	100.00	104.30	106.20	99.30	104.80
居民消费价格总指数(%)	100.70	104.10	104.90	99.20	104.60
金融机构存款余额	1665.99	1937.55	2371.70	2935.60	3588.48
企业存款余额	506.45	600.29	606.94	865.17	982.70
储蓄存款余额	866.47	934.14	1210.04	1449.72	1725.08
金融机构各项贷款	1313.24	1615.99	1926.27	2518.06	3055.82
短期贷款	832.98	1062.38	1248.89	1578.58	1932.49
中长期贷款	447.43	513.88	612.37	852.00	984.53
现金投放(+)回笼(—)	88.28	98.44	88.59	80.15	123.35

丽水市经济金融运行情况综述

2010年，丽水市全面贯彻落实国家“防通胀，扩内需，调结构”的决策部署，继续实施积极的财政政策和适度宽松的货币政策，积极应对复杂多变的国内外经济环境和各种重大挑战，全市经济金融运行逐季回升趋好，主要经济金融指标完成情况好于预期，为“十一五”规划画上了圆满的句号。丽水市GDP增速列全省各市前列，工业经济再创新高，投资保持较高增长速度，增幅创“十一五”以来新高，经济结构进一步优化。

一、全市经济发展亮点纷呈

1. GDP增速列全省各市前列，与全省平均增速基本持平。2010年全市实现生产总值644.04亿元，按可比价计算，增长12.5%，高出“十一五”规划目标0.5个百分点，增幅分别比全国、全省高2.2个和0.7个百分点，位居全省各市第四位(与金华市并列)。按常住人口计算，人均GDP为27754元，增长11.7%。按6.7695的年平均汇率折算为4100美元，比2009年增加了657美元。与全省水平的差距仍为1.88∶1，与2009年基本持平。

2. 工业经济再上新台阶，同比增长30.4%。2010年丽水市全部工业总产值达到1328.08亿元，超额完成“十一五”规划中的工业总产值超千亿元目标，比上年多增309.65亿元，比上年同期高出19.7个百分点，其中规模以上工业产值1156.62亿元，增长32.3%，增速在全省各市中列第六位，占全部工业产值比重为87.09%。

3. 投资保持较高增长速度，增幅创“十一五”以来新高。2010年全市完成全社会固定资产投资320.38亿元，比上年增长14.8%。五年累计完成固定资产投资1307.85亿元，是“十五”的1.9倍。丽水市继续狠抓项目促发展，充分调动各方面积极性，加大涉及民生工程、基础设施建设等方面的投资力度，把项目建设作为促进经济加快发展的重要抓手，取得了显著成效。

4. 新农村建设稳步推进，农村改革亮点纷呈。2010年全市财政用于农民“6+1”工程和农村“135”工程建设资金分别为8.6亿元和3477万元；金融系统涉农贷款389.57亿元，比上年增长31.2%，林权抵押贷款余额达18.06亿元，增长173.6%；财政用于农林水事务支出30.3%；农村限额以上投资增长22.9%，高于限额以上投资增幅6.8个百分点；全市财政预算内投入新农村建设共58.7亿元，同比增长23%；尤其是60岁以上农民每月补贴60元的政策兑现，使得许多农户得到实惠。2010年度丽水市农民对新农村建设的满意度为81.64%，比上年提高0.3个百分点，连续两年名列全省第一。全年实现农业总产值95亿元，同比增长5.4%。全年百姓所关注的社会保障和就业、医疗卫生、农林水事务、教育等支出分别增长14.9%、16.3%、22.1%和14.5%。2010年，丽水全市总投资193亿元，掀起了中心镇建设热潮，20个中心镇，345个项目逐一展开。全年各级财政投入村庄整治资金1.83亿元，380个待整治村新增村内主干道硬化里程562.3公里，新增公共厕所458座，新增开展污水治理农户4.6万户，新增种植绿化苗木34万株。农村危旧房改造工程深入推进，共实施农村危旧房改造5.03万户，拆除危旧房建筑占地面积223.7万平方米，新建房屋建筑占地面积184.2万平方米，新启动138个行政村的旧村改造，完成投资33亿元。新一轮农民异地转移工程稳步推进，全年共实现农民异地转移搬迁6604户、21958人。全市共培训农村劳动力9.2万人。其中，农村"两创"实用人才培训1.1万人、新型农民培训2.48万人、转移就业技能培训2.66万人、务工农民岗位技能培训2.61万人、农村后备劳动力培训0.35万人。在农村劳动力培训工作中，通过整合各相关涉农部门的培训资源和各项培训资金，有效发挥了更大社会和经济效益，农村面貌得到了极大的改善。

5. 消费需求持续趋旺，家电下乡拉动农村消费。2010年丽水市消费品市场稳步增长，实现社会消费品零售总额266.13亿元，同比增长18.3%。其中市区社会消费品零售额达100.22亿元，同比增长18.6%。城乡居民收入水平的提高，旅游市场节假日消费的带动以及汽车下乡、家电下乡等一系列政策的拉动，成为推动丽水市零售额增长的主要原因。2010年全市农村居民人均生活消费支出4947元，比上年名义增长7.8%，高于上年1.9个百分点，全市家电下乡销售额达2.8亿元，销售量12.4397万台，同比分别增长108.9%和99.6%，有力拉动农村消费。

6. 城乡居民收入稳定增长，收入差距进一步缩小。农村居民人均纯收入再上新台阶，首次突破6千大关，达到6537元，比上年名义增长14.6%，高于上年1.7个百分点，扣除价格因素实际增长10.2%，增幅连续两年居全省各市第一位。其中来自家庭经营农业收入人均2413元，比上年增加351元，增长17.1%，对全部纯收入增长的贡献率为42.1%；工资性收入1695元，比上年增加350元，增长14.9%，对全部纯收入增长的贡献率为42%，表明这两大项是丽水市农村居民增收的最主要增长点。全市城镇居民人均可支配收入21093元，首次突破2万元大关，比上年增长10.9%，扣除价格因素实际增长6.6%，其中工资性收入12914元，占到总收入的56.5%，其主体地位依然稳固。农村居民收入增长速度快于城镇居民收入，城乡居民收入差距连续三年呈现缩小趋势，从2007年的3.64∶1缩小到3.23∶1。

表1

单位：%

	2008年	2009年	2010年
合　计	100	100	100
1. 农业产业收入	36.9	36.2	36.91
2. 非农产业	49.5	50.3	50.65
(1) 工资性收入	40.7	41.1	41.23
(2) 家庭经营二、三产业	8.8	9.2	9.42
3. 非经营性收入	13.6	13.5	12.44

7. 生态旅游业发展加快。丽水市年森林、湿地生态系统效益总和达2229.1亿元，占浙江省生态效益的1/5。在经济增幅连年保持超过10%高速发展的同时，丽水生态环境质量连续6年居全国前列、全省首位，生态环境质量公众满意度调查连续两年位居浙江省首位。"十一五"期间，丽水市旅游接待人次和旅游总收入两大指标的年均增长率分别为33.5%和32.7%，增长速度均位居全省各市第一；全市共创

建11家AAAA级旅游景区和1家省级旅游度假区，创建数量位于全省第一。至2010年，全市在建旅游项目数为107个，为全省第二；旅游总收入相当于GDP 18.1%，相当于三产增加值45%，均位于全省第二。2010年分别接待国内旅游者和入境旅游者2065.30万人次和12.92万人次，比上年增长34.1%和22.7%。全年旅游总收入116.55亿元，增长34.2%。

8. 经济结构进一步优化。2010年，丽水市经济的增长由以二产拉动为主转向二、三产业共同拉动，经济发展的协调性增强。2010年，第一产业增加值62.84亿元，第二产业增加值322.23亿元，第三产业增加值258.97亿元，分别比上年增长4%、15.7%和10.7%，"十一五"时期年均分别增长4.1%、15.4%和12.6%。三次产业增加值结构从上年的10.7∶47.8∶41.5调整为9.8∶50.0∶40.2。

二、金融市场实现跨越式发展

2010年，丽水市金融业坚持稳健经营原则，积极贯彻执行适度宽松的货币政策，合理配置金融资源，较好地发挥了金融对经济发展的保障作用。

一是金融总量快速增长。2010年末，全市金融机构本外币存贷款总量达1949.68亿元，是2005年末的2.74倍。证券、保险业也保持快速增长态势。证券累计交易额1770.36亿元，是2005年末的36.56倍；全市累计保费收入20.76亿元，累计赔款与给付5.01亿元，与2005年末相比分别增长248.62%和204.49%。

二是金融组织体系逐渐完善。2010年新引进2家股份制商业银行，新设立村镇银行、小额贷款公司、农村资金互助社各1家。目前全市已形成政策性银行、国有商业银行、股份制商业银行、城市商业银行和邮储银行、农村合作银行为主体，村镇银行、小额贷款公司和资金互助社等新型农村金融机构为补充的较为完善的银行业金融机构体系，保险、证券机构得到了快速发展。

三是全市银行业的经营水平和抗风险能力明显增强。截至12月31日，全市银行业实现账面利润24.09亿元，比2005年增长277.85%；不良贷款率为1.06%，比2005年末下降了1.89个百分点。

概括2010年丽水市银行业的运行情况，主要有以下特点：

（一）各项存款平稳增长，结构变化突出

2010年12月末，全市银行业各项本外币存款余额1128.23亿元，比年初增加191.54亿元，余额同比增长20.4%，存款增速呈现前高后低态势。

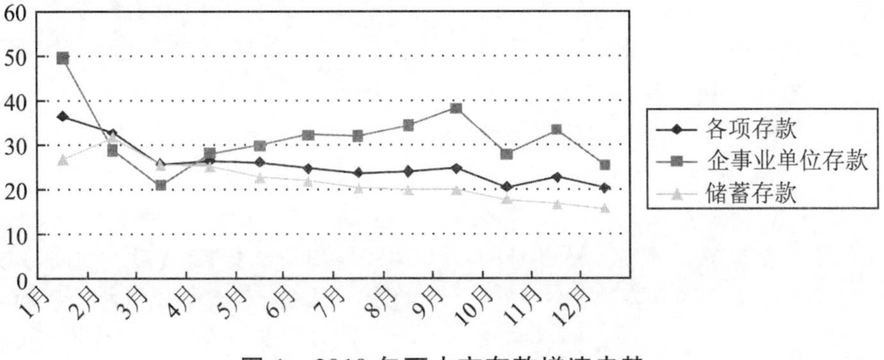

图1 2010年丽水市存款增速走势

从存款增长结构和特点看：

1. 储蓄存款分流明显，增速一路走低。2010年12月末，人民币储蓄存款余额638.81亿元，新增87.36亿元，同比少增了56.38亿元。究其原因：一是个人实际收入相对减少。从个人所得税收入看，2010年全市工薪阶层的工资、薪金类所得税增幅为18.34%，占全部所得税比重较上年同期下降1%，加之CPI的持续增长（CPI由前年的－1.4%提高到上年的4.3%），居民实际收入不升反降，储蓄来源自然减少。二是个人投资和消费趋向多元化。在通货膨胀压力上升、存款实际利率为负的情况下，资金寻求增值保值，个人投资意愿更趋增强。据统计，2010年从银行储蓄净流入证券机构8.89亿元。四季度由于上海、杭州等城市房产价格持续走高，个人向市外大、中城市的房产投资偏好进一步加强。

2. 企业存款稳定增长，定期化趋势延续。2010年12月末，企事业本外币存款余额265.75亿元，同比增长25.41%，高于全部存款增速5.01个百分点。其中：企业定期存款新增36.28亿元，同比增长31.53%，高于各项存款增速11.13个百分点。占企事业全部新增存款的54.94%，从2009年到2010年，企业定期存款增长均高于活期，定期化趋势进一步延续。其原因：一是部分企业资金面较为宽松。自2009年以来，各金融机构信贷投放快速增长，导致部分企业资金面较为宽松，2010年企业存款新增额占当年各项存款新增额的34.47%，成为各项存款平稳增长的重要因素。二是企业投资多元化和投资实业意愿减弱。由于宏观环境复杂，投资房市等资本市场回报率又较实业更高，企业"现金为王"的理念强化，部分社会资金脱离传统产业进行多元化投资。三是定期存单质押大幅增长及票据项下的企业定期存款置换银行承兑汇票保证金业务，也导致企业定期存款相应多增。直到上年四季度，银行压缩承兑汇票后，企业存款增速才开始掉头向下。

3. 欧元汇率下跌，导致各项存款自然缩水。2010年，欧元汇率下跌9.79%。由于欧元汇率持续走低，丽水市以欧元为主的个人外汇普遍缺乏结汇意愿，致使外汇存款多增的同时，以人民币口径统计的各项存款相应减少，这也是丽水市2010年各项存款增速下降的一个重要因素。

（二）信贷总量适度增长，投放节奏均衡有序

2010年，丽水市人民银行灵活运用政策工具，加强"窗口指导"以及多种管理手段，引导金融机构合理把握信贷投放节奏和总量，切实提高贷款投放的均衡性，使信贷增速逐步回归常态。与此同时，全市金融机构在负债业务缓增，规模控制的背景下，通过加快金融创新，积极支农支小，信贷总量和增速均维持了较高水平，保证了资金供给。

1. 新增贷款总量居高，支持有力。2010年，在6次提高存款准备金率和2次加息的情况下，全市本外币贷款仍增长22.19%，增速居全省第五位，高出全省平均增速2.65个百分点，顺利实现了市政府年初提出的全年贷款增速高于全省平均增速的目标，较好地满足了经济发展的需求。本外币存贷比为77.87%，仅比上年低了1.09个百分点，完成了市政府年初确定的新增存贷比不低于60%的目标。

2. 信贷投放均衡性加强，重点突出。2010年1—4季度，贷款增量分别为52.11亿元、43.69亿元、34.05亿元和19.3亿元，分别占全年增量的35%、29%、23%、13%，信贷投放均衡性较往年有明显改善，

“早投放”现象有所缓解，较好地体现了宏观调控政策意图。同时，2010年与往年相比，信贷投放的重点更为突出：

一是对中小企业的支持力度显著增强。一年来，全市银行业共设立21家中小企业业务中心，并采取简化信贷流程，优化管理等措施，切实加大对中小企业融资支持力度。截至2010年底，全市中小企业贷款余额达到了359.13亿元，同比增长33.12%，超过各项贷款增速10.93个百分点。中小企业贷款新增额88.46亿元，占各项贷款新增额的59.31%，同比增长了11.23个百分点。其中：小企业贷款余额达201.37亿元，同比增长39.62%，高出各项贷款增速17.43个百分点，充分体现了2010年金融机构支小力度。

表2　2010年全市企业贷款按规模分布表　单位：亿元

	大型企业	中型企业	小型企业	其中：微型企业
余　额	50.62	157.76	201.37	59.54
新增额	1.91	31.97	56.49	16.69
余额同比(%)	3.92	25.66	39.62	41.45

注：微型企业指授信额度小于500万元的企业。

二是对制造业投入力度加大。2010年，全市制造业贷款212.56亿元，同比增长了47%，超过各项贷款增速24.81个百分点，达到撤地建市以来的最高点。新增额70.15亿元，占全部新增贷款的44.34%，自二季度以来，随着工业经济增长逐步走稳向好，对制造业的信贷支持已成为主要方向，为促进丽水市工业化转型升级提供了重要的金融要素支撑。

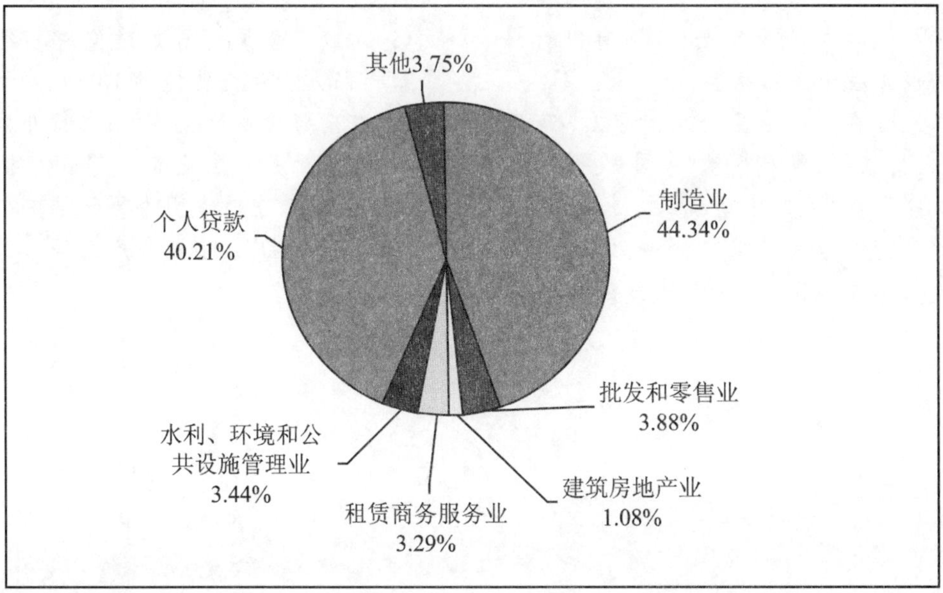

图2　2010年丽水市新增贷款主要行业分布

三是信贷支农开创新局面。随着丽水市林权抵押贷款工作和农村信用体系建设工作相继走向全国，金融支农工程得到了有效落实与深化，涉农金融机构的信贷资金逐步向"三农"倾斜，较好地满足了农村地区不同群体的融资需求。截至2010年底，全市涉农贷款余额378.27亿元，是2005年末的4.07倍。

（三）多方位金融创新，有效改善金融生态环境

2010年，金融机构通过金融市场、金融业务、金融制度等多方位创新，提高服务和运作效率，进而提高了金融资源的配置效率，丽水市金融生态环境明显改善。

一是金融服务网点渐趋完善。为解决偏远地区农民得不到基本金融服务的问题，2010年7月份经人民银行总行批准，在全国率先启动"银行卡助农取款服务"试点工作，到年底已在全市铺设刷卡点993个，累计交易2.89万笔，金额818万元。同时，股份制商业银行和城市商业银行网点逐步向县域拓展，浦发、泰隆、稠州等已分别在县域设立了5家支行，国有银行分支机构也正在进一步完善。

二是金融支农服务全面铺开。"政府支持、人行主导、多方参与、共同受益"的农村信用体系建设"丽水模式"取得成效后，各金融机构纷纷涉足农村金融市场，大力拓展多元化金融支农业务，使金融支农的惠及面进一步提升。如：2010年，工行、建行、邮储银行、泰隆银行等均开办了林权抵押贷款业务，成为全省各银行系统首个开展此项业务的试点机构。与此同时，各金融机构立足农村主体不同需求，积极推进农户信用贷款、联保贷款、农房抵押贷款等业务，强力助推"三农"经济发展。2010年末，全市农户个人贷款余额44.98亿元，比2005年末增加2.76倍；累计发放林权抵押贷款25.61亿元，余额18.06亿元（超额完成了年度15亿元目标），同比增长173.63%，惠及林农3.34万户；累计发放农房抵押贷款10.24亿元，余额6.53亿元，同比增长42.63%。

三是金融产品推陈出新。2010年，全市金融机构在大力推广股权、应收账款、商标专用权、专利权等新型质押贷款业务和企业联保贷款、网络联保贷款等担保贷款业务基础上，结合客户实际需求，加大金融创新力度，推出了一系列金融创新产品。如：农发行推出退税收益权质押贷款，向三家农业企业发放了流动资金贷款9300万元，采用收费权质押与财政兜底相结合的贷款担保方式为企业提供13500万元担保贷款，在全省农发行属首例；农行开办动产抵押融资业务，发放全市首笔钼精抵押贷款1250万元；中行专门为缙云县中小企业设计"缙云通宝"授信业务产品等。

丽水市2010年经济金融统计简表

单位：亿元

项　目	2006年	2007年	2008年	2009年	2010年
国内生产总值	362.29	441.02	515.06	546.55	644.04
第一产业	44.89	50.42	55.38	58.66	62.84
第二产业	166.18	208.72	253.64	261.10	322.23
第三产业	151.22	181.87	206.04	226.79	258.97
全社会固定资产投资	222.17	237.26	248.85	279.19	320.38
基本建设投资	111.09	95.38	94.82	107.15	112.81
房地产开发投资	45.82	53.95	39.99	41.30	46.84
社会消费品零售总额	145.65	169.07	202.98	232.62	266.13
进出口总额(亿美元)	5.69	8.43	12.68	11.11	15.33
出口总额(亿美元)	5.47	7.49	10.31	9.35	13.49
进口总额(亿美元)	0.22	0.94	2.37	1.76	1.84
地方财政收入	24.94	32.66	36.15	37.42	44.94
地方财政支出	55.30	70.88	85.77	112.87	135.20
商品零售物价总指数(%)	100.00	104.70	106.90	98.70	104.10
居民消费价格总指数(%)	100.60	105.20	105.20	98.90	104.00
金融机构存款余额	505.20	553.08	683.20	937.03	1128.23
企业存款余额	129.59	144.58	141.81	211.91	265.75
储蓄存款余额	293.51	305.39	407.64	551.51	638.81
金融机构各项贷款	335.16	410.40	472.55	672.30	821.46
短期贷款	152.01	195.08	234.04	326.76	430.15
中长期贷款	179.54	212.79	232.15	321.80	370.61
现金投放(+)回笼(-)	25.52	29.42	28.91	25.11	35.67

舟山市经济金融运行情况综述

一、经济运行基本态势

2010年，舟山市经济运行总体呈现平稳发展态势，实现地区生产总值633.45亿元，同比增长11.1%，经济增长的质量和效益逐步提高。全市金融运行健康平稳，存贷款总体保持了平稳增长的态势，本外币贷款余额双双突破1000亿元，金融继续保持了对地方经济发展的有力支持。

（一）工业生产总值平稳增长，企业效益逐步改善

2010年，全市实现工业总产值1197.03亿元，同比增长19%，其中规模以上工业实现工业总产值989.14亿元，增长27.1%，规模以上工业总产值占全部工业比重为82.6%，比上年同期提高3.5个百分点。2010年，临港工业实现总产值928.01亿元，同比增长21.5%，高出全市增幅2.5个百分点。同时，在工业品出厂价格逐步提升、出口形势好转等多个因素共同作用下，工业企业效益明显改善。其中，规模以上工业企业1—11月共实现利税总额58.86亿元，同比增长61.1%，实现利润总额45.87亿元，同比增长76.8%。

（二）固定资产投资增长较慢，投资增长压力明显增大

2010年，全市完成全社会固定资产投资413.84亿元，同比增长3.3%。2010年，投资增速基本呈现逐月回落态势，6月份虽有所回升但增速下滑趋势并未有效扭转，特别是7、8、10三个月投资接连出现负增长，投资增长压力明显增大。分行业看，除第一产业投资较快增长外，第二、三产业投资增长乏力，其中，第一产业投资额同比增长102.2%、第二产业投资额同比仅增长6.3%，第三产业投资额同比仅增长1.2%。第一产业投资额较快增长主要是从6月份开始渔港建设项目投入明显增加引起的。

（三）消费市场持续旺盛，旅游人数较快增长

2010年，全市实现社会消费品零售总额212.54亿元，同比增长18%，比上年同期提高2.9个百分点。其中，住宿业和餐饮业共实现零售额32.03亿元，同比分别增长28.7%和20.5%，分别高出社会消费品零售总额增速10.7个和2.5个百分点。同时，在舟山跨海大桥开通、上海世博会等有利因素带动下，全市旅游人数较快增长，旅游经济的效益持续释放。2010年，全市共接待境内外游客2139万人次，同比增长22%，全市共实现旅游总收入142.04亿元，同比增长21.9%。

（四）外贸出口明显增长，进口略有增长

2010年，全市进出口形势总体呈现快速增长态势。2010年，全市进出口总额为107.33亿美元，同比增长52.8%，其中，进口总额为37.95亿美元，同比增长15.5%，出口总额为69.37亿美元，同比增长85.5%。出口的明显增长主要受船舶产品出口快速增长拉动。据统计，2010年全市船舶出口为45.51亿美元，同比大幅

增长1.34倍。

（五）港口货物吞吐量快速增长，海运业发展形势逐步稳定

2010年，舟山港域完成港口货物吞吐量为2.2亿吨，同比增长14.4%。从主要品种吞吐量看，金属矿石7541万吨，增长16.7%；石油及天然气4503万吨，增长6.8%；煤炭2115万吨，增长47%。集装箱运输较快增长，2010年完成吞吐量14.3万标箱，增长79.1%。随着宏观经济环境持续向好，舟山市海运业发展逐步稳定。2010年，全市海运货运量达9571万吨，增长18.6%，海运货运周转量1203.85亿吨公里，增长30.7%。12月末舟山市海上货运净载重量402.9万吨，同比增长19.7%。

（六）财政收入快速增长，民生领域支出明显增加

2010年，舟山市实现财政总收入98.53亿元，同比增长28%，其中，地方一般预算收入61.04亿元，增长25.1%。从主要税种看，增值税、营业税、企业所得税分别增长27%、19.2%和48.3%。财政收入的持续快速增长促进财政在民生领域的支出力度明显加大。2010年，地方财政一般预算支出105.03亿元，同比增长26.9%。其中，文化体育与传媒、社会保障和就业、城乡社区事务、环境保护、教育分别增长160.1%、33.2%、28%、42.2%、18.3%。

二、金融运行情况

2010年，舟山市存贷款总体保持了平稳增长的态势，存款同比多增，规模内贷款增量逐步回归常态，规模外贷款和市外金融机构贷款较快增长，规模内外实际新增贷款合计达214.91亿元，顺利完成年初制定的新增200亿元的目标。12月末，金融机构本外币存款余额1143.25亿元，比年初增加199.92亿元，同比增长21.12%；本外币贷款余额1017.72亿元，比年初增加163.71亿元，同比增长19.17%；规模外融资余额125.64亿元，比年初增加51.2亿元；12月末，市外金融机构对本地企业贷款余额317.51亿元，比年初增加64.39亿元。

（一）存款总体保持平稳增长态势，增长结构变化明显

1. 企业存款同比少增，存款定期化趋势明显。2010年12月末，全市企业人民币存款余额389.23亿元，比年初增加77.21亿元，同比少增15.3亿元。从存款结构变化的情况看，呈现两个主要特点：一是企业人民币活期存款明显少增。2010年1—12月，全市新增企业人民币活期存款19.04亿元，同比少增11.91亿元。企业活期存款大幅少增，主要是存款派生因素明显趋弱所致。据金融机构反映，“三办法、一指引”的实施，对企业存款派生产生较大抑制作用。二是企业存款定期化趋势明显。2010年1—12月，全市新增企业人民币定期存款58.17亿元，占全部新增企业人民币存款的比重达75%。年初以来办理银行承兑汇票业务时，企业采取定期存单质押的比例明显上升，这是导致企业定期存款明显增加的主要原因。据统计，12月末全市定期存单质押余额46.07亿元，比年初增加了19.76亿元。

2. 储蓄存款同比多增，月度间波动明显。2010年12月末，全市人民币储蓄存款余额405.09亿元，比年初增加54.91亿元，同比多增0.65亿元。2010年1—12月，储蓄存款增长的月度波动比较明显，储蓄增加主要集中在2、6、9、12月这4个月份。上述4个月份合计新增储蓄存款67.02亿元，是2010年全部新增储蓄存款

的1.22倍，对全年储蓄存款的增长产生明显拉动作用。这些月份的储蓄存款大量增加主要是受春节假期、房地产市场成交量回落、季度末金融机构加大存款组织力度等因素影响，储蓄存款明显回流银行所致。

3. 机关团体和财政存款快速增长，对全市存款增长起明显支撑作用。2010年12月末，全市机关团体存款余额178.56亿元，比年初增加41.15亿元，同比多增28.91亿元，财政存款余额54.26亿元，比年初增加18.82亿元，同比少增0.47亿元。全市机关团体存款明显增加，主要是财政性存款和海关关税保证金增加所致。在2010年企业存款和储蓄存款增长相对乏力的情况下，机关团体存款的大幅增加，对全市存款平稳增长起到了明显的支撑作用。

4. 票据保证金存款有所减少，导致其他存款同比少增。2010年12月末，全市其他存款余额51.62亿元，比年初增加1.8亿元，同比少增0.79亿元。其他存款同比少增主要由票据保证金存款减少引起的，12月末票据承兑保证金余额15.54亿元，比上年同期减少了2.1亿元。

（二）规模内贷款增量高位回落，信贷结构有所调整

1. 从规模内贷款投放的总量看，与上年同期相比出现高位回落。2010年12月末，全市金融机构本外币贷款余额1017.72亿元，比年初增加163.71亿元，同比少增42.92亿元。虽然规模内贷款增量与上年同期相比出现比较明显的回落，但考虑到上年同期全国贷款超常规投放的大背景以及舟山市规模内贷款增量达到历史高位的实际情况，2010年规模内贷款的同比少增属于一种贷款超常规增长后的高位回落现象，是贷款增量逐步回归常态的表现。

同时，2010年以来规模外融资和市外融资的较快增长有效对冲了规模内贷款增量回落的影响，为全市经济的发展注入了新的动力。据统计，12月末，全市金融机构规模外融资余额125.64亿元，比年初增加51.2亿元，考虑到这一因素，全年实际新增贷款214.91亿元，超过年初制定的新增200亿元的目标。此外，年初以来市外金融机构对本地企业贷款也出现较快增长，12月末市外金融机构贷款余额为317.51亿元，比年初增加64.39亿元。

2. 从贷款的期限结构看，中长期贷款增长趋缓是导致贷款增速回落的主要原因。

（1）短期贷款同比少增，但金融机构对企业流动资金的投入基本维持上年水平。2010年12月末，全市短期人民币贷款余额470.34亿元，比年初增加81.66亿元，同比少增1.12亿元，其中，新增企业短期贷款29.19亿元，同比少增26.08亿元，新增个人短期贷款34.7亿元，同比多增6.71亿元。

2010年以来企业流动资金贷款少增的缺口主要由以下几个途径弥补：一是以个人经营性贷款弥补企业流动资金贷款不足。据金融机构反映，2010年以来由于上级行规模管理中对个人贷款投放的规模控制相对宽松，基层行在贷款发放中通过个人经营性贷款替代企业流动资金贷款的情况明显增多。据统计，1—12月通过这种形式发放的贷款比年初增加24.09亿元，同比多增8.53亿元。二是通过签发票据方式解决企业流动资金需求，12月末全市银行承兑汇票余额110.45亿元，剔除承兑保证金和存单质押资金后，其风险敞口部分即银行为企业提供的短期融资，达到48.84亿元，比上年同期增加16.62亿元。三是通过规模外融资方式满足部分企业的短期流动资金需求。

(2) 中长期贷款增长趋缓,投入企业领域的同比少增,投入个人领域的可持续性逐步减弱。2010年12月末,全市中长期人民币贷款余额507.02亿元,比年初增加68.71亿元,同比少增42.72亿元,其中,新增企业中长期贷款34.73亿元,同比少增41.58亿元,而新增个人中长期贷款33.69亿元,同比少增1.43亿元。从中长期贷款的构成看,一方面其投入企业的部分与上年相比减少了54.5%;另一方面,以个人住房按揭贷款为主的个人中长期贷款,随着国家房地产调控政策的不断发力,其增长的可持续性逐步减弱,进入三季度以后增速逐月回落,加大了全市贷款特别是中长期贷款增长的压力。

(3) 中长期贷款比重呈下降态势,推动贷款较快增长的动力不足。前12个月,新增中长期本外币贷款占全部新增贷款的比重为42%,与上年同期相比下降了11.9个百分点。中长期贷款作为我市贷款增长的主要推动力,表现出增长趋缓的情况,加剧了全市贷款增速回落的态势。

3. 从贷款的投向结构看,较好地满足了重点行业和领域的发展需要。

(1) 投入海洋经济产业的贷款总体保持平稳增长态势。2010年12月末,全市港口物流业贷款余额149.24亿元,比年初增加21.64亿元;海运业贷款余额80.08亿元,比年初增加3.13亿元;旅游业贷款余额16.73亿元,比年初增加1.86亿元;商业贸易类贷款余额135.55亿元,比年初增加24.22亿元;电力生产供应业贷款余额10.9亿元,比年初增加5.17亿元;水产加工业贷款余额44.6亿元,比年初增加4.23亿元。12月末,全市船舶修造业贷款余额94.87亿元,比年初减少10.23亿元。船舶修造业贷款减少主要是两方面因素造成的:一是由于船舶行业被国家发改委列入产能过剩行业,金融机构对船舶行业贷款投放实行了名单制管理;二是舟山市船舶行业大规模进行固定资产投资的时期已经结束,船舶修造行业项目贷款的增长速度也随之明显减缓。

(2) 房地产开发贷款适度增长,个人住房按揭贷款增长的可持续性逐步减弱。2010年12月末全市房地产开发贷款余额44.06亿元,比年初增加8.44亿元,同比多增4.47亿元。房地产开发贷款同比多增主要是受上年下半年市场火爆行情的带动,上年年底以来新城区域新开发项目增加所致。12月末全市个人住房按揭贷款余额122.14亿元,比年初增加24.24亿元,同比少7.78亿元。全年个人住房按揭贷款走势呈现先高后低的态势,从信贷投放的量上看,个人住房按揭贷款的增加主要集中在上半年,全市上半年新增个人住房按揭贷款15.14亿元,占2010年全部新增按揭贷款的62.4%。这主要有两方面的原因:一是上年同期舟山市房地产市场正处于从低谷向持续升温过渡的阶段,因此新增住房按揭贷款基数相对较小,导致上半年个人住房按揭贷款增速上升较快;二是部分购房者在2009年四季度购置的商品房,按揭贷款手续在2010年年初才进行办理,贷款数据在2010年上半年才集中反映出来。随着相关房地产市场调控措施的逐步落实,6月份以来舟山市个人按揭贷款的增长速度已经回落,住房按揭贷款增长可持续性逐步减弱。

(3) 中小企业贷款和涉农贷款较快增长。2010年以来,舟山市金融对中小企业和渔农业领域的信贷支持力度进一步加大,中小企业贷款和涉农贷款保持了较快增长态势。12月末,全市中小企业贷款余额593.65亿元,比年初增加77.53亿元,增速15.15%，占全部贷款增量的比重达47%；9月末涉农贷款余额232.3亿元，比年初增加57.95亿元，同比多增19.84亿元，增速39.99%。

（三）信贷资金供给形式逐步多元化，有效弥补了规模内贷款增量高位回落产生的缺口

2010年以来，在规模内贷款增量高位回落的情况下，舟山市信贷资金供给形式多元化的特征逐步显现，主要表现为：一是市外融资规模较快增长，异地信贷资金加速流入；二是资产转让、委托贷款、信托贷款、银团贷款等规模外融资手段运用更加频繁，融资总量快速增长；三是金融产品创新力度进一步加大，为企业提供更多的融资选择。

1. 市外融资规模较快增长，已成为满足我市企业资金需求的重要方式。2010年初以来，舟山市的市外融资规模较快增长。2010年12月末，舟山市异地贷款余额为317.51亿元，比年初增加64.39亿元，保函余额50.95亿元，比年初增加25.8亿元，信用证余额5.39亿元，比年初增加1.46亿元。异地贷款余额已相当于舟山市12月末本外币贷款余额的31.2%，其增量相当于舟山市2010年本外币贷款增量的39.3%，保函余额相当于舟山市12月末保函余额的16.4%，这些信贷资金的流入，有效地满足了实体经济的需求，同时也表明市外融资成为满足舟山市企业资金需求的重要方式。

2. 金融机构积极利用规模外融资手段，促进资产转让、委托贷款、信托贷款、银团贷款、海外代付等规模外融资的快速增长。2010年12月末，全市金融机构规模外融资业务余额122.72亿元，比年初增加48.28亿元。分行别来看：12月末，工行余额比年初增加3.74亿元；农行余额比年初增加19.03亿元；建行余额比年初增加14.93亿元；中行余额比年初增加5亿元；浙商银行、杭州银行、民泰银行、农村合作金融机构、台州银行12月末余额比年初新增分别为3.49、0.15、2.33、1.92、0.6亿元。

分业务品种看：12月末，资产转让余额为11.08亿元，比年初增加0.26亿元；委托贷款余额为7.28亿元，比年初增加1.19亿元；租赁融资余额为3.95亿元，比年初增加2.88亿元；信托贷款余额为20.54亿元，比年初增加16.24亿元；银团贷款余额为20.19亿元，比年初减少0.2亿元；票据转贴现（转出）余额为5.83亿元，比年初增加5.83亿元；海外代付余额6.2亿元，比年初增加6.2亿元；买方贷款余额1.72亿元，比年初增加1.72亿元。同时，各金融机构为企业提供的票据风险敞口余额48.84亿元，比年初增加16.67亿元。

3. 加大金融产品创新力度，为企业提供更多的融资选择。2010年以来，全市银行业金融机构共推出金融创新产品36种，发生业务7895笔，融通资金达136.14亿元。各金融机构先后推出“网贷通”、“易融通”、“网络速贷通”和“网络联贷联保”等网络融资业务，为小企业发放网络融资贷款。同时，工行为某房地产企业办理并购贷款业务，为某油品仓储公司办理发票融资业务；建行正积极运作中小企业集合票据、企业债、融资租赁等方式为企业解决资金问题，中小企业集合票据已进入操作层面，预计下阶段可融资10亿元，同时该行还积极推出供应链融资和国际贸易融资等适合中小企业特点的金融产品，并利用“资产池”、理财产品等方式为新项目解决信贷规模，目前已解决5.98亿元的信贷规模；中行为某船舶修造企业的国外船东办理全省首笔买方信贷业务，并利用与中国出口信用保险公司的合作平台推出了多个船舶融资产品；农行积极扩大小企业“简速贷”贷款审批权限，由原来的1500万元扩大到3000万元，并进一步放宽了抵押、担保的条件；杭州银行则通过自主创新和借用总行创新产品的方式，通过远洋渔业贷款、个体工商户贷款两项产品就位为渔农户和小企业发放贷款0.86亿元；农村合作金融机构通过“小额丰收贷款卡”为小企业和个体工商户解决流动资金问题，新增相关贷款2.98亿元；浙商银行利用商票保贴业务为企业发放流动资金贷款约3.14亿元；邮政储蓄银行通过发放渔船抵押贷款为渔农户解决贷款1.43亿元。

信贷资金供给形式多元化特征的逐步显现，主要有以下两大方面的原因：一是近年来舟山经济特别是海洋经济持续快速发展，企业的规模和效益不断提升，海洋特色产业体系初步形成并不断完善，使实体经济对资金需求的“量”和“质”都有了很大的变化；仅仅依靠规模内贷款的传统方式已经越来越难以满足企业的资金需求，必须通过引入市外资金、规模外融资、加大金融创新来满足企业不断增加的资金需求；二是人民银行牵头推进社会信用体系建设使舟山市的社会信用环境不断完善，明显增强了舟山市对市外信贷资金的吸引力，从而为信贷资金供给形式的多元化发展创造了良好的外部条件。在规模内贷款增量高位回落的背景下，市外资金、规模外融资的较快增长有效弥补了规模内贷款增量高位回落产生的缺口，对支撑实体经济回升向好起到了非常重要的作用。

（四）金融市场运行简况

1. 票据市场平稳发展。2010年，全市金融机构累计签发银行承兑汇票206.33亿元，比上年同期增加19.62亿元，同比增长10.5%。12月末，银行承兑汇票余额110.45亿元，比上年同期增加34.28亿元，同比增长45%。2010年，全市金融机构银行承兑汇票累计贴现35.89亿元，同比增加了2.77亿元，同比增长8.3%。

2. 保险市场平稳较快发展。1—12月，全市财产险保费收入8.08亿元，同比增长20.9%；寿险保费收入10.9亿元，同比增长12%。财产险赔款支出3.95亿元，同比增长2%；寿险赔、给付支出2.26亿元，同比减少32%。

3. 股票市场震荡下行。1—12月，全市累计新开户`6411户，比上年同期减少493户；全市累计证券交易额785.05亿元，比上年同期增加142.13亿元；个人净入市资金59.3亿元，比上年同期增长50.4亿元。

舟山市经济金融统计简表

单位:亿元

项　　目	2006年	2007年	2008年	2009年	2010年
国内生产总值	335.19	408.52	490.25	533.26	633.45
第一产业	41.88	44.94	49.18	51.41	62.44
第二产业	139.49	178.76	226.44	248.25	288.55
第三产业	153.82	184.82	214.63	233.60	282.46
社会固定资产投资	218.99	279.64	339.43	400.66	413.84
房地产开发投资	33.11	19.15	38.95	48.99	58.98
社会消费品零售总额	113.97	132.37	155.82	181.69	212.54
进出口总额(亿美元)	27.12	40.76	60.53	70.23	107.33
出口总额(亿美元)	16.22	23.86	32.86	37.39	69.37
进口总额(亿美元)	10.89	16.90	27.67	32.84	37.95
地方财政收入	37.12	52.56	66.68	76.99	98.53
地方财政支出	40.82	56.52	76.78	82.74	105.03
商品零售物价总指数(%)	101.20	103.20	106.70	99.20	104.30
居民消费价格指数(%)	101.60	104.20	105.60	99.20	104.10
金融机构存款余额	451.50	561.71	730.84	920.79	1121.07
企业存款余额	158.79	214.29	259.86	352.37	389.23
储蓄存款余额	204.90	220.58	295.92	356.36	410.80
金融机构各项贷款	373.25	484.35	635.43	828.96	1017.72
短期贷款	209.11	268.54	333.68	415.74	475.99
中长期贷款	164.34	219.34	302.82	414.33	507.02
现金投放(+)回笼(-)	2.83	7.40	11.03	13.61	——

第四部分

浙 江 省 经 济 金 融 统 计 资 料

ZHEJIANG JINRONG NIANJIAN

浙江省国民经济主要统计指标

指 标	单位	2006年	2007年	2008年	2009年	2010年
年末总人口数	万人	4629.40	4659.34	4687.85	4716.18	4747.95
年末从业人员数	万人	3172.38	3405.01	3486.53	3591.98	3636.02
在岗职工合计	万人	590.47	641.17	689.35	749.57	812.14
城镇私营和个体从业人员	万人	467.05	630.48	685.34	748.44	878.59
乡村从业人员	万人	2094.49	2107.84	2009.99	2006.63	1845.53
生产总值	亿元	15718.47	18753.73	21462.69	22990.35	27722.31
第一产业	亿元	925.10	986.02	1095.96	1163.08	1360.56
第二产业	亿元	8511.51	10154.25	11567.42	11908.49	14297.93
第三产业	亿元	6281.86	7613.46	8799.31	9918.78	12063.82
人均生产总值	元	31241.00	36676.00	41405.00	43842.00	51711.00
工业总产值	亿元	29129.94	36073.93	40832.10	41035.29	51394.20
按经济类型分						
其中:国有经济	亿元	2062.04	2349.06	2609.20	2786.63	3331.26
集体经济	亿元	306.64	254.35	141.17	123.23	123.12
按轻重工业分						
轻工业	亿元	12756.99	15519.12	16943.47	17196.43	20896.40
重工业	亿元	16372.95	20554.82	23888.63	23838.86	30497.80
主要工业产品产量						
发电量	亿千瓦小时	1661.61	1886.15	1861.43	2193.27	2496.19
原煤	万吨	13.46	12.33	13.10	13.20	15.05
生铁	万吨	232.89	237.78	473.65	535.96	915.60
水泥	万吨	9947.08	10545.51	10162.77	10796.49	11275.31
农用化肥	万吨	55.46	54.38	47.69	46.47	32.69
纱	万吨	115.83	146.46	168.16	195.62	214.87
电视机	万台	331.67	332.37	372.06	518.35	477.03
家用电冰箱	万台	411.52	569.85	724.21	761.81	889.72
家用洗衣机	万台	1320.48	1429.16	1591.78	1572.51	1765.02
农林牧渔业总产值	亿元	1422.60	1597.15	1780.01	1873.40	2172.86
农业产值	亿元	684.00	735.92	813.10	879.05	1041.30
林业产值	亿元	86.04	95.47	106.95	117.64	119.35
牧业产值	亿元	279.01	367.60	418.86	404.88	448.42
渔业产值	亿元	347.53	369.90	407.82	435.48	522.18
农林牧渔服务业产值	亿元	26.03	28.27	33.28	36.35	41.61

续表

指　　标	单位	2006 年	2007 年	2008 年	2009 年	2010 年
主要农产品产量						
粮食	万吨	785.50	745.07	775.55	789.15	770.67
谷物	万吨	740.55	678.50	706.04	716.13	698.98
棉花	万吨	2.38	2.54	2.82	2.81	2.94
油料	万吨	35.61	32.95	41.27	43.24	39.47
茶叶	万吨	15.24	16.02	16.23	16.74	16.27
蚕茧	万吨	9.64	9.63	8.22	6.83	6.39
柑橘	万吨	180.51	198.56	238.36	197.54	190.78
猪、牛、羊肉	万吨	108.91	114.50	129.70	130.95	134.90
生猪年末存栏头数	万头	1003.00	1039.10	1161.85	1225.80	1248.40
水产品	万吨	418.01	415.13	398.59	429.60	477.95
建筑业总产值	亿元	5701.00	7036.80	8268.60	9746.21	12210.90
国有	亿元	138.70	159.40	155.60	156.80	125.90
集体	亿元	116.60	99.10	108.50	128.51	128.51
其他	亿元	5445.70	6778.30	8004.50	9474.70	11956.22
旅客周转量	亿人公里	929.15	1026.50	1118.62	1152.38	1250.74
铁路	亿人公里	241.05	258.52	289.76	291.30	362.67
公路	亿人公里	681.39	761.07	821.57	853.63	882.04
水运	亿人公里	6.71	6.91	7.29	7.45	6.03
货运周转量	亿吨公里	4363.71	4962.38	5476.25	5659.78	7117.04
铁路	亿吨公里	300.74	336.06	339.74	323.30	342.08
公路	亿吨公里	431.07	493.64	1114.50	1188.70	1298.71
水运	亿吨公里	3631.90	4132.68	4022.01	4147.78	5476.24
全社会固定资产投资	亿元	7593.66	8420.43	9323.00	10742.32	12376.04
城镇以上投资	亿元	5432.71	5996.93	6551.10	7454.33	8438.08
农村投资	亿元	2160.95	2423.50	2771.90	3288.00	3937.96
房地产开发	亿元	1574.28	1821.67	2023.12	2254.27	3025.43
按构成分						
建筑安装工程	亿元	4338.96	4644.26	5332.22	6190.23	7127.41
设备、工具、器具购置	亿元	1785.46	1982.14	2122.52	2396.73	2552.90
其他费用	亿元	1469.24	1794.03	1868.26	2155.36	2695.73
在投资总额中						
住宅	亿元	1458.63	1685.07	1883.63	2154.25	2785.53
财政总收入	亿元	2567.66	3239.89	3730.06	4122.04	4895.41
地方财政收入	亿元	1298.20	1649.50	1933.39	2142.51	2608.47

续表

指　　标	单位	2006 年	2007 年	2008 年	2009 年	2010 年
财政支出	亿元	1471.86	1806.79	2208.58	2653.35	3207.88
城乡居民储蓄存款年末余额	亿元	10473.47	11160.73	14501.49	17833.44	20612.16
社会消费品零售总额	亿元	5357.97	6271.32	7533.30	8622.26	10163.20
市	亿元	3540.56	4155.19	5021.44	5770.67	8931.67
县	亿元	522.60	610.31	735.99	839.12	
县以下	亿元	1294.80	1505.83	1775.86	2012.47	1231.53
海关出口总值	亿美元	1008.94	1282.72	1542.67	1330.10	1804.65
海关进口总值	亿美元	382.53	485.83	568.42	547.25	730.68
商品零售价格指数	%	100.70	103.80	106.30	98.80	103.90
居民消费价格指数	%	101.10	104.20	105.00	98.50	103.80
城市	%	101.10	103.90	104.80	98.70	104.00
农村	%	101.00	104.40	105.30	98.20	103.70
城镇居民人均可支配收入	元	18265.00	20574.00	22727.00	24611.00	27359.00
农村居民人均纯收入	元	7335.00	8265.00	9258.00	10007.00	11303.00
高等学校在校学生	万人	74.70	80.94	86.80	90.99	93.29
中等职业学校在校学生	万人	11.36	63.13	59.36	59.02	60.64
普通中学在校学生	万人	262.32	266.55	269.80	262.27	255.15
小学在校学生	万人	339.43	335.46	332.28	325.14	333.33
报纸出版数量	万份	280261.00	291048.00	298677.00	314033.00	325048.00
杂志出版数量	万份	8009.00	8082.00	7407.00	7596.00	7201.00
图书出版数量	万册	27026.00	25656.00	29564.00	31221.00	28179.00
卫生机构数	个	14230.00	15870.00	15291.00	15618.00	16298.00
医院	家	606.00	636.00	635.00	652.00	687.00
卫生技术人员	万人	21.46	23.05	24.29	26.00	28.22
医生	万人	9.45	10.04	10.19	10.79	11.45
床位数	万张	14.86	15.56	16.12	17.02	18.41
医院	万张	11.67	12.34	12.98	13.75	15.10

注:1. 在岗职工合计,2008 年以前为职工数。

2. 2006 年前的水产品产量为省海洋与渔业局年报数,2006 年至 2009 年水产品产量数据为国家核定数(不含远洋)。

3. 农林牧渔业总产值从 2003 年起包括服务业产值。工业与投资 2004 年为经济普查数。

4. 2006 年及以后年份农林牧渔总产值已与农普数据衔接。

5. 由于统计口径的变化,“人均生产总值”2005 年调整为 27062 元,2006 年为 31241 元,2007 年为 36676 元,2008 年为 41405 元,2009 年为 43842 元。“农村投资”2009 年为 3288.00 亿元,“财政总收入”2009 年为 4122.04 亿元。

全国金融机构人民币存贷款情况表

单位：亿元

项　　目	2010 年
各项存款	718237.93
企业定活期存款	244495.62
财政存款	25454.97
机关团体存款	66174.72
储蓄存款	303302.49
农业存款	17243.66
委托存款	6465.35
其他存款	55101.12
各项贷款	479195.55
境内贷款	478976.47
短期贷款	166233.38
中长期贷款	288930.43
融资租赁	2700.99
委托贷款	6162.58
票据融资	14814.52
各项垫款	134.55
境外贷款	219.08

浙江省历年主要金融统计指标
（1949—2010 年）

单位：亿元

年　份	存　款	其　中		贷　款	其　中	
		企业存款	储蓄存款		短期贷款	中长期贷款
1949	0.05	0.01		0.01	0.01	
1950	0.31	0.12	0.02	0.02	0.02	
1951	0.98	0.33	0.20	0.26	0.26	
1952	1.75	0.50	0.37	0.87	0.87	
1953	1.81	0.51	0.44	1.59	1.59	
1954	2.42	0.58	0.52	2.85	2.85	
1955	2.77	0.51	0.72	5.86	5.86	
1956	3.08	0.92	0.82	6.81	6.81	
1957	4.35	0.89	1.08	7.32	7.32	
1958	7.20	1.40	1.23	13.72	13.72	
1959	7.43	1.11	1.67	21.37	21.37	
1960	6.88	1.27	1.73	23.76	23.76	
1961	8.96	2.11	1.91	19.89	19.89	
1962	9.92	2.92	1.33	17.49	17.49	
1963	9.44	3.12	1.60	14.06	14.06	
1964	11.16	3.61	2.08	14.50	14.50	
1965	12.67	4.05	2.40	16.27	16.27	
1966	13.51	3.87	2.70	20.09	20.09	
1967	13.56	4.39	2.74	20.70	20.70	
1968	14.66	5.13	2.85	24.94	24.94	
1969	14.78	5.01	2.69	26.90	26.90	
1970	16.18	5.50	2.80	30.27	30.27	
1971	17.70	5.76	3.27	32.98	32.98	
1972	19.12	5.81	3.85	33.38	33.38	
1973	21.81	6.65	4.50	34.66	34.66	
1974	23.04	7.22	5.12	36.49	36.49	
1975	25.40	8.39	5.52	38.56	38.56	
1976	26.67	9.64	5.58	39.83	39.83	
1977	31.44	11.46	6.32	42.45	42.45	
1978	35.79	11.34	7.73	48.90	48.90	
1979	44.92	13.83	11.79	54.91	54.91	
1980	60.74	19.56	16.94	73.30	70.95	2.35

续表

年份	存款	其中		贷款	其中	
		企业存款	储蓄存款		短期贷款	中长期贷款
1981	74.26	22.31	21.47	85.85	82.13	3.29
1982	88.20	25.19	28.52	97.88	93.41	3.97
1983	108.14	31.44	37.26	109.42	103.77	4.47
1984	143.17	45.39	49.58	161.39	148.71	7.14
1985	185.66	61.72	67.74	210.81	179.71	17.94
1986	252.57	80.89	98.07	295.71	245.46	25.04
1987	307.97	94.46	129.15	365.87	297.06	30.38
1988	354.26	121.58	144.06	433.41	351.74	43.52
1989	441.13	126.73	214.99	505.48	415.71	47.94
1990	606.01	153.68	306.74	618.14	510.25	57.90
1991	789.64	208.88	402.07	749.93	606.65	79.35
1992	1036.72	290.69	514.50	972.09	749.78	100.22
1993	1316.53	350.60	664.64	1247.76	939.55	132.33
1994	1910.98	717.92	990.26	1627.84	1208.98	217.57
1995	2623.60	972.55	1377.22	2103.65	1570.89	275.93
1996	3400.19	1269.65	1849.80	2584.09	1927.13	339.33
1997	4297.07	1587.63	2293.55	3273.73	2643.19	415.04
1998	5264.21	1948.93	2847.29	3897.12	3068.51	556.71
1999	6273.15	2411.82	3261.34	4650.50	3468.71	848.82
2000	7299.57	2889.08	3594.65	5423.52	3958.25	1076.66
2001	8823.12	3475.65	4262.38	6482.22	4184.40	1874.23
2002	11242.84	4314.47	5233.73	8612.81	5320.15	2522.02
2003	14758.15	5714.55	6452.21	12014.28	7036.28	4031.40
2004	17236.62	6558.11	7364.06	14350.75	8118.14	5205.22
2005	20494.16	7088.27	8746.02	16557.67	9283.91	6237.66
2006	24413.94	8376.87	10473.47	20153.94	11808.26	7420.18
2007	28504.46	10184.09	11160.73	24144.42	14600.36	8886.43
2008	34762.63	11121.40	14489.82	28921.78	17038.65	10595.50
2009	44271.61	16346.26	17822.19	37940.84	21352.79	15074.82
2010	53321.54	19447.50	20593.04	45166.57	25666.06	18423.87

注：1. 本表数据不含外资金融机构。
2. 本表数据均为人民币数据。
3. 1999 年全省剥离人民币不良贷款 47.19 亿元。
4. 2000 年全省剥离人民币不良贷款 262.03 亿元。
5. 2004 年全省剥离人民币不良贷款 56.99 亿元，央行专项票据置换不良贷款 30.00 亿元。
6. 2005 年全省剥离人民币不良贷款 1.17 亿元。
7. 2008 年全省剥离人民币不良贷款 54.47 亿元。

金融机构(含外资)浙江省信贷收支统计

单位:亿元

项　　目	2010 年初	2010 年末
一、各项存款	44332.96	53441.45
1. 企业存款	15594.15	19544.41
2. 财政存款	1031.40	1257.85
3. 机关团体存款	3577.16	4548.33
4. 储蓄存款	17834.00	20612.16
5. 农业存款	1327.09	1657.72
6. 信托类存款	244.73	355.20
7. 其他存款	4724.43	5465.78
二、金融债券	105.01	157.60
三、应付及暂收款	1071.89	915.82
四、同业往来(来源方)	636.06	392.82
五、行内资金往来(来源方)		
六、各项准备	516.67	615.69
七、所有者权益	1535.75	2138.55
八、其他	—4136.39	—5378.36
资金来源总计	**44061.95**	**52283.57**
一、各项贷款	37998.47	45288.07
(一) 境内贷款	37998.11	45287.67
1. 短期贷款	21257.26	25715.19
(1) 个人贷款及透支	4840.64	6591.34
其中:个人消费贷款	1579.75	2114.36
(2) 单位贷款及透支	15851.81	18257.58
其中:经营贷款	15488.32	17916.29
固定资产贷款	326.07	290.86
(3) 普通并购贷款		0.75
(4) 银团贷款	8.36	7.45

续表

项　　目	2010 年初	2010 年末
(5) 贸易融资	556.45	858.08
2. 中长期贷款	15225.09	18468.99
(1) 个人贷款	5449.68	6803.95
其中:个人消费贷款	4946.46	6135.03
(2) 单位贷款	9410.23	11046.94
其中:经营贷款	2224.15	2467.55
固定资产贷款	7165.02	8544.20
(3) 普通并购贷款	2.65	20.21
(4) 银团贷款	263.62	474.09
(5) 贸易融资	98.92	123.81
3. 融资租赁	210.00	298.14
4. 委托贷款	113.46	170.58
5. 票据融资	1153.08	607.25
6. 各项垫款	39.22	27.51
(二) 境外贷款	0.36	0.40
二、有价证券及投资	1652.38	1908.49
三、应收及预付款	664.85	450.88
四、同业往来(运用方)	25.23	74.61
五、行内资金往来(运用方)	2965.93	4245.72
六、金银占款		
七、外汇占款	−0.81	−561.45
八、固定资产	479.29	536.01
九、库存现金	269.97	335.91
十、投资性房地产	6.64	5.33
资金运用总计	**44061.95**	**52283.57**

注:1. 2010 年 1 月 1 日起,“企业存款”剔除“机关团体定期存款”和“部队定期存款”,“机关团体存款”归属中增加“机关团体定期存款”、“部队定期存款”和“部队活期存款”。

2. 2010 年 1 月 1 日起,按照全新的分类方式设置贷款指标。

3. 因 2010 年信贷收支表贷款项目调整较大,本卷年鉴不单列 2009 年数据,但为方便比较,增加 2010 年年初数据。

金融机构(不含外资)浙江省信贷收支统计

单位:亿元

项　　目	2010 年初	2010 年末
一、各项存款	44268.07	53321.54
1. 企业存款	15542.41	19447.50
2. 财政存款	1031.40	1257.85
3. 机关团体存款	3577.16	4548.33
4. 储蓄存款	17822.75	20593.04
5. 农业存款	1327.09	1657.72
6. 信托类存款	244.73	355.20
7. 其他存款	4722.53	5461.90
二、金融债券	105.01	157.60
三、应付及暂收款	1067.73	901.66
四、同业往来(来源方)	642.66	400.80
五、行内资金往来(来源方)		
六、各项准备	516.35	615.28
七、所有者权益	1527.12	2127.61
八、其他	−4128.45	−5363.25
资金来源总计	**43998.49**	**52161.24**
一、各项贷款	37941.33	45166.57
(一) 境内贷款	37941.33	45166.50
1. 短期贷款	21227.23	25666.06
(1) 个人贷款及透支	4840.52	6590.70
其中:个人消费贷款	1579.64	2113.72
(2) 单位贷款及透支	15821.90	18210.84
其中:经营贷款	15488.32	17916.29
固定资产贷款	326.07	290.86
(3) 普通并购贷款		0.75
(4) 银团贷款	8.36	7.45

续表

项　　目	2010 年初	2010 年末
(5) 贸易融资	556.45	856.32
2. 中长期贷款	15199.51	18423.87
(1) 个人贷款	5445.15	6794.02
其中:个人消费贷款	4941.94	6125.09
(2) 单位贷款	9389.17	11011.75
其中:经营贷款	2224.15	2467.55
固定资产贷款	7165.02	8544.20
(3) 普通并购贷款	2.65	20.21
(4) 银团贷款	263.62	474.09
(5) 贸易融资	98.92	123.81
3. 融资租赁	210.00	298.14
4. 委托贷款	113.46	170.58
5. 票据融资	1151.91	580.34
6. 各项垫款	39.22	27.51
(二) 境外贷款		0.06
二、有价证券及投资	1652.36	1908.49
三、应收及预付款	658.98	450.53
四、同业往来(运用方)	25.23	74.61
五、行内资金往来(运用方)	2965.93	4245.72
六、金银占款		
七、外汇占款	−0.81	−561.45
八、固定资产	478.98	535.74
九、库存现金	269.84	335.71
十、投资性房地产	6.64	5.32
资金运用总计	**43998.49**	**52161.24**

注:1. 2010 年 1 月 1 日起,“企业存款”剔除“机关团体定期存款”和“部队定期存款”,“机关团体存款”归属中增加“机关团体定期存款”、“部队定期存款”和“部队活期存款”。
2. 2010 年 1 月 1 日起,按照全新的分类方式设置贷款指标。
3. 因 2010 年信贷收支表贷款项目调整较大,本卷年鉴不单列 2009 年数据,但为方便比较,增加 2010 年年初数据。

浙江省金融机构分地区存款余额

单位：亿元

地　区	2006 年	2007 年	2008 年	2009 年	2010 年
杭　州	7708.53	9154.46	11108.43	13999.51	16741.42
宁　波	4573.47	5177.27	6268.94	8078.70	9528.88
温　州	2818.83	3376.18	4121.76	5191.24	6222.74
嘉　兴	1583.27	1796.09	2186.26	2853.30	3526.61
湖　州	706.26	801.29	1001.80	1383.82	1789.70
绍　兴	2267.17	2639.25	3232.19	4103.54	4910.85
金　华	1756.58	2059.69	2552.12	3193.44	3948.77
衢　州	429.99	489.46	574.52	750.89	949.15
台　州	1649.99	1921.27	2353.37	2915.26	3562.80
丽　水	468.46	527.72	632.33	881.12	1019.54
舟　山	451.49	561.72	730.83	920.79	1121.07
浙江省					53321.53

浙江省金融机构分地区贷款余额

单位：亿元

地　区	2006 年	2007 年	2008 年	2009 年	2010 年
杭　州	7124.30	8142.32	9747.89	12636.12	14396.78
宁　波	3727.48	4735.92	5701.87	7419.47	8985.24
温　州	2205.64	2721.18	3305.09	4393.71	5381.57
嘉　兴	1144.71	1351.52	1603.85	2170.58	2615.92
湖　州	548.76	655.91	775.83	1122.07	1419.97
绍　兴	1700.83	2029.63	2419.89	3186.38	3820.13
金　华	1344.49	1630.87	1894.64	2477.77	3046.15
衢　州	355.97	406.32	473.69	616.78	770.41
台　州	1294.67	1577.05	1893.08	2422.92	2940.51
丽　水	333.77	409.42	470.53	666.02	809.11
舟　山	373.25	484.37	635.43	828.96	980.77
浙江省					45166.56

注：本页各表数据不含外资金融机构。

浙江省城乡储蓄存款余额

单位:亿元

年　份	总　计	其中:定期	城镇储蓄	其中:定期	农户储蓄	其中:定期
2006	10473.47	6458.98	7985.90	4879.98	2487.57	1579.00
2007	11160.73	6599.72	8452.71	4917.94	2708.02	1681.77
2008	14489.82	9047.67	10991.73	6801.74	3498.09	2245.93
2009	17822.19	10896.41	13632.41	8264.36	4189.78	2632.05
2010	20593.04	12236.99	15630.15	9010.29	4962.89	3226.70

浙江省分地区城乡储蓄存款余额
(2010 年)

单位:亿元

地　区	总　计	其中:定期	城镇储蓄	其中:定期	农户储蓄	其中:定期
浙　江	20593.04	12236.99	15630.15	9010.29	4962.89	3226.70
杭　州	4918.65	3138.69	3862.03	2391.80	1055.62	746.89
宁　波	3277.36	2073.3	2543.89	1542.20	733.47	531.10
温　州	2916.12	1369.69	2366.77	1146.28	549.35	223.41
嘉　兴	1621.29	1097.34	1133.07	722.44	488.22	374.90
湖　州	818.37	465.01	555.79	312.75	262.58	152.26
绍　兴	1935.53	1345.83	1342.34	885.27	593.19	460.56
金　华	2011.95	987.42	1544.43	718.48	467.52	268.94
衢　州	429.85	276.51	276.87	164.84	152.98	111.67
台　州	1725.08	903.05	1308.12	698.62	416.96	204.43
丽　水	533.75	304.67	406.75	237.27	127.00	67.40
舟　山	405.09	275.48	289.09	190.33	116.00	85.15

政策性银行浙江省信贷收支统计

单位：亿元

项　目	2010 年初	2010 年末	项　目	2010 年初	2010 年末
一、各项存款	225.53	231.95	一、各项贷款	1718.19	2120.77
1. 企业存款	191.89	195.46	(一) 境内贷款	1718.19	2120.77
2. 机关团体存款	2.84	5.25	1. 短期贷款	416.04	439.31
3. 储蓄存款			(1) 个人贷款及透支		
4. 农业存款			其中：个人消费贷款		
5. 其他存款	30.80	31.24	(2) 单位普通贷款及透支	356.00	384.27
二、代理财政性存款	16.44	18.14	其中：经营性贷款	238.75	282.66
三、金融债券			固定资产贷款	117.25	101.61
四、应付及暂收款	3.86	4.38	(3) 普通并购贷款		
五、卖出回购资产			(4) 银团贷款	0.67	
六、向中央银行借款			(5) 贸易融资	59.37	55.04
七、同业往来	77.85	25.92	2. 中长期贷款	1301.56	1680.86
其中：同业拆借			(1) 个人贷款		
八、行内资金往来	1585.22	1839.02	其中：个人消费贷款		
九、委托存款及委托投资基金(净)			(2) 单位普通贷款	1160.72	1457.27
1. 委托存款及委托投资基金			其中：经营贷款	69.82	120.82
2. 减：委托贷款及委托投资			固定资产贷款	1090.90	1336.45
十、代理金融机构委托贷款基金	0.02	0.02	(3) 普通并购贷款	2.52	4.75
十一、各项准备			(4) 银团贷款	40.69	97.53
十二、所有者权益	32.32	43.21	(5) 贸易融资	97.63	121.31

续表

项　　目	2010 年初	2010 年末	项　　目	2010 年初	2010 年末
十三、其他	−0.16	−6.29	3. 票据融资	0.27	0.60
			4. 各项垫款	0.32	
			（二）境外贷款		
			二、有价证券及投资		
			三、应收及预付款	6.20	11.35
			四、买入返售资产		
			五、存放中央准备金存款	19.66	22.42
			六、存放中央银行特种存款		
			七、缴存中央银行财政性存款		
			八、同业往来	196.86	1.60
			其中：拆放同业		
			九、行内资金往来		
			十、代理金融机构贷款	0.02	0.02
			其中：代理人行专项贷款		
			十一、库存现金	0.03	0.03
			十二、外汇占款	0.12	0.16
			十三、投资性房地产		
资金来源总计	**1941.08**	**2156.35**	**资金运用总计**	**1941.08**	**2156.35**

注：1. 2010 年 1 月 1 日起，“企业存款”剔除“机关团体定期存款”和“部队定期存款”，“机关团体存款”归属中增加“机关团体定期存款”、“部队定期存款”和“部队活期存款”。

2. 2010 年 1 月 1 日起，按照全新的分类方式设置贷款指标。

3. 因 2010 年信贷收支表贷款项目调整较大，本卷年鉴不单列 2009 年数据，但为方便比较，增加 2010 年年初数据。

国有商业银行浙江省信贷收支统计

单位:亿元

项　　目	2010年初	2010年末	项　　目	2010年初	2010年末
一、各项存款	20907.60	24463.25	一、各项贷款	17940.00	20754.88
1. 企业存款	6704.59	8115.97	(一) 境内贷款	17940.00	20754.88
2. 机关团体存款	2928.12	3612.64	1. 短期贷款	7761.85	9433.88
3. 储蓄存款	9572.33	10565.27	(1) 个人贷款及透支	1363.09	1894.07
4. 农业存款	5.23	5.32	其中:个人消费贷款	882.78	1194.84
5. 其他存款	1697.33	2164.05	(2) 单位普通贷款及透支	5964.38	6821.14
二、代理财政性存款	101.04	180.18	其中:经营性贷款	5873.04	6783.63
三、金融债券			固定资产贷款	87.19	34.55
四、应付及暂收款	699.45	400.69	(3) 普通并购贷款		
五、卖出回购资产			(4) 银团贷款	2.65	0.75
六、向中央银行借款			(5) 贸易融资	431.73	717.92
七、同业往来	969.66	658.56	2. 中长期贷款	9647.78	11114.75
其中:同业拆借			(1) 个人贷款	3978.75	4706.30
八、行内资金往来			其中:个人消费贷款	3657.52	4372.07
九、委托存款及委托投资基金(净)	0.51	0.71	(2) 单位普通贷款	5563.26	6190.28
1. 委托存款及委托投资基金	1108.44	1540.90	其中:经营贷款	974.41	1031.81
2. 减:委托贷款及委托投资	1107.93	1540.19	固定资产贷款	4588.85	5158.47
十、代理金融机构委托贷款基金	4.27	4.87	(3) 普通并购贷款	0.13	12.49
十一、各项准备	146.19	172.01	(4) 银团贷款	105.57	205.64
十二、所有者权益	300.23	405.25	(5) 贸易融资	0.07	0.04

续表

项　　目	2010 年初	2010 年末	项　　目	2010 年初	2010 年末
十三、其他	−146.84	−188.62	3. 票据融资	512.31	195.93
			4. 各项垫款	18.06	10.32
			(二) 境外贷款		
			二、有价证券及投资	71.99	56.22
			三、应收及预付款	432.87	94.03
			四、买入返售资产	7.47	85.88
			五、存放中央准备金存款	143.52	116.18
			六、存放中央银行特种存款		
			七、缴存中央银行财政性存款	142.24	210.29
			八、同业往来	216.73	451.41
			其中:拆放同业	15.34	90.11
			九、行内资金往来	3890.02	4200.45
			十、代理金融机构贷款	4.26	4.86
			其中:代理人行专项贷款		
			十一、库存现金	120.05	154.91
			十二、外汇占款	12.96	−32.21
			十三、投资性房地产		
资金来源总计	**22982.11**	**26096.90**	**资金运用总计**	**22982.11**	**26096.90**

注:1. 2010 年 1 月 1 日起,"企业存款"剔除"机关团体定期存款"和"部队定期存款","机关团体存款"归属中增加"机关团体定期存款"、"部队定期存款"和"部队活期存款"。

2. 2010 年 1 月 1 日起,按照全新的分类方式设置贷款指标。

3. 因 2010 年信贷收支表贷款项目调整较大,本卷年鉴不单列 2009 年数据,但为方便比较,增加 2010 年年初数据。

股份制商业银行浙江省信贷收支统计

单位:亿元

项目	2010年初	2010年末	项目	2010年初	2010年末
一、各项存款	10230.55	12498.59	一、各项贷款	9886.35	11649.42
1. 企业存款	5549.01	7073.03	(一) 境内贷款	9886.35	11649.42
2. 机关团体存款	476.22	637.35	1. 短期贷款	6437.49	7553.97
3. 储蓄存款	1797.08	2244.59	(1) 个人贷款及透支	793.11	1237.79
4. 农业存款	3.46	3.37	其中:个人消费贷款	242.74	280.45
5. 其他存款	2404.78	2540.25	(2) 单位普通贷款及透支	5578.29	6233.31
二、代理财政性存款	1.29	0.77	其中:经营性贷款	5527.97	6157.37
三、金融债券			固定资产贷款	49.27	75.29
四、应付及暂收款	137.61	192.97	(3) 普通并购贷款		0.75
五、卖出回购资产	123.18	183.89	(4) 银团贷款	1.32	1.69
六、向中央银行借款		0.30	(5) 贸易融资	64.77	80.43
七、同业往来	949.97	1029.84	2. 中长期贷款	3035.45	3889.18
其中:同业拆借			(1) 个人贷款	1045.87	1356.47
八、行内资金往来			其中:个人消费贷款	952.14	1205.14
九、委托存款及委托投资基金(净)	130.44	183.49	(2) 单位普通贷款	1890.25	2388.21
1. 委托存款及委托投资基金	427.43	488.41	其中:经营贷款	864.21	974.28
2. 减:委托贷款及委托投资	296.99	304.92	固定资产贷款	1026.04	1413.93
十、代理金融机构委托贷款基金	8.93	8.93	(3) 普通并购贷款		2.97
十一、各项准备	126.44	153.90	(4) 银团贷款	98.11	139.08
十二、所有者权益	165.28	258.97	(5) 贸易融资	1.22	2.45

续表

项目	2010 年初	2010 年末	项目	2010 年初	2010 年末
十三、其他	33.06	−56.86	3. 票据融资	396.12	194.92
			4. 各项垫款	17.29	11.35
			（二）境外贷款		
			二、有价证券及投资	25.75	36.34
			三、应收及预付款	66.11	112.24
			四、买入返售资产	553.37	808.94
			五、存放中央准备金存款	248.30	278.76
			六、存放中央银行特种存款		
			七、缴存中央银行财政性存款	1.32	1.61
			八、同业往来	225.16	222.44
			其中:拆放同业	3.17	31.05
			九、行内资金往来	861.33	1300.08
			十、代理金融机构贷款	8.93	8.93
			其中:代理人行专项贷款	8.93	8.93
			十一、库存现金	28.21	31.30
			十二、外汇占款	1.92	4.73
			十三、投资性房地产		
资金来源总计	**11906.75**	**14454.79**	**资金运用总计**	**11906.75**	**14454.79**

注:1. 2010 年 1 月 1 日起,“企业存款”剔除“机关团体定期存款”和“部队定期存款”,“机关团体存款”归属中增加“机关团体定期存款”、“部队定期存款”和“部队活期存款”。

2. 2010 年 1 月 1 日起,按照全新的分类方式设置贷款指标。

3. 因 2010 年信贷收支表贷款项目调整较大,本卷年鉴不单列 2009 年数据,但为方便比较,增加 2010 年年初数据。

中国人民银行浙江省信贷收支统计

单位:亿元

项目	2010年初	2010年末	项目	2010年初	2010年末
财政存款	882.37	1046.27	金融机构贷款	30.93	34.74
中央财政存款			中资大型银行贷款		0.13
地方财政存款	882.37	1046.27	中资中小型银行贷款	6.74	9.02
金融机构存款	2800.35	3321.53	城市信用社贷款		
中资大型银行存款	182.45	165.78	农村信用社贷款	15.11	16.51
中资中小型银行存款	2217.62	2740.37	财务公司贷款		
城市信用社存款	1.52	1.96	外资金融机构贷款		
农村信用社存款	379.23	383.97	其他金融机构贷款	9.08	9.08
财务公司存款	12.93	21.47	专项贷款		
外资金融机构存款	6.59	7.98	金银占款		
其他金融机构存款	0.01		外汇占款		
金融机构特种存款			有价证券及投资		
邮政储蓄转存款			买入返售证券		
商业银行划来财政性存款	163.27	274.34	存放金融机构		
卖出回购证券					
中央银行债券					
国家资本					
其他	—3815.06	—4607.40			
资金来源总计	**30.93**	**34.74**	**资金运用总计**	**30.93**	**34.74**

注:中资全国性大型银行是指本外币资产总量超过2万亿元的银行。中资全国性中小型银行是指本外币资产总量小于2万亿元且跨省经营的银行。中资区域性中小型银行是指本外币资产总量小于2万亿元且不跨省经营的银行。首次分组以2008年末各金融机构本外币资产总额作为参考标准。

中国工商银行浙江省信贷收支统计

单位:亿元

项　目	2010年初	2010年末	项　目	2010年初	2010年末
一、各项存款	6397.96	7336.21	一、各项贷款	5515.46	6297.99
1. 企业存款	1850.28	2149.13	(一) 境内贷款	5515.46	6297.99
2. 机关团体存款	1590.35	1853.07	1. 短期贷款	2232.39	2557.72
3. 储蓄存款	2697.83	2988.82	(1) 个人贷款及透支	376.46	505.88
4. 农业存款	0.13	0.20	其中:个人消费贷款	207.73	261.44
5. 其他存款	259.37	344.99	(2) 单位普通贷款及透支	1558.92	1572.14
二、代理财政性存款	54.43	111.04	其中:经营性贷款	1530.49	1561.11
三、金融债券			固定资产贷款	28.43	11.03
四、应付及暂收款	138.36	178.31	(3) 普通并购贷款		
五、卖出回购资产			(4) 银团贷款		
六、向中央银行借款			(5) 贸易融资	297.01	479.70
七、同业往来	285.41	241.59	2. 中长期贷款	3205.36	3705.64
其中:同业拆借			(1) 个人贷款	1163.33	1364.81
八、行内资金往来			其中:个人消费贷款	1067.64	1248.05
九、委托存款及委托投资基金(净)	0.18	0.46	(2) 单位普通贷款	1964.10	2196.47
1. 委托存款及委托投资基金	245.68	316.89	其中:经营贷款	296.29	394.82
2. 减:委托贷款及委托投资	245.50	316.44	固定资产贷款	1667.81	1801.65
十、代理金融机构委托贷款基金			(3) 普通并购贷款		3.18
十一、各项准备	29.94	28.82	(4) 银团贷款	77.93	141.18
十二、所有者权益	138.10	159.66	(5) 贸易融资		

续表

项目	2010年初	2010年末	项目	2010年初	2010年末
十三、其他	-28.33	-30.76	3. 票据融资	75.36	33.46
			4. 各项垫款	2.35	1.17
			(二) 境外贷款		
			二、有价证券及投资	25.22	20.33
			三、应收及预付款	4.30	23.78
			四、买入返售资产		58.39
			五、存放中央准备金存款	26.17	21.59
			六、存放中央银行特种存款		
			七、缴存中央银行财政性存款	63.82	118.58
			八、同业往来		31.00
			其中:拆放同业		29.98
			九、行内资金往来	1352.96	1455.24
			十、代理金融机构贷款		
			其中:代理人行专项贷款		
			十一、库存现金	28.12	38.85
			十二、外汇占款		-40.42
			十三、投资性房地产		
资金来源总计	**7016.05**	**8025.33**	**资金运用总计**	**7016.05**	**8025.33**

注:1. 2010年1月1日起,“企业存款”剔除“机关团体定期存款”和“部队定期存款”,“机关团体存款”归属中增加“机关团体定期存款”、“部队定期存款”和“部队活期存款”。

2. 2010年1月1日起,按照全新的分类方式设置贷款指标。

3. 因2010年信贷收支表贷款项目调整较大,本卷年鉴不单列2009年数据,但为方便比较,增加2010年年初数据。

中国农业银行浙江省信贷收支统计

单位:亿元

项目	2010年初	2010年末	项目	2010年初	2010年末
一、各项存款	5741.83	7003.90	一、各项贷款	4629.21	5390.50
1. 企业存款	2076.61	2627.09	(一)境内贷款	4629.21	5390.50
2. 机关团体存款	194.48	269.75	1. 短期贷款	2441.54	2973.01
3. 储蓄存款	3203.15	3759.30	(1)个人贷款及透支	561.74	836.82
4. 农业存款			其中:个人消费贷款	402.09	601.41
5. 其他存款	267.59	347.76	(2)单位普通贷款及透支	1845.11	2100.72
二、代理财政性存款	33.44	46.97	其中:经营性贷款	1805.48	2083.03
三、金融债券			固定资产贷款	39.56	17.66
四、应付及暂收款	437.98	73.99	(3)普通并购贷款		
五、卖出回购资产			(4)银团贷款	0.67	
六、向中央银行借款			(5)贸易融资	34.02	35.47
七、同业往来	296.27	170.89	2. 中长期贷款	1961.31	2349.54
其中:同业拆借			(1)个人贷款	679.44	864.32
八、行内资金往来			其中:个人消费贷款	626.46	804.72
九、委托存款及委托投资基金(净)	0.21	0.15	(2)单位普通贷款	1268.24	1454.45
1. 委托存款及委托投资基金	297.44	376.85	其中:经营贷款	209.66	143.51
2. 减:委托贷款及委托投资	297.23	376.70	固定资产贷款	1058.58	1310.94
十、代理金融机构委托贷款基金	4.27	4.87	(3)普通并购贷款		3.30
十一、各项准备	62.83	83.31	(4)银团贷款	13.63	27.47
十二、所有者权益	106.42	164.61	(5)贸易融资		

续表

项目	2010年初	2010年末	项目	2010年初	2010年末
十三、其他	−85.88	−97.70	3. 票据融资	222.25	65.14
			4. 各项垫款	4.11	2.81
			（二）境外贷款		
			二、有价证券及投资	18.39	13.28
			三、应收及预付款	382.89	12.70
			四、买入返售资产	7.47	
			五、存放中央准备金存款	41.82	23.20
			六、存放中央银行特种存款		
			七、缴存中央银行财政性存款	70.13	59.34
			八、同业往来	20.17	52.24
			其中：拆放同业		2.00
			九、行内资金往来	1376.49	1825.93
			十、代理金融机构贷款	4.26	4.86
			其中：代理人行专项贷款		
			十一、库存现金	43.00	54.99
			十二、外汇占款	3.54	13.95
			十三、投资性房地产		
资金来源总计	**6597.37**	**7450.99**	**资金运用总计**	**6597.37**	**7450.99**

注：1. 2010年1月1日起，“企业存款”剔除“机关团体定期存款”和“部队定期存款”，“机关团体存款”归属中增加“机关团体定期存款”、“部队定期存款”和“部队活期存款”。

2. 2010年1月1日起，按照全新的分类方式设置贷款指标。

3. 因2010年信贷收支表贷款项目调整较大，本卷年鉴不单列2009年数据，但为方便比较，增加2010年年初数据。

中国银行浙江省信贷收支统计

单位：亿元

项　目	2010年初	2010年末	项　目	2010年初	2010年末
一、各项存款	3603.49	4170.78	一、各项贷款	3408.39	3949.63
1. 企业存款	1280.81	1494.40	(一) 境内贷款	3408.39	3949.63
2. 机关团体存款	83.03	210.78	1. 短期贷款	1421.94	1754.23
3. 储蓄存款	1554.50	1567.62	(1) 个人贷款及透支	208.61	251.76
4. 农业存款	1.71	1.79	其中：个人消费贷款	169.37	215.96
5. 其他存款	683.44	896.19	(2) 单位普通贷款及透支	1137.05	1368.47
二、代理财政性存款	0.78	0.76	其中：经营性贷款	1126.70	1366.11
三、金融债券			固定资产贷款	8.83	0.29
四、应付及暂收款	65.22	79.44	(3) 普通并购贷款		
五、卖出回购资产			(4) 银团贷款	1.98	0.75
六、向中央银行借款			(5) 贸易融资	74.30	133.25
七、同业往来	127.55	167.67	2. 中长期贷款	1869.76	2156.71
其中：同业拆借			(1) 个人贷款	995.99	1146.09
八、行内资金往来			其中：个人消费贷款	953.01	1100.54
九、委托存款及委托投资基金(净)			(2) 单位普通贷款	859.62	967.62
1. 委托存款及委托投资基金	175.77	382.58	其中：经营贷款	65.51	28.28
2. 减：委托贷款及委托投资	175.77	382.58	固定资产贷款	794.11	939.34
十、代理金融机构委托贷款基金			(3) 普通并购贷款	0.13	6.01
十一、各项准备	51.89	57.01	(4) 银团贷款	14.02	36.99
十二、所有者权益	54.00	80.11	(5) 贸易融资		

续表

项目	2010年初	2010年末	项目	2010年初	2010年末
十三、其他	−24.52	−22.43	3. 票据融资	112.24	35.71
			4. 各项垫款	4.45	2.98
			（二）境外贷款		
			二、有价证券及投资	12.79	11.27
			三、应收及预付款	21.15	23.18
			四、买入返售资产		
			五、存放中央准备金存款	39.60	40.85
			六、存放中央银行特种存款		
			七、缴存中央银行财政性存款	2.02	7.78
			八、同业往来	166.41	345.84
			其中：拆放同业	15.34	58.13
			九、行内资金往来	193.89	130.92
			十、代理金融机构贷款		
			其中：代理人行专项贷款		
			十一、库存现金	24.74	29.62
			十二、外汇占款	9.42	−5.75
			十三、投资性房地产		
资金来源总计	**3878.41**	**4533.34**	**资金运用总计**	**3878.41**	**4533.34**

注：1. 2010年1月1日起，“企业存款”剔除“机关团体定期存款”和“部队定期存款”，“机关团体存款”归属中增加“机关团体定期存款”、“部队定期存款”和“部队活期存款”。

2. 2010年1月1日起，按照全新的分类方式设置贷款指标。

3. 因2010年信贷收支表贷款项目调整较大，本卷年鉴不单列2009年数据，但为方便比较，增加2010年年初数据。

中国建设银行浙江省信贷收支统计

单位：亿元

项目	2010年初	2010年末	项目	2010年初	2010年末
一、各项存款	5164.33	5952.37	一、各项贷款	4386.95	5116.77
1. 企业存款	1496.90	1845.35	(一) 境内贷款	4386.95	5116.77
2. 机关团体存款	1060.25	1279.04	1. 短期贷款	1665.98	2148.92
3. 储蓄存款	2116.84	2249.52	(1) 个人贷款及透支	216.27	299.61
4. 农业存款	3.39	3.33	其中：个人消费贷款	103.58	116.03
5. 其他存款	486.95	575.13	(2) 单位普通贷款及透支	1423.30	1779.80
二、代理财政性存款	12.39	21.41	其中：经营性贷款	1410.37	1773.38
三、金融债券			固定资产贷款	10.37	5.58
四、应付及暂收款	57.89	68.95	(3) 普通并购贷款		
五、卖出回购资产			(4) 银团贷款		
六、向中央银行借款			(5) 贸易融资	26.41	69.51
七、同业往来	260.42	78.42	2. 中长期贷款	2611.35	2902.86
其中：同业拆借			(1) 个人贷款	1139.99	1331.09
八、行内资金往来			其中：个人消费贷款	1010.41	1218.76
九、委托存款及委托投资基金(净)	0.12	0.10	(2) 单位普通贷款	1471.29	1571.73
1. 委托存款及委托投资基金	389.55	464.57	其中：经营贷款	402.94	465.20
2. 减：委托贷款及委托投资	389.43	464.47	固定资产贷款	1068.35	1106.53
十、代理金融机构委托贷款基金			(3) 普通并购贷款		
十一、各项准备	1.54	2.86	(4) 银团贷款		
十二、所有者权益	1.72	0.86	(5) 贸易融资	0.07	0.04

续表

项　目	2010年初	2010年末	项　目	2010年初	2010年末
十三、其他	-8.13	-37.73	3. 票据融资	102.47	61.62
			4. 各项垫款	7.15	3.37
			（二）境外贷款		
			二、有价证券及投资	15.59	11.35
			三、应收及预付款	24.53	34.37
			四、买入返售资产		27.49
			五、存放中央准备金存款	35.93	30.53
			六、存放中央银行特种存款		
			七、缴存中央银行财政性存款	6.27	24.58
			八、同业往来	30.15	22.33
			其中：拆放同业		
			九、行内资金往来	966.67	788.37
			十、代理金融机构贷款		
			其中：代理人行专项贷款		
			十一、库存现金	24.19	31.45
			十二、外汇占款		
			十三、投资性房地产		
资金来源总计	**5490.28**	**6087.24**	**资金运用总计**	**5490.28**	**6087.24**

注：1. 2010年1月1日起，"企业存款"剔除"机关团体定期存款"和"部队定期存款"，"机关团体存款"归属中增加"机关团体定期存款"、"部队定期存款"和"部队活期存款"。

2. 2010年1月1日起，按照全新的分类方式设置贷款指标。

3. 因2010年信贷收支表贷款项目调整较大，本卷年鉴不单列2009年数据，但为方便比较，增加2010年年初数据。

中国农业发展银行浙江省信贷收支统计

单位:亿元

项　　目	2010年初	2010年末	项　　目	2010年初	2010年末
一、各项存款	43.40	55.69	一、各项贷款	283.49	360.11
1. 企业存款	35.56	43.96	(一) 境内贷款	283.49	360.11
2. 机关团体存款	2.84	5.25	1. 短期贷款	168.31	189.17
3. 储蓄存款			(1) 个人贷款及透支		
4. 农业存款			其中:个人消费贷款		
5. 其他存款	5.00	6.48	(2) 单位普通贷款及透支	168.25	189.06
二、代理财政性存款	16.44	18.14	其中:经营性贷款	168.25	189.06
三、金融债券			固定资产贷款		
四、应付及暂收款	0.63	0.81	(3) 普通并购贷款		
五、卖出回购资产			(4) 银团贷款		
六、向中央银行借款			(5) 贸易融资	0.06	0.11
七、同业往来	40.30	25.76	2. 中长期贷款	114.85	170.41
其中:同业拆借			(1) 个人贷款		
八、行内资金往来	378.76	258.37	其中:个人消费贷款		
九、委托存款及委托投资基金(净)			(2) 单位普通贷款	113.21	164.91
1. 委托存款及委托投资基金			其中:经营贷款	0.05	0.09
2. 减:委托贷款及委托投资			固定资产贷款	113.16	164.82
十、代理金融机构委托贷款基金	0.02	0.02	(3) 普通并购贷款		
十一、各项准备			(4) 银团贷款	1.64	5.50
十二、所有者权益	5.04	6.15	(5) 贸易融资		

续表

项目	2010 年初	2010 年末	项目	2010 年初	2010 年末
十三、其他	−1.31	−0.37	3. 票据融资	0.02	0.53
			4. 各项垫款	0.31	
			（二）境外贷款		
			二、有价证券及投资		
			三、应收及预付款	0.04	0.03
			四、买入返售资产		
			五、存放中央准备金存款	3.10	3.81
			六、存放中央银行特种存款		
			七、缴存中央银行财政性存款		
			八、同业往来	196.60	0.56
			其中：拆放同业		
			九、行内资金往来		
			十、代理金融机构贷款	0.02	0.02
			其中：代理人行专项贷款		
			十一、库存现金	0.03	0.03
			十二、外汇占款		0.01
			十三、投资性房地产		
资金来源总计	**483.28**	**364.57**	**资金运用总计**	**483.28**	**364.57**

注：1. 2010 年 1 月 1 日起，“企业存款”剔除“机关团体定期存款”和“部队定期存款”，“机关团体存款”归属中增加“机关团体定期存款”、“部队定期存款”和“部队活期存款”。

2. 2010 年 1 月 1 日起，按照全新的分类方式设置贷款指标。

3. 因 2010 年信贷收支表贷款项目调整较大，本卷年鉴不单列 2009 年数据，但为方便比较，增加 2010 年年初数据。

国家开发银行浙江省信贷收支统计

单位:亿元

项目	2010年初	2010年末	项目	2010年初	2010年末
一、各项存款	162.46	162.78	一、各项贷款	1200.68	1478.63
1. 企业存款	140.73	141.84	(一)境内贷款	1200.68	1478.63
2. 机关团体存款			1. 短期贷款	163.16	176.31
3. 储蓄存款			(1)个人贷款及透支		
4. 农业存款			其中:个人消费贷款		
5. 其他存款	21.73	20.94	(2)单位普通贷款及透支	163.16	176.31
二、代理财政性存款			其中:经营性贷款	45.91	74.70
三、金融债券			固定资产贷款	117.25	101.61
四、应付及暂收款	2.09	1.87	(3)普通并购贷款		
五、卖出回购资产			(4)银团贷款		
六、向中央银行借款			(5)贸易融资		
七、同业往来	37.55	0.16	2. 中长期贷款	1037.27	1302.25
其中:同业拆借			(1)个人贷款		
八、行内资金往来	995.28	1310.11	其中:个人消费贷款		
九、委托存款及委托投资基金(净)			(2)单位普通贷款	996.52	1209.60
1. 委托存款及委托投资基金			其中:经营贷款	18.78	37.97
2. 减:委托贷款及委托投资			固定资产贷款	977.74	1171.64
十、代理金融机构委托贷款基金			(3)普通并购贷款	2.52	4.75
十一、各项准备			(4)银团贷款	38.23	87.90
十二、所有者权益	22.58	30.70	(5)贸易融资		

续表

项目	2010年初	2010年末	项目	2010年初	2010年末
十三、其他	1.43	1.51	3. 票据融资	0.25	0.07
			4. 各项垫款		
			(二) 境外贷款		
			二、有价证券及投资		
			三、应收及预付款	5.83	10.85
			四、买入返售资产		
			五、存放中央准备金存款	14.69	17.19
			六、存放中央银行特种存款		
			七、缴存中央银行财政性存款		
			八、同业往来	0.08	0.32
			其中:拆放同业		
			九、行内资金往来		
			十、代理金融机构贷款		
			其中:代理人行专项贷款		
			十一、库存现金		
			十二、外汇占款	0.11	0.14
			十三、投资性房地产		
资金来源总计	**1221.39**	**1507.13**	**资金运用总计**	**1221.39**	**1507.13**

注:1. 2010年1月1日起,“企业存款”剔除“机关团体定期存款”和“部队定期存款”,“机关团体存款”归属中增加“机关团体定期存款”、“部队定期存款”和“部队活期存款”。

2. 2010年1月1日起,按照全新的分类方式设置贷款指标。

3. 因2010年信贷收支表贷款项目调整较大,本卷年鉴不单列2009年数据,但为方便比较,增加2010年年初数据。

中国进出口银行浙江省信贷收支统计

单位:亿元

项　目	2010 年初	2010 年末	项　目	2010 年初	2010 年末
一、各项存款	19.67	13.48	一、各项贷款	234.01	282.03
1. 企业存款	15.60	9.66	(一) 境内贷款	234.01	282.03
2. 机关团体存款			1. 短期贷款	84.58	73.84
3. 储蓄存款			(1) 个人贷款及透支		
4. 农业存款			其中:个人消费贷款		
5. 其他存款	4.07	3.82	(2) 单位普通贷款及透支	24.59	18.90
二、代理财政性存款			其中:经营性贷款	24.59	18.90
三、金融债券			固定资产贷款		
四、应付及暂收款	1.15	1.70	(3) 普通并购贷款		
五、卖出回购资产			(4) 银团贷款	0.67	
六、向中央银行借款			(5) 贸易融资	59.32	54.94
七、同业往来			2. 中长期贷款	149.43	208.19
其中:同业拆借			(1) 个人贷款		
八、行内资金往来	211.17	270.55	其中:个人消费贷款		
九、委托存款及委托投资基金(净)			(2) 单位普通贷款	50.99	82.76
1. 委托存款及委托投资基金			其中:经营贷款	50.99	82.76
2. 减:委托贷款及委托投资			固定资产贷款		
十、代理金融机构委托贷款基金			(3) 普通并购贷款		
十一、各项准备			(4) 银团贷款	0.82	4.12
十二、所有者权益	4.70	6.36	(5) 贸易融资	97.62	121.31

续表

项目	2010年初	2010年末	项目	2010年初	2010年末
十三、其他	−0.28	−7.43	3. 票据融资		
			4. 各项垫款		
			(二) 境外贷款		
			二、有价证券及投资		
			三、应收及预付款	0.33	0.48
			四、买入返售资产		
			五、存放中央准备金存款	1.87	1.41
			六、存放中央银行特种存款		
			七、缴存中央银行财政性存款		
			八、同业往来	0.20	0.74
			其中:拆放同业		
			九、行内资金往来		
			十、代理金融机构贷款		
			其中:代理人行专项贷款		
			十一、库存现金		
			十二、外汇占款		
			十三、投资性房地产		
资金来源总计	**236.41**	**284.66**	**资金运用总计**	**236.41**	**284.66**

注:1. 2010年1月1日起,“企业存款”剔除“机关团体定期存款”和“部队定期存款”,“机关团体存款”归属中增加“机关团体定期存款”、“部队定期存款”和“部队活期存款”。

2. 2010年1月1日起,按照全新的分类方式设置贷款指标。

3. 因2010年信贷收支表贷款项目调整较大,本卷年鉴不单列2009年数据,但为方便比较,增加2010年年初数据。

浙商银行浙江省信贷收支统计

单位：亿元

项　　目	2010 年初	2010 年末	项　　目	2010 年初	2010 年末
一、各项存款	621.28	696.01	一、各项贷款	510.83	613.93
1. 企业存款	324.54	394.76	（一）境内贷款	510.83	613.93
2. 机关团体存款	92.47	124.84	1. 短期贷款	349.14	448.72
3. 储蓄存款	60.70	76.25	（1）个人贷款及透支	71.61	146.86
4. 农业存款	2.20	0.87	其中：个人消费贷款	3.50	4.21
5. 其他存款	141.37	99.29	（2）单位普通贷款及透支	277.37	301.81
二、代理财政性存款			其中：经营性贷款	274.39	294.83
三、金融债券			固定资产贷款	2.98	6.99
四、应付及暂收款	2.10	2.12	（3）普通并购贷款		
五、卖出回购资产			（4）银团贷款		
六、向中央银行借款			（5）贸易融资	0.16	0.05
七、同业往来	29.23	23.90	2. 中长期贷款	142.02	146.45
其中：同业拆借			（1）个人贷款	12.49	14.79
八、行内资金往来			其中：个人消费贷款	8.92	7.35
九、委托存款及委托投资基金（净）			（2）单位普通贷款	126.13	127.26
1. 委托存款及委托投资基金	5.04	4.06	其中：经营贷款	56.82	49.92
2. 减：委托贷款及委托投资	5.04	4.06	固定资产贷款	69.31	77.35
十、代理金融机构委托贷款基金			（3）普通并购贷款		
十一、各项准备			（4）银团贷款	3.40	4.40
十二、所有者权益	8.15	12.48	（5）贸易融资		

续表

项目	2010年初	2010年末	项目	2010年初	2010年末
十三、其他	9.10	7.71	3. 票据融资	19.49	18.69
			4. 各项垫款	0.18	0.07
			（二）境外贷款		
			二、有价证券及投资		18.30
			三、应收及预付款	1.60	6.52
			四、买入返售资产	38.79	17.64
			五、存放中央准备金存款	7.96	6.59
			六、存放中央银行特种存款		
			七、缴存中央银行财政性存款		
			八、同业往来	3.84	31.57
			其中：拆放同业		4.55
			九、行内资金往来	106.06	46.38
			十、代理金融机构贷款		
			其中：代理人行专项贷款		
			十一、库存现金	0.78	1.29
			十二、外汇占款		
			十三、投资性房地产		
资金来源总计	**669.86**	**742.22**	**资金运用总计**	**669.86**	**742.22**

注：1. 2010年1月1日起，“企业存款”剔除“机关团体定期存款”和“部队定期存款”，“机关团体存款”归属中增加“机关团体定期存款”、“部队定期存款”和“部队活期存款”。

2. 2010年1月1日起，按照全新的分类方式设置贷款指标。

3. 因2010年信贷收支表贷款项目调整较大，本卷年鉴不单列2009年数据，但为方便比较，增加2010年年初数据。

交通银行浙江省信贷收支统计

单位：亿元

项　目	2010年初	2010年末	项　目	2010年初	2010年末
一、各项存款	1759.74	2152.10	一、各项贷款	1502.21	1761.62
1. 企业存款	910.97	1138.58	(一) 境内贷款	1502.21	1761.62
2. 机关团体存款	46.97	62.36	1. 短期贷款	901.94	1050.21
3. 储蓄存款	397.91	480.21	(1) 个人贷款及透支	72.51	101.51
4. 农业存款	0.12	0.40	其中:个人消费贷款	10.44	12.55
5. 其他存款	403.77	470.55	(2) 单位普通贷款及透支	826.70	941.97
二、代理财政性存款	0.49	0.51	其中:经营性贷款	826.65	941.97
三、金融债券			固定资产贷款		
四、应付及暂收款	30.76	47.48	(3) 普通并购贷款		
五、卖出回购资产			(4) 银团贷款	0.32	1.27
六、向中央银行借款			(5) 贸易融资	2.41	5.46
七、同业往来	107.82	128.37	2. 中长期贷款	570.69	704.69
其中:同业拆借			(1) 个人贷款	199.17	243.32
八、行内资金往来			其中:个人消费贷款	175.70	209.53
九、委托存款及委托投资基金(净)	24.32	30.49	(2) 单位普通贷款	358.87	435.21
1. 委托存款及委托投资基金	56.49	72.58	其中:经营贷款	151.15	148.85
2. 减:委托贷款及委托投资	32.18	42.09	固定资产贷款	207.72	286.36
十、代理金融机构委托贷款基金			(3) 普通并购贷款		
十一、各项准备	10.02	13.77	(4) 银团贷款	12.65	26.16
十二、所有者权益	35.81	50.86	(5) 贸易融资		

续表

项目	2010年初	2010年末	项目	2010年初	2010年末
十三、其他	−11.46	0.85	3. 票据融资	26.29	4.92
			4. 各项垫款	3.29	1.80
			(二) 境外贷款		
			二、有价证券及投资		
			三、应收及预付款	19.38	33.88
			四、买入返售资产		
			五、存放中央准备金存款	20.27	28.02
			六、存放中央银行特种存款		
			七、缴存中央银行财政性存款	0.49	0.59
			八、同业往来	1.20	1.92
			其中:拆放同业		
			九、行内资金往来	405.45	589.97
			十、代理金融机构贷款		
			其中:代理人行专项贷款		
			十一、库存现金	8.50	8.39
			十二、外汇占款		0.04
			十三、投资性房地产		
资金来源总计	**1957.50**	**2424.43**	**资金运用总计**	**1957.50**	**2424.43**

注:1. 2010年1月1日起,"企业存款"剔除"机关团体定期存款"和"部队定期存款","机关团体存款"归属中增加"机关团体定期存款"、"部队定期存款"和"部队活期存款"。

2. 2010年1月1日起,按照全新的分类方式设置贷款指标。

3. 因2010年信贷收支表贷款项目调整较大,本卷年鉴不单列2009年数据,但为方便比较,增加2010年年初数据。

中信银行浙江省信贷收支统计

单位:亿元

项　　目	2010年初	2010年末	项　　目	2010年初	2010年末
一、各项存款	1336.88	1683.50	一、各项贷款	1147.31	1325.02
1. 企业存款	836.79	1111.11	(一)境内贷款	1147.31	1325.02
2. 机关团体存款	6.91	9.92	1. 短期贷款	798.06	951.68
3. 储蓄存款	261.03	331.92	(1) 个人贷款及透支	33.28	47.69
4. 农业存款			其中:个人消费贷款	15.79	9.86
5. 其他存款	232.15	230.55	(2) 单位普通贷款及透支	750.16	889.64
二、代理财政性存款			其中:经营性贷款	748.01	889.64
三、金融债券			固定资产贷款	2.00	
四、应付及暂收款	18.02	24.25	(3) 普通并购贷款		0.75
五、卖出回购资产			(4) 银团贷款		
六、向中央银行借款			(5) 贸易融资	14.62	13.60
七、同业往来	180.53	76.76	2. 中长期贷款	230.13	339.42
其中:同业拆借			(1) 个人贷款	85.14	120.84
八、行内资金往来			其中:个人消费贷款	83.60	118.45
九、委托存款及委托投资基金(净)	65.74	82.82	(2) 单位普通贷款	141.13	206.28
1. 委托存款及委托投资基金	122.40	140.98	其中:经营贷款	77.34	129.80
2. 减:委托贷款及委托投资	56.66	58.16	固定资产贷款	63.79	76.48
十、代理金融机构委托贷款基金			(3) 普通并购贷款		
十一、各项准备	11.86	14.98	(4) 银团贷款	3.86	12.30
十二、所有者权益	14.08	22.79	(5) 贸易融资		

续表

项目	2010年初	2010年末	项目	2010年初	2010年末
十三、其他	—1.67	23.42	3. 票据融资	118.32	33.25
			4. 各项垫款	0.80	0.67
			（二）境外贷款		
			二、有价证券及投资	7.46	7.28
			三、应收及预付款	3.21	13.13
			四、买入返售资产	2.89	34.43
			五、存放中央准备金存款	35.30	25.94
			六、存放中央银行特种存款		
			七、缴存中央银行财政性存款	0.48	0.32
			八、同业往来	2.13	111.34
			其中：拆放同业		19.56
			九、行内资金往来	421.30	402.99
			十、代理金融机构贷款		
			其中：代理人行专项贷款		
			十一、库存现金	3.81	3.62
			十二、外汇占款	1.55	4.45
			十三、投资性房地产		
资金来源总计	**1625.44**	**1928.52**	**资金运用总计**	**1625.44**	**1928.52**

注：1. 2010年1月1日起，“企业存款”剔除“机关团体定期存款”和“部队定期存款”，“机关团体存款”归属中增加“机关团体定期存款”、“部队定期存款”和“部队活期存款”。

2. 2010年1月1日起，按照全新的分类方式设置贷款指标。

3. 因2010年信贷收支表贷款项目调整较大，本卷年鉴不单列2009年数据，但为方便比较，增加2010年年初数据。

上海浦东发展银行浙江省信贷收支统计

单位：亿元

项　目	2010年初	2010年末	项　目	2010年初	2010年末
一、各项存款	1729.59	2062.90	一、各项贷款	1531.07	1805.29
1. 企业存款	842.55	1085.42	(一) 境内贷款	1531.07	1805.29
2. 机关团体存款	151.53	153.56	1. 短期贷款	1101.86	1282.36
3. 储蓄存款	283.80	349.00	(1) 个人贷款及透支	203.29	289.45
4. 农业存款			其中:个人消费贷款	55.59	88.41
5. 其他存款	451.71	474.92	(2) 单位普通贷款及透支	898.57	989.93
二、代理财政性存款	0.34		其中:经营性贷款	894.97	984.20
三、金融债券			固定资产贷款	3.60	5.73
四、应付及暂收款	26.32	20.17	(3) 普通并购贷款		
五、卖出回购资产			(4) 银团贷款		
六、向中央银行借款			(5) 贸易融资		2.98
七、同业往来	210.41	170.39	2. 中长期贷款	419.92	512.01
其中:同业拆借			(1) 个人贷款	118.26	139.34
八、行内资金往来			其中:个人消费贷款	102.92	118.27
九、委托存款及委托投资基金(净)	12.05	8.91	(2) 单位普通贷款	292.43	354.99
1. 委托存款及委托投资基金	101.97	110.78	其中:经营贷款	141.16	122.93
2. 减:委托贷款及委托投资	89.93	101.87	固定资产贷款	151.27	232.06
十、代理金融机构委托贷款基金	8.93	8.93	(3) 普通并购贷款		0.10
十一、各项准备	23.18	27.30	(4) 银团贷款	9.23	17.58
十二、所有者权益	31.57	46.84	(5) 贸易融资		

续表

项目	2010年初	2010年末	项目	2010年初	2010年末
十三、其他	23.89	11.96	3. 票据融资	8.50	10.25
			4. 各项垫款	0.79	0.67
			(二) 境外贷款		
			二、有价证券及投资	9.05	7.80
			三、应收及预付款	13.95	5.33
			四、买入返售资产		21.28
			五、存放中央准备金存款	56.54	54.02
			六、存放中央银行特种存款		
			七、缴存中央银行财政性存款	0.03	0.04
			八、同业往来	81.79	3.32
			其中:拆放同业		
			九、行内资金往来	359.83	445.86
			十、代理金融机构贷款	8.93	8.93
			其中:代理人行专项贷款	8.93	8.93
			十一、库存现金	5.08	5.52
			十二、外汇占款	0.01	0.01
			十三、投资性房地产		
资金来源总计	**2066.28**	**2357.40**	**资金运用总计**	**2066.28**	**2357.40**

注:1. 2010年1月1日起,“企业存款”剔除“机关团体定期存款”和“部队定期存款”,“机关团体存款”归属中增加“机关团体定期存款”、“部队定期存款”和“部队活期存款”。

2. 2010年1月1日起,按照全新的分类方式设置贷款指标。

3. 因2010年信贷收支表贷款项目调整较大,本卷年鉴不单列2009年数据,但为方便比较,增加2010年年初数据。

华夏银行浙江省信贷收支统计

单位:亿元

项　目	2010年初	2010年末	项　目	2010年初	2010年末
一、各项存款	615.24	805.15	一、各项贷款	584.96	691.02
1. 企业存款	355.14	523.49	(一)境内贷款	584.96	691.02
2. 机关团体存款	5.97	14.63	1. 短期贷款	392.07	442.68
3. 储蓄存款	94.17	133.54	(1) 个人贷款及透支	33.84	35.33
4. 农业存款			其中:个人消费贷款	26.28	22.76
5. 其他存款	159.96	133.49	(2) 单位普通贷款及透支	357.78	406.21
二、代理财政性存款	0.40	0.14	其中:经营性贷款	357.76	406.19
三、金融债券			固定资产贷款		
四、应付及暂收款	14.85	19.77	(3) 普通并购贷款		
五、卖出回购资产	92.66	38.78	(4) 银团贷款		
六、向中央银行借款			(5) 贸易融资	0.45	1.14
七、同业往来	36.37	114.32	2. 中长期贷款	192.15	247.91
其中:同业拆借			(1) 个人贷款	16.34	28.15
八、行内资金往来	143.07		其中:个人消费贷款	16.19	27.10
九、委托存款及委托投资基金(净)			(2) 单位普通贷款	174.53	219.76
1. 委托存款及委托投资基金	6.36	6.39	其中:经营贷款	109.11	144.94
2. 减:委托贷款及委托投资	6.36	6.39	固定资产贷款	65.42	74.82
十、代理金融机构委托贷款基金			(3) 普通并购贷款		
十一、各项准备	8.25	9.86	(4) 银团贷款	1.28	
十二、所有者权益	9.62	13.94	(5) 贸易融资		

续表

项　目	2010年初	2010年末	项　目	2010年初	2010年末
十三、其他	4.68	3.69	3. 票据融资	0.20	0.27
			4. 各项垫款	0.54	0.16
			(二) 境外贷款		
			二、有价证券及投资	1.14	0.77
			三、应收及预付款	10.83	14.60
			四、买入返售资产	314.53	232.40
			五、存放中央准备金存款	11.87	15.77
			六、存放中央银行特种存款		
			七、缴存中央银行财政性存款	0.06	0.05
			八、同业往来	0.67	3.00
			其中:拆放同业	0.17	0.16
			九、行内资金往来		46.53
			十、代理金融机构贷款		
			其中:代理人行专项贷款		
			十一、库存现金	1.08	1.51
			十二、外汇占款		
			十三、投资性房地产		
资金来源总计	**925.14**	**1005.65**	**资金运用总计**	**925.14**	**1005.65**

注:1. 2010年1月1日起,“企业存款”剔除“机关团体定期存款”和“部队定期存款”,“机关团体存款”归属中增加“机关团体定期存款”、“部队定期存款”和“部队活期存款”。

2. 2010年1月1日起,按照全新的分类方式设置贷款指标。

3. 因2010年信贷收支表贷款项目调整较大,本卷年鉴不单列2009年数据,但为方便比较,增加2010年年初数据。

招商银行浙江省信贷收支统计

单位:亿元

项目	2010年初	2010年末	项目	2010年初	2010年末
一、各项存款	870.77	997.55	一、各项贷款	1064.61	1211.74
1. 企业存款	451.94	558.27	(一)境内贷款	1064.61	1211.74
2. 机关团体存款	39.19	59.95	1. 短期贷款	622.76	705.71
3. 储蓄存款	202.55	220.74	(1)个人贷款及透支	92.44	128.72
4. 农业存款			其中:个人消费贷款	61.33	67.20
5. 其他存款	177.09	158.59	(2)单位普通贷款及透支	528.92	575.20
二、代理财政性存款	0.05		其中:经营性贷款	527.14	575.10
三、金融债券			固定资产贷款	1.78	0.10
四、应付及暂收款	13.15	15.25	(3)普通并购贷款		
五、卖出回购资产	19.02		(4)银团贷款	0.99	0.42
六、向中央银行借款			(5)贸易融资	0.41	1.37
七、同业往来	14.45	41.05	2. 中长期贷款	309.24	445.04
其中:同业拆借			(1)个人贷款	213.19	296.97
八、行内资金往来	267.58	226.12	其中:个人消费贷款	200.86	261.68
九、委托存款及委托投资基金(净)			(2)单位普通贷款	93.36	139.66
1. 委托存款及委托投资基金	25.71	20.17	其中:经营贷款	21.81	33.25
2. 减:委托贷款及委托投资	25.71	20.17	固定资产贷款	71.54	106.41
十、代理金融机构委托贷款基金			(3)普通并购贷款		0.47
十一、各项准备	18.79	22.05	(4)银团贷款	2.69	7.94
十二、所有者权益	13.14	19.16	(5)贸易融资		

续表

项目	2010年初	2010年末	项目	2010年初	2010年末
十三、其他	5.78	2.55	3. 票据融资	132.51	60.90
			4. 各项垫款	0.10	0.09
			(二) 境外贷款		
			二、有价证券及投资		
			三、应收及预付款	1.91	2.46
			四、买入返售资产	126.49	76.41
			五、存放中央准备金存款	25.73	22.94
			六、存放中央银行特种存款		
			七、缴存中央银行财政性存款	0.05	0.40
			八、同业往来	1.29	6.63
			其中:拆放同业		4.60
			九、行内资金往来		
			十、代理金融机构贷款		
			其中:代理人行专项贷款		
			十一、库存现金	2.65	3.15
			十二、外汇占款		
			十三、投资性房地产		
资金来源总计	**1222.73**	**1323.73**	**资金运用总计**	**1222.73**	**1323.73**

注:1. 2010年1月1日起,“企业存款”剔除“机关团体定期存款”和“部队定期存款”,“机关团体存款”归属中增加“机关团体定期存款”、“部队定期存款”和“部队活期存款”。

2. 2010年1月1日起,按照全新的分类方式设置贷款指标。

3. 因2010年信贷收支表贷款项目调整较大,本卷年鉴不单列2009年数据,但为方便比较,增加2010年年初数据。

广发银行浙江省信贷收支统计

单位:亿元

项目	2010年初	2010年末	项目	2010年初	2010年末
一、各项存款	538.61	630.96	一、各项贷款	441.63	511.51
1. 企业存款	277.91	328.63	(一)境内贷款	441.63	511.51
2. 机关团体存款	5.37	12.70	1. 短期贷款	346.84	375.16
3. 储蓄存款	104.25	120.23	(1)个人贷款及透支	32.09	39.40
4. 农业存款		0.02	其中:个人消费贷款	12.64	15.40
5. 其他存款	151.08	169.38	(2)单位普通贷款及透支	311.62	331.21
二、代理财政性存款	0.01	0.01	其中:经营性贷款	311.62	331.21
三、金融债券			固定资产贷款		
四、应付及暂收款	4.92	6.00	(3)普通并购贷款		
五、卖出回购资产			(4)银团贷款		
六、向中央银行借款		0.30	(5)贸易融资	3.13	4.55
七、同业往来	1.01	11.11	2. 中长期贷款	79.63	130.69
其中:同业拆借			(1)个人贷款	57.75	86.49
八、行内资金往来			其中:个人消费贷款	54.82	83.86
九、委托存款及委托投资基金(净)			(2)单位普通贷款	21.88	35.69
1. 委托存款及委托投资基金	10.83	6.96	其中:经营贷款	4.28	10.03
2. 减:委托贷款及委托投资	10.83	6.96	固定资产贷款	17.60	25.67
十、代理金融机构委托贷款基金			(3)普通并购贷款		2.40
十一、各项准备	10.80	12.35	(4)银团贷款		6.11
十二、所有者权益	5.72	10.06	(5)贸易融资		

续表

项目	2010年初	2010年末	项目	2010年初	2010年末
十三、其他	−5.10	−123.24	3. 票据融资	9.45	1.44
			4. 各项垫款	5.71	4.22
			(二) 境外贷款		
			二、有价证券及投资	1.33	1.31
			三、应收及预付款	5.89	2.41
			四、买入返售资产		0.86
			五、存放中央准备金存款	17.70	17.59
			六、存放中央银行特种存款		
			七、缴存中央银行财政性存款	0.03	0.02
			八、同业往来	0.41	10.54
			其中:拆放同业		
			九、行内资金往来	87.40	1.16
			十、代理金融机构贷款		
			其中:代理人行专项贷款		
			十一、库存现金	1.22	1.93
			十二、外汇占款	0.36	0.22
			十三、投资性房地产		
资金来源总计	**555.97**	**547.55**	**资金运用总计**	**555.97**	**547.55**

注:1. 2010年1月1日起,“企业存款”剔除“机关团体定期存款”和“部队定期存款”,“机关团体存款”归属中增加“机关团伝定期存款”、“部队定期存款”和“部队活期存款”。

2. 2010年1月1日起,按照全新的分类方式设置贷款指标。

3. 因2010年信贷收支表贷款项目调整较大,本卷年鉴不单列2009年数据,但为方便比较,增加2010年年初数据。

深圳发展银行浙江省信贷收支统计

单位：亿元

项　　目	2010年初	2010年末	项　　目	2010年初	2010年末
一、各项存款	649.56	816.02	一、各项贷款	583.01	727.07
1. 企业存款	379.91	458.48	(一) 境内贷款	583.01	727.07
2. 机关团体存款	18.49	44.59	1. 短期贷款	397.93	489.58
3. 储蓄存款	71.61	99.10	(1) 个人贷款及透支	54.30	62.79
4. 农业存款	0.35	0.47	其中:个人消费贷款	9.95	7.27
5. 其他存款	179.20	213.38	(2) 单位普通贷款及透支	342.44	423.23
二、代理财政性存款		0.10	其中:经营性贷款	341.08	421.23
三、金融债券			固定资产贷款	1.36	2.00
四、应付及暂收款	5.29	24.51	(3) 普通并购贷款		
五、卖出回购资产		34.50	(4) 银团贷款		
六、向中央银行借款			(5) 贸易融资	1.19	3.56
七、同业往来	33.58	41.60	2. 中长期贷款	163.02	188.48
其中:同业拆借			(1) 个人贷款	90.25	112.62
八、行内资金往来			其中:个人消费贷款	82.56	97.35
九、委托存款及委托投资基金(净)			(2) 单位普通贷款	70.33	71.71
1. 委托存款及委托投资基金	11.11	9.70	其中:经营贷款	43.83	45.66
2. 减:委托贷款及委托投资	11.11	9.70	固定资产贷款	26.50	26.06
十、代理金融机构委托贷款基金			(3) 普通并购贷款		
十一、各项准备	1.61	2.99	(4) 银团贷款	2.44	4.15
十二、所有者权益	10.02	15.18	(5) 贸易融资		

续表

项目	2010 年初	2010 年末	项目	2010 年初	2010 年末
十三、其他	2.88	7.31	3. 票据融资	20.89	47.54
			4. 各项垫款	1.17	1.47
			（二）境外贷款		
			二、有价证券及投资	5.00	
			三、应收及预付款	1.13	19.88
			四、买入返售资产	46.98	97.51
			五、存放中央准备金存款	20.59	15.44
			六、存放中央银行特种存款		
			七、缴存中央银行财政性存款	0.01	0.11
			八、同业往来	2.30	18.00
			其中：拆放同业		
			九、行内资金往来	43.42	63.63
			十、代理金融机构贷款		
			其中：代理人行专项贷款		
			十一、库存现金	0.50	0.57
			十二、外汇占款		
			十三、投资性房地产		
资金来源总计	**702.94**	**942.21**	**资金运用总计**	**702.94**	**942.21**

注：1. 2010 年 1 月 1 日起，“企业存款”剔除“机关团体定期存款”和“部队定期存款”，“机关团体存款”归属中增加“机关团体定期存款”、“部队定期存款”和“部队活期存款”。

2. 2010 年 1 月 1 日起，按照全新的分类方式设置贷款指标。

3. 因 2010 年信贷收支表贷款项目调整较大，本卷年鉴不单列 2009 年数据，但为方便比较，增加 2010 年年初数据。

中国民生银行浙江省信贷收支统计

单位:亿元

项目	2010年初	2010年末	项目	2010年初	2010年末
一、各项存款	694.50	871.88	一、各项贷款	1019.86	1270.94
1. 企业存款	407.77	513.98	(一) 境内贷款	1019.86	1270.94
2. 机关团体存款	35.41	50.41	1. 短期贷款	614.77	775.52
3. 储蓄存款	106.29	139.67	(1) 个人贷款及透支	138.22	300.93
4. 农业存款			其中:个人消费贷款	9.74	12.78
5. 其他存款	145.03	167.82	(2) 单位普通贷款及透支	476.55	474.59
二、代理财政性存款			其中:经营性贷款	472.01	444.56
三、金融债券			固定资产贷款	4.54	30.03
四、应付及暂收款	6.88	9.68	(3) 普通并购贷款		
五、卖出回购资产			(4) 银团贷款		
六、向中央银行借款			(5) 贸易融资		
七、同业往来	11.25	81.95	2. 中长期贷款	403.19	493.20
其中:同业拆借			(1) 个人贷款	58.81	49.07
八、行内资金往来	294.84	346.00	其中:个人消费贷款	48.27	38.96
九、委托存款及委托投资基金(净)			(2) 单位普通贷款	286.88	396.32
1. 委托存款及委托投资基金	5.85	8.26	其中:经营贷款	86.33	126.95
2. 减:委托贷款及委托投资	5.85	8.26	固定资产贷款	200.55	269.37
十、代理金融机构委托贷款基金			(3) 普通并购贷款		
十一、各项准备	12.70	18.49	(4) 银团贷款	57.50	47.81
十二、所有者权益	18.40	30.21	(5) 贸易融资		

续表

项　目	2010年初	2010年末	项　目	2010年初	2010年末
十三、其他	4.62	13.10	3. 票据融资	1.15	2.17
			4. 各项垫款	0.75	0.05
			（二）境外贷款		
			二、有价证券及投资		
			三、应收及预付款	4.28	5.64
			四、买入返售资产		64.32
			五、存放中央准备金存款	15.05	25.45
			六、存放中央银行特种存款		
			七、缴存中央银行财政性存款	0.01	0.01
			八、同业往来	2.43	3.43
			其中：拆放同业		
			九、行内资金往来		
			十、代理金融机构贷款		
			其中：代理人行专项贷款		
			十一、库存现金	1.56	1.52
			十二、外汇占款		
			十三、投资性房地产		
资金来源总计	**1043.19**	**1371.31**	**资金运用总计**	**1043.19**	**1371.31**

注：1. 2010年1月1日起，“企业存款”剔除“机关团体定期存款”和“部队定期存款”，“机关团体存款”归属中增加“机关团体定期存款”、“部队定期存款”和“部队活期存款”。

2. 2010年1月1日起，按照全新的分类方式设置贷款指标。

3. 因2010年信贷收支表贷款项目调整较大，本卷年鉴不单列2009年数据，但为方便比较，增加2010年年初数据。

兴业银行浙江省信贷收支统计

单位:亿元

项　　目	2010年初	2010年末	项　　目	2010年初	2010年末
一、各项存款	671.67	812.24	一、各项贷款	681.89	766.92
1. 企业存款	326.30	372.56	(一) 境内贷款	681.89	766.92
2. 机关团体存款	55.32	75.88	1. 短期贷款	434.70	460.27
3. 储蓄存款	118.13	147.54	(1) 个人贷款及透支	33.59	49.57
4. 农业存款	0.73	1.58	其中:个人消费贷款	12.83	8.68
5. 其他存款	171.19	214.68	(2) 单位普通贷款及透支	399.55	409.37
二、代理财政性存款			其中:经营性贷款	371.27	382.28
三、金融债券			固定资产贷款	28.28	27.09
四、应付及暂收款	8.29	9.87	(3) 普通并购贷款		
五、卖出回购资产		82.02	(4) 银团贷款		
六、向中央银行借款			(5) 贸易融资	1.56	1.33
七、同业往来	118.32	218.27	2. 中长期贷款	223.35	301.88
其中:同业拆借			(1) 个人贷款	79.40	115.83
八、行内资金往来			其中:个人消费贷款	71.88	107.38
九、委托存款及委托投资基金(净)	0.41	0.10	(2) 单位普通贷款	142.80	184.37
1. 委托存款及委托投资基金	28.08	29.39	其中:经营贷款	62.71	37.00
2. 减:委托贷款及委托投资	27.67	29.29	固定资产贷款	80.09	147.37
十、代理金融机构委托贷款基金			(3) 普通并购贷款		
十一、各项准备	11.11	12.21	(4) 银团贷款	1.15	1.68
十二、所有者权益	11.49	15.51	(5) 贸易融资		

续表

项　　目	2010 年初	2010 年末	项　　目	2010 年初	2010 年末
十三、其他	－0.95	－2.83	3. 票据融资	21.57	4.30
			4. 各项垫款	2.27	0.47
			(二) 境外贷款		
			二、有价证券及投资	0.45	0.24
			三、应收及预付款	1.20	2.84
			四、买入返售资产		148.70
			五、存放中央准备金存款	9.00	32.56
			六、存放中央银行特种存款		
			七、缴存中央银行财政性存款	0.01	0.01
			八、同业往来	1.99	7.08
			其中:拆放同业		
			九、行内资金往来	124.21	187.04
			十、代理金融机构贷款		
			其中:代理人行专项贷款		
			十一、库存现金	1.59	2.00
			十二、外汇占款		
			十三、投资性房地产		
资金来源总计	**820.34**	**1147.39**	**资金运用总计**	**820.34**	**1147.39**

注:1. 2010 年 1 月 1 日起,“企业存款”剔除“机关团体定期存款”和“部队定期存款”,“机关团体存款”归属中增加“机关团体定期存款”、“部队定期存款”和“部队活期存款”。

2. 2010 年 1 月 1 日起,按照全新的分类方式设置贷款指标。

3. 因 2010 年信贷收支表贷款项目调整较大,本卷年鉴不单列 2009 年数据,但为方便比较,增加 2010 年年初数据。

中国光大银行浙江省信贷收支统计

单位：亿元

项　　目	2010年初	2010年末	项　　目	2010年初	2010年末
一、各项存款	452.38	580.21	一、各项贷款	578.86	651.37
1. 企业存款	210.74	299.58	（一）境内贷款	578.86	651.37
2. 机关团体存款	16.78	22.42	1. 短期贷款	291.18	336.23
3. 储蓄存款	65.45	88.73	（1）个人贷款及透支	24.66	29.53
4. 农业存款			其中：个人消费贷款	23.47	28.87
5. 其他存款	159.41	169.48	（2）单位普通贷款及透支	225.80	260.32
二、代理财政性存款			其中：经营性贷款	222.47	257.67
三、金融债券			固定资产贷款	2.50	2.00
四、应付及暂收款	5.57	7.54	（3）普通并购贷款		
五、卖出回购资产		28.59	（4）银团贷款		
六、向中央银行借款			（5）贸易融资	40.72	46.38
七、同业往来	158.43	25.78	2. 中长期贷款	253.22	304.85
其中：同业拆借			（1）个人贷款	106.45	133.98
八、行内资金往来	35.57	31.16	其中：个人消费贷款	98.62	123.28
九、委托存款及委托投资基金(净)	27.93	61.16	（2）单位普通贷款	141.67	159.74
1. 委托存款及委托投资基金	51.78	78.34	其中：经营贷款	84.52	106.25
2. 减：委托贷款及委托投资	23.84	17.17	固定资产贷款	57.15	53.49
十、代理金融机构委托贷款基金			（3）普通并购贷款		
十一、各项准备	16.67	17.83	（4）银团贷款	3.88	8.68
十二、所有者权益	5.83	12.98	（5）贸易融资	1.22	2.45

续表

项　　目	2010年初	2010年末	项　　目	2010年初	2010年末
十三、其他	－1.15	－2.71	3. 票据融资	32.90	9.10
			4. 各项垫款	1.56	1.19
			（二）境外贷款		
			二、有价证券及投资	1.32	0.63
			三、应收及预付款	2.45	1.48
			四、买入返售资产		84.69
			五、存放中央准备金存款	13.53	13.88
			六、存放中央银行特种存款		
			七、缴存中央银行财政性存款	0.14	0.07
			八、同业往来	103.68	8.85
			其中：拆放同业	3.00	2.19
			九、行内资金往来		
			十、代理金融机构贷款		
			其中：代理人行专项贷款		
			十一、库存现金	1.25	1.57
			十二、外汇占款		
			十三、投资性房地产		
资金来源总计	**701.23**	**762.54**	**资金运用总计**	**701.23**	**762.54**

注：1. 2010年1月1日起，“企业存款”剔除“机关团体定期存款”和“部队定期存款”，“机关团体存款”归属中增加“机关团体定期存款”、“部队定期存款”和“部队活期存款”。

2. 2010年1月1日起，按照全新的分类方式设置贷款指标。

3. 因2010年信贷收支表贷款项目调整较大，本卷年鉴不单列2009年数据，但为方便比较，增加2010年年初数据。

恒丰银行浙江省信贷收支统计

单位:亿元

项目	2010年初	2010年末	项目	2010年初	2010年末
一、各项存款	196.83	268.44	一、各项贷款	148.71	206.37
1. 企业存款	144.13	205.99	(一) 境内贷款	148.71	206.37
2. 机关团体存款	0.30	1.02	1. 短期贷款	127.06	163.06
3. 储蓄存款	25.49	41.36	(1) 个人贷款及透支	2.33	2.76
4. 农业存款			其中:个人消费贷款	0.27	0.41
5. 其他存款	26.91	20.07	(2) 单位普通贷款及透支	124.63	160.29
二、代理财政性存款			其中:经营性贷款	122.41	159.94
三、金融债券			固定资产贷款	2.22	0.35
四、应付及暂收款	0.77	2.07	(3) 普通并购贷款		
五、卖出回购资产	11.50		(4) 银团贷款		
六、向中央银行借款			(5) 贸易融资	0.11	0.01
七、同业往来	48.37	67.65	2. 中长期贷款	17.30	41.22
其中:同业拆借			(1) 个人贷款	0.67	0.60
八、行内资金往来			其中:个人消费贷款	0.66	0.60
九、委托存款及委托投资基金(净)			(2) 单位普通贷款	16.62	38.36
1. 委托存款及委托投资基金	1.79	0.80	其中:经营贷款	5.00	4.84
2. 减:委托贷款及委托投资	1.79	0.80	固定资产贷款	11.62	33.51
十、代理金融机构委托贷款基金			(3) 普通并购贷款		
十一、各项准备	1.44	2.06	(4) 银团贷款		2.26
十二、所有者权益		7.05	(5) 贸易融资		

续表

项　　目	2010 年初	2010 年末	项　　目	2010 年初	2010 年末
十三、其他	0.45	−0.10	3. 票据融资	4.35	2.09
			4. 各项垫款		
			(二) 境外贷款		
			二、有价证券及投资		
			三、应收及预付款	0.07	0.56
			四、买入返售资产	23.69	30.70
			五、存放中央准备金存款	9.91	19.01
			六、存放中央银行特种存款		
			七、缴存中央银行财政性存款		
			八、同业往来	22.60	7.77
			其中:拆放同业		
			九、行内资金往来	54.30	82.62
			十、代理金融机构贷款		
			其中:代理人行专项贷款		
			十一、库存现金	0.08	0.14
			十二、外汇占款		
			十三、投资性房地产		
资金来源总计	**259.36**	**347.17**	**资金运用总计**	**259.36**	**347.17**

注:1. 2010 年 1 月 1 日起,“企业存款”剔除“机关团体定期存款”和“部队定期存款”,“机关团体存款”归属中增加“机关团体定期存款”、“部队定期存款”和“部队活期存款”。
2. 2010 年 1 月 1 日起,按照全新的分类方式设置贷款指标。
3. 因 2010 年信贷收支表贷款项目调整较大,本卷年鉴不单列 2009 年数据,但为方便比较,增加 2010 年年初数据。

渤海银行浙江省信贷收支统计

单位:亿元

项　目	2010年初	2010年末	项　目	2010年初	2010年末
一、各项存款	93.50	121.62	一、各项贷款	91.39	106.61
1. 企业存款	80.32	82.19	(一)境内贷款	91.39	106.61
2. 机关团体存款	1.52	5.06	1. 短期贷款	59.16	72.79
3. 储蓄存款	5.69	16.29	(1)个人贷款及透支	0.94	3.25
4. 农业存款	0.07	0.03	其中:个人消费贷款	0.92	2.05
5. 其他存款	5.90	18.05	(2)单位普通贷款及透支	58.22	69.54
二、代理财政性存款			其中:经营性贷款	58.21	68.53
三、金融债券			固定资产贷款		1.00
四、应付及暂收款	0.68	4.27	(3)普通并购贷款		
五、卖出回购资产			(4)银团贷款		
六、向中央银行借款			(5)贸易融资		
七、同业往来	0.21	28.70	2. 中长期贷款	31.59	33.33
其中:同业拆借			(1)个人贷款	7.95	14.47
八、行内资金往来			其中:个人消费贷款	7.14	11.34
九、委托存款及委托投资基金(净)			(2)单位普通贷款	23.64	18.86
1. 委托存款及委托投资基金			其中:经营贷款	20.16	13.88
2. 减:委托贷款及委托投资			固定资产贷款	3.48	4.98
十、代理金融机构委托贷款基金			(3)普通并购贷款		
十一、各项准备			(4)银团贷款		
十二、所有者权益	1.48	1.91	(5)贸易融资		

续表

项　目	2010年初	2010年末	项　目	2010年初	2010年末
十三、其他	1.95	1.44	3. 票据融资	0.50	
			4. 各项垫款	0.14	0.49
			(二) 境外贷款		
			二、有价证券及投资		
			三、应收及预付款	0.21	3.51
			四、买入返售资产		
			五、存放中央准备金存款	4.87	1.56
			六、存放中央银行特种存款		
			七、缴存中央银行财政性存款		
			八、同业往来	0.84	8.99
			其中:拆放同业		
			九、行内资金往来	0.41	37.17
			十、代理金融机构贷款		
			其中:代理人行专项贷款		
			十一、库存现金	0.10	0.10
			十二、外汇占款		
			十三、投资性房地产		
资金来源总计	**97.82**	**157.94**	**资金运用总计**	**97.82**	**157.94**

注:1. 2010年1月1日起,“企业存款”剔除“机关团体定期存款”和“部队定期存款”,“机关团体存款”归属中增加“机关团体定期存款”、“部队定期存款”和“部队活期存款”。

2. 2010年1月1日起,按照全新的分类方式设置贷款指标。

3. 因2010年信贷收支表贷款项目调整较大,本卷年鉴不单列2009年数据,但为方便比较,增加2010年年初数据。

中国邮政储蓄银行浙江省信贷收支统计

单位:亿元

项　　目	2010年初	2010年末	项　　目	2010年初	2010年末
一、各项存款	1177.24	1480.13	一、各项贷款	199.56	453.62
1. 企业存款	63.28	127.95	(一) 境内贷款	199.56	453.62
2. 机关团体存款	1.57	9.63	1. 短期贷款	93.48	241.54
3. 储蓄存款	1111.08	1341.17	(1) 个人贷款及透支	93.48	241.54
4. 农业存款	0.41	1.37	其中:个人消费贷款	0.81	0.65
5. 其他存款	0.90	0.01	(2) 单位普通贷款及透支		
二、代理财政性存款	0.25		其中:经营性贷款		
三、金融债券			固定资产贷款		
四、应付及暂收款	2.58	17.47	(3) 普通并购贷款		
五、卖出回购资产			(4) 银团贷款		
六、向中央银行借款			(5) 贸易融资		
七、同业往来	6.65	0.69	2. 中长期贷款	100.44	202.63
其中:同业拆借			(1) 个人贷款	100.44	202.63
八、行内资金往来			其中:个人消费贷款	98.92	200.90
九、委托存款及委托投资基金(净)			(2) 单位普通贷款		
1. 委托存款及委托投资基金	5.44	5.63	其中:经营贷款		
2. 减:委托贷款及委托投资	5.44	5.63	固定资产贷款		
十、代理金融机构委托贷款基金			(3) 普通并购贷款		
十一、各项准备		1.41	(4) 银团贷款		
十二、所有者权益		3.29	(5) 贸易融资		

续表

项　目	2010年初	2010年末	项　目	2010年初	2010年末
十三、其他	-961.17	-8.23	3. 票据融资	5.64	9.45
			4. 各项垫款		
			(二) 境外贷款		
			二、有价证券及投资		
			三、应收及预付款	0.87	5.30
			四、买入返售资产		23.54
			五、存放中央准备金存款	3.98	4.39
			六、存放中央银行特种存款		
			七、缴存中央银行财政性存款		0.01
			八、同业往来	10.97	12.85
			其中:拆放同业		
			九、行内资金往来		979.48
			十、代理金融机构贷款		
			其中:代理人行专项贷款		
			十一、库存现金	10.17	15.57
			十二、外汇占款		
			十三、投资性房地产		
资金来源总计	**225.55**	**1494.76**	**资金运用总计**	**225.55**	**1494.76**

注:1. 2010年1月1日起,“企业存款”剔除“机关团体定期存款”和“部队定期存款”,“机关团体存款”归属中增加“机关团体定期存款”、“部队定期存款”和“部队活期存款”。

2. 2010年1月1日起,按照全新的分类方式设置贷款指标。

3. 因2010年信贷收支表贷款项目调整较大,本卷年鉴不单列2009年数据,但为方便比较,增加2010年年初数据。

外资银行浙江省信贷收支统计

单位:亿元

项　　目	2010 年初	2010 年末	项　　目	2010 年初	2010 年末
一、各项存款	64.88	119.91	一、各项贷款	57.15	121.50
1. 企业存款	51.73	96.92	(一) 境内贷款	56.79	121.17
2. 机关团体存款			1. 短期贷款	30.03	49.13
3. 储蓄存款	11.25	19.12	(1) 个人贷款及透支	0.11	0.64
4. 农业存款			其中:个人消费贷款	0.11	0.64
5. 其他存款	1.90	3.87	(2) 单位普通贷款及透支	29.92	46.74
二、代理财政性存款			其中:经营性贷款		
三、金融债券			固定资产贷款		
四、应付及暂收款	4.16	14.16	(3) 普通并购贷款		
五、卖出回购资产			(4) 银团贷款		
六、向中央银行借款			(5) 贸易融资		1.75
七、同业往来	1.81	3.82	2. 中长期贷款	25.58	45.12
其中:同业拆借			(1) 个人贷款	4.52	9.93
八、行内资金往来			其中:个人消费贷款	4.52	9.93
九、委托存款及委托投资基金(净)			(2) 单位普通贷款	21.06	35.19
1. 委托存款及委托投资基金			其中:经营贷款		
2. 减:委托贷款及委托投资			固定资产贷款		
十、代理金融机构委托贷款基金			(3) 普通并购贷款		
十一、各项准备	0.32	0.42	(4) 银团贷款		
十二、所有者权益	8.63	10.94	(5) 贸易融资		

续表

项目	2010年初	2010年末	项目	2010年初	2010年末
十三、其他	−10.11	−18.30	3. 票据融资	1.18	26.92
			4. 各项垫款		
			(二) 境外贷款	0.36	0.33
			二、有价证券及投资		
			三、应收及预付款	5.87	0.35
			四、买入返售资产		
			五、存放中央准备金存款	6.08	7.84
			六、存放中央银行特种存款		
			七、缴存中央银行财政性存款		
			八、同业往来	0.46	1.07
			其中:拆放同业		
			九、行内资金往来		
			十、代理金融机构贷款		
			其中:代理人行专项贷款		
			十一、库存现金	0.13	0.19
			十二、外汇占款		
			十三、投资性房地产		
资金来源总计	**69.69**	**130.95**	**资金运用总计**	**69.69**	**130.95**

注:1. 2010年1月1日起,“企业存款”剔除“机关团体定期存款”和“部队定期存款”,“机关团体存款”归属中增加“机关团体定期存款”、“部队定期存款”和“部队活期存款”。

2. 2010年1月1日起,按照全新的分类方式设置贷款指标。

3. 因2010年信贷收支表贷款项目调整较大,本卷年鉴不单列2009年数据,但为方便比较,增加2010年年初数据。

城市商业银行浙江省信贷收支统计

单位:亿元

项目	2010年初	2010年末	项目	2010年初	2010年末
一、各项存款	4282.26	5353.03	一、各项贷款	3147.48	4018.13
1. 企业存款	2410.54	3112.33	(一) 境内贷款	3147.48	4018.06
2. 机关团体存款	113.22	201.77	1. 短期贷款	2408.59	3110.69
3. 储蓄存款	1133.30	1432.12	(1) 个人贷款及透支	823.35	1119.89
4. 农业存款	5.68	7.49	其中:个人消费贷款	274.05	399.04
5. 其他存款	619.52	599.32	(2) 单位普通贷款及透支	1584.86	1987.65
二、代理财政性存款	3.08	6.53	其中:经营性贷款	1549.45	1952.55
三、金融债券	90.51	133.16	固定资产贷款	35.36	35.03
四、应付及暂收款	62.95	88.33	(3)普通并购贷款		
五、卖出回购资产	47.38	271.79	(4) 银团贷款		1.70
六、向中央银行借款	4.73	2.00	(5) 贸易融资	0.38	1.45
七、同业往来	344.34	381.54	2. 中长期贷款	627.50	801.72
其中:同业拆借	65.73	43.58	(1) 个人贷款	171.69	248.90
八、行内资金往来	196.76	397.77	其中:个人消费贷款	151.60	214.75
九、委托存款及委托投资基金(净)	0.11	0.13	(2) 单位普通贷款	449.66	537.63
1. 委托存款及委托投资基金	84.07	297.05	其中:经营贷款	116.45	112.13
2. 减:委托贷款及委托投资	83.97	296.93	固定资产贷款	333.21	425.50
十、代理金融机构委托贷款基金	1.50	0.50	(3) 普通并购贷款		
十一、各项准备	54.65	63.80	(4) 银团贷款	6.15	15.19
十二、所有者权益	350.85	503.46	(5) 贸易融资		

续表

项　目	2010 年初	2010 年末	项　目	2010 年初	2010 年末
十三、其他	−42.88	−111.87	3. 票据融资	109.02	100.77
			4. 各项垫款	2.37	4.88
			（二）境外贷款		0.06
			二、有价证券及投资	917.17	1007.07
			三、应收及预付款	23.74	48.62
			四、买入返售资产	112.15	395.52
			五、存放中央准备金存款	935.46	1160.43
			六、存放中央银行特种存款		
			七、缴存中央银行财政性存款	18.14	59.48
			八、同业往来	229.79	498.39
			其中：拆放同业	6.00	80.55
			九、行内资金往来		
			十、代理金融机构贷款	1.50	0.50
			其中：代理人行专项贷款		
			十一、库存现金	30.09	41.80
			十二、外汇占款	−23.44	−142.14
			十三、投资性房地产	4.16	2.37
资金来源总计	**5396.24**	**7090.17**	**资金运用总计**	**5396.24**	**7090.17**

注：1. 2010 年 1 月 1 日起，“企业存款”剔除“机关团体定期存款”和“部队定期存款”，“机关团体存款”归属中增加“机关团体定期存款”、“部队定期存款”和“部队活期存款”。

2. 2010 年 1 月 1 日起，按照全新的分类方式设置贷款指标。

3. 因 2010 年信贷收支表贷款项目调整较大，本卷年鉴不单列 2009 年数据，但为方便比较，增加 2010 年年初数据。

村镇银行浙江省信贷收支统计

单位:亿元

项目	2010年初	2010年末	项目	2010年初	2010年末
一、各项存款	41.27	110.98	一、各项贷款	38.42	119.56
1. 企业存款	19.94	45.21	(一) 境内贷款	38.42	119.56
2. 机关团体存款	1.25	7.51	1. 短期贷款	33.66	108.89
3. 储蓄存款	13.39	39.73	(1) 个人贷款及透支	17.69	54.81
4. 农业存款	1.54	1.66	其中:个人消费贷款	1.40	4.31
5. 其他存款	5.15	16.87	(2) 单位普通贷款及透支	15.97	54.05
二、代理财政性存款	0.10	0.12	其中:经营性贷款	13.71	53.90
三、金融债券			固定资产贷款		0.15
四、应付及暂收款	0.30	1.23	(3) 普通并购贷款		
五、卖出回购资产	0.50		(4) 银团贷款		0.03
六、向中央银行借款	0.01	1.10	(5) 贸易融资		
七、同业往来	2.11	19.50	2. 中长期贷款	1.00	4.84
其中:同业拆借		0.50	(1) 个人贷款	0.27	1.30
八、行内资金往来			其中:个人消费贷款	0.15	0.74
九、委托存款及委托投资基金(净)			(2) 单位普通贷款	0.73	3.48
1. 委托存款及委托投资基金	0.03	9.76	其中:经营贷款	0.63	1.06
2. 减:委托贷款及委托投资	0.03	9.76	固定资产贷款	0.10	2.42
十、代理金融机构委托贷款基金		4.20	(3) 普通并购贷款		
十一、各项准备	0.51	1.54	(4) 银团贷款		0.06
十二、所有者权益	16.36	28.54	(5) 贸易融资		

续表

项　　目	2010年初	2010年末	项　　目	2010年初	2010年末
十三、其他	−0.39	−1.55	3. 票据融资	3.76	5.82
			4. 各项垫款		0.01
			(二) 境外贷款		
			二、有价证券及投资	0.52	2.19
			三、应收及预付款	0.47	1.06
			四、买入返售资产		
			五、存放中央准备金存款	4.68	13.15
			六、存放中央银行特种存款		
			七、缴存中央银行财政性存款		
			八、同业往来	15.79	24.35
			其中:拆放同业		
			九、行内资金往来	0.37	
			十、代理金融机构贷款		4.20
			其中:代理人行专项贷款		
			十一、库存现金	0.52	1.15
			十二、外汇占款		
			十三、投资性房地产		
资金来源总计	**60.77**	**165.66**	**资金运用总计**	**60.77**	**165.66**

注:1. 2010年1月1日起,"企业存款"剔除"机关团体定期存款"和"部队定期存款","机关团体存款"归属中增加"机关团体定期存款"、"部队定期存款"和"部队活期存款"。

2. 2010年1月1日起,按照全新的分类方式设置贷款指标。

3. 因2010年信贷收支表贷款项目调整较大,本卷年鉴不单列2009年数据,但为方便比较,增加2010年年初数据。

城市信用社浙江省信贷收支统计

单位:亿元

项　目	2010年初	2010年末	项　目	2010年初	2010年末
一、各项存款	17.25	20.32	一、各项贷款	12.25	14.52
1. 企业存款	9.21	9.48	(一) 境内贷款	12.25	14.52
2. 机关团体存款			1. 短期贷款	9.64	12.53
3. 储蓄存款	5.19	7.26	(1) 个人贷款及透支	4.71	6.60
4. 农业存款			其中:个人消费贷款	1.33	2.11
5. 其他存款	2.85	3.58	(2) 单位普通贷款及透支	4.93	5.93
二、代理财政性存款			其中:经营性贷款	4.93	5.93
三、金融债券			固定资产贷款		
四、应付及暂收款	0.13	0.15	(3) 普通并购贷款		
五、卖出回购资产			(4) 银团贷款		
六、向中央银行借款			(5) 贸易融资		
七、同业往来			2. 中长期贷款	0.28	0.28
其中:同业拆借			(1) 个人贷款	0.26	0.26
八、行内资金往来			其中:个人消费贷款	0.26	0.23
九、委托存款及委托投资基金(净)			(2) 单位普通贷款	0.02	0.02
1. 委托存款及委托投资基金	0.30	0.30	其中:经营贷款	0.02	0.02
2. 减:委托贷款及委托投资	0.30	0.30	固定资产贷款		
十、代理金融机构委托贷款基金			(3) 普通并购贷款		
十一、各项准备	0.32	0.34	(4) 银团贷款		
十二、所有者权益	1.76	1.90	(5) 贸易融资		

续表

项目	2010年初	2010年末	项目	2010年初	2010年末
十三、其他	−0.68	−0.62	3. 票据融资	2.33	1.71
			4. 各项垫款		
			（二）境外贷款		
			二、有价证券及投资	0.42	0.42
			三、应收及预付款	0.05	0.06
			四、买入返售资产		
			五、存放中央准备金存款	1.52	1.96
			六、存放中央银行特种存款		
			七、缴存中央银行财政性存款	0.01	0.01
			八、同业往来	4.20	4.72
			其中:拆放同业		
			九、行内资金往来		
			十、代理金融机构贷款		
			其中:代理人行专项贷款		
			十一、库存现金	0.32	0.39
			十二、外汇占款		
			十三、投资性房地产	0.01	0.01
资金来源总计	**18.78**	**22.09**	**资金运用总计**	**18.78**	**22.09**

注:1. 2010年1月1日起,“企业存款”剔除“机关团体定期存款”和“部队定期存款”,“机关团体存款”归属中增加“机关团体定期存款”、“部队定期存款”和“部队活期存款”。

2. 2010年1月1日起,按照全新的分类方式设置贷款指标。

3. 因2010年信贷收支表贷款项目调整较大,本卷年鉴不单列2009年数据,但为方便比较,增加2010年年初数据。

农村合作金融机构浙江省信贷收支统计

单位：亿元

项　目	2010年初	2010年末	项　目	2010年初	2010年末
一、各项存款	6416.26	7744.29	一、各项贷款	4566.00	5459.70
1. 企业存款	479.87	614.70	(一) 境内贷款	4566.00	5459.70
2. 机关团体存款	53.95	74.18	1. 短期贷款	4034.31	4729.33
3. 储蓄存款	4190.39	4962.89	(1) 个人贷款及透支	1745.09	2036.00
4. 农业存款	1310.77	1638.51	其中：个人消费贷款	176.52	232.33
5. 其他存款	381.28	454.01	(2) 单位普通贷款及透支	2285.30	2688.56
二、代理财政性存款	0.95	2.82	其中：经营性贷款	2248.29	2644.33
三、金融债券			固定资产贷款	37.01	44.23
四、应付及暂收款	132.75	156.47	(3) 普通并购贷款		
五、卖出回购资产	12.09	84.33	(4) 银团贷款	3.72	3.28
六、向中央银行借款	15.61	18.56	(5) 贸易融资	0.20	1.49
七、同业往来	10.98	26.28	2. 中长期贷款	411.91	660.98
其中：同业拆借			(1) 个人贷款	147.86	278.17
八、行内资金往来	3.80		其中：个人消费贷款	81.35	131.27
九、委托存款及委托投资基金(净)	0.22	0.31	(2) 单位普通贷款	250.96	366.22
1. 委托存款及委托投资基金	28.73	44.71	其中：经营贷款	152.20	195.19
2. 减：委托贷款及委托投资	28.51	44.40	固定资产贷款	98.76	171.03
十、代理金融机构委托贷款基金	0.15	0.15	(3) 普通并购贷款		
十一、各项准备	183.69	215.76	(4) 银团贷款	13.09	16.59
十二、所有者权益	546.60	719.54	(5) 贸易融资		

续表

项　　目	2010 年初	2010 年末	项　　目	2010 年初	2010 年末
十三、其他	−12.94	−508.43	3. 票据融资	118.59	68.47
			4. 各项垫款	1.19	0.92
			(二) 境外贷款		
			二、有价证券及投资	600.92	747.57
			三、应收及预付款	113.03	142.59
			四、买入返售资产	49.12	248.53
			五、存放中央准备金存款	1252.25	1445.44
			六、存放中央银行特种存款		
			七、缴存中央银行财政性存款	1.56	2.71
			八、同业往来	637.63	711.03
			其中:拆放同业		7.97
			九、行内资金往来		2.49
			十、代理金融机构贷款	0.15	0.15
			其中:代理人行专项贷款	0.15	0.15
			十一、库存现金	80.46	90.55
			十二、外汇占款	7.62	−392.00
			十三、投资性房地产	1.42	1.32
资金来源总计	**7310.16**	**8460.08**	**资金运用总计**	**7310.16**	**8460.08**

注:1. 2010 年 1 月 1 日起,“企业存款”剔除“机关团体定期存款”和“部队定期存款”,“机关团体存款”归属中增加“机关团体定期存款”、“部队定期存款”和“部队活期存款”。

2. 2010 年 1 月 1 日起,按照全新的分类方式设置贷款指标。

3. 因 2010 年信贷收支表贷款项目调整较大,本卷年鉴不单列 2009 年数据,但为方便比较,增加 2010 年年初数据。

农村合作银行浙江省信贷收支统计

单位：亿元

项目	2010年初	2010年末	项目	2010年初	2010年末
一、各项存款	4872.83	6100.59	一、各项贷款	3471.41	4304.57
1. 企业存款	380.03	504.10	(一) 境内贷款	3471.41	4304.57
2. 机关团体存款	30.60	54.66	1. 短期贷款	3033.08	3715.79
3. 储蓄存款	3111.18	3825.15	(1) 个人贷款及透支	1248.74	1526.98
4. 农业存款	1012.09	1299.04	其中：个人消费贷款	106.55	150.06
5. 其他存款	338.93	417.64	(2) 单位普通贷款及透支	1782.18	2186.99
二、代理财政性存款	0.53	1.51	其中：经营性贷款	1750.35	2152.43
三、金融债券	14.50	14.50	固定资产贷款	31.82	34.57
四、应付及暂收款	88.25	108.09	(3) 普通并购贷款		
五、卖出回购资产	12.09	29.85	(4) 银团贷款	1.96	0.33
六、向中央银行借款	3.28	4.95	(5) 贸易融资	0.20	1.49
七、同业往来	8.03	21.00	2. 中长期贷款	324.04	522.01
其中：同业拆借			(1) 个人贷款	110.23	202.57
八、行内资金往来			其中：个人消费贷款	66.00	103.48
九、委托存款及委托投资基金(净)	0.04	0.04	(2) 单位普通贷款	203.70	306.84
1. 委托存款及委托投资基金	27.26	42.85	其中：经营贷款	127.12	154.70
2. 减：委托贷款及委托投资	27.22	42.81	固定资产贷款	76.58	152.14
十、代理金融机构委托贷款基金			(3) 普通并购贷款		
十一、各项准备	126.16	159.70	(4) 银团贷款	10.11	12.60
十二、所有者权益	429.45	584.95	(5) 贸易融资		

续表

项目	2010年初	2010年末	项目	2010年初	2010年末
十三、其他	—59.37	—461.25	3. 票据融资	113.41	65.89
			4. 各项垫款	0.88	0.88
			（二）境外贷款		
			二、有价证券及投资	461.80	580.31
			三、应收及预付款	74.44	92.04
			四、买入返售资产	49.12	240.17
			五、存放中央准备金存款	873.01	1061.25
			六、存放中央银行特种存款		
			七、缴存中央银行财政性存款	1.04	2.03
			八、同业往来	354.54	384.75
			其中：拆放同业		7.97
			九、行内资金往来	144.68	191.95
			十、代理金融机构贷款		
			其中：代理人行专项贷款		
			十一、库存现金	58.44	65.42
			十二、外汇占款	5.96	—359.81
			十三、投资性房地产	1.35	1.25
资金来源总计	**5495.79**	**6563.93**	**资金运用总计**	**5495.79**	**6563.93**

注：1. 2010年1月1日起，“企业存款”剔除“机关团体定期存款”和“部队定期存款”，“机关团体存款”归属中增加“机关团体定期存款”、“部队定期存款”和“部队活期存款”。

2. 2010年1月1日起，按照全新的分类方式设置贷款指标。

3. 因2010年信贷收支表贷款项目调整较大，本卷年鉴不单列2009年数据，但为方便比较，增加2010年年初数据。

农村信用社浙江省信贷收支统计

单位:亿元

项目	2010年初	2010年末	项目	2010年初	2010年末
一、各项存款	1543.43	1643.70	一、各项贷款	1094.59	1155.13
1. 企业存款	99.84	110.60	(一) 境内贷款	1094.59	1155.13
2. 机关团体存款	23.35	19.52	1. 短期贷款	1001.24	1013.54
3. 储蓄存款	1079.20	1137.74	(1) 个人贷款及透支	496.35	509.02
4. 农业存款	298.68	339.47	其中:个人消费贷款	69.97	82.26
5. 其他存款	42.36	36.37	(2) 单位普通贷款及透支	503.13	501.57
二、代理财政性存款	0.42	1.31	其中:经营性贷款	497.94	491.91
三、金融债券			固定资产贷款	5.19	9.66
四、应付及暂收款	44.50	48.38	(3) 普通并购贷款		
五、卖出回购资产		54.48	(4) 银团贷款	1.76	2.95
六、向中央银行借款	12.33	13.61	(5) 贸易融资		
七、同业往来	2.95	5.28	2. 中长期贷款	87.86	138.97
其中:同业拆借			(1) 个人贷款	37.63	75.60
八、行内资金往来	148.48	189.46	其中:个人消费贷款	15.35	27.78
九、委托存款及委托投资基金(净)	0.18	0.27	(2) 单位普通贷款	47.24	59.39
1. 委托存款及委托投资基金	1.47	1.86	其中:经营贷款	25.07	40.50
2. 减:委托贷款及委托投资	1.29	1.59	固定资产贷款	22.17	18.89
十、代理金融机构委托贷款基金	0.15	0.15	(3) 普通并购贷款		
十一、各项准备	57.53	56.06	(4) 银团贷款	2.99	3.98
十二、所有者权益	117.15	134.59	(5) 贸易融资		

续表

项目	2010年初	2010年末	项目	2010年初	2010年末
十三、其他	31.93	-61.67	3. 票据融资	5.18	2.58
			4. 各项垫款	0.31	0.04
			(二) 境外贷款		
			二、有价证券及投资	139.12	167.26
			三、应收及预付款	38.59	50.55
			四、买入返售资产		8.37
			五、存放中央准备金存款	379.23	384.19
			六、存放中央银行特种存款		
			七、缴存中央银行财政性存款	0.52	0.68
			八、同业往来	283.10	326.28
			其中:拆放同业		
			九、行内资金往来		
			十、代理金融机构贷款	0.15	0.15
			其中:代理人行专项贷款	0.15	0.15
			十一、库存现金	22.01	25.13
			十二、外汇占款	1.66	-32.19
			十三、投资性房地产	0.08	0.07
资金来源总计	**1959.05**	**2085.62**	**资金运用总计**	**1959.05**	**2085.62**

注:1. 2010年1月1日起,“企业存款”剔除“机关团体定期存款”和“部队定期存款”,“机关团体存款”归属中增加“机关团体定期存款”、“部队定期存款”和“部队活期存款”。

2. 2010年1月1日起,按照全新的分类方式设置贷款指标。

3. 因2010年信贷收支表贷款项目调整较大,本卷年鉴不单列2009年数据,但为方便比较,增加2010年年初数据。

金融信托投资公司浙江省信贷收支统计

单位：亿元

项目	2010年初	2010年末	项目	2010年初	2010年末
各项存款	26.47	5.84	各项贷款	35.32	13.34
信托存款			信托贷款		
委托存款	26.45	5.82	委托贷款	26.45	5.81
委托存款	26.45	5.82	票据融资		
委托投资基金			融资租赁	0.01	
保证金存款	0.02	0.02	各项垫款		
其他存款			其他贷款	8.86	7.53
金融债券			委托投资		
应付及暂收款	12.90	6.08	投资	26.23	49.25
长期借款			应收及预付款	2.10	2.62
证券业务款项			证券业务占款		
卖出回购资产			经营租赁		
向中央银行借款			买入返售资产		
同业往来	0.06	0.06	缴存中央银行准备金存款		
其中：同业拆借	0.06	0.06	存放中央银行特种存款		
代理金融机构贷款基金			同业往来	22.57	23.07
其中：人行委托专项贷款基金			其中：拆放同业		
各项准备	0.28	0.15	代理金融机构贷款		
所有者权益	65.34	78.34	其中：代理人行专项贷款		
其他	−18.82	−2.18	库存现金		
			外币占款	0.01	0.01
资金来源总计	**86.23**	**88.29**	**资金运用总计**	**86.23**	**88.29**

金融租赁公司浙江省信贷收支统计

单位：亿元

项目	2010年初	2010年末	项目	2010年初	2010年末
各项存款	58.35	79.23	各项贷款	209.99	298.14
信托存款			信托贷款		
委托存款			委托贷款		
委托存款			票据融资		
委托投资基金			融资租赁	209.99	298.14
保证金存款	58.35	79.23	各项垫款		
其他存款			其他贷款		
金融债券		9.94	委托投资		
应付及暂收款	14.32	33.01	投资		
长期借款	73.77	98.94	应收及预付款	13.48	30.29
证券业务款项			证券业务占款		
卖出回购资产	27.05	59.21	经营租赁		0.36
向中央银行借款			买入返售资产		
同业往来	12.01	5.52	缴存中央银行准备金存款		
其中：同业拆借	12.01	5.52	存放中央银行特种存款		
代理金融机构贷款基金			同业往来		10.68
其中：人行委托专项贷款基金			其中：拆放同业		
各项准备	3.50	5.47	代理金融机构贷款		
所有者权益	20.24	40.88	库存现金		
其他	14.23	7.27	外币占款		
资金来源总计	**223.47**	**339.47**	**资金运用总计**	**223.47**	**339.47**

财务公司浙江省信贷收支统计

单位:亿元

项　　目	2010年初	2010年末	项　　目	2010年初	2010年末
各项存款	206.09	322.96	各项贷款	187.77	264.48
企业存款	114.10	153.36	短期贷款	30.13	34.99
机关团体存款			中长期贷款	66.76	62.04
委托存款及投资基金	91.29	169.05	委托贷款	87.01	164.77
委托存款	87.01	164.77	信托贷款		
委托投资基金	4.28	4.28	票据融资	3.87	2.68
信托存款			融资租赁		
保证金存款	0.70	0.55	各项垫款		
其他存款			委托投资	4.28	4.28
金融债券			投资	9.36	9.44
应付及暂收款	0.88	0.88	应收及预付款	0.06	2.35
长期借款			证券业务占款		
证券业务占款			经营租赁		
卖出回购资产			买入返售资产		
向中央银行借款			存放中央银行准备金存款	12.93	21.47
同业往来	13.86	7.08	缴存中央银行特种存款		
其中:同业拆借		4.00	同业往来	34.89	71.17
代理金融机构贷款基金			其中:拆放同业		
其中:中央银行委托贷款基金			代理金融机构贷款		
各项准备	0.77	0.90	其中:代理人行专项贷款		
所有者权益	28.13	44.24	现金		
其他	−0.44	−2.87	外汇占款		
资金来源总计	**249.29**	**373.19**	**资金运用总计**	**249.29**	**373.19**

杭州市金融机构(含外资)信贷收支统计

单位:亿元

项目	2010年初	2010年末	项目	2010年初	2010年末
各项存款	14058.43	16838.18	各项贷款	12688.05	14502.91
企业存款	6438.95	7936.54	境内贷款	12687.72	14502.54
财政存款	446.51	470.61	短期贷款	5545.39	6394.65
机关团体存款	994.58	1181.80	个人贷款及透支	622.70	922.27
储蓄存款	4223.63	4932.87	其中:个人消费贷款	226.55	309.36
农业存款	338.05	428.41	单位贷款及透支	4722.38	5219.42
委托存款	174.62	266.39	其中:经营贷款	4592.62	5045.34
其他存款	1442.09	1621.56	固定资产贷款	102.93	135.64
金融债券	26.25	48.33	普通并购贷款		0.75
应付及暂收款	448.66	328.82	银团贷款	4.88	2.51
同业往来(来源方)	554.59	355.82	贸易融资	195.43	249.70
行内资金往来(来源方)			中长期贷款	6276.89	7402.73
各项准备	178.22	207.42	个人贷款	1871.34	2302.57
所有者权益	431.06	607.40	其中:个人消费贷款	1746.44	2117.10
其他	−1214.40	−1663.93	单位贷款	4160.73	4778.66
			其中:经营贷款	1143.22	1282.31
			固定资产贷款	2997.45	3462.34
			普通并购贷款	2.65	12.10
			银团贷款	143.83	212.72
			贸易融资	98.34	96.68

续表

项　目	2010 年初	2010 年末	项　目	2010 年初	2010 年末
			融资租赁	193.84	257.41
			委托贷款	113.46	170.58
			票据融资	545.88	267.42
			各项垫款	12.26	9.75
			境外贷款	0.33	0.37
			有价证券及投资	645.37	785.05
			应收及预付款	299.16	185.89
			同业往来(运用方)	4.85	37.49
			行内资金往来(运用方)	617.41	1034.57
			金银占款		
			外汇占款	17.77	−53.70
			固定资产	159.95	166.90
			库存现金	49.05	61.15
			投资性房地产	1.20	1.78
资金来源总计	**14482.81**	**16722.04**	**资金运用总计**	**14482.81**	**16722.04**

杭州市金融机构(不含外资)信贷收支统计

单位:亿元

项目	2010年初	2010年末	项目	2010年初	2010年末
各项存款	13998.80	16741.42	各项贷款	12636.30	14396.78
企业存款	6389.98	7857.26	境内贷款	12636.30	14396.72
财政存款	446.51	470.61	短期贷款	5519.67	6355.25
机关团体存款	994.58	1181.81	个人贷款及透支	622.60	921.63
储蓄存款	4214.53	4918.64	其中:个人消费贷款	226.44	308.73
农业存款	338.05	428.41	单位贷款及透支	4696.76	5182.41
委托存款	174.62	266.39	其中:经营贷款	4592.62	5045.34
其他存款	1440.53	1618.30	固定资产贷款	102.93	135.64
金融债券	26.25	48.33	普通并购贷款		0.75
应付及暂收款	444.55	314.90	银团贷款	4.88	2.51
同业往来(来源方)	559.96	362.30	贸易融资	195.43	247.95
行内资金往来(来源方)			中长期贷款	6252.37	7358.90
各项准备	177.91	207.01	个人贷款	1866.88	2292.75
所有者权益	424.26	599.17	其中:个人消费贷款	1741.98	2107.29
其他	—1206.89	—1657.89	单位贷款	4140.67	4744.65
			其中:经营贷款	1143.22	1282.31
			固定资产贷款	2997.45	3462.34
			普通并购贷款	2.65	12.10
			银团贷款	143.83	212.72
			贸易融资	98.34	96.68

续表

项　目	2010年初	2010年末	项　目	2010年初	2010年末
			融资租赁	193.84	257.41
			委托贷款	113.46	170.58
			票据融资	544.70	244.83
			各项垫款	12.26	9.75
			境外贷款		0.06
			有价证券及投资	645.38	785.05
			应收及预付款	293.36	185.67
			同业往来(运用方)	4.85	37.49
			行内资金往来(运用方)	617.41	1034.56
			金银占款		
			外汇占款	17.77	−53.70
			固定资产	159.64	166.63
			库存现金	48.93	60.98
			投资性房地产	1.20	1.78
资金来源总计	**14424.84**	**16615.24**	**资金运用总计**	**14424.84**	**16615.24**

宁波市金融机构(含外资)信贷收支统计

单位:亿元

项　目	2010 年初	2010 年末	项　目	2010 年初	2010 年末
各项存款	8083.74	9552.04	各项贷款	7424.88	9000.62
企业存款	2795.39	3262.11	境内贷款	7424.85	9000.59
财政存款	156.02	208.23	短期贷款	3910.74	4697.78
机关团体存款	748.32	908.45	个人贷款及透支	677.56	953.66
储蓄存款	2870.10	3282.26	其中:个人消费贷款	394.83	502.04
农业存款	243.37	293.75	单位贷款及透支	3153.26	3543.21
委托存款	43.21	59.26	其中:经营贷款	3027.38	3457.45
其他存款	1227.33	1537.98	固定资产贷款	121.15	75.80
金融债券	56.50	81.18	普通并购贷款		
应付及暂收款	171.38	199.47	银团贷款	1.40	0.72
同业往来(来源方)	53.48	20.25	贸易融资	78.52	200.19
行内资金往来(来源方)		214.34	中长期贷款	3158.87	4095.10
各项准备	90.62	105.30	个人贷款	917.31	1219.63
所有者权益	310.65	453.45	其中:个人消费贷款	857.96	1131.36
其他	−561.70	−1193.11	单位贷款	2172.64	2671.08
			其中:经营贷款	419.20	478.02
			固定资产贷款	1752.44	2191.89
			普通并购贷款		7.48
			银团贷款	68.33	169.79
			贸易融资	0.59	27.12

续表

项　　目	2010年初	2010年末	项　　目	2010年初	2010年末
			融资租赁	11.91	31.37
			委托贷款		
			票据融资	332.03	168.67
			各项垫款	11.30	7.67
			境外贷款	0.03	0.03
			有价证券及投资	507.36	460.64
			应收及预付款	69.07	63.25
			同业往来(运用方)	6.74	10.43
			行内资金往来(运用方)	86.48	
			金银占款		
			外汇占款	—24.79	—262.49
			固定资产	91.16	109.86
			库存现金	39.60	48.36
			投资性房地产	4.17	2.25
资金来源总计	**8204.67**	**9432.92**	**资金运用总计**	**8204.67**	**9432.92**

宁波市金融机构(不含外资)信贷收支统计

单位:亿元

项目	2010年初	2010年末	项目	2010年初	2010年末
各项存款	8078.50	9528.88	各项贷款	7419.48	8985.24
企业存款	2792.62	3244.47	境内贷款	7419.48	8985.24
财政存款	156.02	208.23	短期贷款	3906.44	4688.04
机关团体存款	748.32	908.45	个人贷款及透支	677.56	953.65
储蓄存款	2867.96	3277.36	其中:个人消费贷款	394.83	502.03
农业存款	243.37	293.75	单位贷款及透支	3148.96	3533.48
委托存款	43.21	59.26	其中:经营贷款	3027.38	3457.45
其他存款	1227.00	1537.36	固定资产贷款	121.15	75.80
金融债券	56.50	81.18	普通并购贷款		
应付及暂收款	171.34	199.23	银团贷款	1.40	0.72
同业往来(来源方)	54.70	21.76	贸易融资	78.52	200.19
行内资金往来(来源方)		214.34	中长期贷款	3157.81	4093.80
各项准备	90.61	105.29	个人贷款	917.25	1219.50
所有者权益	308.82	450.75	其中:个人消费贷款	857.90	1131.24
其他	−561.28	−1184.04	单位贷款	2171.64	2669.91
			其中:经营贷款	419.20	478.02
			固定资产贷款	1752.44	2191.89
			普通并购贷款		7.48
			银团贷款	68.33	169.79
			贸易融资	0.59	27.12

续表

项目	2010年初	2010年末	项目	2010年初	2010年末
			融资租赁	11.91	31.37
			委托贷款		
			票据融资	332.02	164.36
			各项垫款	11.30	7.67
			境外贷款		
			有价证券及投资	507.37	460.64
			应收及预付款	68.99	63.12
			同业往来(运用方)	6.74	10.43
			行内资金往来(运用方)	86.48	
			金银占款		
			外汇占款	-24.79	-262.49
			固定资产	91.16	109.86
			库存现金	39.59	48.34
			投资性房地产	4.17	2.25
资金来源总计	**8199.19**	**9417.39**	**资金运用总计**	**8199.19**	**9417.39**

温州市金融机构信贷收支统计

单位:亿元

项目	2010年初	2010年末	项目	2010年初	2010年末
各项存款	5190.76	6222.74	各项贷款	4393.73	5381.57
企业存款	1393.68	1924.72	境内贷款	4393.73	5381.57
财政存款	129.09	142.40	短期贷款	3348.89	4181.89
机关团体存款	314.06	433.53	个人贷款及透支	1423.46	1912.60
储蓄存款	2617.23	2916.12	其中:个人消费贷款	487.72	638.08
农业存款	146.40	192.70	单位贷款及透支	1878.30	2212.47
委托存款	10.09	6.55	其中:经营贷款	1853.07	2192.19
其他存款	580.21	606.72	固定资产贷款	25.22	20.27
金融债券	5.57	5.57	普通并购贷款		
应付及暂收款	118.87	91.18	银团贷款		0.30
同业往来(来源方)	15.84	4.26	贸易融资	47.13	56.52
行内资金往来(来源方)			中长期贷款	993.08	1172.58
各项准备	40.27	52.91	个人贷款	562.98	688.19
所有者权益	168.83	237.44	其中:个人消费贷款	512.42	634.86
其他	—391.05	—471.42	单位贷款	422.55	475.92
			其中:经营贷款	88.27	90.37
			固定资产贷款	334.28	385.55
			普通并购贷款		
			银团贷款	7.55	8.47
			贸易融资		

续表

项目	2010年初	2010年末	项目	2010年初	2010年末
			融资租赁		
			委托贷款		
			票据融资	50.01	25.98
			各项垫款	1.75	1.12
			境外贷款		
			有价证券及投资	108.74	138.37
			应收及预付款	88.21	59.16
			同业往来(运用方)	3.98	7.28
			行内资金往来(运用方)	450.64	495.88
			金银占款		
			外汇占款	1.40	−52.72
			固定资产	52.76	59.00
			库存现金	49.28	53.74
			投资性房地产	0.35	0.40
资金来源总计	**5149.09**	**6142.68**	**资金运用总计**	**5149.09**	**6142.68**

嘉兴市金融机构信贷收支统计

单位：亿元

项目	2010年初	2010年末	项目	2010年初	2010年末
各项存款	2853.16	3526.61	各项贷款	2170.60	2615.92
企业存款	879.67	1095.98	境内贷款	2170.60	2615.92
财政存款	30.06	54.06	短期贷款	1116.00	1371.54
机关团体存款	247.83	333.90	个人贷款及透支	137.45	206.60
储蓄存款	1376.76	1621.29	其中：个人消费贷款	31.03	45.11
农业存款	96.84	119.32	单位贷款及透支	945.59	1117.45
委托存款	8.23	13.37	其中：经营贷款	928.74	1105.01
其他存款	213.77	288.69	固定资产贷款	13.96	11.21
金融债券	3.68	3.50	普通并购贷款		
应付及暂收款	64.73	63.02	银团贷款		
同业往来(来源方)	1.39	0.96	贸易融资	32.96	47.49
行内资金往来(来源方)			中长期贷款	1019.08	1221.39
各项准备	32.61	38.15	个人贷款	307.76	387.23
所有者权益	90.68	114.81	其中：个人消费贷款	254.92	328.22
其他	-251.54	-289.86	单位贷款	699.74	800.17
			其中：经营贷款	99.25	131.37
			固定资产贷款	600.49	668.80
			普通并购贷款		
			银团贷款	11.58	33.99
			贸易融资		

续表

项目	2010年初	2010年末	项目	2010年初	2010年末
			融资租赁		
			委托贷款		
			票据融资	34.57	22.52
			各项垫款	0.95	0.47
			境外贷款		
			有价证券及投资	95.43	109.21
			应收及预付款	38.14	29.17
			同业往来(运用方)	0.49	0.76
			行内资金往来(运用方)	445.70	715.30
			金银占款		
			外汇占款	1.64	−61.73
			固定资产	25.94	28.06
			库存现金	16.77	20.50
			投资性房地产		
资金来源总计	**2794.71**	**3457.19**	**资金运用总计**	**2794.71**	**3457.19**

湖州市金融机构信贷收支统计

单位：亿元

项目	2010年初	2010年末	项目	2010年初	2010年末
各项存款	1383.80	1789.70	各项贷款	1122.28	1419.97
企业存款	406.82	546.87	境内贷款	1122.28	1419.97
财政存款	9.76	14.11	短期贷款	604.29	803.16
机关团体存款	97.33	143.81	个人贷款及透支	188.22	244.99
储蓄存款	684.97	818.37	其中：个人消费贷款	43.21	54.78
农业存款	82.89	115.83	单位贷款及透支	401.78	528.07
委托存款	0.58	1.49	其中：经营贷款	396.04	523.25
其他存款	101.45	149.22	固定资产贷款	5.74	4.82
金融债券			普通并购贷款		
应付及暂收款	23.52	28.15	银团贷款		0.03
同业往来（来源方）	0.31	1.18	贸易融资	14.29	30.07
行内资金往来（来源方）			中长期贷款	490.34	600.84
各项准备	12.07	15.33	个人贷款	192.15	255.86
所有者权益	60.64	100.47	其中：个人消费贷款	160.52	217.18
其他	−143.18	−194.47	单位贷款	295.28	339.62
			其中：经营贷款	74.13	81.13
			固定资产贷款	221.15	258.49
			普通并购贷款		
			银团贷款	2.91	5.36
			贸易融资		

续表

项　　目	2010 年初	2010 年末	项　　目	2010 年初	2010 年末
			融资租赁		
			委托贷款		
			票据融资	27.63	15.81
			各项垫款	0.02	0.16
			境外贷款		
			有价证券及投资	43.74	62.78
			应收及预付款	15.18	18.58
			同业往来(运用方)	1.80	3.60
			行内资金往来(运用方)	126.27	217.27
			金银占款		
			外汇占款	0.27	−20.18
			固定资产	17.47	23.30
			库存现金	9.79	14.72
			投资性房地产	0.36	0.32
资金来源总计	**1337.16**	**1740.36**	**资金运用总计**	**1337.16**	**1740.36**

绍兴市金融机构信贷收支统计

单位：亿元

项　目	2010 年初	2010 年末	项　目	2010 年初	2010 年末
各项存款	4103.24	4910.85	各项贷款	3186.41	3820.13
企业存款	1346.62	1789.50	境内贷款	3186.41	3820.13
财政存款	72.60	92.98	短期贷款	2378.44	2813.53
机关团体存款	278.30	334.22	个人贷款及透支	290.42	386.61
储蓄存款	1696.20	1935.53	其中：个人消费贷款	50.80	63.26
农业存款	151.97	170.58	单位贷款及透支	2016.23	2329.81
委托存款	7.11	6.48	其中：经营贷款	1996.42	2311.47
其他存款	550.44	581.56	固定资产贷款	19.80	18.33
金融债券			普通并购贷款		
应付及暂收款	95.66	65.06	银团贷款		0.60
同业往来（来源方）	4.49	5.72	贸易融资	71.79	96.51
行内资金往来（来源方）			中长期贷款	725.16	949.91
各项准备	58.14	65.13	个人贷款	320.77	415.38
所有者权益	140.67	179.61	其中：个人消费贷款	283.55	365.18
其他	−394.98	−449.75	单位贷款	401.26	525.92
			其中：经营贷款	129.11	125.26
			固定资产贷款	272.15	400.66
			普通并购贷款		
			银团贷款	3.13	8.61
			贸易融资		

续表

项　目	2010年初	2010年末	项　目	2010年初	2010年末
			融资租赁		
			委托贷款		
			票据融资	78.10	53.99
			各项垫款	4.71	2.70
			境外贷款		
			有价证券及投资	121.69	147.00
			应收及预付款	72.94	36.57
			同业往来(运用方)	3.85	6.16
			行内资金往来(运用方)	553.54	793.69
			金银占款		
			外汇占款	1.33	−99.48
			固定资产	44.27	48.06
			库存现金	23.19	24.49
			投资性房地产		
资金来源总计	**4007.22**	**4776.62**	**资金运用总计**	**4007.22**	**4776.62**

金华市金融机构信贷收支统计

单位：亿元

项目	2010年初	2010年末	项目	2010年初	2010年末
各项存款	3193.43	3948.77	各项贷款	2477.78	3046.15
企业存款	796.72	1075.62	境内贷款	2477.78	3046.15
财政存款	56.56	95.64	短期贷款	1772.15	2210.68
机关团体存款	294.40	372.21	个人贷款及透支	425.96	565.84
储蓄存款	1704.35	2011.95	其中：个人消费贷款	79.64	95.52
农业存款	92.27	112.47	单位贷款及透支	1301.51	1587.78
委托存款	0.45	0.93	其中：经营贷款	1294.49	1585.30
其他存款	248.68	279.95	固定资产贷款	7.02	2.48
金融债券	9.06	9.07	普通并购贷款		
应付及暂收款	44.06	53.14	银团贷款		
同业往来(来源方)	1.91	2.31	贸易融资	44.68	57.06
行内资金往来(来源方)			中长期贷款	684.19	811.39
各项准备	42.67	50.06	个人贷款	399.18	463.22
所有者权益	123.61	172.73	其中：个人消费贷款	347.26	404.30
其他	－411.33	－372.24	单位贷款	275.21	331.67
			其中：经营贷款	70.58	84.56
			固定资产贷款	204.63	247.11
			普通并购贷款		
			银团贷款	9.80	16.50
			贸易融资		

续表

项目	2010年初	2010年末	项目	2010年初	2010年末
			融资租赁	4.25	9.36
			委托贷款		
			票据融资	14.46	13.43
			各项垫款	2.73	1.29
			境外贷款		
			有价证券及投资	59.81	89.79
			应收及预付款	24.22	30.84
			同业往来(运用方)	0.52	1.68
			行内资金往来(运用方)	387.78	629.87
			金银占款		
			外汇占款	0.76	0.32
			固定资产	27.66	31.54
			库存现金	24.36	33.17
			投资性房地产	0.52	0.48
资金来源总计	**3003.41**	**3863.84**	**资金运用总计**	**3003.41**	**3863.84**

衢州市金融机构信贷收支统计

单位：亿元

项目	2010年初	2010年末	项目	2010年初	2010年末
各项存款	750.39	949.15	各项贷款	616.78	770.41
企业存款	218.22	278.59	境内贷款	616.78	770.41
财政存款	18.58	27.86	短期贷款	310.61	409.26
机关团体存款	74.83	129.16	个人贷款及透支	84.80	121.40
储蓄存款	369.64	429.85	其中：个人消费贷款	16.15	24.78
农业存款	31.87	39.78	单位贷款及透支	212.28	264.36
委托存款	0.08	0.07	其中：经营贷款	199.93	260.92
其他存款	37.17	43.84	固定资产贷款	12.35	3.44
金融债券			普通并购贷款		
应付及暂收款	11.81	12.05	银团贷款	1.98	3.28
同业往来(来源方)	0.26	0.21	贸易融资	11.55	20.22
行内资金往来(来源方)			中长期贷款	290.44	352.88
各项准备	9.95	13.30	个人贷款	125.51	156.90
所有者权益	20.80	28.50	其中：个人消费贷款	103.05	130.99
其他	−75.18	−67.23	单位贷款	162.65	192.09
			其中：经营贷款	33.15	36.70
			固定资产贷款	129.50	155.39
			普通并购贷款		
			银团贷款	2.28	3.89
			贸易融资		

续表

项目	2010年初	2010年末	项目	2010年初	2010年末
			融资租赁		
			委托贷款		
			票据融资	15.57	7.91
			各项垫款	0.16	0.36
			境外贷款		
			有价证券及投资	8.29	12.40
			应收及预付款	4.53	2.70
			同业往来(运用方)		0.39
			行内资金往来(运用方)	72.94	131.93
			金银占款		
			外汇占款		
			固定资产	10.13	11.17
			库存现金	5.36	6.98
			投资性房地产		
资金来源总计	**718.03**	**935.98**	**资金运用总计**	**718.03**	**935.98**

台州市金融机构信贷收支统计

单位：亿元

项目	2010年初	2010年末	项目	2010年初	2010年末
各项存款	2915.03	3562.80	各项贷款	2422.92	2940.51
企业存款	807.89	982.70	境内贷款	2422.92	2940.51
财政存款	55.40	74.07	短期贷款	1563.56	1932.49
机关团体存款	284.78	405.61	个人贷款及透支	774.20	982.43
储蓄存款	1443.75	1725.08	其中：个人消费贷款	175.96	279.66
农业存款	76.33	99.21	单位贷款及透支	749.15	894.23
委托存款	0.30	0.61	其中：经营贷款	738.74	881.07
其他存款	246.58	275.52	固定资产贷款	9.71	12.38
金融债券	3.95	9.95	普通并购贷款		
应付及暂收款	64.38	49.41	银团贷款		
同业往来(来源方)	1.39	0.51	贸易融资	40.21	55.83
行内资金往来(来源方)			中长期贷款	818.67	984.53
各项准备	35.69	46.81	个人贷款	478.86	588.30
所有者权益	138.49	177.89	其中：个人消费贷款	433.67	515.70
其他	−493.16	−526.80	单位贷款	339.62	396.06
			其中：经营贷款	62.81	54.21
			固定资产贷款	276.81	341.85
			普通并购贷款		
			银团贷款	0.19	0.17
			贸易融资		

续表

项目	2010年初	2010年末	项目	2010年初	2010年末
			融资租赁		
			委托贷款		
			票据融资	35.45	19.69
			各项垫款	5.24	3.80
			境外贷款		
			有价证券及投资	55.06	90.51
			应收及预付款	42.60	19.87
			同业往来(运用方)	2.81	6.32
			行内资金往来(运用方)	71.51	182.90
			金银占款		
			外汇占款	0.67	−11.40
			固定资产	32.10	37.38
			库存现金	38.07	54.38
			投资性房地产	0.03	0.10
资金来源总计	**2665.77**	**3320.57**	**资金运用总计**	**2665.77**	**3320.57**

丽水市金融机构信贷收支统计

单位：亿元

项目	2010 年初	2010 年末	项目	2010 年初	2010 年末
各项存款	880.78	1019.54	各项贷款	666.08	809.11
企业存款	198.18	262.56	境内贷款	666.08	809.11
财政存款	21.38	23.62	短期贷款	318.50	429.89
机关团体存款	105.33	127.08	个人贷款及透支	141.98	186.37
储蓄存款	497.18	533.75	其中：个人消费贷款	46.71	64.02
农业存款	31.76	43.36	单位贷款及透支	169.55	229.82
委托存款	0.07	0.05	其中：经营贷款	163.76	224.56
其他存款	26.88	29.12	固定资产贷款	5.79	5.26
金融债券			普通并购贷款		
应付及暂收款	10.01	12.31	银团贷款	0.10	
同业往来（来源方）	0.62	1.31	贸易融资	6.87	13.70
行内资金往来（来源方）			中长期贷款	330.05	370.61
各项准备	9.48	12.13	个人贷款	159.98	179.20
所有者权益	21.14	29.21	其中：个人消费贷款	144.77	157.98
其他	−102.42	−63.86	单位贷款	160.05	180.48
			其中：经营贷款	47.07	52.80
			固定资产贷款	112.98	127.68
			普通并购贷款		
			银团贷款	10.02	10.93
			贸易融资		

续表

项目	2010年初	2010年末	项目	2010年初	2010年末
			融资租赁		
			委托贷款		
			票据融资	17.51	8.47
			各项垫款	0.02	0.14
			境外贷款		
			有价证券及投资	4.35	10.29
			应收及预付款	1.68	2.65
			同业往来(运用方)	0.17	
			行内资金往来(运用方)	130.50	168.74
			金银占款		
			外汇占款	0.14	—0.06
			固定资产	9.70	11.04
			库存现金	6.99	8.87
			投资性房地产		
资金来源总计	**819.61**	**1010.64**	**资金运用总计**	**819.61**	**1010.64**

舟山市金融机构信贷收支统计

单位：亿元

项　目	2010年初	2010年末	项　目	2010年初	2010年末
各项存款	920.20	1121.07	各项贷款	828.96	980.77
企业存款	312.02	389.23	境内贷款	828.96	980.77
财政存款	35.44	54.26	短期贷款	388.68	470.34
机关团体存款	137.40	178.56	个人贷款及透支	73.88	108.58
储蓄存款	350.19	405.09	其中：个人消费贷款	27.15	37.76
农业存款	35.34	42.31	单位贷款及透支	301.78	330.97
委托存款			其中：经营贷款	299.38	329.73
其他存款	49.81	51.62	固定资产贷款	2.40	1.24
金融债券			普通并购贷款		
应付及暂收款	18.81	13.21	银团贷款		
同业往来(来源方)	1.79	0.29	贸易融资	13.02	30.79
行内资金往来(来源方)			中长期贷款	438.32	507.03
各项准备	6.94	9.14	个人贷款	113.81	147.50
所有者权益	29.20	37.03	其中：个人消费贷款	101.90	132.17
其他	−97.47	−85.68	单位贷款	320.51	355.25
			其中：经营贷款	57.36	50.81
			固定资产贷款	263.15	304.44
			普通并购贷款		0.63
			银团贷款	4.00	3.65
			贸易融资		

续表

项　目	2010年初	2010年末	项　目	2010年初	2010年末
			融资租赁		
			委托贷款		
			票据融资	1.90	3.34
			各项垫款	0.06	0.06
			境外贷款		
			有价证券及投资	2.51	2.43
			应收及预付款	9.15	2.21
			同业往来(运用方)		0.50
			行内资金往来(运用方)	23.15	89.92
			金银占款		
			外汇占款		
			固定资产	8.17	9.68
			库存现金	7.53	9.55
			投资性房地产		
资金来源总计	**879.47**	**1095.06**	**资金运用总计**	**879.47**	**1095.06**

中国工商银行分地区人民币存贷款统计

（2010 年）

单位：万元

项目＼地区	浙江省	杭州市	宁波市	温州市	嘉兴市	湖州市	绍兴市	金华市	衢州市	台州市	丽水市	舟山市
各项存款	**73362054**	**24711899**	**11388950**	**6678827**	**4584774**	**2956158**	**5785402**	**5840681**	**1835676**	**5568444**	**1639349**	**2371894**
企业存款	21491263	8741661	3030151	1748117	1235423	892841	1945527	1139794	454438	1118177	342380	842754
活期存款	14847644	6057929	2413902	1025427	920361	733453	1129778	729216	318970	720398	296238	501972
定期存款	6643619	2683732	616249	722690	315062	159388	815749	410578	135468	397779	46142	340782
机关团体存款	18530703	5663269	3447175	1126514	961671	697666	1363564	1720101	494328	1791705	474703	790007
储蓄存款	29888196	9384168	4179716	3450302	2089310	1284917	2029772	2785367	826102	2443767	764372	650403
活期储蓄	12486996	3652818	1604769	1819601	681052	565013	730942	1483402	300263	1099342	331442	218352
定期储蓄	17401200	5731350	2574947	1630701	1408258	719904	1298830	1301965	525839	1344425	432930	432051
农业存款	2025	1156	303	367	42	45		1	1		38	72
其他存款	3449867	921645	731605	353527	298328	80689	446539	195418	60807	214795	57856	88658
各项贷款	**62979899**	**17355863**	**13034230**	**6435448**	**3599348**	**2405763**	**4992442**	**4660991**	**1486192**	**5039026**	**1545454**	**2425142**
境内贷款	62979899	17355863	13034230	6435448	3599348	2405763	4992442	4660991	1486192	5039026	1545454	2425142
短期贷款	25577180	3687561	4564678	4701562	1085428	955722	3362935	2658034	710632	2212829	636377	1001422
个人贷款及透支	5058828	192644	709593	2216280	167732	145542	417479	369385	82234	401509	218170	138260
其中：个人消费贷款	2614442	59130	488284	1208533	31631	57657	68242	73703	43139	290628	180724	112771
单位贷款及透支	15721421	2463736	2508027	2113445	639898	604960	2480046	1911364	497550	1524926	345313	632156

续表

项目 \ 地区	浙江省	杭州市	宁波市	温州市	嘉兴市	湖州市	绍兴市	金华市	衢州市	台州市	丽水市	舟山市
其中：经营贷款	15611108	2460012	2447827	2087615	628438	604960	2476046	1911364	496550	1523527	342613	632156
固定资产贷款	110313	3724	60200	25830	11460		4000		1000	1399	2700	
普通并购贷款												
银团贷款												
贸易融资	4796931	1031181	1347058	371837	277798	205220	465410	377285	130848	286394	72894	231006
中长期贷款	37056443	13392300	8419083	1733886	2507974	1446844	1627087	2002595	775003	2819474	908477	1423720
个人贷款	13648098	4119695	2257720	990755	812407	591018	776755	1098696	361637	1875139	357677	406599
其中：个人消费贷款	12480525	3853855	2150645	912725	665872	532656	642391	950200	317363	1748976	327497	378345
单位贷款	21964711	8728533	5471651	737981	1628667	855826	835532	816899	413366	944335	550800	981121
经营贷款	3948188	2068536	609416	181721	104324	158482	97764	241025	55620	160518	122889	147893
固定资产贷款	18016523	6659997	4862235	556260	1524343	697344	737768	575874	357746	783817	427911	833228
普通并购贷款	31800		31800									
银团贷款	1411834	544072	657912	5150	66900		14800	87000				36000
贸易融资												
票据融资	334560	272041	45806		5946	2992	259	349	244	6323	600	
各项垫款	11716	3961	4663			205	2161	13	313	400		
境外贷款												

中国农业银行分地区人民币存贷款统计

（2010 年）

单位：万元

项目 \ 地区	浙江省	杭州市	宁波市	温州市	嘉兴市	湖州市	绍兴市	金华市	衢州市	台州市	丽水市	舟山市
各项存款	**70038991**	**16246400**	**9644058**	**11483045**	**6007752**	**2686454**	**7127833**	**6285103**	**1554764**	**5088428**	**1760846**	**2154308**
企业存款	26270872	7717082	3516487	3127965	2104614	1033971	2915259	1804432	842769	1461280	639749	1107264
活期存款	15604114	4487821	2462434	1832110	1313834	718466	1664800	1085555	506789	700087	450166	382052
定期存款	10666758	3229261	1054053	1295855	790780	315505	1250459	718877	335980	761193	189583	725212
机关团体存款	2697469	299038	291826	245153	353633	84226	450817	205200	48215	323451	212742	183168
储蓄存款	37593035	7252736	5513325	7630549	3354029	1445553	3379495	4009596	570700	2833870	895319	707863
活期储蓄	21028622	3817169	2763289	5287292	1569732	786957	1502253	2622681	276116	1679262	434731	289140
定期储蓄	16564413	3435567	2750036	2343257	1784297	658596	1877242	1386915	294584	1154608	460588	418723
农业存款												
其他存款	3477615	977544	322420	479378	195476	122704	382262	265875	93080	469827	13036	156013
各项贷款	**53904968**	**11853161**	**9491217**	**8177294**	**4196363**	**1814940**	**4977792**	**4662786**	**1351244**	**3796071**	**1260455**	**2323645**
境内贷款	53904968	11853161	9491217	8177294	4196363	1814940	4977792	4662786	1351244	3796071	1260455	2323645
短期贷款	29730103	4355086	5086661	6070136	2003660	809554	3242529	3428386	602596	2297242	663853	1170400
个人贷款及透支	8368197	1114436	1298639	2841072	383632	230567	406355	808866	148591	706852	248368	180819
其中：个人消费贷款	6014090	1039776	754235	2421385	253840	206079	172845	286488	68136	521842	138785	150679
单位贷款及透支	21007227	3231036	3716542	3228321	1601730	575217	2635835	2602076	450893	1561891	415485	988201

续表

项目＼地区	浙江省	杭州市	宁波市	温州市	嘉兴市	湖州市	绍兴市	金华市	衢州市	台州市	丽水市	舟山市
其中：经营贷款	20830261	3230376	3707259	3216320	1572105	568817	2599727	2600416	449193	1531552	377595	976901
固定资产贷款	176571	650	8900	12000	29625	6400	36108	1660	1700	30338	37890	11300
普通并购贷款												
银团贷款												
贸易融资	354679	9614	71480	743	18298	3770	200339	17444	3112	28499		1380
中长期贷款	23495388	7006760	4293347	2100788	2180114	1003909	1731952	1231591	723074	1478519	592647	1152687
个人贷款	8643153	2051461	1631403	1116706	584007	337604	691140	629670	229342	889514	272723	209583
其中：个人消费贷款	8047210	1960090	1512833	1059807	516417	309244	653932	566174	211399	810042	249867	197405
单位贷款	14544524	4936539	2567904	984082	1536868	666305	989206	601921	493732	589005	236358	942604
经营贷款	1435083	228322	464545	216446	116852	20850	127493	146214	4690	59001	27190	23480
固定资产贷款	13109441	4708217	2103359	767636	1420016	645455	861713	455707	489042	530004	209168	919124
普通并购贷款	33000		33000									
银团贷款	274711	18760	61040		59239		51606				83566	500
贸易融资												
票据融资	651388	490658	108268	6370	12040	557	1637	554	25574	1217	3955	558
各项垫款	28089	657	2941		549	920	1674	2255		19093		
境外贷款												

中国银行分地区人民币存贷款统计

（2010 年）

单位：万元

项目 \ 地区	浙江省	杭州市	宁波市	温州市	嘉兴市	湖州市	绍兴市	金华市	衢州市	台州市	丽水市	舟山市
各项存款	**41707822**	**9969016**	**8184842**	**4007121**	**3045089**	**1103598**	**5166589**	**3680127**	**967283**	**3212702**	**1572143**	**799312**
企业存款	14944042	4798516	2317796	1056790	1267112	381563	1522379	1179203	405153	906270	666832	442428
活期存款	7851407	2126713	1500802	389795	677678	234491	899516	720157	258037	506073	346867	191278
定期存款	7092635	2671803	816994	666995	589434	147072	622863	459046	147116	400197	319965	251150
机关团体存款	2107846	240179	874531	292210		16127	234503	394	98622	351280		
储蓄存款	15676235	2823987	2818438	1945414	1263320	403134	1988193	1672710	328757	1328075	847565	256642
活期储蓄	5154643	873118	841597	677457	285751	111303	642271	875034	103757	483433	204371	56551
定期储蓄	10521592	1950869	1976841	1267957	977569	291831	1345922	797676	225000	844642	643194	200091
农业存款	17898	7552	2337	365	409	8	1304	811	1377	1940	931	864
其他存款	8961801	2098782	2171740	712342	514248	302766	1420210	827009	133374	625137	56815	99378
各项贷款	**39496307**	**9206111**	**7582986**	**4773430**	**2588297**	**1066456**	**4240508**	**3316611**	**970236**	**3514856**	**1405705**	**831111**
境内贷款	39496307	9206111	7582986	4773430	2588297	1066456	4240508	3316611	970236	3514856	1405705	831111
短期贷款	17542310	2785298	2782720	2623650	1093653	427502	2824420	2198836	378506	1565592	640440	221693
个人贷款及透支	2517587	112742	165695	1058546	95749	34203	338777	383718	21214	212800	72157	21986
其中：个人消费贷款	2159577	96255	142974	1028127	75206	31626	179812	303946	21160	196865	61850	21756
单位贷款及透支	13684710	2328829	2472777	1453831	875706	351360	2337093	1714852	310253	1161114	525782	153113

续表

项目 \ 地区	浙江省	杭州市	宁波市	温州市	嘉兴市	湖州市	绍兴市	金华市	衢州市	台州市	丽水市	舟山市
其中：经营贷款	13661148	2328829	2471327	1452831	862350	351360	2337093	1714852	310253	1153358	525782	153113
固定资产贷款	2850		850	1000	1000							
普通并购贷款												
银团贷款	7452	225	7227									
贸易融资	1332561	343502	137021	111273	122198	41939	148550	100266	47039	191678	42501	46594
中长期贷款	21567079	6307295	4673942	2147937	1485065	636164	1387311	1114215	587635	1880465	754547	592503
个人贷款	11460869	3073565	2071711	1602826	658601	340425	917246	646038	271558	1193627	452161	233111
其中：个人消费贷款	11005390	2985367	1974822	1565117	605206	319343	871142	615209	254440	1151482	434958	228304
单位贷款	9676199	2989471	2464810	545111	784433	295739	470065	468177	316077	686838	302386	353092
经营贷款	282811	138111	82800		3000	10000	4500	22400	14500	7500		
固定资产贷款	9393388	2851360	2382010	545111	781433	285739	465565	445777	301577	679338	302386	353092
普通并购贷款	60100	43800	10000									6300
银团贷款	369911	200459	127421		42031							
贸易融资												
票据融资	357083	103973	118815	1843	7694	2790	25127		3134	66673	10718	16316
各项垫款	29835	9545	7509		1885		3650	3560	961	2126		599
境外贷款												

中国建设银行分地区人民币存贷款统计

（2010 年）

单位：万元

项目 \ 地区	浙江省	杭州市	宁波市	温州市	嘉兴市	湖州市	绍兴市	金华市	衢州市	台州市	丽水市	舟山市
各项存款	**59523663**	**15466486**	**9674116**	**7821057**	**4896300**	**2389413**	**5129517**	**5490390**	**1615867**	**3307237**	**1653965**	**2079315**
企业存款	18453544	5486285	2622977	2373834	1426813	821132	2284361	1312507	433325	699388	350809	642113
活期存款	11577559	3314954	2200502	996033	1155595	594970	1054137	873251	277335	444849	243328	422605
定期存款	6875985	2171331	422475	1377801	271218	226162	1230224	439256	155990	254539	107481	219508
机关团体存款	12790375	2767169	2359964	1300075	1138766	480009	791381	1255657	551003	952587	484563	709201
储蓄存款	22495228	4965015	3364282	3702643	1989658	989007	1626792	2553289	552914	1354270	757395	639963
活期储蓄	10123061	2092311	1353326	2007616	704419	467331	669657	1318044	260228	649851	359084	241194
定期储蓄	12372167	2872704	2010956	1695027	1285239	521676	957135	1235245	292686	704419	398311	398769
农业存款	33297	7283	2089	1930	1419	3063	6135	5354	1784	913	1238	2089
其他存款	5751219	2240734	1324804	442575	339644	96202	420848	363583	76841	300079	59960	85949
各项贷款	**51167651**	**12787368**	**9790278**	**6387151**	**3970407**	**2244229**	**3764788**	**4699924**	**1289916**	**2878693**	**1556480**	**1798417**
境内贷款	51167651	12787368	9790278	6387151	3970407	2244229	3764788	4699924	1289916	2878693	1556480	1798417
短期贷款	21489161	4365265	3527309	3912991	842573	813766	2307195	2664906	539728	1335088	588865	591475
个人贷款及透支	2996098	332685	363189	1101497	103274	107495	302008	295789	44842	207793	98163	39363
其中：个人消费贷款	1160266	240544	281027	253659	19746	45966	51989	32760	21732	129433	55408	28002
单位贷款及透支	17798037	3816936	3036302	2752409	699288	667183	1963703	2300463	473725	1095675	469198	523155

续表

项目 \ 地区	浙江省	杭州市	宁波市	温州市	嘉兴市	湖州市	绍兴市	金华市	衢州市	台州市	丽水市	舟山市
其中:经营贷款	17733759	3798359	3033302	2752409	695288	667183	1938703	2300463	462775	1095674	466448	523155
固定资产贷款	55800	10100	3000		4000		25000		10950		2750	
普通并购贷款												
银团贷款												
贸易融资	695026	215644	127818	59085	40011	39088	41484	68654	21161	31620	21504	28957
中长期贷款	29028593	8337518	6087913	2395134	3065556	1407251	1411031	2013579	714494	1494552	898364	1203201
个人贷款	13310871	3683927	2414144	1598445	1019281	741565	681259	1213203	348380	752431	489722	368514
其中:个人消费贷款	12187601	3511192	2287321	1353124	880366	645878	605984	1092929	305537	708864	444218	352188
单位贷款	15717334	4653203	3673769	796689	2046275	665686	729772	800376	366114	742121	408642	834687
经营贷款	4651997	1745214	735314	122009	504130	320156	298961	279007	118492	123225	284406	121083
固定资产贷款	11065337	2907989	2938455	674680	1542145	345530	430811	521369	247622	618896	124236	713604
普通并购贷款												
银团贷款												
贸易融资	388	388										
票据融资	616224	72159	170756	77785	61925	23212	36270	20837	35414	44874	69251	3741
各项垫款	33673	12426	4300	1241	353		10292	602	280	4179		
境外贷款												

中国农业发展银行分地区人民币存贷款统计

（2010 年）

单位：万元

项目 \ 地区	浙江省	杭州市	宁波市	温州市	嘉兴市	湖州市	绍兴市	金华市	衢州市	台州市	丽水市	舟山市
各项存款	**556911**	**89102**	**59504**	**28827**	**75641**	**17736**	**45925**	**51243**	**55908**	**48605**	**53871**	**30549**
企业存款	439590	69234	47478	28155	65666	15531	35360	46355	28757	43158	51648	8248
活期存款	396549	64160	42138	26580	42908	14290	32840	44355	28357	42635	50388	7898
定期存款	43041	5074	5340	1575	22758	1241	2520	2000	400	523	1260	350
机关团体存款	52463	12419	1880	17	515	95	511	4790	24977	2563	1432	3264
储蓄存款												
活期储蓄												
定期储蓄												
农业存款												
其他存款	64858	7449	10146	655	9460	2110	10054	98	2174	2884	791	19037
各项贷款	**3601138**	**706127**	**559780**	**199850**	**462640**	**245603**	**289654**	**334634**	**216717**	**239653**	**190977**	**155503**
境内贷款	3601138	706127	559780	199850	462640	245603	289654	334634	216717	239653	190977	155503
短期贷款	1891707	484462	316627	123767	163457	105548	198878	164318	119432	99503	50664	65051
个人贷款及透支												
其中：个人消费贷款												
单位贷款及透支	1890607	484462	315527	123767	163457	105548	198878	164318	119432	99503	50664	65051

续表

项目 \ 地区	浙江省	杭州市	宁波市	温州市	嘉兴市	湖州市	绍兴市	金华市	衢州市	台州市	丽水市	舟山市
其中:经营贷款	1890607	484462	315527	123767	163457	105548	198878	164318	119432	99503	50664	65051
固定资产贷款												
普通并购贷款												
银团贷款												
贸易融资	1100		1100									
中长期贷款	1704102	221400	240300	76083	298072	140055	89676	170316	97285	140150	140313	90452
个人贷款												
其中:个人消费贷款												
单位贷款	1649052	221400	240300	35283	283822	140055	89676	170316	97285	140150	140313	90452
经营贷款	900	900										
固定资产贷款	1648152	220500	240300	35283	283822	140055	89676	170316	97285	140150	140313	90452
普通并购贷款												
银团贷款	55050			40800	14250							
贸易融资												
票据融资	5329	265	2853		1111		1100					
各项垫款												
境外贷款												

国家开发银行分地区人民币存贷款统计

（2010 年）

单位：万元

项目 \ 地区	浙江省	杭州市	宁波市
各项存款	**1627785**	**1018184**	**609601**
企业存款	1418440	809633	608807
活期存款	1183797	679242	504555
定期存款	234643	130391	104252
机关团体存款			
储蓄存款			
活期储蓄			
定期储蓄			
农业存款			
其他存款	209345	208551	794
各项贷款	**14786291**	**9833288**	**4953003**
境内贷款	14786291	9833288	4953003
短期贷款	1763069	1289110	473959
个人贷款及透支			
其中：个人消费贷款			
单位贷款及透支	1763069	1289110	473959
其中：经营贷款	746959	541610	205349
固定资产贷款	1016110	747500	268610
普通并购贷款			
银团贷款			
贸易融资			
中长期贷款	13022571	8543584	4478987
个人贷款			
其中：个人消费贷款			
单位贷款	12096024	8127705	3968319
经营贷款	379650	362650	17000
固定资产贷款	11716374	7765055	3951319
普通并购贷款	47500	47500	
银团贷款	879047	368379	510668
贸易融资			
票据融资	651	594	57
各项垫款			
境外贷款			

中国进出口银行分地区人民币存贷款统计

（2010 年）

单位：万元

项目 \ 地区	浙江省	杭州市	宁波市
各项存款	**134817**	**120457**	**14360**
企业存款	96613	82563	14050
活期存款	38231	24181	14050
定期存款	58382	58382	
机关团体存款			
储蓄存款			
活期储蓄			
定期储蓄			
农业存款			
其他存款	38204	37894	310
各项贷款	**2820267**	**2299573**	**520694**
境内贷款	2820267	2299573	520694
短期贷款	738354	667130	71224
个人贷款及透支			
其中：个人消费贷款			
单位贷款及透支	189029	165029	24000
其中：经营贷款	189029	165029	24000
固定资产贷款			
普通并购贷款			
银团贷款			
贸易融资	549325	502101	47224
中长期贷款	2081913	1632443	449470
个人贷款			
其中：个人消费贷款			
单位贷款	827606	652836	174770
经营贷款	827606	652836	174770
固定资产贷款			
普通并购贷款			
银团贷款	41159	13159	28000
贸易融资	1213148	966448	246700
票据融资			
各项垫款			
境外贷款			

浙商银行分地区人民币存贷款统计

（2010 年）

单位：万元

项目 \ 地区	浙江省	杭州市	宁波市	温州市	嘉兴市	湖州市	绍兴市	金华市	衢州市	台州市	舟山市
各项存款	**6960128**	**3025207**	**890391**	**1000159**	**340585**	**71317**	**625411**	**540160**	**94087**	**181105**	**191706**
企业存款	3947600	1818042	366712	499015	222853	46733	373706	311941	68866	112850	126882
活期存款	1152027	498468	148027	100223	109184	17575	110823	61764	22316	41311	42336
定期存款	2795573	1319574	218685	398792	113669	29158	262883	250177	46550	71539	84546
机关团体存款	1248443	636725	114321	164922	83464	19566	93242	71195	17963	515	46530
储蓄存款	762516	255772	94046	170722	14834	4943	95529	95271	4958	13698	12743
活期储蓄	208279	56411	26481	57203	3214	1097	6229	40056	1319	10590	5679
定期储蓄	554237	199361	67565	113519	11620	3846	89300	55215	3639	3108	7064
农业存款	8703	7401	933	185	41	75	10	2	55		1
其他存款	992866	307267	314379	165315	19393		62924	61751	2245	54042	5550
各项贷款	**6139330**	**2386843**	**795806**	**938500**	**280918**	**114235**	**561428**	**594420**	**111183**	**167600**	**188397**
境内贷款	6139330	2386843	795806	938500	280918	114235	561428	594420	111183	167600	188397
短期贷款	4487230	1474484	590036	858102	150800	90235	457614	539510	76702	120600	129147
个人贷款及透支	1468592	454502	166031	420130	35656	4995	143682	165560	10592	16655	50789
其中：个人消费贷款	42094	18665	8907	8503	919	185	1482	740	614	643	1436
单位贷款及透支	3018138	1019982	424005	437472	115144	85240	313932	373950	66110	103945	78358

续表

项目 \ 地区	浙江省	杭州市	宁波市	温州市	嘉兴市	湖州市	绍兴市	金华市	衢州市	台州市	舟山市
其中:经营贷款	2948260	989982	421127	412472	115144	85240	313932	373950	66110	91945	78358
固定资产贷款	69878	30000	2878	25000						12000	
普通并购贷款											
银团贷款											
贸易融资	500			500							
中长期贷款	1464516	725406	205770	79767	130118	24000	103814	54910	34481	47000	59250
个人贷款	147905	97636	7353	11379	7058		750	21178	2451		100
其中:个人消费贷款	73489	57124	4857	11379				29			100
单位贷款	1272611	592770	198417	68388	123060	24000	103064	24732	32030	47000	59150
经营贷款	499158	296827	53798	5857	38050		54864	24732	21030		4000
固定资产贷款	773453	295943	144619	62531	85010	24000	48200		11000	47000	55150
普通并购贷款											
银团贷款	44000	35000						9000			
贸易融资											
票据融资	186853	186853									
各项垫款	731	100		631							
境外贷款											

交通银行分地区人民币存贷款统计

（2010 年）

单位：万元

项目＼地区	浙江省	杭州市	宁波市	温州市	嘉兴市	湖州市	绍兴市	金华市	衢州市	台州市	舟山市
各项存款	**21521035**	**7016354**	**4134440**	**3016184**	**1753865**	**1109415**	**3010340**	**644800**	**33971**	**751166**	**50500**
企业存款	11385802	4328677	1965803	1420476	1068490	410921	1376138	329047	20873	423173	42204
活期存款	6241260	2607223	1334808	327540	571041	280573	848284	52445	19473	172669	27204
定期存款	5144542	1721454	630995	1092936	497449	130348	527854	276602	1400	250504	15000
机关团体存款	623649	40525	118245	257349	73293	47265	24403	26885	3563	32121	
储蓄存款	4802146	1278948	892225	834497	382690	263901	842753	144747	9535	146554	6296
活期储蓄	1993447	642893	351984	365330	149067	83393	304162	47840	5842	39554	3382
定期储蓄	2808699	636055	540241	469167	233623	180508	538591	96907	3693	107000	2914
农业存款	4014	164		620	7	8	1454			1761	
其他存款	4705424	1368040	1158167	503242	229385	387320	765592	144121		147557	2000
各项贷款	**17616232**	**5246999**	**3573945**	**2599561**	**1595362**	**935845**	**2399883**	**561577**	**11913**	**656160**	**34987**
境内贷款	17616232	5246999	3573945	2599561	1595362	935845	2399883	561577	11913	656160	34987
短期贷款	10502083	2534737	2010380	1992684	860957	559257	1711387	388940	8650	422506	12585
个人贷款及透支	1015112	29752	49973	630644	46466	89880	125549	9916	450	30897	1585
其中：个人消费贷款	125452	16699	26430	26175	4322	26884	13096	643		11203	
单位贷款及透支	9419725	2470800	1959028	1361772	808464	458751	1573138	378889	8200	389683	11000

续表

项目 \ 地区	浙江省	杭州市	宁波市	温州市	嘉兴市	湖州市	绍兴市	金华市	衢州市	台州市	舟山市
其中:经营贷款	9419725	2470800	1959028	1361772	808464	458751	1573138	378889	8200	389683	11000
固定资产贷款											
普通并购贷款											
银团贷款	12690	6690					6000				
贸易融资	54556	27495	1379	268	6027	10626	6700	135		1926	
中长期贷款	7046890	2694681	1545936	606697	734405	376085	683656	160856	1354	228818	14402
个人贷款	2433175	654348	522136	368883	287124	132399	290712	60931	354	116248	40
其中:个人消费贷款	2095321	529688	481915	352894	219367	92017	252908	59585	354	106593	
单位贷款	4352130	2006900	922506	237814	374123	241986	392944	47925	1000	112570	14362
经营贷款	1488500	732626	160541	80712	169106	133058	159792	12315		40350	
固定资产贷款	2863630	1274274	761965	157102	205017	108928	233152	35610	1000	72220	14362
普通并购贷款											
银团贷款	261585	33433	101294		73158	1700		52000			
贸易融资											
票据融资	49213	11863	11206				903	10796	1909	4536	8000
各项垫款	18046	5718	6423	180		503	3937	985		300	
境外贷款											

中信银行分地区人民币存贷款统计

（2010 年）

单位：万元

项目 \ 地区	浙江省	杭州市	宁波市	温州市	嘉兴市	湖州市	绍兴市	金华市	台州市	丽水市
各项存款	**16835002**	**8436550**	**2550624**	**1521536**	**1715570**	**207774**	**1853535**	**354733**	**183667**	**11013**
企业存款	11111056	6625097	1196697	825278	1094190	163184	844655	230214	124685	7056
活期存款	4811592	2685126	614872	336171	639302	83473	396335	26445	22812	7056
定期存款	6299464	3939971	581825	489107	454888	79711	448320	203769	101873	
机关团体存款	99244	15706	59383	15316	263			5897	2679	
储蓄存款	3319185	1479766	491749	451905	357834	28623	409357	65815	30179	3957
活期储蓄	567673	257357	130773	45467	69864	5970	40149	12725	4514	854
定期储蓄	2751512	1222409	360976	406438	287970	22653	369208	53090	25665	3103
农业存款										
其他存款	2305517	315981	802795	229037	263283	15967	599523	52807	26124	
各项贷款	**13250247**	**6172540**	**2159991**	**1317313**	**1295210**	**205493**	**1493623**	**350348**	**226159**	**29570**
境内贷款	13250247	6172540	2159991	1317313	1295210	205493	1493623	350348	226159	29570
短期贷款	9516835	3716748	1580542	1194506	1068009	151248	1278408	318867	178937	29570
个人贷款及透支	476878	78577	76197	187657	69665	17017	32162	9357	5526	720
其中：个人消费贷款	98567	16989	27023	37046	1913	5916	7397	645	1638	
单位贷款及透支	8896425	3551788	1503415	1006849	991146	134170	1202986	304510	172711	28850
其中：经营贷款	8896425	3551788	1503415	1006849	991146	134170	1202986	304510	172711	28850
固定资产贷款										
普通并购贷款	7500	7500								

续表

地区 项目	浙江省	杭州市	宁波市	温州市	嘉兴市	湖州市	绍兴市	金华市	台州市	丽水市
银团贷款										
贸易融资	136032	78883	930		7198	61	43260	5000	700	
中长期贷款	3394180	2221954	543928	106823	216607	43183	194833	20820	46032	
个人贷款	1208436	721150	196116	90523	60869	5183	92693	11320	30582	
其中：个人消费贷款	1184506	705012	191291	90436	59800	5144	91602	10962	30259	
单位贷款	2062789	1429310	338111	16300	113978	38000	102140	9500	15450	
经营贷款	1297951	943050	187511	2500	57200	28000	54740	9500	15450	
固定资产贷款	764838	486260	150600	13800	56778	10000	47400			
普通并购贷款										
银团贷款	122955	71494	9701		41760					
贸易融资										
票据融资	332497	233838	32986	15694	10484	11062	16582	10661	1190	
各项垫款	6735		2535	290	110		3800			
境外贷款										

上海浦东发展银行分地区人民币存贷款统计

（2010 年）

单位：万元

项目＼地区	浙江省	杭州市	宁波市	温州市	嘉兴市	湖州市	绍兴市	金华市	衢州市	台州市	丽水市
各项存款	**20628967**	**6083024**	**6019155**	**3436950**	**879240**	**231848**	**1998758**	**513018**	**126479**	**1144536**	**195959**
企业存款	10854194	3549723	3181124	1468531	495157	149022	1004948	267314	95274	535863	107238
活期存款	4339050	1571322	1503955	424269	213345	44337	211570	15848	60400	258125	35879
定期存款	6515144	1978401	1677169	1044262	281812	104685	793378	251466	34874	277738	71359
机关团体存款	1535627	348225	785659	102553	23669	3391	135361	3336	5480	105840	22113
储蓄存款	3490046	948596	774123	776498	112747	39099	321400	121952	13325	354500	27806
活期储蓄	732357	245615	219003	159160	23811	7058	36425	30349	3274	6528	1134
定期储蓄	2757689	702981	555120	617338	88936	32041	284975	91603	10051	347972	26672
农业存款											
其他存款	4749100	1236480	1278249	1089368	247667	40336	537049	120416	12400	148333	38802
各项贷款	**18052903**	**4728419**	**4185509**	**4034474**	**689117**	**313519**	**1546928**	**360633**	**80522**	**1899523**	**214259**
境内贷款	18052903	4728419	4185509	4034474	689117	313519	1546928	360633	80522	1899523	214259
短期贷款	12823662	2894815	2821215	3169045	537877	181894	1427270	308564	74518	1271771	136693
个人贷款及透支	2894507	273496	653789	913976	41304	51999	154373	52434	11264	715136	26736
其中：个人消费贷款	884137	69933	226900	254321	3458	13313	18581	8014	841	281489	7287
单位贷款及透支	9899313	2610445	2164122	2244958	494101	129895	1270346	256030	63254	556205	109957
其中：经营贷款	9841998	2596710	2155942	2241358	494101	129895	1267846	243530	57254	545405	109957
固定资产贷款	57315	13735	8180	3600			2500	12500	6000	10800	
普通并购贷款											

续表

项目＼地区	浙江省	杭州市	宁波市	温州市	嘉兴市	湖州市	绍兴市	金华市	衢州市	台州市	丽水市
银团贷款											
贸易融资	29842	10874	3304	10111	2472		2551	100		430	
中长期贷款	5120089	1794236	1307029	863130	149498	128329	118092	52069	5163	626362	76181
个人贷款	1393406	705025	186145	229259	45348	7798	22932	14369	1163	171686	9681
其中：个人消费贷款	1182651	655080	113170	214110	33426	4760	14735	12568	933	124188	9681
单位贷款	3549899	1048735	1102134	596609	93650	72475	85160	27700	4000	452936	66500
经营贷款	1229301	436870	525079	68098	42650	12000	12600	7800		107404	16800
固定资产贷款	2320598	611865	577055	528511	51000	60475	72560	19900	4000	345532	49700
普通并购贷款	1000	1000									
银团贷款	175784	39476	18750	37262	10500	48056	10000	10000		1740	
贸易融资											
票据融资	102457	39009	57049	53	583	3296	600		841	1026	
各项垫款	6695	359	216	2246	1159		966			364	1385
境外贷款											

华夏银行分地区人民币存贷款统计

（2010 年）

单位：万元

项目 \ 地区	浙江省	杭州市	宁波市	温州市	嘉兴市	绍兴市	金华市	台州市
各项存款	**8051481**	**4512470**	**897196**	**1580824**	**130764**	**781585**	**100791**	**47851**
企业存款	5234917	3069662	529446	1041818	102697	418670	50176	22448
活期存款	1649529	915061	221537	304163	46189	135191	14520	12868
定期存款	3585388	2154601	307909	737655	56508	283479	35656	9580
机关团体存款	146312	121668	15226		509	8909		
储蓄存款	1335416	626593	107496	422651	14949	134345	21379	8003
活期储蓄	239152	89067	17335	100476	1922	23098	2602	4652
定期储蓄	1096264	537526	90161	322175	13027	111247	18777	3351
农业存款								
其他存款	1334836	694547	245028	116355	12609	219661	29236	17400
各项贷款	**6910179**	**4013622**	**799914**	**1296075**	**90453**	**601080**	**103035**	**6000**
境内贷款	6910179	4013622	799914	1296075	90453	601080	103035	6000
短期贷款	4426776	2198884	589300	1067561	48860	428336	87835	6000
个人贷款及透支	353301	74066	27044	235163	1060	15208	760	
其中：个人消费贷款	227602	43904	24448	157257	560	1153	280	
单位贷款及透支	4062119	2116042	560714	832203	47800	412285	87075	6000
其中：经营贷款	4061942	2116042	560714	832026	47800	412285	87075	6000
固定资产贷款								
普通并购贷款								

续表

项目＼地区	浙江省	杭州市	宁波市	温州市	嘉兴市	绍兴市	金华市	台州市
银团贷款								
贸易融资	11356	8776	1542	195		843		
中长期贷款	2479091	1814495	210614	227190	41593	169999	15200	
个人贷款	281458	176283	21727	49376	15593	18479		
其中：个人消费贷款	271019	169825	19810	49376	15593	16415		
单位贷款	2197633	1638212	188887	177814	26000	151520	15200	
经营贷款	1449412	1181612	143700	62080	5000	44820	12200	
固定资产贷款	748221	456600	45187	115734	21000	106700	3000	
普通并购贷款								
银团贷款								
贸易融资								
票据融资	2745					2745		
各项垫款	1567	243		1324				
境外贷款								

招商银行分地区人民币存贷款统计

（2010 年）

单位：万元

项目＼地区	浙江省	杭州市	宁波市	温州市	嘉兴市	湖州市	绍兴市	金华市	衢州市	台州市
各项存款	9975535	3971471	2086822	1379372	321074	156484	994716	505794	97277	462525
企业存款	5582732	2292692	936301	722529	163100	93740	644836	362608	47686	319240
活期存款	2515484	1164617	696040	103852	94674	53042	165170	77947	21740	138402
定期存款	3067248	1128075	240261	618677	68426	40698	479666	284661	25946	180838
机关团体存款	599499	50598	115048	130588	77281	9754	94750	32908	25709	62863
储蓄存款	2207436	1091639	413740	299081	41953	16428	154145	102315	14997	73138
活期储蓄	1147292	606727	275235	83343	26096	9799	51719	51012	8651	34710
定期储蓄	1060144	484912	138505	215738	15857	6629	102426	51303	6346	38428
农业存款										
其他存款	1585868	536542	621733	227174	38740	36562	100985	7963	8885	7284
各项贷款	**12117430**	**3967911**	**2982279**	**1982238**	**235036**	**182294**	**1388921**	**622197**	**160986**	**595568**
境内贷款	12117430	3967911	2982279	1982238	235036	182294	1388921	622197	160986	595568
短期贷款	7057128	2071062	1367048	1568658	121714	71989	970198	475166	81534	329759
个人贷款及透支	1287162	354540	150687	507028	14272	7780	88214	93996	42184	28461
其中：个人消费贷款	671950	235821	106764	240591	3475	3014	13863	26381	25506	16535
单位贷款及透支	5752018	1711764	1211891	1057130	106542	64209	881103	380704	39350	299325
其中：经营贷款	5751018	1710764	1211891	1057130	106542	64209	881103	380704	39350	299325
固定资产贷款	1000	1000								
普通并购贷款										

续表

项目 \ 地区	浙江省	杭州市	宁波市	温州市	嘉兴市	湖州市	绍兴市	金华市	衢州市	台州市
银团贷款	4200	1200		3000						
贸易融资	13748	3558	4470	1500	900		881	466		1973
中长期贷款	4450434	1767246	1368216	339414	104509	88193	350757	130281	68243	233575
个人贷款	2969667	1385594	664937	295546	49259	44193	210018	121731	37432	160957
其中:个人消费贷款	2616826	1253165	568454	264784	37459	26918	176280	111084	33020	145662
单位贷款	1396579	355279	665416	42368	45250	44000	132287	8550	30811	72618
经营贷款	332460	181371	49347	22000	8000	25000	23242	2000	21500	
固定资产贷款	1064119	173908	616069	20368	37250	19000	109045	6550	9311	72618
普通并购贷款	4700	4700								
银团贷款	79488	21673	37863	1500	10000		8452			
贸易融资										
票据融资	608971	128706	247015	74166	8813	22112	67966	16750	11209	32234
各项垫款	897	897								
境外贷款										

广东发展银行分地区人民币存贷款统计

（2010 年）

单位：万元

项目＼地区	浙江省	杭州市	宁波市	温州市	台州市
各项存款	6309645	3329748	1633006	1294970	51921
企业存款	3286285	1992922	677304	573550	42509
活期存款	1342671	694679	456576	177088	14328
定期存款	1943614	1298243	220728	396462	28181
机关团体存款	126979	7042	118437	1500	
储蓄存款	1202300	510079	238745	444064	9412
活期储蓄	297191	153985	78498	58397	6311
定期储蓄	905109	356094	160247	385667	3101
农业存款	230	190	40		
其他存款	1693851	819515	598480	275856	
各项贷款	5115141	2587673	1323192	1176332	27944
境内贷款	5115141	2587673	1323192	1176332	27944
短期贷款	3751601	1651993	995726	1076787	27095
个人贷款及透支	394017	31859	63304	298639	215
其中：个人消费贷款	153971	16083	9731	128117	40
单位贷款及透支	3312062	1585721	925001	774460	26880

续表

项目＼地区	浙江省	杭州市	宁波市	温州市	台州市
其中:经营贷款	3312062	1585721	925001	774460	26880
固定资产贷款					
普通并购贷款					
银团贷款					
贸易融资	45522	34413	7421	3688	
中长期贷款	1306943	886864	323385	95845	849
个人贷款	864860	658721	129445	75845	849
其中:个人消费贷款	838586	642269	122047	73421	849
单位贷款	356949	162549	174400	20000	
经营贷款	100275	88275	12000		
固定资产贷款	256674	74274	162400	20000	
普通并购贷款	24000	24000			
银团贷款	61134	41594	19540		
贸易融资					
票据融资	14382	8301	4081	2000	
各项垫款	42215	40515		1700	
境外贷款					

深圳发展银行分地区人民币存贷款统计

（2010 年）

单位：万元

项目 \ 地区	浙江省	杭州市	宁波市	温州市	嘉兴市	金华市
各项存款	8160212	3911512	1857733	1572542	154499	663926
企业存款	4584781	2717484	401201	903641	101765	460690
活期存款	1703355	1195125	316563	91271	46977	53419
定期存款	2881426	1522359	84638	812370	54788	407271
机关团体存款	445887	97246	199483	112980	36178	
储蓄存款	991031	419148	214331	219691	12707	125154
活期储蓄	230884	90699	45411	33958	5627	55189
定期储蓄	760147	328449	168920	185733	7080	69965
农业存款	4668	4629	26	12	1	
其他存款	2133845	673005	1042692	336218	3848	78082
各项贷款	7270679	3169478	1856083	1511956	104980	628182
境内贷款	7270679	3169478	1856083	1511956	104980	628182
短期贷款	4895777	2052778	924020	1331805	95017	492157
个人贷款及透支	627885	32679	93438	482745	4472	14551
其中：个人消费贷款	72741	15297	53431	1512	892	1609
单位贷款及透支	4232346	1992975	826800	844420	90545	477606

续表

项目 \ 地区	浙江省	杭州市	宁波市	温州市	嘉兴市	金华市
其中：经营贷款	4212346	1992975	826800	824420	90545	477606
固定资产贷款	20000			20000		
普通并购贷款						
银团贷款						
贸易融资	35546	27124	3782	4640		
中长期贷款	1884805	1012892	601490	125335	9963	135125
个人贷款	1126177	623792	293462	79335	4763	124825
其中：个人消费贷款	973479	585857	267576	73918	3966	42162
单位贷款	717148	359100	303548	46000	5200	3300
经营贷款	456585	281100	143285	30000	2200	
固定资产贷款	260563	78000	160263	16000	3000	3300
普通并购贷款						
银团贷款	41480	30000	4480			7000
贸易融资						
票据融资	475447	99858	324158	51431		
各项垫款	14650	3950	6415	3385		900
境外贷款						

中国民生银行分地区人民币存贷款统计

（2010 年）

单位：万元

项目＼地区	浙江省	杭州市	宁波市	温州市	绍兴市
各项存款	8718847	5169641	2003665	1002547	542994
企业存款	5139803	3740831	630796	406672	361504
活期存款	1752383	1132680	393563	71015	155125
定期存款	3387420	2608151	237233	335657	206379
机关团体存款	504064	361597	94391	14267	33809
储蓄存款	1396657	788198	224428	241711	142320
活期储蓄	192667	101141	53945	29940	7641
定期储蓄	1203990	687057	170483	211771	134679
农业存款					
其他存款	1678323	279015	1054050	339897	5361
各项贷款	12709434	7612744	2694867	1707589	694234
境内贷款	12709434	7612744	2694867	1707589	694234
短期贷款	7755201	4030750	1720907	1501496	502048
个人贷款及透支	3009295	1433388	703896	760075	111936
其中：个人消费贷款	127775	64202	42826	16316	4431
单位贷款及透支	4745906	2597362	1017011	741421	390112

续表

项目 \ 地区	浙江省	杭州市	宁波市	温州市	绍兴市
其中:经营贷款	4445596	2356752	1017011	729421	342412
固定资产贷款	300310	240610		12000	47700
普通并购贷款					
银团贷款					
贸易融资					
中长期贷款	4932042	3571528	972051	196277	192186
个人贷款	490690	350758	69463	60024	10445
其中:个人消费贷款	389583	268869	63580	57002	132
单位贷款	3963177	2742595	902588	136253	181741
经营贷款	1269477	1093619	98273	57635	19950
固定资产贷款	2693700	1648976	804315	78618	161791
普通并购贷款					
银团贷款	478175	478175			
贸易融资					
票据融资	21691	9966	1909	9816	
各项垫款	500	500			
境外贷款					

兴业银行分地区人民币存贷款统计

（2010 年）

单位：万元

项目 \ 地区	浙江省	杭州市	宁波市	温州市	嘉兴市	绍兴市	金华市	台州市
各项存款	**8122434**	**2656059**	**2273332**	**1071337**	**425636**	**352931**	**820403**	**522736**
企业存款	3725570	1148399	1237492	574562	178386	111552	257412	217767
活期存款	1691219	614873	547479	153078	109371	50571	112058	103789
定期存款	2034351	533526	690013	421484	69015	60981	145354	113978
机关团体存款	758843	193234	212970	104346	117479	47671	65909	17234
储蓄存款	1475440	392767	258600	267837	51176	109659	261273	134128
活期储蓄	401914	142299	63301	67484	11882	4515	74446	37987
定期储蓄	1073526	250468	195299	200353	39294	105144	186827	96141
农业存款	15763	4991	10678	27	18	6	38	5
其他存款	2146818	916668	553592	124565	78577	84043	235771	153602
各项贷款	**7669175**	**2101719**	**2115109**	**1037947**	**422700**	**419538**	**889818**	**682344**
境内贷款	7669175	2101719	2115109	1037947	422700	419538	889818	682344
短期贷款	4602649	947766	1058165	903713	213840	259570	763457	456138
个人贷款及透支	495655	27855	56333	187252	14173	8680	146367	54995
其中：个人消费贷款	86795	10489	10100	28219	1723	875	4177	31212
单位贷款及透支	4093675	919256	1001021	716103	199667	250890	615890	390848
其中：经营贷款	3822820	844306	830816	694403	199667	250890	615890	386848
固定资产贷款	270855	74950	170205	21700				4000
普通并购贷款								

续表

项目 \ 地区	浙江省	杭州市	宁波市	温州市	嘉兴市	绍兴市	金华市	台州市
银团贷款								
贸易融资	13319	655	811	358			1200	10295
中长期贷款	3018776	1133045	1040552	131538	206153	159968	125361	222159
个人贷款	1158345	522294	362379	86213	10893	12188	28211	136167
其中：个人消费贷款	1073842	497250	338322	78402	9901	10497	23610	115860
单位贷款	1843681	610169	662005	45325	195260	147780	97150	85992
经营贷款	370005	217933	118232	11200	1260	16530		4850
固定资产贷款	1473676	392236	543773	34125	194000	131250	97150	81142
普通并购贷款								
银团贷款	16750	582	16168					
贸易融资								
票据融资	43006	18928	16392	2696	2707		1000	1283
各项垫款	4744	1980						2764
境外贷款								

中国光大银行分地区人民币存贷款统计

(2010年)

单位:万元

项目 \ 地区	浙江省	杭州市	宁波市	温州市	绍兴市	台州市
各项存款	5802050	2537509	2615622	163396	327641	157882
企业存款	2995761	1504884	988968	141669	265003	95237
活期存款	1247647	549442	569225	37600	67495	23885
定期存款	1748114	955442	419743	104069	197508	71352
机关团体存款	224172	46933	177239			
储蓄存款	887272	404543	407150	11439	32540	31600
活期储蓄	225002	80747	131175	4988	4071	4021
定期储蓄	662270	323796	275975	6451	28469	27579
农业存款						
其他存款	1694845	581149	1042265	10288	30098	31045
各项贷款	6513683	2649137	2984250	133817	486737	259742
境内贷款	6513683	2649137	2984250	133817	486737	259742
短期贷款	3362280	1412158	1371914	132882	304060	141266
个人贷款及透支	295332	129263	137983	1813	6098	20175
其中:个人消费贷款	288712	124088	137392	1813	5244	20175
单位贷款及透支	2603179	1108864	1003567	130069	242865	117814

续表

项目＼地区	浙江省	杭州市	宁波市	温州市	绍兴市	台州市
其中：经营贷款	2576727	1083298	1002681	130069	242865	117814
固定资产贷款	20000	20000				
普通并购贷款						
银团贷款						
贸易融资	463769	174031	230364	1000	55097	3277
中长期贷款	3048542	1162326	1587271	935	182402	115608
个人贷款	1339818	656582	600791	935	5902	75608
其中：个人消费贷款	1232763	626987	567650	935	4233	32958
单位贷款	1597412	495744	885168		176500	40000
经营贷款	1062512	313744	640768		108000	
固定资产贷款	534900	182000	244400		68500	40000
普通并购贷款						
银团贷款	86791	10000	76791			
贸易融资	24521		24521			
票据融资	90972	67112	23848			12
各项垫款	11889	7541	1217		275	2856
境外贷款						

恒丰银行分地区人民币存贷款统计

（2010 年）

单位：万元

项目 \ 地区	浙江省	杭州市	绍兴市	金华市
各项存款	2684365	2009310	447238	227817
企业存款	2059872	1549828	315660	194384
活期存款	378304	322523	42655	13126
定期存款	1681568	1227305	273005	181258
机关团体存款	10179	5805	4374	
储蓄存款	413635	279214	112320	22101
活期储蓄	14934	11380	1112	2442
定期储蓄	398701	267834	111208	19659
农业存款				
其他存款	200679	174463	14884	11332
各项贷款	2063684	1538452	338402	186830
境内贷款	2063684	1538452	338402	186830
短期贷款	1630566	1135834	307902	186830
个人贷款及透支	27586	21823	2743	3020
其中：个人消费贷款	4146	3958	68	120
单位贷款及透支	1602899	1113930	305159	183810

续表

项目 \ 地区	浙江省	杭州市	绍兴市	金华市
其中:经营贷款	1599399	1110930	304659	183810
固定资产贷款	3500	3000	500	
普通并购贷款				
银团贷款				
贸易融资	81	81		
中长期贷款	412161	381661	30500	
个人贷款	5963	5963		
其中:个人消费贷款	5963	5963		
单位贷款	383576	353076	30500	
经营贷款	48432	44432	4000	
固定资产贷款	335144	308644	26500	
普通并购贷款				
银团贷款	22622	22622		
贸易融资				
票据融资	20957	20957		
各项垫款				
境外贷款				

渤海银行分地区人民币存贷款统计

（2010年）

单位：万元

项目 \ 地区	浙江省	杭州市	绍兴市
各项存款	1216205	1029399	186806
企业存款	821946	690935	131011
活期存款	201975	179307	22668
定期存款	619971	511628	108343
机关团体存款	50620	38155	12465
储蓄存款	162871	136722	26149
活期储蓄	19644	18598	1046
定期储蓄	143227	118124	25103
农业存款	279	228	51
其他存款	180489	163359	17130
各项贷款	1066103	924411	141692
境内贷款	1066103	924411	141692
短期贷款	727880	590497	137383
个人贷款及透支	32535	30802	1733
其中：个人消费贷款	20519	19295	1224
单位贷款及透支	695345	559695	135650

续表

项目 \ 地区	浙江省	杭州市	绍兴市
其中:经营贷款	685345	549695	135650
固定资产贷款	10000	10000	
普通并购贷款			
银团贷款			
贸易融资			
中长期贷款	333310	329001	4309
个人贷款	144749	140440	4309
其中:个人消费贷款	113387	109204	4183
单位贷款	188561	188561	
经营贷款	138761	138761	
固定资产贷款	49800	49800	
普通并购贷款			
银团贷款			
贸易融资			
票据融资			
各项垫款	4913	4913	
境外贷款			

中国邮政储蓄银行分地区人民币存贷款统计

（2010 年）

单位：万元

项目＼地区	浙江省	杭州市	宁波市	温州市	嘉兴市	湖州市	绍兴市	金华市	衢州市	台州市	丽水市	舟山市
各项存款	**14801313**	**2383413**	**2591357**	**1539687**	**1248944**	**604093**	**1241139**	**2127519**	**421443**	**1428498**	**719818**	**495402**
企业存款	1279467	317468	146669	134980	118856	53987	103166	128503	40801	69277	106798	58962
活期存款	856552	176484	105531	83582	69707	43999	62659	88824	34571	53762	97283	40150
定期存款	422915	140984	41138	51398	49149	9988	40507	39679	6230	15515	9515	18812
机关团体存款	96318	19647	7628	15943	6994	2417	7912	12992	3769	5899	5726	7391
储蓄存款	13411707	2044840	2436845	1388644	1121724	547633	1124475	1985660	373922	1351968	606974	429022
活期储蓄	6142515	772640	1012615	907488	434496	234721	442711	1059053	136473	737754	290579	113985
定期储蓄	7269192	1272200	1424230	481156	687228	312912	681764	926607	237449	614214	316395	315037
农业存款	13693	1330	215	120	1370	56	5586	364	2951	1354	320	27
其他存款	128	128										
各项贷款	**4536168**	**845173**	**549592**	**629886**	**293508**	**263905**	**369332**	**600535**	**225784**	**363162**	**202217**	**193074**
境内贷款	4536168	845173	549592	629886	293508	263905	369332	600535	225784	363162	202217	193074
短期贷款	2415407	195842	198520	530863	192469	160896	157495	366769	132059	249272	165087	66135
个人贷款及透支	2415407	195842	198520	530863	192469	160896	157495	366769	132059	249272	165087	66135
其中：个人消费贷款	6463	1057	1390	1296	304	137	275	897	106	650	147	204
单位贷款及透支												
其中：经营贷款												

续表

项目＼地区	浙江省	杭州市	宁波市	温州市	嘉兴市	湖州市	绍兴市	金华市	衢州市	台州市	丽水市	舟山市
固定资产贷款												
普通并购贷款												
银团贷款												
贸易融资												
中长期贷款	2026290	606186	333105	99023	101039	103009	178478	233766	93725	113890	37130	126939
个人贷款	2026290	606186	333105	99023	101039	103009	178478	233766	93725	113890	37130	126939
其中:个人消费贷款	2008963	604687	324848	98553	100317	102728	178061	233267	93482	112553	36047	124420
单位贷款												
经营贷款												
固定资产贷款												
普通并购贷款												
银团贷款												
贸易融资												
票据融资	94471	43145	17967				33359					
各项垫款												
境外贷款												

城市商业银行分地区人民币存贷款统计

（2010 年）

单位：万元

项目 \ 地区	浙江省	杭州市	宁波市	温州市	嘉兴市	湖州市	绍兴市	金华市	衢州市	台州市	丽水市	舟山市
各项存款	**53530313**	**18341590**	**11946272**	**3621024**	**2090726**	**1519710**	**3372229**	**4019003**	**286726**	**7174211**	**486682**	**672140**
企业存款	31123316	12490003	6859899	1522778	887453	926857	2240272	2061685	198070	3267859	247606	420834
活期存款	16624712	5275305	4402879	610206	656403	585091	1212897	824103	82077	2760941	85840	128970
定期存款	14498604	7214698	2457020	912572	231050	341766	1027375	1237582	115993	506918	161766	291864
机关团体存款	2017653	793797	57106	286401	367259		11	74064	10472	364518	34218	29807
储蓄存款	14321165	3523028	2876691	1297431	505067	468226	862112	1469812	67961	2918661	152091	180085
活期储蓄	4800682	999817	983726	451175	132768	128110	99520	580328	20219	1278795	68499	57725
定期储蓄	9520483	2523211	1892965	846256	372299	340116	762592	889484	47742	1639866	83592	122360
农业存款	74866	5110	21848	90	6857	12251	11930	9117	61	7201		401
其他存款	5993313	1529652	2130728	514324	324090	112376	257904	404325	10162	615972	52767	41013
各项贷款	**40181292**	**14305586**	**9096925**	**2797468**	**1481428**	**1088170**	**2646447**	**2856910**	**220588**	**4791818**	**362234**	**533718**
境内贷款	40180648	14304942	9096925	2797468	1481428	1088170	2646447	2856910	220588	4791818	362234	533718
短期贷款	31106856	9109251	7253247	2584068	1058748	842842	1971085	2579226	179991	4733612	355456	439330
个人贷款及透支	11198872	1557221	2174362	1657184	118995	250985	31753	863875	65433	4123503	198417	157144
其中：个人消费贷款	3990444	626713	1977407	265063	6963	39107	3343	98049	5534	945622	5372	17271
单位贷款及透支	19876485	7523458	5077577	926884	939753	591857	1939332	1715311	114558	608644	156925	282186
其中：经营贷款	19525484	7433775	4922639	880334	933853	582857	1920122	1712811	114058	586564	156925	281546
固定资产贷款	350319	89500	154439	46550	5900	9000	19210	2500	500	22080		640

续表

项目 \ 地区	浙江省	杭州市	宁波市	温州市	嘉兴市	湖州市	绍兴市	金华市	衢州市	台州市	丽水市	舟山市
普通并购贷款												
银团贷款	17000	17000										
贸易融资	14499	11572	1308					40		1465	114	
中长期贷款	8017196	4869357	1698812	201373	375835	177856	332283	200526	37940	24698	6618	91898
个人贷款	2489022	1874880	270712	24991	113786	58137	56916	47820	12469	17798	1618	9895
其中:个人消费贷款	2147483	1651290	225208	23991	72472	57271	54007	37209	5930	10430	1333	8342
单位贷款	5376273	2884977	1399848	176382	251759	115860	275367	152706	25471	6900	5000	82003
经营贷款	1121302	487466	388903	18813	17373	25600	100514	43316	7787	3200		28330
固定资产贷款	4254971	2397511	1010945	157569	234386	90260	174853	109390	17684	3700	5000	53673
普通并购贷款												
银团贷款	151901	109500	28252		10290	3859						
贸易融资												
票据融资	1007676	326334	107465	11967	46588	67472	343079	72980	657	28484	160	2490
各项垫款	48920		37401	60	257			4178	2000	5024		
境外贷款	644	644										

村镇银行分地区人民币存贷款统计

（2010 年）

单位：万元

项目 \ 地区	浙江省	杭州市	宁波市	温州市	嘉兴市	湖州市	绍兴市	金华市	衢州市	台州市	丽水市	舟山市
各项存款	**1109809**	**50269**	**165775**	**194222**	**190324**	**215497**	**77272**	**18030**	**15258**	**121569**	**25335**	**36258**
企业存款	452125	10109	50115	58347	77597	114155	30677	10235	9347	52919	10353	28271
活期存款	243450	8410	24306	22925	45716	55587	14637	9905	7029	43223	7183	4529
定期存款	208675	1699	25809	35422	31881	58568	16040	330	2318	9696	3170	23742
机关团体存款	75147	6302	6475	13753	24220	21353					3003	41
储蓄存款	397334	24434	60382	112626	18700	66368	32104	7795	5601	49399	11979	7946
活期储蓄	146445	7492	19277	48464	6513	29565	3186	4273	4234	17720	4050	1671
定期储蓄	250889	16942	41105	64162	12187	36803	28918	3522	1367	31679	7929	6275
农业存款	16635		12932	236	1342		1657			468		
其他存款	168568	9424	35871	9260	68465	13621	12834		310	18783		
各项贷款	**1195616**	**43388**	**160682**	**244442**	**188178**	**242887**	**82038**	**18268**	**18792**	**135114**	**21824**	**40003**
境内贷款	1195616	43388	160682	244442	188178	242887	82038	18268	18792	135114	21824	40003
短期贷款	1088923	43388	156168	244155	138647	207867	81993	15835	18792	123306	21824	36948
个人贷款及透支	548087	17701	74300	181883	27256	102338	19050	5890	6432	79250	16024	17963
其中：个人消费贷款	43134	2019	6932		5097	17085	3041	9	154	3718	1237	3842
单位贷款及透支	540536	25687	81868	62272	111391	105229	62943	9945	12360	44056	5800	18985
其中：经营贷款	539036	25687	81868	62272	111391	105229	62943	9945	10860	44056	5800	18985
固定资产贷款	1500								1500			

续表

项目 \ 地区	浙江省	杭州市	宁波市	温州市	嘉兴市	湖州市	绍兴市	金华市	衢州市	台州市	丽水市	舟山市
普通并购贷款												
银团贷款	300					300						
贸易融资												
中长期贷款	48379		518	213	29468	11620	45	2433		3217		865
个人贷款	12954		518	213	1241	6459	45	1653		1960		865
其中：个人消费贷款	7380		518		82	4882		1301		307		290
单位贷款	34802				27604	5161		780		1257		
经营贷款	10598				3400	5161		780		1257		
固定资产贷款	24204				24204							
普通并购贷款												
银团贷款	623				623							
贸易融资												
票据融资	58240		3996		20063	23400				8591		2190
各项垫款	74			74								
境外贷款												

城市信用社分地区人民币存贷款统计

（2010 年）

单位：亿元

项目＼地区	浙江省	宁波市
各项存款	203196	203196
企业存款	94776	94776
活期存款	53104	53104
定期存款	41672	41672
机关团体存款		
储蓄存款	72630	72630
活期储蓄	45208	45208
定期储蓄	27422	27422
农业存款		
其他存款	35790	35790
各项贷款	145193	145193
境内贷款	145193	145193
短期贷款	125327	125327
个人贷款及透支	66021	66021
其中：个人消费贷款	21055	21055
单位贷款及透支	59306	59306

续表

项目＼地区	浙江省	宁波市
其中:经营贷款	59306	59306
固定资产贷款		
普通并购贷款		
银团贷款		
贸易融资		
中长期贷款	2803	2803
个人贷款	2613	2613
其中:个人消费贷款	2313	2313
单位贷款	190	190
经营贷款	190	190
固定资产贷款		
普通并购贷款		
银团贷款		
贸易融资		
票据融资	17063	17063
各项垫款		
境外贷款		

农村合作机构银行分地区人民币存贷款统计

（2010 年）

单位：万元

项目＼地区	浙江省	杭州市	宁波市	温州市	嘉兴市	湖州市	绍兴市	金华市	衢州市	台州市	丽水市	舟山市
各项存款	**77442924**	**17978031**	**11747182**	**8949228**	**6792184**	**4473987**	**9286038**	**6808733**	**2107409**	**5668158**	**1839773**	**1792201**
企业存款	6147035	1698425	812536	618527	349661	365051	970292	609726	140506	314881	95094	172336
活期存款	134	18	49			67						
定期存款	6146901	1698407	812487	618527	349661	364984	970292	609726	140506	314881	95094	172336
机关团体存款	741771	52810	27511	151372	73845	56257	38471	242740	7481	42822	32299	16163
储蓄存款	49628877	10556192	7334665	5493522	4882204	2625842	5931876	4675222	1529758	4169580	1270049	1159967
活期储蓄	17361890	3087249	2023699	3259465	1133241	1103234	1326294	1985802	413093	2125322	596017	308474
定期储蓄	32266987	7468943	5310966	2234057	3748963	1522608	4605582	2689420	1116665	2044258	674032	851493
农业存款	16385130	4244122	2886102	1923007	1181664	1142807	1677664	1108992	391612	978440	431061	419659
其他存款	4540111	1426482	686368	762800	304810	284030	667735	172053	38052	162435	11270	24076
各项贷款	**54597022**	**12320271**	**8142816**	**6434906**	**4665206**	**3076366**	**6765814**	**4920237**	**1560035**	**4125685**	**1301957**	**1283729**
境内贷款	54597022	12320271	8142816	6434906	4665206	3076366	6765814	4920237	1560035	4125685	1301957	1283729
短期贷款	47293313	9498354	7294731	6230478	4039663	2653236	6204567	4469117	1169464	3754345	1010111	969247
个人贷款及透支	20360034	2720392	2307549	4913577	749800	1246185	1502809	2068111	648689	2971307	819904	411711
其中：个人消费贷款	2323252	366341	673063	302862	41080	100857	85630	116713	60862	344871	189365	41608
单位贷款及透支	26885588	6777962	4972331	1316901	3289863	1407051	4701758	2401006	487935	783038	190207	557536
其中：经营贷款	26443326	6666329	4891626	1281930	3229786	1374275	4653470	2392856	475192	739853	180973	557036

续表

项目＼地区	浙江省	杭州市	宁波市	温州市	嘉兴市	湖州市	绍兴市	金华市	衢州市	台州市	丽水市	舟山市
固定资产贷款	442262	111633	80705	34971	60077	32776	48288	8150	12743	43185	9234	500
普通并购贷款												
银团贷款	32840								32840			
贸易融资	14851		14851									
中长期贷款	6609765	2525479	518502	198386	577976	421899	550694	450269	390408	369975	291846	314331
个人贷款	2781659	819212	159186	101548	101049	190821	183450	378834	210406	346541	171271	119341
其中:个人消费贷款	1312652	400095	95212	68576	61911	70918	75248	286729	87448	57934	76241	32340
单位贷款	3662246	1617467	359316	96838	465814	231078	365967	71435	141062	23434	94845	194990
经营贷款	1951936	866460	174695	24658	241177	72945	124864	44335	123422	19384	76721	183275
固定资产贷款	1710310	751007	184621	72180	224637	158133	241103	27100	17640	4050	18124	11715
普通并购贷款												
银团贷款	165860	88800			11113		1277		38940		25730	
贸易融资												
票据融资	684698	292205	326537	5983	47164	1231	10304	492	163	468		151
各项垫款	9246	4233	3046	59	403		249	359		897		
境外贷款												

农村合作银行分地区人民币存贷款统计

（2010 年）

单位：万元

项目＼地区	浙江省	杭州市	宁波市	温州市	嘉兴市	湖州市	绍兴市	金华市	衢州市	台州市	丽水市	舟山市
各项存款	**61005931**	**16452805**	**8331941**	**7859867**	**3382548**	**3786130**	**9286038**	**5336601**	**549108**	**4329388**	**347140**	**1344365**
企业存款	5041018	1628862	505849	593034	195685	310744	970292	439028	9595	230484	16846	140599
活期存款	49		49									
定期存款	5040969	1628862	505800	593034	195685	310744	970292	439028	9595	230484	16846	140599
机关团体存款	546616	28363	3892	102073	64561	32832	38471	213736	3384	32259	12029	15016
储蓄存款	38251525	9495031	5188789	4725617	2302381	2256021	5931876	3639112	417092	3248195	226665	820746
活期储蓄	13232691	2605346	1312483	2771758	555890	923608	1326294	1572070	97198	1726044	102174	239826
定期储蓄	25018834	6889685	3876306	1953859	1746491	1332413	4605582	2067042	319894	1522151	124491	580920
农业存款	12990418	3943605	2012465	1683000	629017	954187	1677664	890997	110504	661186	83562	344231
其他存款	4176354	1356944	620946	756143	190904	232346	667735	153728	8533	157264	8038	23773
各项贷款	**43045731**	**11264738**	**5799033**	**5650725**	**2352937**	**2588637**	**6765814**	**3839697**	**407748**	**3152846**	**246819**	**976737**
境内贷款	43045731	11264738	5799033	5650725	2352937	2588637	6765814	3839697	407748	3152846	246819	976737
短期贷款	37157861	8580562	5070332	5468638	1991795	2211235	6204567	3496212	202786	3012396	187675	731663
个人贷款及透支	15269794	2203934	1471884	4195908	405983	1028049	1502809	1478113	137065	2397503	152233	296313
其中：个人消费贷款	1500631	281749	476453	188689	24880	66902	85630	67212	18034	225155	41763	24164
单位贷款及透支	21869916	6376628	3583597	1272730	1585812	1183186	4701758	2018099	62421	614893	35442	435350
其中：经营贷款	21524254	6268498	3529373	1240559	1549127	1166537	4653470	2016149	61721	571898	31772	435150

续表

项目＼地区	浙江省	杭州市	宁波市	温州市	嘉兴市	湖州市	绍兴市	金华市	衢州市	台州市	丽水市	舟山市
固定资产贷款	345662	108130	54224	32171	36685	16649	48288	1950	700	42995	3670	200
普通并购贷款												
银团贷款	3300								3300			
贸易融资	14851		14851									
中长期贷款	5220085	2389058	419516	176075	317098	376230	550694	343300	204962	139085	59144	244923
个人贷款	2025674	729246	117567	90155	67263	174717	183450	306118	116156	122980	36494	81528
其中：个人消费贷款	1034832	366326	82014	58243	45028	56268	75248	254044	42201	25957	6983	22520
单位贷款	3068351	1571012	301949	85920	238722	201513	365967	37182	72066	16105	14520	163395
经营贷款	1546984	834105	134528	17590	111855	61709	124864	15482	69406	12055	12195	153195
固定资产贷款	1521367	736907	167421	68330	126867	139804	241103	21700	2660	4050	2325	10200
普通并购贷款												
银团贷款	126060	88800			11113		1277		16740		8130	
贸易融资												
票据融资	658916	290885	306139	5953	43844	1172	10304			468		151
各项垫款	8869	4233	3046	59	200		249	185		897		
境外贷款												

农村信用社分地区人民币存贷款统计

（2010 年）

单位：万元

项目 \ 地区	浙江省	杭州市	宁波市	温州市	嘉兴市	湖州市	金华市	衢州市	台州市	丽水市	舟山市
各项存款	**16436993**	**1525226**	**3415241**	**1089361**	**3409636**	**687857**	**1472132**	**1558301**	**1338770**	**1492633**	**447836**
企业存款	1106017	69563	306687	25493	153976	54307	170698	130911	84397	78248	31737
活期存款	85	18				67					
定期存款	1105932	69545	306687	25493	153976	54240	170698	130911	84397	78248	31737
机关团体存款	195155	24447	23619	49299	9284	23425	29004	4097	10563	20270	1147
储蓄存款	11377352	1061161	2145876	767905	2579823	369821	1036110	1112666	921385	1043384	339221
活期储蓄	4129199	481903	711216	487707	577351	179626	413732	315895	399278	493843	68648
定期储蓄	7248153	579258	1434660	280198	2002472	190195	622378	796771	522107	549541	270573
农业存款	3394712	300517	873637	240007	552647	188620	217995	281108	317254	347499	75428
其他存款	363757	69538	65422	6657	113906	51684	18325	29519	5171	3232	303
各项贷款	**11551291**	**1055533**	**2343783**	**784181**	**2312269**	**487729**	**1080540**	**1152287**	**972839**	**1055138**	**306992**
境内贷款	11551291	1055533	2343783	784181	2312269	487729	1080540	1152287	972839	1055138	306992
短期贷款	10135452	917792	2224399	761840	2047868	442001	972905	966678	741949	822436	237584
个人贷款及透支	5090240	516458	835665	717669	343817	218136	589998	511624	573804	667671	115398
其中：个人消费贷款	822621	84592	196610	114173	16200	33955	49501	42828	119716	147602	17444
单位贷款及透支	5015672	401334	1388734	44171	1704051	223865	382907	425514	168145	154765	122186

续表

项目＼地区	浙江省	杭州市	宁波市	温州市	嘉兴市	湖州市	金华市	衢州市	台州市	丽水市	舟山市
其中:经营贷款	4919072	397831	1362253	41371	1680659	207738	376707	413471	167955	149201	121886
固定资产贷款	96600	3503	26481	2800	23392	16127	6200	12043	190	5564	300
普通并购贷款											
银团贷款	29540							29540			
贸易融资											
中长期贷款	1389680	136421	98986	22311	260878	45669	106969	185446	230890	232702	69408
个人贷款	755985	89966	41619	11393	33786	16104	72716	94250	223561	134777	37813
其中:个人消费贷款	277820	33769	13198	10333	16883	14650	32685	45247	31977	69258	9820
单位贷款	593895	46455	57367	10918	227092	29565	34253	68996	7329	80325	31595
经营贷款	404952	32355	40167	7068	129322	11236	28853	54016	7329	64526	30080
固定资产贷款	188943	14100	17200	3850	97770	18329	5400	14980		15799	1515
普通并购贷款											
银团贷款	39800							22200		17600	
贸易融资											
票据融资	25782	1320	20398	30	3320	59	492	163			
各项垫款	377				203		174				
境外贷款											

金融机构人民币存款基准利率

单位：利率%

项目＼日期	1999.6.10	2002.2.21	2004.10.29	2006.8.19	2007.3.18	2007.5.19	2007.7.21	2007.8.22	2007.9.15	2007.12.21	2008.10.09	2008.10.30	2008.11.27	2008.12.23	2010.10.20	2010.12.26
个人储蓄存款																
活期	0.99	0.72	0.72	0.72	0.72	0.72	0.81	0.81	0.81	0.72	0.72	0.72	0.36	0.36	0.36	0.36
定期(整存整取)																
3个月	1.98	1.71	1.71	1.80	1.98	2.07	2.34	2.61	2.88	3.33	3.15	2.88	1.98	1.71	1.91	2.25
6个月	2.16	1.89	2.07	2.25	2.43	2.61	2.88	3.15	3.42	3.78	3.51	3.24	2.25	1.98	2.20	2.50
1年	2.25	1.98	2.25	2.52	2.79	3.06	3.33	3.60	3.87	4.14	3.87	3.60	2.52	2.25	2.50	2.75
2年	2.43	2.25	2.70	3.06	3.33	3.69	3.96	4.23	4.50	4.68	4.41	4.14	3.06	2.79	3.25	3.55
3年	2.70	2.52	3.24	3.69	3.96	4.41	4.68	4.95	5.22	5.40	5.13	4.77	3.60	3.33	3.85	4.15
5年	2.88	2.79	3.60	4.14	4.41	4.95	5.22	5.49	5.76	5.85	5.58	5.13	3.87	3.60	4.20	4.55
企业单位																
活期	0.99	0.72	0.72	0.72	0.72	0.72	0.81	0.81	0.81	0.72	0.72	0.72	0.36	0.36	0.36	0.36
定期																
3个月	1.98	1.71	1.71	1.80	1.98	2.07	2.34	2.61	2.88	3.33	3.15	2.88	1.98	1.71	1.91	2.25
6个月	2.16	1.89	2.07	2.25	2.43	2.61	2.88	3.15	3.42	3.78	3.51	3.24	2.25	1.98	2.20	2.50
1年	2.25	1.98	2.25	2.52	2.79	3.06	3.33	3.60	3.87	4.14	3.87	3.60	2.52	2.25	2.50	2.75

注：1. 2004年10月29日起，建立人民币存款利率下浮制度。人民币存款利率下限为0，上限为各档次存款基准利率。

2. 自2004年10月29日起，金融机构(城乡信用社除外)贷款利率不再设定上限，下限仍为0.9，城市信用社和农村信用社贷款利率最大上浮幅度为贷款基准利率的2.3倍。

3. 2008年10月27日起，商业性个人住房贷款下限扩大为贷款基准利率的0.7倍。

金融机构人民币贷款基准利率

单位：利率%

项目 \ 日期	2004.10.29	2006.4.28	2006.8.19	2007.3.18	2007.5.19	2007.7.21	2007.8.22	2007.9.15	2007.12.21	2008.9.16	2008.10.9	2008.10.30	2008.11.27	2008.12.23	2010.10.20	2010.12.26
一、短期贷款																
六个月以内(含六个月)	5.22	5.40	5.58	5.67	5.85	6.03	6.21	6.48	6.57	6.21	6.12	6.03	5.04	4.86	5.10	5.35
六个月以上至一年(含一年)	5.58	5.85	6.12	6.39	6.57	6.84	7.02	7.29	7.47	7.20	6.93	6.66	5.58	5.31	5.56	5.81
二、中长期贷款																
一年以上至三年(含三年)	5.76	6.03	6.30	6.57	6.75	7.02	7.20	7.47	7.56	7.29	7.02	6.75	5.67	5.40	5.60	5.85
三年以上至五年(含五年)	5.85	6.12	6.48	6.75	6.93	7.20	7.38	7.65	7.74	7.56	7.29	7.02	5.94	5.76	5.96	6.22
五年以上	6.12	6.39	6.84	7.11	7.20	7.38	7.56	7.83	7.83	7.74	7.47	7.20	6.12	5.94	6.14	6.40

注：1. 自2004年10月29日起，金融机构（城乡信用社除外）贷款利率不再设定上限，下限仍为0.9，城市信用社和农村信用社贷款利率最大上浮幅度为贷款基准利率的2.3倍。

2. 2008年10月27日起，商业性个人住房贷款下限扩大为贷款基准利率的0.7倍。

中国人民银行对金融机构存贷款利率表

单位：利率％

项目＼日期	1998.3.21	1998.7.1	1998.12.7	1999.6.10	2002.2.21	2003.12.21	2004.3.25	2005.3.17	2007.12.21	2008.11.27	2008.12.23	2010.12.26
准备金账户	5.22	3.51	3.24	2.07	1.89							
法定准备金						1.89	1.89	1.89	1.89	1.62	1.62	1.62
超额准备金						1.62	1.62	0.99	0.99	0.72	0.72	0.72
对金融机构贷款												
再贷款(不含农合机构)												
二十天以内	6.39	5.22	4.59	3.24	2.70	2.70	3.33	3.33	4.14	3.06	2.79	3.25
三个月以内	6.84	5.49	4.86	3.51	2.97	2.97	3.60	3.60	4.41	3.33	3.06	3.55
六个月以内	7.02	5.58	5.04	3.69	3.15	3.15	3.78	3.78	4.59	3.51	3.24	3.75
一年期	7.92	5.67	5.13	3.78	3.24	3.24	3.87	3.87	4.68	3.60	3.33	3.85
再贴现	6.03	4.32	3.96	2.16	2.97	2.97	3.24	3.24	4.32	2.97	1.80	2.25

备注：1998 年 3 月法定准备金和超额准备金两个账户合并为准备金账户，2003 年 12 月准备金账户分为法定准备金和超额准备金两个账户。

中国人民银行对农村信用社再贷款利率表

单位:利率%

项目＼日期	1998.6.20	1998.7.1	1998.12.7	1999.6.10	2002.2.21	2005.1.1	2006.1.1	2007.12.21	2008.11.27	2008.12.23	2010.12.26
二十天以内	5.4	4.23	3.6	2.25	1.71	2.70	3.015	3.42	2.88	2.34	2.80
三个月以内	5.85	4.5	3.87	2.52	1.98	2.97	3.285	3.69	3.15	2.61	3.05
六个月以内	6.03	4.59	4.05	2.7	2.16	3.15	3.465	3.87	3.33	2.79	3.25
一年以内	6.93	4.68	4.14	2.79	2.25	3.24	3.555	3.96	3.42	2.88	3.35

备注:农村信用社再贷款(不含紧急贷款)浮息采取逐步到位的政策。2004年保持现行农村信用社再贷款利率政策不变,即在再贷款基准利率基础上下浮0.99个百分点;2005年1月1日起,执行再贷款基准利率;2006年1月1日起,在再贷款基准利率基础上加点,加点幅度按同期人民银行确定的流动性再贷款利率加点幅度减半执行。农村信用社再贷款按合同利率执行到期,合同期内不分段计息。(银发〔2004〕59号)

中国工商银行浙江省分行资产负债表

（2010年12月31日，不含宁波）

单位：万元（本外币合并）

项目	期末余额	比上月增减	比年初增减	项目	期末余额	比上月增减	比年初增减
现金	359572	78141	112795	单位存款	34891041	－59699	5422676
贵金属	22548	－1414	946	储蓄存款	26174591	1362047	2752410
存放央行款项	165023	－2759	－40647	向中央银行借款			
存放同业款项	34731	－191020	－15567	同业存放款项	2106342	－163992	－958664
存放系统内款项	15133515	466422	1301198	系统内存放款项			
拨付营运资金				同业拆入			
应收利息	110539	－52176	96292	卖出回购款项			
贷款	46272990	－84194	5292111	汇出汇款	198081	122621	－72616
贸易融资	4545549	254269	1158054	应解汇款	17260	－5411	8155
贴现	288760	487	－400039	存入保证金	2005995	44178	640259
其他贷款				其他存款			
拆放同业	299800	299800	299800	应付利息	563294	－43644	71679
其他应收款	135021	－122457	105394	应交税金	502502	122574	100093
投资	185080	－3802	－33846	应付工资	27716	9989	10930
买入返售资产	583855	580410	583855	应付利润（股利）			
长期待摊费用	7731	1177	949	其他应付款	429970	－215567	187032
固定资产原价	681221	23473	49243	递延收益	31254	15481	10199
减：累计折旧	209870	2942	45005	预计负债	1665	－70	－877
固定资产清理	547	－141	－169	应付债券			

续表

项　目	期末余额	比上月增减	比年初增减	项　目	期末余额	比上月增减	比年初增减
在建工程	68579	—2573	3489	其他负债	98888	57565	90835
无形资产	272024	151	7490	递延所得税负债			
抵债资产				负债合计	67048599	1246072	8262111
递延所得税资产	—47821	4036	—16297	实收资本	292331	—362	8611
其他资产	18797	1633	—10746	资本公积	1776	—1582	—2654
减:各项资产减值损失准备	234731	16832	—26132	未分配利润	1350754	—14439	207364
				其中本年利润	1350754	—14439	207364
				所有者权益合计	**1644861**	**—16383**	**213321**
资产总计	**68693460**	**1229689**	**8475432**	**负债及所有者权益总计**	**68693460**	**1229689**	**8475432**
*各项贷款	51107299	170562	6050126	*各项存款	63088887	1341115	8823500

中国农业银行浙江省分行资产负债表

（2010 年 12 月 31 日）

单位：万元

项　目	期末数	项　目	期末数
资产：		负债及所有者权益：	
现金	498512	单位存款	26641414
贵金属		储蓄存款	32539288
存放中央银行款项	193979	向中央银行借款	
存放同业款项	548341	同业存放款项	1462943
境内同业	548341	境内同业	1462943
境外同业		境外同业	
存放系统内款项	17762056	系统内存放款项	
拨付营运资金		同业拆入	37456
应收利息	105161	卖出回购款项	
贷款	43793584	境内外金融机构	
贸易融资	1265850	境内外非金融机构	
贴现及买断式转贴现	543121	汇出汇款	75530
其他贷款		应解汇款	25875
拆放同业	20000	存入保证金	2262318
其他应收款	9280	其他存款	
投资	113540	应付利息	361558
债券	113540	应交税费	51626
股票		应付职工薪酬	90085
其他		应付股利	
其中：长期股权投资		其他应付款	317452

续表

项　　目	期末数	项　　目	期末数
买入返售资产		递延收益	16597
境内外金融机构		预计负债	1028
境内外非金融机构		应付债券	
长期待摊费用	21352	其他负债	242191
固定资产原价	790606	衍生金融负债	259002
减：累计折旧	164165	递延所得税负债	
固定资产净值	626441	**负债合计**	**64125359**
固定资产清理	—635	少数股东权益	
在建工程	188690	所有者权益：	
无形资产	234962	实收资本	115848
抵债资产		资本公积	—473
递延所得税资产		其中：重估储备	
其他资产	327417	盈余公积	
投资性房地产		一般风险准备	
衍生金融资产	162973	信托赔偿准备	
商誉		未分配利润	1345818
减：各项资产减值损失准备	665098	其中：本年利润	1338897
资产总计	**65586552**	外币报表折算差额	
		所有者权益合计	**1461193**
		负债及所有者权益总计	**65586552**
		附注项目	
		各项存款	61468894
		各项贷款	45633848

中国银行浙江省分行资产负债表

（2010 年 12 月 31 日）

单位：万元（本外币合并）

资产项目	2010 年 12 月 31 日	占　比	负债所有者权益项目	2010 年 12 月 31 日	占　比
现金及存放中央银行款项	712763.32	1.76%	向中央银行借款		
存放同业款项	2397185.25	5.93%	同业及其他金融机构存放款项	2908463.26	7.20%
贵金属	9791.37	0.02%	拆入资金	109899.31	0.27%
拆出资金	460639.34	1.14%	交易性金融负债		
交易性金融资产			衍生金融负债	119884.56	0.30%
衍生金融资产	126807.50	0.31%	卖出回购金融资产款		
买入返售金融资产			吸收存款	35760962.60	88.51%
应收利息	135482.04	0.34%	应付职工薪酬	97796.81	0.24%
发放贷款和垫款	36059018.92	89.25%	应交税费	92169.98	0.23%
可供出售金融资产			应付利息	294521.86	0.73%
持有至到期投资			预计负债	5079.53	0.01%
贷款及应收款项类债券	101029.14	0.25%	发行债券	0.53	0.00%
长期股权投资			递延所得税负债		
投资性房地产			其他负债	106614.98	0.26%
固定资产	280604.32	0.69%	**负债合计**	**39495393.43**	**97.75%**
无形资产	61080.63	0.15%			
商誉			股本（营运资金）	175803.74	0.44%
递延税资产			资本公积		
其他资产	59629.47	0.15%	减：库藏股		

续表

资产项目	2010年12月31日	占比	负债所有者权益项目	2010年12月31日	占比
			盈余公积		
			一般风险准备		
			未分配利润	732,834.12	1.81%
			外币折算差额		
			归属于母公司股东权益合计	**908637.87**	**2.25%**
			少数股东权益		
			股东权益合计	**908637.87**	**2.25%**
资产总计	**40404031.29**	**100.00%**	**负债和股东权益总计**	**40404031.29**	**100.00%**

注：本表数据未经审计，未经调整，为基础数据。

中国建设银行浙江省分行资产负债表

（2010 年 12 月 31 日）

单位：万元

项目	审计前期末数	审计后期末数	项目	审计前期末数	审计后期末数
资 产：			负 债：		
现金及存放中央银行款项	632154.28	632154.28	向中央银行借款		
存放同业款项	236525.67	236525.67	同业及其他金融机构存放款项	1162463.45	1162463.45
贵金属	—3.85	—3.85	拆入资金		
拆出资金			交易性金融负债		
交易性金融资产			衍生金融负债	18369.53	18369.53
衍生金融资产	20641.85	20641.85	卖出回购金融资产款		
买入返售金融资产	274915.56	274915.56	吸收存款	50623085.15	50623085.15
发放贷款和垫款	42476500.36	42476500.36	应付利息	314893.80	314893.80
应收利息	114865.94	114865.94	应付职工薪酬	95018.20	95018.20
可供出售金融资产			应交税费	50049.23	50049.23
应收款项投资			预计负债	6895.31	6895.31
持有至到期投资	92168.92	92168.92	应付债券		
长期股权投资			递延所得税负债		
资产支持证券			其他负债	123952.09	122202.09
投资性房地产			负债合计	52394726.76	52392976.76
固定资产	366310.22	366310.22			
在建工程	167445.63	167445.63			
无形资产	213950.27	213950.27	股东权益：		

续表

项　　目	审计前期末数	审计后期末数	项　　目	审计前期末数	审计后期末数
商誉			股本		
递延所得税资产			资本公积		
其他资产	7820542.01	7820542.01	减:库存股		
			盈余公积		
			一般风险准备		
			未分配利润	21290.10	23040.10
			外币报表折算差额		
			股东权益合计	**21290.10**	**23040.10**
资产总计	**52416016.86**	**52416016.86**	**负债和股东权益总计**	**52416016.86**	**52416016.86**

中国农业发展银行浙江省分行资产负债表

（2010 年 12 月 31 日）

单位：万元

项目	期初数	期末数	项目	期初数	期末数
资产：			负债：		
现金及银行存款	345	405	向中央银行借款		
存放中央银行款项	30970	38146	联行存放款项	3787268	2578903
贵金属			同业及其他金融机构存放款项	403000	257569
存放联行款项			拆入资金		
存放同业款项	1966082	5523	交易性金融负债		
拆出资金			衍生金融负债		
交易性金融资产			卖出回购金融资产款		
衍生金融资产			吸收存款	598826	750908
买入返售金融资产			应付职工薪酬	2382	2376
应收款项类金融资产			应交税费	2201	2875
应收利息	116	17	应付利息	7	628
其他应收款	272	280	其他应付款	1673	2181
发放贷款和垫款	2834926	3601137	预计负债		
可供出售金融资产			应付债券		
持有至到期投资			递延所得税负债		
长期股权投资			其他负债	31827	31672
投资性房地产			**负债合计**	**4827184**	**3627112**

续表

项目	期初数	期末数	项目	期初数	期末数
固定资产	35489	41005	所有者权益(或股东权益):		
在建工程	6507	1665	实收资本(或股本)		
固定资产清理	3		国家资本		
无形资产	108	146	集体资本		
商誉			法人资本		
长期待摊费用	132	144	其中:国有法人资本		
抵债资产	2500		个人资本		
递延所得税资产			外商资本		
其他资产	181	161	资本公积		
			减:库存股		
			盈余公积		
			一般风险准备		
			未分配利润	50447	61517
			外币报表折算差额		
			归属于母公司所有者权益合计	50447	61517
			少数股东权益		
			所有者权益(或股东权益)合计	50447	61517
资产总计	**4877631**	**3688629**	**负债和所有者权益(或股东权益)总计**	**4877631**	**3688629**

国家开发银行浙江省分行资产负债表

（2010 年 12 月 31 日）

单位：万元

项　目	期初数	期末数	项　目	期初数	期末数
资产：			负债：		
现金及银行存款	1188	1145	向中央银行借款		
存放中央银行款项	46307	53908	联行存放款项	8359843	11108235
贵金属			同业及其他金融机构存放款项	445334	201481
存放联行款项	439153	966079	拆入资金		
存放同业款项	699	704	交易性金融负债		
拆出资金			衍生金融负债		
交易性金融资产			卖出回购金融资产款		
衍生金融资产			吸收存款	803720	861179
买入返售金融资产			应付职工薪酬	—14	
应收款项类金融资产			应交税费	13981	10124
应收利息	34743	37066	应付利息	1647	2255
其他应收款	31624	49036	其他应付款	955	1128
发放贷款和垫款	9237479	11298158	预计负债		
可供出售金融资产			应付债券		
持有至到期投资			递延所得税负债		
长期股权投资			其他负债	20181	20214
投资性房地产			**负债合计**	**9645646**	**12204617**
固定资产	13319	12980	所有者权益(或股东权益)		

续表

项　　目	期初数	期末数	项　　目	期初数	期末数
在建工程			实收资本(或股本)		
固定资产清理			国家资本		
无形资产	1	1	集体资本		
商誉			法人资本		
长期待摊费用	56	34	其中:国有法人资本		
抵债资产			个人资本		
递延所得税资产			外商资本		
其他资产	65	75	资本公积		
			减:库存股		
			盈余公积		
			一般风险准备		
			未分配利润	158989	214568
			外币报表折算差额		
			归属于母公司所有者权益合计	158989	214568
			少数股东权益		
			所有者权益(或股东权益)合计	**158989**	**214568**
资产总计	**9804635**	**12419185**	**负债和所有者权益(或股东权益)合计**	**9804635**	**12419185**

中国进出口银行浙江省分行资产负债表

单位：人民币元

项目	2009 年 12 月 31 日	2010 年 12 月 31 日	项目	2009 年 12 月 31 日	2010 年 12 月 31 日
资产：			负债：		
现金及银行存款	186887.86	393877.34	向中央银行借款		
存放中央银行款项	187417868.38	141315284.46	联行存放款项	27648063737.91	31701732929.14
贵金属			同业及其他金融机构存放款项		
存放联行款项			拆入资金	135811591.13	
存放同业款项	37687375.06	128503265.22	交易性金融负债		
拆出资金			衍生金融负债		
交易性金融资产			卖出回购金融资产款		
衍生金融资产			吸收存款	2471954714.13	1813436385.76
买入返售金融资产			应付职工薪酬		
应收款项类金融资产	283525768.15	703812585.00	应交税费	16753435.11	43410973.77
应收利息	36657514.36	47613248.41	应付利息	94808443.66	121314405.77
其他应收款	1604172.47	1543300.87	其他应付款	5755682.63	5456505.01
发放贷款和垫款	30261070992.94	33133894223.35	预计负债		
可供出售金融资产			应付债券		
持有至到期投资			递延所得税负债		
长期股权投资			其他负债	140841017.10	130964802.39
投资性房地产			**负债合计**	30513988621.67	33816316001.84
固定资产	2483662.08	2109369.20	所有者权益：		
在建工程	250000000.00	328103142.38	实收资本（或股本）		

续表

项　　目	2009 年 12 月 31 日	2010 年 12 月 31 日	项　　目	2009 年 12 月 31 日	2010 年 12 月 31 日
固定资产清理			其中:国有资本		
无形资产	26944.45	5833.31	外商资本		
商誉			资本公积		
长期待摊费用			减:库存股		
抵债资产	19220499.03		盈余公积		
递延所得税资产			一般风险准备		
其他资产	2915634.76	3342849.73	未分配利润	568808697.87	674320977.43
			外币报表折算差额		
			归属于母公司所有者权益合计	**568808697.87**	**674320977.43**
			少数股东权益		
			所有者权益合计	**568808697.87**	**674320977.43**
资产总计	**31082797319.54**	**34490636979.27**	**负债和所有者权益总计**	**31082797319.54**	**34490636979.27**

中国长城资产管理公司杭州办事处资产负债表

（2010 年 12 月 31 日）

单位：万元

项　目	期初数	期末数	项　目	期初数	期末数
资产：			负债：		
货币资金	580	336	短期借款		
存放中央银行款项			向中央银行借款		
拆出资金	5154	5841	拆入资金	1199382	1199705
其中：存放系统内款项	5154	5841	其中：系统内存放款项	1199382	1199705
交易性金融资产			交易性金融负债		
*短期投资			衍生金融负债		
衍生金融资产			应付款项	70	76
应收款项	7	24	卖出回购金融资产款		
应收利息			吸收存款		
买入返售金融资产			应付职工薪酬	280	402
发放贷款和垫款			应交税费	22	66
可供出售金融资产	7482	7482	应付利息		
其中：待处置贷款	7482	7482	保险合同准备金		
持有至到期投资			预计负债		
*长期债权投资			应付债券		
长期股权投资			长期借款		
投资性房地产	1956	1859	*发行长期债券		
固定资产	154	148	递延所得税负债在建工程		
固定资产清理		2	其他负债		
无形资产			**负债合计**	**1199754**	**1200248**

续表

项　　目	期初数	期末数	项　　目	期初数	期末数
商誉			所有者权益(或股东权益):		
*合并价差			实收资本		
长期待摊费用			国有资本		
抵债资产	42	41	集体资本		
递延所得税资产			法人资本		
其他资产	2255		其中:国有法人资本		
			个人资本		
			外商资本		
			资本公积		
			减:库存股		
			减:待处置不良贷款损失(政策性业务)	832773	832773
			盈余公积		
			一般风险准备		
			未分配利润	(352889)	(355315)
			拨入营运资金	3539	3573
			减:拨付营运资金		
			外币报表折算差额		
			归属于母公司所有者权益合计	(1182123)	(1184515)
			少数股东权益		
			所有者权益(或股东权益)合计	**(1182123)**	**(1184515)**
资产总计	**17630**	**15733**	**负债和所有者权益(或股东权益)总计**	**17630**	**15733**

中国东方资产管理公司杭州办事处资产负债表

（2010年12月31日）

单位：元

项　　目	期初数	期末数	项　　目	期初数	期末数
资产：			负债：		
货币资金	6779883.06	21099863.18	短期借款		
存放中央银行款项			其中：质押借款		
拆出资金			拆入资金		
交易性金融资产	218509576.34	232100736.84	交易性金融负债		
衍生金融资产			衍生金融负债		
买入返售金融资产			卖出回购金融资产款		
应收款项	19534621.94	2795382593.09	应付款项	31225958.58	31638875.35
应收利息	1160.64	9105409.28	应付职工薪酬	1089285.71	2548261.49
贷款			应交税费	135754.34	3243538.33
可供出售金融资产			应付利息		
持有至到期投资		800000000.00	预计负债		
持有待售非流动资产			长期借款		
长期股权投资	92245633.32	70195651.43	应付债券		
投资性房地产			递延所得税负债		
固定资产	27742929.87	26973971.36	其他负债	302617340.04	3898113179.89
无形资产			**负债合计**	**335068338.67**	**3935543855.06**
商誉			所有者权益（或股东权益）：		
递延所得税资产			实收资本（或股本）		

续表

项　　目	期初数	期末数	项　　目	期初数	期末数
其他资产	1658764.72	376524.72	其中：国有资本		
			外商资本		
			资本公积		
			减：库存股		
			盈余公积		
			一般风险准备		
			未分配利润	31404231.22	19690894.84
			外币报表折算差额		
			归属于母公司所有者权益合计		
			少数股东权益		
			所有者权益(或股东权益)合计	31404231.22	19690894.84
资产总计	**366472569.89**	**3955234749.90**	**负债和所有者权益(或股东权益)总计**	**366472569.89**	**3955234749.90**

中国信达资产管理公司浙江省分公司资产负债表

（2010 年 12 月 31 日）

单位：元

项　目	期初数	期末数	项　目	期初数	期末数
资产：			负债：		
货币资金	40172863.28	108670460.14	短期借款		
存放中央银行款项			其中：质押借款		
拆出资金			拆入资金		
交易性金融资产	233823079.56	95716641.29	交易性金融负债		
衍生金融资产			衍生金融负债		
买入返售金融资产			卖出回购金融资产款		
应收款项	297500.00	61700.00	应付款项	38228803.34	16470073.28
应收利息			应付职工薪酬	2986368.35	4735896.17
贷款			应交税费	458074.96	361534.49
可供出售金融资产	24929279.95	129139454.67	应付利息		
持有至到期投资			预计负债		590368.02
持有待售非流动资产			长期借款	179823808.00	70598257.82
抵债资产	14969532.28	48550261.27	应付债券		
长期股权投资			递延所得税负债		
投资性房地产			其他负债	119781126.55	163350836.52
固定资产	1036534.23	1414460.46	**负债合计**	**341278181.20**	**256106966.30**
无形资产			所有者权益（或股东权益）：		

续表

项　目	期初数	期末数	项　目	期初数	期末数
商誉			实收资本(或股本)		
递延所得税资产			其中:国有资本		
其他资产	35195039.51	131495135.48	集体资本		
			法人资本		
			其中:国有法人资本		
			个人资本		
			外商资本		
			资本公积		
			减:库存股		
			盈余公积		
			一般风险准备		
			未分配利润	9145647.61	258941147.01
			外币报表折算差额		
			归属于母公司所有者权益合计		
			少数股东权益		
			所有者权益(或股东权益)合计	**9145647.61**	**258941147.01**
资产总计	**350423828.81**	**515048113.31**	**负债和所有者权益(或股东权益)总计**	**350423828.81**	**515048113.31**

浙商银行资产负债表

（2010 年 12 月 31 日）

单位：元

项目	期初数	期末数	项目	期初数	期末数
资产			负债		
现金及存放中央银行款项	20747850906	30402842986	同业及其他金融机构存放款项	17320201032	20842823766
存放同业及其他金融机构款项	6896613949	16486334807	拆入资金	147821900	46773832
拆出资金		5373621608	衍生金融负债		5841275
交易性金融资产	733947429	921561387	卖出回购金融资产款	154667070	8482164036
衍生金融资产		7285450	吸收存款	121381413278	156808932044
买入返售金融资产	19529928634	23028300681	应付职工薪酬	524363924	657993437
应收利息	250943830	437849862	应交税费	206467761	390425808
发放贷款和垫款净额	86432195142	111332089387	应付利息	630554880	896145686
投资	26724886722	26552063719	应付债券	1900000000	1900000000
一可供出售金融资产	9802952801	7477248828	递延所得税负债		
一持有至到期投资	5328343921	6117084891	其他负债	12452018546	9465150492
一贷款及应收款	11593590000	12957730000	**负债合计**	**154717508391**	**199496250376**
长期股权投资	25000000	25000000	股东权益		
固定资产	1022673824	1084225338	股本	5216453270	10006872431
无形资产	66005256	420190360	资本公积		
递延所得税资产	38607430	129861530	一股本溢价	1736276730	4945857569
其他资产	949047650	1110756338	一可供出售金融资产公允价值变动储备	（17449776）	（23159210）
			盈余公积	218505816	382795362
			一般风险准备	1094573782	1511796465
			未分配利润	451832559	991570460
			股东权益合计	**8700192381**	**17815733077**
资产总计	**163417700772**	**217311983453**	**负债和股东权益总计**	**163417700772**	**217311983453**

交通银行浙江省分行资产负债表

（2010 年 12 月 31 日）

单位：元（本外币合计）

项　目	期末余额	去年同期	项　目	期末余额	去年同期
流动资产：			流动负债：		
现金及银行存款	743171941.84	749257100.46	短期存款	96381748165.22	73059032941.09
其中：现金	735204570.31	741133693.93	短期储蓄存款	37799194941.51	31416821470.70
贵金属	13673633.74		财政性存款	51275020.82	45594593.35
存中央银行款项	2397588421.41	1767851071.25	向中央银行借款		
其中：准备金存款			同业存放款项	12311604896.19	11124548945.98
其中：备付金存款	2345085421.41	1726869071.25	联行存放款项		
存放同业款项	191010505.60	248976020.35	拆入资金		
存放联行款项	52590340277.82	37402658325.31	应解汇款	125092759.69	97638928.21
拆出资金			汇出汇款	437343477.15	156845963.44
短期贷款	83863168425.71	72411264675.67	委托存款	4396495.01	3239846.71
应收进出口押汇	742328641.83	603621384.86	应付代理证券款项		
应收账款	45062476.71	43936468.93	卖出回购证券款		
其他应收款	85061147.45	30129083.72	应付账款	1220028569.63	960221163.36
贴现	385787068.85	1730018080.34	其他应付款	1097380078.76	386368411.95
短期投资	—2154774966.73	—1842588445.07	存入短期保证金	23205030716.72	26261155441.71
委托贷款及委托投资			应付工资	182541930.79	121864205.53
自营证券			应付福利费		
代理证券			应交税金	—45086506.66	—51264028.90
买入返售证券			应付利润	24000.00	24000.00
待处理流动资产净损失			预提费用	17783.34	121283.34
其他流动资产	26513931.66	24563343.48	发行短期债券		
一年内到期的长期投资	163500.00	163500.00	其他流动负债	1820985441.66	1565698745.64

续表

项目	期末余额	去年同期	项目	期末余额	去年同期
流动资产合计	**138929095005.89**	**113169850609.30**	一年内到期的长期负债	1820998890.28	1752569659.00
长期资产：			**流动负债合计**	**176412576660.11**	**146900481571.11**
中长期贷款	55147887329.30	45231347574.88	长期负债：		
逾期贷款	1144091233.14	1470777927.03	长期存款	14392253439.08	10047494816.72
减：呆账准备	1182108446.85	832263580.21	长期储蓄存款	935137827.97	1064420942.57
应收租赁款			存入长期保证金	325519263.93	165426010.23
减：未收租赁收益			应付转租赁租金		
应收转租赁款			发行长期债券		
租赁资产			长期借款		
减：待转租赁资产			长期应付款		
经营租赁资产			其他长期负债		
减：经营租赁资产折旧			**长期负债合计**	**15652910530.98**	**11277341769.52**
长期投资			所有者权益		
固定资产原值	2203746165.47	2016905315.78	实收资本		
减：累计折旧	773214735.15	668304801.85	资本公积		
减：固定资产减值准备			盈余公积		
固定资产净值	1430531430.32	1348600513.93	一般准备		
固定资产清理	8937.00		未分配利润	4108262051.13	2942020888.96
在建工程	606938818.03	574943265.21	其中：本年利润	4108262051.13	2942020888.96
待处理固定资产净损失			**所有者权益合计**	**4108262051.13**	**2942020888.96**
长期资产合计	**57147349300.94**	**47793405700.84**			
无形、递延及其他资产					
无形资产	1828292.95	2146896.65			
递延资产	45363172.88	55021474.30			
其他长期资产	50113469.56	99419548.50			
其他资产合计	**97304935.39**	**156587919.45**			
资产总计	**196173749242.22**	**161119844229.59**	**负债及所有者权益总计**	**196173749242.22**	**161119844229.59**

交通银行宁波分行资产负债表

（2010 年 12 月 31 日）

单位：元（本外币合计）

项　目	期末数	项　目	期末数
流动资产：		流动负债：	
现金及银行存款	143273808.36	短期存款	21321760479.79
其中：现金	140878191.18	短期储蓄存款	8307130235.85
贵金属	34166.68	财政性存款	66895.80
存中央银行款项	463807026.21	向中央银行借款	
其中：准备金存款		同业存放款项	1205205213.95
其中：备付金存款	457183026.21	联行存放款项	
存放同业款项	136951776.73	拆入资金	
存放联行款项	8978666523.68	应解汇款	192371086.71
拆出资金		汇出汇款	494446492.27
短期贷款	19983683549.87	委托存款	529345.33
应收进出口押汇	397377789.47	应付代理证券款项	
应收账款	9254689.52	卖出回购证券款	
其他应收款	25334347.46	应付账款	266331204.04
贴现	116823811.68	其他应付款	67457578.44
短期投资	—898568085.07	存入短期保证金	9652720167.93
委托贷款及委托投资		应付工资	28202477.74
自营证券		应付福利费	
代理证券		应交税金	—3407328.52
买入返售证券		应付利润	
待处理流动资产净损失		预提费用	
其他流动资产	5341911.58	发行短期债券	
一年内到期的长期投资		其他流动负债	132593258.70

续表

项　　目	期末数	项　　目	期末数
流动资产合计	**29361981316.17**	一年内到期的长期负债	392102168.15
长期资产：		**流动负债合计**	**42057509276.18**
中长期贷款	15457164568.69	长期负债：	
逾期贷款	598155596.64	长期存款	2114256531.03
减：呆账准备	216334645.60	长期储蓄存款	354654540.11
应收租赁款		存入长期保证金	368544147.56
减：未收租赁收益		应付转租赁租金	
应收转租赁款		发行长期债券	
租赁资产		长期借款	
减：待转租赁资产		长期应付款	
经营租赁资产		其他长期负债	
减：经营租赁资产折旧		**长期负债合计**	**2837455218.70**
长期投资		所有者权益：	
固定资产原值	782753127.49	实收资本	
减：累计折旧	254273266.51	资本公积	
减：固定资产减值准备		盈余公积	
固定资产净值	528479860.98	一般准备	
固定资产清理		未分配利润	1043430801.49
在建工程	67216736.10	其中：本年利润	1043430801.50
待处理固定资产净损失		**所有者权益合计**	**1043430801.49**
长期资产合计	**16434682116.81**		
无形、递延及其他资产			
无形资产	109492754.71		
递延资产	16298834.03		
其他长期资产	15940274.65		
其他资产合计	**141731863.39**		
资产总计	**45938395296.37**	**负债及所有者权益总计**	**45938395296.37**

中信银行杭州分行资产负债表

（2010 年 12 月 31 日）

单位：万元

项　目	期初数	期末数	项　目	期初数	期末数
流动资产：			流动负债：		
货币资金	28679.50	33559.43	短期存款	4236236.82	4374122.25
存放中央银行款项	161815.63	217253.92	短期储蓄存款	362206.20	443536.59
存放同业款项	683332.58	586653.31			
减：存放同业减值准备			财政性存款		
存放联行款项	2969279.43	3146176.97	向中央银行借款		
拆放同业	161739.02	194089.20	同业存放款项	711214.49	744067.72
其中：拆放金融性公司			联行存放款项	6385.26	6663.82
减：拆放同业减值准备			同业拆入		
短期贷款	7600637.50	7820240.00	其中：金融性公司拆入		
交易性金融资产			票据融资		
贴现	190730.32	299511.44	减：贴现业务递延支出		
减：递延买断贴现业务利息收益	2781.39	6437.42	交易性金融资产		
应收进出口押汇	262616.65	256238.26	应解汇款	27840.52	18613.59
应收利息	36910.46	25028.18	汇出汇款	3420.76	43583.11
其他应收款	170851.32	98769.30	应付账款	83198.03	74057.64
减：坏账准备			其他应付款	26523.13	184589.79
存出保证金			预收利税		
买入返售资产	100002.82	297730.23	应付薪酬	31303.76	36339.86
减：买入返售业务递延收益	386.53	910.96	应付福利费		
待摊费用	3932.96	3298.88	应交税金	57522.06	68274.72
其他流动资产			应付利润		
流动资产合计	**12367360.27**	**12971200.76**	卖出回购资产		
长期资产：			存入短期保证金	786142.15	766644.87
中长期贷款	2749777.21	2850173.74	预提费用		
逾期贷款	46519.27	42884.30	一年内到期的长期负债		
减：呆账准备	122489.21	127730.00	外币兑换		
应收租赁款			预计负债		

续表

项 目	期初数	期末数	项 目	期初数	期末数
减：未实现租赁收益			其他流动负债	9581.57	9581.04
租赁资产			**流动负债合计**	**6341574.74**	**6770075.00**
减：租赁减值准备	353.44	412.02	长期负债：		
衍生产品公允值价值正值			长期存款	5719400.22	5766386.87
可供出售金融资产			长期储蓄存款	2112954.53	2410030.37
减：可供出售减值准备			长期借款		
持有至到期减值准备	59291.35	59584.44	发行长期债券		
减：持有至到期减值准备			存入长期保证金	650470.80	633650.81
长期股权投资			衍生产品公允值价值负值		
减：长期投资减值准备			其他长期负债		
固定资产原值	118388.89	119915.87	**长期负债合计**	**8482825.55**	**8810068.05**
减：累计折旧	33042.51	33558.90	递延税款贷项		
固定资产净值	85346.38	86356.97	**负债合计**	**14824400.30**	**15580143.05**
减：固定资产减值准备			少数股东权益		
在建工程			所有者权益：		
减：在建工程减值准备			营运资金	121432.62	121432.62
在建工程净值			资本公积		
固定资产清理	37.80	26.73	本年利润	253093.02	
待处理固定资产净损失			未分配利润		197902.90
长期资产合计	**2818129.35**	**2910884.16**	外币报表折算差额		
无形资产及其他资产：			**所有者权益合计**	**374525.64**	**319335.52**
无形资产	1663.30	1659.66			
减：无形资产减值准备					
无形资产净值	1663.30	1659.66			
长期待摊费用	6270.38	7769.94			
抵债资产	83.13	83.13			
减：抵债资产减值准备	31.16	31.16			
外币兑换	165.49	0.44			
其他资产					
无形资产及其他资产合计	**8151.14**	**9482.00**			
递延税款借项	5285.18	7911.65			
资产合计	**15198925.94**	**15899478.57**	**负债及所有者权益总计**	**15198925.94**	**15899478.57**

中信银行宁波分行资产负债表

（2010 年 12 月 31 日）

单位：元

项　　目	期初数	期末数	项　　目	期初数	期末数
流动资产：			流动负债：		
货币资金	57135257.14	55662041.89	短期存款	6086006704.53	8298055465.47
存放中央银行款项	148930052.23	453009875.64	短期储蓄存款	1656501134.47	2474094270.68
存放同业款项	160784202.30	5073220767.45	委托存款	2560510590.22	1802894943.61
减：存放同业减值准备			财政性存款		
存放联行款项	2998884155.71	2699834976.83	向中央银行借款		
拆放同业		15000000.00	同业存放款项	1432239881.72	2318491383.37
其中：拆放金融性公司			联行存放款项	27329151.82	1416626747.85
减：拆放同业减值准备			同业拆入		
短期贷款	13036653743.48	16037373781.61	其中：金融性公司拆入		
委托贷款	2560510590.22	1802894943.61	票据融资		
短期投资			应解汇款	17120305.09	10376222.94
减：短期投资跌价准备			汇出汇款	58559655.90	62220703.26
贴现	1833495075.82	329861922.41	应付账款	81324859.72	120153046.81
应收进出口押汇	282890806.67	236083590.06	其他应付款	57776740.44	41780496.21
应收利息	32961885.99	76026649.81	预收利税		
其他应收款	23242051.34	10155483.25	应付薪酬	71901017.91	93784627.65
减：坏账准备		2200952.16	应付福利费		
存出保证金			应交税金	72028659.90	133426320.62
买入返售资产	288529510.03	465296249.64	应付利润		
待摊费用	10382901.28	11886139.90	卖出回购资产		
一年内到期的长期债券投资			存入短期保证金	912962109.21	816318797.69
其他流动资产			预提费用		
流动资产合计	**21434400232.21**	**27264105469.94**	一年内到期的长期负债		
长期资产：			外币兑换	3440326.12	
中长期贷款	3589460749.95	5435936886.34	其他流动负债	218112913.87	32140492.40
逾期贷款	141848296.44	159819990.13	**流动负债合计**	**13255814050.92**	**17620363518.56**
减：呆账准备	193049816.03	245293465.47	长期负债：		
应收租赁款			长期存款	2060616699.74	5078699759.13

续表

项　　目	期初数	期末数	项　　目	期初数	期末数
减:未实现租赁收益			长期存款	2392847692.80	2490799569.72
租赁资产			长期借款		
减:租赁减值准备			发行长期债券		
衍生产品公允价值正值			存入长期保证金	7106675187.36	7191253357.56
可供出售金融资产			衍生产品公允价值负值		
减:可供出售减值准备			其他长期负债		
持有至到期金融资产	140391295.29	132276053.84	**长期负债合计**	**11560139579.90**	**14760752686.41**
减:持有至到期减值准备			递延税款贷项		
长期股权投资			**负债合计**	**24815953630.82**	**32381116204.97**
减:长期投资减值准备			少数股东权益		
拨付所属资本			所有者权益:		
固定资产原值	223021731.13	271861890.43	营运资金	233340000.00	233340000.00
减:累计折旧	42264632.21	54015147.65	本年利润		403803624.87
固定资产净值	180757098.92	217846742.78	未分配利润	282820766.07	
减:固定资产减值准备			外币报表折算差额		
在建工程			**所有者权益合计**	**516160766.07**	**637143624.87**
减:在建工程减值准备					
在建工程净值					
固定资产清理					
待处理固定资产净损失					
长期资产合计	**3859407624.57**	**5700586207.62**			
无形资产及其他资产:					
无形资产	741666.67	641666.67			
减:无形资产减值准备					
无形资产净值	741666.67	641666.67			
长期待摊费用	33720147.16	30923709.49			
抵债资产					
减:抵债资产减值准备					
外币兑换		341.70			
其他资产					
无形资产及其他资产合计	**34461813.83**	**31565717.86**			
递延税款借项	3844726.28	22002434.42			
资产合计	**25332114396.89**	**33018259829.84**	**负债及所有者权益总计**	**25332114396.89**	**33018259829.84**

上海浦东发展银行杭州分行资产负债表

（2010 年 12 月 31 日）

单位：元（本外币合计）

项目	期初数	期末数	项目	期初数	期末数
资产：			负债：		
现金	284966803.91	315033781.06	向中央银行借款		
存放中央银行款项	3208273011.10	1786540149.13	同业存放款项	6915005757.49	7658869054.12
存放同业	1490918551.66	289152458.02	拆入资金		
贵金属			衍生金融负债		
拆出资金			卖出回购金融资产款		
交易性金融资产			短期存款	49651817385.15	62857444872.06
加或减：交易性金融资产公允价值调整			短期储蓄存款	11700740824.58	14930221340.50
衍生金融资产			财政性存款		
买入返售金融资产		2128453906.68	委托资金		
应收利息	50896296.61	88686521.24	存入短期保证金	5431734358.30	5952298797.16
短期贷款	48057207444.55	55143945729.01	长期存款	7589553237.44	7043778156.32
贴现	490616055.81	453282977.45	长期储蓄存款	724318480.71	815562200.06
进出口押汇	108600957.96	1027513385.82	存入长期保证金	7784467376.36	7285078319.30
中期贷款	9604031564.62	11912906698.45	应解汇款及临时存款	92049739.69	125256529.87
长期贷款	8392869185.58	10588045641.52	资产托管存款	196902497.68	290731403.18
逾期贷款	547300183.32	372867796.37	应付工资		
减：贷款呆账准备	1104288345.35	1261069286.36	应付福利费		
可供出售金融资产	274786028.52	254001225.67	应交税费	82787028.43	100124817.22
加或减：可供出售金融资产公允价值调整			应付利息	577368119.21	644294362.99
减：可供出售金融资产减值准备			发行长期债券		

续表

资　产	期初数	期末数	负债及所有者权益	期初数	期末数
持有至到期投资			递延所得税负债		
减:持有至到期投资减值准备			汇出汇款	557256529.63	158823324.85
分为贷款和应收款的金融资产	182105619.15	130803792.66	其他应付款	412069084.27	549116199.80
长期股权投资			应付利润		
减:长期股权投资减值准备			预提费用		
固定资产	543018418.02	600212615.69	其他流动负债	745294044.12	394760978.74
减:累计折旧	163513283.49	179201524.07	其他长期负债	11810000.00	
减:固定资产减值准备					
固定资产清理					
在建工程			**负债合计**	**92473181754.01**	**108806360356.17**
减:在建工程减值准备					
无形资产	35990905.00	35990905.00	所有者权益:		
减:无形资产累计摊销	8483264.78	9387227.39	实收资本		
减:无形资产减值准备			资本公积		
递延所得税资产			盈余公积		
其他应收款	85004310.58	184375686.81	一般风险准备		
减:坏账准备	2888139.40	3351736.73	未分配利润	1279341996.13	1937605344.43
其他流动资产	21625913868.01	26826331693.53			
长期待摊费用	49197578.76	58830511.04	**所有者权益合计**	**1279341996.13**	**1937605344.43**
待处理抵债资产					
减:抵债资产跌价准备					
其他长期资产					
减:其他非贷款资产减值准备					
资产合计	**93752523750.14**	**110743965700.60**	**负债和所有者权益合计**	**93752523750.14**	**110743965700.60**

上海浦东发展银行宁波分行资产负债表

（2010 年 12 月 31 日）

单位：元（本外币合计）

项目	期初数	期末数	项目	期初数	期末数
资产：			负债：		
现金	149773080.83	134813437.94	向中央银行借款		
存放中央银行款项	1444626508.56	2306714301.24	同业存放款项	13934844727.63	8009534538.32
存放同业	6767476137.37	102743688.91	拆入资金		
贵金属			衍生金融负债		
拆出资金			卖出回购金融资产款		
交易性金融资产			短期存款	28328125961.01	38094749163.80
加或减：交易性金融资产公允价值调整			短期储蓄存款	5941726455.54	7457412534.30
衍生金融资产			财政性存款	101748.13	
买入返售金融资产			委托资金		
应收利息	74557335.99	57389337.07	存入短期保证金	809046644.93	959449097.14
短期贷款	24554368961.87	29456465131.02	长期存款	9464102755.06	11381586556.57
贴现	274651038.97	573986640.19	长期储蓄存款	426482173.21	431172679.50
进出口押汇	151657017.37	515455217.21	存入长期保证金	4735077303.19	3111737450.74
中期贷款	7670383571.88	9440952208.62	应解汇款及临时存款	47946818.38	49968387.30
长期贷款	4051621925.01	4061622447.91	资产托管存款		250000.00
逾期贷款	76529627.57	46601035.63	应付工资		
减：贷款呆账准备	445913819.64	521214657.19	应付福利费		
可供出售金融资产	223607875.36	203289652.49	应交税费	44156666.48	61186372.87
加或减：可供出售金融资产公允价值调整			应付利息	467612594.98	624964825.29
减：可供出售金融资产减值准备			发行长期债券		

续表

项　目	期初数	期末数	项　目	期初数	期末数
持有至到期投资			递延所得税负债		
减：持有至到期投资减值准备			汇出汇款	661073993.22	45155418.80
分为贷款和应收款的金融资产	223036211.54	190072808.47	其他应付款	47992202.28	52227772.33
长期股权投资			应付利润		
减：长期股权投资减值准备			预提费用		
固定资产	271862809.47	271149007.10	其他流动负债	2184170.78	11123892.88
减：累计折旧	117084809.28	127222621.47	其他长期负债	460000.00	
减：固定资产减值准备					
固定资产清理					
在建工程			**负债合计**	**64910934214.82**	**70290518689.84**
减：在建工程减值准备					
无形资产	13174792.47	13174792.47	所有者权益：		
减：无形资产累计摊销	12908403.58	13135070.25	实收资本		
减：无形资产减值准备			资本公积		
递延所得税资产			盈余公积		
其他应收款	18473576.78	20010939.61	一般风险准备		
减：坏账准备	1069908.64	432551.00	未分配利润	815724540.06	1016061937.54
其他流动资产	20243663799.10	24241735806.31			
长期待摊费用	45336949.38	41589017.31	**所有者权益合计**	**815724540.06**	**1016061937.54**
待处理抵债资产	31931187.32	25105925.00			
减：抵债资产跌价准备	15375687.32	12986845.51			
其他长期资产	32278976.50	278700978.30			
减：其他非贷款资产减值准备					
资产合计	**65726658754.88**	**71306580627.38**	**负债和所有者权益合计**	**65726658754.88**	**71306580627.38**

上海浦东发展银行温州分行资产负债表

（2010 年 12 月 31 日）

单位：元（本外币合计）

项　目	期初数	期末数	项　目	期初数	期末数
资产：			负债：		
现金	85890253.65	117993799.19	向中央银行借款		
存放中央银行款项	1000360904.76	1199303332.97	同业存放款项	24765225.00	307193305.94
存放同业	58838777.43	153899076.85	拆入资金		
贵金属			衍生金融负债		
拆出资金			卖出回购金融资产款		
交易性金融资产			短期存款	15728259344.24	16880838464.47
加或减：交易性金融资产公允价值调整			短期储蓄存款	7482659494.23	8291054719.37
衍生金融资产			财政性存款	750904.21	
买入返售金融资产			委托资金	992.87	992.87
应收利息	73150401.03	108476966.09	存入短期保证金	2784338061.29	6128151455.84
短期贷款	29030815711.84	33629675329.11	长期存款	3741386436.79	3746483787.27
贴现	111117323.90	72530000.00	长期储蓄存款	121505679.65	117816645.17
进出口押汇	131754022.04	274512527.94	存入长期保证金	1994243294.16	1665788695.91
中期贷款	4954243878.46	6227633537.94	应解汇款及临时存款	23031392.14	27285030.29
长期贷款	1629745717.45	3174365067.72	资产托管存款	32483.12	1541406.81
逾期贷款	77102705.49	130773838.67	应付工资		
减：贷款呆账准备	526098594.89	670090089.58	应付福利费		
可供出售金融资产			应交税费	52573008.48	69733612.82
加或减：可供出售金融资产公允价值调整			应付利息	180007757.35	218136142.35
减：可供出售金融资产减值准备			发行长期债券		

续表

项　　目	期初数	期末数	项　　目	期初数	期末数
持有至到期投资			递延所得税负债		
减：持有至到期投资减值准备			汇出汇款	130000.00	318850.00
分为贷款和应收款的金融资产	1647875.10	1702745.40	其他应付款	168931796.63	47268002.44
长期股权投资			应付利润		
减：长期股权投资减值准备			预提费用		
固定资产	124952884.99	128120745.83	其他流动负债	3735745495.93	6222815790.76
减：累计折旧	57953164.14	64734487.52	其他长期负债	150000.00	
减：固定资产减值准备					
固定资产清理					
在建工程			**负债合计**	**36038511366.09**	**43724426902.31**
减：在建工程减值准备					
无形资产	6564151.94	112069231.94	所有者权益：		
减：无形资产累计摊销	5924046.74	6356970.14	实收资本		
减：无形资产减值准备			资本公积		
递延所得税资产			盈余公积		
其他应收款	12469204.41	17585637.69	一般风险准备		
减：坏账准备	555419.50	1008829.00	未分配利润	766271862.09	1184649990.67
其他流动资产	0.01	0.05			
长期待摊费用	59531436.19	69640267.58	**所有者权益合计**	**766271862.09**	**1184649990.67**
待处理抵债资产					
减：抵债资产跌价准备					
其他长期资产	37129204.76	232985164.25			
减：其他非贷款资产减值准备					
资产合计	**36804783228.18**	**44909076892.98**	**负债和所有者权益合计**	**36804783228.18**	**44909076892.98**

华夏银行杭州分行资产负债表

（2010 年 12 月 31 日）

单位：元（本外币合计）

项　目	期初数	期末数	项　目	期初数	期末数
资产：			负债：		
现金及存放中央银行款项	691510100.04	779366497.39	向中央银行借款		
存放同业款项	36606597.36	66304315.55	同业及其他金融机构存放款项	3261897163.98	8801318585.97
贵金属			拆入资金		
拆出资金	17119769.77	15583300.19	交易性金融负债		
交易性金融资产			衍生金融负债		
衍生金融资产			卖出回购金融资产	7006404980.25	3878270891.60
买入返售金融资产	29176254244.76	20212796842.98	吸收存款	39421769652.32	48165222641.98
应收利息	124641028.98	245068194.82	应付职工薪酬	63052951.76	120190215.24
发放贷款及垫款	36614332013.75	41899785235.18	应交税费	36087127.29	52567365.63
可供出售金融资产			应付利息	249140870.62	336114737.14
应收款项类投资			预计负债		
持有至到期投资	79323891.88	52268634.88	应付债券		
长期股权投资			递延所得税负债		
投资性房地产			其他负债	16181172166.82	1132554365.70
固定资产	123603480.67	131253649.27			
无形资产			**负债合计**	**66219524913.04**	**62486238803.26**
递延所得税资产			所有者权益：		
其他资产	24044588.39	26849140.98	股本		
			资本公积		
			减：库存股		
			盈余公积		
			一般风险准备		
			未分配利润	667910802.56	943037007.98
			所有者权益合计	**667910802.56**	**943037007.98**
资产合计	**66887435715.60**	**63429275811.24**	**负债与所有者权益合计**	**66887435715.60**	**63429275811.24**

华夏银行宁波分行资产负债表

（2010 年 12 月 31 日）

单位：元（本外币合计）

项　　目	期初数	期末数	项　　目	期初数	期末数
资产：			负债：		
现金及存放中央银行款项	129618992.67	246900758.12	向中央银行借款		
存放同业款项	64384356.28	93583851.94	同业及其他金融机构存放款项	98178.04	2000880900.00
贵金属			拆入资金		
拆出资金			交易性金融负债		
交易性金融资产			衍生金融负债		
衍生金融资产			卖出回购金融资产	2259134229.18	
买入返售金融资产	2276533245.79	3027630181.56	吸收存款	5707304934.73	9032398180.22
应收利息	17511533.79	43196816.15	应付职工薪酬	10090927.51	16189298.65
发放贷款及垫款	6357147842.35	7986838751.09	应交税费	8720090.45	14761853.05
可供出售金融资产			应付利息	30280978.10	59398488.46
应收款项类投资			预计负债		
持有至到期投资	7892676.66	6980516.04	应付债券		
长期股权投资			递延所得税负债		
投资性房地产			其他负债	777970775.04	189949038.68
固定资产	12789763.89	18200557.94			
无形资产			**负债合计**	**8793600113.05**	**11313577759.06**
递延所得税资产			所有者权益：		
其他资产	11450302.99	17732802.45	股本		
			资本公积		
			减：库存股		
			盈余公积		
			一般风险准备		
			未分配利润	83728601.37	127486476.23
			所有者权益合计	**83728601.37**	**127486476.23**
资产合计	**8877328714.42**	**11441064235.29**	**负债与所有者权益合计**	**8877328714.42**	**11441064235.29**

华夏银行温州分行资产负债表

（2010 年 12 月 31 日）

单位：元（本外币合计）

项　目	期初数	期末数	项　目	期初数	期末数
资产：			负债：		
现金及存放中央银行款项	366793900.12	533454855.03	向中央银行借款		
存放同业款项	25562767.83	220469445.88	同业及其他金融机构存放款项	289796343.75	336762176.82
贵金属			拆入资金		
拆出资金			交易性金融负债		
交易性金融资产			衍生金融负债		
衍生金融资产			卖出回购金融资产		
买入返售金融资产			吸收存款	11999901736.87	16043044138.22
应收利息		1362032.09	应付职工薪酬	15666026.49	24631001.88
发放贷款及垫款	10620255423.01	12992760500.85	应交税费	18812842.89	27204191.61
可供出售金融资产			应付利息	70870768.56	77276340.68
应收款项类投资			预计负债		
持有至到期投资	25455235.40	16200051.50	应付债券		
长期股权投资			递延所得税负债		
投资性房地产			其他负债	212811685.99	202657605.85
固定资产	41050006.32	42662407.02	**负债合计**	**12607859404.55**	**16711575455.06**
无形资产			所有者权益：		
递延所得税资产			股本		
其他资产	1715923048.95	3145875972.48	资本公积		
			减：库存股		
			盈余公积		
			一般风险准备		
			未分配利润	187180977.08	241209809.79
			所有者权益合计	**187180977.08**	**241209809.79**
资产合计	**12795040381.63**	**16952785264.85**	**负债与所有者权益合计**	**12795040381.63**	**16952785264.85**

招商银行杭州分行资产负债表

（2010 年 12 月 31 日）

单位：万元（本外币合计）

项目	期初数	期末数	项目	期初数	期末数
流动资产：			流动负债：		
现金及银行存款	22271	24841	短期存款	3652297	4759380
贵金属			短期储蓄存款	1649807	1693918
存放中央银行款项	186167	178946	财政性存款	16264	15312
存放同业款项	13855	18837	向中央银行借款		
存放联行款项	8841	97941	票据融资	190227	
拆放同业			同业存放款项	115153	355502
拆放金融性公司		46000	联行存放款项	1798620	1466347
短期贷款	4589890	5325370	同业拆入		25957
应收进出口押汇	175068	191904	金融性公司拆入		
应收账款	12543	18019	应解汇款	14259	16409
减：坏账准备	170	239	汇出汇款	5829	1328
其他应收款	1772	1478	委托存款		
贴现	826827	329722	应付代理证券款项		
短期投资			卖出回购证券款		
减：短期投资跌价准备			卖出回购贷款		
委托贷款及委托投资			应付账款	34799	44945
自营证券			存入短期保证金	897999	694611
代理证券			其他应付款	17351	25174
买入返售款项	1024280	586874	应付工资	13844	9482
待处理流动资产净损失			应付福利费		
一年内到期的长期投资			应付税金	17460	22983
待摊费用	3613	3843	应付股利		
流动资产合计	**6864957**	**6823536**	预提费用	89	231
长期资产：			发行短期债券		
中期贷款	358793	588970	一年内到期的长期负债		
长期贷款	1655259	2263249	**流动负债合计**	**8423998**	**9131579**

续表

项　目	期初数	期末数	项　目	期初数	期末数
逾期贷款	24972	31619	长期负债：		
减：贷款呆账准备	127181	149105	长期存款	230076	263435
应收租赁款			长期储蓄存款	63933	63145
减：未收租赁收益			保证金	1794	3598
租赁资产			应付转租赁租金		
减：待转租赁资产			发行长期债券		
经营租赁资产			长期借款		
减：经营租赁资产折旧			长期次级债		
长期投资			长期应付款	3939	
减：长期投资减值准备			**长期负债合计**	**299742**	**330178**
固定资产原值	76436	84920	其他负债：		
减：累计折旧	19731	26117	其他负债	14333	11228
固定资产净值	56705	58803	递延税项：		
减：固定资产减值准备			递延税款贷项		
固定资产净额	56705	58803	**负债合计**	**8738073**	**9472985**
固定资产清理		3	所有者权益：		
在建工程			实收资本		
减：在建工程减值准备			资本公积		
待处理固定资产净损失			盈余公积		
长期资产合计	**1968547**	**2793539**	其中：法定公益金		
无形、递延及其他资产			一般准备		
无形资产			未分配利润		
减：无形资产减值准备			本年利润	101066	151096
长期待摊费用	4856	6336	**所有者权益合计**	**8839139**	**9624081**
其他资产	1388	1337			
减：其他资产减值准备	610	667			
其他资产合计	**5634**	**7006**			
递延税项：					
递延税款借项					
资产总计	**8839139**	**9624081**	**负债及所有者权益总计**	**8839139**	**9624081**

招商银行宁波分行资产负债表

（2010 年 12 月 31 日）

单位：元

项目	期初数	期末数	项目	期初数	期末数
流动资产：			流动负债：		
现金及银行存款	57440388.37	72562561.23	短期存款	11624286925.40	10953334346.57
贵金属			短期储蓄存款	3009061042.80	4054290739.04
存放中央银行款项	669383671.01	464540706.65	财政性存款	97105326.49	77682580.89
存放同业款项	127015876.03	119182424.67	向中央银行借款		
存放联行款项			票据融资		
拆放同业			同业存放款项	201951665.42	356257633.30
拆放金融性公司			联行存放款项	11092798156.12	10723617778.24
短期贷款	14172850543.37	13797771434.65	同业拆入		160139658.83
应收进出口押汇	375847276.24	1162098698.23	金融性公司拆入		
应收账款	47197839.41	59092982.52	应解汇款	9781744.25	7296946.65
坏账准备	－1501518.00	－452332.00	汇出汇款	22659968.60	16543874.63
其他应收款	5229044.32	917791.36	委托存款		
贴现	4947214549.66	2470154798.90	应付代理证券款项		
短期投资			卖出回购证券款		
持有至到期投资减值准备			卖出回购贷款		
委托贷款及委托投资			应付账款	111990092.01	102263882.49
自营证券			存入短期保证金	4355898203.30	3797903512.23
代理证券			其他应付款	14015262.23	23589748.67

续表

项　　目	期初数	期末数	项　　目	期初数	期末数
买入返售款项	2406542729.31	1772166532.00	应付工资	80709919.19	80829728.80
待处理流动资产损失			应付福利费		
一年内到期的长期投资			应付税金	60944868.13	78001855.00
待摊费用	17665814.50	16951080.10	应付股利		
流动资产合计	**22824886214.22**	**19934986678.31**	预提费用		
长期资产：			发行短期债券		
中期贷款	2756550000.00	5654950000.00	一年内到期的长期负债		
长期贷款	7085700334.88	8039753553.68	**流动负债合计**	**30681203173.94**	**30431752285.34**
逾期贷款	392120760.71	199702096.30	长期负债：		
呆账准备	—615350498.36	—686072134.06	长期存款	1390100000.00	2262100000.00
应收租赁款			长期储蓄存款	142107473.10	187121588.15
未收租赁收益			保证金	6702947.00	84609840.13
租赁资产			应付转租赁租金		
待转租赁资产			发行长期债券		
经营租赁资产			长期借款		
经营租赁资产折旧			长期次级债		
长期投资			长期应付款		
可供出售金融资产减值准备			交易性金融负债		
固定资产原值	69411588.56	81871312.83	**长期负债合计**	**1538910420.10**	**2533831428.28**
累计折旧	—41762401.99	—51186139.93	其他负债：		
固定资产净值	27649186.57	30685172.90	其他负债	46223594.00	56670668.84
固定资产减值准备			**其他负债合计**	**46223594.00**	**56670668.84**

续表

项目	期初数	期末数	项目	期初数	期末数
固定资产净额	27649186.57	30685172.90	递延税项：		
固定资产清理			递延税款贷项		
在建工程	34122000.00	223119000.00	**负债合计**	**32266337188.04**	**33022254382.46**
在建工程减值准备			所有者权益：		
待处理固定资产净损失			实收资本		
长期资产合计	**9680791783.80**	**13462137688.82**	资本公积		
无形、递延及其他资产			盈余公积		
无形资产			其中：法定公益金		
无形资产减值准备			一般准备		
长期待摊费用	37183196.87	37347549.75	未分配利润		
其他资产			本年利润	276524006.86	412217534.45
其他资产减值准备			**所有者权益合计**	**276524006.86**	**412217534.45**
无形、递延及其他资产合计	**37183196.87**	**37347549.75**			
递延税项：					
递延税项借项					
交易性金融资产					
可供出售金融资产					
持有至到期金融资产					
其他应收投资款					
减：其他应收投资减值准备					
减：长期股权投资减值准备					
资产总计	**32542861194.89**	**33434471916.88**	**负债及所有者权益合计**	**32542861194.90**	**33434471916.91**

广东发展银行杭州分行资产负债表

（2010年12月31日）

单位：元

项目	期初数	期末数	项目	期初数	期末数
资产：			负债：		
现金及存放中央银行款项	1902540023.55	1954909996.34	向中央银行借款		
存放同业款项	41079021.13	1053427271.51	同业及其他金融机构存放款项	3100527211.08	4110903887.51
贵金属			拆入资金		
拆出资金			交易性金融负债		
交易性金融资产			衍生金融负债	477934.45	32974609.11
衍生金融资产	1241289.32	35510634.77	卖出回购金融资产款		
买入返售金融资产		85800000.00	吸收存款	50931418673.44	60159874264.43
应收利息	40060056.08	156006544.66	应付职工薪酬	46071600.69	69000620.76
发放贷款和垫款	43239803915.70	49924537591.55	应交税费	62828396.28	81543249.53
应收款项投资	133488700.00	131481900.00	应付利息	305242534.69	389226049.74
可供出售金融资产			预计负债		10500000.00
持有至到期投资			应付债券		
长期股权投资			递延所得税负债		
固定资产	279437184.69	305831065.58	其他负债	120081432.58	130572030.93
在建工程	112478628.15	182640060.95	**负债合计**	**54566647783.21**	**64984594712.01**
无形资产	204629764.96	197793101.87	所有者权益（或股东权益）：		
递延所得税资产			实收资本（或股本）	533500000.00	733500000.00
其他资产	9680899888.66	12682731215.98	资本公积		
减：库存股			减：库存股		
			盈余公积		
			一般风险准备		
			未分配利润	535510689.03	992574671.20
			外币报表折算差额		
			所有者权益（或股东权益）合计	**1069010689.03**	**1726074671.20**
资产总计	**55635658472.24**	**66710669383.21**	**负债和所有者权益（或股东权益）总计**	**55635658472.24**	**66710669383.21**

深圳发展银行杭州分行资产负债表

（2010 年 12 月 31 日）

单位：万元

项　目	期初数	期末数	项　目	期初数	期末数
资产：			负债：		
现金及存放中央银行款项	113690.96	75260.92	向中央银行借款		
贵金属	59.62		同业及其他金融机构存放款项	88822.52	73394.90
存放同业款项	13411.79	20822.98	拆入资金		
拆出资金			联行存放款项		
存放联行款项	866041.91	720361.68	交易性金融负债		
交易性金融资产			衍生金融负债		
衍生金融资产			卖出回购金融资产款		
买入返售金融资产	36229.24	298217.73	吸收存款	4045358.14	4860594.26
应收利息	5502.24	6976.52	应付职工薪酬	10292.65	12096.94
发放贷款和垫款	3172771.35	3900746.08	应交税费	3012.86	4008.72
应收款类债券投资			应付利息	16432.32	23072.92
可供出售金融资产			预计负债		
持有至到期投资			递延所得税负债		
长期股权投资			其他负债	15471.78	42856.14
固定资产	4100.44	4724.02	**负债合计**	**4179390.27**	**5016023.88**
投资性房地产			股东权益：		
无形资产	32.02	15.97	股本		
递延所得税资产			资本公积		
其他资产	19475.02	67737.60	盈余公积		
			一般风险准备		
			未分配利润	51924.32	78839.62
			股东权益合计	**51924.32**	**78839.62**
资产总计	**4231314.59**	**5094863.50**	**负债和股东权益总计**	**4231314.59**	**5094863.50**

深圳发展银行宁波分行资产负债表

（2010 年 12 月 31 日）

单位：元（本外币合计）

项　目	期初数	期末数	项　目	期初数	期末数
资产：			负债：		
现金及存放中央银行款项	515432411.78	423811746.42	向中央银行借款		
贵金属	91417.56		同业及其他金融机构存放款项	1468233145.02	1024130377.11
存放同业款项	150061580.57	370808287.52	拆入资金		
拆出资金			联行存放款项	217564278.92	448930193.58
存放联行款项			交易性金融负债		
交易性金融资产			衍生金融负债		
衍生金融资产			卖出回购金融资产款		3450107793.09
买入返售金融资产	1399492257.53	4803518990.79	吸收存款	14804547481.04	18690735506.21
应收利息	23233663.52	32639779.96	应付职工薪酬	43697664.35	40505979.93
发放贷款和垫款	14276049617.25	18545934779.32	应交税费	14383463.72	23441086.19
应收款类债券投资	500000000.00		应付利息	68919501.28	144418774.47
可供出售金融资产			预计负债		
持有至到期投资			应付债券		
长期股权投资			递延所得税负债		
固定资产	17211670.30	19282723.17	其他负债	86042349.07	527861426.60
投资性房地产			**负债合计**	**16703387883.40**	**24350131137.18**
无形资产	397404.69	791155.36	股东权益：		
递延所得税资产			股本		
其他资产	103583472.22	547911682.40	资本公积		
盈余公积					
			一般风险准备		
			未分配利润	282165612.02	394568007.76
			股东权益合计	**282165612.02**	**394568007.76**
资产总计	**16985553495.42**	**24744699144.94**	**负债和股东权益总计**	**16985553495.42**	**24744699144.94**

深圳发展银行温州分行资产负债表

（2010 年 12 月 31 日）

单位：元（本外币合计）

项　目	期初数	期末数	项　目	期初数	期末数
资产：			负债：		
现金及存放中央银行款项	468521758.55	445145208.40	向中央银行借款		
贵金属	144053.33		同业及其他金融机构存放款项	1001994804.23	2401546545.99
存放同业款项	17406999.63	1620122285.09	拆入资金		
拆出资金			联行存放款项	4127679893.89	506369496.92
存放联行款项			交易性金融负债		
交易性金融资产			衍生金融负债		
衍生金融资产			卖出回购金融资产款		
买入返售金融资产	2936620812.02	1964832508.65	吸收存款	10504610829.01	15756484896.51
应收利息	19143008.69	36773110.86	应付职工薪酬	19410480.05	28942952.73
发放贷款和垫款	12455557495.42	15107217817.92	应交税费	10966284.85	42145056.80
应收款类债券投资			应付利息	54424129.16	136242187.02
可供出售金融资产			预计负债		
持有至到期投资			应付债券		
长期股权投资			递延所得税负债		
固定资产	30148321.85	27704042.12	其他负债	9873206.71	926441814.57
投资性房地产			**负债合计**	**15728959627.90**	**19798172950.54**
无形资产	152043.02	106507.01	股东权益：		
递延所得税资产			股本		
其他资产	19133430.53	942525797.12	资本公积		
			盈余公积		
			一般风险准备		
			未分配利润	217868295.14	346254326.63
			股东权益合计	**217868295.14**	**346254326.63**
资产总计	**15946827923.04**	**20144427277.17**	**负债和股东权益总计**	**15946827923.04**	**20144427277.17**

中国民生银行杭州分行资产负债表

（2010 年 12 月 31 日）

单位：元（汇总人民币）

项目	期初数	期末数	项目	期初数	期末数
流动资产：			流动负债：		
现金及银行存款	88399075.85	85749626.09	短期存款	35372183903.00	44522779351.00
贵金属		4009850.00	短期储蓄存款	6454889498.00	9199527850.00
存放中央银行款项	1017949579.00	1818448479.00	财政性存款	401048.13	286492.75
存放同业款项	220553966.00	230976195.10	向中央银行借款		
存放联行款项			同业存放款项	1421305775.00	8586018038.00
存放系统内款项			其中：保证金		
拆放同业			联行存放款项		
减：拆放资金损失准备			系统内存款	20864636861.00	21624973472.00
拆放金融公司			同业拆入		
短期贷款	39296057865.00	45068428082.00	卖出回购资产		
进出口押汇			汇出汇款	15476328.54	1541116.65
议付信用证款项			应解汇款及临时存款	13115933.11	17130428.95
应收利息	128077272.20	177267342.20	存入短期保证金	2641757204.00	678284608.30
应收股利			应付利息	287641148.20	345550031.50
其他应收款	203395820.60	213489799.90	应付职工薪酬	40020517.36	18031517.33
减：坏账准备	7000.00	217234.60	应付福利费		
应收款项净额	203388820.60	213272565.30	应交税金	89783803.29	109720803.50
贴现	11930000.00	99660861.86	应付利润		
交易性金融资产			其他应付款	7677393.17	96135207.44
可供出售金融资产			预提费用		
买入返售资产		6432155081.00	递延收益		
减：买入返售资产呆账准备			发行短期债券		
待摊费用	11249056.91	16459946.08	一年内到期的长期负债		
一年到期的长期债券投资			其他流动负债		29600448.12
一年内到期的其他长期投资			**流动负债合计**	**67208889412.00**	**85229579365.00**
其他流动资产	2807168.83	3051818.16	长期负债：		

续表

资产	期初数	期末数	负债	期初数	期末数
流动资产合计	**40980412804.00**	**54149479847.00**	长期存款	1857727688.00	2202876735.00
长期资产：			长期储蓄存款	396065313.10	361774135.80
中长期贷款	30771556859.00	37634276649.00	存入长期保证金	3195053.00	860000.00
逾期贷款	106732433.70	10475227.11	发行长期债券		
呆滞贷款	182835478.80	256941247.20	长期应付款		
呆账贷款			其他长期负债	12643434.57	12093636.68
减：贷款呆账准备	—870055163.60	—1193400236.00	衍生金融负债		
持有至到期投资			**长期负债合计**	**2269631489.00**	**2577604508.00**
贷款及应收款项类投资			预计负债项目	42151316.37	57166399.50
减：债券投资风险准备			递延税项		
长期股权投资			递延税款贷项		
减：长期股权投资减值准备			**负债合计**	**69520672217.00**	**87864350272.00**
固定资产原值	130129458.80	129455118.50	股东权益：		
减：累计折旧	—73374149.50	—72278423.88	股本	383330000.00	866670000.00
减：固定资产减值准备			资本公积		
固定资产净值	56755309.29	57176694.60	盈余公积		
在建工程			其中：公积金		
固定资产清理			一般风险准备		
长期资产合计	**30247824917.00**	**36765469581.00**	未分配利润	1335561958.00	2201124191.00
无形资产及其他资产：			**股东权益合计**	**1718891958.00**	**3067794191.00**
无形资产	798511.58	775683.05	减：待处理财产净损失		
长期待摊费用	10527941.83	16419352.80	股东权益净额	1718891958.00	3067794191.00
待处理抵债资产					
减：抵债资产减值准备					
待处理抵债资产净值					
抵债资产清理					
其他长期资产					
衍生金融资产					
无形资产及其他资产合计	**11326453.41**	**17195035.85**			
递延税项					
递延税款借项					
资产总计	**71239564175.00**	**90932144464.00**	**负债和股东权益总计**	**71239564175.00**	**90932144464.00**
补充资料：代保管证券	509668961.70	56152209.23	抵押物品		

中国民生银行宁波分行资产负债表

（2010 年 12 月 31 日）

单位：元（汇总人民币）

项　　目	期初数	期末数	项　　目	期初数	期末数
流动资产：			流动负债：		
现金及银行存款	50055758.29	52747754.23	短期存款	6295415128.00	6492828450.00
贵金属		4626750.00	短期储蓄存款	2075450683.00	2488171035.00
存放中央银行款项	413931007.00	541227452.70	财政性存款	345082086.40	623794660.00
存放同业款项	315553108.20	200382608.00	向中央银行借款		
存放联行款项			同业存放款项	2102797899.00	2007546027.00
存放系统内款项			其中：保证金		
拆放同业			联行存放款项		
减：拆放资金损失准备			系统内存款	3902615251.00	6065292751.00
拆放金融公司			同业拆入		
短期贷款	11067801559.00	17095628599.00	卖出回购资产		
进出口押汇			汇出汇款		1709744.00
议付信用证款项			应解汇款及临时存款	32566769.99	8965153.21
应收利息	35601884.27	58744787.61	存入短期保证金	3350395314.00	6230730479.00
应收股利			应付利息	83044803.02	114005240.30
其他应收款	26166590.94	36086431.02	应付职工薪酬	8217780.91	9334459.17
减：坏账准备	254440.00	308941.10	应付福利费		
应收款项净额	25912150.94	35777489.92	应交税金	30974627.84	32292756.04
贴现	18924186.81	19093351.43	应付利润		
交易性金融资产			其他应付款	2114084.94	29981193.53
可供出售金融资产			预提费用		
买入返售资产			递延收益		
减：买入返售资产呆账准备			发行短期债券		
待摊费用	10345184.25	8337633.20	一年内到期的长期负债		
一年到期的长期债券投资			其他流动负债	1004553.88	18084.88
一年内到期的其他长期投资			**流动负债合计**	**18229678983.00**	**24104670034.00**
其他流动资产	758227.17	2152066.21	长期负债：		
流动资产合计	**11938883065.00**	**18018718492.00**	长期存款	1251520000.00	2400900000.00

续表

项目	期初数	期末数	项目	期初数	期末数
长期资产：			长期储蓄存款	69351154.90	78001234.57
中长期贷款	8137404038.00	9719940607.00	存入长期保证金		
逾期贷款	753311.77	11770408.39	发行长期债券		
呆滞贷款	214055710.90	102238752.90	长期应付款		
呆账贷款			其他长期负债	2419898.52	3500847.36
减：贷款呆账准备	317305413.40	437353981.50	衍生金融负债		
持有至到期投资			**长期负债合计**	**1323291053.00**	**2482402082.00**
贷款及应收款项类投资			预计负债项目	10524475.76	19820518.77
减：债券投资风险准备			递延税项		
长期股权投资			递延税款贷项		
减：长期股权投资减值准备			**负债合计**	**19563494512.00**	**26606892634.00**
固定资产原值	66399425.86	71364434.66	股东权益：		
减：累计折旧	41738025.01	47818045.34	股本	133340000.00	316670000.00
减：固定资产减值准备			资本公积		
固定资产净值	24661400.85	23546389.32	盈余公积		
在建工程			其中：公积金		
固定资产清理			一般风险准备		
长期资产合计	**8059569048.00**	**9420142176.00**	未分配利润	321295521.20	533160028.00
无形资产及其他资产：			**股东权益合计**	**454635521.20**	**849830028.00**
无形资产	844908.38	690654.99	减：待处理财产净损失		
长期待摊费用	6103011.34	4441339.70	股东权益净额	454635521.20	849830028.00
待处理抵债资产	12730000.00	12730000.00			
减：抵债资产减值准备					
待处理抵债资产净值	12730000.00	12730000.00			
抵债资产清理					
其他长期资产					
衍生金融资产					
无形资产及其他资产合计	**19677919.72**	**17861994.69**			
递延税项					
递延税款借项					
资产总计	**20018130033.00**	**27456722662.00**	**负债和股东权益总计**	**20018130033.00**	**27456722662.00**
补充资料：代保管证券	1323232993.00	62397166.23	抵押物品		

中国民生银行温州分行资产负债表

（2010 年 12 月 31 日）

单位：元（汇总人民币）

项　　目	期初数	期末数	项　　目	期初数	期末数
流动资产：			流动负债：		
现金及银行存款	40771315.64	44168659.56	短期存款	1887535025	4134548550
贵金属	0	3392950	短期储蓄存款	1881938828	2442676816
存放中央银行款项	73554598.75	185988212.7	财政性存款	69141923.49	75452769.31
存放同业款项	56325861.22	51294579.83	向中央银行借款	0	0
存放联行款项	0	0	同业存放款项	900982023.8	900991817
存放系统内款项	0	0	其中：保证金	0	0
拆放同业	0	0	联行存放款项	0	0
减：拆放资金损失准备	0	0	系统内存款	4662312874	6524720276
拆放金融公司	0	0	同业拆入	0	0
短期贷款	10663449391	15011830402	卖出回购资产	0	0
进出口押汇	0	0	汇出汇款	0	217.49
议付信用证款项	0	0	应解汇款及临时存款	470304	18202240.78
应收利息	24180664.86	45196265.59	存入短期保证金	2569002550	2456384784
应收股利	0	0	应付利息	15930486.42	50794069.96
其他应收款	4192222.3	4006585.48	应付职工薪酬	632226.9	7570817.59
减：坏账准备	0	0	应付福利费	0	0
应收款项净额	4192222.3	4006585.48	应交税金	12148029.26	23505624.73
贴现	83800000	98162680.6	应付利润	0	0
交易性金融资产	0	0	其他应付款	18620219.49	46392625.16
可供出售金融资产	0	0	预提费用	0	0
买入返售资产	0	0	递延收益	0	0
减：买入返售资产呆账准备	0	0	发行短期债券	0	0
待摊费用	6354123.36	5161272.3	一年内到期的长期负债	0	0
一年到期的长期债券资	0	0	其他流动负债	1172967.54	10002507.32
一年内到期的其他长期投资	0	0	**流动负债合计**	**12019887458**	**16691243115**
其他流动资产	359657.6	342388.78	长期负债：		
流动资产合计	**10952987835**	**15449543997**	长期存款	0	0

续表

项　目	期初数	期末数	项　目	期初数	期末数
长期资产：			长期储蓄存款	9047872.93	8052613.81
中长期贷款	1407636975	1962766823	存入长期保证金	0	0
逾期贷款	0	0	发行长期债券	0	0
呆滞贷款	23450000	3129999.99	长期应付款	0	0
呆账贷款	0	0	其他长期负债	2800583.46	3346474.57
减：贷款呆账准备	—82829614.44	—217851568.6	衍生金融负债	0	0
持有至到期投资	0	0	**长期负债合计**	**11848456.39**	**11399088.38**
贷款及应收款项类投资	0	0	预计负债项目	10608775.62	9953849.81
减：债券投资风险准备	0	0	递延税项		
长期股权投资	0	0	递延税款贷项	0	0
减：长期股权投资减值准备	0	0	**负债合计**	**12042344690**	**16712596053**
固定资产原值	25188328.31	29012672.31	股东权益：		
减：累计折旧	—11348715.22	—16387618.82	股本	100000000	216670000
减：固定资产减值准备	0	0	资本公积	0	0
固定资产净值	13839613.09	12625053.49	盈余公积	0	0
在建工程	0	0	其中：公积金	0	0
固定资产清理	0	0	一般风险准备	0	0
长期资产合计	**1362096974**	**1760670308**	未分配利润	184002574.7	288760133.4
无形资产及其他资产：			**股东权益合计**	**284002574.7**	**505430133.4**
无形资产	169490.19	114952.19	减：待处理财产净损失	0	0
长期待摊费用	11092965.39	7696929.54	股东权益净额	284002574.7	505430133.4
待处理抵债资产	0	0			
减：抵债资产减值准备	0	0			
待处理抵债资产净值	0	0			
抵债资产清理	0	0			
其他长期资产	0	0			
衍生金融资产	0	0			
无形资产及其他资产合计	**11262455.58**	**7811881.73**			
递延税项					
递延税款借项	0	0			
资产总计	**12326347265**	**17218026187**	**负债和股东权益总计**	**12326347265**	**17218026187**
补充资料：代保管证券	684832689.5	1100362	抵押物品	0	0

兴业银行杭州分行资产负债表

（2010 年 12 月 31 日）

单位：元（本外币合计）

项目	期初数	期末数	项目	期初数	期末数
资产：			负债：		
现金及存放中央银行款项	998022853.51	799131318.50	向中央银行借款		
存放同业款项	1156387993.61	758277403.53	同业及其他金融机构存放款项	21622630682.53	20456220135.16
贵金属			拆入资金		
拆出资金			交易性金融负债		
交易性金融资产			衍生金融负债		
衍生金融资产			卖出回购金融资产款	9591827868.31	6941826401.56
买入返售金融资产	14708807818.81	13103249307.64	吸收存款	56197691180.23	58801915660.80
其中：买入企事业单位回售证券			应付职工薪酬	59958158.62	131427909.20
应收利息	570594587.83	215962063.89	应交税费	20363781.18	43726135.52
发放贷款及垫款	54694243879.03	54902252756.64	应付利息	619267334.94	519860688.44
可供出售金融资产			预计负债		
持有至到期投资	18002989.11	18643947.06	应付债券		
长期股权投资	3680000.00	3680000.00	递延所得税负债		
投资性房地产			其他负债	36091805824.14	35952487227.96
固定资产	325300299.45	371236992.98	**负债合计**	**124203544829.95**	**122847464158.64**
无形资产	3487294.85	3374801.56	所有者权益（或股东权益）：		
递延所得税资产			股本		
其他资产	52770960697.88	53853604630.19	资本公积		
资产总计	**125249488414.08**	**124029413221.99**	盈余公积		
			一般风险准备		
			未分配利润	1045943584.13	1181949063.35
			减：库存股		
			所有者权益(或股东权益)合计	**1045943584.13**	**1181949063.35**
			负债及所有者权益总计	**125249488414.08**	**124029413221.99**

兴业银行宁波分行资产负债表

（2010 年 12 月 31 日）

单位：元（本外币合计）

项　目	期初数	期末数	项　目	期初数	期末数
资产：			负债：		
现金及存放中央银行款项	1721886611.30	2676423984.95	向中央银行借款		
存放同业款项	113831015.06	39502672.53	同业及其他金融机构存放款项	1541828322.45	1542612217.11
贵金属			拆入资金		
拆出资金			交易性金融负债		
交易性金融资产			衍生金融负债		
衍生金融资产			卖出回购金融资产款	1773422643.93	1259771540.05
买入返售金融资产	2265680100.76	1766253370.51	吸收存款	21049303493.26	22801515657.04
其中：买入企事业单位回售证券			应付职工薪酬	4563448.30	7007409.96
应收利息	185065487.24	57982484.76	应交税费	11699443.51	21426552.31
发放贷款及垫款	20978741665.42	21014281443.12	应付利息	217032354.29	210905056.68
可供出售金融资产			预计负债		
持有至到期投资	1463052.35	1467003.92	应付债券		
长期股权投资			递延所得税负债		
投资性房地产			其他负债	13614664451.47	13648234927.27
固定资产	138160865.12	139925965.86	**负债合计**	**38212514157.21**	**39491473360.42**
无形资产			所有者权益（或股东权益）：		
递延所得税资产			股本		
其他资产	13126847249.24	14186887054.99	资本公积		
			盈余公积		
			一般风险准备		
			未分配利润	319161889.28	391250620.22
			减：库存股		
			所有者权益（或股东权益）合计	**319161889.28**	**391250620.22**
资产总计	**38531676046.49**	**39882723980.64**	**负债及所有者权益总计**	**38531676046.49**	**39882723980.64**

中国光大银行杭州分行资产负债表

（2010年12月31日）

单位：元（本外币合计）

项　目	期初数	期末数	项　目	期初数	期末数
资产：			负债：		
现金及银行存款	59275681.03	72716563.00	对公存款	21508631889.73	27128098764.25
贵金属			储蓄存款	3672822754.79	4966706268.53
存放中央银行款项	684676131.18	795196127.48	财政性存款	2443718.47	1185029.80
存放同业款项	9684575640.46	685747518.02	向中央银行借款		
存放联行款项			同业存放款项	16168542457.91	2575727301.23
拆出资金	300000000.00	218510000.00	联行存放款项	1158451035.04	2742445675.86
买入返售金融资产		6912042157.99	同业拆入款项	9132825.81	82922533.97
发放贷款和垫款	29058280165.87	32933949086.77	卖出回购金融资产款		2852775791.49
贸易融资	3654534351.36	2998730705.07	应解汇款	21879646.59	34159446.25
贴现	1579361027.04	651117057.50	汇出汇款	164467763.32	31320285.20
信贷资产减值准备	1193040139.40	1214681538.19	应付利息	198786666.56	229042723.54
应收利息	82408347.35	98071930.76	其他应付款	4602130.29	10022380.29
其他应收款	123388879.51	7837912.21	交易性金融负债		
交易性金融资产			衍生金融负债		
衍生金融资产		1324858.23	应付债券		
可供出售金融资产			长期借款		
持有至到期投资	65912438.33	31531816.02			
长期股权投资			应付职工薪酬	37253795.52	75987670.52

续表

项目	期初数	期末数	项目	期初数	期末数
			应交税费	56408159.64	80231558.99
			应付股利		
固定资产原值	60394170.15	184357967.67	预计负债		
减：累计折旧	26409601.59	25854712.81	递延所得税负债		
固定资产净值	33984568.56	158503254.86	其他负债	1357184453.48	3273623637.63
投资性房地产			**负债合计**	**44360607297.15**	**44084249067.55**
固定资产清理			股东权益：		
在建工程	428639170.42	443392567.36	股本		
无形资产	4137719.16	2972426.81	资本公积		
商誉			盈余公积		
长期待摊费用	27329025.10	27972308.24	一般风险准备		
抵债资产			未分配利润	252903259.08	764806433.50
递延所得税资产			其中：本年利润		
其他资产	20047550.26	24120748.92	**股东权益合计**	**252903259.08**	**764806433.50**
资产总计	**44613510556.23**	**44849055501.05**	**负债和股东权益总计**	**44613510556.23**	**44849055501.05**

中国光大银行宁波分行资产负债表

（2010 年 12 月 31 日）

单元：元（本外币合计）

项　目	期初数	期末数	项　目	期初数	期末数
资产：			负债：		
现金及银行存款	107834896.53	100038359.95	对公存款	23079162369.98	22874587928.71
贵金属			储蓄存款	3737046619.39	4205076988.41
存放中央银行款项	552744135.73	599651048.40	财政性存款	20034046.13	13821.10
存放同业款项	1083952538.77	198795769.67	向中央银行借款		
存放联行款项			同业存放款项	2198542309.81	621494128.02
拆出资金			联行存放款项	531417777.72	1017208806.51
买入返售金融资产	1225608421.34	1523613254.90	同业拆入款项	327954573.88	109980469.06
发放贷款和垫款	29003115873.07	28999015292.50	卖出回购金融资产款		
贸易融资	1433235522.44	1416113024.24	应解汇款	49466963.30	43907369.25
贴现	244067649.20	234843192.54	汇出汇款	5119590.73	28414080.87
信贷资产减值准备	609918476.88	670383551.92	应付利息	152003904.68	142193372.48
应收利息	123802748.96	54610391.65	其他应付款	10762100.10	7365956.44
其他应收款	4044691.90	1634891.53	交易性金融负债		
交易性金融资产			衍生金融负债		
衍生金融资产		1254478.29	应付债券		
可供出售金融资产			长期借款		
持有至到期投资	37579650.17	37782576.64			
长期股权投资			应付职工薪酬	51484954.04	70124976.67

续表

项目	期初数	期末数	项目	期初数	期末数
			应交税费	45233764.90	53874283.86
			应付股利		
固定资产原值	247158737.89	257316230.48	预计负债		
减:累计折旧	45984466.98	47474172.45	递延所得税负债		
固定资产净值	201174270.91	209842058.03	其他负债	2795921447.79	3018050494.48
投资性房地产			**负债合计**	**33004150422.45**	**32192292675.86**
固定资产清理	2130.00		股东权益:		
在建工程	7859288.75		股本		
无形资产	2058625.78	1997783.27	资本公积		
商誉			盈余公积		
长期待摊费用	22531824.57	26296908.53	一般风险准备		
抵债资产			未分配利润	607918226.08	557107063.15
递延所得税资产			其中:本年利润	607918189.87	
其他资产	172379117.29	14294260.79	**股东权益合计**	**607918226.08**	**557107063.15**
资产总计	**33612068648.53**	**32749399739.01**	**负债和股东权益总计**	**33612068648.53**	**32749399739.01**

恒丰银行杭州分行资产负债表

（2010 年 12 月 31 日）

单位：万元

项　目	A 人民币	B 外币折人民币	C 本外币合计	项　目	A 人民币	B 外币折人民币	C 本外币合计
Ⅰ. 资产				Ⅱ. 负债及所有者权益			
1. 现金	1450	30	1480	26. 单位存款	2133052	2747	2135799
2. 贵金属				27. 储蓄存款	413634	180	413814
3. 存放中央银行款项	190121		190121	28. 向中央银行借款			
4. 存放同业款项	77720	608	78328	29. 同业存放款项	676496	728	677224
4.1 境内同业	77720	608	78328	29.1 境内同业	676496	728	677224
4.2 境外同业				29.2 境外同业			
70. 存放系统内款项	825336	203	824401	72. 系统内存放款项		1138	
71. 拨付营运资金				30. 同业拆入			
5. 应收利息	3721		3721	31. 卖出回购款项			
6. 贷款	2042646	3311	2045957	31.1 境内外金融机构			
7. 贸易融资	81	1356	1437	31.2 境内外非金融机构			
8. 贴现及买断式转贴现	20957		20957	32. 汇出汇款			
9. 其他贷款				33. 应解汇款	2279	285	2564
10. 拆放同业				34. 存入保证金	135400		135400
11. 其他应收款	1908		1908	35. 其他存款			
12. 投资	—61		—61	36. 应付利息	15758	87	15845
12.1 债券				37. 应交税费	4756		4756
12.2 股票				38. 应付职工薪酬			0

续表

项　　目	A	B	C	项　　目	A	B	C
	人民币	外币折人民币	本外币合计		人民币	外币折人民币	本外币合计
12.3 其他	-61		-61	40. 应付股利			
12.3.1 其中:长期股权投资				41. 其他应付款	200	1	201
13. 买入返售资产	306965		306965	43. 递延收益	3728		3728
13.1 境内外金融机构	306965		306965	44. 预计负债			
13.2 境内外非金融机构				46. 应付债券			
14. 长期待摊费用	1500		1500	47. 其他负债		73	73
15. 固定资产原价	20011		20011	47.1 衍生金融负债			
16. 减:累计折旧	3941		3941	48. 递延所得税负债			
17. 固定资产净值	16070		16070	**49. 负债合计**	**3385304**	**5239**	**3389405**
18. 固定资产清理				50. 少数股东权益			
19. 在建工程	7962		7962	51. 所有者权益			
20. 无形资产				52. 实收资本	20000		20000
21. 抵债资产				53. 资本公积			
22. 递延所得税资产				53.1 其中:重估储备			
23. 其他资产	101		101	54. 盈余公积			
23.1 投资性房地产				55. 一般风险准备			
23.2 衍生金融资产				56. 信托赔偿准备			
23.3 商誉				57. 未分配利润	70536	201	70737
24. 减:各项资产减值损失准备	20637	67	20704	57.1 其中:本年利润	70536	203	70739
				58. 外币报表折算差额			
				59. 所有者权益合计	**90536**	**201**	**90737**
25. 资产总计	**3475840**	**5441**	**3480142**	**60. 负债及所有者权益总计**	**3475840**	**5441**	**3480142**

渤海银行杭州分行资产负债表

（2010 年 12 月 31 日）

单位：万元

项目	期初数	期末数	项目	期初数	期末数
资产：			负债：		
现金及银行存款	1086	1043	向中央银行借款		
存放中央银行款项	48715	15590	同业及其他金融机构存放款项	2084	287001
存放同业款项	8404	90071	拆入资金		
贵金属			交易性金融负债		
拆出资金			衍生金融负债		
买入返售金融资产			卖出回购金融资产款		
应收利息	1681	2507	客户存款	935076	1219510
发放贷款和垫款	913843	1099358	应解及汇出款	9658	615
减：贷款损失准备			应付职工薪酬	765	1090
发放贷款和垫款净值	913843	1099358	应交税费	1124	1076
交易性金融资产			应付利息	4528	8771
衍生金融资产			预计负债		
可供出售金融资产			应付债券		
持有至到期投资			递延所得税负债		
应收款项投资			其他负债	16796	20166
长期股权投资			**负债合计**	**970030**	**1538229**
投资性房产			股东权益：		
固定资产原值	1431	1735	股本		
减：累计折旧和减值准备	412	750	资本公积		
固定资产净值	1020	985	盈余公积		
无形资产原值			一般风险准备		
减：累计摊销和减值准备			未分配利润	14800	
无形资产净值			本年利润		19019
递延所得税资产			**股东权益合计**	**14800**	**19019**
其他资产	10081	347695			
资产总计	**984830**	**1557248**	**负债和股东权益总计**	**984830**	**1557248**

中国邮政储蓄银行浙江省分行资产负债表

（2010 年 12 月 31 日）

单位：万元

项　　目	期末数	项　　目	期末数
资产：		负债：	
现金及存放中央银行款项	132910.05	向中央银行借款	
存放同业款项	77578.83	同业及其他金融机构存放款项	11224.88
贵金属		拆入资金	
拆出资金		交易性金融负债	
交易性金融资产		衍生金融负债	
衍生金融资产		卖出回购金融资产款	
买入返售金融资产	155586.41	吸收存款	12202752.63
应收利息	27018.06	应付职工薪酬	1524.47
发放贷款和垫款	4071488.25	应交税费	4984.4
可供出售金融资产		应付利息	86001.06
持有至到期投资		预计负债	
长期股权投资		应付债券	
投资性房地产		递延所得税负债	
固定资产	62176.05	其他负债	173680.18
无形资产	377.38	**负债合计**	**12480167.62**
递延所得税资产		所有者权益：	
其他资产	7953032.59	实收资本	
		资本公积	
		减：库存股	
		盈余公积	
		一般风险准备	
		未分配利润	
		外币报表折算差额	
		所有者权益合计	
资产总计	**12480167.62**	**负债和所有者权益总计**	**12480167.62**

杭州银行资产负债表

（2010 年 12 月 31 日）

单位：千元

项　目	期初数	期末数
生息资产小计	149503371	215762115
贷款余额	85764697	106507921
债券投资	29609272	39212646
同业往来资产	34116002	70028148
长期股权投资及其他	13400	13400
非生息资产小计	487917	1667245
资产合计	**149991288**	**217429360**
付息负债小计	137447258	202890347
各项存款余额	124278841	152317143
同业往来负债	11343659	47540776
应付债券	1824758	3032428
非付息负债小计	2181044	2600885
负债合计	**139628302**	**205491232**
所有者权益合计	**10362986**	**11938128**

上海银行杭州分行资产负债表

（2010 年 12 月 31 日）

单位：万元（本外币合计）

项　目	期初数	期末数	项　目	期初数	期末数
流动资产：			流动负债：		
现金及银行存款	2024	1738	短期存款	730066	1264813
其中：现金	2024	1738	短期储蓄存款	38498	103409
贵金属			财政性存款		
存放中央银行款项	54857	47666	向中央银行借款		
存放同业款项	4060	3323	同业存放款项	238391	66412
存放联行款项	32739	265442	联行存放款项	254910	534694
拆出资金			拆入资金		
短期贷款	799328	1394681	应解汇款	535	25208
应收进出口押汇			汇出汇款	100	
应收账款	2183	3416	委托存款	9100	1100
减坏账准备			应付代理证券款项		
其他应收款	693	822	卖出回购证券款		
贴现	132980		应付账款	4784	12860
短期投资			其他应付款	243	3566
委托贷款及委托投资	9100	1100	存入短期保证金	117436	41874
自营证券			应付工资		
代理证券			应付福利费		
买入返售证券			应缴税金	1047	1546
待处理流动资产净损失			应付利润		
其他流动资产			预提费用		
一年内到期的长期投资			发行短期债券		
流动资产合计	**1037964**	**1718189**	其他流动负债	673	

续表

项　　目	期初数	期末数	项　　目	期初数	期末数
长期资产：			一年内到期的长期负债		
中长期贷款	490866	579583	**流动负债合计**	**1395782**	**2055481**
逾期贷款	5236	5849	长期负债：		
减：贷款呆账准备	27071	2197			
应收租赁款			长期存款	108000	210270
减：未收租赁收益			长期储蓄存款	1208	1674
应收转租赁款			存入长期保证金		
租赁资产			应付转租赁租金		
减：待转租赁资产			发行长期债券		
经营租赁资产			长期借款		
减：经营租赁资产折旧			长期应付款		
长期投资			其他长期负债	10000	10000
减：投资风险准备					
固定资产原值	12136	13155			
减：累计折旧	1468	2281	**长期负债合计**	**119208**	**221944**
固定资产净值	10668	10874	所有者权益：		
固定资产清理			实收资本		
在建工程			资本公积		
待处理固定资产净损失			盈余公积		
长期资产合计	**479698**	**594109**	一般准备		
无形、递延及其他资产：			未分配利润	4340	37028
无形资产	2	7	其中：本年利润	4340	37028
递延资产	1665	2148	**所有者权益合计**	**4340**	**37028**
其他长期资产			外币报表折算差额		
其他资产合计	**1667**	**2156**			
资产总计	**1519329**	**2314453**	**负债及所有者权益总计**	**1519329**	**2314453**

宁波银行资产负债表

（2010 年 12 月 31 日）

单位：元

项　目	期初数	期末数	项　目	期初数	期末数
资产：			负债：		
现金及存放中央银行款项	21106693356	31560554906	同业及其他金融机构存放款项	18864307371	7368044668
存放同业款项	8818769457	7996156175	拆入资金	9035021079	8805389300
拆出资金	536550000	300000000	衍生金融负债	1028347193	2246003959
交易性金融资产	622410320	353292212	卖出回购金融资产款	6952573869	72772018596
衍生金融资产	1029475099	2249555935	吸收存款	110752461498	145827978778
买入返售金融资产	82271710094	83021546844	应付职工薪酬	121367484	284005773
应收利息	477100780	599388715	应交税费	270218507	360344207
发放贷款和垫款	80767830156	100194454463	应付利息	671543869	1107075791
可供出售金融资产	1814758860	4324763450	预计负债		
持有至到期投资	11735106625	9838341987	递延所得税负债	314934244	592441274
应收款项债券投资	25628003934	19316537749	其他负债	627768220	566490813
长期股权投资	13250000	13250000	**负债合计**	**153609883239**	**247397693109**
投资性房地产	456072217	224135949	所有者权益：		
固定资产	926722817	1281220947	股本	2500000000	2883820529
无形资产	97886578	92224279	资本公积	3898205241	7827055425
递延所得税资产	314631010	644548884	盈余公积	521938344	754136932
其他资产	779433506	1264359777	一般风险准备	558167906	971053906
			未分配利润	2263671084	3440572377
			所有者权益合计	**9741982577**	**15876639171**
资产总计	**163351865816**	**263274332280**	**负债和所有者权益总计**	**163351865816**	**263274332280**

北京银行资产负债表

（2010 年 12 月 31 日）

单位：元

项　　目	期初数	期末数	项　　目	期初数	期末数
资产：			负债：		
现金及存放中央银行款项	272803417.18	555852664.29	向中央银行借款		
存放同业款项	94274122.96	137960247.06	同业及其他金融机构存放款项	95508912.01	392005126.41
贵金属			拆入资金		
拆出资金			交易性金融负债		
交易性金融资产			衍生金融负债		
衍生金融资产			卖出回购金融资产款		
买入返售金融资产		379125864.81	吸收存款	6816826022.38	11255397553.43
应收利息	12212269.94	33078731.60	应付职工薪酬	241092.32	353273.85
发放贷款和垫款	7770378850.71	14928623437.71	应交税费	5823370.06	16193451.53
可供出售金融资产			应付利息	37610733.79	56299160.71
持有至到期投资			预计负债		
应收投资款项			应付债券		
长期股权			递延所得税负债		
投资性房地产			其他负债	1252943539.46	4262183312.00
固定资产	10493511.08	14158489.10	**负债合计**	**8208953670.02**	**15982431877.93**
无形资产					
递延所得税资产			所有者权益(或股东权益)：		
其他资产	16657886.37	26472723.50	实收资本(或股本)		
			资本公积		
			减：库存股		
			盈余公积		
			一般风险准备		
			未分配利润	—32133611.78	92840280.14
			所有者权益(或股东权益)合计	**—32133611.78**	**92840280.14**
资产总计	**8176820058.24**	**16075272158.07**	**负债和所有者权益(或股东权益)总计**	**8176820058.24**	**16075272158.07**

平安银行杭州分行资产负债表

（2010 年 12 月 31 日）

单位：万元

项　目	期初数	期末数	项　目	期初数	期末数
资产：			负债：		
现金及银行存款	331.38	256.43	吸收存款	836538.37	971193.95
贵金属			保证金存款	16066.25	18720.58
存放中央银行款项	8872.92	12101.94	财政性存款		
存放同业款项	1244.52	1558.13	向中央银行借款		
减：存放同业坏账准备			同业存放款项	416.95	630.85
存放联行款项			联行存放款项		
拆放同业			同业拆入		
减：拆出资金减值准备			汇出汇款	12.00	
发放贷款	835802.65	811185.23	委托存款		
减：贷款减值准备	150.00	555.08	应付代理证券款项		
应收账款	3390.40	1787.56	卖出回购金融资产		
减：坏账准备			应付利息	3178.71	2991.49
应收股利			交易性金融负债		
其他应收款	744.33	259.14	应付债券		
交易性金融资产			衍生金融负债		
持有至到期投资			其他应付款	2511.52	51.86
减：持有至到期投资减值准备			应付职工薪酬	313.89	383.73
可供出售金融资产			应付税金	920.06	1156.12
减：可供出售金融资产减值准备			应付利润		
应收款项类投资			预提费用	327.59	288.51
减：应收款项类债券资产减值准备			预计负债		
衍生金融资产			递延所得税负债		
委托贷款及委托投资			递延收益	556.16	718.42
代理业务			其他负债	10131.06	10168.33
买入返售金融资产			**负债合计**	**870972.57**	**1006303.83**

续表

项目	期初数	期末数	项目	期初数	期末数
减：买入返售资产减值准备					
待处理财产损溢			所有者权益：		
长期股权投资			实收资本		
减：投资风险准备			资本公积		
投资性房地产原值			盈余公积		
减：投资性房地产累计折旧			一般风险准备		
投资性房地产净值			未分配利润	17370.82	18430.51
减：投资性房地产减值准备			**所有者权益合计**	**17370.82**	**18430.51**
投资性房地产清理					
固定资产原值	603.78	638.43			
减：累计折旧	144.6	154.48			
固定资产净值	459.18	483.95			
减：固定资产减值准备					
资产清理					
在建工程					
减：在建工程减值准备					
无形资产					
减：无形资产累计摊销					
无形资产净值					
减：无形资产减值准备					
待摊费用	1052.00	935.47			
递延所得税资产					
递延支出					
待处理抵债资产					
减：抵债资产跌价准备					
商誉					
其他资产	36596.02	196721.57			
资产合计	**888343.39**	**1024734.35**	**负债及所有者权益总计**	**888343.39**	**1024734.35**

南京银行杭州分行资产负债表

单位：元

项　目	期初数	期末数	项　目	期初数	期末数
资产：			负债：		
现金及存放中央银行款项		103446464.62	向中央银行借款		
贵金属			联行存放款项		
存放联行款项			同业及其他金融机构存放款		200012985.80
存放同业款项		225219619.73	拆入资金		
拆出资金			交易性金融负债		
交易性金融资产			衍生金融负债		
衍生金融资产			卖出回购金融资产款		
买入返售金融资产			吸收存款		5094820435.09
应收款项类金融资产			应付职工薪酬		7537685.77
应收利息		4068397.32	应交税费		2172207.05
应收股利			应付利息		23818656.50
其他应收款			应付股利		
发放贷款和垫款		2272829152.45	其他应付款		
可供出售金融资产			预计负债		
持有至到期投资			应付债券		
长期股权投资			递延所得税负债		
投资性房地产			其他负债		170748828.13
固定资产		5345428.89	**负债总计**		**5499110798.34**
在建工程			所有者权益：		
固定资产清理			实收资本（股本）		
无形资产		58999.92	其中：法人股股本		
长期待摊费用			自然人股股本		
抵债资产			资本公积		
递延所得税资产			减：库存股		
待处理财产损溢			盈余公积		
其他资产		2895592916.33	一般风险准备		
			未分配利润		7450180.92
			所有者权益合计		**7450180.92**
资产总计		**5506560979.26**	**负债及所有者权益总计**		**5506560979.26**

温州银行资产负债表

（2010 年 12 月 31 日）

单位：元（本外币合计）

项目	期初数	期末数	项目	期初数	期末数
流动资产：			流动负债：		
现金及银行存款	267608852.71	274184733.00	短期存款	15643407870.84	24362536310.31
贵金属			短期储蓄存款	11662912263.13	13103107453.12
存放中央银行款项	5837791520.67	9829287083.41	财政性存款	5360134.23	4196765.31
其中：准备金存款	5832450520.67	9826006083.41	向中央银行借款	300000000.00	200000000.00
存放同业款项	1372310368.02	1903962213.58	同业存放款项	2200614942.39	2059503720.52
存放联行款项			联行存放款项		
拆放同业			同业拆入		19868100.00
拆放金融性公司			存放短期保证金	3412172042.13	2264342533.65
短期贷款	21816720920.85	27558837875.19	应解汇款	13133239.56	18004650.92
应收进出口押汇	23343733.87	20986944.57	汇出汇款	3215011.65	30927000.00
应收账款	143963335.61	168086875.46	委托存款	833027145.35	1199330000.00
减：坏账准备	5285194.80	6785194.80	应付代理证券款	5648212.96	274491.74
其他应收款	77201908.92	96189781.64	卖出回购证券款	2598480000.00	1786500000.00
贴现	328513398.95	109669280.75	应付账款	168423041.24	231537239.96
短期投资	318016573.01	1155089687.82	其他应付款	502448785.43	90656665.20
委托贷款及委托投资	833013000.00	1199060000.00	应付工资	88314532.72	91702425.13
自营证券			应付福利费		
代理证券			应交税金	38801996.01	116862644.30
买入返售证券	3397100000.00	2923500000.00	应付利润	3111123.07	5295974.78
待处理流动资产净损失			预提费用		
一年内到期的长期投资			发行短期债券		
其他流动资产	509469.00	3437763.82	其他流动负债	440852323.98	280945668.66
流动资产合计	**34410807886.81**	**45235507044.44**	**流动负债合计**	**37919922664.69**	**45865591643.60**

续表

项　　目	期初数	期末数	项　　目	期初数	期末数
长期资产：			长期负债：		
中长期贷款	2253528880.17	2261000170.33	长期存款	297419335.61	1521895745.40
逾期贷款	154229512.57	201987517.85	长期储蓄存款	455467928.65	606135933.06
减：贷款呆账准备	332200988.35	422583754.35	存入长期保证金	35302549.59	33138776.00
应收租赁款			应付转租赁租金		
减：未收租赁收益			发行长期债券	556736889.00	557404222.57
应收转租赁款			长期借款		
租赁资产			长期应付款		
减：待转租赁资产			其他长期负债	1309190.89	
经营租赁资产			其中：住房周转金		
减：经营租赁资产折旧			**长期负债合计**	**1346235893.74**	**2718574677.03**
长期投资	4726439510.55	4540641024.79	**负债合计**	**39266158558.43**	**48584166320.63**
减：投资风险准备			所有者权益：		
固定资产原值	570285746.78	610911109.03	实收资本	1183506114.00	1508991197.00
减：累计折旧	108841872.65	131865864.80	资本公积	369200703.71	1019119500.18
固定资产净值	461443874.13	479045244.23	盈余公积	610006188.39	952342512.20
固定资产清理			其中：公益金		
在建工程	70582829.93	126043699.63	未分配利润		
待处理固定资产净损失			本年利润	447552010.95	488808346.28
长期资产合计	**7334023619.00**	**7186133902.48**	**所有者权益合计**	**2610265017.05**	**3969261555.66**
无形及其他资产：					
无形资产	76359592.91	79359950.23			
长期待摊费用资产	19181864.54	28311628.55			
其他长期资产	36050612.22	24115350.59			
无形及其他资产合计	**131592069.67**	**131786929.37**			
资产总计	**41876423575.48**	**52553427876.29**	**负债及所有者权益总计**	**41876423575.48**	**52553427876.29**

嘉兴银行资产负债表

（2010 年 12 月 31 日）

单位：万元

项目	期初数	期末数	项目	期初数	期末数
资产：			负债：		
现金及存放中央银行款项	221974.00	420480.00	向中央银行借款		
存放同业款项	53461.00	14286.00	同业及其他金融机构存放款项	28.00	14875.00
贵金属			拆入资金		
拆出资金			交易性金融负债		
交易性金融资产	10707.00		衍生金融负债		
衍生金融资产			卖出回购金融资产款		
买入返售金融资产		50325.00	吸收存款	1594357.00	2000027.00
应收利息	8515.00	8996.00	应付职工薪酬	4975.00	6780.00
发放贷款和垫款	1097399.00	1356633.00	应交税费	5917.00	10512.00
可供出售金融资产	111097.00	14996.00	应付利息	20192.00	20204.00
持有至到期投资	226576.00	366574.00	预计负债		
长期股权投资		25.00	应付债券	35000.00	35000.00
投资性房地产			递延所得税负债	8.00	
固定资产及在建工程	16688.00	17317.00	其他负债	14852.00	91144.00
无形资产	645.00	6074.00	**负债合计**	**1675329.00**	**2178542.00**
递延所得税资产	4449.00	6771.00	股东权益：		
其他资产	30543.00	45665.00	股本	52500.00	52500.00
			资本公积	11646.00	13818.00
			减：库存股		
			盈余公积	8047.00	10078.00
			一般风险准备	9813.00	13613.00
			未分配利润	24719.00	39591.00
			股东权益合计	**106725.00**	**129600.00**
资产总计	**1782054.00**	**2308142.00**	**负债和所有者权益总计**	**1782054.00**	**2308142.00**

湖州银行资产负债表

（2010 年 12 月 31 日）

单位：万元

	A	B	C		A	B	C
	人民币	外币折人民币	本外币合计		人民币	外币折人民币	本外币合计
Ⅰ. 资产				Ⅱ. 负债及所有者权益			
1. 现金	15160.00		15160.00	26. 单位存款	964469.00		964469.00
2. 贵金属				27. 储蓄存款	477767.00		477767.00
3. 存放中央银行款项	340347.00		340347.00	28. 向中央银行借款			
4. 存放同业款项	21989.00		21989.00	29. 同业存放款项	4331.00		4331.00
4.1 境内同业	21989.00		21989.00	29.1 境内同业	4331.00		4331.00
4.2 境外同业				29.2 境外同业			
5. 应收利息	5.00		5.00	30. 同业拆入			
6. 贷款	1055628.00		1055628.00	31. 卖出回购款项	20000.00		20000.00
7. 贸易融资				31.1 境内外金融机构	20000.00		20000.00
8. 贴现及买断式转贴现	67472.00		67472.00	31.2 境内外非金融机构			
9. 其他贷款				32. 汇出汇款	20542.00		20542.00
10. 拆放同业	10000.00		10000.00	33. 应解汇款	2597.00		2597.00
11. 其他应收款	3267.00		3267.00	34. 存入保证金	114488.00		114488.00
12. 投资	284316.00		284316.00	35. 其他存款			
12.1 债券	266709.00		266709.00	36. 应付利息	17056.00		17056.00
12.2 股票				37. 应交税费	9420.00		9420.00
12.3 其他	17607.00		17607.00	38. 应付职工薪酬	2869.00		2869.00
12.3.1 其中：长期股权投资	12607.00		12607.00	39. 应付福利费			
13. 买入返售资产				40. 应付股利	191.00		191.00
13.1 境内外金融机构				41. 其他应付款	9437.00		9437.00

续表

	A	B	C		A	B	C
	人民币	外币折人民币	本外币合计		人民币	外币折人民币	本外币合计
13.2 境内外非金融机构				42. 预提费用			
14. 长期待摊费用	710.00		710.00	43. 递延收益			
15. 固定资产原价	16721.00		16721.00	44. 预计负债			
16. 减:累计折旧	7354.00		7354.00	45. 转贷款资金			
17. 固定资产净值	9367.00		9367.00	46. 应付债券			
18. 固定资产清理				47. 其他负债	929.00		929.00
19. 在建工程	9771.00		9771.00	其中：47.1 衍生金融负债			
20. 无形资产	444.00		444.00	48. 递延所得税负债			
21. 抵债资产	69.00		69.00	**49. 负债合计**	**1644096.00**		**1644096.00**
22. 递延所得税资产	2949.00		2949.00	50. 少数股东权益			
23. 其他资产	805.00		805.00	51. 所有者权益			
其中:23.1 投资性房地产				52. 实收资本	54702.00		54702.00
23.2 衍生金融资产				53. 资本公积	36172.00		36172.00
23.3 商誉				53.1 其中:重估储备	79.00		79.00
24. 减:各项资产减值损失准备	22503.00		22503.00	54. 盈余公积	15243.00		15243.00
25. 资产总计	**1799796.00**		**1799796.00**	55 . 一般风险准备	9911.00		9911.00
				56. 信托赔偿准备			
				57. 未分配利润	39672.00		39672.00
				57.1 其中:本年利润	25188.00		25188.00
				58. 外币报表折算差额			
				59. 所有者权益合计	**155700.00**		**155700.00**
				60. 负债及所有者权益总计	**1799796.00**		**1799796.00**
				附注项目			
				61. 各项存款	1559321.00		1559321.00
				62. 各项贷款	1123100.00		1123100.00

绍兴银行资产负债表

（2010 年 12 月 31 日）

单元：元（本外币合计）

项　目	期初数	期末数	项　目	期初数	期末数
资产：			负债：		
现金及存放中央银行款项	5024408855.51	6514325454.83	向中央银行借款		
存放同业款项	2389391285.09	1649416412.74	同业及其他金融机构存放款项	1500160270.05	1200123566.89
贵金属			拆入资金		
拆出资金			交易性金融负债		
交易性金融资产	1280752573.97	325248744.00	衍生金融负债		
衍生金融资产			卖出回购金融资产款		400000000.00
买入返售金融资产	951286675.00	632570000.00	吸收存款	28442865740.31	31181563962.93
应收利息	53799584.79	53643834.89	应付职工薪酬	5856266.78	4984401.66
发放贷款和垫款	19654989521.51	22556328526.13	应交税费	19819456.99	81308452.50
可供出售金融资产	710904456.42	692261050.00	应付利息	230361136.55	255869454.60
持有至到期投资	1830216692.90	2384301127.30	预计负债	18675327.72	19756655.22
长期股权投资	35008848.59	35008848.59	应付债券		
投资性房地产	79609904.89	74014371.49	递延所得税负债		
固定资产	176920306.96	252339649.15	其他负债	1059967203.95	1589578033.01
无形资产		11304630.20	**负债合计**	**31277705402.35**	**34733184526.81**
递延所得税资产	91405287.71	157699415.56	所有者权益：		
其他资产	1097048060.26	1634876728.57	实收资本	983655000.00	983655000.00
应收款项类投资		180000000.00	资本公积	245683173.47	233460627.43
			减：库存股		
			盈余公积	148537945.72	221281945.72
			一般风险准备	238000000.00	298000000.00
			未分配利润	482160532.06	683756693.49
			外币报表折算差额		
			所有者权益合计	**2098036651.25**	**2420154266.64**
资产总计	**33375742053.60**	**37153338793.45**	**负债和所有者权益总计**	**33375742053.60**	**37153338793.45**

金华银行资产负债表

（2010 年 12 月 31 日）

单位：元

项　　目	期初数	期末数	项　　目	期初数	期末数
资产：			负债：		
现金及存放中央银行款项	3688214102.26	4732486044.20	向中央银行借款		
存放同业款项	877914327.34	876940109.47	同业及其他金融机构存放款项	346411583.07	805092672.26
贵金属			拆入资金		
拆出资金			交易性金融负债		
交易性金融资产			衍生金融负债		
衍生金融资产			卖出回购金融资产款		100000000.00
买入返售金融资产			吸收存款	17142086477.06	20309426938.16
应收利息	39935413.33	38760482.58	应付职工薪酬	3421960.92	3270929.36
发放贷款和垫款	12158824007.93	14852289083.10	应交税费	26753413.56	20994533.61
可供出售金融资产	329981683.23	30000000.00	应付利息	90174395.25	103065202.53
持有至到期投资	2200026107.22	2783121822.42	预计负债		
长期股权投资	4839200.00	4839200.00	应付债券	406296123.29	407187561.65
投资性房地产			递延所得税负债		
固定资产	160759693.34	163728891.54	其他负债	479485769.50	565785463.40
无形资产	8965777.24	10605482.22	**负债合计**	**18494629722.65**	**22314823300.97**
递延所得税资产		53639686.53	所有者权益（股东权益）：		
其他资产	312570103.27	340160630.52	实收资本（股本）	732697245.00	732697245.00
			资本公积	22244306.70	22244306.70
			减：库存股		
			盈余公积	54642011.80	72114924.83
			一般风险准备金	186137485.84	186137485.84
			未分配利润	291679643.17	558554169.24
			所有者权益(股东权益)合计	**1287400692.51**	**1571748131.61**
资产总计	**19782030415.16**	**23886571432.58**	**负债和所有者权益(股东权益)总计**	**19782030415.16**	**23886571432.58**

浙江稠州商业银行资产负债表

（2010 年 12 月 31 日）

单位：元

项目	期初数	期末数	项目	期初数	期末数
资产：			负债：		
现金及存放中央银行款项	6657803004.97	7677469109.63	同业及其他金融机构存放款项	1893962742.53	5971745866.58
存放同业款项	1272309683.88	5397143308.32	拆入资金		176308250.00
买入返售金融资产	2572556976.47	11129106985.00	卖出回购金融资产款	402600000.00	5142307601.75
应收利息	53859330.91	65477336.38	吸收存款	27326803226.22	35229002055.43
发放贷款和垫款	19731469112.36	24986543238.55	应付职工薪酬	11146882.52	255333.23
持有至到期投资	1032619777.99	675231866.35	应交税费	60527531.72	91850100.75
应收款项类投资	735000000.00	1564000000.00	应付利息	91101060.34	157709089.76
长期股权投资	70000000.00	110893359.00	应付债券	500000000.00	500000000.00
投资性房地产	10943428.44		递延所得税负债		
固定资产	121588559.53	150119326.58	其他负债	63787733.58	921528719.51
无形资产	22993866.94	32476570.29	**负债合计**	**30349929176.91**	**48190707017.01**
递延所得税资产	9490956.66	7878489.40			
其他资产	210864288.21	679161781.03	股东权益：		
			股本	800000000.00	1075520000.00
			资本公积	733898020.13	2111498020.13
			盈余公积	108532906.44	156543360.85
			一般风险准备	230272717.21	329258072.25
			未分配利润	278866165.67	611974900.29
			股东权益合计	**2151569809.45**	**4284794353.52**
资产总计	**32501498986.36**	**52475501370.53**	**负债和股东权益总计**	**32501498986.36**	**52475501370.53**

台州银行资产负债表

（2010 年 12 月 31 日）

单位：元

项目	期初数	期末数	项目	期初数	期末数
流动资产：			流动负债：		
现金及银行存款	534554394.59	1263751351.41	短期存款	18096480869.39	26013492125.87
贵金属			短期储蓄存款	1093957168.31	1130764215.87
存放中央银行款项	8659258365.67	8328588415.83	财政性存款		
存放同业款项	905297776.12	2671617980.21	向中央银行借款		
存放联行款项			同业存放款项	1184576445.48	345086422.51
拆放同业(折出资金)			联行存放款项		
拆放金融性公司			同业拆入		
短期贷款	20632232713.67	27161020271.19	金融性公司拆入		
应收进出口押汇			存入短期保证金	1003675896.60	1747387888.32
应收账款	134484383.93	193251702.78	应解汇款	20433876.16	48197783.30
减：坏账准备	15274070.96	17607289.04	汇出汇款	456729592.84	846233282.90
其他应收款	33228363.00	56304954.43	委托存款		
贴现	53356388.09	71832355.09	应付代理证券款项		
短期投资			卖出回购证券款		
委托贷款及委托投资			应付账款	117631676.26	192072563.80
自营证券			其他应付款	34512666.18	72838756.17
代理证券			应付工资	2353326.26	59937111.31
买入返售证券	601693647.09	3888194507.01	应付福利费		
待处理流动资产净损失			应交税金	101225653.82	129679560.76
一年内到期的长期贷款及投资			应付利润	12042.77	1439555.09
其他流动资产	101826.00	47731949.58	预提费用		
流动资产合计	**31538933787.20**	**43664686198.49**	发行短期债券		

续表

项　　目	期初数	期末数	项　　目	期初数	期末数
长期资产：			一年内到期长期负债		
中长期贷款	187326819.33	146859469.63	其他流动负债	215439139.33	159322108.02
逾期贷款	87384364.16	94325745.81			
减：贷款呆账准备	157448759.77	254678960.75	**流动负债合计**	**22327028353.40**	**30746451373.92**
应收租赁款					
减：未收租赁收益			长期负债：		
应收转租赁款			长期存款	1096266337.35	2506886522.98
租赁资产			长期储蓄存款	7879423467.34	10573869219.02
减：待转租赁资产			存入长期保证金		
经营租赁资产			应付转租赁资金		
减：经营租赁资产折旧			发行长期债券		600000000.00
长期投资	1851980913.21	3922682133.19	长期借款		
减：投资风险准备			长期应付款		
固定资产原值	244190506.71	276126567.83	其他长期负债		
减：累计折旧	120614130.36	144934281.05			
固定资产净值	123576376.35	131192286.78	**长期负债合计**	**8975689804.69**	**13680755742.00**
在建工程	10406684.60	7344098.00	递延税款贷项		
固定资产清理			**负债合计**	**31302718158.09**	**44427207115.92**
待处理固定资产净损失					
长期资产合计	**2103226397.88**	**4047724772.66**	所有者权益：		
无形、递延及其他资产：			实收资本	900000000.00	1800000000.00
无形资产	32777504.02	54204605.19	资本公积	2086239.84	2086239.84
递延资产	20400200.34	40364680.82	盈余公积	445223444.93	649491527.83
其他长期资产	28137596.30	11804596.30	未分配利润	1073447642.88	939999969.87
无形、递延及其他资产合计	**81315300.66**	**106373882.31**			
递延税款借项			**所有者权益合计**	**2420757327.65**	**3391577737.54**
资产总计	**33723475485.74**	**47818784853.46**	**负债及所有者权益合计**	**33723475485.74**	**47818784853.46**

浙江民泰商业银行资产负债表

（2010 年 12 月 31 日）

单位：万元

项　目	期初数	期末数	项　目	期初数	期末数
流动资产：			流动负债：		
现金及银行存款	51273.00	48110.00	短期存款	581021.00	728467.00
贵金属			短期储蓄存款	625760.00	659338.00
存放中央银行款项	806132.00	712087.00	财政性存款		
其中：准备金存款	184583.00	307357.00	向中央银行借款		
存放同业款项	292978.00	582789.00	同业存放款项	194089.00	539353.00
存放联行款项			联行存放款项		
拆放同业			拆入资金		
短期贷款	1076610.00	1339676.00	应解汇款	1101.00	2296.00
应收进出口押汇			汇出汇款	24657.00	3361.00
应收账款	5189.00	9130.00	委托存款	57880.00	50795.00
减：坏账准备	71.00	100.00	应付代理证券款项		
其他应收款	14137.00	14138.00	卖出回购证券款		
贴现	8802.00	20003.00	应付账款	6030.00	9518.00
短期投资			其他应付款	1998.00	4695.00
委托贷款及委托投资	57879.00	50795.00	存入短期保证金	107785.00	130310.00
自营证券			应付工资	619.00	165.00
买入返售证券			应付福利费		
代理证券			应交税金	4386.00	8357.00
待处理流动资产净损失			应付利润	89.00	89.00
其他流动资产	9162.00	76450.00	预提费用		
一年内到期的长期贷款及投资			发行短期债券		
流动资产合计	**2322091.00**	**2853078.00**	其他流动负债	152.00	406.00

续表

项　目	期初数	期末数	项　目	期初数	期末数
长期资产：			一年内到期的长期负债		
中长期贷款	11000.00	8730.00	**流动负债合计**	**1605567.00**	**2137150.00**
逾期贷款	11166.00	158188.00	长期负债：		
减：贷款呆账准备	13063.00	17018.00	长期存款	319277.00	427613.00
应收租赁款			长期储蓄存款	374058.00	503864.00
减：未实现租赁收益			存入长期保证金		
应收转租赁款			应付转租赁款		
租赁资产			发行长期债券	15500.00	15500.00
减：待转租赁资产			长期借款		
经营租赁资产			长期应付款		
减：经营租赁资产折旧			其他长期负债	1378.00	1389.00
长期投资	85989.00	223943.00	其中：住房周转金		
减：投资风险准备			**长期负债合计**	**710213.00**	**948366.00**
固定资产原值	49722.00	54953.00	**负债合计**	**2315780.00**	**3085516.00**
减：累计折旧	6950.00	10830.00	所有者权益：		
固定资产净值	42772.00	44123.00	实收资本	100000.00	123500.00
固定资产清理			资本公积	9200.00	18300.00
在建工程	500.00	12459.00	盈余公积	21860.00	30253.00
待处理固定资产净损失			其中：公益金		
长期资产合计	**138364.00**	**430425.00**	未分配利润	20526.00	45555.00
无形、递延及其他资产：			**所有者权益合计**	**151586.00**	**217608.00**
无形资产	2016.00	9200.00			
递延资产	4291.00	9713.00			
其他长期资产	574.00	708.00			
无形、递延及其他资产合计	**6911.00**	**19621.00**			
资产合计	**2467366.00**	**3303124.00**	**负债及所有者权益合计**	**2467366.00**	**3303124.00**

浙江泰隆商业银行资产负债表

（2010年12月31日）

单位：元

项　目	期初数	期末数	项　目	期初数	期末数
资产：			负债：		
现金及存放中央银行款项	6415580620.68	9204721890.74	向中央银行借款		
存放同业款项	2509294419.18	4116360347.36	同业及其他金融机构存放款项	682296641.84	1197875393.41
贵金属			拆入资金		50000000.00
拆出资金		19868100.00	交易性金融负债		
交易性金融资产			衍生金融负债		
衍生金融资产			卖出回购金融资产款	595000000.00	175946666.67
买入返售金融资产	678300000.00	175946666.67	吸收存款	22759215145.04	32183517300.40
应收利息	66447633.36	141410637.52	应付职工薪酬	455306.42	63721157.00
发放贷款和垫款	15215919548.17	21068251487.49	应交税费	55512829.88	124168540.90
可供出售金融资产			应付利息	56390469.33	99135386.98
持有至到期投资	725532265.18	1215759495.81	预计负债		
长期股权投资		24950000.00	应付债券	240000000.00	240000000.00
投资性房地产			递延所得税负债	19754045.41	18589119.42
固定资产	266240700.06	304199191.28	其他负债	211798450.26	188421141.56
无形资产	37121197.25	66454992.87	**负债合计**	**24620422888.18**	**34341374706.34**
递延所得税资产	9918565.83	12265541.51	所有者权益：		
其他资产	324756529.46	372783949.07	股本	1200000000.00	1200000000.00
			资本公积	4971640.05	4971640.05
			减：库存股		
			盈余公积	99342792.50	174633692.80
			一般风险准备	180334477.43	256406267.71
			未分配利润	144039681.01	745585993.42
			所有者权益合计	**1628688590.99**	**2381597593.98**
资产总计	**26249111479.17**	**36722972300.32**	**负债和所有者权益合计**	**26249111479.17**	**36722972300.32**

宁波国际银行资产负债表

（2010 年 12 月 31 日）

单位：元

项目	期初数		期末数		项目	期初数		期末数	
	美元	等额人民币	美元	等额人民币		美元	等额人民币	美元	等额人民币
资产：					负债：				
现金及存放中央银行款项	17434390	119045503	11766177	77923863	同业存放款项	746793	5099253	671142	4444771
存放同业款项	151721186	1035982602	112039361	742003076	吸收存款	187912691	1283105437	180610332	1196128047
拆出资金	77337100	528073184	95246023	630785836	应付职工薪酬	110793	756515	71109	470936
以公允价值计量且其变动计入当期损益的金融资产	3230400	22057817	3130500	20732362	应交税费	291576	1990939	643114	4259148
应收利息	817487	5581968	722869	4787344	应付利息	34734	237170	37445	247985
发放贷款和垫款	60742101	414759211	99722418	660431657	递延所得税负债	57600	393304	32625	216066
固定资产	846562	5780491	654034	4331472	其他负债	216227	1476432	1521506	10076474
无形资产	153114	1045491	166243	1100979	**负债合计**	**189370414**	**1293059050**	**183587273**	**1215843427**
其他资产	212924	1453889	1183442	7837581	所有者权益：				
					实收资本	100000000	839334053	100000000	839334053
					储备基金	7718061	60616015	9509955	72483194
					一般风险准备	2898043	19788422	3070816	20337098
					未分配利润	12508746	117111396	28463023	225438125
					外币折算差额		196128780		223501727
					所有者权益合计	**123124850**	**840721106**	**141043794**	**934090743**
资产总计	**312495264**	**2133780156**	**324631067**	**2149934170**	**负债及所有者权益总计**	**312495264**	**2133780156**	**324631067**	**2149934170**

浙江省农村信用社联合社资产负债表

（2010 年 12 月 31 日）

单位：元

项　　目	期初数	期末数	项　　目	期初数	期末数
资产：			负债：		
现金及存放中央银行款项	133554580006	154198141080	向中央银行借款	1561080000	1750960000
贵金属			联行存放款项	42310356	51512120
存放联行款项			同业及其他金融机构存放款	35925644546	41374039078
存放同业款项	93443919674	107590959104	拆入资金	4006375667	6084350982
拆出资金	12722760570	15431906815	交易性金融负债		
交易性金融资产	5136172071	11768677342	衍生金融负债	76858	
衍生金融资产		247634	卖出回购金融资产款	6209200000	8433000000
买入返售金融资产	4911768421	24853403219	吸收存款	636128863822	770890171091
应收款项类金融资产	3464908124	2812961168	应付职工薪酬	594123760	1589365839
应收利息	656053934	1140089740	应交税费	2332628660	3455477546
应收股利			应付利息	6293029332	6983628431
其他应收款	2780345544	3350649121	应付股利	51452618	51250856
发放贷款和垫款	445673038296	529037175789	其他应付款	3762326037	3295408715
可供出售金融资产	9278967308	14171358078	预计负债		
持有至到期投资	40989031613	44355541966	应付债券	1466866666	1466866666
长期股权投资	1132391245	1570345658	递延所得税负债	74978288	43181274
投资性房地产	149656903	131636795	其他负债	13627728705	8334045349
固定资产	6362163290	6884373728	**负债总计**	**712076685316**	**853803257947**
在建工程	1318164928	1968902262	所有者权益：		
固定资产清理	3571898	4680725	实收资本（股本）	14678301889	18683694046
无形资产	2410951197	2556909596	其中：法人股股本	5186909171	6888237670
长期待摊费用	176096634	235053401	自然人股股本	8561828603	10721648388
抵债资产	448504328	446467480	资本公积	1417100881	4374549857
递延所得税资产	2192092825	3252934196	减：库存股		
待处理财产损溢	22846396	21987876	盈余公积	7512971540	10420983272
其他资产		1132	一般风险准备	16375011761	17317270125
			未分配利润	14767913820	21184648658
			所有者权益合计	**54751299891**	**71981145958**
资产总计	**766827985207**	**925784403905**	**负债及所有者权益总计**	**766827985207**	**925784403905**

象山县绿叶城市信用社资产负债表

（2010 年 12 月 31 日）

单位：元

项目	期初数	期末数	项目	期初数	期末数
资产：			负债：		
现金及存放中央银行款项	185025686.86	236484410.30	向中央银行借款		
存放同业款项	419264261.51	471766481.27	同业及其他金融机构存放款项	100000000.00	100000000.00
贵金属			拆入资金		
拆出资金			交易性金融负债		
交易性金融资产			衍生金融负债		
衍生金融资产			卖出回购金融资产款		
买入返售金融资产			吸收存款	1624701799.84	1896070007.43
应收利息	2731588.06	3415787.96	应付职工薪酬	19390.73	18917.05
发放贷款和垫款	1193047901.14	1418769207.40	应交税费	4011263.59	6677747.15
可供出售金融资产			应付利息	6140251.71	6633885.17
持有至到期投资	41990594.43	41841321.13	预计负债		
投资性房地产	1223223.04	1180880.32	应付债券		
固定资产	61372766.75	60784503.97	递延所得税负债	1974827.71	2109871.82
无形资产	6141328.05	7278285.00	其他负债	34316519.92	72586649.96
递延所得税资产			**负债合计**	**1771164053.50**	**2084097078.58**
其他资产	39147546.30	35974370.58	所有者权益（或股东权益）：		
			实收资本（或股本）	139000000.00	139000000.00
			资本公积	16912518.33	16531492.89
			减：库存股		
			盈余公积	7321193.12	8821028.34
			一般风险准备		19257076.16
			未分配利润	15547131.19	9788571.96
			所有者权益（或股东权益）合计	**178780842.64**	**193398169.35**
资产合计	**1949944896.14**	**2277495247.93**	**负债和所有者权益（或股东权益）合计**	**1949944896.14**	**2277495247.93**

浙江平湖工银村镇银行资产负债表

（2010 年 12 月 31 日）

单位：元（本外币合计）

项　　目	期末数	比年初增减	项　　目	期末数	比年初增减
资产：			负债：		
现金	833741.36	585253.42	单位存款	623686890.06	449436956.01
贵金属			储蓄存款	44711434.16	31538881.31
存放央行款项	93393268.58	73393268.58	向中央银行借款		
存放同业款项	218687758.19	—15596223.37	同业存放款项		—705932.33
存放系统内款项		—37364624.19	系统内存放款项		
拨付营运资金			同业拆入		
应收利息	1996414.47	1996414.47	卖出回购款项		
贷款	1070328008.75	962220008.75	汇出汇款		
贸易融资			应解汇款	1760000.00	1760000.00
贴现			存入保证金	498275063.50	480475063.50
其他贷款			其他存款		
拆放同业			应付利息	2052431.14	2052431.14
其他应收款	656468.93	—49463.40	应交税金	5392381.74	5385664.62
投资			应付工资	6833629.55	6833629.55
买入返售资产			应付利润（股利）		
长期待摊费用	1927273.17	—43582.16	其他应付款	1497999.05	912828.75
固定资产原价	2196821.40	560194.00	递延收益		
减：累计折旧	426669.18	426669.18	预计负债		
固定资产清理			应付债券		
在建工程			其他负债	216666.00	33333.00
无形资产			递延所得税负债		
抵债资产			**负债合计**	**1184426495.20**	**977722855.55**
递延所得税资产	2098579.14	2098579.14	所有者权益：		
其他资产			实收资本	200000000.00	
减：各项资产减值损失准备			资本公积		
			未分配利润	7265169.61	9650300.51
			其中本年利润		
			所有者权益合计	**207265169.61**	**9650300.51**
资产总计	**1391691664.81**	**987373156.06**	**负债及所有者权益总计**	**1391691664.81**	**987373156.06**

华融金融租赁股份有限公司资产负债表

（2010 年 12 月 31 日）

单位：万元

项目	期初数	期末数	项目	期初数	期末数
资产：			负债：		
现金	6.12	3.89	银行借款	837794.10	1044634.70
存放中央银行款项	0.71	1.10	应付账款	5.25	
存放同业款项	107293.60	106734.76	拆入资金	20000.00	
应收票据			应付票据	1281.00	
拆出资金			其他应付款	5741.93	4054.66
交易性金融资产			交易性金融负债		
衍生金融资产			衍生金融负债		
买入返售金融资产			卖出回购金融资产款	270499.68	592085.18
应收利息	11656.15	21053.82	租赁保证金	583519.81	792393.12
其他应收款	4822.35	1377.07	应付职工薪酬	6148.22	7977.96
预付账款	8251.56	3800.00	应交税费	6558.24	7023.48
经营租赁资产		3593.96	应付利息	20358.79	26749.96
应收融资租赁款	2010788.25	2845582.29	预计负债		
可供出售金融资产	8200.11	8114.36	应付债券		99408.16
持有至到期资产			递延所得税负债		101.70
长期股权投资			其他负债	205080.20	34062.20
投资性房地产	6612.55	6327.56	**负债合计**	**1956987.22**	**2608491.12**
固定资产	733.33	743.84	所有者权益（或股东权益）：		
在建工程	1.27	166.61	实收资本（或股本）	147405.57	250000.00
无形资产	45.92	8527.79	资本公积	1584.84	75503.57
递延所得税资产	1465.28		减：库存股		
其他资产	822.17	14757.48	盈余公积	6794.60	11250.90
			一般风险准备	688.99	1134.62
			未分配利润	47238.15	74404.32
			所有者权益(或股东权益)合计	**203712.15**	**412293.41**
资产总计	**2160699.37**	**3020784.53**	**负债及所有者权益(或股东权益)总计**	**2160699.37**	**3020784.53**

中投信托有限责任公司资产负债表

（2010 年 12 月 31 日）

单位：万元

项目	期初数	期末数	项目	期初数	期末数
资产：			负债：		
现金及存放中央银行款项	10	12	向中央银行借款		
存放同业款项	17522	48183	同业及其他金融机构存放款项		
贵金属			拆入资金	550	550
拆出资金			交易性金融负债		
交易性金融资产	85	3233	衍生金融负债		
衍生金融资产			卖出回购金融资产款		
买入返售金融资产			吸收存款		
应收利息	82		应付账款	174	174
预付款项	115	83	预收款项	63	
其他应收款	665	911	应付股利	402	402
其他流动资产			其他应付款	1969	2453
发放贷款和垫款	18007	31000	应付职工薪酬	2298	6007
可供出售金融资产	63523	23586	应交税费	328	939
持有至到期投资	16160	102880	应付利息		
长期股权投资			预计负债		
投资性房地产	8360	8064	应付债券		
固定资产	2109	2220	递延所得税负债		
无形资产	215	231	其他负债	351	348
长期应收款			**负债合计**	**6135**	**10873**
长期待摊费用	598	473	所有者权益：		
递延所得税资产			实收资本	50000	150000
			资本公积	47242	18431
			减：库存股		
			盈余公积	3426	6105
			一般风险准备	2065	4401
			未分配利润	18583	31066
			所有者权益合计	**121316**	**210003**
资产总计	**127451**	**220876**	**负债和所有者权益总计**	**127451**	**220876**

杭州工商信托股份有限公司资产负债表

（2010 年 12 月 31 日）

单位：万元

项目	期初数	期末数	项目	期初数	期末数
资　产：			负　债：		
现金及存放中央银行款项			向中央银行借款		
存放同业款项	39058	29279	同业及其他金融机构存放款项		
贵金属			拆入资产		
拆出资金			交易性金融负债		
交易性金融资产			衍生金融负债		
衍生金融资产			卖出回购金融资产款		
买入返售金融资产			吸收存款		
应收利息		108	应付职工薪酬	1522	932
发放贷款和垫款	20059	27806	应交税费	3145	4645
可供出售金融资产	4208	19282	应付利息		
持有至到期投资			预计负债		
长期股权投资	250	250	应付债券		
投资性房地产	2083	1985	递延所得税负债	102	206
固定资产	1035	932	其他负债	483	1890
无形资产	267	218	**负债合计**	**5252**	**7673**
递延所得税资产			所有者权益(或股东权益)：		
其他资产	1538	4575	实收资本(或股本)	40608	50000
			资本公积	1050	1460
			减：库存股		
			盈余公积	4680	6283
			一般风险准备	2400	3460
			未分配利润	14508	15559
			所有者权益(或股东权益)合计	**63246**	**76762**
资产总计	**68498**	**84435**	**负债和所有者权益(或股东权益)总计**	**68498**	**84435**

昆仑信托有限责任公司资产负债表

（2010 年 12 月 31 日）

单位：元

项　　目	期初数	期末数	项　　目	期初数	期末数
资产：			负债：		
货币资金	1649936322.62	890666956.02	向中央银行借款		
贵金属			同业及其他金融机构存放款项		
拆出资金			拆入资金		
交易性金融资产	341393021.04	384974817.94	交易性金融负债		
衍生金融资产			衍生金融负债		
买入返售金融资产			卖出回购金融资产款		
应收利息	8833059.71	18468600.56	吸收存款		
发放贷款和垫款	647420000.00	346500000.00	应付职工薪酬	491848.86	1059928.98
可供出售金融资产	1319379391.30	2625323555.22	应交税费	84707520.65	174181302.52
持有至到期投资			应付利息		
长期股权投资	63587194.65	417879000.00	预计负债		
投资性房地产			应付债券		
在建工程			递延所得税负债	17581141.52	11016520.13
固定资产	12302031.29	10330264.92	其他负债	10352472.58	217750192.37
无形资产	721173.37	1161655.46	**负债合计**	**113132983.61**	**404007944.00**
固定资产清理			所有者权益：		
递延所得税资产	2281466.58	2167836.15	实收资本	3000000000.00	3000000000.00
其他资产	36377438.90	15693226.86	资本公积	624222067.68	626901564.40
			减：库存股		
			盈余公积	56553800.08	101895211.59
			一般风险准备	26028671.24	48699376.99
			未分配利润	262293576.85	531661816.15
			所有者权益合计	**3969098115.85**	**4309157969.13**
资产总计	**4082231099.46**	**4713165913.13**	**负债和所有者权益总计**	**4082231099.46**	**4713165913.13**

浙江省能源集团财务有限责任公司资产负债表

（2010 年 12 月 31 日）

单位：元

项　目	期初数	期末数	项　目	期初数	期末数
资产：			负债：		
库存现金	22234.49	14707.39	向中央银行借款		
存放中央银行款项	870971105.41	1299820404.08	联行存放款项		
贵金属			同业及其他金融机构存放款项		
存放联行款项			拆入资金		
存放同业款项	3463484694.86	3985693297.39	交易性金融负债		
拆出资金			衍生金融负债		
交易性金融资产			卖出回购金融资产款		
衍生金融资产			吸收存款	8076334877.88	9963411349.43
买入返售金融资产			应付职工薪酬	404933.01	600211.64
应收款项类金融资产			应交税费	18012395.08	23908309.69
应收利息	5848015.00	7668408.08	应付利息	2410335.19	3051388.23
其他应收款	121538.00	115462.00	其他应付款	692825.75	1085145.69
发放贷款和垫款	4701516036.10	5462580996.41	预计负债		
可供出售金融资产	39740242.88	20919269.37	应付债券		
持有至到期投资			递延所得税负债	4040989.99	1480484.55
长期股权投资		248000000.00	其他负债		1000000.00
投资性房地产			**负债合计**	**8101896356.90**	**9994536889.23**
固定资产	4837531.02	6022219.20	所有者权益：		
在建工程	1150763.70	929200.00	实收资本	801740000.00	801740000.00
固定资产清理			其中：国有资本		
无形资产	589151.83	973180.03	外商资本	40087000.00	40087000.00
商誉			资本公积	12122969.97	4441453.66
长期待摊费用		269578.36	减：库存股		
抵债资产			盈余公积	42761549.12	60931327.65
递延所得税资产			一般风险准备	8288993.08	10105970.93
其他资产	596057.59	459948.11	未分配利润	122067501.81	161711028.95
			外币报表折算差额		
			所有者权益合计	**986981013.98**	**1038929781.19**
资产总计	**9088877370.88**	**11033466670.42**	**负债和所有者权益总计**	**9088877370.88**	**11033466670.42**

宁波港集团财务有限公司资产负债表

（2010 年 12 月 31 日）

单位：元

资产	期初数	期末数	负债及所有者权益	期初数	期末数
资产：			负债：		
现金及存放中央银行款项		281460699.68	向中央银行借款		
存放同业款项		3087170386.64	同业及其他金融机构存放款项		
贵金属			拆入资金		
拆出资金			交易性金融负债		
交易性金融资产			衍生金融负债		
衍生金融资产			卖出回购金融资产款		
买入返售金融资产			吸收存款		2111309074.34
应收利息		6606380.00	应付职工薪酬		
发放贷款和垫款		53401217.30	应交税费		4888820.65
可供出售金融资产			应付利息		555154.17
持有至到期投资			预计负债		
长期股权投资			应付债券		
投资性房地产			递延所得税负债		
固定资产		1027462.52	其他负债		13696680.00
无形资产		1261866.67	**负债合计**		**2130449729.16**
递延所得税资产			所有者权益(或股东权益)：		
其他资产		220242332.38	实收资本(或股本)		1500000000.00
			资本公积		
			减：库存股		
			盈余公积		2072061.60
			一般风险准备		207206.16
			未分配利润		18441348.27
			所有者权益(或股东权益)合计		**1520720616.03**
资产总计		**3651170345.19**	**负债及所有者权益总计**		**3651170345.19**

中国人民财产保险股份有限公司浙江省分公司资产负债表

（2010 年 12 月 31 日）

单位：元

项　目	外币折人民币期初数	外币折人民币期末数	外币折美元期初数	外币折美元期末数
资产：				
库存现金	33756.72	1325.01		
银行存款	347993976.67	294016811.74	2878577.48	1317186.49
其他货币资金				
拆出资金				
备用金	22700.00	16900.00		
交易性金融资产				
衍生金融资产				
买入返售金融资产				
应收保费	500080829.99	226383661.27	2662392.39	5116833.91
应收股利				
应收利息	1112080.22	1094879.64		
应收票据		1623000.00		
应收代位追偿款				
应收分保账款	208372191.22	114004557.61	1446155.46	937076.60
存出分保保证金				
应收分保未到期准备金	325045538.69	167789311.96	1219372.21	441574.69
应收分保未决准备金	285010505.05	387351209.08	10795.80	3620.20
存出保证金	8949803.67	9756009.01		
代付赔款	44436377.61	53407692.27	4316.66	3361.17
预付赔款	100406413.73	117668851.09	532093.02	885363.09
其他应收款	－708932.94	4287476.24	24267.32	45714.12
减：坏账准备	79073501.37	96456915.60		
低值易耗品		298.00		
可供出售金融资产				
持有至到期投资				
持至到期投资减值准备				
长期股权投资				
减：长期投资减值准备				
存出资本保证金				

续表

项　目	外币折人民币期初数	外币折人民币期末数	外币折美元期初数	外币折美元期末数
投资性房地产				
固定资产	859993950.47	870317904.00		
减：累计折旧	323779262.40	345515850.88		
固定资产净值	536214688.07	524802053.12		
减：固定资产减值准备				
在建工程	41870.00	37153961.00		
减：在建工程减值准备				
固定资产合计	**536256558.07**	**561956014.12**		
无形资产	402704773.26	403543780.06		
减：无形资产累计摊销	64940992.11	74790579.48		
无形资产净值	337763781.15	328753200.58		
减：无形资产减值准备				
长期待摊费用	235586.00	171812.00		
抵债物资				
损余物资				
独立账户资产				
递延所得税资产				
其他资产	50000.00	50000.00		
减：其他资产减值准备				
资产总计	**2615987664.48**	**2171876094.02**	**8777970.34**	**8750730.27**
负债：				
拆入资金				
衍生金融负债				
卖出回购金融资产款				
预收保费	568257334.53	406272707.55	1428414.14	602434.84
应付手续费	5363972.09	93994882.51		
应付保费	25951769.94	46334100.08	30458.63	191263.99
应付利息				
应付分保账款	238805775.94	98596903.29	2094065.84	1525025.68
分保内部往来	－4958484.16	－22122768.43	－2013360.55	－3497607.18
系统往来	－3993706617.80	－6568112053.01	4531931.88	4376894.82
存入分保保证金				

续表

项 目	外币折人民币期初数	外币折人民币期末数	外币折美元期初数	外币折美元期末数
存入保证金	1600000.00	3635598.50		
应付职工薪酬	36520280.15	131490666.07		
应付股利				
应交税费	53544018.53	114491481.14		
应付赔付款	100337593.89	161221233.04	1868670.44	249940.39
应付保单红利	9601641.08	5035448.34		
预计负债				
其他应付款	37464467.41	61832930.13	3808.02	33101.60
保户储金及投资款	140369231.47	100071277.13		
未到期责任准备金	3110646144.52	3981902724.98	1993231.85	1660664.99
未决赔款准备金	2286190536.89	3557230962.69	1060.15	3844.28
保费不足准备金				
长期借款				
应付债券				
独立账户负债				
货币兑换		0.01	—1160310.06	3605166.86
递延所得税负债				
长期应付款				
负债合计	**2615987664.48**	**2171876094.02**	**8777970.34**	**8750730.27**
所有者权益：				
股本				
资本公积				
盈余公积				
一般风险准备				
未分配利润				
其中：本年利润				
所有者权益合计				
负债及所有者权益总计	**2615987664.48**	**2171876094.02**	**8777970.34**	**8750730.27**

中国人民银行在浙机构、人员统计

（2010年末）

地区	机构数		人员数	
	合计	县市支行	合计	县市支行
合计	**73**	**62**	**3237**	**1385**
杭州	8	7	596	179
宁波	7	6	425	186
温州	9	8	346	172
嘉兴	6	5	271	134
湖州	4	3	175	57
绍兴	5	4	234	101
金华	8	7	286	156
衢州	5	4	194	74
台州	8	7	280	135
丽水	9	8	263	136
舟山	4	3	167	55

中国工商银行在浙机构、人员统计

（2010 年末）

地区 级别	合计		省级		杭州		宁波		温州		嘉兴		湖州		绍兴		金华		义乌		衢州		台州		丽水		舟山	
	机构	人员	机构	人员	机构	人员	机构	人员	机构	人员	机构	人员	机构	人员	机构	人员	机构	人员	机构	人员	机构	人员	机构	人员	机构	人员	机构	人员
合　计	**914**	**23222**	**1**	**571**	**187**	**5636**	**148**	**3661**	**110**	**2364**	**67**	**1509**	**46**	**1193**	**83**	**1865**	**81**	**1508**	**21**	**507**	**32**	**898**	**80**	**1975**	**29**	**820**	**29**	**715**
一、省级分行	2	1293	1	571			1	722																				
二、二级分行	11	4506			1	1043			1	480	1	386	1	355	1	441	1	289	1	201	1	301	1	409	1	266	1	335
三、支行	125	9818			31	2984	20	1619	15	894	5	528	7	489	9	749	9	756		0	7	352	10	922	7	313	5	212
同城支行	70	4931			24	2216	15	1014	8	439		0	4	208	4	172	3	215		0	3	106	4	334	2	92	3	135
县市支行	55	4887			7	768	5	605	7	455	5	528	3	281	5	577	6	541		0	4	246	6	588	5	221	2	77
四、二级支行	531	5950			151	1601	117	1252	46	624	31	359	29	284	52	535	24	257	14	251	13	147	32	367	12	167	10	106
五、分理处	211	1590					4	29	48	366	30	236	9	65	21	140	25	200	6	55	11	98	35	265	9	74	13	62
六、储蓄所	13	65			4	8	6	39									1	6					2	12				
七、其他																												

注：人员数为从业人员数。

中国农业银行在浙机构、人员统计

（2010 年末）

地区 级别	合计		省级		杭州		宁波		温州		嘉兴		湖州		绍兴		金华		衢州		台州		丽水		舟山	
	机构	人员	机构	人员	机构	人员	机构	人员	机构	人员	机构	人员	机构	人员	机构	人员	机构	人员	机构	人员	机构	人员	机构	人员	机构	人员
合　计	**1122**	**25969**	**2**	**656**	**202**	**4270**	**196**	**4160**	**149**	**3547**	**103**	**2156**	**50**	**1180**	**111**	**2486**	**110**	**2573**	**34**	**846**	**95**	**2289**	**33**	**875**	**37**	**931**
一、省级分行	2	1062	1	656			1	406																		
二、二级分行	10	3306			1	496			1	574	1	304	1	276	1	291	1	357	1	231	1	276	1	215	1	286
三、一级支行	121	10056			19	1673	14	1462	15	1282	9	777	8	500	9	1126	12	1069	8	377	11	1015	10	420	6	355
四、二级支行	647	8770			127	1765	111	1759	75	1145	49	668	41	404	79	918	71	941	4	54	50	667	17	206	23	243
五、分理处	263	2336			27	196	40	366	56	530	41	385			17	128	26	206	20	178	25	266	5	34	6	47
六、储蓄所	76	439			28	140	30	167	1	16	3	22			5	23			1	6	8	65				
七、其他机构	3		1						1																1	

中国银行在浙机构、人员统计

（2010 年末）

级别＼地区	合计		省级		杭州		宁波		温州		嘉兴		湖州		绍兴		金华		衢州		台州		丽水		舟山	
	机构	人员	机构	人员	机构	人员	机构	人员	机构	人员	机构	人员	机构	人员	机构	人员	机构	人员	机构	人员	机构	人员	机构	人员	机构	人员
合计	**667**	**16729**	**1**	**1314**	**115**	**2325**	**116**	**2927**	**66**	**1641**	**59**	**1220**	**29**	**671**	**80**	**1896**	**63**	**1414**	**24**	**558**	**67**	**1535**	**28**	**757**	**19**	**471**
一、省级分行	2	2074	1	1314			1	760																		
二、二级分行	9	2529							1	446	1	272	1	246	1	421	1	281	1	201	1	261	1	200	1	201
三、支行（办事处）	90	5789			14	1160	15	1165	12	538	5	385	5	197	6	611	9	514	5	160	9	669	6	283	4	134
同城支行	35	2189			9	821	8	635	6	187	0	0	2	66	1	53	3	100	1	25	3	227	0	0	2	75
县市支行	48	3627			5	339	7	530	6	351	5	385	3	131	5	558	6	414	4	135	6	442	6	283	2	59
四、分理处	158	1509			21	201	33	287	14	140	25	235	15	146	1	10	12	118	9	90	17	177	5	50	6	55
五、储蓄所	0																									
六、其他（二级支行）	408	4801			80	964	67	715	39	517	28	328	8	82	72	854	41	501	9	107	40	428	16	224	8	81

中国建设银行在浙机构、人员统计

（2010 年末）

级别＼地区	合计		省级		省级营业部		杭州		宁波		温州		嘉兴		湖州		绍兴		金华		义乌		衢州		台州		丽水		舟山	
	机构	人员	机构	人员	机构	人员	机构	人员	机构	人员	机构	人员	机构	人员	机构	人员	机构	人员	机构	人员	机构	人员	机构	人员	机构	人员	机构	人员	机构	人员
合计	**843**	**20274**	**1**	**962**	**1**	**320**	**155**	**3049**	**132**	**3171**	**131**	**2853**	**70**	**1519**	**40**	**908**	**72**	**1632**	**56**	**1446**	**25**	**719**	**73**	**1579**	**33**	**897**	**30**	**738**	**24**	**481**
一、省级分行	2	1814	1	962					1	852																				
省分行营业部	1	320			1	320																								
二、二级分行	10	3380									1	643	1	358	1	260	1	369	1	409	1	266	1	330	1	264	1	299	1	182
三、支行（办事处）	610	12798					109	2550	71	1836	116	2087	60	1085	33	598	57	1142	42	924	12	334	48	1062	25	563	17	346	20	271
同城支行	278	5389					89	2012	7	555	63	952	19	242	17	234	15	227	15	264	8	120	21	401	10	138	14	244		
县市支行	273	6669					20	538	5	541	53	1135	41	843	16	364	42	915	27	660	4	214	27	661	15	425	3	102	20	271
四、分理处	146	1356					32	369	16	130	12	106	9	76	5	42	14	121	12	103	12	119	14	114	7	70	10	78	3	28
五、储蓄所	74	606					14	130	44	353	2	17			1	8			1	10			10	73			2	15		
六、其他																														

中国农业发展银行在浙机构、人员统计

（2010年末）

级别＼地区	合计		省级		杭州		宁波		温州		嘉兴		湖州		绍兴		金华		衢州		台州		丽水		舟山	
	机构	人员	机构	人员	机构	人员	机构	人员	机构	人员	机构	人员	机构	人员	机构	人员	机构	人员	机构	人员	机构	人员	机构	人员	机构	人员
合　计	**76**	**1469**	**1**	**98**	**8**	**173**	**9**	**198**	**8**	**109**	**6**	**145**	**4**	**104**	**5**	**110**	**8**	**152**	**5**	**93**	**9**	**130**	**9**	**89**	**4**	**68**
一、省级分行	1	98	1	98																						
二、二级分行	11	639			1	65	1	42	1	55	1	54	1	48	1	46	1	55	1	48	1	52	1	52	1	43
三、支行	42	732			7	108	8	156	2	34	5	91	3	56	3	60	6	95	2	38	4	67	1	9	1	18
同城支行	1	17					1	17																		
县市支行	41	715			7	108	7	139	2	34	5	91	3	56	3	60	6	95	2	38	5	67	1	9	1	18
四、信贷组	22								5	20					1	4	1	2	2	7	3	11	7	28	2	7
五、储蓄所																										

国家开发银行浙江省分行机构、人员统计

（2010年末）

	合计		杭州		宁波	
	机构	人员	机构	人员	机构	人员
合　计	**2**	**268**	**1**	**162**	**1**	**106**
一、省级分行	2	268	1	162	1	106
二、二级分行						
三、支行（办事处）						
同城支行						
县市支行						
四、分理处						
五、储蓄所						

中国进出口银行浙江省分行机构、人员统计

（2010 年末）

地区 级别	合计		杭州市	
	机构	人员	机构	人员
合　计	**1**	**65**	**1**	**65**
一、省级分行	1	65	1	65
二、二级分行				
三、支行（办事处）				
同城支行				
县市支行				
四、分理处				
五、储蓄所				

各资产管理公司在杭机构、人员统计

（2010 年末）

地区 级别	合计		中国华融资产管理公司		中国长城资产管理公司		中国东方资产管理公司		中国信达资产管理公司	
	机构	人员	机构	人员	机构	人员	机构	人员	机构	人员
合　计	**4**	**177**	**1**	**41**	**1**	**46**	**1**	**44**	**1**	**46**
办事处	4	177	1	41	1	46	1	44	1	46

浙商银行机构、人员统计

（2010 年末）

地区 级别	合计		总行本级		杭州		宁波		温州		义乌		绍兴		台州	
	机构	人员	机构	人员	机构	人员	机构	人员	机构	人员	机构	人员	机构	人员	机构	人员
合　计	**63**	**4278**	**1**	**567**	**18**	**964**	**7**	**367**	**6**	**295**	**3**	**174**	**3**	**187**	**1**	**58**
一、总行	1	567	1	567												
二、分行	16	2088			3	363	1	144	1	142	1	104			1	58
三、支行	46	1623			15	601	6	223	5	153	2	70	3	187		

地区 级别	北京		天津		上海		南京		深圳		成都		西安		济南		兰州	
	机构	人员	机构	人员	机构	人员	机构	人员	机构	人员	机构	人员	机构	人员	机构	人员	机构	人员
合　计	**1**	**211**	**5**	**314**	**7**	**333**	**2**	**171**	**1**	**101**	**4**	**219**	**2**	**156**	**1**	**115**	**1**	**46**
一、总行																		
二、分行	1	211	1	178	1	192	1	145	1	101	1	153	1	136	1	115	1	46
三、支行			4	136	6	141	1	26			3	66	1	20				

交通银行在浙机构、人员统计

（2010 年末）

地区 级别	杭州		宁波		温州		嘉兴		湖州		绍兴		台州		金华		衢州		舟山	
	机构	人员	机构	人员	机构	人员	机构	人员	机构	人员	机构	人员	机构	人员	机构	人员	机构	人员	机构	人员
合　计	**28**	**1167**	**41**	**1043**	**21**	**702**	**13**	**460**	**10**	**354**	**34**	**848**	**5**	**212**	**4**	**171**	**1**	**40**	**1**	**43**
分行	1	389	1	283	1	248	1	164	1	175	1	221	1	117	1	85	1	40	1	43
一级支行	27	778	16	485	20	454	12	296	9	179	15	428	4	95	3	86				
同城支行	21	431	10	288	16	341	7	125	7	124	10	156	2	48	1	17				
县市支行	6	347	6	197	4	113	5	171	2	55	5	272	2	47	2	69				

中信银行在浙机构、人员统计

（2010 年末）

地区 级别	合计		杭州		宁波		温州		嘉兴		绍兴		义乌		台州		湖州		丽水	
	机构	人员	机构	人员	机构	人员	机构	人员	机构	人员	机构	人员	机构	人员	机构	人员	机构	人员	机构	人员
合　计	**68**	**2409**	**20**	**885**	**17**	**595**	**9**	**202**	**8**	**268**	**8**	**236**	**3**	**68**	**1**	**53**	**1**	**64**	**1**	**38**
一、省级分行	2	607	1	393	1	214														
二、二级分行	5	365					1	87	1	98	1	89			1	53			1	38
三、支行(办事处)					16	381														
同城支行	46	975	18	444	12	225	6	81	2	33	4	60	3	68			1	64		
县市支行	15	462	1	48	4	156	2	34	5	137	3	87								
四、分理处																				
五、储蓄所																				

上海浦东发展银行在浙机构、人员统计

（2010年末）

地区 级别	合计		杭州		宁波		绍兴		嘉兴		湖州		金华		衢州	
	机构	人员	机构	人员	机构	人员	机构	人员	机构	人员	机构	人员	机构	人员	机构	人员
合　计	**55**	**1924**	**20**	**843**	**17**	**640**	**7**	**169**	**6**	**114**	**2**	**55**	**2**	**76**	**1**	**27**
一、省级分行	2	574	1	334	1	240										
二、二级分行	3	131					1	51	1	48			1	32		
三、支行（办事处）	50	1219	19	509	16	400	6	118	5	66	2	55	1	44	1	27
同城支行	37	850	18	470	12	261	3	36	2	18	1	38			1	27
县市支行	13	369	1	39	4	139	3	82	3	48	1	17	1	44		
四、分理处																
五、储蓄所																

华夏银行在浙机构、人员统计

（2010年末）

地区 级别	合计		杭州		宁波		温州	
	机构	人员	机构	人员	机构	人员	机构	人员
合　计	**40**	**1391**	**23**	**820**	**6**	**213**	**11**	**358**
一、分行	3	435	2	317	1	118		
其中：营业部	2	55	2	55				
二、支行	26	598	21	503	5	95		
城区内支行	22	506	19	445	3	61		
城区外支行	4	92	2	58	2	34		
三、办事处								
城区内办事处								
城区外办事处								
四、分理处								
五、储蓄所								

招商银行在浙机构、人员统计

（2010 年末）

地区 级别	合计		杭州		宁波		温州		绍兴		金华		嘉兴		衢州		湖州	
	机构	人员	机构	人员	机构	人员	机构	人员	机构	人员	机构	人员	机构	人员	机构	人员	机构	人员
合　计	**62**	**2656**	**21**	**1072**	**15**	**656**	**10**	**390**	**8**	**303**	**3**	**139**	**3**	**102**	**1**	**45**	**1**	**54**
一、省级分行	2	487	1	260	1	227												
二、二级分行	3	283	1	105			1	80	1	50		48						
三、支行(办事处)	61	1886	21	707	14	429	10	285	8	223	3	89	3	54	1	45	1	54
同城支行	48	1416	20	674	10	229	7	197	5	134	2	54	2	29	1	45	1	54
县市支行	13	400	1	33	4	130	3	88	3	89	1	35	1	25				
四、分理处																		
五、储蓄所																		

广东发展银行在浙机构、人员统计

（2010 年末）

地区 级别	合计		杭州		宁波		温州		台州	
	机构	人员	机构	人员	机构	人员	机构	人员	机构	人员
合　计	**35**	**1398**	**13**	**608**	**12**	**394**	**9**	**284**	**1**	**35**
一、省级分行	1	314	1	314						
二、二级分行	3	311			1	149	1	90	1	35
三、支行	31	773	12	294	11	245	8	194		
同城支行	27	645	12	294	8	173	7	178		
县市支行	4	88			3	72	1	16		
四、分理处										
五、储蓄所										

深圳发展银行在浙机构、人员统计

（2010年末）

地区 / 级别	合计		杭州		宁波		温州		金华		嘉兴	
	机构	人员	机构	人员	机构	人员	机构	人员	机构	人员	机构	人员
合　计	**34**	**1800**	**13**	**662**	**10**	**525**	**6**	**404**	**4**	**169**	**1**	**40**
一、省级分行	2	476	1	256	1	220						
二、二级分行	2	346					1	249	1	97		
三、支行(办事处)	30	978	12	406	9	305	5	155	3	72	1	40
同城支行	18	603	12	406	6	197						
县市支行	7	220			3	108			3	72	1	40
四、分理处												
五、储蓄所												

中国民生银行在浙机构、人员统计

（2010年末）

地区 / 级别	合计		杭州		宁波		温州	
	机构	人员	机构	人员	机构	人员	机构	人员
合　计	**42**	**1894**	**22**	**1044**	**13**	**465**	**7**	**385**
一、省级分行	2	464	1	264	1	200		
二、二级分行	1	207					1	207
三、支行(办事处)	39	1223	21	780	12	265	6	178
同城支行	33	1054	21	780	7	142	5	132
县市支行	6	169			5	123	1	46
四、分理处								
五、储蓄所								

兴业银行在浙机构、人员统计

（2010年末）

级别＼地区	合计		杭州		宁波		温州		台州		义乌		嘉兴		绍兴	
	机构	人员	机构	人员	机构	人员	机构	人员	机构	人员	机构	人员	机构	人员	机构	人员
合　计	**52**	**1717**	**15**	**531**	**11**	**388**	**9**	**232**	**6**	**148**	**7**	**222**	**3**	**121**	**1**	**75**
一、省级分行	2	518	1	220	1	298										
二、二级分行	4	359					1	56	1	100	1	107	1	96		
三、一级支行	11	165	14	311	10	90									1	75
同城支行	30	464	10	202	7	69	5	96	3	26	4	62	1	9		
县市支行	15	301	4	109	3	21	3	80	2	22	2	53	1	16		
四、分理处																
五、储蓄所																

中国光大银行在浙机构、人员统计

（2010年末）

级别＼地区	杭州		宁波		温州		台州		绍兴	
	机构	人员	机构	人员	机构	人员	机构	人员	机构	人员
合　计	**15**	**546**	**17**	**615**	**1**	**69**	**1**	**53**	**1**	**56**
一、省级分行	1	259	1	233						
二、二级分行					1	69				
三、一级支行	14	287	16	382			1	53	1	56
同城支行	11	215	12	288						
县市支行	3	72	4	94						
四、分理处										
五、储蓄所										

恒丰银行杭州分行机构、人员统计

（2010 年末）

级别 \ 地区	合计		杭州	
	机构	人员	机构	人员
合计	**6**	**260**	**4**	**172**
一、省级分行	1	105	1	105
二、二级分行				
三、支行(办事处)				
同城支行	3	67	3	67
县市支行	2	88		
四、分理处				
五、储蓄所				

渤海银行在浙机构、人员统计

（2010 年末）

级别 \ 地区	合计		杭州		绍兴	
	机构	人员	机构	人员	机构	人员
合计	**5**	**279**	**4**	**239**	**1**	**40**
一、省级分行	1	165	1	165		
二、二级分行						
三、一级支行	4	114	3	74	1	40
同城支行						
县市支行						
四、分理处						
五、储蓄所						

中国邮政储蓄银行浙江省分行机构、人员统计

（2010 年末，不含甬）

级别＼地区	合计		省级		杭州		温州		嘉兴		湖州		绍兴		金华		衢州		台州		丽水		舟山	
	机构	人员	机构	人员	机构	人员	机构	人员	机构	人员	机构	人员	机构	人员	机构	人员	机构	人员	机构	人员	机构	人员	机构	人员
合　计	**698**	**4563**	**3**	**186**	**117**	**567**	**99**	**568**	**71**	**362**	**29**	**294**	**88**	**427**	**89**	**588**	**31**	**298**	**97**	**566**	**45**	**444**	**29**	**263**
省级分行	1	135	1	135																				
二级分行	10	801			1	77	1	87	1	76	1	73	1	75	1	101	1	65	1	115	1	63	1	69
县支行	56	2182	1	33	7	201	8	313	5	192	3	128	4	192	7	312	4	146	6	265	8	299	3	101
二级支行	631	1445	1	18	109	289	90	168	65	94	25	93	83	160	81	175	26	87	90	186	36	82	25	93

上海银行杭州分行机构、人员统计

（2010 年末）

级别＼地区	合计		杭州	
	机构	人员	机构	人员
合　计	**4**	**301**	**4**	**301**
一、省级分行			1	209
二、二级分行				
三、支行（办事处）				
同城支行			1	23
县市支行			2	69
四、分理处				
五、储蓄所				

北京银行杭州分行机构、人员统计

（2010 年末）

地区 级别	合计		杭州	
	机构	人员	机构	人员
合 计	**3**	**156**	**3**	**156**
一、省级分行	1	123	1	123
二、二级分行				
三、支行(办事处)	2	33	2	33
同城支行				
县市支行	2	33	2	33
四、分理处				
五、储蓄所				

平安银行杭州分行在浙机构、人员统计

（2010 年末）

地区 级别	合计		杭州	
	机构	人员	机构	人员
合 计	**1**	**263**	**1**	**263**
一、省级分行	1	263	1	263
二、二级分行				
三、支行(办事处)				
同城支行				
县市支行				
四、分理处				
五、储蓄所				

浙江稠州商业银行机构、人员统计

（2010 年末）

	机构	人员
合　计	**31**	**1391**
一、总部	1	239
其中：营业部	1	40
二、分行	5	507
三、支行	25	645

浙江泰隆商业银行机构、人员统计

（2010 年末）

地区 级别	台州		丽水		杭州		宁波		金华		上海		衢州	
	机构	人数	机构	人数	机构	人数	机构	人数	机构	人数	机构	人数	机构	人数
总行	**1**	**733**												
分行			1	199	1	221	1	207	1	212	1	277	1	114
支行	16	1030	4	186	3	186	3	165						

在浙金融信托、租赁和财务公司机构、人员统计

（2010 年末）

级别 \ 机构	合计		中投信托有限责任公司		杭州工商信托投资股份有限公司		昆仑信托有限责任公司		华融金融租赁股份有限公司		万向财务有限公司		浙江能源集团财务有限公司		宁波港集团财务有限公司	
	机构	人员	机构	人员	机构	人员	机构	人员	机构	人员	机构	人员	机构	人员	机构	人员
合　计	**9**	**550**	**1**	**83**	**1**	**94**	**1**	**132**	**3**	**140**	**1**	**51**	**1**	**32**	**1**	**18**
一、总公司	7	532	1	83	1	94	1	132	1	122	1	51	1	32	1	18
二、分公司	2	18							2	18						

浙江省城市商业银行机构、人员统计

（2010 年末）

级别 \ 地区	合计		杭州		宁波		温州		嘉兴		湖州		绍兴		金华	
	机构	人员	机构	人员	机构	人员	机构	人员	机构	人员	机构	人员	机构	人员	机构	人员
合　计	**432**	**12204**	**101**	**3056**	**108**	**4057**	**67**	**1780**	**33**	**708**	**34**	**605**	**36**	**908**	**53**	**1090**
一、总部	7	2694	1	608	1	799	1	351	1	232	1	136	1	296	1	272
其中:营业部	5	268	1	48			1	44	1	41			1	74	1	61
二、分行	20	2125	7	724	7	913	4	410			1	42			1	36
三、支行	404	7337	93	1676	100	2345	61	1019	32	476	32	427	35	612	51	782
四、分理处																
五、储蓄所																
六、其他																

浙江省农村合作金融系统机构、人员统计

（2010 年末）

项目 / 地区	人员	机构数	省级联社	地级办事处	县级联社（合行）		营业部	信用社（支行）	信用分社（分理处）	储蓄所
					农村合作银行	农村信用联社				
合计	**43611**	**4017**	**1**	**11**	**43**	**38**	**81**	**1083**	**2565**	**195**
省级	213	1	1	0	0	0	0	0	0	0
杭州	7133	671	0	1	5	3	8	155	455	44
宁波	6510	651	0	1	3	6	9	156	408	68
温州	5165	475	0	1	7	4	11	165	283	4
嘉兴	3283	301	0	1	3	3	6	67	189	32
湖州	2485	183	0	1	4	1	5	78	93	1
绍兴	4537	388	0	1	6	0	6	95	262	18
金华	4037	382	0	1	5	3	8	98	266	1
衢州	2014	197	0	1	1	5	6	43	141	0
台州	4399	384	0	1	6	3	9	118	227	20
丽水	2288	241	0	1	1	8	9	72	149	1
舟山	1547	143	0	1	2	2	4	36	92	6

浙江省城市信用社机构、人员统计

（2010 年末）

地区	机构	人员
合计	**9**	**235**
宁波	9	235

宁波国际银行机构、人员统计

（2010 年末）

级别＼机构	合计		宁波国际银行	
	机构	人员	机构	人员
合计	**3**	**81**	**3**	**81**
一、总行	1	59	1	59
二、分行	1	20	1	20
三、办事处	1	2	1	2

中国人民财产保险股份有限公司浙江省分公司机构、人员统计

（2010 年末，不含甬）

级别＼地区	合计		省本部		杭州		温州		台州		金华		嘉兴		绍兴		湖州		衢州		丽水		舟山	
	机构	人员	机构	人员	机构	人员	机构	人员	机构	人员	机构	人员	机构	人员	机构	人员	机构	人员	机构	人员	机构	人员	机构	人员
合计	**549**	**2590**	**1**	**143**	**107**	**628**	**75**	**318**	**40**	**275**	**66**	**258**	**52**	**211**	**68**	**208**	**39**	**176**	**32**	**122**	**39**	**147**	**30**	**104**
一、省本部	1	143	1	143																				
二、市分公司（含三个中心）	10	724			1	198	1	76	1	89	1	63	1	57	1	61	1	60	1	37	1	49	1	34
三、县支公司	54	552			5	51	8	89	6	77	7	92	5	50	6	56	3	36	4	35	8	57	2	9
区支公司	24	186			9	97	2	14	3	24	2	7	2	4			2	14	2	6			2	20
市分公司营业部	29	191			5	53	3	55	1	7	1	9	4	15	3	15	2	7	1		4	16	5	14
四、县区以下营业部	134	721			24	225	17	70	15	77	18	75	2	64	21	68	14	56	16	41	7	25		20
营销服务部	297	73			63	4	44	14	14	1	37	12	38	21	37	8	17	3	8	3	19		20	7

说明：按照陈亮的要求，本表人员口径是正式劳动合同工；机构口径是市分公司营业部含内设，县区以下营业部不含内设。

中国人寿保险股份有限公司浙江省分公司机构、人员统计

（2010年末，不含甬）

级别＼地区	合计		省本部		杭州		温州		台州		金华		嘉兴		湖州		衢州		绍兴		丽水		舟山	
	机构	人员	机构	人员	机构	人员	机构	人员	机构	人员	机构	人员	机构	人员	机构	人员	机构	人员	机构	人员	机构	人员	机构	人员
合计	**551**	**4156**	**1**	**384**	**82**	**626**	**63**	**597**	**49**	**420**	**84**	**495**	**62**	**389**	**52**	**323**	**46**	**233**	**45**	**312**	**39**	**217**	**28**	**160**
一、省本部	1	384	1	384																				
二、市分公司	10	1542			1	305	1	208	1	133	1	158	1	174	1	135	1	109	1	135	1	102	1	83
三、县支公司	55	2119			5	213	8	316	7	231	7	259	5	147	3	96	4	73	5	138	8	85	3	53
四、区支公司	19	49			8	40	2	21	2	17	1	3	2	14	2	46	1	11					1	1
五、营业部	112	20			22	22	15	15	16	16	13	13	2	2	13	13	13	13	18	18				
六、营销服务部	354	42			46	46	37	37	23	23	62	62	52	52	33	33	27	27	21	21	30	30	23	23

第五部分

2010年浙江省金融大事记

ZHEJIANG JINRONG NIANJIAN

2010年浙江省金融大事记

1月

1日 浙江民泰商业银行“支付宝卡通”上线。

杭州、温州、绍兴、金华、台州等地正式对外发行中国邮政储蓄银行“鼎卡”信用卡。

4日 中国人民银行杭州中心支行刘仁伍行长、王利平副局长赴昆明参加2010年总行、总局工作会议，1月11日，分别召开行务会议、局务会议，传达会议精神。

深圳发展银行杭州分行组织开展《银行从业人员职业操守指引》贯彻学习工作，拉开2010年度职业操守自律活动序幕。

杭州银行召开专题会议，动员部署杭州市区组织体制调整工作。会上，马时雍董事长作重要讲话，吴太普行长作组织体制调整动员报告。严华好书记主持会议，总行领导、总行各部室助理以上干部、杭州地区各经营机构负责人参加了会议。

5日 浙江省银监局傅平江副局长一行莅临深圳发展银行杭州分行开展工作调研。

6日 浙江证监局王宝桐局长深入辖区3家证券公司开展调研，详细了解3家证券公司目前的发展状况，调研存在的问题和困难，并重点关注合规建设、企业文化建设、人才培养以及新业务准备情况等。

7日 浙江证监局制定出台《浙江证监局上市公司监管快速反应工作规程》，探索建立责任清晰、层级明确、自下而上、全局联动的快速反应机制。

中国农业银行浙江省分行与江苏省分行在杭州签署宁杭铁路项目行内联合贷款协议，这是我省首笔跨省行内联合贷款。

浙江银监局副局长傅平江来恒丰银行走访调研，与分行领导亲切座谈。

浙江泰隆商业银行2010年度工作会议在丽水召开。

8日 招商银行嘉兴海宁支行试营业，谋篇开局勇争先。

中国光大银行杭州分行行长郑学筠参加浙江红土创业投资有限公司正式揭牌暨企业签约仪式。该行为该基金托管银行。

9日 中国工商银行浙江省分行与万向集团举行“2010年度银企合作”签约仪式。徐新桥行长，倪百祥、郁炯彦副行长以及省分行副行长兼营业部总经理王百荣出席签约仪式。

浙江省委常委、常务副省长陈敏尔在中国农业银行浙江省分行上报的《关于我省农行2009年支持浙江经济发展情况的报告》上作重要批示：“过去一年，省农行为我省‘保稳促调’作出了重要贡献，在扩大信贷规模、优化配置结构、创新服务方式等方面走在了前列。在此深表感谢！此件简明扼要文风很好，值得学习。”

10日 中国民生银行杭州分行团委组织员工赴浙江淳安县里商乡开展“科技文化下乡活动”，为商源中心完小的孩子们带去了10台电脑及员工自发捐赠的700余册图书、12套教学光盘、2台学习机，并在该小学设立了“民生银行电子阅览室”。该小学被当地群众称为“民生希望小学”，创造了良好的社会效益。

11日 中国人民银行杭州中心支行刘仁伍行长赴上海参加长三角论坛筹备会议。

12日 上海浦东发展银行总行徐海燕副行长率总行运营条线相关人员莅临杭州分行调研。上海浦东发展银行杭州分行杨绍红行长、李夏英副行长和分行运营与科技条线各部门负责人一起参加了调研座谈会。

上海银行杭州分行会计结算部自主开发的会计事后监督系统一期试运行。

13日 中国农业银行总行发文表彰2008—2009年度分行优秀科技成果，中国农业银行浙江省分行自行研发的"小额贷款公司信贷业务系统"、"知识库系统"获得了优秀科技成果应用开发奖，"委托资产处置系统"获得了优秀科技成果推广奖，成为全国农行系统获奖项目最多的分行。

交通银行浙江省分行向沪杭铁路客运专线股份有限公司授信25亿元，用于支持沪杭高铁客运专线工程杭州—上海段项目建设。

北京银行召开分行行务会议，贯彻落实总行2009年度工作会议精神。

浙江银监局杨小苹局长一行前往华融租赁调研指导，就公司发展等问题与胡继良等公司领导进行广泛深入的研讨。浙江银监局现场三处朱为民处长、非现场三处胡晓辉副处长、张国强主监管员等随同调研。

14日 中国农业发展银行浙江省分行行长、党委书记王玉高主持召开行务会议，农发行人力资源部总经理龚超宣布农发行党委决定：孙兰生同志任浙江省分行党委委员，负责宁波市分行工作。副行长姜大刚、梁滨、陈跃峰、宣吉方出席。

华融租赁公司召开租赁业务异地发展研讨会。中国华融副总裁兼华融租赁党委书记、董事长王克悦同志，浙江银监局现场监管三处朱为民处长和蔡晓敏副处长、非现场三处张国强主监管员等以及公司领导和相关部门负责人共20多人参加了研讨。

经中国华融党委决定，因工作需要，徐建明同志调任中国华融客户营销部副总经理，不再担任华融租赁党委委员、纪委书记；武汉办事处副总经理龙志林同志调任华融租赁党委委员、纪委书记。经华融租赁董事会审议，决定徐建明同志不再担任华融租赁副总裁，聘任龙志林同志为华融租赁副总裁。

15日 中国农业银行浙江省分行行长赵忠世、副行长刘晓春亲切会见浙江大学杨卫校长。双方就深化银校合作及浙江大学新校区二期工程建设项目等事宜交换了意见。自2000年中国农业银行浙江省分行与浙江大学建立全面业务合作关系以来，银校合作领域不断拓宽，目前已在存款、贷款、代收学费、代发工资、银行卡、网上银行、个人理财等方面有广泛的合作。

中国建设银行浙江省分行和共青团浙江省委合作举办的2010浙江青年高峰论坛暨2009年度浙商新锐榜发布会在浙江世贸君澜大饭店隆重举行。余静波行长应邀为年度浙商新锐颁奖，王叶毅行长助理在会上作了题为《银企携手共创未来》的主题演讲。

交通银行浙江省分行"盛世博金 福虎献瑞"世博特许产品鉴赏会在浙江省人民大会堂宴会厅隆重举行。5家世博特许贵金属公司、2家普通特许产品公司负责人及近600名中高端客户参加。

16日 上海浦东发展银行杭州分行与浙江日报报业集团联合主办中国首届创业板高峰论坛暨2009浙江经济年度人物颁奖盛典。峰会以"民企的机遇与梦想"为主题，致力于让更多的中国民营企业以创业板为契机实现转型升级、逆势飞扬。论坛由中央电视台著名主持人陈伟鸿主持。浙江省人民政府副省长金德水、上海浦东发展银行杭州分行杨绍红行长以及著名经济学家、中国政法大学资本研究中心主任、教授刘纪鹏和深圳证券交易所研究所所长金立扬等领导和专家出席了本次峰会。

中国光大银行杭州分行召开2010年工作会议，会议总结了2009年分行各项业务发展状况并提出了2010年工作目标。

17日 华夏银行杭州分行召开了2010年工作会议，会议分析了2009年业务运行情况，分行行长杨素法在会上作了重要讲话，总结了分行2009年的工作和经验，对分行2010年工作进行了部署。浙江银监局领导，杭州稽核分部领导，分行全体员工参加了此次会议。

广东发展银行杭州分行举行2009年度中层干部述职会。杭州分行领导班子成员、二级分行领导、支行正副行长及分行部门正副职等60余人参加了本次会议。51名分行中层干部依次述职，回顾总结2009年度工作得失，展望部署2010年工作，并按照《中层管理人员2009年度绩效考核评价表》进行领导考评、互评。会议以民主推荐形式推举了分行总经理、副总经理、总经理助理等各个职别的后备干部。

浙江民泰商业银行召开2009年度股东大会。

18日 浙江证监局召开2010年度证券机构监管工作会议，王宝桐局长，邵锡秋副局长出席会议并作重要讲话。

中国《金融杂志》记者植凤寅、民生银行北京金融街支行行长张聪林一行3人来泰隆商业银行考察。

19日 中国建设银行浙江省分行以“与建行同行、与世界共舞”为主题的“新春客户答谢会”在杭州剧院举行，邀请了1500多名客户参与。

北京银行杭州余杭支行在杭州城市花园酒店举行了盛大的开业庆典。余杭区区委、政府、人大、政协四套班子主要领导、浙江银监局相关领导，中国人民银行余行支行及余杭区各政府职能部门主要负责人及各企业界人士250余人参加了庆典。

20日 据中国银联浙江分公司通报，中国农业银行浙江省分行银行卡跨行业务运行质量综合排名2009年1—12月份均列37家成员机构之首，其中11月份综合得分喜获满分。同时，中国农业银行浙江省分行发卡行交易成功率达99.60%，列四行之首。

中国建设银行公积金龙卡开卡仪式在杭州隆重举行。省政府副秘书长、省级机关事务管理局局长胡本亮，省级机关事务管理局党组成员、办公室主任徐军，省直单位住房基金管理中心主任金建亚，以及办理公积金龙卡的省直单位代表出席了开卡仪式。

华夏银行义乌支行开业。

杭州银行总行召开助理以上人员和部室管理人员大会，通报杭州市区组织体制调整情况，布置下一步工作。会上，马时雍董事长作重要讲话，吴太普行长通报杭州市区组织体制调整情况并布置下一步工作。严华好书记主持会议。会议要求全行要统一思想认识，达成共识，深刻认识此次杭州地区组织架构调整的重要性和紧迫性，服从和服务于改革，尤其是总行各部室要认真做好过渡期内的各项工作，提高工作效率，改善服务态度，对各分支机构各项业务给予更有力的支持，确保此次调整和改革平稳过渡。

21日 中国人民银行杭州中心支行刘仁伍行长参加总行纪检监察工作会议

(杭州分会场),纪委书记应兆祥赴北京参加会议。

中投信托有限责任公司举行2009年度公司领导班子及领导人员述职述廉大会。

中国建设银行浙江省分行与万向集团在杭州萧山签订战略合作协议。余静波行长等与万向集团董事局主席鲁冠球等座谈深化合作事宜,并签订了综合授信总额为75亿元的战略合作协议。

中国建设银行浙江省分行承诺将在服务手段、资金支持、业务流程、服务产品和服务价格等方面对万向集团实行差别化服务。万向集团同意将中国建设银行作为主办银行之一,在存款、贷款、国际结算业务、票据业务、网上银行、代理业务、资金封闭运作等方面进一步加强与中国建设银行的合作。

浙江银监局现场检查处郑联胜处长一行莅临泰隆商业银行指导工作。

中投信托有限责任公司举行2009年度公司领导班子及领导人员述职述廉大会。

华融租赁公司召开2010年业务研讨会,围绕2010年公司面临的经营形势、市场策略、网络建设、业务创新、客户服务、风险控制、队伍建设等重点主题进行了广泛、深入的探讨和交流。

23日 交通银行浙江省分行被评为“交通银行2009年度经营管理优胜单位”。

25日 中信银行台州分行举行开业庆典仪式。这是中信银行杭州分行辖内成立的第四家二级分行。

26日 中国人民银行杭州中心支行行长刘仁伍、纪委书记应兆祥赴上海参加总部工作会议暨纪检监察工作会议。

国家外汇管理局外汇检查工作会议在丽水召开,邓先宏副局长出席会议,浙江省分局王利平副局长致欢迎辞。

浙江证监局组织召开2010年度浙江辖区上市公司监管工作会议,省政府副秘书长陈国平,浙江证监局局长王宝桐、副局长蒋潇华出席会议并作重要讲话。

浙江保监局出台《关于加快浙江保险业创业创新的指导意见》,要求全行业开展以转变保险发展方式为主题,以完善市场体系、创新管理方式、开发特色产品和改进保险服务为内容的创业创新活动。

恒丰银行总行下发恒银发〔2010〕30号文件,聘任李秋为恒丰银行杭州分行总稽核。

27日 中国工商银行浙江省分行徐新桥行长出席省政府“创新浙江”座谈会。

兴业银行嘉兴海宁支行开业。

省农信联社召开党委(扩大)会议,深入学习贯彻陈敏尔常务副省长对省农信联社2009年度工作作出的重要批示:“过去一年全省农信社系统业务发展、资产质量提高、综合效益持续向好,为三农工作,为保稳促调作出了新的贡献,成绩应予肯定,经验值得总结。新的一年要坚持为三农、为中小企业服务的宗旨,深化改革,优化管理,努力做好保障、创新、防范的文章,继续作出新的努力和贡献!”

28日 中国人民银行杭州中心支行刘仁伍行长列席浙江省十一届人大三次会议。

浙江证监局积极介入百余名方正证券内退、退休职工要求增加福利待遇的信访事件,全程参与和指导公司与职工代表集中面谈达十余次,最终于2010年4月20日促成公司与内退、退休职工就相关待遇问题基本达成一致,圆满解决该起集体信访事件。

全省农信系统丰收贷记卡发卡量突破10万张大关。

29日 在金融干部活动中心召开离退休干部新春团拜会，班子成员出席团拜会，中国人民银行杭州中心支行刘仁伍行长作重要讲话，李虹副行长主持会议。

浙江保监局召开保险监管创新研讨会，学习贯彻全国保险业情况通报会和全国保险监管工作会议精神，进一步理清2010年的监管工作思路。

上海银行杭州分行完成现有ATM机外联交换机升级优化工作，以满足离行自助网点不断增加的现状。

台州市市级银行支持地方发展业绩考评小组莅临泰隆商业银行考评。

华融租赁公司召开2010年工作会议，传达中国华融2010年工作会议精神，全面部署公司2010年各项工作。

30日 广东发展银行杭州分行在东坡剧院召开2009年度员工大会，杭宁温三地近千名员工参加了会议。

31日 渤海银行杭州分行召开2010年工作会议。会议传达总行2010年工作会议精神，总结分行2009年的各项工作，表彰先进，研究部署分行2010年工作意见。

2月

1日 中国人民银行杭州中心支行刘仁伍行长主持召开中心支行述职述廉大会。

中国农业银行浙江省分行与新华社浙江分社在杭州隆重举行"金穗·新华社读者卡"的首发仪式。"金穗·新华社读者卡"是全国首张具有特殊附加社会功能的高端信用卡，是主要面向本省各级党政机关公务员和大型企事业管理层等精英阶层发行的集金融服务与新华社会员功能于一身的高端信用卡。宋城集团总裁马根木等三位贵宾客户成为了"金穗·新华社读者卡"的首批持卡人。

中国银行浙江省分行召开2010年工作会议，认真学习贯彻中央十七届四中全会、中央经济工作会议和总行2010年工作会议精神，全面总结2009年主要工作情况并部署2010年工作重点。

国家开发银行浙江省分行梅世文副行长与省监察厅就开展联合监督检查举行会议。

浙江民泰商业银行《爱在民泰》电子杂志创刊。

2日 全省外汇管理工作会议在杭州召开，浙江外管局刘仁伍局长、王利平副局长出席会议并讲话。

浙江保监局召开全省保险工作会议，学习贯彻全国保险业情况通报会议和全国保险监管工作会议精神，总结2009年浙江保险工作，研究转变发展方式的各项工作，部署2010年的主要任务，并对浙江保险业2009年度"十大创新"和优秀保险社团进行表彰。

中国工商银行浙江省分行与省直单位住房公积金管理中心举行"公积金灵通卡"合作签约暨开卡仪式，徐新桥行长在仪式上致辞。

中国农业银行浙江省分行2010年工作会议在杭州召开。赵忠世行长在会上作了题为《全面推进主流银行和精品银行建设 努力实现我行二次创业和新三年规划的良好开局》的重要讲话。

3日 中信银行杭州分行与浙江省慈善总会、《今日早报》联手在杭州花港海航酒店举办"中信慈善年夜饭"，浙江省政府陈加元副省长、施利民副秘书长，浙江省慈善总会孙家贤会长等领导出席，劳动模范、杭州地铁建设工人、外来务工者、汶川地震灾区在杭就读学生、杭州儿童福利院的孩子们，还有困难家庭及长期来悉心照顾困难群众的社区工作者代表等200余人参加活动。

浙江泰隆商业银行上海分行开业，被誉为“金融鲤鱼游进上海”。

4日 浙江证监局召开2010年辖区期货监管工作会议，王宝桐局长、韩薇局长助理出席并作重要讲话。

中国银行浙江省分行推出全新交易产品“双向外汇宝”、“黄金宝”。

国家开发银行浙江省分行徐勇行长主持召开分行2009年度总结表彰会暨迎新春团拜会。

中国光大银行杭州分行为衢州元立金属制品有限公司及其多家经销商建立钢铁“金色链”网络办理三方银票模式保兑仓业务。

渤海银行杭州分行组织开展春节前全行营运业务大检查活动。

5日 中国农业银行浙江省分行与西联公司共同开发的西联欧元汇款成功面世，第一笔业务在丽水青田成功兑付。客户通过农行的西联汇款多了一个可选择币种，节省了兑换成美元兑付的手续费。

恒丰银行杭州分行在杭州国际假日酒店举办2009年度总结表彰暨2010年新春团拜会。杨林茂行长在会上作了主题为《坚定信心、攻克时艰、防调并举、稳健发展》的年度工作报告。

杭州银行召开2010年度工作会议，马时雍董事长在会上作了《转变发展方式，加强队伍建设，为实现又好又快发展而努力》的重要讲话，吴太普行长在会上对2009年工作进行了简要回顾，对2010年工作作了具体部署，严华好书记作了会议总结。总行领导、总行部室助理以上负责人，营业部、各分支行负责人等200多人参加了会议。

上海银行总行召开2010年对公营销工作会议，杭州分行获“公司金融先进集体奖二等奖”和“小企业业务特色行奖”。

6日 华夏银行杭州分行在浙江省人民大会堂三楼国际宴会厅举办了2010年新春团拜会，分行全体员工欢聚一堂，欣赏了精彩的节目表演。

中国银行浙江省分行与杭州经济技术开发区资产经营集团签署战略合作协议，双方将以建设“下沙新城”为契机，展开全方位合作。

8日 中国人民银行杭州中心支行召开2010年工作会议暨纪检监察工作会议，刘仁伍行长等行领导参加会议，李虹副行长主持。

2010年中国建设银行浙江省分行工作会议和第二届职代会第二次会议在杭州萧山召开，余静波行长作工作报告。省财专办、中国人民银行杭州中心支行、浙江银监局有关负责同志和中国建设银行浙江省分行老干部代表应邀参加会议。

渤海银行成立杭州分行中小企业业务创新委员会。

华融租赁公司股东中国华融、瑞安国投、人本集团向公司增资，公司注册资本由14.74亿元增加至20亿元，股权结构为：中国华融99.9009%，瑞安市国有资产投资控股有限公司0.0542%、人本集团有限公司0.0318%、温州市物资资产管理有限公司0.0131%。

9日 全省金融工作座谈会在中国人民银行中心支行召开，陈敏尔常务副省长、陈国平副秘书长出席会议，刘仁伍行长代表中国人民银行杭州中心支行作重要发言。

浙江省委、省政府召开金融工作座谈会，对各家金融机构支持浙江经济发展工作进行考核表彰，中国农业银行浙江省分行荣获浙江省金融机构支持地方经济发展一等奖和银行业金融机构支持中小企业发展优秀奖。

国家开发银行浙江省分行在全省金融工作座谈会上被省政府授予"2009年度浙江省金融机构金融改革创新奖"和"2009年度金融机构支持浙江经济发展二等奖"两项殊荣。浙江省委书记赵洪祝、常务副省长陈敏尔出席会议并作重要讲话，徐勇行长参加会议。

中投信托有限责任公司2010年工作会议在湖州安吉江南天池度假村举行。黄建军代表高管层作题为《专业经营 创新发展 提升价值 塑造品牌 全力以赴完成新战略发展期开局之年新任务》的工作报告，回顾总结2009年工作，研究部署2010年工作。

中国进出口银行浙江省分行荣获"2009年度浙江省金融机构支持地方经济发展二等奖"。

浙江省人民政府召开金融工作座谈会，对2009年度先进单位和先进集体进行表彰和授奖。中国长城资产管理公司杭州办事处荣获"2009年度浙江省金融机构支持地方经济发展三等奖"，浙江省委常委、常务副省长陈敏尔亲自向办事处总经理张范全颁发了奖牌。座谈会上，陈敏尔在讲话中专门表彰了长城资产管理公司杭州办事处在商业化转型中大胆创新、积极拓展担保业务、金融租赁业务等新业务产品，致力于服务浙江的中小企业，为支持地方经济建设作出的重要贡献，在四家资产管理公司中成绩斐然，贡献突出，鼓励办事处2010年继续立足服务中小企业，积极开展业务创新，争取为浙江经济发展作出更大的贡献。

上海银行浙江中财型材有限责任公司7000万元短融正式发行，该笔短融为杭州分行主承销中小企业债的试点项目。

中国邮政储蓄银行浙江省分行荣获"2009年度浙江省银行业金融机构支持中小企业发展优秀奖"和"2009年度金融机构支持浙江经济发展基本奖二等奖"。

10日 国家开发银行浙江省分行范显伟副行长代表分行与嘉兴市人民政府签署《城乡统筹一体化项目合作备忘录》。

11日 杭州银行与杭州工商信托在总行五楼会议室举行战略合作签约仪式。吴太普行长与杭州工商信托丁建萍总裁作为双方代表签署了战略合作协议，任勤民副行长主持了仪式，此举标志着杭州银行与杭州工商信托正式搭建起了战略合作桥梁，共同做深做精银信合作模式。

12日 交通银行浙江省分行被浙江省人民政府授予2009年浙江省金融机构支持地方经济发展一等奖。

20日 中国农业银行总行发文通报了2009年综合绩效考核情况。在5项考核中，中国农业银行浙江省分行综合绩效考核、"三农"县域业务绩效考核结果及经济增加值、分行领导班子综合绩效考核结果等4项获全国农行系统第一；在子项中，共有7项获第一。

中国人民银行办公厅下发"银办发〔2010〕27号"《关于电子商业汇票系统推广上线有关问题的通知》(以下简称《通知》)，确认了第二批加入电子商业汇票系统的机构共计299家，其中开通电子商业业务处理功能的有223家，万向财务有限公司名列其中。

21日 浙江证监局召开辖区股指期货上市工作领导小组会议，王宝桐局长出席会议并作重要讲话。同日，浙江证监局联合浙江期货行业协会启动股指期货开户督导、投资者适当性教育等专项工作，确保股指期货平稳上市。

中国光大银行杭州分行召开零售业务

发展座谈会。

中投信托有限责任公司设立的“宝石流霞”中小企业信托基金项目荣获由杭州市人民政府颁发的“2009年度杭州市金融创新优秀项目奖”，同时公司被评为“2009年度杭州市金融创新优秀项目首创单位”。

22日 中国建设银行浙江省分行召开创新工作视频会议。会议的主要内容是落实2010年全分行工作会议精神，交流产品创新的实践与体会，部署下一步加强产品创新工作的措施，切实提高全分行的创新能力。会上总结了近几年全分行的创新实践及成果，剖析了在创新方面存在的6个问题，对下一步创新工作提出了6项新要求和目标。

中投信托有限责任公司股东中国建银投资有限责任公司党委宣布有关公司党委书记任免决定，郭云钊任公司党委书记。

23日 中国建设银行浙江省分行在杭州召开2010年纪检监察工作会议，对全分行加强党风廉政建设和反腐败工作提出了要求。

24日 中国农业发展银行风险管理部总经理吴国栋来浙江省分行指导工作。

博茨瓦纳驻华大使 Naomi E. Majinda 女士一行、莱索托王国贸工部长、旅游及文化部长和其他政府官员一行、美国印第安纳州太平洋贸易公司总裁凯利一行到中国进出口银行浙江省分行交流。

北京银行杭州分行荣获2009年度银行业金融机构支持浙江经济发展三等奖。在由浙江省政府组织召开的金融座谈会上，杭州分行荣获2009年度银行业金融机构支持浙江经济发展三等奖。此项殊荣充分肯定了北京银行对浙江经济作出的贡献，更加坚定了该行服务浙江市场，促进浙江经济平稳较快发展的信心和决心。北京银行杭州分行将牢牢抓住当前形势所创造的机遇，在浙江市场上树立良好的企业形象，促进各项业务又好又快发展。

中国人寿浙江省分公司祝平总经理向浙江省委常委、杭州市委书记黄坤明汇报公司改革发展情况，并就钱江新城中国人寿大厦建设项目有关事项进行汇报与沟通，办公室、基建办负责人陪同。

25日 中国人民银行中心支行组织召开2010年全省货币信贷政策通报会，刘仁伍行长、郑南源副行长出席会议并作重要讲话。

全国农发行纪检监察工作会议在杭州召开。中国农业发展银行副行长、党委副书记、纪委书记孟献斌以及各省级分行纪委书记、监察室主任，总行各部室负责同志，各巡视组组长出席了会议。中国农业发展银行浙江省分行党委书记、行长王玉高参加了会议。

中国农业发展银行浙江省分行客户二处处长胡良华陪同农发行客户二部王富君总经理赴台州和温州市分行调研农村流通体系建设贷款情况。

省农信联社二届二次社员大会在萧山召开，省政府陈国平副秘书长、中国人民银行杭州中心支行刘仁伍行长出席并讲话，姚世新理事长作工作报告，提出“一条道路、两场革命”战略构想。

26日 全省国库工作会议暨国库会计数据集中系统（TCBS）上线动员会议在嘉兴市召开，中国人民银行杭州中心支行刘仁伍行长、李虹副行长出席会议并讲话。

浙江证监局对钱江摩托信息披露违法违规案件开展调查，于2010年5月7日完成全部调查工作及终结报告。

经中国农业银行总行批准，中国农业银行浙江省分行在省分行本级增设三农管理中心内设单元，其中风险管理部/三农风险管理中心增设三农风险管理部，信贷管理部/三农信贷管理中心增设三农信贷管理部，财务会计部/三农核算与考评中心增设三农核算与考评部，党委组织部/人力资源部/三农人力资源管理中心增设三农人力资源管理部。

省农信联社召开动员大会，启动“万名农信干部下基层办实事”活动。

中国工商银行浙江省分行营业部向万向财务有限公司颁发了2009年度“最佳资金池管理奖”奖杯。

27日 为贯彻落实总行2010年会计专业暨信息技术专业工作会议精神，部署分行2010年会计专业、信息技术专业工作，华夏银行杭州分行召开了2010年会计专业暨信息技术专业工作会议。分行领导，杭州稽核分部代表，分行会计部、信息技术部全体人员，分行监察室、合规部负责人，各部室和各机构兼职信息安全员，机构全体会计人员，台州分行筹建组代表参加了此次会议。

由杭州市消费者协会牵头的“杭州市规范预付式消费卡”座谈会在广东发展银行杭州分行广发大厦十楼会议中心召开。市工商局、市贸易局、市商业联合会、市消费者权益保护委员会、市律师协会、杭州电视台，以及市健身、美容美发、餐饮等多个行业协会的代表参加了本次会议。

2月初，浙江省省委、省政府领导在浙江保监局上报的2009年工作总结和2010年工作思路上作出批示。省委书记赵洪祝的批示为：2009年，浙江保监局紧紧围绕“创业富民、创新强省”总战略，切实抓好“防风险、调结构、稳增长”各项工作，尤其是扎实开展“面对金融危机、保险伴你同行”主题活动，为我省“保稳促调”作出了积极贡献。预祝在新的一年取得更大成绩，为全面建设惠及全省人民的小康社会提供更有力的保险支撑。省委副书记、省长吕祖善的批示为：全省保险系统在2009年为我省应对金融危机、实施“保稳促调”做了大量工作，很有成效。望在新的一年继续努力，再创新成绩。省委常委、常务副省长陈敏尔的批示为：过去一年浙江保监局的工作重点突出，特色鲜明，为我省应对危机、保稳促调作出了新的贡献。新一年要继续强化创新，优化服务，深化管理，争取更大成绩，实现新的突破。

浙江省人民政府表彰金融机构支持浙江省经济发展，杭州银行被授予2009年度浙江省银行业金融机构支持中小企业发展优秀奖。

中国邮政储蓄银行浙江省分行零售贷款余额突破200亿元。

3月

1日 中国建设银行总行顾京圃批发业务总监、公司业务部陈景功副总经理一行来浙江分行调研，听取了新农村和县域经济的专题汇报，并到嘉善支行对新农村建设的试点项目进行考察。

交通银行浙江省分行荣获总行2009年度交通银行国际业务创新成就奖。

台州市赵跃进副市长一行莅临泰隆商业银行指导工作。

2日 中信银行总行独立董事、国家会计学院副院长谢荣博士莅临中信银行杭州分行调研指导，围绕风险管理和内控工作等课题，深入了解分行及辖属机构的情况，与分支行领导班子成员及相关部门负责人进行了座谈，并对分行的发展成就和分行领导班子的清晰思路给予了高度评价。

华融租赁公司党委副书记、总裁胡继良主持党委中心组(扩大)党风廉政专题学习，公司中层以上干部参加了学习。会议认真学习了《中国共产党党员领导干部廉洁从政若干准则》、《中国华融党委关于进一步加强领导干部廉洁自律工作的通知》、《进一步加大工程建设领域违纪违法案件查处力度的通知》等党风廉政相关文件。胡继良代表公司党委、龙志林代表公司纪委与各部室、分公司负责人签署了《勤政廉政建设目标责任书》。

3日 中国建设银行浙江省分行余静波行长陪同杭州市人民政府蔡奇市长,杨戌标常务副市长等市领导一行前往北京拜访总行张建国行长等行领导,双方就村镇银行金融控股公司总部落户杭州事宜进行讨论,并交换了看法。

招商银行总行张光华副行长视察杭州分行,进行中小企业业务调研。

4日 中国农业银行总行发文对获得全国金融系统"新中国六十年金融先进文化优秀建设者"称号的人员进行了通报表彰,中国农业银行浙江省分行党委书记、行长赵忠世荣获全国金融系统"开创型金融先进文化优秀建设者"荣誉称号。

5日 渤海银行杭州分行组织召开2010年操作风险工作会议。会议总结分析了2009年度操作风险工作情况,对2010年全行操作风险工作进行了全面部署。

浙江民泰商业银行召开2010年工作会议。

6日 中国人民银行杭州中心支行在丽水组织召开庆"三八"国际劳动妇女节100周年女领导干部座谈会,李虹副行长参加座谈会并作讲话。

受浙江团省委、浙江之声广播电台邀请,中国农业银行浙江省分行和省分行营业部团委积极响应,组织农行青年志愿者参加全省大型社会公益活动"学习雷锋好榜样",来自杭州城区多家支行的20名业务精湛的农行员工组成志愿者服务小组,分赴多个社区开展金融业务咨询服务。

8日 2010年全省货币信贷工作会议在绍兴顺利召开,中国人民银行杭州中心支行刘仁伍行长出席会议并作重要讲话。

浙江省外汇管理主体监管试点工作汇报会在嘉兴召开,省外管局王利平副局长出席会议并讲话。

恒丰银行总行矫毅监事长、周美乐副监事长,杭州分行杨林茂行长、陈乐群副行长一行赴桐庐县参加桐庐恒丰村镇银行合作签约仪式。

9日 国家开发银行浙江省分行梅世文副行长主持召开分行2010年纪检监察工作会议,组织全行员工专题学习十七届中央纪委五次全会和总行纪检监察工作会议精神,部署2010年分行纪检监察工作。徐勇行长作重要讲话。

10日 中国人寿浙江省分公司召开全省2010年"诚信·沟通·维权"恳谈会,祝平总经理作重要讲话,并向服务质量社会监督员颁发聘任证书。

11日 国家外汇管理局在杭州召开应对和打击违规资金流入专项行动浙江座谈会,省外管局刘仁伍局长、王利平副局长参加座谈会。

中国人民银行杭州中心支行刘仁伍行长主持召开文明单位创建工作复查汇报会,纪委书记应兆祥代表中心支行党委向总行检查组汇报了中心支行2009年以来深入扎实开展文明单位创建工作的情况。

2010年全省人民银行支付结算工作会议在宁波召开,方志敏副行长出席会议。

浙江保监局召开局纪委扩大会议,深入学习贯彻《中国共产党党员领导干部廉洁从政若干准则》,进一步加强反腐倡廉建设。

中国光大银行总行行长助理刘珺赴杭州分行开展投行业务营销调研活动。

恒丰银行战略合作伙伴大华银行环球金融机构部执行副总裁蔡天枢一行在总行国际业务部总经理赵联斌的陪同下，来行进行国际业务培训与交流。

12日 中国工商银行李海明副行长出席2010浙商金融论坛暨银企联谊会并作演讲。

深圳发展银行金华永康支行开业，进一步向浙西市场深入辐射。

渤海银行杭州分行组织召开2010年公司业务创新发展研讨会。研讨会根据总行三年上市的总体战略部署，立足中小企业贷款创新试点，在分析宏观经济金融环境和分行2009年度公司业务发展状况的基础上，围绕加快负债业务发展、优化和调整信贷结构、加快业务创新、拓展供应链融资、中小企业成片开发、加强同业合作、实施精细化管理等七个课题，展开了广泛讨论和交流。

14日 为认真贯彻执行中国银监会"三个办法、一个指引"有关要求，华夏银行杭州分行在浙江宾馆举办了"三个办法、一个指引"培训。首席信用风险官王水荣、副首席信用风险官蒋国华，信用风险管理部四中心、分行公司业务部、中小企业信贷部杭州分部、个人业务部、国际业务部相关人员，各经营单位主要负责人及持有公司业务或个人业务上岗资格证书的人员等近400人参加了此次培训。

15日 中国农业银行浙江省分行金库业务管理系统二期成功上线运行，标志着全省农行35个金库及930个对外营业机构的现金业务全部纳入电子化管理，这将有效规范金库、网点现金调拨日常工作流程，提高现金运营效率，切实防范金库业务操作风险。

中国农业发展银行党委印发《关于孙兰生、王全来同志职务任免的通知》(农发银党〔2010〕50号)，任命孙兰生同志为浙江省分行党委委员、宁波市分行行长、党委书记；免去王全来同志宁波市分行行长、党委书记职务。

16日 浙江省公安局安全检察组莅临泰隆商业银行指导工作。

18日 中国农业银行浙江省分行与沪杭甬高速公路股份有限公司、浙商证券有限责任公司在杭州隆重举行战略合作协议签约暨浙商证券"汇金1号"集合资产管理计划产品销售启动仪式。

中国银行浙江省分行与中国出口信用保险公司浙江分公司签署全面战略合作协议，同时叙做我省首笔出口买方信贷业务，为德国船东提供4000万美元融资，以支持舟山中船重工船业有限公司出口德国Bertling两艘5万吨干杂货船。

"浙江海运—交银租赁—浙江交行"三方战略合作协议签约仪式在杭州西子宾馆隆重举行。交通银行浙江省分行行长俞炯玲、副行长梁建明，浙江交通投资集团有限公司董事长陈继松，浙江省海运集团有限公司董事长单树林、总经理郑晓岗，交银金融租赁有限公司董事长林加群、总经理程东跃出席签约仪式。

根据总行统一安排，华夏银行杭州分行在梅地亚宾馆召开个人业务新产品现场推广会，向客户推出了"循环贷"、"存抵贷"、电话刷卡结算业务、个人网上银行、商旅卡等个人业务新产品。总行电子银行部产品经理向君，分行副行长胡桂妃，各机构个人业务分管行长、个人客户经理，高端客户代表共100余人出席了会议。《都市快报》、《每日商报》、杭州网等媒体记者到会进行了采访，此次推广会取得了预期效果。

广东发展银行杭州分行举行余杭支行乔迁庆典仪式，庆贺余杭支行从临平藕花洲大街石油大楼搬迁至新址临平世纪大道南苑发展大厦。余杭区政协主席汪宏儿、中国人民银行余杭支行行长蔡建成、杭州分行党委书记任清尧和客户代表出席了庆典仪式。

南京银行杭州分行在浙江省人民大会堂盛大开业。苏浙两省政府、中国人民银行、银监部门和总行领导为分行开业启动，南京市委常委、常务副市长沈键致辞，杭州市人大副主任项勤讲话，总行行长夏平致辞，浙江银监局傅平江副局长颁发金融许可证。

平安银行杭州分行喜获杭州市下城区"中小企业信贷服务先进单位"荣誉称号。

万向财务有限公司获得中国工商银行浙江省分行"2010年工行省分行电子银行至尊客户"称号。

19日 中国光大银行绍兴支行荣获绍兴市人民政府授予的"2009年度银行业金融机构支持中小企业发展先进集体"称号。

华融租赁公司与普华永道和金蝶软件签订租赁业务内部评级系统项目开发合同，共同研发全国金融租赁行业第一个基于新巴塞尔协议的内部评级系统。

20日 中国人民银行杭州中心支行副行长李虹陪同全国人大财经委副主任吴晓灵赴嘉兴海宁调研小额贷款公司试点工作。

中国农业银行浙江省分行开展"十大产品"巡回培训，第一站是丽水分行。"十大产品"主要包括产品体系、现金管理产品、小企业简式贷款、银团贷款、个人贷款、个人理财、手机银行、银通产品包、三农对公产品包、保汇产品包等，培训突出介绍产品功能、适销客户群体、产品亮点和营销要点等环节。

招商银行杭州分行成功举办第九届业务技术比赛。来自杭、温、绍、金、嘉、衢、湖26支参赛队伍的240余位员工参加了11个项目的角逐，同场竞技，高潮迭起，不仅涌现出了一批业务尖子和新秀，同时也创造了新的业务技术成绩。

22日 中国建设银行浙江省分行组成由余静波行长带队的学习考察团，赴福建、江苏和苏州三地分行考察，学习和借鉴兄弟行先进的经营管理方式和经验。

浙江银监局下文《浙江银监局关于上海银行股份有限公司杭州城东支行开业的批复》(浙银监复〔2010〕152号)，批准城东支行开业。

24日 浙江民泰商业银行召开2010年会计结算工作会议。

华融租赁公司被中共杭州市西湖区委、西湖区人民政府命名为"2009—2010届西湖区级文明单位"。

25日 浙江保监局召开第三届特邀廉政监督员代表座谈会，纪委书记刘钢出席会议并作了重要讲话。来自省级机关和保险机构的十余名特邀廉政监督员交流了廉政监督工作体会，充分肯定了保监局廉政建设成效，提出了进一步改进保险监管工作建议。

中国人民银行杭州中心支行和省财政厅联合召开2009年度杭州市区商业银行代理国库业务暨国债发行工作考核表彰会，中国农业银行浙江省分行荣获"2009年度杭州市区国债业务综合考评一等奖"。

国家开发银行浙江省分行联合辽宁分行、大连分行、宁波分行以及浙江省援藏办在杭州召开援藏规划工作座谈会。

中国光大银行杭州分行荣获中国人民银行杭州中心支行授予的"2009年度杭州市区国债业务三等奖"。

26日 中国农业银行浙江省分行召开全省农行2010年纪检监察工作会议。会议回顾总结了2009年党风廉政建设和纪检监察工作，全面部署了2010年工作任务。中国农业银行浙江省分行党委委员、纪委书记杨高明同志作了题为《加强党风廉政建设完善案防制度体系为全省农业银行"二次创业"创造稳定和谐的环境》的工作报告。

中国光大银行杭州分行举办中小企业业务培训班。

杭州银行与澳洲联邦银行(CBA)在上海签署《业务合作框架谅解备忘录》,双方旨在近五年有效与友好的战略合作基础上,借澳洲联邦银行在中国设立首家分行——上海分行之际,本着"错位发展、合作共赢"原则,进一步加深业务合作,将双方的战略合作推上新的高度。

全省第一家消除金融空白的乡镇邮储文成县仰山乡金融服务点开业。

28日 中国光大银行杭州分行战略客户吉利控股集团成功收购沃尔沃轿车公司全部股权及相关资产,创下中国收购海外整车资产最高金额纪录,为中国光大银行与吉利集团综合业务合作创造了良好的开端和契机。

29日 中国工程院院士、全国政协原副主席钱正英一行60余人,来浙就"浙江省沿海及海岛综合开发战略研究"项目进行为期10天的专题调研,为推动浙江省海洋经济发展带建设上升为国家战略出谋划策。国家开发银行浙江省分行徐勇行长陪同参加考察活动。

杭州银行相继召开了2010年度公司(小企业)业务及零售业务专业会议,回顾了2009年杭州银行公司(小企业)业务及零售业务发展情况,并就全面完成公司(小企业)业务、零售业务2010年度工作目标进行了部署。吴太普行长在两个专业会议上作了重要讲话,任勤民副行长和俞胜法副行长分别就抓好2010年公司(小企业)业务工作和零售业务工作提出了相关要求。

30日 浙江银监局与浙江省农办联合召开2009年金融支农总结表彰暨2010年金融支农深化年动员大会。浙江省委常委、副省长葛慧君出席并作重要讲话,杨小苹局长作动员报告。

浙江银监局、省农办召开全省2009年金融支农总结表彰暨2010年金融支农深化年动员大会,表彰全省2009年金融支农先进单位和先进个人,中国农业银行浙江省分行获得"金融支农工作组织奖",辖属8家支行获得"金融支农工作先进集体"荣誉称号,4家支行获得"金融支农工作创新奖",11名员工获得"金融支农先进个人"荣誉称号。

中国银行浙江省分行举办跨境贸易人民币结算业务客户推介会,邀请总行和中国人民银行专家现场指导,130余家企业客户参加推介会。

国家开发银行浙江省分行被授予"杭州市下城区文明单位"荣誉称号。

华夏银行杭州分行召开2010年营销工作会议。会上,行长杨素法围绕2010年分行业务经营中的几个突出问题进行了分析并提出当前工作的主要策略。全行9级以上行员参加了此次会议。

上海银行杭州城东支行正式开业。分行叶继雄行长、王文烈副行长、倪朝晖副行长以及部分管理部门负责人参加了开业揭牌仪式,并与支行全体员工进行了座谈。

中国邮政储蓄银行浙江省分行荣获2009年浙江银行业金融支农推进年活动组织奖,辖内义乌市支行、海宁市支行获先进集体称号,乐清市支行、泰顺县支行获创新奖,杨东凯、祝关梁等7名员工获先进个人称号。

31日 中国农业银行浙江省分行为主承销商的传化集团有限公司2010年度

第一期短期融资券在全国银行间债券市场正式发行，发行总额5亿元。

中国首个低碳基金——浙江浙商创投诺海基金正式在杭州成立，中国农业银行浙江省分行成为该基金的托管银行。

中国光大银行杭州分行正式成立网点服务办。

3月 浙江证监局在查清事实的基础上，妥善解决仙琚制药200余名退休职工就仙琚制药改制过程中存在违法违规行为的集体信访事件。

杭州市区组织体制调整后，为扩大杭州银行选人用人视野，形成公平竞争的氛围，让优秀人才脱颖而出，杭州银行在全行范围内对杭州市区部分辖区支行及辖属支行高级管理人员等8个职位进行了公开竞聘，有31位杭州银行员工参加了竞聘。

4月

1日 中国人民银行杭州中心支行刘仁伍行长、李虹副行长和周业樑参事向浙江省政协副主席斯鑫良率领的"民营经济发展环境及转型升级"专项集体民主监督调研组汇报工作并座谈交流。

浙江证监局完成航天通信涉嫌信息披露违法违规案件全部调查工作及终结报告。

浙江证监局承办中国证监会系统第二次人才工作联席会议，中国证监会主席助理吴利军出席会议并作重要讲话。

中国工商银行总行姜建清董事长、魏国雄首席风险官等一行莅临工行浙江省分行调研指导工作，听取了徐新桥行长代表分行班子所作的工作汇报，并召开了部分分支行和企业参加的小企业金融服务座谈会。其间，姜建清董事长一行考察浙江平湖工银村镇银行。

浙江省创争活动领导小组发文表彰2009年度浙江省"创争"活动先进集体和先进个人，中国农业银行浙江省分行荣获2009年度浙江省"创建学习型组织，争做知识型职工"活动示范单位荣誉称号。"创建学习型组织，争做知识型职工"活动示范单位是浙江省创争活动所有集体荣誉中的最高荣誉，省农行是全省银行业获此荣誉的唯一单位。

中信银行杭州分行全辖干部员工积极开展"情系西南干旱灾区"爱心捐款活动，员工捐款共计32.9万元。

中国光大银行杭州分行萧山支行国际结算系统正式上线，这是系统内除北京、上海外的第一家开设国结系统的城区支行。

2日 全球太阳能基金意大利123.6MW太阳能电站项目合同签字仪式在国家开发银行浙江省分行多媒体会议室举行。徐勇行长出席并代表开行与借款人、担保人分别签订合同。

6日 中国保监会副主席杨明生来浙调研，充分肯定了浙江保险业发展和监管取得的成绩，并着重强调了以下三点：一是要加快保险业信息化建设，特别是要加快保险监管的信息化建设，为保险业转变发展方式提供有力支撑。二是要紧扣浙江地方实际，充分发挥保险的三大功能，为更好地服务浙江经济社会发展再立新功。三是要继续做好创新保险的建设，坚持"既积极、又稳妥"的原则，审慎评估保险创新项目的风险，稳健推进中小企业贷款保险、农民自主创业保险等试点。

杭州银行与太平洋人寿浙江分公司在杭州大华饭店举行全面合作协议签署仪式，马时雍董事长亲临现场表示祝贺，俞胜法副行长和太平洋人寿浙江分公司张鸣放总经理作为双方代表在协议上签字。根据协议，双方将在符合监管政策的前提下，开展网点资源共享、客户资源共享、专属产品开发、兼业代理合作、资金结算合作、高端客户服务、城郊接合部市场开发等领域全新的合作尝试。

南京银行杭州分行召开了创业发展会议，分行全体干部员工参加了会议。杭州分行行长江志纯传达了全行年度工作会议精神，并作了《牢记使命，迎难奋进，严控风险，狠抓发展，为圆满实现创业首年工作目标而努力奋斗》的主题工作报告。

7 日　中国人民银行杭州中心支行郑南源副行长主持人民银行总行研究局在杭州召开的“中小企业发行高收益债券政策研究和中小企业信用体系建设”调研座谈会。

牛津大学 EMBA 一行前来平安银行杭州分行，调研中国金融体系框架及中国平安的发展情况。

8 日　中国人民银行杭州中心支行召开全省人民银行货币金银、安全保卫工作会议，朱文剑副行长主持会议。

中国工商银行田大章副行长出席中国工商银行与海宁中国皮革城股份有限公司在海宁隆重举行的“海宁中国皮革城—工行浙江商人卡首发暨工银商友俱乐部启动仪式”，并与海宁市市长林毅共同为全行首家“工银商友俱乐部”揭牌。

上海银行杭州分行与绍兴吉盛祥针纺印染有限公司签署排污权抵押合同，该业务为分行首笔排污权抵押业务。

9 日　国家外汇管理局在杭州召开“服务贸易及个人项下外汇流入专项检查工作会议”，浙江外管局王利平副局长参加会议。

中国保监会副主席周延礼莅临杭州出席中国船级社理事会 2010 年年会，并在会议结束后与浙江保险业部分同志座谈。周延礼副主席对浙江保险业当前的发展形势给予了充分的肯定，并要求浙江保险业在贯彻落实中国保监会“转方式、调结构、防风险、促发展”十二字方针上加大力度，继续保持良好的发展势头，在积极转变行业发展方式上不断取得新突破。

交通银行安吉交银村镇银行隆重开业。在开业仪式上，湖州银监分局局长徐卫国宣读了开业批文，浙江银监局局长杨小苹向安吉交银村镇银行负责人颁发了金融许可证，交行浙江省分行行长俞炯玲宣布安吉交银村镇银行开业。

渤海银行杭州分行组织召开世博会期间金融服务保障工作会议。会议传达了监管部门和总行关于世博会期间金融服务保障工作的相关要求，研究部署了世博会期间分行在金融服务、支付结算、科技保障、安全保卫等方面的工作。

10 日　招商银行“金葵花”杯全国少儿钢琴大赛杭州赛区初赛圆满举行，共有来自杭州城区、温州、绍兴、金华、嘉兴、衢州和湖州等地区的 141 位小选手参赛。活动为广大金葵花客户父母与子女之间架起了沟通的桥梁，为少儿们提供了交流经验、展示才华的一场音乐盛宴，更好地满足高端客户多样化的非金融增值服务需求。

渤海银行杭州分行团委开展“渤海青年赶潮头活动”，参观了浙江横店得邦照明有限公司和义乌中国小商品城。

浙江银监局浙银监办〔2010〕136 号文件发布了《浙江银监局办公室关于杭州辖区内银行业金融机构非现场监管报表结果的通报》，平安银行杭州分行喜获二等奖。

11 日　中国银行业协会协同上海市银行同业公会等相关单位对上海浦东发展银行杭州分行进行世博金融服务检查。上海浦东发展银行杭州分行李夏英副行长陪同检查组对分行营业部世博金融服务准备情况进行了检查。检查结果显示杭州分行世博金融服务准备较为充分，特别在综合服务、服务礼仪、大堂引导等方面已能够满足世博金融服务的需要。

平安银行杭州分行作为主办方，携手杭州微笑行动慈善医院，以平安高尔夫球队为平台，举办“微笑行动慈善高尔夫邀请赛”，以平安高尔夫球队邀请赛的奖金作为捐助善款，帮助更多的兔唇患儿获得免费手术机会。

12日 中国民生银行总行洪崎行长赴杭州分行指导工作，与事业部在杭分部及杭州分行有关负责人进行了座谈。洪行长宣布了总行党委关于任命肖瑞彦同志为中共中国民生银行杭州分行委员会书记的决定，并对分行原党委书记顾立辉同志在任期间的工作给予了充分肯定。

13日 中国保监会主席助理袁力带领国务院巨灾保险制度调研组赴浙江调研，重点了解浙江省台风、洪水等自然灾害发生与损失情况，以及浙江省现行救灾机制和经验，听取关于建立巨灾保险制度的相关建议。会议由浙江省政府副秘书长陈国平主持，省金融办、发改委、财政厅、农业厅、气象局等10余个部门代表参加了会议。

中国农业银行总行公布了境内机构2010年度等级行评价结果，中国农业银行浙江省分行在全国32家一级分行中位列第二，被总行评定为一级行，辖属多家分支机构在系统内排名居前。

中国人民银行、公安部、中国银联组成的银行卡市场专项检查组一行8人在人总行支付结算司王光荣副司长率领下，莅临中信银行杭州分行检查指导银行卡发卡业务、受理市场及世博会用卡环境建设等工作。检查组对中信杭州分行在银行卡业务管理、市场服务及安全保障等各方面工作均给予了充分的肯定。

14日 全省人民银行系统“创新金融服务，支持经济发展”业务竞赛活动推进会在嘉兴召开，中国人民银行杭州中心支行工会主任萧鸣出席会议并讲话。

中信银行总行信银人字〔2010〕88号《通知》，中信银行总行党委委员、杭州分行党委书记、行长王利亚为中信银行副行长级。

北京银行杭州分行召开全体党员大会。大会选举产生了中共北京银行杭州分行委员会第一届委员，标志着杭州分行党委正式成立的筹备工作进入最后阶段。

15日 全省人民银行系统科技工作会议在杭州召开，中国人民银行杭州中心支行方志敏副行长到会并讲话。

浙江证监局王宝桐局长陪同证监会主席尚福林考察调研浙江省“十二五”规划制定情况。

16日 中国人民银行杭州中心支行召开国库会计数据集中系统（简称TCBS）上线工作协调会，李虹副行长出席会议并讲话。

中国人民银行杭州中心支行郑南源副行长主持召开2010年全省人民银行系统重点研究课题立项评审会。

交通银行嘉兴海盐支行隆重开业。当日，交行嘉兴分行与海盐县人民政府签订了《共同促进海盐经济发展合作协议》。

在浙江省政府的统一安排和省交通厅的具体部署下，浙江省高速公路不停车收费项目全面上线运行，中信银行在浙江省内的杭州、绍兴、嘉兴、温州、湖州、台州六个主要经济发达地区独家代理此项业务。这一项目的成功启动标志着中信杭州分行成功搭建了又一系统性的营销服务平台，对该行公司、零售客户的开发和业务发展将起到重要的支持作用。同时这一项目也是中信杭州分行助力浙江智能交通城市网络建设，积极履行社会责任的重要举措。

广东发展银行杭州分行市辖第十二家支行——广东发展银行杭州拱墅支行正式开业，杭州分行副行长吴晓庭和杭州拱墅区常务副区长卢建标等40多位政府、客户代表出席了开业仪式。拱墅支行的开业进一步完善了广东发展银行杭州分行在杭州地区的网点布局，方便向客户提供更加便捷优质的金融服务。

深圳发展银行杭州分行召开2010年度工作会议，袁振瑜行长作了题为《科学管理、适变求新、优化结构、严控风险，再创杭州分行持续稳健发展新局面》的工作报告。

深圳发展银行杭州分行积极开展“三个办法一个指引”学习会，在全行范围内全面推进“三个办法一个指引”的贯彻落实工作。

中国光大银行杭州分行召开分行本部“提高服务意识、提升管理能力”大会。

杭州银行南京分行正式开业，杭宁两地政府领导、主管部门负责人、南京金融同业、企业界代表等约200名嘉宾出席了南京分行开业庆典仪式。南京市副市长陈刚与杭州市人大常委会副主任于辉达为杭州银行南京分行开业揭牌，并分别致词。杭州银行马时雍董事长在开业仪式上讲话，吴太普行长主持开业典礼。

19日 浙江保监局组织全体干部参加了一季度保险监管工作视频会议。4月19日下午，浙江保监局召开专题局务会，认真学习了定富主席重要讲话，与会处以上干部进行了热烈的讨论。

杭州银行召开2010年党群工作会议，对2009年全行党、工、团及廉政建设工作做了总结，并对2010年党、工、团及党风廉政建设工作进行了布置。马时雍董事长在会上作了重要讲话，吴太普行长代表行党委作党建工作报告，会议由党委书记严华好主持。纪委书记金燮煌作纪检监察工作报告，工会主席张静、团委书记冷晓明分别代表行工会和行团委作工会工作报告和共青团工作报告。

华融租赁公司109名员工为青海玉树灾区捐款6.11万元，公司向青海玉树灾区捐款50万元，合计56.11万元，通过有关慈善机构迅速汇往灾区，帮助灾区同胞重建家园。

中投信托有限责任公司组织全体员工通过浙江省红十字会向青海玉树地震灾区捐款39600元。公司捐款30万元。

20日 全省人民银行反洗钱工作会议在温州召开，中国人民银行杭州中心支行李虹副行长出席会议并讲话。

全省人民银行金融稳定工作会议在宁波召开，中国人民银行杭州中心支行朱文剑副行长主持会议。

中国银行浙江省分行邀请中国人民解放军总政治部歌舞团来浙，成功举办三场“东方红”大型交响合唱音乐会。浙江省委书记赵洪祝，省委副书记夏宝龙，省委常委、秘书长李强，省委常委、杭州市委书记黄坤明以及省市四套班子、驻浙部队有关领导观看了演出。

根据总行的统一安排，华夏银行杭州分行在省人民大会堂三楼国际宴会厅召开了“环球智赢”国际金融服务品牌杭州站推介会，分行领导、分行相关部室负责人、经营单位相关人员及应邀嘉宾参加了此次推介会。

浙江省农信系统捐建青川信用联社机关营业办公大楼奠基仪式在青川举行。

中国人寿浙江省分公司组织开展向青海玉树地震灾民、景宁民族小学捐款活动，捐款金额达55万元。

21日 浙江保监局与义乌市政府签署合作备忘录，启动浙江省首个保险支持经济转型升级示范区建设，共同构建“五大保险保障体系”：一是建立服务“三农”保险保障体系，围绕义乌建设社会主义新农村的需要，积极推进惠农利农的保险业务。二是建立商贸物流保险保障体系，围绕义乌建设国际商贸名城的需要，积极推进兴商促贸的保险业务。三是建立平安建设保险保障体系，围绕义乌建设平安城市的需要，积极推进辅助公共安全管理的保险业务。四是建立社会民生保险保障体系，围绕义乌建设和谐社会的需要，积极推进有助生活品质提高的保险业务。五是建立保险发展环境保障体系，围绕义乌率先建立金融高地的需要，积极采取措施优化保险发展的生态环境。

国家开发银行浙江省分行荣获浙江银监局2009年度非现场监管报表考评一等奖。

中国人寿浙江省分公司祝平总经理出席浙江保监局与义乌市政府保险支持经济转型升级示范区合作备忘录签署仪式并致辞。

22日 浙江保监局举办浙江保险大讲堂，邀请瑞士再保险集团精算部姚建中博士作题为《金融危机之后的全球保险业——回顾与展望》的讲座。

恒丰银行杭州分行国际业务部与大华银行开展了恒丰银行系统内第一笔进口信用证项下的代付业务。

23日 中国农业银行浙江省分行员工个人向青海省玉树县地震灾区人民捐款2246116.11元，捐款人数达18963人。

中国农业银行浙江省分行举行机关副科级以上干部春季读书会。举行读书会活动是贯彻落实建设军队型、学校型、家庭型“三型”机关的具体举措。这是该行首次读书会，以后将按季定期举行。

中国建设银行浙江省分行召开世博安全运营和金融服务动员大会（视频），动员和部署全分行在上海世博会期间安全运营和金融服务工作、近期重点工作，就做好世博期间金融服务工作、推进经营管理方式的转型、贯彻落实银监会监管工作要求等三方面提出了具体意见。

中信银行杭州分行全辖干部员工踊跃向青海玉树地震灾区捐款35.992万元。

上海银行杭州分行召开“确保世博期间分行服务运营安全暨进一步贯彻落实银行业从业人员行为准则动员大会”，分行叶继雄行长就做好世博会期间的服务、运营、安全等工作做了统一部署；会议同时启动了2010年“用心为您”服务年活动。

24日 中国人民银行杭州中心支行组织辖内银行机构、银联公司举办“迎世博放心用卡”大型广场宣传活动，方志敏副行长出席活动并致辞。

浙江保监局、省保险行业协会和城市私家车107电台会同14家省级保险公司举办“携手浙江保险·构建和谐社区”系列宣传活动。

恒丰银行杭州分行组织参加浙江银行业协会主办的“迎世博，普及银行卡知识”大型宣传咨询活动。

上海银行杭州分行参加“迎世博，普及银行卡知识”大型宣传活动，现场宣传了分行银行卡产品的品种及优势。

25日 中国民生银行2010年第二次全行经营工作会议在杭州召开，总行行领导及北京管理部、各分行、总行各部室、各事业部、租赁公司、基金公司负责人共90余人参加了会议。

在由中国金融网、搜狐财经联合主办，100多家媒体协办的“2009中国金融形势分析、预测与展望专家年会暨第五届中国金融（专家）年会”上，杭州银行吴太普行长荣膺“2009中国银行业年度人物”称号。

平安银行杭州分行与浙江省农业机械

行业协会合作举办了浙江省中小企业转型升级与投融资政策解读会议，积极支持浙江“三农”工作。

中国人寿浙江省分公司举办“牵手健康 志愿服务”项目签约启动仪式暨中国人寿高端客户健康大讲堂，浙江省分公司祝平总经理在仪式上致辞。浙江保监局副局长刘钢，省卫生厅副厅长、省健康教育协会会长蔡新光，浙江保险行业协会秘书长单谷良等出席仪式。

中国人寿浙江省分公司在浙江大学玉泉校区永谦活动中心隆重举行2010年“牵手国寿，精彩生活”客服系列活动启动仪式。浙江省保监局、省保险行业协会、省卫生厅、省健康教育协会、省公司服务质量社会监督员、杭州地区VIP客户共800余人参加了启动仪式。

26日 中国民生银行2010年度群英盛典颁奖典礼在杭隆重举行，董事会领导、行领导、总行各部室负责人、分行领导及银监会、外资银行、经济学家、当地政府领导等重要嘉宾到场参加，浙江省委常委、常务副省长陈敏尔出席会议并发表了重要讲话。26日至27日以“中国经济转型与银行业变革发展”、“中国幸福城市建设路径与民生银行小微企业战略”和“深化改革、实现二次腾飞”为主题的论坛活动同时在杭举行。

渤海银行总行刘宝凤董事长一行赴杭州分行调研，分行班子成员、部分部门负责人及支行行长参加了调研座谈。

27日 中国人民银行杭州中心支行召开全省人民银行系统会计财务工作会议，方志敏副行长出席会议并讲话。

在中国证监会2008—2009年度稽查有功集体及个人评选中，浙江证监局的“中捷股份”案件、“世纪黄金”案件、“浙江震元”行政处罚执行工作获得集体嘉奖，吴凯亮获得个人嘉奖。

浙江保监局与宁波保监局、省农业厅联合下发《关于进一步做好拖拉机交强险工作的通知》，明确界定拖拉机机型，实施拖拉机交强险地区费率制度。

《中国保险报》浙江记者站在杭州举行了隆重而简朴的成立揭牌仪式，浙江省委宣传部副部长鲍洪俊、浙江保监局局长吴勉坚、浙江省新闻出版局报刊处处长黄柏青、中国保险报业股份有限公司总经理李建臣等领导为浙江记者站揭牌。

中国农业银行浙江省分行辖属嘉兴分行员工张伟萍赴京参加2010年全国劳动模范和先进工作者表彰大会。在2010年的全国劳动模范中，张伟萍是浙江省四大商业银行中唯一获此殊荣的。

中信银行杭州分行行长王利亚作为新当选的“全国劳动模范”，参加北京2010年全国劳动模范和先进工作者表彰大会并受奖。中共中央总书记、国家主席、中央军委主席胡锦涛在大会上发表重要讲话。

“五一”国际劳动节来临之际，杭州银行召开“五一”座谈会，30名曾获杭州市劳动模范、行级“创业功臣”、“优秀创业者”、先进工作者等荣誉称号的各类先进代表参加座谈会。马时雍董事长参加了座谈，吴太普行长作了重要讲话，严华好书记主持了座谈会。各位代表就如何转变发展方式，推进业务转型，加快创新，带好队伍进行了积极发言。这是杭州银行成立以来首次召开“五一”座谈会，充分体现了杭州银行推崇劳模、弘扬先进的氛围日益浓厚。

28日 中俄总理定期会晤委员会金融合作分委会第十一次会议在杭州举行，中国人民银行总行马德伦副行长出席会议，杭州中心支行刘仁伍行长全程参加会议。

参加完全国劳模表彰大会载誉归来

后，中信银行杭州分行王利亚行长参加了浙江省委、省政府在省人民大会堂隆重举行的浙江省庆祝“五一”国际劳动节暨劳模先进表彰大会，受到了省委书记赵洪祝、省长吕祖善等省领导的亲切接见。

29日 中国人民银行杭州中心支行在富阳市支行召开辖内县(市)支行“金融服务与管理权力阳光运行机制”建设现场推进会，中心支行纪委书记应兆祥出席会议并讲话。

中国银监会相关处室领导莅临上海浦东发展银行杭州分行辖属义乌支行就国际业务开展情况进行调研指导，对义乌支行国际业务所取得的工作成绩给予了充分的肯定，并重点就目前在实际操作过程中遇到的突出问题和行业状况进行了调研。

恒丰银行杭州分行下发《恒丰银行杭州分行“十二五”发展规划》。

渤海银行杭州分行组织召开2010年一季度经营分析会议。会议传达了总行2010年一季度经营分析会议精神，全面回顾了分行一季度工作情况，安排部署了5、6月份的主要工作。

30日 浙江证监局辖区第一只集合资产管理产品“浙商证券汇金1号集合资产管理计划”宣布设立，共募集资金229283.85万元。

中国农业银行浙江省分行为绿城集团开立1.85亿美元融资性备用信用证，这是全国农行系统首笔房地产业内保外贷业务。

中国民生银行分行各项存款余额(含异地存款)突破450亿元，比3月末新增72亿元，创造了杭州分行历史上单月存款增长的最高纪录。

浙江泰隆商业银行启动“泰隆·青年创业通”贷款项目。

华融租赁公司召开专题会议，听取各部门承担的15个创新课题进展情况的汇报，推动创新工作更好地接近市场、服务实践。

4月 中国农业发展银行上海巡视一组组长杨鲁民一行到浙江开展重点巡视。

浙商银行深圳分行开业。

中信杭州分行获浙江省外汇管理局年度最高监管评分，被评为最高级A级。获评支付结算综合评价A等行。中信银行杭州分行在浙江银监局2009年度监管评级中再次获得最高等级1级，成为在杭股份制商业银行中唯一一家连续4年监管评级保持1级的单位。

总行一季度经营分析会结束后，华夏银行杭州分行立即组织召开一季度经营分析会暨新核心系统上线誓师大会，分行领导，各单位主要负责人和各机构分管会计副行长，会计部、信息技术部9级以上行员参加了此次会议。会上，杨素法行长就存款工作、中间业务、中小企业授信业务、新核心系统上线、安全保卫和党风廉政建设等工作提出了具体意见。

招商银行组织开展云南定点扶贫捐款捐物活动，杭州分行全体员工充分发扬人道、博爱、奉献的精神，踊跃参与，1933位员工共捐款181169.2元，“1+1”新结对子10对，续结对子7位，捐物5986件。

温州银行董事长邢增福光荣当选全国劳动模范，成为温州金融史上获此殊荣的第三人，也是温州银行首位获得国家级荣誉的个人。荣誉的取得，是对全体温行人辛勤付出的肯定，更是对这家年轻的城商行发展成绩的肯定。

根据中共温州市委提议，经温州银行第三届董事会第四十次会议审议通过并经银监部门任职资格核准，邢增福同志任温州银行董事长、吴华同志担任温州银行行长。新一届领导班子的产生，必将为温州银行经营管理工作注入新鲜血液，带领温州银行全体干部员工实现科学发展和转型升级。

杭州工商信托公司被杭州市人民政府授予“杭州市模范集体”荣誉称号。

5月

1日 渤海银行杭州分行组织开展“扩户工程”专项竞赛活动。

中国邮政储蓄银行浙江省分行“邮银理财”被评为2010年度浙江十佳银行理财品牌。

3日 中信集团监事会丁仲篪主席和林美芳、窦洪权专职监事等一行5人到中信银行杭州分行开展工作调研，重点围绕信贷管理、内部控制、风险管理等课题，与分行领导班子及相关部门负责人进行座谈交流，并对该行的发展成就给予了充分肯定。

深圳发展银行杭州分行组织开展向玉树地震灾区捐款，共募集资金24万余元。

4日 中国人民银行杭州中心支行隆重召开“纪念五四运动91周年暨青年表彰大会”，纪委书记、机关党委书记应兆祥出席大会。

浙江银监局局长杨小苹、纪委书记曹凤鸣等5人到中国农业发展银行浙江省分行调研。行长王玉高作了工作汇报，副行长梁滨、陈跃峰、宣吉方出席及相关处室负责人参加了调研座谈会。

中国银监会检查组对中信银行杭州分行信贷资产风险分类管理及“三个办法一个指引”贯彻落实情况开展现场检查。检查组对该行的经营管理工作给予充分肯定，同时也对提升该行信贷业务管理和风险控制水平提出了有益的意见和建议。

6日 平安银行杭州分行一账通卡“柜面通”优化流程顺利上线。

华融租赁公司党委召开会议，研究部署深入开展“创先争优”活动。

7日 中国工商银行浙江省分行徐新桥行长出席杭州金融研修学院举行的“中国县域经济发展与商业银行经营战略”金融研究论坛并致辞。

上海银行杭州分行举办了两场“添富牛成长1号”基金专户理财产品推荐会。至销售期结束，累计销售该产品16笔，销售金额1883万元，业绩列总行系统第一。

10日 中国人民银行杭州中心支行召开党委中心组（扩大）理论学习会，党委书记、行长刘仁伍同志主持学习会并作重要讲话。

中国农业发展银行财会综合检查组来浙江检查。

浙江民泰商业银行台州黄岩支行开业。

11日 中国农业银行浙江省分行第一批5名援藏专业人员出发赴藏，对口支援单位为农行那曲分行。

中国建设银行浙江省分行召开杭州辖区机构调整动员大会，会议的主要目的是统一思想，深化共识，积极稳妥地推进杭州辖区机构调整。

浙江民泰商业银行舟山岱山支行开业。

浙江民泰商业银行杭州富阳支行开业。

12日 中国农业银行浙江省分行在衢州莲花镇举行送金融服务下乡活动。活动现场还举行了惠农卡和惠农信用卡发卡、农业龙头企业银企合作签约、农户小额贷款签字仪式等。

中国农业发展银行资金计划部在杭州召开了存款组织与管理培训班。总行资金计划部副总经理刘优辉、各省分行计划处处长及相关人员参加了会议。

中国光大银行杭州分行举办中医健康养生大型公益讲座活动，共计千余人参加。

中国光大银行杭州分行荣获总行网络缴费“最佳业务拓展奖”“网络缴费推广上线优秀分行”“融洽合作奖”等三项荣誉。

浙江省委、省政府召开全省扶贫开发领导小组扩大会议，省农信联社姚世新理事长在会上作了专题发言，省委常委、副省长葛慧君充分肯定了我省农信系统取得的工作成效，特别是农村金融产品创新工作走在了全省乃至全国的前列。

13日 中国人民银行杭州中心支行组织召开跨境贸易人民币结算试点工作调研座谈会，郑南源副行长出席会议并讲话。

国家开发银行浙江省分行与浙江中新力合担保有限公司等单位签署了《银政投结构化中小企业集合贷款业务合作协议》。

在中国银联召开的2010年区域性银行业机构银行卡年会上，杭州银行荣获中国银联2009年度区域性银行业机构银联标准信用卡推广奖。

16日 股指期货上市运行一个月，浙江辖区股指期货市场运行平稳。其中，浙江期货公司股指期货开户总数3645户，股指期货成交101.5万手，持仓3974手，分别占全国总数的15.2%、15.79%和14.33%。

17日 渤海银行总行张士明、李毅副行长一行赴我行调研、指导工作。在分行姜乳云行长、鄢建新副行长、柴祖革副行长、郭宏伟风险总监陪同下，总行张士明、李毅副行长一行走访了金海重工、吉利集团、宝业建设、双象汽车零部件等多家企业，听取了分行的工作汇报，并召开中小企业业务发展座谈会、特色业务发展座谈会。

上海银行根据总行有关加强预留印鉴管理的通知要求，杭州分行正式启用新版印鉴卡。

温州银行上海分行盛大开业。这是温州银行继成功设立杭州、宁波、衢州分行后，首家跨省设立的分支机构，标志着该行“立足温州、布局浙江、辐射长三角”框架已初步搭建。同时，顺利入驻国际金融中心城市，也极大地提升了该行的社会影响力。

18日 中国光大银行杭州分行荣获总行一季度“新建网络奖”和“新增入网客户奖”。

华融租赁公司与中国华融办事处租赁业务合作会议在杭州召开，就合作开展租赁业务、加强风险管理等进行了交流与培训，济南、南京、太原、武汉4家办事处介绍了开展租赁业务的经验。中国华融副总裁兼华融租赁董事长王克悦、华融租赁监事会主席杨家思出席会议并作重要讲话，中国华融相关部室、32家办事处(营业部)、华融租赁公司董事会风险执行委员会及华融租赁公司经营班子、业务和控制部门负责人近百人参加了会议。

19日 招商银行杭州文晖支行成功对外试营业，为分行在杭州主城区的业务发展再添新军。

恒丰银行杭州分行成功办理了第一笔国内信用证业务。

20日 浙江省召开水稻气象理赔指数定损技术扩大试点工作会议，省、县两级农险协调办、省气候中心、浙江保监局和共保体首席承保公司参加会议。

为认真落实监管部门和总行2010年案件防控工作要求，增强全行各级员工依法合规意识和廉洁从业意识，杜绝各类经济案件和腐败案件的发生，华夏银行杭州分行举办了“学制度、促合规、防案件”教育报告会，邀请浙江省人民检察院职务犯罪预防处修杭生处长、华夏银行监察室李燕主任作报告。分行全体9级(含)以上行员参加了此次会议。

21日 浙江银监局开展浙江银行业送金融知识下乡活动，共发放《农村金融知识简明宣传手册》等资料1万余份，并向5000多名群众提供了咨询服务。

第五届浙江理财博览会暨第二届浙江中小企业金融产品展示会在浙江世贸中心举行。中国工商银行李海明副行长出席开幕式并陪同省政府陈国平副秘书长，浙江银监局袁亚敏副局长等领导参观我行展台。

中国农业银行浙江省分行被农总行评为2009年度优秀领导班子和创建“四好”领导班子先进集体，该行领导班子已经连续5年荣获该荣誉称号。

中国农业银行浙江省分行在杭州首次举办私人银行客户交流会，60名私人银行客户代表、通衡企业家俱乐部60名企业家会员参加交流会。

中国农业银行浙江省分行一届三次职工代表大会暨工会会员代表大会在杭州召开，来自全省各级行的162名职工代表及18名列席代表参加了会议。

中国银行浙江省分行参加第五届浙江金融理财博览会暨第二届中小企业金融产品展示会，展示中国银行良好的企业形象与服务水平。

中国信达资产管理公司杭州办事处参加第五届浙江金融理财博览会暨第二届浙江中小企业金融产品展示会。其间，涂咸阳主任到展位支持参展。

“第五届浙江金融理财博览会暨浙江第二届中小企业金融产品展示会”在浙江世贸中心举行。此次展示会由浙江省政府金融工作办公室、浙江省中小企业局主办，浙江省银行业协会、浙江证券业协会、浙江期货业协会、浙江省保险行业协会、浙江资本市场研究会、浙江省投资协会和《钱江晚报》协办。中信银行杭州分行参加该博览会，并以高票荣获“2010年度浙江十大金融服务品牌”称号，“中信贵宾理财”再次当选“浙江十佳银行理财品牌”。至此，“中信贵宾理财”品牌已连续5届入选浙江省“十佳银行理财品牌”。

在第五届浙江金融理财博览会暨第二届浙江中小企业产品展示会上，上海浦东发展银行杭州分荣获“2010年度浙江十大金融服务品牌”，“轻松理财”品牌荣获“2010年度浙江十佳银行理财品牌”。

在第五届浙江理财博览会暨浙江中小企业金融产品展示会上，“金葵花理财”第五次荣登“浙江十佳银行理财品牌”榜首，同时，“招商银行杭州分行”获“2010年度浙江十大金融服务品牌”。

21日 恒丰银行杭州分行组织参加在浙江世贸中心举办的第五届浙江理财博览会暨浙江第二届中小企业金融产品展示会。

南京银行杭州分行闪亮登场第五届浙江金融理财博览会。

22日 “中国县域金融论坛”在湖州长兴举行，蒋定之副主席应邀出席论坛并作主题演讲，浙江银监局杨小苹局长、银监会合作部臧景范主任等领导出席了会议。

由交通银行浙江省分行与浙江财通证券、永安期货联合主办的“交通银行2010年财富腾飞之旅”(杭州站)投资理财活动在梅地亚宾馆成功举办。200多名来自省分行、财通证券和永安期货的机构和个人客户应邀参加。

中国银监会合作部臧景范主任在长兴、南浔农合行视察时指出，农村合作金融机构的注意力要落脚在“小”，要扎扎实实地服务好“三农”和中小企业。

24日 邵锡秋副局长陪同FSAP评估团考察调研辖区监管制度及浙江辖区基本情况。

浙江证监局根据中国证监会“推动部分改制上市公司整体上市，从根本上解决同业竞争、减少关联交易”的要求，全面开展辖区重点公司独立性整治工作。

国家开发银行浙江省分行完成首笔保险兼业代理业务。保险人为中国平安财产保险股份有限公司，投保标的为宁夏正泰太阳能光伏发电有限公司石嘴山10兆瓦太阳能电站。

25日 中国人民银行杭州中心支行牵头召开浙江省反洗钱工作联席会议第四次会议，省政府陈国平副秘书长、中心支行刘仁伍行长、李虹副行长参加会议。

中国农业发展银行内审上海特派办副主任宋朝江率6名人员对浙江省2004年底以来新增不良贷款开展了专项审计。

国家开发银行浙江省分行与南京银行杭州分行签订《中小企业贷款合作协议》。

国家开发银行浙江省分行徐勇行长与巨化集团董事长杜世源共同签署《开发性金融合作协议》和《规划合作协议》。

杭州银行第三届监事会召开第十五次会议，会议听取了《公司2010年一季度经营管理情况报告》《公司信贷风险管理情况报告》，审议通过了《关于公司2010年一季度业务经营财务状况报告的议案》。会议对公司2009年度经营业绩与金融同业进行了对比分析，并通报了2009年度监管意见。

26日 国家外汇局浙江省分局举办全省外汇管理县支局局长研修班，王利平副局长主持开班仪式并讲话。

上海浦东发展银行总行行长傅建华莅临杭州分行调研，就今年以来分行经营管理尤其是负债业务等相关工作听取汇报。

上海银行杭州分行小企业业务“积分计划”在城东支行试行，以拓展和培育分行目标客户群，建立客户与我行互动的预期回馈机制。

平安银行杭州分行第一次内部控制管理委员会会议圆满召开。

27日 中国人民银行杭州中心支行联合省商务厅举办浙江省跨境贸易人民币结算试点培训班，郑南源副行长出席并讲话。

中国工商银行浙江省分行与省住房和城乡建设厅共同举行推进中心镇和农房改造建设战略合作协议。徐新桥行长和张苗根厅长代表双方签字。省政府陈加元副省长、省政府副秘书长施利民、省银监局杨小苹局长等领导出席协议签约仪式。

新华社浙江分社、中新社浙江分社、《浙江日报》、浙江卫视、浙江之声、浙江在线等7家主流媒体，在中国农业银行浙江省分行顾兆铭副行长的陪同下，到台州、温州、丽水等地就农行支持中小企业发展情况进行采访。采访团一行先后听取了省分行和有关分行支持中小企业发展情况的汇报，深入飞洲集团、爱仕达电器有限公司、合兴集团等企业采访。

2010年中国建设银行浙江省分行春季工作座谈会在湖州召开，会议贯彻落实总行春季工作座谈会精神，总结了1—4月全分行经营情况，分析内外部形势，部署了下阶段工作重点。

中国建设银行浙江省分行和湖州市政府在湖州签署了《共同推进新农村建设战略合作协议书》。同时，湖州分行和吴兴区政府签订了《支持吴兴区新农村综合改革试验区全面合作协议书》。省委副秘书长、省农办主任夏阿国，湖州市委副书记、市长马以，中国建设银行浙江省分行行长余静波出席签约仪式并分别讲话。

中国建设银行浙江省分行副行长侯建培与湖州市副市长杨建新签署战略合作协议，吴兴区区长蔡旭昶与湖州分行行长王剑雄签订改革试验区全面合作协议。

兴业银行杭州分行召开开业10周年座谈会。

“北京银行现金管理高端论坛”在西子湖畔召开。总行许宁跃副行长、杭州分行蒋增浩行长及来自10余家重点客户单位的财务高管参加了此次论坛。

华融租赁公司在全国银行间债券市场成功发行10亿元金融债券，这是国内金融租赁行业发行的第一只金融债券，开创了金融租赁公司直接向市场融资的先河。

28日 在浙江省人民政府主办的“浙江省金融业信息服务外包对接会”上，中国农业银行浙江省分行与中国联通浙江省分公司签订了战略合作框架协议。

国家开发银行浙江省分行范显伟副行长与浙江省商务厅副厅长韩杰共同签署合作协议，支持浙江企业“走出去”开展直接投资、收购并购、承包工程及机电产品出口等业务。

恒丰银行杭州分行杨林茂行长、陈乐群副行长赴德清县参加德清恒丰村镇银行合作协议签约仪式。

29日 中国农业银行浙江省分行2010年十大产品巡回培训于日前圆满落下帷幕。本次十大产品巡回培训从3月20日开始到5月29日结束，由省分行领导率领十大产品讲师团走遍全省10个二级分行，培训总数达到7289人。

31日 浙江银监局举办以“质量·转型·发展”为主题的第二届浙银论坛，全面启动“浙江银行业发展质量年”活动，浙江省委常委、常务副省长陈敏尔出席论坛并作重要讲话。

浙江保监局召开浙江保险业“行业文化建设年”活动启动大会，吴勉坚局长出席会议并作了题为《凝心聚力 以水修业 塑造先进的浙江保险行业文化》的重要讲话。会后下发了《关于印发〈浙江保险业“行业文化建设年”活动工作方案〉的通知》。

浙江保监局联合浙江人民广播电台推出“创新、诚信、和谐——对话保险掌门人”主题宣传活动。浙江保监局领导和辖内31家具有代表性的保险公司省级分公司高管走进直播室，解读浙江保险业的发展轨迹、创新成果和行业文化内涵，展示浙江保险业风采，宣传浙江保险文化品牌。

中国工商银行浙江省分行徐新桥行长出席浙江省银监局和省分行共同主办的“第二届浙银论坛”并作交流发言。

中国工商银行浙江省分行与浙江省农村信用社联合社举办支付结算代理业务合作协议签约仪式。徐新桥行长，省农信联社姚世新理事长共同签署协议。省政府陈国平副秘书长，省银监局袁亚敏副局长等领导参加了签约仪式。

交通银行浙江省分行本部召开第一届职工代表大会暨第一届工会会员代表大会。会议经无记名投票后，选举方萌萌为浙江省分行本部工会第一届委员会主席。同时选举产生了工会第一届委员会委员与工会第一届经费审查委员会委员。

中国光大银行杭州分行荣获《钱江晚报》“2010年度浙江十大金融服务品牌”荣誉称号。

省农信联社与工商银行浙江省分行在杭州正式签署支付结算代理业务合作协议。

华融租赁公司第三党支部全体党员和部分入党积极分子，前往杭州市儿童福利院与残障孩子们共度“六一”儿童节，并用支部2009年获得“先进基层党组织”奖金，购买了4000多元孩子们最需要的奶粉和尿不湿，作为六一节礼物送给孩子们。

5月 浙商银行小企业信贷中心正式开业。

上海银行杭州分行信用卡司法催收渠道正式建立，浙江海浩律师事务所与总行信用卡中心签订信用卡业务法律服务合同，成为分行合作伙伴。

上海银行杭州分行成功办理了首笔福费廷业务，杭州欣禾制衣有限公司成为分行首个申请办理该项业务的客户。

中国邮政储蓄银行浙江省分行商业票据系统上线，杭州、绍兴等地开办票据转贴和直贴业务。

6月

1日 中国建设银行作为主发起人设立的两家村镇银行——浙江青田建信华侨村镇银行和浙江武义建信村镇银行，相继开业。

中国建设银行总行投资理财总监毛裕民、中国建设银行浙江省分行行长余静波等总分行领导参加庆典。浙江省银监局及金华、丽水市政府相关领导等应邀分别出席两家村镇银行开业庆典。

中国华融在京举行“庆祝华融租赁成功首发金融债券答谢酒会”，来自中国人民银行、中国银监会、中国银行业协会、中国证券业协会、中国工商银行和信达、长城、东方资产管理公司的大客户代表以及媒体朋友等130多名嘉宾到会庆贺，中国华融赖小民总裁、浙江银监局曹鸣凤纪委书记等领导莅会指导并致辞。

中国邮政储蓄银行浙江省分行正式对外发行“鼎卡”信用卡金卡。

中国邮政储蓄银行浙江省分行正式对外推广个人网上银行。

2日 中信银行总行信银人字〔2010〕192号《任职通知》：中信银行决定，并经中国银行业监督管理委员会浙江监管局核准，聘任章红兵、姜雨林为中信银行杭州分行副行长，沈世华为分行行长助理。（分行信银杭字〔2010〕519号转知）

3日 中国工商银行田大章副行长出席“中国小商品城——工行浙江商人卡首发暨工银商友俱乐部启动仪式”，并与义乌市副市长吴森民共同为“工银商友俱乐部”揭牌。

举行“中国工商银行浙江省分行与浙江省企业职工基本养老保险银行服务合作协议书”签字仪式。徐新桥行长代表省分行签署协议。省政府施利民副秘书长，省人力资源和社会保障厅乐益民厅长，省财政厅魏跃华副厅长等领导参加了签字仪式。

交通银行党委副书记、行长牛锡明在董事胡华庭陪同下到浙江省分行调研指导工作。牛锡明行长分别主持召开了小企业业务发展和加强财富管理两个专题座谈会，广泛听取一线经营机构负责人及客户经理的意见和建议。省分行行长俞炯玲，副行长傅荣生、方萌萌、梁建明、陆益平参加汇报会和陪同调研。

上海浦东发展银行杭州分行举办建行以来首期全辖党支部书记培训班，分行直属机关党委成员、各支（分）行党组织书记或委员、分行本级各党支部书记共32人参加培训。本次党支部书记培训班理论辅导和学习考察相结合，内容丰富、形式新颖、安排紧凑，不仅有利于提升党支部书记的党性修养和理论水平，而且为凝心聚力、有效推进基层党建工作奠定了较好的基础。

5日 浙江民泰商业银行主发起设立的第二家村镇银行——福建漳平民泰村镇银行开业。

7日 浙江外管局王利平副局长到温州、台州就当前进出口形势开展专题调研。

浙江保监局联合浙江省环保厅下发了《关于开展环境污染责任保险试点工作的意见》，进一步明晰了浙江省环境污染责任保险工作的总体要求和主要任务，为此项工作的开展提供了政策支持。

中国建设银行总行张向东董事一行到浙江省分行就风险管理体制改革进行调研，并到衢州分行、江山支行调研，拜访了衢州市尚清市长、胡仲明副市长和江山市徐柏民副市长。

8日 浙江省委常委、常务副省长陈敏尔为浙江保监局编写的《浙江省领导干部保险知识读本》作序：一是肯定保险行业发展成绩，指出浙江保险业在深入建设"创新、诚信、和谐"三大保险中，走出了一条具有时代特征、行业特点和浙江特色的发展之路。二是明确今后保险工作方向，要求浙江保险业在新时期紧扣转变发展方式这一主线开展创新，为浙江全面建设惠及全省人民的小康社会提供有力的支撑和保障。三是要求各级领导学习保险知识，运用保险工具管理社会事务，关心和支持保险行业发展，为浙江保险业继续走在全国前列创造良好的外部环境。

北京银行杭州分行举办青年文学创作大赛。为热烈庆祝建行15周年，热情讴歌京行人15年走过的创业历程和取得的辉煌业绩，挖掘文学新秀，举办了"京行赞·北京银行杭州分行青年文学创作大赛"。

9日 中国人民银行杭州中心支行刘仁伍行长随浙江代表团赴台湾参加"2010年两岸（浙台）金融合作论坛"。

中国人民银行杭州中心支行郑南源副行长先后到绍兴、宁波就当前经济金融形势和货币信贷运行情况开展调研。

中国农业发展银行浙江省分行行长王玉高到分行营业部宣布主要负责人任命决定：任命张皓同志为浙江省分行营业部总经理、党委书记；免去高震同志浙江省分行营业部总经理、党委书记职务。

中国农业发展银行行长王玉高到"结对帮扶"地兰溪市横溪镇调查了解情况，帮助解决问题，并为该镇"低收入农户奔小康工程"捐赠扶贫资金15万元。省分行办公室主任朱建中、工会团委工作处处长巴亦根，金华市分行副行长（主持工作）陈伟清、兰溪市领导以及兰溪支行领导陪同。

恒丰银行义乌支行在锦都大酒店隆重举行开业庆典暨银企签约仪式。

渤海银行杭州分行承办总行监事会召开的杭州、上海、南京3家分行行长座谈会。

南京银行杭州分行召开"内控和案防制度执行年"活动动员部署会议。

10日 渤海银行杭州分行承办"渤乐杯"渤海银行首届职工歌手大赛。总行工会主席张华等领导、浙江省财贸工会主席沈一凡等亲临现场观看比赛。

中国邮政储蓄银行浙江省分行零售贷款余额突破300亿元。

11日 中国人民银行杭州中心支行李虹副行长召集办公室、货币信贷管理处、会计财务处等10个处室负责人召开专题会议，分析汛期形势，部署防汛防台工作。

中国保监会陈文辉主席助理来浙调研，主持召开了寿险工作座谈会，听取部分寿险公司及省保险行业协会主要负责人关于浙江寿险市场基本情况、主要风险、监管措施等方面的意见建议，并对浙江寿险业提出了3点希望：一是要正确研判行业发展前景和变化趋势，加强与同类型市场的比较研究；二是要清醒认识行业潜在的危机，着重关注人才队伍建设、业务结构调整、保险经营特色等问题；三是对行业的发展要有长远的规划，尤其要突出保险监管的作用，防范行业风险，切实保护消费者的利益。

浙江保监局团委组织召开全省保险业团委书记联席会议，省直属机关团工委书记韩璐同志应邀出席会议并作辅导报告，各保险公司省级分公司团委书记或负责青年工作的相关负责人、各省级保险社团负责青年工作的相关负责人共计60余人参加了会议。

中国建设银行总行跨境贸易人民币结算国外银行客户推介会暨外币资产管理座谈会在桐乡乌镇召开，建行20家开办跨境贸易人民币结算业务的一级分行和中国香港分行及新加坡分行参加了推介会，并还邀请了39家国外银行客户参加。

中国农业发展银行行长王玉高接见来访的嘉兴市委书记陈德荣、副市长蒋仁欢一行。

12日 国家开发银行浙江省分行与省援藏办签订《援藏规划合作协议》。

上海浦东发展银行总行“超越财富，寻找幸福——浦发卓信心灵之旅全国巡讲活动”启动仪式在浙江省人民大会堂国际会议厅举行，上海浦东发展银行总行徐海燕副行长到会致辞。来自新华社、《21世纪经济报道》《解放日报》《新民晚报》《第一财经周刊》在内的全国近60家大众类、产经类、时尚类、网络类、电视类媒体现场进行了采访。

广东发展银行杭州分行举行杭州分行全辖世博亚运知识暨业务技能竞赛。本次竞赛是对杭州分行一线临柜人员综合业务素质的一次检验，通过比赛，促进临柜员工练技能，学知识，提高综合服务水平，确保世博亚运金融服务工作的顺利开展。

中国光大银行杭州分行举行中青年干部座谈会。

杭州银行召开内控与案防制度执行年活动动员大会，决定从6月份开始，在全行范围内开展为期半年的内控与案防制度执行年活动。吴太普行长在会议上就全行深入开展内控与案防制度执行年活动进行了动员和全面部署，金燮煌副行长主持会议。总行领导、总行各部室助理以上负责人，总行营业部、各分行、各支行助理以上负责人参加了此次会议。

13日 根据总行统一部署，中国人民银行杭州中心支行组织全省开展了以“帮你读懂信用报告”为主题的第三个“信用记录关爱日”宣传活动。

国家开发银行浙江省分行作为唯一金融机构受邀参加并联合承办省发改委组织召开的《浙江省“十二五”综合交通发展规划思路》专家咨询会。

中国光大银行杭州分行召开存贷合一卡新品发布会。

14日 华夏银行杭州分行新核心业务系统成功切换上线。

17日 中国农业银行浙江省分行作为主承销商的横店集团联宜电机2010年度第一期短期融资券在全国银行间债券市场正式发行，发行总额5000万元，发行利率为3.69%，有效降低了企业的融资成本。

中国建设银行总行辛树森纪委书记携纪检监察部总经理张华建等一行，赴浙江省分行就案件防控工作开展调研。

国家开发银行浙江省分行作为唯一一家金融机构，受邀参加中国工程院在杭召开的“浙江沿海”项目产业发展与经济结构调整课题组座谈会。

中国银监会巡视组及总行财务总监段青山一行赴民生银行杭州分行进行巡视指导，巡视组与分行党委班子成员分别进行个别谈话，听取了班子成员有关经营职责履行情况、民主集中制执行等工作情况的汇报，重点对领导干部个人廉洁自律问题、选拔任用干部问题以及班子建设和经营工作中的重大问题进行深入了解。

全省农信系统丰收卡消费额和发卡量

分别突破1000亿元和1000万张大关。

18日 温州保监分局揭牌暨温州市政府与浙江保监局合作备忘录签约仪式在温州市人民大会堂隆重举行。中共温州市委副书记、市长赵一德和浙江保监局局长吴勉坚共同为温州保监分局揭牌。中共温州市委常委、常务副市长彭佳学和浙江保监局副局长刘钢共同签署了《推进温州保险业发展合作备忘录》。

中国长城资产管理公司杭州办事处全面开展民主评议党员活动,切实达到提高党员素质,加强组织建设的实际效果,并促进全体党员干部在商业化业务拓展中起到先锋模范的表率作用。

在上海浦东发展银行总行执行董事沈思和杭州分行行长杨绍红、副书记孔已明、副行长兼绍兴分行行长许国明的陪同下,上海浦东发展银行总行陈辛副董事长莅临绍兴分行调研。在绍期间,总行陈辛副董事长会见了绍兴市副市长陈月亮,双方就进一步加强银政合作等内容进行了交流和沟通。

上海浦东发展银行总行陈辛副董事长赴新昌县代表上海浦东发展银行总行与新昌县政府签订《关于在新昌县筹建村镇银行的银政合作协议书》。上海浦东发展银行总行执董沈思,杭州分行行长杨绍红、副书记孔已明、副行长兼绍兴分行行长许国明,以及绍兴市政府副秘书长张海龙,新昌县委副书记、代县长楼建民,新昌县政府副县长罗国安以及新昌县府办、财政局、工商局等相关部(委)办局的主要负责人参加了签约仪式。

渤海银行杭州分行组织全体党员和入党积极分子赴井冈山革命根据地开展"星火燎原"党员教育活动。

路桥金清支行开业,由原路桥食品市场支行迁址到路桥区金清镇城关区域,同时更名为"浙江泰隆商业银行股份有限公司金清支行"。

19日 华夏银行杭州分行在浙江西子宾馆召开了"2010华夏银行杭州分行总裁峰会",分行70多位重点授信企业总裁,分行领导,各经营单位主要负责人及其他相关人员参加了此次活动。

21日 中国进出口银行浙江省分行成立了业余党校,到年底共开设"书记讲坛"10次,"党员论坛"4期。

22日 按照中央和中国证监会党委的统一部署,浙江证监局在全局范围内开展创先争优活动。

《浙江保险业发展"十二五"规划》作为专项规划纳入《浙江省省级"十二五"规划编制体系目录》。

中国银行浙江省分行成功办理省内首笔跨境贸易人民币结算业务。

国家开发银行浙江省分行与杭州市铁路投资有限公司就杭州铁路东站枢纽东、西广场区块配套设施项目签订借款合同,合同金额57亿元。

浙江正式成为跨境贸易人民币结算试点地区后,中信银行杭州分行在杭州、绍兴、嘉兴、温州等多个地区同时启动,率先完成了货物贸易和服务贸易项下5笔跨境人民币结算业务,中信杭州分行营业部重点客户杭州热联进出口股份有限公司成功办理了浙江省内首笔跨境贸易人民币结算业务,中信温州分行、萧山支行也分别成功办理本地首笔非贸易跨境人民币结算业务和首笔跨境贸易人民币进口开证业务。

杭州银行召开2010年度股东大会。大会审议通过了《关于公司董事会换届选举的议案》及《关于公司监事会换届选举的议案》,选举产生了新一届董事会、监事会成员。股东大会还审议通过了《公司第三届董事会暨2009年度工作报告》《公司第三届监事会暨2009年度工作报告》《公司2009年度财务决算报告》《公司2009年度利润分配预案》《公司2010年度财务预算报告》《关于聘任2010年度会计师事务所的议案》《关于对发行次级债券进行延期与调整的议案》等10余项议案。

23日 中国建设银行浙江省分行为总行级国际结算重点客户浙江海亮股份有限公司向其香港客户开立首笔人民币信用证，实现了全分行首笔跨境贸易人民币信用证业务。

国家开发银行浙江省分行作为唯一一家金融机构，受邀参加浙江省“十二五”规划编制工作会议。

24日 中国人民银行联合六部委印发《关于扩大跨境贸易人民币结算试点有关问题的通知》（银发〔2010〕186号），把浙江省列为试点地区。同日，省政府召开浙江省跨境贸易人民币结算试点工作领导小组会议，人行杭州中心支行刘仁伍行长、郑南源副行长参加了会议。

交通银行浙江省分行完成交总行A股的配股任务，共参配股份3.92亿股，募集资金达17.64亿元。

万向财务有限公司第二届董事会第十一次会议在公司会议室召开。会议审议拟订《公司2009年度董事会工作报告（草案）》《公司2009年度决算报告（草案）》《公司2010年经营方针与投资计划（草案）》和《公司2010年预算报告（草案）》，审议通过《公司2009年度利润分配方案（草案）》《公司2009年度稽核报告（草案）》《公司总裁任期述职报告》和《关于召开2009年度股东会的议案》，会议审议批准《公司2010年经营计划与投资方案（草案）》《公司第二届董事会工作报告（草案）》。

万向财务有限公司第三届董事会第一次会议在公司会议室召开。会议审议通过《关于选举公司第三届董事会董事长的议案》《关于董事长提名聘任公司总裁的议案》《公司总裁经营施政报告》《关于对公司副总裁、财务管理部总经理的提名聘任和职能机构安排的议案》。

25日 中国人民银行总行联合六部委印发《关于扩大跨境贸易人民币结算试点有关问题的通知》（银发〔2010〕186号），把浙江省列为试点地区。同日，省政府召开了浙江省跨境贸易人民币结算试点工作领导小组会议，中国人民银行杭州中心支行刘仁伍行长、郑南源副行长参加会议。

2010年浙江省第一届新农村建设招商引资项目推介会议召开期间，中国农业银行浙江省分行与省农业和农村工作办公室在杭州举行战略合作协议签约仪式。根据签署的战略合作协议，未来三年，中国农业银行浙江省分行将进一步加大对“三农”服务的信贷投入。会上，中国农业银行浙江省分行还与嘉兴世合新农村开发有限公司、永嘉县发展投资有限公司、舟山水产品中心批发市场有限责任公司分别签署了银企合作备忘录、贷款合作协议、借款合同，累计金额15.3亿元。

中国建设银行浙江省分行与省农办在2010年浙江省新农村建设促进会第一次招商引资项目推介会上签订了“关于共同推进浙江省社会主义新农村建设的战略合作协议”。浙江省委副秘书长、省农办主任夏阿国、中国建设银行浙江省分行行长余静波代表双方在协议上签字。

国家开发银行浙江省分行牵头的浙江龙丽、丽龙高速公路项目直接银团组建成功并实现发放。该银团贷款金额共计82亿元，其中开行50亿元，是迄今为止浙江省内规模最大的人民币直接银团。

国家开发银行浙江省分行分别与绍兴市、温州市政府签订《规划合作协议》。

交通银行浙江省分行为杭州天剑物资有限公司办理首笔跨境人民币业务。

华融租赁公司党委、工会组织全体党员和员工赴浙江余姚开展纪念建党89周年系列活动，向革命烈士纪念碑敬献花圈、宣读誓词、举行唱红歌比赛，重温党的历史，缅怀革命先烈，发扬革命精神。

中国财务公司协会第七届四次常务理事会议和第七届三次理事会议在杭州分别召开，谢尉志会长主持了会议。此次会议有来自全国财务公司20余家参加，万向财务公司也参加了会议。

27日 根据《浙江省人民政府办公厅转发国务院办公厅关于整顿规范大宗商品中远期交易市场的通知》的精神，浙江证监局韩薇局长助理参加了浙江省政府召开的整顿规范大宗商品中远期交易市场协调会，参与开展浙江省大宗商品中远期交易市场整顿规范工作。

平安银行杭州分行携手高盛、牛津大学与浙江大学联合举办中国女性创业能力开发项目第二期开业典礼。

28日 中国人民银行杭州中心支行隆重召开纪念中国共产党建党89周年暨创先争优活动动员大会，刘仁伍行长作重要讲话，李虹副行长主持会议，王利平副行长主持新党员宣誓仪式，应兆祥纪委书记通报党支部量化考评结果，宣读杭州中心支行机关党委关于创先争优活动的实施方案。

在中国人民银行和16家法人金融机构的密切协作和共同配合下，浙江省成功上线运行电子商业汇票系统。

浙江证监局召开2010年浙江辖区新上市公司首次见面会，王宝桐局长出席会议并作重要讲话。

浙江银监局提前半年实现了全省空白乡镇金融网点全覆盖任务，在159个金融机构空白乡镇全部设立了金融机构网点。8月2日浙江省常务副省长陈敏尔在《浙江银监局关于空白乡镇金融网点与服务覆盖工程实施情况的报告》上批示：我省"空白乡镇"金融网点覆盖工程，行动迅速，效果明显，值得肯定总结。望注意回访，注意发挥其服务作用。

中国银行浙江省分行电子商业汇票系统成功上线并办理首笔业务。

华夏银行杭州分行举办纪念分行成立15周年主题征文活动及摄影展，全行员工结合经营管理、业务发展或岗位工作情况踊跃参与，此次活动充分展现了华夏员工积极向上的精神风貌，体现了华夏员工热爱华夏银行、热爱工作、热爱生活的积极态度。

全国农信第一张电子银行承兑汇票在我省农信系统签发。

万向财务有限公司成功加入中国人民银行电子商业汇票系统。

29日 中国农业银行浙江省分行在丽水市云和县紧水滩镇举行送金融服务下乡活动暨空白乡镇金融服务点授牌仪式。活动现场，中国农业银行浙江省分行还举行了11个空白乡镇金融服务点授牌、惠农卡发卡、服务"三农"银政合作签约、农业龙头企业银企合作签约、农户小额贷款签字等仪式，开展了惠农卡、农户贷款、反假币、电子银行、结算服务等金融业务便民服务和业务咨询活动。

浙江省人民政府常务副省长陈敏尔听取中投信托有限责任公司基本情况汇报，并作"中投信托立足浙江市场，面向中小企业，致力创新服务的思路和做法值得肯定，相信定能取得更好成效"的重要批示。

交通银行浙江省分行推出手机银行"便民通"代理缴费特色业务。该业务支持"中国电信"固话费、电信手机、数字电视、网通宽带、自来水和电费等6项缴费业务，登录用户可由此自助缴费。

中国光大银行杭州分行一般性存款时点首次突破300亿元，6月末时点达到307.78亿元，创历史新高。

渤海银行杭州分行组织召开2010年案件防控及安全保卫工作会议。会议传达了总行2010年案件防控及安全保卫工作会议和浙江银监局2010年银行业案件防控工作会议精神，对分行下一阶段案件防控及安全保卫工作进行了部署。

为纪念中国共产党建党89周年，杭州银行总行召开杭州银行历年优秀共产党员代表座谈会。杭州银行老领导马时雍和第四届董事会董事长、行长吴太普，行党委书记、第四届监事会主席严华好出席座谈会并讲了话，行纪委书记、副行长金燮煌，行党委委员方建新、徐国民和有关部门负责人，26名优秀党员代表参加了座谈。优秀党员代表们围绕在新形势下如何发扬我党思想组织优势和优良传统，围绕发展立足本职发挥党员先进性作用进行了发言。

上海银行杭州萧山支行开业一周年，支行贷款余额达25亿元，存款余额达20亿元。

浙江省人民政府常务副省长陈敏尔听取中投信托有限责任公司基本情况汇报，并作"中投信托立足浙江市场，面向中小企业，致力创新服务的思路和做法值得肯定，相信定能取得更好成效"的重要批示。

30日 中国工商银行浙江省分行分别以工银浙党〔2010〕40号和工银浙发〔2010〕37号文件通知：成立中国共产党中国工商银行义乌分行委员会、中国工商银行股份有限公司义乌支行升格为义乌分行。

中国建设银行浙江省分行与嘉兴市政府签订了共同推进嘉兴统筹城乡发展加快新农村建设合作协议，余静波行长与嘉兴市李卫宁市长分别代表银政双方在协议上签字。签约仪式上，嘉兴分行及各县(市)支行还分别与10个新农村建设项目单位签约，将为这10个项目提供36.75亿元的贷款支持。

国家开发银行浙江省分行与杭州三通道南接线工程有限公司就浙江省钱江通道及接线工程南接线项目签订了总额46.7亿元的银团贷款合同。

杭州银行与澳洲联邦银行在杭州银行五楼会议室签署了《杭州银行股份有限公司与澳洲联邦银行村镇银行业务谅解备忘录》，双方将通过加强村镇银行领域的合作，进一步深化两行的战略合作关系。

南京银行杭州分行隆重召开了分行党委、工会和团委成立大会。

华融租赁公司与中信证券签署财务顾问协议，由中信证券担任华融租赁上市辅导工作。

6月 浙商银行成功发行票面总额为6.6亿元的中小企业集合票据，由此率先成为能同时提供间接、直接和混合三种小企业融资服务模式的银行。2010年荣获"最具成长性银行投行"等荣誉。

招商银行杭州分行制订争创"四强四优"活动方案，点燃各级党组织和每一位共产党员在分行"二次转型"中的激情，在全行掀起学习讨论热潮。

杭州银行"幸福99"理财品牌继在第五届浙江金融理财博览会上获得"2010年度浙江十佳银行理财品牌"后，又在第三届"金贝奖"金融理财评选上摘得"优秀银行理财成长品牌"。

7月

1日 上半年全省外汇管理工作会议在绍兴召开，省外管局王利平副局长主持会议并讲话。

中国工商银行浙江省分行本部举办了纪念建党89周年“基层在我心 服务见于行”演讲比赛，有17个党支部各选派1名选手参加了比赛。徐新桥行长，吴翔江、李海明副行长、刘岩方纪委书记、蔡航雁工委主任、余素今巡视员出席演讲比赛。直属党委书记吴翔江副行长致辞。

浙江省人民政府在杭州举行跨境贸易人民币结算启动仪式。浙江省委常委、副省长陈敏尔宣布全省试点工作正式启动。中国建设银行浙江省分行在仪式上按动了为重要客户开立1年期、金额4655万元人民币远期信用证的报文发送按钮，这是当时浙江省最大金额的跨境贸易人民币信用证。

中国农业发展银行浙江省分行部署全省系统开展二级分行经营管理基础平台建设工作。

浙江泰隆商业银行2010年年中工作会议在金华召开。

中国光大银行杭州分行举行庆祝中国共产党成立89周年新党员入党宣誓仪式暨专题党课报告会。

浙江银监局下文《浙江银监局关于上海银行股份有限公司杭州余杭支行筹建的批复》(浙银监复〔2010〕404号)，批准杭州分行辖属余杭支行筹建。

上海银行杭州分行设立小企业(个人)金融服务中心，以整合产品、业务和服务资源，做大、做强、做专分行小企业业务和个人金融业务。

在中国共产党建党89周年纪念日，南京银行杭州分行党委组织全体党员和中层管理干部赴嘉兴南湖开展主题教育活动。

3日　深圳发展银行义乌分行原址搬迁开业，以崭新的形象继续提供更优质、更高效的服务。

5日　浙江银监局以《善借四招解包还原，重塑风控管理规范——国开行浙江省分行解包还原经验启示》为题，通过监管专报(2010年第64期)总结国家开发银行浙江省分行解包还原的有效手段，充分肯定分行在深化政府合作、有效防控风险、优化信贷结构方面取得的成绩。

上海浦东发展银行杭州分行辖属衢州支行正式对外营业。这标志着上海浦东发展银行贴身服务浙西经济发展、加速向浙西区域渗透的平台正式搭建。

浙江银监局纪委书记曹鸣凤一行前往华融租赁，就公司引进战略投资者、异地业务开展及宏观经济金融环境影响等问题进行调研指导。浙江银监局非现场三处胡晓辉副处长、张国强主监管员随同调研。

6日　中国人民银行杭州中心支行刘仁伍行长、郑南源副行长参加浙江金融学会第七次会员代表大会。

中国工商银行召开热烈欢迎杭州解放路支行行长黄震宇同志赴北京参加总行、中央创先争优活动座谈会载誉归来座谈会，徐新桥行长主持会议并讲话。

上海银行杭州分行叶继雄行长拜访绍兴县委书记，就绍兴支行落户当地的事宜进行了接洽。

7日　由浙江保监局、浙江省保险行业协会主办的浙江省保险行业第五届优秀寿险营销员颁奖大会暨浙江保险行业文化建设年活动宣誓仪式在浙江省人民大会堂隆重举行。大会表彰了150名优秀寿险营销员代表。

8日　中国工商银行浙江省分行徐新桥行长出席2010民企投融资大会暨浙商500强论坛并致辞，并为2010浙商(省外)最佳投资城市颁奖。其间，会见了浙江省委常委、宣传部长茅临生和省政协副主席徐冠巨。

在《浙商》杂志开展的“2010 浙商最信赖金融机构”评选中，中国工商银行浙江省分行获得“浙商最信赖品牌银行”“浙商最信赖创新服务银行”“浙商最信赖社会公益服务银行”三项大奖。郁炯彦副行长代表分行领奖。

在“2010 年浙商 500 强论坛暨两岸企业家高峰对话”上，2010 年民企投融资大会组委会、《浙商》杂志社公布了“2010 年首届浙商最信赖金融机构”推选活动的相关奖项，中国农业银行浙江省分行荣获三项大奖，分别为“浙商最信赖客户服务银行”“浙商最信赖中小企业信贷银行”和“浙商最信赖品牌银行”。

为进一步优化“人才＋资本”为特征的杭州创新创业环境，推进杭州市科技金融工作的结合与创新，杭州科技金融服务周暨杭州银行科技支行开业一周年庆典在滨江区会展中心举行，杭州市委常委、副市长沈坚，科技局、高新区等相关部门和区委办局负责人及客户代表等 200 余人出席了庆典，杭州银行吴太普行长参加了庆典。

平安银行杭州分行荣获浙商高峰会“浙商最信赖中小信贷银行”的荣誉，充分显示了分行在浙商企业中的良好的品牌形象。

中国人寿浙江省分公司参加由《浙商》杂志社、浙商全国理事会主办的“2010 浙商 500 强论坛暨两岸企业家峰会对话”，并荣获“2010 年浙商最信赖人寿保险公司”称号。

9 日　浙江保监局组织全体党员干部参加了保监会系统创先争优活动动员部署大会。

中国银行浙江省分行举行 IT 蓝图项目投产誓师大会，正式启动 IT 蓝图项目投产工作。

在浙江日报报业集团、浙江省工商联主办的“2010 浙商 500 强论坛暨两岸企业家高峰对话会”上，发布了“2010 首届浙商最信赖金融机构”评选榜单，交通银行浙江省分行荣获“浙商最信赖品牌银行”“浙商最信赖私人银行”“浙商最信赖创新服务银行”三项大奖，成为所有商业银行中获得奖项最多的五家银行之一。

兴业银行嘉兴分行举行迁址升格庆典仪式，嘉兴市人民政府副市长蒋仁欢、杭州分行党委书记、行长官恒秋出席庆典仪式并为嘉兴分行揭牌。

中国光大银行杭州分行召开 2010 年年中会议。

浙江泰隆商业银行成立北京大学国家发展研究院——泰隆银行小企业金融研究基地。

11 日　中国证监会巡视组对浙江证监局开展为期一个月的巡视工作。

华夏银行杭州分行召开上半年工作会议，会上，分行杨素法行长总结了上半年工作，对下半年工作进行了部署；沈勤副行长作了分行 2010 年上半年综合经营分析；会议表彰了先进党支部、优秀共产党员、营销标兵、经营业绩优胜单位和新核心系统上线先进集体、先进个人；新党员在会上进行了入党宣誓。分行全体党员和 9 级以上行员参加了会议。

华夏银行杭州分行召开内控和案防制度执行年活动专题报告会，专门邀请了浙江银监局政策法规处处长陈志法作报告。杭州分行全体党员和 9 级以上员工参加了会议，会议由分行副行长夏阳主持。

12 日　由广东发展银行杭州分行冠名赞助的“庆世博 文明出行”全省巡回宣传月大型公益活动在全省 11 个中心城市展开。本次活动由浙江省文明办、浙江省公安厅交管局、浙江广电集团主办，FM93 交通之声承办。广东发展银行杭州分行是唯一冠名赞助企业。广东发展银行杭州分行积极安排人员参与活动，向公众展示了广东发展银行热心公益事业、倡导文明礼让的金融企业形象。

中国光大银行杭州分行与杭州电视台合作连续第二年组织“复兴学子 励志自强”公益行，邀请客户代表赴贫困地区慰问优秀学子。

13日　在2009年度期货公司分类评价中，辖区12家期货公司有5家公司取得A类评级，5家取得B类评级，2家取得C类评级。

14日　方志敏副行长主持召开全省“两网分离”动员暨培训电视电话会议，办公室、科技处等15个相关处室负责人，各市中心支行分管行领导及相关科室主要负责人参加了此次会议。

根据《证券公司分类监管规定》，经浙江证监局初审及中国证监会复核，辖区中信金通证券被评为A类AA级券商，财通证券被评为B类BBB级券商，浙商证券被评为B类B级券商。

中国工商银行浙江省分行徐新桥行长于“八一”建军节前夕前往浙江省军区进行节日慰问。

中国光大银行杭州分行与新华保险浙江分公司举行“精诚协作，赢定未来——光大银行·新华保险2010年合作启动会”活动。

15日　渤海银行杭州分行正式启动员工职业生涯规划工作，至年末该工作已基本完成。

16日　中国人民银行杭州中心支行组织召开机关三届二次职工代表大会暨机关工会四届二次会员代表大会，刘仁伍行长等行领导出席，机关共有会议代表和列席代表80多人参会。

中国信达资产管理公司杭州办事处更名为中国信达资产管理股份有限公司浙江省分公司。涂咸阳同志任分公司总经理、委员会书记，朱耀军同志任分公司总经理助理、委员会委员。

浙江民泰商业银行召开2010年年中工作会议。

中国人寿浙江省分公司在杭州之江饭店成功举办“‘国寿大讲堂’企业年金客户联谊会暨企业年金投资运作报告会”。浙江省分公司副总经理、年金中心负责人陆小燕出席会议并致辞。60余家浙江省内大型重点企业及行业内有影响力企业参加了本次会议。

17日　中国农业银行浙江省分行举办2010年新员工入职培训会暨机关干部夏季读书会。会上，赵忠世行长作了题为《拿什么拒绝平庸:处世 谋事 做事》的辅导讲座，阐述了成就卓越人生的体验与感悟。机关各部室副科长以上干部、2005年—2010年入行的大学生共370余人参加了读书会。

渤海银行杭州分行组织公司业务部门开展了双向选聘工作。

19日　中国人民银行杭州中心支行刘仁伍行长、方志敏副行长、应兆祥纪委书记参加中国人民银行工程建设领域突出问题专项治理工作电视电话会议（杭州分会场）。

浙江保监局召开半年度机关工作会议，学习传达保监会上半年保险监管工作会议精神，安排部署下半年贯彻落实工作。

新昌浦发村镇银行发起人大会在新昌县顺利召开，与会的10家发起人代表签署了《发起人协议书》，并一致形成了会议决议。

华融租赁公司召开中层干部会议，进一步学习领会中国华融深入开展“小金库”专项治理工作视频会议精神，部署“小金库”专项治理工作。

20日 上海浦东发展银行杭州分行辖属第21家一级支行——杭州新城支行正式对外开业。

21日 国家开发银行浙江省分行与省金融办共同举办小额贷款公司金融合作协议签约会，徐勇行长、范显伟副行长、倪贤孟副行长出席。

中国进出口银行浙江省分行与浙大网新，浙江金桥担保公司和浙江省科技风险投资公司达成四方合作协议，搭建了外向型科技小企业金融创新服务平台，金德水副省长出席会议并致辞。该举措被《浙江日报》等媒体评为“2010年浙江十大科技新闻”。

22日 中国农业银行浙江省分行2010年年中分支行行长会议在杭州召开。省分行党委书记、行长赵忠世同志在会上作了题为《认清形势 坚定信心 扎实工作 持续推进我行各项业务又好又快发展》的重要讲话。

中国建设银行总行在温州推出为中小企业打造的卓越信用卡。建设银行总行副行长陈佐夫、建设银行浙江省分行行长余静波、温州市副市长仇杨均、中国银联总裁助理舒世忠等出席上市发布会。发布会为8家企业的代表现场授卡。共有43家企业参加了发布会。

中国进出口银行浙江省分行陈筱敏行长受邀参加浙江省委书记赵洪祝同志对博茨瓦纳政府代表团的会谈活动，并组织博茨瓦纳政府官员和我省8家企业召开项目对接座谈会。

省农信联社在温州举行“服务三农 真情回馈”大型活动暨全省农信社空白乡镇网点全面开业仪式，标志着全省农信系统在6个地市、24个县(市、区)的84家空白乡镇网点全面开业。

23日 中国人民银行杭州中心支行李虹副行长赴美国参加总行“金融监管与改革发展”培训。

国家开发银行浙江省分行完成首笔境外保险兼业代理业务。投保标的为全球太阳能基金意大利123.64MW太阳能电站项目，保险人为中国太平洋财产保险股份有限公司，险种涉及货物运输保险及利损险、工程一切险及利损险、财产一切险及营业中断保险。

24日 中国人民银行杭州中心支行顺利完成中央银行电子对账系统数据结转、系统升级等各项升级换版工作。

北京银行杭州分行召开2010年年中工作会议：攻坚克难，强化管理，做到“五加强”。1.加强学习，增强应对政策的能力。2.加强创新，提升开拓市场的能力。3.加强内控，巩固安全运营的能力。4.加强管理，提高统揽全局的能力。5.加强建设，增进助推发展的能力。

26日 浙江省跨境贸易人民币结算试点工作领导小组办公室召开第一次会议，主要研究经筛选后的出口货物贸易人民币结算试点企业推荐上报事宜，会议由领导小组办公室主任刘仁伍行长主持，各成员单位代表参加了会议。

27日 浙江证监局制定《浙江证监局上市公司分类监管工作指引(试行)》。

中国建设银行浙江省分行与省工商联“促转型升级、助中小企业成长”金融服务签约仪式在杭州举行。副省长金德水，余静波行长，省委统战部副部长、省工商联党组书记汤为平出席签约仪式并讲话。劳新江副行长与省工商联副主席李任治代表双方签订合作协议，各二级分行及杭州辖区部分支行分别与34家企业代表签订了银企合作协议。

浙江省财贸工会召开第六次代表大

会，授予中国长城资产管理公司杭州办事处2009年度“浙江省财贸系统先进工会集体”光荣称号，授予办事处党委书记、总经理张范全同志“浙江省财贸系统优秀职工之友”光荣称号。

上海银行杭州分行信用卡业务正式纳入杭州“易时行—柜面通”系统，拓宽了分行信用卡用户的还款渠道。

28日 中国银行总行肖钢董事长、陈四清副行长莅临浙江调研，其间会见了浙江省委书记、省人大常委会主任赵洪祝，省委副书记、省长吕祖善，省委常委、常务副省长陈敏尔，省委常委、秘书长李强等省委、省政府领导，并走访了阿里巴巴集团和正泰集团。肖钢董事长还与吕祖善省长一起出席“浙商产业投资基金”成立大会，共同为“浙商产业投资基金”成立揭牌。

温州银行宁波慈溪支行成立，该行在宁波地区的服务网络进一步健全。

29日 中国工商银行浙江义乌支行正式升格为全国工行系统首家县域二级分行。总行行长杨凯生，省分行行长徐新桥，浙江省银监局局长杨小苹，中国人民银行杭州中心支行副行长方志敏，金华市副市长、义乌市市长何美华等领导出席了中国工商银行义乌分行成立庆典仪式。

中国农业银行浙江省分行自主研发的行业授信管理系统全面推广应用，有效地推进了行业授信管理和客户名单制管理工作，进一步提高行业信贷管理水平。

中国建设银行总行公司业务部总经理靳彦民和财务会计部、风险管理部、股权投资部、电子银行业务部、信息技术管理部及法律合规部相关人员到阿里巴巴调研，余静波行长、王叶毅行长助理就筹建网络银行事宜与其做了交流探讨。

北京银行杭州分行获浙江银监局《关于同意北京银行杭州萧山支行开业的批复》。

江苏银监局于学军局长在浙江银监局包祖明副局长的陪同下，莅临南京银行杭州分行视察指导工作。

浙江省委常委、组织部部长蔡奇来泰隆商业银行指导工作。

30日 中国人民银行杭州中心支行刘仁伍行长参加总行在兰州召开的中国人民银行分支行行长座谈会和中国人民银行人才工作会议。

浙江证监局在听取现场检查汇报，查清企业真实情况的基础上，积极配合地方政府做好与媒体的沟通协调，妥善处理凯恩股份遭媒体质疑事件。

应南非、博茨瓦纳外交部邀请，中国进出口银行浙江省分行行长带领15家大企业集团负责人赴南非、博茨瓦纳寻找投资机会和考察项目，会见了南非总统、博茨瓦纳副总统与我行南非代表处、企业开展投资洽谈，受到所在国的欢迎和同行企业的一致好评。

平安银行杭州分行举办首届运营“技能对抗赛”，有效促进柜面人员苦练业务技能，提升分行运营条线服务水平。

7月 浙江保监局吴勉坚局长向浙江省委书记赵洪祝、省长吕祖善和常务副省长陈敏尔致亲笔信，介绍保险业在浙江台州地区参与当地城镇职工大病医疗保险取得成功的情况，提请及时总结以台州模式为代表的保险业参与多层次社会保障体系建设经验，并在全省逐步推开。浙江省委、省政府领导对此做出了重要批示。赵洪祝书记的批示为：“保险业是构建和谐社会的重要行业。人保健康浙江分公司发挥产品精算、风险管控、理赔服务等专业优势，参与台州城镇职工大额医疗保险，取得了政府、参保群众、保险公司三方受益的良好效果，充分证明了这一点。希望认真总结借鉴这一做法，积极探索商业保险参与医疗保障体系建设的新途径，不断提高服务水平，为保障和改善民生、促进和谐社会建设作出更大贡献。”常务副省长陈敏尔的批示为：“保险业参与医疗保障体系建设的做法和经验值得重视。”副省长陈加元的批示为：“商业保险机构参与社会保障体系的建设，是一个新探索，总体应支持鼓励并注意规范完善。省人力社保厅可就此做些调查研究，加强政策和业务指导。”

经公司股东大会审议通过、中国银行业监督管理委员会浙江监管局批准，杭州工商信托公司将2009年度可供股东分配利润用于分红送股，作为公司的转增资本。转增后，公司的注册资本由人民币40608万元增加为人民币50000万元，股东持股比例不变。

杭州工商信托公司总裁入选“2010新产业(新模式)浙商20强”。公司总裁丁建萍先生因在信托业务投资管理模式探索方面积极创新、卓有成效，作为金融投资领域的领军人物入选《浙商》杂志发布的“2010新产业(新模式)浙商20强”榜单。

8月

1日 中国农业银行浙江省分行第一期处级干部高级研修班在清华大学经济管理学院圆满结束，省分行机关处级干部和二级分行副行长共48人参加了研修学习。处级干部高级研修班是中国农业银行浙江省分行的重点培训项目，目的是帮助学员进一步了解当前国内外经济形势，准确把握宏观经济走势，拓宽思路和视野，增强全局意识。

杭州银行召开2010年直属支行年中工作会议，通报上半年经营情况，分析目前发展中存在的问题，部署杭州地区机构下半年度工作。董事长、行长吴太普在会上作了主题讲话，首席顾问马时雍出席会议并在会议上讲话，行党委书记、监事会主席严华好作会议小结。总行领导、总行部室助理以上负责人，营业部、各直属支行班子成员、各辖属支行负责人参加了会议。

上海银行杭州分行单设授信审批部，实现授信审批和贷后管理有效分离，分行风险管理组织架构进一步完善。

南京银行杭州分行组织召开了管理工作会议，深入贯彻落实全行半年度工作会议精神，准确把握分行创业发展的核心重点，提升管理工作水平，夯实创业发展的根基。

2日 中国人民银行杭州中心支行刘仁伍行长参加义乌国际贸易综合改革试点协调小组全体成员会议。

中国农业银行浙江省分行私人银行部销售金麒麟3号集合产品总量10939万元，销售总量排名全国农行系统第一。

浙江银行业债权人联席会正式成立，国家开发银行浙江省分行成为首批债权人联席会牵头行。

中国长城资产管理公司杭州办事处代理长生人寿团体保险业务成功开张。成功营销了第一单团体保险代理业务，营销的主险是“团体意外伤害保险”，同时附加“团体意外伤害津贴医疗保险”、“团体意外伤害医疗保险”和“团体住院费用报销医疗保险”。该笔业务的成功运作，实现了办事处代理长生人寿保险有限公司保险业务的零突破。

杭州银行召开2010年分行年中工作座谈会，通报上半年全行以及分行业务发展情况，总结交流各分行经验做法，部署下半年工作。董事长、行长吴太普在会上作了主题讲话，首席顾问马时雍出席会议并在会议上讲话，行党委书记、监事会主席严华好作会议小结。总行领导、总行部室主要负责人，各分行行长、分管业务副行长、风险总监和计划财务部总经理参加了会议。

浙江泰隆商业银行温岭大溪支行开业。

浙江省委常委、常务副省长陈敏尔就我省农信社在金融机构空白乡镇网点全面开业作出重要批示："省农信联社在金融机构空白乡镇建立网点并全面开业，这项工作抓得积极主动，具有重要意义。望继续关注扶持，发挥良好作用。"

3日 中国人民银行总行刘士余副行长会同全国人大常委会办公厅、全国政协提案委员会和科技部、工信部、公安部等8部委同志，以及7位全国人大代表、政协委员在杭州开展中国人民银行2010年重点建议和重点提案调研工作，人行杭州中心支行刘仁伍行长、方志敏副行长陪同调研并汇报浙江省电子支付业务情况。

中国人民银行杭州中心支行刘仁伍行长应杭州市政府邀请作金融形势报告。

2010年中国建设银行浙江省分行夏季工作座谈会在衢州召开，会议贯彻落实总行近期做好下半年工作的有关指示精神，总结上半年全分行经营情况，分析内外部形势，指出目前存在的不足和问题，并部署下阶段工作重点。

4日 渤海银行杭州分行召开2010年年中工作会议。会议传达了总行年中工作会议精神，研究部署了分行下半年主要工作。

杭州银行与中国银河证券有限公司签署战略合作协议。俞胜法副行长、零售业务总部赵卫星副总经理、银河证券经纪业务部黄华总经理等相关人员出席参加本次双方战略合作协议签约仪式。银河证券作为杭州银行首家第三方存管业务合作券商，双方将就第三方存管系统测试、业务培训、客户营销、宣传推广等方面开展全方位合作。

北京银行杭州分行组建首个员工活动基地。活动基地坐落在杭州郊区，命名为"开心农场"，设有种植区、养殖区及垂钓区。

南京银行杭州分行党委召开创先争优活动动员部署会议，分行党委班子成员和各支部书记、全体党员和管理干部参加了会议。

5日 中国农业银行总行发文公布了境内机构2010年上半年机构综合绩效考核结果，中国农业银行浙江省分行综合绩效考核在全国32家一级分行中继续保持第一。

上海浦东发展银行总行吉晓辉董事长、冯树荣副书记来杭宣布杭州分行主要负责人调整任命：杨绍红任上海浦东发展银行咨询委员会委员，不再担任杭州分行党委书记、党委委员、行长职务；赵峥嵘任行长分行党委书记、行长。

上海银行总行向浙江银监局递交《关于上海银行拟发起设立浙江衢江上银村镇银行股份有限公司的报告》，同时，授权杭州分行负责衢江上银村镇银行筹建的具体工作。

南京银行杭州分行召开"小金库"治理工作专题会议。

6日 在黄龙饭店举行了广东发展银行杭州分行支持中小企业暨"仓贸银"业务发布会。中国人民银行杭州中心支行郑南源副行长、浙江银监局傅平江副局长、浙江省金融办盛益军副主任、省中小企业局高剑明副局长等省市政府领导、广东发展银行总行副行长、首席财务官周卫华先生、杭州分行韩立光行长和广东发展银行杭州分行有关合作单位、客户代表共200余人出席了发布会。"仓贸银"是由广东发展银行总行设计、研发的全新业务，是为广大中小企业客户提供的现货交易金融支持平台。发布会上，杭州分行韩立光行长与浙江省物产物流投资有限公司、浙江华瑞物流股份有限公司现场签署仓贸银合约。

中国光大银行杭州分行中小企业表内外授信余额238.3亿元，表内余额首次突破100亿元，达100.14亿元。

上海银行杭州分行首笔"一户通"实时系统交易成功。

7日 由《银行家》杂志推出的"2010中国商业银行竞争力发布会"在北京举行，杭州银行凭借良好的经营业绩在资产规模800亿元以上的大型城市城商行综合竞争力排名中获得第二名的好成绩，并摘取"2009年度具有发展潜力城市商业银行"单项奖。杭州银行宋剑斌副行长出席会议并代表杭州银行领取奖项。

8日 中国农业银行浙江省分行核心生产系统SAN存储交换机切换工程顺利完成。本次在线不停机切换核心系统交换机工程，并且未对业务造成影响，这在全国农行范围尚属首创。

9日 浙江证监局联合浙江证券业协会、浙江期货行业协会及辖区13家证券期货经营机构，开展为期一个月的"对话证券期货当家人"大型投资者教育活动，傅敏副局长做客"浙江之声"电台为投资者答疑解惑。

华夏银行行长樊大志一行到杭州分行检查指导工作，并参加了分行中层干部座谈会。

中国光大银行杭州分行在省银联组织的2010年银行卡交易质量评比中荣获上半年度浙江省（不含宁波）银行卡跨行"交易质量优秀奖"。

渤海银行杭州分行组织开展"激情超越"主题营销活动。

10日 中国农业银行浙江省分行机构绩效考评系统全面上线。该系统紧扣机构绩效考评办法，突出"三条主线"、围绕"四个维度"，涵盖机构绩效考核、机构综合评价、机构绩效分析、机构竞争力评价等内容，体现了该行机构绩效考核管理自动化、可扩展的平台化发展方向。机构绩效考评系统的全面上线，将有效提高全行机构绩效考评效率，标志着该行机构绩效管理工作进入全新阶段，迈上了新的台阶。

中国农业银行浙江省分行赵忠世行长撰写的《认真落实"六抓六提高" 切实加强领导班子建设——新形势下浙江分行党建工作思考》一文，荣获全国农行2009年度思想政治工作优秀论文唯一的一等奖。另外，该行还有1篇论文获三等奖，两篇论文获优秀奖。

11日 中国农业银行浙江省分行在丽水景宁县鹤溪镇举行送金融服务下乡活动仪式。活动现场还举行了惠农卡、惠农信用卡、白金卡发卡，农业龙头企业银企合作签约，个人贷款签字仪式等。

国家开发银行浙江省分行作为唯一一家金融机构受邀参与"浙江沿海"项目"港口与交通"课题战略研究报告预审会。

12日 中国人民银行杭州中心支行郑南源副行长参加杭州市政府举办的市信用担保联盟、市再担保中心成立暨签约仪式。

浙江省人民银行系统职工排球比赛在丽水举行，中国人民银行杭州中心支行工会主任萧鸣为获奖的代表队颁发了奖杯和奖牌。

中国光大银行杭州分行举行"母亲水窖西部行"启动仪式，分批带领客户深入我国西部干旱地区，亲身体验西部缺水现状，支持"母亲水窖 光大倾情"公益活动。

渤海银行杭州分行组织召开首次"优

质服务”专题工作会议。会议通报了总行第一期“神秘人”检查情况，提出了分行落实整改意见，传达了总行下期“神秘人”检查工作重点，现场观看和点评讨论了服务录像，研究部署了下一阶段服务工作的重点和要求。

13日　中国人民银行杭州中心支行朱文剑副行长参加杭州市政府召开的杭州联合农村商业银行筹建领导小组会议。

浙江银监局出台《关于银行业进一步支持我省欠发达地区加快发展的指导意见》。

中国农业银行浙江省分行自主研发的BIBS外汇历史数据查询系统上线运行，使该行BIBS外汇历史数据查询从此告别手工时代。该系统能够对外汇清算历史信息进行不同类别查询，避免了手工翻阅大量纸质凭证的不便以及在生产系统中大量数据库查询造成的风险。此项目的应用也使该行在BIBS数据信息化管理上走在了全国农行系统的前列。

中国建设银行杭州吴山支行与浙江省福彩中心签订第三个“五年期”合作协议，余静波行长、劳新江副行长参加签约仪式。

中国农业发展银行行长王玉高率领机关转业复退军人参观驻浙“红军团”。

华融租赁公司举办高中层管理人员培训，聘请浙江大学EMBA讲师林峰讲授《团队高效组织技巧》，32名高中层管理人员参加了培训。

14日　杭州银行总行在余杭良渚召开转变发展方式研讨会暨半年度行务会，研究落实年初工作会议提出的转变发展方式的要求和全行半年度工作会议提出的各项工作举措。董事长、行长吴太普主持会议，首席顾问马时雍，行党委书记、监事会主席严华好等总行领导、总行各部室主要负责人参加会议。

16日　中国建设银行浙江省分行与丽水市政府签订共同推进新农村建设战略合作协议。省委副秘书长、省农办主任夏阿国，中国建设银行浙江省分行行长余静波、副行长侯建培、风险总监张俊，丽水市委书记陈荣高，市委副书记、市长卢子跃，市委常委、常务副市长沈仁康，市委常委、秘书长毛子荣，副市长金建新等出席了签约仪式。

18日　交通银行浙江省分行针对微型企业融资需求，推出“展业通——创业一站通”贷款。

根据总行统一安排，华夏银行电子商业汇票——“票e达”品牌推介会在杭州西湖国宾馆召开。总行恽铭庆首席信息官、总行电子银行部刘琇臣总经理，中国人民银行杭州中心支行支付结算处孙娟晓处长，杭州分行张精华副行长、陈杰副行长以及各经营单位负责人和企业客户代表170余人出席了推介会。会上，总行党委委员、首席信息官恽铭庆代表华夏银行樊大志行长致辞，并介绍了华夏银行“票e达”电子商业汇票品牌的优势和特点。孙娟晓处长代表中国人民银行杭州中心支行致辞，陈杰副行长代表杭州分行向各位来宾致欢迎辞。

中国光大银行A股上市当日，杭州分行辖内第一家二级分行——温州分行试营业。试营业当日一般性存款余额达到13.56亿元，受到总行表扬。

上海银行杭州分行与义乌后宅街道签订“引资引智”合作协议，引进创投公司扶持当地小企业成长。至年末，该平台项目取得了较好的成效。

南京银行在杭州分行正式成立5个月之际，浙江银监局傅平江副局长一行莅临杭州分行视察指导工作。

20日　中国人民银行杭州中心支行

召开全辖年中工作会议，刘仁伍行长作大会报告，全面传达贯彻总行分支行行长座谈会、人才工作会议和上海总部年中工作电视电话会议精神，回顾总结上半年全辖工作，分析当前经济金融形势，研究部署下半年工作任务。李虹副行长主持会议，有关行领导、机关副处级以上干部和辖内县(市)支行负责人参加会议。

23日 中国人民银行总行在丽水市召开全国农村信用体系建设工作现场交流会，杜金富副行长出席会议并作重要讲话。人行杭州中心支行刘仁伍行长参加了会议并陪同杜金富副行长在义乌、丽水调研，郑南源副行长也参加了会议。

24日 由最高人民法院、中国证监会组织，浙江证监局承办的上市公司破产重整研讨会在杭州召开。

中国农业银行浙江省分行自主研发的企业特色网银资金批量实时归集系统在杭州顶津食品有限公司成功上线，效果良好，获得客户的高度评价。该系统是中国农业银行浙江省分行电子银行和中间业务产品创新的又一举措。

渤海银行杭州分行承办渤海银行风险条线年中工作会议。

25日 中国农业银行浙江省分行二级分行信息系统灾难恢复实战演练获得圆满成功，本次演练是全国农行系统首次二级分行信息系统灾难恢复演练，同时也是首次在生产系统进行的实战演练。本次演练的成功举行，充分验证了全省农行二级分行信息系统灾难备份预案的完整性、可行性、易用性，考验了二级分行信息系统的应急响应能力、灾难恢复能力、异地切换能力。标志着我行在信息系统灾难应急处置方面走在了全国农行系统的前列，并为"二级分行灾备管理项目"在全国农行的推广打下了坚实的基础。

浙江省银行业协会召开第四届会员大会第一次会议暨第四届理事会第一次会议，会议选举产生了第四届协会会长、副会长、专职副会长、秘书长、理事、监事，中国建设银行浙江省分行余静波行长当选会长，中信银行杭州分行王利亚行长当选副会长。

中国光大银行杭州分行荣获总行和工商银行联合颁发的2010年度"如意养老1号"企业年金计划产品推广三等奖。

26日 浙江省委书记赵洪祝批示："近年来，省银监局坚持围绕中心、服务大局，引导和协调辖区内银行机构，加大信贷支持力度，为促进我省经济平稳较快发展发挥了重要作用。这次，在省委、省政府研究部署欠发达地区加快发展问题之际，又专门出台银行业支持欠发达地区的指导意见，提出了许多具体措施，这对建设惠及全省人民的小康社会必将起到积极推动作用。"

中国农业银行浙江省分行辖属15家支行荣获2008—2009年度中国农业银行"百家先进支行"荣誉称号，15名支行行长荣获2008—2009年度中国农业银行"百名优秀支行行长"荣誉称号，两者数量均居全国农行系统首位。

杭州银行在总行大楼广场举行保管箱业务启动仪式。董事长、行长吴太普，副行长宋剑斌、俞胜法，总行营业部总经理张静，零售业务总部副总经理赵卫星，以及部分支行零售业务分管行长和近百位贵宾客户代表参加了仪式。

29日 中国银行浙江省分行作为唯一受邀的金融机构，参加"浙江省—阿克苏地区经贸洽谈会"系列活动，并与中国银行新疆维吾尔自治区分行、浙江省对口支援新疆阿克苏地区指挥部共同签署三方战略合作备忘录。

为进一步加强分行党风廉政建设，促进各级行员廉洁从业，确保实现2010年零案件目标，华夏银行杭州分行召开了“促廉、助廉、贤内助”座谈会。会议通报了2010年以来落实党风廉政建设责任制的工作情况和总分行相关的廉洁自律规定；座谈并听取客户经理及专职授信审批人家属代表“促廉、助廉、贤内助”做法和建议，总行监察室主任李燕、分行副行长夏阳、监察室主任魏建新、客户经理家属代表及部分专职审批人家属参加了此次会议。

30日　浙江证监局实现在外网对证券机构类行政许可申请的受理、审核过程进行公示。

浙江保监局修订完善科学发展综合考评体系，将社会满意度调查结果作为重要内容纳入考评体系，并发布2009年度辖区省级保险分公司的科学发展综合考评等级。

浙商银行召开第三次临时股东大会，选举产生了本行第三届董事会、监事会；当天，第三届董事会、监事会分别召开第一次会议，选举产生了新一届董事长、副董事长、监事会主席及各专门委员会组成人员，续聘了行长等高级管理人员。

杭州银行绍兴分行开业庆典在绍兴开元大酒店举行。绍兴市副市长陈月亮，中国人民银行绍兴中心支行行长徐子福，绍兴银监分局副局长周代丽，杭州银行董事长、行长吴太普，党委书记、监事会主席严华好，副行长任勤民、江波以及绍兴市金融同业、企业代表等近200名嘉宾出席了开业庆典。

31日　由中国银行浙江省分行中小企业业务新产品“影视通宝”支持的首部电视剧《永不消逝的电波》在中央电视台一套综合频道上映。

中国农业发展银行浙江省分行互联网站上线，第一次在互联网上有了自己的信息发布平台。

交通银行浙江省分行向浙江大学2010级MBA新生成功发放个人精英教育贷款20笔，金额达80万元。个人精英教育贷款是针对中高端个人客户群体攻读MBA、EMBA等高等教育或高端职业技能教育所设立的个人贷款。

8月　中国农业发展银行浙江省分行开展“小金库”专项治理。

浙商银行全国统一服务电话95527正式上线，并开通服务短信，进一步增加了电话银行的服务功能。

杭州分行强力推动迎合浙江经济特性的个人经营性贷款“生意贷”，打造浙江知名个贷品牌。

平安银行杭州分行联合浙江产险、浙江养老险、宁波产险、宁波养老险共同举办“走向双赢综合金融大讲堂”培训班。

中国光大银行杭州分行研究制定了《2010年度一般风险对公授信审批工作转授权方案》和设立二级分行、异地支行风险管理工作的相关规定。

上海银行杭州分行与深圳瑞银信信息技术有限公司签订银行卡收单业务合作协议，拓宽分行收单业务渠道。

杭州工商信托公司在证券时报社举办的“第三届中国优秀信托公司评选活动”中，荣获“中国最具成长性信托公司”奖项，公司发行的“杭信·飞鹰1号房地产投资集合资金信托计划”被评为“最佳房地产信托计划”“杭信·鸿利1号公用事业稳健组合投资集合资金信托计划”被评为“最具影响力品牌（产品）”。

中国邮政储蓄银行浙江省分行银行卡助农取款服务在丽水试点，中国人民银行副行长杜金富等领导视察助农取款服务点。

9月

1日 深圳发展银行杭州分行在全行范围内组织开展"案防·合规"活动月活动。

渤海银行杭州分行组织开展"个贷业务推广季"竞赛活动。

渤海银行杭州分行组织开展分行"质量月"活动，狠抓各营业网点的服务质量。

渤海银行杭州分行组织开展"收获金秋"电子银行产品营销活动。

中投信托有限责任公司网络商学院正式开通设立。

2日 浙江证监局与浙江省广电局签署《加强广播电视证券节目监管协作备忘录》，提出共建五项机制，从源头防范和打击非法证券活动，共同营造良好舆论环境。

中国信达资产管理股份有限公司浙江省分公司促成幸福人寿与杭州可恩索华伦纸管有限公司的合作协议，赢得了寿险业务拓展第一单。

上海银行杭州分行本级营业网点接受由浙江银行业协会组织的省级文明规范服务示范单位验收，并于年末获"浙江省银行业文明规范服务示范单位"称号。

3日 交通银行浙江省分行小企业信贷服务中心被浙江银监局授予"2009年度浙江小企业金融服务先进单位"荣誉称号。

中国民生银行杭州分行被浙江银监局授予"2009年度浙江小企业金融服务先进单位"，分行零售风险管理部总经理郑伟同时荣获"2009年度浙江小企业金融服务先进个人"荣誉称号。

中国人寿浙江省分公司祝平总经理陪同中国人寿保险股份有限公司万峰总裁会见杭州市委副书记、代市长邵占维，双方就加强合作事宜进行了友好交流。中国人寿总公司财务部、投资管理部负责人和浙江省分公司总经理室有关成员陪同会见。

4日 中国农业银行浙江省分行C3(信贷管理系统群)推广应用培训落下帷幕。本次培训历时两个半月，全省农行信贷从业人员近4500人参加了培训，是近几年中国农业银行浙江省分行规模最大的一次业务培训。

5日 中国建设银行浙江省分行在西子宾馆举行财富卡和私人银行卡杭州地区首发仪式，100名建行个人高端客户代表受邀参加。

6日 为有效防范经营管理中的操作风险和道德风险，全面提升基层行内控管理水平，中国农业银行浙江省分行启动整体移位检查，首站是衢州南湖支行。

国家开发银行浙江省分行作为唯一一家金融机构受邀参与"浙江沿海"项目"港口与交通"课题研究报告审查会。

国家开发银行浙江省分行与省监察厅联合下发《关于开展2010年度国家开发银行贷款项目联合监督检查的通知》，双方约定于9月至10月以自查、抽查的形式，对2010年新签合同的政府类投资项目在贷款资金使用、项目建设管理等方面进行检查。

深圳经济特区建立30周年纪念日，杭州分行就"浙江与深圳30年合力前行"主题，接受浙江卫视"浙江新闻联播"栏目组的采访。

中国民生银行杭州分行尝试推行中小企业属地化开发管理，下发了《中国民生银行杭州分行中小企业属地化开发试行办法》，除杭州城区作为同城机构的公共营销区域外，其余采用"一团队一县域"的模式；提高了开发效率，避免了过度竞争。

华融租赁公司向浙江证监局申请首次公开发行上市辅导备案工作。

中国人寿衢州分公司与衢州市衢江区

人事劳动社会保障局举办城乡居民社会养老保险服务合作协议签订仪式，浙江保监局刘钢副局长、中国人寿浙江省分公司祝平总经理到会并致辞。

7日　浙江银监局与浙商银行联合举办第三届浙银论坛暨小企业金融服务峰会，表彰2009年浙江小企业金融服务先进单位和个人，并为浙江省打造中小企业金融服务中心建言献策。

浙江银监局表彰金融机构支持浙江省中小企业经济发展，杭州银行被授予2009年度浙江小企业金融服务先进单位，总行小企业业务部总经理余南军荣获2009年度浙江小企业金融服务先进个人称号。

中国银监会监管二部主任肖远企在浙江银监局杨小苹局长等人的陪同下莅临杭州银行调研，并与杭州银行领导亲切座谈。董事长、行长吴太普代表杭州银行对肖远企主任一行的到来表示热烈的欢迎，行领导、总行各部室负责人参加了座谈。

在中国银行业协会主办的全国农村合作金融机构服务"三农"和支持中小企业先进评选颁奖典礼上，慈溪、南浔、龙湾农合行分别荣获"最佳服务三农贡献奖""最佳服务县域经济贡献奖"和"最佳支持中小企业贡献奖"，我省农信系统干部员工还分别荣获"最佳领军人物奖""最佳信贷员（公司类）""最佳信贷员（个人类）""最佳服务标兵"等称号，我省农信系统推荐的浙江义乌华统集团有限公司荣获"最佳信用环境创建奖"。

9日　浙江证监局在完成调查的基础上，及时就"天胶1101合约高开暴跌"事件向国内外各媒体做出澄清，引导媒体客观理性报道。

中国建设银行总行批发业务总监顾京圃携股权投资与战略合作部孙建政副总经理一行，前往青田建信华侨村镇银行调研指导工作，并到苍南对村镇银行选址等事宜进行实地考察。

国家开发银行浙江省分行特邀中央纪委宣传教育室副局级检查员、监察专员戴军来我行举办党风廉政讲座。

中国人民银行、中国金融电子化公司等在北京举办2010中国国际金融银行技术暨设备展览会及中国国际金融服务展（简称"中国国际金融展"），华融租赁"租金收益权理财产品信托计划"产品获得"金融业务创新奖"。

10日　浙江外管局王利平副局长参加浙江省首届百强外商投资企业峰会。

华夏银行杭州分行召开了支行及机关各部室主要负责人会议。会上，各经营单位汇报了本单位三季度计划指标完成情况的预测，第二阶段客户开发竞赛活动中客户开发进展情况，以及当前业务经营中的困难、问题及建议，世博会收尾阶段做好安全规范优质服务方面的工作安排以及确保实现"零案件"目标的措施。相关专业部门汇报了三季度计划完成情况的预测、当前工作开展情况以及拟采取的措施。分行领导对下一阶段分管工作进行了安排和部署。杨素法行长在会上作了重要讲话。

"广发之夏——银企互动高峰论坛"在杭州之江饭店隆重召开。本次论坛是浙江省商务厅于9月9日始举办的"2010中国浙江商务周"活动的重头戏之一，省内各市、区贸易局、外经贸局相关领导及省内重点商贸企业和各地外贸骨干企业代表参加了论坛，广东发展银行杭州分行韩立光行长出席了会议。现任中国社会科学院金融研究所党委书记兼所长研究员、博士生导师王国刚先生，作了主题为《中国宏观经济走势和影响》的讲座，为与会者解读政策，开拓思路。

12日　中国光大银行杭州分行召开

业务转型专题会议暨合规文化教育会议，贯彻部署唐董事长"更有内涵发展"批示精神。

13日 中国农业银行浙江省分行在丽水市缙云县壶镇镇元古村举行小额农贷整村推进现场会。现场进行了农行服务三农联系点授牌，农行介绍了小额农贷整村推进做法和主要创新模式，通过"村集体保证金＋农户保证"担保方式的创新，不仅破解了农房不能抵押、农民担保难的问题，而且有效地降低了银行在支农贷款上的信用风险，形成了银、政、农三方共赢的良好局面。

中国农业银行浙江省分行手机银行客户破百万。中国农业银行浙江省分行手机银行客户从2009年底不到4万户到100万户，仅用了不到9个月时间。

15日 中国人民银行总行清算总中心在杭州召开分支行清算中心主任研讨会，人行杭州中心支行刘仁伍行长出席会议并致辞，方志敏副行长参加会议并陪同考察调研。

中国建设银行总行在杭州召开稽核工作座谈会。山东、四川、云南、福建、广西、重庆、浙江、新疆、上海、厦门、陕西分行的风险管理专家团队成员参加了会议。

中国农业发展银行浙江省分行举办信贷业务知识竞赛活动。

上海浦东发展银行杭州分行辖属金华分行正式对外营业。至此，杭州分行网点涵盖辖属6个地级市(杭嘉湖绍金衢)，战略布局全面完成。

16日 中国人民银行书法、美术、摄影协会在浙江设立分会，总行工会初本德常务副主任、上海总部工会李跃副主任莅临指导，人行杭州中心支行刘仁伍行长出席成立大会并讲话，萧鸣工会主任及省内各市中心支行工会主任等40余名专家、理事和代表参加会议。

广东发展银行杭州分行成功分销横店集团控股有限公司短期融资券2亿元，又成功分销浙江恒逸集团有限公司中期票据2000万元，实现了杭州分行债务融资工具业务零的突破。

17日 中国建设银行浙江省分行与省消防总队举行了十年期全面合作协议签署仪式，苏克副行长、劳新江副行长，省消防总队程永利政委、吕照明副总队长等出席了签约仪式。

深圳发展银行杭州分行启动以"书送爱心 亮绿未来"为主题的慈善环保活动——"捐书赠节能灯"活动。

18日 中国农业银行浙江省分行与省环境保护厅在杭州隆重举行全面战略合作协议签约仪式。根据协议安排，在未来三年内，中国农业银行浙江省分行将为全省环保行业投放不低于200亿元的信贷资金，优先支持重点环保产业园区(产业集聚区)建设、大型环保项目、中小型环保企业以及环保中介机构的发展，并通过机制创新、产品创新，为我省环保行业提供多样化的全面金融服务。

南京银行杭州分行组织开展半年行庆"迎行庆 勇攀高峰"登山比赛和"我和我的银行——在路上 共创未来"干部员工座谈会。

19日 中国人民银行总行考察组召开杭州中心支行领导班子副职后备干部人选民主推荐大会，杭州中心支行刘仁伍行长主持会议。

平安银行杭州分行联合杭州下城区科技局、下城区科学技术协会举办杭州市下城区科技型企业创新方法理论专题讲座。100余家科技型企业(包括市级以上高新技术企业，专利试点示范企业，省级软件企业和省、市级科技型中小企业，科技孵化企业等)参加了会议。

20日　中国银监会网络银行客户调研座谈会在湖州召开。国家银监会监管一部杨家才主任、中国建设银行总行公司部靳彦民总经理、浙江省银监局袁亚敏副局长、中国建设银行浙江省分行王叶毅行长助理和阿里巴巴集团胡晓明副总裁出席了会议,并与邀请的13家网络客户进行座谈。

浙江银监局下文《浙江银监局关于上海银行股份有限公司杭州余杭支行开业的批复》(浙银监复〔2010〕602号),批准余杭支行开业。

21日　中国农业银行浙江省分行正式启动"网点营销技能提升导入"活动。本次活动选择部分标杆网点开展,采用2天集中授课和5天现场辅导的"2+5"导入模式,通过统一的产品营销话术及情景模拟演练,让网点员工快速全面地熟悉了解客户识别流程、引导分流流程、营销服务流程、关系管理流程,着力提升客户价值分析、有效沟通、需求分析、产品营销、关系管理、价值提升等六个方面营销技能。

中国光大银行杭州分行与花园工贸集团签署战略合作框架协议,达成5.8亿元授信意向。

上海银行杭州分行就"科技新浙商"评选和活动的主办方浙江科技报社、《钱江晚报》签订协议,分行将参与全部候选人采访调研、见报浙商的点评等,以此为契机宣传分行小企业业务专业形象、推进小企业业务发展。

23日　华夏银行总行党委书记、董事长吴建携营销总监史泽夫,基金托管部总经理许明,计划财务部副总经理朱波等一行6人赴杭州分行调研视察工作,召开了浙江省内分行行长座谈会。会上,杭州、温州、宁波、绍兴4家分行的行长围绕2010年经营管理的主要做法、创先争优活动的开展情况等问题作了汇报,并就如何加强省内分行合作、更好地促进全行在浙江地区的发展进行了交流。吴董事长作了重要讲话,并结合华夏银行在浙江的发展情况,就推动全行下一步发展提出了意见。

25日　浙江证监局组织召开浙江省上市公司发展工作会议,王宝桐局长就打击和防范内幕交易向全省各地市政府分管领导、省级有关单位负责人、各市地金融(上市)办负责人作专题宣讲。

中国建设银行浙江省分行"和谐之路"主题晚会在杭州隆重举行。省银监局、中国人民银行杭州中心支行、省银行业协会、省金融办、省财贸工会、省妇联、市财贸工会的领导及驻杭部分大客户代表应邀出席晚会。浙江中省分行领导、原省分行老领导、离退休老同志和省分行本部、杭州城区支行的员工代表共计1500余人观看了晚会。

27日　浙江省各级国库正式完成国库管理信息系统(以下简称TMIS)统计分析模块的上线工作,至此,国库数据集中的三大系统(TIPS、TCBS、TMIS)全部在我省推广。

中国人民银行杭州中心支行应兆祥纪委书记主持召开金融反腐倡廉联展工作联席会议。

国家开发银行浙江省分行召开党委民主生活会,总行监察局王树立副局长、党建巡视一组组长方枕同志参加会议。王树立副局长认为:1.本次民主生活会准备充分,主题突出;2.分行领导班子团结,一把手带动作用明显;3.分行多年来坚持一手抓业务发展,一手抓党风廉政建设,成效显著。

28日　中国证监会姜洋主席助理出席浙江辖区期货公司调研座谈会,浙江证监局局长王宝桐陪同。

浙江保监局与浙江省公安厅、宁波保监局联合召开浙江省机动车交强险费率与严重交通违法行为联系浮动工作公开听证会，就交强险联系浮动试行办法听取了10位听证陈述人和12位旁听人的意见。

浙江保监局与浙江省环保厅联合下发文件建立浙江省环境污染责任保险联席会议制度。

深圳发展银行杭州分行参加中国银行业公众教育日活动，分别于杭州西湖文化广场和米市巷街道夹板巷社区两个会场展开宣教活动。

杭州银行举行第四届董事会第三次会议，杭州银行监事、高级管理层人员以及浙江银监局胡黎明先生、澳洲联邦银行副行长白力恩先生(Mr. Simon Blair)等列席了会议。会议听取了澳洲联邦银行副行长白力恩先生关于澳洲联邦银行中国发展战略的介绍、《公司2010年上半年经营管理情况的报告》《公司2010年上半年战略规划执行评估报告》等3项报告，审议通过了《关于与澳洲联邦银行共同设立河南3家村镇银行的议案》《关于拟投资入股某银行的议案》《关于启动企业年金计划的议案》以及《公司2010年上半年风险管理报告》等7项议案。会议期间，杭州银行吴太普董事长与澳洲联邦银行白力恩副行长共同签署了3家村镇银行的出资人协议书。

29日　中国人民银行杭州中心支行举办在杭金融机构征信业务知识竞赛，大幅提升了中国人民银行和金融机构征信业务岗位人员对征信知识的掌握程度和运用水平，进一步优化了全省金融行业征信服务的质量。

中国建设银行浙江省分行与台州市政府新农村建设合作签约仪式在台州椒江召开。台州分行崔雷行长代表台州分行与企业项目代表签订了合作协议。

国家开发银行浙江省分行将30亿元社保资金以信托贷款形式一次性引入浙江龙丽、丽龙高速公路项目，在系统内开创了与社保基金理事会合作的先河。

在浙江省委常委、杭州市委书记黄坤明，杭州市委副书记、代市长邵占维等领导出席的杭州市现代服务业发展大会上，中信银行杭州分行被杭州市委、市政府授予了“现代服务业先进企业”称号。

平安银行杭州分行联合平安寿险、产险、养老险，与浙江省血液中心共同发起“爱心承诺 平安中国”爱心献血大型公益活动。

华融租赁公司被中共杭州市委、杭州市人民政府授予“杭州市服务业企业100强”，受到表彰。

30日　中国农业银行浙江省分行研发的“智能通知存款”产品在浙江特色网银上正式启用。这款产品进一步提高了通知存款操作灵活性，满足客户管理与使用资金便利需求。

中国光大银行嘉兴分行筹建申请获浙江银监局批准。

高瞻同志任命为中国光大银行杭州分行副行长。

9月　中国人民银行杭州中心支行组织在杭金融机构开展以“宣传票据知识，规范票据行为”为主题的票据管理法律知识宣传月活动。

浙商银行顺利完成了第三轮总额80亿元的增资扩股工作，年末资本充足率15.55%，资本充足水平大幅提高，资本结构有效改善，运营实力和抗风险能力显著提升，为下一步持续发展打下了坚实的资本基础。

浙商银行主体商标获得国家商标局核准注册，核定在金融保险类(36类)上使用。商标是企业的重要财产，“浙商银行”

主体商标的成功注册，有助于更好地保护知识产权，提升品牌影响力。

中国光大银行杭州分行不良贷款清收总额达21784万元，提前完成了总行下达的全年不良贷款清收任务的156%。在全系统内风险管理有效性排名从年初的第10名上升至第6名。

平安银行杭州分行成功促成首笔动产质押业务出账。

中投信托有限责任公司被浙江银监局授予“2009年度浙江小企业金融服务先进单位”荣誉称号。

10月

1日 上海银行杭州分行印发《关于印发印染行业风险管控指引的通知》，针对绍兴地区业务发展实际，对印染行业提出相应行业风险管控要求，加强行业准入。

8日 中国人民银行杭州中心支行郑南源副行长分别参加浙江省、杭州市政府召开的专题会议，参与研究制定贯彻落实国务院关于房地产调控政策的措施。

浙江银监局牵头制定《关于浙江银行业进一步支持块状经济向现代产业集群转型升级的指导意见》。12月14日，浙江省副省长金德水在浙江银监局《关于我省银行业支持传统产业改造提升情况的汇报》上批示：“省银监局为支持我省传统产业改造升级，做了大量的工作，尤其是大幅增加技术改造投资贷款，深受企业欢迎，表示肯定。”

浙江证监局制定出台《浙江证监局上市公司并购重组监管工作规程》，有效地规范了并购重组监管工作流程。

上海浦东发展银行总行聘任赵峥嵘为杭州分行行长。

杭州银行桐乡支行开业。桐乡市市长朱海平、桐乡市人大主任顾政宇、政协主席池晓明、常务副市长张林洪等相关部门领导，中国人民银行嘉兴中心支行副行长曹志元，嘉兴银监分局副局长叶晓丽，杭州银行董事长、行长吴太普，副行长江波以及总行相关部室负责人等近百人出席了开业庆典。

上海银行杭州分行印发《分行小企业授信业务信用风险责任追究实施细则（试行）》，以防范经营风险，增强小企业授信业务人员合规和责任意识。

9日 中国人民银行杭州中心支行刘仁伍行长出席2010年首届中国浙江成长型中小企业投融资洽谈会开幕式。

中国光大银行杭州分行参加首届“中国·浙江成长型中小企业投融资洽谈会”。

上海银行杭州分行印发《分行小企业授信业务风险准备金管理实施细则（试行）》，进一步健全分行激励约束机制，促进小企业授信业务健康稳健发展。

10日 中国人民银行杭州中心支行刘仁伍行长、萧鸣工会主任陪同总行马德伦副行长赴嘉兴出席总行机关党建工作会议。

11日 中国人民银行总行对浙江省内6家金融机构实行差别准备金利率，杭州中心支行对辖内金融机构、企业和社会公众的反应及时进行了快速调查。

中国工商银行浙江省分行吴翔江副行长出席浙江省少先队“手拉手，低碳生活我行动”主题教育实践活动启动仪式并致辞。

杭州银行11日晚举行的“大爱浙江激情残运”——第八届全国残运会爱心助残晚会上，为第八届残运会捐款300万元，成为晚会上捐款金额最高的企业之一。吴太普董事长、行长代表该行出席当天的晚会并领取爱心企业奖牌。

在杭州黄龙体育馆举行的第八届全国残疾人运动会倒计时一周年爱心助残晚会

上，中信银行杭州分行被浙江省人民政府残疾人工作委员会授予“中华人民共和国第八届残疾人运动会爱心企业”荣誉称号，并在现场接受了“爱心企业”授牌。浙江省委副书记、省长吕祖善，中国残联主席张海迪等出席晚会，第八届全国残运会筹委会主任、省委副书记夏宝龙在晚会上致辞。

广东发展银行杭州分行韩立光行长、章育民副行长、党委委员臧民真，市辖全体支行行长、分行个金部、计划财务部、党群工作部等部门负责人应邀赴中国银行绍兴分行进行交流学习。重点围绕如何发展个金业务和如何加强网点建设进行了学习，并与绍兴中行的相关人员进行了深入交流。

12日 广东发展银行杭州分行召开三季度经营分析会，杭州分行全体领导班子，辖属各分行行长、市辖各支行和分行各部门负责人参加了本次会议。会议对广东发展银行杭州分行三季度各条线的工作进行了分析总结，并对四季度工作重点和努力方向进行布置。

中投信托有限责任公司举行新一届董事会监事会组成人员宣布大会。其中，郭云钊为董事长，叶星、张剑平为董事，徐坤为监事长，薛荣革、曹学文为监事。

经中投信托有限责任公司第二届董事会第一次会议审议通过，决定：聘任叶星担任中投信托有限责任公司总经理；聘任张剑平、周雄、刘伟、瞿纲担任中投信托有限责任公司副总经理；聘任秦程宏担任中投信托有限责任公司财务总监。

13日 中国建设银行总行集团客户部章更生总经理、贺志宏业务副总监在劳新江副行长的陪同下拜访了万向集团董事局主席鲁冠球、吉利集团财务总监尹大庆，双方就进一步战略合作进行探讨，并达成合作意向。

中国农业发展银行总行党委印发了《关于袁超、童纪源同志聘任业务岗位的通知》（农发银任〔2010〕14号），经总行党委9月13日研究决定，聘任：袁超同志为浙江省分行资深专员（一级）；童纪源同志为浙江省分行资深业务经理（一级）。

华越微电子有限公司股权转让签约仪式于中国信达资产管理股份有限公司浙江省分公司举行，涂咸阳总经理、朱耀军总经理助理代表信达公司与绍兴市工贸国有资本经营有限公司，以及浙江漓铁集团有限公司签订了华越微电子有限公司的股权转让协议，以7100万元的股权转让款成交。

平安银行杭州分行组织开展票据管理法律知识宣传活动。本次宣传活动以“宣传票据知识、规范票据行为”为主题，通过电子屏幕24小时不间断滚动播放宣传标语、现场设摊宣讲、发放宣传资料等方式，向在我分行开立人民币银行结算账户的单位和个人客户积极开展票据管理法律知识宣传。

中国建设银行总行集团大客户部总经理章更生一行7人来访万向集团，董事局主席鲁冠球接待了客人，万向财务公司总裁傅志芳陪同。

15日 浙江省人力资源和社会保障厅授予中国长城资产管理公司杭州办事处省级劳动保障诚信单位，并授牌表彰。广东发展银行杭州分行浙江省内第三家二级分行——台州分行正式开业，台州市委书记陈铁雄，市委常委、常务副市长元茂荣副市长，及广东发展银行总行金海腾副行长等领导共同出席了本次开业庆典，并为台州分行揭幕。本次开业仪式还邀请到当地人民银行、银监局等有关部门负责人，当地公司、个人客户及媒体代表共计200余人出席。台州分行的设立进一步完善了广东发展银行杭州分行在浙江省内的网点布局，为杭州分行业务进一步发展奠定了基础。

中国民生银行杭州分行正式实施廉洁服务监督卡制度。以三种形式发放：一是在分行与授信客户签订《综合授信合同》或首笔启用贷款时，向客户当面发放；二是贷后检查人员在贷后检查、客户服务人员在客户回访、纪检监察人员在行风建设调查时，不定期向客户发放或邮寄；三是分行与服务合作方在招投标或签订合作合同时，合作方现场填写并密封后由纪检监察室工作人员回收。

中国光大银行杭州分行和杭州新概念节能科技有限公司签订银企合作协议，将给予3亿元意向性综合授信额度，是中国光大银行支持节能减排行业的成功尝试。

渤海银行杭州分行与华融渝富基金公司在浙江省人民大会堂联合举办"华融渝富股权投资基金推介会"。

杭州银行召开第一届职工代表大会第五次会议暨第一届工会会员代表大会第四次会议。近200名正式代表、特邀代表、列席代表参加了会议，首席顾问马时雍应邀出席会议，市财贸旅游工会马新荣主任应邀到会指导。董事长、行长吴太普代表行经营班子作了题为《群策群力 奋发进取 加快推进发展方式转变》的工作报告，会议审议并通过了行工会主席张静作的题为《服务转型升级 促进和谐发展》的工会工作报告，听取了《新设机构增补代表名额和代表资格的报告》，审议并通过了《杭州银行工会经费审查委员会工作报告》《杭州银行行务公开实施暂行办法》《杭州银行企业年金实施方案》《杭州银行劳动合同管理暂行办法》等。

华融租赁公司党委举办"基层党组织建设专题培训班"，邀请中共浙江省委党校党史党建教研部副教授、省委宣传部理论处副处长王侃博士授课，公司8个党支部的书记、支部委员共计20人参加了培训。

16日 渤海银行杭州分行组织召开分行实施战略转型动员大会。会议全面分析了当前分行在经营环境、监管环境和客户需求变化的情况下实现战略转型的必要性和紧迫性，重点指明了分行实施战略转型的方向和目标，阐述了分行实现战略转型目标的具体措施。

杭州银行第六届职工运动会四项比赛及闭幕式在杭州体育馆隆重举行。首席顾问马时雍，董事长、行长吴太普，党委书记、监事会主席严华好等行领导到场观看比赛并为获奖代表队颁奖，市财贸旅游工会马新荣主任也应邀观赛。

浙江民泰商业银行成都武侯支行开业。

17日 广东发展银行总行利明献行长、宗乐新副行长、周卫华副行长、罗杰副行长、蔡丽凤副行长及广东发展银行总行各相关部门负责人一行来杭州分行进行工作视察。在杭期间，利明献行长一行走访了巨石集团、中艺花边、汉帛国际等客户企业，并与杭州市杨戌标副市长进行了会谈。

18日 中国银监会非银部陈琼副主任和浙江银监局杨小苹局长一行莅临中投信托有限责任公司调研指导工作。

为深入贯彻党的十七大和第十七届中央纪委第五次全会精神，中国长城资产管理公司杭州办事处组织全体员工参加了"金融系统反腐倡廉建设展"浙江巡展。办事处以此次巡展为契机，进一步加强反腐倡廉建设，营造良好的廉政文化氛围，教育员工要自觉遵纪守法，不断提高风险防范意识和拒腐防变能力。

杭州银行第四届监事会召开第二次会议，会议审议通过了《关于修订〈公司监事会议事规则〉的议案》《关于修订〈公司监事会会议制度〉的议案》《关于修订〈公司监事会提名委员会工作细则〉的议案》等十二项议案。浙江银监局俞铁军、严吉到会指导。

北京银行获浙江银监局《关于同意浙江文成北银村镇银行筹建的批复》。

省农信联社与新疆农信联社签署战略合作协议,启动金融援疆。

19日 中国建设银行总行项目评估计算软件(2010年版)鉴定验收会议在杭州召开,建设银行总行授信管理部、风险管理部、公司业务部相关人员及部分分行风险评估部门负责人参加会议。授信管理部李敏新副总经理、浙江省分行张俊风险总监出席会议并发表讲话。

国家开发银行浙江省分行梅世文副行长与省监察厅谢双成副厅长共同带队赴台州对我行政府投资类项目开展联合监督检查。

20日 交通银行浙江省分行成功为杭州诺泰制药技术有限公司开立民口科技重大专项特设账户。这是自2009年国家出台《民口科技重大专项资金管理暂行办法》以后,该行营销的首个民口科技重大项目。

杭州银行召开战略规划修订与转变发展方式分析报告会,邀请了中国社会科学院金融研究所刘煜辉博士和中金公司研究部罗景分析师作转变发展方式专题报告。行领导、总行各部室助理以上负责人,各分行行长,各直属支行助理以上负责人,以及总行各部室战略规划修订与预算编制工作人员在主会场聆听报告,各分行中层以上干部在分行参加视频会议,董事长、行长吴太普主持报告会并作了总结。

21日 浙江保监局主办、省保险学会承办的2010年浙江保险法学学术年会在杭州召开,来自中国保险学会、浙江省人大常委会、浙江省高级法院以及浙江大学等立法、司法、法学研究领域的专家学者及保险公司代表参加了年会。

招商银行总行监事会韩明智主席视察杭州分行,调研分行业务发展。

22日 2010年中国建设银行浙江省分行三季度经营形势分析会暨秋季工作座谈会在淳安召开,回顾了前三季度的经营情况,对后两个月的工作作了部署。

国家开发银行浙江省分行与省发改委联合召开省"十二五"规划研讨班暨座谈会。省发改委和27个市县发改委部门的分管领导及规划处、投资处负责人受邀参加了会议。

中国光大银行杭州分行萧山支行成功开立一年期进口人民币信用证,实现了杭州分行跨境人民币结算业务零的突破。截至2010年四季度,该项业务量累计已达2.485亿元。

浙江银监局非现场监管二处一行莅临平安银行杭州分行组织座谈,指导工作。平安银行杭州分行章国华行长代表班子向浙江银监局领导做了分行一年半来的经营管理介绍,同时双方就分行的业务发展、人员结构、组织架构等工作进行了愉快而有建设性的互动沟通。

浙江民泰商业银行举办第一届"百合杯"柜面业务技能大比武。

23日 浙江民泰商业银行举办第三届职工运动会。

24日 中国农业银行浙江省分行首笔通过C3系统(信贷管理系统群)发放的贷款电子流迅速流转到会计CAS系统并顺利完成放款入账处理,标志着全省农行C3系统切换上线圆满成功。此次C3系统的推广应用从年初的数据整改开始到正式切换上线,历时10个多月。其间,整改数据76万余条,培训5000余人次,4000多人参与两次全省农行大范围演练。

省农信联社与浙江省对口支援新疆阿克苏地区指挥部签署战略合作协议，浙江省委常委、省纪委书记任泽民等领导出席并见证签约仪式。

25日 浙江证监局与浙江省纪委召开第一次反腐倡廉联席会议，成立了联席会议制度工作小组，通过了《浙江省纪委监察厅与浙江证监局反腐倡廉联席会议制度工作方案(试行)》。

上海浦东发展银行杭州分行与中国工商银行浙江省分行签署《全面业务合作协议》。协议约定双方利用各自客户资源、技术资源和信息资源，在资产负债、资金业务、结算代理、渠道共享、业务培训和信息交流等领域进行多层次、全方位的全面业务合作，合作层次从原来的一级分行为主扩展到二级分行、一级支行以及县域。

26日 中国人民银行杭州中心支行刘仁伍行长主持召开三季度全省经济金融形势分析会，省发改委、省经信委、省金融办以及浙江银监局、证监局、保监局主要负责人，在杭各金融机构负责人、中心支行机关处室负责人和省内各市中心支行主要负责人参加会议。

中国银行浙江省分行办理全国首笔个体工商户远期结售汇业务。

浙江省银监局进驻国家开发银行浙江省分行，对分行政府融资平台开展专项现场检查，重点是分行政府融资平台贷款基本情况、分类处置情况及工作合规情况。

中国进出口银行宁波分行成立，浙江省分行原宁波区域的服务和业务划归宁波分行管理。

26日 中国高尔夫球协会主办、中信银行冠名赞助的“中信银行中国业余高尔夫球巡回赛”杭州站(总决赛)在绍兴会稽山高尔夫球会举办，120余位球员参赛。中国高尔夫球协会副主席、中国职业高尔夫球员协会主席、朝向管理集团董事长王军，国家体育总局小球运动管理中心运营管理部副部长李珊等出席了颁奖仪式并为获奖选手颁奖。本站比赛是“中国业余高尔夫球巡回赛”创办10年来第二次来到浙江。

东阳村镇银行设立计划获得总行董事会批准，列入中国光大银行2010年度村镇银行建设计划。

渤海银行杭州分行组织召开了三季度零售银行工作会议。会议总结回顾了三季度零售条线的业务开展情况，研究部署了四季度工作重点，提出了2011年初的工作思路。

27日 中国人民银行杭州中心支行第十一次长三角支付结算工作协调会在嘉兴桐乡召开，方志敏副行长出席会议。

中国农业银行浙江省分行首笔对公双利丰业务在建德市支行成功办理。对公双利丰产品是为满足高端客户对大额闲置资金流动性和收益率不断提升的市场需求进行改良的新存款产品，以七日或一日为期限，不需要客户通知，到期自动转存，兼具良好的流动性与较高的收益性。

28日 中国工商银行浙江省分行郁炯彦副行长出席总行与浙江省人民政府签署电子商务网络融资战略合作框架协议签约仪式。

中国农业银行浙江省分行三农业务经营分析系统正式上线运行。该系统在业务经营分析数据的基础上，生成针对三农机构的业务报表，对“三农”个人业务经营状况进行有效及时的统计、检测及评价。该系统的推出改变了以往各指标需要手工获取、手工汇总的方式，节省了大量的时间和精力，为制定“三农”业务营销目标及组织开展营销提供了强有力的数据支持和决策依据。

中国银行与美国速汇金国际有限公司合作开发的“速汇金”外币汇入汇款业务在中国银行浙江省分行正式推出。

中国信达资产管理股份有限公司浙江省分公司涂咸阳总经理、朱耀军总经理助理赴京参加“2010 北京·浙江服务推介会”。会上，许志超副总裁与浙江省常务副省长陈敏尔签署了《中国信达资产管理股份有限公司与浙江省人民政府战略合作框架协议》。

恒丰银行杭州文三路离行式自助银行开业。

浙江民泰商业银行获准开办证券投资基金销售业务。

29 日 浙江银监局局长杨小苹带队向浙江省常务副省长陈敏尔汇报辖内地方政府融资平台公司贷款清查工作情况，陈副省长充分肯定了浙江银监局的工作。清查工作开展以来，全辖共形成会谈纪要1046 份，累计收回贷款 189 亿元、涉及平台 324 家，缓解平台贷款风险 468 亿元、涉及平台 344 家。

由高盛集团发起，浙江大学全球创业研究中心和牛津大学赛德商学院举办的第二届“中国女性创业能力开发项目”毕业典礼暨第二届“平安银行杯”女性创业商业计划大赛在浙江大学西溪校区举行。平安银行杭州分行、高盛集团、牛津大学以及浙江大学的相关领导和教授以及 100 名女性学员和家属等出席了毕业典礼。

共青团华融金融租赁股份有限公司委员会成立大会暨第一次全体团员大会召开，选举黄琇、关博、周晓琨、黄宗元和潘昊等 5 位同志组成为第一届委员会。

10 月 南京银行杭州分行首次参加浙江省征信业务知识竞赛，喜获金融机构团体一等奖和个人第一名的优异成绩。

南京银行杭州分行启动开展“合规管理月”“合规管理深化月”专项活动。

平安银行杭州分行组织高级管理人员和高级客户经理参加《高绩效团队》的团建活动，旨在进一步提升中层以上骨干的凝聚力，打造高绩效的管理队伍。

杭州工商信托公司收到中国银监会批复，同意公司以固有资产投资设立浙江蓝桂资产管理有限公司。这将意味着公司获得首个经银监会批准的新业务资格，将为公司 PE 业务的发展搭建新的平台。

11 月

1 日 中国建设银行 2010 年度投资托管业务座谈会在浙江召开，中国建设银行总行托管部罗中涛总经理、纪伟副总经理、郑绍平总经理助理及浙江省分行劳新江副行长出席，全国 38 家一级分行参加了会议。

中国信达资产管理股份有限公司浙江省分公司朱耀军总经理助理赴舟山，拜访舟山中恒置业有限公司法定代表人张国年，洽谈金谷—舟山中恒特定资产收益权集合资金信托项目监管事宜。在信达各分公司中率先向金谷信托推荐了第一单信托项目“舟山中恒”，募集资金 1.5 亿元，分公司协助销售了 2200 万元。

2 日 中国建设银行浙江省分行推出了全国建行首单“乾元”委托贷款型人民币理财产品，通过苍南村镇银行为温龙集团有限公司发放委托贷款 6000 余万元。该产品是浙江省分行自主创新并获总行批准的理财产品，填补了市场上一年期理财产品的空缺，也为优质客户增加了新融资渠道。

由新浪财经主办的 2010 年中国“金麒麟奖”金融企业评选活动中，浙商银行荣获“2010 年度最具发展潜力银行”。

以杭州银行为主发起人、13 家缙云当

地民营企业为共同发起人的浙江缙云杭银村镇银行发起人大会在浙江省缙云县召开，江波副行长代表杭州银行出席了会议。缙云县政府常务副县长潘建青、当地相关部门负责人应邀参加了会议。此次出资人大会的召开，标志着缙云杭银村镇银行的筹建工作迈入实质性阶段。

上海银行杭州分行办理了首笔内保外贷业务，金额为145万美元，期限1年。

平安银行杭州分行与浙江长三角知识经济俱乐部联合举办了曾仕强"中国式管理"报告会。

陈加元副省长在省农信联社专报信息《合作金融助力 建设美丽乡村 我省农村信用社多措并举支持农村住房改造建设》上作出重要批示："我省农村信用社主动参与，积极支持，大胆创新，多措并举，不断加强和改善农村住房改造建设的金融服务，对此表示充分的肯定和衷心的感谢。"

华融租赁公司召开上市启动会，中信证券、金杜律师事务所、中瑞岳华会计师事务所项目组成员、公司经营班子及相关部门负责人参加了启动会。

3日 中国银行浙江省分行陈石行长作为唯一商业银行代表应邀出席"土耳其—中国商务交流早餐会"。

中国光大银行台州分行温岭支行筹建申请获浙江银监局批准。

渤海银行总行赵世刚行长一行赴杭州分行调研、指导工作。赵世刚行长一行专程赴金海重工进行了现场考察，并组织分行长室全体成员及部分部门负责人召开了业务发展座谈会。

澳洲联邦银行集团（Commonwealth Bank Group，简称CBA）首席执行官罗礼士先生一行专程前来杭州银行考察访问。3日，罗礼士先生一行与杭州银行领导进行了工作会谈，吴太普董事长、行长代表该行对罗礼士先生等CBA客人的来访表示热烈欢迎，指出此次来访必将进一步增进彼此的友谊和交流。俞胜法副行长介绍了杭州银行经营发展情况和五年来与CBA的战略合作情况。杭州银行党委书记、监事会主席严华好及各位副行长参加了工作会谈。4日上午，浙江省委书记、省人大常委会主任赵洪祝，浙江省委常委、秘书长李强，浙江省委常委、杭州市委书记黄坤明，杭州市委副书记、代市长邵占维等省市领导以及浙江银监局、省外办负责人在浙江省人民大会堂贵宾厅会见了罗礼士先生一行。杭州银行董事长、行长吴太普，副行长江波、俞薇薇等行领导一同参加了会见。

浙江泰隆商业银行杭州萧山支行、椒江洪家支行开业。

4日 浙江省银行业协会举办的学习贯彻银监会"三个办法一个指引"知识竞赛在杭州举行，中国农业银行浙江省分行代表队荣获第一。

中国银行浙江省分行召开新疆工作会议，进一步贯彻省政府"2010年浙江省—阿克苏地区经贸洽谈会"会议精神，完善对浙江援疆企业的金融服务平台与沟通机制。

渤海银行杭州分行组织召开分行党委班子民主生活会，总行赵世刚行长代表总行党委参加了此次会议。

5日 中国银行浙江省分行研发的景区门票自助售票机在舟山市普陀山售票大厅正式投入运营。

6日 "2010西湖金融峰会"在杭州举行。峰会以"十二五"期间金融创新与产业升级为主题，汇聚了来自国家部委有关机构领导、金融界专家、国内外金融银行业高管和企业代表等400多位来宾。中信集团常务董事、副总经理张极井出席活动，并作为主办方代表作闭幕致辞。中信银行总行苏国新副行长作为出席嘉宾发表了《打造中信PE全链条服务模式 推进创投及私募股权行业发展》的主题演讲，在行业内首次提出了打造PE全链条服务提供商的业务理念。

上海浦东发展银行杭州分行代表队荣获上海浦东发展银行总行第六届业务技术比赛团体总分第四名。

全国地方金融第十四次论坛暨2010年服务中小企业及三农十佳金融产品颁奖仪式，浙江泰隆商业银行存乐贷（积数贷款）被评为全国"2010年服务小企业及三农双十佳金融产品"。

浙江省农信社联社的丰收小额贷款卡荣获中国银行业协会"2010年服务小企业及三农十佳特优金融产品"称号。

华融租赁公司在浙江省人民大会堂举行首届客户恳谈会，来自全国各地的重要客户代表以及中国华融总部、办事处领导共计160余名嘉宾参加会议。中国华融赖小民总裁、王克悦副总裁，浙江省政府金融工作办公室包纯田副主任、中国银监会浙江监管局曹鸣风纪委书记莅会指导并分别作了重要讲话。本次恳谈会达成租赁合作意向共320亿元，有效宣传了华融租赁品牌，取得了丰硕的合作成果。

7日 中国人民银行总行刘士余副行长一行出席了在温州召开的中国人民银行2010年经济系列高级专业技术资格评审会，随后，在杭州中心支行刘仁伍行长的陪同下赴温州中投担保公司、鹿城捷信小额贷款公司、正泰集团公司等单位调研。

上海浦东发展银行杭州分行联合乌鲁木齐分行与新疆维吾尔自治区阿克苏地区行署签订全面合作战略协议。协议包含了合作组织架构和运作机制、网点建设等多方面内容。在授信安排方面，杭州分行和乌鲁木齐分行承诺在未来五年内，联合向浙江省在阿克苏投资发展的企业及当地重点企业和重点建设项目提供总金额为人民币100亿元的授信，用于对浙江的产业引进项目、援疆特色产业园区和能源基础设施建设等重大项目的支持，促进阿克苏地区社会经济发展。

9日 浙江外管局王利平副局长主持召开打击违法违规资金流入专项行动通报会，向在杭各外汇指定银行负责人通报今年以来查处的全省外汇指定银行违规案件，部署下阶段打击违法违规资金流入专项检查工作。

中国光大银行杭州分行与中信金通证券举行战略合作启动仪式。

恒丰银行杭州分行按照中国人民银行杭州中心支行要求，在窗口公开兑换世博、虎年纪念币。

平安银行杭州分行营业部根据中国人民银行杭州中心支行的部署和分行运营管理部的安排，开展2010年"世博""贺年"纪念币的兑换工作，现场兑换秩序井然，赢得了客户的一致好评。

10日 中国人民银行杭州中心支行制定出台了《浙江省金融服务创新指引（试行）》，积极促进浙江经济金融转型发展，进一步优化和创新金融服务，全面推进浙江金融市场建设。

中国进出口银行首席经济学家王建业为70余家客户和分行员工作"美国新一轮量化宽松与世界经济走势"专题讲座。

杭州银行召开高级管理人员大会，宣布杭州银行主要领导职务调整决定，市委副书记王金财到会并作重要讲话，市委组织部常务副部长李震范宣读了市委、市政府有关文件。会议由行党委书记、监事会主席严华好主持。会上，市委组织部常务副部长李震范受市委、市政府委托，宣读了《杭州市委关于提议俞胜法、吴太普同志职务任免的通知》《杭州市人民政府关于俞胜法等同志职务任免的通知》，经市委、市政府研究决定，推荐俞胜法同志任杭州银行董事会董事、副董事长、行长，提议免去吴太普同志杭州银行行长职务。王金财副书记在会上作了重要讲话。行领导，总行各部室、各直属支行助理以上高管人员，各分行、各县域支行行长参加了会议。

浙江省人民政府经济合作交流办公室党组书记、主任姚少平和杭州市人民政府经济合作办公室党组书记、主任周开疆一行12人在杭州市下城区区长项永丹的陪同下，专程来访南京银行杭州分行。

11日　中国人民银行杭州中心支行召开党委中心组理论学习扩大会，邀请省委党校教授为全体党员作"十二五"规划学习辅导讲座。

中国人民银行杭州中心支行纪委书记应兆祥参加省纪委召开的反腐倡廉经验交流会。

上海银行余杭支行举行开业仪式。开业当天，支行存款达到9.5亿元，创余杭区新开商业银行新高。

平安银行杭州分行召开第一次品牌宣传工作会议，来自分行各条线及部门的品牌宣传人员到场参会，并正式组建了"平安银行杭州分行品牌宣传队伍"。

12日　上海浦东发展银行杭州分行成功举办第一届"浦发新干线"公司银行业务知识竞赛。辖属各支(分)行、分行公司银行业务部门共33支代表队计150余人参加了本次活动。

华夏银行杭州分行辖属首家二级分行台州分行开业。

广东发展银行杭州分行作为"长三角"地区票据业务联席会议秘书长单位，会同中信杭州分行、杭州银行主持召开了主题为"电子时代票据业务的机遇与挑战"的"长三角"地区票据业务联席会议第三次会议。会议特邀中国人民银行总行、江浙沪三地中国人民银行领导出席，长三角地区72家银行机构共计150人参加了本次会议。会上，参会代表展开热烈讨论，共同探讨电子商业汇票业务开展过程中好的经验、做法以及存在的问题，共商未来票据业务和票据市场的发展策略，共同迈入崭新的电子票据时代。

13日　浙江证监局召开2010年度党委领导班子民主生活会暨述职大会，中国证监会党委委员、纪委书记李小雪出席会议并作重要讲话。

14日　共青团上海浦东发展银行杭州分行第一届代表大会隆重召开，选举产生第一届团委委员。浙江省省直团工委书记韩璐、上海浦东发展银行总行团委相关同志莅临现场指导。15日，杭州市人民政府办公厅转发了我局和杭州市金融办联合起草的《杭州上市公司监管合作试行办法》。《试行办法》的出台，标志着浙江证监局和地方政府开展的上市公司监管合作进入到全面深入合作的新阶段。

中国银行浙江省分行陈石行长作为唯一商业银行代表应邀出席第二届浙台金融交流合作论坛并作演讲。

中国建设银行浙江省分行与温州市政府签订共同推进新农村建设战略合作协议，承诺今后3年向温州市新农村建设提供200亿元的信贷支持。签约仪式上，温州分行与瑞安市政府、温州生态园建设发展有限公司等签订合作协议。

15日　中国人民银行杭州中心支行副行长郑南源出席第二届浙台金融交流合作论坛及圆桌会议。

中国农业发展银行浙江省分行与浙江财经学院联合举办的县级支行行长培训班开班，63名县级支行行长、信贷组主任参加培训。副行长陈跃峰出席开班仪式并讲话。

浙江银监局现场二处一行13人莅临平安银行杭州分行进行为期一周的政府融资平台贷款现场检查。本次现场检查中，分行所检查项目基本符合银监部门要求，检查工作提前完成。今后，分行将继续严格执行监管部门的各项制度、要求，加强风险管理，合法、合规经营。

16日 金融系统反腐倡廉建设展浙江巡展开幕，中国人民银行杭州中心支行刘仁伍行长致开幕词，浙江省委常委、省纪委书记任泽民同志出席开幕式致辞，并和省级金融监管部门、金融机构的领导们一起观看展览。

由浙江保监局等单位联合主办的“全国金融系统反腐倡廉建设展”浙江巡展在杭州市图书馆举行。浙江保监局、各保险社团、部分保险公司省级分公司党委主要负责人参加了开幕式，在杭各保险机构干部职工共约5000余人参观巡展。

平安银行杭州分行组织全体党员参加了由中国人民银行、中国银监会、中国证监会、中国保监会和中国投资公司共同举办“金融系统反腐倡廉建设展”杭州地区的巡展。通过本次展览，进一步提高了分行干部和员工对反腐倡廉建设重要性的认识，大家要增强信心，居安思危，警钟长鸣，牢固树立忧患意识、履职意识和责任意识，自重、自省、自警、自励，筑牢拒腐防变的思想道德防线。

17日 恒丰银行杭州分行杨林茂行长陪同总行纪委书记潘力军赴温州进行工作指导。

18日 中国工商银行总行李晓鹏副行长在浙江分行干部大会上宣布总行党委对浙江分行主要负责人调整的决定：沈荣勤同志为浙江分行主要负责人，主持浙江分行全面工作。

中国农业银行私人银行部浙江分部在杭州隆重举办开业仪式。总行执行董事、副行长杨琨莅临开业典礼，并与省分行赵忠世行长一起为开业揭牌。“中国农业银行私人银行部浙江分部”既是总行的派出机构，也是一级分行的直属经营单位，采取管营合一的模式，同时承担系统管理和直接经营的职能。目前中国农业银行浙江省分行已配备了强有力的财富顾问队伍，打造了“1＋N”客户服务模式，形成了分支行专业部门与网点客户经理联动的私人银行客户服务体系。

中国银行浙江省分行审批同意第一笔援疆企业授信——浙江华孚色纺有限公司2亿元授信总量，并发放首笔援疆企业贷款1亿元，专项用于企业在新疆收购棉花，将金融援疆工作落到实处。

中国建设银行浙江省分行与浙江省文化厅、广播电影电视局、旅游局及浙江省文化广电旅游产业重点企业签订了战略合作协议。

中国光大银行杭州分行和青山控股集团签署战略合作协议。

19日 由浙江省国际金融学会和青年时报社联合主办的“2010年度浙江省双十佳专业理财师、理财团队”评选活动揭晓，中国农业银行浙江省分行私人银行顾问团队荣获2010年度“浙江省新锐理财团队”称号。

交通银行浙江省分行为浙江兴海储运有限公司办理首单“积利宝”积分兑换业务。该业务将根据授信客户的结算资金沉淀等情况，测算客户的综合贡献度，并在产品和业务定价时给予相应的利率、费率优惠政策。

21日 中国银行浙江省分行率先在中行系统内推出家居银行，为杭州地区数字电视用户提供账户查询、账单缴付、电视支付等服务。

22日 浙江证监局联合浙江省纪委监察厅组织召开"浙江省打击和防范资本市场内幕交易"专题会议，全省各地市政府分管领导和省市纪委监察局、发改委、国资委、金融办负责人，国有上市公司董事长及控股股东代表100余人参加了会议，王宝桐局长、傅敏副局长出席会议，王宝桐局长作重要讲话。

华融租赁公司工会召开职工代表大会暨工会委员会换届选举会议，听取第四届工会委员会作的工作报告，审议通过了《关于第五届职工代表、工会委员会委员条件及产生程序》和《关于第五届职工代表、工会委员会选举方案及名额分配方案》。

23日 中国工商银行浙江省分行党委委员、纪委书记刘岩方携监察室、银行卡业务部、信贷管理部、个金部、办公室等部门负责人，做客浙江之声（浙江人民广播电台）FM88\FM101.6\AM810直播室接受采访，并就积极支持浙江经济发展、竭诚服务小企业和社会公众，以及绿色信贷、个人金融、银行卡、电子银行等热门话题，与广大听众进行了互动，反响良好。

中国建设银行总行朱振民、陆肖马、陈远玲董事先后到苍南建信村镇银行、青田建信华侨村镇银行调研，并在温州分行、青田支行召开座谈会。

省政府召开专题会议，协调甬金高速风险化解工作，国家开发银行浙江省分行徐勇行长、范显伟副行长参加会议。

国家开发银行浙江省分行作为唯一受邀银行参加浙江省交通投资集团与台州市、临海市政府"台州港临海港区开发合作签约仪式"。省长吕祖善、常务副省长陈敏尔到会作重要讲话，徐勇行长参加了签约仪式。

国家开发银行浙江省分行与舟山港务集团有限公司签署战略合作协议，双方将在舟山港鼠浪湖矿石中转基地、舟山港双子山油品中转基地、木岙集装箱码头等项目上开展合作，项目总投资约140亿元。

24日 省政协副主席斯鑫良一行视察省农信联社，指出浙江农信社要抓住机遇，防控风险，理清思路，做强做优。

25日 浙江民泰商业银行宁波泗门支行开业。

省农信联社与省农办共同举办"统筹城乡发展 金融服务新农村建设推进会"。省农信联社分别与省农办、湖州市政府签署战略合作协议。

26日 中国光大银行温州分行举行开业发布会。

平安银行杭州分行成功举办平安一贷通产品推介会，浙江省五金制品行业协会等10余家行业协会以及100余家中小企业的代表参加了此次盛会。此次推介会向嘉宾全面展示了一贷通产品的特点和优势，给参会代表留下深刻印象，取得了圆满成功。

27日 浙江证监局联合浙江证券业协会在辖区10个主要城市同步开展"迎12·4证券法制宣传周"活动。

28日 浙江银监局成功举办2010年浙江银行业"公众教育服务日"活动启动仪式。当日，辖内30家银行机构向客户发送了温馨提示短信，440家机构设立了363个现场宣教点，8641个网点全部参与了宣传教育活动。

29日 中国银行浙江省分行陈石行长应邀做客浙江之声电台，参加《2010阳光行动——厅长在线》访谈节目。

中信集团子公司杭州地区分支机构第五次联席会议在杭州西子宾馆召开。中信集团业务协同部主任、中信控股公司副总裁张翔燕出席会议。会议成员单位中信银行杭州分行、中信金通证券公司、信诚人寿保险公司浙江省分公司、天安保险公司浙江省分公司、中信证券企业发展融资部(杭州)、中信建投证券杭州解放路营业部、中证期货杭州营业部、中信产业基金管理公司杭州办公室、武汉建筑设计院浙江分院和受邀单位中信银行总行、中信证券公司、中信信托公司、中信银行国际、中信建投证券公司、中信产业基金管理公司、金石投资公司、中信书店等的有关领导参加了会议。

南京银行杭州分行组织参加浙江省银行业公众教育宣传日活动,浙江省委常委、宣传部长茅临生在浙江银监局局长杨小苹等领导的陪同下视察分行展位,并听取了分行行长江志纯关于金融服务情况的汇报。

中国民生银行总行在杭州召开2011年经营规划讨论会,总行领导洪崎、邢本秀、吴透红、梁玉堂、邵平、赵品璋、毛晓峰、段青山及总行相关部门负责人、事业部总裁、部分分行行长出席了会议。会议重点讨论了"成本管理与业务的发展关系""建立以客户为中心的管理体系""2011年业务发展及中后台支持中的问题""2011年预算与考核科学性的问题"等议题。

中国民生银行在杭州城西支行隆重举行"平安支行"挂牌仪式,这是我行开展"平安支行"创建活动后正式挂牌的第一家"平安支行"。同时被授予"平安支行"的还有杭州武林支行、下沙支行、延安支行和绍兴支行。

浙江省银行业协会发出浙银协〔2010〕62号文件,对浙江省银行业"三个办法、一个指引"知识竞赛情况进行通报,恒丰银行杭州分行员工朱伟忠获得竞赛个人优秀奖。

渤海银行杭州分行组织开展2010年下半年营运业务检查工作。

30日 中国人寿浙江分公司与浙江省爱国卫生运动委员会和浙江省卫生厅联合,在浙江省电视台800演播厅隆重举行"中国人寿杯"浙江省爱国卫生促进条例暨公民健康素养知识大奖赛。

11月 南京银行杭州分行在浙江省银行业学习贯彻"三个办法、一个指引"知识竞赛初赛和决赛中均发挥出色,一举夺得二等奖的优异成绩。

中国邮政储蓄银行浙江省分行与浙江省电力公司签订全面合作框架协议。

12月

1日 浙江证监局制定出台《关于上市公司建立健全应对资本市场突发事件机制的意见》,为建立健全辖区上市公司应对资本市场突发事件机制、提高危机处置能力提供操作指引。

恒丰银行杭州分行对外发售恒丰银行"恒裕金"投资金条。

平安银行杭州分行成功审批通过分行首笔"一贷通"产品,为杭州市某服饰有限公司提供1600万元流动资金贷款。

2日 中国建设银行浙江省分行与建信金融租赁股份有限公司在杭州共同签署《中小企业融资租赁业务合作协议》。建信租赁孔永新董事长、浙江省分行苏克副行长及总行小企业金融服务部、股权投资与战略合作部相关负责人出席签约仪式并致辞。建信租赁吴建杭总裁主持签约仪式,劳新江副行长和建信租赁张雷总裁助理代表双方签字。

3日 国家开发银行浙江省分行与金华市发改委联合承办金华市"十二五"规划纲要论证会。

中国长城资产管理公司杭州办事处组织全体员工观看了以安徽省凤阳县小岗村

原第一书记沈浩同志为原型的影片《第一书记》，全面推动创先争优活动。影片结束后，办事处随即组织全体员工就如何加强党性，发挥先锋模范作用和骨干带头作用进行学习讨论。

4 日　浙江省人民银行系统办公网和业务网"两网分离"工作顺利完成，中国人民银行系统保密与信息安全工作跨上了一个新台阶。

5 日　浙江证监局局长助理韩薇率辖区期货公司首席风险官赴上海、江苏等地的部分证券、基金和期货公司开展考察调研，交流借鉴公司治理经验和合规文化。

上海银行杭州分行组织"三周年行庆暨重点客户答谢会"，邀请国防科技大学张召忠教授作"国际形势与军事热点"专题讲座，99 名重点客户参加了答谢会。

6 日　中国工商银行浙江省分行副行长郁炯彦出席浙江省跨境人民币业务试点工作领导小组办公室召开的"加快推进跨境贸易人民币结算试点工作"电视电话会议，并作为金融机构代表发言。

中国农业发展银行浙江省分行行长王玉高出席华东林业产权交易所挂牌成立暨签约仪式。

交通银行衢州分行隆重开业。交通银行总行首席风险官杨东平，浙江省分行行长俞炯玲，衢州市市委书记孙建国，衢州市市长尚清，衢州市人大主任黄会荣，衢州市政协主席居亚平，衢州市委常委、常务副市长郑金平，中国人民银行杭州市中心支行、交总行、浙江交行有关部门负责人，衢州当地人民银行、银监主要负责人及客户代表 300 余人等出席开业庆典仪式。

中国光大银行杭州分行与"华东林业产权交易所"签订 50 亿元授信合作协议。

杭州银行与中国华融在北京签订战略合作框架协议。杭州银行董事长吴太普和中国华融总裁赖小民代表双方签署了合作协议。根据协议，双方将在资产管理、金融租赁、信托、投行、投资、委托代理、顾问咨询以及银行、期货、基金等方面进行全面合作，建立起战略合作伙伴关系。

"中国零售峰会"及"2010 中国最受尊敬银行暨最佳零售银行"颁奖会，浙江泰隆商业银行荣获"2010 年最具发展潜力中小企业信贷银行"称号。

7 日　中国农业银行浙江省分行与金丽温铁路有限责任公司在温州举行战略合作协议暨金温扩能改造工程三方资金监管协议签约仪式。

中国银行浙江省分行与浙江省文化厅正式签订《支持文化产业战略合作协议》，为浙江省文化厅及下属单位、省内优质文化企业提供银行授信、并购贷款、个人理财等全方位金融服务。

浙江省银监局杨小苹局长一行来广东发展银行杭州分行视察工作，并听取了广东发展银行杭州分行韩立光行长的工作汇报。

浙江衢州衢江上银村镇银行有限公司召开发起人大会，上海银行杭州分行叶继雄行长、总行战略管理部李军总经理、机构发展部喻菁华副总经理、战略管理部张吉光总经理助理，衢州市副市长胡仲明等出席会议。叶继雄行长代表总行与衢江区副区长王晓松签署了《设立村镇银行银政合作协议》；李军总经理代表总行在发起人大会上致辞。浙江衢州衢江上银村镇银行有望成为上海银行控股的第二家村镇银行。

国务院派驻国有保险公司监事会魏礼江主席在中国人寿集团公司王思东副总裁的陪同下，到中国人寿浙江省分公司视察工作，听取浙江省分公司祝平总经理关于 2010 年经营情况和下阶段工作安排的汇报，并作重要讲话。

8日 浙江证监局邀请中国证监会法律部副主任胡宝海，对全体监管干部及部分监管对象进行了资本市场法制建设专题讲座。

上海浦东发展银行杭州分行辖属湖州长兴支行开业。

9日 浙江省银监局在地方政府融资平台贷款清查工作简报(第5期)中对国家开发银行浙江省分行集体约谈工作所取得的阶段性成果予以表彰，简报中该局以《抓住约谈三条主线 构建银行共享平台——国开行浙江省分行集体约谈1+1>2经验启示》为题，对开行在集体约谈过程中嵌入风险分析技术，创新性提出构建银行共享平台，即“共享信息、共享防火墙、共享决策”，实现统一行动、合作共赢等成果表示充分肯定。

国家开发银行浙江省分行与汉金投资管理有限公司联合完成《浙江省海洋经济发展建设系统性融资规划》，并组织行内外专家进行了评审论证。

国家开发银行浙江省分行与浙江大学联合完成了《开发性金融支持新能源行业发展规划》、《开发性金融支持综合交通行业发展规划》，并组织行内外专家进行了评审论证。

交通银行舟山分行隆重开业。交总行行长牛锡明、浙江省分行行长俞炯玲、舟山市委书记梁黎明、舟山市市长周国辉、浙江银监局局长杨小苹、中国人民银行杭州中心支行副行长朱文剑、交行宁波分行行长边黎平、舟山市政协主席刘爱世、舟山市常务副市长马国华、舟山市人大副主任余志祥，交总行、浙江交行相关部门负责人和绍兴、嘉兴、湖州分行行长，舟山当地人民银行、银监局主要负责人及客户代表300余人出席开业庆典仪式。

根据监管机构和公司内部对业务经营连续性、安全性的要求，杭州工商信托公司在已经制定的《业务连续性计划》的基础上，开展了实际场景的模拟演习，通过使用者的操作对应急恢复中心的系统可用性、数据的有效性进行测试和验证。这也是公司历史上第一次正式的大范围灾难恢复演习，对于公司的业务连续性计划至关重要。

10日 国家开发银行浙江省分行与中信信托就浙江龙丽高速、丽龙高速公路项目开展业务合作，实现资金交割5亿元人民币。

国家开发银行浙江省分行倪贤孟副行长参加“浙江苍南台湾农民创业园”开园典礼，并代表分行与苍南县人民政府就浙江温州苍南台湾农民创业园项目签订3.6亿元合作意向书。

上海银行由杭州分行作为独家冠名单位的“第二届科技新浙商”活动结束，分行行长叶继雄参加颁奖典礼，并为获奖企业家颁奖。该活动较好地宣传了分行小企业业务专业形象，在浙商，尤其是科技浙商以及浙江省各地科技主管部门中掀起较大反响。

华融租赁公司在杭州西子宾馆举行首届金融同业合作答谢会，来自省内外27家金融机构的80余名嘉宾应邀出席会议。中国华融副总裁兼华融租赁党委书记、董事长王克悦致辞，中国人民银行杭州中心支行郑南源副行长、中国银监会浙江监管局曹鸣凤纪委书记莅会指导并分别作了重要讲话。会议达成合作意向超过400亿元，取得了丰硕的合作成果。

12日 浙江泰隆商业银行宁波鄞州支行开业。

13日 中国人民银行杭州中心支行刘仁伍行长主持召开行政处罚委员会会议，研究对有关商业银行综合执法检查发现问题的处理意见。

中国建设银行浙江省分行举行2011年“开门红”旺季营销活动动员大会，部署2011年“开门红”旺季营销活动，坚定信心、鼓足干劲，确保岁末顺利收官，为2011年工作打好基础。

14日 2010年各金融机构总行(会、司)工会财务会议在温州召开。中国金融工会副主席杨树润、中国农业发展银行工会团委工作部副主任郑永健和浙江省分行副行长陈跃峰等出席了会议。

15日 国家开发银行浙江省分行范显伟副行长代表分行与湖州市政府就“银政投”结构化中小企业集合贷款业务签订合作协议，项目首期授信2亿元，用于支持湖州地区科技型中小企业。

国家开发银行浙江省分行与浙江正泰太阳能科技有限公司、金华亚曼车辆有限公司签署中小企业集合票据承销协议，协议约定由开行担任联合发行人“浙江省2011年度第一期中小企业集合票据”的唯一主承销商，额度为2.94亿元，期限3年。

上海浦东发展银行杭州分行赵峥嵘行长率帮扶小分队赴丽水市雅溪镇开展“低收入农户奔小康工程”结对帮扶工作，并在雅溪中学开展“爱心助学”活动。

华融租赁公司完成增资扩股事项，向浙江省能源集团财务有限责任公司、中船重工财务有限责任公司等9家投资人发行5亿股，实际募集资金12.4亿元。公司注册资本达到25亿元，公司股权结构为：中国华融资产管理公司79.92071%、浙江永利实业集团有限公司6%、浙江省能源集团财务有限责任公司4%、中船重工财务有限责任公司3.2%、中信信息科技投资有限公司2%、金石投资有限公司1.2%、威陵集团有限公司1.2%、浙江省发展资产经营有限公司0.8%、北京市国通资产管理有限责任公司0.8%、康因投资控股有限公司0.8%、瑞安市国有资产投资控股有限公司0.04334%、人本集团有限公司0.02544%、温州市物资资产管理有限公司0.01051%。

16日 浙江民泰商业银行获准开办金融IC卡(借记卡)业务。

17日 浙江保监局局长吴勉坚出席丽水市保险工作会议并作重要讲话。吴局长和丽水市常务副市长沈仁康分别代表浙江保监局和丽水市政府签署了《推进丽水保险业发展合作备忘录》，系统总结了前期与景宁畲族自治县政保合作的经验，提出了落实《丽水市人民政府关于促进保险业改革发展的补充实施意见》的具体举措。

中国农业银行浙江省分行陈福良副行长出席国家“十一五”规划重点建设工程——浙江仙居抽水蓄能电站开工典礼。农行是浙江仙居抽水蓄能重点项目银团贷款牵头行，银行贷款授信总额度在46.8亿元。作为银团贷款的牵头行，农行发挥龙头作用，单家贷款29.8亿元。

中国人民银行杭州中心支行对2010年金融统计竞赛获奖单位进行了表彰，中国农业银行浙江省分行在50余家在杭省市级金融机构中脱颖而出，再次荣获一等奖。

招商银行杭州分行召开2011年工作务虚会，集思广益，认清形势，找准方向，提出2011年工作思路。

在由金融时报社联合中国社会科学院金融研究所共同举办的2009—2010中国金融机构金牌榜“金龙奖”评选活动中，杭州工商信托公司因主营业务突出，主动管理特色鲜明，被评为金龙奖“年度最佳主动管理信托公司”，成为因主动管理特色鲜明而获评该奖项的唯一一家信托公司。

18日 中信银行丽水分行举行开业庆典活动。中信银行总行欧阳谦副行长、中信杭州分行王利亚行长，丽水市市长卢子跃、市人大常委会主任焦光华、常务副市长沈仁康、市政协副主席吴炳全，市政府秘书长朱继坤、副秘书长翁争鸣，浙江银监局现场检查二处处长郑联胜、中国人民银行丽水市中心支行行长孔祖根、丽水银监分局局长赵秀乐、丽水市金融办主任谢志伟，以及市（县、区）有关部门领导，企事业单位、金融机构及客户代表共300多人参加了庆典活动。这是中信银行杭州分行辖内成立的第五家二级分行。

2009—2010中国金融机构金牌榜"金龙奖"颁奖盛典在北京举行，杭州银行凭借2009—2010年度良好的经营业绩和市场表现获评"最具竞争力中小银行"，江波副行长代表杭州银行出席当天的颁奖典礼。

浙江民泰商业银行杭州临安支行开业。

中国人寿浙江省分公司董松芳副总经理率办公室相关人员到浙江丽水缙云结对帮扶，贯彻落实浙江省委、省政府关于做好"低收入农户奔小康工程"结对帮扶工作精神，为缙云壶镇的7个帮扶结对村送去帮扶资金35万元。

19日 中国农业发展银行信贷、财会专业持证上岗网络考试在全省系统各考点举行。

浙江省委常委、副省长葛慧君在省农信联社专报信息《做实信用工程 推广普惠金融——我省农信社大力推进信用工程建设》上作出重要批示："信用是金融的基础。省农信社通过做实信用工程，较好地改善了农村金融生态环境，提升了为农服务能力。希望继续扎实做下去，不断营造农村金融的良好环境。"

20日 浙江证监局王宝桐局长陪同深圳证券交易所理事长陈东征对辖区杭州、温州、丽水等地拟上市企业开展走访调研。

国家开发银行浙江省分行与浙江大学联合完成了浙江省及3市9县"十二五"重大建设项目融资规划等13个融资规划的编制，并组织行内外专家进行了评审论证。

国家开发银行浙江省分行"创先争优"网络宣传平台正式上线。

华夏银行杭州分行新年答谢暨"惠民生 促消费"个贷客户增值服务联谊会在浙江西子宾馆隆重举办。分行行长杨素法，首席信用风险官王水荣，副行长张精华、陈杰、胡桂妃，杭州知名房地产开发商、汽车经销商、家装企业、担保公司等我行重要合作伙伴，个贷贵宾客户，新闻媒体，特邀嘉宾，共200余人参加了活动。活动取得预期效果，为杭州分行2011年个贷业务又好又快发展奠定良好开端。

中国光大银行杭州分行共审结一般风险对公授信项目1032笔，较去年增加201笔，全行审批授信项目笔数首次突破了千笔。

杭州银行第四届监事会召开第三次会议，会议听取了监事会分支行调整情况的报告，审议通过了《关于公司2010年1—3季度业务经营财务状况检查报告的议案》《关于公司流动性风险和市场风险管理检查报告的议案》《关于公司董事会及其成员2010年度履行职责及尽职情况监督评价实施方案的议案》等5项议案。财务总监邵丽萍列席了会议，浙江银监局俞铁军、严吉到会指导。

21日 中国人民银行杭州中心支行刘仁伍行长召开了2010年度杭州中心支行党委民主生活会。总行马德伦副行长到会并讲话，总行组织部齐小东、刘活林，总行纪委王桂清和总部组织宣传部张启胜等同志到会指导。

浙江保险业"创先争优"经验交流会暨

党委书记联席会在杭州召开，浙江保监局、各省级保险公司、社团党组织负责人，基层党组织和党员代表，浙江保监局第三届特邀廉政监督员等共150余人参会。

国家开发银行浙江省分行与省发改委联合编制完成《浙江省"十二五"资本市场发展规划》。

杭州银行第四届董事会第四次会议在五楼会议室召开。经研究，决定聘任俞胜法先生为本行行长，并同意提名俞胜法先生为行第四届董事会董事候选人。在俞胜法行长的提名下，董事会还聘任了新一届高级管理层人员。本次董事会会议还听取了《公司2010年前三季度经营情况及2010年经营预测》《关于公司2010年现场检查监管意见及整改情况的报告》，等9项议案。

22日 "第一届全国农行文明单位揭牌仪式"在杭州隆重举行，中国农业银行浙江省分行荣获"全国农行文明单位"。

省公安厅、省社会治安综合治理委员会办公室、省社会治安综合治理协会联合发文表彰2009年度省级治安安全示范单位，中国农业银行浙江省分行被授予"2009年度省级治安安全示范单位"，这是自2005年以来该行连续第5年被评为省级"治安安全单位"，其中2008年、2009年被授予省级"治安安全示范单位"。

华夏银行杭州分行召开经营单位和机关部室主要负责人会议，各经营单位汇报2010年年底一般性存款保底计划的落实情况，以及2011年1月份信贷投放的落实情况和一般性存款新增的落实情况；分行相关部室汇报工作落实情况及相关工作的部署情况，会议最后分行行长杨素法作了重要讲话，安排部署今年底明年初的主要工作。会后，各单位认真组织传达学习杨行长的讲话，抓好贯彻落实。

浙江省银行业协会发出浙银协〔2010〕71号文件，恒丰银行杭州余杭支行获评"浙江省银行业2010年度文明规范服务示范单位"。

浙江民泰商业银行台州天台支行获准开业并试营业。

23日 中国人民银行杭州中心支行刘仁伍行长主持召开党风廉政建设量化考评专题汇报会，向总行检查组全面汇报党风廉政建设工作情况，迎接检查。

中国光大银行杭州分行萧山开发区支行正式开业。

浙江泰隆商业银行衢州分行开业。

中国人寿集团公司总裁、股份公司董事长杨超一行到浙江金华分公司调研指导创先争优活动，并参加金华分公司党委民主生活会，浙江省分公司祝平总经理陪同。

24日 市委、市政府在钱江新城国际会议中心举行促进城乡统筹发展杭州市农村公益金捐赠仪式，杭州银行为杭州市农村公益金捐赠1250万元，成为捐赠金额最高的企业。吴太普董事长代表杭州银行出席仪式并作为企业代表发言。

浙江民泰商业银行上海分行获准开业并试营业。

25日 中国工商银行浙江省分行行长沈荣勤出席省分行与浙一医院挂号就医一卡通项目合作签约仪式并致辞，同时代表我行在协议上签字，田大章副行长，蔡航雁工委主任出席。

中国工商银行浙江省分行副行长郁炯彦出席浙江省首届绿色低碳经济标兵企业颁奖典礼暨第六届企业发展高峰论坛并作演讲。

26日 国家开发银行浙江省分行与省发改委联合承办《浙江省新能源与可再生能源发展"十二五"规划》专家咨询会。

"广发银行世界高雅艺术爱心中国巡

演”杭州站演出在浙江省人民大会堂隆重举行。此次巡演是由广发银行总行统一策划，邀请来自世界各地一流的高雅艺术团体，在新年期间于全国13个城市举办的高雅艺术演出活动，参加杭州站演出的是奥地利维也纳施特劳斯交响乐团。本次巡演使观众不出国门即享受到完美的文化大餐，堪称顶级高雅艺术的饕餮盛宴。

国务院发展研究中心副主任常增寅一行来浙江泰隆商业银行调研。

27日 国家开发银行浙江省分行与华鑫国际信托有限公司签署9亿元《债权资产转让合同》，并于当日实现资金交割。

中国民生银行杭州分行的第一家二级分行嘉兴分行成立。

28日 中国人民银行杭州中心支行刘仁伍行长和应兆祥纪委书记赴浙江省纪委专题汇报中心支行反腐倡廉建设情况。

中国工商银行浙江省分行与浙江省经济和信息化委员会共同主办了“浙江省产业集群融资平台示范点——南浔木地板产业集群融资平台启动仪式”。李海明副行长出席仪式并致辞。

中国农业发展银行浙江省分行与中储粮浙江分公司2010年中央储备粮管理与贷款工作联席会议在嘉善召开。省分行行长王玉高、副行长宣吉方，中储粮浙江分公司总经理张伟民、副总经理褚汉林及双方相关业务处室负责人参加了会议。

国家开发银行浙江省分行与巨化集团公司联合举办公司“十二五”战略规划恳谈会，梅世文副行长参加。

交通银行浙江省分行举行入驻钱江新城庆典仪式。浙江省金融办主任丁敏哲，杭州市政府副秘书长、钱江新城管委会党委书记、常务副主任王光荣，中国人民银行杭州中心支行副行长朱文剑，杭州市工业资产经营投资集团有限公司董事长傅力群，杭州金融办副主任俞伟英等领导出席庆典仪式。

浙江省银行业协会发出浙银协〔2010〕73号文件，对恒丰银行杭州分行获得浙江省银行业信息宣传工作一等奖予以通报表彰。

渤海银行杭州分行取得浙江银监局颁发的渤海银行杭州西湖支行金融许可证。

29日 中国人民银行杭州中心支行刘仁伍行长参加全省经济工作会议。

中国农业发展银行下发《关于浙江省分行开办咨询顾问业务的批复》(农发银复〔2010〕353号)，同意中国农业发展银行浙江省分行在辖区范围内开办信息咨询业务中的企业信用等级评定、资产评估、会计审计、资信调查和信息定制5个业务品种；同意在部分二级分行试点开办账户余额管理、账户收支控制和综合咨询服务3类现金管理业务。

中国农业发展银行副行长鲍建安来浙江慰问信贷软件开发项目组，并听取CM2006升级情况汇报，浙江省分行行长王玉高、副行长陈跃峰陪同。

中国进出口银行浙江省分行办理了首笔跨境人民币贷款业务，也成为浙江省内第一笔人民币跨境贷款。

中国光大银行杭州分行萧山支行、分行营业部、绍兴支行、余杭支行四家参选网点全部入选“浙江省银行业2010年度文明规范服务示范单位”。

渤海银行杭州分行取得浙江银监局下发的同意筹建渤海银行杭州钱江支行的批复文件。

浙江省农信社联社的丰收小额贷款卡荣获“浙江省2010年度十大民生工程”称号。

30日 中国农业发展银行副行长刘梅生到宁波市分行慰问困难员工和奋战在

年终决算一线的员工，总行办公室副主任陈小强，工会团委工作部副主任郑永健随同，浙江省分行行长王玉高、副行长宣吉方陪同。

电联控股集团有限公司、广东发展银行杭州分行战略合作签约仪式在我行9楼第四会议室举行。广东发展银行杭州分行韩立光行长、王鑫炎副行长、相关部门负责人及电联集团胡正发董事长、寿星林执行总裁一行参加仪式。王鑫炎副行长与电联控股集团有限公司胡正发董事长作为双方代表签约，拉开双方战略合作的序幕。

中国光大银行杭州分行“阳光照玉树 温暖中国心”活动获总行“2010年度电子银行十大营销案例”，“低碳，当日电子银行！”活动获年度优秀营销案例。

31日　浙江省委书记赵洪祝，省委常委、常务副省长陈敏尔，省委常委、秘书长李强，省委常委、杭州市委书记黄坤明，杭州市代市长邵占维等省、市领导莅临慰问中国人民银行杭州中心支行干部职工，并在中心支行召开金融工作座谈会，听取金融工作情况汇报。刘仁伍行长陪同省委、省政府领导走访慰问了相关年终决算的金融机构。

中国人民银行杭州中心支行郑南源副行长、朱文剑副行长和郭安娜助理巡视员走访慰问部分银行业金融机构。

浙江银监局辖内首家农村商业银行（浙江南浔农村商业银行）获批开业，另外两家农村商业银行也已获准筹建，辖内农村金融机构股份制改革取得重大突破。

浙江省委书记、省人大常委会主任赵洪祝，省委常委、常务副省长陈敏尔等领导到工行浙江省分行营业部羊坝头支行走访慰问正在进行年终决算的一线员工。

浙江省委书记赵洪祝，省委常委、常务副省长陈敏尔，杭州市代市长邵占维等省、市领导及中国人民银行杭州中心支行、浙江银监局主要领导，在省分行党委书记、行长赵忠世陪同下，到农行看望、慰问年终决算一线员工。

中国人民银行杭州中心支行郑南源副行长、浙江银监局傅平江副局长、省金融办徐素荣副主任莅临中国银行浙江省分行指导慰问年终决算工作。

国家开发银行浙江省分行与建行、工行、农行签订《浙江省杭千高速融资再安排贷款项目银团协议》，银团总金额78亿元。

浙江省委赵洪祝书记在常务副省长陈敏尔、杭州市代市长邵占维及中国人民银行杭州中心支行刘仁伍行长、浙江银监局杨小苹局长等的陪同下莅临中信银行杭州分行视察并慰问参加年终决算的干部员工。在听取分行王利亚行长的工作汇报后，赵洪祝书记对中信银行杭州分行的经营管理工作给予“放心，满意”的高度肯定。

上海浦东发展银行总行陈辛副董事长、沈思执行董事来杭州分行亲切看望并慰问参加年终决算的基层一线员工。

浙江省委书记赵洪祝，省委常委、常务副省长陈敏尔在杭州市代市长邵占维，浙江省委副秘书长、办公厅主任潘家玮，浙江省委副秘书长舒国增，浙江省人民政府副秘书长冯波声，中国人民银行杭州中心支行行长刘仁伍，浙江银监局局长杨小苹，浙江金融办主任丁敏哲等省市领导陪同下，前来上海浦东发展银行杭州分行慰问广大干部员工。

浙江银监局下发浙银监复〔2010〕901号文件批复，同意恒丰银行筹建桐庐恒丰村镇银行。

中国人民银行杭州中心支行朱文剑副行长带领浙江银监局、省金融办一行专程来杭州银行进行年终决算慰问并与杭州银行领导亲切座谈。杭州银行马时雍首席顾问、俞胜法行长等行领导参加了座谈。

中国人民银行杭州中心支行副行长郑南源、浙江银监局副局长傅平江和省金融办副主任徐素荣等浙江省有关部门领导一行 7 人莅临南京银行杭州分行，亲切看望和慰问了辛勤工作在年终决算工作岗位上的干部员工。

浙江省委书记赵洪祝作出重要批示："开办'丰收小额贷款卡'是一件惠农利农的好事，从跟踪调研情况看，效果不错。要继续做推广工作，更好地为农民增产增收服务。"

2010 年末 浙商银行总资产超过 2000 亿元，比发展规划预期目标翻一番多，进入中等规模的银行行列。开业 6 年多来，我行总资产、各项存款、各项贷款年复合增长率分别达到 66.20%、65.24%和 67.73%，实现了业务规模的快速增长。

上海银行杭州分行进一步完善纺织、建筑、水泥、造纸、钢贸五个强周期性行业授信客户数据库，为后续分行新客户准入和存量客户结构调整提供依据，切实防范行业集中度风险。

上海银行杭州分行党建创新案例获总行党委"基层党建创新案例展示评选"三等奖；"涌金池计划"获"青年创新成果"三等奖，个人金融部王征获"上海银行青年理财之星"称号；在中国人民银行杭州中心支行组织的 2010 年度金融统计竞赛中获三等奖；在浙江银行业协会获 2010 年度信息宣传工作二等奖。

温州银行 2010 年度该行累计缴纳各项税收 2.79 亿元，预计将继续保持"纳税百强"和"纳税大户"称号，较好地履行了企业的社会责任，为温州经济社会发展作出了突出贡献。

华融租赁公司完成增资扩股事项，向浙江省能源集团财务有限责任公司、中船重工财务有限责任公司等 9 家投资人发行 5 亿股，实际募集资金 12.4 亿元。公司注册资本达到 25 亿元，公司股权结构为：中国华融资产管理公司 79.92071%、浙江永利实业集团有限公司 6%、浙江省能源集团财务有限责任公司 4%、中船重工财务有限责任公司 3.2%、中信信息科技投资有限公司 2%、金石投资有限公司 1.2%、威陵集团有限公司 1.2%、浙江省发展资产经营有限公司 0.8%、北京市国通资产管理有限责任公司 0.8%、康因投资控股有限公司 0.8%、瑞安市国有资产投资控股有限公司 0.04334%、人本集团有限公司 0.02544%、温州市物资资产管理有限公司 0.01051%。

杭州工商信托公司管理的信托资产规模为 92.53 亿元，同比增幅 77.95%，创历史新高。2010 年，实现利润总额首次突破 2 亿元；实现净利润 16030 万元，同比增长 56%。

中国邮政储蓄银行浙江省分行与中国华电集团公司浙江分公司在杭签署战略合作框架协议。

中国邮政储蓄银行浙江省分行辖内 12 家网点入选"浙江省银行业 2010 年度文明规范服务示范单位"；其中杭州市萧山区支行营业部被评为"中国银行业 2010 年度文明规范服务示范单位"。

第六部分

2010年浙江省金融机构名录

ZHEJIANG JINRONG NIANJIAN

2010 浙江省金融机构名录
（截至 2010 年 12 月 31 日）

中国人民银行在浙机构

杭州市中心支行
行　　长：刘仁伍
副 行 长：李　虹　王利平　方志敏
　　　　　郑南源　朱文剑
纪委书记：应兆祥
工会主任：萧　鸣
助理巡视员：郭安娜
地　　址：杭州市延安路 149 号
邮政编码：310001
电　　话：87686688

萧山区支行
行　　长：李培芳
地　　址：杭州市萧山区金城路 258 号
邮政编码：311200
电　　话：83869978

余杭区支行
行　　长：蔡建成
地　　址：杭州市余杭区临平镇九曲营路 21 号
邮政编码：311100
电　　话：86220918

富阳市支行
行　　长：王健敏
地　　址：富阳市春秋北路 118 号
邮政编码：311400
电　　话：63322534

临安市支行
行　　长：楼　华
地　　址：临安市锦城镇城中街 235 号
邮政编码：311300
电　　话：63722746

桐庐县支行
行　　长：戴茂青
地　　址：桐庐县桐庐街道迎宾路 56 号
邮政编码：311500
电　　话：64624670

建德市支行
行　　长：叶余有
地　　址：建德市新安东路 67 号
邮政编码：311600
电　　话：64796921

淳安县支行
行　　长：郑能文
地　　址：淳安县千岛湖镇排岭南路 16 号
邮政编码：311700
电　　话：64813976

宁波市中心支行
行　　长：宋汉光
副 行 长：谢伟江　胡春霖　周伟军
纪委书记：刘　孟
地　　址：宁波市江东北路 138 号
邮政编码：315040
电　　话：87333266

宁波经济技术开发区支行
行　　长：胡菁菁
地　　址：宁波北仑新碶明州西路 185 号
邮政编码：315800
电　　话：86221948

慈溪市支行
行　　长：杨　奕
地　　址：慈溪市三北大街 180 号
邮政编码：315300
电　　话：63027265

余姚市支行
行　　长：龚柏新

地　　址：余姚市长城路1号
邮政编码：315400
电　　话：62634236

奉化市支行

行　　长：卓祖勇
地　　址：奉化市庄山路38号
邮政编码：315500
电　　话：88524915

宁海县支行

行　　长：谢幸福
地　　址：宁海县跃龙街道中山中路91号
邮政编码：315600
电　　话：65583531

象山县支行

行　　长：周传聪
地　　址：象山县丹城靖南路259号
邮政编码：315700
电　　话：65722571

温州市中心支行

行　　长：吴国联
副 行 长：钱敏泽　蔡灵跃　周松山　周　智
纪委书记：章利平
助理调研员：周道林
地　　址：温州市行政中心区府东路东侧
邮政编码：325009
电　　话：88015671

乐清市支行

行　　长：许道飞
副 行 长：李建国　王剑波
地　　址：乐清市乐成镇建设中路70号
邮政编码：325600
电　　话：62524334

瑞安市支行

行　　长：王连国
副 行 长：丁建设　金朝培
地　　址：瑞安市万松路75号
邮政编码：325200
电　　话：65611821

苍南县支行

行　　长：张步湘
副 行 长：陈明玉　叶高超
地　　址：苍南县灵溪镇玉苍路88号
邮政编码：325800
电　　话：64761985

永嘉县支行

行　　长：宋征威
副 行 长：倪志杰　金　毅
地　　址：永嘉县上塘镇永建路281号
邮政编码：325100
电　　话：67223306

平阳县支行

行　　长：林肖亮
副 行 长：蔡家传　郑　群
地　　址：平阳县敖江镇鸽巢路与环城路交叉口
邮政编码：325401
电　　话：63657058

文成县支行

行　　长：郑维坚
副 行 长：赵海尉　吴建胜
地　　址：文成县邮政路72号
邮政编码：325300
电　　话：67861673

泰顺县支行

行　　长：夏剑武
副 行 长：林小云　盛普凡
地　　址：泰顺县罗阳镇建设路66号
邮政编码：325500
电　　话：67582010

洞头县支行

行　　长：王振炎
副 行 长：黄招勇　葛少渊
地　　址：洞头县北岙镇迎宾路7号
邮政编码：325700
地　　址：63483274

嘉兴市中心支行

行　　长：王中佳
副 行 长：曹志元　褚小平　张一兵
地　　址：嘉兴市中环南路1385号
邮政编码：314050
电　　话：82166123

海宁市支行

行　　长：左国良
地　　址：海宁市勤俭路3号

邮政编码：314400
电　　话：87222723

平湖市支行

行　　长：裴洁萍
地　　址：平湖市当湖街道南市路124号
邮政编码：314200
电　　话：85116326

嘉善县支行

行　　长：沈　伟
地　　址：嘉善县魏塘街道解放东路28号
邮政编码：314100
电　　话：84026006

桐乡市支行

行　　长：胡菊新
地　　址：桐乡市梧桐街道园林路36路
邮政编码：314500
电　　话：88021052

海盐县支行

行　　长：张星荃
地　　址：海盐县武原镇秦山路99号
邮政编码：314300
电　　话：86021267

湖州市中心支行

行　　长：王海龙
副 行 长：刘红庆　郑锦国　喻晓岚
地　　址：湖州市东街91号
邮政编码：313000
电　　话：2362665

德清县支行

行　　长：陈　航
副 行 长：吴鸿权　杨永轩
地　　址：德清县武康镇永安街42号
邮政编码：313200
电　　话：8065292

长兴县支行

行　　长：陈爱忠
副 行 长：郭正江　邱建中
地　　址：长兴县金陵中路666号
邮政编码：313100
电　　话：6201878

安吉县支行

行　　长：李　钢
副 行 长：石荣海
地　　址：安吉县递铺镇胜利路266号
邮政编码：313300
电　　话：5128803

绍兴市中心支行

行　　长：徐子福
副 行 长：石建萍　朱华明　何起东
地　　址：绍兴市人民中路339号
邮政编码：312000
电　　话：85209008

诸暨市支行

行　　长：周琼英
地　　址：诸暨市城关镇艮塔路23号
邮政编码：311800
电　　话：87017333

上虞市支行

行　　长：方道富
地　　址：上虞市新建东路84号
邮政编码：3123000
电　　话：82110058

嵊州市支行

行　　长：郑善彪
地　　址：嵊州市西前街88号
邮政编码：3124000
电　　话：83018108

新昌县支行

行　　长：陈林妃
地　　址：新昌县鼓山中路48号
邮政编码：3125000
电　　话：86022943

金华市中心支行

行　　长：李晓叶
副书记、纪委书记：薛继增
副 行 长：金桂华　翁国华　孙忠喜
　　　　　付　赞
工会主任：胡尚林
助理调研员：蒋来洪
地　　址：金华市光南路726号
邮政编码：321015
电　　话：82178618

兰溪市支行

行　　长：徐　宏

地　　址：兰溪市丹溪大道19号
邮政编码：321100
电　　话：88885042

义乌市支行
行　　长：傅　赞
地　　址：义乌市篁园路112号
邮政编码：322000
电　　话：85459293

东阳市支行
行　　长：沈伟新
地　　址：东阳市人民路74号
邮政编码：322100
电　　话：86622694

永康市支行
行　　长：应　儿
地　　址：永康市金城路9号
邮政编码：321300
电　　话：87216119

浦江县支行
行　　长：黄立新
地　　址：浦江县人民东路94号
邮政编码：322200
电　　话：84111712

武义县支行
行　　长：黄兴强
地　　址：武义县武阳西路8号
邮政编码：321200
电　　话：87669267

磐安县支行
行　　长：陈旭林
地　　址：磐安县海螺街12号
邮政编码：322300
电　　话：84662091

衢州市中心支行
行　　长：周　丽
副 行 长：阮建明　周新华
纪委书记：汪　毅
工委主任：郑　卫
地　　址：衢州市白云街道三江东路10号
邮政编码：324000
电　　话：3386002

龙游支行
行　　长：郑登四
地　　址：龙游县城荣昌路
邮政编码：324400
电　　话：7022798

江山市支行
行　　长：徐韶华
地　　址：江山市解放路112号
邮政编码：324100
电　　话：4018165

常山支行
行　　长：曹　英
地　　址：常山县胜利街21号
邮政编码：324200
电　　话：5014173

开化支行
行　　长：吴国庆
地　　址：开化县芹北路11号
邮政编码：324300
电　　话：6014204

台州市中心支行
行　　长：肖宗富
副 行 长：蒋文超　江婉芬
地　　址：台州市椒江区东环大道310号
邮政编码：318000
电　　话：88869151

临海市支行
行　　长：叶肖剑
地　　址：临海市巾山中路81—2号
邮政编码：317000
电　　话：85111509

三门县支行
行　　长：丁平安
地　　址：三门县海游镇交通路下洋巷1号
邮政编码：317100
电　　话：83335864

天台县支行
行　　长：张碧荣
地　　址：天台县城关镇人民西路1号
邮政编码：317200
电　　话：83881657

仙居县支行
行　　长：戴永平
地　　址：仙居县城关镇光明路1号
邮政编码：317300
电　　话：87773312

台州市黄岩区支行
行　　长：陈正达
地　　址：台州市黄岩区横街路269号
邮政编码：318020
电　　话：84112019

温岭市支行
行　　长：于战平
地　　址：温岭市万寿路113号
邮政编码：317500
电　　话：86223213

玉环县支行
行　　长：叶正欣
地　　址：玉环县城关镇玉兴西路10号
邮政编码：317600
电　　话：87222528

丽水市中心支行
行　　长：孔祖根
副 行 长：王筱琴　陈明亮　汤春玉
纪委书记：刘宣祥
助理调研员：朱海山
地　　址：丽水市丽阳街561号
邮政编码：323000
电　　话：2134900

龙泉市支行
行　　长：王培林
地　　址：龙泉市龙渊镇中山西路37号
邮政编码：323700
电　　话：7123157

缙云县支行
行　　长：应国虎
地　　址：缙云县五云镇黄龙路29号
邮政编码：321400
电　　话：3216330

青田县支行
行　　长：叶晓东
地　　址：青田县鹤城镇龙津路120号
邮政编码：323900
电　　话：6832314

遂昌县支行
行　　长：叶祖军
地　　址：遂昌县妙高镇公园路97号
邮政编码：323300
电　　话：8124644

云和县支行
行　　长：何献平
地　　址：云和县云和镇中山路9号
邮政编码：323600
电　　话：5122991

松阳县支行
行　　长：张益农
地　　址：松阳县西屏镇新华路105号
邮政编码：323400
电　　话：8063349

景宁县支行
行　　长：吴振勇
地　　址：景宁县鹤溪镇新华路10号
邮政编码：323500
电　　话：5082655

庆元县支行
行　　长：李　斌
地　　址：庆元县松源镇云鹤路20号
邮政编码：323800
电　　话：6121240

舟山市中心支行
行　　长：吴勇敏
副 行 长：谢海潮　邬群珊　刘海应
地　　址：舟山市定海区昌国路26号
邮政编码：316000
电　　话：2061101

舟山市普陀区支行
行　　长：陈飞达
地　　址：舟山市普陀区沈家门街道同济路46号
邮政编码：316100
电　　话：3012871

岱山县支行
行　　长：张海浩
地　　址：岱山县高亭镇人民路116号
邮政编码：316200

电　　话：4473758

嵊泗县支行

行　　长：陆兴波
地　　址：嵊泗县菜园镇沙河路 263 号
邮政编码：312450
电　　话：5185185

中国银行业监督管理委员会在浙机构

浙江监管局

负 责 人：杨小苹
地　　址：杭州市解放路 187 号
邮政编码：310003
电　　话：87189900

温州监管分局

负 责 人：张有荣
地　　址：温州市车站大道福森大厦
邮政编码：325000
电　　话：88108818

嘉兴监管分局

负 责 人：周松方
地　　址：嘉兴市秀洲区新平路 21 号
邮政编码：314031
电　　话：82062688

湖州监管分局

负 责 人：徐卫国
地　　址：湖州市益民路 33 号
邮政编码：313000
电　　话：2288103

绍兴监管分局

负 责 人：夏朝光
地　　址：绍兴市延安路 226 号
邮政编码：312000
电　　话：88588208

金华监管分局

负 责 人：章银根
地　　址：金华市八一南路 123 号
邮政编码：321017
电　　话：82453229

衢州监管分局

负 责 人：毛长才
地　　址：衢州市西安路 42 号
邮政编码：324000
电　　话：3046631

台州监管分局

负 责 人：林　奇
地　　址：台州市中山西路 2 号
邮政编码：318000
电　　话：88553595

丽水监管分局

负 责 人：赵秀乐
地　　址：丽水市中山街 505 号
邮政编码：323000
电　　话：2161061

舟山监管分局

负 责 人：陈兆水
地　　址：舟山市西大街 44 号
邮政编码：316000
电　　话：2061037

宁波监管局

负 责 人：凌　敢
地　　址：宁波市江东北路 138 号
邮政编码：315040
电　　话：87737580

中国证券监督管理委员会在浙机构

浙江监管局

局　　长：王宝桐
副 局 长：傅　敏　蒋潇华
局长助理：韩　薇
地　　址：杭州市文三路 90 号 1 号楼 3 楼
邮政编码：310012
电　　话：88473333

宁波监管局

局　　长：吕逸君
副 局 长：陆意琴　李立国
地　　址：宁波市江东区中兴路 737 号天润商座 A 座 10 层
邮政编码：315040
电　　话：87175027

中国保险监督管理委员会在浙机构

浙江监管局

局　　长：吴勉坚

地　　址：杭州市体育场路105号凯喜雅大厦12楼
邮政编码：310004
电　　话：85777751

宁波监管局

局　　长：邓俊辉
副 局 长：姜国富　杨立旺
纪委书记：姜国富
地　　址：宁波市惊驾路555号泰富广场A座16—17楼
邮政编码：315042
电　　话：27996525

中国工商银行在浙机构

浙江省分行

行　　长：沈荣勤
副 经 理：田大章　叶定全　郁炯彦　吴翔江　李海明
纪委书记：刘岩方
工委主任：蔡航雁
地　　址：杭州市中河中路150号
邮　　编：310009
电　　话：87803888

浙江省分行营业部

总 经 理：杨　忆
地　　址：杭州市庆春路90号
邮政编码：310003
电　　话：87227000

营业部本级

行　　长：谭生明
地　　址：杭州市庆春路90号
邮政编码：310003
电　　话：87227067

羊坝头支行

行　　长：厉　伟
地　　址：杭州市中山中路261号
邮政编码：310001
电　　话：87029309

解放路支行

行　　长：黄震宇
地　　址：杭州市解放路223号
邮政编码：310001
电　　话：87925509

庆春路支行

行　　长：韩晓虹
地　　址：杭州市下城区庆春路188号
邮政编码：310003
电　　话：87215969

江城支行

行　　长：马国荣
地　　址：杭州市上城区江城区348号
邮政编码：310002
电　　话：86051508

湖墅支行

行　　长：龙卫东
地　　址：杭州市拱墅区湖墅南路377号
邮政编码：310005
电　　话：88377100

西湖支行

行　　长：张　杭
地　　址：杭州市上城区延安路300号
邮政编码：310006
电　　话：87781866

半山支行

行　　长：张超尔
地　　址：杭州市拱墅区半山路66—70号
邮政编码：310022
电　　话：88130031

武林支行

行　　长：胡　寅
地　　址：杭州市下城区体育场路399号
邮政编码：310006
电　　话：28988114

高新支行

行　　长：王晓澜
地　　址：杭州市西湖区文二路391号
邮政编码：310012
电　　话：89961388

保俶支行

行　　长：王永棋
地　　址：杭州市西湖区天目山路48号
邮政编码：310012
电　　话：88087818

城站支行
行　　长：周若谷
地　　址：杭州市上城区解放路20号
邮政编码：310009
电　　话：87171018

艮山支行
行　　长：蒋顺根
地　　址：杭州市下城区环城北路4号
邮政编码：310004
电　　话：85195515

经济开发区支行
行　　长：方　晓
地　　址：杭州市经济技术开发区迎宾路
邮政编码：310018
电　　话：86837858

钱江支行
行　　长：徐立维
地　　址：杭州市滨江区江晖路1761—1767号
邮政编码：310053
电　　话：86732600

朝晖支行
行　　长：林金平
地　　址：杭州市下城区朝晖路220号
邮政编码：310014
电　　话：85300965

开元支行
行　　长：陶明辉
地　　址：杭州市西湖区求是路公元大厦
邮政编码：310013
电　　话：87833730

浣纱支行
行　　长：李　智
地　　址：杭州市上城区将军路1号
邮政编码：310001
电　　话：87080012

众安支行
行　　长：金扬坤
地　　址：杭州市上城区庆春路159号
邮政编码：310006
电　　话：87210853

之江支行
行　　长：徐锡茂
地　　址：杭州市下城区凤起路98号
邮政编码：310003
电　　话：85802068

延中支行
行　　长：钟　毅
地　　址：杭州市下城区延安路314号
邮政编码：310006
电　　话：87077855

拱宸支行
行　　长：吕　群
地　　址：杭州市拱墅区台州街19号
邮政编码：310015
电　　话：88285901

城东支行
行　　长：周海雄
地　　址：杭州市江干区新塘路17—1、17—2、17—3号
邮政编码：310016
电　　话：86036188

萧山支行
行　　长：施锡昌
地　　址：杭州市萧山区城河街54号
邮政编码：311201
电　　话：82626049

江南支行
行　　长：钟伟刚
地　　址：杭州市萧山区市心北路191—193号
邮政编码：311500
电　　话：64626422

桐庐支行
行　　长：潘箭飞
地　　址：桐庐县城广场路169号
邮政编码：311500
电　　话：64622750

富阳支行
行　　长：金　宁
地　　址：富阳市富阳镇富春路47号
邮政编码：311400
电　　话：61707678

临安支行
行　　长：宋建艇

地　　址：临安市锦城镇城中街101号
邮政编码：311300
电　　话：63724054

余杭支行

行　　长：俞英姿
地　　址：杭州市余杭区邱山大街251号
邮政编码：311100
电　　话：86225534

城西支行

行　　长：陆　峰
地　　址：杭州市余杭区余杭镇山西园路128号
邮政编码：310007
电　　话：85833666

建德支行

副 行 长：沈春平
地　　址：建德市新安江镇新安路74号
邮政编码：311600
电　　话：64799021

淳安支行

行　　长：张晓华
地　　址：淳安县千岛湖镇排岭南路14号
邮政编码：311700
电　　话：64813385

宁波分行

行　　长：周志方
副 行 长：韩　旭　胡茂祥　王伟民
　　　　　董继松　蔡志文　陈　霄
纪委书记：江甬辉
地　　址：宁波市中山西路218号
邮政编码：315010
电　　话：87361135

市分行营业部

行　　长：潘海英
地　　址：宁波市中山西路218号新兴大厦
邮政编码：305010
电　　话：87361890

东门支行

行　　长：吴丹浪
地　　址：宁波市江厦街43号
邮政编码：315000
电　　话：87346431

鼓楼支行

行　　长：魏向前
地　　址：宁波市中山西路69号
邮政编码：315010
电　　话：87324899

江东支行

行　　长：刘　忠
地　　址：宁波市中山东路304号
邮政编码：315040
电　　话：87336286

兴宁支行

行　　长：景学峰
地　　址：宁波市兴宁路44—1号
邮政编码：315040
电　　话：87852919

新城支行

行　　长：唐剑峰
地　　址：宁波市江东区中兴路572—578号
邮政编码：315040
电　　话：87727066

江北支行

行　　长：林洪世
地　　址：宁波市人民路73号
邮政编码：315020
电　　话：87356220

国家高新区支行

行　　长：陈庆华
地　　址：宁波市江南路582、586号
邮政编码：315040
电　　话：87909870

镇海支行

行　　长：朱逸文
地　　址：宁波市镇海区苗圃路28号
邮政编码：315200
电　　话：86298818

北仑支行

行　　长：陈庆华
地　　址：宁波市北仑区中河路15号
邮政编码：315800
电　　话：86882802

经济技术开发区支行

行　　长：贺明国

地　　址：宁波市经济技术开发区金融裙楼
邮政编码：315803
电　　话：86223693

保税区支行

行　　长：徐　明
地　　址：宁波市北仑区庐山西路158号保税南区弘基广场5—8号
邮政编码：315800
电　　话：86885119

大榭支行

行　　长：孙　卫
地　　址：宁波大榭开发区行政商务区C—5地块
邮政编码：315812
电　　话：86768855

镇海石化支行

行　　长：范黔影
地　　址：宁波市镇海区蛟川街道炼化路218号
邮政编码：315207
电　　话：86456971

鄞州支行

行　　长：郑东林
地　　址：宁波市百丈路16号
邮政编码：315040
电　　话：87378733

余姚支行

行　　长：张伟明
地　　址：余姚市新建路58号
邮政编码：315400
电　　话：62623933

慈溪支行

行　　长：孙仲远
地　　址：慈溪市浒山街道三北西大街198号
邮政编码：315300
电　　话：63810885

象山支行

行　　长：裘建雄
地　　址：象山县靖南大街318号
邮政编码：315700
电　　话：65711588

奉化支行

行　　长：顾放钧
地　　址：奉化市公园路19号
邮政编码：315500
电　　话：88522396

宁海支行

行　　长：王旭东
地　　址：宁海县跃龙街道桃源中路185号
邮政编码：315600
电　　话：65562130

温州分行

行　　长：侯念东
党委副书记：王坚荣
副 行 长：张田茜　卓仲强　陶　飚
工会主席：戴　坚
行长助理：颜晓春　杨小武　邓逢春
地　　址：温州市人民东路2号工行大厦
邮政编码：325003
电　　话：88871071

营业部

总 经 理：陈　锋
地　　址：温州市人民东路2号工行大厦
邮政编码：325003
电　　话：88823214

鹿城支行

行　　长：叶傲霜
地　　址：温州市车站大道神力大厦
邮政编码：325000
电　　话：88998390

城东支行

行　　长：徐克加
地　　址：温州市环城东路东门大厦
邮政编码：325000
电　　话：88186777

马鞍池支行

行　　长：董志伟
地　　址：温州市飞霞南路银霞大厦
邮政编码：325003
电　　话：88829488

城西支行

行　　长：蔡　丰
地　　址：温州市杏花路188号

邮政编码：325000
电　　话：88531570

市中支行
行　　长：叶小舟
地　　址：温州市吴桥路口利府花苑
邮政编码：325000
电　　话：88631451

经济开发区支行
行　　长：吴　越
地　　址：温州市新城大道新城大厦
邮政编码：325003
电　　话：88917390

瓯海支行
行　　长：李战胜
地　　址：温州市瓯海区振瓯路33号
邮政编码：325005
电　　话：88534543

龙湾支行
行　　长：丁文东
地　　址：温州市龙湾区永中街道永强路32号
邮政编码：325024
电　　话：86889006

永嘉支行
行　　长：陈久春
地　　址：永嘉县瓯北镇双塔路工行大楼
邮政编码：325102
电　　话：67999801

瑞安支行
行　　长：邓逢春
地　　址：瑞安市万松路74号
邮政编码：325200
电　　话：65613387

乐清支行
行　　长：杨小武
地　　址：乐清市宁康东路168号
邮政编码：325600
电　　话：62573119

平阳支行
行　　长：黄向东
地　　址：平阳县鳌江镇新河中路68—70号
邮政编码：325401
电　　话：63620801

苍南支行
行　　长：陈向勇
地　　址：苍南县灵溪镇玉苍路127—151号
邮政编码：325800
电　　话：68711002

文成支行
行　　长：沈　川
地　　址：文成县大峃镇县前街139号
邮政编码：325300
电　　话：67861719

泰顺支行
行　　长：陈忠理
地　　址：泰顺县罗阳镇东大街12号
邮政编码：325500
电　　话：67582388

洞头支行
行　　长：王汉勇
地　　址：洞头县北岙镇连城大道迪特大楼
邮政编码：325700
电　　话：63382108

五马支行
行　　长：陈　骊
地　　址：温州市大南门诚达大厦
邮政编码：325000
电　　话：88869801

城南支行
行　　长：姜　来
地　　址：温州市学院西路83号
邮政编码：325000
电　　话：56802222

嘉兴分行
行　　长：沈　忻
副 行 长：洪跃庆　马敏娟　林士强
纪委书记：王青英
地　　址：嘉兴市禾兴南路419号
邮政编码：314001
电　　话：82168988

嘉善支行
行　　长：顾金华
地　　址：嘉善县魏塘镇解放东路8号
邮政编码：314100

电　　话：84021311

平湖支行

副 行 长：陈晓强

地　　址：平湖市人民西路 302 号

邮政编码：314200

电　　话：85019766

海宁支行

副 行 长：吕　忠

地　　址：海宁市海昌路 106 号

邮政编码：314400

电　　话：87224421

海盐支行

行　　长：徐建煜

地　　址：海盐县武原镇新桥南路 87 号

邮政编码：314300

电　　话：86031617

桐乡支行

行　　长：朱华斌

地　　址：桐乡市梧桐街道振兴西路 3 号

邮政编码：314500

电　　话：88108622

湖州分行

行　　长：卜克强

副 行 长：李　强　宋　军　李幼平　王锦平

工会主席：许　勤

地　　址：湖州市红旗路 48 号

邮政编码：313000

电　　话：2056018

吴兴支行

行　　长：王震乾

地　　址：湖州市人民路 96 号

邮政编码：313000

电　　话：2021628

开发区支行

行　　长：戴克英

地　　址：湖州市青铜路 108 号

邮政编码：313000

电　　话：2120693

德清支行

行　　长：章星亮

地　　址：德清县武康镇永安街 56 号

邮政编码：313200

电　　话：8073678

长兴支行

行　　长：葛建明

地　　址：长兴县雉城镇金陵中路 218 号

邮政编码：313100

电　　话：6022820

安吉支行

行　　长：姚　润

地　　址：安吉县递铺镇玉华路 23 号

邮政编码：313300

电　　话：5021001

南浔支行

行　　长：王立敏

地　　址：湖州市南浔镇泰安路 368 号

邮政编码：313009

电　　话：3913638

织里支行

行　　长：田立新

地　　址：湖州市织里镇织里北路 72A—8、72A—9 号

邮政编码：313008

电　　话：3920137

绍兴分行

行　　长：蒋　伟

副 行 长：李越强　赵意平　张德君

纪委书记：王金荣

工会主席：沈旦丹

行长助理：周建钢

地　　址：绍兴市胜利东路 180 号

邮政编码：312000

电　　话：85208599

城东支行

行　　长：吕伟军

地　　址：绍兴市鲁迅中路 483 号

邮政编码：312000

电　　话：85137254

城北支行

行　　长：汤爱萍

地　　址：绍兴市人民西路 52 号

邮政编码：312000

电　　话：85086281

越城支行
副行长：董晓江(主持工作)
地　　址：绍兴市解放南路655号
邮政编码：312000
电　　话：88325274
绍兴支行
行　　长：俞美霞
地　　址：绍兴县柯桥镇鉴湖路29号
邮政编码：312030
电　　话：84566039
诸暨支行
副 行 长：郭世清
地　　址：诸暨市暨阳路158号
邮政编码：311800
电　　话：87014183
上虞支行
副行长：张宏炬(主持工作)
地　　址：上虞市新建路2号
邮政编码：312300
电　　话：82118165
嵊州支行
行　　长：傅锡炎
地　　址：嵊州市鹿山路178号
邮政编码：312400
电　　话：83031341
新昌支行
行　　长：张志平
地　　址：新昌县南明街道鼓山中路159号
邮政编码：312500
电　　话：86229987
袍江支行
行　　长：孙　杰
地　　址：袍江开发区世纪街星元南岸花园2幢商务楼
邮政编码：312000
电　　话：88133515

金华分行

行　　长：赵丹蓓
副 行 长：金华强　刘关兵　郑　昕　章明广
纪委书记：陈跃英
工会主席：黄　熙
地　　址：金华市八一北路595号
邮政编码：321000
电　　话：82308092
铁岭头支行
行　　长：黄　熙
地　　址：金华市中山路138号
邮政编码：321000
电　　话：82339226
经济开发区支行
行　　长：陈美华
地　　址：金华市宾虹路500号
邮政编码：321017
电　　话：82370139
婺城支行
行　　长：郭巧灵
地　　址：金华市解放西路399号
邮政编码：321000
电　　话：82354681
武义支行
行　　长：江国华
地　　址：武义县武阳中路8号
邮政编码：321200
电　　话：87631303
永康支行
行　　长：金小山
地　　址：永康市九铃东路3027号
邮政编码：321300
电　　话：87112032
东阳支行
行　　长：邵格良
地　　址：东阳市人民路88号
邮政编码：322100
电　　话：86632746
浦江支行
行　　长：楼巧云
地　　址：浦江县人民东路79号
邮政编码：322200
电　　话：84112728
磐安支行
行　　长：朱　青
地　　址：磐安县海螺街5号
邮政编码：322300

电　　话：84663918

兰溪支行

行　　长：朱东清

地　　址：兰溪市丹溪大道 23 号

邮政编码：321100

电　　话：88884266

衢州分行

行　　长：方必平

副 行 长：黄宇飞　吴建民　黄荆和

纪委书记：郭志英

地　　址：衢州市上街 66 号

邮政编码：324000

传真电话：3022969

南区支行

行　　长：严晓红

地　　址：衢州市荷花中路 216 号

邮政编码：324002

传真电话：3083046

柯城(原北区)支行

行　　长：李益民

地　　址：衢州市西安路 41 号

邮政编码：324000

传真电话：3020062

衢化支行

行　　长：余　峰

地　　址：衢州市衢化南一道 6 号

邮政编码：324004

传真电话：3066951

江山支行

行　　长：毛绍余

地　　址：江山市中山路 3 号

邮政编码：324100

传真电话：4022374

龙游支行

行　　长：江　俊

地　　址：龙游县太平东路 112 号

邮政编码：324400

传真电话：7021000

常山支行

行　　长：吴国俊

地　　址：常山县大街 71 号

邮政编码：324200

传真电话：5022103

开化支行

行　　长：谷　峰

地　　址：开化县芹南路 11 号

邮政编码：324300

传真电话：6013143

衢江支行

行　　长：周朝晖

地　　址：衢州市衢江区振兴中路 78 号

邮政编码：3240022

传真电话：3026713

台州分行

行　　长：王国才

副 行 长：杨志友　张丽君　陈文伟
　　　　　赵　勇

纪委书记：孙保华

工会主席：陈文杰

地　　址：台州市椒江区市府大道 609 号

邮政编码：318000

电　　话：88885888

经济开发区支行

行　　长：袁　军

地　　址：台州市椒江区市府大道 299 号

邮政编码：318000

电　　话：88528506

椒江支行

行　　长：俞监峰

地　　址：台州市椒江区解放北路 1 号

邮政编码：318000

电　　话：88881776

路桥支行

行　　长：蔡　宁

地　　址：台州市路桥区西路桥大道 150 号

邮政编码：318050

电　　话：82588688

黄岩支行

行　　长：伍友权

地　　址：台州市黄岩区青年东路 122 号

邮政编码：318020

电　　话：84228791

温岭支行

行　　长：李震宇

地　　址：温岭市太平街道万寿路 2 号
邮政编码：317500
电　　话：86206548

玉环支行

行　　长：潘长枝
地　　址：玉环县珠港镇广陵路 107 号
邮政编码：317600
电　　话：87250618

临海支行

行　　长：朱支刚
地　　址：临海市回浦路 28 号
邮政编码：317000
电　　话：85112811

仙居支行

行　　长：张仕乾
地　　址：仙居县城关城北西路 1 号
邮政编码：317300
电　　话：87772374

三门支行

行　　长：虞毅奋
地　　址：三门县海游镇南山路 105 号
邮政编码：317100
电　　话：83356603

天台支行

行　　长：应海卿
地　　址：天台县赤城街道劳动路 65 号
邮政编码：317200
电　　话：83882292

丽水分行

行　　长：徐晓伟
副 行 长：赵志德
纪委书记：戴春景
工会主席：叶莉玲
行长助理：叶燕春　许　寅
地　　址：丽水市丽阳街 555 号
邮政编码：323000
电　　话：2141693

莲城支行

行　　长：林　青
地　　址：丽水市解放街 346 号
邮政编码：323000
电　　话：2121890

莲都支行

行　　长：吴庆青
地　　址：丽水市解放街 78 号
邮政编码：323000
电　　话：2113081

青田支行

行　　长：陈剑锋
地　　址：青田县圣旨街 1 号
邮政编码：323900
电　　话：6822265

缙云支行

副 行 长：李伟胜(主持工作)
地　　址：缙云县溪滨北路 35 号
邮政编码：321400
电　　话：3216506

龙泉支行

行　　长：郑亚林
地　　址：龙泉市中山西路 12 号
邮政编码：323700
电　　话：7123507

遂昌支行

行　　长：王心军
地　　址：遂昌县城西街 2 号
邮政编码：323300
电　　话：8123552

云和支行

行　　长：叶　秋
地　　址：云和县中山路 129 号
邮政编码：323600
电　　话：5122730

舟山分行

副 行 长：谢素薇(主持工作)
副 行 长：李松国　黄　辉
工委主任：姜志强
行长助理：虞英松
地　　址：舟山市定海区人民南路 16 号
邮政编码：316000
电　　话：2026096

解放路支行

行　　长：陈荣华
地　　址：舟山市定海区解放西路 26 号
邮政编码：316000

电　　话：2031440

定海支行

行　　长：周亚萍
地　　址：舟山市定海区人民中路 101 号
邮政编码：316000
电　　话：2051030

普陀支行

行　　长：柴志安
地　　址：舟山市普陀区沈家门同济路 45 号
邮政编码：316100
电　　话：3012752

岱山支行

行　　长：赵嘉军
地　　址：岱山县高亭镇人民路 76 号
邮政编码：316200
电　　话：4484288

嵊泗支行

行　　长：董　雷
地　　址：嵊泗县菜园镇云龙路 8 号
邮政编码：312450
电　　话：5084342

义乌分行

副 行 长：沈初阳（主持工作）
副 行 长：田　真　周有民　楼创新
地　　址：义乌市篁园路 128 号
邮政编码：322000
电　　话：85459000

中国农业银行在浙机构

浙江省分行

行　　长：赵忠世
副 行 长：费国忠　汪水云　杨高明
　　　　　顾兆铭　陈福良
地　　址：杭州市长庆街 55 号
邮政编码：310003
电　　话：87226000

省分行营业部

总 经 理：沈建林
副总经理：赵志芳　何育芳　舒身正
　　　　　殷小岚　屠煜林　沈锦伟
　　　　　许文江
地　　址：杭州市庆春路 30 号
邮政编码：310003
电　　话：87228659

杭州萧山支行

行　　长：沈锦伟
地　　址：杭州市萧山区城厢镇人民路 156 号
邮政编码：311201
电　　话：82623041

杭州余杭支行

行　　长：何建龙
地　　址：杭州市余杭区临平镇邱山大街 140 号
邮政编码：311100
电　　话：86240161

富阳市支行

行　　长：华　江
地　　址：富阳市迎宾路 80 号
邮政编码：311400
电　　话：63322912

临安市支行

行　　长：汤一峰
地　　址：临安市锦城镇钱王街 960 号
邮政编码：311300
电　　话：63721076

桐庐县支行

副 行 长：姚骁勇
地　　址：桐庐县桐庐镇迎春街 35 号
邮政编码：311500
电　　话：64623582

建德市支行

行　　长：刘冬林
地　　址：建德市新安江镇严东关路 37 号
邮政编码：311600
电　　话：64721356

淳安县支行

行　　长：汪黎明
地　　址：淳安县千岛湖镇新安大街 90 号
邮政编码：311700
电　　话：64813268

杭州城东支行

行　　长：邵　红
地　　址：杭州市秋涛北路 170 号
邮政编码：310003

电　　话：2886605

杭州中山支行

行　　长：蒋伟法
地　　址：杭州市中山中路188号
邮政编码：310002
电　　话：87804483

杭州西湖支行

行　　长：杨子华
地　　址：杭州市体育场路454号
邮政编码：310007
电　　话：85211027

杭州之江支行

副 行 长：郑　磊
地　　址：杭州市湖墅南路418号
邮政编码：310005
电　　话：88062930

杭州城西支行

副 行 长：汪国平
地　　址：杭州市文二路202号
邮政编码：310012
电　　话：88867259

杭州解放路支行

副 行 长：毛婵娟
地　　址：杭州市解放路213号
邮政编码：310009
电　　话：87706624

杭州延安路支行

行　　长：徐　萍
地　　址：杭州市延安路521号
邮政编码：310006
电　　话：85062839

杭州滨江支行

副 行 长：沈为民
地　　址：杭州市滨江区滨安路193号
邮政编码：310006
电　　话：86686260

杭州下沙支行

副 行 长：尤伟华
地　　址：杭州市经济技术开发区三号路
邮政编码：310018
电　　话：86912956

杭州浙大支行

行　　长：娄国海
地　　址：杭州市浙大路39号
邮政编码：310013
电　　话：87996233

杭州保俶支行

副 行 长：潘如春
地　　址：杭州市中山北路308号
邮政编码：310003
电　　话：85774020

宁波分行

副 行 长：彭超英(主持工作)
副 行 长：殷志云　胡炜铭　徐立君
纪委书记：钱　婷
地　　址：宁波市江东区中山东路518号
邮政编码：315040
电　　话：87353537

市分行营业部

行　　长：许惠光
地　　址：宁波市彩虹北路88号
邮政编码：315040
电　　话：89103759

慈溪支行

行　　长：张定伟
地　　址：慈溪市青少年宫北路777号
邮政编码：315300
电　　话：63899932

余姚支行

行　　长：韩朝阳
地　　址：余姚市南滨江路238号
邮政编码：315400
电　　话：62625424

奉化支行

行　　长：朱国耀
地　　址：奉化市锦屏街道体育场路14号
邮政编码：315500
电　　话：88965039

象山支行

行　　长：陈建明
地　　址：象山丹城靖南路218号
邮政编码：315700
电　　话：65724485

宁海支行
行　　长：周乾文
地　　址：宁海县跃龙街道桃源南路 238 号
邮政编码：315600
电　　话：65563523

鄞州支行
行　　长：孙国峰
地　　址：宁波市鄞州中心区惠风东路 188 号
邮政编码：315100
电　　话：87973008

镇海支行
行　　长：钱建伟
地　　址：宁波市镇海区城河西路 328 号
邮政编码：315200
电　　话：86273328

北仑支行
行　　长：徐文金
地　　址：宁波市北仑区新矸街道明州路 195 号
邮政编码：315800
电　　话：86863686

大榭支行
行　　长：孙惠刚
地　　址：宁波市大榭行政商务区信拓路 227 号
邮政编码：315812
电　　话：86763299

海曙支行
行　　长：陆建青
地　　址：宁波市中山西路 239 号
邮政编码：315000
电　　话：87318834

江北支行
行　　长：李志江
地　　址：宁波市人民路 79 号
邮政编码：315020
电　　话：87386071

江东支行
行　　长：傅　祥
地　　址：宁波市中山东路 325 号
邮政编码：315040
电　　话：87992000

杭州湾新区支行
行　　长：范　勇
地　　址：宁波市杭州湾新区商贸街 6 号楼
邮政编码：315336
电　　话：63071616

温州分行

行　　长：吴建伟
副 行 长：陈绍桂　程　凯　詹云国
　　　　　苏晓红　缪文林　柯茜茜
　　　　　包　静
地　　址：温州市小南路农行大厦
邮政编码：325000
电　　话：88245678

乐清市支行
行　　长：王益盛
地　　址：乐清市宁康东路 1 号
邮政编码：325600
电　　话：62573381

瑞安市支行
行　　长：詹丰杰
地　　址：瑞安市安阳新区 A 区农行大厦
邮政编码：325200
电　　话：65613229

永嘉县支行
行　　长：卢立楚
地　　址：永嘉县上塘镇环城西路 606 号
邮政编码：325100
电　　话：67222752

平阳县支行
行　　长：曾惠平
地　　址：平阳县鳌江镇新河中路 1 号
邮政编码：325401
电　　话：63630013

苍南县支行
行　　长：韩永忠
地　　址：苍南县灵溪镇玉苍路 666 号
邮政编码：325800
电　　话：64752158

文成县支行
行　　长：熊　倩
地　　址：文成县城关镇建设路 141 号
邮政编码：325300

电　　话：67862550

泰顺县支行

行　　长：苏志国
地　　址：泰顺县罗阳镇城北路82号
邮政编码：325500
电　　话：67593609

洞头县支行

行　　长：金星义
地　　址：洞头县北岙镇中心街260号
邮政编码：325700
电　　话：63483811

温州中山支行

行　　长：金　安
地　　址：温州市飞霞北路89号
邮政编码：325003
电　　话：88181815

温州市中支行

行　　长：黄益巧
地　　址：温州市广场路广府商厦北幢
邮政编码：325000
电　　话：88231122

温州城东支行

行　　长：谢　敏
地　　址：温州市车站大道裕达大厦一楼
邮政编码：325000
电　　话：88650578

温州鹿城支行

行　　长：汪剑雄
地　　址：温州市学院西路38号
邮政编码：325000
电　　话：88856168

温州开发区支行

行　　长：姜方洪
地　　址：温州市龙湾区汤家桥南路开发区大厦裙楼
邮政编码：325011
电　　话：86537788

温州龙湾支行

行　　长：潘　敏
地　　址：温州市龙湾区温强路450号
邮政编码：325011
电　　话：86251361

温州瓯海支行

行　　长：张国强
地　　址：温州市将军桥兴海路2号
邮政编码：325005
电　　话：88520678

嘉兴分行

行　　长：裘少士
副 行 长：孙宏卫　应勤文　李　萌　宋社宝　苏长明
地　　址：嘉兴市斜西街383号
邮政编码：314000
电　　话：2051818

桐乡市支行

行　　长：杨宏业
地　　址：桐乡市梧桐镇振兴路41号
邮政编码：314500
电　　话：8103136

海宁市支行

行　　长：陈宏平
地　　址：海宁市海昌路100号
邮政编码：314400
电　　话：7233033

平湖市支行

行　　长：李风华
地　　址：平湖市城关镇城南东路172号
邮政编码：314200
电　　话：5114245

嘉善县支行

行　　长：单伟平
地　　址：嘉善县魏塘镇解放东路285号
邮政编码：314100
电　　话：4126759

海盐县支行

副 行 长：胡　隽
地　　址：海盐县海滨西路89—90号
邮政编码：314300
电　　话：6037588

嘉兴秀洲支行

行　　长：冯国强
地　　址：嘉兴市龙升东路1358号
邮政编码：314000
电　　话：2206977

嘉兴南湖支行
行　　长：严雪林
地　　址：嘉兴市中山路87号
邮政编码：314000
电　　话：2058918

嘉兴中山支行
行　　长：周永新
地　　址：嘉兴市中山西路226号
邮政编码：314001
电　　话：2087026

嘉兴开发区支行
行　　长：朱建峰
地　　址：嘉兴市经济开发区友谊路
邮政编码：314001
电　　话：2115427

湖州分行

行　　长：李智馨
副 行 长：陶　欣　谭卓勇　刘承镜
　　　　　吴　伟
地　　址：湖州市人民路88号
邮政编码：313000
电　　话：2502057

德清县支行
行　　长：许　海
地　　址：德清县武康镇永安街115号
邮政编码：313200
电　　话：8065690

长兴县支行
行　　长：闵云忠
地　　址：长兴县雉城镇解放东路289号
邮政编码：313100
电　　话：6025744

安吉县支行
副 行 长：姚纳中
地　　址：安吉县递铺镇胜利路223号
邮政编码：313300
电　　话：5021818

湖州南浔支行
行　　长：金鹤凌
地　　址：湖州市南浔镇嘉业路138号
邮政编码：313009
电　　话：3912724

湖州织里支行
副 行 长：潘海龙
地　　址：湖州市织里镇富民路58号
邮政编码：313008
电　　话：3920171

湖州城中支行
副 行 长：郑培荣
地　　址：湖州市红旗路87号
邮政编码：313000
电　　话：2026613

湖州开发区支行
行　　长：严　旭
地　　址：湖州市太湖路41号
邮政编码：313000
电　　话：2100638

湖州吴兴支行
副 行 长：王　坤
地　　址：湖州市威莱大街65号
邮政编码：313000
电　　话：2035793

绍兴分行

行　　长：朱文达
副 行 长：王海昌　俞仲雄　楼天建
　　　　　石　锋　屠永清　蔡崎峰
地　　址：绍兴市人民西路297号
邮政编码：312000
电　　话：5137001

绍兴县支行
行　　长：王金春
地　　址：绍兴市金柯桥大道333号
邮政编码：312000
电　　话：4131388

上虞市支行
行　　长：沈建明
地　　址：上虞市百官镇人民中路165—169号
邮政编码：312300
电　　话：2014617

诸暨市支行
行　　长：阮剑良
地　　址：诸暨市暨阳街道艮塔路11号
邮政编码：311800

电　　话：7013323

嵊州市支行

副 行 长：陈　军
地　　址：嵊州市城关镇东南路2号
邮政编码：312400
电　　话：3032343

新昌县支行

副 行 长：丁望阳
地　　址：新昌县城关镇鼓山中路1号
邮政编码：312500
电　　话：6022397

绍兴越城支行

行　　长：何建富
地　　址：绍兴市人民中路349号
邮政编码：312000
电　　话：5147682

绍兴越中支行

行　　长：徐宏伟
地　　址：绍兴市解放北路600号
邮政编码：312000
电　　话：5140547

绍兴城西支行

行　　长：王　湃
地　　址：绍兴市人民中路62号
邮政编码：312000
电　　话：5127249

绍兴稽山支行

行　　长：葛建良
地　　址：绍兴市上大路158号
邮政编码：312000
电　　话：5136539

金华分行

行　　长：贾正生
副 行 长：陈　义　陈国荣　楼　凯
　　　　　胡　乐
地　　址：金华市八一北街433号
邮政编码：321000
电　　话：2305177

东阳市支行

行　　长：曹华生
地　　址：东阳市吴宁镇人民路79号
邮政编码：322100
电　　话：6632306

永康市支行

副 行 长：吕晓东
地　　址：永康市南苑路38号
邮政编码：321300
电　　话：7182405

义乌市支行

行　　长：张山明
地　　址：义乌市工人西路20号
邮政编码：322000
电　　话：5539366

浦江县支行

行　　长：傅金波
地　　址：浦江县浦阳镇和平南路
邮政编码：322200
电　　话：4112725

兰溪市支行

行　　长：马政良
地　　址：兰溪市丹溪大道17号
邮政编码：321100
电　　话：8884681

武义县支行

行　　长：徐海春
地　　址：武义县府前街金汇大厦
邮政编码：321200
电　　话：7668971

磐安县支行

行　　长：章如军
地　　址：磐安县安文镇文明街6号
邮政编码：322300
电　　话：4661247

金华开发区支行

行　　长：应　敏
地　　址：金华市八一南街216号
邮政编码：321017
电　　话：2374489

金华婺城支行

行　　长：郭卫平
地　　址：金华市八一北路248号
邮政编码：321000
电　　话：2322207

金华江北支行
行　　长：葛政涛
地　　址：金华市中山路 319 号
邮政编码：321000
电　　话：2323451

金华金东支行
行　　长：陈彩梅
地　　址：金华市人民东路 438 号
邮政编码：321000
电　　话：2111516

金华城西支行
行　　长：钱利生
地　　址：金华市人民西路 763 号
邮政编码：321001
电　　话：2354893

衢州分行
行　　长：章增强
副 行 长：俞栋珠　颜先福　吴渭云　张志永
地　　址：衢州市下街 60 号
邮政编码：324000
电　　话：3024380

龙游县支行
行　　长：徐寅生
地　　址：龙游县龙游镇太平东路 108 号
邮政编码：324400
电　　话：7021832

江山市支行
行　　长：钱江清
地　　址：江山市解放路 1 号
邮政编码：324100
电　　话：4021563

常山县支行
行　　长：严永胜
地　　址：常山县天马镇文峰东路 35 号
邮政编码：324200
电　　话：5021371

开化县支行
行　　长：徐廷河
地　　址：开化县城关镇环城路 10 号
邮政编码：324300
电　　话：6013415

衢州柯城支行
行　　长：李世荣
地　　址：衢州市西安路 38 号
邮政编码：324000
电　　话：3022297

衢州衢化支行
行　　长：俞亚洲
地　　址：衢州市巨化文昌路
邮政编码：324004
电　　话：3067411

衢州南区支行
副 行 长：王力华
地　　址：衢州市荷花中路 1 号
邮政编码：324002
电　　话：3083673

衢州衢江支行
行　　长：何文远
地　　址：衢江区沈家
邮政编码：324022
电　　话：2830019

台州分行
行　　长：金跃强
副 行 长：鲍敏冲　宋　源　李时景　蔡肖辉　陈维钢　吴章强
地　　址：台州市椒江区中山西路 436 号
邮政编码：318000
电　　话：8839511

临海市支行
行　　长：刘　勇
地　　址：临海市鹿城路 227 号
邮政编码：317000
电　　话：5229363

温岭市支行
行　　长：吴章强
地　　址：温岭市太平镇三星大道 41 号
邮政编码：317500
电　　话：6222686

玉环县支行
行　　长：王世平
地　　址：玉环县玉兴东路 30 号
邮政编码：317600
电　　话：7222537

三门县支行
行　　长：王　昆
地　　址：三门县人民路89号
邮政编码：317100
电　　话：3332678

天台县支行
行　　长：洪仁杰
地　　址：天台县人民东路149号
邮政编码：317200
电　　话：3881652

仙居县支行
行　　长：郑荣伟
地　　址：仙居县西门街5号
邮政编码：317300
电　　话：7773686

台州椒江支行
行　　长：卢　刚
地　　址：台州市椒江区中山西路78号
邮政编码：318000
电　　话：8881280

台州黄岩支行
行　　长：张志坚
地　　址：台州市黄岩区天长南路83号
邮政编码：318020
电　　话：4223855

台州路桥区支行
行　　长：周　斌
地　　址：台州市路桥区商海南街1号
邮政编码：318050
电　　话：2420200

台州开发区支行
行　　长：张毅力
地　　址：台州市椒江区东环大道37号
邮政编码：318000
电　　话：8551003

台州海门支行
行　　长：周孟斌
地　　址：台州市椒江区解放南路36号
邮政编码：318000
电　　话：8808483

丽水分行
行　　长：陈忠献
副 行 长：应根淼　饶新光　金仁樟
　　　　　周兆祥　陈德龙
地　　址：丽水市解放街260号
邮政编码：323000
电　　话：2130061

青田县支行
行　　长：刘超荣
地　　址：青田县鹤城镇鹤城中路58号
邮政编码：323900
电　　话：6822385

缙云县支行
行　　长：陈金卫
地　　址：缙云县五云镇溪滨北路104号
邮政编码：321400
电　　话：3131481

龙泉市支行
副 行 长：黄旭彪
地　　址：龙泉市中山西路35号
邮政编码：323700
电　　话：7111618

庆元县支行
行　　长：吴水亮
地　　址：庆元县松源镇石龙街70号
邮政编码：323800
电　　话：6124920

遂昌县支行
行　　长：巫利鸿
地　　址：遂昌县妙高镇公园路140号
邮政编码：323300
电　　话：8123696

松阳县支行
副 行 长：夏银光
地　　址：松阳县西屏镇新华路41号
邮政编码：323400
电　　话：8063492

云和县支行
行　　长：张前进
地　　址：云和县中山街162号
邮政编码：323600
电　　话：5121737

景宁县支行
行　　长：雷励雄

地　　址：景宁县鹤溪镇人民中路 208 号
邮政编码：323500
电　　话：5082050

丽水处州支行

行　　长：王灵勇
地　　址：丽水市中东路 557 号
邮政编码：323000
电　　话：2129188

丽水莲都支行

行　　长：刘晓海
地　　址：丽水市城关镇解放街 126 号
邮政编码：323000
电　　话：2134672

舟山分行

行　　长：王　良
副 行 长：陆央华　李建平　郑方彪
　　　　　任海涛　陈礼岳
地　　址：舟山市定海区环城东路 66 号
邮政编码：316000
电　　话：2022885

岱山县支行

行　　长：倪剑平
地　　址：岱山县高亭镇人民路 72 号
邮政编码：316200
电　　话：4473098

嵊泗县支行

行　　长：车海定
地　　址：嵊泗县菜园镇沙河路 78 号
邮政编码：202450
电　　话：5081659

舟山定海支行

行　　长：王永毅
地　　址：舟山市定海区解放西路 118 号
邮政编码：316000
电　　话：2023801

舟山普陀支行

行　　长：费刚林
地　　址：舟山市普陀区滨港路 268 号
邮政编码：316100
电　　话：3013695

舟山普陀山支行

行　　长：应万军
地　　址：舟山市普陀山梅岑路 105 号
邮政编码：316107
电　　话：6091528

舟山南珍支行

行　　长：周松合
地　　址：舟山市定海区解放西路 118 号
邮政编码：316000
电　　话：2028839

中国银行在浙机构

浙江省分行

行　　长：陈　石
副 行 长：董桂芳　季震环　黄志强
纪委书记：孙鲁伟
行长助理：刘旭伟　韩　竹
地　　址：杭州市凤起路 321 号
邮政编码：310003
电　　话：85011888

庆春支行

行　　长：徐巍巍
副 行 长：李初阳　富宏伟　邓勇航
地　　址：杭州市下城区延安路 320 号
邮政编码：310006
电　　话：85011888

钱塘支行

行　　长：金　溢
地　　址：杭州市西湖大道 58 号
邮政编码：310009
电　　话：85011888

西湖支行

行　　长：马　骏
地　　址：杭州市上城区华光巷 44 号
邮政编码：310002
电　　话：85011888

望江支行

行　　长：包玉球
地　　址：杭州市江城路 560 号
邮政编码：310002
电　　话：85011888

中山支行

行　　长：李萌枝
地　　址：杭州市中山中路 131—133 号

邮政编码：310002
电　　话：85011888
新中国支行
行　　长：徐国标
地　　址：杭州市开元路50号
邮政编码：310001
电　　话：85011888
解放路支行
行　　长：吕　瑾
地　　址：杭州市解放路122号
邮政编码：310009
电　　话：85011888
涌金支行
行　　长：黄开颜
地　　址：杭州市上城区劳动路177号
邮政编码：310002
电　　话：85011888
复兴支行
行　　长：冯　喆
地　　址：杭州市上城区紫花路8号
邮政编码：310008
电　　话：85011888
近江支行
行　　长：俞　勇
地　　址：杭州市秋涛路473号
邮政编码：310016
电　　话：85011888
钱江路支行
行　　长：包文鲜
地　　址：杭州市上城区滨江四号区在水一方公寓一楼
邮政编码：310016
电　　话：85011888
高新技术开发区支行
行　　长：许文醉
副 行 长：张　明　范伟珍　周　俊　叶常青
地　　址：杭州市文三路388号
邮政编码：310012
电　　话：85011888
文一支行
行　　长：付依黎
地　　址：杭州市西湖区文一路310号
邮政编码：310012
电　　话：85011888
中晖支行
行　　长：谢　芳
地　　址：杭州市西湖区文三路2号
邮政编码：310006
电　　话：85011888
世贸支行
行　　长：胡海英
地　　址：杭州市西湖区曙光路122号
邮政编码：310007
电　　话：85011888
德迦支行
行　　长：胡晓东
地　　址：杭州市西湖区文二西路327号德加公寓东区一楼
邮政编码：310012
电　　话：85011888
浙大支行
行　　长：俞小萍
地　　址：杭州市西湖区求是路28、30号
邮政编码：310013
电　　话：85011888
杭大支行
行　　长：吴春华
地　　址：杭州市西湖区教工路50号
邮政编码：310007
电　　话：85011888
西城支行
行　　长：应　健
地　　址：杭州市文二西路551号西城广场一楼
邮政编码：310013
电　　话：85011888
世纪新城支行
行　　长：李　嫌
地　　址：杭州市西湖区文二西路62号世纪新城底层商铺
邮政编码：310051
电　　话：85011888

古墩路支行
行　　长：廖文胜
地　　址：杭州市西湖区古墩路16—1号、16—2号、16—3号、16—4号
邮政编码：310012
电　　话：85011888

教工路支行
行　　长：柳　杭
地　　址：文一路183号、185号
邮政编码：310012
电　　话：85011888

紫金港支行
行　　长：谢惠祥
地　　址：杭州市申花路798号
邮政编码：310001
电　　话：85011888

经济技术开发区支行
行　　长：毛强华
副 行 长：郑　杰　李　峰　王　伟
地　　址：杭州经济技术开发区3号大街17号
邮政编码：310018
电　　话：85011888

下沙支行
行　　长：姜　珩
地　　址：杭州市经济技术开发区学林街1254、1256号
邮政编码：310018
电　　话：85011888

出口加工区支行
行　　长：陈俊达
地　　址：杭州经济技术开发区12号大街18号楼
邮政编码：310018
电　　话：85011888

九堡支行
行　　长：王利华
地　　址：杭州市江干区杭海路1189号
邮政编码：310019
电　　话：85011888

开元支行
行　　长：金旭君
副 行 长：曾军燕　李勇明　孙　波
地　　址：杭州市凤起路88号
邮政编码：310003
电　　话：85011888

中大支行
行　　长：冯伟莉
地　　址：杭州市下城区中山北路366号中大广场A座1—2层
邮政编码：310003
电　　话：85011888

武林支行
行　　长：张碧慧
地　　址：杭州市西湖区环城西路89号
邮政编码：310003
电　　话：85011888

天水支行
行　　长：朱元红
地　　址：杭州市中山北路373号
邮政编码：310003
电　　话：85011888

国都支行
行　　长：莫际平
地　　址：杭州市下城区上塘路1号
邮政编码：310014
电　　话：85011888

建中支行
行　　长：张立萍
地　　址：杭州市上城区庆春路39号
邮政编码：310003
电　　话：85011888

建北支行
行　　长：高　峰
地　　址：杭州市建国北路591—593号
邮政编码：310004
电　　话：85011888

仙林桥支行
行　　长：金　良
地　　址：杭州市中山北路110—112号
邮政编码：310003
电　　话：85011888

凤起支行
行　　长：舒春霖

地　　址：杭州市凤起路281号
邮政编码：310003
电　　话：85011888

望湖支行

行　　长：楼咏梅
地　　址：杭州市下城区武林路408号
邮政编码：310003
电　　话：85011888

东方支行

行　　长：李　振
地　　址：杭州市上城区庆春路145号
邮政编码：310003
电　　话：85011888

和平支行

行　　长：卢丽娜
地　　址：杭州市朝晖路109号
邮政编码：310003
电　　话：85011888

朝源支行

行　　长：张彩红
地　　址：杭州市文晖路283号
邮政编码：310003
电　　话：85011888

城北支行

行　　长：余丽芬
副 行 长：姚　涌　徐漫红
地　　址：杭州市拱墅区金华路58号
邮政编码：310015
电　　话：85011888

文晖支行

行　　长：李伟东
地　　址：杭州市拱墅区香积寺路221—223号
邮政编码：310014
电　　话：85011888

潮王支行

行　　长：郭顺华
地　　址：杭州市下城区潮王路51号
邮政编码：310014
电　　话：85011888

拱北支行

行　　长：丁嫣娜
地　　址：杭州市拱墅区拱北小区蚕花园永和坊12幢底层
邮政编码：310015
电　　话：85011888

信义坊支行

行　　长：倪竟超
地　　址：杭州市拱墅区湖墅南路信义坊步行街珠儿潭楼底层241—243、249—250号
邮政编码：310011
电　　话：85011888

湖墅支行

行　　长：汪鹏飞
地　　址：杭州市拱墅区湖墅南路304号
邮政编码：310005
电　　话：85011888

城东支行

行　　长：许海峰
副 行 长：蔡　钢　张学松　胡晓鹏
地　　址：杭州市江干区新塘路99号
邮政编码：310020
电　　话：85011888

天元支行

行　　长：严　瑾
地　　址：杭州市江干区钱潮路2号杭州天元大厦一楼
邮政编码：310020
电　　话：85011888

沁园支行

行　　长：沈　晨
地　　址：杭州市江干区机场路163号
邮政编码：310004
电　　话：85011888

双菱支行

行　　长：居彤文
地　　址：杭州市双菱路116号
邮政编码：310020
电　　话：85011888

濮家支行

行　　长：王　伟
地　　址：杭州市江干区濮家新村20幢底层
邮政编码：310004

电　　话：85011888

东站支行

行　　长：马　俊

地　　址：杭州市江干区艮山西路 162 号

邮政编码：310017

电　　话：85011888

四季青支行

行　　长：胡淤平

地　　址：杭州市杭海路 60 号

邮政编码：310020

电　　话：85011888

现代城支行

行　　长：周卓芸

地　　址：杭州市绍兴路 168 号和平大厦一楼

邮政编码：310004

电　　话：85011888

清泰支行

行　　长：余晓栋

地　　址：杭州市杭海路 13 号

邮政编码：310020

电　　话：85011888

滨江支行

行　　长：章昕宇

副 行 长：俞　航　董延毅

地　　址：杭州市滨江区江南大道 3806 号

邮政编码：310053

电　　话：85011888

星光大道支行

行　　长：戴苋敏

地　　址：杭州市滨江区江南大道 228 号星光国际广场 3—101、102 室

邮政编码：310053

电　　话：85011888

彩虹城支行

行　　长：汪　洋

地　　址：杭州市滨江区浦沿街道滨盛路 3050 号

邮政编码：310053

电　　话：85011888

萧山支行

行　　长：周为民

副 行 长：陈少锋　方　正　陆　强

地　　址：杭州市萧山区人民路 288 号

邮政编码：311201

电　　话：85011888

萧山开发区支行

行　　长：吴春峰

地　　址：杭州市萧山经济技术开发区市心北路 99 号

邮政编码：311215

电　　话：85011888

萧山瓜沥支行

行　　长：高瞰宇

地　　址：杭州市萧山区瓜沥镇东灵路 418 号

邮政编码：311241

电　　话：85011888

萧山义蓬支行

行　　长：张弋律

地　　址：杭州市萧山区义蓬镇义盛路 171 号

邮政编码：311225

电　　话：85011888

萧山衙前支行

行　　长：曹兴良

地　　址：杭州市萧山区衙前镇衙前路 620 号

邮政编码：311209

电　　话：85011888

萧山临浦支行

行　　长：俞槐萍

地　　址：杭州市萧山区临浦镇东藩中路 13 号

邮政编码：311251

电　　话：85011888

萧山绿都支行

副 行 长：王佳丽

地　　址：杭州市萧山区金城路 698 号

邮政编码：311201

电　　话：85011888

萧山汽车城支行

行　　长：严　静

地　　址：杭州市萧山区兴园路 118 号浙江世纪汽车市场 3—14 号

邮政编码：311215

电　　话：85011888

萧山四季花城支行

行　　长：蔡　峰
地　　址：杭州市萧山区南环路1186号
邮政编码：311201
电　　话：85011888

萧山桥南支行

行　　长：韩国炬
地　　址：杭州市萧山经济技术开发区鸿兴路188号
邮政编码：311232
电　　话：85011888

萧山城中支行

行　　长：朱琳芬
地　　址：杭州市萧山区体育路99号
邮政编码：311201
电　　话：85011888

萧山北干支行

行　　长：谢　坚
地　　址：杭州市萧山区金城路928号
邮政编码：311215
电　　话：85011888

萧山崇化支行

行　　长：朱爱华
地　　址：杭州市萧山区蜀山街道潘水路425号
邮政编码：311201
电　　话：85011888

余杭支行

行　　长：董瑞芳
副 行 长：沈　刚　翁晓波　陶旭平
地　　址：杭州市余杭区南苑世纪大道1号
邮政编码：311100
电　　话：85011888

余杭乔司支行

行　　长：徐　军
地　　址：杭州市余杭区乔莫东路54号
邮政编码：311101
电　　话：85011888

余杭宝塔支行

行　　长：邵晓红
地　　址：杭州市余杭区余杭镇禹航路811号
邮政编码：311121
电　　话：85011888

余杭闲林支行

行　　长：程　敏
地　　址：杭州市余杭区闲林镇闲林中路27号
邮政编码：311122
电　　话：85011888

余杭塘栖支行

行　　长：郑晓文
地　　址：杭州市余杭区塘栖镇西小河街17幢
邮政编码：311106
电　　话：85011888

余杭瓶窑支行

行　　长：祝　群
地　　址：杭州市余杭区瓶窑镇凤溪路255—261号
邮政编码：311115
电　　话：85011888

临安支行

行　　长：王志强
副 行 长：潘幸华　喻卫东
地　　址：临安市锦城街道万马路233号
邮政编码：311300
电　　话：85011888

临安青山支行

行　　长：朱海珍
地　　址：临安市青山街道鹤亭路138号
邮政编码：311305
电　　话：85011888

桐庐支行

行　　长：方法木
副 行 长：濮　繁　周兴荣　杨立雁
地　　址：桐庐县桐君街道迎春南路269号
邮政编码：311500
电　　话：85011888

桐庐迎春街支行

行　　长：金　茵
地　　址：桐庐县桐君街道迎春南路575号
邮政编码：311500
电　　话：85011888

桐庐分水支行
行　　长：朱志华
地　　址：桐庐县分水镇县前街201号
邮政编码：311519
电　　话：85011888

富阳支行
行　　长：邹应军
副 行 长：陆云佳　吕元旦
地　　址：富阳市富春街道桂花西路25—1号
邮政编码：311400
电　　话：85011888

富阳富春支行
行　　长：叶　鸣
地　　址：富阳市富春街道桂花路9号
邮政编码：311400
电　　话：85011888

富阳新登支行
行　　长：蔡俊强
地　　址：富阳市新登镇新兴路122号
邮政编码：311400
电　　话：85011888

富阳春江支行
行　　长：徐根生
地　　址：富阳市春江街道江南路168号
邮政编码：311400
电　　话：85011888

富阳迎宾北路支行
行　　长：叶胜峰
地　　址：富阳市富春街道迎宾北路58号
邮政编码：311400
电　　话：85011888

富阳世纪大厦支行
行　　长：项　燕
地　　址：富阳市富春街道桂花西路86号
邮政编码：311400
电　　话：85011888

建德支行
行　　长：叶其江
副 行 长：朱玲香　唐小健
地　　址：建德市新安江街道新安路193号
邮政编码：311600
电　　话：85011888

建德梅城支行
行　　长：胡轶群
地　　址：建德市梅城镇西门街119号
邮政编码：311604
电　　话：85011888

建德寿昌支行
行　　长：郑攻文
地　　址：建德市寿昌镇东昌路22—A号
邮政编码：311612
电　　话：85011888

建德新广场支行
行　　长：谢晓萍(临时)
地　　址：建德市新安江街道新安东路231—1号
邮政编码：311600
电　　话：85011888

淳安支行
行　　长：陈旭卉
副 行 长：徐跃平　方世彦
地　　址：淳安县千岛湖镇新安大街92号
邮政编码：311700
电　　话：85011888

淳安南山支行
行　　长：钱建敏
地　　址：淳安县千岛湖镇南山大街41号
邮政编码：31700
电　　话：85011888

宁波分行
行　　长：钱建忠　张　芸　肖　磊
　　　　　毛俊平　徐　慧　陈先明
地　　址：宁波市药行街139号
邮政编码：315000
电　　话：87196666

宁波高新区支行
行　　长：吕　治　沈燕波　华丹娜
地　　址：宁波市高新区江南路663号
邮政编码：315040
电　　话：87906528

北仑支行
行　　长：应肖萍　韩利波　陈　萍
　　　　　张志宏　郑耀宏
地　　址：宁波市北仑区新矸镇华山路245号

邮政编码：315800
电　　话：86883580

镇海支行

行　　长：叶　菁　朱坚民　周海燕
地　　址：宁波市镇海区城河西路369号
邮政编码：315200
电　　话：86275852

海曙支行

行　　长：吴玮华　周文光　王艺浩
　　　　　沈　莉
地　　址：宁波市海曙区解放北路11、13号
邮政编码：315010
电　　话：87310828

江北支行

行　　长：郑　波　徐　佳　刘　雁
地　　址：宁波市江北区人民路725号
邮政编码：315020
电　　话：87668067

宁波市江东支行

行　　长：黄波涛　唐依敏　郑雅梅
　　　　　潘宏伟
地　　址：宁波市百丈路178号
邮政编码：315040
电　　话：87730379

鄞州支行

行　　长：方　颖　张　玲　王云飞
　　　　　陈开颜
地　　址：宁波市江东区百丈东路796号
邮政编码：315041
电　　话：87397566

宁海支行

行　　长：朱晓群　薛　涛　石欲晓
地　　址：宁海县城关中山中路99号
邮政编码：315600
电　　话：65578176

奉化支行

行　　长：李　静　朱永盛　陈　峰
地　　址：奉化市南山路159号
邮政编码：315500
电　　话：88594532

慈溪支行

行　　长：金玲丽　楼勤奋　吴　畅
　　　　　叶　翔　张国平　周云飞
地　　址：慈溪市环城南路250号
邮政编码：315300
电　　话：63810103

象山支行

行　　长：徐　驰　周姣华　贺裴斐
地　　址：象山县天安路258号
邮政编码：315700
电　　话：65753280

余姚支行

行　　长：邵德明　姜爱萍　吴晓锋
　　　　　赵又奇
地　　址：余姚市舜水南路58号
邮政编码：315400
电　　话：62662727

温州分行

行　　长：俞　群
副 行 长：吴少宁　刘晓辉
纪委书记：邹江景
行长助理：张　旭
地　　址：温州市市府路600号
邮政编码：325000
电　　话：88265566

经济技术开发区支行

行　　长：周海燕
地　　址：温州市鹿城区新城豪都大厦1—3层
邮政编码：325011
电　　话：88265566

温迪支行

行　　长：姜方坚
地　　址：温州市鹿城区南浦街道温迪路9号
邮政编码：325000
电　　话：88265566

黎明支行

行　　长：倪琴曼
地　　址：温州市鹿城区黎明中路51号
邮政编码：325000
电　　话：88265566

海关支行

行　　长：姜青青

地　　址：温州市经济技术开发区钱江路海关报关厅一楼
邮政编码：325011
电　　话：88265566

瓯海区支行
行　　长：赵中华
地　　址：温州市雪山路205号（瓯海大厦101、102室、第二层、第三层）
邮政编码：325005
电　　话：88265566

梧田支行
行　　长：陆友丰
地　　址：温州市瓯海区梧慈路口梧慈新村A幢22—26号
邮政编码：325014
电　　话：88265566

丽岙支行
行　　长：任春丽
地　　址：温州市瓯海区丽岙镇北路1号
邮政编码：325202
电　　话：88265566

高教园区支行
行　　长：陈良琼
地　　址：温州市瓯海区茶山镇梅泉路238号
邮政编码：325000
电　　话：88265566

仙岩支行
行　　长：李国锋
地　　址：温州市瓯海区仙岩镇繁荣中路81—91号
邮政编码：325005
电　　话：88265566

将军桥支行
行　　长：王爱聪
地　　址：温州市瓯海区振瓯商厦122—125室
邮政编码：325005
电　　话：88265566

新桥支行
行　　长：陈忠言
地　　址：温州市瓯海区新桥街道金虹西街149号
邮政编码：325000
电　　话：88265566

鹿城支行
行　　长：林婷婷
地　　址：温州市鹿城区环城东路米莉莎花苑A座
邮政编码：325000
电　　话：88265566

国贸支行
行　　长：孙　曼
地　　址：温州市鹿城区黎明西路8号温州国际贸易中心大楼一楼西首
邮政编码：325000
电　　话：88265566

七都支行
行　　长：郑式彪
地　　址：温州市鹿城区七都镇老涂南路2—5号
邮政编码：325000
电　　话：88265566

黄龙支行
行　　长：叶　隆
地　　址：温州市鹿城区鹿城路94号
邮政编码：325000
电　　话：88265566

兴文里支行
行　　长：夏一民
地　　址：温州市鹿城区县前头54号
邮政编码：325000
电　　话：88265566

龙湾支行
行　　长：包邦和
地　　址：温州市瓯海区永中街道1号横街商业大楼一楼
邮政编码：325024
电　　话：88265566

南城支行
行　　长：徐根富
地　　址：温州市鹿城区飞霞南路阳光花园一层16号、21号、二层
邮政编码：325003
电　　话：88265566

民航路支行
行　　长：陈海敏
地　　址：温州市鹿城区民航路奥林匹克大酒店
邮政编码：325000
电　　话：88265566

吴桥支行
行　　长：余　彤
地　　址：温州市鹿城区锦绣路银都花苑现代15幢101室
邮政编码：325000
电　　话：88265566

上陡门支行
行　　长：季苏策
地　　址：温州市鹿城区黎明中路280号
邮政编码：325000
电　　话：88265566

松台支行
行　　长：黄向阳
地　　址：温州市鹿城区小南路荷花大楼
邮政编码：325000
电　　话：88265566

信河支行
行　　长：陈　微
地　　址：温州市鹿城区人民西路西湖锦园一楼11号
邮政编码：325000
电　　话：88265566

蝉街支行
行　　长：管佩雄
地　　址：温州市鹿城区蝉街113号
邮政编码：325000
电　　话：88265566

人民路支行
行　　长：陈　翔
地　　址：温州市鹿城区人民西路群艺39—43号一层37号
邮政编码：325000
电　　话：88265566

水心支行
行　　长：陈若茜
地　　址：温州市鹿城区马鞍池西路220—230号
邮政编码：325000
电　　话：88265566

瑞安市支行
行　　长：林晓东
地　　址：瑞安市虹桥南路271号
邮政编码：325200
电　　话：88265566

长春支行
行　　长：余继存
地　　址：瑞安市安阳街道安阳路401、403、405、407、409号
邮政编码：325200
电　　话：88265566

塘下支行
行　　长：林圣宽
地　　址：瑞安市塘下镇朝阳东路125号
邮政编码：325004
电　　话：88265566

莘塍支行
行　　长：叶　克
地　　址：瑞安市莘塍镇富民北路6—14号
邮政编码：325206
电　　话：88265566

万松支行
行　　长：黄献木
地　　址：瑞安市万松路35号
邮政编码：325200
电　　话：88265566

安阳支行
行　　长：詹志彬
地　　址：瑞安市拱瑞山路101—105号
邮政编码：325200
电　　话：88265566

商城支行
行　　长：陈震东
地　　址：瑞安市商城北路86—89号
邮政编码：325200
电　　话：88265566

解放路支行
行　　长：薛蓓莉
地　　址：瑞安市解放中路102号

邮政编码：325200
电　　话：88265566

瑞安塘川支行
行　　长：张晓静
地　　址：瑞安市塘下镇塘下大道建设路口(瑞安市东海汽车配件厂一楼)
邮政编码：325200
电　　话：88265566

瑞安汀支行
行　　长：胡云伟
地　　址：瑞安市汀田镇镇中路346—356号
邮政编码：325206
电　　话：88265566

乐清市支行
行　　长：金建英
地　　址：乐清市乐成镇宁康东路100号
邮政编码：325600
电　　话：88265566

乐清虹桥支行
行　　长：季育杰
地　　址：乐清市虹桥镇飞虹大道维也纳花园一楼30—34号
邮政编码：325608
电　　话：88265566

乐清柳市支行
行　　长：杨屏轶
地　　址：乐清市柳市镇兴达路30、32号
邮政编码：325604
电　　话：88265566

乐清乐成支行
行　　长：赵　胜
地　　址：乐清市乐成镇清远路万顺花园一楼101—110号
邮政编码：325600
电　　话：88265566

乐清北白象支行
行　　长：高小微
地　　址：乐清市北白象镇东大街346—364号
邮政编码：325603
电　　话：88265566

平阳县支行
行　　长：蔡永志
地　　址：平阳县敖江镇江滨路
邮政编码：325401
电　　话：88265566

平阳昆阳支行
行　　长：陈丽春
地　　址：平阳县昆阳镇解放街235号
邮政编码：325400
电　　话：88265566

苍南县支行
行　　长：王海涛
地　　址：苍南县龙港镇龙港大道95号
邮政编码：325802
电　　话：88265566

苍南灵溪支行
行　　长：黄小玲
地　　址：苍南县灵溪镇玉苍路609号
邮政编码：325802
电　　话：88265566

苍南建兴支行
行　　长：章东晓
地　　址：苍南县灵溪镇江湾路320—330号
邮政编码：325800
电　　话：88265566

永嘉县支行
行　　长：刘其先
地　　址：永嘉县瓯北镇双塔路1089号
邮政编码：325102
电　　话：88265566

永嘉桥头支行
行　　长：朱千祥
地　　址：永嘉县桥头镇桥头大厦
邮政编码：325107
电　　话：88265566

永嘉上塘支行
行　　长：徐晓红
地　　址：永嘉县上塘镇广场路开元嘉园25幢104号
邮政编码：315200
电　　话：88265566

文成县支行

行　　长：刘晓波
地　　址：文成县大峃镇县前街中银大厦一、二层
邮政编码：325300
电　　话：88265566

文成大峃支行

行　　长：赵建平
地　　址：文成县大峃镇建设路71号
邮政编码：325300
电　　话：88265566

绍兴分行

行　　长：张志勇
副 行 长：赵星海　杨艺敏　杨水平　沈葵揆
纪委书记：沈文龙
行长助理：周才成
地　　址：绍兴市人民中路201号、239号
邮政编码：312000
电　　话：85222888

绍兴越城支行

行　　长：祝国强
地　　址：绍兴市大校场沿187号
邮政编码：312000
电　　话：85222888

绍兴江桥支行

行　　长：冯国敏
地　　址：绍兴市解放北路194号
邮政编码：312000
电　　话：85222888

绍兴迪荡支行

行　　长：徐晓燕
地　　址：312000
邮政编码：绍兴市越城区胜利东路360号一层A3区域1—A—17号
电　　话：85222888

绍兴城东支行

行　　长：高旭东
地　　址：绍兴市中兴中路劳动路口
邮政编码：312000
电　　话：85222888

绍兴城南支行

行　　长：李晓华
地　　址：绍兴市解放南路高立大厦一楼
邮政编码：312000
电　　话：85222888

绍兴人民路支行

行　　长：王建峰
地　　址：绍兴市越城区人民西路92号
邮政编码：312000
电　　话：85222888

绍兴东浦支行

行　　长：黄建国
地　　址：绍兴市东浦镇锡麟路体育场路
邮政编码：312069
电　　话：85222888

绍兴城中支行

行　　长：胡晓敏
地　　址：绍兴市北后街136号
邮政编码：312000
电　　话：85222888

绍兴福全支行

行　　长：钱　途
地　　址：绍兴县福全镇金三角商城路
邮政编码：312046
电　　话：85222888

绍兴大龙支行

行　　长：诸　刚
地　　址：绍兴市环城西路336—342号
邮政编码：312000
电　　话：85222888

绍兴马山支行

行　　长：王　颖
地　　址：绍兴市越城区马山镇车站路牛角溇
邮政编码：312085
电　　话：85222888

绍兴城北支行

行　　长：陈建粮
地　　址：绍兴市中兴北路279号洪欣花园
邮政编码：312000
电　　话：85222888

绍兴大云支行
行　　长：杨晓春
地　　址：绍兴市越城区解放南路 685 号
邮政编码：312000
电　　话：85222888
绍兴放翁桥支行
行　　长：陈　炜
地　　址：绍兴市鲁迅中路 653 号
邮政编码：312000
电　　话：85222888
绍兴摩尔城支行
行　　长：车世梁
地　　址：绍兴市越城区环城北路 19—23 号
邮政编码：312000
电　　话：85222888
绍兴越州支行
行　　长：王伟强
地　　址：绍兴市中兴南路 112 号
邮政编码：312000
电　　话：85222888
绍兴袍江开发区支行
行　　长：陈煜桥
地　　址：绍兴市中兴大道与 329 国道交叉口华欣大厦一楼
邮政编码：312071
电　　话：85222888
绍兴城西支行
行　　长：钱约翰
地　　址：绍兴市西郭西霞路 188 号
邮政编码：312000
电　　话：85222888
绍兴鉴湖支行
行　　长：李林静
地　　址：绍兴市胜利东路金盾大厦 101—102 号
邮政编码：312000
电　　话：85222888
绍兴龙山支行
行　　长：杨晓春
地　　址：绍兴市和畅堂西幢一楼 206—214 号
邮政编码：312000
电　　话：85222888
绍兴经济开发区支行
行　　长：赵国龙
地　　址：绍兴市鹤池苑 47 幢 1 号、鹤池苑 47 幢南 5—8 号
邮政编码：312000
电　　话：85222888
绍兴稽山支行
行　　长：钱　东
地　　址：绍兴市城南亚太新村 4 幢 16 号
邮政编码：312000
电　　话：85222888
嵊州支行
行　　长：王莉敏
地　　址：嵊州市剡湖街道东南路 1 号
邮政编码：312400
电　　话：85222888
嵊州甘霖支行
行　　长：周　伟
地　　址：嵊州市甘霖镇桃源路 2 号
邮政编码：312462
电　　话：85222888
嵊州城东支行
行　　长：潘建新
地　　址：嵊州市三江街道中国领带城一楼加 45—46 号
邮政编码：312400
电　　话：85222888
嵊州城西支行
行　　长：崔　涛
地　　址：嵊州市鹿山街道富豪路 162 号
邮政编码：312400
电　　话：85222888
嵊州开发区支行
行　　长：钱　刚
地　　址：嵊州市三江街道一景路 615—623 号
邮政编码：312400
电　　话：85222888
嵊州长乐支行(机构已撤销)
行　　长：周建宏
地　　址：嵊州市长乐镇环城东路 18 号
邮政编码：312467

电　　话：85222888

嵊州剡南支行

行　　长：周建宏
地　　址：嵊州市三江街道四海路194号—三江东街97—103号
邮政编码：312400
电　　话：85222888

嵊州剡湖支行

行　　长：钱　泳
地　　址：嵊州市剡湖街道官河路688号
邮政编码：312400
电　　话：85222888

上虞支行

行　　长：娄永海
地　　址：上虞市百官街道新建路119号
邮政编码：312300
电　　话：85222888

上虞松厦支行

行　　长：钱　盛
地　　址：上虞市松厦镇
邮政编码：312365
电　　话：85222888

上虞精细化工区支行

行　　长：吕　峰
地　　址：上虞市盖北镇盖北路587号
邮政编码：312369
电　　话：85222888

上虞道墟支行

行　　长：吴继平
地　　址：上虞市道墟镇人民西路景苑小区西侧
邮政编码：312300
电　　话：85222888

上虞经济开发区支行

行　　长：奕向阳
地　　址：上虞市曹娥经济开发区舜杰路389号
邮政编码：312300
电　　话：85222888

上虞环宇支行

行　　长：俞　盛
地　　址：上虞市百官街道龙山路17号
邮政编码：312300
电　　话：85222888

上虞凤山支行

行　　长：沈建锋
地　　址：上虞市百官街道人民中路75号
邮政编码：312300
电　　话：85222888

上虞环山支行

行　　长：林伟江
地　　址：上虞市百官街道上百万和城购物中心内
邮政编码：312300
电　　话：85222888

上虞东关支行

行　　长：魏文广
地　　址：上虞市东关街道永兴路69号
邮政编码：312352
电　　话：85222888

上虞城北支行

行　　长：张　军
地　　址：上虞市百官街道峰山路400—402号
邮政编码：312300
电　　话：85222888

上虞城东支行

行　　长：金时彪
地　　址：上虞市百官街道灵运路329号
邮政编码：312300
电　　话：85222888

上虞恒利支行

行　　长：梁　娣
地　　址：上虞市百官镇舜江东路农垦大厦
邮政编码：312300
电　　话：85222888

上虞沥海支行

行　　长：吴婷婷
地　　址：上虞市沥海镇北门大塘外
邮政编码：312366
电　　话：85222888

上虞江扬路支行

行　　长：谷杨华
地　　址：上虞市百官街道江扬路720—

728 号
邮政编码：312300
电　　话：85222888

诸暨支行
行　　长：阮烈锋
地　　址：诸暨市暨阳路 102 号
邮政编码：311800
电　　话：85222888

诸暨枫桥支行
行　　长：项　军
地　　址：诸暨市天竺街 37 号
邮政编码：311811
电　　话：85222888

诸暨大唐支行
行　　长：王　为
地　　址：诸暨市大唐镇轻纺袜业城 B 区 588 号
邮政编码：311801
电　　话：85222888

诸暨暨阳支行
行　　长：楼　辉
地　　址：诸暨市西施大街 25 号
邮政编码：311800
电　　话：85222888

诸暨开发区支行
行　　长：陈　丹
地　　址：诸暨市艮陶朱街道艮塔西路 88 号
邮政编码：311800
电　　话：85222888

诸暨店口支行
行　　长：张　锋
地　　址：诸暨市店口镇政安东路 86 号
邮政编码：311814
电　　话：85222888

诸暨新城支行
行　　长：朱　蕾
地　　址：诸暨市暨阳街道永兴路 2 号
邮政编码：311800
电　　话：85222888

诸暨五角广场支行
行　　长：黄菊燕
地　　址：诸暨市浣东北路 21 号
邮政编码：311800
电　　话：85222888

诸暨永昌支行
行　　长：陈鹏程
地　　址：诸暨市暨阳北路 42 号
邮政编码：311800
电　　话：85222888

诸暨步行街支行
行　　长：张剑飞
地　　址：诸暨市人民南路 148 号
邮政编码：311800
电　　话：85222888

诸暨越新支行
行　　长：张文华
地　　址：诸暨市暨阳街道艮塔东路 36 号
邮政编码：311800
电　　话：85222888

诸暨浣江支行
行　　长：金　丽
地　　址：诸暨市暨阳街道暨阳路 181 号
邮政编码：311800
电　　话：85222888

新昌支行
行　　长：钟云强
地　　址：新昌县南明街道鼓山中路 125 号
邮政编码：312500
电　　话：85222888

新昌城东支行
行　　长：马弘源
地　　址：新昌县南明街道人民东路 125 号
邮政编码：312500
电　　话：85222888

新昌南岩支行
行　　长：徐洪源
地　　址：新昌县七星街道南岩工业区质监大楼
邮政编码：312500
电　　话：85222888

新昌石城支行
行　　长：宋乐艺
地　　址：新昌县南明街道人民中路 139 号
邮政编码：312500

电　　话：85222888

新昌钟楼支行

行　　长：何纯艳
地　　址：新昌县南明街道鼓山中路89号
邮政编码：312500
电　　话：85222888

新昌鼓山支行

行　　长：黄　馨
地　　址：新昌县七星街道七星路122—128号
邮政编码：312500
电　　话：85222888

新昌礼泉支行

行　　长：吕林灿
地　　址：新昌县七星街道新昌大道西路9幢47—49号
邮政编码：312500
电　　话：85222888

绍兴县支行

行　　长：周才成(兼)
地　　址：绍兴县柯桥山阴路299号
邮政编码：312030
电　　话：85222888

绍兴柯北支行

行　　长：曹　锋
地　　址：绍兴县柯桥街道兴越路100—103号
邮政编码：312030
电　　话：85222888

绍兴轻纺城北交易区支行

行　　长：韩成鸿
地　　址：绍兴县柯桥街道中国轻纺城北三区一楼圆厅1—5号，754、755号
邮政编码：312030
电　　话：85222888

绍兴轻纺城中心支行

行　　长：马建军
地　　址：绍兴县柯桥街道东升路1号金桥大厦附楼(西)一楼
邮政编码：312030
电　　话：85222888

绍兴钱清支行

行　　长：陈　军
地　　址：绍兴县钱清镇永通国贸大厦北附楼一楼
邮政编码：312025
电　　话：85222888

绍兴安昌支行

行　　长：杨福泉
地　　址：绍兴县安昌镇中兴路宏市桥头
邮政编码：312080
电　　话：85222888

绍兴华舍支行

行　　长：胡卫军
地　　址：绍兴县华舍镇华纺大厦8号
邮政编码：312033
电　　话：85222888

绍兴轻纺城联合市场支行

行　　长：石灵华
地　　址：绍兴县中国轻纺城联合市场B区一楼323—324
邮政编码：312033
电　　话：85222888

绍兴轻纺城西市场支行

行　　长：陈建美
地　　址：绍兴县柯桥街道东升路一期市场A区1楼57—60号
邮政编码：312030
电　　话：85222888

绍兴柯桥支行

行　　长：陈丽红
地　　址：绍兴县柯桥街道金柯桥大道金昌商务大厦101—104号
邮政编码：312030
电　　话：85222888

绍兴轻纺城团结支行

行　　长：吴建强
地　　址：绍兴县柯桥街道时代广场C座1178号
邮政编码：312030
电　　话：85222888

绍兴杨汛桥支行

行　　长：何东海

地　　址：绍兴县杨汛桥镇宝业花园东北转角
邮政编码：312028
电　　话：85222888

绍兴齐贤支行

行　　长：诸立军
地　　址：绍兴县齐贤镇振贤街 66 号
邮政编码：312065
电　　话：85222888

绍兴东交易区支行

行　　长：周　斌
地　　址：绍兴县柯桥东交易区 C 幢 276、313 号
邮政编码：312030
电　　话：85222888

绍兴百福园支行

行　　长：傅建伟
地　　址：绍兴县柯桥街道鉴湖路 387—391 号丽都港湾一楼
邮政编码：312030
电　　话：85222888

绍兴马鞍支行

行　　长：吴　峰
地　　址：绍兴县马鞍镇车站北路与园驾桥西路交叉口
邮政编码：312072
电　　话：85222888

舟山分行

行　　长：周伟新
副 行 长：杨励刚　顾文年
纪委书记：赵　平
地　　址：舟山市定海区解放东路 33 号
邮政编码：316000
电　　话：2068188

舟山市普陀山支行

行　　长：曾小海
地　　址：舟山市普陀山梅岑路 85 号—7
邮政编码：316107
电　　话：2068188

沈家门支行

行　　长：顾文年
地　　址：舟山市普陀区沈家门街道同济路 85 号
邮政编码：316100
电　　话：2068188

岱山支行

行　　长：刘国芬
地　　址：岱山县高亭镇人民路 19 号
邮政编码：316200
电　　话：2068188

嵊泗县支行

行　　长：李向勇
地　　址：嵊泗县菜园镇沙河路 278 号
邮政编码：202450
电　　话：2068188

舟山定海支行

行　　长：沈万里
地　　址：舟山市定海区环城东路 96 号
邮政编码：316000
电　　话：2068188

舟山解放路支行

行　　长：柳　方
地　　址：舟山市定海区人民中路 1 号
邮政编码：316000
电　　话：2068188

舟山六横支行

行　　长：王华卫
地　　址：舟山市普陀区六横镇东海路 232—234 号
邮政编码：316131
电　　话：2068188

舟山人民路支行

行　　长：戴敏君
地　　址：舟山市定海区人民南路 115 号
邮政编码：316000
电　　话：2068188

舟山白泉支行

行　　长：胡　力
地　　址：舟山市定海区白泉镇万金湖路商业街 4 幢
邮政编码：316012
电　　话：2068188

舟山沈家门平阳浦支行

行　　长：王　辉

地　　址：舟山市普陀区平阳浦舟渔基建大楼103号
邮政编码：316101
电　　话：2068188

沈家门蒲湾支行

行　　长：屠敏雅
地　　址：舟山市普陀区东海中路789号
邮政编码：316100
电　　话：2068188

嵊泗洋山支行

行　　长：金存军
地　　址：嵊泗县洋山镇小洋山同欣一路3号
邮政编码：202461
电　　话：2068188

嘉兴分行

行　　长：陶灵富
副 行 长：王　权　吴莲萍　顾　宇
纪委书记：阮黎辉
地　　址：嘉兴市中山东路218号
邮政编码：314000
电　　话：82056188

嘉兴经济开发区支行

行　　长：傅劲松
地　　址：嘉兴市中山西路511号财富广场D座103
邮政编码：314001
电　　话：82056188

嘉兴王江泾支行

行　　长：潘跃生
地　　址：嘉兴市王江泾镇北虹路42号
邮政编码：314016
电　　话：82056188

嘉兴东升支行

行　　长：黄　敏
地　　址：嘉兴市阳明公寓9幢商办楼东升东路1610号
邮政编码：314001
电　　话：82056188

嘉兴秀城支行

行　　长：沈　平
地　　址：嘉兴市中山东路583号
邮政编码：314001
电　　话：82056188

嘉兴中山支行

行　　长：严　峰
地　　址：嘉兴市中山东路1104号、1108号中央花园商铺
邮政编码：314001
电　　话：82056188

嘉兴洪兴支行

行　　长：王宇人
地　　址：嘉兴市洪兴路审计局大楼底层
邮政编码：314001
电　　话：82056188

嘉兴凯旋支行

行　　长：沈　磊
地　　址：嘉兴市洪兴路611、613号名人国际花园1幢
邮政编码：314001
电　　话：82056188

嘉兴禾兴支行

行　　长：费丹铮
地　　址：嘉兴市南湖区禾兴南路868号
邮政编码：314001
电　　话：82056188

海宁支行

行　　长：蒋中良
地　　址：海宁市海洲街道文苑路124—128号
邮政编码：314400
电　　话：82056188

海宁长安支行

行　　长：薛建华
地　　址：海宁市长安镇修川路857号
邮政编码：314408
电　　话：82056188

海宁家纺城支行

行　　长：吕正明
地　　址：海宁市许村镇市场路281—289号
邮政编码：314409
电　　话：82056188

海宁袁花支行

行　　长：钱利松

地　　址：海宁市袁花镇南街路 2 号
邮政编码：314416
电　　话：82056188

海宁文苑支行
行　　长：黄　铭
地　　址：海宁市海洲街道文苑路 134 号
邮政编码：314400
电　　话：82056188

海宁海昌支行
行　　长：张曹明
地　　址：海宁市海洲街道海昌路 118 号
邮政编码：314400
电　　话：82056188

海宁南苑支行
行　　长：金剑秋
地　　址：海宁市硖石街道海昌南路 135—143 号
邮政编码：314400
电　　话：82056188

海宁硖石支行
行　　长：王明龙
地　　址：海宁市硖石镇工人路 79 号
邮政编码：314400
电　　话：82056188

桐乡支行
行　　长：韩惠良
地　　址：桐乡市梧桐街道园林路 44 号
邮政编码：314500
电　　话：82056188

桐乡崇福支行
行　　长：杨静艳
地　　址：桐乡市崇福镇崇德路 91 号
邮政编码：314511
电　　话：82056188

桐乡濮院支行
行　　长：张　萍
地　　址：桐乡市濮院镇永乐路 98 号
邮政编码：314502
电　　话：82056188

桐乡振东支行
行　　长：张其星
地　　址：桐乡市梧桐街道振兴东路凤凰城 119—120 号
邮政编码：314500
电　　话：82056188

海盐支行
行　　长：周　亮
地　　址：海盐县武原镇秦山路 130 号
邮政编码：314300
电　　话：82056188

海盐勤俭支行
行　　长：徐爱萍
地　　址：海盐县武原镇勤俭南路 205 号
邮政编码：314300
电　　话：82056188

海盐城北支行
行　　长：杨丽琴
地　　址：海盐县武原镇新桥路、城北路交叉路西南侧
邮政编码：314300
电　　话：82056188

海盐澉浦支行
行　　长：蒋云树
地　　址：海盐县澉浦镇东大街 28 号
邮政编码：314302
电　　话：82056188

平湖支行
行　　长：张　伟
地　　址：平湖市当湖镇城南西路 40 号
邮政编码：314200
电　　话：82056188

平湖乍浦支行
行　　长：王洪强
地　　址：嘉兴港区乍浦镇天妃路 1 号
邮政编码：314201
电　　话：82056188

平湖黄姑支行
行　　长：顾士荣
地　　址：平湖市黄姑镇南大街
邮政编码：314203
电　　话：82056188

平湖新仓支行
行　　长：王美娟
地　　址：平湖市新仓镇建新路与芦川新

街口
邮政编码：314205
电　　话：82056188

平湖全塘支行
行　　长：朱星杰
地　　址：平湖市全塘镇全公亭大街广场路277—282号
邮政编码：314204
电　　话：82056188

嘉善支行
行　　长：蔡　璐
地　　址：嘉善县魏塘街道解放东路269号
邮政编码：314100
电　　话：82056188

嘉善西塘支行
行　　长：钟伟峰
地　　址：嘉善县西塘镇邮电西路75号
邮政编码：314102
电　　话：82056188

嘉善晋阳支行
行　　长：徐　俊
地　　址：嘉善县罗星街道晋阳东路331—337号
邮政编码：314100
电　　话：82056188

嘉善中山支行
行　　长：张燕秋
地　　址：嘉善县魏塘街道中山西路18号
邮政编码：314100
电　　话：82056188

湖州分行
行　　长：朱鸿飞
副 行 长：曹根源　钱建英　姚备勇
纪委书记：范黎明
地　　址：湖州市人民路208号
邮政编码：313000
电　　话：2501111

湖州南街支行
行　　长：张韩琦
地　　址：湖州市南街65号
邮政编码：313000
电　　话：2501111

湖州新华路支行
行　　长：汪莉琴
地　　址：湖州市新华路29—31号
邮政编码：313000
电　　话：2501111

湖州城中支行
行　　长：徐文静
地　　址：湖州市威莱大街13—15号
邮政编码：313000
电　　话：2501111

湖州吉山支行
行　　长：刘　倩
地　　址：湖州市苕溪东路270、276号
邮政编码：313000
电　　话：2501111

南浔区支行
行　　长：屠骏祥
地　　址：湖州市南浔镇嘉业路485—495号
邮政编码：313009
电　　话：2501111

湖州吴兴支行
行　　长：叶　宏
地　　址：湖州市织里镇富民中路2—8号
邮政编码：313008
电　　话：2501111

德清支行
行　　长：方艳文
地　　址：德清县武康镇永安街36号
邮政编码：313200
电　　话：2501111

德清乾元支行
行　　长：王建才
地　　址：德清县乾元镇直街63—67号
邮政编码：313216
电　　话：2501111

德清新市支行
行　　长：楼德胜
地　　址：德清县新市镇仙潭路西侧
邮政编码：313201
电　　话：2501111

安吉县支行
行　　长：杨　晟

地　　址：安吉县递铺镇递铺路598号
邮政编码：313300
电　　话：2501111

长兴县支行

行　　长：何洁琴
地　　址：长兴县雉城镇金陵南路51号
邮政编码：313100
电　　话：2501111

长兴金陵中路支行

行　　长：姚　晔
地　　址：长兴县雉城镇金陵中路237号
邮政编码：313100
电　　话：2501111

长兴煤山支行

行　　长：周　玲
地　　址：长兴县煤山镇新街
邮政编码：313117
电　　话：2501111

金华分行

行　　长：吴　越
副 行 长：傅柏伟　钱晓敏　王　澍
纪委书记：俞子庆
行长助理：刘永辉
地　　址：金华市婺城区双溪西路59号
邮政编码：321017
电　　话：82386188

金华市经济开发区支行

行　　长：童燕萍
地　　址：金华市婺城区八一南街456号
邮政编码：321017
电　　话：82386188

金华汪姜路支行

行　　长：吴文军
地　　址：金华市婺城区双溪西路153、155、157、159、161号
邮政编码：321017
电　　话：82386188

金华福泰隆支行

行　　长：陈　炜
地　　址：金华市婺城区宾虹路777号
邮政编码：321017
电　　话：82386188

金华市婺州支行

行　　长：宛俊红
地　　址：金华市婺城区八一北街116号
邮政编码：321000
电　　话：82386188

金华丹溪支行

行　　长：朱　方
地　　址：金华市丹溪路819、821、823号
邮政编码：321000
电　　话：82386188

金华锦都支行

行　　长：胡玲雅
地　　址：金华市婺城区解放东路483号
邮政编码：321000
电　　话：82386188

金华广源支行

行　　长：方毅文
地　　址：金华市婺城区解放东路332号
邮政编码：321000
电　　话：82386188

金华解放西路支行

行　　长：许　多
地　　址：金华市婺城区解放西路755号
邮政编码：321000
电　　话：82386188

金华金东支行

行　　长：陈　芸
地　　址：金华市婺城区人民东路560号
邮政编码：321000
电　　话：82386188

金华江北支行

行　　长：雷　锦
地　　址：金华市婺城区人民东路77号、79号
邮政编码：321000
电　　话：82386188

金华双龙支行

行　　长：苏　颖
地　　址：金华市婺城区劳动路46—48号
邮政编码：321000
电　　话：82386188

金华孝顺支行

行　　长：张　华

地　　址：金华市金东区孝顺镇荷园路28号
邮政编码：321035
电　　话：82386188

兰溪支行

行　　长：费　东
地　　址：兰溪市丹溪大道62号
邮政编码：321100
电　　话：82386188

兰溪经济开发区支行

行　　长：徐　璟
地　　址：兰溪市人民北路28号
邮政编码：321100
电　　话：82386188

东阳支行

行　　长：宣利新
地　　址：东阳市吴宁东路86号
邮政编码：322100
电　　话：82386188

东阳横店支行

副 行 长：张艳阳(主持工作)
地　　址：东阳市横店镇江南中路1号
邮政编码：322118
电　　话：82386188

东阳中山路支行

行　　长：应晓琳
地　　址：东阳市白云街道中山路227号
邮政编码：322100
电　　话：82386188

东阳黉门广场支行

行　　长：卢国红
地　　址：东阳市黉门广场26号
邮政编码：322100
电　　话：82386188

东阳城西支行

行　　长：斯云芬
地　　址：东阳市东义路2号希宝广场一楼
邮政编码：322100
电　　话：82386188

东阳吉祥路支行

行　　长：王文跃
地　　址：东阳市金玉巷61号、63号、65号
邮政编码：322100
电　　话：82386188

义乌市支行

行　　长：刘永辉(兼)
地　　址：义乌市稠州北路500号
邮政编码：322000
电　　话：82386188

义乌篁园支行

行　　长：黄洪春
地　　址：义乌市国际商贸城四区西辅F023(一至四层)
邮政编码：322000
电　　话：82386188

义乌商都支行

行　　长：龚政洪
地　　址：义乌市国际商贸城四区东辅F008(二至四层)
邮政编码：322000
电　　话：82386188

义乌东江支行

行　　长：何日升
地　　址：义乌市义乌国际商贸城F区辅1—08、辅2—08、辅3—08
邮政编码：322000
电　　话：82386188

义乌香岛支行

行　　长：韩洪盛
地　　址：义乌市江东路五爱村1号楼一楼南侧
邮政编码：322000
电　　话：82386188

义乌福通支行

行　　长：方文忠
地　　址：义乌市福田市场东辅房B区048—052号
邮政编码：322000
电　　话：82386188

义乌廿三里支行

行　　长：吕志强
地　　址：义乌市廿三里街道开元南街27号
邮政编码：322000
电　　话：82386188

义乌长春支行
行　　长：金召君
地　　址：义乌市工人北路 670—680 号
邮政编码：322000
电　　话：82386188

义乌宾州支行
行　　长：陈志竟
地　　址：义乌市稠州北路 458 号
邮政编码：322000
电　　话：82386188

义乌经开支行
行　　长：吴长征
地　　址：义乌市稠州西路 136 号
邮政编码：322000
电　　话：82386188

义乌湖西支行
行　　长：徐正华
地　　址：义乌市丹溪北路 194—200 号
邮政编码：322000
电　　话：82386188

义乌商贸区支行
行　　长：王时荣
地　　址：义乌市化工路 361 号
邮政编码：322000
电　　话：82386188

义乌越通支行
行　　长：郑　坚
地　　址：义乌市国际商贸城二期 H 区二单元 1—2、2—32、3—62 号
邮政编码：322000
电　　话：82386188

义乌顺通支行
行　　长：杨丽云
地　　址：义乌市江滨中路 266 号
邮政编码：322000
电　　话：82386188

义乌越阳支行
行　　长：金艳艳
地　　址：义乌市江东中路 497—2、499、501、503 号
邮政编码：322000
电　　话：82386188

义乌海关支行
行　　长：金文虎
地　　址：义乌市海关大楼一楼
邮政编码：322000
电　　话：82386188

义乌嘉和支行
行　　长：陈丽华
地　　址：义乌市雪峰西路 443 号
邮政编码：322000
电　　话：82386188

永康市支行
行　　长：金亚南
地　　址：永康市丽州中路 28 号
邮政编码：321300
电　　话：82386188

永康街心支行
行　　长：徐杏青
地　　址：永康市华丰中路 30 号
邮政编码：321300
电　　话：82386188

永康芝英支行
行　　长：朱国清
地　　址：永康市芝英郭山畈东 1 号楼
邮政编码：321306
电　　话：82386188

永康三马路支行
行　　长：陈冬宜
地　　址：永康市九铃中路 2052 号
邮政编码：321300
电　　话：82386188

永康新世纪支行
行　　长：楼雄山
地　　址：永康市中国科技五金城五金大街 12—18 号
邮政编码：321300
电　　话：82386188

永康丽州路支行
行　　长：叶　靖
地　　址：永康市南苑东路 13—15 号
邮政编码：321300
电　　话：82386188

永康站前支行
行　　长：董　艳
地　　址：永康市九铃西路1044—1、1046号
邮政编码：321300
电　　话：82386188

永康望春路支行
行　　长：蔡伟芳
地　　址：永康市望春东路233号、235号、237号、239号
邮政编码：321300
电　　话：82386188

武义县支行
行　　长：叶姬英
地　　址：武义县壶山下街71号
邮政编码：321200
电　　话：82386188

浦江县支行
行　　长：张若平
地　　址：浦江县人民东路77—1号
邮政编码：322200
电　　话：82386188

浦江和平路支行
行　　长：张巧英
地　　址：浦江县和平南路2号
邮政编码：322200
电　　话：82386188

浦江月泉路支行
行　　长：楼挺松
地　　址：浦江县和平北路112号、118号
邮政编码：322200
电　　话：82386188

浦江人民路支行
行　　长：王国力
地　　址：浦江县时代广场一楼
邮政编码：322200
电　　话：82386188

台州分行
行　　长：杨小波
副 行 长：黄祥正　沈振君　王　琪
地　　址：台州市椒江区解放南路281号
邮政编码：318000
电　　话：8825000

台州市椒江支行
行　　长：张春香
地　　址：台州市中心大道269号
邮政编码：318000
电　　话：8825000

台州椒江洪家支行
行　　长：高　勃
地　　址：台州市椒江区洪家街道鸿洲大道312号
邮政编码：318015
电　　话：8825000

台州椒江海门支行
行　　长：李粪兴
地　　址：台州市椒江区中山西路86号
邮政编码：318000
电　　话：8825000

台州经济开发区支行
行　　长：王文荷
地　　址：台州市市府大道406号(台州市总工会大楼西段)
邮政编码：318000
电　　话：8825000

台州椒江花园支行
副行长：郑素萍(主持工作)
地　　址：台州市椒江区花园新村26号楼
邮政编码：318000
电　　话：8825000

台州椒江经中路支行
行　　长：刘丹敏
地　　址：台州市开发区经中路328号
邮政编码：318000
电　　话：8825000

台州黄岩支行
行　　长：郑智勇
地　　址：台州市黄岩区横街东路2号
邮政编码：3180200
电　　话：576—8825000

台州黄岩青年东路支行
行　　长：张文光
地　　址：台州市黄岩区青年东路108号
邮政编码：318020
电　　话：8825000

台州黄岩北城支行
行　　长：范瑶君
地　　址：台州市黄岩区北城街道大桥路631号
邮政编码：318020
电　　话：8825000

台州黄岩橘乡支行
行　　长：牟文峰
地　　址：台州市黄岩区东城街道朱砂街2号
邮政编码：318020
电　　话：8825000

台州黄岩西城支行
行　　长：刘振忠
地　　址：台州市黄岩区黄长路2号
邮政编码：318020
电　　话：8825000

台州黄岩新世纪支行
行　　长：黄米林
地　　址：台州市黄岩区横街路173号
邮政编码：318020
电　　话：8825000

黄岩澄江支行
行　　长：牟文辉
地　　址：台州市黄岩区澄江街道镇东路3—1#1—5间
邮政编码：318020
电　　话：8825000

台州黄岩青年西路支行
行　　长：崔宗琳
地　　址：台州市黄岩区青年西路37号
邮政编码：318020
电　　话：8825000

台州黄岩十里铺支行
行　　长：王　欣
地　　址：台州市黄岩区南城丰立路8号
邮政编码：318020
电　　话：8825000

台州市路桥区支行
行　　长：李振岳
地　　址：台州市路桥区南官大道39—53号
邮政编码：318050
电　　话：8825000

台州路桥珠光街支行
行　　长：王云斐
地　　址：台州市路桥区珠光街140—148号
邮政编码：318050
电　　话：8825000

台州路桥路南支行
行　　长：王　建
地　　址：台州市路桥区路南永长路与路泽太公路交叉口
邮政编码：318050
电　　话：8825000

台州路桥城中支行
行　　长：李　挺
地　　址：台州市路桥区银座街中段413—417号
邮政编码：318050
电　　话：8825000

台州路桥市场支行
行　　长：王涛力
地　　址：台州市路桥区卖芝桥东路206号
邮政编码：318050
电　　话：8825000

台州路桥金清支行
行　　长：陈　晨
地　　址：台州市路桥区金清镇人民路176—180号
邮政编码：318050
电　　话：8825000

临海支行
行　　长：何方益
地　　址：临海市巾山中路79号
邮政编码：317000
电　　话：8825000

临海开发区支行
行　　长：王　剑
地　　址：临海市张洋路与东方大道交叉中城公寓1号楼
邮政编码：317000
电　　话：8825000

临海东塍支行
行　　长：曹　科
地　　址：临海市东塍镇川津路228号

邮政编码：317005
电　　话：8825000

临海杜桥支行
行　　长：尉海平
地　　址：临海市杜桥镇杜北路阳光家园B幢562号
邮政编码：317016
电　　话：8825000

临海台州府路支行
行　　长：王建芳
地　　址：临海市台州府路161号
邮政编码：317000
电　　话：8825000

临海崇和门支行
行　　长：钱玲红
地　　址：临海市钱喧路3号
邮政编码：317000
电　　话：8825000

温岭支行
行　　长：杨志清
地　　址：温岭市太平街道万昌中路88号
邮政编码：317500
电　　话：8825000

温岭松门支行
行　　长：陈　谦
地　　址：温岭市松门镇天竺路1号
邮政编码：317511
电　　话：8825000

温岭泽国支行
行　　长：江勤勇
地　　址：温岭市泽国镇幸福街23—25号
邮政编码：317523
电　　话：8825000

温岭大溪支行
行　　长：方丽萍
地　　址：温岭市大溪镇大溪南路29号
邮政编码：317525
电　　话：8825000

温岭牧屿支行
行　　长：王维国
地　　址：温岭市泽国镇牧屿管理区欧风路85号
邮政编码：317523
电　　话：8825000

温岭万寿路支行
行　　长：陈音丹
地　　址：温岭市太平街道万寿路154号
邮政编码：317500
电　　话：8825000

温岭横峰支行
行　　长：吴知明
地　　址：温岭市横峰街道宅前路199—201号
邮政编码：317523
电　　话：8825000

温岭东辉路支行
行　　长：杜丽雅
地　　址：温岭市太平街道东辉北路118号
邮政编码：317500
电　　话：8825000

温岭文化桥支行
行　　长：颜晨红
地　　址：温岭市太平街道人民中路225号
邮政编码：317500
电　　话：8825000

玉环支行
行　　长：郑声龙
地　　址：玉环县珠港镇城关玉兴西路2号
邮政编码：317600
电　　话：8825000

玉环大麦屿支行
行　　长：陈水松
地　　址：玉环县大麦屿开发区兴港东路5—11号
邮政编码：317604
电　　话：8825000

玉环楚门支行
行　　长：李　峰
地　　址：玉环县楚门镇南兴街与昌业路转角处
邮政编码：317605
电　　话：8825000

玉环坎门支行
行　　长：李　明

地　　址：玉环县珠港镇坎门海城路93号
邮政编码：317602
电　　话：8825000

玉环清港支行

行　　长：黄德钦
地　　址：玉环县清港镇迎宾路27号
邮政编码：317606
电　　话：8825000

玉环龙溪支行

行　　长：徐时彬
地　　址：玉环县龙溪乡龙翔南路79号
邮政编码：317609
电　　话：8825000

仙居支行

行　　长：王直林
地　　址：仙居县穿城中路108号
邮政编码：317300
电　　话：8825000

仙居下各支行

行　　长：张光甫
地　　址：仙居县下各镇穿镇路598号
邮政编码：317321
电　　话：8825000

仙居安洲支行

行　　长：方伟萍
地　　址：仙居县穿城北路2—4号
邮政编码：317300
电　　话：8825000

天台县支行

行　　长：章谭云
地　　址：天台县城关人民西路167号
邮政编码：317200
电　　话：8825000

天台平桥支行

行　　长：洪庆阳
地　　址：天台县平桥镇中心广场旁
邮政编码：317203
电　　话：　8825000

三门县支行

行　　长：李金添
地　　址：三门县海游镇上洋路19号
邮政编码：317100
电　　话：8825000

三门核电支行

行　　长：林万敏
地　　址：三门县健跳镇三门核电厂区南区会所一层南侧
邮政编码：317111
电　　话：8825000

衢州分行

行　　长：郑剑荣
副 行 长：严　斌　孙世才　高志贤
纪委书记：钱松青
地　　址：衢州市蛟池街1号
邮政编码：324000
电　　话：3131000

衢州衢江支行

行　　长：汪小倩
地　　址：衢州市衢江区振兴中路202号
邮政编码：324022
电　　话：3131000

衢州经济开发区支行

行　　长：蒋　引
地　　址：衢州市三衢路505号
邮政编码：324000
电　　话：3131000

衢州柯城支行

行　　长：徐　霞
地　　址：衢州市市区下街56号
邮政编码：324000
电　　话：3131000

衢州南港支行

行　　长：郑建光
地　　址：衢州市南区荷花中路188号
邮政编码：324002
电　　话：3131000

衢州紫荆支行

行　　长：王　敏
地　　址：衢州市新安路55、57号
邮政编码：324000
电　　话：3131000

衢州市衢化支行

行　　长：郑剑峰
地　　址：衢州市衢化南一道1号

邮政编码：324004
电　　话：3131000

衢州衢化北苑支行
行　　长：江向丽
地　　址：衢州市衢化北苑村2号
邮政编码：324004
电　　话：3131000

龙游县支行
行　　长：邓柏松
地　　址：龙游县太平西路30号
邮政编码：324400
电　　话：313100

龙游龙洲支行
行　　长：诸葛素萍
地　　址：龙游县兴龙路31号
邮政编码：324400
电　　话：3131000

龙游北门支行
行　　长：王云和
地　　址：龙游县平政路3—4号
邮政编码：324400
电　　话：3131000

江山支行
行　　长：蒋茹霞
地　　址：江山市中山路64号
邮政编码：324100
电　　话：3131000

常山县支行
行　　长：叶丽丽
地　　址：常山县天马镇大街62号
邮政编码：324200
电　　话：3131000

常山红旗街支行
行　　长：叶剑明
地　　址：常山县天马镇红旗街29号
邮政编码：324200
电　　话：3131000

开化支行
行　　长：张彩林
地　　址：开化县城关镇芹北路12号
邮政编码：324300
电　　话：3131000

丽水分行
行　　长：蔡兴华
副 行 长：雷献军　陈伟中
纪委书记：郑东荣
行长助理：吴　刚
地　　址：丽水市丽阳街440号
邮政编码：323000
电　　话：2381888

丽水市大洋支行
行　　长：楼英雄
地　　址：丽水市解放街399号
邮政编码：323000
电　　话：2381888

丽水灯塔支行
行　　长：徐屈伟
地　　址：丽水市灯塔街63号
邮政编码：323000
电　　话：2381888

丽水经济开发区支行
行　　长：陈　霞
地　　址：丽水市水阁工业区枫岭街11—17号
邮政编码：323000
电　　话：2381888

丽水中东支行
行　　长：林　玲
地　　址：丽水市中东路140号
邮政编码：323000
电　　话：2381888

丽水金汇广场支行
行　　长：沈　蔚
地　　址：丽水市城东路241号—1
邮政编码：323000
电　　话：2381888

丽水紫金路支行
行　　长：张文杰
地　　址：丽水市万丰小区18号
邮政编码：323000
电　　话：2381888

青田县支行
行　　长：江丰伟
地　　址：青田县鹤城镇新大街66号

邮政编码：323900
电　　话：2381888

青田江南支行
行　　长：蓝　丽
地　　址：青田县龙津路70—72号
邮政编码：323900
电　　话：2381888

青田塔山支行
行　　长：程敏华
地　　址：青田县校场路70号
邮政编码：323900
电　　话：2381888

青田温溪支行
行　　长：郭玉琴
地　　址：青田县温溪镇处州街27号
邮政编码：323903
电　　话：2381888

青田上店街支行
行　　长：夏海雷
地　　址：青田县上店街7号
邮政编码：323903
电　　话：2381888

青田东苑支行
行　　长：季仙明
地　　址：青田县马鞍山路48号
邮政编码：323904
电　　话：2381888

青田山口支行
行　　长：严　隽
地　　址：青田县山口镇永安街163号
邮政编码：323903
电　　话：2381888

青田油竹支行
行　　长：单高翔
地　　址：青田县油竹新区青岱路211、213、215号
邮政编码：323903
电　　话：2381888

青田水南支行
行　　长：冯　伟
地　　址：青田县水南新区江南大道108号
邮政编码：323903
电　　话：2381888

龙泉市支行
行　　长：夏晓冬
地　　址：龙泉市中山东路116号
邮政编码：323700
电　　话：2381888

龙泉西寺支行
行　　长：余洪震
地　　址：龙泉市新华街60号
邮政编码：323700
电　　话：2381888

遂昌县支行
行　　长：吕美英
地　　址：遂昌县妙高镇南街99号
邮政编码：323300
电　　话：2381888

松阳县支行
行　　长：朱晓东
地　　址：松阳县太平坊路31号
邮政编码：323400
电　　话：2381888

缙云县支行
行　　长：张浩军
地　　址：缙云县问渔路110号
邮政编码：321400
电　　话：2381888

缙云壶镇支行
行　　长：陶敏东
地　　址：缙云县壶镇镇安居东路24—34号
邮政编码：321404
电　　话：2381888

庆元县支行
行　　长：邓　琳
地　　址：庆元县蒙洲街160号
邮政编码：323800
电　　话：2381888

中国建设银行在浙机构

浙江省分行
行　　长：余静波
副 行 长：苏　克　侯建培　张　民

劳新江
纪委书记：张　民（兼）
工会主席：傅春兰
总审计师：王爱玲
风险总监：张　俊
行长助理：何向东　王叶毅
地　　址：杭州市体育场路288号
邮政编码：310003
电　　话：85313000

营业部

总 经 理：章浪潮
副总经理：张仁国　姚军伟　冯勍骋
胡勇刚　何晓明
风险经理：王健美
纪检监察特派员：余　虹
地　　址：杭州市延安路526号
邮政编码：310006
传　　真：85773233

营业部国际业务部

经　　理：姜莉菁
副 经 理：任　春　杨敏华　吴　樯
袁　旦
风险经理：陈　岗
纪检监察特派员：王建清（兼）
地　　址：杭州市延安路526号
邮政编码：310006
传　　真：85773493

杭州之江支行

行　　长：姜云云
副 行 长：唐　蕾　王旭东　来利剑
郑　镭
纪检监察特派员：吴仁炎（兼）
地　　址：杭州市体育场路290号
邮政编码：310003
传　　真：85313456

杭州宝石支行

行　　长：赵三军
副 行 长：方丹洲　韦　雯　徐千里
纪检监察特派员：冯林华（兼）
地　　址：杭州市体育场路588号
邮政编码：310007
传　　真：85215218

杭州吴山支行

行　　长：王英龙
副 行 长：陶　燕　沈　震　雷　鸣
纪检监察特派员：冯林华（兼）
地　　址：杭州市延安路118号
邮政编码：310001
传　　真：87709881

杭州天水支行

行　　长：孙　葳
副 行 长：许　宏　陈青慧　冯　敏
纪检监察特派员：王建清（兼）
地　　址：杭州市体育场路216号
邮政编码：310004
传　　真：85167316

杭州文晖支行

行　　长：韦霞萍
副 行 长：邢国亮　张向良　俞玲玲
纪检监察特派员：吴仁炎（兼）
地　　址：杭州市湖墅南路277号
邮政编码：310004
传　　真：88396916

杭州秋涛支行

行　　长：朱怀锋
副 行 长：朱　勉　华友凡　平红艳
纪检监察特派员：吴仁炎（兼）
地　　址：杭州市庆春东路5号
邮政编码：310020
传　　真：86959630

杭州高新支行

行　　长：李建林
副 行 长：陈瑞融　何　晓　李　磊
陈婺佳
纪检监察特派员：王建清（兼）
地　　址：杭州市文三路250号
邮政编码：310012
传　　真：88869957

杭州经济技术开发区支行

行　　长：苏志春
副 行 长：董希淼　杨　杰　钱　芳
纪检监察特派员：冯林华（兼）
地　　址：杭州市经济开发区三号大街
邮政编码：310018

传　　真：86910733

杭州钱江支行

行　　长：来利剑

副 行 长：周红芳

纪检监察特派员：吴仁炎(兼)

地　　址：杭州市江干区新塘路63号

邮政编码：310020

传　　真：86433923

杭州延安支行

副 行 长：林胜宝(主持工作)　钱震刚　郎为明

纪检监察特派员：王建清(兼)

地　　址：杭州市建国北路579号

邮政编码：310004

传　　真：85285515

杭州中山支行

行　　长：王丽娥

副 行 长：朱新超　王勇强

纪检监察特派员：冯林华(兼)

地　　址：杭州市中山北路297号

邮政编码：310003

传　　真：87796915

杭州庆春支行

行　　长：奚梅林

副 行 长：叶荣奇　兰　颖

纪检监察特派员：王建清(兼)

地　　址：杭州市庆春东路74号

邮政编码：310003

传　　真：87211299

杭州滨江支行

行　　长：郑　浩

副 行 长：卢欢烈　姜晓彦

纪检监察特派员：冯林华(兼)

地　　址：杭州市滨江区江南大道480号

邮政编码：310052

传　　真：87795927

杭州西湖支行

行　　长：赖珉光

副 行 长：张　阳　朱新奎

纪检监察特派员：吴仁炎(兼)

地　　址：杭州市保俶路55号

邮政编码：310007

传　　真：85113349

杭州萧山支行

行　　长：范建勋

副 行 长：周天丰　陈育新　方　群

纪委书记：周方明

风险经理：叶培伦

地　　址：杭州市萧山区城厢镇人民路213号

邮政编码：311201

传　　真：82663398

杭州余杭支行

行　　长：刘仁军

副 行 长：王云水　李一文　张　伟

行长助理：潘明霞

纪检监察特派员：潘昌林(兼)

风险经理：鲁越翔

地　　址：杭州市余杭区东湖中路232号

邮政编码：311100

传　　真：86225845

富阳支行

行　　长：郑晓泳

副 行 长：姜弦子　陈　伟

行长助理：徐亮健

风险经理：朱利锋

纪检监察特派员：茅学娟(兼)

地　　址：富阳市桂花路23号

邮政编码：311400

传　　真：63326830

临安支行

行　　长：张建林

副 行 长：季良斌　俞小河

风险经理：黄　群

纪检监察特派员：潘昌林(兼)

地　　址：临安市锦城镇钱王大街415号

邮政编码：311300

传　　真：63721034

桐庐支行

行　　长：谢信军

副 行 长：单　亮　刘向阳

风险经理：程　伟

纪检监察特派员：茅学娟(兼)

地　　址：桐庐县桐君街道迎春路118号

邮政编码：311500

传　　真：64638258

建德支行

行　　长：张建标

副 行 长：吴海林

行长助理：叶欢庆

风险经理：潘益民

纪检监察特派员：潘益民(兼)

地　　址：建德市新安江街道新安路6号

邮政编码：311600

传　　真：64721455

淳安支行

行　　长：申屠玉儿

副 行 长：余武平

行长助理：王学伟

风险经理：程　伟(兼)

地　　址：淳安县新安大街75号

邮政编码：311700

传　　真：64812298

宁波分行

行　　长：刘丽华

副 行 长：任国正　陈恒星　陈慧芳

纪委书记：张依娜

总审计师：金海萍

风险总监：叶　进

行长助理：卢　冲

地　　址：宁波市广济街31号

邮政编码：315010

电　　话：87323757

温州分行

行　　长：诸葛衍权

副 行 长：王　勇

风险主管：林　诤

党委委员：王如来

纪委书记：戴侠义

工会主席：黄国光

行长助理：冯茂慧　夏　雷

地　　址：温州市车站大道701号建行大厦

邮政编码：325027

电　　话：88080011

温州瓯海支行

行　　长：徐亦军

副 行 长：张　敏　王乐阳

风险经理：徐智潜

地　　址：温州市过境路1586号

邮政编码：325005

电　　话：88538483

温州鹿城支行

行　　长：叶　钧

副 行 长：陈锦丽　戴立智

行长助理：刘笑笑

地　　址：温州市鹿城区飞霞南路439号

邮政编码：325003

电　　话：88811889

温州龙湾支行

副 行 长：金江桂(主持工作)　胡璧倩　徐才文

风险经理：刘万来

地　　址：温州市龙湾区永梅公路永强电业大厦一、三楼

邮政编码：325024

电　　话：86865807

温州开发区支行

行　　长：全日锋

副 行 长：吴崇武

风险经理：徐昭雄

行长助理：周利战

地　　址：温州市经济技术开发区钱江路170号

邮政编码：325011

电　　话：86531228

温州瓯江支行

行　　长：黄国杰

副 行 长：陈庆辉　叶荣华　张　徐　林晓群

行长助理：朱　伟

地　　址：温州市鹿城区江滨街道黎明西路342号

邮政编码：325003

电　　话：88833042

温州分行营业部

经　　理：冯茂慧(兼)

副 经 理：章　群　吴克龙　何长宽

经理助理：李曙锋　叶　丛

地　　址：温州市车站大道701号建行大厦

邮政编码：325027
电　　话：88080514

温州中山支行
行　　长：陈国多
副 行 长：陈向东　吴爱雪
地　　址：温州市鹿城区南门街道人民东路153号
邮政编码：325000
电　　话：88828120

温州府前支行
行　　长：陈　豪
副 行 长：杨国柱
风险经理：吴智勇
地　　址：温州市鹿城区五马街道府前街4号利府大楼
邮政编码：325000
电　　话：88294318

温州新城支行
行　　长：木　凡
副 行 长：詹新峰　项琼艳
地　　址：温州市鹿城区府东路禾源大厦
邮政编码：325000
电　　话：88917706

温州小南支行
副 行 长：蔡向群(主持工作)　方建良　麻立跃
地　　址：温州市鹿城区小南路205号
邮政编码：325000
电　　话：88251251

温州南城支行
行　　长：林瑞新
副 行 长：陈　琰
地　　址：温州市瓯海区梧田街道梧田大道330号
邮政编码：325014
电　　话：86361644

瑞安支行
行　　长：吴招程
副 行 长：陈锦勋　余建敏
风险经理：郑新标
纪委书记、工会主席：郑小龙
行长助理：洪　雷
地　　址：瑞安市万松东路383号
邮政编码：325200
电　　话：65811173

乐清支行
行　　长：夏良德
副 行 长：包义俊　余擎天　吴晓东
风险经理：杨五一
行长助理：沈加权
地　　址：乐清市乐成镇宁康东路60—68号
邮政编码：325600
电　　话：62539645

平阳支行
副 行 长：张振响(主持工作)　蔡炳通
风险经理：毛欣华
行长助理：王建宇
地　　址：平阳县昆阳镇雅河路246号
邮政编码：325400
电　　话：63718122

永嘉支行
副 行 长：袁晓晟(主持工作)　董然定　李文勇
风险经理：黄建友
地　　址：永嘉县上塘镇环城西路623号
邮政编码：325100
电　　话：67258320

苍南支行
行　　长：王美加
副 行 长：林小兵　黄友共
风险经理：林长缨
地　　址：苍南县灵溪镇玉苍路555号
邮政编码：325800
电　　话：64765919

文成支行
行　　长：黄晓海
副 行 长：傅华文　黄宗肯
地　　址：文成县建设路75号(7—8)—79号
邮政编码：325300
电　　话：67831008

泰顺支行
行　　长：钱克标

副 行 长：张来敬
行长助理：王永军
地　　址：泰顺县罗阳镇城北路78号
邮政编码：325500
电　　话：67586912

洞头支行

行　　长：朱国弟
副 行 长：项孟坚　郭建伟
地　　址：洞头县北岙镇中心街234号
邮政编码：325700
电　　话：63488445

嘉兴分行

行　　长：沈建明
副 行 长：袁龙豫　俞　璇　姜书昌　邱伟革　朱金明
纪委书记：程能平
工会主席：姜书昌(兼)
风险主管：程建新
地　　址：嘉兴市紫阳街208号
邮政编码：314000
电　　话：82032706

嘉兴分行营业部

副 经 理：方一男(主持工作)　徐咏梅
地　　址：嘉兴市紫阳街208号
邮政编码：314000
电　　话：82032515

嘉兴南湖支行

行　　长：沈欲立
副 行 长：陈桂泉
地　　址：嘉兴市中山东路121号
邮政编码：314000
电　　话：82089268

嘉兴秀洲支行

行　　长：贾海韵
副 行 长：陆卫林
地　　址：嘉兴市中山西路金都景苑B7—5号
邮政编码：314031
电　　话：82711093

嘉兴南湖新区支行

行　　长：诸军民
副 行 长：钱明夫
地　　址：嘉兴市凌公塘路巴黎都市住宅区凯旋门商场2号楼1号商铺
邮政编码：314000
电　　话：82811501

嘉兴中山路支行

行　　长：陈　宇
地　　址：嘉兴市中山东路478号
邮政编码：314000
电　　话：82086391

海宁支行

行　　长：朱金明(兼)
副 行 长：顾徐刚　杨慧玲　朱仿炯
纪检监察特派员：陶旭亮
工会主席：顾徐刚(兼)
地　　址：海宁市海昌路116号
邮政编码：314400
电　　话：87221922

桐乡支行

行　　长：朱　敏
副 行 长：周林甫　徐建新　申建荣　冯　路
纪检监察特派员：戚浩明
工会主席：徐建新(兼)
地　　址：桐乡市庆丰中路15号
邮政编码：314500
电　　话：88023502

平湖支行

行　　长：曹　平
副 行 长：徐卫中　施保卫　富晓建　孙　萍
纪检监察特派员：张雅春
工会主席：徐卫中(兼)
地　　址：平湖市当湖街道当湖路86—108号
邮政编码：314200
电　　话：85114106

海盐支行

行　　长：方红君
副 行 长：聂　强　沈　钢　赵　英
纪检监察特派员：王土新
行长助理：王浩云
工会主席：赵　英(兼)
地　　址：嘉兴市海盐县武原街道朝阳西

路 32 号
邮政编码：314300
电　　话：86028959

嘉善支行

副 行 长：姚献峰(主持工作)　叶　林
　　　　　范秋枫　姚　眺
纪检监察特派员：缪永珊
工会主席：叶　林(兼)
地　　址：嘉善县魏塘街道解放西路 163 号
邮政编码：314100
电　　话：84024222

湖州分行

行　　长：王剑雄
副 行 长：王卫成　岳俊健　陈　硕
纪委书记：岳俊健(兼)
工会主席：陈　硕(兼)
风险主管：蒋　涛
地　　址：湖州市红旗路 118 号
邮政编码：313000
电　　话：2500218

湖州分行营业部

主　　任：凌旭康
副 主 任：陈　群
地　　址：湖州市红旗路 118 号
邮政编码：313000
电　　话：2500081

湖州城中支行

行　　长：诸葛军
副 行 长：赵振华　刘　丹
地　　址：湖州市北街 53 号
邮政编码：313000
电　　话：2212057

湖州经济开发区支行

行　　长：汤泉明
副 行 长：顾成伟
地　　址：湖州市凤凰路 800 号
邮政编码：313000
电　　话：2104021

湖州吴兴支行

行　　长：李　正
副 行 长：林乃海
地　　址：湖州市威莱大街 291 号
邮政编码：313000
电　　话：2062079

湖州南浔支行

行　　长：周　迎
副 行 长：沈　霞　葛　平
地　　址：湖州市南浔镇泰安西路 16 号
邮政编码：313009
电　　话：3913771

湖州织里支行

行　　长：陈卫东
行长助理：董　敏　沈剑峰
地　　址：湖州市织里镇吴兴大道 4355 号
邮政编码：313008
电　　话：3928728

德清支行

行　　长：周　敏
副 行 长：杨　杰　饶卫东
风险经理：李　莹
地　　址：湖州市德清县武康镇永安街 199 号
邮政编码：313200
电　　话：8074689

长兴支行

行　　长：王　炜
副 行 长：王丽琴　朱文斌
风险经理：王文胜
地　　址：湖州市长兴县雉城镇县前西街
　　　　　18 号
邮政编码：313100
电　　话：6036123

安吉支行

行　　长：张建强
副 行 长：朱建勇　王必恺
风险经理：徐永芳
地　　址：湖州市安吉县递铺镇胜利东路
　　　　　289 号
邮政编码：313300
电　　话：5127091

绍兴分行

行　　长：吕忠清
副 行 长：陈富强　陆荣富　沈源钢
纪委书记：娄卫东
工会主席：娄卫东(兼)

风险主管：孙　斌
地　　址：绍兴市中兴南路2号
邮政编码：312000
电　　话：88162998

绍兴分行营业部
主　　任：周剑秀
副 主 任：吴绍元　茹永中
地　　址：绍兴市中兴南路2号
邮政编码：312000
传　　真：88162114

绍兴鉴湖支行
行　　长：赵　靖
副 行 长：卢　嫄
地　　址：绍兴市延安路251号
邮政编码：312000
传　　真：88162160

绍兴大通支行
行　　长：喻旭君
副 行 长：陈　军　郭革峰
地　　址：绍兴市越城区胜利西路605号
邮政编码：312000
传　　真：88162204

绍兴经济开发区支行
副 行 长：孙　强(主持工作)　励忠中
地　　址：绍兴市越城区人民东路333号
邮政编码：312001
传　　真：88162243

绍兴城中支行
行　　长：楼奎军
副 行 长：陈　岚
地　　址：绍兴市人民中路6号
邮政编码：312000
传　　真：88162258

绍兴支行
行　　长：陶友根
副 行 长：方　茜　徐　渭
纪检监察特派员：傅涤峰
风险经理：潘力军
行长助理：赵惠毅
地　　址：绍兴县柯桥鉴湖路27号
邮政编码：312030
传　　真：81189000

诸暨支行
行　　长：黄小敏
副 行 长：杨义生　余建军
工会主席：石建华
风险经理：何岳明
行长助理：郑文坚
地　　址：诸暨市艮塔路21号
邮政编码：311800
传　　真：87917015

上虞支行
行　　长：王黎红
副 行 长：朱　骅　吕军辉
风险经理：季　珂
地　　址：上虞市百官街道人民中路270号
邮政编码：312300
传　　真：81225015

嵊州支行
行　　长：韩　星
副 行 长：龚祥法
纪检监察特派员：周跃展
风险经理：裘立英
行长助理：黄钟尧
地　　址：嵊州市城中路2号
邮政编码：312400
传　　真：83333018

新昌支行
行　　长：孙张表
副 行 长：徐晓明
纪检监察特派员：王立平
党总支委员：魏东光
风险经理：张立忠
行长助理：章永富
地　　址：新昌县城关镇人民中路263号
邮政编码：312500
传　　真：86166022

金华分行
行　　长：陈根海
副 行 长：黄旭东　夏明龙　李英姿
　　　　　余永峰
纪委书记、工会主席：黄旭东(兼)
风险主管：余永峰
调 研 员：章　燕

地　　址：金华市解放东路1号
邮政编码：321000
电　　话：82302078

金华分行营业部

主　　任：郑丽珍
副 主 任：徐新忠　诸葛郁岚
主任助理：杜晓斌
地　　址：金华市解放东路1号
邮政编码：321000
电　　话：82302392

婺城支行

行　　长：单晓忠
副 行 长：王国强
行长助理：沈　宇
地　　址：金华市解放东路260号
邮政编码：321000
电　　话：82304007

开发区支行

行　　长：黄　炜
副 行 长：卜燎斐　金丽艳
地　　址：金华市八一南街387号信华大楼
邮政编码：321017
电　　话：82391106

金东支行

行　　长：周兆辉
副 行 长：陈　平
行长助理：李　鸿
地　　址：金华市李渔路265号
邮政编码：321017
电　　话：82347722

江北支行

副 行 长：徐春生(主持工作)　沈立群
地　　址：金华市解放西路233号
邮政编码：321000
电　　话：82356523

金西支行

行　　长：徐国军
副 行 长：孙宗华
行长助理：方建民
地　　址：金华市婺城区白龙桥镇通江路128号
邮政编码：321017
电　　话：82211664

东阳支行

行　　长：赵小忠
副 行 长：陈宁归　许侃鸣
风险经理：蒋红胜
行长助理：李向红
地　　址：东阳市吴宁东路22号
邮政编码：322100
电　　话：86644278

永康支行

行　　长：钟国友
副 行 长：黄永忠
风险经理：周晓林
行长助理：邵吉阳
地　　址：永康市丽州中路63号
邮政编码：321300
电　　话：87113707

兰溪支行

副 行 长：施建华(主持工作)　徐依群　王顺吉
风险经理：季志东
地　　址：兰溪市丹溪大道25号
邮政编码：321100
电　　话：88884870

武义支行

行　　长：童建荣
副 行 长：倪　敏
风险经理：姜根法
行长助理：程　巍
地　　址：武义县武阳中路2号
邮政编码：321200
电　　话：87622091

浦江支行

副 行 长：何少峰(主持工作)　李颖高
风险经理：李　英
行长助理：季锋雷
地　　址：浦江县浦阳镇和平南路12号
邮政编码：322200
电　　话：84112245

磐安支行

行　　长：王章丽
副 行 长：项正伟

地　　址：磐安县安文镇中街1号
邮政编码：322300
电　　话：84661539

衢州分行

行　　长：李　瑛
副 行 长：周勇前　周雪炎　颜　赴
　　　　　吴晓东
纪委书记：花　开
工会主席：花　开(兼)
地　　址：衢州市柯城区上街56号
邮政编码：324000
电　　话：3055758

衢州分行营业部

副 主 任：黎　莉
主任助理：陈晓燕
地　　址：衢州市柯城区上街56号
邮政编码：324000
传　　真：3021929

衢州开发区支行

副 行 长：周　武(主持工作)　张晓斌
纪检监察特派员：余一生
地　　址：衢州市柯城区世纪大道195号
邮政编码：324002
电　　话：3024167

衢州柯城支行

行　　长：郑　兵
副 行 长：郑　胜
地　　址：衢州市柯城区县学街15号
邮政编码：324000
电　　话：3031706

衢州衢江支行

行　　长：余　彬
副 行 长：皮国华
地　　址：衢州市衢江区樟潭路62号
邮政编码：324022
电　　话：2830307

衢州巨化支行

副 行 长：王建平(主持工作)　叶素芳
地　　址：衢州市巨化南一道3号
邮政编码：324004
电　　话：3062343

衢州荷花支行

行　　长：汪伟炬
行长助理：方娟娟
地　　址：衢州市柯城区荷花中路210号
邮政编码：324002
电　　话：3081464

衢州斗潭支行

行　　长：李　静
地　　址：衢州市柯城区西安路42号
邮政编码：324000
电　　话：3025361

衢州南孔支行

行　　长：姜　琦
地　　址：衢州市柯城区南街25号
邮政编码：324000
电　　话：3026135

衢州昌苑支行

行　　长：郭　珊
地　　址：衢州市巨化南苑村1号
邮政编码：324004
电　　话：3062344

衢州车站分理处

主　　任：汪　政
地　　址：衢州市柯城区劳动路112号
邮政编码：324000
电　　话：3024820

衢州荷西分理处

主　　任：王伟萍
地　　址：衢州市柯城区荷花三路36号
邮政编码：324002
电　　话：3890102

衢州大南门分理处

主　　任：姚忠勇
地　　址：衢州市柯城区劳动路12号
邮政编码：324000
电　　话：3024760

衢州河西分理处

主　　任：周博俊
地　　址：衢州市柯城区九华北大道6号
邮政编码：324000
电　　话：3012961

江山支行
副 行 长：应向阳(主持工作) 吴正国
何丽俊
纪检监察特派员：王晓靖
地　　址：江山市中山路16号
邮政编码：324100
电　　话：4021251

江山中山路分理处
主　　任：朱清波
地　　址：江山市中山路68号
邮政编码：324100
电　　话：4021244

江山虎山分理处
主　　任：汪江水
地　　址：江山市东岳路18号
邮政编码：324100
电　　话：4073576

江山鹿溪路分理处
主　　任：毛冬敏
地　　址：江山市鹿溪中路242号
邮政编码：324100
电　　话：4019252

江山小南门分理处
主　　任：李水莲
地　　址：江山市解放路173号
邮政编码：324100
电　　话：4023217

龙游支行
行　　长：苏继鸿
副 行 长：李　娟
地　　址：龙游县太平西路20号
邮政编码：324400
电　　话：7021924

龙游银星分理处
主　　任：叶月明
地　　址：龙游县兴龙路24号
邮政编码：324400
电　　话：7111009

龙游华夏分理处
主　　任：王建裕
地　　址：龙游县荣昌路1号
邮政编码：324400
电　　话：7111007

龙游北门分理处
主　　任：徐　鹰
地　　址：龙游县大众路18号
邮政编码：324400
电　　话：7022681

常山支行
行　　长：柴建中
行长助理：何华平
地　　址：常山县定阳北路18号
邮政编码：324200
电　　话：5022374

常山城区分理处
主　　任：罗　玮
地　　址：常山县红旗街18号
邮政编码：324200
电　　话：5019258

开化支行
行　　长：王晋阳
行长助理：丁喜岷
地　　址：开化县解放街76号
邮政编码：324300
电　　话：6022713

台州分行
行　　长：崔　雷
副 行 长：王如来　许　超　陈　涛
徐曙鹰　徐　谦
纪委书记：王如来(兼)
工会主席：陈　涛(兼)
风险主管：占学真
地　　址：台州市椒江区广场西路1号
邮政编码：318000
电　　话：8818101

椒江支行
行　　长：童晓星
副 行 长：丁荣斌
行长助理：牟英姿
工会主席：丁荣斌(兼)
地　　址：台州市椒江区青年路7—2号
邮政编码：318000
电　　话：88222011

开发区支行

行　　长：郑仁勇
副 行 长：吕亮亮
行长助理：王东波
地　　址：台州市椒江区东环大道238号
邮政编码：318000
电　　话：88208680

温岭支行

行　　长：何国宝
副 行 长：张文程　陶成城　丁　枫
纪委书记：张文程(兼)
工会主席：张文程(兼)
风险经理：潘善龙
地　　址：温岭市东辉路135号
邮政编码：317500
电　　话：86206909

黄岩支行

行　　长：朱祥云
副 行 长：陈文贵
行长助理：叶丽英
风险经理：董炜珺
地　　址：台州市黄岩区天长北路209号
邮政编码：318020
电　　话：84273216

路桥支行

行　　长：潘以将
副 行 长：沈仁岳
行长助理：金绿茵
风险经理：管弘宇
地　　址：台州市路桥区卖芝桥西路30号
邮政编码：318050
电　　话：82449519

临海支行

行　　长：陆　隽
副 行 长：陈海军　杨群芳
纪委书记：包昌兴(兼)
风险经理：包昌兴
地　　址：临海市城关镇崇和路246号
邮政编码：317000
电　　话：85113733

玉环支行

行　　长：梅振辉
副 行 长：陈才鹏　周云翔
行长助理：林惠东
地　　址：玉环县珠港镇玉兴西路31号
邮政编码：317600
电　　话：87216023

天台支行

行　　长：葛世龙
副 行 长：陈　萍　金崇利
工会主席：陈　萍(兼)
地　　址：天台县城关人民西路路口
邮政编码：317200
电　　话：83881841

仙居支行

行　　长：厉小平
副 行 长：谢建国　胡意丽
工会主席：胡意丽(兼)
地　　址：仙居县城北路1号
邮政编码：317300
电　　话：87771946

三门支行

行　　长：彭海峰
副 行 长：冯　珺
行长助理：郑志刚
工会主席：冯　珺(兼)
地　　址：三门县海游镇光明路1号
邮政编码：317100
电　　话：83335095

丽水分行

行　　长：徐小康
副 行 长：陈　江　梁铁伟　赵建革
纪委书记：罗叔秋
风险主管：刘　建
地　　址：丽水市大洋路430号
邮政编码：323000
电　　话：2272918

丽水分行营业部

副 主 任：郑　芳(主持工作)　杨　俊
地　　址：丽水市解放街177号
邮政编码：323000
传　　真：2272533

丽水莲城支行

行　　长：叶松青

副 行 长：夏小波
地　　址：丽水市解放街115号
邮政编码：323000
传　　真：2154001

丽水瓯江支行

行　　长：孙　坚
副 行 长：郎美红
地　　址：丽水市中东路408号
邮政编码：323000
传　　真：2129658

丽水中山支行

行　　长：陈少伟
地　　址：丽水市中山街435号
邮政编码：323000
传　　真：2130727

丽水城东支行

行　　长：潘宝芳
地　　址：丽水市灯塔街157号
邮政编码：323000
传　　真：2119276

丽水开发区支行

副 行 长：陈建斌(主持)　朱　斌
地　　址：丽水市经济开发区绿谷大道208号
邮政编码：323000
传　　真：2185977

丽水莲都支行

行　　长：诸维克
地　　址：丽水市丽青路25号
邮政编码：323000
传　　真：2278255

丽水处州支行

行　　长：寿红燕
地　　址：丽水市人民路533—537号
邮政编码：323000
传　　真：2669517

丽水纳爱斯支行

行　　长：曾宙红
地　　址：丽水市上水南3号
邮政编码：323000
传　　真：2131501

丽水万丰支行

行　　长：李洪源
地　　址：丽水市万丰南路1号
邮政编码：323000
传　　真：2351203

丽水白云支行

行　　长：陆晏之
地　　址：丽水市中山街207号
邮政编码：323000
传　　真：2131702

丽水东方分理处

主　　任：陈林霞
地　　址：丽水市解放街482号
邮政编码：323000
传　　真：2112916

丽水紫金分理处

主　　任：吴　勇
地　　址：丽水市中东路118号
邮政编码：310003
传　　真：2138161

青田支行

副 行 长：徐子伟(主持工作)　严芝红
　　　　　吴坚迅　周永海
地　　址：青田县鹤城镇龙津路116号
邮政编码：323900
传　　真：6837441

缙云支行

行　　长：杜晋杭
副 行 长：郑翠华　金　峰
地　　址：缙云县五云镇溪滨北路100号
邮政编码：321400
传　　真：3316251

龙泉支行

行　　长：熊少瑛
副 行 长：吴明耀　刘文庆
地　　址：龙泉市中山东路140号
邮政编码：323700
传　　真：7122006

遂昌支行

行　　长：刘文亮
副 行 长：涂明亮　颜望亮
地　　址：遂昌县妙高镇南街31号
邮政编码：323300
传　　真：8125597

松阳支行

行　　长：邓红卫
副 行 长：杨卫俊　张春来
地　　址：松阳县新华路44号
邮政编码：323400
传　　真：8064990

云和支行

副 行 长：徐伟勇(主持工作)　刘建龙
行长助理：江　舟
地　　址：云和县云和镇中山路21号
邮政编码：323600
电　　话：5121094

景宁支行

行　　长：柯建俊
副 行 长：李叁丰　朱松美
地　　址：景宁畲族自治县鹤溪镇人民中路202号
邮政编码：323500
电　　话：5081063

庆元支行

行　　长：姜黎明
副 行 长：胡小青
行长助理：吴锦文
地　　址：庆元县云鹤路18号
邮政编码：323800
电　　话：6123554

舟山分行

副 行 长：杨锡舟(主持工作)　潘鹏年　李于匡
纪委书记：李于匡(兼)
风险主管：丁乃安
地　　址：舟山市定海区人民中路68号
邮政编码：316000
电　　话：2066068

舟山定海支行

行　　长：夏文浩
副 行 长：周晓驰　任武毅
行长助理：徐　萌
地　　址：舟山市定海区解放西路38号
邮政编码：316000
电　　话：2027218

舟山普陀支行

行　　长：周　渭
副 行 长：丁谨慎
风险主管：王韶勇
行长助理：吴　波
地　　址：舟山市普陀区同济路118号
邮政编码：316100
电　　话：3053173

舟山城关支行

行　　长：李　瑜
副 行 长：周　威
行长助理：周碧波
地　　址：舟山市定海区昌国路215号
邮政编码：316000
电　　话：2026819

舟山普陀山支行

行　　长：徐水海
副 行 长：孙　骏
行长助理：方帅益
地　　址：舟山市普陀山梅岑路85号
邮政编码：316107
电　　话：6092471

岱山支行

行　　长：周　华
副 行 长：冯柏泓
行长助理：方　波
地　　址：岱山县高亭镇沿港中路311号
邮政编码：316200
电　　话：4474217

嵊泗支行

副 行 长：董　斌(主持工作)
支部委员：朱赛雁
行长助理：胡　波
地　　址：嵊泗县菜园镇东海路147号
邮政编码：202450
电　　话：5082813

舟山分行营业部

经　　理：乐倍莉
副 经 理：张　敏　谢　泓　林　军
地　　址：舟山市定海区人民中路68号
邮政编码：316000
电　　话：2066009

义乌分行

行　　长：王井平
副 行 长：王重阳　卢根喜　李　健
纪委书记：李　健(兼)
风险主管：赵　军
行长助理：张永平　黄嘉斌
地　　址：义乌市稠州北路468号
邮政编码：322000
电　　话：85428086

义乌分行营业部

负 责 人：张旭瑾
地　　址：义乌市稠州北路468号
邮政编码：322000
电　　话：85428016

义乌分行新市场支行

负 责 人：王国庆
地　　址：义乌国际商贸城三期市场东辅房82号门
邮政编码：322000
电　　话：81561153

义乌分行乐园分理处

负 责 人：陈坚贞
地　　址：义乌市丹溪路178号
邮政编码：322000
电　　话：85335315

义乌分行江滨支行

负 责 人：何燕波
地　　址：义乌市经发大道230—1号
邮政编码：322000
电　　话：85327411

义乌分行新世界支行

负 责 人：丁亦斌
地　　址：义乌国际商贸城二期G区东42号门
邮政编码：322000
电　　话：85181768

义乌分行宏源支行

负 责 人：王文建
地　　址：义乌国际商贸城三期市场西辅房F—013B号
邮政编码：322000
电　　话：81561011

义乌分行朝阳支行

负 责 人：楼　晓
地　　址：义乌市宾王市场B区79—81号
邮政编码：322000
电　　话：85543163

义乌分行商贸支行

负 责 人：金福龙
地　　址：义乌国际商贸城三区60号门
邮政编码：322000
电　　话：85161101

义乌分行之江分理处

负 责 人：王春金
地　　址：义乌市家电市场内
邮政编码：322000
电　　话：85540392

义乌分行信商支行

负 责 人：傅迎春
地　　址：义乌市工人北路882—896号
邮政编码：322000
电　　话：81572172

义乌分行兴源分理处

负 责 人：王　进
地　　址：义乌市西城路88号B区东
邮政编码：322000
电　　话：85414256

义乌分行福源支行

负 责 人：杜凯航
地　　址：义乌国际商贸城东辅房E区166号
邮政编码：322000
电　　话：85290908

义乌分行农贸支行

负 责 人：杨　林
地　　址：义乌市西城路533—537号
邮政编码：322000
电　　话：85432643

义乌分行孝子祠支行

负 责 人：黄　武
地　　址：义乌市城中北路3—7号
邮政编码：322000
电　　话：8552287

义乌分行兴东支行

负 责 人：沈进峰

地　　址：义乌市江东中路300号
邮政编码：322000
电　　话：85386951

义乌分行工人路支行

负 责 人：王卫军
地　　址：义乌市工人西路156号
邮政编码：322000
电　　话：85523464

义乌分行县前街支行

负 责 人：郑国政
地　　址：义乌市香山路42号
邮政编码：322000
电　　话：85437502

义乌分行北苑分理处

负 责 人：虞满芳
地　　址：义乌市北苑路82—92号
邮政编码：322000
电　　话：85358003

义乌分行兴业支行

负 责 人：冯　坚
地　　址：义乌市新马路8号
邮政编码：322000
电　　话：85525063

义乌分行信达支行

负 责 人：朱三英
地　　址：义乌市保联西街10号
邮政编码：322000
电　　话：85312396

义乌分行廿三里支行

负 责 人：陈建明
地　　址：义乌市廿三里镇中心西街18号
邮政编码：322000
电　　话：85013099

义乌分行佛堂支行

负 责 人：黄辛忠
地　　址：义乌市佛堂镇建设中路108号
邮政编码：322000
电　　话：85715863

义乌分行大陈支行

负 责 人：徐杨义
地　　址：义乌市大陈镇镇中南路92号
邮政编码：322000
电　　话：85995618

义乌分行后宅支行

负 责 人：朱大勇
地　　址：义乌市后宅街道城北路N16—22号
邮政编码：322000
电　　话：85680230

中国农业发展银行在浙机构

浙江省分行

行　　长：王玉高
副 行 长：姜大刚　梁　滨　陈跃峰
　　　　　宣吉方
地　　址：杭州市建国北路283号
邮政编码：310003
电　　话：87299000

省分行营业部

总 经 理：张　皓
副总经理：张蕴如　夏国华
地　　址：杭州市建国北路283号
邮政编码：310003
电　　话：87299088

杭州市萧山支行

行　　长：余　涛
地　　址：杭州市萧山区萧绍路1557号
邮政编码：311203
电　　话：82638878

杭州市余杭支行

行　　长：冯莉萍
地　　址：杭州市余杭区临平镇南苑街道南大街269号
邮政编码：311100
电　　话：86225131

富阳市支行

行　　长：金可为
地　　址：富阳市富春街道桂花西路239号
邮政编码：311400
电　　话：63349383

临安市支行

副 行 长：吴朝晖(主持工作)
地　　址：临安市锦溪南路328号
邮政编码：300301
电　　话：63961266

建德市支行
行　　长：芦晓明
地　　址：建德市新安江镇新安东路547号
邮政编码：311600
电　　话：64799118

桐庐县支行
行　　长：吴小娟
地　　址：桐庐县迎春南路28号
邮政编码：311500
电　　话：64624490

淳安县支行
行　　长：邵凯军
地　　址：淳安县千岛湖镇新安大街120号
邮政编码：311700
电　　话：64822470

宁波市分行
行　　长：孙兰生
副 行 长：徐世平　宋忠伟　应　勤
地　　址：宁波市海曙区灵桥路255号
邮政编码：315000
电　　话：87072888

市分行营业部
副总经理：巫晓峰（主持工作）
地　　址：宁波市海曙区灵桥路255号
邮政编码：315000
电　　话：87072880

慈溪市支行
行　　长：袁玲娣
地　　址：慈溪市解放西街631号
邮政编码：315300
电　　话：63812356

余姚市支行
行　　长：章以新
地　　址：余姚市阳明西路696号
邮政编码：315400
电　　话：62639828

奉化市支行
行　　长：郭舟浩
地　　址：奉化市南山路73号
邮政编码：315500
电　　话：88525362

象山县支行
行　　长：罗　斌
地　　址：象山县丹城镇丹东街道金鹰路1号
邮政编码：315700
电　　话：65719101

宁海县支行
行　　长：胡麟祥
地　　址：宁海县桃源中路181号
邮政编码：315600
电　　话：65580666

镇海区支行
副 行 长：石建民（主持工作）
地　　址：宁波市镇海区费家河头弄158号
邮政编码：315200
电　　话：86292018

北仑区支行
副 行 长：严国强（主持工作）
地　　址：宁波市北仑区明州路239号
邮政编码：315800
电　　话：86870292

温州市分行
行　　长：金文龙
副 行 长：叶海敏
地　　址：温州市车站大道413号
邮政编码：325088
电　　话：88666100

乐清市支行
行　　长：赵灿熙
地　　址：乐清市宁康东路180号
邮政编码：325600
电　　话：62589018

瑞安市支行
行　　长：黄上春
地　　址：瑞安市商城大厦六楼（南首）
邮政编码：325200
电　　话：65657988

永嘉县信贷组
主　　任：金云洁
地　　址：永嘉县瓯北镇罗马城A幢808号
邮政编码：325102
电　　话：67363197

平阳县信贷组
主　　任：张依群
地　　址：平阳县鳌江镇新河路1号
邮政编码：325401
电　　话：63620388

苍南县信贷组
主　　任：林　峰
地　　址：苍南县灵溪镇仁英路108号四楼
邮政编码：325800
电　　话：64774578

文成县信贷组
主　　任：王慧珍
地　　址：文成县大峃镇建设路141号
邮政编码：325300
电　　话：67867317

泰顺县信贷组
主　　任：魏　东
地　　址：泰顺县罗阳镇城北路82号
邮政编码：325500
电　　话：67589230

湖州市分行

负 责 人：张韩强
副 行 长：陈铮铮　周维庆
地　　址：湖州市东街85号
邮政编码：313000
电　　话：2066827

德清县支行
行　　长：邵金芬
地　　址：德清县武康镇舞阳街329号
邮政编码：313200
电　　话：8069368

长兴县支行
行　　长：邱秀琴
地　　址：长兴县雉城镇明珠路656号
邮政编码：313100
电　　话：6034249

安吉县支行
副 行 长：王　赟（主持工作）
地　　址：安吉县递铺镇芜园东路16号
邮政编码：313300
电　　话：5028311

嘉兴市分行

行　　长：孙跃旗
副 行 长：刘伟强　张丽玲
地　　址：嘉兴市洪兴路1050号
邮政编码：314031
电　　话：82720788

嘉善县支行
副 行 长：张建华（主持工作）
地　　址：嘉善县魏塘镇解放西路306号
邮政编码：314100
电　　话：84020040

平湖市支行
行　　长：郑健芬
地　　址：平湖市建国南路47号
邮政编码：314200
电　　话：85023751

海盐县支行
行　　长：周建林
地　　址：海盐县武原镇秦山路155号
邮政编码：314300
电　　话：86037878

海宁市支行
行　　长：翟建生
地　　址：海宁市长埭路206号
邮政编码：314400
电　　话：87034599

桐乡市支行
行　　长：吴荣兴
地　　址：桐乡市梧桐街道振兴西路23号
邮政编码：314500
电　　话：88102371

绍兴市分行

行　　长：董其江
副 行 长：李汲芹　夏伟亮　严松春
地　　址：绍兴市延安东路176号
邮政编码：312000
电　　话：85147278

诸暨市支行
行　　长：杨晓泉
地　　址：诸暨市高湖路76号1幢
邮政编码：311800
电　　话：87263998

上虞市支行

副 行 长：章国云(主持工作)
地　　址：上虞市百官街道峰山南路 378—380 号
邮政编码：312300
电　　话：82124856

嵊州市支行

行　　长：金洲望
地　　址：嵊州市三江街道兴旺街 281 号
邮政编码：312400
电　　话：83122889

新昌县信贷组

主　　任：王立群
地　　址：新昌县鼓山路 48 号
邮政编码：312500
电　　话：86032700

金华市分行

行　　长：陈伟清
副 行 长：伍展望　徐武安
地　　址：金华市人民东路 511 号
邮政编码：321000
电　　话：82312169

兰溪市支行

行　　长：高荣跃
地　　址：兰溪市三江路 142 号
邮政编码：321100
电　　话：88893380

义乌市支行

行　　长：吴亚明
地　　址：义乌市义东路 55 号
邮政编码：322000
电　　话：85529658

东阳市支行

行　　长：楼　胤
地　　址：东阳市艺海北路 306 号
邮政编码：322100
电　　话：86667139

永康市支行

行　　长：王南星
地　　址：永康市南苑路 45 号
邮政编码：322130
电　　话：87120690

武义县支行

行　　长：陈　彪
地　　址：武义县壶山下街 65 号
邮政编码：321200
电　　话：87673338

浦江县支行

行　　长：陈立成
地　　址：浦江县人民东路 126 号
邮政编码：322200
电　　话：84124678

磐安县信贷组

主　　任：陈国强
地　　址：磐安县文明街 10 号
邮政编码：322300
电　　话：84666232

衢州市分行

副 行 长：徐宇灿　戴刚英
地　　址：衢州市区府东街 730 号
邮政编码：324000
电　　话：3040268

龙游县支行

行　　长：方樟林
地　　址：龙游县人民路 16 号
邮政编码：324400
电　　话：7111427

江山市支行

行　　长：周山林
地　　址：江山市虎山街道航埠山 67 号
邮政编码：324100
电　　话：4016919

常山县信贷组

副 主 任：吴　进(主持工作)
地　　址：常山县文峰东路 35 号
邮政编码：324200
电　　话：5029837

开化县信贷组

主　　任：余　选
地　　址：开化县开元路绿景苑小区 7 号楼下
邮政编码：324300
电　　话：6021691

舟山市分行

行　　长：方珍艳

副 行 长：陆文武　冯　雅
地　　址：舟山市定海区人民北路32号
邮政编码：316000
电　　话：8260501

普陀区支行

副 行 长：颜晓秋(主持工作)
地　　址：舟山市普陀区滨江路258号
邮政编码：316100
电　　话：3067701

岱山县信贷组

主　　任：杨友君
地　　址：岱山县蓬莱路174—177号
邮政编码：316200
电　　话：4470085

嵊泗县信贷组

地　　址：嵊泗县东海路158号
邮政编码：202450

台州市分行

行　　长：许利川
副 行 长：赫鸣放　林　峰
地　　址：台州市中心大道215号
邮政编码：318000
电　　话：88322901

台州市路桥支行

主　　任：徐　波
地　　址：台州市路桥区南官大道7号明珠大厦北三楼
邮政编码：318050
电　　话：82969901

临海市支行

行　　长：徐之波
地　　址：临海市赤城路103—1号
邮政编码：317100
电　　话：85157760

温岭市支行

行　　长：赵鹏琳
地　　址：温岭市人民中路钱江都市商厦二楼
邮政编码：317500
电　　话：86215101

玉环县支行

行　　长：徐王平
地　　址：玉环县榴岛大道红富士大楼二楼
邮政编码：317600
电　　话：87250558

仙居县支行

行　　长：朱一中
地　　址：仙居县穿城中路21号
邮政编码：317300
电　　话：87779378

黄岩区信贷组

主　　任：林　斌
地　　址：台州市中心大道215号
邮政编码：318020
电　　话：88322906

天台县信贷组

主　　任：冯国连
地　　址：天台县飞霞路18号
邮政编码：317200
电　　话：83978822

三门县信贷组

主　　任：应　晖
地　　址：三门县人民路89号
邮政编码：317100
电　　话：83330477

丽水市分行

负 责 人：郑忠义
副 行 长：胡华星　吴　剑
地　　址：丽水市开发路825号
邮政编码：323000
电　　话：2173258

龙泉县信贷组

主　　任：陈征华
地　　址：龙泉县华楼街庆丰楼二单元二楼205室
邮政编码：323700
电　　话：7113003

青田县信贷组

主　　任：林建华
地　　址：青田县鹤城镇鹤城东路19号物资大楼
邮政编码：323900
电　　话：6832065

云和县信贷组

主　　任：叶美华
地　　址：云和县云和镇中山路 114 号
邮政编码：323600
电　　话：5123510

庆元县信贷组

负 责 人：吴大民
地　　址：庆元县松源镇云鹤路 24 号五楼
邮政编码：323800
电　　话：6211220

缙云县支行

行　　长：郑保胜
地　　址：缙云县五云镇蓬莱路 219 号
邮政编码：321400
电　　话：3146578

遂昌县信贷组

主　　任：金燕玲
地　　址：遂昌县妙高镇凯恩路 88 号
邮政编码：323300
电　　话：8130783

松阳县信贷组

副 主 任：毛君求(主持工作)
地　　址：松阳县西屏镇新华路 39 号
邮政编码：323400
电　　话：8069958

景宁畲族自治县信贷组

主　　任：吴立新
地　　址：景宁畲族自治县鹤溪镇人民中路 171 号
邮政编码：323500
电　　话：5086960

国家开发银行在浙机构

浙江省分行

行　　长：徐　勇
副 行 长：范显伟　倪贤孟　袁昌斌
地　　址：杭州市环城西路 108 号
邮政编码：310006
电　　话：85786088

宁波市分行

行　　长：樊立新
副 行 长：丁志宏　钟伟栋　付公伯
艾　阳
地　　址：宁波市海曙区镇明路 36 号中信银行大厦
邮政编码：315010
电　　话：83872888

中国进出口银行在浙机构

浙江省分行

行　　长：陈筱敏
地　　址：杭州市杭大路 9 号聚龙大厦西楼 15—18 层
邮政编码：310007
电　　话：87851888

浙商银行

浙商银行总行

董 事 长：张达洋
行　　长：龚方乐
地　　址：杭州市庆春路 288 号
邮政编码：310006
电　　话：87659090

北京分行

行　　长：冯剑松
地　　址：北京市西城区金融大街甲 1 号
邮政编码：100140
电　　话：010—88006088

天津分行

行　　长：周　平
地　　址：天津市河西区友谊北路 37 号
邮政编码：300204
电　　话：022—23271316

天津滨海支行

行　　长：郑江山
地　　址：天津市开发区新城东路第三大街 20 号
邮政编码：300457
电　　话：022—66285700

天津空港支行

行　　长：樊　淼
地　　址：天津市空港物流加工区西三道 158 号金融中心 5 号楼 1 门 101、

　　　　201室
邮政编码：300308
电　　话：022－84908700

天津南开支行
行　　长：曹　卓
地　　址：天津市南开区密云一支路新南马路五金城一区33栋
邮政编码：300112
电　　话：022－27626000

天津河西支行
行　　长：刘桂松
地　　址：天津市河西区解放南路477号
邮政编码：300223
电　　话：022－88245675

上海分行
行　　长：骆航鲁
地　　址：上海市威海路567号
邮政编码：200041
电　　话：021－61333333

上海闵行支行
行　　长：邵建宏
地　　址：上海市闵行区报春路239号
邮政编码：201100
电　　话：021－61915999

上海陆家嘴支行
行　　长：陈劼超
地　　址：上海市浦东新区浦东大道288号
邮政编码：200120
电　　话：021－60933999

上海嘉定支行
行　　长：潘德安
地　　址：上海市嘉定区环城路188号
邮政编码：201800
电　　话：021－60836133

上海长宁支行
行　　长：李　铭
地　　址：上海市长宁区古北路258号
邮政编码：200051
电　　话：021－61733288

上海徐汇支行
行　　长：李青春
地　　址：上海市徐汇区肇嘉浜路680号经钟大厦118室、802室
邮政编码：200031
电　　话：021－61922379

上海松江支行
行　　长：黄　明
地　　址：上海市松江区新松江路292号
邮政编码：201620
电　　话：021－31271288

南京分行
行　　长：刘英明
地　　址：南京市中山北路9号
邮政编码：210008
电　　话：025－86823636

南京秦淮支行
副 行 长：汤　军
地　　址：南京市秦淮区集庆路80号
邮政编码：210006
电　　话：025－82226555

济南分行
行　　长：李玉波
地　　址：济南市历下区黑西路185号
邮政编码：250011
电　　话：0531－80961708

深圳分行
行　　长：温晓惠
地　　址：深圳市福田区深南大道7028号时代科技大厦17楼
邮政编码：518040
电　　话：0755－82760666

成都分行
行　　长：张汝龙
地　　址：成都市武侯区洗面桥街39号
邮政编码：610041
电　　话：028－85579955

成都双楠支行
行　　长：张　波
地　　址：成都市武侯区龙腾西路1号
邮政编码：610041
电　　话：028－87038370

成都双流支行
行　　长：谷　磊
地　　址：成都市双流县东升镇长顺路荷

塘北街188号
邮政编码：610200
电　　话：028—85839661

成都金牛支行
行　　长：赖成燕
地　　址：成都市金牛区金府路669号
邮政编码：610036
电　　话：028—87605511

西安分行

副 行 长：刘贵山
地　　址：西安市西大街311号
邮政编码：710002
电　　话：029—88121212

西安高新开发区支行
副 行 长：张　龙
地　　址：西安市雁塔区科技路259号
邮政编码：710077
电　　话：029—68655350

兰州分行

行　　长：单谷正
地　　址：兰州市白银路308号
邮政编码：730030
电　　话：0931—8172110

杭州分行

行　　长：王卫华
地　　址：杭州市建国北路736号
邮政编码：310004
电　　话：87330733

湖州分行

行　　长：曹秀双
地　　址：湖州市人民路136号
邮政编码：313000
电　　话：2023076

丽水分行

行　　长：林曙峰
地　　址：丽水市莲都区丽阳街651号
邮政编码：323000
电　　话：2295527

嘉兴支行
行　　长：曹志元
地　　址：嘉兴市梅湾街1号
邮政编码：314000
电　　话：82038000

衢州支行
行　　长：梅　锐
地　　址：衢州市新安路20号国税大楼
邮政编码：324000
电　　话：3397007

杭州萧山支行
行　　长：楼瞿华
地　　址：杭州市萧山区市心北路36号
邮政编码：311200
电　　话：82890180

杭州余杭支行
行　　长：王　俭
地　　址：杭州市余杭区临平镇星光街873号
邮政编码：311100
电　　话：89188122

杭州城西支行
行　　长：盛争朝
地　　址：杭州市古翠路76号
邮政编码：310012
电　　话：88929500

杭州建国支行
行　　长：钟水炎
地　　址：杭州市建国北路281号
邮政编码：310003
电　　话：87258330

杭州玉泉支行
行　　长：张美虹
地　　址：杭州市求是路52号
邮政编码：310007
电　　话：87965333

杭州西湖支行
行　　长：曹增健
地　　址：杭州市庆春路290号
邮政编码：310006
电　　话：87659578

杭州城东支行
行　　长：任　戟
地　　址：杭州市新塘路88号天星龙大厦B楼

邮政编码：310016
电　　话：86883737

杭州九堡支行
副 行 长：余燕青（主持工作）
地　　址：杭州市江干区杭海路1199号
邮政编码：310019
电　　话：86907920

杭州萧东支行
行　　长：金裕昌
地　　址：杭州市萧山区靖江镇青六南路10号江盛大楼
邮政编码：311203
电　　话：82190800

杭州良渚支行
行　　长：丁彩桥
地　　址：杭州市余杭区勾庄金恒路8号
邮政编码：311112
电　　话：88782332

杭州滨江支行
行　　长：华炜平
地　　址：杭州市滨江区滨康路321号
邮政编码：311100
电　　话：87666303

杭州西溪支行
行　　长：杨振国
地　　址：杭州市天目山西路15号
邮政编码：310023
电　　话：89087733

嘉兴桐乡支行
行　　长：劳　红
地　　址：桐乡市世纪大道779号马德里花园3号楼
邮政编码：314500
电　　话：88622990

宁波分行

行　　长：张叶艺
地　　址：宁波市中山西路88号
邮政编码：315010
电　　话：87245678

舟山支行
行　　长：应继红
地　　址：舟山市临城海宇道111号二号馆
邮政编码：316021
电　　话：2260306

宁波鄞州支行
行　　长：王剑飞
地　　址：宁波市鄞州区天童北路935号
邮政编码：315092
电　　话：88145101

宁波北仑支行
行　　长：郭幸生
地　　址：宁波市北仑区长江路968号
邮政编码：315800
电　　话：86986900

宁波慈溪支行
行　　长：吴自力
地　　址：慈溪市古塘街道三北西大街328号
邮政编码：315300
电　　话：63883555

宁波江东支行
行　　长：陈学群
地　　址：宁波市中山东路617—621号
邮政编码：315040
电　　话：87976789

宁波余姚支行
行　　长：严　栋
地　　址：余姚市四明西路542—556号
邮政编码：315400
电　　话：62859888

温州分行

行　　长：王成良
地　　址：温州市新城大道319号中通大厦
邮政编码：325001
电　　话：88079900

温州瑞安支行
行　　长：胡仕汉
地　　址：瑞安市安阳国税大楼一楼
邮政编码：325200
电　　话：66805972

温州龙湾支行
行　　长：李　超
地　　址：温州市龙湾区永强大道2988号（围垦大楼）
邮政编码：325000

电　　话：85989779

温州瓯海支行

副 行 长：陈秀林(主持工作)

地　　址：温州市瓯海区新桥街道六虹桥路1229号

邮政编码：325006

电　　话：86185551

温州苍南支行

行　　长：金宇翔

地　　址：温州市龙港镇龙港大道和谐花苑一、二层

邮政编码：325802

电　　话：68621166

温州塘下支行

行　　长：陈丽君

地　　址：瑞安市塘下镇赵宅村数码城大厦

邮政编码：325001

电　　话：88079971

台州分行

行　　长：徐　健

地　　址：台州市市府大道507—515号13楼

邮政编码：318000

电　　话：88316758

义乌分行

行　　长：钱晓南

地　　址：义乌国际商贸城二期南大厅

邮政编码：322000

电　　话：85190218

金华永康支行

行　　长：钱　敏

地　　址：永康市花园大道585号

邮政编码：321300

电　　话：87576778

金华浦江支行

行　　长：黄照强

地　　址：浦江县大桥北路8号

邮政编码：322200

电　　话：88088300

绍兴支行(总行直属)

行　　长：龚国强

地　　址：绍兴县金柯桥大道1418号

邮政编码：312030

电　　话：81166066

绍兴越城支行

副 行 长：王　寒(主持工作)

地　　址：绍兴市环城东路2014号

邮政编码：312000

电　　话：88586868

绍兴上虞支行

行　　长：周　镔

地　　址：上虞市百官街道德盛路73—79号

邮政编码：312300

电　　话：80277079

交通银行在浙机构

浙江省分行

行　　长：俞炯玲

副 行 长：傅荣生　方萌萌　梁建明　陆益平

地　　址：杭州市钱江新城剧院路1号

邮政编码：310016

电　　话：87216012　87216222

城站支行

行　　长：于建明

地　　址：杭州市江城路879号

邮政编码：310009

电　　话：87177058

杭州市华浙广场支行

行　　长：史向红

地　　址：杭州市华浙广场A幢

邮政编码：310006

电　　话：85270116

文晖支行

行　　长：奚　璇

地　　址：杭州市文晖路295号

邮政编码：310006

电　　话：85800743

武林支行

行　　长：洪学雷

地　　址：杭州市下城区中山北路366号

邮政编码：310003

电　　话：87153888

和平支行

行　　长：邓　莹

地　　址：杭州市建国北路711号

邮政编码：310004

电　　话：85197288

浣纱支行

行　　长：来黎征

地　　址：杭州市浣纱路126号

邮政编码：310001

电　　话：87028260

城北支行

副 行 长：陆文芸

地　　址：杭州市湖墅南路368号

邮政编码：310005

电　　话：85172277

高新支行

行　　长：郭家斌

地　　址：杭州市教工路168号

邮政编码：310012

电　　话：88366668

莫干山路支行

行　　长：诸　宁

地　　址：杭州市莫干山路226号

邮政编码：310006

电　　话：85171311

运河支行

行　　长：沈勇良

地　　址：杭州市拱墅区锦昌文华苑111号

邮政编码：310015

电　　话：88377368

庆春路支行

行　　长：刘友兰

地　　址：杭州市庆春东路75号

邮政编码：310016

电　　话：87216265

四季青支行

行　　长：吴建文

地　　址：杭州市秋涛路491号

邮政编码：310016

电　　话：86512893

杭大路支行

行　　长：李　峰

地　　址：杭州市杭大路1号

邮政编码：310007

电　　话：87063666

丰潭支行

行　　长：顾　群

地　　址：杭州市丰潭路366号

邮政编码：310011

电　　话：81959388

西湖支行

行　　长：赵　雷

地　　址：杭州市武林路18号

邮政编码：310006

电　　话：87216366

城西支行

行　　长：王　航

地　　址：杭州市文二西路489号

邮政编码：310012

电　　话：89902898

下沙支行

行　　长：余　盛

地　　址：杭州市下沙经济技术开发区6号大街6号

邮政编码：310018

电　　话：86910328

九堡支行

行　　长：周池争

地　　址：杭州市九堡镇香滨湾花园21—3商铺

邮政编码：310019

电　　话：86901028

秋涛路支行

行　　长：杨浙萍

地　　址：杭州市秋涛北路168号

邮政编码：310020

电　　话：86091608

东新支行

行　　长：何建勇

地　　址：杭州市东新路588—2号

邮政编码：310004

电　　话：05387200

滨江支行
行　　长：应爱平
地　　址：杭州市滨江区江晖路1772号苏泊尔大厦一楼
邮政编码：310052
电　　话：86732278

萧山支行
行　　长：章关甫
地　　址：杭州市萧山区文化路168号
邮政编码：311201
电　　话：82721778

余杭支行
行　　长：唐欣荣
地　　址：杭州市余杭区木桥浜路33号
邮政编码：311100
电　　话：86223426

富阳支行
行　　长：张建瑞
地　　址：富阳市迎宾路40—1号
邮政编码：311400
电　　话：61776158

临安支行
行　　长：蒋叶庆
地　　址：临安市钱王大街396号
邮政编码：311300
电　　话：63817282

桐庐支行
行　　长：宋家强
地　　址：桐庐县富春路518号
邮政编码：311500
电　　话：64627172

建德支行
行　　长：高　强
地　　址：建德市新安路16号
邮政编码：311600
电　　话：64728705

宁波分行
行　　长：边黎平
副 行 长：杜希一　唐海萍　方　健
地　　址：宁波市中山东路55号
邮政编码：315000
电　　话：87363941

江北支行
行　　长：赵　伟
地　　址：宁波市人民路138号
邮政编码：315020
电　　话：87641900

海曙支行
行　　长：王勤勇
地　　址：宁波市解放南路29号
邮政编码：315010
电　　话：87304123

江东支行
行　　长：韩　昉
地　　址：宁波市百丈东路889号
邮政编码：315040
电　　话：87847972

鄞中支行
行　　长：江　伟
地　　址：宁波市甬港南路83号
邮政编码：315040
电　　话：87872176

鄞州支行
行　　长：马建波
地　　址：宁波市鄞州区贸城中路9—19号
邮政编码：315040
电　　话：83089860

大河支行
行　　长：葛起鸣
地　　址：宁波市中山东路336号
邮政编码：315040
电　　话：87720270

邱隘支行
行　　长：张　杰
地　　址：宁波市盛莫路349号
邮政编码：315121
电　　话：88357200

繁丰支行
行　　长：李兆屏
地　　址：宁波市江北区新马路290、298号
邮政编码：315020
电　　话：87354883

光明支行
行　　长：尹志浩

地　　址：宁波市曙光路600号
邮政编码：315040
电　　话：87334085

孔雀支行

行　　长：崔敏红
地　　址：宁波市兴宁路41号
邮政编码：315040
电　　话：87831786

柳汀支行

行　　长：陈　莉
地　　址：宁波市柳汀街371号
邮政编码：315012
电　　话：87134823

西门支行

行　　长：赵　晅
地　　址：宁波市翠柏路17号
邮政编码：315016
电　　话：87282990

孝闻街支行

行　　长：沈　军
地　　址：宁波市孝闻街37号
邮政编码：315000
电　　话：87273533

药行街支行

行　　长：胡建静
地　　址：宁波市药行街61号
邮政编码：315000
电　　话：87312955

中山支行

行　　长：汪　毅
地　　址：宁波市甬港北路121号
邮政编码：315040
电　　话：87745168

中山西路支行

行　　长：徐　挺
地　　址：宁波市望春路572号
邮政编码：315016
电　　话：87155926

中兴支行

行　　长：王　睿
地　　址：宁波市宁穿路398号
邮政编码：315040
电　　话：87801008

中心区支行

行　　长：杨　扬
地　　址：宁波市建兴路50号
邮政编码：315192
电　　话：88101720

北仑支行

行　　长：陈　红
地　　址：宁波市北仑区明州路245号
邮政编码：315800
电　　话：86888646

小港支行

行　　长：朱莉红
地　　址：宁波市北仑区小港东大道6号
邮政编码：315800
电　　话：86154388

镇海支行

行　　长：王伟方
地　　址：宁波市镇海区城河西路28号
邮政编码：315200
电　　话：86270748

骆驼支行

行　　长：翁亚迪
地　　址：宁波市镇海区骆驼街道慈海北路115号
邮政编码：315200
电　　话：86587686

庄市支行

行　　长：何　宇
地　　址：宁波市镇海区庄市鑫隆花园综合楼一楼
邮政编码：315200
电　　话：86303750

慈溪支行

行　　长：朱祝娟
地　　址：慈溪市孙塘南路265号
邮政编码：315300
电　　话：63113501

新城支行

行　　长：柴婷峰
地　　址：慈溪市新城大道北路531号
邮政编码：315300

电　　话：63027098

朱家桥支行

行　　长：潘　狄

地　　址：慈溪市环城南路 348 号

邮政编码：315300

电　　话：63895159

周巷支行

行　　长：汤海明

地　　址：慈溪市周巷镇兴业北路 441 号

邮政编码：315300

电　　话：63330605

观城支行

行　　长：蒋百昕

地　　址：慈溪市观海卫镇南央路 2—8 号

邮政编码：315300

电　　话：63635558

余姚支行

行　　长：汪建华

地　　址：余姚市南雷路 31 号

邮政编码：315400

电　　话：62703334

城西支行

行　　长：孙克萍

地　　址：余姚市阳明西路 347 号

邮政编码：315400

电　　话：62820338

大世界支行

行　　长：闻人永勇

地　　址：余姚市阳明西路 167—1 号

邮政编码：315400

电　　话：62639438

塑料城支行

行　　长：肖　峰

地　　址：余姚市新建北路塑料城二期 1—1 号

邮政编码：315400

电　　话：62534408

联盟桥支行

行　　长：董学军

地　　址：余姚市新建北路 23 号

邮政编码：315400

电　　话：62640195

东旱门支行

行　　长：杨　薇

地　　址：余姚市东旱门路 43 号

邮政编码：315400

电　　话：62681581

奉化支行

行　　长：周小平

地　　址：奉化市南山路 81 号

邮政编码：315500

电　　话：88582821

岳林支行

行　　长：曹毓华

地　　址：奉化市惠政东路 1—3 号

邮政编码：315500

电　　话：88929222

宁海支行

行　　长：沈业强

地　　址：宁海县中山东路 8 号

邮政编码：315600

电　　话：62703334

象山支行

行　　长：徐美娟

地　　址：象山县丹西街道天安路 162 号

邮政编码：315700

电　　话：65655965

杭州湾新区支行

行　　长：严亚芬

地　　址：杭州湾开发区商贸街 5 号楼

邮政编码：315300

电　　话：63937668

温州分行

行　　长：郭　俊

副 行 长：任　虹　吴文耀　李桂萍

行长助理：孙鲁江

地　　址：温州市鹿城区车站大道交行广场

邮政编码：325000

电　　话：88068798

小南支行

行　　长：徐小秋

地　　址：温州市鹿城区小南路巴黎大厦一、二楼

邮政编码：325000

电　　话：88253283

鹿城支行

行　　长：林　伟

地　　址：温州市鹿城区杏花路清明桥综合楼一、二楼

邮政编码：325000

电　　话：88501880

黎明支行

行　　长：林　鸽

地　　址：温州市鹿城区江滨路永城大厦一楼

邮政编码：325000

电　　话：88193333

瓯海支行

行　　长：池陈云

地　　址：温州市瓯海区兴海路联众大厦一楼

邮政编码：325000

电　　话：88500902

信河支行

行　　长：贺剑光

地　　址：温州市鹿城区蝉街金祥商厦一楼

邮政编码：325000

电　　话：88260818

城东支行

行　　长：吴　洁

地　　址：温州市飞霞北路永嘉大厦一楼

邮政编码：325000

电　　话：88817758

中山支行

行　　长：柳　琦

地　　址：温州市鹿城区飞霞大厦一、二楼

邮政编码：325000

电　　话：88815300

南浦支行

行　　长：王　震

地　　址：温州市鹿城区下吕浦王子花苑11栋一楼

邮政编码：325000

电　　话：88395688

龙湾支行

行　　长：吕淑平

地　　址：温州市龙湾区永中永强东路88号一楼

邮政编码：325000

电　　话：86881517

水心支行

行　　长：朱　亚

地　　址：温州市鹿城区马鞍池西路康乐大厦一楼

邮政编码：325000

电　　话：88524991

开发区支行

行　　长：颜雪峰

地　　址：温州市鹿城区新城大道华泰大厦西首一楼9—13号

邮政编码：325000

电　　话：88919169

商贸城支行

行　　长：陈新颜

地　　址：温州市商贸城家电市场2区2号

邮政编码：325000

电　　话：88735363

车站大道支行

行　　长：单奇峰

地　　址：温州市车站大道德盛大厦一楼

邮政编码：325000

电　　话：88865817

乐清支行

行　　长：夏尔富

地　　址：乐清市乐成镇清远路338号乐清市人民医院综合大楼

邮政编码：325000

电　　话：88993800

新桥支行

行　　长：王晓村

地　　址：温州市瓯海区新桥金蟾大道中天公寓C幢101—105室

邮政编码：325000

电　　话：88438810

瑞安支行

行　　长：董　澄

地　　址：瑞安市万松东路与104国道交会处南方大厦一、三楼

邮政编码：325000
电　　话：65910700

城西支行
行　　长：郭惠洲
地　　址：温州市104国道双屿段双屿工业供销大楼
邮政编码：325000
电　　话：88766623

苍南支行
行　　长：毛建军
地　　址：苍南县龙港镇泰安大厦一楼
邮政编码：325802
电　　话：68677000

永嘉支行
行　　长：金圣努
地　　址：永嘉县瓯北镇双塔路宏鑫锦园一楼
邮政编码：325102
电　　话：66991699

嘉兴分行
行　　长：肖　亮
副 行 长：梁蕴旭
行长助理：陆建华　严明德
地　　址：嘉兴市中山东路1086号
邮政编码：314001
电　　话：82052100

秀城支行
行　　长：冯如阳
地　　址：嘉兴市勤俭路571号
邮政编码：314000
电　　话：82054438

秀洲支行
行　　长：许　萍
地　　址：嘉兴市中山西路秀园路口
邮政编码：314001
电　　话：82795535

南湖支行
行　　长：陈魏忠
地　　址：嘉兴市中环南路富润路东
邮政编码：314001
电　　话：82570271

禾城支行
行　　长：潘培华
地　　址：嘉兴市建国中路319号
邮政编码：314000
电　　话：82058610

开发区支行
行　　长：杨　胜
地　　址：嘉兴市越秀路1253号
邮政编码：314001
电　　话：82113256

禾兴支行
行　　长：张建军
地　　址：嘉兴市城北路99号
邮政编码：314001
电　　话：82222358

海宁支行
行　　长：朱明瑞
地　　址：海宁市海昌南路28号
邮政编码：314400
电　　话：87296001

秀园支行
行　　长：王　华
地　　址：嘉兴市中山西路958号
邮政编码：314001
电　　话：82720798

平湖支行
行　　长：陆　军
地　　址：平湖市新华南路325号
邮政编码：314201
电　　话：85288201

桐乡支行
行　　长：顾冬梅
地　　址：桐乡市振兴东路366号
邮政编码：314500
电　　话：88138001

嘉兴嘉善支行
行　　长：傅佰春
地　　址：嘉善县嘉善大道100号
邮政编码：314100
电　　话：84213802

嘉兴海盐支行
行　　长：王浩云

地　　址：海盐县武原镇新桥南路66号
邮政编码：314300
电　　话：86186801

湖州分行

行　　长：栾小华
副 行 长：程　宁　陈　萍　夏勇毅
地　　址：湖州市人民路299号
邮政编码：313000
电　　话：2212328

市中支行

行　　长：张　震
地　　址：湖州市红旗路172号
邮政编码：313000
电　　话：2035896

湖州织里支行

行　　长：俞利强
地　　址：湖州市织里镇棉布城1幢9—11号
邮政编码：313008
电　　话：3199330

湖州吴兴支行

行　　长：宋李瑛
地　　址：湖州市米兰商业街3—5号
邮政编码：313000
电　　话：2066883

开发区支行

行　　长：吴宇明
地　　址：湖州市龙溪北路219号
邮政编码：313000
电　　话：2118530

南浔支行

行　　长：吴坤华
地　　址：湖州市南浔区泰安路375号
邮政编码：313009
电　　话：3031250

凤凰支行

行　　长：柴卫华
地　　址：湖州市凤凰路333号
邮政编码：313000
电　　话：2116281

新天地支行

行　　长：王践飞
地　　址：湖州市观凤路147—159号
邮政编码：313000
电　　话：2198561

德清支行

行　　长：沈　强
地　　址：德清县武康永安街100号
邮政编码：313200
电　　话：8071508

湖州长兴支行

行　　长：施荣佺
地　　址：长兴县雉城镇解放西路9号
邮政编码：313100
电　　话：6056505

绍兴分行

行　　长：屠粮钢
副 行 长：章　强　娄建明　郭　鹰　赵欣国
地　　址：绍兴市人民中路283号
邮政编码：312000
电　　话：85200025

越城支行

行　　长：宋觉醒
地　　址：绍兴市解放北路163号
邮政编码：312000
电　　话：85226323

延安路支行

行　　长：李彦晖
地　　址：绍兴市中兴南路318—330号
邮政编码：312000
电　　话：88322493

人民路支行

行　　长：陆韶劲
地　　址：绍兴市解放北路497号
邮政编码：312000
电　　话：85142736

城东支行

行　　长：胡振华
地　　址：绍兴市延安东路173号
邮政编码：312000
电　　话：88655719

文锦支行

行　　长：杨国才

地　　址：绍兴市环城西路 388 号
邮政编码：312000
电　　话：85129076

袍江支行
行　　长：胡旻敏
地　　址：绍兴市袍江工业区世纪街财税大楼一楼
邮政编码：312000
电　　话：88030318

镜湖支行
行　　长：张永青
地　　址：绍兴市 104 国道北复线喜得宝家具广场一楼
邮政编码：312000
电　　话：85159477

城南支行
行　　长：俞美平
地　　址：绍兴市解放南路 1541—1561 号
邮政编码：312000
电　　话：88333782

迪荡支行
行　　长：王月刚
地　　址：绍兴市东池路 108—114 号
邮政编码：312000
电　　话：85145102

城西支行
行　　长：鲍伟民
地　　址：绍兴市胜利西路 841—847 号
邮政编码：312000
电　　话：85350728

中国轻纺城支行
行　　长：黄红宇
地　　址：绍兴县金柯桥大道 232 号
邮政编码：312030
电　　话：84129918

中国轻纺城东升路支行
行　　长：许建强
地　　址：绍兴县中国轻纺城东升路市场 A 区一楼 15 号
邮政编码：312030
电　　话：84093902

中国轻纺城东区支行
行　　长：傅子江
地　　址：绍兴县中国轻纺城东交易区 2—131、166 号
邮政编码：312030
电　　话：84078071

中国轻纺城柯西支行
行　　长：缪兴东
地　　址：绍兴县柯桥街道万商路 761 号
邮政编码：312030
电　　话：84121197

中国轻纺城柯岩支行
行　　长：鲁松华
地　　址：绍兴县柯岩街道梅市村
邮政编码：312030
电　　话：84313880

中国轻纺城钱清支行
行　　长：杨新君
地　　址：绍兴县钱清镇中国轻纺原料城 A1 幢 6、8—13、15、17、19 号
邮政编码：312030
电　　话：84516768

中国轻纺城北区支行
行　　长：盛彩英
地　　址：绍兴县中国轻纺城北交易区 4—1—906、907 号
邮政编码：312030
电　　话：81187703

上虞支行
行　　长：梁　瑛
地　　址：上虞市百官街道青春路 5 号
邮政编码：312300
电　　话：82021908

上虞曹娥支行
行　　长：吴炳山
地　　址：上虞市曹娥街道银河新村 19 幢一、二层
邮政编码：312300
电　　话：82211908

上虞上街支行
行　　长：傅烨民
地　　址：上虞市百官镇龙山路 16 号

邮政编码：312300
电　　话：82215290

上虞新街支行
行　　长：李建芹
地　　址：上虞市凤鸣路366号
邮政编码：312300
电　　话：82124261

上虞城北支行
行　　长：吕增桥
地　　址：上虞市百官街道市民大道1688号
邮政编码：312300
电　　话：82216712

嵊州支行
行　　长：范乐勇
地　　址：嵊州市嵊州大道338号
邮政编码：312400
电　　话：83032677

嵊州支行越州支行
行　　长：何晓峰
地　　址：嵊州市北直街1号
邮政编码：312400
电　　话：83032939

嵊州广通支行
行　　长：卢　勇
地　　址：嵊州市一景路22—28号
邮政编码：312400
电　　话：83346156

新昌支行
行　　长：项锡均
地　　址：新昌县人民中路152—154号
邮政编码：312500
电　　话：86621318

新昌大通支行
行　　长：张爱霞
地　　址：新昌县鼓山中路224号
邮政编码：312500
电　　话：86240820

新昌通明支行
行　　长：石赛君
地　　址：新昌县南明路281—289号
邮政编码：312500
电　　话：86033143

诸暨支行
行　　长：王卓群
地　　址：诸暨市艮塔东路1号
邮政编码：311800
电　　话：87226238

诸暨城北支行
行　　长：杨　堤
地　　址：诸暨市暨阳北路65号
邮政编码：311800
电　　话：87397097

诸暨经济开发区支行
行　　长：傅吉英
地　　址：诸暨市艮塔西路26—3号
邮政编码：311800
电　　话：87381699

诸暨城中支行
行　　长：朱惠丽
地　　址：诸暨市苎萝路115号
邮政编码：311800
电　　话：87010729

诸暨城东支行
行　　长：张国瑾
地　　址：诸暨市环城东路207号
邮政编码：311800
电　　话：87261231

台州分行
行　　长：陈鹤林
副 行 长：裘国强　陈显标
行长助理：卢志杰　王秩林
地　　址：台州市椒江区东环大道298号
邮政编码：318000
电　　话：88599388

路桥支行
行　　长：卢志杰
地　　址：台州市路桥区腾达路
邮政编码：318000
电　　话：82960158

黄岩支行
行　　长：郑灵江
地　　址：台州市塔院头路43号
邮政编码：318000
电　　话：84052302

温岭支行
行　　长：童凌峰
地　　址：温岭市太平街道中华路 557—577 号
邮政编码：317500
电　　话：81677988

台州临海支行
行　　长：王　清
地　　址：临海市巾山东路 192 号
邮政编码：317000
电　　话：85678099

台州玉环支行
行　　长：林宝文
地　　址：玉环县玉城街道康育南路 295 号
邮政编码：317600
电　　话：87131801

金华分行
行　　长：俞益平
副 行 长：吴　倩　杨子江
行长助理：卢东军　田红炯
地　　址：金华市双溪西路 191 号
邮政编码：321017
电　　话：82139999

义乌支行
行　　长：杨子江
地　　址：义乌市稠州北路 518 号
邮政编码：322000
电　　话：85576666

金华永康支行
行　　长：卢东军
地　　址：永康市五金北路 279 号
邮政编码：321300
电　　话：86876885

金华江北支行
行　　长：陈寒龙
地　　址：金华市婺城区回溪街 228 号
邮政编码：321000
电　　话：89801866

衢州分行
行　　长：刘　峰
行长助理：林自国
地　　址：衢州市柯城区新桥街 17 号
邮政编码：324000
电　　话：8519011

舟山分行
行　　长：徐建平
副 行 长：陆伟一
行长助理：陈　涛
地　　址：舟山市定海区环城北路 177 号
邮政编码：316000
电　　话：2260707

中信银行在浙机构

杭州分行
行　　长：王利亚
副 行 长：陈志铭　楼伟中　应顺华
　　　　　魏安义　章红兵　姜雨林
行长助理：沈世华
地　　址：杭州市延安路 88 号
邮政编码：310002
电　　话：87032888

杭州天水支行
行　　长：姜雨林
地　　址：杭州市体育场路 345 号
邮政编码：310006
电　　话：85159600

杭州凤起支行
行　　长：朱海滨
地　　址：杭州市凤起路 373 号国都公寓 1—3 层
邮政编码：310006
电　　话：87919860

杭州西湖支行
行　　长：应　荔
地　　址：杭州市曙光路 51—1 号
邮政编码：310007
电　　话：85215819

杭州平海支行
行　　长：毛建军
地　　址：杭州市庆春路 153 号
邮政编码：310003
电　　话：87220108

杭州钱江支行
行　　长：谷凌云

地　　址：杭州市凤起路52号
邮政编码：310003
电　　话：87801100

杭州延安支行

行　　长：杨笑薇
地　　址：杭州市清泰街348号
邮政编码：310009
电　　话：87857666

杭州钱塘支行

行　　长：张振根
地　　址：杭州市文三路22号
邮政编码：310012
电　　话：88395368

杭州玉泉支行

行　　长：周　欣
地　　址：杭州市天目山路248号
邮政编码：310013
电　　话：85120578

杭州庆春支行

行　　长：俞建强
地　　址：杭州市新塘路33号三新大厦9楼
邮政编码：310016
电　　话：86439666

杭州省府路支行

行　　长：何顺莲
地　　址：杭州市环城西路31号
邮政编码：310006
电　　话：85215886

杭州湖墅支行

行　　长：吴　莹
地　　址：杭州市湖墅南路195号
邮政编码：310005
电　　话：88262266

杭州经济技术开发区支行

行　　长：沈利民
地　　址：杭州市经济开发区白杨街道科技园路2号
邮政编码：310018
电　　话：87368682

杭州萧山支行

行　　长：楼伟中
地　　址：杭州市萧山区市心南路173号
邮政编码：311200
电　　话：82637089

杭州之江支行

行　　长：来叶强
地　　址：杭州市萧山区育才路516号
邮政编码：311200
电　　话：82725613

杭州江东支行

行　　长：金乃华
地　　址：杭州市萧山区瓜沥镇友谊路488号
邮政编码：311241
电　　话：82575100

杭州滨江支行

行　　长：钱凌云
地　　址：杭州市滨江区长河镇农副产品综合市场20—22号
邮政编码：310052
电　　话：86628058

杭州余杭支行

行　　长：虞振国
地　　址：杭州市余杭区临平南大街2号
邮政编码：311100
电　　话：86227037

杭州九堡支行

行　　长：解荣喜
地　　址：杭州市江干区杭海路888号永和大厦
邮政编码：310019
电　　话：86702970

杭州富阳支行

行　　长：倪勤文
地　　址：富阳市桂花路17号
邮政编码：311400
电　　话：63319992

宁波分行

行　　长：夏年炉
副 行 长：金民强　陈舟波　朱兆良
　　　　　王立民　唐伟华
地　　址：宁波市海曙区镇明路36号
邮政编码：315010
电　　话：87733226

海曙支行

行　　长：唐　颖
地　　址：宁波市海曙中山东路85号
邮政编码：315010
电　　话：87347719

鄞州支行

行　　长：朱明伟
地　　址：宁波市鄞州中心区四明中路1022号
邮政编码：315192
电　　话：88211737

慈溪支行

行　　长：方　涛
地　　址：慈溪市三北大街210号
邮政编码：315300
电　　话：63034029

余姚支行

行　　长：冯国民
地　　址：余姚市舜水南路98号
邮政编码：315400
电　　话：62637710

北仑支行

行　　长：张栩青
地　　址：宁波市北仑区新矸长江路914—922号
邮政编码：315800
电　　话：86832776

大榭支行

行　　长：盛玉仙
地　　址：宁波市大榭开发区行政商务区B4—5号
邮政编码：315812
电　　话：86761562

江北支行

行　　长：冯大庆
地　　址：宁波市江北区清湖路303号
邮政编码：315000
电　　话：87173618

桥城支行

行　　长：姚小荣
地　　址：慈溪市香格大厦
邮政编码：315300
电　　话：63034029

兴宁支行

行　　长：冯结和
地　　址：宁波市兴宁路30号
邮政编码：315010
电　　话：87854813

江东支行

行　　长：黄剑芬
地　　址：宁波市江东区百丈路176号
邮政编码：315040
电　　话：87973734

百丈支行

行　　长：朱蓓琦
地　　址：宁波市江东区百丈东路926—928号
邮政编码：315040
电　　话：87854880

宁海支行

行　　长：陈朝阳
地　　址：宁海县城关区桃源中路136—140号
邮政编码：315600
电　　话：83555064

中兴路支行

行　　长：蒋　浩
地　　址：宁波市江东区中兴路568号
邮政编码：315040
电　　话：89103252

中山路支行

行　　长：张开宇
地　　址：宁波市海曙区中山西路330号
邮政编码：315010
电　　话：87861084

明州支行

行　　长：洪奉骏
地　　址：宁波市鄞县大道中段1355号
邮政编码：315000
电　　话：83873687

温州分行

行　　长：章定强
地　　址：温州市府路大自然家园北区2号楼1—3层
邮政编码：325003
电　　话：88858616

温州瓯海支行
行　　长：郑志光
地　　址：温州市雪山路鑫城佳园A幢一层
邮政编码：325000
电　　话：88536841

温州经济开发区支行
行　　长：季晓如
地　　址：温州市车站大道华昌大厦一楼
邮政编码：325000
电　　话：88922915

温州龙湾支行
行　　长：王东来
地　　址：温州市龙湾区海滨街道建新村综合大楼一楼
邮政编码：325000
电　　话：86861095

温州鹿城支行
行　　长：朱保国
地　　址：温州市江滨西路荣星大厦一楼
邮政编码：325000
电　　话：88873009

温州柳市支行
行　　长：应裕浩
地　　址：乐清市柳市镇柳青路金融大厦
邮政编码：325600
电　　话：62720555

温州人民路支行
行　　长：吴朝晖
地　　址：温州市人民东路国信大厦一楼正首
邮政编码：325003
电　　话：88852603

温州瑞安支行
行　　长：朱国荣
地　　址：瑞安市万松东路东南大厦一、二楼
邮政编码：325200
电　　话：65832682

温州乐清支行
行　　长：吴万云
地　　址：乐清市双雁路187—191号
邮政编码：325600
电　　话：62557700

嘉兴分行
行　　长：朱　进
地　　址：嘉兴市中山东路639号
邮政编码：314000
电　　话：82097696

嘉兴秀洲支行
副 行 长：赵　矛(主持工作)
地　　址：嘉兴市中山西路539号财富广场
邮政编码：314000
电　　话：82081773

嘉兴新南湖支行
行　　长：金　健
地　　址：嘉兴市勤俭路318号
邮政编码：314000
电　　话：82226017

嘉兴海宁支行
行　　长：李叶峰
地　　址：海宁市南苑路399号
邮政编码：314400
电　　话：87016738

嘉兴平湖支行
行　　长：陆亚明
地　　址：平湖市环城东路202—206号
邮政编码：314200
电　　话：85011923

嘉兴桐乡支行
行　　长：潘兴华
地　　址：桐乡市梧桐镇振兴东路429—437号
邮政编码：314500
电　　话：88138928

嘉兴嘉善支行
行　　长：袁　卫
地　　址：嘉善县晋阳西路33—43号
邮政编码：314100
电　　话：89106026

嘉兴海盐支行
行　　长：朱才林
地　　址：海盐县武原镇城北西路101号
邮政编码：314300
电　　话：86166606

绍兴分行

行　　长：应顺华
地　　址：绍兴市人民西路289号
邮政编码：312000
电　　话：85227222

绍兴越城支行

行　　长：张晓良
地　　址：绍兴市劳动路6号
邮政编码：312000
电　　话：85227205

绍兴城中支行

行　　长：王秀卿
地　　址：绍兴市人民中路47—51号
邮政编码：312000
电　　话：85140699

绍兴城东支行

行　　长：陈　涛
地　　址：绍兴市延安路汇金楼B座(2—12号)
邮政编码：312000
电　　话：88377299

绍兴城北支行

行　　长：宣春蓉
地　　址：绍兴市中兴北路491—499号
邮政编码：312000
电　　话：88265808

绍兴轻纺城支行

行　　长：宋丽坤
地　　址：绍兴市柯桥湖西路428号
邮政编码：312000
电　　话：84568555

绍兴上虞支行

行　　长：张建刚
地　　址：上虞市百官镇青春路98号
邮政编码：312300
电　　话：82125609

绍兴诸暨支行

行　　长：郦重淼
地　　址：诸暨市浣东北路102号
邮政编码：311800
电　　话：87227888

台州分行

行　　长：郑爱民
地　　址：台州市府大道489号
邮政编码：318000
电　　话：88819919

义乌支行

行　　长：傅河水
地　　址：义乌市篁园路100号
邮政编码：322200
电　　话：85378800

义乌北苑支行

行　　长：陆子卿
地　　址：义乌市望道路300号
邮政编码：322200
电　　话：85712311

义乌国际商贸城支行

行　　长：李　莉
地　　址：义乌市国际商贸城四区市场西辅房033A号
邮政编码：322000
电　　话：85378911

湖州支行

行　　长：褚建平
地　　址：湖州市环城西路318号
邮政编码：313000
电　　话：2226028

丽水分行

行　　长：潘文奇
地　　址：丽水市紫金路1号
邮政编码：323000
电　　话：2082999

上海浦东发展银行在浙机构

杭州分行

党委书记、行长：赵峥嵘
副 书 记：孔已明
副 行 长：刘小牛　李夏英　俞　军
　　　　　傅　忠　许国明
地　　址：杭州市延安路129号
邮政编码：310002
电　　话：87366688

临安支行
行　　长：宣骥翃
地　　址：临安市锦城镇钱王大街417—419号
邮政编码：311300
电　　话：63714267

萧山支行
行　　长：冯莉娟
地　　址：杭州市萧山区金城路461号
邮政编码：311201
电　　话：82655030

萧山东门支行
行　　长：李雄军
地　　址：杭州市萧山区育才路395—397号
邮政编码：311201
电　　话：82726806

萧山开发区支行
行　　长：曹妙法(兼)
地　　址：杭州市萧山经济技术开发区建设一路47号
邮政编码：311202
电　　话：82872662

萧山市心支行
行　　长：王　杨
地　　址：杭州市萧山区体育路92号
邮政编码：311201
电　　话：82626101

余杭支行
行　　长：胡根献
地　　址：杭州市余杭区临平镇北大街150号
邮政编码：311100
电　　话：86236355

西湖支行
行　　长：卜肖燕
地　　址：杭州市延安路429号
邮政编码：310006
电　　话：87367211

清泰支行
行　　长：沈　蔚
地　　址：杭州市清泰街438号
邮政编码：310009
电　　话：87367003

保俶支行
行　　长：郭洪川
地　　址：杭州市环城西路92号
邮政编码：310006
电　　话：87367366

中山支行
行　　长：丁　毅
地　　址：杭州市庆春路165号
邮政编码：310006
电　　话：87367158

文晖支行
行　　长：严春英
地　　址：杭州市文三路112号文锦大厦
邮政编码：310012
电　　话：87367880

高新支行
行　　长：金晓峰
地　　址：杭州市文二路328号
邮政编码：310012
电　　话：87367686

武林支行
行　　长：赵永庆
地　　址：杭州市西湖文化广场8号(C区)
邮政编码：310006
电　　话：87367298

钱江支行
行　　长：李雪良
地　　址：杭州市秋涛北路88号
邮政编码：310020
电　　话：87367101

德胜支行
行　　长：鲍晓麟
地　　址：杭州市绍兴路187号
邮政编码：310014
电　　话：87367700

求是支行
行　　长：林圣进
地　　址：杭州市西溪路127号
邮政编码：310023
电　　话：87367756

建国支行
行　　长：施振翔

地　　址：杭州市建国北路 218 号
邮政编码：310003
电　　话：87367090

和睦支行

行　　长：姚　宇
地　　址：杭州市莫干山路 789 号美都广场
邮政编码：310011
电　　话：87367918

新城支行

行　　长：马利清
地　　址：杭州市钱江新城四季路 78 号
邮政编码：310016
电　　话：87367956

宁波分行

行　　长：楼戈飞
副 行 长：丁天佑　顾惠明　施　慧
　　　　　林伟峰
地　　址：宁波市海曙区江厦街 21 号
邮政编码：315000
电　　话：87268111

鄞东支行

行　　长：王伟海
地　　址：宁波市中山东路 428 号
邮政编码：315040
电　　话：87701216

西门支行

行　　长：俞仕锡
地　　址：宁波市中山西路 198 号
邮政编码：315000
电　　话：87361946

望湖支行

行　　长：王之望
地　　址：宁波市长春路 42 号
邮政编码：315010
电　　话：87194793

兴宁支行

行　　长：朱　琰
地　　址：宁波市兴宁路 39 号
邮政编码：315040
电　　话：87884010

江北支行

行　　长：邱云飞
地　　址：宁波市江北区清河路 1 号
邮政编码：315020
电　　话：87382250

解放路支行

行　　长：虞亚尔
地　　址：宁波市解放路 216 号
邮政编码：315010
电　　话：87190375

中兴支行

行　　长：叶善海
地　　址：宁波市中兴路 651 号
邮政编码：315040
电　　话：87809106

高新区支行

行　　长：史松杨
地　　址：宁波市高新区高新科技广场 30 号
邮政编码：315040
电　　话：87911922

镇海支行

行　　长：卢　晓
地　　址：宁波市镇海区城关苗圃路 185 号
邮政编码：315200
电　　话：86251259

北仑支行

行　　长：张　静
地　　址：宁波市北仑区明州路 516 号
邮政编码：315800
电　　话：86886020

开发区支行

行　　长：沈际存
地　　址：宁波市北仑区明州西路 185 号
邮政编码：315800
电　　话：86899250

余姚支行

行　　长：毛克勤
地　　址：余姚市新建路 18 号
邮政编码：315400
电　　话：62629211

慈溪支行

行　　长：张惠传
地　　址：慈溪市浒山新城大道北路 23 号
邮政编码：315300

电　　话：63119021

鄞州支行

行　　长：金建红
地　　址：宁波市天童北路288号
邮政编码：315192
电　　话：88211793

宁海支行

行　　长：吴杰伟
地　　址：宁海县时代大道333号
邮政编码：315600
电　　话：65257909

奉化支行

行　　长：阮立波
地　　址：奉化市中山东路38号
邮政编码：315500
电　　话：88905515

嘉兴分行

行　　长：宋　斌
地　　址：嘉兴市环城西路225号
邮政编码：314000
电　　话：82189087

嘉兴秀洲支行

行　　长：沈松林
地　　址：嘉兴市中山西路华新花园15幢1号
邮政编码：314001
电　　话：82717049

嘉兴秀城支行

行　　长：倪　佳
地　　址：嘉兴市城东路83号
邮政编码：314000
电　　话：82189818

嘉兴桐乡支行

行　　长：沈连芬
地　　址：桐乡市振兴东路718号
邮政编码：314500
电　　话：88118008

嘉兴平湖支行

行　　长：徐明光
地　　址：平湖市解放西路180号
邮政编码：314200
电　　话：85032681

嘉兴海宁支行

行　　长：金　耀
地　　址：海宁市水月亭路121号
邮政编码：314400
电　　话：80700908

绍兴分行

行　　长：许国明(兼)
地　　址：绍兴市人民东路2号
邮政编码：312000
电　　话：88121118

绍兴城北支行

行　　长：朱鸿生
地　　址：绍兴市解放北路269号
邮政编码：312000
电　　话：85220161

绍兴城东支行

行　　长：傅金雷
地　　址：绍兴市鲁迅东路69号
邮政编码：312000
电　　话：88612100

绍兴城西支行

行　　长：朱祝华
地　　址：绍兴市人民西路238号
邮政编码：312000
电　　话：85133390

绍兴诸暨支行

行　　长：沈丹峰
地　　址：诸暨市暨阳街道艮塔东路129号
邮政编码：311800
电　　话：87257222

绍兴上虞支行

行　　长：徐　军
地　　址：上虞市峰山南路183号
邮政编码：312300
电　　话：81288056

绍兴柯桥支行

行　　长：张晓雄(兼)
地　　址：绍兴县柯桥街道湖西路228号轻纺大厦B楼
邮政编码：312030
电　　话：81188006

义乌支行
行　　长：楼永跃
地　　址：义乌市工人北路499号
邮政编码：322000
电　　话：85596888

湖州支行
行　　长：范水荣
地　　址：湖州市体育场路120号
邮政编码：313000
电　　话：2578007

湖州长兴支行
行　　长：邱敏强
地　　址：长兴县金陵北路旺角大厦营业房298号
邮政编码：313100
电　　话：2578035

衢州支行
行　　长：吴　彤
地　　址：衢州市上街84号
邮政编码：324000
电　　话：8750806

金华分行
行　　长：孙庆智
地　　址：金华市人民西路453号
邮政编码：321000
电　　话：82795528

华夏银行在浙机构

杭州分行
行　　长：杨素法
副 行 长：夏　阳　张精华　陈　杰　胡桂妃　沈　勤
首席信用风险官：王水荣
地　　址：杭州市庆春路73号
邮政编码：310003
电　　话：87239000

分行营业部
总 经 理：黄敏洁
地　　址：杭州市庆春路73号
邮政编码：310003
电　　话：87239177

解放支行
行　　长：邹　清
地　　址：杭州市解放路10号
邮政编码：310009
电　　话：87178923

武林支行
行　　长：吴晨阳
地　　址：杭州市环城北路205号
邮政编码：310006
电　　话：85174934

凤起支行
行　　长：范志军
地　　址：杭州市凤起东路46号
邮政编码：310020
电　　话：86027533

建国支行
行　　长：陈兴兵
地　　址：杭州市建国北路621号
邮政编码：310004
电　　话：85285032

西湖支行
行　　长：何建伟
地　　址：杭州市杭大路15号
邮政编码：310007
电　　话：87175289

之江支行
行　　长：祝秀敏
地　　址：杭州市庆春路218号
邮政编码：310006
电　　话：87709277

高新支行
行　　长：樊正大
地　　址：杭州市文一路123号
邮政编码：310012
电　　话：88994820

萧山支行
行　　长：施永强
地　　址：杭州市萧山区城厢镇人民路115号
邮政编码：311200
电　　话：82658759

余杭支行
行　　长：俞文年

地　　址：杭州市余杭区临平镇南大街148号
邮政编码：311100
电　　话：86163508

新华支行

行　　长：陈　莉
地　　址：杭州市新华路39号
邮政编码：310003
电　　话：87239237

文晖支行

行　　长：宋娟萍
地　　址：杭州市文晖路419号
邮政编码：310005
电　　话：88377018

和平支行

行　　长：陈李峰
地　　址：杭州市东新路155号
邮政编码：310004
电　　话：85385854

信义支行

行　　长：王亦娃
地　　址：杭州市莫干山路639号
邮政编码：310011
电　　话：88903701

江城支行

行　　长：陈白玲
地　　址：杭州市建国南路276号
邮政编码：310009
电　　话：87160207

天目山路支行

行　　长：寿勤燕
地　　址：杭州市天目山路42号
邮政编码：310013
电　　话：88215357

西溪支行

行　　长：张　均
地　　址：杭州市玉古路181号
邮政编码：310013
电　　话：86472365

萧山金城支行

行　　长：周　强
地　　址：杭州市萧山区金城路429号
邮政编码：311201
电　　话：83899710

钱江支行

行　　长：蔡卫琳
地　　址：杭州市新塘路1号
邮政编码：310016
电　　话：86571659

海宁支行

行　　长：沈金安
地　　址：海宁市文苑南路128号
邮政编码：314400
电　　话：87015968

滨江支行

行　　长：丁　萍
地　　址：杭州市滨江区江南大道88号
邮政编码：310051
电　　话：87110955

义乌支行

行　　长：谢纳之
地　　址：义乌市宾王路366号
邮政编码：322000
电　　话：85377818

台州分行

行　　长：胡鸣杭
地　　址：台州市东环大道312号
邮政编码：318000
电　　话：81871507

宁波分行

行　　长：魏开文
副 行 长：何将寅　陈成天　刘光志　金幼琴
首席信用风险官：程　迅
地　　址：宁波市江东区百丈东路787号利时大厦
邮政编码：315040
电　　话：87976666

海曙支行

行　　长：胡　剑
地　　址：宁波市海曙区蓝天路207号
邮政编码：315010
电　　话：87103720

鄞州支行

行　　长：陈宗成

地　　址：宁波市鄞州区天童北路1581号
邮政编码：315100
电　　话：82816006

慈溪支行
行　　长：袁家民
地　　址：慈溪市白沙路街道新城大道北路330—352号
邮政编码：315300
电　　话：58587703

余姚支行
行　　长：孙　奇
地　　址：余姚市四明西路558—576号
邮政编码：315400
电　　话：62738106

招商银行在浙机构

杭州分行
行　　长：朱新建
副 行 长：陈申生　葛晓娴　姚　亮
　　　　　叶英宇
行长助理：辛金志
地　　址：杭州市杭大路23号
邮政编码：310007
电　　话：87395500

凤起支行
行　　长：袁　森
地　　址：杭州市西湖区莫干山路329号浙江省邮政公司大厦裙房
邮政编码：310005
电　　话：87922960

保俶支行
行　　长：赵福祥
地　　址：杭州市建国北路598号宝善公寓2号楼
邮政编码：310003
电　　话：85113382

武林支行
行　　长：何文杰
地　　址：杭州市文二路391号西湖国际科技大厦裙房一楼
邮政编码：310012
电　　话：85109712

城东支行
行　　长：徐松法
地　　址：杭州市江干区凤起东路101—103号
邮政编码：310020
电　　话：86432480

高新支行
行　　长：俞森峰
地　　址：杭州市西湖区文三路488号
邮政编码：310012
电　　话：88931279

湖墅支行
行　　长：苏高翔
地　　址：杭州市拱墅区湖墅南路260号
邮政编码：310005
电　　话：88385299

解放支行
行　　长：汤　岷
地　　址：杭州市上城区解放路217号
邮政编码：310001
电　　话：87131645

之江支行
行　　长：叶剑明
地　　址：杭州市杭海路263号
邮政编码：310016
电　　话：56180780

庆春支行
行　　长：田悦平
地　　址：杭州市上城区庆春路137—2号
邮政编码：310003
电　　话：87217815

钱塘支行
行　　长：戚东民
地　　址：杭州市滨江区滨盛路1号中兴花园高层商住楼
邮政编码：310052
电　　话：87165166

城西支行
行　　长：余　羚
地　　址：杭州市西湖区文一西路170号湖畔大厦一、二层

邮政编码：310012
电　　话：88911759

中山支行
行　　长：林晓红
地　　址：杭州市中山北路310号
邮政编码：310003
电　　话：85789090

深蓝支行
行　　长：潘　兵
地　　址：杭州市朝晖路205号深蓝广场
邮政编码：310014
电　　话：85260572

九堡支行
行　　长：江　泓
地　　址：杭州市江干区杭海路886号
邮政编码：310019
电　　话：86702708

富阳支行
行　　长：彭智峰
地　　址：富阳市桂花西路182—188号
邮政编码：311400
电　　话：63295555

萧山支行
行　　长：高　元
地　　址：杭州市萧山区市心中路656号
邮政编码：311201
电　　话：82659918

萧东支行
行　　长：张崇敏
地　　址：杭州市萧山区市心北路158号宁安大厦一、二层
邮政编码：311241
电　　话：82502778

江南支行
行　　长：蒋安忠
地　　址：杭州市萧山区城河街58号
邮政编码：311200
电　　话：82819907

余杭支行
行　　长：张松平
地　　址：杭州市余杭区邱山大街583—605号
邮政编码：311100
电　　话：86137619

文晖支行
行　　长：闻　晓
地　　址：杭州市下城区文晖路318号文晖苑3、4幢一、二层
邮政编码：310014
电　　话：85395210

宁波分行
行　　长：郑先炳
副 行 长：郑　锐　金伟进　陈海强　陈新生
行长助理兼台州分行行长：徐跃军
地　　址：宁波市百丈东路938号
邮政编码：315041
电　　话：87015562

江东支行
行　　长：宋少鹦
地　　址：宁波市彩虹南路9号
邮政编码：315040
电　　话：87757889

北仑支行
行　　长：陈才伟
地　　址：宁波市北仑区明州路707号
邮政编码：315800
电　　话：86862613

鄞州支行
行　　长：周向东
地　　址：宁波市鄞州区鄞县大道东段1299号
邮政编码：315192
电　　话：88211067

海曙支行
行　　长：翁海勇
地　　址：宁波市大沙泥街100号
邮政编码：315010
电　　话：87158968

中山支行
行　　长：章　泉
地　　址：宁波市中山东路81号
邮政编码：315000
电　　话：83891550

江北支行
行　　长：曹伟旭
地　　址：宁波市人民路158号
邮政编码：315020
电　　话：87642271

天一支行
行　　长：赵信宏
地　　址：宁波市中山东路154号
邮政编码：315000
电　　话：87363180

明州支行
行　　长：仇卫军
地　　址：宁波市药行街101号
邮政编码：315000
电　　话：87026508

慈溪支行
行　　长：张新贺
地　　址：慈溪市浒山镇新城中心28号楼
邮政编码：315300
电　　话：63931111

余姚支行
行　　长：陆劲松
地　　址：余姚市舜水南路45号
邮政编码：315400
电　　话：62657713

宁海支行
行　　长：陈小明
地　　址：宁海县跃龙街道中山中路19号
邮政编码：315600
电　　话：83552009

镇海支行
行　　长：陈浩波
地　　址：宁波市镇海区城河东路552号
邮政编码：315200
电　　话：86266192

象山支行
行　　长：曹海明
地　　址：象山县靖南大街432号
邮政编码：315700
电　　话：65925555

钱湖支行
行　　长：周悦红
地　　址：宁波市鄞州区钱湖北路939号
邮政编码：315192
电　　话：82809118

温州分行

行　　长：诸葛洛
地　　址：温州市鹿城区吴桥鸿盛锦园2、4、5幢一、二、三层
邮政编码：325028
电　　话：88077508

大南支行
行　　长：谢海燕
地　　址：温州市鹿城区火车站前东小区站前商厦一、六层
邮政编码：325000
电　　话：88834810

开发区支行
行　　长：江建国
地　　址：温州市汤家桥国大广场一楼
邮政编码：325000
电　　话：86513792

国鼎支行
行　　长：蔡　忠
地　　址：温州市车站大道543号京龙大厦一、二层
邮政编码：325000
电　　话：88288777

龙湾支行
行　　长：初　春
地　　址：温州市龙湾区永中街道永中东路镇南商厦一楼
邮政编码：325024
电　　话：86859966

鹿城支行
行　　长：李　洁
地　　址：温州市鹿城路勤奋东4地块A区瑞德锦园一、二层
邮政编码：325000
电　　话：88588088

江滨支行
行　　长：郑　琳
地　　址：温州市鹿城区灰桥浦边东泰大厦1、2幢一层108—118室

邮政编码：325000
电　　话：88802917

瑞安支行
行　　长：林晓丹
地　　址：瑞安市隆山东路503号新潮大厦
邮政编码：325200
电　　话：66806716

永嘉支行
行　　长：邹建海
地　　址：永嘉县瓯北镇瓯城花苑1幢103室、105—110室
邮政编码：325102
电　　话：21861669

乐清支行
行　　长：许　敏
地　　址：温州市乐成镇旭阳路旭虹大厦一、二、三层
邮政编码：325600

绍兴分行

行　　长：周明鸣
地　　址：绍兴市胜利东路357号
邮政编码：312000
电　　话：85081885

城南支行
行　　长：沈云灿
地　　址：绍兴市城南大道436号
邮政编码：312000
电　　话：88378909

城西支行
行　　长：王建南
地　　址：绍兴市环城北路35号
邮政编码：312000
电　　话：85337908

城东支行
行　　长：沈兆峰
地　　址：绍兴市越城区延安东路240号奥菲商务中心东首一层
邮政编码：312000
电　　话：88126902

越兴支行
行　　长：谢晓虹
地　　址：绍兴市中兴南路中兴商务楼1幢101—107室
邮政编码：312000
电　　话：85095908

柯桥支行
行　　长：吴玲琍
地　　址：绍兴县柯桥鉴湖路732—744号
邮政编码：312030
电　　话：85567308

嵊州支行
行　　长：魏奔东
地　　址：嵊州市西后街66号
邮政编码：312400
电　　话：83006005

诸暨支行
行　　长：蔡欢余
地　　址：诸暨市艮塔东路127号
邮政编码：311800
电　　话：87980119

金华分行

行　　长：辛金志
地　　址：金华市双溪西路45号
邮政编码：321017
电　　话：82399816

义乌支行
行　　长：胡　斌
地　　址：义乌市稠城街道宗泽路569号
邮政编码：322000
电　　话：85595555

江北支行
行　　长：陈兴潮
地　　址：金华市解放东路268号莲花大厦附楼
邮政编码：321000
电　　话：82333181

嘉兴支行
行　　长：常建梁
地　　址：嘉兴市中山西路253号福瑞商务楼
邮政编码：314031
电　　话：82778666

海宁支行
行　　长：黄生伟

地　　址：海宁市海昌路168—190号
邮政编码：314033
电　　话：80701800

南湖支行
行　　长：朱建军
地　　址：嘉兴市南湖区勤俭路760—772号（涌鑫公寓2号楼）
邮政编码：314031
电　　话：82779808

衢州支行
行　　长：陈　彤
地　　址：衢州市县学街37号
邮政编码：324000
电　　话：8079130

湖州支行
行　　长：方德明
地　　址：湖州市苕溪西路138号全民健身中心一、二层
邮政编码：313000
电　　话：2583007

广东发展银行在浙机构

杭州分行
行　　长：韩立光
地　　址：杭州市延安路516号
邮政编码：310006
电　　话：87019888

杭州清泰支行
行　　长：陈晓文
地　　址：杭州市清泰街503号
邮政编码：310009
电　　话：87800033

杭州宝善支行
行　　长：徐　红
地　　址：杭州市建国北路551号
邮政编码：310003
电　　话：85198678

杭州庆春支行
行　　长：叶　青
地　　址：杭州市庆春东路68号
邮政编码：310020
电　　话：87241789

杭州西湖支行
行　　长：斯卫新
地　　址：杭州市体育场路636号
邮政编码：310007
电　　话：85116767

杭州湖墅支行
行　　长：吴　俊
地　　址：杭州市湖墅南路118号
邮政编码：310005
电　　话：88390222

杭州文三支行
行　　长：吴　郡
地　　址：杭州市文三路482号华星时代广场一、二楼
邮政编码：310012
电　　话：88930618

杭州黄龙支行
行　　长：王少华
地　　址：杭州市求是路8号公元大厦东南侧裙楼
邮政编码：310013
电　　话：87633897

杭州德胜支行
行　　长：江发全
地　　址：杭州市下城区德胜路2号
邮政编码：310014
电　　话：28932027

杭州拱墅支行
行　　长：余　海
地　　址：杭州市拱墅区金华路58号杭州百瑞运河大饭店北裙楼一层
邮政编码：310015
电　　话：89966850

杭州余杭支行
行　　长：梁　华
地　　址：杭州市余杭区世纪大道158—1号南苑发展大厦一、二层
邮政编码：311100
电　　话：86169111

杭州萧山支行
行　　长：宋德荣

地　　址：杭州市萧山区市心中路 687 号高新科技广场 1 号楼
邮政编码：311201
电　　话：22855988

杭州萧东支行

行　　长：倪曙晖
地　　址：杭州市萧山区瓜沥镇航坞路 213 号
邮政编码：311241
电　　话：82572988

宁波分行

行　　长：王天云
地　　址：宁波市海曙区灵桥路 473 号
邮政编码：315000
电　　话：87191733

宁波宁东支行

行　　长：史咏萌
地　　址：宁波市百丈路 168 号
邮政编码：315040
电　　话：87704635

宁波海曙支行

行　　长：陈晓荣
地　　址：宁波市开明街 368 号
邮政编码：315000
电　　话：87286788

宁波北仑支行

行　　长：孙卫祥
地　　址：宁波市北仑区新矸明州路 255 号
邮政编码：315800
电　　话：86862217

宁波马园支行

行　　长：张笑波
地　　址：宁波市海曙卖鱼路 68 号
邮政编码：315010
电　　话：87266522

宁波江东支行

行　　长：赵盛员
地　　址：宁波中兴路 269 号
邮政编码：315040
电　　话：87770466

宁波鄞州支行

行　　长：翁宏杰
地　　址：宁波市鄞州中心区前河南路 222 号
邮政编码：315181
电　　话：87418226

宁波城北支行

行　　长：徐利军
地　　址：宁波市江北区清河路 51—65 号
邮政编码：315020
电　　话：87673179

宁波余姚支行

行　　长：叶维良
地　　址：余姚市阳明西路 25 号
邮政编码：315400
电　　话：62667599

宁波慈溪支行

行　　长：施　波
地　　址：慈溪市慈甬路 218—232 号
邮政编码：315300
电　　话：63930851

宁波高新支行

行　　长：傅俊杰
地　　址：宁波市聚贤路 388 号
邮政编码：315103
电　　话：87206120

宁波奉化支行

行　　长：吴瑞宗
地　　址：奉化市南山路 113 号
邮政编码：315500
电　　话：88680577

宁波邱隘支行(筹)

行　　长：邱振众
地　　址：宁波市鄞州邱隘镇东港路 79 号
邮政编码：315101
电　　话：88162010

温州分行

行　　长：黄夏凤
地　　址：温州市锦绣路万康商务中心 B 幢(广发大厦)
邮政编码：325003
电　　话：88829588

温州瓯海支行

行　　长：张慧洁
地　　址：温州市瓯海区兴海路 23 号
邮政编码：325005

电　　话：88508770

温州城南支行

行　　长：李　文
地　　址：温州市吴桥路利府花园一楼10—15号
邮政编码：325000
电　　话：88628348

温州南浦支行

行　　长：徐怡君
地　　址：温州市南浦路天雄大厦一层
邮政编码：325000
电　　话：88388921

温州龙湾支行

行　　长：陈小锋
地　　址：温州市龙湾区永中东路2号
邮政编码：325024
电　　话：86882801

温州新城支行

行　　长：翁益龙
地　　址：温州市新城大自然水景苑阿尔凡大厦一楼105—108号
邮政编码：325003
电　　话：88959978

温州双屿支行

行　　长：张　平
地　　址：温州市鹿城区康华路郑桥锦园4幢101号
邮政编码：325007
电　　话：88765506

温州瑞安支行

行　　长：何占峰
地　　址：瑞安市罗阳大道736—752号东南大厦1—2层
邮政编码：325200
电　　话：65895508

温州梧田支行

行　　长：金朝晖
地　　址：温州市瓯海经济开发区梧慈路19—21号一、二层
邮政编码：325050
电　　话：85670587

温州鹿城支行(筹)

行　　长：刘晓蓉
地　　址：温州市鹿城区人民东路83号银河大厦一层
邮政编码：325003
电　　话：88836691

台州分行

行　　长：赵学军
地　　址：台州市市府大道500号
邮政编码：318000
电　　话：81876018

义乌分行(筹)

行　　长：宋佳伟
地　　址：义乌市江滨北路523号1—5层
邮政编码：322000
电　　话：89901616

深圳发展银行在浙机构

杭州分行

行　　长：袁振瑜
副 行 长：何　为　李文豪　李伟达
行政总监：俞香泉
财务执行官：徐　方
信贷执行官：陈惠芬
地　　址：杭州市庆春路36号
邮政编码：310003
电　　话：87224888

分行营业部

总 经 理：金淳平
地　　址：杭州市庆春路36号
邮政编码：310003
电　　话：87224888

清泰支行

行　　长：陈　亮
地　　址：杭州市凤起东路358号
邮政编码：310016
电　　话：87832922

武林支行

行　　长：杨巨军
地　　址：杭州市体育场路427号
邮政编码：310006

电　　话：85062976

城西支行

行　　长：田一桦
地　　址：杭州市文二路212号高新大厦
邮政编码：310012
电　　话：88911702

湖墅支行

行　　长：唐利民
地　　址：杭州市湖墅南路青沙阁2幢一、二楼
邮政编码：310005
电　　话：88393615

宝善支行

行　　长：胡剑华
地　　址：杭州市文晖路124号
邮政编码：310006
电　　话：85284713

萧山支行

行　　长：陆　钧
地　　址：杭州市萧山区市心中路1018号国泰大厦辅楼
邮政编码：311202
电　　话：82659160

高新支行

行　　长：陈力辉
地　　址：杭州市文三路508号天苑大厦
邮政编码：310012
电　　话：88225351

余杭支行

行　　长：莫卫东
地　　址：杭州市余杭区南苑街道玩月街90号杭州余杭国际贸易有限公司大楼裙楼一、二层
邮政编码：311100
电　　话：86206728

滨江支行

行　　长：陶　岚
地　　址：杭州市滨江区江南大道4288号东冠创业大厦
邮政编码：310053
电　　话：81993112

黄龙支行

行　　长：俞静初
地　　址：杭州市杭大路15号嘉华国际商务中心
邮政编码：310007
电　　话：87175127

和平支行

行　　长：楼剑青
地　　址：杭州市绍兴路168号和平大厦
邮政编码：310004
电　　话：85817905

萧东支行

行　　长：黄　震
地　　址：杭州市萧山区瓜沥镇杭州超世界机动车市场10号
邮政编码：311214
电　　话：83899291

嘉兴支行

行　　长：唐弟良
地　　址：嘉兴市禾兴南路89号
邮政编码：314000
电　　话：82039717

宁波分行

行　　长：洪　卉
财务执行官兼运营执行官：金宗国
信贷执行官：齐文波
行长助理：袁利明　叶俊伟　张清和　汪云飞
行政总监：盛志鹏
地　　址：宁波市江东北路138号
邮政编码：315040
电　　话：87715167

海曙支行

行　　长：黄志雄
地　　址：宁波市解放南路188号新园宾馆
邮政编码：315040
电　　话：83863266

江东支行

行　　长：傅　曒
地　　址：宁波市百丈东路886号
邮政编码：315041
电　　话：87881348

北仑支行
行　　长：陈雁鸣
地　　址：宁波市北仑区明州西路177号
邮政编码：315800
电　　话：86877941

鄞州支行
行　　长：赵开红
地　　址：宁波市天童路31—41号
邮政编码：315192
电　　话：88217500

慈溪支行
行　　长：袁利明(兼)
地　　址：慈溪市三北大街277号
邮政编码：315300
电　　话：63038755

余姚支行
行　　长：蔡金迪
地　　址：余姚市南滨江路53号
邮政编码：315400
电　　话：62759609

明州支行
行　　长：范吉晨
地　　址：宁波市鄞州区天童南路57号
邮政编码：315100
电　　话：87261326

象山支行
行　　长：张坚平
地　　址：象山县丹东街道靖南大街523号
邮政编码：315700
电　　话：65002296

义乌分行
行　　长：李伟达
地　　址：义乌市宾王路223号恒风交通大厦
邮政编码：322000
电　　话：85561601

义乌分行营业部
总 经 理：陈兰仙
地　　址：义乌市宾王路223号恒风交通大厦
邮政编码：322000
电　　话：85561632

义乌商贸支行
行　　长：吴苏君
地　　址：义乌市丹溪北路502号
邮政编码：322000
电　　话：85579272

义乌福田支行
行　　长：黄允彬
地　　址：义乌市福田市场东辅房D区122—126号一、二楼
邮政编码：322000
电　　话：85291051

金华永康支行
行　　长：宋　军
地　　址：永康市东城城东路525—543号
邮政编码：321300
电　　话：87210583

中国民生银行在浙机构

杭州分行
行　　长：肖瑞彦
地　　址：杭州市庆春路25号远洋大厦
邮政编码：310009
电　　话：87232682

杭州分行营业部
行　　长：王　琤
地　　址：杭州市庆春路25号远洋大厦
邮政编码：310009
电　　话：87239731

杭州凤起支行
行　　长：袁蕾洁
地　　址：杭州市下城区凤起路78号
邮政编码：310003
电　　话：85273516

杭州武林支行
行　　长：杨一红
地　　址：杭州市西湖区天目山路102号一、二层
邮政编码：310012
电　　话：85215380

杭州钱塘支行
行　　长：沈志滨

地　　址：杭州市上城区建国南路170号
邮政编码：310009
电　　话：87832941

杭州西湖支行
行　　长：邬利民
地　　址：杭州市西湖区黄姑山路5—1号
邮政编码：310012
电　　话：88999739

杭州余杭支行
行　　长：平　萍
地　　址：杭州市余杭区南苑街道河南埭路47号
邮政编码：311100
电　　话：86160561

杭州萧山支行
行　　长：王保耕
地　　址：杭州市萧山区市心中路818号
邮政编码：311200
电　　话：83873008

杭州延安支行
行　　长：张　丽
地　　址：杭州市上城区紫阳街道金色家园9号商场
邮政编码：310006
电　　话：87010510

杭州湖墅支行
行　　长：周慧萌
地　　址：杭州市西湖区文一路66号白荡海人家儒雅阁一、二层商场
邮政编码：310006
电　　话：88397363

杭州城东支行
行　　长：戴　艳
地　　址：杭州市江干区凤起东路60号
邮政编码：310020
电　　话：86991293

杭州涌金支行
行　　长：张　军
地　　址：杭州市上城区西湖大道255号清波商厦一、二层
邮政编码：310002
电　　话：87701026

杭州莫干山支行
行　　长：胡梅村
地　　址：杭州市拱墅区莫干山路28号蓝天大厦一层
邮政编码：310005
电　　话：88001701

杭州天目山支行
行　　长：陈菊清
地　　址：杭州市西湖区天目山路161号
邮政编码：310007
电　　话：85120053

杭州解放支行
行　　长：金旭旻
地　　址：杭州市江干区德胜东路3678号杭州国际服装城一层商铺
邮政编码：310009
电　　话：87235919

杭州朝晖支行
行　　长：柴　雁
地　　址：杭州市下城区朝晖路197—201号深蓝广场
邮政编码：310014
电　　话：85265948

杭州萧然支行
行　　长：俞韶炜
地　　址：杭州市萧山区市心南路129号
邮政编码：311201
电　　话：82376810

杭州下沙支行
行　　长：俞晓孟
地　　址：杭州市经济技术开发区白杨街道3号大街7—2号文汇苑裙房
邮政编码：310018
电　　话：86927960

绍兴支行
行　　长：金晔民
地　　址：绍兴市解放北路38号
邮政编码：312000
电　　话：85088256

杭州城西支行
行　　长：王爱梅
地　　址：杭州市西湖区文一西路221号

一、二层商铺
邮政编码：310012
电　　话：88929923

杭州城北支行

行　　长：沈晓燕
地　　址：杭州市拱墅区和睦路43号浙江民爆科研楼
邮政编码：310018
电　　话：88199810

宁波分行

副 行 长：孙红英(主持工作)　刘衍友
行长助理：王育清　陈雨生
地　　址：宁波市中山西路166—168号
邮政编码：315010
电　　话：87260600

北仑支行

行　　长：芮知晖
地　　址：宁波市北仑区明州路279号
邮政编码：315800
电　　话：86809622

鄞州支行

行　　长：耿文轩
地　　址：宁波市鄞州区嵩江中路389—391号
邮政编码：315192
电　　话：88211760

江东支行

行　　长：李一彬
地　　址：宁波市百丈东路713—717号
邮政编码：315041
电　　话：87733279

解放南路支行

行　　长：朱旭红
地　　址：宁波市解放南路67—4号
邮政编码：315010
电　　话：87190415

海曙支行

行　　长：陈君明
地　　址：宁波市海曙区中山西路166—168号
邮政编码：315010
电　　话：87259358

开明街支行

行　　长：姜　兴
地　　址：宁波市海曙区开明街437号
邮政编码：315000
电　　话：87206199

轻纺城支行

行　　长：林　涛
地　　址：宁波市石碶镇雅戈尔大道100号
邮政编码：315153
电　　话：88255580

慈溪支行

行　　长：陆家东
地　　址：慈溪市孙塘南路257—263号
邮政编码：315300
电　　话：63119708

余姚支行

行　　长：王　晖
地　　址：余姚市四明西路326—346号
邮政编码：315400
电　　话：62697710

奉化支行

行　　长：周春霖
地　　址：奉化市桥东岸路128号
邮政编码：315500
电　　话：88905613

宁海支行

行　　长：郑畅翔
地　　址：宁海县中山东路6—8号
邮政编码：315600
电　　话：65395568

嘉兴分行

行　　长：王小列
地　　址：嘉兴市禾兴南路227号
邮政编码：314000
电　　话：82153890

兴业银行在浙机构

杭州分行

行　　长：官恒秋
地　　址：杭州市庆春路40号兴业银行大厦
邮政编码：310009
电　　话：87037999

杭州临安支行
行　　长：周晓峰
地　　址：临安市锦城街道城中街688号
邮政编码：311300
电　　话：63730007

杭州萧山支行
行　　长：姚立庆
地　　址：杭州市萧山区金城路416号
邮政编码：311202
电　　话：82377733

杭州余杭支行
行　　长：金建宏
地　　址：杭州市余杭区南苑街道藕花洲大街233号
邮政编码：311100
电　　话：86169088

杭州下沙支行
行　　长：鲍仕松
地　　址：杭州市经济技术开发区迎宾路67号
邮政编码：310018
电　　话：28933988

杭州富阳支行
行　　长：彭光辉
地　　址：富阳市江滨西大道28号
邮政编码：311400
电　　话：23250033

杭州西湖支行
行　　长：陈一芬
地　　址：杭州市环城西路18号
邮政编码：310006
电　　话：87028188

杭州清泰支行
行　　长：傅力波
地　　址：杭州市清泰街495号
邮政编码：310009
电　　话：87808077

杭州武林支行
行　　长：阮　岚
地　　址：杭州市体育场路349号
邮政编码：310006
电　　话：85069618

杭州滨江支行
行　　长：卢芳姣
地　　址：杭州市滨江区江南大道90号
邮政编码：310051
电　　话：87047911

杭州湖墅支行
行　　长：朱威杰
地　　址：杭州市潮王路292号
邮政编码：310014
电　　话：88808011

杭州高新支行
行　　长：陆　野
地　　址：杭州市文三路396号
邮政编码：310013
电　　话：88231128

杭州凤起支行
行　　长：贺宇红
地　　址：杭州市凤起路35号
邮政编码：310003
电　　话：87296910

杭州湖滨支行
行　　长：郑宝珍
地　　址：杭州市劳动路167号
邮政编码：310006
电　　话：87018017

杭州城西支行
行　　长：应　青
地　　址：杭州市文一西路102号
邮政编码：310012
电　　话：88917288

宁波分行

行　　长：黄忠斌
副 行 长：王建元　王海青
地　　址：宁波市江东区百丈东路905号
邮政编码：315040
电　　话：87733333

海曙支行
行　　长：朱建明
地　　址：宁波市海曙区镇明路418号
邮政编码：315010
电　　话：87190584

北仑支行

行　　长：周晓波
地　　址：宁波市北仑区明州路 265 号
邮政编码：315800
电　　话：86839857

鄞州支行

行　　长：舒国庆
地　　址：宁波市鄞州区天童北路 123 号
邮政编码：315192
电　　话：88211207

江东支行

行　　长：王　俊
地　　址：宁波市江东区王隘路 258 号
邮政编码：315040
电　　话：87399689

镇海支行

行　　长：余中奕
地　　址：宁波市镇海区车站路 339 号
邮政编码：315200
电　　话：86379805

江北支行

行　　长：周建宏
地　　址：宁波市江北区人民路 176 号
邮政编码：315020
电　　话：87039507

慈溪支行

行　　长：冯一青
地　　址：慈溪市慈甬路 158 号
邮政编码：315300
电　　话：63883062

百丈支行

行　　长：闻　雷
地　　址：宁波市江东中兴路 676 号
邮政编码：315040
电　　话：87740105

余姚支行

行　　长：周君敏
地　　址：余姚市阳明西路 299 号
邮政编码：315400
电　　话：62858989

宁海支行

行　　长：刘金杰
地　　址：宁海县外环路 13 号
邮政编码：315600
电　　话：83556170

温州分行

行　　长：沈海静
地　　址：温州市市府路 1 号
邮政编码：325001
电　　话：88369933

乐清支行

行　　长：邵肖豪
地　　址：乐清市乐成镇双雁路 110—120 号
邮政编码：325000
电　　话：62078801

瑞安支行

行　　长：叶方通
地　　址：瑞安市万松东路 555 国际大酒店东首裙楼 1 层、8 层
邮政编码：325000
电　　话：66882700

永嘉支行

行　　长：金晓笛
地　　址：永嘉县瓯北镇阳光大道中瓯国际大厦一层 106、107 号及四层
邮政编码：325000
电　　话：67362666

温州瓯海支行

负 责 人：陈来毅
地　　址：温州市瓯海区兴海路 52 号
邮政编码：325005
电　　话：88516178

温州吴桥路支行

行　　长：吴进旺
地　　址：温州市吴桥路 120 号
邮政编码：325000
电　　话：88926198

温州鹿城支行

行　　长：金彩虹
地　　址：温州市环城东路绿景大厦
邮政编码：325003
电　　话：88899669

温州黎明支行

行　　长：黄春波

地　　址：温州市车站大道均瑶大厦一楼
邮政编码：325027
电　　话：88119079

温州龙湾支行

行　　长：朱　毅
地　　址：温州市龙湾区永强大道永中土地管理所大楼
邮政编码：325000
电　　话：86888227

台州分行

行　　长：林志颖
地　　址：台州市市府大道308号
邮政编码：318000
电　　话：88529777

温岭支行

行　　长：倪育薇
地　　址：温岭市三星大道世纪广场
邮政编码：318000
电　　话：88176668

临海支行

负 责 人：丁臣统
地　　址：临海市凯歌路临海市人民检察院办公楼一、二楼
邮政编码：318000
电　　话：89392856

台州椒江支行

行　　长：陈可钦
地　　址：台州市椒江区解放南路213—219号
邮政编码：318000
电　　话：88892033

台州路桥支行

行　　长：张锦豪
地　　址：台州市路桥区腾达路半岛花园6号楼北侧一、二层
邮政编码：318050
电　　话：82550898

台州黄岩支行

行　　长：喻学仁
地　　址：台州市黄岩区横街路179号
邮政编码：318020
电　　话：84235972

义乌分行

行　　长：张　旻
地　　址：义乌市宾王路158号
邮政编码：322000
电　　话：85552888

永康支行

行　　长：胡　伟
地　　址：永康市望春东路78号
邮政编码：321300
电　　话：87210879

东阳支行

行　　长：张　晓
地　　址：东阳市吴宁西路3号
邮政编码：322100
电　　话：86150666

义乌北苑支行

副 行 长：黄淑媛
地　　址：义乌市北苑街道望道路268号
邮政编码：322000
电　　话：85115458

义乌城中支行

行　　长：傅坚旻
地　　址：义乌市丹溪北路161号
邮政编码：322000
电　　话：85251008

义乌福田支行

行　　长：黄伟民
地　　址：义乌市福田路105号
邮政编码：322000
电　　话：85182078

义乌国贸支行

副 行 长：江　涛
地　　址：义乌市国际商贸城三期西辅房F—025号
邮政编码：322000
电　　话：81561118

嘉兴分行

行　　长：周金国
地　　址：嘉兴市中山西路267—283号兴业大厦
邮政编码：314000
电　　话：82039999

海宁支行
行　　长：许　辉
地　　址：海宁市海州西路222号
邮政编码：314400
电　　话：87018801

南湖支行
行　　长：孙　宇
地　　址：嘉兴市城东路83号
邮政编码：314000
电　　话：82039083

绍兴支行
行　　长：吴　渊
地　　址：绍兴市县前街71号
邮政编码：312000
电　　话：88009999

中国光大银行在浙机构

杭州分行

行　　长：邵　敏
副 行 长：孙建国　高　瞻
风险总监：邬雪松
地　　址：杭州市庆春路200号
邮政编码：310006
电　　话：87895358

分行营业部
负 责 人：蔡卫星
地　　址：杭州市庆春路200号
邮政编码：310006
电　　话：87895508

武林支行
行　　长：王　罗
地　　址：杭州市体育场路383号
邮政编码：310006
电　　话：85065455

高新支行
行　　长：王　平
地　　址：杭州市潮王路221号
邮政编码：310005
电　　话：88842886

建国路支行
行　　长：徐军鹰
地　　址：杭州市建国中路3号
邮政编码：310009
电　　话：87825352

钱江支行
行　　长：金　怡
地　　址：杭州市秋涛北路131号
邮政编码：310020
电　　话：86967625

浙大支行
行　　长：张活龙
地　　址：杭州市玉古路159号
邮政编码：310020
电　　话：87980688

萧山支行
行　　长：卜尚苗
地　　址：杭州市萧山区金城路1038号
邮政编码：311200
电　　话：82639028

萧山开发区支行
行　　长：陈晓洁
地　　址：杭州市萧山区经济技术开发区市心北路287号永泰丰广场B座一层
邮政编码：311215
电　　话：22829606

宁波分行

行　　长：杨　明
副 行 长：卢伟龙　潘　锋
风险总监：李　明
行长助理：凌　华
地　　址：宁波市福明路828号
邮政编码：315010
电　　话：87311527

江东支行
行　　长：潘肖甬
地　　址：宁波市百丈东路18号
邮政编码：315040
电　　话：87721033

北仑支行
行　　长：郑维洪
地　　址：宁波市北仑区明州路241号
邮政编码：315800

电　　话：86888505

镇海支行

行　　长：姚红斌
地　　址：宁波市镇海区城关清川路181号
邮政编码：315200
电　　话：86295801

兴宁支行

行　　长：卢彩华
地　　址：宁波市镇安街90号
邮政编码：315040
电　　话：87898419

联丰支行

行　　长：谢薛强
地　　址：宁波市蓝天路193号
邮政编码：315012
电　　话：87142710

鄞州支行

行　　长：汤旭东
地　　址：宁波市天童北路麒麟大厦
邮政编码：315100
电　　话：88111040

三江支行

行　　长：肖　剑
地　　址：宁波市槐树路86号
邮政编码：315020
电　　话：27855151

科技园区支行

行　　长：管　弦
地　　址：宁波市科技园区江南路1558号
邮政编码：315040
电　　话：27785606

海曙支行

行　　长：张勇峰
地　　址：宁波市镇明路482号
邮政编码：315010
电　　话：87194254

新芝支行

行　　长：汪　洋
地　　址：宁波市新芝路168号
邮政编码：315000
电　　话：27991800

中山支行

行　　长：黄　森
地　　址：宁波市中山东路99号
邮政编码：315000
电　　话：27991616

慈溪支行

行　　长：王维群
地　　址：慈溪市慈甬路178号
邮政编码：315300
电　　话：63931388

象山支行

行　　长：谢　宏
地　　址：象山县丹峰西路128号
邮政编码：315700
电　　话：25705000

余姚支行

行　　长：吴　坚
地　　址：余姚市阳明西路255号
邮政编码：315400
电　　话：62697888

宁海支行

行　　长：齐中洋
地　　址：宁海县气象北路289号
邮政编码：315600
电　　话：25559876

温州分行

行　　长：邵　敏
地　　址：温州市鹿城区锦绣路万川锦苑
邮政编码：325000
电　　话：88085595

绍兴支行

行　　长：董　旭
地　　址：绍兴市越城区解放北路57—61号锦江文华商业楼
邮政编码：312000

台州支行

行　　长：章立新
地　　址：台州市椒江区市府大道222号
邮政编码：318000
电　　话：8200785

恒丰银行在浙机构

杭州分行

行　　长：杨林茂
副 行 长：陈乐群　周德元　章德春　韩玉梅
总 稽 核：李　秋
行长助理：赵鲁宁　蒋仲西
地　　址：杭州市建国北路639号
邮政编码：310004
电　　话：85086006

杭州萧山支行

行　　长：蒋仲西
副 行 长：田　康　黄彤祖
地　　址：杭州市萧山区金城路718号
邮政编码：311201
电　　话：83893011

杭州西湖支行

行　　长：李　卿
地　　址：杭州市西湖区古墩路541号
邮政编码：310012
电　　话：88470976

杭州余杭支行

行　　长：赵新华
行长助理：王军苹
地　　址：杭州市余杭区南苑街道人民大道401号
邮政编码：311100
电　　话：89286018

绍兴支行

行　　长：陈明华
副 行 长：马建峰
行长助理：姜海涛
地　　址：绍兴市延安东路517号
邮政编码：312000
电　　话：88586988

义乌支行

行　　长：陆晓航
行长助理：丁　欣
地　　址：义乌市江滨北路333—343号
邮政编码：322000
电　　话：85233006

渤海银行在浙机构

杭州分行

行　　长：姜乳云
副 行 长：鄢建新　贺剑波　刘瑶君　柴祖革
风险总监：郭宏伟
地　　址：杭州市延安路468号浙江外经贸广场B座9—10层
邮政编码：310006
电　　话：28119999

杭州萧山支行

行　　长：倪维龙
地　　址：杭州市萧山区金城路387—391号天汇园综合楼
邮政编码：311202
电　　话：83787956

杭州余杭支行

行　　长：葛建明
地　　址：杭州市余杭区临平东湖路198号碧云阁7幢一层
邮政编码：311100
电　　话：26296668

绍兴支行

行　　长：王坚刚
地　　址：绍兴市解放北路302—318号月池坊A幢一、二层
邮政编码：312000
电　　话：88687765

杭州西湖支行

行　　长：吕明晓
地　　址：杭州市天目山路135—145号玉泉大厦一层西侧
邮政编码：310007
电　　话：28117689

中国邮政储蓄银行在浙机构

浙江省分行

行　　长：王雄飞
地　　址：杭州市下城区百井坊巷87号

邮政编码：310003
电　　话：87335001

百井坊巷直属支行

行　　长：裘建勋
地　　址：杭州市下城区百井坊巷87号
邮政编码：310003
电　　话：87335261

杭州市上塘路支行

行　　长：管大庆
地　　址：杭州市下城区上塘路16—18号
邮政编码：310014
电　　话：85451270

杭州市分行

行　　长：金　江
地　　址：杭州市上城区环城东路18号
邮政编码：310009
电　　话：86099286

杭州市萧山区支行

行　　长：翁兴连
地　　址：杭州市萧山区北干街道金城路1038号
邮政编码：311203
电　　话：82688978

杭州市余杭区支行

行　　长：宋　健
地　　址：杭州市余杭区南苑街道世纪大道149号
邮政编码：311100
电　　话：89282909

桐庐县支行

行　　长：张　力
地　　址：桐庐县桐君街道富春路223—1号
邮政编码：311500
电　　话：64621666

建德市支行

行　　长：刘　春
地　　址：建德市新安江新安东路77号
邮政编码：311600
电　　话：64713861

淳安县支行

行　　长：胡光红
地　　址：淳安县千岛湖镇新安大街129号
邮政编码：311700
电　　话：65020160

临安市支行

行　　长：许利华
地　　址：临安市锦城街道钱王街427号
邮政编码：311300
电　　话：63708787

富阳市支行

行　　长：郑重逵
地　　址：富阳市富春街道体育场路107号
邮政编码：311400
电　　话：63312222

温州市分行

行　　长：陈光龙
地　　址：温州市鹿城区雪山路73号
邮政编码：325029
电　　话：89501018

洞头县支行

行　　长：王祖钝
地　　址：洞头县北岙镇文化街4号
邮政编码：325700
电　　话：63483649

永嘉县支行

行　　长：张申吉
地　　址：永嘉县瓯北镇双塔路华达大厦一楼
邮政编码：325100
电　　话：67232868

平阳县支行

行　　长：周贻铸
地　　址：平阳县昆阳镇平阳大厦21层
邮政编码：325400
电　　话：63722662

苍南县支行

行　　长：陈加会
地　　址：苍南县灵溪镇江湾路浙闽边贸商业城9号楼一、二楼
邮政编码：325800
电　　话：68815666

文成县支行

行　　长：赵　愫
地　　址：文成县大峃镇县前街126号

邮政编码：325300
电　　话：67862229

泰顺县支行

行　　长：林行军
地　　址：泰顺县罗阳镇城北路164号邮政大楼
邮政编码：325500
电　　话：67586698

瑞安市支行

行　　长：王跃春
地　　址：瑞安市安阳镇万松路32号
邮政编码：325200
电　　话：65626860

乐清市支行

行　　长：赵智春
地　　址：乐清市宁康东路150号
邮政编码：325600
电　　话：61601002

湖州市分行

行　　长：朱　棣
地　　址：湖州市凤凰路792号
邮政编码：313000
电　　话：2100928

长兴县支行

行　　长：许学红
地　　址：长兴县雉城镇人民路235号
邮政编码：313100
电　　话：6207008

德清县支行

行　　长：刘国平
地　　址：德清县武康镇永安街2号
邮政编码：313200
电　　话：8066255

安吉县支行

行　　长：刘　卫
地　　址：安吉县递铺镇胜利西路369号
邮政编码：313300
电　　话：5131805

嘉兴市分行

行　　长：李丽青
地　　址：嘉兴市中环南路2243号
邮政编码：314000
电　　话：82222000

嘉善县支行

行　　长：刘建中
地　　址：嘉善县施家南路406—412号
邮政编码：314100
电　　话：84097011

平湖市支行

行　　长：鲁家华
地　　址：平湖市新华北路3—13号
邮政编码：314200
电　　话：85129021

海宁市支行

行　　长：徐红霞
地　　址：海宁市海昌路160—166号
邮政编码：314400
电　　话：87259001

海盐县支行

行　　长：陈铁中
地　　址：海盐县武原镇长安南路1号
邮政编码：314300
电　　话：86023792

桐乡市支行

行　　长：郑毓辉
地　　址：桐乡市庆丰南路4号
邮政编码：314500
电　　话：88108001

丽水市分行

行　　长：严惠民
地　　址：丽水市莲都区寿尔福路445号
邮政编码：323000
电　　话：2112189

青田县支行

行　　长：叶兆丽
地　　址：青田县新大街2号
邮政编码：323900
电　　话：6832489

缙云县支行

行　　长：吕南夏
地　　址：缙云县五云镇胜利街109号
邮政编码：321400
电　　话：3319377

松阳县支行
行　　长：徐伟胜
地　　址：松阳县新华路48号
邮政编码：323400
电　　话：8067068

云和县支行
行　　长：刘　平
地　　址：云和县府前路8号
邮政编码：323600
电　　话：5123598

景宁畲族自治县支行
行　　长：刘卫忠
地　　址：景宁畲族自治县鹤溪镇人民中路209号
邮政编码：323500
电　　话：5083333

龙泉市支行
行　　长：张军武
地　　址：龙泉市剑池东路254号
邮政编码：323700
电　　话：7265588

遂昌县支行
行　　长：刘建俊
地　　址：遂昌县高妙镇东街水亭路1号
邮政编码：323300
电　　话：8129266

庆元县支行
行　　长：周树荣
地　　址：庆元县濛州街190号
邮政编码：323800
电　　话：6126858

金华市分行
行　　长：杨东凯
地　　址：金华市双溪西路268号
邮政编码：321017
电　　话：82135077

武义县支行
行　　长：朱友顺
地　　址：武义县壶山上街宏马时代广场
邮政编码：321200
电　　话：87625002

磐安县支行
行　　长：陈毓兰
地　　址：磐安县安文镇中街22号
邮政编码：322300
电　　话：84667691

兰溪市支行
行　　长：陈坚实
地　　址：兰溪市延安路23号
邮政编码：321100
电　　话：88842302

义乌市支行
行　　长：葛　绯
地　　址：义乌市南门街296号
邮政编码：322000
电　　话：85310606

东阳市支行
行　　长：张衍涛
地　　址：东阳市振兴路228号
邮政编码：322100
电　　话：86628406

永康市支行
行　　长：夏培青
地　　址：永康市九铃东路3090号
邮政编码：321300
电　　话：87128003

浦江县支行
行　　长：丁伟强
地　　址：浦江县和平北路7号
邮政编码：322200
电　　话：84182567

衢州市分行
行　　长：许德明
地　　址：衢州市新桥街113幢
邮政编码：324000
电　　话：3051011

常山县支行
行　　长：余兴宏
地　　址：常山县天马镇文峰东路38号
邮政编码：324200
电　　话：5028960

开化县支行
行　　长：柴孝宏

地　　址：开化县城关镇解放街57号
邮政编码：324300
电　　话：6021620

龙游县支行

行　　长：章国建
地　　址：龙游县新一路12号
邮政编码：324400
电　　话：7012178

江山市支行

行　　长：何立平
地　　址：江山市区解放路39号
邮政编码：324100
电　　话：4016646

绍兴市分行

行　　长：章召刚
地　　址：绍兴市延安东路322号
邮政编码：312000
电　　话：88612003

新昌县支行

行　　长：王　斌
地　　址：新昌县鼓山中路29号
邮政编码：312500
电　　话：86024098

上虞市支行

行　　长：李　征
地　　址：上虞市百官街道市民大道1692—1706、1712—B号
邮政编码：312300
电　　话：82196677

诸暨市支行

行　　长：李　力
地　　址：诸暨市暨阳路108号
邮政编码：311800
电　　话：87228167

嵊州市支行

行　　长：丁　铁
地　　址：嵊州市官河路501号
邮政编码：312400
电　　话：83189288

台州市分行

行　　长：王　斌
地　　址：台州市椒江区解放南路8—1号
邮政编码：318000
电　　话：81888001

玉环县支行

行　　长：陈康明
地　　址：玉环县珠港镇城关广陵路136号
邮政编码：317600
电　　话：87213881

三门县支行

行　　长：杨冬青
地　　址：三门县海游镇人民路2号
邮政编码：317100
电　　话：83322280

天台县支行

行　　长：杨金贝
地　　址：天台县赤城街道人民东路98号
邮政编码：317200
电　　话：83883011

仙居县支行

行　　长：田榆杭
地　　址：仙居县城关环城南路423号
邮政编码：317600
电　　话：87811002

温岭市支行

行　　长：张　正
地　　址：温岭市太平街道万昌中路168号
邮政编码：317500
电　　话：86142668

临海市支行

行　　长：罗先苗
地　　址：临海市赤城路63号
邮政编码：317000
电　　话：85302238

舟山市分行

行　　长：贺国丰
地　　址：舟山市定海区东海东路168号
邮政编码：316000
电　　话：2616666

舟山市普陀区支行

行　　长：陈　俊
地　　址：舟山市普陀区东海中路555号
邮政编码：316100
电　　话：3022108

岱山县支行

行　　长：邬红艳
地　　址：岱山县高亭镇人民路44号
邮政编码：316200
电　　话：4474806

嵊泗县支行

行　　长：毛啸洪
地　　址：嵊泗县菜园镇沙河路72号
邮政编码：202450
电　　话：5081320

杭州银行

总行

董 事 长：吴太普
首席顾问：马时雍
党委书记：严华好
行　　长：俞胜法
副 行 长：金燮煌　任勤民　宋剑斌
　　　　　江　波　俞薇薇
行长助理：丁　锋
首席财务官：邵丽萍
党委委员：方建新　徐国民
工会主席：张　静(兼)
地　　址：杭州市庆春路46号
邮政编码：310006
电　　话：85179591

总行营业部

总 经 理：张　静
地　　址：杭州市庆春路46号
邮政编码：310006
电　　话：85105740

官巷口支行

行　　长：朱淼华
地　　址：杭州市解放路178号
邮政编码：310006
电　　话：87065821

环北支行

行　　长：李　勤
地　　址：杭州市凤起路160号
邮政编码：310003
电　　话：87213575

江城支行

行　　长：柳双平
地　　址：杭州市江城路566号
邮政编码：310002
电　　话：86078160

保俶支行

行　　长：徐雄俐
地　　址：杭州市西湖区保俶路88号
邮政编码：310007
电　　话：85113346

西城支行

行　　长：毛夏红
地　　址：杭州市文二西路1号
邮政编码：310012
电　　话：88912195

秋涛支行

行　　长：杨正权
地　　址：杭州市秋涛北路95号
邮政编码：310020
电　　话：86947178

科技支行

行　　长：陈　岚
地　　址：杭州市滨江区江南大道3850号
　　　　　创新大厦一楼
邮政编码：310053
电　　话：86967809

湖墅支行

行　　长：王　侠
地　　址：杭州市湖墅南路459号
邮政编码：310005
电　　话：88386815

西湖支行

行　　长：金关炬
地　　址：杭州市天目山路108号
邮政编码：310007
电　　话：88084202

萧山支行

行　　长：王亦定
地　　址：杭州市萧山区金城路419—425号
邮政编码：311201
电　　话：82891968

滨江支行
行　　长：徐全生
地　　址：杭州市滨江区中兴路财政金融大楼
邮政编码：310051
电　　话：87760055

余杭支行
行　　长：潘　铭
地　　址：杭州市余杭区丘山大街498号
邮政编码：311100
电　　话：86137990

桐庐支行
行　　长：王洪义
地　　址：桐庐县迎春南路338号
邮政编码：311501
电　　话：69870260

临安支行
行　　长：王为民
地　　址：临安市锦城街道钱王街528号
邮政编码：311300
电　　话：63928800

富阳支行
行　　长：洪素芳
地　　址：富阳市桂花西路56号
邮政编码：311400
电　　话：63379230

建德支行
行　　长：吴月平
地　　址：建德市新安路70号
邮政编码：311600
电　　话：64001583

淳安支行
行　　长：徐　越
地　　址：淳安县千岛湖镇新安东路1号
邮政编码：3117010
电　　话：65025363

桐乡支行
行　　长：胡越美
地　　址：桐乡市振兴东路439—445号
邮政编码：314500
电　　话：88138663

北京分行
行　　长：丁　锋
地　　址：北京市东城区朝阳门北大街3号第五广场大厦A座
邮政编码：100010
电　　话：64088121

上海分行
行　　长：方建新
地　　址：上海市黄浦区九江路660—686号
邮政编码：200001
电　　话：63612755

深圳分行
行　　长：姚正安
地　　址：深圳市深南中路2038号爱华大厦1—3层
邮政编码：518031
电　　话：83885090

南京分行
行　　长：李家永
地　　址：南京市中山南路239号
邮政编码：210001
电　　话：89630057

宁波分行
行　　长：邵为民
地　　址：宁波市惊驾路598—622号
邮政编码：315040
电　　话：27991122

绍兴分行
行　　长：郭　瑜
地　　址：绍兴市中兴中路29号
邮政编码：312000
电　　话：88900193

舟山分行
行　　长：朱公澜
地　　址：舟山市定海区环城东路98号
邮政编码：316000
电　　话：2269007

上海银行在浙机构

杭州分行
行　　长：叶继雄

地　　址：杭州市庆春路138号广利大厦21楼
电　　话：87560219

杭州萧山支行

行　　长：朱志毅
地　　址：杭州市萧山区金城路185号商会大厦A座
电　　话：83787780

杭州城东支行

行　　长：章国欣
地　　址：杭州市秋涛北路451号
电　　话：87560388

杭州余杭支行

行　　长：胡松连
地　　址：杭州市余杭区南苑街道南大街326号
电　　话：89360616

宁波银行

总行

董 事 长：陆华裕
行　　长：俞凤英
监 事 长：张　辉
副 行 长：洪立峰　邱少众　罗维开　罗孟波
行长助理：顾颂东
地　　址：宁波市宁南南路700号
邮政编码：315010
电　　话：87050028

上海分行

行　　长：陈和智
地　　址：上海市黄浦区南京西路128号永新广场1—5层
邮政编码：200003
电　　话：63585559

杭州分行

行　　长：贝　瑜
地　　址：杭州市西湖区保俶路146号
邮政编码：310007
电　　话：87206997

南京分行

行　　长：徐震宇
地　　址：南京市鼓楼区汉中路120号青华大厦
邮政编码：210029
电　　话：51808058

深圳分行

行　　长：陆铭瑜
地　　址：深圳市福田区福华三路中心区东南部时代财富大厦
邮政编码：518026
电　　话：63585559

苏州分行

行　　长：徐正良
地　　址：苏州市干将东路749号
邮政编码：215005
电　　话：33396528

温州分行

行　　长：王永良
地　　址：温州市鹿城区南浦路260号
邮政编码：325000
电　　话：88009900

北京分行

行　　长：付文生
地　　址：北京市建国门内大街28号B座
邮政编码：100005
电　　话：85597388

海曙支行

行　　长：虞亦群
地　　址：宁波市解放南路135号
邮政编码：315000
电　　话：87290864

江东支行

行　　长：朱红英
地　　址：宁波市中山东路466号
邮政编码：315040
电　　话：87729509

江北支行

行　　长：胡微玮
地　　址：宁波市人民路270号
邮政编码：315020

电　　话：87350929

湖东支行

行　　长：沈中南

地　　址：宁波市广济街 4 号

邮政编码：315000

电　　话：87320865

西门支行

行　　长：袁涌泉

地　　址：宁波市中山西路 197 号

邮政编码：315000

电　　话：87298913

东门支行

行　　长：陆孝素

地　　址：宁波市百丈东路 868 号

邮政编码：315040

电　　话：87843600

天源支行

行　　长：范　荣

地　　址：宁波市柳汀街 230 号

邮政编码：315000

电　　话：87302395

灵桥支行

行　　长：蒋忠平

地　　址：宁波市彩虹南路 275 号

邮政编码：315040

电　　话：87876738

国家高新区支行

行　　长：徐　辉

地　　址：宁波市江南路 651—655 号

邮政编码：315040

电　　话：87904558

四明支行

行　　长：范国宇

地　　址：宁波市蓝天路 9 号

邮政编码：315000

电　　话：87320902

明州支行

行　　长：张亚敏

地　　址：宁波市甬港北路 19 号

邮政编码：315040

电　　话：87374550

北仑支行

行　　长：叶林富

地　　址：宁波市北仑区新碶镇明州路 221 号

邮政编码：315800

电　　话：86867006

镇海支行

行　　长：吴晓红

地　　址：宁波市镇海区车站路 18 号

邮政编码：315200

电　　话：86278388

鄞州支行

行　　长：何培国

地　　址：宁波市鄞州区四明中路 666 号

邮政编码：315192

电　　话：87416838

宁海支行

行　　长：陆全新

地　　址：宁海县跃龙街道时代大道 158 号

邮政编码：315600

电　　话：65528800

余姚支行

行　　长：周　军

地　　址：余姚市阳明西路 28 号

邮政编码：315400

电　　话：62622887

新建支行

行　　长：鲁久丰

地　　址：余姚市阳明西路 340—348 号

邮政编码：315400

电　　话：62835263

慈溪支行

行　　长：宋军耀

地　　址：慈溪市慈甬路 207 号

邮政编码：315300

电　　话：63113755

城东支行

行　　长：屠世荣

地　　址：慈溪市新城大道 483—495 号

邮政编码：315300

电　　话：63910955

象山支行

行　　长：徐松丽

地　　址：象山县丹城靖南路274号
邮政编码：315700
电　　话：65768320

奉化支行

行　　长：俞雪萌
地　　址：奉化市中山路16号
邮政编码：315500
电　　话：88589302

北京银行在浙机构

杭州分行

行　　长：蒋增浩
副 行 长：汪宏农
行长助理：张红卫　魏　昱
地　　址：杭州市庆春东路78号
邮政编码：310016
电　　话：81998205

平安银行在浙机构

杭州分行

行　　长：章国华
副 行 长：杨敏斐　蒋骊军　陈清莉
行长助理：王辉跃
地　　址：杭州市教工路18号世贸丽晶城欧美中心A座
邮政编码：310012
电　　话：87353476

南京银行在浙机构

杭州分行

行　　长：江志纯
地　　址：杭州市凤起路432号
邮政编码：310006
电　　话：81135993

温州银行

总行

行　　长：邢增福
地　　址：温州市鹿城区车站大道196号
邮政编码：325088
电　　话：88990169

总行营业部

总 经 理：张仁辉
地　　址：温州市鹿城区车站大道196号
邮政编码：325088
电　　话：88990597

上海分行

行　　长：郑祥呈
地　　址：上海市黄浦区九江路333号一、二、三楼
邮政编码：200001
电　　话：63602223

杭州分行

行　　长：金建康
地　　址：杭州市下城区仙林桥直街3号仙林大厦
邮政编码：310004
电　　话：87338062

宁波分行

行　　长：张志勇
地　　址：宁波市江东区世纪大道北段555—1号温州银行大厦
邮政编码：315040
电　　话：87860999

宁波慈溪支行

行　　长：沈利义
地　　址：慈溪市慈甬路208—216号
邮政编码：315300
电　　话：63001061

衢州分行

行　　长：林　亮
地　　址：衢州市柯城区上街82号
邮政编码：324000
电　　话：8877267

衢州江山支行

行　　长：喻建华
地　　址：江山市中山路20号
邮政编码：324100
电　　话：4039835

登峰支行

行　　长：胡建刚

地　　址：温州市黎明西路东方大厦 106—107 号
邮政编码：325000
电　　话：88869961

得胜支行

行　　长：叶绍洪
地　　址：温州市牛山北路 56 号
邮政编码：325000
电　　话：85551015

大南支行

行　　长：周元辉
地　　址：温州市人民东路东联大厦南首 1 号
邮政编码：325000
电　　话：88830940

城西支行

行　　长：林旭忠
地　　址：温州市鹿城路 322 号
邮政编码：325000
电　　话：89710682

城东支行

行　　长：胡银朋
地　　址：温州市新城新蒲路 8 号
邮政编码：325000
电　　话：86517822

滨海支行

行　　长：陈海淼
地　　址：温州市经济技术开发区滨海园区滨海六路万康锦园 19 幢 104 室
邮政编码：325025
电　　话：86835688

百里支行

行　　长：刘修恩
地　　址：温州市百里东路 23 号
邮政编码：325000
电　　话：88227322

文成支行

行　　长：刘　兴
地　　址：文成县大峃镇建设路 133 号
邮政编码：325300
电　　话：67817773

平阳支行

行　　长：林明光
地　　址：平阳县鳌江镇新河路 238—246 号
邮政编码：325401
电　　话：63678098

昆阳支行

行　　长：林秀峰
地　　址：平阳县昆阳镇解放街 428 号永泰大厦
邮政编码：325400
电　　话：63167856

永嘉支行

行　　长：林建东
地　　址：永嘉县瓯北镇双塔路中楠广场
邮政编码：325102
电　　话：67993085

劳武支行

行　　长：陈丏治
地　　址：温州市鹿城区鹿城工业区泰力路皮碎市场 7 幢 5 号
邮政编码：325000
电　　话：88776255

开发区支行

行　　长：李喆琦
地　　址：温州市楠溪江路 257 号家景花园顺景苑 1 号楼
邮政编码：325011
电　　话：86666898

瞿溪支行

行　　长：周香红
地　　址：温州市瓯海区瞿溪镇河头西路 41 号
邮政编码：325016
电　　话：86263059

景山支行

行　　长：王　绮
地　　址：温州市瓯海区将军桥振瓯路 1—5 号
邮政编码：325000
电　　话：88593399

金鹰支行

行　　长：潘建克
地　　址：温州市黎明西路 103 号星河大楼

A座西首一、二楼
邮政编码：325003
电　　话：88367332

解放路支行

行　　长：林　丽
地　　址：温州市解放北路县前大楼C幢一、二层
邮政编码：325000
电　　话：89992810

江滨支行

行　　长：马赛利
地　　址：温州市江滨西路华峰大厦A幢117—119号
邮政编码：325100
电　　话：88891725

火车站支行

行　　长：姜晓红
地　　址：温州市火车站站南商贸城内
邮政编码：325000
电　　话：86366912

汇海支行

行　　长：陈　蕾
地　　址：温州市施水寮银龙大楼71—73号
邮政编码：325000
电　　话：88272967

黄龙支行

行　　长：池晓东
地　　址：温州市黄龙住宅区临风1幢112—116室
邮政编码：325000
电　　话：88752768

华建支行

行　　长：陈斯丹
地　　址：温州市西城路16B幢118—121号
邮政编码：325000
电　　话：88720397

鸿昌支行

行　　长：黄成泳
地　　址：温州市水心北汇昌11幢128号
邮政编码：325028
电　　话：88501344

海城支行

行　　长：郑　云
地　　址：温州市龙湾区海城街道工业城工贸路
邮政编码：325055
电　　话：85229703

国鼎支行

行　　长：张力伟
地　　址：温州市马鞍池东路326号
邮政编码：325028
电　　话：88279959

郭溪支行

行　　长：金国海
地　　址：温州市瓯海区郭溪镇塘下新街繁盛路219号
邮政编码：325016
电　　话：86118655

富隆支行

行　　长：黄　峰
地　　址：温州市飞霞北路华电新都A幢110号
邮政编码：325000
电　　话：88190199

府前支行

行　　长：王爱云
地　　址：温州市蝉街28号
邮政编码：325000
电　　话：88290306

学院路支行

行　　长：周佩静
地　　址：温州市鹿城区学院西路银海大厦110号
邮政编码：325000
电　　话：88813613

新桥支行

行　　长：叶　丰
地　　址：温州市瓯海区六虹桥路1217号
邮政编码：325006
电　　话：88419477

新城支行

行　　长：刘丽云
地　　址：温州市鹿城区新城大道238号

邮政编码：325000
电　　话：88188430

梧田支行
行　　长：潘　键
地　　址：温州市瓯海区龙霞路 90—92 号
邮政编码：325014
电　　话：86361567

顺境支行
行　　长：李　伟
地　　址：温州市六虹桥路六虹钢材市场办公大楼
邮政编码：325000
电　　话：88613639

双龙支行
行　　长：张岳平
地　　址：温州市浙南鞋料市场 C 区 1 号
邮政编码：325000
电　　话：88714196

市中支行
行　　长：王　川
地　　址：温州市锦绣路 236—238 号
邮政编码：325003
电　　话：88367097

市府路支行
行　　长：卢　捷
地　　址：温州市惠民路光明桥东首行政审批服务中心大楼
邮政编码：325000
电　　话：88926926

勤业支行
行　　长：兰向阳
地　　址：温州市鹿城区勤奋路广汇商厦 102—3、4、5 号
邮政编码：325000
电　　话：88225221

勤奋支行
行　　长：林丽丽
地　　址：温州市鹿城区花坦巷 86 号
邮政编码：325000
电　　话：88524555

蒲鞋市支行
行　　长：郑爱燕
地　　址：温州市鹿城区飞霞南路 510 号
邮政编码：325000
电　　话：88825685

瓯海支行
行　　长：蔡胜春
地　　址：温州市鹿城区杏花路 202 号
邮政编码：325000
电　　话：88508878

南浦支行
行　　长：吴海虹
地　　址：温州市鹿城区温迪路 255 号
邮政编码：325000
电　　话：88398840

鹿城支行
行　　长：江　茜
地　　址：温州市鹿城区马鞍池西路 210 号
邮政编码：325000
电　　话：88536228

龙湾支行
行　　长：叶伟斌
地　　址：温州市龙湾区永强东路 163—167 号
邮政编码：325024
电　　话：86668656

黎中支行
行　　长：翁庆元
地　　址：温州市鹿城区黎明中路 94 号
邮政编码：325003
电　　话：88336271

黎明支行
行　　长：吴其勇
地　　址：温州市鹿城区江滨东路罗湾锦苑 10 幢
邮政编码：325000
电　　话：89896977

状元支行
行　　长：邵　建
地　　址：温州市龙湾区状元镇交通服务中心大楼 101—109 号
邮政编码：325011
电　　话：86355223

中心区支行
行　　长：张　剑

地　　址：温州市市府路交行广场一层北向
邮政编码：325000
电　　话：88997068

站前支行

行　　长：黄玲玲
地　　址：温州市车站大道诚信商厦一楼117—120室
邮政编码：325088
电　　话：86069207

永兴支行

行　　长：项　洲
地　　址：温州市龙湾区永强大道3728号
邮政编码：325024
电　　话：86938753

银信支行

行　　长：董　冬
地　　址：温州市鹿城区小高桥1号
邮政编码：325000
电　　话：88250697

龙港支行

行　　长：缪存锋
地　　址：苍南县龙港镇龙港大道和谐花苑一、二层
邮政编码：325802
电　　话：68669217

苍南支行

行　　长：郑中伟
地　　址：苍南县灵溪镇江湾路478—484号
邮政编码：325800
电　　话：68715990

莘塍支行

行　　长：邓昭纯
地　　址：瑞安市莘塍镇镇府路下村村办公大楼
邮政编码：325206
电　　话：65123918

塘下支行

行　　长：陈　勇
地　　址：瑞安市塘下镇塘下大道锦阳大楼
邮政编码：325204
电　　话：65382864

瑞安支行

行　　长：薛功成
地　　址：瑞安市万松东路罗阳大厦裙楼1—3层
邮政编码：325200
电　　话：65877503

北白象支行

行　　长：陈巨帅
地　　址：乐清市北白象镇东大街357—365号
邮政编码：325603
电　　话：62961102

柳市支行

行　　长：陈存阳
地　　址：乐清市柳市镇翔金花园20—23号
邮政编码：325604
电　　话：61725335

乐清支行

行　　长：叶邦明
地　　址：乐清市乐成镇清远路226—240号
邮政编码：325600
电　　话：62077787

虹桥支行

行　　长：干家骞
地　　址：乐清市虹桥镇飞虹南路77—85号一楼和67—71号二楼
邮政编码：325608
电　　话：62377296

嘉兴银行

总行

董 事 长：许洪明
行　　长：马　俊
地　　址：嘉兴市建国南路409号
邮政编码：314000
电　　话：82099660

秀洲支行

行　　长：胡建英
地　　址：嘉兴市中山西路331号、345号、349号、353号、357号
邮政编码：314000
电　　话：82180366

南湖支行

行　　长：孙玉根
地　　址：嘉兴市城南路373号
邮政编码：314000
电　　话：82619122

秀水支行

行　　长：徐建光
地　　址：嘉兴市城北路129号
邮政编码：314000
电　　话：82216858

开发区支行

行　　长：韦富春
地　　址：嘉兴市东方路和三元路交叉口
邮政编码：314000
电　　话：82301622

东栅支行

行　　长：饶少鹏
地　　址：嘉兴市泾水路36号
邮政编码：314000
电　　话：82856340

梅湾支行

行　　长：杨爱华
地　　址：嘉兴市禾兴南路166号
邮政编码：314000
电　　话：82059661

海宁支行

行　　长：赵红霞
地　　址：海宁市南苑路230号
邮政编码：314400
电　　话：87076338

平湖支行

行　　长：姚云天
地　　址：平湖市当湖东路133号
邮政编码：314200
电　　话：85128388

桐乡支行

行　　长：钟　建
地　　址：桐乡市梧桐镇庆丰南路9号
邮政编码：314000
电　　话：88029188

嘉善支行

行　　长：江逸民
地　　址：嘉善县魏塘镇环城东路365—371号
邮政编码：314100
电　　话：84273188

海盐支行

行　　长：韩建强
地　　址：海盐县武原镇新桥北路166—7、166—8号
电　　话：86182288

湖州银行

总行

行　　长：应建国
副 行 长：方锋杰　高煜民　俞吉人
地　　址：湖州市南街471—475号
邮政编码：313000
电　　话：2036387

吴兴支行

行　　长：吴建明
地　　址：湖州市湖东路297号
邮政编码：313000
电　　话：2079728

绍兴银行

总行

董 事 长：骆有才
党委书记、监事长：梁建华
行　　长：陈方晓
副 书 记：刘　坚
副 行 长：裘　建　沃敏亚　江绍东
副监事长：韩茂仁
地　　址：绍兴市劳动路20号
邮政编码：312000
电　　话：85148610

总行营业部

总 经 理：吴维杠
地　　址：绍兴市劳动路20号
邮政编码：312000
电　　话：85097276

新建支行

行　　长：邱　波
地　　址：绍兴市人民中路106号

邮政编码：312000
电　　话：85146037

越城支行

行　　长：沈和庆
地　　址：绍兴市胜利东路142—148号
邮政编码：312000
电　　话：85096000

新兴产业支行

行　　长：严建海
地　　址：绍兴市中兴北路283号
邮政编码：312000
电　　话：88026883

镜湖支行

行　　长：谢继权
地　　址：绍兴市马臻路126号
邮政编码：312000
电　　话：85156288

城中支行

行　　长：吴　坚
地　　址：绍兴市胜利西路431号
邮政编码：312000
电　　话：85172702

开发区支行

行　　长：丁亚芳
地　　址：绍兴市城东经济开发区剡溪路
邮政编码：312000
电　　话：88640794

城南支行

行　　长：孙　芳
地　　址：绍兴市人民西路29—41号
邮政编码：312000
电　　话：85120045

袍江支行

行　　长：钱兴华
地　　址：绍兴市袍江开发区世纪大道越中新天地98号
邮政编码：312000
电　　话：88031531

轻纺城支行

行　　长：叶　烽
地　　址：绍兴县柯桥群贤路以北兴银大厦
邮政编码：312030
电　　话：84129977

鉴湖支行

行　　长：叶　寅
地　　址：绍兴市解放南路1101号
邮政编码：312000
电　　话：88066457

皋埠支行

行　　长：王建刚
地　　址：绍兴市生态产业园银桥路与人民东路叉路口
邮政编码：312000
电　　话：87733230

东浦支行

行　　长：傅舟丰
地　　址：绍兴市东浦镇锡麟路锡麟铜像旁
邮政编码：312000
电　　话：85380066

东郊支行

行　　长：陆丽珍
地　　址：绍兴市则水牌会龙大道路口
邮政编码：312000
电　　话：88010335

中兴支行

行　　长：朱伟玲
地　　址：绍兴市中兴中路192号
邮政编码：312000
电　　话：85127981

解北支行

行　　长：王国英
地　　址：绍兴市解放北路238号
邮政编码：312000
电　　话：85137660

东湖支行

行　　长：叶来根
地　　址：绍兴市东湖镇湖山北路10号
邮政编码：312000
电　　话：88640084

大龙支行

行　　长：李少青
地　　址：绍兴市大龙市场西侧
邮政编码：312000
电　　话：85146726

望花支行
行　　长：王吉昌
地　　址：绍兴市延安路 192—198 号
邮政编码：312000
电　　话：88052648

江滨支行
行　　长：王振晓
地　　址：绍兴市袍江开发区育贤路 111—119 号
邮政编码：312000
电　　话：88243771

禹陵支行
行　　长：吴友兴
地　　址：绍兴市城东开发区个私园区与复线交叉口
邮政编码：312000
电　　话：88364544

西郊支行
行　　长：赵建栋
地　　址：绍兴市快阁苑小区北区入口处
邮政编码：312000
电　　话：85334073

凌家山支行
行　　长：张仕伟
地　　址：绍兴市城东经济开发区稽山街道旁
邮政编码：312000
电　　话：88609472

延安路支行
行　　长：王志伟
地　　址：绍兴市延安路 468 号
邮政编码：312000
电　　话：88315354

东双桥支行
行　　长：张水珍
地　　址：绍兴市东街 662 号
邮政编码：312000
电　　话：88648908

张市支行
行　　长：周红英
地　　址：绍兴市灵芝乡张市村委旁
邮政编码：312000
电　　话：85167719

斗门支行
行　　长：丁初春
地　　址：绍兴市袍江工业区汤公路 167—177 号
邮政编码：312071
电　　话：88172632

梅山支行
行　　长：胡文龙
地　　址：绍兴市北复线与梅山公路交叉口
邮政编码：312000
电　　话：88023277

钱清支行
行　　长：朱绍文
地　　址：绍兴县钱清镇兰花市场 B 南幢 12—18 号
邮政编码：312030
电　　话：84515868

万商路支行
行　　长：杨利峰
地　　址：绍兴县柯桥万商路 203 号精工大厦
邮政编码：312030
电　　话：84129973

上虞支行
行　　长：何　虹
地　　址：上虞市百官街道人民路 28 号
邮政编码：312300
电　　话：82195910

滨海支行
行　　长：李国庆
地　　址：上虞市崧厦镇百崧路紫金苑商住 B 楼 119—120 号
邮政编码：312365
电　　话：82660775

新昌支行
行　　长：高浩根
地　　址：新昌县人民中路 199—211 号
邮政编码：312500
电　　话：86387666

嵊州支行
行　　长：杜国宏
地　　址：嵊州市一景路 2 号时代广场 8—

2号
邮政编码：312400
电　　话：83002268

诸暨支行

行　　长：梁德锋
地　　址：诸暨市暨阳街道永兴华庭北侧1—8号
邮政编码：311800
电　　话：87257070

店口支行

行　　长：赵　均
地　　址：诸暨市店口镇铭仕路8号
邮政编码：311835
电　　话：87618036

大唐支行

行　　长：陈鹏程
地　　址：诸暨市大唐镇开元西路357号
邮政编码：311801
电　　话：87731193

嘉兴分行

行　　长：陈永惠
地　　址：嘉兴市中环西路76、80、88、92号一、二层
邮政编码：314000
电　　话：82621508

金华银行

总行

董事长、行长：徐雅清
正行级协理员：毛剑玲　戚生利
监 事 长：吕伟民
副 行 长：王　琦　金立群　汪　平
董事会秘书：陈晓君
地　　址：金华市金东区光南路668号
邮政编码：321015
电　　话：82178867

衢州分行

行　　长：胡红兵
地　　址：衢州市三衢路187号
邮政编码：324000
电　　话：8060166

婺城支行

行　　长：许炳林
地　　址：金华市解放东路238号福莲汇大厦
邮政编码：321000
电　　话：82318798

江北支行

行　　长：钱建勋
地　　址：金华市八一北街282号
邮政编码：321000
电　　话：82316268

江南支行

行　　长：姜小波
地　　址：金华市双溪西路309号
邮政编码：321017
电　　话：82376728

金东支行

行　　长：蒋俊峰
地　　址：金华市望府街212号
邮政编码：321015
电　　话：82172840

市府支行

行　　长：李建峰
地　　址：金华市政府大院内
邮政编码：321017
电　　话：82468891

东阳支行

行　　长：应晨钟
地　　址：东阳市吴宁镇黉门前58号
邮政编码：322100
电　　话：86632125

永康支行

行　　长：应高洪
地　　址：永康市古丽镇丽州南路60号
邮政编码：321300
电　　话：87185199

兰溪支行

行　　长：方茂松
地　　址：兰溪市丹溪大道46号
邮政编码：321100
电　　话：88905789

义乌支行

行　　长：吕　锋

地　　址：义乌市篁园路 118 号
邮政编码：322000
电　　话：85459218

浦江支行

行　　长：邵建根
地　　址：浦江县浦阳镇人民东路 55 号
邮政编码：322200
电　　话：88088708

武义支行

行　　长：叶顺东
地　　址：武义县壶山街道温泉路 177 号
邮政编码：321200
电　　话：87622768

浙师大支行

行　　长：王　芬
地　　址：金华市骆家塘村畅达街景观大道骆家塘社区文化活动中心
邮政编码：321004
电　　话：82282620

府上街支行

行　　长：吴建芳
地　　址：金华市人民西路 66 号
邮政编码：321000
电　　话：82318810

乾西支行

行　　长：龚锦东
地　　址：金华市婺城区乾西乡湖头长湖路 672 号
邮政编码：321018
电　　话：82522663

白龙桥支行

行　　长：方志强
地　　址：金华市婺城区白龙桥金龙路青塘水库综合楼
邮政编码：321025
电　　话：82313328

西郊支行

行　　长：金淑波
地　　址：金华市河盘桥路 173 号
邮政编码：321000
电　　话：82363107

竹马支行

行　　长：陈祝庆
地　　址：金华市婺城区竹马乡东宅村
邮政编码：321021
电　　话：82318374　82570048

新狮支行

行　　长：罗春明
地　　址：金华市芙峰路 128 号
邮政编码：321019
电　　话：82437367

罗店支行

行　　长：俞彩瑾
地　　址：金华市婺城区罗店镇八一路
邮政编码：321021
电　　话：82591143

胜利北街支行

行　　长：方剑斌
地　　址：金华市人民东路 420 号
邮政编码：321000
电　　话：82114851

三江支行

行　　长：罗献松
地　　址：金华市八一南街 1002 号
邮政编码：321017
电　　话：82388885

西苑支行

行　　长：施卫红
地　　址：金华市双馨路沙畈水库综合楼一楼
邮政编码：321017
电　　话：82370237

东苑支行

行　　长：叶惠宣
地　　址：金华市义乌街 657 号
邮政编码：321017
电　　话：82471459

苏孟支行

行　　长：黄群慧
地　　址：金华市婺城区苏孟乡苏孟村
邮政编码：321051
电　　话：82030256

高新支行
行　　长：毛伟刚
地　　址：金华市金帆街872—878号
邮政编码：321053
电　　话：82020133

秋滨支行
行　　长：钱红霞
地　　址：金华市婺城区秋滨镇朱基头村
邮政编码：321016
电　　话：82273021

婺西支行
行　　长：王亚君
地　　址：金华市秋涛街208号
邮政编码：321016
电　　话：82270840

多湖支行
行　　长：何联芳
地　　址：金华市金东区多湖街道望府街888号
邮政编码：321000
电　　话：82171175

东孝支行
行　　长：金献忠
地　　址：金华市人民东路1370号
邮政编码：321000
电　　话：82114790

仙桥支行
行　　长：宋泉婷
地　　址：金华市金东区赤松镇仙桥村
邮政编码：321022
电　　话：82080151

商城支行
行　　长：胡晓彤
地　　址：金华市李渔路693号
邮政编码：321017
电　　话：82461765

东阳城中支行
行　　长：李　淦
地　　址：东阳市吴宁西路40号
邮政编码：322100
电　　话：86626647

东阳迎晖支行
行　　长：吕响彬
地　　址：东阳市迎晖路111号
邮政编码：322100
电　　话：86636599

东阳通江支行
行　　长：楼忠明
地　　址：东阳市通江路168号
邮政编码：322100
电　　话：86813479

东阳世贸城支行
行　　长：韦　华
地　　址：东阳市世贸大道188号东阳世界贸易城A2022—2025号
邮政编码：322100
电　　话：86816329

东阳城南支行
行　　长：林晓霞
地　　址：东阳市双岘路68号
邮政编码：322100
电　　话：86692371

永康五金城支行
行　　长：徐伟锋
地　　址：永康市望春东路105—111号
邮政编码：321300
电　　话：87211693

永康桃源支行
行　　长：黄林开
地　　址：永康市桃源路8号
邮政编码：321300
电　　话：87176302

永康城中支行
行　　长：杨　望
地　　址：永康市胜利街68号
邮政编码：321300
电　　话：87122965

永康西城支行
行　　长：应志仁
地　　址：永康市城西工业区蓝天路30号
邮政编码：321300
电　　话：87254165

兰溪溪西支行

行　　长：徐跃军
地　　址：兰溪市溪西丹溪大道21号
邮政编码：321100
电　　话：88884807

兰溪山江支行

行　　长：丁　敏
地　　址：兰溪市人民南路40号
邮政编码：321100
电　　话：88830044

兰溪东郊支行

行　　长：刘　飞
地　　址：兰溪市人民北路82号
邮政编码：321100
电　　话：88831200

义乌市场支行

行　　长：陈红辉
地　　址：义乌市工人北路3号楼33—36号
邮政编码：322000
电　　话：85451578

义乌城北支行

行　　长：陈美芝
地　　址：义乌市宗泽路458号
邮政编码：322000
电　　话：85543606

义乌宾王支行

行　　长：朱文静
地　　址：义乌市稠州北路167号
邮政编码：322000
电　　话：85543159

义乌北苑支行

行　　长：朱宏福
地　　址：义乌市雪峰西路251号
邮政编码：322000
电　　话：85112235

义乌稠城支行

行　　长：陈申洪
地　　址：义乌市稠城街道城北路258号25—29
邮政编码：322000
电　　话：85290978

义乌广场支行

行　　长：胡寨华
地　　址：义乌市稠州中路128号
邮政编码：322000
电　　话：85413048

义乌香山支行

行　　长：朱洪飚
地　　址：义乌市西城路519—521号
邮政编码：322000
电　　话：85332156

义乌福田支行

行　　长：李邦荣
地　　址：义乌市义乌国际商贸城四区西辅F—041
邮政编码：322000
电　　话：81561108

浙江稠州商业银行

总行

党委书记、董事长：金子军
党委副书记、行长：周瑞谷
党委副书记、副董事长：朱柏峰
党委委员、监事长、工会主席：朱正民
党委委员、副行长：陈希林　王洪林
党委委员、义乌管理部总经理：金莉莉
董事会秘书：王洪林
地　　址：义乌市江滨路义乌乐园东侧
邮政编码：322000
电　　话：85337702

总行营业部

总 经 理：吴圣伟
地　　址：义乌市江滨路义乌乐园东侧
邮政编码：322000
电　　话：85337796

杭州分行

负 责 人：屠　整
地　　址：杭州市建国中路68号
邮政编码：310009
电　　话：87137788

南京分行

负 责 人：汪　方

地　　址：南京市洪武路198号
邮政编码：210002
电　　话：66993333

福州分行

负 责 人：韩晋毅
地　　址：福州市五一南路2号茂泰世纪大厦一楼及四楼
邮政编码：350009
电　　话：88303030

温州分行

负 责 人：郑笔锋
地　　址：温州市锦绣路锦绣中城1楼
邮政编码：325000
电　　话：89988002

丽水分行

负 责 人：俞东红
地　　址：丽水市解放街515号
邮政编码：323000
电　　话：2186315

杭州西湖支行

负 责 人：肖　麟
地　　址：杭州市延安路128号耀江广厦一楼
邮政编码：310002
电　　话：87117613

杭州萧山支行

负 责 人：潘有标
地　　址：杭州市萧山区市心北路708号天林广场1—3楼
邮政编码：311215
电　　话：83892616

金华支行

负 责 人：袁　军
地　　址：金华市八一南街161号
邮政编码：321017
电　　话：82133966

兰溪支行

负 责 人：蔡轶芳
地　　址：兰溪市丹溪大道98号
邮政编码：321102
电　　话：88896689

永康支行

负 责 人：吕小冰
地　　址：永康市城东路9号
邮政编码：321000
电　　话：87210091

磐安支行

负 责 人：郑明亮
地　　址：磐安县安文镇中街31号
邮政编码：322300
电　　话：84886606

武义支行

负 责 人：李小江
地　　址：武义县武阳西路1号
邮政编码：321200
电　　话：87678383

丽水青田支行

负 责 人：陈　刚
地　　址：青田县鹤城镇鹤城东路80号
邮政编码：323900
电　　话：6809502

丽水缙云支行

负 责 人：田仕发
地　　址：缙云县新区问渔西路108号
邮政编码：321400
电　　话：3216292

丽水遂昌支行

负 责 人：巫灵安
地　　址：遂昌县妙高镇南街89号
邮政编码：323300
电　　话：8188677

义乌滨江支行

负 责 人：朱星明
地　　址：义乌市篁园路116号
邮政编码：322000
电　　话：85459269

义乌振兴支行

负 责 人：金　波
地　　址：义乌市工人北路669—677号
邮政编码：322000
电　　话：85546498

义乌商苑支行

负 责 人：楼程军

地　　址：义乌市稠州北路 1103—1109 号
邮政编码：322000
电　　话：85360269

义乌福田支行

负 责 人：杨桂民
地　　址：义乌市国际商贸城三期东辅 F—042 号
邮政编码：322000
电　　话：85535673

义乌金福源支行

负 责 人：俞　丽
地　　址：义乌市兴中小区 6 幢 21 号
邮政编码：322000
电　　话：85365796

义乌篁园支行

负 责 人：丁　翀
地　　址：义乌市国际商贸城二期 H 区 2 单元 1—8 号
邮政编码：322000
电　　话：85161070

义乌市场支行

负 责 人：周　艳
地　　址：义乌市副食品市场东 3—4 号门
邮政编码：322000
电　　话：85556432

义乌求信支行

负 责 人：张勇进
地　　址：义乌市国际商贸城三期西辅 F—021 号
邮政编码：322000
电　　话：85418773

义乌丹溪支行

负 责 人：何雁俊
地　　址：义乌市丹溪路 30 号
邮政编码：322000
电　　话：85323021

义乌商城支行

负 责 人：杨正方
地　　址：义乌市国际商贸城 C 区 116—120 号
邮政编码：322000
电　　话：85290800

义乌朝阳支行

负 责 人：朱正毅
地　　址：义乌市国际商贸城二期 G 区 63 号
邮政编码：322000
电　　话：85181790

义乌迎宾支行

负 责 人：王东宏
地　　址：义乌市稠州北路 923—927 号
邮政编码：322000
电　　话：85196661

义乌廿三里支行

负 责 人：赵雪峰
地　　址：义乌市商城大道店面 256 号
邮政编码：322000
电　　话：85037659

义乌佛堂支行

负 责 人：杨　栋
地　　址：义乌市佛堂镇朝阳路 146—150 号
邮政编码：322000
电　　话：85726003

义乌北苑支行

负 责 人：傅　蓉
地　　址：义乌市望道路 300 号行政服务中心大楼西南侧
邮政编码：322000
电　　话：85232690

台州银行

总行

董 事 长：陈小军
监 事 长：郑桥冶
董　　事：施大龙
行　　长：黄军民
副 行 长：赵建国　陈剑敏　河　源
地　　址：台州市路桥区南官大道 92 号
邮政编码：318050
电　　话：82454217

舟山分行

行　　长：胡健敏
地　　址：舟山市定海区新桥路 120 号
邮政编码：316000

电　　话：2628558

温州分行

行　　长：徐　伟
地　　址：温州市鹿城区人民东路21号
邮政编码：325000
电　　话：88848188

杭州分行

副 行 长：黄朝盛(主持工作)
地　　址：杭州市江干区秋涛北路100号
邮政编码：310020
电　　话：86893608

市府大道支行

行　　长：黄红兵
地　　址：台州市椒江区市府大道385—391号
邮政编码：318000
电　　话：88587018

开发区支行

行　　长：张正芳
地　　址：台州市椒江区东海大道438—440号
邮政编码：318000
电　　话：88527502

椒江支行

行　　长：应小卫
地　　址：台州市椒江区中山西路249号
邮政编码：318000
电　　话：88897708

椒江中山路支行

行　　长：施津荣
地　　址：台州市椒江区中山西路52号
邮政编码：318000
电　　话：88887222

椒江解放路支行

行　　长：李群辉
地　　址：台州市椒江区解放南路205—207号
邮政编码：318000
电　　话：88300561

椒江海门支行

行　　长：张学剑
地　　址：台州市椒江区中山东路238号
邮政编码：318015
电　　话：88602118

椒江下陈支行

行　　长：周冬芳
地　　址：台州市椒江区下陈街道机场路36号
邮政编码：318000
电　　话：81788790

椒江洪家支行

副 行 长：叶永燕(主持工作)
地　　址：台州市椒江区洪家街道鸿洲大道399号
邮政编码：318000
电　　话：88016621

路桥大道支行

行　　长：李　敏
地　　址：台州市路桥区东路桥大道145号
邮政编码：318050
电　　话：82959567

路桥洋张支行

行　　长：李高春
地　　址：台州市路桥区腾达路68号
邮政编码：318050
电　　话：82910000

路桥商海街支行

行　　长：周军伟
地　　址：台州市路桥区商海北街88号
邮政编码：318050
电　　话：82422355

路桥田洋王支行

行　　长：王　冰
地　　址：台州市路桥区银座街238号
邮政编码：318050
电　　话：82517722

路桥银座街支行

行　　长：陈瑞蓉
地　　址：台州市路桥区银座街2号
邮政编码：318050
电　　话：82442112

路桥新大街支行

行　　长：梁仙娥
地　　址：台州市路桥区邮电路321号
邮政编码：318050
电　　话：82457990

路桥市场街支行
行　　长：彭佩红
地　　址：台州市路桥区商海北街 88 号
邮政编码：318050
电　　话：82629000

路桥石曲支行
行　　长：王　升
地　　址：台州市路桥区新安南街 470—474 号
邮政编码：318050
电　　话：82931166

路桥上蔡支行
行　　长：蔡灯卫
地　　址：台州市路桥区峰江街道上蔡村 1 区 35—36 号
邮政编码：318054
电　　话：82678197

路桥峰江支行
行　　长：蒋军胜
地　　址：台州市路桥区峰江街道兴峰路 78 号
邮政编码：318054
电　　话：82699399

路桥峰江金属园区支行
行　　长：何茂华
地　　址：台州市路桥区峰江街道后王村保全路
邮政编码：318054
电　　话：82670315

路桥新桥支行
行　　长：郑文亚
地　　址：台州市路桥区新桥镇机场路 173 号
邮政编码：318055
电　　话：82662636

路桥金清支行
行　　长：潘仙送
地　　址：台州市路桥区金清镇金清大道 60—62 号
邮政编码：318058
电　　话：82877400

路桥横街支行
行　　长：祝　亮
地　　址：台州市路桥区横街镇横街居车站南
邮政编码：318056
电　　话：82655561

黄岩支行
行　　长：王晓凌
地　　址：台州市黄岩区横街西路 325 号
邮政编码：318020
电　　话：84229001

黄岩十里铺支行
行　　长：钱雪平
地　　址：台州市黄岩区南城街道办事处十里铺村丰立路 1 号
邮政编码：318020
电　　话：84188250

黄岩院桥支行
行　　长：虞志君
地　　址：台州市黄岩区院桥镇新春北路 104 号
邮政编码：318025
电　　话：84836788

黄岩天长南路支行
行　　长：童文彪
地　　址：台州市黄岩区天长南路 85 号
邮政编码：318020
电　　话：84220591

黄岩天长北路支行
行　　长：周宣洪
地　　址：台州市黄岩区县前街 175—181 号
邮政编码：318020
电　　话：84211789

黄岩青年西路支行
行　　长：王　勇
地　　址：台州市黄岩区青年西路 25 号
邮政编码：318020
电　　话：84226111

黄岩桔乡大道支行
行　　长：张适民
地　　址：台州市黄岩区桔乡大道 256 号
邮政编码：318020
电　　话：84254836

黄岩西门支行
行　　长：李素君

地　　址：台州市黄岩区黄长路471号
邮政编码：318020
电　　话：84052567

黄岩工业园区支行
行　　长：王国庆
地　　址：台州市黄岩区新前镇七里黄村
邮政编码：318020
电　　话：84353627

温岭支行
行　　长：张云明
地　　址：温岭市三星大道105号
邮政编码：317500
电　　话：81690998

温岭太平支行
行　　长：陈　慧
地　　址：温岭市东辉北路9—10号
邮政编码：317500
电　　话：86207308

温岭泽国支行
副 行 长：蔡仙娇(主持工作)
地　　址：温岭市泽国镇泽楚路87—89号
邮政编码：317523
电　　话：86430501

温岭大溪支行
行　　长：王　宇
地　　址：温岭市大溪镇方山大道丽景花园2幢3号楼
邮政编码：317525
电　　话：86338499

温岭横峰支行
行　　长：林建军
地　　址：温岭市横峰街道宅前路38号
邮政编码：317520
电　　话：86955688

温岭松门支行
行　　长：潘世斌
地　　址：温岭市松门镇迎宾西路
邮政编码：317512
电　　话：86675333

温岭箬横支行
行　　长：戴先君
地　　址：温岭市箬横镇横滨大道西侧
邮政编码：317507
电　　话：86865590

玉环支行
行　　长：王　琴
地　　址：玉环县城中路105号
邮政编码：317600
电　　话：87281888

玉环楚门支行
行　　长：解金福
地　　址：玉环县楚门镇南兴西路168—188号
邮政编码：317605
电　　话：87428801

玉环坎门支行
行　　长：王剑波
地　　址：玉环县坎门镇振兴路223号
邮政编码：317602
电　　话：87511001

临海支行
行　　长：王伟杰
地　　址：临海市鹿城路174号
邮政编码：317000
电　　话：85286911

临海崇和支行
行　　长：陈　宇
地　　址：临海市崇和门广场商城69号
邮政编码：317000
电　　话：85381036

临海回浦支行
行　　长：任典魁
地　　址：临海市柏叶西路28号
邮政编码：317000
电　　话：85319851

临海杜桥支行
行　　长：朱喜兵
地　　址：临海市杜桥镇南大路219—227号
邮政编码：317016
电　　话：85501878

天台支行
行　　长：谢琮臻
地　　址：天台县赤城街道劳动路324—336号
邮政编码：317200

电　　话：83968555

仙居支行

行　　长：徐立新

地　　址：仙居县环城南路 368—2 号

邮政编码：317300

电　　话：87718338

浙江民泰商业银行

总行

董 事 长：江建法

监 事 长：张天羽

行　　长：郭伯成

副 行 长：金官铭　陈明岳　赵勤奋
　　　　　彭宗义　李　骏　陈方清

地　　址：温岭市太平街道三星大道 168 号

邮政编码：317500

电　　话：86109988

总行营业部

总 经 理：林月华

地　　址：温岭市太平街道三星大道 168 号

邮政编码：317500

电　　话：86109830

舟山分行

行　　长：倪　韶

地　　址：舟山市定海区芙蓉洲南路 25—33 号

邮政编码：316000

电　　话：2269393

舟山普陀支行

行　　长：金　松

地　　址：舟山市普陀区东港山海华府 1 号商务楼

邮政编码：316100

电　　话：3809210

舟山岱山支行

行　　长：董啸波

地　　址：岱山县高亭镇蓬莱路 115 号

邮政编码：316200

电　　话：4409393

杭州分行

行　　长：张国浩

地　　址：杭州市西湖区莫干山路 501 号

邮政编码：310012

电　　话：87208888

杭州萧山支行

行　　长：沈新军

地　　址：杭州市萧山区金城路 418—420 号

邮政编码：311200

电　　话：88066600

杭州富阳支行

行　　长：史科鸣

地　　址：富阳市体育场路 187 号

邮政编码：311400

电　　话：61713111

杭州临安支行

行　　长：吴成林

地　　址：临安市石镜街 478 号

邮政编码：311300

电　　话：61092888

成都分行

行　　长：罗米力

地　　址：成都市青羊区德盛路 24—5 号

邮政编码：610017

电　　话：86530046

成都武侯支行

行　　长：王　谦

地　　址：成都市武侯区永盛南街 3 号

邮政编码：610000

电　　话：65971606

成都成华支行

行　　长：程　琪

地　　址：成都市成华区建设南路 160 号 9 栋东郊红枫岭一、二楼

邮政编码：610000

电　　话：65009000

宁波分行

行　　长：董　明

地　　址：宁波市鄞州区钱湖北路 942 号

邮政编码：315010

电　　话：82807028

宁波泗门支行

行　　长：严迪飞

地　　址：余姚市泗门镇光明北路 2—16 号

邮政编码：315400
电　　话：58128608

上海分行

行　　长：潘鹤泉
地　　址：上海市闵行区桂林路928号2号楼
邮政编码：201100
电　　话：33561991

台州椒江支行

行　　长：陈爱君
地　　址：台州市耀达路318号B区
邮政编码：318000
电　　话：88601600

台州路桥支行

行　　长：周　强
地　　址：台州市路桥区南官大道999—15（刚泰艺鼎广场2号楼）
邮政编码：318000
电　　话：82501103

台州黄岩支行

行　　长：卢妙其
地　　址：台州市黄岩区劳动北路39号
邮政编码：318020
电　　话：84848866

温岭泽国支行

行　　长：柯艳艳
地　　址：温岭市泽国镇丹崖大厦
邮政编码：317523
电　　话：86444129

温岭石粘支行

行　　长：赵国富
地　　址：温岭市城北街道泽楚路
邮政编码：317519
电　　话：86947550

温岭横峰支行

行　　长：叶领娇
地　　址：温岭市横峰街道宅前路
邮政编码：317519
电　　话：86956598

温岭箬横支行

行　　长：王仁聪
地　　址：温岭市箬横镇横滨大道1号
邮政编码：317523
电　　话：86813683

温岭松门支行

行　　长：潘丹平
地　　址：温岭市松门镇茶山北路25—33号
邮政编码：317511
电　　话：86669311

温岭大溪支行

行　　长：吴　广
地　　址：温岭市大溪镇登云南路42—46号
邮政编码：317525
电　　话：86336373

温岭温峤支行

行　　长：王洪斌
地　　址：温岭市温峤镇中大街263号
邮政编码：317527
电　　话：86969701

台州仙居支行

行　　长：李林聪
地　　址：仙居县城关环西南路18号
邮政编码：317300
电　　话：87716822

台州玉环支行

行　　长：赵　章
地　　址：台州市玉环县珠港镇城关康育路2号
邮政编码：317600
电　　话：81717123

温岭城区支行

行　　长：林敏华
地　　址：温岭市太平街道万昌中路551号
邮政编码：317500
电　　话：86128358

台州临海支行

行　　长：朱　华
地　　址：临海市柏叶西路172号
邮政编码：317000
电　　话：85181515

台州天台支行

行　　长：王升平
地　　址：天台县赤城街道劳动路50号
邮政编码：317200
电　　话：83815300

浙江泰隆商业银行

总行

行　　长：王官明
地　　址：台州市路桥区南官大道 188 号
邮政编码：318000
电　　话：82550008

路桥峰江支行

行　　长：罗文亮
地　　址：台州市路桥区峰江镇上蔡村办公大楼
邮政编码：318000
电　　话：82698262

路桥城南支行

行　　长：陈丹阳
地　　址：台州市路桥区新安南街 569 号
邮政编码：318000
电　　话：82445211

路桥城北支行

行　　长：泮莉芬
地　　址：台州市路桥区路椒路台州湾广场旁
邮政编码：318000
电　　话：82400051

路桥卖芝桥支行

行　　长：葛洪波
地　　址：台州市路桥区卖芝桥西路 38 号
邮政编码：318000
电　　话：82450090

路桥商海支行

行　　长：蒋丽英
地　　址：台州市路桥区人民路鸿宇小学南侧
邮政编码：318000
电　　话：82955333

台州经济开发区支行

行　　长：潘　琦
地　　址：台州市市府大道 328—332 号
邮政编码：318000
电　　话：88528205

台州三门支行

行　　长：杨国伟
地　　址：三门县海游镇光明路 136—140 号
邮政编码：317100
电　　话：83326107

台州临海支行

行　　长：张琬晨
地　　址：临海市靖江路靖江花城 9—10 号底楼
邮政编码：317000
电　　话：85385808

临海杜桥支行

行　　长：徐红伟
地　　址：临海市杜桥牌门路 620 号普利综合楼
邮政编码：317000
电　　话：85657002

台州玉环支行

行　　长：梁海斌
地　　址：玉环县三潭路玉环县科技文化艺术大楼
邮政编码：317600
电　　话：87175709

台州温岭支行

行　　长：张丹峰
地　　址：温岭市万昌中路 558 号
邮政编码：317500
电　　话：86028989

台州天台支行

行　　长：王晓富
地　　址：台州市天台县工人路 2 号
邮政编码：317200
电　　话：83922111

台州椒江支行

行　　长：苏臻勇
地　　址：台州市椒江区星明路 11 号
邮政编码：317700
电　　话：88809282

椒江洪家支行

行　　长：胡秀丽
地　　址：台州市椒江区洪家鸿洲大道
邮政编码：317700

电　　话：81819889

黄岩支行

行　　长：邱拥华
地　　址：台州市黄岩区西城街道西街社区塔院头路61号
邮政编码：318020
电　　话：84087001

路桥金清支行

行　　长：张小燕
地　　址：台州市路桥区金清大道西120—130号
邮政编码：318000
电　　话：82070111

台州仙居支行

行　　长：泮莉芬
地　　址：仙居县环城南路374号
邮政编码：317300
电　　话：87721295

温岭大溪支行

行　　长：周志林
地　　址：温岭市大溪北路299号
邮政编码：317500
电　　话：86028906

丽水分行

行　　长：陈昌文
地　　址：丽水市莲都区丽阳街568号
邮政编码：323000
电　　话：2186001

丽水青田支行

行　　长：陈巧钰
地　　址：青田县新大街88号
邮政编码：323900
电　　话：6809001

丽水龙泉支行

行　　长：刘　伟
地　　址：龙泉市贤良路193号
邮政编码：323700
电　　话：7860001

丽水缙云支行

行　　长：吕文勇
地　　址：缙云县新区同心华庭黄龙路77号
邮政编码：321400
电　　话：3070000

丽水松阳支行

行　　长：徐　瑛
地　　址：松阳县要津路90号(老百姓大药房对面)
邮政编码：323400
电　　话：8688001

杭州分行

行　　长：郑君京
地　　址：杭州市中河中路198号(绿都大厦)
邮政编码：310000
电　　话：87212068

杭州余杭支行

行　　长：陈铁龙
地　　址：杭州市余杭区南苑街道南大街326号
邮政编码：311100
电　　话：88567777

杭州富阳支行

行　　长：何武卫
地　　址：富阳市富春街道文教路92号
邮政编码：311400
电　　话：61719077

杭州萧山支行

行　　长：尹　钢
地　　址：杭州市萧山区金山路145—151号、金城路214—220号
邮政编码：311200
电　　话：82702228

杭州淳安支行

行　　长：张仙中
地　　址：淳安县千岛湖镇新安东路428号
邮政编码：311700
电　　话：64886688

宁波分行

行　　长：颜利红
地　　址：宁波市江东区中山东路437—439号
邮政编码：315000
电　　话：87745000

宁波观海卫支行

行　　长：虞雪根

地　　址：慈溪市观海卫镇观海卫路1号
邮政编码：315300
电　　话：58586999

宁波余姚支行

行　　长：王永军
地　　址：余姚市阳明西路299—1号
邮政编码：315400
电　　话：58125001

宁波鄞州支行

行　　长：石官平
地　　址：宁波市鄞州区钟公庙路285号
邮政编码：315100
电　　话：87861100

宁波宁海支行

行　　长：张志军
地　　址：宁海县金水路355号
邮政编码：315600
电　　话：25570000

金华分行

行　　长：何建华
地　　址：金华市宾虹路1258号
邮政编码：321000
电　　话：82753777

上海分行

行　　长：严　强
地　　址：上海市静安区常德路425号1—3层
邮政编码：200000
电　　话：62898860

上海闵行支行

行　　长：章君飞
地　　址：上海市闵行区漕宝路1687号1号楼一楼、2号楼一、二楼
邮政编码：200000
电　　话：34677367

苏州分行

行　　长：徐世标
地　　址：苏州市工业园区圆融时代广场24栋B区
邮政编码：215000
电　　话：62709512

衢州分行

行　　长：陈　斌（兼）
地　　址：衢州市柯城区荷四路263—283号
邮政编码：313100
电　　话：8066766

商城离行式24小时自助银行

行　　长：陶秀菊
地　　址：台州市路桥区中国日用品商城内
邮政编码：318000
电　　话：82550031

浙江省农村信用社联合社

总部

理 事 长：姚世新
主　　任：金丽丽
地　　址：杭州市环城北路292号
邮政编码：310006
电　　话：85866910

省农村信用社联合社杭州办事处

主　　任：章民主
地　　址：杭州市西湖大道85号
邮政编码：310009
电　　话：87082761

杭州联合农村合作银行

董 事 长：张　晨
地　　址：杭州市中山北路288号
邮政编码：310003
电　　话：87923220

萧山农村合作银行

董 事 长：丁云莲
地　　址：杭州市萧山区人民路258号
邮政编码：311201
电　　话：82712929

余杭农村合作银行

董 事 长：萧震海
地　　址：杭州市余杭区临平南大街72号
邮政编码：311100
电　　话：86225829

临安市农村信用联社

理 事 长：来煜标
地　　址：临安市锦城街道城中街440号

邮政编码：311300
电　　话：63723042

富阳农村合作银行
董 事 长：马富华
地　　址：富阳市桂花西路187号
邮政编码：311400
电　　话：63334386

桐庐农村合作银行
董 事 长：王建林
地　　址：桐庐县城南街道迎春南路278号
邮政编码：311501
电　　话：64218816

建德市农村信用联社
理 事 长：张云峰
地　　址：建德市新安江镇新安东路126号
邮政编码：311600
电　　话：64735564

淳安县农村信用联社
理 事 长：严迅建
地　　址：淳安县千岛湖镇环湖北路369号
邮政编码：311700
电　　话：64813958

省农村信用社联合社宁波办事处
主　　任：张初础
地　　址：宁波市江北区育才路15号
邮政编码：315016
电　　话：87201288

宁波市市区农村信用联社
理 事 长：罗建国
地　　址：宁波市江北区育才路15号
邮政编码：315016
电　　话：87662888

鄞州农村合作银行
董 事 长：陈耀芳
地　　址：宁波市鄞州区民惠西路88号
邮政编码：315100
电　　话：87412558

北仑区农村信用联社
理 事 长：周书龙
地　　址：宁波市北仑区新大路177号
邮政编码：315800
电　　话：86821660

镇海区农村信用联社
理 事 长：叶　军
地　　址：宁波市镇海区沿江东路552号
邮政编码：315200
电　　话：86253508

慈溪农村合作银行
董 事 长：胡剑稚
地　　址：慈溪市浒山街道南城路25号
邮政编码：315300
电　　话：63814267

余姚农村合作银行
董 事 长：沈红波
地　　址：余姚市新建路69—87号
邮政编码：315400
电　　话：62628801

象山县农村信用联社
理 事 长：沈庞飞
地　　址：象山县靖南路342号
邮政编码：315700
电　　话：65778839

宁海县农村信用联社
理 事 长：林嘉良
地　　址：宁海县兴宁中路290号
邮政编码：315600
电　　话：65590942

奉化市农村信用联社
理 事 长：吕卫平
地　　址：奉化市中山路27号
邮政编码：315500
电　　话：88598237

省农村信用社联合社温州办事处
主　　任：屠双燕
地　　址：温州市车站大道信合大厦A幢
邮政编码：325000
电　　话：88077066

鹿城农村合作银行
董 事 长：陈博恺
地　　址：温州市车站大道信合大厦A幢
邮政编码：325000
电　　话：88077669

龙湾农村合作银行
董 事 长：刘少云

地　　址：温州市龙湾区永强大道衙前段
邮政编码：325024
电　　话：86923311

瓯海农村合作银行
董 事 长：潘志坚
地　　址：温州市车站大道福森大厦
邮政编码：325000
电　　话：88364758

瑞安农村合作银行
地　　址：瑞安市安阳新区万松东路148号
邮政编码：325200
电　　话：65813088

乐清农村合作银行
董 事 长：郑　锋
地　　址：乐清市乐成镇清远路280号
邮政编码：325600
电　　话：62523908

永嘉农村合作银行
董 事 长：叶为民
地　　址：永嘉县县前路112号
邮政编码：325100
电　　话：67257666

平阳县农村信用联社
理 事 长：王光领
地　　址：平阳县鳌江镇吉祥路100号
邮政编码：325401
电　　话：63657181

苍南农村合作银行
董 事 长：陈宏强
地　　址：苍南县灵溪镇建兴东路72号
邮政编码：325800
电　　话：64709828

文成县农村信用联社
理 事 长：苏加标
地　　址：文成县大峃镇建设路162号
邮政编码：325300
电　　话：67866555

泰顺县农村信用联社
理 事 长：张荣法
地　　址：泰顺县城关泰景路79号
邮政编码：325500
电　　话：67587357

洞头县农村信用联社
理 事 长：郭献武
地　　址：洞头县北岙镇中心街121号
邮政编码：325700
电　　话：63483813

省农村信用社联合社嘉兴办事处
主　　任：吴建伟
地　　址：嘉兴市越秀南路903号
邮政编码：314001
电　　话：82070988

禾城农村合作银行
董 事 长：钱跃生
地　　址：嘉兴市中山西路735号
邮政编码：314031
电　　话：82716387

嘉善农村合作银行
董 事 长：刘卫华
地　　址：嘉善县魏塘镇晋阳路118号
邮政编码：314100
电　　话：84226028

海盐县农村信用联社
理 事 长：包永良
地　　址：海盐县武原镇枣园西路176号
邮政编码：314300
电　　话：86113253

桐乡市农村信用联社
理 事 长：赵楚敏
地　　址：桐乡市梧桐街道校场东路59号
邮政编码：314500
电　　话：88037891

海宁市农村信用联社
理 事 长：魏　良
地　　址：海宁市海昌路225号
邮政编码：314400
电　　话：87010111

平湖农村合作银行
董 事 长：何雪根
地　　址：平湖市当湖东路112—150号
邮政编码：314200
电　　话：85111481

省农村信用社联合社湖州办事处
主　　任：赵兴意

地　　址：湖州市环城东路215号
邮政编码：313000
电　　话：2073828

南浔农村合作银行
董 事 长：郭　樑
地　　址：湖州市南浔镇泰安西路558号
邮政编码：313009
电　　话：3919672

吴兴农村合作银行
董 事 长：沈旭荣
地　　址：湖州市环城东路215号
邮政编码：313000
电　　话：2068169

德清农村合作银行
董 事 长：郑　毓
地　　址：德清县武康镇永安街119号
邮政编码：313202
电　　话：8068511

安吉县农村信用联社
理 事 长：周盛东
地　　址：安吉县递铺镇递铺路618号
邮政编码：313300
电　　话：5038729

长兴农村合作银行
董 事 长：王尧清
地　　址：长兴县雉城镇解放西路58号
邮政编码：313100
电　　话：6029558

省农村信用社联合社绍兴办事处
主　　任：林雨青
地　　址：绍兴市环城北路33号
邮政编码：312000
电　　话：85134865

绍兴恒信农村合作银行
董 事 长：王火金
地　　址：绍兴市中兴中路159号
邮政编码：312000
电　　话：85085999

绍兴县农村合作银行
董 事 长：俞俊海
地　　址：绍兴市金柯桥大道1418号
邮政编码：312000
电　　话：84788388

上虞农村合作银行
董 事 长：程其海
地　　址：上虞市百官街道德盛路55号
邮政编码：312300
电　　话：82119788

嵊州农村合作银行
董 事 长：郦　慧
地　　址：嵊州市官河路398号
邮政编码：312400
电　　话：83106168

新昌农村合作银行
董 事 长：赵学夫
地　　址：新昌县七星街道七星路18号
邮政编码：312500
电　　话：86045878

诸暨农村合作银行
董 事 长：冯华良
地　　址：诸暨市暨阳街道大桥东路2号
邮政编码：311800
电　　话：87014615

省农村信用社联合社金华办事处
主　　任：洪忠田
地　　址：金华市胜利北街501号
邮政编码：321000
电　　话：82118501

金华成泰农村合作银行
董 事 长：杨志进
地　　址：金华市八一南街123号
邮政编码：321017
电　　话：83182001

义乌农村合作银行
董 事 长：王剑伟
地　　址：义乌市稠州北路488号
邮政编码：322000
电　　话：85562001

兰溪农村合作银行
董 事 长：楼少华
地　　址：兰溪市丹溪大道18号
邮政编码：321100
电　　话：88882985

永康农村合作银行
理 事 长：刘国梁
地　　址：永康市九铃东路 3259 号
邮政编码：321300
电　　话：87169199
东阳市农村信用联社
理 事 长：韦凯华
地　　址：东阳市吴宁镇双岘路 18 号
邮政编码：322100
电　　话：86633675
武义农村合作银行
理 事 长：裘　豪
地　　址：武义县武阳中路 37 号
邮政编码：321200
电　　话：87621076
磐安县农村信用联社
理 事 长：鲍金标
地　　址：磐安县安文北街 26 号
邮政编码：322300
电　　话：84665821
浦江县农村信用联社
理 事 长：詹兴云
地　　址：浦江县人民东路 90 号
邮政编码：322200
电　　话：88088000
省农村信用社联合社衢州办事处
主　　任：祝晓平
地　　址：衢州市荷花一路 49 号
邮政编码：324002
电　　话：3089905
柯城农村信用联社
理 事 长：甘文智
地　　址：衢州市区上街 62 号
邮政编码：324000
电　　话：3028349
衢江农村信用联社
理 事 长：宋献礼
地　　址：衢州市新桥街 113 号
邮政编码：324000
电　　话：3025758
龙游县农村信用联社
理 事 长：徐祖俊
地　　址：龙游县荣昌路 197 号
邮政编码：324400
电　　话：7029840
江山农村合作银行
董 事 长：孙　赤
地　　址：江山市江滨路 188 号
邮政编码：324100
电　　话：4029254
常山县农村信用联社
理 事 长：吴通政
地　　址：常山县城大街 72 号
邮政编码：324200
电　　话：5022633
开化县农村信用联社
理 事 长：吴晓平
地　　址：开化县城关镇解放街 60 号
邮政编码：324300
电　　话：6019211
省农村信用社联合社台州办事处
主　　任：杜立岳
地　　址：台州椒江区中山西路 338 号
邮政编码：318000
电　　话：88833851
椒江农村合作银行
董 事 长：郑雨田
地　　址：台州市椒江区工人东路 322 号
邮政编码：318000
电　　话：88881953
黄岩农村合作银行
董 事 长：章正平
地　　址：台州市黄岩区横街路 251 号
邮政编码：318020
电　　话：84025188
路桥农村合作银行
董 事 长：金时江
地　　址：台州市路桥区西路桥大道 328 号
邮政编码：318050
电　　话：82915999
临海市农村信用联社
理 事 长：张　宇
地　　址：临海市巾山中路 2 号
邮政编码：317000

电　　话：85226655

温岭农村合作银行

董 事 长：王先德

地　　址：温岭市城东街道下保路100号

邮政编码：317500

电　　话：86207890

仙居县农村信用联社

理 事 长：王慧敏

地　　址：仙居县穿城中路21号

邮政编码：317300

电　　话：87793001

天台农村合作银行

董 事 长：张海强

地　　址：天台县城关工人东路69号

邮政编码：317200

电　　话：83898092

三门县农村信用联社

理 事 长：张善考

地　　址：三门县城关平安路5号

邮政编码：317100

电　　话：83330103

玉环农村合作银行

董 事 长：王为春

地　　址：玉环县玉兴西路10号

邮政编码：317600

电　　话：87222587

省农村信用社联合社丽水办事处

主　　任：马土文

地　　址：丽水市解放街526号

邮政编码：323000

电　　话：2528116

莲都农村合作银行

董 事 长：田耀飞

地　　址：丽水市解放街438号

邮政编码：323000

电　　话：2174918

龙泉市农村信用联社

理 事 长：吴宏涛

地　　址：龙泉市水南张家弄口××号

邮政编码：323700

电　　话：7127198

青田县农村信用联社

理 事 长：周章法

地　　址：青田县鹤城东路180号

邮政编码：323900

电　　话：6838055

缙云县农村信用联社

理 事 长：刘日东

地　　址：缙云县五云镇仙都68号

邮政编码：321400

电　　话：3318101

云和县农村信用联社

理 事 长：吴慧来

地　　址：云和县新建路72号

邮政编码：323600

电　　话：5123571

景宁县农村信用联社

理 事 长：郑剑光

地　　址：景宁畲族自治县人民中路288号

邮政编码：323500

电　　话：5087099

庆元县农村信用联社

理 事 长：郑建林

地　　址：庆元县松源镇云鹤路3号

邮政编码：323800

电　　话：6271201

遂昌县农村信用联社

理 事 长：洪日强

地　　址：遂昌县妙高镇南门路81号

邮政编码：323300

电　　话：8133739

松阳县农村信用联社

理 事 长：季大设

地　　址：松阳县紫荆路17号

邮政编码：323400

电　　话：8060108

省农村信用社联合社舟山办事处

主　　任：沈平安

地　　址：舟山市定海区环城东路81号

邮政编码：316000

电　　话：2060336

定海农村合作银行

董 事 长：杨良俊

地　　址：舟山市定海区环城东路81号
邮政编码：316000
电　　话：2061766

普陀农村合作银行

董 事 长：马行洲
地　　址：舟山市普陀区滨港路164号
邮政编码：316100
电　　话：3018738

岱山县农村信用联社

理 事 长：毛松国
地　　址：岱山县高亭镇安澜路338号
邮政编码：316200
电　　话：4476088

嵊泗县农村信用联社

理 事 长：张海军
地　　址：嵊泗县菜园镇沙河路110号
邮政编码：202450
电　　话：5088981

象山县绿叶城市信用社

总 经 理：樊虹国
副总经理：钱延庭　项宝通
总经理助理：张　伟　徐　涛
地　　址：象山县丹城天安路153—161号
邮政编码：315700
电　　话：65656155

浙江平湖工银村镇银行

董 事 长：傅祖元
行　　长：岳建忠
副 行 长：花　卫
地　　址：平湖市城南西路258号
邮政编码：314200
电　　话：85139607

其他地方性金融机构

中投信托有限责任公司

董 事 长：郭云钊
总 经 理：叶　星
地　　址：杭州市西湖区教工路18号世贸丽晶城欧美中心A座D区18、19楼
邮政编码：310012
电　　话：85069331

杭州工商信托投资公司

董 事 长：郑向炜
总 经 理：丁建萍
地　　址：杭州市庆春路136号广利大厦25层
邮政编码：310003
电　　话：87213303

华融金融租赁公司总公司

董 事 长：王克悦
总　　裁：胡继良
副 总 裁：肖艳玲　龙志林　陈昆平
　　　　　邵力刚　陈　晋
地　　址：杭州市曙光路122号世贸大厦写字楼A座六、七楼
邮政编码：310007
电　　话：87950988

宁波分公司

总 经 理：徐高峰
地　　址：宁波市江东区东郊路8弄10号2楼
邮政编码：315040
电　　话：87734768

金华分公司

总 经 理：叶　宏
地　　址：金华市亚峰路1号瑞城名座11楼
邮政编码：321017
电　　话：83181200

万向财务有限公司

董 事 长：鲁伟鼎
总　　裁：傅志芳
地　　址：杭州市庆春路225号西湖时代广场7楼
邮政编码：310006
电　　话：87163333
传　　真：87163456

浙江省能源集团财务公司

董 事 长：沈志云
总 经 理：杨剑雄
副总经理：洪　峰　汪汝姚

地　　址：杭州市环城北路华浙广场1号9楼
邮政编码：310006
电　　话：86669990

昆仑信托有限责任公司

总裁、党委副书记：王　亮
党委书记：李　晶
副 总 裁：姚　飞　卢晓萍　李效熙　董　巍　朱佳平　刘　刚　黄志斌　吴怀镛
总裁助理：贾南征
地　　址：宁波市江东区江东北路138号
邮政编码：315040
电　　话：87033100

宁波港集团财务有限公司

董 事 长：李令红
副董事长：戴敏伟
总 经 理：庄一本
副总经理：邱纪道
地　　址：宁波市北仑区明州路301号
邮政编码：315800
电　　话：27696669

宁波国际银行

总行

董 事 长：黄鹏年
总 经 理：邓满浩
副总经理：俞　骏　许礼智
独立董事：吴再鸣
地　　址：宁波市中山东路280号
邮政编码：315040
电　　话：87371313

上海分行

行　　长：陈庆平
地　　址：上海市浦东南路528号上海证券大厦北塔2203室
邮政编码：200120
电　　话：68818899

北京代表处

首席代表：郭　双
地　　址：北京市万通新世界广场B座1710室
邮政编码：100037
电　　话：68521105

中国人民财产保险股份有限公司在浙机构

浙江省分公司

总 经 理：华美春
副总经理：楼海良　孙　岚　徐　斌　岑志刚　张道明　董卓建
地　　址：杭州市中河中路66—68号
邮政编码：310009
电　　话：87810888

杭州市分公司

总 经 理：徐　斌(兼)
副总经理：郑尚运(兼纪委书记)　朱冠羽　戴建强
地　　址：杭州市体育场路27号
邮政编码：310004
电　　话：85282910

浙江省分公司国际保险营业部

总 经 理：陈卫军
地　　址：杭州市中山中路400号
邮政编码：310006
电　　话：87027453

杭州市分公司第二营业部

总 经 理：俞伟民
地　　址：杭州市体育场路27号人保大厦17、18层
邮政编码：310004
电　　话：85284245

杭州市分公司第三营业部

总 经 理：陆雅芬
地　　址：杭州市中山中路151号5、6层
邮政编码：310001
电　　话：87825069

杭州市分公司第四营业部

总 经 理：金思磊
地　　址：杭州市体育场路27号人保大厦15、16层
邮政编码：310004

电　　话：85284230

杭州市分公司第五营业部

总 经 理：王　箭

地　　址：杭州市体育场路 27 号人保大厦 8、9 层

邮政编码：310004

电　　话：85282780

杭州市滨江支公司

总 经 理：张　军

地　　址：杭州市滨江区江南大道国土局大楼一、二楼

邮政编码：310051

电　　话：87795856

杭州市中山支公司

总 经 理：楼　磊

地　　址：杭州市中山中路 151 号

邮政编码：310001

电　　话：87818168

杭州市武林支公司

总 经 理：叶伶华

地　　址：杭州市体育场路 279 号粮贸大厦 8 楼

邮政编码：310003

电　　话：85178757

杭州市湖墅支公司

总 经 理：徐时宁

地　　址：杭州市湖墅南路 400 号

邮政编码：310005

电　　话：88388737

杭州市西湖支公司

总 经 理：蒋肖炜

地　　址：杭州市保俶路 121 号南楼

邮政编码：310007

电　　话：85116368

杭州市江城支公司

总 经 理：洪　雅

地　　址：杭州市环城东路城站邮政大厦一楼

邮政编码：310002

电　　话：87839700

杭州市经济技术开发区支公司

总 经 理：徐　能

地　　址：杭州市经济开发区六号路邮政大楼 1、2 层

邮政编码：310018

电　　话：86911455

杭州市萧山支公司

总 经 理：张伟钢

地　　址：杭州市萧山区人民路 280 号

邮政编码：311201

电　　话：82728678

杭州市余杭支公司

总 经 理：孔配根

地　　址：杭州市余杭区临平镇东湖中路 11 号

邮政编码：311100

电　　话：86137101

桐庐支公司

经　　理：陈文宝

地　　址：桐庐县迎宾路 30 号

邮政编码：311500

电　　话：64623809

临安支公司

总 经 理：程小万

地　　址：临安市钱王街 648 号

邮政编码：311300

电　　话：63729908

富阳支公司

总 经 理：贾一农

地　　址：富阳市桂花路 19 号

邮政编码：311400

电　　话：63320662

建德支公司

经　　理：陈　烈

地　　址：建德市新安江街道新安东路 22 号

邮政编码：311600

电　　话：64722491

淳安支公司

经　　理：王爱国

地　　址：淳安县千岛湖镇排岭北路 55 号

邮政编码：311700

电　　话：64810121

温州市分公司

总 经 理：郑文华

副总经理：何 彬 王琲琮（兼纪委书记）
许良统
总经理助理：郑忠勇
地 址：温州市新城大道292号保险大楼
邮政编码：325027
电 话：88061105

温州市分公司营业一部
总 经 理：沈兴国
地 址：温州市新城大道292号保险大楼
邮政编码：325027
电 话：88061008

温州市分公司营业二部
总 经 理：朱剑海
地 址：温州市新城大道292号保险大楼
邮政编码：325027
电 话：88061851

温州市分公司鹿城营业部
总 经 理：王志红
地 址：温州市黎明西路342号
邮政编码：325027
电 话：88870980

温州市瓯海支公司
总 经 理：林国光
地 址：温州市将军桥瓯海大厦11、12层
邮政编码：325005
电 话：88538868

温州市龙湾支公司
经 理：毛家彪
地 址：温州市经济开发区雁荡东路55号
邮政编码：325011
电 话：86555799

永嘉支公司
经 理：朱宁远
地 址：永嘉县上塘镇县前路102号
邮政编码：325100
电 话：67222597

瑞安支公司
总 经 理：郑忠勇（兼）
地 址：瑞安市安阳镇万松东路196号
邮政编码：325200
电 话：65819008

乐清支公司
总 经 理：周新乐
地 址：乐清市乐成镇良港东路58号
邮政编码：325600
电 话：61608001

苍南支公司
总 经 理：包观立
地 址：苍南县龙港镇龙港大道99—115号
邮政编码：325802
电 话：64202836

文成支公司
经 理：徐春源
地 址：文成县大峃镇建设路326号
邮政编码：325300
电 话：67861021

泰顺支公司
经 理：陈向军
地 址：泰顺县罗阳镇建设路41号
邮政编码：325500
电 话：67592928

洞头支公司
经 理：叶晓光
地 址：洞头县北岙镇车站路65号
邮政编码：325700
电 话：63483567

平阳支公司
总 经 理：李启东
地 址：平阳县鳌江镇东河街心花园边
邮政编码：325401
电 话：63612188

台州市分公司

总 经 理：郑建刚
副总经理：倪益民 王一民（兼纪委书记）
杨易挺
地 址：台州市市府大道359号
邮政编码：318000
电 话：88528283

台州市分公司国际保险部
经 理：李春云
地 址：台州市市府大道359号
邮政编码：318000
电 话：88528306

台州市黄岩支公司

总 经 理：项 佳

地　　址：台州市黄岩区劳动南路396号质量监督局大楼

邮政编码：318020

电　　话：84025255

台州市椒江支公司

总 经 理：卢济荣

地　　址：台州市椒江区解放南路18号

邮政编码：318000

电　　话：88529677

台州市路桥支公司

总 经 理：张 鹜

地　　址：台州市路桥区西路桥大道311号

邮政编码：318050

电　　话：82792688

临海支公司

总 经 理：王 伟

地　　址：临海市城关赤城路77号

邮政编码：317000

电　　话：85158563

温岭支公司

总 经 理：应永平

地　　址：温岭市东辉中路155号

邮政编码：317500

电　　话：86178268

玉环支公司

副总经理：高文军(主持工作)

地　　址：玉环县城关玉兴西路14号

邮政编码：317600

电　　话：87216638

天台支公司

总 经 理：姜 楠

地　　址：天台县城关镇人民东路65号

邮政编码：317200

电　　话：83883599

仙居支公司

总 经 理：杨燮麟

地　　址：仙居县城关穿城北路44号

邮政编码：317300

电　　话：87785236

三门支公司

经　　理：裴 斌

地　　址：三门县海游镇梧桐路20号总商会大厦

邮政编码：317100

电　　话：83335368

金华市分公司

总 经 理：毛新龙

副总经理：陈建新　张 平(兼纪委书记)　杜庆华　何伟忠

地　　址：金华市中山路293号

邮政编码：321000

电　　话：82312201

金华市分公司营业部

总 经 理：洪双武

地　　址：金华市中山路293号

邮政编码：321000

电　　话：82312470

金华市金东支公司

经　　理：吴翔俊

地　　址：金华市李渔路122号

邮政编码：321013

电　　话：82373630

金华市婺城支公司

经　　理：方 凯

地　　址：金华市双溪西路518号

邮政编码：321017

电　　话：82372636

金华市分公司电子商务营业部

经　　理：邵连民

地　　址：金华市中山路293号

邮政编码：321000

电　　话：82315313

兰溪支公司

总 经 理：王绍洪

地　　址：兰溪市丹溪大道33号

邮政编码：321100

电　　话：88252288

东阳支公司

总 经 理：张健蕾

地　　址：东阳市吴宁东路28号

邮政编码：322100

电　　话：86644681

永康支公司

总 经 理：徐若宁

地　　址：永康市九铃东路3215号

邮政编码：321300

电　　话：87128291

武义支公司

总 经 理：姜东北

地　　址：武义县市武阳路水务大楼

邮政编码：321200

电　　话：87632022

浦江支公司

总 经 理：金康文

地　　址：浦江县人民西路6号

邮政编码：322200

电　　话：84126100

磐安支公司

经　　理：卢薛青

地　　址：磐安县海螺街30号

邮政编码：322300

电　　话：84660278

嘉兴市分公司

总 经 理：李旭伟

副总经理：桂文东(党委副书记)

沈承章(纪委书记)

张　艳　陈国良

地　　址：嘉兴市斜西街213号

邮政编码：314000

电　　话：82052629(办公室)

嘉兴市分公司第一营业部

总 经 理：倪　啸

地　　址：嘉兴市斜西街213号4楼

邮政编码：314000

电　　话：82052646

嘉兴市分公司第二营业部

总 经 理：沈亚萍

地　　址：嘉兴市斜西街213号5楼

邮政编码：314000

电　　话：82052593

嘉兴市分公司第三营业部

经　　理：何　雁

地　　址：嘉兴市斜西街213号3楼

邮政编码：314000

电　　话：82052000

嘉兴市分公司电子商务部

经　　理：姜　玲

地　　址：嘉兴市斜西街213号13楼

邮政编码：314000

电　　话：82053650

嘉兴市秀洲支公司

总 经 理：张文贤

地　　址：嘉兴市中环西路1069号

邮政编码：314000

电　　话：82055506

嘉善支公司

总 经 理：陈华强

地　　址：嘉善县魏塘镇亭桥北路153号

邮政编码：314100

电　　话：84121931

平湖支公司

总 经 理：卢　伟

地　　址：平湖市南市路西侧888号

邮政编码：314200

电　　话：85117266

海盐支公司

总 经 理：陈国良(兼)

地　　址：海盐县枣园西路168号

邮政编码：314300

电　　话：86124618

海宁支公司

总 经 理：陆海华

地　　址：海宁市硖石镇海昌路120号

邮政编码：314400

电　　话：87706677

桐乡支公司

总 经 理：杨吉辰

地　　址：桐乡市公园路16号

邮政编码：314500

电　　话：88027123

绍兴市分公司

总 经 理：徐学德

副总经理：徐　虎　周　杰(兼纪委书记)

蒋　丰

总经理助理：金李沈

地　　址：绍兴市人民西路 192 号
邮政编码：312000
电　　话：85207788

绍兴市越城支公司

总 经 理：何少华
地　　址：绍兴市越城区越西路 833 号
邮政编码：312000
电　　话：88006308

绍兴市分公司第二营业部

总 经 理：陈　炯
地　　址：绍兴市人民西路 192 号
邮政编码：312000
电　　话：85207828

绍兴市分公司电子商务营业部

副 经 理：莫　良（主持工作）
地　　址：绍兴市人民西路 192 号
邮政编码：312000
电　　话：85207729

绍兴支公司

总 经 理：沈君明
地　　址：绍兴县柯桥鉴湖路 79 号
邮政编码：312030
电　　话：84127218

诸暨支公司

总 经 理：吕文江
地　　址：诸暨市暨阳街道艮塔东路 25 号
邮政编码：311800
电　　话：87224456

上虞支公司

总 经 理：黄孟军
地　　址：上虞市江东路 120 号
邮政编码：312300
电　　话：82215071

嵊州支公司

总 经 理：张颖俊
地　　址：嵊州市剡城路 337 号
邮政编码：312400
电　　话：83184072

新昌支公司

经　　理：铁国江
地　　址：新昌县城关镇鼓山中路 121 号
邮政编码：312500
电　　话：86033032

绍兴市袍江支公司

副总经理：陈强龙（主持工作）
地　　址：绍兴市袍江新区财富中心菖蒲街 308 号
邮政编码：312071
电　　话：88038007

湖州市分公司

总 经 理：杨培根
副总经理：吴生强（兼纪委书记）　朱　巍　朱新明
地　　址：湖州市南街 368—370 号
邮政编码：313000
电　　话：2056187（办公室）

湖州市分公司营业部

总 经 理：杨晓峰
地　　址：湖州市南街 368—370 号
邮政编码：313000
电　　话：2217911

湖州市吴兴支公司

总 经 理：吴　琛
地　　址：湖州市南街 368—370 号
邮政编码：313000
电　　话：2026900

湖州市南浔支公司

总 经 理：潘　华
地　　址：湖州市南浔镇嘉业路 473 号
邮政编码：313009
电　　话：3916251

德清支公司

总 经 理：杨晓方
地　　址：德清县武康镇永安街 123 号
邮政编码：313202
电　　话：8062216

长兴支公司

总 经 理：庄伟民
地　　址：长兴县雉城镇金陵南路 88 号
邮政编码：313100
电　　话：6053313

安吉支公司

总 经 理：张夏冰
地　　址：安吉县递铺镇胜利路东端

邮政编码：313300
电　　话：5025520

衢州市分公司

总 经 理：翁文庆
副总经理：兰卫平(兼纪委书记)　李小刚
地　　址：衢州市区新桥街56号
邮政编码：324000
电　　话：3055311(办公室)

衢州市柯城支公司

副总经理：姜毅俊(主持工作)
地　　址：衢州市区新桥街56号
邮政编码：324000
电　　话：3055356

衢州市衢江支公司

总 经 理：邵建飞
地　　址：衢州市衢江区滨港北路10—12号
邮政编码：324000
电　　话：3055322

衢州市分公司营业部

副总经理：王翠微(主持工作)
地　　址：衢州市闹市巷2号三楼
邮政编码：324000
电　　话：3055325

龙游支公司

总 经 理：封　蓉
地　　址：龙游县太平西路18号
邮政编码：324400
电　　话：7025659

江山支公司

总 经 理：周水根
地　　址：江山市县河东路3号
邮政编码：324100
电　　话：4019366

常山支公司

经　　理：王荣良
地　　址：常山县天马镇渡口小区13幢
邮政编码：324200
电　　话：5016677

开化支公司

经　　理：汪水茂
地　　址：开化县城关镇解放街14号
邮政编码：324300
电　　话：6014830

丽水市分公司

总 经 理：占志伟
副总经理：冯维辉(兼纪委书记)　程海峰
总经理助理：丁卫江
地　　址：丽水市丽阳街553号
邮政编码：323000
电　　话：2577009(办公室)

丽水市分公司第一营业部

经　　理：林丽莉
地　　址：丽水市丽阳街553号
邮政编码：323000
电　　话：2577212

丽水市分公司第二营业部

经　　理：管伟萍
地　　址：丽水市丽阳街553号
邮政编码：323000
电　　话：2577167

丽水市分公司第三营业部

经　　理：邱慧惠
地　　址：丽水市丽阳街553号
邮政编码：323000
电　　话：2577169

丽水市分公司第四营业部

总 经 理：翁晓俊
地　　址：丽水市南环西路109号辅楼1栋18号
邮政编码：323000
电　　话：2577289

丽水市分公司电子商务营业部

经　　理：冯维辉(兼)
地　　址：丽水市丽阳街553号
邮政编码：323000
电　　话：2577002

青田支公司

经　　理：王小平
地　　址：青田县公园路1号
邮政编码：323900
电　　话：6822675

龙泉支公司

经　　理：叶晓飞
地　　址：龙泉市中山东路134号

邮政编码：323700
电　　话：7122170

庆元支公司

经　　理：杜国荣
地　　址：庆元县松源镇云鹤路 21 号
邮政编码：323800
电　　话：6122906

缙云支公司

经　　理：徐天飞
地　　址：缙云县五云镇迎晖路 27 号
邮政编码：321400
电　　话：3127701

松阳支公司

经　　理：项志中
地　　址：松阳县西屏镇紫荆路 94 号
邮政编码：323400
电　　话：8062927

遂昌支公司

经　　理：毛利敏
地　　址：遂昌县妙高镇北街 248 号
邮政编码：323300
电　　话：8122078

景宁支公司

经　　理：叶少华
地　　址：景宁畲族自治县鹤溪镇惠明路 45 号
邮政编码：323500
电　　话：5080997

云和支公司

经　　理：吴志平
地　　址：云和县车站路 6 号
邮政编码：323600
电　　话：5122952

舟山市分公司

总 经 理：刘苏国
副总经理：谢秉国(兼纪委书记)　阙定杰
总经理助理：诸文辉
地　　址：舟山市定海区环城东路 115 号
邮政编码：316000
电　　话：2020850

舟山市分公司营业一部

经　　理：朱　刚
地　　址：舟山市定海区环城东路 115 号
邮政编码：316000
电　　话：2029592

舟山市分公司营业二部

总 经 理：夏　懿
地　　址：舟山市定海区环城东路 115 号
邮政编码：316000
电　　话：2021621

舟山市分公司营业三部

经　　理：杨迎国
地　　址：舟山市定海区环城东路 115 号
邮政编码：316000
电　　话：2027442

舟山市分公司营业四部

经　　理：翁涌勤
地　　址：舟山市定海区环城东路 115 号
邮政编码：316000
电　　话：2060789

舟山市分公司营业五部

副 经 理：杨乔雅
地　　址：舟山市定海区环城东路 115 号
邮政编码：316000
电　　话：2052082

舟山市定海支公司

总 经 理：王立军
地　　址：舟山市定海区环城南路 357 号
邮政编码：316000
电　　话：2051193

舟山市普陀支公司

总 经 理：林继光
地　　址：舟山市普陀区同济路 327 路
邮政编码：316100
电　　话：3013056

岱山支公司

经　　理：李　盛
地　　址：岱山县高亭镇人民路 23 号
邮政编码：316200
电　　话：4472288

嵊泗支公司

副 经 理：张　波(主持工作)
地　　址：嵊泗县菜园镇沙河路 90 号
邮政编码：202450

电　　话：5182696

义乌市分公司

总 经 理：陈明辉
副总经理：朱森军(兼纪委书记)
总经理助理：杨卫星　傅贤福
地　　址：义乌市机场路587号
邮政编码：322000
电　　话：85250009

义乌市分公司新车险/车贷险营业部

总 经 理：陈晓明
地　　址：义乌市机场路587号
邮政编码：322000
电　　话：85250099

义乌市分公司财产险/农险/渠道业务营业部

总 经 理：傅丽华
地　　址：义乌市机场路587号
邮政编码：322000
电　　话：85250607

义乌市分公司货运险营业部

总 经 理：刘国瑞
地　　址：义乌市机场路587号
邮政编码：322000
电　　话：85319900

义乌市分公司集团车险/电话销售营业部

总 经 理：楼海华
地　　址：义乌市机场路587号
邮政编码：322000
电　　话：85250032

义乌市分公司责任险/意外险营业部

总经理助理：张　键
地　　址：义乌市机场路587号
邮政编码：322000
电　　话：85250608

义乌市分公司城市营销部

副总经理：骆海勇
地　　址：义乌市稠州中路371号
邮政编码：322000
电　　话：85250077

义乌市分公司农村营销部

总 经 理：王晋森
地　　址：义乌市机场路587号
邮政编码：322000

中国人寿保险股份有限公司在浙机构

浙江省分公司

总 经 理：祝　平
纪委书记：朱卫星
副总经理：李佳龙　陆小燕　贾广涛
　　　　　董松芳　孙大庆　叶　锋
营销总监：胡宏伟
地　　址：杭州市中河中路80号
邮政编码：310009
电　　话：87216401

杭州市分公司

总 经 理：胡国林
副总经理：吴增林　郑碧芳　金　莹
　　　　　祝　勇
总经理助理：商阳有
地　　址：杭州市下城区青春坊33幢
邮政编码：310003
电　　话：87225800

温州分公司

总 经 理：宋国川
副总经理：徐晓辉　蔡　枫　郑向慧
　　　　　赖百杰　夏尔明　谢　斌
地　　址：温州市车站大道龙华大厦
邮政编码：325000
电　　话：88999868

台州分公司

总 经 理：冯四明
副总经理：陈　湘　梅　林　于贻金
总经理助理：齐顺杨
地　　址：台州市椒江区轮渡路60号
邮政编码：318000
电　　话：88839013

金华分公司

总 经 理：楼琦辉
副总经理：沈宏敏　鲍杭生　严　鹏
　　　　　方金有
地　　址：金华市丹溪路633号
邮政编码：321017
电　　话：82492777　82492766

义乌支公司

经　　理：鲍杭生

副 经 理：王小宁　傅启幸

经理助理：朱　明

地　　址：义乌市江滨中路 358 号

邮政编码：322000

电　　话：85455001　85455000

嘉兴分公司

总 经 理：齐孝安

副总经理：张世平　沈福林　朱志嵩

地　　址：嘉兴市中山路 85—87 号

邮政编码：314000

电　　话：82077598

湖州分公司

总 经 理：王炳福

副总经理：柴　飞

总经理助理：周　明

地　　址：湖州市人民路 169 号

邮政编码：313000

电　　话：2033171

衢州分公司

总 经 理：杜福生

副总经理：李　治

总经理助理：孙建军　陈建武

地　　址：衢州市劳动路 95 号 3 号楼

邮政编码：324000

电　　话：3024109

绍兴分公司

总 经 理：陶祥云

副总经理：余中坚　张志燕　楼　升

地　　址：绍兴市中兴中路 309 号

邮政编码：312000

电　　话：85221040

丽水分公司

总 经 理：刘　茸

副总经理：周金鹤

总经理助理：刘宪伟

地　　址：丽水市丽阳街 551 号

邮政编码：323000

电　　话：2279668

舟山分公司

总 经 理：叶勤俭

副总经理：孟伟民

总经理助理：毛慧芳

地　　址：舟山市定海区解放西路 128 号

邮政编码：316000

电　　话：2030637